LOIS, DÉCRETS,

ORDONNANCES, RÉGLEMENS,

AVIS DU CONSEIL-D'ÉTAT.

———

TOME VINGT-DEUXIÈME.

DE L'IMPRIMERIE DE A. GUYOT,

IMPRIMEUR DU ROI, DE LA MAISON D'ORLÉANS,

ET DE L'ORDRE DES AVOCATS AUX CONSEILS ET A LA COUR DE CASSATION,

Rue Neuve-des-Petits-Champs, N° 37.

COLLECTION COMPLETE

DES

LOIS,

Décrets, Ordonnances, Réglemens,

AVIS DU CONSEIL-D'ÉTAT,

PUBLIÉE SUR LES ÉDITIONS OFFICIELLES DU LOUVRE; DE L'IMPRIMERIE NATIONALE,
PAR BAUDOUIN; ET DU BULLETIN DES LOIS;

(Depuis 1788, par ordre chronologique),

Avec un choix d'*Actes inédits*, d'*Instructions ministérielles*, et des Notes sur chaque Loi,
indiquant : 1° les Lois analogues; 2° les *Décisions* et *Arrêts* des Tribunaux et du Conseil-
d'État; 3° les *Discussions* rapportées au Moniteur ;

SUIVIE D'UNE TABLE ANALYTIQUE ET RAISONNÉE DES MATIÈRES,

Par J. B. DUVERGIER,

Avocat à la Cour royale de Paris.

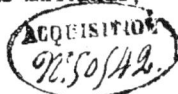

TOME VINGT-DEUXIÈME.

Deuxième Édition.

PARIS,

CHEZ A. GUYOT ET SCRIBE, LIBRAIRES-ÉDITEURS,

RUE NEUVE-DES-PETITS-CHAMPS, N° 37.

1838.

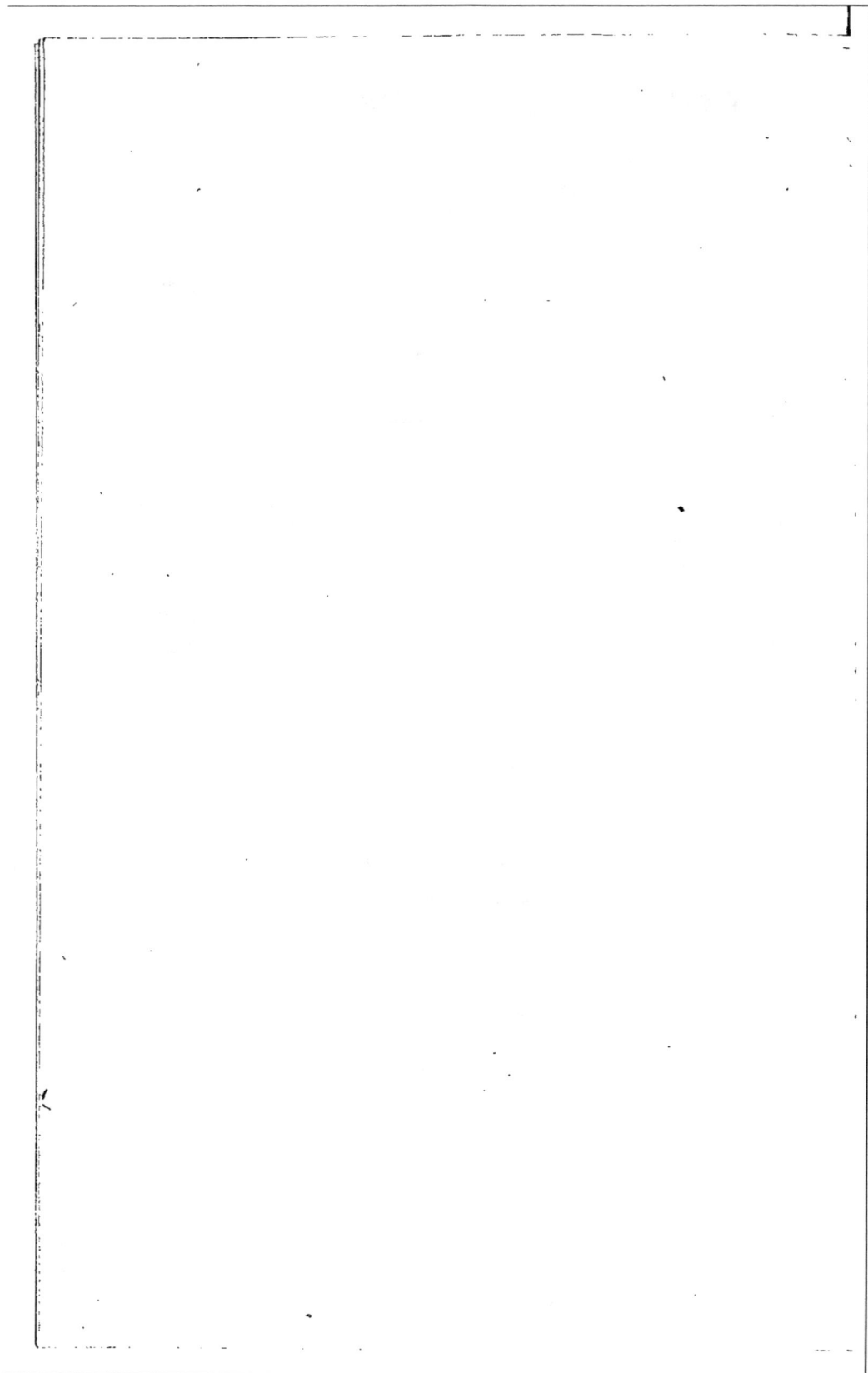

COLLECTION COMPLÈTE

DES

LOIS, DÉCRETS,

ORDONNANCES, RÉGLEMENS,

ET

AVIS DU CONSEIL-D'ÉTAT,

DEPUIS 1788 JUSQU'A 1830.

GOUVERNEMENT ROYAL.

(SECONDE RESTAURATION).

---

2 ═ Pr. 22 SEPTEMBRE 1818.—Ordonnance du Roi qui opère la fusion des deux classes de gendarmes de la ville de Paris en une seule, et contient des dispositions sur le traitement des militaires de ce corps. (7, Bull. 234, nº 4865.)

Voy. notes sur l'ordonnance du 10 JANVIER 1816.

Louis, etc.

Vu les inconveniens résultant pour le service, depuis la suppression des élèves gendarmes, de la distinction en deux classes des gendarmes du corps de la gendarmerie royale de la ville de Paris, et de la différence de solde entre ces militaires;

Sur le rapport de notre ministre secrétaire-d'Etat de la guerre,

Nous avons ordonné et ordonnons ce qui suit:

Art. 1er. Il n'y aura plus qu'une seule classe de gendarmes dans le corps de la gendarmerie de la ville de Paris. Pour opérer la fusion des deux classes sans accroître la dépense, il sera réparti par portion égale, au fur et à mesure des vacances d'emploi de première classe, l'excédant de la solde de cette classe entre deux gendarmes de la seconde, choisis, l'un à l'ancienneté, et le second parmi les plus méritans.

.2. Le traitement, réglé d'une manière uniforme pour tous les gendarmes d'après ce mode, reste définitivement fixé à quinze cent vingt-sept francs cinq cent vingt-cinq millimes pour les gendarmes à cheval, et à sept cent vingt-six francs trente-cinq centimes pour les gendarmes à pied. Les fixations déterminées par notre ordonnance du 10 janvier 1816 cesseront d'être suivies après l'extinction entière de la première classe.

3. Nos ministres de la guerre et de la police générale sont chargés de l'exécution de la présente ordonnance.

---

2 ═ Pr. 22 SEPTEMBRE 1818. — Ordonnance du Roi portant autorisation définitive, conformément aux actes y énoncés et sous la réserve y exprimée, de la société anonyme

22

1

formée à Paris sous le titre de Compagnie d'Assurances générales. (7 , Bull. 254 , n° 4913.)

Voy. ordonnance du 29 FÉVRIER 1820.

Louis, etc.

Sur le rapport de notre ministre secrétaire-d'Etat au département de l'intérieur,

Vu la demande formée par la Compagnie d'Assurances générales à Paris, pour obtenir l'autorisation d'assurer les risques de guerre ;

Vu notre ordonnance du 22 avril dernier, qui a provisoirement autorisé ladite Compagnie d'Assurances générales ;

Vu l'acte passé par-devant Me Foucher et son collègue, notaires royaux à Paris, le 16 avril dernier, contenant les projets de statuts de ladite compagnie, et le nouvel acte du 20 juillet suivant, passé par-devant les mêmes notaires, portant complément et modification du premier, lequel acte est souscrit des administrateurs et directeurs de la compagnie ;

Vu le projet de réglement délibéré par les actionnaires, le 12 janvier de la présente année ;

Vu un dernier acte du 20 juillet dernier, passé devant les notaires susnommés, et portant modification des réglemens intérieurs de ladite compagnie, ledit acte signé seulement des administrateurs et directeurs de la compagnie, ratifié par l'assemblée générale le 26 août ;

Vu les art. 29, 30, 31, 32, 33, 34, 35, 36, 37, 40, 41, 45 et 46 du Code de commerce.

Notre Conseil-d'Etat entendu,

Nous avons ordonné et ordonnons ce qui suit :

Art. 1er. La société anonyme formée à Paris sous le titre de *Compagnie d'Assurances générales*, est et demeure définitivement autorisée, conformément aux actes passés devant Me Foucher et son collègue, les 16 avril et 20 juillet 1818, ratifiés dans l'assemblée générale des actionnaires par délibération du 26 août dernier, lesquels actes seront annexés à la présente ordonnance, publiés et affichés avec elle.

2. La présente autorisation n'est accordée, toutefois, que sous la réserve expresse que la société réduira à cent mille francs le *maximum* des risques de guerre survenante, par elle assurés sur un même navire.

Le modèle de ses polices d'assurances devra être préalablement autorisé par notre ministre de l'intérieur.

3. Notre présente autorisation vaudra pour toute la durée de la société, ainsi qu'elle est fixée par l'article 1er de l'acte du 20 juillet dernier, à la charge d'exécuter fidèlement les statuts, nous réservant de révoquer la présente autorisation en cas de non-exécution ou de violation desdits statuts par nous approuvés ; le tout sauf les droits des tiers, et sans préjudice des dommages et intérêts qui seraient prononcés par les tribunaux contre les auteurs des contraventions.

4. L'administration de la société sera tenue de présenter, tous les six mois, le compte rendu de sa situation : des copies en seront remises au préfet de la Seine, au tribunal de commerce et à la chambre de commerce.

5. Notre ministre de l'intérieur est chargé de l'exécution de la présente ordonnance.

2 SEPTEMBRE 1818. — Ordonnances du Roi qui accordent des lettres de déclaration de naturalité aux sieurs Taglioretti et Théodor. (7, Bull. 247 et 250.)

2 SEPTEMBRE 1818. — Ordonnance du Roi qui permet aux sieurs Dieudonné, Marchant, Morin et Goussiaume de faire des changemens et additions à leurs noms. (7, Bull. 234.)

2 SEPTEMBRE 1818. — Ordonnance du Roi qui autorise l'acceptation d'une maison offerte à la commune de Meudon (Seine-et-Oise). (7, Bull. 249.)

2 SEPTEMBRE 1818. — Ordonnances du Roi qui autorisent l'acceptation de dons et legs. (7, Bull. 247.)

2 SEPTEMBRE 1818. — Ordonnance du Roi qui admet les sieurs Payot, Felice, Elespuru, Spitzmesser, Kuhn et Heil à établir leur domicile en France. (7, Bull. 254.)

9 ⸗ Pr. 22 SEPTEMBRE 1818. — Ordonnance du Roi portant autorisation, conformément aux statuts y annexés et sous le nom de Compagnie du Pont de la Dordogne, de la société anonyme provisoirement constituée à Bordeaux. (7, Bull. 234, n° 4914.)

Louis, etc.

Sur le rapport de notre ministre secrétaire-d'Etat au département de l'intérieur,

Vu la loi du 13 mai 1818, portant acceptation de l'offre faite par les sieurs Balguerie, Sarget et compagnie, tant en leur nom qu'au nom d'autres négocians et capitalistes, de prêter une somme de un million cinq cent mille francs pour l'établissement d'un pont sur la Dordogne ;

Vu la soumission annexée à ladite loi ;

Vu les actes passés, les 1er, 2, 3 et 4 juillet, par-devant Maillères et son collègue, notaires à Bordeaux, lesquels actes renferment :

1° La constitution provisoire en société anonyme des actionnaires prêteurs de ladite somme de un million cinq cent mille francs;

2° Les statuts de la société anonyme du pont de Bordeaux, déjà constituée, lesquels doivent régir la nouvelle compagnie ;

3° La soumission ci-dessus relatée, renouvelée à Bordeaux le 10 juin 1818, et souscrite par les divers actionnaires ;

Vu les art. 29 à 37, 40 et 47 du Code de commerce,

Notre Conseil-d'Etat entendu,

Nous avons ordonné et ordonnons ce qui suit :

Art. 1er. La société anonyme provisoirement constituée à Bordeaux par les actes des 1er, 2, 3 et 4 juillet, dont copie restera annexée aux présentes, est et demeure autorisée, conformément aux statuts et à la soumission renfermée dans lesdits actes, et sous le nom de *Compagnie du Pont de la Dordogne.*

2. Elle sera régie par l'administration de la compagnie du pont de Bordeaux, mais sans que, dans aucun cas, leurs intérêts puissent cesser d'être séparés.

3. Notre ministre de l'intérieur est chargé de l'exécution de la présente ordonnance.

SOCIÉTÉ DU PONT DE LA DORDOGNE.

Par-devant Me Guillaume-Nicolas Maillères et son collègue, notaires royaux à Bordeaux, soussignés, sont comparus.

(*Suivent les noms.*)

Art. 1er. Les comparans, en vertu de la loi du 13 mai 1818, qui accepte leur offre de prêter au Gouvernement une somme de quinze cent mille francs, forment une société anonyme, qui prend le nom de *Compagnie du Pont de Bordeaux,* déjà existante, attendu que celle-ci n'est qu'une dépendance de l'autre, formée par les mêmes actionnaires, à l'exception toutefois de M. Lacaze.

2. Les bases et les statuts de ladite Compagnie du Pont de Bordeaux, déposés dans les minutes de M. Batardy, notaire à Paris, revêtus de la sanction royale, et dont une expédition est ci-annexée, régiront la société des actionnaires au prêt de la somme de quinze cent mille francs, sans préjudice, toutefois, des conditions et stipulations portées en la soumission du 18 avril 1818, dont un double est annexé aux présentes.

3. Les quinze cents actions de mille francs chacune ont été réparties entre les comparans, ainsi qu'il est détaillé dans le tableau qui est en suite de ladite soumission ci-annexée.

4. Les comparans donnent pouvoir à MM. Daniel Guestier, Portal et Pierre Balguerie, directeurs de la Compagnie du Pont de Bordeaux, de présenter à M. le préfet, au nom de la présente société, toute pétition tendant à obtenir les autorisations requises, faire à cet effet toutes démarches qu'ils jugeront convenables, en se conformant à l'instruction émanée de son excellence le ministre de l'intérieur sur les demandes en autorisation pour l'établissement des sociétés anonymes.

Dont acte.

Suit l'indication de diverses pièces, notamment du contrat de société pour l'achèvement du pont de Bordeaux;

Du projet de tarif du péage à percevoir au passage du pont de la Dordogne à Libourne;

Du projet de tarif du péage à percevoir au passage du pont de l'Isle (1).

9 SEPTEMBRE 1818. — Ordonnance du Roi qui autorise le sieur de Frémont fils à rester au service de sa majesté l'empereur d'Autriche. (7, Bull. 247.)

9 SEPTEMBRE 1818. — Ordonnance du Roi qui permet au sieur Edme François d'ajouter à son nom celui de Chaumont, et aux sieurs de Bellocq celui de Feuquières. (7, Bull. 234.)

9 SEPTEMBRE 1818. — Ordonnance du Roi qui admet les sieurs Silberhon, Jaeger, Terreros, Grimm, Roethlisberger et Gimpel à établir leur domicile en France. (7, Bull. 244.)

9 SEPTEMBRE 1818. — Ordonnances du Roi qui accordent des lettres de déclaration de naturalité aux sieurs Curtillet, Mollenbec, Bonino, Fischer et Glorieux. (7, Bull. 241, 247, 248, 258.)

9 SEPTEMBRE 1818. — Ordonnances du Roi qui autorisent l'acceptation de dons et legs faits aux pauvres, aux hospices, séminaires et fabriques. (7, Bull. 249, 251 et 252.)

(1) *Voy.* loi du 10 avril 1818, ordonnance du 22 avril 1818, loi du 18 mai 1818.

15 SEPTEMBRE 1818 = Pr. 18 MAI 1819. — Ordonnance du Roi qui nomme M. le comte Greffulhe pair de France. (7, Bull. 278, n. 6447).

Louis, etc.

Voulant donner au sieur Jean-Henri-Louis comte Greffulhe une preuve de notre bienveillance particulière, nous l'avons élevé à le dignité de pair de France.

16 = 22 SEPTEMBRE 1818. — Ordonnance du Roi qui prescrit le mode de reddition et de vérification des comptes à rendre à la cour des comptes par le caissier de la caisse centrale et de service du Trésor royal. (7, Bull. 254, n. 4915.)

Voy. ordonnance du 8 JUIN 1821.

Louis, etc.

Voulant compléter, en ce qui concerne le caissier de la caisse centrale et de service de notre Trésor royal, les dispositions de nos ordonnances du 18 novembre 1817 et de ce jour, qui ont réglé le mode d'après lequel les comptables du Trésor doivent établir leurs comptes de gestion annuelle, et en justifier les diverses parties devant notre cour des comptes;

Sur le rapport de notre ministre secrétaire-d'Etat des finances,

Nous avons ordonné et ordonnons ce qui suit :

Art. 1er. Le compte final que doit présenter annuellement à notre cour des comptes le caissier de la caisse centrale et de service du Trésor royal, en exécution de l'art. 13 de notre ordonnance du 18 novembre 1817, sera divisé en deux parties.

La première comprendra les opérations du caissier avec les comptables directement justiciables de la cour des comptes.

Les résultats de ses autres opérations seront présentés dans la seconde partie, conformément aux dispositions suivantes.

2. A l'expiration de chaque année, le caissier de la caisse centrale et de service établira, dans la forme qui sera ultérieurement déterminée par notre ministre secrétaire d'Etat des finances, un compte sommaire de ses recettes et dépenses, en ce qui concerne les créations et émissions de valeurs dont il aura été chargé, le paiement ou l'annulation de ces valeurs, l'acquittement d'anciennes dispositions du Trésor, les sommes reçues ou payées pour le compte de particuliers ou d'établissemens publics, et d'agens non justiciables de la cour des comptes.

3. Ce compte sera soumis, avec les documens et pièces à l'appui, à une commission qui, après en avoir examiné et vérifié les par-

ties, consignera les résultats sommaires de son examen dans un procès-verbal constatant que lesdites opérations ont été régulièrement faites en vertu de décisions de notre ministre secrétaire-d'Etat des finances, et qu'il en a été dûment justifié.

Cette commission sera nommée par nous, et composée de membres pris dans le Conseil-d'Etat et la cour des comptes.

4. Le caissier de la caisse centrale et de service comprendra dans le compte final de sa gestion annuelle les résultats du compte mentionné dans les deux articles précédens.

Il devra fournir à notre cour des comptes une expédition du susdit procès-verbal, à l'appui des articles sommaires de recette et dépense dont les pièces justificatives auront été produites à la commission.

Ce procès-verbal opérera la décharge du caissier.

5. Notre ministre des finances est chargé de l'exécution de la présente ordonnance.

16 = Pr. 22 SEPTEMBRE 1818. — Ordonnance du Roi qui détermine les formalités à remplir pour la production à la cour des comptes des états finaux des receveurs généraux. (7, Bull. 254, n. 4916.)

Voy. ordonnance du 26 MAI 1819.

Louis, etc.

Voulant que l'exactitude des comptes qui seront soumis à la cour des comptes, après avoir été vérifiés au Trésor, soit garantie par l'attestation des signataires accrédités auprès de notre dite cour;

Informés que quelques articles desdits comptes, étant étrangers aux recettes et dépenses qui dérivent du budget, ne peuvent être appuyés de pièces comptables ordinaires, et voulant qu'il y soit suppléé par des pièces non moins probantes;

Sur le rapport de notre ministre secrétaire-d'Etat des finances,

Nous avons ordonné et ordonnons ce qui suit :

Art. 1er. Les états finaux des receveurs généraux transmis au Trésor dans les trois premiers mois de chaque année ne pourront être produits à la cour des comptes que revêtus d'un certificat du directeur des recettes du Trésor, constatant la conformité de ces états avec les écritures tenues au Trésor. Lesdits états seront soumis à la cour, appuyés des talons des récépissés, dûment visés des préfets et sous-préfets, qui auront servi d'élémens à leur vérification.

2. Tous les états finaux appartenant à une gestion devront être envoyés à la cour des comptes, munis des formalités ci-dessus, dans le sixième mois qui suivra cette gestion.

3. Dans le même délai, le directeur des recettes établira, pour être également envoyé à la cour des comptes, suivant la forme qui sera réglée par notre ministre des finances, un tableau récapitulatif de toutes les recettes applicables au budget de l'État, et portées dans les comptes de gestion des receveurs généraux.

Ce tableau sera divisé par exercice et par nature de produits, conformément aux distinctions contenues dans les budgets. L'exactitude en sera certifiée par le directeur des recettes.

4. Lorsque les receveurs et payeurs, après y avoir é.é dûment autorisés, auront créé des valeurs, fait des dispositions de services, des paiemens, des avances, ou toute autre opération pour laquelle il ne restera dans leurs mains aucune pièce susceptible d'être produite à l'appui de leurs comptes, il y sera suppléé par des reconnaissances ou certificats que le directeur du mouvement général des fonds délivrera, à l'effet de constater que les opérations dont il s'agit ont été régulièrement faites en vertu des décisions de notre ministre secrétaire-d'État des finances, et qu'il en a été dûment justifié.

5. Notre cour des comptes admettra les certificats mentionnés dans l'article précédent, ainsi que les attestations de même nature que le directeur des dépenses, créé par l'une de nos ordonnances du 18 novembre 1817, et le directeur des recettes, seraient dans le cas de délivrer.

6. Le directeur des recettes, le directeur du mouvement général des fonds et le directeur des dépenses seront tenus de certifier l'exactitude des états et relevés qu'ils auront à fournir, chacun en ce qui le concerne, pour la formation des comptes généraux des recettes et dépenses publiques qui nous sont présentés, ainsi qu'aux Chambres, à chaque session, par notre ministre secrétaire-d'État des finances.

7. Le directeur des recettes et celui du mouvement général des fonds seront nommés par nous, et prêteront serment à la cour des comptes.

8. Notre ministre des finances est chargé de l'exécution de la présente ordonnance.

16 SEPTEMBRE 1818. — Ordonnance du Roi qui autorise l'inscription au Trésor royal de plusieurs pensions militaires et d'une pension civile. (7, Bull. 238, n. 5055.)

16 SEPTEMBRE 1818. — Ordonnance du Roi qui autorise la sortie provisoire des charbons et perches provenant de la forêt des Ardennes (1).

16 SEPTEMBRE 1818. — Ordonnances du Roi qui accordent des lettres de déclaration de naturalité aux sieurs Mazzucco, Mathieu, de Bernardi et de Castelmur. (7, Bull. 264 et 269.)

16 SEPTEMBRE 1818. — Ordonnance du Roi qui distrait la commune de Pieuze (Aude) du canton de Saint-Hilaire, et la réunit à celui de Limoux. (7, Bull. 236).

16 SEPTEMBRE 1818. — Ordonnance du Roi qui permet aux sieurs Boucher et Bunot de faire des additions à leurs noms. (7, Bull. 238.)

16 SEPTEMBRE 1818. — Ordonnances du Roi qui accordent des foires et qui fixent les jours de la tenue de celles des communes de Savonnières, Génillé, Chaunay, Albon, Guise, Mans, Poiré et Chelles. (7, Bull. 253 et 254.)

16 SEPTEMBRE 1818. — Ordonnances du Roi qui accordent des lettres de déclaration de naturalité au sieur Karth. (7, Bull. 247.)

16 SEPTEMBRE 1818. — Ordonnances du Roi qui autorisent l'acceptation de dons et legs faits aux pauvres, aux congrégations, hospices et fabriques. (7, Bull. 252 et 253.)

16 SEPTEMBRE 1818. — Ordonnance du Roi qui autorise les sieurs Abad, Palmaro, de Bernardi, Marshall, Choffat, Keppner et Weiss à établir leur domicile en France. (7, Bull. 241.)

16 SEPTEMBRE 1818. — Ordonnance du Roi qui autorise l'acceptation d'une rente de cent vingt-cinq francs offerte par M. le comte Dedelay-d'Agier pour les pompiers de la commune de Bourg-du-Péage (Drôme). (7, Bull. 253).

23 = Pr. 30 SEPTEMBRE 1818. — Ordonnance du Roi qui charge les préfets de désigner les membres du conseil de révision, suivant l'article 13 de la loi du 10 mars 1818 sur le recrutement de l'armée (7, Bull. 255, n. 4917.)

---

(1) Cette ordonnance n'est pas insérée au Bulletin des Lois; elle est rappelée par celle du 8 septembre 1819.

Louis, etc.

Nous étant fait rendre compte des mesures prises pour l'exécution de la loi du 10 mars dernier et de nos ordonnances subséquentes sur le recrutement de l'armée, nous avons reconnu que la nomination, par nous-mêmes, des membres des conseils de révision, suivant l'art. 13 de cette loi, entraînerait des longueurs qui nuiraient essentiellement à la célérité qu'il importe de mettre dans cette opération, sans aucun avantage pour ses résultats ou les intérêts de nos sujets.

A ces causes,

Sur le rapport de notre ministre secrétaire-d'État de l'intérieur,

Nous avons ordonné et ordonnons ce qui suit :

Art. 1er. Nos préfets désigneront, chaque année, parmi les conseillers de préfecture et les membres des conseils généraux et d'arrondissement, ceux des fonctionnaires publics qui feront partie du conseil de révision.

2. Notre ministre de l'intérieur est chargé de l'exécution de la présente ordonnance.

---

23 ⸗ Pr. 30 SEPTEMBRE 1818. — Ordonnance du Roi relative à la marque des tissus et tricots en coton ou en laine, fabriqués dans l'étendue du royaume. (7, Bulletin 255, n° 4918.)

Voy. ordonnance du 12 DÉCEMBRE 1818.

Louis, etc.

Vu le titre VI (partie des *Douanes*) de la loi du 28 avril 1816, relatif aux marchandises prohibées ;

Notre ordonnance du 8 août de la même année, concernant l'application des marques d'origine sur les tissus et tricots en coton ou en laine provenant des fabriques françaises ;

Les articles 41, 42, 43, 44, 45 et 47 de la loi des douanes, du 21 avril dernier ;

L'ordonnance du 22 juillet suivant, par laquelle nous avons jugé convenable de proroger jusqu'au 1er octobre prochain le délai de trois mois qu'avait fixé l'art. 41 de la dernière loi, pour l'apposition desdites marques d'origine ;

Prenant en considération les représentations adressées de la part d'un grand nombre de manufacturiers et de marchands de bonneterie, soit sur l'insuffisance, en ce qui les concerne, des délais précédemment accordés, soit sur les difficultés qui s'opposent à ce que la marque de fabrication puisse être séparément appliquée à chacun des objets provenant de leur industrie ;

Sur le rapport de notre ministre secrétaire-d'État au département de l'intérieur,

Avons ordonné et ordonnons ce qui suit :

Art. 1er. Les marques de fabrication et numéros d'ordre dont l'apposition sur tous les tissus et tricots en coton ou en laine fabriqués dans l'étendue du royaume, a été prescrite par les lois et ordonnances précédentes, notamment par les articles 3 et 7 de notre ordonnance du 8 août 1816, pourront, en ce qui concerne exclusivement les produits des fabriques de bonneterie qui se vendent ordinairement par paquets de douze articles, n'être appliqués dorénavant qu'à raison d'une seule marque et d'un seul numéro par douzaine.

Il sera libre, en conséquence, au manufacturier de rassembler à l'avenir les objets de cette sorte par lui fabriqués, en paquets de douze articles de même nature, et de les réunir sous un plomb ou cachet unique, portant l'empreinte de la marque qu'il aura adoptée, et scellant une étiquette sur laquelle sera inscrit le numéro d'ordre. L'empreinte ou le modèle de ce plomb ou cachet sera, conformément à l'article 4 de l'ordonnance du 8 août 1816, déposé à la sous-préfecture de l'arrondissement (1).

2. Tous les articles de bonneterie ci-dessus spécifiés seront soumis, immédiatement après leur fabrication, à la marque qui vient d'être indiquée : ils ne pourront être mis dans le commerce qu'après avoir été revêtus de cette marque, sous peine, contre les contrevenans, d'être passibles des poursuites édictées par la loi du 21 avril 1818.

3. Quant aux articles du même genre actuellement existant dans le commerce et qui se trouvent dépourvus de marques de fabrique, le délai pour l'apposition des marques d'origine est prorogé jusqu'au 1er janvier 1819, terme de rigueur. Les marques dont il s'agit ici pourront être les mêmes que celles qui ont été indiquées par l'article 1er de la présente ordonnance.

4. Les tulles et châles ou mouchoirs de cou en laine, en coton, ou mélangés de ces deux matières, ou de soie, etc., n'étant pas,

---

(1) *Forme d'apposition des marques.*

On passera dans chaque paire de bas, de chaussons, etc., un fil dont les deux bouts réunis à ceux des onze autres paires se trouveront enfermés sous un même plomb ou cachet portant l'empreinte de la marque adoptée par le fabricant, de manière qu'en coupant, à chaque vente en détail d'une ou de plusieurs paires, le fil qui tient séparément chacune d'elles, le reste du paquet ou de la douzaine conserve la marque jusqu'à la vente de la dernière paire.

dans beaucoup de cas, susceptibles de recevoir une marque tissée, brodée ou imprimée, la marque de fabrique prescrite par l'article 1er de l'ordonnance du 8 août 1816 pourra être aussi suppléée, pour ces articles, par un plomb ou cachet apposé à chaque pièce et scellant une étiquette sur laquelle sera inscrit le numéro d'ordre.

Ces plomb ou cachet devront présenter les indications prescrites par l'art. 2 de notre ordonnance du 8 août 1816, et leur modèle ou empreinte sera de même déposé à la sous-préfecture de l'arrondissement.

5. Notre ordonnance du 22 juillet dernier sera exécutée en tout ce qui n'est pas contraire aux dispositions des articles ci-dessus.

6. Nos ministres de l'intérieur et des finances sont chargés de l'exécution de la présente ordonnance.

———

23 SEPTEMBRE ⸗Pr. 6 OCTOBRE 1818.— Ordonnance du Roi qui substitue de nouvelles dispositions à celles de l'ordonnance du 2 janvier 1817, concernant les formalités à remplir pour obtenir la prime de sortie des fils et tissus de coton. (7, Bull. 256, n° 5008.)

Voy. ordonnance du 11 AOUT 1819.

Louis, etc.

Vu notre ordonnance du 2 janvier 1817, relative aux formalités à remplir pour obtenir la prime de sortie sur les tissus de coton, laquelle ordonnance a été étendue, par l'article 14 de la loi du 21 avril dernier, aux primes de coton filé ;

Nous étant fait rendre compte des effets de toutes et chacune des dispositions contenues en cette ordonnance, afin de fortifier celles qui auraient été insuffisantes, ou de supprimer celles qui auraient empêché les manufacturiers de jouir complètement des bienfaits de la loi, nous avons reconnu que l'ensemble des mesures prescrites pouvait être simplifié d'après les résultats de l'expérience, d'une part, en restreignant aux seuls cas où elle peut être nécessaire l'obligation de faire confirmer les certificats de fabrique par des officiers publics, et, de l'autre, en n'exigeant plus qu'il se fasse un second déballage des marchandises à l'extrême frontière.

A ces causes,

Sur le rapport de notre ministre secrétaire-d'État des finances ;

De l'avis de notre Conseil,

Nous avons résolu de substituer les dispositions ci-après à celles de l'ordonnance du 2 janvier 1817, et nous avons ordonné et ordonnons ce qui suit :

Art. 1er. La prime pour la sortie des fils et tissus de pur coton, telle qu'elle est réglée par les lois des 28 avril 1816 et 21 avril 1818, sera payée aux conditions ci-après.

2. Les fils ou tissus devant jouir de la prime seront déclarés au lieu de l'enlèvement, soit au bureau des douanes, s'il en existe un, soit au conseil des prud'hommes, dans le cas contraire seulement, afin d'y être vérifiés et expédiés.

3. L'origine française de ces produits sera constatée par des certificats de fabrique indiquant l'espèce, la qualité, les marques et numéros des pièces de tissu.

Quand la douane ne se croira pas suffisamment assurée de l'authenticité de ces certificats, elle pourra exiger qu'ils soient visés par le sous-préfet de l'arrondissement du lieu de fabrication.

4. Lorsqu'on ne voudra exporter qu'une partie des tissus décrits en un certificat de fabrique, les receveurs des douanes, et, à leur défaut, les maires ou les prud'hommes, délivreront des extraits de certificat, en ayant soin de mentionner sur l'original les quantités pour lesquelles il cessera d'être valable.

5. Pour les vérifications à faire d'après l'art. 2, on devra extraire les marchandises de leur emballage, s'assurer que ce sont des fils ou tissus de l'espèce de ceux pour lesquels la prime est accordée, et que tous les caractères en sont identiques avec les preuves d'origine.

6. Le remballage des marchandises qui auront subi la visite aura lieu en présence des personnes déléguées par les chefs des douanes ou le conseil de prud'hommes, et les colis seront ou plombés par les douanes ou scellés du cachet des prud'hommes.

7. Il sera délivré, par les douanes ou les prud'hommes, une expédition pour accompagner la marchandise jusqu'à l'un des points de sortie désignés ci-après ; laquelle expédition devra relater avec exactitude l'espèce des fils ou tissus, le nombre des pièces ou des paquets renfermés en chaque ballot, la dimension et le poids de ceux-ci, tant au *net* qu'au *brut*.

8. L'exportation devra s'effectuer par les ports ci-après :

Marseille, Baïonne, Bordeaux, La Rochelle, Nantes, Cherbourg, Caen, Rouen, le Havre, Saint-Valery-sur-Somme, Dieppe, Dunkerque ;

Ou par les bureaux de :

Blancmisseron, Forbach, Sierck, Sarguemines, Strasbourg, Saint-Louis, Lauterbourg, Weissembourg, Colmar par Sponcek ou Saint-Louis, Châtillon-de-Michaille, le Pont de Beauvoisin, Saint-Laurent-du-Var.

9. Les bureaux de douanes par lesquels l'expédition définitive aura lieu ne procéde-

ront, à moins d'indices particuliers dont ils n'auront pas à rendre compte, qu'à une vérification purement extérieure des colis expédiés et plombés par les douanes mêmes, laquelle vérification aura pour objet de reconnaître l'état des colis et des plombs, l'identité des marques, du poids et des dimensions en tout sens des ballots. Quant aux colis présentés sous le cachet des prud'hommes, les bureaux de sortie, après en avoir constaté le poids, se borneront, si le poids est exact, à en exiger l'ouverture, pour s'assurer qu'ils contiennent en effet des fils ou tissus ; mais cette vérification se fera sommairement, et n'entraînera ni déballage, ni le dénombrement, ni le dépliage des pièces ou paquets.

10. Le premier bureau frontière qui sera rencontré en venant de l'intérieur se bornera à reconnaître extérieurement l'identité des ballots désignés dans les expéditions de douanes ou de prud'hommes, et à viser lesdites expéditions.

Il ne procédera à la visite par déballage qu'à l'égard des marchandises qui, dépourvues d'expéditions de douanes ou de prud'hommes, ainsi que de plombs ou de cachets, n'auront encore été l'objet d'aucune vérification avant le départ.

11. Lorsqu'à défaut de plombs ou de cachets, l'un des bureaux dont parle l'article précédent aura vérifié une partie de marchandises et délivré l'expédition nécessaire, le bureau de l'extrême frontière par lequel la sortie définitive doit se consommer, se bornera à ce qui est prescrit en l'article 9 de la présente.

12. Après l'une ou l'autre des vérifications voulues par l'article 9 de la présente, les marchandises seront conduites à l'extrême frontière par les préposés, qui certifieront, au dos de l'expédition, le passage réel à l'étranger.

13. Les expéditions dirigées sur Strasbourg seront, en outre, assujéties aux règles ci-après :

Les marchandises devront entrer en ville par la porte Blanche, et l'expédition y être visée.

Les préposés de la porte Blanche accompagneront les marchandises jusqu'au bureau de la douane, où l'on procédera à la vérification, suivant qu'il est prévu par l'art. 9.

Elles seront, sans délai, escortées jusqu'au pont du Rhin, et passeront définitivement à l'étranger.

14. L'expédition de sortie, le certificat de fabrique et celui constatant l'exportation définitive seront visés par le directeur des douanes de la localité, et par lui transmis au directeur général de nos douanes, qui, après examen, ordonnancera le paiement de la prime sur telle caisse des douanes qu'il conviendra aux fabricans de désigner.

15. Au moyen de ces dispositions, celles de notre ordonnance du 2 janvier 1817 sont et demeurent abrogées.

16. Nos ministres des finances et de l'intérieur sont chargés de l'exécution de la présente ordonnance.

23 SEPTEMBRE—Pr. 6 OCTOBRE 1818. — Ordonnance du Roi qui autorise la cour des comptes à constater par un arrêt le recouvrement et l'emploi des fonds offerts pour le rétablissement de la statue de Henri IV. (7, Bull. 236, n° 5009.)

Louis, etc.

Déférant au vœu des souscripteurs pour les frais du rétablissement de la statue de Henri IV, à l'effet de consacrer, par les mêmes formes établies pour le jugement des recettes et dépenses publiques, le recouvrement et l'emploi des fonds offerts par le zèle patriotique de nos sujets pour relever un monument que les regrets de la France redemandaient ;

Sur le rapport de notre ministre secrétaire-d'Etat des finances,

Nous avons ordonné et ordonnons ce qui suit :

Art. 1er. Notre cour des comptes est autorisée à recevoir le compte du sieur Denis, doyen des notaires de Paris, qui s'est chargé de recueillir et d'appliquer gratuitement à leur destination les dons offerts pour la réérection de la statue équestre de Henri IV. Elle constatera, par un arrêt qui sera rendu public, le produit et l'emploi de ces patriotiques offrandes.

2. Notre ministre des finances est chargé de l'exécution de la présente ordonnance.

23 SEPTEMBRE 1818. — Ordonnances du Roi qui accordent des lettres de déclaration de naturalité aux sieurs Delius, Heidseik, Joest, de Mollenbec, Marchésan, Colomb, Arietta et Crocheta. (7, Bull. 241, 248, 255, 264, 276 et 459.)

23 SEPTEMBRE 1818. — Ordonnance du Roi qui permet aux sieurs Félix, Leclerc, Fromage et Sergent de faire des changemens et additions à leurs noms. (7, Bull. 258.)

23 SEPTEMBRE 1818. — Ordonnance du Roi qui admet les sieurs Bender, Lehr, Torrecilla, Zamora et Macias à établir leur domicile en France. (7, Bull. 241.)

23 SEPTEMBRE 1818. — Ordonnances du Roi qui autorisent l'établissement de chapelles domestiques dans plusieurs habitations. (7, Bull. 234.)

———

23 SEPTEMBRE 1818. — Ordonnances du Roi qui autorisent l'acceptation de dons et legs faits aux pauvres, aux hospices, séminaires et fabriques. (7, Bull. 255.)

———

24 SEPTEMBRE 1818. — Ordonnance du Roi qui accorde des lettres de déclaration de naturalité au sieur Caldera. (7, Bull. 238.)

———

26 SEPTEMBRE 1818. — Ordonnance du Roi portant nomination des présidens et vice-présidens des colléges électoraux des départemens y désignés. (7, Bull. 255, n° 4912.)

———

26═Pr. 30 SEPTEMBRE 1818. — Ordonnance du Roi portant convocation des colléges électoraux des départemens de la seconde série, et de ceux des départemens dont la députation est incomplète. (7, Bull. 255, n° 4911.)

Voy. notes sur la loi du 5 FÉVRIER 1817.

Louis, etc.

Conformément à la Charte, les départemens de la seconde série doivent renouveler cette année leur députation. Celle de trois départemens appartenant à d'autres séries est devenue incomplète. Après nous être as-suré que la liste des électeurs de ces départemens a été dressée, imprimée et affichée par les soins des préfets, nous avons jugé à propos de convoquer leurs colléges électoraux, pour qu'ils puissent renouveler ou compléter, avant la prochaine session des Chambres, la députation des départemens auxquels ils appartiennent.

A ces causes,

Vu les articles 35, 36 et 37 de la Charte ;

Vu notre ordonnance du 27 novembre 1816, qui a réparti les quatre-vingt-six départemens du royaume en cinq séries, dont l'ordre a été réglé par le tirage au sort fait dans la Chambre des députés, le 22 janvier 1817 ;

Vu la loi du 5 février suivant ;

Vu notre ordonnance du 20 août 1817, par laquelle nous avons réglé les formalités qui sont relatives à l'exécution de ladite loi, et que nous jugeons à propos de reproduire ;

Sur le rapport de notre ministre secrétaire-d'Etat de l'intérieur,

Nous avons ordonné et ordonnons ce qui suit :

Art. 1er. Les colléges électoraux des départemens de la seconde série, et ceux des départemens dont la députation est incomplète, sont convoqués.

2. Ils se réuniront dans les villes et aux jours ci-après indiqués. Ils se diviseront en sections, conformément au tableau ci-joint, et ils éliront le nombre de députés énoncé au même tableau, savoir :

SÉRIES.	DÉPARTEMENS.	VILLES où les Colléges tiendront leurs séances.	JOURS de l'ouverture du collége.	NOMBRE de	
				sections du collége.	députés à nommer
	Ain	Bourg	20 octob. 1818	2	3
	Alpes (Basses). . . .	Digne	20 id	1	1
	Corrèze	Tulle	20 id	2	2
	Finistère	Quimper	20 id	2	4
	Gard	Nimes	26 id	3	3
	Indre	Châteauroux	20 id	2	2
	Landes	Mont-de-Marsan . .	20 id	2	2
	Loire	Montbrison	20 id	2	3
2ᵉ	Manche	Coutances	20 id	3	4
	Moselle	Metz	20 id	2	4
	Nièvre	Nevers	20 id	2	2
	Nord	Lille	26 id	6	8
	Saône (Haute). . . .	Vesoul	20 id	1	2
	Sarthe	Le Mans	26 id	3	4
	Seine-et-Marne . . .	Melun	20 id	3	3
	Tarn-et-Garonne . .	Montauban	20 id	3	2
	Vendée	Fontenay	20 id	2	3
1ʳᵉ	Rhône.	Lyon	26 id	3	1
	Seine	Paris	26 id	20	1
3ᵉ	Pyrénées (Basses). .	Pau.	20 id	1	1

3. Nul ne pourra être admis dans le collége ou dans la section s'il n'est inscrit d'office, ou ne s'est fait inscrire sur les listes principale ou supplémentaire.

4. La division en sections se fera par ordre alphabétique des noms des électeurs. Le préfet, en suivant cet ordre, déterminera le nombre des électeurs de chaque section dans les limites fixées par l'article 9 de la loi du 5 février 1817.

5. Le préfet, à la réception de la présente ordonnance, la fera publier dans l'arrondissement du chef-lieu, avec l'arrêté par lequel il aura désigné le local des séances du collége et des diverses sections. Il transmettra immédiatement à chacun des sous-préfets une copie de ces deux actes, pour qu'ils les fassent également publier dans leurs arrondissemens respectifs.

6. Il sera remis à chaque électeur une carte indiquant, 1° le numéro de la section à laquelle il appartient; 2° celui de son inscription sur la liste de cette section; 3° l'édifice où la section doit se réunir.

7. Le préfet fera également remettre au président du collége et à chaque vice-président, 1° une expédition de la présente ordonnance, et la lettre close par laquelle nous leur donnons avis de leur nomination et de de la convocation du collége; 2° un extrait de l'arrêté qui désigne l'édifice dans lequel doit se réunir le collége ou la section qu'il préside; 3° la liste alphabétique des membres du collége ou de cette section, avec le nom, la qualification et le domicile de chacun; 4° enfin, une liste indicative des éligibles du département.

8. Si, avant l'ouverture du collége, ou pendant la durée de la session, le président ou un des vices-présidens nommés par nous se trouvait empêché de remplir ses fonctions, le préfet désignera le président parmi les membres du collége, et le vice-président parmi les électeurs de la section, pour le remplacer.

9. Le jour fixé pour l'ouverture du collége, le président et les vice-présidens, chacun dans sa section, ouvriront la séance à huit heures précises du matin, en désignant, parmi les électeurs présens, les quatre scrutateurs et le secrétaire provisoire : on procédera ensuite à la nomination du bureau définitif par deux scrutins simultanés, mais distincts; l'un de liste simple pour la nomination des quatre scrutateurs, l'autre individuel pour celle du secrétaire.

Le quart plus une des voix de la totalité des membres du collége, et la moitié des suffrages exprimés, exigés pour les autres opérations, ne sont pas nécessaires pour la nomination des membres du bureau ; ils peuvent être élus à la simple pluralité des voix des électeurs présens.

10. Aussitôt que le président ou le vice-président aura proclamé les membres du bureau définitif, le secrétaire ouvrira le procès-verbal, il y consignera les opérations qui auront eu lieu jusqu'à ce moment ; le procès-verbal sera tenu en double minute, rédigé à la fin de chaque séance, et signé, au plus tard, à l'ouverture de la séance suivante, par tous les membres du bureau qui y auront assisté.

11. A l'ouverture de chaque tour de scrutin, le président fera faire un appel des électeurs. Chacun, à mesure que son nom sera appelé, déposera son bulletin.

Le membre du bureau qui aura reçu le bulletin inscrira sa propre signature devant le nom de l'électeur porté sur la liste du collège ou de la section.

Chaque électeur, en votant pour la première fois, prononcera le serment dont la teneur suit :

Je jure fidélité au roi, obéissance à la charte constitutionnelle et aux lois du royaume.

12. Les bulletins de ceux qui, n'ayant pas répondu à l'appel, se présenteront ensuite pour voter, continueront d'être reçus jusqu'à l'heure fixée pour la clôture.

13. A trois heures le président ou vice-président déclarera que le scrutin est clos ; il comptera le nombre des bulletins et il en ordonnera le dépouillement. Le procès-verbal constatera le nombre des bulletins trouvés dans la boîte et celui des électeurs qui auront voté.

14. Si le nombre des bulletins est inférieur ou supérieur à celui des votans, le bureau décide provisoirement, selon les cas et les circonstances, de la validité de l'opération. Il sera fait mention de la décision au procès-verbal.

15. Le bureau raiera de tout bulletin : 1° les derniers noms inscrits au-delà de ceux qu'il doit contenir ; 2° les noms qui ne désigneraient pas clairement l'individu auquel ils s'appliquent ; 3° au troisième tour de scrutin, les noms des individus qui ne seraient pas compris sur la liste double des personnes qui ont obtenu le plus de suffrages au second tour.

Le relevé des votes, dans chaque section, sera arrêté et signé par le bureau, conformément à l'article 23 de la loi, et le vice-président le portera immédiatement au bureau du collège qui fera le recensement général. Il sera dressé un procès-verbal de ce recensement.

16. Si une ou plusieurs sections n'avaient pas terminé leurs opérations ou n'en avaient fait que d'irrégulières, le recensement des votes des autres sections n'en aura pas moins lieu, conformément à l'article 13 de la loi, et les candidats qui auraient obtenu le nombre de voix nécessaire seront proclamés.

17. Le bureau ne peut juger que les difficultés qui s'élèvent sur la régularité des opérations du collège ou de la section. Il ne doit pas s'occuper des réclamations qui auraient pour objet le droit de voter.

Le bureau délibère à part ; le président prononce la décision à haute voix.

18. S'il s'élève des discussions dans le sein d'un collège ou d'une section, le président ou le vice-président rappellera aux électeurs qu'aux termes de l'article 8 de la loi toutes discussions, toutes délibérations leur sont interdites. Si, malgré cette observation, la discussion continuait dans l'assemblée, et si le président n'a pas d'autre moyen de la faire cesser, il prononcera la levée de la séance, et l'ajournement au lendemain au plus tard. Les électeurs seront obligés de se séparer à l'instant.

19. La police du collège ou des sections appartenant au président ou aux vice-présidens, nulle force armée ne peut, sans leur demande, être placée auprès du lieu des séances ; mais les commandans militaires sont tenus d'obtempérer à leurs réquisitions.

20. Le président prononcera la séparation du collège aussitôt que les élections seront terminées, et au plus tard le dixième jour après l'ouverture.

21. Immédiatement après la clôture du collège, le président adressera au préfet du département les deux minutes du procès-verbal de chaque section, et le procès-verbal des recensemens généraux dans les collèges qui sont divisés en sections.

22. L'une de ces minutes restera déposée aux archives de la préfecture, et l'autre sera envoyée par le préfet à notre ministre de l'intérieur, qui la transmettra aux questeurs de la chambre.

23. Notre ministre de l'intérieur est chargé de l'exécution de la présente ordonnance.

50 SEPTEMBRE. ⇒ Pr. 6 OCTOBRE 1818.—Ordonnance du Roi relative à la garde nationale. (7, Bull. 257, n° 5048.)

Voy. ordonnances des 27 DÉCEMBRE 1815, 11 DÉCEMBRE 1816, et notes.

Louis, etc.

Sur le compte qui nous a été rendu de l'organisation actuelle de la garde nationale, nous avons reconnu que les circonstances qui avaient nécessité une composition spéciale de cette force publique ayant cessé d'exister, nous devions la faire rentrer sous le régime que les lois en vigueur prescrivent, et que facilite l'exécution de la loi sur le recrutement de l'armée.

Nous étant fait représenter, dans cet objet, la suite de la législation relative à la garde nationale, nous nous sommes convaincu que les lois des 12 septembre et 12 décembre 1790, 3 août et 14 octobre 1791, modifiées par l'acte législatif du 24 septembre 1805, avaient servi de base aux divers réglements qui ont été publiés; que ces lois subsistent dans celles de leurs dispositions qui ne sont point contraires à la charte et aux institutions qu'elle a formées; qu'elles conservent spécialement leur force, en ce qui détermine le rang, le service et la discipline des gardes nationales, soit que, sédentaires ou communales, elles restent sous l'autorité civile, soit que, dans les cas de service extraordinaire, elles passent sous l'autorité militaire.

En conséquence, nous avons résolu de ramener la garde nationale à son institution municipale, sans toutefois qu'il puisse résulter des dispositions de la présente ordonnance un relâchement quelconque dans le service habituel qui se fait partout où cette force publique est organisée.

Persuadé que la garde nationale et les officiers conservés resteront animés du même zèle qu'ont montré, sous leur autre organisation, les chefs et les soldats de tous ces corps, nous nous plaisons à leur témoigner à tous notre vive satisfaction.

La garde nationale qui, sous les ordres de notre bien-aimé frère, Monsieur, a rendu à la France de si éclatans services, trouvera dans notre appui et dans sa bienveillance les mêmes motifs d'émulation.

A ces causes,

Nous avons ordonné et ordonnons ce qui suit :

Art. 1er. Les maires, sous-préfets et préfets reprendront, sous l'autorité de notre ministre de l'intérieur, l'entier exercice des attributions qui leur sont confiées par les lois sur l'organisation, la direction et l'inspection de la garde nationale.

2. Sont et demeurent supprimés tous emplois d'officiers supérieurs à celui de commandant de gardes nationales de communes ou de canton, lesquels rentreront sous les ordres immédiats des autorités civiles, conformément aux lois.

Les rapports du commandant en chef de la garde nationale parisienne avec le préfet du département de la Seine, le préfet de police et notre ministre de l'intérieur, continueront d'avoir lieu, en cette qualité de commandant,

conformément à notre ordonnance du 11 décembre 1816 et aux dispositions de la présente.

3. Dans les villes qui comprennent un ou plusieurs cantons, la garde nationale ne pourra être réunie à d'autres gardes communales. Dans les cantons composés de plusieurs communes, les gardes nationales des diverses communes seront formées en garde cantonnale, sous le commandant de la garde nationale du chef-lieu de canton, en vertu des ordres du sous-préfet; mais les cadres communaux et leurs chefs resteront, pour le service habituel, sous les ordres des maires.

4. Hors des villes, les gardes nationales des divers cantons ne pourront être réunies que par détachement, et en vertu d'une réquisition faite par le préfet, dans les cas prévus et avec les formalités prescrites par les lois précitées sur l'emploi de la force publique.

5. La garde nationale à cheval restera formée, par arrondissement, en compagnies ou en escadrons, sous le commandant de la garde nationale du chef-lieu d'arrondissement : néanmoins, les gardes nationaux à cheval de chaque commune et leur chef devront exécuter, comme ceux de la garde à pied, les ordres qui leur seraient donnés par le maire de la commune où ils résident, pour le maintien de la tranquilité et de la police locale.

6. Le prince colonel général des gardes nationales, nommé par notre ordonnance du 13 mai 1814, continue de jouir des honneurs et prérogatives attachés au titre des colonels généraux d'armes.

7. Les ordonnances des 16 juillet 1814, 18, 21 novembre et 27 décembre 1815, sont rapportées, ainsi que toutes dispositions de décrets et d'ordonnances contraires aux présentes.

8. Notre ministre de l'intérieur est chargé de l'exécution de la présente ordonnance.

———

30 SEPTEMBRE ⹀ Pr. 6 OCTOBRE 1818. — Ordonnance du Roi relative à la division en sections du collège électoral du département de la Seine. (7, Bull. 236, n° 5010.)

Louis, etc.

Vu notre ordonnance du 2 septembre 1817, relative à la division du collège électoral du département de la Seine en sections, et le tableau de cette division joint à ladite ordonnance;

Vu notre ordonnance du 26 septembre, par laquelle nous avons convoqué, avec les colléges électoraux de la deuxième série, celui du département de la Seine, à l'effet de compléter la députation de ce département;

Sur la proposition de notre ministre secrétaire-d'État de l'intérieur,

Nous avons ordonné et ordonnons ce qui suit :

Art. 1er. La division du collége électoral de la Seine en sections se fera, pour la prochaine session, comme il a été réglé par notre ordonnance du 2 septembre 1817, et conformément au tableau annexé à cette ordonnance.

2. Toutes celles des dispositions de notre ordonnance du 26 septembre qui ne sont pas modifiées par la présente sont applicables au collége électoral de la Seine.

3. Notre ministre de l'intérieur est chargé de l'exécution de la présente ordonnance.

———

30 SEPTEMBRE 1818. — Ordonnance du Roi portant nomination du président et des vice-présidens du collége électoral du département de la Seine. (7, Bull. 256, n° 5011.)

———

30 SEPTEMBRE 1818. — Ordonnance du Roi portant nomination du président et du vice-président du collége électoral du département de la Loire. (7, Bull. 256, n. 5012.)

———

30 SEPTEMBRE 1818. — Ordonnance du Roi qui autorise l'inscription au Trésor royal de plusieurs pensions civiles et militaires. (7, Bull. 239, n. 5110.)

———

30 SEPTEMBRE 1818. — Ordonnance du Roi qui autorise, 1° l'acquisition de bâtimens et enclos pour l'agrandissement de l'établissement destiné, sous la dénomination d'hôpital Marie-Thérèse, à servir de dépôt central du département d'Eure-et-Loire, et à l'admission des incurables de ce département; 2° l'acceptation de plusieurs donations faites en faveur de cet établissement. (7, Bull. 239, n° 5111.)

— — — —

30 SEPTEMBRE 1818. — Ordonnances du Roi qui accordent des lettres de déclaration de naturalité aux sieurs Cao de Benos de Les, Chiozza, Nobre, Etcheverry, Thomas, de Passero dit Passier, Tagliotti, Godano et Creskens. (7, Bull. 247, 250, 259, 275, 287, 290 et 455.)

———

30 SEPTEMBRE 1818. — Ordonnances du Roi qui autorisent l'acceptation de dons et legs faits aux pauvres, aux hospices, séminaires et fabriques. (7, Bull. 253, 254, 256 et 257.

30 SEPTEMBRE 1818. — Ordonnance du Roi qui permet aux sieurs Dolce-Segre, Robillard et Bourgeois de faire des changemens et additions à leurs noms. (7, Bull. 238.)

———

30 SEPTEMBRE 1818. — Ordonnance du Roi qui admet les sieurs Oswald, Debono, Pfeiffer et Bengua à établir leur domicile en France. (7, Bull. 241.)

———

30 SEPTEMBRE 1818. — Ordonnances du Roi qui autorisent les sieurs Dorlodot et marquis Desandrouin à construire à Anzin (Nord) deux verreries à vitres et à bouteilles. (7, Bull. 254, n. 5799 et 5800.)

———

1er OCTOBRE 1818. — Ordonnance du Roi qui convoque le collége électoral du département du Finistère pour le 26 OCTOBRE 1818, au lieu du 20 OCTOBRE, époque fixée par l'ordonnance du 26 SEPTEMBRE dernier. (7, Bull. 256, n. 5015.)

———

7═Pr. 15 OCTOBRE 1818. — Ordonnance du Roi relative aux droits à percevoir pour l'enregistrement et la transcription dans les cours et tribunaux, des lettres-patentes portant institution des majorats de marquis et de vicomte, ou collation d'un titre de noblesse. (7, Bull. 258, n. 5051.)

Art. 1er. A l'avenir, il sera perçu, lors de l'enregistrement dans nos cours et tribunaux des lettres-patentes portant institutions de majorats de marquis et de vicomte, les mêmes droits que pour celles portant institution des majorats de comte et de baron.

2. Les greffiers de nos cours et tribunaux percevront, pour frais de transcription des lettres-patentes portant collation d'un titre de noblesse, et des procès-verbaux ou actes de constitution des biens composant les majorats, trois francs par rôle de l'expédition délivrée par notre secrétaire général près la commission du sceau des titres.

Il sera fait mention du nombre des rôles au bas de chaque expédition.

3. Notre ministre de la justice est chargé de l'exécution de la présente ordonnance.

———

7═Pr. 26 OCTOBRE 1818. Ordonnance du Roi qui autorise aux conditions y exprimées la mise en ferme des biens communaux qui ne seraient pas nécessaires à la dépaissance des troupeaux. (7, Bull. 239, n. 5112.)

Voy. décret du 9 BRUMAIRE an 13 et notes.

Louis, etc.

Sur le rapport de notre ministre secrétaire-d'Etat de l'intérieur,

Voulant faciliter la mise en ferme des
biens communaux qui, n'étant pas nécessaires à la dépaissance des troupeaux,
pourraient, par des locations avantageuses,
suppléer à l'insuffisance des revenus affectés
aux dépenses des communes, et obvier à
l'inconvénient des impositions locales, dont
le montant, onéreux aux contribuables,
est également nuisible au recouvrement des
contributions ordinaires;

Voulant, d'ailleurs, favoriser tout ce qui
peut concourir à l'augmentation de nos
moyens de subsistance par la mise en culture des terrains qui en sont susceptibles;

Vu l'article 13 du titre II de la loi du
5 novembre 1790, et les dispositions de la
loi du 11 février 1791, relative aux établissemens publics qui ont conservé l'administration de leurs biens;

Vu aussi les décrets des 28 mars 1801
(7 germinal an 9), 31 octobre 1804 (9 brumaire an 13) et 12 août 1807;

Notre conseil-d'Etat entendu,

Nous avons ordonné et ordonnons ce qui
suit:

Art. 1er. Les biens des communautés d'habitans restés en jouissance commune depuis
la loi du 10 juin 1793, et que les conseils
municipaux ne jugeront pas nécessaires à
la dépaissance des troupeaux, pourront être
affermés, sans qu'il soit besoin de recourir
à notre autorisation, lorsque la durée des
baux n'excédera pas neuf années, à l'effet
de quoi il est spécialement dérogé aux dispositions du décret du 31 octobre 1804
(9 brumaire an 13).

2. La mise en ferme de ces biens ne pourra
se faire qu'après avoir été délibérée par le
conseil municipal, et que sous les clauses,
charges et conditions insérées au cahier des
charges qui en sera préalablement dressé
par le maire et homologué par le préfet sur
l'avis du sous-préfet.

3. Il sera procédé par le maire à l'adjudication des baux desdits biens, en présence
des adjoints et d'un membre du conseil municipal désigné par le préfet, à la chaleur
des enchères, et d'après affiches et publications faites dans les formes prescrites, tant
par l'article 13 de la loi du 5 novembre 1790
et par les dispositions de la loi du 11 février 1791, que par le décret du 12 août
1807.

4. Conformément à l'article 1er du décret
du 12 août 1807, il sera passé acte de l'adjudication par-devant le notaire désigné par
le préfet.

5. L'adjudication ne sera définitive qu'a-

près l'approbation du préfet, et le délai
pour l'enregistrement sera de vingt-jours
après celui où elle aura été donnée, conformément à l'article 78 de la loi du 15 mai
dernier.

6. En cas d'opposition légale de la part
des habitans au changement de jouissance,
le préfet surseoira à l'approbation de l'adjudication, et il en rendra compte à notre
ministre secrétaire-d'Etat de l'intérieur,
pour, sur son rapport, être par nous statué
ce qu'il appartiendra.

7. Les baux des communaux et des biens
patrimoniaux des communes pour une durée excédant neuf années, continueront
d'être soumis aux règles prescrites par le
décret du 28 mars 1801 (7 germinal an 9).

8. Notre ministre de l'intérieur est chargé
de l'exécution de la présente ordonnance.

7=Pr. 30 OCTOBRE 1818.—Ordonnance du Roi
relative à la régie et administration des établissemens connus sous le nom de tontines
d'épargnes. (7, Bull. 240, n. 5259.)

Voy. ordonnances des 20 JUIN et 1er SEP-
TEMBRE 1819, et 14 NOVEMBRE 1821.

Louis, etc.

Sur le rapport de notre ministre secrétaire-d'Etat de l'intérieur;

Vu l'avis du conseil-d'Etat du 25 mars
1809,

Les décrets des 1er avril 1809, 9 février
et 22 octobre 1810, celui du 18 novembre
1810;

Vu les ordonnances royales des 21 octobre 1814, 27 mai 1816, 5 février et 26 août
1818;

Notre conseil-d'Etat entendu,

Nous avons ordonné et ordonnons ce qui
suit:

Art. 1er. Les établissemens connus sous
le nom de *tontines d'épargnes*, précédemment *caisse Lafarge*, *caisse des employés et
artisans* et *tontine du pacte social*, continueront à être régis conformément aux décrets des 1er avril 1809, 9 février et 22 octobre 1810, et par trois membres du conseil
municipal de Paris, qui seront désignés par
le préfet du département de la Seine, et
prendront le titre d'administrateurs des
tontines.

2. Ces trois administrateurs ne jouiront
d'aucun traitement ni émolument.

Ils auront sous leurs ordres, pour la régie des tontines, un directeur, qui sera
nommé et dont le traitement et le cautionnement seront fixés par le préfet du département, sur leur proposition.

3. Il y aura pour les trois tontines un

caissier commun, nommé par le préfet, sur la présentation du conseil municipal.

Le traitement et le cautionnement du caissier seront fixés par le préfet, sur la proposition de l'administration des tontines.

4. Le caissier tiendra des comptes séparés pour chaque tontine, sans qu'il puisse être fait aucun mélange ou confusion des revenus et de l'actif de chaque établissement.

5. Il y aura chaque année, pour chaque tontine, une assemblée où seront appelés les trente actionnaires demeurant dans le département de la Seine qui possèdent le plus grand nombre d'actions.

Cette assemblée sera présidée par le préfet de la Seine, et, en son absence, par le conseiller de préfecture qu'il déléguera à cet effet.

Le directeur y donnera connaissance des comptes de l'exercice précédent, et il sera tenu procès-verbal des observations qui pourront être faites par les actionnaires présens.

6. Les comptes annuels de chaque tontine seront ensuite soumis, avec l'avis de l'administration et les observations faites dans l'assemblée générale, au conseil municipal, pour être par lui vérifiés et apurés.

Les arrêtés du conseil seront soumis à l'approbation du préfet, et les comptes rendus publics par la voie de l'impression.

7. Il y aura, près de l'administration des tontines, un comité consultatif, composé de trois jurisconsultes désignés par le préfet de la Seine.

8. L'administration aura sous ses ordres un secrétaire ; ce secrétaire et les employés de l'administration seront nommés, sur la proposition des administrateurs, par le préfet, qui fixera leurs traitemens.

9. Les frais généraux d'administration, comprenant les loyers, traitemens, frais de bureau et autres dépenses, seront fixés par nous, pour chaque tontine, sur l'avis du préfet de la Seine et le rapport de notre ministre secrétaire-d'État de l'intérieur.

10. Les réglemens des trois tontines seront revus, s'il y a lieu, et soumis à notre approbation.

11. Notre ministre de l'intérieur est chargé de l'exécution de la présente ordonnance.

---

7 OCTOBRE 1818. — Circulaire du garde-des-sceaux à MM. les procureurs généraux près les cours royales. (Journal militaire, 2ᵉ semestre, 1818, page 500.)

Messieurs,

La loi du 10 mars 1818, considérant les engagemens volontaires comme la base première du recrutement de l'armée, a voulu donner un caractère authentique aux actes destinés à les constater. Elle a donc disposé qu'ils seront contractés devant les officiers de l'état civil, dans les formes prescrites par les articles 34 et suivans, jusqu'à 44 inclusivement, du Code civil.

L'instruction que son excellence le ministre de la guerre a donnée, en exécution de l'article 3 de la loi précitée, qui a été approuvée par le Roi, et se trouve insérée au Bulletin des Lois, n° 215, fait connaître, d'une manière très-précise, aux officiers de l'état civil, la part qui leur est réservée dans l'exécution de ce réglement. Ils devront s'y conformer avec d'autant plus de soin et d'attention que, l'acte d'engagement étant aujourd'hui sujet, à peine de nullité, à toute la sévérité des formes et à toute la rigueur des conditions légales, l'oubli de ces formes et la négligence de ces conditions pourraient donner lieu à des contestations nuisibles au bien du service du Roi.

Il est à considérer, sous ce rapport, qu'une omission essentielle existe dans le modèle de l'acte d'engagement qui accompagne l'instruction dont il s'agit, en ce qu'il ne contient aucune énonciation de la présence des deux témoins qui doivent y figurer. Plusieurs fonctionnaires, il est vrai, s'étaient fondés, pour prétendre qu'on pouvait se dispenser d'appeler des témoins, sur ce que les articles du Code civil, auxquels l'article 4 de la loi du 10 mars renvoie, et qui parlent des témoins, étaient indicatifs et n'entraînaient point d'injonction, et sur ce que l'obligation d'appeler des témoins aux actes d'engagemens pourrait, en plusieurs occasions, entraver l'exécution de l'instruction ; mais il a été reconnu, après un examen approfondi, qu'il n'y a point de motifs d'excepter les actes d'engagement de la règle générale, qui veut que toutes les obligations authentiques soient rédigées par un officier public, en présence de témoins, et que, puisque la loi a voulu qu'ils fussent contractés dans les formes prescrites par les articles qu'elle a énumérés, il faut observer toutes celles de ces formes dont les actes d'engagement sont susceptibles ; l'injonction de les observer est, en effet, dans la loi qui indique les articles.

On a aussi à examiner si les mots *repris de justice*, qui se trouvent dans le deuxième paragraphe de l'article 2 de la loi du 10 mars, peuvent s'appliquer aux individus qui auraient été condamnés, pour vol ou pour escroquerie, à des peines correctionnelles. Il a été décidé que les mots *repris de justice* n'ont jamais été appliqués qu'aux condamnés à des peines afflictives et infamantes ; que les articles 28, 42 et 43 du Code pénal, ne privent et ne permettent de déchoir du droit de servir dans les armées du Roi que ceux qui sont condamnés aux peines désignées dans l'article 28, et lorsque cette déchéance est autorisée ou ordonnée par une disposition particulière de la loi ; que l'article 2 de la loi sur l'enrôlement n'a point dérogé à ces dispositions du Code pénal. Il en résulte, par conséquent, que cette exclusion ne doit point être opposée aux individus qui auraient été condamnés seulement à des peines correctionnelles, pour quelque crime que ce soit.

Vous voudrez bien répondre, dans le sens de ces deux décisions, aux doutes des officiers de l'état civil qui pourraient vous consulter à cet égard.

Les expéditions des actes de naissance ou autres, les certificats et généralement toutes les pièces à produire par les engagés doivent être affranchis du timbre, conformément à l'article 16 de la loi du 13 brumaire an 7 (3 novembre 1798) et à la décision que M. le ministre des finances vient de rendre, à la charge par les maires et officiers publics de faire mention de la destination sur chaque expédition d'acte ou certificat. Doivent être pareillement exempts du timbre les expéditions des actes d'engagemens volontaires et les registres où ils sont inscrits.

Je n'ai pas sans doute besoin, Messieurs, d'appeler votre attention sur un objet dont l'importance se fait sentir d'elle-même, et je compte sur votre zèle pour concourir, en ce qui concerne mon département, à assurer l'entière exécution des dispositions de la loi sur le recrutement, relatives aux engagemens volontaires, et de l'instruction approuvée par le Roi qui en contient le développement. Vous voudrez bien recommander à vos substituts, lors de la vérification des registres de l'état civil, de me signaler particulièrement les irrégularités et les négligences qui pourraient se glisser dans les actes d'engagemens volontaires, afin de mettre le Gouvernement à portée de les connaître et d'en prévenir le renouvellement.

---

7 OCTOBRE 1818. — Ordonnance du Roi qui nomme le vice-président du collége électoral du département de la Nièvre. (7, Bull. 238 , n. 5052.)

---

7 OCTOBRE 1818. — Ordonnance du Roi portant proclamation des brevets d'invention, de perfectionnement et d'importation, délivrés pendant le 2ᵉ trimestre de 1818. (7, Bull. 240. nº 5240.)

---

7 OCTOBRE 1818. — Ordonnance du Roi qui charge M. le baron Dutremblay de remplir

les fonctions de directeur général des caisses d'amortissement et des dépôts et consignations. (Mon. n. 282.)

---

7 OCTOBRE 1818, — Ordonnances du Roi qui autorisent l'acceptation de dons et legs faits aux pauvres, aux hospices, séminaires et fabriques. (7, Bull. 257, 256, 260, 261.)

---

9 OCTOBRE 1818. — Ordonnance du Roi qui autorise le sieur Petit à s'établir et à prendre du service dans le royaume des Pays-Bas. (7, Bull. 241, n. 5328.)

14.=Pr.30 OCTOBRE 1818.—Ordonnance du Roi sur l'application de la disposition de l'article 1ᵉʳ du décret du 25 novembre 1811, relative aux sous-officiers et soldats qui, après avoir obtenu grâce pour crime de désertion, et s'étant rendus aux corps qui leur ont été assignés, désertent de nouveau. (7, Bull. 240, n. 5241.)

Louis, etc.

Sur le rapport de notre garde-des-sceaux, ministre secrétaire-d'Etat au département de la justice, relatif à un arrêté pris, le 6 avril 1818, par le conseil permanent de révision de la 12ᵉ division militaire, lequel arrêté porte qu'il y a lieu de recourir au mode d'interprétation établi par la loi du 16 septembre 1807 ; attendu le dissentiment existant entre les premier et second conseils de guerre de la même division militaire, d'une part, et le conseil de révision, d'autre part, sur l'exécution de notre ordonnance du 21 février 1816, dans ses rapports notamment avec l'article 1ᵉʳ du décret du 25 novembre 1811, qui détermine la peine à infliger aux sous-officiers et soldats qui, après avoir obtenu grace, ayant été condamnés pour crime de désertion, et étant incorporés de nouveau dans un corps de troupes, désertent encore; et avec l'article 83 de l'arrêté du 19 vendémiaire an 12 (12 octobre 1803), portant que, lorsqu'un condamné aux travaux publics pour crime de désertion, ayant obtenu sa grâce, rentrera sous les drapeaux, il ne sera fait, sur les contrôles du corps où il sera reçu, aucune mention de la peine qu'il aura subie, lesquels décret et arrêté ont été maintenus par notre susdite ordonnance.

Vu les jugemens suivans, rendus sur la même question, entre les mêmes parties, à l'occasion du même fait et sur les mêmes moyens :

1° Le jugement du second conseil de guerre de la 13ᵉ division militaire, du 14 septembre 1816, qui avait condamné le nommé Louis Gronasel, alors fusilier dans la légion d'Ille-et-Vilaine, à cinq ans de travaux publics pour désertion à l'intérieur, emportant ses effets d'habillement ;

2° Notre décision du 3 septembre 1817, par laquelle Gronasel aurait obtenu grace pleine et entière, et par suite de laquelle il aurait été incorporé dans la légion de Seine-et-Oise, après avoir été muni d'effets d'habillement et d'équipement ;

3° Le jugement du premier conseil de guerre de la 12e division militaire, en date du 18 mars 1818, qui condamne Gronasel à la peine de mort, comme coupable de désertion à l'intérieur, emportant de nouveau ses effets d'habillement, après avoir été gracié de la peine des travaux publics, à laquelle il avait été condamné pour un semblable crime, ledit jugement motivé sur l'article 1er du décret du 23 novembre 1811, dont la disposition y est transcrite ;

4° Le jugement du conseil de révision de la même division, du 25 du même mois, portant annulation du jugement ci-dessus pour fausse application de la loi pénale, déduit de ce que, d'après l'article 83 de l'arrêté du 19 vendémiaire an 12 (12 octobre 1803), tout condamné aux travaux publics pour crime de désertion qui a obtenu sa grace étant ensuite replacé dans un corps de troupes, il n'est fait sur les contrôles du corps aucune mention de la peine qu'il a subie, d'où le conseil de révision a conclu qu'il ne devait pas être considéré comme étant en état de récidive ;

5° Le jugement du second conseil de guerre, du 2 avril 1818, qui prononce de la même manière et pour les mêmes motifs que le premier conseil de guerre par celui du 18 mars précédent ;

Vu le référé du conseil de révision porté par son arrêté susmentionné, les articles 74 et 83 de l'arrêté du 19 vendémiaire an 12 (12 octobre 1803), les articles 1, 3 et 4 du décret du 23 novembre 1811, et nos ordonnances des 21 février 1816 et 22 avril 1818 ;

Considérant qu'il s'agit, dans l'espèce, d'interpréter notre ordonnance du 21 février 1816, dans les dispositions qui se réfèrent soit au décret du 23 novembre 1811, soit à l'arrêté du 19 vendémiaire an 12 (12 octobre 1803) ;

Considérant que c'est à raison de la récidive que le condamné pour crime de désertion encourt la peine portée par l'article 1er du décret du 23 novembre 1811, lorsqu'il déserte de nouveau après s'être rendu au corps qui lui a été assigné ;

Considérant que cet article est conforme

à l'article 56 du Code pénal ordinaire, qui soumet à la peine de la récidive *quiconque, ayant été condamné pour crime, aura commis un second crime;*

Considérant que, dans ce dernier cas, nos lettres de grace accordées pour le premier crime, encore qu'elles aient fait la remise de la peine, ne dispensent pas de celle qui est encourue par la récidive, et qu'elles ne doivent pas en dispenser non plus dans le même cas, lorsqu'il y a récidive pour crime de désertion ;

Considérant qu'en effet, ni la grace accordée pour un premier crime, ni le défaut de mention de la première condamnation sur les contrôles des corps, n'ont ni éteint le premier crime ni détruit la première condamnation, et portent uniquement sur ses effets ;

Considérant qu'on ne peut pas se permettre de restreindre une disposition telle que celle de l'article 1er du décret du 28 novembre 1811, qui est absolue, dont l'aggravation est justifiée par la nécessité de maintenir la discipline militaire ; après l'application de laquelle, d'ailleurs, les articles 3 et 4 permettent à l'autorité d'accorder des sursis à l'exécution des jugemens de condamnation, en raison des circonstances qui pourraient atténuer le crime du condamné ;

Considérant enfin qu'il ne s'ensuit pas, au surplus, que les conseils de guerre et de révision puissent se dispenser d'examiner, lorsqu'il y a lieu, si les délais de repentir, dans les divers cas spécifiés par l'article 74, titre IX de l'arrêté du 19 vendémiaire an 12 (12 octobre 1803), et par notre ordonnance du 22 avril 1818, sont applicables au cas même de la récidive pour crime de désertion ;

Notre Conseil-d'Etat entendu,

Nous avons ordonné et ordonnons ce qui suit :

Art. 1er. La disposition de l'article 1er du décret du 23 novembre 1811, relative aux sous-officiers et soldats qui, après avoir obtenu grace pour crime de désertion, et s'étant rendus aux corps qui leur ont été assignés, désertent de nouveau, doit recevoir son application, quoiqu'il ne soit fait sur les contrôles du corps aucune mention de la peine qu'ils auront subie.

2. Nos ministres de la justice et de la guerre sont chargés de l'exécution de la présente ordonnance.

14 = 30 OCTOBRE 1818. — Ordonnance du

Roi relative à la compétence des tribunaux maritimes (1). (7, Bull. 240, n° 5242.)

Louis, etc.

Vu la décision prise, le 9 février dernier, par le conseil de révision assemblé à Rochefort, laquelle porte qu'attendu le dissentiment existant entre deux tribunaux maritimes, d'une part, et le conseil de révision, de l'autre, sur la question de savoir si l'article 11 du décret du 12 novembre 1806, concernant les tribunaux maritimes, peut se concilier avec l'article 62 de la Charte, les pièces de l'affaire et les jugemens y relatifs nous seront adressés en notre conseil-d'Etat ;

Vu les jugemens suivans, rendus sur la même question, entre les mêmes parties, d'après les mêmes moyens et à l'occasion du même fait :

1° Le jugement du tribunal maritime séant à Rochefort, en date du 30 janvier dernier, lequel, considérant que Louis Rousselot, accusé de recélé de vol commis dans l'arsenal de ladite ville, est étranger au service de la marine, qu'il est tonnelier, domicilié et travaillant à Rochefort, et qu'en vertu de l'article 62 de la Charte il ne peut être distrait de ses juges naturels, se déclare incompétent pour juger l'accusé Rousselot, et le renvoie devant qui de droit ;

2° La décision du conseil de révision, en date du 2 février dernier qui annule le jugement précité, sur le fondement que l'article 11 du décret du 12 novembre 1806 n'a point été aboli par la Charte, qu'en conséquence le tribunal maritime devait se déclarer compétent pour juger Rousselot en complicité avec les autres accusés, et renvoie devant un nouveau tribunal maritime composé conformément à la loi ;

3° Le jugement du nouveau tribunal maritime, en date du 6 février dernier, qui prononce de la même manière et d'après les mêmes motifs que le premier tribunal ;

Vu le référé du conseil de révision, suivant sa décision susmentionnée ;

Vu les articles 10 et 11 du décret du 12 novembre 1806, lesquels sont ainsi conçus :

Art. 10. « Ces tribunaux (les tribunaux « maritimes) connaîtront de tous les délits « commis dans les ports et arsenaux, qui « seront relatifs, soit à leur police ou sû- « reté, soit au service maritime.

Art. 11. « Ils connaîtront de ces délits à « l'égard de ceux qui en seraient fauteurs

« ou complices, *encore qu'ils ne fussent pas* « *gens de guerre ou attachés au service de la* « *marine.* »

Vu l'article 54 du titre Ier de la loi du 12 octobre 1791, auquel est conforme l'article 11 dudit décret ;

Vu les articles 62 et 68 de la Charte ;

Considérant que la Charte, en ordonnant, par l'article 68, que les lois actuellement existantes qui n'y sont pas contraires resteront en vigueur jusqu'à ce qu'il y soit légalement dérogé, a, par cela seul, maintenu les tribunaux maritimes dans toute l'étendue de leurs attributions, et qu'on ne peut induire d'aucune des dispositions de la Charte l'abrogation des lois et réglemens relatifs à la juridiction maritime ;

Sur le rapport de notre garde-des-sceaux, ministre secrétaire-d'Etat au département de la justice ;

Notre conseil-d'Etat entendu,

Nous avons ordonné et ordonnons ce qui suit :

Art. 1er. Le jugement de l'accusation portée contre Louis Rousselot, pour recélé des effets provenant de vol commis dans l'arsenal de Rochefort, appartient au tribunal maritime de ce port.

2. Nos ministres de la justice et de la marine sont chargés de l'exécution de la présente ordonnance.

14 OCTOBRE 1818. — Ordonnance du Roi qui nomme le vice-président de la vingtième section du collège électoral du département de la Seine. (7, Bull. 239, n° 5113.)

14 OCTOBRE 1818. — Ordonnance du Roi qui accorde une pension de deux mille sept cents francs à M. Dufresne de Saint-Léon, ancien liquidateur général de la dette publique. (7, Bull. 240, n° 5243.)

14 OCTOBRE 1818. — Ordonnance du Roi qui autorise l'inscription au Trésor royal d'une pension civile et de quarante-quatre soldes de retraite définitives.(7, Bull.240, n°5244.)

14 OCTOBRE 1818. — Ordonnance du Roi qui rapporte l'acte du Gouvernement du 15 février 1810, portant concession pour cinquante années, au sieur Étienne Ronna, des mines de houille ou d'anthracite de la commune du Mont-de-Lans, département de l'Isère. (7, Bull. 265.)

(1) L'existence de ces tribunaux est-elle légale ? La question a été vivement controversée ; toutefois, il faut convenir que la loi du 10 avril 1825, sur la piraterie et la baraterie, reconnaît leur compétence et leurs attributions.

14 octobre 1818. — Ordonnances du Roi qui autorisent l'acceptation de dons et legs faits aux pauvres, aux hospices, séminaires et fabriques. (7, Bull. 262, 263 et 264.)

14 octobre 1818. — Ordonnances du Roi qui accordent des foires et qui fixent l'époque de la tenue de celles des communes de Vire, Falaise, Champniers, Fontaine-Chalandray, Valence, Plougoumelen, Gerberoi, Vernois-sur-Mance, Maisse, Carnac, Salornay et Pléaux. (7, Bull. 265.)

15 octobre 1818. — Circulaire du ministre de la guerre à MM. les Préfets. (Journal militaire, 2e semestre, 1818, p. 307.)

Messieurs,

Questions sur les appels présentés au ministre par les préfets.

1re *question* (art. 2 de la loi). — Quel est le sens qu'il convient d'attacher aux mots *repris de justice*, et quels sont, par conséquent, parmi les jeunes gens d'une classe qui auraient été condamnés judiciairement, ceux qui, en exécution de l'article 2 de la loi du 10 mars, ne doivent pas être portés sur les tableaux de recensement ?

Réponse. — Cette question a été l'objet d'un examen spécial, et il a été reconnu que les mots *repris de justice* n'avaient jamais été appliqués qu'aux individus condamnés à des peines afflictives ou infamantes; ainsi, l'exclusion prononcée par l'article 2 de la loi ne doit point être opposée aux jeunes gens qui auraient été condamnés, pour un motif quelconque, à de simples peines correctionnelles; ces jeunes gens doivent être portés sur les tableaux de recensement de leur classe.

2e *question* (art. 7 de la loi et art. 4 de l'instruction). — La colonne 9 du tableau de recensement (modèle No 3) est destinée à l'inscription des jeunes gens omis sur les tableaux des classes antérieures; doit-on inscrire dans cette colonne les conscrits omis de la classe de 1815 ?

Réponse. — La Charte constitutionnelle, en abolissant la conscription, a libéré irrévocablement tous les conscrits, quelle que fût leur position au moment où elle a paru.

Cette disposition, dont les conséquences sont développées à l'article 25 de la loi du 10 mars, ne permet pas de comprendre sur les tableaux de la classe de 1816 des jeunes gens qui seraient nés avant le 1er janvier 1796 (11 nivose an 4); la colonne neuf du tableau de recensement est sans utilité pour cette classe; il n'y aura lieu d'en faire usage que pour les classes subséquentes.

3e *question* (art. 7 de la loi). — Les jeunes gens des classes de 1816 et 1817 mariés en temps utile, mais qui sont devenus veufs sans enfans, doivent-ils jouir de l'exemption accordée par la loi ?

Réponse. — La loi n'a pas fait de distinction entre les jeunes gens mariés qui ont des enfans, ou dont la femme est existante, et ceux qui sont devenus veufs sans enfans; elle a attaché l'exemption au mariage célébré en temps utile; elle s'exprime ainsi : « Seront exemptés les jeunes gens de ces deux classes qui auront contracté mariage avant la publication de la loi. »

Ainsi, les jeunes gens des classes de 1816 et 1817, qui, mariés en temps utile, sont devenus veufs sans enfans, n'en doivent pas moins être exemptés, et remplacés dans le contingent.

4e *question* (art. 7 de la loi). — Doit-on admettre à l'exemption les jeunes gens des classes de 1816 et 1817 qui se sont mariés le jour même où, d'après les articles 1, 2 et 3 de l'ordonnance du 27 novembre 1816, la loi du 10 mars a commencé à devenir exécutoire dans le département où le mariage a été célébré ?

Réponse. — Il est possible que le mariage eût été célébré à une heure antérieure à celle où, d'après les supputations de temps à faire selon le Code civil, et l'arrêté du 13 juillet 1803 (25 thermidor an 11), rappelé dans l'ordonnance du 27 novembre 1816, la loi a commencé à être exécutoire dans le département; les jeunes gens ont pu d'ailleurs se marier dans ce jour avec l'idée que la loi n'était pas encore exécutoire; il paraît juste alors de considérer le mariage comme ayant été fait en temps utile, mais les conseils de révision pourront ne pas avoir égard à un mariage contracté le lendemain, sans donner une extension forcée au texte de la loi.

5e *question.* — La loi semble ne pas avoir prévu que les appels porteraient sur des jeunes gens devenus *majeurs.* Ne convient-il pas de tirer de cette présomption la conséquence que ces jeunes gens ne sont pas tenus de se faire inscrire au domicile de leurs pères et mères s'ils ont un domicile particulier dans un autre canton ?

Réponse. — Si l'on se reporte au texte de la loi, on reconnaîtra qu'elle n'a pas supposé que les appels ne porteraient que sur des jeunes gens en état de minorité, puisqu'elle parle des jeunes gens émancipés; l'article 8 n'excepte de la règle qu'elle trace que les jeunes gens mariés, ayant un domicile réel, et l'on ne voit pas que les termes de cet article permettent d'inscrire les majeurs non mariés sur les tableaux de recensement d'une autre commune que celle du domicile de leurs père et mère.

6ᵉ *question* (art. 13 de la loi). — Les jeunes gens dont les frères ont disparu aux armées seront-ils tenus, pour pouvoir jouir de l'exemption accordée par l'article 13 de la loi, de produire les actes de décès de ces frères, ou des certificats du conseil d'administration, constatant le décès?

Réponse. — L'article 13 de la loi dit que les cas d'exemption autres que les infirmités, ainsi que les cas de dispense, seront jugés définitivement par les conseils de révision, sur la production de documens authentiques ou de certificats.

Le choix que la loi a fait de ces mots *documens authentiques*, qui s'appliquent à toute espèce de pièces, indique qu'elle a eu égard à l'impossibilité où les familles pourraient se trouver quelquefois de produire des actes de l'état civil, ou autres actes publics réguliers.

L'absence de ces actes n'est donc pas toujours un motif suffisant pour refuser l'exemption ou la dispense.

Ces actes, ainsi que l'ont exprimé plusieurs préfets, peuvent ne pas être exigés des jeunes gens frères de militaires disparus aux armées, lorsque ces jeunes gens produisent un extrait des registres-matricules du corps dûment certifié et légalisé, ou un certificat de l'autorité militaire compétente, constatant que le frère était sous les drapeaux quand il a disparu, et qu'il n'est porté ni comme déserteur, ni comme prévenu de désertion; ou bien, s'il y a impossibilité absolue de se procurer l'une ou l'autre de ces deux pièces, lorsqu'ils produisent un certificat du maire de leur commune, signé de trois pères de famille dont les fils sont soumis à l'appel, ou ont été appelés ou sont sous les drapeaux, constatant que ce frère était sous les drapeaux quand il a cessé de donner de ses nouvelles et qu'il a disparu; qu'aucun acte ou avis public ou particulier n'a fait connaître qu'il eût été signalé comme déserteur ou prévenu de désertion, et qu'on ignore ce qu'il est devenu.

La marche indiquée serait conforme au Code civil, qui, article 46, permet, dans un cas analogue à celui dont il s'agit, de remplacer les actes de décès par des témoignages et par les papiers de famille.

Mais, comme, en résultat, les conseils de révision sont juges de l'authenticité des documens, c'est à eux qu'il sera réservé d'examiner si ceux que l'on produit sont suffisans, et les explications que l'on donne ici ont pour objet unique de mettre MM. les sous-préfets et les maires à portée de fournir aux jeunes gens toutes les indications nécessaires sur les pièces dont ils doivent se munir.

7ᵉ *question* (art. 13 de la loi et modèle Nº 5, bordereau Nº 4 de l'instruction). — Doit-on admettre comme réguliers des certificats signés par des pères de famille, dont les enfans ne feraient point partie du contingent d'une classe?

Réponse. — Les habitans pères de jeunes gens faisant partie d'une classe appelée, ont tous caractère pour signer ces certificats, jusqu'au moment de la clôture de la liste départementale du contingent : à compter du jour de la clôture, cette faculté n'appartient qu'à ceux dont les fils sont compris dans le contingent; telle est l'interprétation que doivent recevoir ces mots qui se trouvent dans l'article 13 de la loi : pères de famille dont les fils sont soumis à l'appel ou ont été appelés.

8ᵉ *question* (art. 13 de la loi et art. 88 de l'instruction). — Doit-on attendre l'ouverture des opérations du conseil de révision, pour dresser et envoyer la liste voulue, pour les absens, par l'article 88 de l'instruction sur les appels?

Réponse. — L'envoi de cette liste peut avoir lieu aussitôt après le tirage; cette précaution, vu le rapprochement des époques, ne sera point inutile pour les classes de 1816 et 1817, MM. les préfets sont invités à y avoir recours.

9ᵉ *question* (art. 13 de la loi, art. 73 et 83 de l'instruction). — La loi du 3 novembre 1798 (13 brumaire an 7), qui, article 16, exempte du droit de timbre les certificats et autres pièces concernant les gens de guerre, est-elle applicable aux certificats et autres pièces que sont dans le cas de produire les jeunes gens d'une classe appelée?

Réponse. — Son excellence le ministre des finances, consulté sur cette question, a fait connaître par une lettre en date du 5 septembre dernier que la loi du 3 novembre 1798 conservait toute sa vigueur, et qu'en exécution de cette loi les certificats et autres pièces dont auraient besoin les jeunes gens (indigens ou non) d'une classe appelée ne seraient pas assujettis au droit de timbre, que les maires et autres officiers publics seraient tenus seulement de faire mention sur ces pièces de l'emploi qui doit en être fait.

MM. les préfets sont invités à faire connaître cette disposition à leurs administrés, en lui donnant la plus grande publicité possible.

10ᵉ *question* (art. 15 de la loi et modèle Nº 5, bordereau Nº 2 de l'instruction). — Devant quelle autorité les frères des écoles chrétiennes doivent-ils contracter l'engagement de se vouer pendant dix ans au service de l'instruction publique?

Réponse. — Il résulte de l'article 15 de la loi du 10 mars que cette obligation doit être contractée devant le conseil de l'Université.

Ce conseil a été chargé par son excellence le ministre de l'intérieur de veiller à ce que tous les membres de l'Université qui feraient partie d'une classe appelée satisfassent indistinctement à cette disposition.

21 OCTOBRE. Pr. 4 NOVEMBRE 1818.—Instruction sur les appels, donnée en exécution du titre II de la loi du 10 mars 1818, sur le recrutement de l'armée. (7 , Bull. 241 , n° 5303, 2ᵉ partie.)

Voy. l'instruction du 12 AOUT 1818, et notes.

TITRE V. De l'inscription des jeunes soldats sur les registres-matricules de la légion du département, et de la police à laquelle ils sont soumis avant leur mise en activité.

CHAPITRE Iᵉʳ. *Inscriptions sur les registres-matricules de la légion.*(Art. 19 de la loi.)

Art. 138. Le major de la légion sera chargé, sous la surveillance du colonel, de tout ce qui concerne le recrutement.

Un officier lui sera adjoint pour ce détail et la tenue des écritures; cet officier sera désigné par le conseil d'administration, sur la proposition du major.

139. Afin d'éviter de charger le registre-matricule d'une quantité trop considérable de noms d'hommes qui ne sont pas sous les drapeaux, il sera ouvert un supplément à ce registre, sous la désignation de *registre-matricule N° 2*; ce registre sera conforme au modèle N° 13.

140. Le registre-matricule ordinaire, qui prendra le nom de *registre-matricule N° 1*, restera consacré aux hommes qui seront incorporés dans la légion, à quelque titre que ce soit. Il ne sera rien changé à la forme de ce registre.

Le registre-matricule N° 2 sera destiné à l'inscription des noms et signalemens des jeunes gens provenant du contingent départemental, ainsi qu'à l'annotation des mutations qui surviendront parmi eux jusqu'à leur incorporation, soit dans la légion, soit dans tout autre corps.

141. Le major de la légion fera inscrire comme *jeunes soldats*, sur le registre-matricule N° 2 :

1° Tous les hommes portés sur la liste des remplaçans :

2° Tous les jeunes gens portés sur la liste départementale du contingent qui n'auront pas été annotés sur cette liste, soit comme dispensés en vertu de l'article 15 de la loi, soit comme remplacés ou substitués, soit comme ayant été appelés par supplément, pour, au besoin, remplacer des jeunes gens dont les réclamations n'ont pas encore été jugées par les tribunaux.

142. Les jeunes gens en réclamation devant les tribunaux n'en seront pas moins inscrits sur le registre-matricule; toutefois, il ne sera donné suite à cette immatriculation qu'à partir du moment où le jugement rendu ferait connaître que le réclamant doit être maintenu dans le contingent.

143. Les remplaçans seront immatriculés dans l'ordre où ils auront été inscrits sur les listes particulières.

Le même ordre sera suivi pour les jeunes gens portés sur la liste du contingent; les substituans seront immatriculés au rang que tiennent, sur cette liste , ceux qu'ils représentent.

144. A mesure que le sous-intendant militaire du département transmettra des décisions définitives sur les jeunes soldats dont les réclamations auront été portées devant les tribunaux , le major de la légion du département annotera ces décisions à l'article des réclamans, si ces décisions les maintiennent dans le contingent : dans le cas contraire, il les raiera des registres-matricules, et inscrira à la suite du contingent les jeunes gens de leurs cantons respectifs, qui, d'après l'ordre de leurs numéros de tirage, sont destinés à les remplacer, et ont été portés comme tels sur le supplément à la liste départementale du contingent.

145. Il sera fait mention, sur la liste départementale du contingent, de toutes les mutations dont il aura été donné avis au commandant de la légion par le sous-intendant militaire.

Les mêmes annotations seront faites avec exactitude sur le registre-matricule.

146. Le commandant de la légion indiquera sur le registre-matricule N° 2, à l'article du remplaçant, les noms et prénoms de celui qu'il remplace, ainsi que la commune, le canton et le département où il est domicilié.

CHAPITRE II. Police à laquelle sont soumis les jeunes soldats avant leur mise en activité. (Art. 19 de la loi.)

147. Les jeunes soldats qui seraient inscrits sur les contrôles de la garde nationale en seront rayés comme appartenant à l'armée active.

148. Les jeunes soldats qui auraient à s'absenter de leur arrondissement de sous-préfecture pour plus de quinze jours seront tenus d'en faire la déclaration devant le

maire de la commune, et ils indiqueront le lieu où ils se proposent d'aller ; le maire prendra note de cette déclaration, et la transmettra au préfet.

149. Si le lieu où veulent se rendre les jeunes soldats qui s'absentent pour plus de quinze jours est hors du département, ils ne pourront se mettre en route sans une permission du maire, autorisé à cet effet par le préfet, spécialement ou par un ordre général, selon que cet administrateur le jugera convenable, suivant les localités et les besoins de l'agriculture ou de l'industrie.

Lorsque, conformément aux lois et réglemens de police, il y aura lieu à délivrer un passeport dans l'intérieur, il y sera fait mention de la qualité de jeune soldat du réclamant et de la permission qui lui aura été accordée.

Les passeports à l'étranger ne seront jamais accordés qu'avec l'autorisation du ministre de la guerre.

150. Tout jeune soldat qui aura quitté son arrondissement, ou qui aura obtenu l'autorisation d'aller dans un autre département, sera tenu, à son arrivée, de faire connaître au maire de la commune le lieu de son habitation.

151. Les préfets inscriront sur un registre particulier toutes les déclarations de déplacement dont il leur aura été rendu compte par les maires, ainsi que les autorisations accordées à de jeunes soldats pour s'absenter de leur département.

Les préfets donneront avis de ces déclarations et autorisations au sous-intendant militaire, et celui-ci en prendra note et les fera connaître au commandant de la légion.

152. Les mesures prescrites par les trois articles précédens seront suivies pour les jeunes soldats absens de leur département au moment de leur désignation pour le contingent.

Le préfet de la résidence mettra ces mesures à exécution, et il en donnera avis au préfet du domicile.

153. Si les jeunes soldats absens dès le moment de leur désignation veulent retourner à leur domicile, il suffira qu'ils en préviennent le maire du lieu où ils se trouvent ; et cet avis sera transmis au préfet du domicile.

154. Il ne sera point donné suite aux réclamations que formeraient les jeunes soldats pour faire examiner les droits qu'ils prétendraient avoir acquis, soit à l'exemption, soit à la dispense. Ceux d'entre eux qui deviendraient impropres au service militaire seront congédiés de la manière qui sera indiquée ci-après au titre *de la mise en activité.*

155. Les jeunes soldats non mis encore en activité pourront se faire remplacer suivant les formes et sous les conditions indiquées au titre IV, chapitre X, de la présente instruction (1re partie).

156. Les réglemens militaires relatifs au mariage des sous-officiers et soldats sont applicables aux jeunes soldats, encore qu'ils n'aient pas été mis en activité.

En conséquence, tout jeune soldat qui voudra se marier sera tenu d'en faire la demande au conseil d'administration de la légion sur les registres de laquelle il aura été immatriculé. Il remettra sa demande au maire de son domicile, qui la fera passer au préfet. Le préfet la transmettra au conseil d'administration, après y avoir inscrit son avis, s'il le juge convenable.

157. L'autorisation que les jeunes soldats présenteront à l'officier de l'état civil restera annexée à l'acte de célébration du mariage.

TITRE VI. De la mise en activité des jeunes soldats pour la légion du département, et des changemens de destination.

CHAPITRE Ier. *Mise en activité des jeunes soldats pour la légion du département.*

158. Les jeunes soldats de chaque canton seront, suivant les proportions qui seront déterminées ci-après, mis en activité dans l'ordre de leurs numéros de tirage. Cependant ceux qui doivent marcher en personne ne seront mis en activité qu'après que tous les remplaçans existant dans le département auront été incorporés.

159. Il sera fait exception à l'ordre indiqué par l'article précédent pour les jeunes soldats qui demanderont à servir avant le temps fixé pour leur mise en activité.

Ceux-ci seront incorporés dans la légion dès l'instant où ils en auront fait la demande.

160. Les demandes que feront les jeunes soldats pour être incorporés dans la légion de leur département avant l'époque de leur mise en activité seront transmises par l'intermédiaire des autorités civiles au sous-intendant militaire de ce département.

Le sous-intendant délivrera ou fera délivrer une feuille de route au réclamant ; il en donnera avis au commandant de la légion, et lui fera passer une copie de la demande qui lui aura été transmise.

161. Aussitôt après que le général commandant la division aura fait parvenir dans le département l'ordre de mettre de jeunes soldats en activité, le sous-intendant militaire, dépositaire de la liste départementale du contingent, procédera à la répartition entre les cantons, du nombre d'hommes indiqués dans l'ordre.

llfera cette répartition proportionnellement au nombre de jeunes soldats immatriculés qui se trouveront *disponibles* dans chaque canton.

162. Seront considérés comme disponibles tous les jeunes soldats immatriculés qui n'auront pas encore été mis en activité, soit qu'ils se trouvent absens du département, soit qu'ils y résident.

163. Le sous-intendant militaire formera, pour les jeunes soldats qui, d'après les dispositions des articles 158 et 161, auront été compris dans la répartition, une liste nominative, dont il transmettra des copies au préfet et au commandant de la légion du département.

Cette liste sera conforme au modèle N° 14, et portera le nom de *liste de mise en activité.*

164. Aussitôt après la formation de la liste nominative dont il est question à l'article précédent, le sous-intendant militaire dressera, au nom du ministre, des lettres de mise en activité pour chacun des jeunes soldats compris dans la répartition : ces lettres seront en double expédition et conformes au modèle N° 15.

165. Le sous-intendant militaire enverra les lettres de mise en activité qu'il aura dressées au préfet du département.

166. Le préfet, après avoir reconnu que les jeunes soldats sont appelés à l'activité dans l'ordre déterminé par les articles 158 et 171 de la présente instruction, transmettra au maire de la commune du domicile, par l'intermédiaire du sous-préfet, la première expédition des lettres de mise en activité.

167. Si, parmi les jeunes soldats appelés à l'activité, il en est qui aient quitté leur arrondissement après en avoir fait la déclaration, ou qui aient quitté le département après y avoir été autorisés, le préfet transmettra, pour eux, la seconde expédition des lettres de mise en activité, savoir :

Dans le premier cas, aux maires des communes indiquées dans leur déclaration ;

Dans le second cas, aux préfets des départemens où seront les communes indiquées dans les autorisations.

Les préfets auxquels ces secondes expéditions auront été transmises les feront passer aux maires des lieux indiqués.

168. Les lettres de mise en activité devront être envoyées aux maires, de manière que les jeunes soldats aient au moins trois jours complets pour se préparer au départ. Dans ce délai ne devront être compris ni le jour où la lettre aura été notifiée, ni celui du départ.

169. Les maires feront notifier les lettres de mise en activité qui leur auront été envoyées, au domicile ou lieu d'habitation des jeunes soldats auxquels ces lettres seront adressées.

Ils inscriront, sur un registre qu'ils tiendront à cet effet, toutes les notifications de mise en activité qui auront été faites à leur diligence.

Ce registre sera conforme au modèle N° 16.

170. Les maires enverront, pour chaque notification, au préfet, par l'intermédiaire du sous-préfet, un extrait du registre, qui sera conforme au modèle N° 17.

Le préfet transmettra ces extraits aux administrateurs civils et militaires de qui il aura reçu des lettres de mise en activité, pour ces extraits être remis au commandant de la légion.

171. Si un jeune soldat à qui il aura été notifié une lettre de mise en activité est atteint de maladie ou est devenu infirme, il devra, dans les trois jours de la notification, en faire donner avis au maire de la commune, et lui fera remettre sa demande, soit pour obtenir un délai, soit pour être réformé.

172. Le maire transmettra sur-le-champ au préfet, avec ses observations particulières, la demande qui lui aura été présentée, et si le préfet estime qu'il doive y être donné suite, il la soumettra aussitôt au conseil de révision.

Le conseil de révision examinera dans le plus court délai les motifs allégués par le réclamant, et le fera, s'il y a lieu, comparaître et visiter.

Le sous-intendant militaire transmettra l'avis du conseil de révision au commandant de la légion à laquelle le réclamant appartiendra comme jeune soldat ; et, suivant ce que portera cet avis, il fera parvenir au réclamant, ou l'ordre de marcher, ou un billet d'hôpital pour être traité par les officiers de santé militaires, ou un certificat indiquant le délai qui lui aura été accordé pour se faire traiter dans ses foyers, ou bien un certificat provisoire de réforme.

Si le département où réside le réclamant et où les motifs allégués par lui ont été examinés n'est pas celui de la légion à laquelle il appartient comme jeune soldat, le préfet de la résidence enverra copie à celui du domicile, de l'avis donné, pour que ce dernier puisse faire les annotations voulues par la présente instruction.

173. Si l'avis du conseil de révision porte que le réclamant est devenu impropre au service militaire, le commandant de la légion présentera cet avis à l'inspecteur général lors de la première revue d'inspection, et l'inspecteur fera rayer le réclamant du registre-matricule, et lui fera délivrer un congé de réforme.

Dans le cas, néanmoins, où l'inspecteur jugerait qu'il n'y a pas de motifs suffisans pour déférer à l'avis du conseil de révision, il en rendra compte au ministre, qui prononcera définitivement.

174. Les jeunes soldats à qui des lettres de mise en activité auront été notifiées et qui n'auront point été fondés à réclamer pour maladies ou infirmités, se présenteront devant le maire de la commune de leur résidence, qui leur délivrera un ordre de route provisoire.

Cet ordre sera écrit au bas des lettres de mise en activité.

175. Les généraux commandant les divisions décideront s'il y a lieu de réunir en détachement les jeunes soldats mis en activité, et ils donneront leurs ordres pour que, si cette mesure est nécessaire, on ne leur fasse pas faire de contre-marches inutiles, et pour que chaque détachement soit composé du nombre d'hommes le plus fort possible.

176. Chaque détachement de jeunes soldats sera, d'après sa force, confié au commandement d'un officier ou d'un sous-officier.

Le général commandant la division donnera des ordres à cet égard.

177. Les dispositions des réglemens sur la police des militaires en route seront observées à l'égard des jeunes soldats, dans le trajet qu'ils auront à faire pour se rendre à leur destination, soit qu'ils voyagent en détachement ou isolément.

178. Les jeunes soldats seront, aussitôt après leur arrivée, incorporés dans la légion.

CHAPITRE II. Changemens de destination donnés aux jeunes soldats.

SECTION Ire. *Changement de destination donné aux jeunes soldats avant l'époque fixée pour leur mise en activité.*

179. Les jeunes soldats pourront, sur la demande qu'ils en feront, et jusqu'au moment où les ordres de mise en activité auront été donnés, passer dans une autre légion que celle de leur département, ou même dans une autre arme,

1° Si l'effectif du corps dont ils font choix permet de les y recevoir;

2° S'ils ont les qualités requises pour l'arme à laquelle appartient le corps dont ils ont fait choix;

3° S'ils s'obligent à servir pendant le temps fixé, suivant les diverses armes, par l'article 3 de la loi du 10 mars 1818.

Cette dernière disposition n'est point applicable aux jeunes soldats qui demanderont à entrer dans un des régimens d'infanterie de la garde : ces jeunes soldats ne seront tenus de servir dans ces régimens que pendant le temps fixé par l'article 20 de la loi du 10 mars.

180. Tout jeune soldat qui voudra user de la faculté accordée par l'article précédent adressera sa demande par écrit au sous-intendant militaire du département.

181. Le sous-intendant militaire, après avoir reconnu que le corps dans lequel le jeune soldat demande à entrer est un de ceux indiqués par le ministre comme pouvant le recevoir, lui fera passer un avis portant, savoir :

S'il a demandé à passer dans une autre légion, qu'il peut se présenter devant lui à l'effet d'être dirigé sur cette légion;

S'il a demandé à passer dans une arme autre que l'infanterie de ligne, qu'il peut se présenter devant l'officier de gendarmerie de l'arrondissement, de sa résidence, afin de faire constater qu'il a les qualités requises pour l'arme à laquelle appartient le corps dont il a fait choix.

Si le commandant ou un des officiers supérieurs de ce corps était présent dans l'arrondissement, ce sera devant ce commandant ou officier supérieur que le sous-intendant militaire devra envoyer le réclamant.

182. Au vu de l'avis du sous-intendant militaire du département, l'officier supérieur du corps, et, à son défaut, l'officier de gendarmerie ou le maréchal-des-logis appelé à le suppléer, aux termes de l'article 10 de l'instruction du 20 mai, sur les engagemens, procédera à l'examen du réclamant; et, s'il reconnaît qu'il a les qualités requises, il lui délivrera un certificat d'aptitude conforme au modèle N° 18.

183. Muni du certificat qui lui aura été délivré en vertu de l'article précédent, le jeune soldat se présentera devant le sous-intendant militaire du département, lequel recevra sa déclaration portant qu'il consent à servir dans le corps dont il a fait choix, pendant le temps fixé par l'article 3 de la loi du 10 mars, pour l'arme à laquelle ce corps appartient.

L'acte constatant cette déclaration sera adressé suivant les formalités prescrites pour les actes de rengagement; et, lorsqu'il aura été signé, le sous-intendant militaire délivrera au jeune soldat une lettre de passe et une feuille de route pour se rendre au corps indiqué dans l'acte.

Le sous-intendant militaire délivrera également des lettres de passe et des feuilles de route aux jeunes soldats qui se seront présentés devant lui pour être dirigés sur une autre légion que celle du département.

Les lettres de passe seront conformes au modèle N° 19.

184. Le sous-intendant militaire enverra

copie de chaque lettre de passe au commandant de la légion du département ; il lui fera connaître le jour du départ du jeune soldat à qui elle aura été délivrée, et l'époque présumée de son arrivée à sa destination.

185. Les jeunes soldats qui, ayant fait des études ou suivi des cours pour se rendre propres au service de santé ou à l'un des autres services spéciaux de l'armée, demanderaient de l'emploi dans l'un de ces services, pourront y être reçus par voie de changement de destination, et, à cet effet, il leur sera délivré des lettres de passe.

186. Les lettres de passe dont il est fait mention dans l'article précédent ne seront délivrées par les intendans ou sous-intendans militaires qu'en vertu d'un ordre donné par le ministre, sur la proposition des chefs du service pour lequel la lettre aura été réclamée.

SECTION II. Changement de destination donné aux jeunes soldats au moment de leur mise en activité, et avant leur incorporation dans la légion.

§ Ier. *Dispositions préliminaires et règles générales sur la répartition entre les différens corps.*

187. Du moment où l'ordre de mettre en activité un nombre quelconque de jeunes soldats sera parvenu aux autorités du département, il ne pourra être donné pour destination, à ceux que leurs numéros appelleront à marcher, d'autres corps que ceux indiqués dans l'ordre parvenu.

188. S'il résulte de l'ordre parvenu que de jeunes soldats doivent être mis en activité pour d'autres corps que la légion du département, la répartition de ces jeunes soldats entre la légion et les différens corps sera faite par l'officier général ou supérieur que le commandant de la division aura délégué à cet effet.

Le choix du commandant de la division ne pourra, dans aucun cas, porter sur les officiers de la légion du département.

189. L'officier général ou supérieur chargé de la répartition prescrite par l'article précédent recevra une copie de la liste de mise en activité.

Le sous-intendant devra lui remettre cette copie, dix jours, au moins, avant celui qui aura été fixé pour le départ.

190. L'officier général ou supérieur délégué fera la répartition entre les différens corps, soit d'après les indications que contiendra la liste qui lui aura été remise, soit d'après la revue qu'il fera des hommes inscrits sur cette liste ; il se conformera, à cet

égard, aux instructions qui lui auront été transmises.

191. La répartition entre les différens corps se fera de manière que chacun d'eux ait un nombre proportionné d'hommes de chaque taille ; néanmoins l'officier général ou supérieur ne désignera pour la garde royale, la cavalerie, l'artillerie et le génie, aucun jeune soldat au-dessous de la taille fixée, suivant les armes, au tableau joint à l'instruction du 20 mai 1818, sur les engagemens volontaires, comme aussi il aura soin de ne pas désigner, pour la cavalerie légère de la ligne, des hommes au-dessus d'un mètre sept cent six millimètres (cinq pieds trois pouces) ; pour la cavalerie légère de la garde, des hommes au-dessus d'un mètre sept cent trente-trois millim'tres (cinq pieds quatre pouces) ; pour les dragons, des hommes au-dessus d'un mètre sept cent soixante-un millimètres (cinq pieds cinq pouces).

L'officier général ou supérieur affectera de préférence, parmi les hommes de taille requise, savoir : 1° à la cavalerie et aux équipages les jeunes soldats de la profession de sellier, ou de celle de maréchal, de même que les jeunes soldats qui savent conduire ou soigner les chevaux ; 2° au corps d'artillerie ou du génie, les jeunes soldats d'une constitution robuste, qui sont ouvriers en fer ou en bois, ou ouvriers des mines et carrières. Ces derniers seront affectés spécialement aux troupes du génie.

192. L'officier général ou supérieur affectera, autant que le permettent les dispositions de l'article précédent, les jeunes soldats d'un canton à celui des corps compris dans l'ordre supérieur qui sera le moins éloigné de ce canton, comme aussi il aura égard, autant que le permettent les mêmes dispositions, aux demandes que lui feraient les jeunes soldats, afin d'être admis dans celui de ces corps pour lequel leur choix se serait fixé.

§ II. *Dispositions particulières à suivre dans le cas où la répartition doit avoir lieu sur l'examen de la liste en activité.*

193. Si les instructions transmises à l'officier général ou supérieur lui ordonnent de faire la répartition d'après les indications contenues dans la liste qui lui aura été donnée, il désignera immédiatement sur cette liste les corps auxquels il aura affecté les jeunes soldats dont la destination se trouvera changée par suite de son travail. La désignation du corps sera écrite en regard de chaque nom, dans une colonne ménagée à cet effet. Les jeunes soldats qui seront laissés à la légion du département, et dont la desti-

nation, par conséquent, n'aura pas été changée, ne donneront lieu, sur la liste, à aucune annotation.

194. Après avoir exécuté les dispositions de l'article précédent, l'officier général ou supérieur renverra la liste de mise en activité au sous-intendant militaire.

195. Le sous-intendant militaire dressera, dans les vingt-quatre heures du renvoi de la liste, des lettres de mise en activité pour les jeunes soldats qui y seront inscrits, et, avant de transmettre ces lettres au préfet, il indiquera au bas de chacune d'elles le corps auquel le jeune soldat qu'elle concerne est destiné, et il y fera connaître la route qui devra lui être tracée, comme la plus courte pour arriver à sa destination.

La désignation de corps, faite au bas de la lettre de la mise en activité, sera considérée comme lettre de passe.

196. Le sous-intendant militaire donnera avis, dans les vingt-quatre heures, au commandant de la légion, 1° de la date des lettres de mise en activité, 2° de la destination assignée aux jeunes soldats, 3° des époques de départ qu'il aura fixées pour eux, 4° des époques présumées de leur arrivée à leurs destinations respectives.

Le commandant de la légion inscrira ces diverses indications sur la liste de mise en activité qu'il aura dû recevoir, conformément à l'article 163.

§ III. Dispositions particulières à suivre dans le cas où la répartition doit être faite d'après une revue passée sur le terrain.

197. Si, d'après les instructions transmises à l'officier général ou supérieur, la répartition entre différens corps doit se faire au moyen de la revue des jeunes soldats que leurs numéros appellent à marcher, cet officier fera connaître au sous-intendant militaire le jour où ces jeunes soldats devront se trouver réunis au chef-lieu du département, et le sous-intendant relatera l'indication de ce jour dans les lettres d'activité qu'il devra dresser et envoyer au préfet, aussitôt après avoir reçu communication de l'ordre pour la réunion au chef-lieu.

198. Le jour de la réunion au chef-lieu du département sera fixé assez à temps pour que le préfet puisse, dans l'intervalle, faire les vérifications prescrites par l'article 172, et pour qu'il s'écoule trois jours, au moins, entre le moment de la notification des lettres aux jeunes soldats, et celui de leur départ pour le chef-lieu du département.

199. Les jeunes soldats qui auront reçu des lettres de mise en activité portant ordre de se rendre au chef-lieu du département se muniront, près des maires de leur com-

mune, d'un ordre de route provisoire pour faire le trajet.

Cet ordre de route provisoire sera écrit au bas de la lettre de mise en activité, ainsi qu'il est dit à l'art. 174. Le sous-intendant militaire leur fera payer l'indemnité de route, à dater du jour de leur départ, pour toutes les journées de marche, et une indemnité de station, pour toute la durée de leur séjour au chef-lieu de département. Ces indemnités seront les mêmes que celles qui sont fixées par les réglemens pour les militaires isolés.

200. Les jeunes soldats seront passés en revue par l'officier général ou supérieur délégué, dans les vingt-quatre heures de leur arrivée au chef-lieu du département.

Le sous-intendant militaire assistera à cette revue, ainsi que le commandant de la légion ou l'officier appelé à le remplacer.

201. L'officier général ou supérieur chargé de la répartition indiquera, sur la copie de la liste de mise en activité qui lui aura été envoyée par le sous-intendant militaire, les corps auxquels il aura affecté les jeunes soldats, et il se conformera, pour ces annotations, à ce qui est prescrit par l'article 193.

202. Les jeunes soldats qui ne se seront pas présentés à la revue seront, quelle que soit leur taille, laissés à la légion du département et maintenus sur les registres-matricules de cette légion.

203. Si un jeune soldat paraît à l'officier général ou supérieur chargé de la répartition, être d'une constitution trop faible, ou être atteint d'infirmités, il le renverra pardevant le conseil de révision, qui sera tenu de donner son avis sur l'aptitude de ce jeune soldat, dans le plus court délai.

Il sera donné suite à l'avis du conseil de révision, ainsi qu'il est dit à l'article 172.

204. Le sous-intendant militaire se fera remettre sur le terrain les lettres de mise en activité dont les jeunes soldats se trouveront porteurs, et, immédiatement après la revue, l'officier général ou supérieur délégué lui enverra la liste sur laquelle il aura indiqué le résultat de son travail de répartition.

205. Le sous-intendant militaire écrira au bas des lettres de mise en activité le nom ou numéro du corps affecté aux jeunes soldats par l'officier général ou supérieur chargé de la répartition.

Il délivrera des feuilles de route à ceux qui auront plusieurs journées d'étape à parcourir pour se rendre à leur destination.

206. Les jeunes soldats, réunis au chef-lieu du département, seront mis en route pour leurs destinations respectives dans les vingt-quatre heures à partir de la revue qui

aura été faite par l'officier général ou supérieur chargé de la répartition.

207. Le sous-intendant militaire se conformera aux dispositions de l'article 184, pour les avis à donner au commandant de la légion, tant sur la destination assignée aux jeunes soldats, que sur la date du départ du chef-lieu du département, et celle présumée de l'arrivée à la destination.

SECTION III. Dispositions communes aux changemens de destination donnés aux jeunes soldats, soit avant l'époque de leur mise en activité, soit au moment fixé pour leur mise en activité.

208. Quelle que soit l'arme dans laquelle l'officier général ou supérieur chargé de la répartition, ou toute autre autorité militaire, aura fait passer un jeune soldat, celui-ci ne sera tenu d'y servir, s'il ne contracte pas de rengagement, que pendant le temps fixé par l'article 20 de la loi du 10 mars 1818.

209. Le commandant de la légion fera dresser pour les jeunes soldats qui passeront dans un autre corps, soit sur leur demande, soit par désignation, un contrôle signalétique, qu'il enverra au chef de ce corps.

Le contrôle signalétique indiquera le jour du départ, et l'époque présumée de l'arrivée des jeunes soldats à leur destination.

Ce contrôle sera conforme au modèle N° 20.

210. Si les jeunes soldats destinés à passer dans un autre corps sont réunis en détachement pour se rendre à leur destination, l'officier ou sous-officier chargé de la conduite de ce détachement sera porteur du contrôle signalétique dont il est question à l'article précédent et il y annotera toutes les mutations qui surviendraient, pendant la route, parmi les jeunes soldats.

211. Aussitôt après leur arrivée au corps sur lequel ils auront été dirigés, les jeunes soldats seront, sur la présentation de leurs lettres de passe, immatriculés et incorporés dans ce corps.

Le numéro de la légion d'où ils proviendront sera rappelé sur les registres-matricules du corps, et le chef de ce corps renverra au commandant de la légion le contrôle signalétique de ces jeunes soldats, après l'avoir revêtu de son récépissé.

212. Toutes les dispositions prescrites par les articles 174, 175, 176 et 177, à l'égard des jeunes soldats mis en route pour se rendre à la légion de leur département, sont applicables à ceux dont la destination aura été changée.

CHAPITRE III. Délais dans lesquels les jeunes soldats doivent se rendre à leur destination.

213. Tout jeune soldat qui, sans empêchement légitime, ne se sera pas rendu à sa destination au jour fixé dans son ordre ou feuille de route, sera noté comme prévenu de désertion, et signalé comme tel à la gendarmerie, à l'expiration du délai déterminé par les lois ou les réglemens pour les militaires en congé.

214. Si un jeune soldat ne s'est pas présenté pour se munir d'une feuille de route, le temps jugé nécessaire pour qu'il se rende du lieu de sa résidence à celui de sa destination courra du quatrième jour exclusivement, à partir de la notification de la lettre de mise en activité, et sera calculé en raison d'un jour pour deux myriamètres de marche; après l'expiration de ce temps seulement, commencera à courir le délai dont il est parlé dans l'article précédent.

215. Si le jeune soldat mis en activité a été compris dans un détachement, le délai courra à partir du jour de l'arrivée de ce détachement.

216. Le délai déterminé par les lois et réglemens courra, pour les jeunes soldats qui se trouveront hors du royaume, dans les proportions suivantes, à dater du jour de la notification faite à leur domicile, des lettres de mise en activité, savoir :

1° Après deux mois, pour ceux qui seraient sur le continent européen ;

2° Après six mois, pour ceux qui seraient dans les colonies situées en-deçà du cap de Bonne-Espérance ;

3° Après un an, pour ceux qui seraient dans les colonies situées au-delà du cap.

Les dispositions du présent article ne seront pas appliquées aux jeunes soldats qui auraient quitté le royaume postérieurement au jour fixé pour le tirage ; ceux-ci seront considérés comme s'ils étaient présens dans le département.

CHAPITRE IV. De la surveillance de MM. les lieutenans généraux sur l'opération de la mise en activité des jeunes soldats et sur celle de leur changement de destination.

217. MM. les gouverneurs et généraux commandant les divisions et subdivisions donneront tous les ordres nécessaires pour que l'appel des jeunes soldats à l'activité, leur changement de destination et leur mise en route s'effectuent régulièrement et d'après les dispositions de la présente instruction. Ils se concerteront avec MM. les préfets, à qui ils communiqueront les ordres de mise en activité qui auront été donnés pour les jeunes soldats de leurs départemens respectifs.

TITRE VII. Des frais relatifs au recrutement.

§ Ier. *Indemnité aux officiers de santé employés près le conseil de révision.*

218. Il sera alloué par les préfets une indemnité aux officiers de santé qui auront été employés près des conseils de révision. Cette indemnité sera payée sur les mandats du sous-intendant militaire : à cet effet, les préfets dresseront et enverront au sous-intendant l'état nominatif de ces officiers de santé ; ils y énonceront la qualité de chacun, le nombre et la durée des séances auxquelles il aura assisté, et, en cas de déplacement, la distance en myriamètres qu'il aura parcourue depuis le point du départ jusqu'à son retour dans sa résidence.

Ils y fixeront enfin la vacation ou l'indemnité qui doit être payée à chaque officier de santé.

219. Les officiers de santé militaires qui seraient employés par les conseils n'auront droit qu'à l'indemnité de déplacement énoncée dans le dernier paragraphe de l'article ci-dessus.

§. II. Dépenses diverses.

220. Les appels pouvant donner lieu à des frais de déplacement et de tournée de la part des membres du conseil de révision ou des conseillers de préfecture employés aux opérations du recrutement, il pourra leur être accordé des indemnités.

Les préfets seront chargés de faire des propositions au ministre sur la quotité de ces indemnités, qui devront toujours être réglées suivant les localités et le nombre de jours qu'aura duré la tournée. Après la clôture des opérations du conseil, ils dresseront l'état nominatif de ceux de ces fonctionnaires qui auront droit à des indemnités, et ils l'adresseront au ministre, qui donnera les ordres nécessaires à l'intendant militaire de la division, pour la délivrance des mandats de paiement.

221. Les frais d'impression, ainsi que les autres dépenses non prévues, que les appels pourraient occasionner, seront acquittés sur des états dressés et arrêtés par les préfets. Ces états, appuyés des mémoires ou pièces justificatives de dépense, seront adressées au ministre.

222. Chaque mémoire ou état de proposition ne contiendra que des dépenses faites pendant le même exercice ; il devra parvenir au ministre, sous peine de déchéance, dans les six mois qui suivront celui où la dépense aura eu lieu. La forme à donner à ces mémoires ou états sera indiquée dans des instructions spéciales qui seront adressées à MM. les préfets.

TITRE VIII. Comptes à rendre au ministre des opérations du recrutement.

§ Ier. *Comptes à rendre par le préfet.*

223. Les préfets feront dresser, d'après les listes du tirage, des comptes numériques et sommaires sur les jeunes gens de la classe. Ces comptes seront conformes au modèle N° 21.

Les préfets enverront ces comptes au ministre dans le mois qui suivra la clôture de la liste du contingent, et ils y joindront des copies,

1° De la répartition qu'ils auront faite du contingent entre les arrondissemens et les cantons, conformément aux articles 1, 2 et 3 de la présente instruction ;

2° De l'itinéraire du conseil de révision qu'ils auront dressé, conformément à l'article 60 de cette instruction.

224. Tous les ans, et tant que les jeunes gens faisant partie du contingent n'auront pas été mis en activité, les préfets feront passer au ministre des comptes numériques supplémentaires destinés à faire connaître le résultat des décisions prises dans l'intervalle, par le conseil de révision. Ces comptes supplémentaires seront conformes au modèle N° 22.

§ II. Comptes à rendre par les commandans des légions.

225. Lorsque le commandant de la légion aura reçu une copie de la liste du contingent, il fera dresser, d'après cette liste, un compte numérique conforme au modèle N° 23, qu'il enverra au ministre dans les quinze jours à partir de celui où la liste lui sera parvenue.

226. A la fin de chaque trimestre, à partir du mois où il aura envoyé le compte numérique dont il est question dans l'article précédent, le commandant de la légion fera connaître au ministre les mutations survenues parmi eux, dans un compte supplémentaire qui sera conforme au modèle N° 24.

Ce compte sera envoyé de trimestre en trimestre, tant que la liste du contingent n'aura pas été épuisée.

227. Le commandant de la légion du département tiendra un compte particulier pour les jeunes soldats auxquels il aura été adressé des lettres d'activité, ou qui, sur leur demande, auront été mis en activité.

Il formera, pour ces jeunes soldats, un premier état conforme au modèle N° 25, qu'il fera parvenir au ministre, le dernier jour du mois dans le courant duquel les premières mises en activité auront eu lieu.

Cet état sera envoyé au ministre, de mois en mois, jusqu'à ce que la totalité des jeunes soldats mis en activité soit incorporée, ou dans une situation définitive.

228. Le commandant de la légion tiendra également un compte particulier des jeunes soldats qui, avant d'avoir été incorporés dans la légion, recevront ou obtiendront des *lettres de passe* pour d'autres corps.

Chaque mois, le commandant de la légion adressera au ministre un état conforme au modèle N° 26, pour lui faire connaître les mutations des jeunes soldats qui auront reçu des *lettres de passe*.

TITRE IX. Dispositions générales.

229. Les époques auxquelles devront avoir lieu les publications des tableaux de recensement, le tirage et toutes les opérations subséquentes, seront, pour chaque classe et d'après les ordres de sa majesté, notifiées par le ministre aux autorités civiles et militaires.

230. Les généraux commandant les divisions militaires, les préfets et les intendans et sous-intendans, donneront, chacun pour ce qui les concerne, les ordres et instructions particulières aux administrateurs, fonctionnaires et agens placés sous leurs commandement ou direction, pour assurer l'exécution de la loi et de la présente instruction, et pour le maintien de la régularité et du bon ordre dans les opérations relatives aux appels.

(Quatorze modèles suivent cette instruction à partir du numéro 13 au numéro 26; les seuls qu'il importe de connaître sont ceux placés sous les numéros 15, 17, 18 et 19.)

MODÈLE N° 15.

Art. 164 de l'instruction.

Le ministre de la guerre ordonne au sieur (*nom et prénoms du jeune soldat*), jeune soldat, qui, d'après son rang d'inscription sur la liste du contingent fixé au département d (*nom du département*), pour la classe de (*indication de la classe à laquelle le jeune soldat appartient*), se trouve compris parmi les (*nombre en toutes lettres des jeunes soldats appelés à l'activité*) jeunes soldats qui ont été mis en activité par l'ordonnance du (*date de l'ordonnance de mise en activité*), de se présenter devant le maire de la commune où il réside, à l'effet de recevoir un ordre de route pour se rendre à (*indication du lieu où doit se rendre le jeune soldat, soit pour être incorporé dans la légion du département, soit afin d'être passé en revue, conformément aux articles 197 et 202 de l'instruction, soit pour être immédiatement dirigé sur un autre corps que la légion du département*), le (*indication de l'arrivée au lieu où le jeune soldat doit se rendre*).

Le sieur (*nom et prénoms du jeune soldat*) est prévenu que, s'il ne se rend pas à sa destination au jour fixé, il sera noté comme prévenu de désertion, et poursuivi comme tel dans les délais fixés par les lois et les réglemens.

Le   18

Le sous-intendant militaire,

Vu et vérifié par nous soussigné ladite lettre de mise en activité destinée au sieur laquelle a été transmise par nous à M. le (*indiquer le fonctionnaire à qui elle est transmise*).

Le préfet du département d

(a) Transmise à M.   le jeune soldat appelé étant en résidence à commune d

Le   18

Le préfet du département d

Transmise à M. le maire d
Le   18

Le sous-préfet d

Notifié au jeune soldat ci-dessus signalé, le 18

Le maire d

Lettre de mise en activité adressée au sieur (*nom et prénoms du jeune soldat*), fils de (*nom et prénoms des père et mère*), né le (*date de la naissance*), à canton d   département d domicilié à (*commune sur les tableaux de recensement de laquelle le jeune soldat a été inscrit*), canton d (*canton où il a concouru au tirage*), arrondissement d   département d   résidant à (*lieu de la résidence actuelle*), canton d arrondissement d   département d

_____

(a) Lorsque le militaire sera dans le département de son domicile, cette partie du libellé devra être biffée comme étant sans objet, et le mot vérifié devra être mis au commencement du paragraphe suivant.

MODÈLE Nº 17.

Art. 170 de l'instruction.

Extrait des registres de notifications de lettres de mise en activité.

Département d   arrondissement d   commune d
Je soussigné, maire de la commune d certifie qu'il résulte du registre ci-dessus indiqué qu'une lettre de mise en activité, adressée à la date du (*date de la lettre*), au sieur (*nom et prénoms du jeune soldat*), jeune soldat inscrit sous le nº (*numéro rappelé à la 6e colonne du registre*) au registre-matricule de la légion d (*nom de la légion à laquelle le jeune soldat appartient*), a, par nos soins, été notifiée au domicile (*ou maison d'habitation*) dudit sieur   le (*indication du jour et du mois de la notification*) 18

Fait à   le   .

Le maire d

MODÈLE Nº 18.

Certificat d'aptitude.

Nous soussigné (*indication du grade, du corps et de l'arme*), certifions avoir examiné et fait visiter par M.   officier de santé, le sieur (*nom et prénoms du jeune soldat*), résidant à (*lieu de résidence*), immatriculé comme jeune soldat sur le registre-matricule de la légion du département d   et non encore mis en activité, lequel a été envoyé devant nous par le sous-intendant militaire du département, pour que nous nous assurions s'il peut faire un bon service dans le corps où il demande à entrer dès aujourd'hui, et que nous avons reconnu qu'il réunissait la taille et les autres qualités requises pour le (*désigner le corps*) dans lequel il demande à servir.

En conséquence, nous lui avons délivré le présent certificat.

Fait à   le

MODÈLE Nº 19.

Art. 185 de l'instruction.

DIVISION MILITAIRE.

Département d

Lettre de passe pour le (indication du corps).

Nous soussigné, sous-intendant militaire en résidence dans le département d   sur la demande qui nous a été faite le (*date de la demande*) par le sieur (*nom et prénoms du réclamant*), résidant à   canton ou département d inscrit sur la liste du contingent de la classe de   sous le nº   et immatriculé, comme jeune soldat, au registre de la légion de   sous le nº   à l'effet d'être mis en activité dès à présent, et être incorporé immédiatement dans le (*indication du corps dont le jeune soldat a fait choix.*)

Après, 1º avoir reconnu que l'effectif du corps permet d'y admettre le sieur   -
(*a*) 2º Avoir fait vérifier qu'il a la taille et les autres qualités requises pour l'arme à laquelle ce corps appartient.
(*b*) 3º Avoir reçu sa déclaration, portant qu'il s'oblige à servir dans ledit corps pendant huit ans, à partir du 1er janvier de l'année où il a été immatriculé,

Lui avons délivré la présente lettre de passe, au vu de laquelle il devra être incorporé dans le (*indication du corps*).

Le sieur   a reçu, pour se rendre à sa destination, une feuille de route portant indemnité.

Fait à   le

---

21 OCTOBRE ⇌ Pr. 10 NOVEMBRE 1818.—Ordonnance du Roi relative aux primes d'encouragement pour la pêche de la morue. (7, Bull. 245, nº 5447.)

Voy. ordonnances des 8 FÉVRIER 1816, 4 OCTOBRE 1820, 21 NOVEMBRE 1821, 20 FÉVRIER 1822 et 24 FÉVRIER 1825.

Louis, etc.

Sur le rapport de notre ministre secrétaire-d'Etat au département de l'intérieur ;
Vu notre ordonnance du 8 février 1816, par laquelle nous avons accordé des primes

---

(*a*) Si le jeune soldat a demandé seulement à passer dans une autre légion, on supprimera les §§ nºs 2 et 3.

(*b*) Si le jeune soldat a demandé à passer dans un des régimens d'infanterie de la garde royale, on supprimera le § 3.

en faveur de la pêche de la morue, pour l'espace de trois années qui expireront le 8 février 1819,

Voulant continuer d'encourager cette branche d'industrie, doublement importante dans l'intérêt du service de notre marine et de la subsistance du peuple, et à cause de l'activité qu'elle répand dans nos ports de commerce;

Notre conseil-d'Etat entendu,

Nous avons ordonné et ordonnons ce qui suit :

TITRE Ier. Encouragemens.

Art. 1er. Les primes d'encouragement accordées par l'article 1er de l'ordonnance du 8 février 1816 continueront d'être payées jusqu'au 1er septembre 1822, comme il suit, savoir :

Primes à l'armement.

1° Aux armateurs pour la pêche aux îles Saint-Pierre et Miquelon ou à la côte de Terre-Neuve, dite la *grande pêche*, cinquante francs pour chaque voyage, par homme de l'équipage embarqué pour ladite pêche, depuis le capitaine jusqu'aux mousses inclusivement, à l'exclusion des ouvriers non classés et des passagers;

2° Aux armateurs pour la pêche d'Islande, ou du grand banc de Terre-Neuve, dite *la petite pêche*, quinze francs pour chaque voyage par homme de l'équipage embarqué comme ci-dessus;

Les armemens pour la pêche et salaison de la morue, dite *pêche salée*, au Doggerbank, seront assimilés aux armemens pour la petite pêche; mais il ne sera accordé qu'une seule prime par bâtiment pendant le courant d'une saison, quel que soit le nombre des voyages.

Primes sur les produits.

3° Par quintal métrique de morue de pêche française, exportée sur bâtiment français, soit des ports du royaume, soit directement des lieux de pêche aux colonies françaises, quarante francs;

4° Par quintal métrique de morue de pêche française, importée sur bâtimens français des ports du royaume situés sur la Méditerranée, en Espagne, en Portugal, en Italie, ou dans les échelles du Levant ou de la Barbarie, douze francs;

5° Par quintal métrique de morue de pêche française importée directement des lieux de pêche en Espagne, en Portugal ou en Italie, dix francs;

6° Par kilogramme d'huile de morue importée sur navires français, des lieux de pêche dans un des ports du royaume ou des colonies françaises, dix centimes;

7° Par kilogramme de rogue ou œufs de morue de pêche française, préparés et conditionnés de manière à servir d'appât pour la pêche de la sardine, importés, par bâtimens français, des lieux de pêche dans un port du royaume, vingt centimes.

TITRE II. Conditions, formalités.

2. Les primes seront ordonnancées par notre secrétaire-d'Etat de l'intérieur, sur les fonds d'encouragement des pêches, aux époques et conditions ci-après spécifiées.

3. La prime à raison du nombre d'hommes embarqués pour la pêche est accordée, à la charge, par l'armateur,

1° De faire suivre à son navire la destination pour la pêche;

2° De faire son retour dans un des ports du royaume ou des colonies, ou dans un des ports de l'Espagne, du Portugal ou de l'Italie;

3° De n'apporter aucun produit de pêche autre que française;

4° De rendre, en cas de violation de ces conditions, le double de la prime.

Ces conditions seront insérées dans la déclaration que l'armateur souscrira, comme il sera dit à l'article suivant; et pour assurer l'effet de la quatrième, il se soumettra à fournir, s'il en est requis, une caution suffisante, qui sera reçue par le préfet du département du lieu du départ.

4. Les pièces qui devront être produites au département de l'intérieur, pour obtenir la prime accordée à raison du nombre d'hommes embarqués pour la pêche, sont,

1° L'extrait du rôle d'équipage, délivré par le commissaire de la marine d'après la revue du départ qu'il aura passée;

2° L'extrait de la déclaration de l'armateur passée par-devant le commissaire de la marine du lieu du départ, contenant sa soumission aux conditions portées en l'article 3, avec spécification du nom du navire, du capitaine, de la destination à la pêche et au retour. Au bas de cet extrait, le commissaire de la marine certifiera le départ du navire et en marquera la date. L'extrait ne pourra être délivré à l'armateur que quand le départ aura eu lieu.

5. La pièce à produire pour obtenir la prime, à raison de l'importation de la morue du lieu de la pêche aux colonies françaises, ou dans les ports de l'Espagne, du Portugal, de l'Italie, ou des échelles de Barbarie et du Levant, est :

Le certificat de l'ordonnateur de la colonie, ou du commissaire de la marine dans les colonies, et de notre consul ou vice-consul dans les pays étrangers, constatant,

1° Qu'à l'arrivée du navire il a reçu du capitaine et de trois de ses premiers officiers mariniers ou matelots, la déclaration, appuyée, au besoin, sur le journal du bord, de la quantité de morue apportée du port du départ pour la pêche, du nom de l'armateur et du navire pêcheur, du lieu où la pêche a été exécutée et où le chargement s'est opéré;

2° Que par lui-même ou par un employé (de la marine), ou un secrétaire (du consul) délégué, il a assisté au débarquement de la morue, fait procéder à la pesée et vérifié le poids, dont il spécifiera la quantité au net.

Les huiles transportées du lieu de la pêche aux colonies seront soumises aux mêmes formalités.

6. Les pièces à produire pour obtenir la prime accordée à l'exportation des morues de pêche française, tant des ports du royaume pour les colonies françaises, que desdits ports situés sur la Méditerranée pour le Portugal, l'Espagne, l'Italie, la Barbarie et le Levant, sont,

Au départ.

1° La déclaration faite par l'expéditeur au bureau de la marine, de la quantité de morue qu'il entend exporter et de la destination, avec spécification du navire et du capitaine : à la déclaration sera jointe l'attestation de deux courtiers, visée par le président du tribunal de commerce, certifiant que la morue est de pêche française et de bonne qualité; et l'extrait du tout sera délivré par le commissaire de la marine.

2° Le certificat de l'embarquement et de la quantité, qui sera vérifiée et constatée au poids net par des préposés de la douane; ledit certificat délivré par le directeur ou receveur de la douane :

Après la destination accomplie.

3° Le certificat délivré par l'ordonnateur de la colonie, ou le commissaire de la marine dans les colonies, et par notre consul ou vice-consul en pays étranger, lequel constatera, sur la représentation qui lui sera faite des pièces nos 1er et 2 ci-dessus, que la morue mentionnée a été effectivement débarquée dans le port de sa résidence, pour être livrée au commerce, dans la forme énoncée à l'article 5; le poids, reconnu au net et dûment constaté, sera énoncé et certifié.

7. Les pièces à produire pour obtenir le paiement de la prime sur les huiles ou rogues introduites dans le royaume, sont,

1° La déclaration faite à la douane, par le capitaine, immédiatement après l'arrivée de la quantité d'huiles ou de rogues existant à bord du navire : le journal de bord sera produit à l'appui pour justifier que ces produits sont de pêche française; et en cas de besoin, l'équipage sera interrogé collectivement ou séparément pour s'assurer de la vérité des déclarations;

2° Le certificat de débarquement délivré par les officiers de la douane, constatant le poids net des huiles et rogues importées;

3° L'attestation de la bonne qualité de la rogue, certifiée par deux courtiers, dont le président du tribunal de commerce visera le certificat.

8. Nos consuls et vice-consuls, les administrations de la marine, des colonies et des douanes tiendront des registres destinés à recevoir des déclarations et à enregistrer les certificats mentionnés dans les articles ci-dessus. Ils en délivreront les extraits aux capitaines, armateurs, expéditeurs, ou leurs représentans. Ces extraits seront conformes aux modèles annexés à la présente ordonnance. Lesdits fonctionnaires adresseront des *duplicata* de chacun desdits extraits directement à celui de nos ministres du département duquel ils dépendent. Nos ministres, après s'être assurés de la régularité desdites pièces, et après avoir légalisé la signature de leurs officiers ou employés, transmettront à notre secrétaire-d'Etat ministre de l'intérieur lesdits *duplicata*, pour servir de contrôle avec les expéditions représentées par les parties prenantes. Celles dont les deux *duplicata* ne concorderaient point, seraient provisoirement rejetées.

Toutes les pièces et leurs *duplicata*, y compris les extraits du rôle d'équipage, seront timbrés aux frais et par les soins des parties.

9. La liquidation des primes au département de l'intérieur sera faite à fur et à mesure de la production, en due forme, des pièces qui doivent y être fournies par les armateurs, en conformité des articles précédens.

10. Pour constater que les primes avancées au départ ont été acquises par l'accomplissement de la destination à l'arrivée dans nos ports des navires revenant de la pêche, les bureaux des douanes qui auront reçu les déclarations et affirmations du capitaine et des équipages dans la forme ordinaire, adresseront à notre directeur général des douanes des extraits sommaires desdites déclarations, indiquant le lieu et la date de l'arrivée, le nom du navire, du capitaine et de l'armateur, le lieu où le capitaine déclarera avoir pêché, et le produit dont la cargaison est composée, en rappelant de

plus le port de l'armement et la date du départ.

Le directeur général des douanes adressera, mois par mois, le tableau desdits extraits à notre ministre de l'intérieur. Celui-ci fera faire mention, article par article, sur les registres, de la distribution des primes au départ énoncées dans ses bureaux, desdites preuves de l'accomplissement de la destination, conformément aux soumissions des armateurs.

Pareille note sera portée sur les mêmes registres pour les navires qui auront fait leurs retours aux colonies ou à l'étranger, et ce d'après les preuves qui, en ce cas, sont produites par les armateurs, suivant les divers articles de la présente ordonnance.

A la fin de chaque saison il sera fait un relevé des registres pour connaître ceux des navires dont la destination accomplie n'est pas justifiée. Ce relevé sera transmis par le ministre de l'intérieur au ministre des finances, pour être prises contre les armateurs retardataires les mesures compétentes pour la restitution des primes, conformément à leur soumission.

11. Nos ministres des affaires étrangères, de l'intérieur, de la marine et des colonies, et des finances, sont chargés de l'exécution de la présente ordonnance.

Suivent les modèles.

---

21 OCTOBRE.⸻Pr. 9 DÉCEMBRE 1818. — Ordonnance du Roi portant établissement d'un magasin de sauvetage à Granville, département de la Manche. (7, Bull. 246, n° 5539.)

Louis, etc.

Vu la demande faite par la chambre de commerce de Granville pour l'établissement d'un magasin de sauvetage dans ce port; vu l'article 61 de la loi du 16 septembre 1807;

Notre conseil-d'Etat entendu,

Nous avons ordonné et ordonnons ce qui suit :

Art. 1er. Il sera établi à Granville, département de la Manche, un magasin de sauvetage, muni de tous les ustensiles nécessaires, pour secourir, au besoin, les bâtimens entrans ou sortant du port.

2. L'offre faite par le commerce de pourvoir aux frais de premier établissement, évalués à quinze cent vingt francs quatre-vingt-sept centimes, est acceptée.

3. Il sera pourvu aux dépenses d'entretien, évaluées à une somme de sept cent neuf francs quarante-deux centimes, au moyen d'un droit qui sera perçu ainsi qu'il suit :

Cinq centimes par tonneau sur tout bâtiment de trente tonneaux et au-dessus, construit à Granville ou qui armera dans ce port;

Dix centimes par tonneau sur tout bâtiment français de trente tonneaux et au-dessus, lorsqu'il entrera dans ce port;

Vingt centimes par tonneau sur tout bâtiment sous pavillon étranger, quel que soit son tonnage.

4. La perception de ces droits sera faite par le receveur des douanes, qui en versera le produit, mois par mois, entre les mains de l'un des membres de la chambre de commerce désigné par elle à cet effet.

5. Il ne pourra être fait aucun paiement que sur un mandat signé du président de la chambre de commerce, d'après une décision prise dans la forme ordinaire de ses délibérations.

6. Le président rendra les comptes des recettes et dépenses du produit de ce droit, le 1er juin de chaque année, à la chambre de commerce, qui les arrêtera. Ces comptes seront adressés au préfet, pour être soumis par lui à l'approbation de notre ministre secrétaire-d'Etat au département de l'intérieur, conformément à l'article 60 de la loi du 16 septembre 1807.

7. Notre ministre de l'intérieur est chargé de l'exécution de la présente ordonnance.

---

21 OCTOBRE 1818. — Circulaire du ministre de la guerre à MM. les préfets, présidens des conseils de révision. (Journal militaire, 2e semestre, page 372.)

Messieurs,

Questions sur les appels, présentées au ministre par les préfets.

1re question (art. 13, 14 et 17 de la loi). — Le conseil de révision peut-il ajourner à la classe prochaine les jeunes gens trop faibles de constitution pour être mis en activité sur-le-champ, de même que ceux qui n'ont pas réuni les pièces suffisantes pour compléter la preuve de leurs droits?

Réponse. — Ces jeunes gens ne peuvent être ajournés, et le conseil de révision doit statuer définitivement sur leur sort.

La mesure de l'ajournement au-delà du jour fixé pour la clôture de la liste départementale du contingent serait incompatible avec le principe de la libération absolue de tout ce qui ne fait pas partie du contingent.

2e question (art. 14, 23 et 24 de la loi.) — Les sous-officiers et soldats qui appartiennent, par leur âge, à une classe appelée, et qui ont été licenciés antérieurement à la loi du 10 mars, doivent-ils être considérés comme étant compris dans les dispositions de l'article 24 de cette loi, qui libère les anciens militaires du service de l'armée active?

Réponse. — Les sous-officiers et soldats sont nécessairement compris dans la dénomination d'anciens militaires, qui se trouve dans la loi : dès lors ils ne sont plus assujettis qu'au service territorial des vétérans; ils doivent être exemptés de celui de l'armée active et être remplacés dans le contingent de leur classe.

Il n'en serait pas ainsi pour tous les licenciemens qui ont eu lieu depuis la loi du 10 mars; et, par exemple, les sous-officiers et soldats des compagnies départementales qui ont été licenciées doivent être repris pour le service de l'armée active, s'ils appartiennent, par leur âge, à une classe appelée, et si leurs numéros de tirage sont atteints pour la formation du contingent.

3ᵉ *question* (art. 14, 23 et 24 de la loi). — Les officiers de santé qui appartiennent, par leur âge, à une classe appelée, et qui ont été licenciés antérieurement à la loi du 10 mars, doivent-ils être compris, comme anciens militaires, dans la libération prononcée par les articles 23 et 24 de la loi?

Réponse. — Les articles 23 et 24 de la loi du 10 mars, qui libèrent les sous-officiers et soldats, ne peuvent être appliqués aux officiers de santé.

Il est vrai que l'article 15 admet à la dispense ceux qui sont commissionnés et employés dans les armées; mais la révocation de la commission par le fait du licenciement les replace sous l'effet de la loi, comme tous les autres jeunes gens de leur classe.

4ᵉ *question* (art. 14 de la loi). — Les officiers mis à la retraite et les officiers démissionnaires doivent-ils être exemptés, si, appartenant, par leur âge, à une classe appelée, leurs numéros de tirage les font entrer dans le contingent?

Réponse.— Les officiers réformés, de même que les officiers mis en retraite, conserveront leur grade: dès lors ils ne sauraient être appelés à marcher comme soldats; mais, n'étant plus disponibles pour un service actif, ils ne doivent pas être portés comme dispensés sur la liste du contingent. Ils sont exemptés et doivent, de même que les sous-officiers et soldats devenus vétérans, être remplacés dans le contingent par les numéros subséquens.

Quant aux officiers démissionnaires, ils sont rentrés dans la classe des citoyens par un acte de leur volonté; il n'existe aucune disposition dans la loi qui permette de les admettre à l'exemption ou à la dispense.

5ᵉ *question* (art. 14, 15, 23 et 24 de la loi). — Un militaire qui s'est fait remplacer doit-il être dispensé, bien qu'il appartienne, par son âge, à une classe appelée?

Réponse. — Ce militaire est représenté dans la personne du remplaçant, et il ne pourrait être exclu de la dispense ou de l'exemption que dans le cas où celui-ci aurait été licencié postérieurement à la loi du 10 mars, sans avoir terminé le temps de service rappelé par la circulaire du 25 avril 1818.

Si le remplaçant est encore sous les drapeaux, le remplacé doit être dispensé; dans le cas contraire il doit être exempté, et être remplacé dans le contingent.

6ᵉ *question* (art. 14 de la loi). — Les gardes-du-corps qui, n'ayant pas toutes les qualités requises, ont été renvoyés dans leurs familles, sont-ils libérés du service de l'armée active, bien qu'appartenant, par leur âge, à une classe appelée?

Réponse. — Les gardes-du-corps qui ont cessé de faire partie de leur compagnie, et qui justifient d'un congé ou certificat constatant qu'ils ne sont pas démissionnaires, ne peuvent pas être assujettis à marcher comme soldats; il convient de les assimiler aux officiers réformés qui sont exemptés et remplacés dans le contingent.

7ᵉ *question* (art. 15 de la loi). — Doit-on faire entrer en déduction du contingent la totalité des engagemens dont l'état sommaire doit être présenté chaque année aux Chambres? ou bien la déduction voulue par l'article 15 porte-t-elle seulement sur les jeunes gens de la classe appelée qui se sont engagés?

Réponse. — La communication voulue par l'article 6 de la loi a pour objet de faire connaître les augmentations que l'effectif de l'armée a reçues dans le cours de l'année.

La déduction voulue par l'article 15 est une mesure d'un autre ordre. Il résulte du texte même de la loi que nul ne peut être compris dans le contingent d'une classe, soit pour être placé dans les rangs de l'armée, soit sous la condition d'être dispensé du service militaire, sans faire partie de cette classe, et avoir été porté comme tel sur les tableaux de recensement et sur les listes de tirage.

Ainsi, les conseils de révision ne peuvent déduire du contingent, pour fait d'engagemens volontaires, que les jeunes gens appartenant à la classe appelée, et ayant un numéro de tirage qui les place dans ce contingent.

8ᵉ *question* (art. 18 de la loi, et art. 116 et 123 de l'instruction). — Les jeunes gens d'une classe appelée qui ont été admis comme remplaçans en vertu des décisions du ministre, avant la publication de la loi du 10 mars, doivent-ils être maintenus comme tels dans le corps où ils se trouvent ?

Réponse. — Ces jeunes gens doivent être maintenus comme remplaçans dans les corps où ils se trouvent; mais ils ne pourront, s'ils ont été compris dans le contingent, être licenciés avant l'époque de la libération de la classe à laquelle ils appartiennent.

9e *question* (art. 18 de la loi, et art. 116 et 123 de l'instruction). — Les jeunes gens dont le conseil de révision admettra le remplacement seront-ils tenus de verser la somme de cent francs que l'on exigeait autrefois, et dont l'ordonnance du 14 août 1816 prescrit encore le versement ?

Réponse. — L'ordonnance du 14 août 1816 concerne uniquement les remplacemens qui ont eu lieu dans les corps de l'armée, et la somme qui est demandée au remplacé est destinée au remboursement des frais qu'entraîne un renouvellement d'habillement qui n'aurait pas eu lieu si le militaire eût continué de servir en personne.

Ces motifs n'existent pas pour les remplacemens qui sont admis par les conseils de révision, et l'on ne peut pas exiger des jeunes gens de la classe, non encore incorporés, le versement que prescrit l'ordonnance du 14 août 1816. Assujétir ces jeunes gens à une prestation pécuniaire serait contrevenir à l'article 18 de la loi.

10e *question.* — L'acte de remplacement dont parle l'article 18 de la loi, et qui doit être annexé au procès-verbal de la séance du conseil de révision, est-il l'acte notarié que passent assez ordinairement les parties pour régler leurs intérêts particuliers ? ou bien est-ce un autre acte qu'il s'agit de dresser ?

Réponse. — L'acte de remplacement dont parle l'article 18 de la loi, et qui, aux termes de cet article, doit être passé devant le préfet, est indépendant de l'acte particulier où les parties règlent les conditions pécuniaires du remplacement, et les autres conditions qui y sont relatives.

L'acte administratif a uniquement pour objet de faire constater par l'autorité publique l'engagement que prend un homme de se servir à la place d'un autre, ainsi que l'acceptation faite par celui-ci de l'engagement du premier.

La forme de cet acte doit être simple, il pourrait être ainsi conçu :

« Par-devant nous, préfet du département « de   le sieur N. . . . . . (*nom,* « *prénoms, âge, lieu de naissance, profes-* « *sion et domicile*) a déclaré s'obliger à « servir dans les armées comme remplaçant

« du sieur N. . . . . (*nom, prénoms, âge,* « *lieu de naissance, profession, domicile et* « *classe dont le remplacé fait partie*), pen- « dant tout le temps pour lequel celui-ci est « tenu, par la loi, au service militaire. »

Et le sieur N. . . . . . (*le remplacé*) a déclaré reconnaître le sieur N. . . . . pour son remplaçant, et s'engager à fournir un autre homme, ou à marcher lui-même, dans le cas où ledit N. . . . . (*le remplaçant*) viendrait à déserter dans l'année, à compter du jour de la signature du présent acte.

Fait à   le
                (Signature des parties).

« Nous soussigné, préfet du département, « attestons qu'il résulte du procès-verbal de « la séance du . . . . . que le conseil de « révision ayant reconnu que le sieur N.... « (*le remplaçant*), réunissant toutes les « conditions requises, a donné son consen- « tement au remplacement du sieur N..... « (*le remplacé*) par ledit sieur N. . . . ., « et a décidé qu'il aurait son plein et entier « effet. »

                (Signature du préfet).

Il doit être délivré une expédition de cet acte, tant au remplaçant qu'au remplacé.

11e *question.* — Les séances du conseil de révision doivent-elles être toujours publiques, et quel est le degré de publicité qu'elles peuvent recevoir ?

Quel rang doivent tenir, en séance, MM. les membres du conseil de révision et MM. les intendans militaires ?

Réponse. — Les séances du conseil de révision sont essentiellement publiques, lorsque surtout il s'agit de prononcer sur les opérations des maires et des sous-préfets, et sur le sort des jeunes gens de la classe.

Les séances du conseil ne seraient point réputées publiques, si l'accès n'en était pas libre à toutes personnes.

M. le ministre de l'intérieur a fixé, par sa circulaire du 28 septembre, le rang que MM. les membres des conseils de révision doivent prendre entre eux, et mon instruction du 12 août règle ce point pour ce qui est relatif à l'officier général ou supérieur.

Quant à MM. les intendans, leur voix n'étant que consultative, ils ne doivent point, ainsi que l'a exprimé M. le ministre de l'intérieur, prendre rang parmi les membres du conseil; mais la place à leur affecter doit être en rapport avec leur rang militaire et la mission qui leur est confiée; et ils doivent occuper une place spéciale immédiatement à la droite du conseil.

MM. les sous-intendans militaires délégués par eux occuperont la même place qu'ils occuperaient eux-mêmes, ainsi qu'il était réglé pour MM. les ordonnateurs et les commissaires des guerres, par le décret du 20 septembre 1791.

---

21 OCTOBRE 1818. — Ordonnance du Roi sur le commerce de la boulangerie de Paris. (Recueil des réglemens de la boulangerie.)

Louis, etc.

Vu l'arrêté du 19 vendémiaire an 10 (11 octobre 1801), concernant le commerce de la boulangerie de Paris;

Considérant que depuis l'époque où cet arrêté a été pris, le nombre des boulangers de notre bonne ville de Paris a été considérablement diminué par suite des rachats de fonds effectués avec l'autorisation de notre préfet de police, conformément aux articles 1 et 7 de la délibération des syndics et électeurs, en date du 21 septembre 1803.

Que les boulangers qui exercent aujourd'hui ont augmenté leur commerce en raison de ces réductions, sans que la quotité des farines formant le dépôt de garantie ou composant leur approvisionnement particulier ait été élevée dans la même proportion;

Qu'il en résulte que la boulangerie ne présente plus à l'administration la masse d'approvisionnement qu'elle s'était proposé d'assurer à la capitale;

Qu'il est indispensable de ramener l'approvisionnement obligé à un taux suffisant pour répondre aux motifs de prévoyance qui l'ont fait instituer;

Et que, pour apporter dans cette rectification toute la justice nécessaire, la division des classes doit s'opérer suivant le nombre de sacs qu'emploie chaque jour chaque boulanger, au lieu de se régler, ainsi que l'avait établi l'arrêté du 19 vendémiaire an 10, sur le nombre de fours, qui porte en lui-même un principe d'inégalité d'après la différence de capacité des fours;

D'après le compte qui nous a été rendu de la délibération prise le 22 septembre dernier par le conseil d'administration de la caisse syndicale, tant pour la fixation juste des frais de fabrication du sac de farine, que pour porter les boulangers à concourir, plus puissamment qu'ils ne l'ont fait jusqu'ici à l'approvisionnement de Paris;

Sur le rapport de notre ministre de l'intérieur,

Nous avons ordonné et ordonnons ce qui suit :

Art. 1er. L'article second de l'arrêté du Gouvernement du 19 vendémiaire an 10 est modifié conformément aux dispositions suivantes :

2. 1° Chaque boulanger sera tenu d'avoir, à titre de garantie, au magasin de Sainte-Elisabeth, cent vingt sacs de farine de première qualité et du poids de cent cinquante-neuf kilogrammes.

2. 2° Chaque boulanger se soumettra à avoir dans son magasin un approvisionnement de même farine, déterminé ainsi qu'il suit :

Pour ceux qui cuisent par jour quatre sacs de farine et au-dessus, cent quarante sacs;

Pour ceux qui cuisent trois sacs et au-dessus, cent dix sacs;

Pour ceux qui cuisent deux sacs et au-dessus, quatre-vingt sacs;

Pour ceux qui cuisent au-dessous de deux sacs, trente sacs.

Ces conditions devront être remplies dans le délai qui sera fixé par notre préfet de police.

3. L'arrêté du 19 vendémiaire an 10 continuera à recevoir son exécution dans toutes les autres dispositions, en exceptant l'article 7, rapporté par notre ordonnance du 2 décembre 1814.

4. Notre ministre de l'intérieur est chargé de l'exécution de la présente ordonnance.

---

21 OCTOBRE 1818. — Ordonnances du Roi qui accordent des lettres de déclaration de naturalité aux sieurs Schilizzi-Homéride, Ferdinand, Perdonnet, Despine, Milard, Etcheverria, Mansuetti, Soliman-Sarage, Isch, Legrand, Pons de Léon, Chezzi, Klein, Huberty, Didier et Caparro. (7, Bull. 247, 249, 259, 269, 290, 298, 311, 391, 402, 435, 479; et 8, Bull. 52.)

---

21 OCTOBRE 1818. — Ordonnances du Roi qui autorisent l'acceptation de dons et legs faits aux fabriques. (7, Bull. 264.)

---

21 OCTOBRE 1818. — Ordonnance du Roi qui permet aux sieurs Langlois, Nicolas, Clément, Foucher de Mimetrand, baron de Rascas, Olivier et Jacob, de faire des changemens et additions à leurs noms. (7, Bull. 240.)

---

21 OCTOBRE 1818. — Ordonnances du Roi portant liquidation de plusieurs soldes de retraite provisoirement payables sur les fonds des demi-soldes. (7, Bull. 243 et 245, nos 5448, 5449 et 5532.)

---

21 OCTOBRE 1818. — Ordonnance du Roi qui distrait la commune de Lagimont du territoire d'Aveizieu, et la réunit à celle de Chevrière, département de la Loire. (7, Bull. 265.)

21 OCTOBRE 1818.—Ordonnance du Roi qui admet les sieurs O'Kearney, Hawadier, Freyhofer, de Lequinèche, Poulk, Deferrari, Albrosser, Laurer, Mendizabal et Perret à établir leur domicile en France. (7, Bull. 241.)

21 OCTOBRE 1818.—Ordonnances du Roi qui autorisent les sieurs Despret et Barrachin à construire dans la commune d'Hirson (Aisne) deux usines à fer. (7, Bull. 265, nos 6107 et 6108.)

21 OCTOBRE 1818.—Lettres du ministre de la guerre à MM. les préfets, présidens des conseils de révision, relatives à plusieurs questions qui lui ont été adressées sur divers points d'exécution de la loi de recrutement, et des instructions qui en sont la suite. (Mon. n° 308. Voy. suprà, p. 44.)

26 OCTOBRE ═ Pr. 5 NOVEMBRE 1818. — Ordonnance du Roi portant publication de la convention conclue à Aix-la-Chapelle le 9 octobre 1818, et ratifiée à Paris le 13 du même mois entre la France et l'Autriche. (7, Bull. 242, n° 5383.)

Voy. traité du 20 novembre 1815, loi du 6 mai 1818, et notes.

Louis, etc.

AU NOM DE LA TRÈS-SAINTE ET INDIVISIBLE TRINITÉ.

Leurs majestés l'empereur d'Autriche, le roi de Prusse et l'empereur de toutes les Russies s'étant rendus à Aix-la-Chapelle, et leurs majestés le roi de France et de Navarre et le roi du royaume-uni de la Grande-Bretagne et d'Irlande y ayant envoyé leurs plénipotentiaires, les ministres des cinq cours se sont réunis en conférence, et, le plénipotentiaire français ayant fait connaître que, d'après l'état de la France et l'exécution fidèle du traité du 20 novembre 1815, sa majesté très-chrétienne désirait que l'occupation militaire stipulée par l'article 5 du même traité cessât le plus promptement possible, les ministres des cours d'Autriche, de la Grande-Bretagne, de Prusse et de Russie, après avoir, de concert avec ledit plénipotentiaire de France, mûrement examiné tout ce qui pouvait influer sur une décision aussi importante, ont déclaré que leurs souverains admettaient le principe de l'évacuation du territoire français à la fin de la troisième année de l'occupation ; et voulant consigner cette résolution dans une convention formelle, et assurer en même temps l'exécution définitive dudit traité du 20 novembre 1815, sa majesté le roi de France et de Navarre, d'une part, et sa majesté l'empereur d'Autriche, roi de

Hongrie et de Bohême, d'autre part, ont nommé, à cet effet, pour plénipotentiaires, savoir :

S. M. le roi de France et de Navarre, le sieur Armand-Emmanuel du Plessis-Richelieu, duc de Richelieu, pair de France, chevalier de l'ordre royal et militaire de Saint-Louis, de l'ordre royal de la Légion d'Honneur, et des ordres de Saint-André, Saint-Alexandre Newsky, Sainte-Anne, Saint-Wladimir et Saint-Georges de Russie, son premier gentilhomme de la Chambre, son ministre secrétaire d'État des affaires étrangères, et président du conseil de ses ministres ;

Et S. M. l'empereur d'Autriche, roi de Hongrie et de Bohême, etc., le sieur Clément-Wenceslas-Lothaire, prince de Metternich-Winnebourg, prince d'Ochsenhausen, duc de Portella, chevalier de la Toison-d'or, grand'-croix de l'ordre royal de Saint-Étienne et de la décoration pour le mérite civil, grand'-croix de l'ordre de Saint-Jean-de-Jérusalem, grand-cordon de l'ordre royal de la Légion-d'Honneur, chevalier des ordres de Saint-André, de Saint-Alexandre Newsky et de Sainte-Anne de la première classe, chevalier de l'ordre suprême de l'Annonciade, de l'ordre de l'Éléphant, de l'Aigle noir et de l'Aigle rouge, des Séraphins, grand'-croix de l'ordre de Charles III d'Espagne, de l'ordre royal du Christ de Portugal, chevalier de l'ordre de Saint-Janvier et grand'-croix de l'ordre de Saint-Ferdinand et du mérite de Sicile, grand'-croix de l'ordre de Saint-Joseph de Toscane, chevalier de l'ordre de Saint-Hubert de Bavière, de l'Aigle d'or de Wurtemberg, de l'ordre de la Couronne de Saxe, grand'-croix de l'ordre royal des Guelfes de Hanovre, de l'ordre du Lion de Hesse, de la Fidélité de Bade, de l'ordre Constantinien de Saint-Georges de Parme, chancelier de l'ordre militaire de Marie-Thérèse, curateur de l'académie des beaux-arts de Vienne, chambellan conseiller intime actuel de sa majesté l'empereur d'Autriche, roi de Hongrie et de Bohême, son ministre-d'État, des conférences et des affaires étrangères ;

Lesquels, après s'être réciproquement communiqué leurs pleins-pouvoirs, trouvés en bonne et due forme, sont convenus des articles suivans :

Art. 1er. Les troupes composant l'armée d'occupation seront retirées du territoire de France le 30 novembre prochain, ou plus tôt, si faire se peut.

2. Les places et forts que lesdites troupes occupent seront remis aux commissaires nommés à cet effet par sa majesté très-chrétienne, dans l'état où ils se trouvaient au moment de l'occupation, conformément à l'article 9 de la convention conclue en exécution de l'article 5 du traité du 20 novembre 1815.

3. La somme destinée à pourvoir à la solde, l'équipement et l'habillement des troupes de l'armée d'occupation, sera payée, dans tous les cas, jusqu'au 30 novembre, sur le même pied qu'elle l'a été depuis le 1er décembre 1817.

4. Tous les comptes entre la France et les puissances alliées ayant été réglés et arrêtés, la somme à payer par la France, pour compléter l'exécution de l'article 4 du traité du 20 novembre 1815, est définitivement fixée à deux cent soixante-cinq millions de francs.

5. Sur cette somme, celle de cent millions, valeur effective, sera acquittée en inscriptions de rentes sur le grand-livre de la dette publique de France, portant jouissance du 22 septembre 1818. Lesdites inscriptions seront reçues aux cours du lundi 5 octobre 1818.

6. Les cent soixante-cinq millions restans seront acquittés par neuvième de mois en mois, à partir du 6 janvier prochain, au moyen de traites sur les maisons Hope et compagnie, et Baring frères et compagnie, lesquelles, de même que les inscriptions de rentes mentionnées en l'article ci-dessus, seront délivrées aux commissaires des cours d'Autriche, de la Grande-Bretagne, de Prusse et de Russie, par le Trésor royal de France, à l'époque de l'évacuation complète et définitive du territoire français.

7. A la même époque, les commissaires desdites cours remettront au Trésor royal de France les six engagemens non encore acquittés qui seront restés entre leurs mains, sur les quinze engagemens délivrés conformément à l'article 2 de la convention conclue pour l'exécution de l'article 4 du traité du 20 novembre 1815. Les mêmes commissaires remettront en même temps l'inscription de sept millions de rente créée en vertu de l'article 8 de la susdite convention.

8. La présente convention sera ratifiée et les ratifications en seront échangées à Aix-la-Chapelle, dans le délai de quinze jours, ou plus tôt, si faire se peut.

En foi de quoi, les plénipotentiaires respectifs l'ont signée, et y ont apposé le cachet de leurs armes.

Fait à Aix-la-Chapelle, le 9 octobre, l'an de grace 1818.

Signé RICHELIEU,

Et le prince DE METTERNICH.

26 OCTOBRE 1818. — Ordonnance du Roi portant publication de la même convention conclue à Aix-la-Chapelle et ratifiée à Paris les mêmes jours que ceux indiqués dans la précédente ordonnance, entre la France et la Grande-Bretagne (7, Bull. 242, n° 5584.)

26 OCTOBRE 1818. — Ordonnance du Roi portant publication de la même convention conclue à Aix-la-Chapelle et ratifiée à Paris les mêmes jours que ceux indiqués dans la précédente ordonnance, entre la France et la Prusse. (7, Bull. 242, n° 5585.)

26 OCTOBRE 1818. — Ordonnance du Roi portant publication de la même convention conclue à Aix-la-Chapelle et ratifiée à Paris les mêmes jours que ceux indiqués dans la précédente ordonnance, entre la France et la Russie. (7, Bull. 242, n° 5586.)

4 = Pr. 22 NOVEMBRE 1818. — Ordonnance du Roi qui statue sur la liquidation des pensions de retraite des fonctionnaires civils des écoles royales militaires, et fixe la quotité de la retenue à faire sur les traitemens de ces fonctionnaires. (7, Bull. 243, n° 5533.)

Louis, etc.

Considérant que nos ordonnances des 31 décembre 1817 et 10 juin dernier, concernant l'organisation définitive des écoles militaires spéciale et préparatoire, n'ont rien fixé sur le réglement et la quotité des pensions de retraite auxquelles auront droit, sur les fonds de retenue, les fonctionnaires civils de ces établissemens;

Considérant que notre ordonnance du 9 décembre 1814, relative à la fixation de ces pensions, a été abrogée par l'article 38 de celle du 10 juin 1818;

Voulant établir, autant que possible, une juste proportion entre le montant de ces pensions et les fonds de retenue qui doivent servir à leur acquittement;

Sur le rapport de notre ministre de la guerre;

Nous avons ordonné et ordonnons ce qui suit :

Art. 1er. Les pensions de retraite qui seront accordées sur les fonds de retenue aux fonctionnaires civils des écoles royales militaires spéciale et préparatoire, seront, à dater de ce jour, liquidées d'après les règles établies ou à établir pour les employés du ministère de la guerre.

2. La quotité de la retenue reste fixée à cinq pour cent sur le montant du traitement de ces fonctionnaires.

3. Notre ministre de la guerre est chargé de l'exécution de la présente ordonnance.

4 NOVEMBRE 1818. — Ordonnance du Roi portant convocation de la Chambre des pairs et de la Chambre des députés pour le 30 novembre. (7, Bull. 244, n° 5495.)

4 NOVEMBRE 1818. — Ordonnance du Roi qui autorise l'inscription au Trésor royal de cinquante soldes de retraite définitives. (7, Bull. 248, n° 5534.)

4 NOVEMBRE 1818. — Ordonnances du Roi qui autorisent l'acceptation de dons et legs faits aux pauvres, aux hospices, séminaires et fabriques. (7, Bull. 264, 265, 266, 267, 268, 270, 272 et 273.)

4 NOVEMBRE 1818. — Ordonnances du Roi qui permettent aux sieurs Durand, Mendaigne et Picot de Moras, de faire des changemens et des additions à leurs noms. (7, Bull. 243.)

4 NOVEMBRE 1818. — Ordonnances du Roi qui admettent les sieurs Albarez, Puig, Gogioso, Sor, Solari et Benedetti à établir leur domicile en France. (7, Bull. 247.)

4 NOVEMBRE 1818. — Ordonnance du Roi qui autorise le sieur Paganon à conserver et tenir en activité l'usine à fer qu'il possède dans la commune de Laval (Isère). (7, Bull. 273.)

4 NOVEMBRE 1818. — Ordonnance du Roi qui distrait la commune de Villeneuve-la-Rivière du canton de Millas, et la réunit au canton de Perpignan (ouest); qui distrait la commune de Redlach de la mairie de Falquemont, et la réunit à celle de Tritteling (Moselle). (7, Bull. 245.)

4 NOVEMBRE 1818. — Ordonnances du Roi qui accordent des lettres de déclaration de naturalité aux sieurs Kœnigs, Durieux de Mouxy, Linder, Drousies, Camichel, Schucht et Verdin. (7, Bull. 256, 264, 275, 278, 298.)

4 NOVEMBRE 1818. — Ordonnance du Roi qui accorde des lettres de déclaration de naturalité aux sieurs Lacroix. (7, Bull. 565.)

6 NOVEMBRE 1818. — Circulaire du ministre de la guerre à MM. les préfets, présidens des conseils de révision. (Journal militaire, 2e semestre de 1818, p. 395.)

Messieurs,

Questions sur les appels, présentées au ministre par les préfets.
1re *Question.* — L'article 9 de la loi dit que, quand il n'existe pas de registres de l'état civil, les jeunes gens qui n'ont pas prouvé leur âge, de la manière indiquée à l'article 46 du Code civil, doivent, d'après la notoriété publique, être inscrits sur les tableaux de la classe.

Comment et par qui la notoriété publique doit-elle être constatée?

Réponse. — C'est administrativement, et par les soins des autorités locales, que la disposition voulue par l'article 9 doit être exécutée; l'espèce d'enquête à laquelle ces autorités doivent procéder d'office remplace l'enquête judiciaire à laquelle les réclamans auraient dû avoir recours pour établir qu'ils n'appartiennent point à la classe appelée.

MM. les maires ne doivent pas se borner à recevoir les déclarations des personnes qui leur sont présentées par les parties; ils doivent eux-mêmes provoquer les déclarations des notables habitans, et notamment des habitans qui ont déjà des fils inscrits sur les tableaux de la classe; ils ont, en outre, à consulter les documens écrits qui sont à leur disposition, tels que les régistres des passeports, les contrôles de la garde nationale, et les listes des dernières classes de conscription, et ils n'auront point à se reprocher d'avoir méconnu la voix de la notoriété publique, quand ils s'en seront rapportés franchement aux témoignages ou indices les plus probables.

2e *Question* (article 14 de la loi n° 6). — Quelles sont, parmi les personnes attachées à l'armée, celles qui doivent être considérées comme étant sous les drapeaux à quelque titre que ce soit, et comme pouvant, en conséquence, conférer à leur frère le droit à l'exemption?

Réponse. — Le tableau ci-joint fait connaître quels sont les militaires qui sont sous les drapeaux, et ceux qui ne doivent pas être considérés comme étant dans cette catégorie.

Ce tableau, que MM. les préfets auront soin de communiquer aux conseils de révision, mettra MM. les membres de ces conseils à portée d'apprécier les droits des jeunes gens qui réclameraient l'application du § 6 de l'article 14 de la loi.

3e *Question* (article 14 de la loi). — L'exemption peut-elle être accordée à un jeune homme qui la réclamerait comme ayant un frère sous les drapeaux, bien qu'un autre frère eût pour le même motif été placé, dans le temps, à la fin du dépôt de sa classe?

Réponse. — La réclamation qui serait faite dans ce cas ne pourrait être rejetée, attendu que d'après le texte de l'article 14 de la loi on ne peut compter en déduction des exemptions que celles qui ont déjà été prononcées en vertu du même article 14.

Il est à considérer, en outre, que les hommes qui, sous le précédent mode de recrutement, étaient placés à la fin du dépôt n'étaient point libérés du service militaire, et que la plupart d'entre eux ont été compris postérieurement dans des levées extraordinaires.

4ᵉ *Question* (article 14 de la loi). — L'exemption du service militaire est-elle applicable aux jeunes gens qui ont fait partie des bataillons de gardes nationales mis en activité, et aux gardes d'honneur?

Réponse. — Les bataillons des gardes nationales mis temporairement en activité n'ont jamais fait partie de l'armée de ligne; ainsi les hommes qui y étaient incorporés ne sont point susceptibles de recevoir l'application des articles 23 et 24 de la loi du 10 mars.

Les régimens des gardes d'honneur, au contraire, faisaient partie de l'armée de ligne, et les jeunes gens qui y ont servi comme sous-officiers et soldats sont exempts par les articles 23 et 24 de la loi.

---

8 NOVEMBRE 1818. — Ordonnance du Roi portant augmentation de la cour royale de Corse, création d'une quatrième chambre à la cour royale de Toulouse, et réduction des chambres des cours d'Agen, d'Angers et d'Amiens. (7, Bull. 247, n° 5556.)

Voy. 8 décembre 1818.

---

11 NOVEMBRE 1818. — Ordonnance du Roi portant liquidation de cent quarante-une soldes de retraite provisoirement payables sur le fonds des demi-soldes. (7, Bull. 252.)

---

11 NOVEMBRE 1818. — Ordonnance du Roi qui permet aux sieurs Sain d'ajouter à leur nom celui de de Mannevieux. (7, Bull. 248.)

---

11 NOVEMBRE 1818. — Ordonnances du Roi qui accordent des lettres de déclaration de naturalité aux sieurs Schenck et Hartmann. (7, Bull. 256 et 272.)

---

11 NOVEMBRE 1818. — Ordonnances du Roi qui autorisent l'acceptation de dons et legs faits aux pauvres, aux hospices, séminaires et fabriques. (7, Bull. 263 et 274.)

---

17 NOVEMBRE 1818. — Lettres-patentes du Roi portant institution de majorat en faveur du sieur de Verton. (7, Bull. 245, n° 5535.)

---

18 NOVEMBRE = Pr. 9 DÉCEMBRE 1818. — Ordonnance du Roi portant établissement d'une Bourse de commerce dans la ville de Calais. (7, Bull. 246, n° 5540.)

Louis, etc.

Art. 1ᵉʳ. Il y aura une Bourse de commerce dans la ville de Calais, département de Pas-de-Calais.

2. Une partie du bâtiment de l'hôtel-de-ville sera affectée à la tenue de la Bourse.

3. Notre ministre de l'intérieur est chargé de l'exécution de la présente ordonnance.

---

18 NOVEMBRE = Pr. 9 DÉCEMBRE 1818. — Ordonnance du Roi concernant le service des postes entre la France et divers États d'Allemagne. (7, Bull. 246, n° 5541.)

Louis, etc.

Vu la loi du 27 frimaire an 8 (18 décembre 1799), celle du 14 floréal an 10 (4 mai 1802), et l'article 20 du titre V de celle du 24 avril 1806, en ce qui concerne la taxe et les progressions de taxe et de poids des lettres de France;

Vu aussi les conventions conclues et signées à Paris, le 20 mai 1818, entre l'office général des postes françaises et l'office général des postes féodales-héréditaires de divers États d'Allemagne;

Sur le rapport de notre ministre-secrétaire-d'État des finances,

Nous avons ordonné et ordonnons ce qui suit :

Art. 1ᵉʳ. A dater du 1ᵉʳ jour de janvier 1819, le public de France sera libre d'affranchir ou de ne point affranchir ses lettres et paquets pour *les divers États d'Allemagne* desservis par l'office féodal-héréditaire des postes de son altesse sérénissime le prince de la Tour-et-Taxis, ainsi que pour les royaumes de *Saxe* et de *Hanovre*, et pour le duché de *Brunswick*, jusqu'à destination;

Pour le duché d'*Oldenbourg* jusqu'à *Brémen;*

Pour la principauté de *Lubeck*, pour les grands duchés de *Mecklembourg-Strelitz* et *Schwerin*, pour le duché de *Holstein*, pour le royaume de *Danemarck*, pour l'*Islande*, et pour les royaumes de *Suède* et de *Norwége*, jusqu'à *Hambourg*.

2. Cependant l'affranchissement sera obligatoire pour les lettres et paquets chargés ou recommandés.

Il sera pareillement indispensable d'affranchir les gazettes et journaux, ainsi que les catalogues, les prospectus, les imprimés et les livres en feuilles ou brochés :

Le tout jusqu'à destination, si les envois sont destinés pour les États d'Allemagne desservis par les postes féodales-héréditaires; jusqu'à *Bremen*, s'ils sont adressés dans le duché d'*Oldembourg*; et jusqu'à *Hambourg*, s'il doivent passer dans tous les autres Etats compris dans le troisième alinéa de l'article 1er ci-dessus.

3. L'affranchissement volontaire des lettres et paquets de tous les départemens du royaume pour tous les Etats d'Allemagne desservis par les postes féodales-héréditaires, et pour tous autres Etats qui se trouvent désignés dans l'article 1er, sera perçu selon les prix réglés par les lois concernant les taxes des correspondances de France, pour toute lettre d'un poids au-dessous de six grammes, jusqu'au point frontière de sortie du royaume; et depuis ce point frontière jusqu'à sa destination, si les envois sont distribuables dans les Etats d'Allemagne desservis par les postes féodales-héréditaires, et dans les royaumes de *Saxe* et de *Hanôvre*, ainsi que dans le duché du *Brunswick*, et jusqu'à *Bremen* ou jusqu'à *Hambourg*, suivant qu'ils seront adressés dans tous autres pays ou Etats qui transmettent et reçoivent leurs correspondances par l'intermédiaire de ces deux bureaux, d'après les taxes actuelles du tarif féodal converties en décimes, et d'après les progressions de ce tarif qui croissent de sept grammes et demi en sept grammes et demi inclusivement;

Et proportionnellement au poids des lettres et paquets, au-dessus du premier poids déterminé par les tarifs respectifs des deux offices.

4. L'affranchissement volontaire des échantillons de marchandises, pourvu que les paquets soient présentés sous bande ou d'une manière indicative de leur contenu, ne sera perçu qu'au tiers de la taxe des deux tarifs; cependant le prix n'en devra jamais être au-dessous de la taxe fixée par chacun d'eux pour une lettre simple.

5. L'affranchissement obligatoire de lettres et paquets chargés ou recommandés sera perçu d'avance au double des taxes fixées par le tarif des postes françaises et par le tarif des postes féodales-héréditaires, pour les affranchissemens ordinaires dont il est fait mention dans l'article 3 ci-dessus, soit jusqu'à destination, si les chargemens sont destinés pour les Etats d'Allemagne desservis par les postes de l'office féodal, et pour les royaumes de *Saxe* et de *Hanôvre*, ainsi que pour le duché de *Brunswick*, soit jusqu'à *Bremen*, s'ils sont adressés dans le duché d'*Oldenbourg*, soit enfin jusqu'à *Hambourg*, s'ils doivent passer dans quelqu'un des autres Etats désignés dans le troisième alinéa de l'article 1er de la présente ordonnance.

6. L'affranchissement, aussi obligatoire, des gazettes et journaux, ainsi que des catalogues, des prospectus, des imprimés et des livres en feuilles ou brochés, sera pareillement perçu d'avance, savoir :

Pour les gazettes et journaux, à raison de *huit centimes;*

Pour les autres ouvrages de librairie, à raison de *dix centimes;*

Le tout par feuilles d'impression ;

Et par chaque demi-feuille ou par quart de feuille, à proportion de l'un ou de l'autre de ces deux prix, selon la nature des ouvrages, quel que soit l'endroit de leur destination.

7. Les lettres et paquets, les échantillons de marchandises, les gazettes ou journaux, et tous autres ouvages de librairie en feuilles ou brochés, et affranchis, les uns volontairement, et les autres obligatoirement, dans toute l'étendue des divers Etats d'Allemagne desservis par les postes féodales-héréditaires, dans les royaumes de *Saxe* et de *Hanôvre*, ainsi que dans le duché de *Brunswick*, pour toute l'étendue du royaume de France jusqu'à destination, seront distribués à leurs adresses, sans qu'il puisse être exigé aucun autre prix de port.

8. Les correspondances non affranchies des villes et endroits compris dans le premier rayon des Etats d'Allemagne desservis par les postes féodales-héréditaires sous le timbre T. T. R. 1, et qui entreront en France par les bureaux frontières, soit de *Forbach*, soit de *Strasbourg*, ou de *Weissembourg*, pour ces bureaux mêmes, seront taxées à raison de *quatre décimes* par lettres simples ou d'un poids au-dessus de six grammes; et les lettres ou paquets d'un poids de six grammes et au-dessus seront taxées proportionnellement à ce prix, selon les progressions du tarif des postes de France.

9. Les correspondances des villes et endroits compris dans le deuxième rayon des postes féodales-héréditaires, sous le timbre T. T. R. 2, et qui seront entrées par l'un et par l'autre des bureaux frontières de France susnommés, pour ces mêmes bureaux, devront être taxées à raison de *six décimes* par lettre simple ou d'un poids au-dessous de six grammes; et les lettres et paquets d'un poids de six grammes et au-dessous, proportionnellement à ce prix selon leur poids, d'après les progressions du tarif français.

10. Les correspondances de villes et endroits du troisième rayon des postes féodales-héréditaires, sous le timbre T. T. R. 3, et celles de tout le royaume de Saxe, timbrées *Saxe T. T.*, qui seront entrées par les bureaux frontières de France ci-dessus désignés, pour ces bureaux mêmes, seront taxées à raison de *huit décimes* par lettre simple ou d'un poids au-dessous de six grammes; et les lettres ou paquets d'un poids de six

grammes et au-dessus seront taxés, proportionnellement à ce prix, d'après leur poids, selon la progression du tarif des postes françaises.

11. Les correspondances des villes et endroits du quatrième rayon des postes féodales-héréditaires, sous le timbre T. T. R. 4, ainsi que les correspondances du royaume de *Hanôvre*, du duché de *Brunswick*, du duché d'*Oldenbourg*, de la principauté de *Lubeck*, des grands duchés de *Mecklembourg Strelitz* et *Schwerin*, du duché de *Holstein*, du royaume de *Danemarck*, de l'*Islande*, des royaumes de *Suède* et de *Norwége*, et de tous autres États étrangers, timbrées des caractères T. T. précédés ou surmontés du nom de l'Etat ou pays de leur origine, qui entreront en France par les bureaux frontières, soit de *Givet*, soit de *Forbach*, soit de *Strasbourg* ou de *Weissembourg*, pour ces bureaux mêmes, seront taxées à raison de *neuf décimes* par lettre simple ou d'un poids au-dessous de six grammes; et les lettres ou paquets d'un poids de six grammes et au-dessus seront taxés proportionnellement à ce prix, selon les progressions du tarif des postes de France.

12. Les lettres et paquets des quatres rayons de l'office féodal-héréditaire d'Allemagne, ainsi que les lettres et paquets, tant des royaumes de *Saxe*, de *Hanôvre* et du duché de *Brunswick*, que du duché d'*Oldenbourg*, de la principauté de *Lubeck*, des grands duchés de *Mecklembourg Strelitz* et *Schwerin*, du duché de *Holstein*, du royaume de *Danemarck*, de l'*Islande*, et des royaumes de *Suède* et de *Norwége*, en transit par l'intermédiaire de cet office, et qui seront réexpédiés des bureaux de *Givet*, ou de *Forbach*, ou de *Strasbourg*, ou de *Weissembourg*, s'il y a lieu, pour toutes autres destinations en France, seront taxés, d'après leur timbre, du prix fixé ci-dessus pour celui de ces bureaux par lequel les lettres et paquets seront entrés; plus, du prix du port dû, selon le tarif français, depuis l'un ou l'autre de ces bureaux, jusqu'à celui de leur distribution dans le royaume.

13. Les échantillons de marchandises venant, soit des Etats d'Allemagne desservis par les postes de l'office féodal-héréditaire, soit de tous autres Etats étrangers susnommés, par l'intermédiaire de cet office, pourvu que les paquets soient mis sous bande ou d'une manière indicative de leur contenu, ne seront taxés, d'après leur timbre, qu'au tiers des prix ci-dessus réglés pour les lettres et paquets de celui des rayons féodaux ou de celui des Etats étrangers d'où ils auront été expédiés; cependant le prix de port n'en sera jamais moindre que celui d'une lettre simple.

14. Les gazettes et journaux, ainsi que les catalogues et prospectus, les imprimés et les livres en feuilles ou brochés, qui viendront de l'étranger, non affranchis et sous bandes, par la voie de l'office des postes féodales-héréditaires d'Allemagne, seront taxés pour toute l'étendue du royaume, savoir, les deux premières espèces de ces ouvrages, à raison de *huit centimes*, et toutes les autres espèces à raison de *six centimes*, par feuille d'impression;

Et à proportion de l'un ou de l'autre de ces deux prix par demi-feuille ou par quart de feuille.

15. Notre ministre des finances est chargé de l'exécution de la présente ordonnance.

---

18 NOVEMBRE 1818. — Ordonnance du Roi qui remet au 10 décembre l'ouverture de la session des deux Chambres. (7, Bull. 245, n° 5531.)

---

18 NOVEMBRE 1818. — Ordonnance du Roi qui autorise l'inscription au Trésor royal de soixante-douze soldes de retraite définitives et de trois pensions tant militaires que civiles. (7, Bull. 252, n° 5724.)

---

18 NOVEMBRE 1818. — Ordonnances du Roi portant révocation de celle du 7 mars 1817, qui autorise le sieur Pautrot à substituer à son nom celui de Chaumon; et permission aux sieurs Groscassan et Albert d'ajouter à leurs noms ceux de Dorimon et de Massoulie. (7, Bull. 248.)

---

18 NOVEMBRE 1818. — Ordonnance du Roi qui admet les sieurs Bernhold, Sprangle, Froidevaux et Anchslag à établir leur domicile en France. (7, Bull. 249.)

---

18 NOVEMBRE 1818. — Ordonnances du Roi qui accordent des lettres de déclaration de naturalité aux sieurs Pastor, Vannet, Glemann, Rossi et Mundt, et au sieur Barba. (7, Bull. 259, 264, 278, 282 et 316 ; 8, Bull. 244.)

---

18 NOVEMBRE 1818. — Ordonnances du Roi qui autorisent l'acceptation de dons et legs faits aux pauvres et aux hospices. (7, Bull. 275.)

---

23 NOVEMBRE = Pr. 9 DÉCEMBRE 1818. — Ordonnance du Roi portant autorisation , conformément aux statuts y annexés, de la société anonyme sous le titre de banque de Bordeaux. (7, Bull. 246, n° 5542.)

Voy. ordonnance du 17 MARS 1819.

Louis, etc.

Vu l'acte de société passé à Bordeaux, les 5, 6, 7, 8 et 9 juin 1818, par-devant Maillères et son collègue, notaires de ladite ville,

Et l'acte supplémentaire passé les 7, 8 et 9 novembre 1818, par-devant ledit Maillères et son confrère, ledit acte portant une nouvelle rédaction de dix-sept articles et la suppression du vingt-troisième de l'acte précédent,

Lesdits actes passés par divers négocians et capitalistes, renfermant le pacte d'association et les statuts d'une société anonyme sous le titre de *Banque de Bordeaux,* ayant pour objet d'escompter les effets de commerce ;

Vu l'avis du préfet de la Gironde en date des 15 juin et 12 novembre,

Celui de notre ministre secrétaire-d'Etat des finances en date du 31 août ;

Vu la loi du 24 germinal an 11 (14 avril 1803) ;

Vu les articles 29 à 37, 40 et 45 du Code de commerce ;

Sur le rapport de notre ministre secrétaire-d'Etat au département de l'intérieur,

Notre conseil-d'Etat entendu,

Nous avons ordonné et ordonnons ce qui suit :

Art. 1er. La société anonyme, sous le titre de *Banque de Bordeaux,* est et demeure autorisée, conformément aux statuts compris dans les deux actes passés par-devant Maillères et ses collègues, notaires à Bordeaux, les 5, 6, 7, 8 et 9 juin, et les 7, 8 et 9 novembre 1818, lesquels actes, annexés à la présente ordonnance, seront publiés et affichés avec elle.

2. La coupure des billets au porteur qui seront émis par cette Banque ne pourra être moindre de cinq cents francs.

3. La présente autorisation étant subordonnée à l'obligation imposée aux sociétaires de se conformer aux lois et aux statuts particuliers qui doivent régir leur compagnie, nous nous réservons de la révoquer dans le cas où ces conditions ne seraient pas accomplies, sauf les actions à exercer devant les tribunaux par les particuliers, à raison des infractions commises à leur préjudice.

4. Le préfet de la Gironde veillera spécialement, en ce qui concerne les opérations de la Banque, à l'exécution des articles 5, 31 et 32 de la loi du 24 germinal an 11 (14 avril 1803).

5. Nos ministres secrétaires-d'Etat de l'intérieur et des finances sont chargés de l'exécution de la présente ordonnance, qui sera insérée au Bulletin des Lois, conjointement avec les statuts ci-annexés ; pareille insertion aura lieu dans le Moniteur et dans le journal de la Gironde, sans préjudice des affiches prescrites par l'article 45 du Code de commerce.

_____

Société de la Banque de Bordeaux.

Par-devant Me Guillaume-Nicolas Maillères et son collègue, notaires royaux à Bordeaux, soussignés, sont comparus, etc.

Lesquels ont dit :

Que, considérant combien l'établissement d'une Banque d'escompte et de comptes courans à Bordeaux peut rendre d'importans services au commerce de cette ville et des contrées voisines, en donnant plus de facilité et de sécurité à toutes les opérations commerciales, ils ont résolu de former cet établissement, au succès duquel ils espèrent que l'intérêt privé et l'intérêt public concourront d'une manière prompte et puissante ;

Qu'en conséquence ils se présentent pour, en conformité de l'article 40 du Code de commerce, et des réglemens émanés de son excellence le ministre de l'intérieur relatifs aux sociétés anonymes, et sauf à demander ultérieurement à qui de droit l'autorisation nécessaire, fixer les bases et statuts d'une Banque d'escompte et de comptes courans à établir à Bordeaux, ainsi qu'il suit :

Art. 1er. (*Amendé par l'acte des 7, 8 et 9 novembre 1818.*)

2. Elle sera régie par une société anonyme ; les fonds en seront faits par actions.

3. La durée de cette société sera de trente ans, à partir du jour de l'ordonnance royale qui l'autorisera.

Elle pourra être renouvelée en observant les formalités prescrites par le Code de commerce ; mais le vœu de la majorité pour ou contre ce renouvellement ne sera point obligatoire pour la minorité.

4. (*Amendé par l'acte des 7, 8 et 9 novembre 1818.*)

5. Toutes personnes, même étrangères, pourront acquérir les actions de la Banque de la Gironde.

6. Aussitôt que l'autorisation du Gouvernement aura été obtenue, les souscripteurs se réuniront en assemblée générale pour organiser le régime intérieur de la Banque et en former l'administration.

7. Aussitôt que l'administration sera formée, les souscripteurs auront à verser, sous quinzaine du jour de cette formation, le montant de leur souscription.

8. Le prix de ses actions sera payé, ou tout en espèces, ou seulement moitié en espèces et l'autre moitié en effets ou billets du soumissionnaire, dont les échéances ne pourront être plus longues que deux mois, et dont

l'intérêt sera bonifié à raison de cinq pour cent par an, à partir de l'époque indiquée pour les versemens.

Les actionnaires ne recevront leurs titres d'actions qu'en par eux justifiant du paiement entier du montant de leur souscription.

9. La transmission des actions s'opérera par de simples transferts sur des registres doubles tenus à cet effet.

Elles seront valablement transférées par la déclaration du propriétaire ou de son fondé de pouvoir, signée sur les registres et certifiée par un agent de change, s'il n'y a opposition signifiée et visée à la Banque.

10. La Banque ne pourra dans aucun cas ni sous aucun prétexte faire ou entreprendre d'autres opérations que celles qui lui seront permises par les lois et les présens statuts.

11. Les opérations de la Banque consisteront :

1° A escompter de toutes personnes des lettres-de-change et autres effets de commerce à ordre, à des échéances déterminées, qui ne pourront excéder quatre mois sur Bordeaux et cent jours sur Paris, et souscrits par des commerçans et autres personnes notoirement solvables ;

2° A se charger, pour le compte des particuliers et des établissemens publics, du recouvrement des effets qui lui seront remis ;

3° A recevoir en comptes courans les sommes qui lui seront versées par des particuliers et des établissemens publics, et à payer les sommes dont on aura disposé sur elle, et les engagemens pris à son domicile, jusqu'à concurrence des sommes encaissées ;

4° A tenir une caisse de dépôts volontaires pour tous lingots et monnaies d'or et d'argent de toute espèce et de tout titre.

12. La Banque n'admettra à l'escompte que des effets de commerce garantis par les signatures de trois personnes au moins, notoirement solvables.

13. (*Amendé par l'acte des* **7, 8 et 9** *novembre* 1818.)

14. (*Amendé par l'acte des* **7, 8 et 9** *novembre* 1818.)

15. (*Amendé par l'acte des* **7, 8 et 9** *novembre* 1818.)

16. La Banque fournira des récépissés des dépôts volontaires qui lui seront faits.

Le récépissé exprimera :

1° La nature et la valeur des objets déposés ;

2° Les nom et demeure du déposant ;

3° La date du jour où le dépôt a été fait, et l'époque ou il devra être retiré ;

4° Le numéro du registre d'inscription.

Le récépissé ne sera point à ordre, et ne pourra être transmis par voie d'endossement.

17. La Banque percevra un droit sur la valeur estimative du dépôt.

La quotité de ce droit sera déterminée par le conseil général, qui en donnera connaissance au déposant.

18. La Banque pourra faire des avances sur les dépôts de lingots ou monnaies étrangères d'or et d'argent qui lui seront faits.

Elle déterminera, par ses réglemens intérieurs, les avances à faire sur ces dépôts, le mode à suivre pour en fixer la valeur, la quotité de l'intérêt, et le terme dans lequel ils pourront et devront être retirés.

19. Conformément aux dispositions de la loi du 24 germinal en 11, aucune opposition ne sera admise sur les sommes en compte courant à la Banque.

20. (*Amendé par l'acte des* **7, 8 et 9** *novembre* 1818.)

21. (*Amendé par l'acte des* **7, 8 et 9** *novembre* 1818.)

22. La qualité d'actionnaire ne donnera aucun droit pour être admis aux escomptes de la Banque.

23. (*Supprimé par l'acte des* **7, 8 et 9** *novembre* 1818. ,

24, devenu le 23, par la suppression de l'article 23. La Banque de la Gironde sera administrée par un conseil général, composé de douze régens et de trois censeurs, tous nommés par l'assemblée générale des actionnaires.

Leurs fonctions seront gratuites ; ils auront seulement des jetons pour droit de présence.

25, devenu le 24. L'assemblée générale des actionnaires aura lieu le 5 janvier et le 5 juillet de chaque année ; dans la première, on nommera les régens et les censeurs.

Pour cette année, l'assemblée aura lieu aussitôt que l'ordonnance royale aura sanctionné les présens statuts.

26, devenu le 25. La première nomination aura son effet jusqu'au 5 janvier 1820.

27, devenu le 26. (*Amendé par l'acte des* **7, 8 et 9** *novembre* 1818.)

28, devenu le 27. (*Amendé par l'acte des* **7, 8 et 9** *novembre* 1818.)

29, devenu le 28. Les régens et les censeurs forment le conseil général. Dans ce conseil, les régens ont voix délibérative, et les censeurs voix consultative.

30, devenu le 29. (*Amendé par l'acte des* **7, 8 et 9** *novembre* 1818.)

31, devenu le 30. Pour la première fois, l'assemblée générale sera présidée par le plus ancien d'âge.

Le plus jeune remplira les fonctions de secrétaire.

Dans la suite, le président et le secrétaire nommés par les régens rempliront à l'assemblée générale des actionnaires chacun leurs fonctions respectives.

32, devenu le 31. Les régens et les censeurs seront nommés à la majorité absolue des suffrages des membres votans par des scrutins individuels.

Il en sera de même pour la nomination du président et du secrétaire par les régens.

Si, au premier tour de scrutin, il n'y a pas de majorité, on procédera à un second scrutin individuel, jusqu'au scrutin de ballotage.

Celui qui aura obtenu la majorité sera proclamé.

Lorsqu'il y aura partage de voix entre deux candidats, celui qui possédera le plus d'actions sera préféré ; et, en cas d'égalité d'actions, le plus âgé l'emportera.

33, devenu le 32. Avant d'entrer en fonctions, les régens seront obligés de justifier qu'ils sont propriétaires de vingt-cinq actions au moins, et les censeurs de quinze ; elles seront inaliénables pendant la durée de leurs fonctions.

34, devenu le 33. L'assemblée générale des actionnaires pourra être convoquée extraordinairement :

Lorsque, par retraite ou décès, le nombre des régens sera réduit à neuf, et celui des censeurs à un ;

Lorsqu'elle aura été requise par l'unanimité des censeurs et délibérée par le conseil général.

On procédera, dans le premier cas, au remplacement des régens et censeurs qui pourront manquer.

Leur nomination n'aura lieu que pour le temps qui restait à courir à 'eurs prédécesseurs.

35, devenu le 34. (*Amendé par l'acte des 7, 8 et 9 novembre 1818.*)

36, devenu le 35. Aucune résolution ne pourra être prise en conseil général sans le concours de huit votans au moins et la présence d'un censeur. Les arrêtés se prendront à la majorité absolue.

37, devenu le 36. Toute délibération ayant pour objet l'émission des billets de Banque devra être approuvée par les censeurs.

Le refus unanime des censeurs en suspendra l'effet.

38, devenu le 37. Les comptes qui devront être rendus aux assemblées générales des actionnaires seront arrêtés par le conseil général.

39, devenu le 38. Les censeurs exerceront une surveillance sur toutes les opérations de la Banque.

Ils se feront représenter l'état des caisses, les registres et les porte-feuilles, toutes les fois qu'ils le jugeront convenable.

Ils proposeront toutes les mesures qu'ils croiront utiles à l'ordre et à l'intérêt de la Banque.

Si leurs propositions ne sont point adoptées, ils pourront en requérir la transcription sur les registres des délibérations.

Ils rendront compte, à la fin de chaque année, de la surveillance qu'ils auront exercée.

40, devenu le 39. (*Amendé par l'acte des 7, 8 et 9 novembre 1818.*)

41, devenu le 40. Les membres du conseil général se feront représenter tous livres et journaux, notamment celui des opérations des trois administrateurs en exercice.

Le président l'arrêtera.

42, devenu le 41. (*Amendé par l'acte des 7, 8 et 9 novembre 1818.*)

43, devenu le 42. Le conseil général choisira les chefs et employés des divers bureaux, et pourra les révoquer. Il fixera leurs appointemens.

44, devenu le 43. (*Amendé par l'acte des 7, 8 et 9 novembre 1818.*)

Des administrateurs en exercice.

45, devenu le 44. Les administrateurs en exercice seront chargés de tout le détail des opérations de la Banque.

46, devenu le 45. Ils s'assembleront aux jours et aux heures convenables, pour satisfaire aux demandes du public. Ils ne répondront à aucune de ces demandes et n'admettront à l'escompte aucun effet, que lorsqu'ils seront réunis et après le consentement de la majorité d'entre eux.

47, devenu le 46. (*Amendé par l'acte des 7, 8 et 9 novembre 1818.*)

48, devenu le 47. Ils tiendront des notes journalières de leurs opérations ; ces notes seront signées de deux au moins d'entre eux.

Ils surveilleront la régularité et le bon ordre des écritures et des livres de la Banque ; ces livres seront tenus en partie double.

49, devenu le 48. Chacun des administrateurs en exercice aura à sa garde une des trois clés du dépôt du porte-feuille, de celui du timbre de la Banque, et autres objets importans.

50, devenu le 49. (*Amendé par l'acte des 7, 8 et 9 novembre 1818.*)

Dispositions générales.

51, devenu le 50. La Banque refusera d'escompter des effets dits *de circulation,* créés collusoirement entre les signataires sans cause ni valeur réelle.

52, devenu le 51. Lorsqu'une personne inconnue à la Banque voudra être admise à escompter des effets de commerce, elle devra les faire présenter par un agent de change.

53, devenu le 52. (*Amendé par l'acte des 7, 8 et 9 novembre 1818.*)

54, devenu le 53. Pour toute mesure de détail et d'exécution, les actionnaires s'en rapportent à la prudence du conseil-général, observant néanmoins que les articles qui précèdent sont fondamentaux, ainsi qu'il est énoncé dans le préambule.

55, devenu le 54. Les comparans s'obligent à verser les fonds des actions pour lesquelles chacun d'eux souscrit, dans les termes et de la manière fixés par les réglemens d'autre part.

56, devenu le 55. Pour l'exécution des présentes, les comparans font toutes soumissions de droit.

57 et dernier, devenu le 56. Les comparans donnent pouvoir à M. Carrayon-Latour et M. John-Lewis Brown, maintenant à Paris, de solliciter en leur nom l'autorisation du Gouvernement pour l'établissement de la présente société anonyme.

Les bases et statuts de ladite société ainsi établis, et les comparans ayant primitivement souscrit pour une somme de six millions, ils se sont divisés entre eux, au prorata de leurs souscriptions, les trois mille actions dont l'émission a été déterminée par l'article 4 des présens statuts.

En conséquence, chacun des comparans a signé pour la moitié du montant de sa souscription, comme suit......

Et par ces présentes tous les comparans donnent à MM. Barton et Guestier, Portal et compagnie, J. Bousquet, Balguerie Sarget et compagnie, Balguerie Dandiran, Duffour de Barte, Brun frères, Carrayon Latour, John-Lewis Brown et compagnie, tous pouvoirs nécessaires, à l'effet de présenter à M. le préfet, au nom de la présente société, toute pétition tendant à obtenir les autorisations requises, faire à cet effet toutes démarches qu'ils jugeront convenables, en se conformant à l'instruction émanée de son excellence le ministre de l'intérieur, sur les demandes et autorisations pour l'établissement des sociétés anonymes.

Dont acte.

Fait et passé à Bordeaux, en l'étude de Me Maillères, les 5, 6, 7, 8 et 9 juin 1818.

Pour être annexé à l'ordonnance du 23 novembre 1818.

Le ministre secrétaire-d'Etat de l'intérieur.

Signé LAINÉ.

Acte supplémentaire aux statuts de la Banque de Bordeaux passé devant Me Maillères, notaire à Bordeaux, les 7, 8 et 9 novembre 1818.

Par-devant Me Guillaume-Nicolas Maillères et son collègue, notaires royaux à Bordeaux, soussignés, sont comparus.

(*Suivent les noms.*)

Tous les susnommés agissant tant en leur nom personnel, comme signataires de l'acte social portant projet de l'établissement d'une Banque d'escompte et de comptes courans à Bordeaux, ledit acte passé devant Me Maillères, l'un des notaires soussignés, qui en a la minute, et son collègue, les 5, 6, 7, 8 et 9 juin dernier, enregistré ;

Qu'au nom et comme se faisant et portant fort pour tous ceux des signataires dudit acte qui ne sont pas ici présens ;

Lesquels ont dit,

Que l'acte ci-dessus rappelé ayant été, en exécution de l'article 37 du Code de commerce, soumis à l'approbation du Gouvernement, son excellence le ministre de l'intérieur a transmis à M. le préfet du département de la Gironde les amendemens suivans, avec invitation d'en demander l'acceptation à MM. les souscripteurs.

En conséquence, et examen fait de ces divers changemens et modifications, les comparans déclarent les adopter et en consentir l'exécution comme ils consentirent et consentent encore celle de l'acte des 5, 6, 7, 8 et 9 juin dernier susrelaté.

Ces changemens portent sur les articles 1er, 4, 13, 14, 15, 20, 21, 23, 27, 28, 30, 35, 40, 42, 44, 47, 50 et 53, qui seront désormais rédigés de la manière suivante :

Art. 1er. Il sera établi à Bordeaux une Banque publique d'escompte et de comptes courans, sous la dénomination de *Banque de Bordeaux,* aussitôt que l'autorisation en aura été obtenue du Gouvernement.

4. Le fonds capital de la Banque de Bordeaux est fixé à trois millions en monnaie métallique, qui seront divisés en trois mille actions de mille francs chaque.

Tout appel de fonds sur les actionnaires est prohibé.

Chaque action est représentée sur les registres de la Banque par une action nominale de mille francs.

13. La Banque pourra cependant admettre à l'escompte des effets garantis par les signatures de deux personnes seulement, mais notoirement solvables, et en exigeant pour surcroît de garantie, outre les deux signatures, un transfert d'actions de Banque ou de tous autres effets ou actions ayant un cours régulier.

14. La Banque pourra émettre des billets à vue et au porteur ; ces billets seront confectionnés à Paris, conformément à l'article 31 de la loi du 24 germinal an 11 : la Banque ne pourra en émettre qu'avec l'autorisation du conseil général.

L'émission des billets, cumulée avec le montant des sommes dues par la Banque dans les comptes courans avec les prêteurs particuliers, ne pourra jamais excéder le triple du capital numéraire existant et appartenant à la Banque, conformément aux articles 31 et 32 de la loi du 24 germinal an 11. La moindre coupure des billets sera de cinq cents francs. Cependant des coupons de deux cent cinquante francs seront émis, si, en vertu de l'article 32 de ladite loi, et prenant en considération le vœu que les comparans émettent, son excellence le ministre de l'intérieur obtient à cet égard l'autorisation royale.

15. La Banque pourra faire des avances sur les effets publics qui lui seront remis en recouvrement, lorsque leurs échéances seront déterminées.

Elle pourra, avec ses réserves, en acquérir au comptant ou à prix ferme de toute nature, pourvu qu'ils aient cours régulier.

20. Le dividende des actions sera réglé tous les six mois : il se composera,

1° D'une répartition des intérêts acquis à chaque action, à raison de cinq pour cent par an, sur leur valeur nominale ;

2° D'une répartition des deux tiers des bénéfices.

A l'égard du dernier tiers, il formera un fonds de réserve.

Sur ce tiers, il sera prélevé un pour cent, pour être employé à des actes de bienfaisance.

Lorsque cette réserve accumulée dépassera le dixième du capital, l'excédant sera réparti entre les actionnaires.

21. L'escompte sera perçu à raison du nombre de jours, et même d'un seul jour, s'il y a lieu.

Le conseil général fixera le taux des escomptes, ainsi que les sommes à y employer. Néanmoins, le taux de l'escompte ne pourra excéder cinq pour cent, à moins d'une autorisation expresse du Gouvernement.

23. Cet article sera supprimé en entier.

27, devenu, par la suppression de l'article 23, article 26. Les fonctions des régens et des censeurs seront triennales : les membres sortans ne pourront être réélus qu'après un an d'intervalle.

Pour les premières années, les sortans seront désignés par le sort, ensuite ils le seront par rang d'ancienneté de nomination.

28, devenu le 27. Pour cette fois seulement, tous les comparans au présent acte seront appelés à l'assemblée générale qui aura lieu pour l'organisation définitive de l'établissement de la Banque de Bordeaux.

Mais, à l'avenir, les cinquante plus forts actionnaires composeront seuls l'assemblée générale.

Les cinquante actionnaires composant l'assemblée générale seront ceux qui, d'après les livres de la Banque, seront reconnus être, depuis un mois révolu, les plus forts propriétaires de ces actions.

En cas de parité dans le nombre des actions, la préférence appartiendra aux plus anciens des actionnaires, suivant l'ordre des souscriptions sur les livres de la Banque.

Pour être membre de l'assemblée générale, il faudra être citoyen français ou être domicilié à Bordeaux, depuis cinq ans au moins ; mais, pour être membre du conseil général, il faudra être né ou naturalisé Français.

30, devenu le 29. Les régens et les censeurs nommeront, aussitôt leur installation, un président et un secrétaire, qui ne pourront être pris que parmi les douze régens.

Ils seront élus chaque année après l'assemblée générale du 5 janvier, et ils ne pourront être réélus que deux années de suite ; passé la troisième année d'exercice, ils ne seront rééligibles qu'après un an d'intervalle.

35, devenu le 34. Le président présentera tous les six mois, au nom du conseil général, à l'assemblée des actionnaires, le compte sémestral des opérations de la Banque ; ce compte sera imprimé, remis au préfet, à la chambre du commerce et au tribunal de commerce.

40, devenu le 39. Le conseil général fournira une direction qui sera composée de trois administrateurs pris parmi ses membres, lesquels seront en exercice pendant trois mois, et seront renouvelés par tiers tous les mois : le sort décidera du tour de l'entrée en exercice de chacun d'eux ; cette entrée en exercice sera déterminée dans la première séance du conseil pour toute l'année.

42, devenu le 41. Le conseil général établira le régime administratif de la Banque ; il arrêtera toutes décisions qu'il croira propres à assurer la prospérité de la Banque ; il tiendra registre de ses délibérations, et après que leur rédaction aura été approuvée, elles seront signées par le président et le secrétaire, qui tiendront la main à leur exécution.

44, devenu le 43. Le conseil général s'assemblera le 1er et le 16 de chaque mois, ou le lendemain desdits jours lorsqu'ils se trouveront être des fêtes reconnues par la loi, et même plus souvent s'il le juge convenable, ou si la demande en est faite par les administrateurs en exercice.

47, devenu le 46. En cas d'absence de l'un des trois administrateurs en exercice, il sera remplacé par un des membres du conseil général, le premier dans l'ordre du tableau.

50, devenu le 49. Les administrateurs en exercice n'auront que voix consultative au conseil général, lorsqu'il s'agira des opérations de la Banque pendant leur exercice.

Ils se conformeront exactement aux délibérations prises par le conseil, et les feront exécuter.

53, devenu le 52. Six mois avant le terme des trente années fixées pour la durée de la société, tous les actionnaires seront convoqués pour statuer sur le mode de liquidation, ou délibérer s'il y aura lieu à renouvellement, ainsi qu'il a été prévu par l'article 3.

Si, par des événemens quelconques, le capital de la Banque se trouvait réduit à moitié, elle devrait cesser ses opérations actives et entrer en liquidation.

Telle est la rédaction que les comparans adoptent désormais pour tous les articles ci-dessus ; consentant qu'à l'avenir, dans toutes les expéditions qui pourront être délivrées de l'acte des 5, 6, 7, 8 et 9 juin dernier susénoncé, cette rédaction soit substituée à celle des articles 1er, 4, 13, 14, 15, 20, 21, 27, 28, 30, 35, 40, 42, 44, 47, 50 et 53 dudit acte, et qu'attendu la suppression de l'article 23 de cet acte, le numéro de tous les articles subséquens soit changé proportionnellement.

Attendu la non-comparution au présent acte de quelques-uns des signataires de l'acte social susénoncé, et en conformité de l'une des dispositions de l'instruction de son excellence le ministre de l'intérieur, du 22 octobre 1817, relative aux demandes en autorisation et approbation de sa majesté pour l'établissement des sociétés anonymes, tous les comparans s'engagent à remplir le montant des souscriptions de ceux des signataires de l'acte social pour lesquels ils se sont portés forts, et dont, à cause de leur absence et pour quelque autre cause que ce soit, ils ne pourraient pas avoir l'adhésion au présent acte.

Tous les comparans donnent à MM. Barton et Guestier, Portal et compagnie, J. Bousquet, Balguerie Sarget et compagnie, Balguerie Dandiran, Duffour de Barte, Brun frères, Carrayon-Latour, John-Lewis Brown et compagnie, tous pouvoirs nécessaires, à l'effet de présenter à M. le préfet, au nom de la société, toute pétition tendant à obtenir les autorisations requises, faire à cet

effet toutes démarches qu'ils jugeront convenables, conformément à l'instruction de son excellence le ministre de l'intérieur, ci-dessus rappelée.

Les comparans donnent également à MM. Carrayon-Latour et Lewis Brown, en ce moment à Paris, tous pouvoirs nécessaires, à l'effet de, pour et au nom de la société, présenter au Gouvernement le présent acte d'adhésion aux changemens et modifications demandés, consentir à tous autres changemens qui pourraient être demandés et que ces Messieurs jugeraient utiles ou convenables à l'intérêt de la société, signer à cet effet tous actes, présenter tous mémoires et pétitions, et généralement faire toutes démarches nécessaires pour obtenir l'autorisation du Gouvernement pour l'établissement de ladite société anonyme.

Dont acte.

Fait et passé à Bordeaux, en l'étude de Me Maillères, les 7, 8 et 9 novembre 1818, et ont signé avec lesdits notaires, après lecture faite, la minute des présentes, demeurée au pouvoir de Me Maillères, l'un des notaires soussignés.

Pour être annexé à l'ordonnance du 23 novembre 1818.

Le ministre secrétaire-d'Etat de l'intérieur,

Signé LAINÉ.

25 NOVEMBRE = Pr. 9 DÉCEMBRE 1818. — Ordonnance du Roi qui augmente le nombre des sous-officiers des compagnies de canonniers sédentaires. (7, Bull. 246. no 5543.)

Louis, etc.

Les compagnies de canonniers sédentaires étant spécialement affectées au service et aux travaux de l'artillerie, et le nombre des sous-officiers de ces compagnies étant insuffisant pour ce service ;

Sur le rapport de notre ministre secrétaire d'État de la guerre,

Nous avons ordonné et ordonnons ce qui suit :

ArI. 1er. Le nombre des sergens sera porté à six, et celui des caporaux à douze, dans chacune des compagnies de canonniers sédentaires existantes.

2. Il sera admis, à la suite de chacune de ces compagnies, trois sergens et six caporaux, sans autre marque distinctive que le galon au collet, mais avec la solde de leur grade dans les compagnies de canonniers sédentaires.

3. Notre ministre de la guerre est chargé de l'exécution de la présente ordonnance.

25 NOVEMBRE = Pr. 9 DÉCEMBRE 1818. — Ordonnance du Roi qui modifie l'article 60 de celle du 26 mars 1816, concernant l'ordre royal de la Légion-d'Honneur. (7, Bull. 246, n° 5544.)

Art. 1er. L'article 60 de notre ordonnance du 26 janvier 1816 est modifié ainsi qu'il suit :

Un sous-officier décoré de l'ordre de la Légion-d'Honneur ne peut être cassé que d'après notre autorisation spéciale, expédiée par nos ministres secrétaires-d'État de la guerre ou de la marine. Ces ministres prendront à cet effet nos ordres, et ils seront tenus de notifier immédiatement notre décision au grand-chancelier de la Légion-d'Honneur, pour qu'elle soit inscrite sur les registres de l'ordre.

2. Nos ministres de la guerre et de la marine sont chargés de l'exécution de la présente ordonnance.

25 NOVEMBRE 1818. — Ordonnances du Roi portant liquidation de plusieurs soldes de retraite provisoirement payables sur le fonds des demi-soldes. (7, Bull. 252, nos 5725, 5726, 5727 et 5728.)

25 NOVEMBRE 1818. — Ordonnance du Roi qui autorise l'inscription au Trésor royal de deux cent vingt-une soldes de retraite et de quatre-vingt-onze pensions de veuves de militaires comprises dans les états y annexés. (7, Bull. 252, n° 5729.)

25 NOVEMBRE 1818. — Ordonnances du Roi qui autorisent l'acceptation de dons et legs faits aux pauvres, aux hospices, séminaires et fabriques. (7, Bull. 275 et 277.)

5 = Pr. 21 DÉCEMBRE 1818. — Instruction sur les remplacemens dans les corps, sur la libération du service actif, et sur les rengagemens, donnée en exécution des titres II et III de la loi du 10 mars 1818, sur le recrutement de l'armée. (7, Bull. 118, n° 5620.)

Voy. loi du 10 MARS 1818 et notes. *Voy.* instructions des 20 MAI, 12 AOUT et 21 OCTOBRE 1818.

TITRE Ier. Remplacemens dans les corps.

SECTION Ire. *Conditions des remplacemens dans les corps.*

Art. 1er. Aucun militaire en activité de service dans un des corps de l'armée ne sera admis à se faire remplacer, si des motifs graves ou des intérêts majeurs n'exigent pas son retour dans sa famille.

Les autorisations de remplacement seront, lorsqu'il y aura lieu, accordées par le ministre de la guerre sur la proposition qui en aura été faite par les conseils d'administration des corps, dans les formes et aux conditions ci-après indiquées.

2. Nul ne pourra remplacer un militaire en activité de service, s'il est âgé de plus de vingt-six ans révolus, soit qu'il ait servi, soit qu'il n'ait pas servi, et s'il a contracté mariage.

Il devra en outre, 1° justifier des conditions exigées par l'article 117 de l'instruction sur les appels, et produire son acte de naissance et un certificat de bonnes vie et mœurs, conformément aux dispositions rappelées par l'article 118 de la même instruction : ce certificat exprimera qu'il n'est pas marié;

2° S'obliger, s'il n'a pas servi dans l'arme à laquelle appartient le remplacé, à rester au corps deux ans de plus que celui-ci ne devait y rester au moment du remplacement.

S'il a servi dans la même arme, il pourra être admis à finir le temps qui restera à faire au remplacé; mais ce temps ne pourra être de moins de deux ans, quelle que soit l'époque du remplacement.

Le remplaçant justifiera des conditions exigées par l'article 117 de l'instruction sur les appels, au moyen d'un certificat délivré par le maire de la commune de son domicile, visé par le sous-préfet de l'arrondissement, et portant qu'il a satisfait à la loi du recrutement, (ou bien) qu'il a été régulièrement libéré ou congédié du service de l'armée active.

3. Le militaire en activité de service qui aura été admis à se faire remplacer, sera responsable de son remplaçant, pour le cas de désertion, pendant une année.

Il versera dans la caisse du corps, pour l'habillement et l'équipement de son remplaçant, la somme fixée pour l'arme à laquelle il appartient, dans le tableau joint à la présente instruction, sous le N° 1er. Il fournira en outre à son remplaçant un sac ou porte-manteau garni d'effets de petit équipement, tel que le prescrivent les réglemens, ou bien versera en caisse, au profit de la masse de linge et chaussure, la somme déterminée, suivant l'arme, par les mêmes réglemens.

SECTION II. *Formes à suivre pour les remplacemens dans les corps.*

4. Les demandes de remplacement seront adressées au ministre de la guerre par

les conseils d'administration, dans les cinq premiers jours de chaque mois.

Les demandes seront portées sur un état conforme au modèle N° 2, et qui sera en double expédition.

5. Les demandes à envoyer au ministre seront accompagnées,

1° Des pièces que le remplaçant aura dû produire, ainsi qu'il est dit à l'article 2;

2° D'un certificat d'aptitude dressé par le conseil d'administration, et faisant connaître que, d'après la visite faite par un officier de santé du corps, le remplaçant n'est atteint d'aucune infirmité, et qu'en outre les membres du conseil se sont assurés directement qu'il a la taille et qu'il réunit les conditions requises pour l'arme dont le corps fait partie.

Le certificat d'aptitude sera signé par les membres du conseil d'administration et par l'officier de santé qui aura visité le remplaçant; il sera visé, ainsi que les autres pièces dont il est parlé au présent article, par le sous-intendant militaire ayant la police du corps.

6. Si, d'après les motifs exprimés dans la demande, le ministre a autorisé le remplacement, le sous-intendant militaire, après s'être fait représenter l'ordre du ministre et la quittance des sommes versées dans la caisse du corps, conformément à l'article 3, par le militaire remplacé, dressera l'acte de remplacement, dont il délivrera une expédition au remplacé.

Sur le vu de l'expédition de l'acte de remplacement, le conseil d'administration du corps fera rayer le militaire du registre-matricule, et fera inscrire sur ce registre les nom, prénoms et signalement du remplaçant; on indiquera dans la colonne des mutations, à l'article du remplaçant, les nom et prénoms du militaire qu'il remplace, le numéro sous lequel ce militaire était inscrit au registre-matricule, la commune, le canton et le département où il se retire.

7. Les actes de remplacement seront conformes au modèle N° 3.

Il en sera donné lecture au remplaçant et au remplacé; ils seront signés par eux et par le sous-intendant militaire qui les aura dressés. Si les militaires ne savent pas signer, il en sera fait mention, ainsi que de la lecture qui aura été faite.

Les actes de remplacement seront inscrits, par rang de dates, sur un registre destiné à cet effet, qui restera aux archives de la sous-intendance.

8. Une deuxième expédition de l'acte de remplacement sera envoyée par le sous-intendant militaire qui aura dressé l'acte, au sous-intendant militaire en résidence dans le département où le militaire remplacé a établi son domicile.

9. Si le remplaçant déserte, il en sera donné avis, par le chef du corps, au sous-intendant militaire en résidence dans le département où est situé le domicile du remplacé.

10. Le sous-intendant militaire du département du domicile notifiera au remplacé, par l'intermédiaire des autorités locales, l'avis de la désertion de son remplaçant, et il le préviendra qu'il sera tenu de fournir un autre homme, ou de marcher lui-même, si le déserteur n'a pas rejoint le corps, ou n'a pas été arrêté dans le délai de trois mois à partir du jour de la notification.

11. A l'expiration du délai fixé par l'article précédent, le sous-intendant militaire transmettra au remplacé l'ordre de fournir un second remplaçant ou de marcher lui-même. Il informera en même temps le corps de l'époque à laquelle le remplacé ou le nouveau remplaçant doit avoir rejoint.

L'ordre donné au remplacé sera notifié suivant les formes voulues par les art. 169 et 170 de l'instruction sur les appels, relatifs aux lettres de mise en activité.

12. Si le militaire remplacé se décide à fournir un second remplaçant, il pourvoira aux frais de son habillement, de son petit équipement, ainsi qu'il est dit à l'article 3.

13. Si, dans les délais déterminés par l'article 10, le militaire remplacé n'a pas présenté un remplaçant ou ne s'est pas présenté lui-même au corps, il sera signalé comme prévenu de désertion et poursuivi comme tel; des copies de son signalement seront envoyées, ainsi qu'il est dit à l'article 121 de l'instruction sur les appels.

14. Les dispositions prescrites dans le présent titre pour assurer la responsabilité des remplacés devront être exécutées autant de fois que la désertion aura eu lieu, avant l'expiration, pour chaque remplacement, du délai fixé par l'article 10.

15. Il en sera usé, aux époques des revues, pour les remplaçans comme pour les engagés volontaires. En conséquence, l'inspecteur général se fera présenter tous les remplaçans admis depuis la dernière revue, afin de s'assurer qu'ils ont les qualités voulues par les réglemens.

S'il s'en trouvait qui lui parussent incapables de faire un bon service, il les ferait rayer des contrôles, et ferait dresser, par le sous-intendant militaire, un procès-verbal de son opération, à l'effet de constater pour quels motifs il a prononcé la réforme; si l'inaptitude des hommes provient de causes antérieures ou postérieures à ueleur admission au corps; et, dans le premier cas, à qui l'on doit imputer la faute de cette admission.

Ce procès-verbal sera adressé au ministre de la guerre; mais le remplacement admis dans les formes prescrites par les articles 5, 6, 7 et 8, sera toujours considéré comme définitif, et le remplacé ne pourra être tenu à aucune responsabilité pour le fait du renvoi de son remplaçant par suite de réforme.

16. Le remplaçant que l'inspecteur général aura jugé impropre au service sera renvoyé dans ses foyers : à cet effet, il lui sera remis, 1° une copie de la décision de l'inspecteur général, laquelle sera écrite au dos de l'expédition de l'acte de remplacement ; 2° une feuille de route portant indemnité de quinze centimes par lieue jusqu'à sa destination.

TITRE II. De la libération du service actif.

SECTION Ire. Des congés qui peuvent être donnés aux sous-officiers et soldats, et des époques auxquelles ces congés doivent être délivrés.

17. Il sera délivré des congés du service de l'armée aux sous-officiers et soldats qui auront fait leur temps de service. Il en sera délivré également aux jeunes soldats qui, à l'expiration du temps fixé par la loi, n'auraient pas encore été incorporés.

Les congés de l'armée active seront conformes au modèle N° 4.

18. Les sous-officiers et soldats qui, avant d'avoir passé sous les drapeaux le temps fixé par la loi, deviendraient impropres au service, continueront de recevoir des congés de réforme.

Il n'est rien changé à la forme de ces congés.

19. Les congés du service de l'armée accordés pour ancienneté seront, conformément à l'article 20 de l'ordonnance du 16 décembre aux jeunes soldats et aux militaires appelés.

Les congés à accorder pour le même motif aux engagés volontaires leur seront délivrés à l'expiration du temps fixé par leur engagement.

SECTION II. Règles à suivre dans le décompte des services des sous-officiers et soldats.

20. Le temps de service courra, pour les sous-officiers et soldats incorporés comme appelés, ainsi que pour les jeunes soldats encore mis en activité, du 1er janvier de l'année où se sera faite leur première inscription sur les registres-matricules.

Le temps de service courra, pour les engagés volontaires, du jour où l'engagement aura été reçu par l'autorité civile.

21. Les sous-officiers et soldats, actuellement sous les drapeaux, qui ont été incorporés en vertu des lois et réglemens antérieurs à la loi du 10 mars, dont le temps de service sera expiré dans l'année, recevront également des congés de libération au 31 décembre.

Il sera donné des instructions spéciales aux inspecteurs généraux d'armes sur le mode à suivre pour la vérification des services de ces militaires et la délivrance des congés auxquels ils ont droit.

22. Les jeunes gens qui auraient été immatriculés en vertu de la loi du 10 mars 1818, quoique ayant déjà fait partie d'un corps de l'armée, pourront faire compter en déduction du service voulu par la loi le temps qu'ils auraient passé sous les drapeaux antérieurement à l'appel de leur numéro de tirage.

23. Il ne sera point tenu compte, pour la délivrance des congés, aux engagés volontaires et aux remplaçans, du temps pendant lequel ils auraient servi antérieurement à la date de l'acte en vertu duquel ils sont sous les drapeaux.

Toutefois, les remplaçans seront admis à faire entrer dans le décompte de leur service le temps qu'auraient fait les hommes qu'ils représentent jusqu'au jour de leur remplacement ; mais, quel que soit le résultat du décompte, les remplaçans ne recevront pas de congés avant d'avoir servi pendant deux ans depuis l'acte de remplacement, ainsi qu'il est spécifié à l'article 2 de la présente instruction.

24. Il ne sera pas tenu compte à un militaire condamné comme déserteur, et ensuite gracié ou rentré dans le corps après l'expiration de sa peine, du temps qui sera écoulé depuis le jour de sa désertion jusqu'à celui de sa rentrée dans les rangs de l'armée.

SECTION III. Mode de vérification des services, et des détails d'exécution.

25. Les conseils d'administration procéderont, dès le mois de janvier, à la vérification des services des sous-officiers et soldats incorporés comme appelés, qui seront susceptibles d'être compris dans la prochaine libération.

Ils considéreront comme étant compris dans la prochaine libération, les engagés volontaires dont le service devra expirer avant le 31 décembre de l'année suivante.

Ils présenteront leur travail, lors de la première des deux revues annuelles, au général inspecteur, qui en examinera les progrès, et qui prescrira les mesures convenables pour qu'il puisse être clos à la revue définitive (1).

26. Le conseil d'administration remettra au sous-intendant militaire ayant la police du corps un état nominatif des sous-officiers et soldats susceptibles d'être libérés du service actif.

27. Les services de chaque sous-officier et soldat seront vérifiés avec soin par le sous-intendant militaire, et certifiés par lui.

28. L'état des militaires susceptibles d'être libérés du service actif sera présenté à l'inspecteur général, lors de la revue définitive de l'année.

L'inspecteur général prononcera sur les droits des réclamans; il arrêtera la liste des sous-officiers et soldats susceptibles de recevoir leur congé du service actif, au 31 décembre; il arrêtera également la liste des engagés volontaires dont le temps de service devra finir dans le courant de l'année suivante.

Cette dernière liste déterminera l'époque où chacun des engagés pourra recevoir son congé, s'il le réclame, ou contracter un rengagement, s'il désire rester sous les drapeaux.

29. Le ministre de la guerre, d'après les comptes qui lui auront été rendus sur le résultat du travail arrêté à la revue d'inspection, fera mettre à la disposition de chaque corps le nombre de feuilles de congés nécessaire pour les sous-officiers et soldats qui devront être libérés.

30. Les congés seront remplis par les soins du major, et signés par les membres du conseil d'administration. Ils seront vérifiés et visés par le sous-intendant militaire, et revêtus, en l'absence des inspecteurs généraux, de la signature du lieutenant général commandant la division, ou de celle du maréchal-de-camp qu'il aura délégué.

31. Le sous-intendant militaire fera passer au préfet du domicile du militaire libéré un *bulletin de libération*, destiné à faire connaître que celui pour qui il aura été dressé, est délié du service de l'armée active. Ce bulletin sera conforme au modèle N° 5.

Si le militaire libéré a déclaré vouloir se retirer dans un autre département que celui de son domicile, le sous-intendant militaire enverra une seconde expédition du bulletin de libération au préfet de ce dernier département.

SECTION IV. *Libération des jeunes gens dispensés conditionnellement.*

32. La libération prononcée par l'article 20 de la loi s'étendra également aux jeunes gens

qui, aux termes de l'article 15 de cette loi, et de l'article 85 de l'instruction sur les appels, auraient été dispensés conditionnellement. Le temps de service courra, pour eux, à partir du 1er janvier de l'année où aura été formée la liste du contingent sur laquelle ils auront été inscrits.

TITRE III. Des rengagemens. (Art. 21 et 22 de la loi.)

SECTION Ire. *Conditions et durée des rengagemens.*

33. La faculté du rengagement, en ce qui concerne le choix des corps où les rengagés désireront être admis, sera exercée dans les limites tracées par les divisions suivantes:

1° Les soldats des légions pourront se rengager, soit dans le corps auquel ils appartiennent, soit dans toute autre légion, soit dans un des régimens d'infanterie de la garde royale;

2° Les militaires qui servent dans un régiment de cavalerie pourront se rengager, soit dans le même corps, soit dans tout autre régiment de cavalerie de la garde royale ou de la ligne;

3° Les soldats d'artillerie à pied pourront se rengager dans tous les régimens d'artillerie à pied de la garde royale ou de la ligne;

4° Les soldats d'artillerie à cheval, dans tous les régimens d'artillerie à cheval de la garde royale ou de la ligne;

5° Les soldats des régimens du génie, dans l'un des trois régimens de cette arme;

6° Les pontonniers, dans le même corps;

7° Les soldats des compagnies d'ouvriers, dans l'une de ces compagnies, soit de l'artillerie, soit du génie, soit des équipages militaires;

8° Les artificiers, dans la même compagnie et dans les régimens d'artillerie à pied;

9° Les soldats du train de l'artillerie, du génie et des équipages militaires, dans les escadrons du train d'artillerie de la ligne ou de la garde, les compagnies du train du génie, et l'escadron du train des équipages militaires.

Toutefois, si un militaire, demandant à passer dans une autre arme, est reconnu avoir toutes les qualités requises pour le nouveau service auquel il se destine, l'inspecteur général pourra, après vérification faite, lui accorder spécialement l'autorisation nécessaire, et le sous-intendant militaire l'admettra, sur le vu de cette autorisation, à contracter un rengagement pour le corps dont il aura fait choix, si l'effectif permet de l'y recevoir.

Voy. ordonnance du 9 juin 1821, art. 8.

34. Les militaires pourvus d'un grade et qui désireront le conserver ne pourront se rengager que pour le corps auquel ils appartiennent, ou pour celui auquel le ministre les aurait destinés.

35. Les rengagemens seront, savoir :

1° De quatre et de six ans, pour les légions ;

2° De quatre, de six et de huit ans, pour les régimens d'infanterie de la garde royale ;

3° De deux, de quatre, de six et de huit ans, pour la cavalerie de la garde et de la ligne, l'artillerie de la garde et de la ligne, le génie et les équipages militaires.

SECTION II. *Formes à suivre pour les rengagemens.*

36. Les sous-officiers et soldats seront admis à se rengager, à compter du jour où leurs droits à la libération du service de l'armée active auront été reconnus définitivement par l'inspecteur général.

37. Les militaires qui voudront se rengager en feront la déclaration à l'inspecteur général, lequel, dans le cours de sa revue, fera vérifier s'ils sont encore susceptibles de faire un bon service, et s'ils ont les qualités requises pour le corps, soit de la ligne, soit de la garde, où ils demandent à passer.

38. Il ne sera donné suite à une demande de rengagement que ferait un soldat, qu'autant qu'il aurait droit à être compris dans la libération de l'année.

Néanmoins, lorsqu'un soldat de la ligne demandera à se rengager pour la garde royale, l'inspecteur général pourra faire droit à sa demande, lors même que son temps de service ne devrait se terminer que dans le courant ou à la fin de l'année suivante.

39. Il sera remis au sous-intendant militaire ayant la police administrative du corps, un état nominatif des sous-officiers et soldats qui auront été jugés, par l'inspecteur général, avoir les qualités requises pour se rengager. L'état indiquera les corps pour lesquels les rengagemens auront été reconnus susceptibles d'être reçus.

40. Le sous-intendant militaire ne recevra le rengagement d'un sous-officier ou soldat, qu'après avoir reconnu qu'il est porté sur l'état dont il est fait mention à l'article précédent, et qu'après s'être assuré que l'effectif du corps pour lequel la demande de rengagement est faite permet de recevoir le réclamant.

Toutefois, s'il arrivait qu'un sous-officier ou soldat ayant droit à être compris dans la libération du service actif se présentât pour contracter un rengagement, dans l'espace de temps qui s'écoulera entre la revue d'inspection et l'époque fixée pour la délivrance des congés, le sous-intendant militaire pourra recevoir ce rengagement, soit pour le corps même dont ce militaire fait partie, soit pour un autre corps, suivant les règles prescrites à l'article 33.

Dans le premier cas, il exigera un certificat du conseil d'administration, portant que l'homme est susceptible de faire encore un bon service.

Dans le second cas, le sous-intendant militaire, après les vérifications relatives à l'effectif, fera constater par l'officier de gendarmerie de l'arrondissement que le militaire réunit les conditions requises pour servir dans le corps dont il a fait choix.

L'officier de gendarmerie procédera à la visite dans les formes voulues et déjà réglées par l'article 9 de l'instruction sur les engagemens volontaires, et fera connaître le résultat de sa visite par un certificat conforme au modèle N° 4 de cette même instruction.

41. Quelle que soit la date du rengagement, le nouveau service auquel s'obligera le rengagé ne courra jamais qu'à partir du jour où aura cessé le service auquel ce rengagé était tenu par la loi, soit comme appelé, soit comme engagé volontaire.

Il sera fait mention de cette disposition dans l'acte de rengagement.

42. Les militaires qui auront contracté un rengagement pour un autre corps que celui où ils servent ne seront mis en route pour ce corps qu'à l'expiration du service auquel ils étaient tenus, soit comme appelés, soit comme engagés volontaires.

Il sera fait exception à cette règle pour les hommes qui se seront rengagés pour un des corps de la garde. Ces derniers pourront terminer, dans le corps dont ils auront fait choix, le temps qu'il leur restait à faire comme appelés ou comme engagés volontaires, et ils seront mis en route pour leur nouvelle destination, aussitôt après avoir signé l'acte de rengagement, si l'ordre en est donné par l'inspecteur général, autorisé à cet effet par le ministre de la guerre.

43. Tout militaire qui aura reçu un congé de service de l'armée active et une feuille de route pour retourner dans ses foyers ne sera plus admis à se rengager ; il sera tenu, s'il veut rentrer dans un corps, de contracter un engagement volontaire devant un officier de l'état civil.

44. Il sera donné lecture aux militaires qui se présenteront pour se rengager, 1° du titre III de la loi du 10 mars 1818, relatif aux rengagemens ; 2° de l'ordonnance de ce jour, portant fixation des hautes-paies, qui est annexée à la présente instruction. Il sera fait mention dans l'acte de rengagement, tant de cette lecture, que de la haute-paie allouée au militaire rengagé.

45. Les actes de rengagement seront conformes au modèle N° 6.

Il en sera donné lecture aux militaires rengagés; ils seront signés par ces militaires, par deux témoins dénommés dans l'acte, et par le sous-intendant militaire qui les aura dressés. Si les militaires ne savent pas signer, il en sera fait mention, ainsi que de la lecture qui aura été faite.

SECTION III. *Tenue des registres de rengagement.*

46. Les registres destinés à l'inscription des actes de rengagement seront cotés, paraphés, clos et arrêtés, ainsi que le veulent les articles 41 et 43 du Code civil.

Les actes de rengagement seront inscrits sur les registres, sans aucun blanc; les ratures et les renvois seront approuvés et signés de la même manière que le corps de l'acte. Il n'y sera rien écrit par abréviation, et aucune date ne sera mise en chiffres.

Celui des deux registres qui n'aura pas reçu la destination prescrite par l'art. 44 du Code restera déposé aux archives de la sous-intendance.

47. La responsabilité que prononce l'article 51 du Code civil devant s'appliquer à la tenue des registres de rengagement, les sous-intendans militaires seront civilement responsables des altérations qui seraient faites à ces registres, sauf leur recours, s'il y a lieu, contre l'auteur des altérations, et sans préjudice de la poursuite personnelle contre qui de droit.

TITRE IV. Comptes à rendre au ministre sur les remplacemens, la libération du service actif et les rengagemens.

SECTION Ire. *Comptes à rendre sur les remplacemens.*

48. A la fin de chaque trimestre, les chefs de corps enverront au ministre un état destiné à faire connaître le nombre d'hommes qui sont en activité de service en qualité de remplaçans. Cet état sera conforme au modèle N° 7.

SECTION II. *Comptes à rendre sur la libération du service actif.*

49. Au 1er novembre de chaque année, ou immédiatement après la dernière revue d'inspection, si cette revue n'est pas terminée au 1er novembre, les chefs des corps de toutes armes adresseront au ministre un état conforme au modèle N° 8 : cet état aura pour objet de faire connaître le nombre présumé d'anciens soldats aux quels pourra s'appliquer la libération du service actif.

50. Dans le courant de janvier, le conseil d'administration de chaque corps adressera au ministre, pour les sous-officiers et soldats congédiés du service actif, un compte numérique conforme au modèle N° 9.

SECTION III. *Comptes à rendre sur les rengagemens.*

51. A la fin de chaque année, les sous-intendans militaires adresseront l'état numérique des militaires qu'ils auront admis à se rengager, et le transmettront à l'intendant militaire de la division.

L'intendant militaire réunira les états ci-dessus, et les adressera au ministre de la guerre.

Ces états devront être conformes au modèle N° 10.

Suivent les États.

———

3 = Pr. 21 DÉCEMBRE 1818. — Ordonnance du Roi qui, en vertu de l'article 22 de la loi du 10 mars 1818, crée en faveur des sous-officiers et soldats qui contractent un rengagement à l'expiration de leur temps de service une haute-paie sous le nom de haute-paie de premier rengagement. (7 , Bull. 248, n° 5021.)

Voy. ordonnance du 9 JUIN 1821.

Louis , etc.

Vu l'article 22 de la loi du 10 mars 1818, portant qu'il sera accordé une haute-paie aux sous-officiers et soldats qui contracteront des rengagemens à l'expiration de leur temps de service ;

Considérant qu'il est nécessaire de déterminer le montant de cette haute-paie;

Considérant aussi qu'il sera utile de rattacher la haute-paie accordée aux rengagemens, avec celle déjà accordée à l'ancienneté, en sorte qu'elles puissent se confondre au terme commun de dix années de service ;

Voulant fixer définitivement la quotité des unes et des autres, dans toutes les positions où les sous-officiers et soldats de notre armée y ont droit ;

Nous avons ordonné et ordonnons ce qui suit :

Art. 1er. Il est créé, en faveur des sous-officiers et soldats qui contracteront un rengagement à l'expiration de leur temps de service, une haute-paie qui prendra le nom de *haute-paie de premier rengagement.*

Le montant de cette haute-paie est déterminé dans le tarif annexé à la présente.

2. Le droit à cette haute-paie pour les hommes appelés servant dans la garde royale, dans la cavalerie et dans les armes spéciales, ainsi que pour les engagés volon-

taires dans l'infanterie, leur sera acquis à dater du lendemain du jour de l'expiration de leur premier temps de service, jusqu'au dernier jour inclus de leur dixième année de service, époque à laquelle commencera, pour eux, le droit de la haute-paie à l'ancienneté, maintenu par l'article 4 ci-dessous.

3. Pour les hommes engagés volontairement dans la garde royale, dans la cavalerie et dans les armes spéciales, desquels le premier temps de service n'expire qu'au bout de huit ans, le droit de toucher cette haute-paie ne leur sera acquis que le premier jour de la neuvième année ; mais il leur sera fait compte des deux années précédentes, afin d'égaliser leurs avantages avec ceux accordés aux appelés rengagés.

4. Tous les sous-officiers et soldats de toutes armes, quelle que soit la nature de l'acte en vertu duquel ils sont entrés au service, continueront d'avoir droit aux hautes-paies à l'ancienneté aux époques fixées par les réglemens en vigueur, et conformément au tarif ci-après.

5. A l'avenir, les hautes-paies à l'ancienneté seront calculées, par jour, en nombres ronds de centimes, au lieu de l'être en nombres ronds par mois.

6. Les hommes rengagés porteront une marque distinctive qui consistera en un galon de laine rouge, de la largeur du galon de chevron, placé obliquement sur le bras gauche, et qui s'appellera demi-chevron.

Le demi-chevron ne se portera pas concurremment avec le chevron accordé au bout de la dixième année de service.

7. Les engagés volontaires dans la garde royale, dans la cavalerie, et dans les armes spéciales, qui contracteraient un rengagement dans l'intervalle de leur sixième à leur huitième année de service porteront le demi-chevron à compter du jour où leur rengagement aura été reçu.

Tarif des hautes-paies.

	LÉGIONS DÉPARTEMENTALES.		AUTRES CORPS.	
	Par mois de 30 jours.	Par jour.	Par mois de 30 jours.	Par jour.
Haute-paie du premier rengagement ou demi-chevron	0,60	0,02	1,50	0,05
Haute-paie à l'ancienneté de 10 à 15 ans ou un chevron	1,20	0,04	2,10	0,07
Idem de 15 à 20 ans ou deux chevrons	1,50	0,05	2,70	0,09
Idem de 20 à 25 ans ou trois chevrons	2,10	0,07	3,30	0,11

3 DÉCEMBRE 1818 ⟹ Pr. 11 JANVIER 1819. — Ordonnance du Roi qui fixe la répartition, entre les légions d'infanterie, des quarante mille hommes des classes de 1816 et 1817. (7 , Bull. 255, n° 5818.)

Louis, etc.

Vu l'ordonnance du 26 août 1818, qui autorise la mise en activité de vingt mille hommes sur la classe de 1816 et de vingt mille sur celle de 1817 ·

Sur le rapport de notre ministre secrétaire-d'Etat de la guerre,

Nous avons ordonné et ordonnons ce qui suit :

Art. 1er. La répartition des vingt mille hommes de la classe de 1816 et des vingt mille hommes de la classe de 1817, entre les légions d'infanterie, aura lieu conformément aux états annexés à la présente ordonnance sous les N°s 1 et 2.

2. Notre ministre secrétaire-d'Etat au département de la guerre déterminera les épo-

ques des premiers et derniers départs, d'après celles qui ont été fixées à chaque département pour la clôture de la liste du contingent.

3. Notre ministre de la guerre est chargé de l'exécution de la présente ordonnance.

7 DÉCEMBRE 1818. — Ordonnance du Roi qui nomme M. le comte Corvetto ministre d'Etat et membre du conseil privé. (7, Bull. 247, n° 5554.)

7 DÉCEMBRE 1818. — Ordonnance du Roi qui nomme ministre secrétaire-d'Etat au département des finances M. Roy, membre de la Chambre des députés. (7, Bull. 247, n° 5555.)

8 = Pr. 15 DÉCEMBRE 1818 (1). — Ordonnance du Roi portant une augmentation de la cour royale de Corse, création d'une quatrième chambre à la cour royale de Toulouse, et réduction des chambres des cours d'Agen, d'Angers et d'Amiens. (7, Bull. 247, n° 5556.)

Louis, etc.

Vu l'article 4 de la loi du 20 avril 1810, qui fixe à vingt le minimum des juges composant les cours royales;

Vu l'article 5 de la même loi, portant que la division des cours d'appel en chambres ou sections sera fixée par des réglemens d'administration publique;

La disposition du même article qui donne au souverain le pouvoir de créer ou de supprimer des sections, sans déroger toutefois à ce qui est prescrit par l'article 4;

Vu l'article 43 de la même loi, qui permet d'établir, dans tous les lieux où le service l'exige, des substituts près des tribunaux de première instance pour l'exercice du ministère public;

Vu la loi du 27 ventôse an 8, et les décrets des 20 juin 1806 et 30 janvier 1811, relatifs aux traitemens des magistrats.

Ayant reconnu que le nombre des magistrats composant la cour royale de Corse était insuffisant pour assurer l'administration de la justice; que l'intérêt de nos sujets exigeait une augmentation dans le personnel de cette cour;

Que nos procureurs près les tribunaux de première instance ne pouvaient être privés du concours d'un substitut, sans nuire à la marche des affaires civiles, et à l'instruction des procédures criminelles.

Convaincu de la justice des réclamations portées devant nous par les magistrats de cette île, pour obtenir que leurs traitemens soient fixés au minimum des traitemens affectés aux mêmes fonctions sur le continent;

Nous, étant fait rendre compte des travaux des différentes cours royales de notre royaume,

Considérant que la cour de Toulouse a, depuis plusieurs années, un arriéré qu'elle ne peut vider avec une seule chambre civile; que l'étendue de son ressort et de la population, l'importance des affaires, exigent que cette cour soit portée à quatre chambres, comme celles de Riom, Rouen, Douai, Caen et autres;

Mais reconnaissant également que, dans les cours d'Agen, d'Angers, d'Amiens, le service peut être assuré avec trois chambres;

Sur le rapport de notre garde-des-sceaux ministre secrétaire-d'Etat au département de la justice,

Nous avons ordonné et ordonnons ce qui suit :

Art. 1er. La cour royale de Corse sera ainsi composée :

Un premier président,
Deux présidens de chambres,
Dix-sept conseillers,
Quatre auditeurs;
Un procureur général,
Deux avocats généraux,
Un substitut,
Un greffier en chef,
Deux commis-greffiers (2).

2. Il sera nommé un substitut à nos procureurs près les tribunaux de première instance du département de la Corse.

3. Les traitemens des magistrats de la cour royale d'Ajaccio et des tribunaux de première instance séant en Corse sont fixés au minimum des traitemens attachés aux mêmes fonctions sur le continent; néanmoins celui du premier président et du procureur général ne sera que de dix mille francs.

4. Il sera créé à la cour royale de Toulouse une quatrième chambre composée d'un président, de cinq conseillers et d'un avocat général; il sera attaché un commis-greffier à cette chambre. Leur traitement sera le même que celui des membres attachés aux autres chambres.

5. Les cours d'Agen, d'Angers et d'Amiens sont réduites à trois chambres.

6. Notre ministre de la justice est chargé de l'exécution de la présente ordonnance.

(1) Le Bulletin dit par erreur 8 novembre 1818. Voy. Bulletin 249, erratum.
(2) Lisez trois commis greffiers, erratum Bulletin 374.

12 = Pr. 26 DÉCEMBRE 1818. — Ordonnance du Roi qui accorde un nouveau délai aux manufactures pour l'apposition de la marque et du numéro de fabrication des cotons filés. (7, Bull. 249, n° 5645.)

Voy. ordonnance du 26 MAI 1819.

Louis, etc.

Sur le rapport de notre ministre secrétaire-d'Etat au département de l'intérieur,

Vu les dispositions de la loi de douanes du 28 avril 1816 (titre VI, article 59) qui prescrivent l'apposition d'une marque et d'un numéro de fabrication sur les cotons filés provenant des manufactures françaises ;

Les articles 41 et 46 de la loi du 21 avril dernier, indiquant diverses formalités à remplir (dans les trois mois qui suivront sa promulgation) par les fabricans, marchands ou détenteurs d'objets assujétis à la marque, et portant qu'à l'égard des cotons filés cette marque sera suppléée au moyen d'un nouveau mode de dévidage et d'enveloppe à déterminer ultérieurement ;

Notre ordonnance du 22 juillet dernier, qui a prorogé jusqu'au 1er octobre suivant le délai de trois mois fixé ci-dessus ;

D'après le compte qui nous a été rendu de la situation des travaux entrepris pour atteindre plus sûrement au but proposé, en s'arrêtant à un système de numérotage et de dévidage qui puisse être établi simultanément et d'une manière uniforme dans toutes les filatures du royaume ;

Voulant accorder, à cet effet, le temps qu'exigent encore l'adoption définitive et la mise à exécution d'une telle mesure,

Nous avons ordonné et ordonnons ce qui suit :

Art. 1er. Il est accordé aux manufactures de France, en ce qui concerne les *cotons filés*, un nouveau délai pour l'apposition de la marque et du numéro de fabrication qui ont été prescrits par l'article 59 de la loi de douanes du 28 avril 1816, et qui, d'après les dispositions de l'article 46 de la loi du 21 avril dernier, doivent être suppléées au moyen d'un nouveau mode de dévidage et d'enveloppe à déterminer ultérieurement par une ordonnance spéciale.

Ce nouveau délai expirera au 1er juillet 1819.

2. Nos ministres des finances et de l'intérieur sont chargés de l'exécution de la présente ordonnance.

12 = Pr. 26 DÉCEMBRE 1818. — Ordonnance du Roi qui fait quelques changemens dans l'organisation du conseil de prud'hommes de la ville de Rouen. (7, Bull. 249, n° 5644.)

Louis, etc.

Sur le rapport de notre ministre secrétaire-d'Etat de l'intérieur ;

Vu le décret du 20 juin 1807, relatif à l'établissement d'un conseil de prud'hommes dans la ville de Rouen ;

Prenant en considération les motifs qui nous ont été exposés au nom du commerce de cette ville, et qui ont pour but d'obtenir, dans l'organisation dudit conseil, quelques changemens nécessités par l'intérêt actuel de l'industrie locale,

Nous avons ordonné et ordonnons ce qui suit :

Art. 1er. A dater du 1er janvier 1819, les quinze membres dont se compose le conseil de prud'hommes de la ville de Rouen seront choisis parmi les marchands fabricans et les chefs d'atelier, contre-maîtres et ouvriers des divers genres d'industrie ci-après désignés, lesquels concourront à sa formation dans les proportions suivantes, savoir :

Les fabriques de tissus de coton, de fil, de soie, et autres.	6 membres.
Les filatures de coton et les constructeurs mécaniciens.	3
Les fabriques de drap et d'autres étoffes de laine.	1
Les blanchisseurs, les teinturiers, les apprêteurs, les fabriques d'acides, les raffineries de soufre et d'autres matières.	2
Les imprimeurs et les fabriques de toiles peintes, de papiers de tenture.	1
Les fabriques de faïence, de poterie, de tuiles et briques, les fondeurs en cuivre et en autres métaux, les fabriques de savons, les tanneurs et les ciriers.	2
TOTAL.....	15

2. Il n'est rien changé aux dispositions du décret du 20 juin 1807, concernant la juridiction, la tenue et les dépenses dudit conseil.

3. L'élection et le renouvellement de ses membres auront lieu d'après le mode qui a été réglé par le décret du 11 juin 1809, rectifié le 20 février suivant. Les marchands fabricans et les chefs d'atelier, contre-maîtres ou ouvriers patentés, appelés à faire partie du conseil, se conformeront, dans l'exercice de leurs fonctions, aux dispositions établies tant par ce décret que par la loi du 18 mars 1806 et par le décret du 3 août 1810.

4. Nos ministres de la justice et de l'intérieur sont chargés de l'exécution de la présente ordonnance.

12 ⇒ Pr. 26 DÉCEMBRE 1818. — Ordonnance du Roi portant établissement d'un conseil de prud'hommes à Bolbec, département de la Seine-Inférieure. (7, Bull. 249, n° 5645.)

Louis, etc.

Sur le rapport de notre ministre secrétaire-d'État au département de l'intérieur;

Vu le décret en date du 8 octobre 1813, qui avait pour but d'établir à Bolbec un conseil de prud'hommes, et qui, en raison de diverses circonstances, n'a pu jusqu'à ce jour recevoir son exécution;

Notre conseil-d'État entendu,

Nous avons ordonné et ordonnons ce qui suit :

Art. 1er. Il sera établi à Bolbec, département de la Seine-Inférieure, un conseil de prud'hommes composé de sept membres, à choisir parmi les marchands fabricans, les chefs d'atelier, les contre-maîtres et les ouvriers patentés de ladite ville.

2. Les branches d'industrie ci-après désignées concourront à la formation du conseil dans les proportions suivantes, savoir :

Les fabriques de tissus de lin, de chanvre ou de coton, et les filatures de ces mêmes matières, nommeront trois membres, dont deux seront marchands fabricans, et l'autre chef d'atelier, contre-maître ou ouvrier patenté.   3

Les fabriques de toiles peintes, les teinturiers, les blanchisseurs et les tanneurs, quatre membres, dont deux seront marchands fabricans, et les deux autres, chefs d'atelier, contre-maîtres ou ouvriers patentés, ci.   4

TOTAL...... 7

3. Indépendamment des sept membres dont il vient d'être question, il sera attaché au conseil deux suppléans, à choisir spécialement dans la classe des personnes qui s'occupent de la fabrication des tissus et des toiles peintes : ils remplaceront ceux des prud'hommes qui, pendant l'exercice de leurs fonctions, viendraient à mourir ou donneraient leur démission.

4. La juridiction du conseil s'étendra sur tous les marchands, fabricans, commis, contre-maîtres, ouvriers, compagnons et apprentis travaillant pour la fabrique du

lieu ou du canton de la situation de la fabrique, soit qu'ils demeurent à Bolbec, soit qu'ils habitent toute autre partie du département de la Seine-Inférieure.

5. Dans le cas où il serait interjeté appel d'un jugement rendu par le conseil des prud'hommes, cet appel sera porté devant le tribunal de commerce de l'arrondissement dans lequel se trouve située la ville de Bolbec.

6. L'élection et le renouvellement des membres du conseil auront lieu suivant le mode et de la manière qui sont réglés par le décret du 11 juin 1809. Ces membres se conformeront pareillement, dans l'exercice de leurs fonctions, aux dispositions établies tant par ce décret que par la loi du 18 mars 1806 et par le décret du 3 août 1810.

7. La ville de Bolbec fournira le local nécessaire pour la tenue des séances du conseil. Les frais de premier établissement, de chauffage, d'éclairage et autres seront pareillement à sa charge.

8. Nos ministres de la justice et de l'intérieur sont chargés de l'exécution de la présente ordonnance.

12 ⇒ Pr. 26 DÉCEMBRE 1818. — Ordonnance du Roi qui fait quelques changemens dans l'organisation du conseil de prud'hommes de la ville de Marseille. (7, Bull. 249, n° 5646.)

Louis, etc.

Sur le rapport de notre ministre secrétaire-d'État au département de l'intérieur;

Vu le décret du 5 septembre 1810, relatif à l'établissement d'un conseil de prud'hommes dans la ville de Marseille;

Prenant en considération les motifs qui nous ont été exposés au nom des fabricans de cette ville, et qui ont pour but d'obtenir, dans l'organisation dudit conseil, quelques changemens nécessités par l'intérêt actuel de l'industrie locale,

Nous avons ordonné et ordonnons ce qui suit :

Art. 1er. A dater du 1er janvier 1819, les quinze membres dont se compose le conseil de prud'hommes de la ville de Marseille, seront choisis parmi les marchands fabricans, les commerçans commissionnaires et les chefs d'atelier, contre-maîtres et ouvriers patentés des divers genres d'industrie ci-après désignés, lesquels concourront à sa formation dans les proportions suivantes, savoir :

Les fabriques de savon.   3 membres.
Les commerçans commission-
  naires en cette partie.   3
Les fabriques de soude et de
  produits chimiques.   2

Les fabriques de bonnets,pour le Levant.	1
Les fabriques de coraux.	1
Les filatures de coton.	1
Les tanneries.	1
Les raffineries de sucre.	1
Les raffineries de soufre.	1
Les fabriques de chapeaux.	1
TOTAL...	15

2. La juridiction du conseil s'étendra sur tous les marchands fabricans, chefs d'atelier, maître-valets, contre-maîtres, commis, teinturiers, ouvriers, compagnons et apprentis travaillant pour les fabriques du lieu ou du canton de la situation des fabriques, quel que soit l'endroit de la résidence des ouvriers.

3. Il n'est rien changé aux autres dispositions du décret du 5 septembre 1810, concernant la tenue et les dépenses dudit conseil à la charge de la commune, ainsi que le mode d'appel des jugemens par lui rendus. L'élection et le renouvellement de ces membres continueront d'avoir lieu d'après le mode qui a été réglé par le décret du 11 juin 1809, rectifié le 20 février suivant. Les marchands fabricans et commerçans commissionnaires ainsi que les chefs d'atelier, contre-maîtres et ouvriers patentés, appelés à faire partie du conseil (savoir, les marchands fabricans et commerçans commissionnaires, au nombre de *huit* membres, et les autres, au nombre de *sept*), se conformeront, dans l'exercice de leurs fonctions, aux dispositions établies, tant par ce décret que par la loi du 18 mars 1806, et par le décret du 3 août 1810.

4. Nos ministres de la justice et de l'intérieur sont chargés de l'exécution de la présente ordonnance.

12 DÉCEMBRE 1818. — Ordonnances du Roi qui accordent des lettres de déclaration de naturalité aux sieurs Prassacachi, Perrier, Carlin, Mesera, Planet, Bocage, Cademartori, Viglietti dit Vietto, Swiney, Coemeleck, Massac, Joye et Creskens. (7, Bull. 266, 269, 272, 275, 276, 278, 290, 298, 444, 557 et 570.)

12 DÉCEMBRE 1818. — Ordonnances du Roi qui autorisent l'acceptation de dons et legs faits aux pauvres, aux hospices, séminaires et fabriques. (7, Bull. 277, 278 et 279.)

12 DÉCEMBRE 1818. — Ordonnance du Roi qui permet aux sieurs Boré, Robert, Susane et Cristophle, de faire des changemens et additions à leurs noms. (7, Bull. 250.)

12 DÉCEMBRE 1818. — Ordonnance du Roi qui admet les sieurs Oeschslen, Vipret, Wisniesky, Lange et Shault, à établir leur domicile en France. (7, Bull. 251.)

12 DÉCEMBRE 1818. — Ordonnance du Roi qui révoque celle du 2 juillet 1817, par laquelle le sieur Colavier était autorisé à ajouter à son nom celui d'Albizzi. (7, Bull. 253.)

17 = Pr. 26 DÉCEMBRE 1818. — Ordonnance du Roi qui lève l'état de siége des places de guerre, maintenu sur les frontières du nord et de l'est du royaume pendant la durée de l'occupation militaire. (7, Bull. 249, n° 5647.)

Voy. décret du 24 DÉCEMBRE 1811, et notes sur l'art. 14 de la Charte.

Art. 1er. L'état de siége des places de guerre, maintenu sur la frontière du nord et de l'est de notre royaume pendant la durée de l'occupation militaire, est levé.

2. Notre ministre de la guerre est chargé de l'exécution de la présente ordonnance.

17 = Pr. 29 DÉCEMBRE 1818. — Ordonnance du Roi relative à l'administration des établissemens dits britanniques, fondés en France pour l'instruction des jeunes catholiques d'Angleterre, d'Écosse et d'Irlande. (7, Bull. 250, n° 5681.)

Louis, etc.

Par notre ordonnance du 17 septembre 1817, concernant l'administration des établissemens dits *britanniques* fondés en France, avec la permission et sous l'autorité des rois nos prédécesseurs, pour l'éducation des jeunes catholiques d'Angleterre, d'Écosse et d'Irlande, nous nous sommes réservé de donner, sur l'avis du bureau gratuit et la proposition de notre ministre secrétaire-d'État au département de l'intérieur, des réglemens qui concilient l'ordre et l'économie dans les dépenses avec le respect dû aux intentions des fondateurs.

Il nous a été exposé que les revenus de ces établissemens ayant éprouvé de grandes diminutions par l'effet des circonstances passées, ils ne peuvent plus suffire à toutes les charges imposées par les actes d'institution, et que, pour se rapprocher des volontés des fondateurs, il est indispensable de réduire au strict nécessaire les dépenses qui n'ont pas pour objet l'entretien des bourses, et surtout les frais d'administration, qui, nonobstant les améliorations préparées par nos dernières ordonnances, sont encore hors de toutes proportions avec la valeur des biens à administrer.

Nous avons, en conséquence, jugé qu'il était convenable d'opérer la réunion des trois sections de ces établissemens, quant à la gestion seulement, et de manière que les ressources et les charges de chacune d'elles demeurent toujours distinctes.

Nous avons considéré, en outre, qu'en reconstituant des *pensionnats spéciaux* tels qu'ils existaient autrefois, on serait entraîné dans des frais considérables au détriment des bourses, et sans avantage pour les boursiers admis dans ces pensionnats, qui n'y trouveraient pas des moyens d'instruction comparables à ceux que leur offriront les colléges royaux, les grands et petits séminaires, et même plusieurs institutions particulières déjà organisées.

Au moyen de ces dispositions, les revenus des établissemens dits *britanniques* seront à l'avenir employés, presque en totalité, à l'objet essentiel des fondations, par les soins du bureau gratuit auquel nous avons conféré et conférons de nouveau l'administration de ces établissemens, sous l'autorité de notre ministre secrétaire-d'État au département de l'intérieur, ainsi que la gestion des fonds, la surveillance immédiate et direction de l'administrateur et du caissier, qui, au nom du bureau, seront chargés de tous les détails du service.

A ces causes,

Vu divers actes et documens concernant la fondation des établissemens dits *britanniques* et des bourses qui y sont attachées; ensemble les lettres-patentes et autres actes de l'autorité des rois nos prédécesseurs, par lesquels ils ont autorisé lesdits établissemens, et ont apporté de temps en temps à leur administration et à leur organisation les réformes que les circonstances réclamaient; notamment les lettres-patentes de 1640, portant réunion des fondations de l'évêque de Murray et de l'archevêque de Glascow en un seul collège dit *des Ecossais*; l'arrêt du conseil de 1787, attribuant à l'archevêque de Paris l'administration supérieure du collège des Irlandais; les divers actes appliquant (après la suppression des Jésuites en France) aux colléges des Jésuites britanniques de Poitiers, Douai et Saint-Omer, les dispositions de l'édit de février 1763, concernant les colléges qui ne dépendaient pas des Universités; vu l'avis du bureau gratuit, donné en conformité de notre ordonnance du 17 septembre 1817;

Notre conseil-d'État entendu,

Nous avons ordonné et ordonnons ce qui suit :

TITRE Ier. Dispositions des fonds.

Art. 1er. Les fonds appartenant aux établissemens britanniques, sauf les frais in-dispensables de conservation et d'administration, seront employés en entier à l'exécution des fondations.

2. Il sera dressé un état général de toutes les bourses et fondations faites en France, à différentes époques, pour l'instruction des catholiques britanniques : on y indiquera pour chacun, 1° le nom du fondateur ; 2° le titre et l'époque de la fondation ; 3° la somme qui y est affectée; 4° les conditions d'idonéité nécessaires pour en jouir ; 5° l'objet spécial d'instruction énoncé par le fondateur, et le temps qu'il peut exiger ; 6° le mode suivant lequel doit être nommé le titulaire, et la personne chargée, soit de le présenter, soit d'approuver ou de certifier la présentation faite.

Il sera fait un autre état où seront indiqués sous des titres particuliers pour chacune des trois sections britanniques,

1° Tous les immeubles qui se trouvent aujourd'hui appartenir auxdits établissemens, soit que ces propriétés leur aient été données par les fondateurs, soit qu'elles aient été acquises au profit de ces établissemens par leurs administrateurs ;

2° Les fonds placés, tant sur l'État que sur les particuliers, soit au nom général des établissemens propres à l'une des trois sections, soit au nom spécial de l'un de ces établissemens.

3. Ces opérations seront faites sous les yeux et par les soins du bureau gratuit dont il sera question au titre III ci-après.

Il y procédera aussitôt son entrée en fonctions.

A cet effet, il se fera remettre, sur inventaire et récépissé, par les administrateurs actuels des divers établissemens et par tous autres détenteurs ou dépositaires à titre quelconque, tous les titres et papiers appartenant auxdits établissemens, pour être déposés aux archives.

Faute par quelques-uns desdits administrateurs détenteurs ou dépositaires, de faire ladite remise dans le délai d'un mois, après en avoir reçu l'ordre, ils pourront y être contraints par les voies de droit.

4. Les familles ou autres patrons et collateurs de bourses auront un délai d'une année pour présenter leurs titres, et faire constater leurs droits, si aucuns avaient été mis en oubli. A cet effet, un extrait de la présente ordonnance sera rendu public par la voie des journaux.

5. Les immeubles désignés en l'article 2 ci-dessus seront donnés à loyer par le bureau gratuit, suivant les formes usitées pour les établissemens publics.

Le produit de ces locations, ainsi que les revenus provenant des fonds placés, seront versés dans une caisse commune à tous ces établissemens.

6. La portion de ce produit qui sera propre à chacune des trois nations, sera affectée à la totalité des fondations qui la concernent; chaque bourse fondée y prendra part dans une proportion déterminée par le rapport où seront entre elles la masse des fonds propres et celle de ces fondations.

Toutefois, les bourses dont les dotations subsisteraient encore en nature seront affectées dans leur entier à leur destination particulière.

7. Les patrons qui ont droit de présenter aux bourses seront prévenus du taux auquel elles se trouvent ainsi fixées en vertu du précédent article, et avertis qu'il ne peut être employé pour chaque boursier que la somme afférente à la bourse dont il sera titulaire. Toutefois, avec le consentement des collateurs, dûment notifié au bureau gratuit, les revenus appartenant à deux ou plusieurs bourses insuffisantes chacune séparément à l'entretien complet d'un boursier pourront être réunis en une seule bourse plus forte, laquelle sera conférée alternativement par les collateurs des différentes bourses qui auront été réunies pour la former.

8. Les fonds afférens aux bourses auxquelles il n'aurait point été présenté, et tous autres fonds disponibles, déduction faite des frais d'administration, qui sont réglés par notre ministre secrétaire-d'Etat de l'intérieur, sur la proposition du bureau gratuit, seront versés à la caisse des dépôts et consignations. Les intérêts en provenant seront, chaque année, capitalisés pour augmenter d'autant le revenu des bourses.

9. Il ne sera rien alloué aux titulaires des bourses pour frais de voyage des îles britanniques en France, ni pour le retour dans leur pays, à moins que cet avantage ne soit expressément accordé par le titre de la fondation.

10. Les pensions qui ont pu être accordées jusqu'à ce jour aux anciens administrateurs continueront à être payées. Il n'en sera accordé aucune autre qu'après trente ans de service effectif.

TITRE II. Dispositions des élèves.

11. Nous nous réservons de statuer ultérieurement, d'après le rapport de notre ministre secrétaire-d'Etat de l'intérieur et de l'avis du bureau gratuit, et lorsque l'accroissement des revenus en offrira les moyens sans nuire à l'accomplissement des fondations, sur la réunion des boursiers dans une des maisons existantes.

12. En attendant, les titulaires réguliè-rement appelés à jouir des bourses fondées pourront être placés comme pensionnaires dans les établissemens autorisés par nous pour l'instruction publique.

Notre ministre secrétaire-d'Etat de l'intérieur désignera, à cet effet, sur la proposition du bureau gratuit, les collèges royaux de Paris ou des départemens et les institutions particulières où seront placés les boursiers d'après le taux de leurs bourses.

En justifiant qu'il peut acquitter la différence, un boursier peut être placé dans une institution ou dans un collège dont la pension est à un prix plus élevé.

13. Les titulaires des bourses qui ont pour objet de conduire les élèves à l'état ecclésiastique, et ceux qui se destineraient d'eux-mêmes à cette profession, seront placés, selon leur âge et leur instruction, dans les grands ou petits séminaires qui seront désignés par notre ministre secrétaire-d'Etat de l'intérieur, sur la proposition du bureau gratuit et de l'avis de l'évêque catholique du diocèse auquel le titulaire appartient.

14. Quant à ceux dont les bourses peuvent, après les cours d'humanités, s'appliquer à l'étude du droit, de la médecine et des sciences naturelles, ils toucheront, en attendant qu'il y ait un pensionnat, le montant de leurs bourses sur les mandats de l'administrateur général ci-après institué, sous la surveillance duquel ils continueront d'être jusqu'à la fin de leurs cours.

15. Le prix de la pension des élèves dans les collèges-royaux, les institutions ou séminaires où ils seront placés, sera réglé de manière à ce qu'il soit pourvu à tous leurs besoins, et que l'administrateur n'ait rien de plus à fournir.

16. Le paiement des bourses ne sera jamais prolongé par les élèves au-delà du temps qu'ont fixé les usages et les réglemens pour les divers genres d'études auxquels les fondations sont affectées.

17. Les titulaires des bourses pour l'exécution desquelles le fondateur a institué quelque administrateur spécial seront placés, comme les autres, sous la direction de l'administrateur général; mais la personne désignée par le fondateur pour l'administration de la bourse sera autorisée à s'assurer près de celui-ci que toutes les conditions de la fondation ont été exécutées.

TITRE III. De l'administration.

18. L'administration des établissemens britanniques est confiée, sous la surveillance et l'autorité de notre ministre secrétaire-d'Etat de l'intérieur, à un bureau gratuit; le service est fait par un administrateur général et un caissier comptable,

qui sont l'un et l'autre sous la direction et l'autorité du bureau.

19. Le bureau est composé d'un président et de huit membres, qui seront nommés par nous, sur la présentation de notre ministre secrétaire-d'État de l'intérieur. Nous nous réservons d'y adjoindre des membres honoraires, choisis de préférence dans les familles de notre royaume originaires de la Grande-Bretagne et de l'Irlande. Un secrétaire archiviste est attaché au bureau.

20. Il sera réservé, dans une des maisons appartenant aux établissemens britanniques, un local pour placer les archives et pour les séances du bureau.

Le secrétaire du bureau sera chargé des archives.

21. Le bureau s'assemblera au moins une fois par mois, et plus souvent, s'il est nécessaire.

Le bureau ne pourra délibérer, si la majorité des membres n'est présente; tous les membres présens à la séance signeront les délibérations qui y auront été prises.

L'administrateur général et le caissier des établissemens auront voix consultative, lorsqu'ils seront appelés aux assemblées.

22. Les fonctions du bureau gratuit seront :

1° De vérifier, sur le rapport de l'administrateur général, si les présentations aux bourses sont faites conformément aux fondations ;

2° D'envoyer la note des présentations régulièrement faites à notre ministre secrétaire-d'État de l'intérieur, lequel donnera les ordres nécessaires pour l'admission des élèves dans les maisons où ils doivent être placés, en conformité des articles 12 et 13 ci-dessus ;

3° De donner au ministre son avis sur les réclamations qu'élèveraient, soit les patrons des bourses, soit les titulaires, soit les prélats catholiques des îles britanniques ;

4° De transmettre au ministre, avec ses observations, les renseignemens que lui donnera périodiquement l'administrateur, sur la conduite des élèves, sur leurs progrès, ainsi que sur leurs fautes, et les mesures qu'elles pourraient provoquer ;

5° D'entendre et de régler les comptes du caissier, et de les transmettre à notre ministre secrétaire-d'État de l'intérieur, pour être par lui définitivement arrêtés ;

6° De fournir au ministre toutes les notions dont il jugera avoir besoin pour la direction et la surveillance de l'administration ;

7° De dresser le budget annuel des dépenses, lequel sera soumis à l'approbation de notre ministre secrétaire-d'État de l'intérieur.

23. L'administrateur général sera un ecclésiastique catholique de l'une des trois nations britanniques, choisi par nous sur une liste de candidats qu'aura formée notre ministre secrétaire-d'État de l'intérieur.

24. L'administrateur ainsi nommé résidera à Paris ; il sera logé dans la maison où seront placées les archives : il ne pourra déléguer ses fonctions, et, s'il est obligé de s'absenter, il en préviendra notre ministre secrétaire-d'État de l'intérieur, qui, sur l'avis du bureau gratuit, chargera quelqu'un de le remplacer provisoirement.

25. Les fonctions d'administrateur général seront :

1° De correspondre, tant avec les prélats des églises catholiques des trois nations, sur ce qui concerne les fondations, qu'avec les familles qui ont intérêt à la présentation des bourses ;

2° De donner au bureau gratuit connaissance des vacances, des présentations faites pour y pourvoir, et des difficultés auxquelles elles pourront donner lieu :

3° De se tenir en relation avec les chefs des établissemens où seront placés les élèves, afin de connaître les besoins et la conduite de ces jeunes gens, d'en instruire leurs familles, et d'en rendre tous les trois mois au bureau un compte détaillé : il comprendra dans ce compte les élèves désignés dans l'article 12, qui, n'étant pas placés dans des maisons d'éducation, demeureront néanmoins sous notre protection et sous sa surveillance ;

4° De veiller à la conservation des immeubles appartenant aux établissemens, d'en provoquer la location et les réparations, de poursuivre, au nom du bureau gratuit, auprès des tribunaux, les contestations qui pourraient s'élever à cet égard, et, en général, d'y faire procéder suivant les formes établies pour les administrations publiques ;

5° De délivrer les mandats de dépenses d'après le budget annuel, ou en vertu des décisions spéciales du bureau gratuit, approuvées par notre ministre secrétaire d'État de l'intérieur, dont aucune ne pourra être acquittée que sur son mandat.

26. Le caissier tiendra trois comptabilités séparées, une pour chaque section.

27. Le produit des locations, celui des fonds placés et tous les revenus quelconque des établissemens seront versés entre ses mains. Le caissier en assurera, sous sa responsabilité, les recouvremens, recettes et perceptions. Il sera soumis aux lois et réglemens relatifs aux comptables des deniers publics.

28. Le caissier remplira en même temps les fonctions de payeur. A ce titre, il acquittera, sur pièces comptables et sur les mandats de l'administrateur, toutes les dépenses des établissemens; il paiera exactement aux échéances, entres les mains des chefs des maisons d'éducation où sont placés les élèves, les pensions de ces jeunes gens.

29. Si, par suite des vacances de bourses ou par l'effet d'économies sur quelques parties, il se trouve des sommes momentanément disponibles, le caissier les versera, sans délai, dans la caisse des dépôts et consignations, pour porter intérêt. Le montant du versement qu'il aura fait sera notifié par lui au bureau gratuit.

Le bureau prescrira, lorsqu'il l'estimera convenable, le placement en cinq pour cent consolidés, des sommes versées à la caisse des dépôts et consignations.

30. Chaque mois, le caissier remettra au bureau gratuit ses états de situation; le bureau déterminera la somme qu'il jugerait devoir être versée dans la caisse des dépôts et consignations.

31. Chaque année, le caissier rendra au bureau gratuit un compte de sa gestion pour chacune des trois sections.

Le compte de chaque section sera divisé en deux parties :

La première indiquera les sommes reçues, tant des locataires ou débiteurs particuliers, que de l'État et de la caisse des dépôts et consignations.

La seconde partie comprendra toutes les dépenses, tant des bourses de chaque nation, que des frais d'administration.

32. Aucune dépense ne sera allouée au caissier, si elle n'est appuyée du mandat de l'administrateur, et en outre portée au budget annuel dûment arrêté ou autorisé par une décision spéciale du bureau gratuit, approuvée par notre ministre secrétaire-d'État de l'intérieur.

33. Le caissier, pour garantie de sa gestion, devra fournir un cautionnement de la valeur de vingt mille francs en immeubles, situés en France, ou une caution solvable pour la même somme.

34. Nous nous réservons de déterminer, sur le rapport de notre ministre secrétaire-d'État au département de l'intérieur, et la proposition du bureau gratuit, 1° le traitement annuel de l'administrateur; 2° la remise du caissier, laquelle lui tiendra lieu de tous frais de bureau, registres et autres; 3° le traitement annuel du secrétaire archiviste; 4° la somme qui pourra être employée, chaque année, en frais de bureau, compris ceux du bureau gratuit, et le chauffage et éclairage des assemblées.

La somme nécessaire à ces diverses dépenses sera prise sur les fonds des trois sections, et pour chacune en proportion de ses revenus; elle ne pourra être dépassée sans notre autorisation spéciale.

35. Toutes contestations sur des droits de propriété ou autres droits revendiqués en vertu de titres seront renvoyées devant les tribunaux ordinaires, comme matière soumise au droit commun.

36. Nos ordonnances des 21 juin et 23 septembre 1814, des 16 janvier et 30 octobre 1815, et celles des 25 janvier 1816 et 17 septembre 1817, sont rapportées en ce qui serait contraire aux dispositions prescrites par la présente ordonnance.

37. Notre ministre de l'intérieur est chargé de l'exécution de la présente ordonnance.

———

17 DÉCEMBRE 1818. — Ordonnance du Roi relative au mobilier des préfectures. (Recueil officiel de l'intérieur, tome 3. p. 395.)

Voy. ordonnance du 7 AVRIL 1819, art. 5.

Louis, etc.

Sur le rapport de notre ministre de l'intérieur,

Notre Conseil-d'État entendu,

Nous avons ordonné et ordonnons ce qui suit :

Art. 1er. L'indemnité allouée par l'article 4 du décret du 25 mars 1811, aux préfets, pour l'entretien et le renouvellement du mobilier des préfectures, est supprimée à partir du 1er janvier prochain.

Les préfets cesseront, en conséquence, d'être responsables de la valeur des meubles, et seront seulement tenus de les représenter.

2. Il sera procédé, à la même époque et dans la forme prescrite par l'article 6 du même décret, à un état estimatif du mobilier; si la valeur n'est pas égale à celle pour laquelle il a été remis, la même valeur sera versée par le préfet à la caisse du receveur général, et portée en recette dans le budget pour être employée, s'il y a lieu, et ainsi qu'il sera dit ci-après, à la réparation du mobilier.

3. A l'avenir il sera pourvu à l'entretien et au renouvellement des meubles au moyen des sommes votées par le conseil général, et allouées dans le budget du département, à la charge, par le préfet, de justifier de l'emploi.

4. Une commission du conseil général fera, chaque année, contradictoirement avec le préfet, le règlement du mobilier départemental.

5. Les dispositions du décret du 25 mars 1811 continueront d'être exécutées en ce

qui n'est point contraire à la présente ordonnance.

6. Notre ministre de l'intérieur est chargé de l'exécution de la présente ordonnance.

---

17 DÉCEMBRE 1818. — Ordonnances du Roi qui autorisent l'acceptation de dons et legs faits aux pauvres et aux fabriques. (7, Bull. 279.)

---

17 DÉCEMBRE 1818. — Ordonnance du Roi qui accordent des foires et qui fixent les jours de la tenue de celles des communes d'Argentières, Auffai, Allones, Domart, Saint-Savin, la Nouée, Villedieu, Tinchebray et Thoys. (7, Bull. 280.)

---

17 DÉCEMBRE 1818. — Ordonnance du Roi qui nomme M. Ravez président de la Chambre des députés. (7, Bull. 249, n° 5642.)

---

25 DÉCEMBRE 1818. — Ordonnance du Roi qui accorde une pension de trois cents francs sur le Trésor royal au sieur Virlez, ex-employé au bureau de garantie de Paris. (7, Bull. 257.)

---

23 = Pr. 31 DÉCEMBRE 1818. — Ordonnance du Roi portant qu'à compter du 1er janvier 1819 les droits d'octroi établis au profit de la ville de Paris seront perçus suivant le tarif y annexé. (7, Bull. 251, n° 5703.)

Voy. ordonnance du 25 DÉCEMBRE 1822.

Louis, etc.

Vu nos ordonnances des 29 décembre 1815, 8 janvier et 26 décembre 1817, relatives au tarif de l'octroi de Paris; vu notre ordonnance du 14 mai 1817, portant approbation de l'emprunt fait par la ville de Paris;

vu la loi du 20 mai 1818, qui maintient le droit additionnel de un franc vingt-cinq centimes par hectolitre de vin aux entrées de Paris, pour l'achèvement du canal de l'Ourcq; vu la délibération du conseil général du département de la Seine, faisant fonctions de conseil municipal de la ville de Paris, en date du 13 décembre 1818, et le projet de tarif y annexé, ainsi que l'avis du préfet du département de la Seine; vu les observations de notre ministre secrétaire-d'État de l'intérieur et celles de notre conseiller-d'État directeur général des contributions indirectes; considérant qu'il est indispensable de conserver à la ville de Paris des revenus suffisans pour faire face au remboursement des emprunts, au prélèvement autorisé pour l'achèvement du canal de l'Ourcq, et enfin au remboursement de la taxe municipale perçue en 1814;

Sur le rapport de notre ministre secrétaire-d'État des finances,

Nous avons ordonné et ordonnons ce qui suit:

Art. 1er. A compter du 1er janvier prochain, et jusqu'à ce qu'il en soit autrement ordonné, les droits d'octroi établis au profit de notre bonne ville de Paris seront perçus suivant le tarif annexé à la présente.

2. Le décime additionnel établi par notre ordonnance du 16 août 1815 continuera d'être perçu jusqu'au parfait remboursement de l'emprunt de la ville, conformément à l'article 7 de notre ordonnance du 14 mai 1817.

3. Les objets et denrées existant en rivière ou sur les ports, berges ou quais, sans être reconnus par le jaugeage, le mesurage ou le comptage, supporteront les augmentations ou jouiront des diminutions de taxe à ladite époque du 1er janvier 1819.

4. Nos ministres de l'intérieur et des finances sont chargés de l'exécution de la présente ordonnance.

Tarif des droits d'octroi de la ville de Paris.

DÉSIGNATION DES OBJETS assujétis aux droits.	MESURE, nombre et poids.	DROITS à percevoir	OBSERVATIONS.
			Boissons et liquides.
Vins en cercles	L'hect.	13 50	Le droit est dû à la fabrication dans l'intérieur, comme à l'entrée, sur les vins, eaux-de-vie, vinaigres, cidres, poirés, verjus, hydromel et autres boissons ou liquides, lorsque les substances employées ne seront assujéties à aucune taxe.
Vins en bouteilles . . .	Litre.	16	
Vinaigre de toute espèce, verjus, sureau en fruits ou en jus, vins gâtés et lies liquides ou épaisses, tant en cercles qu'en bouteilles .	L'hect.	13 50	La vendange paiera le même droit que le vin, dans la proportion de trois hectolitres de vendange pour deux de vin.
Eau-de-vie en cercles au-dessous de 22 degrés	*Id.*	25 00	Le raisin non foulé, à l'exception des chasselas et muscats, paiera aux barrières la moitié du droit imposé sur la vendange.
Eau-de-vie en cercles de 22 degrés jusqu'à 28 exclusivement. . ,	*Id.*	35 00	Les fruits à cidre et à poiré paieront le droit à l'entrée, dans la proportion de cinq hectolitres de fruits frais pour deux de cidre ou poiré, et de vingt-cinq kilogrammes de fruits séchés pour un demi-hectolitre de cidre ou poiré.
Eaux-de-vie rectifiées à 28 degrés et au-dessus, eaux-de-vie de toute espèce en bouteilles, eaux de senteur et liqueurs compos. d'eaux-de-vie ou d'esprits, tant en cercles qu'en bouteilles.	*Id.*	50 00	La bouteille commune est assimilée au litre, pour la perception. Les vins introduits à la main ou en cruches, cruchons ou brocs d'une contenance supérieure à cinq litres, paieront le droit dans la proportion de celui fixé pour les vins en cercles.
Cidre, poiré et hydromel.	*Id.*	6 00	Les boissons, liquides ou préparations mélangées d'eau-de-vie ou d'esprit faisant preuve à l'aréomètre, ou donnant à l'analyse chimique un cinquième d'eau-de-vie, paieront le droit comme eau-de-vie simple.
Bière à l'entrée	*Id.*	4 00	Les eaux-de-vie ou esprits altérés par quelque mélange que ce soit sont assujétis au même droit que les eaux-de-vie ou esprits purs.
Bière à la fabrication. .	*Id.*	3 00	Les eaux de Cologne, de mélisse, de la reine de Hongrie et autres, dont la base est l'alcool, sont considérées comme esprits et paient le droit comme telles.

Six bouteilles ou fioles d'eau de Cologne sont assimilées au litre pour la perception.

Les fruits à l'eau-de-vie paient comme liqueurs, d'après la contenance du vase et sans déduction du fruit : la même règle est suivie pour les fruits confits au vinaigre.

Toute lie qui n'est pas dans un état de sécheresse complète, est passible du droit.

Les vinaigriers et tous propriétaires seront tenus de déclarer leurs cuves, pressoirs et presses hydrauliques, et de payer les droits sur les vins, cidres et poirés fabriqués dans l'intérieur, et de se conformer aux formalités qui seront prescrites par l'administration municipale.

DÉSIGNATION DES OBJETS assujétis aux droits.	MESURE, nombre et poids.	DROITS à percevoir	OBSERVATIONS.
Comestibles.			
Bœufs	Par téte.	24 00	Les bestiaux abattus acquittent au poids comme viande dépecée. La taxe par tête est perçue uniquement sur les animaux vivans, à l'exception des sangliers.
Vaches.	Id.	15 00	
Veaux	Id.	6 00	
Moutons	Id.	1 50	
Porcs et sangliers . . .	Id.	9 00	Le droit est dû sur les veaux et porcs nés dans l'intérieur comme sur ceux introduits.
Viande à la main, saucissons, jambons et toute charcuterie.	Kilog.	0 20	
Abats et issues.	Id.	0 05	
Combustibles.			
Bois à brûler, neuf ou flotté.	Stère.	2 00	Tout bois scié ou coupé à la serpe sur une longueur d'un mètre treize centimètres, et ayant seize centimètres de circonférence, est considéré comme bois de corde, et acquitte le droit selon sa nature de bois dur ou de bois blanc.
Bois blanc *id.* et menuise de bois dur ou de bois blanc.	Id.	1 50	
Fagots de toute espèce .	Le cent.	3 00	
Charbon de bois	Sac ou voie de 2 hect.	1 00	La menuise est le bois de même longueur ayant moins de seize centimètres de circonférence.
Charbon de terre. . . .	Hectol.	0 50	La distinction entre le bois dur et le bois blanc cessera d'être observée toutes les fois que, dans les trains, bateaux ou voitures, il y aura un mélange de bois blanc de menuise et de bois dur : en conséquence, le droit d'octroi sera perçu sur le bois blanc ou de menuise comme il se perçoit sur le bois dur.

Les courbes, plats-bords, planches brisées, souches brigots, bois à charbon, paient à l'entrée comme bois dur ou bois blanc, suivant leur espèce et leur dimension.

Les fagots de toute espèce paient le droit entier.

Tout parement au-dessus de seize centimètres de circonférence doit être distrait du fagot, et rangé, pour la taxe, dans la classe du bois de corde : le surplus sera réduit d'après les dimensions fixées pour le fagot.

Le cent de falourdes, quelle qu'en soit l'espèce, compte pour cent cinquante fagots.

Les perches de menuise provenant du déchirage des trains de bois à brûler, compteront à raison de cent vingt falourdes pour chaque train de dix-huit coupons : ce nombre sera augmenté ou diminué de sept falourdes pour chaque coupon en plus ou en moins.

Les mêmes perches provenant du déchirage des trains de bois de charpente ou

DÉSIGNATION DES OBJETS assujétis aux droits.	MESURE, nombre et pnids.	DROITS à percevoir	OBSERVATIONS.
			de sciage, celles arrivant en coupons ou par voitures, seront évaluées en falourdes d'après leur nombre.
			On entend par perche de menuise tout morceau de bois de seize centimètres et au-dessous de circonférence pris au milieu de la longueur. Les perches d'une plus forte dimension paient comme bois de corde ou comme bois de construction, suivant leur grosseur. Elles sont rangées dans la classe du bois de corde lorsqu'elles n'ont pas plus de trente-huit centimètres de circonférence moyenne.
			Les cotrets ordinaires de toute espèce paient la moitié du droit imposé sur le fagot.
			Les cotrillons, bourrées et margottins, paient le quart.
			Les dimensions des fagots, falourdes, cotrêts et cotrillons, réglées par l'ordonnance de police du 21 ventose an II, seront suivies pour l'application de la taxe; des dimensions plus fortes entraînent un droit proportionnel.
			Le cubage servira de base pour établir la perception sur les chargemens de charbon de bois, de bois à brûler, et généralement de tous les bateaux, trains et voitures susceptibles d'être cubés.
			La quantité de charbon de terre contenue dans chaque bateau sera reconnue d'après le poids du charbon et le volume d'eau déplacé par le bateau.
			Deux hectol. d'escorbille (charbon de terre à demi consumé) ne compteront que pour un.

Fourrages.

DÉSIGNATION DES OBJETS assujétis aux droits.	MESURE, nombre et pnids.	DROITS à percevoir	OBSERVATIONS.
Foin, sainfoin, luzerne et autres fourrages secs	100 bottes de 5 kil.	4 00	Le droit étant fixé à raison de cent bottes de cinq kilogrammes, il sera perçu sur l'excédant de ce poids et du nombre de cent, un droit proportionnel : les foins et fourrages verts seront exempts de tout droit.
Paille	Id.	1 00	L'administration de l'octroi déterminera chaque année le nombre de gerbes ou bottes d'orge et d'avoine nécessaire pour former un hectolitre ; le droit sera perçu séparément sur la paille des grains introduits en gerbe, suivant ce qui sera également fixé par l'administration de l'octroi.
Avoine	Hectol.	0 50	

DESIGNATION DES OBJETS assujétis aux droits.	MESURE, nombre et poids.	DROITS à percevoir	OBSERVATIONS.
Matériaux.			
Chaux . . . . . , . . .	Hectol.	1 20	La chaux éteinte ne paie que la moitié du droit imposé sur la chaux.
Plâtre	Id.	0 36	
Moellons bruts ou piqués	Mèt. cube	0 60	Le mortier dans lequel il entre de la chaux, quelle qu'en soit la proportion, paie le demi-droit comme chaux éteinte pure.
Pierre de taille de toute espèce, marbre et gra-			
nit	Id.	1 60	
Ardoises { grandes . . .	Le mill^r.	5 00	Le droit est dû pour la chaux et le plâtre à la fabrication dans l'intérieur comme à l'entrée.
petites. . . .	Id.	4 00	
Briques	Id.	6 00	Les pierres à chaux et à plâtre paieront un droit proportionnel.
Tuiles	Id.	7 50	
Carreaux de terre cuite.	Id.	5 00	Le droit est dû sur les pierres de taille et moellons extraits des carrières situées dans l'intérieur de Paris.
Argile et sable gras . .	Stère.	0 60	
Mottes de terre glaise .	Le cent.	1 00	Pour la perception du droit sur le marbre et le granit, un stère compte pour dix stères de pierre.

La faîtière compte pour quatre tuiles.

Les droits ne sont dus que sur l'argile, le sable gras et la terre glaise qui proviennent de Picpus, Villejuif, Gentilly, Ménil-Montant, Belleville, Vanvres, Clamart et autres lieux des départemens de la Seine et de Seine-et-Oise.

Chaque motte de terre glaise ne doit pas excéder le poids de vingt-deux à vingt-cinq kilogrammes : au-dessus de ce poids, le droit proportionnel est dû.

Bois de construction.

Bois de chêne, châtaignier, orme, frêne, charme, noyer, merisier, hêtre, acacia, sycomore, prunier, pommier et autres fruitiers, d'essence dure, en grume ou écarris, en lissoirs, jantes ou tables.	Stère.	9 00	Pour la perception du droit sur le bois de charpente, la grosseur de ce bois se prend dans le milieu, et, en cas d'impossibilité, dans les deux bouts.
Les mêmes bois en planches, membrures, entrevoux, dosses, chevrons de sciage, doublettes, madriers, battans, feuillets, merrains, panneaux, coursons et parquets . . .	Mèt. cour.	0 07	L'écarrissage se compte par centimètre, et la longueur par mètre et mètre et demi : le demi-mètre est acquis à trois dixièmes ; le mètre entier, à huit dixièmes.
Bois de sapin, platane, peuplier, bouleau, aune, tilleul, saule et maronnier, en grume ou écarris, lissoirs ou tables	Stère.	7 00	La mesure doit être pleine et couverte pour compter.

La déduction pour l'écarrissage des grumes est du dixième du pourtour, ou en multipliant le diamètre par le rayon ; on doit déduire l'écorce en prenant la mesure. Si le bois n'est écarri qu'en partie, et qu'il ait conservé une partie de son rond, et par conséquent son aubier, il sera tenu compte des flaches.

Il sera déduit pour malandres visibles et palpables, nœuds pourris ou vermoulus, un demi-mètre ou un mètre au plus, suivant l'étendue du mal.

DÉSIGNATION DES OBJETS assujétis aux droits.	MESURE, nombre et poids.	DROITS à percevoir	OBSERVATIONS.
Les mêmes bois en planches, membrures, entrevoux, chevrons de sciage, doublettes, madriers, feuillets et voliges	Mèt.cour.	0 07	Pour la perception du droit sur les bois de sciage taxés au mètre courant, ils sont toujours ramenés à l'unité de la planche. La planche proprement dite est un morceau de sciage de trois centimètres d'épaisseur sur vingt-cinq centimètres de
Lattes	100 bᶜˢ.	10 00	largeur; ce qui produit soixante-quinze centimètres d'écarrissage.

Cependant tous les morceaux de sciage ayant trois centimètres d'épaisseur et de vingt à vingt-huit centimètres de largeur, ce qui produit de soixante à quatre-vingt-quatre centimètres d'écarrissage, comptent comme planches pour la perception du droit.

Au-dessus et au-dessous de ces dimensions, le droit est proportionnel et par tiers, soit en plus, soit en moins, de sorte qu'à vingt-cinq centimètres en plus du *minimum*, ou quatre-vingt-cinq centimètres d'écarrissage, le tiers est acquis; et à vingt-cinq centimètres en moins du *maximum*, ou cinquante-neuf centimètres d'écarrissage, il y a décroissement du droit, et ainsi de vingt-cinq en vingt-cinq centimètres.

La volige est une planche de deux centimètres et au-dessous d'épaisseur.

La dosse est une planche de première levée, qui a le trait de scie d'un côté, et la coupe de hache ou le rond du bois de l'autre.

Les doublettes, madriers et battans paient le droit dans les proportions de la planche.

Les dosses et chevrons paient les deux tiers du droit sur la planche, ainsi que les voliges de dix-huit centimètres et au-dessus.

Les voliges de dix à dix-huit centimètres paient le tiers du droit; et au-dessous de dix, le quart.

Pour l'application du droit sur le merrain et fonds de seilles, deux mètres ne comptent que pour un.

Le parquet en feuilles compte pour quatre mètres.

Il est fait déduction, sur les bois de démolition, des tenons et parties pourries, ainsi que des mortaises qui traversent le bois aux trois quarts. Il est également tenu compte, sur les grosseurs, des parties couvertes de clous, ou hachées, ou remplies de chanfreins : sauf ces déductions, s'il y a lieu, les bois de démolition ou de sciage venant de l'extérieur sont

DÉSIGNATION DES OBJETS assujétis aux droits.	MESURE, nombre et poids.	DROITS à percevoir	OBSERVATIONS.
			passibles des droits, à moins qu'ils ne soient reconnus bons qu'à brûler; dans ce cas, ils paieront comme bois de chauffage, suivant leur nature. Les bois de frêne et merisier débités à un mètre trente centimètres de longueur sont considérés comme bois de travail et mesurés comme tels. Le droit est dû pour les soustraits de bateaux de charbon et autres. Il sera néanmoins restitué sur les quantités dont la sortie de Paris, par la rivière, aura été dûment constatée par les employés de l'octroi. Tous les bois neufs ouvrés, tels que portes, volets, étaux, brouettes et autres se réduisent au stère ou en planches suivant l'espèce, et paient les droits portés au tarif.
Bateaux et bois de déchirage.			
Bateaux { en chêne . .	Par bat.	24 00	Tout bateau faisant exception par sa dimension à la toue ordinaire paiera le droit par mètre carré.
en sapin . .	Id.	12 00	
Bois de { en chêne . .	Mèt. carré	0 18	
déchirage { en sapin . .	Id.	0 10	
Objets divers.			
Fromages secs	Kilog.	0 10	Pour les objets tarifés au poids, il est seulement fait déduction de la tare des tonneaux, caisses, paniers ou vases qui renferment lesdits objets. L'orge concassée paie dans la proportion de trois hectolitres d'orge concassée pour cinq hectolitres d'orge en grains : l'orge mondée est exempte du droit. Les formalités relatives à l'admission des sels en entrepôt, quant à l'octroi, seront réglées par des décisions de l'administration municipale.
Sel gris et blanc	Id.	0 05	
Cire et bougie.	Id.	0 60	
Orge.	Hectol.	1 00	
Houblon	Kilog.	0 10	
Suif en pain et chandelles	100 kil.	3 00	

23 DÉCEMBRE 1818. — Ordonnance du Roi portant liquidation de plusieurs soldes de retraite provisoirement payables sur le fonds des demi-soldes. (7, Bull. 258.)

23 DÉCEMBRE 1818. — Ordonnance du Roi qui autorise l'inscription au Trésor royal, de soldes de retraites et de pensions militaires. (7, Bull. 258.)

23 DÉCEMBRE 1818. — Ordonnances du Roi qui autorisent l'acceptation de dons et legs faits aux pauvres, aux hospices, séminaires et fabriques. (7, Bull. 280 et 281.)

24 DÉCEMBRE 1818 = Pr. 30 JANVIER 1819. — Ordonnance du Roi qui rejette deux requêtes ayant pour objet d'obtenir le paiement en numéraire d'une créance qui, à raison de sa date, n'est susceptible d'être acquittée qu'en valeurs d'arriéré. (7, Bull. 258, n° 5892.)

Louis, etc.

Sur le rapport du comité du contentieux; vu la requête à nous présentée au nom du sieur Pierre-Louis-Julien Carpentier, propriétaire, demeurant à Paris, rue Meslée, n° 58, tant en son nom personnel qu'en celui de tuteur de ses enfans mineurs; ladite requête enregistrée au secrétariat du comité du contentieux de notre Conseil-d'État le 10 mai 1817 et tendant à ce qu'il nous plaise le recevoir appelant d'une décision de notre ministre des finances, du 13 janvier 1817, qui refuse de lui payer une créance de trente mille francs en valeurs nominales, sous prétexte qu'elle n'est payable qu'en valeurs d'arriéré;

Ce faisant et pour éclairer notre justice, ordonner la remise, par qui de droit, au secrétariat du Conseil, 1° de l'arrêté du préfet du département de la Seine, du 17 avril 1816; 2° de l'avis du comité des finances, du 4 octobre suivant; et, annulant la décision dont est appel, déclarer que notre ordonnance du 30 avril 1816 est applicable à l'espèce; dire, en conséquence, que le suppliant touchera le montant de sa créance en numéraire, en principal, intérêts et frais; subsidiairement, attendu que l'actif de l'ancien domaine privé était le gage des créanciers de la précédente liste civile, que cet actif se trouve maintenant possédé en partie par le domaine de l'Etat et en partie par notre liste civile, prescrire encore que ladite créance sera acquittée en numéraire, soit par le Domaine, soit par l'intendant de notre liste civile;

Et, dans le cas de difficulté de prononcer ainsi, mais très-subsidiairement, approuver l'arrêté du préfet du département de la Seine, du 17 avril 1816, au cas où il admettrait à la liquidation les créanciers du sort desquels il paraît s'être occupé; et, dans ce cas, mais dans ce cas seulement, ordonner qu'il sortira son plein et entier effet, déclarer que les valeurs de l'arriéré qui seront comptées aux créanciers colloqués dans ledit arrêté seront réputées valeurs nominales, et qu'en conséquence l'exposant sera libéré à leur égard, comme s'ils étaient payés en numéraire métallique;

Condamner, en outre, dans tous les cas, soit l'administration des Domaines, soit l'intendant de la liste civile, aux dépens;

Vu la délibération du conseil d'administration et la lettre de notre directeur général de l'enregistrement et des domaines et forêts, enregistrées audit secrétariat du comité du contentieux le 26 janvier 1818;

Vu la requête en intervention de la dame veuve Ribaud, demeurant à Paris, rue de la Ville-l'Evêque, n° 25, au nom et comme tutrice de Marie-Toussaint-Auguste et Marie-Alphonse Ribaud, ses enfans mineurs; ladite requête enregistrée audit secrétariat du comité du contentieux le 30 juin 1818, et tendant à ce qu'il nous plaise la recevoir intervenante dans l'instance pendante entre le sieur Carpentier et notre ministre des finances; ce faisant, lui donner acte de toutes ses réserves et protestations; annuler la décision de notre ministre des finances du 13 janvier 1817, et déclarer que notre ordonnance du 30 avril 1816 est applicable au sieur Carpentier; dire, en conséquence, qu'il en touchera le montant en numéraire, en principal, intérêts et frais;

Subsidiairement et attendu que l'actif du domaine privé du chef de l'ancien Gouvernement était le gage des créanciers de sa liste civile, que cet actif se trouve actuellement possédé en partie par le domaine de l'Etat et en partie par notre liste civile, ordonner que ladite créance sera acquittée en numéraire, soit par le Domaine, soit par notre intendant de la liste civile;

Condamner, en outre, dans tous les cas, soit l'administration des domaines, soit notre intendant de la liste civile, aux dépens;

Sur le surplus des demandes et conclusions du sieur Carpentier, renvoyer à se pourvoir devant les tribunaux ordinaires;

Et, dans le cas où la décision de notre ministre des finances viendrait à être confirmée, condamner le sieur Carpentier aux dépens envers la suppliante, qui se réserve, quelque chose qu'il arrive, tous ses droits contre le sieur Carpentier pour se faire payer en numéraire;

Vu la réplique du sieur Carpentier, enregistrée audit secrétariat du comité du contentieux le 9 juillet 1818, par laquelle il persiste dans ses précédentes conclusions;

Vu le contrat de vente passé, le 28 mai 1813, devant M⁰ Noël et son collègue, notaires à Paris, des deux maisons sises dans l'emplacement du palais projeté à Chaillot;

Vu l'acte notarié du 28 octobre 1813, par lequel le sieur Carpentier délègue sa créance à plusieurs particuliers;

Vu l'avis du comité des finances du 13 décembre 1816, suivi de l'approbation ministérielle attaquée du 13 janvier 1817; vu la loi des finances du 25 mars 1817; vu les autres pièces produites;

Considérant que notre liste civile n'est pas tenue d'acquitter les dettes de l'ancienne liste civile, et que lesdites dettes ont été comprises dans les charges de l'arriéré;

Considérant qu'il n'y a pas lieu d'assigner le paiement de la créance du sieur Carpentier, en tout ou partie, sur les domaines de l'État, puisque cette créance, à raison de sa date, est comprise pour la totalité dans les paiemens à faire en valeurs d'arriéré;

Considérant que la vente notariée du 28 mai 1813 constitue un acte consenti librement par les parties contractantes, et qu'ainsi il ne peut être assimilé aux expropriations forcées pour cause d'utilité publique ;

Considérant qu'en supposant même qu'il y eût eu expropriation pour cause d'utilité publique, le sieur Carpentier ne pourrait aujourd'hui invoquer l'application de notre ordonnance du 30 avril 1818, qui est, de fait, abrogée par la loi des finances du 25 mars 1817, laquelle loi n'a établi aucune distinction entre les diverses catégories des créanciers de l'Etat comprises dans l'arriéré ;

Notre Conseil-d'Etat entendu,

Nous avons ordonné et ordonnons ce qui suit :

Art. 1er. La requête du sieur Carpentier est rejetée.

2. La décision de notre ministre des finances du 13 janvier 1817 est confirmée.

3. La requête en intervention de la dame Ribaud est rejetée, sauf à elle à se pourvoir devant les tribunaux ordinaires sur la fixation et le mode de paiement de sa créance.

4. Les dépens faits entre le sieur Carpentier et la dame Ribaud sont compensés.

---

24 DÉCEMBRE 1818. — Ordonnance du Roi qui révoque celle du 11 février 1818, qui autorise le sieur Pancrace Perrimond à substituer à son nom celui de Gastin. (7, Bull. 258.)

---

24 DÉCEMBRE 1818. — Ordonnances du Roi qui accordent des lettres de déclaration de naturalité aux sieurs Power, Jung, Orfila, Laroche, Noiraux, Curtillet, Ruttimann et Langeland. (7, Bull. 259, 278, 303 et 349.)

---

26 DÉCEMBRE 1818 = Pr. 22 MAI 1820. — Lettres-patentes portant institution de diverses pairies. (7, Bull. 369, n° 8724.)

La pairie de M. Elie-Charles de Talleyrand-Périgord, prince de Chalais, lieutenant-général, grand-d'Espagne de première classe, etc., créé pair par ordonnance royale du 4 juin 1814, a été instituée héréditairement sous le titre de Duc de Périgord ;

La pairie de M. Napoléon-Alexandre-Louis-Joseph Berthier, prince de Wagram, fils aîné du maréchal prince de Wagram, et créé pair par ordonnance royale du 17 août 1815, a été instituée héréditairement sous le titre de duc de Wagram ;

La pairie de M. Charles-François, mar-quis de Bonnay, lieutenant-général, envoyé extraordinaire et ministre plénipotentiaire de France près la cour de Prusse, etc., créé pair par ordonnance royale du 17 août 1815, a été instituée héréditairement sous le titre de Marquis ;

La pairie de M. Charles-François, marquis de Rivière, lieutenant-général, aide-de-camp de Monsieur, ambassadeur de France près la cour ottomane, etc., créé pair par ordonnance royale du 17 août 1815, a été instituée héréditairement sous le titre de Marquis ;

La pairie de M. Pierre-Paul-Ours Helion de Villeneuve, marquis de Vence, maréchal-de-camp, créé pair par ordonnance royale du 17 août 1815, a été instituée héréditairement sous le titre de Marquis ;

La pairie de M. Nicolas-Joseph, comte Maison, lieutenant-général, etc., créé pair par ordonnance royale du 4 juin 1814, a été instituée héréditairement sous le titre de Marquis ;

La pairie de M. Marc-Antoine de la Bonninière, comte de Beaumont, lieutenant-général, etc., créé pair par ordonnance royale du 4 juin 1814, a été instituée héréditairement sous le titre de Comte ;

La pairie de M. Claude-Louis, comte Berthollet, grand officier de la Légion d'Honneur, membre de l'Académie des sciences, créé pair par ordonnance royale du 4 juin 1814, a été instituée héréditairement sous le titre de Comte ;

La pairie de M. François-Joseph, comte du Bouchage, lieutenant-général, créé pair par ordonnance royale du 23 juin 1817, a été instituée héréditairement sous le titre de Vicomte ;

La pairie de M. Anne-Pierre Christian de Lamoignon, chevalier de Saint-Louis, etc., a été instituée héréditairement sous le titre de Vicomte ;

---

29 = Pr. 31 DÉCEMBRE 1818. — Ordonnance du Roi portant nomination à divers ministères. (7, Bull. 253, n° 5767.)

Louis, etc.

Art. 1er. Le marquis Dessolle, pair de France, ministre-d'État, est nommé ministre secrétaire-d'État au département des affaires étrangères, président de notre conseil des ministres ;

Le sieur Deserre, membre de la Chambre des députés, est nommé garde-des-sceaux, ministre secrétaire-d'État au département de la justice ;

Le comte Decazes, pair de France, est nommé ministre secrétaire-d'État au département de l'intérieur ;

Le baron Portal, membre de la Chambre des députés, est nommé ministre secrétaire-d'État au département de la marine ;

Le baron Louis, membre de la Chambre des députés, est nommé ministre secrétaire-d'État au département des finances.

2. Le ministère de la police est supprimé.

3. Notre ministre des affaires étrangères est chargé de l'exécution de la présente ordonnance.

———

29 DÉCEMBRE 1818. — Ordonnances du Roi qui nomment MM. le duc de Richelieu, Lainé, comte Molé et Roi, ministres-d'Etat et membres du conseil privé. (7, Bull. 253, nos 5765 et 5766.)

———

30 DÉCEMBRE 1818 ⚌ Pr. 30 JANVIER 1819. — Ordonnance du Roi qui règle le traitement auquel auront droit, à dater du 1er janvier 1819, les lieutenans généraux gouverneurs des divisions militaires. (7, Bull. 258, n° 5893.)

Louis, etc.

Vu nos ordonnances des 4 septembre 1815 et 7 mars 1817, relatives aux gouverneurs des divisions militaires, et l'article 3 de notre ordonnance du 22 juillet 1818 ;

Considérant qu'il importe de concilier les dispositions spéciales desdites ordonnances avec celles des lois de finances précédemment rendues et avec les principes constitutifs de l'organisation de l'armée ;

Sur le rapport de notre ministre secrétaire d'État au département de la guerre,

Nous avons ordonné et ordonnons ce qui suit :

Art. 1er. A dater du 1er janvier 1819, les lieutenans généraux de nos armées auxquels nous avons accordé ou accorderons le titre de gouverneur d'une division militaire, recevront, en remplacement de la solde de leur grade et du traitement particulier affecté jusqu'à ce jour à ce titre, un traitement unique fixé à vingt mille francs par an.

2. Ce traitement ne pourra être cumulé avec une solde d'activité, de disponibilité ou de retraite : toutefois, si des motifs que nous ne voulons pas prévoir nous forçaient à leur retirer le titre de gouverneur, ils rentreraient dans leurs droits à la solde de retraite de leur grade de lieutenant général, conformément aux lois.

3. Les maréchaux de France, conservant en tout temps le traitement affecté à leur dignité, ne recevront à l'avenir aucun traitement particulier comme gouverneurs,

lorsqu'ils n'auront point de lettres de service pour résider dans leurs gouvernemens : néanmoins, ceux déjà pourvus de titre de gouverneur continueront à jouir du demi-traitement qui leur a été alloué en cette qualité par notre ordonnance du 7 mars 1817.

4. Nous nous réservons de fixer par des décisions spéciales le traitement temporaire des gouverneurs, maréchaux de France ou lieutenans généraux, que nous jugerons utile d'envoyer résider dans leurs gouvernemens respectifs.

———

30 DÉCEMBRE 1818 ⚌ Pr. 12 JANVIER 1819. — Ordonnance du Roi concernant les gardes-du-corps de sa majesté. (7, Bull. 256, n° 5828.)

———

30 DÉCEMBRE 1818. — Ordonnances du Roi qui autorisent l'acceptation de dons et legs faits aux communes. (7, Bull. 281.)

———

31 DÉCEMBRE 1818 ⚌ Pr. 5 JANVIER 1819. — Loi relative au recouvrement provisoire des six premiers douzièmes des contributions directes et à la perception des impositions indirectes pendant l'année 1819 (1). (7, Bull. 254, n° 5791.)

Art. 1er. Provisoirement, et attendu le retard qu'éprouvera la confection des rôles de 1819, les six premiers douzièmes de la contribution foncière, de la contribution personnelle et mobilière, et de celles des portes et fenêtres et des patentes, seront recouvrés sur les rôles de 1818.

2. Jusqu'à la promulgation de la nouvelle loi sur les finances, toutes les impositions indirectes seront perçues en 1819 d'après les lois actuelles.

3. Il est ouvert au ministre secrétaire-d'Etat des finances un crédit provisoire de deux cents millions pour le paiement des dépenses publiques, jusqu'à ce qu'elles aient été réglées définitivement par la loi des finances de 1819.

———

31 DÉCEMBRE 1818. — Ordonnance du Roi qui nomme secrétaire général du ministère de l'intérieur M. Mirbel, maître des requêtes. (7, Bull. 254, n° 5792.)

———

6 ⚌ Pr. 22 JANVIER 1819. — Ordonnance du Roi qui autorise l'inscription au Trésor royal de la pension accordée à M. le comte Corvetto. (7, Bull. 257, n° 5854.)

———

(1) Voy. notes sur la loi du 25 décembre 1815. La nécessité de voter les douzièmes provisoires n'a cessé qu'en 1822. Voy. loi du 17 août 1822.

Louis, etc.

Vu l'article 26 de la loi des finances du 25 mars 1817,

Les articles 3, 5 et 6 de notre ordonnance du 20 juin suivant,

La situation, au 1er de ce mois, du fonds de trois millions affecté, par l'article 30 de la loi du 25 mars 1817, au paiement des pensions civiles;

Sur le rapport de notre ministre secrétaire-d'Etat des finances,

Nous avons ordonné et ordonnons ce qui suit :

Art. 1er. Notre ministre secrétaire-d'État des finances est autorisé à faire inscrire au Trésor royal la pension de vingt mille francs que, par notre ordonnance du 7 décembre dernier, nous avons accordée, en conformité de la loi du 11 septembre 1807, au sieur comte Corvetto (Louis-Emmanuel), né à Gênes le 11 juillet 1756, en récompense des services distingués qu'il a rendus comme ministre secrétaire-d'État des finances.

2. La jouissance de cette pension est fixée à dater du 8 décembre 1818 inclusivement.

3. Notre ministre secrétaire-d'État des finances est chargé de l'exécution de la présente ordonnance, qui sera insérée au Bulletin des Lois.

6 JANVIER 1819. — Arrêté du Gouverneur général portant promulgation des Codes dans les établissemens français de l'Inde. (Publié par Me Isambert.)

A. J. C. Dupuy, pair de France, etc., gouverneur général des établissemens français de l'Inde ;

En conséquence des ordres à nous transmis concernant la promulgation des Codes dans les établissemens français de l'Inde.

Après en avoir délibéré dans un conseil de législation avec l'intendant général, le procureur général, MM. Saint-Paul Mariette, Bayel, conseillers assesseurs au conseil supérieur; M. de Bausset, conseiller honoraire, et M. Blin de la Mairie, juge de la Chauderie,

Avons arrêté et arrêtons ce qui suit :

Art. 1er. Les différens Codes composant aujourd'hui la législation française (à l'exception du Code d'instruction criminelle) sont promulgués dans les établissemens français de l'Inde pour y avoir leur exécution dans tout ce qui n'est pas contraire au réglement du 22 février 1777, à l'édit de 1784, aux autres édits, déclarations du Roi, et réglemens dont l'utilité a été consacrée par l'expérience, lesquels continueront d'être observés dans les tribunaux de l'Inde comme lois de localité.

2. L'ordonnance de 1690, quant à la procédure criminelle, continuera à être suivie.

3. Les Indiens, soit chrétiens, soit maures ou gentils, seront jugés comme par le passé, suivant les lois et coutumes de leurs castes.

4. Le présent arrêté sera lu et enregistré dans les tribunaux, publié et affiché partout où besoin sera.

6 JANVIER 1819. — Ordonnance du Roi qui accorde une pension au sieur Balland, ex-contrôleur au bureau de garantie de Paris. (7, Bull. 257.)

6 JANVIER 1819. — Ordonnance du Roi qui permet au sieur Gardeaux d'ajouter à son nom celui de Gardelaud. (7, Bull. 257), n° 5855.)

6 JANVIER 1819. — Ordonnance du Roi qui admet les sieurs Condé et Alvarez à établir leur domicile en France. (7, Bull. 257.)

6 JANVIER 1819. — Ordonnances du Roi qui accordent des lettres de déclaration de naturalité aux sieurs Dacosta-Athias, Nano et Malachowski-Piotrowski. (7, Bull. 259 et 307.)

6 JANVIER 1819. — Ordonnances du Roi qui autorisent l'acceptation de dons et legs faits aux fabriques. (7, Bull. 281.)

9 JANVIER 1819. — Ordonnance du Roi portant nomination aux préfectures des départemens de la Vienne, de la Vendée et des Côtes-du-Nord. (7, Bull. 257.)

13 — Pr. 22 JANVIER 1819. — Ordonnance du Roi qui accorde aux propriétaires de reconnaissances de liquidation la faculté de les déposer au Trésor royal , et de les y échanger contre des récépissés transférables par endossement. (7, Bull. 257, n° 5856).

Louis, etc.

Informé que plusieurs propriétaires de reconnaissances de liquidation, craignant de les égarer ou de les perdre par vol, incendie ou autres accidens, désireraient qu'elles fussent déposées au Trésor, et remplacées entre leurs mains par des récépissés transférables par endossement ;

Ayant égard à cette demande, et voulant que cette précaution ne nuise ni à la circulation de ces valeurs, ni à la facilité du paiement des intérêts qui y sont annexés;

Sur le rapport de notre ministre secrétaire-d'Etat des finances,

Nous avons ordonné et ordonnons ce qui suit :

Art. 1er. Les porteurs de reconnaissances de liquidation seront admis à en faire le dépôt au Trésor royal contre des récépissés à talon conformes au modèle ci-joint, transférables par endossement, et portant des coupons d'intérêts, qui seront payés à chaque échéance, comme les coupons même annexés aux reconnaissances déposées.

2. Notre ministre secrétaire-d'État des finances est chargé de faire les dispositions et réglemens nécessaires pour l'éxécution de la présente, qui sera insérée au Bulletin des Lois.

13 JANVIER ⚏ 3 FÉVRIER 1819. — Ordonnance du Roi relative à l'exposition des produits de l'industrie française. (7 , Bull. 259, nº 5910.)

Voy. ordonnances des 29 JANVIER et 20 FÉVRIER 1823, et 4 OCTOBRE 1826.

Louis, etc.

Nous avons pensé que l'exposition périodique des produits de nos manufactures et de nos fabriques serait un des moyens les plus efficaces d'encourager les arts, d'exciter l'émulation et de hâter les progrès de l'industrie.

En conséquence,

Sur le rapport de notre ministre secrétaire-d'État de l'intérieur,

Nous avons ordonné et ordonnons ce qui suit :

Art. 1er. Il y aura une exposition publique des produits de l'industrie française à des époques qui seront déterminées par nous, et dont les intervalles n'excéderont pas quatre années.

La première exposition se fera en 1819 ; la seconde, en 1821.

2. L'exposition de 1819 aura lieu, le 25 août et jours suivans, dans les salles et galeries de notre palais du Louvre.

3. Tous les manufacturiers et fabricans établis en France qui voudront concourir à cette exposition seront tenus de se faire inscrire au secrétariat général de la préfecture de leur département, à l'époque qui sera indiquée par notre ministre secrétaire-d'Etat de l'intérieur.

4. Chaque préfet nommera un jury composé de cinq membres pour prononcer sur l'admission ou le rejet des objets qui lui seront présentés.

5. Un jury central, composé de quinze membres, sera nommé par notre ministre secrétaire-d'État de l'intérieur, à l'effet de juger les produits de l'industrie. Il désignera

les manufacturiers qui auront mérité, soit des prix, soit une mention honorable.

6. Les prix consisteront, suivant les degrés de mérite, en médailles d'or, d'argent ou de bronze.

7. Un échantillon de chacune des productions désignées par le jury sera déposé au Conservatoire des arts et métiers, avec une inscription particulière qui rappellera le nom du manufacturier ou du fabricant qui en sera l'auteur.

8. Notre ministre secrétaire-d'État au département de l'intérieur est chargé de l'exécution de la présente ordonnance.

13 JANVIER ⚏ Pr. 3 FÉVRIER 1819. — Ordonnance du Roi portant proclamation des brevets d'invention, de perfectionnement et d'importation, délivrés pendant le quatrième trimestre de 1818. (7, Bull. 259, nº 5911.)

13 JANVIER 1819. — Ordonnance du Roi qui autorise l'acceptation d'une donation faite aux sœurs de la Doctrine chrétienne de Nancy. (7, Bull. 281.)

13 JANVIER 1819. — Ordonnances du Roi qui autorisent l'acceptation de dons et legs faits aux fabriques. (7, Bull. 282.)

13 JANVIER 1819. — Ordonnances du Roi qui autorisent l'acceptation de dons et legs faits à la fabrique de l'église de Chirac. (7, Bull. 284.)

13 JANVIER 1819. — Ordonnance du Roi qui autorise les sieurs Jacquemard et compagnie à maintenir en activité la manufacture de sulfate de fer, d'alun, de magmats et d'oxide rouge de fer, qu'ils possèdent dans la commune de Quessy, arrondissement de Laon. (7, Bull. 283.)

13 JANVIER 1819. — Ordonnance du Roi qui permet au sieur Haudry de joindre à son nom celui de Soucy. (7, Bull. 257.)

13 JANVIER 1819. — Ordonnance du Roi qui admet les sieurs Beyen, King, Cravina et Bongiovanni à établir leur domicile en France. (7, Bull. 257.)

13 JANVIER 1819. — Ordonnance du Roi qui nomme secrétaire général du ministère de la justice M. Pichon, maître des requêtes. (7, Bull. 260.)

13 JANVIER 1819. — Ordonnances du Roi qui accordent des lettres de déclaration de naturalité aux sieurs Romain, Philipponi, Stroaver, Jocanitz, Rojo, Vanden, Brock et Stenzel. (7, Bull. 275, 283, 289, 301, 537 et 570.)

19 JANVIER 1819. — Ordonnance du Roi qui nomme M. le comte d'Estourmel préfet du département d'Eure-et-Loir. (7, Bull. 260.)

19 JANVIER 1819. — Ordonnance du Roi qui nomme aux préfectures de la Sarthe, du Haut-Rhin, de la Haute-Vienne et de l'Ardèche. (7, Bull. 260.)

20 JANVIER = Pr. 3 FÉVRIER 1819. — Ordonnance du Roi qui permet, aux conditions y exprimées, d'exporter des farines hors du royaume. (7, Bull. 259, n° 5912.)

Voy. loi du 16 JUILLET 1819.

Art. 1er. Il est permis d'exporter des farines hors du royaume, sous la condition d'importer préalablement et de verser dans le commerce intérieur une quantité de grains étrangers de même espèce et de première qualité, dans la proportion de cinq quintaux de ceux-ci pour trois quintaux de farine à exporter.

2. Les expéditeurs qui voudront prendre part à ces opérations ne pourront exporter des farines que par les mêmes ports ou les mêmes bureaux de douanes par lesquels ils auront introduit leurs grains, et en représentant un certificat de négocians experts en ce genre de commerce, visé par les douanes, et constatant que les grains importés pour servir d'échange sont de la première qualité.

3. Au moment où ils importeront lesdits grains, ils déclareront qu'ils se proposent de les échanger contre des farines. Il sera pris à la douane acte de leur déclaration, et il leur y sera ouvert un compte sur lequel seront portées, à mesure de la sortie des farines, les quantités qu'ils en auront exportées. Ce compte sera clos aussitôt que la quantité proportionnelle sera absorbée.

4. Nos ministres secrétaires-d'État de l'intérieur et des finances sont chargés de l'exécution de la présente ordonnance.

20 JANVIER = Pr. 11 FÉVRIER 1819. — Ordonnance du Roi relative à la répartition de la contribution spéciale destinée à couvrir les dépenses de la chambre de commerce de Reims. (7, Bull. 261, n° 5975.)

Louis, etc.

Sur le rapport de notre ministre secrétaire-d'Etat au département de l'intérieur;

Considérant que, dans notre bonne ville de Reims, les changemens introduits dans la classification des patentes ont fait naître quelques doutes sur l'application des lois et décrets en vertu desquels certaines classes de patentés sont chargées de la contribution spéciale relative aux frais des chambres de commerce;

Que, par l'art. 4 de la loi du 28 ventose an 9, concernant les dépenses des bourses, et rendue commune à celles des chambres de commerce par le décret du 23 septembre 1806, sont expressément appelés à supporter ladite contribution, les banquiers, les négocians et marchands, outre les courtiers et agens de change;

Que ce n'est que pour confirmer et non pour contrarier cette disposition précise, que le même article ajoute que le rôle comprendra les patentés de la première et de la seconde classe, lesquelles embrassaient alors, et sous le régime de la loi du 1er brumaire an VII, les divers commerçans et fabricans que la disposition générale venait d'appeler à contribuer;

Qu'ils n'y restent pas moins soumis, quoique, par un changement postérieur, les articles 52 et 60 de la loi du 15 mai 1818 aient mis hors de classe la patente des négocians, armateurs et commissionnaires en gros, en élevant sa quotité, et gradué dans une classification différente celles des manufacturiers et entrepreneurs d'établissemens industriels;

Que la contribution propre aux frais de la chambre de commerce récemment établie à Reims ne saurait être assise sur d'autres bases que celles qui ont été maintenues dans les autres villes du royaume, en vertu de l'art. 90 de la loi du 15 mai 1818, qui autorise la continuation des contributions de cette nature;

Notre Conseil-d'Etat entendu,

Nous avons ordonné et ordonnons ce qui suit:

Art. 1er. Conformément à la demande de la chambre de commerce de Reims, la contribution spéciale destinée à couvrir les dépenses de ladite chambre en 1818 sera, à la forme de l'article 4 de la loi du 28 ventose an 9, répartie, au centime le franc, en addition aux patentes des banquiers, agens de change et courtiers, et à celles des autres commerçans faisant partie des deux premières classes de patentes ou qui étaient compris, suivant les dispositions de la loi du 1er brumaire an VII, bien que la patente desdits commerçans se trouve aujourd'hui hors de classe.

2. Notre ministre secrétaire-d'Etat de

l'intérieur est chargé de l'exécution de la présente ordonnance, qui sera insérée au Bulletin des Lois.

20 JANVIER 1819. — Ordonnance du Roi contenant le tableau des conseillers-d'État et maîtres des requêtes en service ordinaire. (7, Bull. 258.)

20 JANVIER 1819. — Ordonnance du Roi qui fixe à seize le nombre des routes départementales de Lot-et-Garonne. (7, Bull. 261.)

20 JANVIER 1819. — Ordonnances du Roi qui autorisent l'acceptation de dons et legs faits aux fabriques des églises de Berthelming, de Villette, de Loubens, de Bettange, de Lodève, de la Roë, de Longuefuye, de Boux, de Lening, de Château-Porcien, de Tredarzec, de Saint-Merry, d'Alet, de Longepierre et de Beaucamp; au séminaire du Saint-Esprit, et aux pauvres de la mission de Caïenne, et au séminaire d'Autun. (7, Bull. 284.)

20 JANVIER 1819. — Ordonnances du Roi qui autorisent l'acceptation de dons et legs faits aux communes de Burdignes et de Daumeyer. (7, Bull. 285.)

23 JANVIER 1819. — Ordonnances du Roi qui accordent des lettres de déclaration de naturalité aux sieurs Dahm et Hautson. (7, Bull. 340 et 465.)

27 JANVIER = Pr. 11 FÉVRIER 1819. — Ordonnance du Roi qui lève en ce qui concerne les maïs et millets, dans les départements y désignés, les prohibitions résultant de l'ordonnance du 3 août 1815, qui suspend l'exportation des grains, farines et légumes. (7, Bull. 261, n° 5976.)

Voy. loi du 16 JUILLET 1819.

Louis, etc.

Vu notre ordonnance du 3 août 1815 qui suspend temporairement l'exportation des grains;

Prenant en considération les circonstances dans lesquelles se trouvent plusieurs des départemens du sud-ouest du royaume, relativement au prix modéré des grains et à la grande abondance des maïs et millets;

Sur le rapport de notre ministre secrétaire-d'État au département de l'intérieur,

Nous avons ordonné et ordonnons ce qui suit :

Art. 1er. Les prohibitions résultant de notre ordonnance du 3 août 1815, qui suspend l'exportation des grains, farines et légumes par les frontières de terre et de mer, sont levées, en ce qui concerne les maïs et millets, dans les départemens ci-dessous désignés.

2. En conséquence, dans les départemens de la Gironde, des Landes, des Basses-Pyrénées, des Hautes-Pyrénées, de la Haute-Garonne, de l'Ariège, des Pyrénées-Orientales, de l'Aude et de l'Hérault, les maïs et les millets pourront sortir, aux termes de la loi du 2 décembre 1814, par les ports et bureaux de douanes dépendant de ces départemens, et indiqués au tableau annexé à notre ordonnance du 18 décembre 1814.

3. Pour l'exécution de cette disposition, le préfet de chacun de ces départemens déterminera, toutes les semaines, le prix moyen de l'hectolitre de froment, d'après les mercuriales des trois marchés de son ressort qui ont été précédemment désignés par l'administration. L'arrêté qu'il prendra à cet effet et rendra public, fera connaître si, en conséquence de ce prix moyen, l'exportation des maïs et millets est permise ou suspendue. Cet arrêté deviendra exécutoire immédiatement.

4. Nos ministres secrétaires-d'État de l'intérieur et des finances sont chargés de l'exécution de la présente ordonnance, qui sera insérée au Bulletin des Lois.

27 JANVIER 1819. — Ordonnance du Roi qui admet les sieurs Kley, de Ugarte, Muller et Steyert à établir leur domicile en France. (7, Bull. 260.)

27 JANVIER 1819. — Ordonnance du Roi portant liquidation de cent soixante-neuf soldes de retraite payables sur le fonds des demi-soldes. (7, Bull. 264.)

27 JANVIER 1819. — Ordonnances du Roi qui autorisent l'acceptation de dons et legs faits aux fabriques. (7, Bull. 285.)

27 JANVIER 1819. — Ordonnances du Roi qui accordent des lettres de déclaration de naturalité aux sieurs Pierardt et Dilthey et au sieur Schnlt. (7, Bull. 263, 276, 331 et 615; et 8, Bull. 121.)

28 JANVIER 1819. — Ordonnance du Roi qui institue un conseil d'agriculture. (Receuil officiel de l'intérieur, tome 3, p. 401.)

Louis, etc.

Sur le rapport de notre ministre secrétaire-d'État au département de l'intérieur,

Nous avons ordonné et ordonnons ce qui suit :

Art. 1er. Il sera établi, auprès de notre ministre secrétaire-d'État au département de l'intérieur, un conseil d'agriculture.

2. Ce conseil donnera son avis sur les questions de législation et d'administration, et sur les projets et mémoires relatifs à l'agriculture, qui lui seront envoyés par notre ministre, à qui il présentera également ses vues sur les améliorations et perfectionnemens qui pourraient contribuer aux progrès de l'agriculture, et sur les encouragemens et récompenses à accorder.

3. Le conseil d'agriculture sera composé de dix membres, à la nomination de notre ministre secrétaire-d'État au département de l'intérieur et sous notre approbation.

4. Notre ministre secrétaire-d'État au département de l'intérieur désignera celui des membres du conseil qui présidera en son absence.

5. Il y aura, dans chaque département, un membre correspondant du conseil d'agriculture, choisi parmi les propriétaires cultivateurs qui se livrent avec le plus de zèle et d'intelligence aux travaux agricoles.

6. Les membres correspondans mettront en pratique, dans une portion de leur propriété, les meilleures méthodes de culture ; ils feront les essais et les expériences qui leur seront indiqués par le conseil d'agriculture; sur la présentation des préfets, la liste des membres correspondans nous sera présentée, tous les ans, par notre ministre, qui nous fera connaître ceux qui se seront le plus distingués dans le cours de l'année par leurs travaux et par leurs succès.

7. Notre ministre secrétaire d'État au département de l'intérieur est chargé, etc.

30 JANVIER 1819. — Ordonnances du Roi qui autorisent l'acceptation de dons et legs faits aux hospices. (7 , Bull. 285.)

30 JANVIER 1819. — Ordonnance du Roi qui concède aux sieurs Coulaux et Cuny les mines de houille d'Erlenbach , canton de Villé , arrondissement de Schelestadt , département du Bas-Rhin. (7 , Bull. 286.)

2 ⹀ Pr. 11 FÉVRIER 1819. — Loi portant qu'il sera érigé en faveur de M. le duc de Richelieu , à titre de récompense nationale , un majorat de cinquante mille francs de revenu (1). (7 , Bull. 261 , no 5975.)

Art. 1er. Il sera érigé en faveur du duc de Richelieu, pair de France, et à titre de récompense nationale, pour être attaché à sa pairie et transmissible au même titre, un majorat de cinquante mille francs de revenu.

2. Ce majorat sera composé de biens choisis par le roi parmi les domaines de l'État qui seront disponibles.

3. A défaut d'héritiers en ligne directe, masculine et légitime, les biens affectés au majorat seront réversibles au domaine de l'État.

3 ⹀ Pr. 17 FÉVRIER 1819. — Ordonnance du Roi qui accorde une prime d'exportation aux fabricans de Marseille pour le soufre épuré ou sublimé dans leurs manufactures. (7 , Bull. 262 , no 5985.)

Voy. ordonnances des 26 SEPTEMBRE 1822 et 9 OCTOBRE 1825.

Louis, etc.

Vu notre ordonnance du 10 septembre 1817, relative au régime particulier des douanes de Marseille, nous avons jugé à propos d'ajouter aux moyens d'encourager les fabriques établies dans cette ville, et que sa situation peut y faire prospérer, une prime pour le soufre épuré ou sublimé de ces fabriques qui sera exporté à l'étranger.

A ces causes,

Et sur le rapport de notre ministre secrétaire-d'État des finances,

Notre Conseil entendu ,

Nous avons ordonné et ordonnons ce qui suit :

Art. 1er. L'exportation à l'étranger du soufre épuré ou sublimé dans les fabriques de Marseille donnera lieu au remboursement du droit d'entrée payé à la douane de cette ville sur le soufre brut, dans la proportion égale de leur poids et sans égard au déchet de fabrication.

2. Le mode et les conditions de ce remboursement seront déterminés par notre ministre secrétaire-d'État des finances.

3. Notre ministre secrétaire-d'État des finances est chargé de l'exécution de la pré-

---

(1) Proposition à la Chambre des pairs, le 30 décembre 1818 (Mon. du 31); et à la Chambre des députés, le 31 décembre 1818 (Monit. du 1er janvier).

Présentation à la Chambre des députés, le 11 janvier 1819 (Mon. du 12).

Rapport de M. Delessert, le 25 janvier (Mon. du 26).

Discussion et adoption, les 28 et 29 janvier 1819 (Mon. du 30).

Présentation à la Chambre des pairs, le 30 janvier 1819 (Mon. des 31 janvier et 4 février).

Rapport de M. Dessole , le 4 février (Mon. du 5).

Discussion et adoption, le 2 février 1819 (Mon. des 4, 5, et 11 février).

sente ordonnance, qui sera insérée au Bulletin des Lois.

3 FÉVRIER 1819 ⇌ Pr. 22. MAI 1820. — Lettres-patentes du Roi portant institution de la pairie de Montmorency. (7 , Bull. 269 , n° 8724.)

La pairie de M. Matthieu-Jean-Félicité de Montmorency-Laval, vicomte de Montmorency, premier baron chrétien, maréchal-de-camp, etc., créé pair par ordonnance royale du 27 août 1815, a été instituée héréditairement sous le titre de Vicomte.

3 FÉVRIER 1819. — Extrait des lettres-patentes portant institution de majorat en faveur de M. Massias. (7 , Bull. 260.)

3 FÉVRIER 1819. — Ordonnance du Roi qui permet aux sieurs Huot frères de joindre à leur nom celui de Durand. (7 , Bull. 264.)

3 FÉVRIER 1819. — Ordonnance du Roi qui réintègre le sieur Bonhomme dans la qualité de Français. (7 , Bull. 264.)

3 FÉVRIER 1819. — Ordonnance du Roi qui admet les sieurs Spring, Strohm, Nuno, Sommerau, Wiedmer, Hofacker, Pasche, Drescher, Hammer, Roulet et Rammelt à établir leur domicile en France. (7, Bull. 264.)

3 FÉVRIER 1819. — Ordonnance du Roi qui nomme M. Lemercher d'Haussez préfet du département du Gard. (7 , Bull. 269.)

3 FÉVRIER 1819. — Ordonnances du Roi qui accordent des lettres de déclaration de naturalité aux sieurs Elinger, Simian, Chabord, Filliard et Scheiris. (7 , Bull. 272 , 283 , 336 , 343 et 570.)

3 FÉVRIER 1819. — Ordonnances du Roi relatives aux foires des communes de La Ferté-Milon, de Maydieu, de Lacourt, de Gondet, de Burlat, de Viviers-les-Montagnes et de Cabannes et Barres. (7, Bull. 286.)

3 FÉVRIER 1819. — Ordonnance du Roi qui accorde une pension à M. le comte Pelet de la Lozère, ancien conseiller-d'Etat. (7 , Bull. 302.)

10 ⇌ Pr. 17 FÉVRIER 1819. — Ordonnance du Roi qui lève, en ce qui concerne les pommes-de-terre, les prohibitions résultant de l'ordonnance du 3 AOUT 1815, qui suspend l'exportation des grains, farines et légumes. (7 , Bull. 262 , n° 5984.)

Voy. ordonnance du 23 JUIN 1819 , et loi du 16 JUILLET 1819.

Art. 1er. Les prohibitions résultant de notre ordonnance du 4 août 1815, qui suspend l'exportation des grains, farines et légumes, par les frontières de terre et de mer de notre royaume, sont levées, en ce qui concerne les pommes de terre.

En conséquence, les pommes de terre pourront sortir, sous les conditions prescrites par la loi du 2 décembre 1814, et dans les circonstances y indiquées, par les ports et bureaux de douanes mentionnés au tableau annexé à notre ordonnance du 18 décembre, même année.

3. Pour l'exécution de cette disposition, le préfet de chacun de nos départemens limitrophes de l'étranger déterminera, toutes les semaines, le prix moyen de l'hectolitre de froment, d'après les mercuriales des trois marchés de son ressort qui ont été précédemment ou qui seront désignés par l'administration. L'arrêté qu'il prendra à cet effet, et qu'il rendra public, fera connaître si, en conséquence de ce prix moyen, l'exportation des pommes de terre est permise ou suspendue. Cet arrêté deviendra exécutoire immédiatement.

4. Nos ministres secrétaires-d'État de l'intérieur et des finances sont chargés de l'exécution de la présente ordonnance, qui sera insérée au Bulletin des Lois.

10 FÉVRIER 1819. — Circulaire de monseigneur le garde-des-sceaux sur les arrestations. (Mon. du 21 février et S. 19 , 2, 85.)

Des réclamations nombreuses ont signalé, dans ces derniers temps, divers abus dans l'instruction des procédures criminelles ; ces plaintes peuvent n'être pas exemptes d'exagération; il paraît cependant que plusieurs ne sont que trop fondées.

Les plaintes ont porté, 1° sur la facilité, la légèreté même, avec laquelle se sont faites les arrestations; 2° sur une application ou une prolongation abusive de l'interdiction aux prévenus de communiquer; 3° enfin, sur la négligence ou la lenteur apportées dans l'instruction du procès.

Dans les temps difficiles, les lois les plus sages tombent en oubli, les devoirs les plus saints sont méconnus ; c'est une nouvelle calamité ajoutée à tant d'autres; mais, dès que le calme est rétabli, tout doit rentrer dans l'ordre légal et constitutionnel. Je crois donc utile de retracer, sur chacun de ces trois points, les prescriptions légales, et les principes à la stricte application desquels vous devez incessamment rappeler les juges d'instruction, les procureurs du Roi, et tous les agents judiciaires qui vous sont subordonnés.

1° *Arrestations.* — Toutes les fois qu'il s'agit de simples délits, et que l'inculpé est domicilié, le juge d'instruction doit généralement se borner à décerner un mandat de comparution, sauf à le convertir en tel autre mandat qu'il est jugé nécessaire, après que l'inculpé a été interrogé. Le Code d'instruction criminelle (art. 91) l'autorise à en agir ainsi, et, par cette disposition facultative le législateur a indiqué que l'on ne doit pas, sans motif grave, user de contrainte envers un individu qui présente une garantie.

Le prévenu d'un délit correctionnel qui n'a point de domicile fixe doit nécessairement être appelé devant la justice, lorsqu'il y a lieu, en vertu d'un mandat d'amener; il en est de même du prévenu de crime, quoiqu'il ait un domicile connu, et quelle que soit sa qualité (art. 91 du Code); le magistrat n'a pas alors la liberté du choix entre les mandats de comparution et d'amener. Toutefois, lors même qu'un individu est dénoncé comme auteur ou complice d'un crime de nature à emporter peine afflictive ou infamante, la dénonciation ou la plainte seule n'établit pas une présomption suffisante pour décerner un mandat d'amener contre cet individu, s'il a un domicile. L'article 40 s'explique, à cet égard, en termes formels; il faut, pour motiver l'emploi de cette mesure, que la dénonciation ou la plainte soit appuyée de quelques indices, de quelques probabilités, de quelques circonstances qui rendent nécessaire l'intergatoire du prévenu.

D'un autre côté, lorsqu'un individu se présente, en exécution d'un mandat de comparution, il doit être interrogé de suite par le magistrat qui l'a appelé, et la loi n'accorde qu'un délai de vingt-quatre heures pour interroger celui qui se trouve appelé ou traduit, en vertu d'un mandat d'amener (art. 93 du Code); il est même à remarquer que, s'il s'agit de flagrant délit, l'interrogatoire du prévenu contre lequel il a été décerné un mandat d'amener doit avoir lieu sur-le-champ.

Il est, sans doute, superflu de rappeler que la délivrance des mandats de dépôt, ou des mandats d'arrêt, qui sont soumis, d'ailleurs, à des formalités spéciales, doit toujours être précédée de l'interrogatoire des prévenus, et même, le plus souvent, d'un commencement d'information; mais,

en retraçant des règles tutélaires qui ne doivent pas rester oubliées dans le Code d'instruction criminelle, il est utile d'ajouter que la circonspection des magistrats doit aussi être, pour tous les citoyens, une sauve-garde et une garantie de plus contre des soupçons trop légèrement conçus, ou des désignations indiscrètes, qui compromettraient mal à propos la liberté individuelle.

Dans les cas rares où l'arrestation du prévenu même de simples délits a été jugée nécessaire, tels que ceux où sa liberté menace la société, et ceux où la justice doit rechercher des complices, la loi laisse encore au prévenu la ressource d'obtenir sa mise en liberté provisoire, sous caution. Elle doit lui être accordée, toutes les fois que cette caution est une garantie suffisante pour la société, et que la mise en liberté ne peut plus alarmer la sûreté publique, ni empêcher la découverte des fauteurs du délit.

2° *Interdiction de communiquer.* — L'interdiction au prévenu de communiquer est autorisée par les articles 613 et 618 du Code d'instruction criminelle; l'usage en est utile en certaines circonstances, et particulièrement dans les crimes commis de concert et par complot; mais l'emploi indifférent de cette mesure contre tous les prévenus, ou sa prolongation, sont tellement *contraires* à la bonne administration de la justice et aux droits de l'humanité, que les juges d'instruction n'en sauraient user avec trop de réserve; ils ne doivent l'ordonner que lorsqu'elle est indispensable à la manifestation de la vérité, et seulement durant le temps strictement nécessaire pour atteindre ce but. Jamais, au surplus, il ne doit être ajouté, à la rigueur de ce moyen d'instruction, aucune rigueur accessoire, et le prévenu, momentanément privé de communication, doit être, à tout autre égard, traité comme les autres détenus.

Pour mieux assurer l'observation de ces règles, je désire que dans les comptes hebdomadaires que l'art. 127 charge les juges d'instruction de rendre à la chambre du Conseil, ils aient toujours le soin de faire connaître les procédures à l'occasion desquelles la défense de communiquer a été faite à un prévenu, pour que le tribunal apprécie les motifs de cette mesure extraordinaire; qu'il prévienne, par sa surveillance, et réprime, au besoin, par son autorité, tout ce qui serait irrégulier, injuste ou vexatoire; et, afin d'empêcher que ces rapports ne dégénèrent en une vaine formalité, vous aurez soin qu'il me soit adressé chaque mois, pour chaque arrondissement, un état exact des procédures dont il aura été ainsi rendu, au tribunal, un compte provisoire, avec l'indication de la durée de l'interdiction de communiquer, de l'époque où elle aura cessé, et des raisons qui auront déterminé à la prescrire ou à la prolonger.

3° *Instruction.* — La lenteur que certains officiers de justice mettent dans l'instruction des procédures doit exciter toute votre attention. On a vu des informations se prolonger pedant plusieurs mois et même au-delà d'une année, les prévenus étant en état d'arrestation ; pour justifier ces retards, on a allégué tantôt les besoins de rechercher des complices qui s'étaient soustraits à la justice, tantôt la nécessité de recevoir les déclarations des témoins éloignés, ou absens de leur résidence ordinaire. Des motifs semblables ne peuvent autoriser les juges d'instruction à suspendre les informations, lorsque le procès présente, d'ailleurs, des indices suffisans pour éclairer la chambre du conseil, et la mettre en état de prononcer sur la prévention, et de régler la compétence. Je vous recommande donc, Monsieur, de veiller à ce que les juges et les procureurs du Roi de votre ressort n'apportent aucun retard, à l'avenir, dans l'instruction des procès ; ils doivent appeler les témoins dans le plus bref délai possible, et l'affaire doit être soumise au tribunal aussitôt que l'information est complète. Attachez-vous à imprimer fortement cette vérité aux magistrats instructeurs, que la célérité dans les informations est pour eux un devoir impérieux, et qu'ils se chargent d'une grande responsabilité, lorsque, sans une nécessité évidente, ils les prolongent au-delà du temps suffisant pour faire régler la compétence, et statuer sur la prévention en connaissance de cause.

Vous sentez, Monsieur, que les mesures de sagesse dont je vous recommande ici l'observation doivent être prises, sans que, dans aucun cas et sur aucun point du royaume, l'action de la justice en soit énervée ou affaiblie. Ainsi l'obligation imposée aux magistrats d'instruire les affaires avec célérité ne les affranchit pas de l'obligation non moins importante d'apporter, dans leurs opérations, des soins constans et une attention soutenue.

En même temps que les prévenus ont eu à se plaindre de lenteurs préjudiciables, plusieurs présidens d'assises ont été à portée de remarquer que des procédures n'avaient pas été instruites avec le soin convenable, et qu'on avait souvent négligé de recueillir et de constater des circonstances aggravantes qui devaient appeler un châtiment plus sévère.

Vous devez donc recommander aux officiers de police judiciaire de rechercher et de consigner, dans des procès-verbaux réguliers, les faits qui ont accompagné ou suivi la perpétration du crime, dans les premiers instans où il est signalé et où les traces n'en sont point encore effacées. Si les juges d'instruction aperçoivent qu'il a été commis quelque négligence, ils doivent s'empresser de refaire les actes qui leur paraîtraient incomplets ou défectueux. Lorsque l'âge des accusés ou celui des personnes contre lesquelles le crime a été dirigé peut influer sur le jugement à rendre, c'est, de la part des magistrats, une faute inexcusable, quoique assez fréquente, que le défaut de renseignemens authentiques sur un point qui aurait dû être éclairci dans la procédure écrite, et l'omission est également répréhensible, lorsqu'elle laisse de l'incertitude sur l'état de récidive du prévenu à qui l'on impute une première condamnation.

Telles sont les principales règles des magistrats préposés à la défense de la paix et des mœurs publiques, des droits et des propriétés de tous; ils doivent n'oublier jamais qu'un de ces droits les plus chers, une de ces libertés les plus précieuses, est la liberté individuelle; que sous la Charte, qui la garantit, elle ne doit éprouver ni redouter aucune atteinte; que « *personne*, pour parler le langage de cette Charte, *ne peut être poursuivi ni arrêté que dans les cas prévus par la loi et avec les formes qu'elle a prescrites*, et qu'alors même qu'il est indispensable de déployer la sévérité des lois, il la faut concilier avec les droits de l'humanité.

L'action de la justice publique vous est personnellement confiée dans toute l'étendue du ressort. C'est à vous, Monsieur, à donner aux procureurs du Roi, vos substituts, et aux juges instructeurs, la direction convenable pour assurer l'effet des présentes instructions; vous y parviendrez en vous faisant rendre un compte périodique de l'état des procédures et en m'informant des abus que l'apathie ou la négligence des magistrats vous mettrait dans le cas de découvrir.

Vous voudrez bien m'accuser la réception de cette lettre.

Recevez, etc.

---

10 FÉVRIER 1819. — Ordonnance du Roi portant nomination aux préfectures de divers départements. (7 , Bull. 263.)

10 FÉVRIER 1819. — Ordonnance du Roi qui accorde des pensions à une veuve de réfé-

rendaire de la cour des comptes et à un ex-contrôleur au bureau de garantie. (7 , Bull. 263.)

---

10 FÉVRIER 1819. — Ordonnance du Roi qui accorde une pension à un ex-contrôleur au bureau de garantie. (7 , Bull. 263.)

---

10 FÉVRIER 1819. — Ordonnance du Roi qui permet au sieur d'Ayrange d'ajouter à son nom celui de du Kermont. (7 , Bull. 264.)

---

10 FÉVRIER 1819. — Ordonnance du Roi qui admet les sieurs Cabello, Gonzaga-Gonzalès , Wiehn , Dalgaz , Grégoire et Gonzalès à établir leur domicile en France. (7 , Bull. 264.)

---

10 FÉVRIER 1819. — Ordonnance du Roi qui accorde des pensions à des militaires retraités et à des veuves de militaires. (7 , Bull. 265.)

---

10 FÉVRIER 1819. — Ordonnance du Roi qui accorde quarante-trois pensions ecclésiastiques. (7 , Bull. 265.)

---

10 FÉVRIER 1819. — Ordonnances du Roi qui accordent des lettres de déclaration de naturalité aux sieurs du Prel et Ramon de Carassa. (7 , Bull. 269.)

---

10 FÉVRIER 1819. — Ordonnances du Roi qui autorisent l'acceptation de donations faites à l'église cathédrale du Mans , aux hospices. (7 , Bull. 285.)

---

10 FÉVRIER 1819. — Ordonnances du Roi qui autorisent l'acceptation de dons et legs faits aux pauvres. (7 , Bull. 286.)

---

14 FÉVRIER ⇌ Pr. 2 MARS 1819. — Ordonnance du Roi relative aux primes d'encouragement pour la pêche de la baleine et du cachalot. (7 , Bull. 263 , n° 6016.)

Voy. Ordonnances des 4 OCTOBRE 1820 , 1er AOUT, 21 NOVEMBRE et 11 DÉCEMBRE 1821, 20 FÉVRIER 1822 , et 24 FÉVRIER 1825.

Louis, etc.

Sur le rapport de notre ministre secrétaire-d'État au département de l'intérieur ;

Vu notre ordonnance du 8 février 1816, par laquelle nous avons accordé des primes d'encouragement aux armateurs qui font des expéditions pour la pêche de la baleine et du cachalot, et nous leur avons permis de se pourvoir, pendant trois ans qui expirent le 19 février 1819, de navires étrangers propres à cette pêche, et de composer l'équipage de leurs bâtiments baleiniers de partie de marins étrangers ;

Voulant continuer d'encourager, dans l'intérêt de l'État et du commerce, cette branche importante de l'industrie maritime ;

Notre Conseil-d'Etat entendu,

Nous avons ordonné et ordonnons ce qui suit :

TITRE Ier. Encouragemens.

Art. 1er. La prime d'encouragement accordée par notre ordonnance du 8 février 1816 continuera de l'être jusqu'au 1er février 1825, à tout armateur français pour chaque expédition qu'il fera dans les mers du Nord et du Sud, à la pêche de la baleine et du cachalot ou de tous autres cétacés ou amphibies à lard.

2. Cette prime sera payée par tonneau et suivant la quantité qu'en jaugera le bâtiment baleinier, sans aucune déduction : à cet effet, tout navire destiné à cette pêche sera, à la requête de l'armateur, jaugé contradictoirement par un officier de la marine et un officier de la douane du port d'armement. Il sera procédé à l'opération du jaugeage de la manière déterminée par la loi du 12 nivose an 2 (1er janvier 1794), et en prenant toutes les mesures de dedans en dedans, ou de tout autre mode qui pourrait être ultérieurement prescrit.

3. Jusqu'au 1er mars 1822, les armateurs français pourront se pourvoir, pour les susdites pêches, de navires étrangers, qui seront admis à une francisation provisoire, laquelle sera effectuée sans frais. Ces navires, soit qu'ils arrivent dans les ports du royaume sur leur lest ou chargés, seront exempts du droit de navigation imposé sur les navires étrangers.

Lesdits bâtimens ne pourront être employés qu'à la pêche de la baleine, du cachalot et autres poissons à lard.

Néanmoins, si des circonstances extraordinaires, dûment constatées, forçaient d'interrompre leur emploi à la pêche, ils pourraient, sur une autorisation spéciale de notre ministre secrétaire-d'Etat de la marine et des colonies, être expédiés, pendant six à huit mois, pour une autre destination.

Cette autorisation ne pourra être accordée qu'après que le navire aura fait au moins une campagne de pêche, et à condition qu'il sera réexpédié pour la pêche après l'autorisation expirée, le tout sous caution valable.

Si la condition n'est pas remplie, la francisation provisoire précédemment accordée sera révoquée, et l'armateur sera tenu d'acquitter, sur le même pied que les navires étrangers, les droits de navigation et de douane, pendant tout le temps que le navire aura été employé à d'autres destinations que celle de la pêche.

Les navires étrangers achetés par des négocians français, armés par eux dans un des ports de notre royaume, et qui, ayant été constamment employés pendant cinq années consécutives à la pêche de la baleine et des poissons à lard, auront fait au moins deux voyages dans l'Océan Pacifique et quatre voyages dans les mers du Nord, pourront seuls être admis à la francisation définitive, si toutefois ils demeurent la propriété d'armateurs français.

4. Jusqu'à la même époque (1er mars 1822), les armateurs sont autorisés à composer l'équipage de leurs bâtimens baleiniers, l'état-major compris, de moitié de marins étrangers.

5. La prime accordée aux armateurs français par l'article 1er de la présente ordonnance, pour tout navire expédié des ports du royaume à cette pêche, sera,

1° De quarante francs par tonneau lorsque, le navire étant étranger, l'équipage sera composé par moitié de marins français et étrangers, et que l'un des deux premiers officiers de l'expédition sera français;

2° De cinquante francs par tonneau lorsque, le navire étant français ou étranger, l'équipage sera composé de deux tiers de marins français et d'un tiers de marins étrangers, et que le capitaine de l'expédition sera français;

3° De soixante francs par tonneau, lorsque le navire sera construit et équipé en France, que l'équipage sera en entier composé de marins français, et que les bateaux, lignes, tonnes, ustensiles et instrumens nécessaires, auront été entièrement fabriqués en France; ce qui devra être attesté par le commissaire de l'inscription maritime et par le principal agent des douanes dans le port d'armement.

6. Pour tout navire qui, ayant doublé le cap Horn ou franchi le détroit de Magellan, aurait fait ladite pêche dans l'Océan Pacifique, et rentrerait dans un port français, chargé des produits de sa pêche, après une navigation de plus de seize mois ou de moins de vingt-six, l'armateur français qui l'aura expédié recevra, au retour dudit navire, une seconde prime égale à celle qui lui aura été allouée au départ, en conformité de l'article précédent.

7. Aucun armateur français ne pourra jouir des primes accordées par l'article 5, si les capitaines ou officiers français qu'il

doit en conformité de l'article 5, paragraphes 1 et 2, faire entrer dans la composition de l'état-major d'un navire baleinier, ne sont pourvus de lettres de capitaine au long cours, ou du moins si, dans le cas où le navire serait commandé par un étranger, le second officier n'est un capitaine au long cours français.

8. Du jour où le rôle d'équipage d'un navire baleinier aura été remis par l'armateur au commissaire de l'inscription maritime du port d'armement, tous les individus en faisant partie ne pourront être commandés pour le service de nos vaisseaux, jusqu'au retour du bâtiment pêcheur.

9. Le harponneur, le timonier et les matelots loveurs de lignes de chacune des chaloupes baleinières ne pourront être commandés pour ledit service, tant qu'ils exerceront ou seront engagés pour ladite pêche.

10. Jusqu'au 1er mars 1822, seront admis dans les ports de notre royaume, en exemption de tous droits, les bateaux, lignes, tonnes, ustensiles et instrumens nécessaires à l'équipement d'un navire baleinier, importés, soit par le bâtiment étranger qui vient se faire franciser pour aller à la pêche, soit par tout autre bâtiment français ou étranger, à la charge par l'armateur, dans le premier cas, de ne débarquer aucun de ces objets, à l'exception de ceux destinés à servir de modèles, dont le débarquement ne pourra avoir lieu toutefois que sur une permission spéciale délivrée par la douane; dans le second cas, d'en faire, au préalable, sa déclaration à la douane du port d'armement, qui en autorisera le transport sur le navire allant à la pêche.

Les ustensiles et instrumens mentionnés au présent article ne jouiront de l'exemption des droits d'entrée qu'autant qu'ils arriveraient confectionnés et prêts à être employés, les simples matériaux propres à les fabriquer, comme fer, merrain, etc., restant sujets aux droits.

TITRE II. Conditions et formalités.

11. Les primes seront ordonnancées par notre ministre secrétaire-d'État au département de l'intérieur, sur le fonds d'encouragement des pêches maritimes, aux conditions ci-après spécifiées, et à fur et à mesure de la production, en due forme, des pièces qui doivent être fournies par les armateurs, en conformité des articles suivans.

12. Les primes sont accordées, à la charge par l'armateur,

1° De déclarer, au bureau de la marine du port d'armement, à laquelle des deux pêches, septentrionale ou méridionale, il destine son navire;

2° De lui faire suivre sa destination pour la pêche;

3° De lui faire faire son retour dans un des ports du royaume;

4° De n'apporter dans lesdits ports aucun fanon, blanc, huile ni matière quelconque résultant de pêche étrangère;

5° De faire tenir journal de sa navigation;

6° De rendre, en cas de violation de l'une de ces conditions, le double de la prime.

Ces conditions seront insérées dans la déclaration que l'armateur souscrira, comme il sera dit à l'article suivant; et pour assurer l'effet de la sixième, il se soumettra à fournir une caution suffisante, qui sera reçue par le commissaire de l'inscription maritime du port de départ.

13. Les pièces qui devront être produites par l'armateur au département de l'intérieur, pour obtenir les primes allouées par l'article 5 de la présente ordonnance, sont,

1° L'extrait du rôle d'équipage délivré par le commissaire de la marine au port d'armement, suivant la revue de départ qu'il en aura passée : ce rôle contiendra la désignation spéciale des âges, lieux de naissance, grades et fonctions de pêche de tous les individus embarqués, et la récapitulation séparée du nombre des marins français et étrangers composant l'état-major et l'équipage du navire.

2° L'extrait de la déclaration de l'armateur passée par-devant le commissaire de la marine au port de départ, contenant sa soumission aux conditions portées en l'article 12, avec spécification du nom du navire, du capitaine, du tonnage, du lieu de pêche et du port de retour : au bas de cet extrait, le commissaire de la marine certifiera le départ du navire et en marquera la date; l'extrait ne pourra être délivré à l'armateur qu'après le départ du navire;

3° Le certificat de jaugeage du navire, certifié par les officiers de la marine et de la douane ;

4° L'acte de cautionnement exigé de l'armateur;

5° Et au retour du navire, la déclaration du capitaine constatant les différens faits et lieux de pêche, suivant qu'il est déterminé à l'article suivant.

14. Pour constater que les primes avancées au départ ont été acquises par l'accomplissement des conditions prescrites à l'article 12, tout capitaine de navire baleinier revenant de la pêche sera tenu, aussitôt après son arrivée dans un des ports du royaume, de déclarer par-devant l'ordonnateur ou commissaire de la marine (en indiquant, au préalable, le lieu et la date de son départ et le nom de ses armateurs),

1° Le jour de son entrée dans le port;

2° Le temps et les circonstances de sa navigation ;

3° Les lieux de pêche ;

4° La quantité et le poids des produits qu'il en rapporte et qui composent sa cargaison.

Le commissaire de l'inscription maritime dans nos ports, après avoir entendu collectivement ou séparément les hommes de l'équipage, et s'être assuré, par leur déclaration comparée au journal du bord et à celle faite par le capitaine, si les conditions prescrites par les articles précédens ont été exécutées, affirmera, au bas de la déclaration du capitaine, la régularité de l'expédition, ou en énoncera l'irrégularité, s'il y a lieu : il en rendra compte à notre ministre secrétaire-d'État au département de la marine et des colonies.

En cas de contravention à l'article 12, l'armateur rendra le double de la prime qui lui aurait été allouée : dans le cas contraire, il sera, sur sa demande au ministère de l'intérieur, et sur la production en due forme de la déclaration du capitaine, énoncée ci-dessus, dégagé de toute caution.

15. En cas de relâche dans un port où se trouve un fonctionnaire public français, ou de rencontre d'un de nos vaisseaux, tout capitaine de navire baleinier sera tenu de déclarer au fonctionnaire ou à l'officier français les principaux faits de sa navigation et de sa pêche, et d'en prendre acte sur son journal de bord.

16. Les commissaires de l'inscription maritime dans les différens ports de notre royaume tiendront des registres destinés à recevoir et à enregistrer les déclarations et certificats exigés par les articles 13 et 14 de la présente ordonnance. Ils en délivreront des extraits aux capitaines, armateurs, expéditeurs, ou à leurs représentans. Ces extraits seront conformes aux modèles annexés à la présente ordonnance. Lesdits fonctionnaires adresseront un duplicata de chacun de ces extraits directement à notre ministre secrétaire-d'État de la marine, qui après s'être assuré de la régularité desdites pièces et après avoir légalisé la signature des agens de son département, les transmettra à notre ministre secrétaire-d'État de l'intérieur pour servir de contrôle aux expéditions présentées par les armateurs. Celles dont les deux *duplicata* ne concorderaient pas seraient provisoirement rejetées.

Toutes ces pièces et leurs *duplicata*, les extraits de rôle d'équipage y compris, seront timbrés aux frais et par les soins des parties intéressées.

17. Nos ministres secrétaires-d'État de l'intérieur, de la marine et des finances, sont chargés de l'exécution de la présente ordon-

nance, qui sera insérée au Bulletin des Lois.

14 FÉVRIER = Pr. 18 MARS 1819. — Ordonnance du Roi portant autorisation, sous le nom de Société d'Assurance contre l'incendie, de la société anonyme provisoirement constituée à Paris par les actes des 10 AOUT et 28 DÉCEMBRE 1818, y annexés. (7, Bull. 267, n° 6131.)

Voy. ordonnances des 4 SEPTEMBRE 1816, et 20 OCTOBRE 1819 (1).

Louis, etc.

Sur le rapport de notre ministre secrétaire-d'État au département de l'intérieur ;

Vu les deux actes passés, le 10 août 1818, par-devant Foucher et son collègue, notaires à Paris, contenant, l'un, les statuts, et l'autre, les réglemens d'une société anonyme formée à Paris sous le nom de *Société d'Assurance contre l'incendie* ; et un troisième acte passé par-devant le même notaire et son collègue, le 28 décembre 1818, contenant les modifications aux statuts et réglemens ;

Vu les articles 29 à 37, 40 et 45 du Code de commerce ;

Notre Conseil-d'État entendu ;

Nous avons ordonné et ordonnons ce qui suit :

Art. 1er. La société anonyme provisoirement constituée à Paris par les actes des 10 août et 28 décembre 1818, sous le nom de *Société d'Assurance contre l'incendie,* est et demeure autorisée, conformément aux statuts et réglemens contenus auxdits actes, lesquels resteront annexés à la présente ordonnance.

2. La société sera tenue de remettre, tous les six mois, copie en forme de son état de situation au préfet du département de la Seine, au greffe du tribunal de commerce et à la chambre de commerce de Paris.

3. La présente autorisation étant accordée à ladite société, à la charge par elle de se conformer aux lois et aux statuts particuliers qui devront leur servir de règle, nous nous réservons de la révoquer dans le cas où ces conditions ne seraient pas accomplies, sauf les actions à exercer par les particuliers devant les tribunaux, à raison des infractions commises à leur préjudice.

4. Notre ministre secrétaire-d'État de l'intérieur est chargé de l'exécution de la présente ordonnance, qui sera insérée au Bulletin des Lois : pareille publication aura lieu dans le Moniteur et dans le Journal des annonces judiciaires du département de la Seine, conjointement avec l'insertion des statuts et réglemens ci-annexés, sans préjudice des affiches prescrites par l'article 45 du Code de commerce.

Statuts.

Par-devant Me Thomas-Philippe-Edme Foucher et son collègue, notaires royaux à Paris, soussignés, furent présens,

MM. Pierre Basterrèche, négociant, demeurant ordinairement à Bayonne, département des Basses-Pyrénées, étant de présent à Paris, rue Montmartre, n° 148 ;

Jacques-Claude-Roman Vassal, négociant, demeurant à Paris, rue du Faubourg-Poissonnière, n° 2 ;

Étienne-Nicolas-Louis Ternaux-Rousseau, négociant, demeurant à Paris, rue Montmartre, n° 174 ;

François-Jacques Outrequin, négociant, demeurant à Paris, rue Neuve-du-Luxembourg, n° 29 ;

Jacques-Frédéric Bartholdi, négociant, demeurant à Paris, rue de Richelieu, n° 106 ;

Nicolas Hubbard, propriétaire, demeurant à Auteuil, département de la Seine ;

Nicolas-François-Louis Perrée, négociant, demeurant à Paris, rue du Faubourg-Poissonnière, n° 30 ;

Isaac Thuret, consul général de S. M. le roi des Pays-Bas, demeurant à Paris, place Vendôme, n° 12 ;

Et Marie-Auguste-Casimir de Gourcuff, banquier, demeurant à Paris, rue du Faubourg-Poissonnière, n° 2 ;

Agissant, savoir : ledit sieur de Gourcuff comme directeur, et tous les autres comparans, comme fondateurs et administrateurs de la *Société d'Assurances générales ;*

Lesquels, voulant fixer les bases et les réglemens d'une société anonyme d'assurances contre les incendies, et désirant se conformer aux articles 37 et 40 du Code de commerce, ont arrêté entre eux, pour être soumises à l'approbation de sa majesté, les clauses et conditions suivantes :

Art. 1er. La société est formée pour trente années, à compter du jour où elle aura commencé ses opérations ; néanmoins, si, avant ce terme, l'assemblée générale des actionnaires en majorité de nombre et d'actions entre les votans arrêtait sa dissolution, elle cesserait dès ce moment de contracter de nouveaux risques, annoncerait sa résolution, travaillerait à sa liquidation ; mais les capitaux ne seraient répartis aux actionnaires qu'à mesure de l'extinction des risques existans, de manière que, pendant toute leur durée, elle présente aux assurés

---

(1) En consultant les statuts, il importe de bien examiner les diverses modifications qu'il ont reçues soit par l'acte additionnel du 28 décembre 1818, soit par l'ordonnance du 20 octobre 1819.

une garantie suffisante des engagemens pris par la société.

La dissolution de la société devra avoir lieu, si par des pertes qui seraient survenues, son capital primitif se trouve réduit des trois quarts : en ce cas, la société sera tenue de cesser ses opérations actives pour procéder à sa liquidation, à moins qu'il ne convînt à tous les intéressés de rétablir ce capital.

Aucune prolongation de la société ne pourra avoir lieu que par un renouvellement d'association, soumis à l'approbation du Roi.

2. La société assurera contre les incendies les maisons, usines et édifices de toute espèce, les meubles, les marchandises, les grains et denrées emmagasinés.

L'évaluation des objets assurés sera faite par experts ou de gré à gré.

La valeur du sol ne sera jamais comprise dans cette évaluation.

L'assuré sera tenu de déclarer s'il est propriétaire ou dépositaire de l'objet assuré, ou bien s'il l'a en commission.

Le *maximum* des risques qu'elle pourra souscrire par chaque contrat ou police est fixé à la somme de deux cent mille francs.

Elle pourra avoir des agens et des correspondans dans toutes les villes de France où elle eff. ctuera des assurances, pour la représenter, conformément aux instructions qu'elle leur donnera.

Toutes opérations de commerce autres que lesdites assurances et les placemens de fonds qui en proviendront sont interdites à la société.

3. Le capital de cette société sera de deux millions de francs ; il sera fourni par trois cents actions de cinq mille francs l'une et par mille actions de cinq cents francs l'une.

Les actions de cinq mille francs seront au nom des propriétaires ; elles ne pourront être transférées qu'avec l'agrément du conseil d'administration. Le cinquième desdites actions sera payé, au moment de leur délivrance, au choix de l'actionnaire, en argent ou en dépôt d'effets publics transférés au nom de la société. Les quatre autres cinquièmes pourront être fournis en obligations directes non négociables, payables à la compagnie, à présentation.

Les actionnaires étrangers qui n'auront pas en France un domicile fixe, ou des propriétés immobilières suffisantes pour répondre de leurs engagemens, déposeront en effets publics transférés au nom de la société le prix total de leurs actions.

Les effets publics admissibles en dépôt sont,

Les rentes cinq pour cent consolidés, pour la moitié de leur valeur nominale ;

Les reconnaissances de liquidation, à raison de soixante pour cent de leur valeur nominale ;

Les actions de la Banque de France, pour douze cents francs ;

Et les obligations de la ville de Paris, pour mille francs.

Les déposans seront toujours responsables de la moins-value de ces effets, si, par événement quelconque, leur valeur à la bourse de Paris tombait au-dessous du prix auquel ils auraient été reçus en dépôt, et, dans ce cas, les déposans auraient à fournir incontinent en argent la moins-value.

Les actions de cinq cents francs seront au porteur, et payées argent comptant.

Les propriétaires d'actions nominatives auront en tout temps la faculté d'en acquitter plus d'un cinquième ; mais les intérêts revenant à ces paiemens ne courront qu'à compter de l'ouverture du semestre qui suivra immédiatement lesdits paiemens.

Si, dans le cours d'un semestre, le propriétaire d'actions nominatives voulait convertir en un dépôt d'effets publics le paiement du cinquième qu'il a fait en numéraire, il en aura le droit ; mais il ne lui sera tenu compte d'aucun intérêt pour le temps couru pendant ce semestre.

Les valeurs ainsi déposées à la société seront enfermées dans une caisse à trois clefs, dont l'une sera en mains du directeur, une dans celles de l'inspecteur, et l'autre successivement, pendant une semaine, en mains d'un des autres administrateurs à tour de rôle.

Ces valeurs ne pourront être extraites de ladite caisse et réalisées qu'en cas de besoin et après décision de la majorité du conseil d'administration, motivée et signée des administrateurs présens et du directeur, et après qu'il en aura été donné avis aux propriétaires desdits effets, pour qu'ils puissent fournir en argent leur contingent aux besoins de la société, s'ils le préfèrent.

4. Le conseil d'administration, dans l'emploi qu'il fera des fonds qui lui seront entrés en argent, aura soin qu'une somme de quatre cent mille francs soit en valeurs promptement réalisables, pour parer aux premiers besoins qui surviendront ; et si, par quelque événement, cette somme était réduite à moitié, il réaliserait, des engagemens directs des associés, ce qui serait nécessaire pour la compléter en valeurs disponibles.

Dans cette réalisation, le conseil tendra toujours à établir l'égalité pour les sommes fournies par les actionnaires nominatifs ; en sorte, par exemple, que celui qui aurait fourni les deux cinquièmes de ses actions ne serait appelé à contribuer que quand les autres actionnaires auraient fourni autant que lui.

Les actionnaires nominatifs, conformément à l'article 33 du Code de commerce, ne seront passibles que de la perte du montant de leurs actions, ainsi que les propriétaires d'actions au porteur.

5. Tout actionnaire nominatif aura droit à trois actions au porteur pour chaque action nominative pour laquelle il se sera engagé, à charge par lui de déclarer, au moment de la souscription du présent acte, s'il entend exercer ce droit : à défaut, il en sera déchu.

Après la susdite distribution des actions au porteur, celles qui resteront seront vendues au profit de la société, aux prix et aux époques qui seront déterminés par le conseil d'administration.

6. Tout signataire du présent acte de société aura une action nominative au moins. Aucun ne pourra en posséder plus de dix sous son nom.

7. En cas d'appel de fonds sur les engagemens ou dépôts provenant des actions nominatives, leurs propriétaires seront obligés de satisfaire audit appel dans les dix jours qui suivront la demande à eux faite ; à défaut de quoi et sans qu'il soit besoin de nouvelles autorisations, le conseil d'administration fera vendre, par le ministère d'un agent de change, une ou plusieurs actions de ceux qui seraient en retard, jusqu'à concurrence de leur part aux contributions dont ils seraient passibles ; et il serait fait compte aux débiteurs du produit net, sans préjudice de leur responsabilité pour la moins-value, s'il y en avait.

8. En cas de faillite d'un actionnaire nominatif, ses droits seraient réglés d'après l'inventaire fait à la fin du semestre précédent ; et ce qui serait survenu depuis en bénéfice ou en perte demeurerait au compte de la société, moyennant le paiement que la compagnie ferait sans retard de ce qui, d'après cet inventaire, reviendrait à l'actionnaire ; au moyen de quoi la compagnie disposerait à son gré des actions qui lui seraient ainsi acquises.

Il en serait de même en cas de mort d'un actionnaire : néanmoins, si son ou ses héritiers désiraient continuer de faire partie de cette société, ils formeraient leur demande au conseil d'administration, qui en déciderait au scrutin à la majorité ; et si dans la même succession il y avait plusieurs actions et plusieurs héritiers désirant chacun conserver celles qui leur seraient échues en partage, le conseil statuerait séparément sur la demande de chaque héritier.

9. La société sera régie par un conseil composé de huit administrateurs, tous propriétaires de deux actions nominatives au moins, et par un directeur. Les administrateurs ont seuls voix délibérative.

L'un des huit administrateurs sera plus particulièrement chargé de la vérification des opérations et des comptes du directeur : il aura le titre d'inspecteur.

10. Une assemblée générale des actionnaires sera convoquée dans les dix premiers jours de janvier et de juillet de chaque année. Cette assemblée entendra les rapports sur la situation de la société, et le compte des répartitions arrêtées par le conseil d'administration d'après l'article 17 du présent acte.

L'assemblée générale pourra aussi avoir lieu sur la convocation du conseil d'administration, toutes les fois qu'à la majorité des membres présens il aura pris à cet effet un arrêté.

Tout propriétaire de deux actions nominatives sera membre de l'assemblée générale et y aura voix délibérative.

Tout propriétaire de vingt actions au porteur ou plus, qui, trois mois avant l'assemblée générale, les aura déposées dans la caisse de l'administration, sera admis dans cette assemblée et y aura voix délibérative.

Les propriétaires d'une seule action nominative et ceux d'actions au porteur seront représentés, ainsi que les absens, par l'assemblée générale ; ils déclarent reconnaître tout ce qu'elle fait et adopte comme s'ils avaient pris part à ses délibérations.

11. Les administrateurs sont nommés pour quatre ans, et le directeur pour trois ans, à partir du 1er juillet de cette année : chaque année il sera nommé deux administrateurs.

Après un an d'exercice et lors de la première assemblée générale des actionnaires, les noms des huit administrateurs seront mis dans une urne et en seront successivement tirés : les deux premiers sortis n'auront qu'un an de service ; les deux qui suivront, deux ans ; les deux qui viendront après, trois ans ; et les deux derniers, quatre ans.

Les administrateurs et le directeur seront toujours rééligibles.

L'assemblée générale nomme les administrateurs au scrutin secret et à la majorité relative ; elle nomme le directeur au scrutin secret et à la majorité absolue.

Le conseil d'administration choisira, toutes les années, parmi les huit administrateurs, celui qui, sous le titre d'inspecteur, sera chargé d'une surveillance plus particulière.

12. Le directeur habitera au domicile de la société ; il agira comme son procureur fondé, conduira le travail des bureaux, et sera obligé de faire exécuter les arrêtés de l'assemblée générale des actionnaires et ceux du conseil d'administration ; il poursuivra, au nom de la société, tant en justice qu'ailleurs, les actions qui appartiendront

à la compagnie; il rendra compte de ses faits au conseil d'administration, et signera, avec un ou plusieurs des administrateurs, les polices d'assurance, la correspondance et autres engagemens de la société.

En cas que le directeur ne pût, par quelque cause que ce fût, remplir cette place comme l'intérêt de la société le demanderait, et que le conseil d'administration, à la majorité, crût utile de le remplacer, il en ferait la proposition à l'assemblée générale des actionnaires, qui en déciderait à la majorité des trois quarts des voix.

13. Pour qu'une délibération du conseil soit valable, il faudra qu'elle soit prise et signée au moins par cinq membres du conseil de ladite administration.

Ceux qui participeront aux délibérations recevront un droit de présence en jetons; et, lors des assemblées générales, tous les actionnaires qui y auront assisté, voté et signé le procès-verbal, recevront le même droit.

A la fin de l'année de son service, l'inspecteur recevra du conseil d'administration une bourse de jetons en témoignage de reconnaissance pour les soins qu'il aura donnés aux intérêts de la société.

14. Dans toutes les élections, en cas d'égalité de suffrages, celui qui possédera le plus d'actions nominatives sera préféré; et, si, sur ce fait, il y avait encore égalité, la préférence serait donnée à l'âge.

15. En cas de retraite ou de mort d'un ou de plusieurs administrateurs, les autres membres du conseil d'administration pourvoiront provisoirement à leur remplacement jusqu'à la première assemblée générale qui fera l'élection définitive : mais, s'il y avait lieu à remplacer le directeur, l'assemblée générale des actionnaires serait convoquée immédiatement et procéderait au remplacement.

16. Le directeur rendra compte, chaque année, à l'assemblée générale des actionnaires, des opérations qui auront eu lieu et de leurs résultats; il soumettra à leur délibération les propositions que le conseil l'aura chargé de présenter.

L'inspecteur fera, sur le compte rendu par le directeur, les observations qu'il estimera convenables.

Après un tour de discussion, l'assemblée votera sur chaque proposition à la majorité, et ses décisions seront observées par le conseil d'administration.

17. Chaque semestre, un intérêt de deux et demi pour cent sera prélevé sur les bénéfices acquis en faveur des actions au porteur et des portions d'actions nominatives qui auront été payées comptant. Le premier semestre écherra le 1er juillet prochain;

il ne sera pas dû d'intérêts sur les effets publics reçus en dépôt; les dividendes et arrérages qui résulteront de ces effets appartiendront toujours à leurs propriétaires, et leur seront remis aussitôt qu'ils auront été reçus.

Après le prélèvement des intérêts susdits, la moitié des bénéfices nets acquis par l'extinction des risques qui les auront produits, sera prélevée pour former un fonds de réserve au profit de la société.

Lorsque ce fonds de réserve aura porté le capital de la société à trois millions, il ne sera plus prélevé qu'un quart; et lorsqu'il aura été porté à quatre millions, il ne sera plus prélevé qu'un huitième des bénéfices nets au profit de la société.

Sur les bénéfices qui resteront après ces prélèvemens, il sera pris, à la fin de chaque année, en cumulant ou compensant les bénéfices ou les pertes de deux semestres, deux pour cent qui seront employés par le conseil d'administration en actes de bienfaisance.

Ces prélèvemens faits, le résultat des bénéfices nets sera réparti au centime le franc entre les actions au porteur et les actions nominatives : mais le contingent qui reviendra à la portion des actions nominatives qui n'aura pas été payée comptant ou déposée en effets publics, au lieu d'être touché par les actionnaires, sera porté à leur crédit; leurs engagemens seront réduits d'autant; et cet article de crédit, considéré comme argent reçu, vaudra, les semestres suivans, intérêt aux propriétaires.

Si des actions nominatives qui auraient été payées comptant, ou dont la valeur aurait été déposée en effets publics, étaient transférées à des Français admis à jouir de l'avantage du paiement au dépôt du cinquième, ils pourront, s'ils le désirent, retirer les quatre autres cinquièmes en échange de leurs obligations directes, sauf le maintien, tant pour le passé que pour l'avenir, de la retenue des bénéfices, stipulée ci-dessus pour la portion des actions nominatives qui n'aura pas été payée comptant ou déposée en effets publics.

18. L'ordre et la marche de la société sont plus particulièrement déterminés par un règlement général, concordant avec les principes du présent acte, soumis à l'approbation de sa majesté.

Ensuite le conseil d'administration fera les réglemens de détail qu'il croira utiles, et pourra toujours les modifier sans s'écarter des bases fondamentales fixées dans l'acte d'association.

C'est ainsi que tout a été convenu entre les comparans, pour être exécuté de bonne foi par eux et par tous autres qui deviendront ensuite membres de la présente société, sans qu'ils puissent changer les dispositions, attendu qu'avant de s'engager par leur signature ils devront prendre connaissance du présent acte et des réglemens qui en déterminent l'exécution.

Fait et passé à Paris, savoir : pour M. Thuret, en sa demeure ci-dessus indiquée, et pour les autres compa ans, au domicile de la société, rue du Faubourg-Poissonnière, n° 8, le 10 août 1818 ; et après lecture, tous les comparans ont signé, avec les notaires, la minute des présentes, demeurée audit Me Foucher.

Réglemens.

Par-devant Me Thomas-Philippe-Edme Foucher et son collègue, notaires royaux à Paris, soussignés, furent présens,

MM. Pierre Basterrèche, négociant, demeurant ordinairement à Baïonne, département des Basses-Pyrénées, étant de présent logé à Paris, rue Montmartre, n° 148 ;

Jacques-Claude-Roman Vassal, négociant, demeurant à Paris, rue du Faubourg-Poissonnière, n° 2 ;

Etienne-Nicolas-Louis Ternaux-Rousseau, négociant, demeurant à Paris, rue Montmartre, n° 174 ;

François-Jacques Outrequin, négociant, demeurant à Paris, rue Neuve-du-Luxembourg, n° 29 ;

Jacques-Frédéric Bartholdi, négociant, demeurant à Paris, rue de Richelieu, n° 106 ;

Nicolas Hubbard, propriétaire, demeurant à Auteuil, département de la Seine ;

Nicolas-François-Louis Perrée, négociant, demeurant à Paris, rue du Faubourg-Poissonnière, n° 30 ;

Isaac Thuret, cons l général de S. M. le roi des Pays-Bas, demeurant à Paris, place Vendôme, n° 12 ;

Et Marie-Auguste-Casimir de Gourcuff, banquier, demeurant à Paris, rue du Faubourg-Poissonnière, n° 2 ;

Agissant, savoir : ledit sieur de Gourcuff comme directeur, et tous les autres comparans comme fondateurs et administrateurs de la *Société d'Assurances générales ;*

Lesquels, en exécution de l'acte constitutif de cette société, passé devant les notaires soussignés, cejourd'hui, et dont la minute sera enregistrée en même temps que ces présentes, ont établi ainsi qu'il suit les réglemens intérieurs de ladite société :

Assemblée générale des actionnaires.

Art. 1er. L'assemblée générale des actionnaires est composée des propriétaires de deux actions nominatives au plus, et des possesseurs reconnus de vingt actions au porteur, conformément au quatrième paragraphe de l'article 10 de l'acte social ; ils ont voix délibérative.

Aucun ne peut posséder sous son nom plus de dix actions nominatives.

Lorsqu'une maison possédera ses actions sous le nom collectif de plusieurs associés, elle sera représentée par un seul à l'assemblée des actionnaires.

Le droit de voter est personnel ; nul ne peut voter par procuration d'un membre absent.

2. L'assemblée élira, chaque année, deux administrateurs au scrutin et à la majorité relative.

3. Chaque année, l'assemblée générale procédera, au scrutin et à la majorité relative, à la nomination de son président, de son secrétaire et de deux scrutateurs.

Ceux qui auront été nommés à ces fonctions seront constamment rééligibles. Dans le cas où, par quelque cause que ce fût, ils perdraient le droit de voter, ils seraient remplacés à la première réunion des actionnaires. Le directeur ni aucun des administrateurs ne pourront être élus à ces places.

4. L'assemblée délibérera par un tour de discussion sur les propositions qui lui seront soumises ; ensuite elle décidera à la majorité.

Toutes les fois que cinq votans demanderont que les voies soient recueillies au scrutin, il aura lieu.

5. Si, par mort, maladie, démission ou toute autre cause, le directeur cessait de remplir ses fonctions, l'assemblée des actionnaires serait incontinent convoquée, et procéderait à son remplacement.

6. Chaque année, l'assemblée choisira parmi les actionnaires votans, non membres du conseil d'administration, trois commissaires qui vérifieront les comptes rendus, et feront leur rapport à l'assemblée suivante.

7. Le procès-verbal de chaque assemblée sera rédigé par le secrétaire, et mis sur le registre à ce destiné ; il sera signé par le président et par tous les membres qui auront voté dans l'assemblée.

Conseil d'administration.

8. Le conseil d'administration est composé de huit administrateurs (au nombre desquels sera l'inspecteur) et du directeur.

Les nominations précédemment faites aux places d'administrateurs sont celles de MM. Pierre Basterrèche, Nicolas Hubbard, François-Jacques Outrequin, Louis Perrée,

Ternaux-Rousseau, Isaac Thuret, Roman Vassal, Bartholdi-Soehnée, et de M. de Gourcuff à celle de directeur.

9. Pour qu'une délibération du conseil soit valable, il faudra qu'elle soit prise par cinq membres au moins et à la majorité de trois voix contre deux.

10. Le conseil s'assemblera aussi souvent qu'il le jugera à propos, et au moins une fois par semaine.

Outre le directeur et l'inspecteur, les autres membres du conseil seront tour à tour de service pendant une semaine, de manière qu'il y en ait toujours un au bureau de l'administration, à l'heure convenable, pour signer, avec le directeur, la correspondance et les autres actes de l'administration.

11. Le conseil choisira, tous les ans, son président parmi les administrateurs autres que le directeur et l'inspecteur.

12. Lorsque l'administrateur de semaine ne pourra faire son service, il en préviendra le conseil, et il se fera remplacer par un autre administrateur.

13. L'administrateur de semaine visera le registre où auront été copiés les contrats d'assurances.

14. Le conseil choisira les employés de la compagnie, réglera leur traitement, et modérera les dépenses autant que possible. Le secrétaire de la compagnie ne sera pas membre du conseil ; mais il y assistera chaque fois qu'il ne se formera pas en comité secret.

15. Les procès-verbaux du conseil seront rédigés par le secrétaire, et, après leur approbation, rapportés sur un registre à ce destiné, et signés par le président, l'inspecteur, le directeur et deux administrateurs.

16. L'inspecteur ou tout autre membre du conseil qui serait d'avis opposé à la délibération prise pourra faire inscrire son opinion dans le procès-verbal et la signer : néanmoins, elle n'arrêtera pas l'effet de la délibération de la majorité du conseil ; mais si, dans le service de tous les jours, l'inspecteur et l'administrateur de semaine différaient d'avis avec le directeur, le conseil serait convoqué pour le lendemain, et prononcerait définitivement sur le dissentiment.

17. Le conseil fera valoir les fonds disponibles de la société, soit en escomptant des valeurs de commerce sur la France, garanties par plusieurs signatures réputées bien solvables et à échéance fixe, n'excédant pas trois mois ; soit en plaçant de mois en mois sur des effets publics, de manière que ces placemens, faits avec prudence, produisent à la société, sans la compromettre

et sans employer longtemps les fonds qui doivent être disponibles.

S'il est fait des placemens en rentes sur l'Etat, leur inscription aura lieu au nom de la compagnie, avec faculté par le directeur de transférer, assisté de l'un des administrateurs.

18. Le conseil d'administration disposera, de la manière qui lui semblera la plus avantageuse à la société, des actions en réserve, après qu'il en aura délibéré ; et que ses arrêtés, inscrits sur le registre des délibérations, auront été signés par la majorité des membres qui y auront concouru.

19. Le conseil fera exécuter les délibérations de l'assemblée générale des actionnaires, et rendra compte de leur exécution à la réunion suivante. Il établira, toutes les fois qu'il le jugera utile, des agens et des correspondans dans les différentes villes de France ; il fixera le traitement des agens ou correspondans, leur donnera ses instructions, et pourra toujours les changer ou révoquer.

20. En cas de pertes ou dommages, le conseil s'attachera à en bien juger le mérite, et s'empressera de faire acquitter loyalement ce qui sera dû par la société.

21. Chaque semestre, le conseil d'administration arrêtera l'inventaire de la société, et réglera le dividende d'après l'article 17 de l'acte social.

22. L'assemblée générale des actionnaires pourra être convoquée toutes les fois que, par des circonstances importantes et imprévues, le conseil l'aura arrêté : le directeur sera chargé de ces convocations.

23. Dans les cas inattendus et non assez importans pour convoquer l'assemblée générale, le conseil d'administration fera ce qu'il jugera convenable aux intérêts de la société ; à la charge d'en rendre compte lors de la première assemblée générale.

24. En cas de mort, démission, maladie ou absence prolongée du directeur, le président du conseil le remplacera jusqu'à ce que l'assemblée générale des actionnaires ait procédé à une nouvelle nomination.

Dans les mêmes cas, l'inspecteur sera suppléé par un des sept autres administrateurs restans ; mais, s'il y avait absence de quatre administrateurs, les actionnaires seraient incontinent convoqués pour procéder à leur remplacement.

Dispositions générales.

25. Les écritures de la compagnie seront tenues en partie double.

La balance en sera faite le premier de chaque mois, et rapportée sur un registre à ce destiné.

Tous les six mois, il sera fait un inventaire détaillé, suivi du calcul des répartitions, réglé sur l'article 17 de l'acte social. Cet inventaire sera rapporté sur le registre à la suite des balances mensuelles, et signé par tous les membres du conseil, pour en affirmer l'exactitude.

26. La société aura son compte à la Banque de France, afin de n'avoir dans sa caisse que l'argent nécessaire aux dépenses journalières de détails. Les mandats fournis sur la Banque seront signés par le directeur, et visés par l'inspecteur, et, à son défaut, par l'administrateur de service.

27. Les actions au porteur seront délivrées à leurs propriétaires, et porteront quittance pa elles-mêmes.

Les actions nominatives consisteront en inscriptions sur le grand-livre de la société. Il en sera délivré des extraits aux propriétaires, signés par le directeur et l'administrateur de semaine, et visés par l'inspecteur.

Elles pourront se transmettre par transfert préalablement autorisé par le conseil d'administration. Ces diverses pièces seront numérotées et copiées sur un registre particulier, et il sera pris des mesures pour en prévenir la falsification.

Les extraits ci-dessus stipuleront les paiemens ou dépôts qui auront été faits à valoir sur lesdites actions.

28. Le tableau mensuel des assurances souscrites et non encore terminées sera placé en évidence dans les bureaux de la société et de ses agens.

Acte additionel.

Par-devant Me Thomas-Philippe-Edme Foucher et son collègue, notaires royaux à Paris, soussignés, furent présens.

(Suivent les noms).

Lesquels, pour se conformer aux intentions du Gouvernement, sont convenus de rectifier et modifier, ainsi qu'il suit, les actes passés devant Me Foucher, l'un des notaires soussignés, qui en a la minute, un même jour 10 août dernier, enregistrés, et contenant les statuts et réglemens de ladite compagnie.

Premièrement. Les articles 2, 4, 5, 7, 12 et 16 desdits statuts sont supprimés et remplacés par les articles ci-après.

« Art. 2. La société assurera contre l'incendie les maisons, bâtimens, usines et « édifices de toute espèce, les meubles, les « marchandises, les grains et denrées emmagasinés.

« L'évaluation des objets assurés sera faite « de gré à gré ou par experts.

« La valeur du sol ne sera jamais comprise dans l'évaluation des immeubles.

« L'assurance pourra être faite, non-seulement au nom du propriétaire ou de son « mandataire ou dépositaire, mais, à son défaut, au nom et pour la sûreté de toute « personne intéressée, même en qualité de « créancier, à la conservation de la chose « assurée. L'assuré est tenu de déclarer sa « qualité et de la faire inscrire dans la police.

« Le *maximum* des risques qu'elle pourra « souscrire par chaque police d'assurance « est fixé à la somme de *cent mille* francs.

« Elle pourra avoir des agens et des correspondans dans toutes les ville de France « où elle effectuera des assurances, pour la « représenter et signer les polices d'assurance, en vertu des pouvoirs et conformément aux instructions qui leur seront « donnés, au nom de la compagnie, par le « directeur et un ou plusieurs des administrateurs.

« Toutes opérations de commerce autres « que lesdites assurances et les placemens de « fonds qui en proviendront sont interdites « à la société.

« Art. 4. Le conseil d'administration aura « soin, dans l'emploi qu'il fera des fonds « qui lui seront entrés en argent, qu'une « somme de quatre cent mille francs soit en « valeurs *promptement disponibles*, pour parer aux premiers besoins qui surviendraient ; et si, par quelque événement, « cette somme était réduite à moitié, il réaliserait, des engagemens directs des associés, ce qui serait nécessaire pour la compléter en valeurs disponibles.

« Dans cette réalisation, le conseil tendra « toujours à établir l'égalité pour les sommes fournies par les actionnaires nominatifs ; en sorte que celui qui aurait fourni « les deux cinquièmes de ses actions ne serait appelé à contribuer qu'après que les « autres actionnaires auraient fourni autant « que lui.

« Conformément à l'art. 33 du Code de « commerce, les actionnaires ne seront passibles que de la perte du montant de leurs « actions.

« Art. 5. Tout actionnaire nominatif aura « droit à trois actions au porteur pour chaque « action nominative ; à la charge par lui de « déclarer, au moment de la souscription « du présent acte, s'il entend exercer ce « droit : à défaut, il en sera déchu.

« Après la susdite distribution des actions « au porteur, celles qui resteront seront « vendues au profit de la société, aux prix et « aux époques déterminés par le conseil d'administration, *sans toutefois que cette vente puisse être différée plus d'une année après l'autorisation accordée par le Gouvernement.*

« Art. 7. En cas d'appel de fonds, *prévu*
« *par l'art.* 3 *des statuts,* sur les engage-
« mens ou dépôts provenant des actions no-
« minatives, leurs propriétaires seront obli-
« gés de satisfaire audit appel dans les dix
« jours qui suivront la demande à eux faite ;
« à défaut de quoi et sans qu'il soit besoin
« d'une nouvelle autorisation, le conseil d'ad-
« ministration fera vendre, par le ministère
« d'un agent de change, une ou plusieurs
« actions de ceux qui seront en retard, jus-
« qu'à concurrence de leur part aux contri-
« butions dont ils seront passibles ; et il sera
« fait compte aux débiteurs du produit net,
« sans préjudice de leur responsabilité, pour
« la moins-value, s'il y en avait.

« Art. 12. Le directeur habitera au do-
« micile de la société ; il agira comme son
« procureur fondé, conduira le travail des
« bureaux et fera exécuter les arrêtés de
« l'assemblée générale des actionnaires et
« ceux du conseil d'administration ; il pour-
« suivra, au nom de la société, toute action
« tant en justice qu'ailleurs ; il rendra compte
« de ses faits au conseil d'administration.

« Les polices d'assurance, la correspon-
« dance et les engagemens de la société, pour
« être obligatoires, devront être signés par
« le directeur et un ou plusieurs des admi-
« nistrateurs.

« Dans le cas où le directeur ne pourrait,
« par quelque cause que ce soit, remplir
« cette place comme l'intérêt de la société
« le demanderait, et où le conseil d'admi-
« nistration à la majorité croirait utile de le
« remplacer, il en ferait la proposition à
« l'assemblée générale des actionnaires, qui
« en déciderait à la majorité des trois quarts
« des voix.

« Art. 16. Le directeur rendra compte,
« *chaque semestre,* à l'assemblée générale
« des actionnaires, des opérations qui auront
« eu lieu et de leurs résultats ; il soumettra
« à leur délibération les propositions que le
« conseil l'aura chargé de présenter.

« L'inspecteur fera, sur le compte rendu
« par le directeur, les observations qu'il esti-
« mera convenables.

« Après un tour de discussion, l'assemblée
« votera sur chaque proposition à la majo-
« rité, et ses décisions seront exécutées par
« le conseil d'administration. »

Secondement. Les art. 17 et 18 dudit règlement sont supprimés et remplacés par les
articles ci-après :

« Art. 17. Le conseil fera valoir les fonds
« disponibles de la société soit en placemens
« sur effets publics, soit en escomptant des
« valeurs de commerce sur la France, ga-
« ranties par trois signatures réputées bon-
« nes et solvables et à échéances fixes, n'ex-
« cédant pas trois mois. *Ne peuvent compter*

« *parmi lesdites signatures celles des admi-*
« *nistrateurs de la société et des titulaires*
« *d'actions nominatives non soldées.*

« S'il est fait des placemens en rentes sur
« l'Etat, leur inscription aura lieu au nom
« de la compagnie, avec faculté, par le di-
« recteur de transférer, assisté de l'un des
« administrateurs.

« Art. 18. Le conseil d'administration dis-
« posera, de la manière qui lui semblera la
« plus avantageuse à la société, *et en se con-*
« *formant à l'article* 5 *des statuts,* des ac-
« tions en réserve, après qu'il en aura déli-
« béré, et que ses arrêtés, inscrits ainsi sur
« le registre des délibérations, auront été
« signés par la majorité des membres qui y
« auront concouru. »

Fait et passé à Paris au domicile de la
société, rue Lepelletier, n° 7, le 28 décembre 1818.

Suit l'annexe de la délibération de l'assemblée générale des actionnaires.

Extrait du registre des délibérations de l'as-
semblée générale des actionnaires de la
Compagnie d'Assurances générales contre
l'incendie. (Séance du 26 août 1818.)

Cejourd'hui, mercredi 26 août 1818, à
deux heures après midi, l'assemblée générale des actionnaires de la *Compagnie d'As-*
surances générales contre l'incendie, convoquée extraordinairement suivant l'arrêté du
conseil d'administration en date du 20 de ce
mois, s'est réunie en la maison de M. Ternaux-Rousseau, l'un des administrateurs de
ladite compagnie, à l'effet de donner son
adhésion aux actes et réglemens ci-après.

L'assemblée, après en avoir délibéré, arrête :

L'acte et le règlement passés devant
Me Foucher et son collègue, notaires à Paris, le 10 août présent mois, entre MM. Basterrèche, Vassal, Ternaux-Rousseau, Outrequin, Bartholdi, Hubbard, Perrée,
Thuret, et de Gourcuff, directeur, pour la
formation d'une Société anonyme d'Assurances contre l'incendie, sont approuvés et
ratifiés dans tout leur contenu.

Le conseil d'administration de la compagnie est de nouveau autorisé à prendre toutes les mesures qu'il jugera convenables ou
qui pourraient être prescrites par le Gouvernement, pour la mise en activité des assurances ; tous pouvoirs lui sont conférés à
ce sujet.

_____

17 FÉVRIER = 2 MARS 1819. — Ordonnance du
Roi contenant une nouvelle répartition entre les départemens du royaume des cadres
des deux cent cinquante-huit bataillons
d'infanterie créés en vertu de l'ordonnance
du 3 AOUT 1815. (7, Bull. 263, n° 6017.)

Art. 1er. Les cadres des deux cent cinquante-huit bataillons d'infanterie que notre ordonnance du 3 août 1815 a créés et répartis entre les quatre-vingt-six départemens, à raison d'une légion de trois bataillons pour chaque département, recevront une nouvelle répartition, conformément au tableau suivant :

8 départemens auront deux légions
de trois bataillons. 48
3 départemens auront une légion de
quatre bataillons. 12
48 départemens auront une légion de
trois bataillons. 144
27 départemens auront une légion de
deux bataillons. 54
_____
86 départemens. 258 b.

2. Les départemens du Nord, de la Manche, du Pas-de-Calais, des Côtes-du-Nord, d'Ile-et-Vilaine, de la Seine, de la Seine-Inférieure et de la Gironde, auront chacun six bataillons qui seront formés en deux légions, lesquelles prendront la dénomination de première et de deuxième légion du département.

3. Les départemens du Morbihan, du Bas-Rhin, de la Somme, auront chacun une légion forte de quatre bataillons, dont trois d'infanterie de ligne et un de chasseurs.

4. Les départemens de l'Ain, de l'Aisne, de l'Allier, des Ardennes, de l'Aube, des Bouches-du-Rhône, du Calvados, de la Charente, de la Charente-Inférieure, de la Côte-d'Or, de la Dordogne, de la Drôme, de l'Eure, d'Eure-et-Loir, du Finistère, du Gard, de la Haute-Garonne, du Gers, de l'Hérault, d'Indre-et-Loire, de l'Isère, de la Loire, de la Haute-Loire, de la Loire-Inférieure, du Loiret, du Lot, de Lot-et-Garonne, de Maine-et-Loire, de la Marne, de la Meurthe, de la Meuse, de la Moselle, de l'Oise, de l'Orne, du Puy-de-Dôme, des Basses-Pyrénées, du Haut-Rhin, du Rhône, de la Haute-Saône, de Saône-et-Loire, de la Sarthe, de Seine-et-Marne, de Seine-et-Oise, des Deux-Sèvres, du Tarn, de la Vendée, de la Vienne et de l'Yonne, conserveront chacun les cadres d'une légion de trois bataillons tels qu'ils les ont aujourd'hui.

5. Les départemens de l'Aude, de l'Ardèche, de Vaucluse, de Tarn-et-Garonne, de la Nièvre, de la Lozère, des Landes, du Doubs, du Cantal, du Cher, de l'Indre, de Loire-et-Cher, de la Haute-Marne, de l'Aveyron, de la Corrèze, de la Mayenne, du Var, de l'Arriège, des Hautes-Alpes, des Basses-Alpes, de la Creuse, de la Corse, des Hautes-Pyrénées, des Pyrénées-Orientales, de la Haute-Vienne, du Jura et des Vosges, auront chacun une légion de deux bataillons d'infan-

terie. Les légions des dix derniers de ces vingt-sept départemens seront d'infanterie légère.

6. Les bataillons des dix légions d'infanterie légère auront la même composition en officiers, sous-officiers et soldats et le même nombre de compagnies que ceux des légions d'infanterie de ligne : il sera formé dans chacun une compagnie de carabiniers et une de voltigeurs.

7. L'état-major de chaque légion sera augmenté ou réduit en proportion du nombre de bataillons dont elle sera composée d'après les bases établies par notre ordonnance du 3 août 1815, dont les dispositions continueront à être exécutées en tout ce qui n'est pas contraire à la présente.

8. Notre ministre secrétaire-d'État de la guerre est chargé de l'exécution de la présente ordonnance.

17 FÉVRIER 1819. — Ordonnance du Roi qui permet au sieur Victor de faire précéder son nom de celui de Saint. (7 , Bull. 264.)

17 FÉVRIER 1819. — Ordonnance du Roi portant que la commune de Chis, département des Hautes-Pyrénées, est distraite du canton de Pouy-Astruc, et réunie au canton de Tarbes (Nord). (7 , Bull. 264.)

17 FÉVRIER 1819. — Ordonnance du Roi qui nomme M. le duc d'Aumont gouverneur de la 8e division militaire, en remplacement de M. le marquis de Maison, qui passe au gouvernement de la 1re division militaire. (7 , Bull. 266.)

17 FÉVRIER 1819. — Ordonnances du Roi portant liquidation de cent neuf soldes de retraite provisoirement payables sur le fonds des demi-soldes. (7 , Bull. 269.)

17 FÉVRIER 1819. — Ordonnance du Roi portant, 1° que la commune d'Andilly, canton de Domèvre, arrondissement de Toul, département de la Meurthe, est distraite du territoire de la succursale de Royaumeix, et érigée en succursale ; 2° que la succursale de Ménil-la-Tour est supprimée, et que cette commune est réunie à la succursale d'Andilly. (7 , Bull. 290.)

17 FÉVRIER 1819. — Ordonnances du Roi qui autorisent l'acceptation de dons et legs faits à la fabrique de Neuilly-en-Donjon et à des communes. (7 , Bull. 286.)

17 FÉVRIER 1819. — Ordonnances du Roi relatives aux foires des communes de Saint-Saturnin, de Nuits, de Ros-Landrieus, d'Altier, de Saint-Laurent-des-Mortiers, d'Ingwiller, de Berlaymont, de Fins, de Cieux et de Marciac. (7 , Bull. 286.)

17 FÉVRIER 1819. — Ordonnances du Roi qui autorisent l'acceptation de dons et legs faits aux pauvres. (7 , Bull. 290.)

24 FÉVRIER ⚏ Pr. 10 MARS 1819. — Ordonnance du Roi qui établit un agent de change courtier de marchandises à Milhau, département de l'Aveyron. (7 , Bull. 265, n° 6091.)

Louis, etc.

Vu la demande du commerce et des autorités de la ville de Milhau;

Vu l'avis du préfet du département;

Sur le rapport de notre ministre secrétaire-d'État au département de l'intérieur;

Nous avons ordonné et ordonnons ce qui suit :

Art. 1er. Il y aura une place d'agent de change courtier de marchandises à Milhau; département de l'Aveyron.

2. Le cautionnement attaché à cet emploi sera de six mille francs.

3. Nos ministres secrétaires-d'État de l'intérieur et des finances sont chargés de l'exécution de la présente ordonnance, qui sera insérée au Bulletin des Lois.

24 FÉVRIER 1819. — Ordonnance du Roi portant nomination aux préfectures de plusieurs départemens. (7, Bull. 263.)

24 FÉVRIER 1819. — Ordonnance du Roi qui admet les sieurs Hoffmann et Aurich à établir leur domicile en France. (7 , Bull. 264.)

24 FÉVRIER 1819. — Ordonnance du Roi relative au changement de dénomination d'une des routes départementales de Loir-et-Cher. (7 , Bull. 267.)

24 FÉVRIER 1819. Ordonnance du Roi qui permet aux sieurs Hélant et Bernard d'ajouter à leurs noms ceux de Petit et de Saint-Affrique. (7 , Bull. 269.)

24 FÉVRIER 1819. — Ordonnances du Roi qui autorisent l'acceptation de dons et legs faits aux hospices. (7 , Bull. 290.)

24 FÉVRIER 1819. — Ordonnances du Roi qui accordent des lettres de déclaration de naturalité aux sieurs Nicollet et d'Outrepont. (7 , Bull. 272 et 278.)

24 FÉVRIER 1819. — Ordonnances du Roi qui autorisent l'acceptation de dons et legs faits à la fabrique de Saint-Hilaire du Bois, et aux communes (7. Bull. 291.)

27 FÉVRIER 1819 ⚏ Pr. 22 MAI 1820. — Lettres-patentes du Roi portant institution de pairies. (7 , Bull. 369 , n° 8726.)

La pairie de M. Auguste-Michel-Félicité le Tellier de Souvré, marquis de Louvois, officier supérieur des gardes du corps de sa majesté, créé pair par ordonnance royale du 17 août 1815, a été instituée héréditairement sous le titre de marquis;

La pairie de M. Bruno-Gabriel-Paul marquis de Boisgelin, maître de la garde-robe de sa majesté, etc., créé pair par ordonnance royale du 17 juin 1815, a été instituée héréditairement sous le titre de marquis.

28 FÉVRIER 1819. — Ordonnance du Roi portant convocation des collèges électoraux des départemens du Finistère, du Rhône, de la Sarthe et de la Loire-Inférieure. (7, Bull. 265.)

4 ⚏ 10 MARS 1819. — Ordonnance du Roi qui révoque celles qui ont suspendu la perception des droits sur les grains, farines, pain, biscuit de mer, légumes secs, riz et pommes de terre venant de l'étranger. (7, Bull. 265, n° 6093.)

Voy. loi du 7 juin 1820, art. 1er.

Art. 1er. Nos ordonnances des 7 août, 11 et 16 novembre et 9 décembre 1816, qui ont suspendu, jusqu'à nouvel ordre, la perception des droits imposés par la loi du 28 avril même année sur les grains, farines, pain, biscuit de mer, légumes secs, riz et pommes de terre venant de l'étranger et introduits dans notre royaume, sont et demeurent révoquées.

2. En conséquence, à partir de la publication de la présente, ces droits seront perçus à toutes les frontières et dans les ports, conformément aux tarifs dressés d'après les bases de la loi ci-dessus rappelée.

3. Nos ministres secrétaires-d'État des départemens de l'intérieur et des finances sont chargés de l'exécution de la présente ordonnance, qui sera insérée au bulletin des Lois.

4 ⇌ Pr. 14 MARS 1819. — Ordonnance du Roi portant qu'il y aura dans la ville de Calais deux places d'agent de change courtiers de marchandises. (7 Bull. 266 , n° 6126.)

Art. 1er. Il y aura dans la ville de Calais, département du Pas-de-Calais, deux places d'agent de change courtiers de marchandises, au lieu d'une, créée par notre ordonnance du 16 avril dernier.

2. Le cautionnement en reste fixé à la somme de six mille francs.

3. Nos ministres secrétaires-d'Etat de l'intérieur et des finances sont chargés de l'exécution de la présente ordonnance, qui sera insérée au Bulletin des Lois.

4 MARS 1819. — Ordonnance du Roi qui institue la cour royale de Corse. (Mon. du 9 mars).

4 MARS 1819. — Ordonnance du Roi qui admet les sieurs Agassiz, Hochmeyer et Antoine à établir leur domicile en France. (4, Bull. 270.)

4 MARS 1819. — Ordonnances du Roi qui autorisent l'acceptation de dons et legs faits aux fabriques. (7, Bull. 291.)

4 MARS 1819. — Ordonnances du Roi qui accordent des lettres de déclaration de naturalité aux sieurs Kieso, de Castro-Botelho, Fays, Gérard, Busch et Mongenet. (7, Bull. 269 , 282 , 289 , 337 et 419.)

5 MARS ⇌ Pr. 18 MAI 1819. — Ordonnance du Roi portant nomination de pairs de France. (7, Bull. 278, n° 6445.)

Voy. notes sur l'article 27 de la Charte, et sur l'ordonnance du 19 AOUT 1815.

Louis, etc.

Vu l'article 27 de la Charte constitutionnelle,

Nous avons ordonné et ordonnons ce qui suit :

Art. 1er. Sont nommés membres de la Chambre des pairs les dénommés ci-après (1) :

Notre cousin le maréchal duc d'Albuféra ; le marquis d'Angosse ; le comte d'Argout, conseiller-d'Etat ; le marquis d'Arragon ; le marquis d'Aramon ; le baron de Barante, conseiller-d'Etat ; le comte Becker, lieutenant général ; le baron Bastard d'Estang, premier président de la cour royale de Lyon ; le comte Belliard ; le comte Raimond de Bérenger ; notre cousin le maréchal duc de Conegliano ; le comte Claparède, lieutenant général ; le comte Chaptal ; le marquis de Catelan ; notre cousin le duc de Cadore ; le comte Colchen ; le comte Cornudet ; notre cousin le maréchal duc de Dantzick ; le comte Daru ; le lieutenant général Du Breton ; le vicomte Dijeon, lieutenant général ; le comte d'Arjuzon ; le comte Dejean ; le marquis de Dampierre ; notre cousin le maréchal prince d'Eckmuhl ; notre cousin le duc d'Eslignac ; le comte Germain, préfet du département de Seine-et-Marne ; le comte de Germiny, préfet du département de l'Oise ; le comte de Gramont d'Aster, colonel de la légion des Basses-Pyrénées ; le comte Félix d'Hunolstein ; le vicomte d'Houdetot ; notre cousin le maréchal comte Jourdan ; le comte Laforest ; le comte Lacépède ; le comte de la Tour-Maubourg ; le comte de Montalembert ; le comte Maurice Mathieu, lieutenant général ; le baron Mounier, conseiller-d'Etat ; le comte Mollien ; le comte de Montalivet ; le comte Marescot, lieutenant général ; le comte de Montesquiou ; le comte de Pontécoulant ; notre cousin le duc de Plaisance ; le marquis de Pange, maréchal-de-camp ; le comte Pelet de la Lozère, conseiller-d'Etat ; le comte Portalis, conseiller-d'Etat, notre ministre plénipotentiaire près le Saint-Siège ; le comte Reille, lieutenant général ; le comte Rutty, lieutenant général ; le comte Rapp, lieutenant général ; le comte Rampon ; le comte de Sparre, lieutenant général ; notre cousin le marquis de Saint-Simon, maréchal-de-camp ; le comte de Sussy ; notre cousin le maréchal duc de Trévise ; le marquis de Talhouet, maréchal-de-camp, colonel du 2e régiment des grenadiers à cheval de la garde ; le comte Truguet, vice-amiral ; le comte Verhuel, vice-amiral ; le comte de la Villegontier.

2. Il est expressément dérogé, en faveur des pairs ci-dessus nommés, à la disposition de l'article 1er de notre ordonnance du 25 août 1817. En conséquence lesdits pairs prendront immédiatement séance dans la Chambre des pairs, lors même qu'ils n'auraient pas encore institué le majorat exigé par l'article précité.

Devront, toutefois, lesdits pairs, pour jouir du bénéfice de notre ordonnance du 10 août 1815, et rendre la dignité de pair

(1) Plusieurs pairs nommés par cette ordonnance avaient été exclus par ordonnance du 24 juillet 1815. Voyez cette ordonnance.

héréditaire dans leurs familles, instituer un majorat au titre qui leur sera conféré par nos lettres-patentes.

Ils prendront dans la Chambre le rang du titre de pairie dont ils auront institué le majorat.

Jusqu'à cette institution, ils prendront rang après le dernier pair antérieurement nommé et reçu, selon l'ordre de nomination de la présente ordonnance (1).

3. Notre ministre secrétaire-d'Etat au département des affaires étrangères, président du conseil des ministres, et notre garde-des-sceaux, ministre de la justice, sont chargés, chacun en ce qui le concerne, de l'exécution de la présente ordonnance.

---

10 ⚌ Pr. 11 MARS 1819. — Loi relative au commerce et à l'exploitation du salpêtre (2). (7 , Bull. 266, n° 6124.)

Voy. ordonnance du 11 AOUT 1819.

Art. 1er. Le salpêtre exotique paiera, à son entrée dans le royaume, sur chaque quintal de matière brute, quel que soit son degré de pur, un droit de soixante-douze francs cinquante centimes par navire français, et soixante-dix-huit francs cinquante centimes par navire étranger. Il ne sera perçu aucun droit particulier à raison du sel marin qui pourra s'y trouver contenu.

Au moyen de ce droit, l'importation dudit salpêtre sera libre et permise par tous les ports ouverts aux marchandises qui paient vingt francs et plus par quintal métrique.

2. La fouille provisoirement maintenue par l'article 4 de la loi du 13 fructidor an V cessera d'avoir lieu, si ce n'est en traitant de gré à gré avec les propriétaires.

3. La fabrication du salpêtre indigène, par tous les procédés qui n'exigeront point l'emploi des matériaux de démolition réservés à l'Etat par la loi, sera libre, et les salpêtres provenant de ladite fabrication pourront être librement versés dans le commerce.

4. La fabrication du salpêtre, même avec les matériaux de démolition que la loi réserve à l'Etat, sera permise en traitant de gré à gré avec les propriétaires, dans tous les lieux situés hors de la circonscription des salpêtrières royales, telle qu'elle sera déter-

minée par une ordonnance du Roi, insérée au Bulletin des Lois.

Seulement les fabricans qui voudront user de ladite faculté seront tenus de se munir d'une licence, qui leur sera délivrée moyennant un droit fixe de vingt francs, qui dispensera de la patente.

5. La fabrication du salpêtre avec les matériaux de démolition continuera d'avoir lieu dans les circonscriptions de salpêtrières royales, soit au compte de l'Etat, soit par entreprise, en vertu d'une commission de salpêtrier donnée par le Roi, et sous la condition de livrer à la direction générale des poudres le produit brut et intégral de ladite fabrication, jusqu'à ce que chaque salpêtrier commissionné ait entièrement rempli les demandes qui lui auront été faites par le Gouvernement.

La commission royale déterminera en outre l'arrondissement dans lequel le salpêtrier qui en sera porteur, pourra exercer le privilège de l'Etat, le temps de ladite concession, les limites dans lesquelles il sera tenu de tenir la fabrication, le prix du salpêtre, ou le mode suivant lequel ce prix sera établi.

6. Dans tout ce qui n'est pas contraire à la présente loi, l'exercice dudit privilége continuera d'avoir lieu, sous les restrictions et de la manière déterminées par les lois antérieures.

Néanmoins, et lorsque les propriétaires auront, conformément à l'article 2 de la loi du 13 fructidor an V, fait à leur municipalité la déclaration de leur intention de démolir, ils pourront disposer librement de leurs matériaux de démolition, si, dans les dix jours de la démolition commencée, les salpêtriers commissionnés ne se sont pas présentés pour en faire l'enlèvement et user du droit qui leur est réservé.

7. Les fabricans libres ou par licence, et les salpêtriers commissionnés, seront tenus, sous les peines de droit, d'acquitter l'impôt établi sur le sel marin, jusqu'à concurrence des quantités dudit sel contenues dans le salpêtre de leur fabrication, et de souffrir les exercices prescrits par les lois pour assurer la perception dudit impôt.

Lesdites quantités seront déterminées par expertise ou par abonnement avec la régie

---

(1) Voyez note 2 sur l'ordonnance du 19 août 1815.

(2) Présentation à la Chambre des Députés, le 9 janvier 1819 (Mon. du 30).

Rapport de M. Roy, le 8 février 1819 (Mon. du 11 février).

Discussion, le 17 février (Mon. du 18).

Adoption, le 19 février 1819 (Mon. du 7 mars).

Présentation à la Chambre des Pairs, le 15 février 1819 (Mon. du 28).

Rapport de M. le comte Berthollet, le 6 mars (Mon. du 7 mars).

Discussion et Adoption, le 6 mars (Mon. du 7).

des contributions indirectes, sans néanmoins que ladite régie puisse exiger au-delà de deux et demi pour cent du salpêtre brut que les salpêtriers commissionnés livreront en cet état à la direction générale des poudres, ni de quinze pour cent du salpêtre brut que fabriqueront les salpêtriers libres ou par licence; moyennant quoi lesdits fabricans pourront opérer le raffinage dudit salpêtre, sans être soumis à aucun nouveau droit.

8. Les fabriques au compte de l'Etat acquitteront l'impôt du sel dans les proportions ci-dessus déterminées, et pourront s'en libérer moyennant remise à la régie des contributions indirectes, du sel marin provenant de leur fabrication, ou submersion dudit sel en présence des agens de la régie.

9. Il sera accordé à la sortie des acides sulfuriques et nitriques une prime d'exportation équivalente à l'augmentation que produit, sur les prix de fabrication de ces acides, le droit dont l'importation du salpêtre étranger est frappée en vertu de la présente loi.

Les droits imposés à l'entrée sur les produits étrangers seront augmentés dans la proportion dans laquelle le salpêtre est employé dans ces produits, et dans celle de l'augmentation des droits sur les salpêtres exotiques résultant de la présente loi.

━━━━

10 ⚌ Pr. 18 MARS 1819. — Ordonnance du Roi qui établit deux places de courtiers de marchandises, conducteurs de navires interprètes, dans chacune des villes d'Abbeville et de Saint-Valery-sur-Somme. (7 , Bull. 267, n° 6132.)

Art. 1er. Il y aura deux places de courtiers de marchandises, conducteurs de navires interprètes, dans chacune des villes d'Abbeville et de Saint-Valery-sur-Somme, département de la Somme.

2. Le cautionnement attaché à ces emplois sera, pour Abbeville, de cinq mille francs, et pour Saint-Valery-sur-Somme, de quatre mille cinq cents francs.

3. Nos ministres secrétaires-d'Etat de l'intérieur et des finances sont chargés de l'exécution de la présente ordonnance, qui sera insérée au Bulletin des Lois.

━━━━

10 ⚌ Pr. 18 MARS 1819. — Ordonnance du Roi qui permet, aux conditions y exprimées, l'exportation des bestiaux, ainsi que des viandes en provenant, tant fraîches que salées. (7 , Bull. 267, n° 6134.)

Art. 1er. Notre ordonnance du 3 août 1815 qui suspend provisoirement l'exportation des bestiaux à l'étranger, est rapportée. En

22

conséquence, les bestiaux de tout âge et de toute espèce, ainsi que les viandes en provenant, tant fraîches que salées ou fumées et préparées de diverses manières, pourront, à l'avenir, sortir librement du royaume, conformément aux dispositions de la loi du 28 avril 1816, et en acquittant les droits indiqués au tarif des douanes.

2. Nos ministres secrétaires-d'Etat de l'intérieur et des finances sont chargés de l'exécution de la présente ordonnance, qui sera insérée au Bulletin des Lois.

━━━━

10 ⚌ Pr. 30 MARS 1819. — Ordonnance du Roi concernant l'étendue de la juridiction du conseil des prud'hommes établi à Tours, en vertu de l'ordonnance du 3 JUIN 1818. (7 , Bull. 269, n° 6179.)

Louis, etc.

Sur le rapport de notre ministre secrétaire-d'Etat au département de l'intérieur;

Vu les dispositions de notre ordonnance du 3 juin 1818 relative à l'établissement d'un conseil des prud'hommes à Tours,

Le décret du 11 juin 1809, portant réglement sur les institutions de cette nature,

Celui du 28 novembre suivant, qui a établi un conseil de prud'hommes dans la ville de Reims;

Prenant en considération la demande qui vient de nous être soumise par les commerçans et les manufacturiers de ladite ville de Tours et de son arrondissement, à l'effet d'obtenir, en ce qui concerne l'étendue de la juridiction du conseil des prud'hommes, quelques modifications aux dispositions de notre ordonnance du 3 juin précitée;

Notre Conseil-d'Etat entendu,

Nous avons ordonné et ordonnons ce qui suit :

Art. 1er. La juridiction du conseil des prud'hommes établis à Tours, département d'Indre-et-Loire, en vertu de notre ordonnance du 3 juin 1818, s'étendra sur tous les marchands-fabricans, chefs d'atelier, contre-maitres, commis, teinturiers, ouvriers, compagnons ou apprentis, travaillant pour les diverses manufactures qui se trouvent situées dans l'arrondissement du tribunal de commerce de ladite ville, quel que soit l'endroit de la résidence des uns et des autres.

2. Lors du renouvellement des membres dudit conseil, tous les manufacturiers et ouvriers domiciliés dans l'étendue de l'arrondissement de Tours seront légalement convoqués et appelés à donner leurs suffrages pour le choix des nouveaux membres à élire; ceux-ci pourront être pris indistinctement dans le nombre des personnes convoquées,

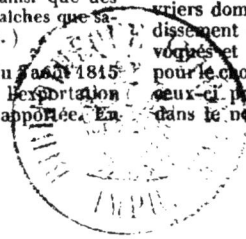

7

soit qu'ils aient ou non fixé au chef-lieu leur domicile..

3. Il n'est rien changé aux dispositions de notre ordonnance du 3 juin dernier, laquelle continuera d'être exécutée en tout ce qui n'est pas contraire à la présente.

4. Notre garde-des-sceaux, ministre secrétaire-d'Etat de la justice, et notre ministre secrétaire-d'Etat de l'intérieur, sont chargés de l'exécution de la présente ordonnance, qui sera insérée au Bulletin des Lois.

---

10 MARS ⟹ Pr. 14 AVRIL 1819. — Ordonnance du Roi portant autorisation, conformément aux statuts y annexés, d'une tontine sous le nom de tontine perpétuelle d'Amortissement. (7, Bull. 271; n° 6206.)

Louis, etc.

Sur le rapport de notre ministre secrétaire-d'Etat au département de l'intérieur;

Vu la demande formée par les sieurs Janson de Sailly, Guéroult de Fougères et Dennelle Saint-Leu, à l'effet d'être autorisés à établir une tontine désignée sous le nom de *Tontine perpétuelle d'Amortissement*;

Vu les statuts de ladite tontine, arrêtés par acte devant notaires, le 4 mars 1819;

Vu l'avis du Conseil-d'Etat du 25 mars 1809;

Vu le décret du 18 novembre 1810;

Notre Conseil-d'Etat entendu;

Nous avons ordonné et ordonnons ce qui suit:

Art. 1er. La tontine projetée sous le nom de *Tontine perpétuelle d'Amortissement* est et demeure autorisée conformément à l'acte contenant les statuts de ladite tontine, passé par-devant Louvancour et son confrère, notaires royaux à Chartres, le 4 mars 1819; lequel acte restera annexé à la présente ordonnance.

2. Nous nous réservons de révoquer la présente autorisation, en cas de non-exécution ou de violation des statuts par nous approuvés; le tout sauf les droits des tiers, et sans préjudice des dommages-intérêts qui seraient prononcés par les tribunaux contre les auteurs des contraventions.

3. Notre ministre secrétaire-d'Etat au département de l'intérieur est chargé de l'exécution de la présente ordonnance, qui sera insérée au Bulletin des Lois.

Par-devant Me Alexis Louvancour et son confrère, notaires royaux à Chartres, département d'Eure-et-Loir, soussignés, sont comparus,

1° Le sieur Alexandre-Emmanuel-François Janson de Sailly, avocat, demeurant à Nogent-le-Rotrou, rue Dorée, n° 42, département d'Eure-et-Loir;

2° Le sieur Marin-Pierre-Guillaume Guéroult de Fougères, propriétaire, demeurant à Paris, rue Montpensier, n° 6;

3° Et le sieur Claude-Marie Dennelle Saint-Leu, chevalier de l'ordre royal et militaire de Saint-Louis, architecte, demeurant à Paris, place du Louvre, n° 20;

Lesquels, dans la vue d'obtenir de sa majesté l'autorisation de fonder un établissement qui conciliât à la fois l'intérêt de l'Etat et des particuliers, en ont posé les bases par les statuts dont la teneur suit:

TITRE Ier. De la tontine et de ses divisions.

Art. 1er. L'établissement portera le nom de *Tontine perpétuelle d'Amortissement*.

2. La tontine sera composée de classes. Chaque classe contiendra une ou plusieurs séries.

3. A l'ouverture de la tontine, il sera formé huit classes d'actionnaires.

La première comprendra les actionnaires nés avant le 1er janvier 1760 exclusivement.

La seconde, ceux nés depuis le 1er janvier 1760 inclusivement jusqu'au 1er janvier 1770 exclusivement.

La troisième et les suivantes seront formées dans la même proportion, en faisant entrer successivement dans chaque classe dix années complètes.

La huitième se composera d'individus qui naîtront du 1er janvier 1820 inclusivement, au 1er janvier 1830 exclusivement.

A partir du 1er janvier 1830, et de dix ans en dix ans, il sera ouvert une nouvelle classe pour les actionnaires à naître.

4. Chaque série sera composée de cent mille actions, qui ne pourront être prises que par des individus de la classe à laquelle appartiendra la série.

Lorsque ce nombre d'actions sera complété, la série sera de suite close, et il en sera immédiatement ouvert une nouvelle pour la même classe et composée du même nombre d'actions.

Après la clôture de cette seconde série, il en sera ouvert une troisième, et ainsi de suite jusqu'à l'époque qui va être fixée par l'article 6.

5. Toute série non remplie après un laps de cinq ans sera close de plein droit, quel que soit le nombre des actionnaires; et aussitôt, comme dans le cas précédent, il en sera ouvert une nouvelle pour la même classe.

6. Il ne sera plus ouvert de nouvelle série dans une classe, lorsqu'elle ne pourra plus contenir que des individus de soixante-dix ans et au-delà.

TITRE II. Des actionnaires et des actions.

7. Dans les classes qui s'ouvriront à dater du 1ᵉʳ janvier 1820, on admettra des placemens sur la tête d'enfans seulement conçus.

L'époque du placement déterminera la classe et la série à laquelle appartiendra l'enfant, lors même que sa naissance aurait eu lieu depuis l'ouverture d'une nouvelle classe ou d'une nouvelle série.

8. Les placemens faits sur la tête d'individus seulement conçus ne porteront rente qu'autant qu'on justifiera de leur naissance et de leur existence. Faute de cette justification, et lors même que l'enfant ne serait pas né viable, la mise sera acquise à la série et lui accroîtra de la manière qui va être déterminée pour tous les autres cas d'extinction.

9. Si de la même couche il naît plusieurs enfans, celui que les principes réputent l'aîné aura seul le droit à la rente, comme si l'action avait été prise avec connaissance sur la tête seulement.

10. Les étrangers seront admis à la tontine.

11. Toutes les actions seront nominales. Elles énonceront avec la plus grande exactitude, d'après l'acte de naissance, ou, à défaut, d'après l'acte de notoriété, qui devra être déposé au moment où elles seront prises, les nom, prénoms, date et lieu de naissance du titulaire.

Elles porteront la date du jour de la mise.

Elles seront représentées sur les registres de la série par la souche ou le talon dont elles auront été détachées, contenant exactement toutes les mentions ci-dessus.

La souche et les actions seront conformes à un modèle qui sera déposé au ministère de l'intérieur avant l'ouverture de la tontine.

12. Il pourra être stipulé que l'usufruit appartiendra à un autre ou à plusieurs autres que le titulaire, sans que pour cela le bénéfice de l'action puisse s'étendre au-delà de la vie du titulaire.

La stipulation relative à l'usufruit sera mentionnée au talon.

13. Pour les placemens sur la tête d'enfans seulement conçus, il ne sera délivré qu'une promesse d'action, laquelle sera réalisée lors de la justification exigée par l'article 8.

L'action définitive, outre les nom, prénoms, date et lieu de naissance, contiendra mention de la promesse et la date du placement ; ce qui sera également répété sur la souche.

14. Lorsqu'une même personne prendra sur la même tête, aux mêmes conditions et sans interruption de numéros, plusieurs actions dont la mise capitale n'excédera pas au total mille francs, il ne sera délivré qu'un titre qui les comprendra collectivement.

TITRE III. Des mises et de leur emploi.

15. La mise pour chaque action prise dans le premier semestre de l'ouverture d'une série, sera de cent francs.

Cette mise sera augmentée, pour chaque action prise dans les semestres suivans, d'une somme égale au capital de tous les accroissemens déjà acquis à chaque action dans le semestre précédant la mise, calculé sur le pied du denier vingt.

Il sera payé en outre pour chaque action, et en même temps que la mise, cinq pour cent de ladite mise, lesquels appartiendront, de plano, aux trois administrateurs, et deviendront leur propriété privée et incommutable (1).

16. Les capitaux provenant des mises des actionnaires seront, le lendemain même de leur versement à la caisse de la tontine, employés en acquisitions de rentes perpétuelles sur l'Etat.

Les fonds appartenant à chaque série seront soigneusement distingués, et les inscriptions seront immatriculées au nom de la série à laquelle elles appartiendront.

17. Les rentes acquises avec le produit des mises des actionnaires seront immobilisées, et ne pourront, dans aucun cas ni sous aucun prétexte, être vendues ni mises en circulation, à peine de faux et autres peines de droit contre les vendeurs ou acheteurs.

TITRE IV. Des dividendes, accroissemens, rétablissemens et décomptes.

18. Les intérêts des actionnaires consisteront en un dividende, lequel se composera, pour chaque série et pour chaque semestre isolément, de la masse des arrérages de toutes les inscriptions achetées pour le compte de cette série, déduction faite du dixième des extinctions acquis aux trois administrateurs, et du montant des sommes à payer pour les rétablissemens et décomptes, le tout ainsi qu'il va être plus amplement expliqué.

19. L'extinction de chaque tête d'actionnaire accroîtra pour neuf dixièmes le dividende à distribuer entre tous les actionnaires restans de la même série, et profitera pour un dixième aux trois administrateurs, sous les conditions et de la manière qui seront ci-après déterminées.

20. Dans le semestre pendant lequel une

(1) Voy. ordonnance du 25 octobre 1820.

action aura été prise, l'actionnaire ne participera au dividende que dans la proportion du temps écoulé depuis le jour de sa mise jusqu'à l'échéance dudit semestre.

Pour les semestres qui suivront celui où la mise aura été faite, chaque action aura part égale et entière dans le dividende de sa série, quels que soient la date et le montant de la mise.

21. Le paiement des dividendes se fera à bureau ouvert dans le local de l'administration, à partir des 1er janvier et 1er juillet de chaque année.

Les dividendes payables le 1er janvier se composeront des arrérages d'inscriptions échus le 22 septembre précédent, et les dividendes payables le 1er juillet comprendront les arrérages d'inscriptions échus le 22 mars aussi précédent.

22. Pour fournir les élémens nécessaires à la fixation des dividendes, tout actionnaire sera tenu de déposer dans les bureaux de l'administration, avant le 1er juin et le 1er décembre de chaque année, son certificat de vie d'une date postérieure au 22 mars et au 22 septembre correspondant.

23. L'actionnaire qui n'aura point fourni son certificat de vie dans les délais fixés, ne participera point aux dividendes lors à payer; mais il pourra, à quelque époque que ce soit, se faire rétablir en justifiant de son existence.

Son rétablissement lui donnera droit à toucher, outre les dividendes futurs, ceux arriérés auxquels il n'aurait point participé.

Néanmoins, la prescription de cinq ans courra contre lui.

24. Les certificats de vie devront être dans la forme de ceux exigés à la trésorerie pour les rentes viagères et pensions, ou tout au moins délivrés par les maires dans la forme légale et dûment légalisés.

25. Les héritiers, légataires ou ayant-cause des têtes éteintes auront droit à un décompte jusqu'au jour du décès de leur auteur, toutefois en faisant les justifications d'usage à la trésorerie, et sauf la prescription acquise.

26. Les sommes dues pour rétablissemens et décomptes seront payées en même temps que le dividende qui suivra les justifications, lorsque ces justifications complètes et régulières auront été produites avant le 1er juin et le 1er décembre. Si elles sont produites plus tard, le paiement en sera retardé d'un semestre.

27. La part afférente à chaque action s'établira pour chaque semestre, en divisant, dans chaque série, la masse composée ainsi qu'il a été réglé par l'article 18 qui précède, par le nombre des actions dont les titulaires auront légalement, et en temps utile, justifié de leur existence.

Les nouvelles actions qui ne donneront droit au titulaire qu'à une portion du dividende du semestre, seront comptées, comme les autres actions, pour former le diviseur; mais la partie du dividende qui n'aura pas dû leur être payée, sera reportée et ajoutée à la masse divisible du semestre prochain.

28. Un tableau énonçant la quotité du dividende de chaque série, calculé jusqu'aux centimes et fractions de centime, sera affiché dans les bureaux de l'administration le jour même de l'ouverture des paiemens du semestre, et y demeurera pendant toute la durée dudit semestre.

29. Les actionnaires recevront, aux bureaux de l'administration, le paiement de leur dividende en mandats sur le Trésor royal, payables à présentation. Les administrateurs ne pourront toucher en deniers, sur les arrérages appartenant à la tontine, que les sommes qui leur seront dues personnellement, soit pour le dixième des extinctions, à eux dévolu, soit pour les actions dont ils seront propriétaires.

30. La décharge du paiement des dividendes résultera, pour l'administration, de la signature apposée, par celui à qui le mandat sera délivré, sur un registre tenu à cet effet pour chaque semestre.

Chaque action recevra, en outre, lors du paiement, une estampille.

Les simples porteurs d'action auront qualité pour en recevoir les dividendes, après, toutefois, que les justifications exigées des titulaires auront été faites.

TITRE V. De l'administration et des administrateurs présens et futurs.

31. L'administration de la tontine appartiendra exclusivement et à toujours, d'abord aux trois administrateurs, inventeurs et fondateurs, qui sont M. Alexandre-Emmanuel-François Janson de Sailly, M. Marin-Pierre-Guillaume Guéroult de Fougères et M. Claude-Marie-Dennelle Saint-Leu; ensuite, et à mesure des décès qui s'effectueront, aux nouveaux administrateurs que les survivans et leurs successeurs nommeront.

32. Au moyen de la remise de cinq pour cent sur le capital énoncé au dernier alinéa de l'art. 15 ci-dessus, et du dixième des extinctions, qui appartiendra aux trois administrateurs, aux termes de l'art. 19, les administrateurs se chargeront de tous frais quelconques de bureau et de gestion.

Ils auront, en conséquence, le choix des employés et pourront les révoquer.

Les actionnaires n'auront à supporter que les droits de timbre, si la tontine y est soumise.

33. En cas de mort de l'un des adminis-

nistrateurs, l'administration se complétera de suite, au moyen de la nomination d'un nouvel administrateur choisi par les deux restans. Si même, par événement, le décès de deux avait lieu avant cette nomination, l'administrateur restant nommerait seul ses deux collègues.

Ce mode se continuera même après le décès de trois administrateurs fondateurs.

34. En considération de l'invention qui est due aux trois administrateurs fondateurs, et aussi en raison des peines et frais du premier établissement de la tontine, il y aura entre eux, et de l'un sur l'autre, réversion tant du dixième des extinctions déjà effectuées au décès de l'un d'eux, que du droit entier à la remise de cinq pour cent sur les nouveaux placemens qui seront faits et au dixième des extinctions qui arriveront jusqu'au décès du dernier vivant d'eux.

Ainsi, tant que les trois administrateurs fondateurs vivront, ces produits seront partagés par tiers entre eux ;

Au décès du premier mourant, les deux survivans auront chacun moitié de la remise de cinq pour cent sur le capital des nouvelles mises qui seront faites, et moitié du dixième des extinctions, tant de celles effectuées du vivant du prémourant, que de celles qui auront lieu par la suite ;

Lorsqu'il n'y aura plus qu'un seul des administrateurs fondateurs existant, il aura seul la remise proportionnelle sur les nouvelles mises, et le dixième de toutes les extinctions tant effectuées qu'à survenir jusqu'à son décès :

Le tout, sauf les arrangemens que lesdits administrateurs fondateurs pourront faire entre eux à cet égard, dans l'intérêt de leurs héritiers, légataires ou ayans-cause.

35. Le système de réversion n'existera qu'entre les trois administrateurs fondateurs, après la mort du dernier vivant desquels le dixième des extinctions dont il jouissait s'amortira au profit de l'Etat.

Les administrateurs qui leur succéderont d'après le mode établi par l'art. 33 acquerront, chacun pour un tiers, la propriété de la remise capitale de cinq pour cent des mises qui seront faites pendant leur gestion.

Ils auront aussi chacun un tiers dans le dixième des extinctions qui s'effectueront pendant leur gestion ; mais ce tiers s'amortira au profit de l'Etat, à la mort de chacun d'eux.

Les charges de ces avantages seront celles exprimées en l'art. 32.

36. Le système de réversion absolue entre les trois administrateurs fondateurs s'opposant à ce que les administrateurs qui succéderont aux premiers mourans, jouissent des avantages ci-dessus avant le décès du dernier vivant desdits administrateurs fondateurs, ceux-ci, et le dernier vivant d'eux, demeurent chargés de l'indemnité à laquelle pourraient prétendre les nouveaux administrateurs jusqu'à cet événement.

37. Les administrateurs fourniront, avant l'ouverture de la tontine, pour la garantie de leur gestion, un cautionnement de soixante mille francs ; ce qui fera vingt mille francs pour chacun. Ce cautionnement sera déposé à la caisse des dépôts et consignations, et il leur en sera payé l'intérêt comme des autres cautionnemens fournis à l'Etat ; ils ne pourront être tenus sur leurs biens personnels au-delà du cautionnement fourni par eux.

TITRE VI. De la surveillance.

38. Il y aura près l'administration de la tontine un commissaire du Gouvernement, à la nomination du Roi.

39. Il y aura près ladite administration cinq censeurs actionnaires, et deux suppléans aussi actionnaires, qui, dans l'ordre de leur nomination, remplaceront les censeurs démissionnaires ou décédés.

40. Les cinq premiers actionnaires, suivant la date de leur mise, seront censeurs provisoires. Les deux actionnaires qui les suivront seront suppléans provisoires.

41. Lorsque cent mille actions auront été prises dans l'universalité des classes de la tontine, il sera convoqué une assemblée générale des actionnaires, constituée ainsi qu'il sera dit ci-après, pour nommer les censeurs définitifs et leurs suppléans.

42. Les censeurs et leurs suppléans seront toujours choisis parmi les actionnaires appelés à composer l'assemblée générale.

Les fonctions de censeurs seront de cinq ans.

Celles des suppléans seront de deux ans.

Les censeurs seront renouvelés par cinquième, et les suppléans par moitié, chaque année, et suivant l'ordre de leur ancienneté.

Pendant les premières années, et jusqu'à ce que cet ordre d'ancienneté se soit établi, l'âge indiquera ceux qui devront cesser leurs fonctions : les plus jeunes sortiront les premiers.

Ils seront indéfiniment rééligibles.

Leurs fonctions seront gratuites.

43. Le commissaire du Gouvernement et les censeurs se réuniront tous les samedis, à midi, dans une des salles de l'administration, pour y vérifier toutes les opérations de la tontine : ils constateront, sur un registre à ce destiné, et tenu double, les observations que cette vérification leur suggérera.

Le procès-verbal de chaque séance sera signé sur ce double registre par tous les censeurs présens, par le commissaire du Roi et par l'administrateur qui leur aura soumis les opérations de la semaine précédente.

L'un des doubles de ce registre restera entre les mains du commissaire du Gouvernement, lequel, en cas d'inobservation ou d'infraction des présens statuts, fera toutes les diligences nécessaires, tant dans l'intérêt des actionnaires, que dans celui de l'Etat : l'autre double appartiendra aux administrateurs.

TITRE VII. De l'assemblée générale.

44. L'universalité des actionnaires sera représentée par cinq cents d'entre eux, qui formeront l'assemblée générale de la tontine.

Ces cinq cents actionnaires seront ceux qui, d'après la revue des registres de la tontine dans toutes les séries, seront constatés être, parmi les individus majeurs, les plus forts propriétaires d'actions dont l'existence aura été reconnue à la dernière répartition des dividendes. En cas d'égalité, le plus anciennement inscrit sera préféré.

Quinze jours au moins avant la tenue de l'assemblée, le tableau des actionnaires qui devront la composer, sera imprimé et affiché, et des lettres de convocation leur seront adressées à domicile.

Les actionnaires appelés à composer l'assemblée générale pourront se faire représenter, mais seulement par un actionnaire propriétaire ou usufruitier de dix actions au moins ; ce dont il sera tenu de justifier, en même temps que de son pouvoir, par le dépôt de ses dix actions dans les bureaux de l'administration, trois jours au moins avant la séance.

45. L'assemblée générale sera présidée par un des administrateurs.

Les deux censeurs suppléans y rempliront les fonctions de secrétaires.

46. L'un des administrateurs exposera la situation de la tontine, et fera connaître le résultat de l'apurement des comptes de l'administration.

L'un des censeurs rendra compte de la surveillance exercée en vertu de l'art. 43 des statuts.

Le commissaire du Roi fera ses observations, s'il le juge à propos.

L'assemblée procédera ensuite à la nomination des censeurs et suppléans.

47. Les trois plus anciens censeurs, ou, en cas d'égalité d'ancienneté, les trois plus âgés, seront scrutateurs provisoires.

L'assemblée procédera devant eux, par scrutin collectif et à la majorité relative, à la nomination de trois scrutateurs défini-

Elle procédera ensuite devant les scrutateurs définitifs, par scrutin individuel et à la majorité absolue des membres présens, à la nomination des censeurs et suppléans qui seront à remplacer.

48. La première assemblée générale sera celle prescrite par l'art. 41.

A partir de l'année qui suivra celle où cette première assemblée aura été tenue, il y en aura une le premier lundi du mois d'août de chaque année.

Il pourra, en outre, chaque semestre, en être convoqué une extraordinaire, sur la réquisition soit de l'un des administrateurs, soit du commissaire du Roi près l'établissement, soit de trois censeurs au moins.

TITRE VIII. Des comptes.

49. A l'ouverture de chaque semestre, les administrateurs seront tenus de remettre le compte détaillé de l'exercice du semestre précédent, ensemble toutes les pièces à l'appui, à M. le procureur général près la cour des comptes.

Ce compte sera apuré et jugé en premier et dernier ressort par ladite cour.

Le commissaire du Roi près la tontine, et les censeurs, pourront, s'ils le jugent convenable, intervenir aux instances des comptes.

50. Les administrateurs n'auront droit à toucher, à chaque semestre, leur dixième des extinctions, qu'après avoir justifié au Trésor du *quitus* définitif de leur gestion pendant le semestre antérieur.

TITRE IX. De l'amortissement.

51. Après la mort du dernier vivant de tous les actionnaires composant une série, les neufs dixièmes des revenus de cette série seront éteints et amortis au profit de l'Etat.

Après la mort du dernier vivant des trois administrateurs fondateurs, le dixième dont il jouissait dans le produit des extinctions de toutes les séries sera également éteint et amorti au profit de l'Etat.

A l'égard des administrateurs qui succéderont aux administrateurs fondateurs, et, à partir du décès du dernier vivant desdits administrateurs fondateurs, le tiers du dixième des extinctions, dévolu à chacun de ces nouveaux administrateurs par l'art. 35 ci-dessus, s'éteindra et s'amortira au profit de l'Etat, au moment même du décès de chacun d'eux, ainsi qu'il est expliqué audit article.

TITRE X. De l'ouverture de la tontine.

52 *et dernier*. L'administration de la tontine ouvrira ses bureaux et commencera le

cours de ses opérations au plus tard le 22 septembre 1819.

Dont acte.

Fait et passé à Chartres, en l'étude, l'an 1819, le 4 mars. Les comparans ont signé avec les notaires, après lecture faite.

10 MARS 1819. — Ordonnances du Roi qui accordent des lettres de déclaration de naturalité aux sieurs Foulquier, de Wolff, Evers Melinon et Serra. (7, Bull. 272, 283, 303, 402 et 459.)

10 MARS 1819. — Ordonnance du Roi qui nomme les présidens et vice-présidens des colléges électoraux des départemens du Rhône, du Finistère, de la Sarthe et de la Loire-Inférieure. (7, Bull. 266.)

10 MARS 1819. — Ordonnance du Roi qui porte à seize le nombre des routes départementales de Seine-et-Marne. (7, Bull. 267.)

10 MARS 1819. — Ordonnance du Roi qui permet au sieur de Pascal de Saint-Juery de substituer au nom de Saint-Juery celui de Rochegude, et au sieur Fournier d'ajouter à son nom celui de Sarlovèse. (7, Bull. 269.)

10 mars 1819. — Ordonnance du Roi qui admet les sieurs Tais et Hamilton à établir leur domicile en France. (7, Bull. 269.)

10 MARS 1819. — Ordonnance du Roi portant autorisation d'une institution sous le nom d'institution dotale et de secours mutuels de recrutement (1). (7, Bull. 270.)

10 MARS 1819. Ordonnances du Roi qui autorisent l'acceptation de dons et legs faits aux pauvres. (7, Bull. 291.)

10 MARS 1819. — Ordonnance du Roi qui autorise le sieur Brun à construire à Puyraveaux, commune de Vitrac, arrondissement de Confolens, département de la Charente, un haut-fourneau pour la fonte des minérais de fer. (7. Bul. 291.)

10 MARS 1819. — Ordonnance du Roi qui autorise le sieur Prudhomme à tenir en activité la fabrique de sulfate de fer et d'alumine qu'il possède en la commune de Pont-le-Voy. (7, Bull. 293.)

13 MARS 1819 ⩵ Pr. 22 MAI 1820. — Lettres-patentes du Roi portant institution de pairie. (7, Bull. 369, n° 8724.)

La pairie de M. Louis-François Challimart, marquis de la Suze, grand maréchal-des-logis de la maison du Roi, etc., créé pair par ordonnance royale du 17 août 1815, a été instituée héréditairement sous le titre de Marquis;

La pairie de M. Jean-Denis comte Lanjuinais, commandeur de la Légion-d'Honneur, membre de l'académie royale des inscriptions et belles-lettres, créé pair par ordonnance royale du 4 juin 1814, a été instituée héréditairement sous le titre de Comte;

La pairie de M. Joseph-François-Louis-Charles-César, comte de Damas, lieutenant général, etc., créé pair par ordonnance royale du 4 juin 1814, a été instituée héréditairement sous le titre de Comte;

La pairie de M. Charles-Esprit-Marie, comte de la Bourdonnaye-Blossac, créé pair par ordonnance royale du 4 juin 1814, a été instituée héréditairement sous le titre de Comte.

13 MARS 1819. — Lettres-patentes du Roi portant affectation de majorat en faveur de M. Vougny de Boquestant. (7, Bull. 321.)

16 ⩵ Pr. 19 MARS 1819. — Loi relative à la fixation du prix de vente des poudres (2). (7, Bull. 268, n° 6143.)

Voy. ordonnances des 23 SEPTEMBRE 1814, 5 MAI 1819, 3 et 16 MARS 1820.

Le prix des poudres fabriquées par la régie des poudres et que la régie des contributions indirectes vendra aux consommateurs est fixé comme suit jusqu'au 1er avril 1820; savoir:

Poudre de chasse superfine, le kilogramme, huit francs; fine, *idem,* six francs cinquante centimes.

---

(1) Révoquée par ordonnance du 6 septembre 1820.

(2) Présentation à la Chambre des députés, le 9 janvier 1819 (Mon. du 10).

Rapport de M. Roy, le 25 février 1819 (Mon. du 26).

Discussion et adoption, le 27 février (Mon. du 28).

Présentation à la Chambre des pairs, le 9 mars 1818 (Mon. du 15 mars).

Discussion et adoption, le 23 mars (Mon. du 26).

Poudre de guerre, *idem*, trois francs quarante centimes.

Les poudres de mine et de commerce extérieur seront livrées à cette destination aux prix auxquels elles reviendront à la régie des poudres, rendues sur les lieux de la livraison, sans que ce prix puisse excéder trois francs quarante centimes le kilogramme de la poudre de mine, et trois francs vingt centimes le kilogramme de la poudre de commerce extérieur,

---

17 = Pr. 30 MARS 1819. — Ordonnance du Roi qui autorise, aux conditions y exprimées, la Banque de Bordeaux à faire l'acquisition d'un hôtel dans cette ville, pour y placer le siége de son établissement. (7, Bull. 269., n° 6180.)

Louis, etc.

Sur le rapport de notre ministre secrétaire-d'Etat au département de l'intérieur; Vu notre ordonnance du 23 novembre 1818, portant autorisation de l'établissement de la Banque de Bordeaux et approbation de ses statuts;

Vu l'art. 4 desdits statuts, portant que le fonds capital de la Banque est fixé à trois millions de francs, et formé par trois mille actions de mille francs;

Vu la demande du conseil général de la Banque, du 19 janvier, et la délibération unanime de l'assemblée générale des actionnaires, du 22 février; ensemble l'avis du préfet de la Gironde, du 2 mars 1819,

Nous avons ordonné et ordonnons ce qui suit :

Art. 1er. La Banque de Bordeaux est autorisée à faire l'acquisition d'un hôtel dans ladite ville, pour y placer le siége de son établissement et ses bureaux, à condition que le prix d'achat dudit immeuble n'excédera pas cent quarante mille francs, non compris les frais d'acte, etc.

2. La Banque, pour se mettre en état de payer ladite acquisition, et non autrement, est autorisée à émettre cent cinquante actions nouvelles de mille francs, au moyen de laquelle émission son capital sera porté à trois millions cent cinquante mille francs, et ses actions au nombre de trois mille cent cinquante.

3. Notre ministre secrétaire-d'Etat de l'intérieur est chargé de l'exécution de la présente ordonnance, laquelle sera insérée au Bulletin des Lois, au Moniteur et dans le Journal du département de la Gironde, sans préjudice des publications ordonnées par l'art. 46 du Code de commerce.

17 MARS = Pr. 17 AVRIL 1819. — Ordonnance du Roi portant autorisation, conformément aux statuts y annexés, d'une compagnie d'assurance mutuelle contre l'incendie, pour les départemens de la Seine (Paris excepté), de l'Oise, de Seine-et-Oise et de Seine-et-Marne. (7, Bull. 272, n° 6210.)

Louis, etc.

Sur le rapport de notre ministre secrétaire-d'Etat au département de l'intérieur;

Vu l'acte passé par-devant Baudesson et son confrère, notaires à Paris, le 4 février 1819, contenant les statuts d'une compagnie d'assurance mutuelle contre l'incendie pour les départemens de la Seine (la ville de Paris exceptée), l'Oise, Seine-et-Oise et Seine-et-Marne;

Vu les art. 29 à 37, 40 et 45 du Code de commerce concernant les sociétés anonymes;

Notre Conseil-d'Etat entendu,

Nous avons ordonné et ordonnons ce qui suit :

Art. 1er. La compagnie anonyme provisoirement constituée à Paris, sous le nom de *Compagnie d'Assurance mutuelle pour les départemens de la Seine (Paris excepté), d'Oise, Seine-et-Oise et Seine-et-Marne*, demeure autorisée conformément aux statuts renfermés dans l'acte du 4 février 1819, lesquels sont approuvés sous la réserve que nonobstant les art. 54, 57 et 58, le directeur sera révocable, et son successeur librement choisi par le conseil d'administration, en conformité de l'art. 31 du Code de commerce,

2. La présente autorisation étant accordée à ladite société, à la charge par elle de se conformer aux lois et aux statuts particuliers qui doivent lui servir de règle, nous nous réservons de la révoquer dans le cas où ces conditions ne seraient pas accomplies, sauf les actions à exercer par les particuliers devant les tribunaux, à raison des infractions commises à leur préjudice.

3. La société sera tenue de remettre, tous les six mois, copie en forme de son état de situation, aux préfets des départemens de la Seine, de l'Oise, de Seine-et-Marne et de Seine-et-Oise, aux greffes des tribunaux de commerce existans dans lesdits départemens et à la chambre de commerce de Paris;

4. Devront les sociétaires se conformer, en ce qui les concerne, aux lois et réglemens de police sur le fait des incendies,

5. Notre ministre secrétaire-d'Etat au département de l'intérieur nommera un commissaire auprès de ladite compagnie. Il sera chargé de prendre connaissance de ses opérations et de l'observation des statuts; il

rendra compte du tout à notre ministre de l'intérieur.

Il informera les préfets des quatre départemens de tout ce qui, dans les opérations de la compagnie, pourrait intéresser l'ordre et la sûreté publique : il les préviendra de la tenue des assemblées du conseil général des sociétaires.

Il pourra suspendre provisoirement celles des opérations de la compagnie qui lui paraîtraient contraires aux lois et statuts, ou dangereuses pour la sûreté publique, et ce, jusqu'à décision à intervenir de la part des autorités compétentes.

6. Notre ministre secrétaire-d'État au département de l'intérieur est chargé de l'exécution de la présente ordonnance, qui sera insérée au Bulletin des Lois ; pareille insertion aura lieu dans le Moniteur et dans les journaux destinés aux annonces judiciaires des quatre départemens ci-dessus nommés, sans préjudice des affiches prescrites par l'article 45 du Code de commerce.

Compagnie d'Assurance mutuelle contre l'incendie, pour les départemens de la Seine (la ville de Paris exceptée), de l'Oise, de Seine-et-Oise et de Seine-et-Marne.

STATUTS.

CHAPITRE Ier. Fondation.

Art. 1er. Il y a société entre les propriétaires soussignés de maisons situées dans le département de la Seine (la ville de Paris exceptée, attendu l'établissement du même genre dont cette ville jouit déjà) et dans les départemens de l'Oise, de Seine-et-Oise et de Seine-et-Marne, et ceux des propriétaires qui adhéreront aux présens statuts.

Cette société est anonyme. Elle a pour unique objet de garantir mutuellement ses membres des risques et dommages que pourrait causer l'incendie, et même tout feu du ciel ou de cheminée, aux maisons et bâtimens immeubles par leur nature engagés à l'association ; aux objets attachés au fonds à perpétuelle demeure dans les maisons d'habitation et dans les fermes ; et dans les manufactures et usines, aux mécaniques qui ne pourront être enlevées du lieu où elles seront établies sans être démontées.

Tous autres objets étrangers auxdits immeubles ci-dessus indiqués sont et demeurent expressément exclus de l'assurance.

Ne sont pas compris dans la présente assurance et ne peuvent donner lieu à aucun paiement de dommages, tous incendies provenant, soit d'invasion, soit de commotion ou émeute civile, soit enfin de force militaire quelconque.

Les salles de spectacles ne peuvent faire partie de la présente association.

2. La société est administrée par un conseil général des sociétaires, par un conseil d'administration et un directeur général.

3. Cette société exclut toute solidarité entre les sociétaires, dont chacun, en tout état de cause, ne peut supporter que la part dont il est tenu dans la contribution à laquelle le dommage peut donner lieu, selon les états de répartition rendus exécutoires par le conseil d'administration.

4. Chaque sociétaire est assureur et assuré pour cinq ans, à partir du premier jour du mois qui suit celui dans lequel il est devenu sociétaire.

Trois mois avant l'échéance des cinq ans, il fait connaître, par une déclaration consignée sur un registre tenu à cet effet, s'il entend continuer de faire partie de la société, ou s'il y renonce.

Par le fait seul du défaut de déclaration à l'époque donnée, on lui suppose l'intention de demeurer attaché à la société, et il continue d'en faire partie.

Dans ce cas, toutes les conditions de l'assurance (une nouvelle expertise même comprise, si elle est jugée nécessaire) doivent être remplies avant l'échéance du terme de l'engagement.

Si le sociétaire y renonce, son immeuble est dégagé des charges sociales, comme il cesse de profiter d'aucun bénéfice de garantie, à partir de l'échéance dudit terme, son dernier jour compris.

5. La durée de la société est de trente années, pourvu, toutefois, qu'au renouvellement de cinq ans en cinq ans, il se trouve toujours pour dix millions de propriétés engagées à l'assurance mutuelle.

6. La présente association ne peut avoir d'effet que du moment où, par suite des adhésions aux présens statuts, il se trouvera pour une somme de cinq millions de propriétés engagées à l'assurance mutuelle.

Un arrêté du conseil d'administration, dont il sera donné connaissance par le directeur à chaque sociétaire, déterminera le jour de la mise en activité ; et jusque là toutes les adhésions ne sont que provisoires.

CHAPITRE II. Estimation des immeubles, leur assurance contre l'incendie, et leur paiement au propriétaire après l'incendie.

7. La société admet deux modes pour asseoir la valeur des maisons engagées à l'assurance.

Dans le premier mode, cette valeur s'établit par un calcul fait sur la contribution foncière, lorsque les maisons font partie d'une ville ou d'un bourg, et qu'elles ont une valeur locative qui a servi de base à la fixation de ladite contribution foncière.

Pour les maisons de cette espèce, la contribution foncière de l'année 1812, calculée comme quart ou comme cinquième du revenu, suivant le plus ou moins d'ancienneté et de solidité de construction de l'immeuble à estimer, capitalisé ensuite au denier 20, est prise pour servir de base à l'estimation desdites maisons.

Le deuxième mode est mis en usage à l'égard des maisons qui n'ont pas de valeur locative, et qui, étant situées dans les communes rurales, ou dispersées isolément dans les campagnes, sont habitées par les propriétaires, par leurs fermiers ou par leurs colons, ou celles qui servent aux exploitations rurales, telles que granges, écuries, greniers, hangars, celliers, destinés, soit à loger les bestiaux des fermes, soit à serrer les récoltes, etc.

La valeur des propriétés ci-dessus indiquées est reçue à l'assurance sur la déclaration de cette valeur faite par le propriétaire, ou bien elle est établie par une estimation faite par un architecte, un maître maçon ou un maître charpentier, aux frais et à la diligence du propriétaire.

Les rapports dressés dans ce cas par les hommes de l'art sont visés par le maire de la commune où les maisons sont situées, ou par son adjoint.

Dans toutes les communes cadastrées, les estimations portées par le cadastre seront seules suivies.

Dans le cas où la valeur de la propriété assurée serait modifiée pendant le cours des cinq années de l'engagement, le propriétaire sera tenu d'en informer le directeur, et il sera procédé de gré ou contradictoirement à une nouvelle estimation.

8. Les propriétaires qui ne se contenteront pas des évaluations résultant des calculs faits sur la contribution foncière, sont autorisés à faire estimer leurs maisons à leurs frais, ainsi et de la même manière qu'il a été dit touchant les maisons qui n'ont pas de valeur locative.

9. Dans l'un et l'autre cas, la direction a le droit de faire vérifier par ses agens particuliers l'impartialité de l'estimation des maisons proposées à l'assurance, et d'exiger le redressement de ladite estimation, si elle lui a paru exagérée : pour cet effet, il est procédé à une nouvelle estimation qui a lieu par trois experts, l'un nommé par la compagnie, l'autre par le propriétaire assuré, et le troisième par les deux premiers.

Les frais de cette expertise sont à la charge de la compagnie ou du propriétaire, selon que l'une ou l'autre des deux parties succombe dans la discussion.

10. Le montant de l'estimation de l'évaluation d'une maison, n'importe le mode qui aura été suivi pour l'établir, déduction faite de la valeur du sol, forme le capital à assurer, et ce capital est la base de la somme à laquelle le propriétaire assuré a droit en cas d'incendie : il est de même la base de la somme pour laquelle le sociétaire doit concourir au paiement des dommages audit cas.

11. La valeur du sol est fixée au dixième de l'estimation de l'immeuble, à moins que, dans l'intérêt de la société ou dans celui de l'associé, il n'en ait été fait une estimation rigoureuse et par experts, avant l'engagement dudit immeuble.

12. Lorsque le propriétaire n'aura pas fait assurer sa propriété, tout créancier hypothécaire est admis à faire assurer l'immeuble qui lui sert de garantie, en satisfaisant, comme s'il était propriétaire, aux conditions de l'assurance.

Ce créancier ainsi assuré jouit, en cas d'incendie total de l'immeuble qui lui sert de gage, des deniers dont l'emploi devait être affecté à sa reconstruction : en cas de simple dommage, ces deniers sont réservés pour la réparation dudit dommage.

13. La garantie réciproque entre les sociétaires qui sont respectivement assureurs et assurés, est fixée à un pour cent de la valeur de la propriété assurée.

Ladite garantie d'un pour cent subsiste dans toute son intégrité pendant toute la durée de l'engagement de la propriété assurée, indépendamment du paiement des portions contributives dont il sera parlé ci-après.

Cette garantie mutuelle d'un pour cent a pour objet l'obligation, par chacun des propriétaires assurés, d'acquitter les portions contributives qui lui seront demandées, au fur et à mesure que les incendies survenus donneront lieu à la réalisation de ladite garantie, et ce, en vertu des états de répartition rendus exécutoires par le conseil d'administration.

14. Dans aucun cas, une portion contributive ne peut outrepasser le montant de la garantie réciproque.

15. Le sociétaire appelé à fournir ses portions contributives, en vertu des états de répartition, rendus exécutoires, est tenu de verser son contingent à la caisse de la compagnie, sur le simple avis du directeur général.

Si, dans les quinze jours qui suivront ce premier avis, le sociétaire n'a pas effectué le versement demandé, l'avertissement lui sera réitéré, et, faute par lui d'avoir satisfait dans les quinze jours à ce second avis, il sera poursuivi par toutes les voies de rigueur et de droit, à la requête du directeur général, auquel il est, dès à présent, conféré tous pouvoirs nécessaires, à l'effet de parvenir au recouvrement desdites portions contributives.

Les portions contributives qui n'auraient pu être recouvrées en vertu desdites poursuites tomberont, ainsi que les frais, en non-valeurs, pour être ajoutées à la contribution la plus prochaine qui sera mise en recouvrement.

16. Le directeur général rend périodiquement compte, au conseil d'administration, du résultat des poursuites exercées inutilement contre les retardataires : sur son rapport, il est pris, à leur égard, par le conseil d'administration, telles mesures qui lui paraîtront convenables à l'intérêt de la compagnie.

17. Tout fait d'incendie est dénoncé au moment où il se manifeste par le propriétaire assuré, ou par toute autre personne qu'il est tenu de charger de ce soin : cette dénonciation se fait aux autorités locales, ainsi qu'à la direction générale.

Le directeur général fera vérifier et constater de suite par un procès-verbal ledit événement.

La déclaration de l'assuré ou de son représentant est consignée sur un registre à ce destiné : elle est signée du déclarant, à qui il en est délivré copie.

18. Dans l'intervalle des dix jours qui suivent l'événement constaté, et selon les distances des lieux, trois experts procèdent à l'estimation du dommage causé par l'incendie à la propriété assurée.

L'un de ces experts est nommé par la compagnie, l'autre par le propriétaire assuré ; et le troisième, s'il est nécessaire, par les deux premiers.

Les frais de cette expertise sont à la charge de la compagnie.

La base de cette estimation est la valeur de la portion incendiée, laquelle est payée à l'assuré : la compagnie ne se charge pas de faire réparer ou reconstruire.

19. Si la propriété est entièrement consumée, l'effet de la police d'assurance est suspendu jusqu'à sa reconstruction, et le sociétaire reste, pendant le même temps, affranchi des charges sociales.

Les matériaux qui ont résisté à l'incendie deviennent la propriété de la compagnie, qui les fait enlever ou adjuger sur place au plus offrant, dans la quinzaine qui suit la clôture du procès-verbal.

20. La police d'assurance devient nulle dans ses effets actifs et passifs, si la propriété cesse d'exister par d'autres causes que celles d'incendie.

21. Quatre mois après la clôture du procès-verbal des experts, la somme à laquelle le dommage a été fixé est payée à l'assuré, sur l'ordre exprès du conseil d'administration.

22. Dans le cas où il existe des créanciers hypothécaires sur l'immeuble incendié, le paiement ci-dessus, représentant en partie la valeur dudit immeuble, et étant destiné à tenir lieu du gage des créanciers hypothécaires ou à le rétablir par sa reconstruction ou réparation, il ne peut être arrêté ou suspendu par l'effet d'aucune saisie ni opposition, au profit d'aucun créancier non hypothécaire.

23. Pour l'exécution des articles 13 et suivans, le directeur général établit, lorsque le cas l'exige, le compte des portions contributives dues par les sociétaires, à raison des événemens d'incendie.

Le conseil d'administration vérifie ce compte, en arrête définitivement la répartition et le déclare exécutoire.

Le compte étant déclaré exécutoire, le directeur général est chargé d'en poursuivre le recouvrement, en conformité des articles 15 et suivans.

Ledit compte est conservé au secrétariat de la direction, et les sociétaires qui le jugent à propos peuvent venir en prendre connaissance.

Chapitre III. Du mode de répartition des portions contributives à la charge des sociétaires pour le cas d'incendie.

24. Attendu que les maisons, par la forme de leur construction et à raison des professions exercées par ceux qui les habitent, comme aussi par leur plus ou moins grand éloignement des secours contre les incendies, courent des risques plus ou moins multipliés, elles concourent au paiement des dommages d'incendie dans chaque répartition, au prorata de ces risques.

Pour cet effet, elles sont distribuées en quatre classes et dans l'ordre ci-après :

Première classe. Les maisons d'habitation ordinaires, construites en pierre ou brique ou même en terre, et qui sont couvertes en tuiles ou ardoises ; les châteaux ; les maisons de campagne proprement dites, formées des mêmes matériaux.

Ces maisons concourent au paiement des dommages d'incendie, uniquement au prorata de la somme pour laquelle elles sont engagées à l'assurance.

Deuxième classe. Les fermes et bâtimens analogues, tels que granges, hangars, pressoirs, écuries, etc., bâtis comme les précédens ;

Les maisons construites en pierre, en brique ou en terre, couvertes en chaume ou en bois ;

Celles qui sont construites en bois et couvertes en tuiles ou ardoises ;

Les maisons construites et couvertes comme celles de la première classe et occupées par des auberges, ou dans lesquelles il se trouve des boutiques et magasins d'épiceries et autres matières combustibles ;

Les moulins à eau et à vent, les fabriques et manufactures où le feu n'est pas employé comme agent moteur.

Ces bâtimens concourent au paiement des mêmes dommages dans la proportion d'un tiers en sus de la valeur pour laquelle ils sont engagés à l'assurance.

Troisième classe. Les chaumières et toutes autres maisons construites en bois et couvertes en bois ou en chaume.

Ces maisons concourent dans la proportion de moitié en sus de la valeur pour laquelle elles sont engagées à l'assurance.

Quatrième classe. Les usines, les ateliers où il se fait une grande consommation de combustibles, comme les forges, les fours, les fonderies, les raffineries et tous les immeubles de cette espèce, où les dangers sont plus imminens et leurs conséquences plus graves.

Ces immeubles paient dans la proportion du double de la valeur pour laquelle ils sont engagés à l'assurance.

25. Lorsqu'une propriété bâtie se compose de plusieurs corps-de-logis ou de plusieurs bâtimens qui appartiennent aux diverses classes déterminées dans l'article 24, il en doit être fait mention, soit dans la déclaration du propriétaire, soit dans le procès-verbal d'estimation, indiqués par les articles 7 et 8 : il est fait application à ces bâtimens de construction différente des clauses desdits articles, suivant la classe à laquelle ils appartiennent.

CHAPITRE IV. Conseil général des sociétaires.

26. Il y a une assemblée des sociétaires sous la dénomination de conseil général.

27. La réunion des quinze plus forts propriétaires assurés, pour chacun des quatre départemens, forme, au nombre de soixante, le conseil général des sociétaires.

Le conseil général est présidé par un de ses membres, élu à la majorité des suffrages.

Il se réunit une fois par année, sauf la convocation extraordinaire jugée possible per l'article 30 : sa première réunion a lieu six mois après la mise en activité de la société.

Le secrétaire général de l'administration tient la plume au conseil général.

28. Le conseil général nommera à l'avenir les membres du conseil d'administration, quand ceux nommés par les présens statuts auront cessé d'en faire partie : ils seront pris, autant que possible, en nombre égal, dans chacun des quatre départemens.

29. Le conseil général choisit dans son sein un comité de trois membres, chargé de suivre, pendant le courant de l'année, toutes les opérations de l'administration.

30. Le comité des sociétaires prend part aux délibérations du conseil d'administration, dans tous les cas prévus par les présens statuts.

Ce comité pourra faire convoquer extraordinairement, soit le conseil d'administration, soit le conseil général, pour les cas urgens.

Il rend compte au conseil général des observations qu'il a pu faire pendant l'année, et des abus qu'il aurait pu reconnaître dans l'administration.

Le conseil général, après avoir entendu le conseil d'administration, délibère sur le rapport du comité, et statue sur ses observations.

CHAPITRE V. Conseil d'administration.

31. Le conseil d'administration est composé de sociétaires fondateurs, dont les noms suivent, pris dans chacun des quatre départemens :

MM. Le marquis Olivier de Vérac, pair de France, membre du conseil général du département de Seine-et-Oise ; le baron Delaître, précédemment préfet de Versailles, membre de la chambre des députés ; de Neuilly d'Hécourt, membre de la chambre des députés, maire de Beauvais ; Oberkampf, propriétaire des manufactures de Jouy et d'Essonne, membre du conseil général du département de Seine-et-Oise ; Gondouin-Deluais, négociant et propriétaire de la manufacture de plomb laminé à Saint-Denis ; le comte François de Courtivron, maire de Ribécourt, département de l'Oise ; Dupré, ancien notaire de Paris, maire de Verrières ; le comte Alexandre de Laborde, maître des requêtes, membre de l'Institut ; Roëttier de Montaleau, maire de sa commune et administrateur des fonderies de Romilly.

32. Chacun des membres du conseil d'administration peut s'adjoindre un suppléant, dont il fait choix parmi les plus forts sociétaires.

Les suppléans que les membres du conseil d'administration se seront donnés, devront remplir les mêmes conditions que les membres eux-mêmes.

Ils peuvent assister aux délibérations du conseil d'administration ; mais ils n'ont voix délibérative, ni jetons de présence, que quand ils sont appelés pour compléter le nombre de cinq membres nécessaires pour la validité des délibérations du conseil d'administration.

Les avocats, notaires, avoués et architectes de la compagnie seront à l'avenir nommés par le conseil d'administration.

Ils peuvent être appelés avec voix consultative aux délibérations du conseil d'administration.

La compagnie choisit aujourd'hui pour avocat Mᵉ Cairal, rue Sainte-Croix-de-la-Bretonnerie, n° 30;

Pour avoués, Mᵉ Deschamps, rue Saint-André-des-Arts, n° 66; et Mᵉ T. Bettinger, rue Saint-André-des-Arts, n° 68.

Pour notaire, Mᵉ Baudesson, successeur de M. Roard, rue Montmartre, n° 160;

Pour architectes, M. Poyet, membre de l'Institut, rue de l'Université, n° 71; et M. Picolet, rue Basse-Saint-Denis, n° 22.

34. En cas de décès ou de démission de l'un des membres du conseil d'administration, il est remplacé de droit par son suppléant jusqu'à ce qu'il ait été pourvu à son remplacement définitif par le conseil général.

35. Trois des membres du conseil d'administration sont renouvelés tous les cinq ans : les premiers sortans sont déterminés par le sort.

36. Tout membre du conseil d'administration doit être sociétaire et avoir au moins pour cinquante mille francs de propriétés engagées à l'assurance mutuelle.

37. Les membres du conseil d'administration dont le temps est expiré peuvent être réélus.

38. Le conseil d'administration se réunit d'obligation deux fois par mois ; il fixe dans chaque séance le jour de la prochaine réunion.

Il est présidé par l'un de ses membres; le secrétaire général de la direction tient la plume au conseil.

39. Les membres du conseil d'administration ne sont responsables que de l'exécution du mandat qu'ils ont reçu.

Ils ne contractent, à raison de leur gestion, aucune obligation personnelle ni solidaire, relativement aux engagemens de la société.

40. Le conseil d'administration délibère sur toutes les affaires de la société, et les décide par les arrêtés consignés sur les registres ouverts à cet effet; le directeur général est tenu de s'y conformer.

Il ne peut prendre aucun arrêté qui, en contrevenant aux présens statuts, tende à grever ou à changer le sort des sociétaires.

Ses décisions sont prises à la majorité absolue des suffrages.

41. Pour pouvoir délibérer, les membres du conseil d'administration doivent être, au moins, au nombre de cinq.

Ceux qui prennent part à la délibération reçoivent un jeton de présence.

42. Un commissaire du Gouvernement, désigné par le ministre de l'intérieur, peut prendre connaissance des arrêtés du conseil d'administration, et en suspendre l'exécution, s'ils sont contraires aux lois et en opposition avec les réglemens de police.

Chapitre VI. De la direction.

43. Il y a un directeur général, qui, à ce titre, dirige et exécute toutes les opérations de la société.

Il assiste, avec voix consultative, aux assemblées du conseil d'administration.

Il convoque les assemblées du conseil général des sociétaires.

Il convoque également, lorsque cela peut devenir nécessaire, les assemblées extraordinaires du conseil d'administration.

44. Le directeur met sous les yeux du conseil général des sociétaires, lors de sa réunion, l'état de situation de l'établissement et le compte détaillé de tout ce que la compagnie a été dans le cas de rembourser pour cause d'incendie.

Il donne aux membres du comité des sociétaires tous les renseignemens qu'ils peuvent désirer ; il leur communique les registres des délibérations et arrêtés de l'administration, les états de situation de l'établissement, et leur procure tous les renseignemens que les intérêts de leurs commettans exigent.

Il donne également à chaque sociétaire tous les renseignemens dont il peut avoir besoin.

45. Le directeur surveille l'estimation des maisons engagées ou à engager à l'assurance, aux termes des articles 7, 8 et 9.

Il est chargé de la délivrance des polices d'assurance, des rapports de la société avec les autorités, de la correspondance; enfin, de la confection comme de la suite ou l'exécution de tous les actes qui peuvent concerner l'établissement.

46. Le directeur chargé de l'exécution des présens statuts ne peut s'en écarter en aucune des opérations qui en sont l'objet.

En conséquence il est tenu d'ouvrir les registres nécessaires au conseil d'administration, pour ses délibérations et arrêtés; d'avoir un journal général qui offre, dans un ordre convenable, les noms des sociétaires, la valeur de leurs propriétés assurées et le compte ouvert à chacun d'eux; les registres relatifs aux déclarations d'incendie, aux évaluations de dommages, à la correspondance, etc.

47. Le directeur fait apposer sur chaque propriété engagée à l'assurance, et dans la quinzaine de l'engagement, une plaque avec les lettres initiales P. A. C. I. (Propriété assurée contre l'incendie).

48. Tous frais de loyers, tant de l'administration à Paris que des succursales établies où il le jugera nécessaire, frais de correspondance, frais de bureau, traitemens d'employés à sa nomination, frais d'impression ; toutes distributions de jetons de présence, tant aux membres du conseil d'administration et commissaire du Gouvernement, qu'aux avocat, notaire, avoués ; mais seulement, quant à ceux-ci, lorsqu'ils auront été convoqués ; enfin, toutes dépenses soit d'établissement, soit de gestion, sont et demeurent à la charge du directeur général.

À cet effet et pour faire face à tous ces frais, que la grande étendue de la circonscription et la dissémination des propriétés rendront très considérables, chaque sociétaire paie, par an, demi pour mille du prix d'estimation de chaque maison assurée (cinquante centimes par mille francs).

Le paiement de ce droit de direction, ainsi calculé, est exigible au commencement de chaque année, c'est-à-dire au jour correspondant à celui où l'associé est entré dans la compagnie.

49. Quelle que soit, au-dessous de quatre mille francs, la valeur d'une propriété assurée, le droit de direction sera toujours et par chaque année de deux francs.

50. La présente société ayant pour objet, tout à la fois une police d'assurance et une mesure d'utilité et de sécurité publiques, le dixième du droit annuel attribué au directeur général, sera prélevé et employé, d'après une délibération du conseil d'administration, soit à l'achat de pompes à incendie, seaux et autres ustensiles pour les communes où le besoin sera plus urgent, soit en gratifications pour ceux des pompiers qui se seront rendus recommandables par des actes de dévouement.

L'entretien des pompes et leur remplacement concerneront à l'avenir les autorités locales.

51. Les maisons ou bâtimens couverts en bois, en chaume ou joncs, paieront, séparément du droit ci-dessus expliqué, un quart par mille de la valeur pour laquelle ils auront été assurés (vingt-cinq centimes par mille francs). Cette contribution sera également exigible au commencement de chaque année, et destinée à faire un fonds commun, lequel sera mis à la disposition de l'autorité locale supérieure, en proportion des souscriptions de chaque département, pour venir au secours des proprié-

taires des maisons couvertes en chaume ou joncs, et qui voudront faire des sacrifices pour les faire recouvrir en tuiles, ardoises ou laves.

52. Ces recettes et dépenses forment, entre la compagnie et le directeur général, un traité à forfait dont la durée est fixée à trente ans : néanmoins, à chaque période de cinq ans, le conseil d'administration, réuni au comité des sociétaires, après avoir comparé les dépenses et les recettes particulières de la direction, pourra apporter des modifications que les résultats antérieurs feront juger convenables au présent traité à forfait.

53. Toute action judiciaire autre que celles auxquelles peuvent donner ouverture les présens statuts, ne peut être engagée ou soutenue par le directeur, au nom et aux frais de la compagnie, que d'après l'avis du conseil d'administration, l'avocat et les avoués de la compagnie entendus.

54. Le directeur général est responsable de l'exécution du mandat qu'il reçoit : il ne peut être révoqué que par suite d'une prévarication légalement constatée.

Tous les employés dont le traitement est à sa charge sont à sa nomination.

55. Il fournit un cautionnement en immeubles de la valeur de trente mille francs.

Les inscriptions sont prises sur ses biens par le président du conseil d'administration.

56. M. Gouget, fondateur de cet établissement, est le directeur général.

57. En cas de décès du directeur général avant le terme de la société ou de sa révocation, le conseil d'administration lui choisit un successeur dans les sujets que son épouse ou ses héritiers lui présentent pour le remplacer.

58. Le directeur peut présenter au conseil d'administration celui qu'il désigne pour le remplacer, même de son vivant, et la survivance, ainsi que le droit de remplacement actuel, lui est assurée par le conseil d'administration.

59. Pour assurer le service de la compagnie contre tout événement de maladie ou autre empêchement, le directeur général a le droit de se nommer un adjoint, destiné à le suppléer dans toutes les opérations de la direction.

Les émolumens attribués à cet adjoint sont à la charge du directeur général.

CHAPITRE VII. Comptabilité.

60. Il y a un caissier auprès de la direction ; il est nommé par le directeur général, et agréé par le conseil d'administration ; il fournit un cautionnement en immeubles de la valeur de dix mille francs.

Les inscriptions nécessaires sont prises sur ses biens par le directeur, en son nom, pour la compagnie; et il n'en peut être donné de main-levée et consenti de radiation, qu'après l'apurement de ses comptes, et la représentation d'un *quitus* délivré en suite d'une délibération du conseil d'administration.

61. Pour sûreté des fonds provenant du recouvrement des portions contributives, prescrit par l'article 13, et de ceux à percevoir et à employer en exécution des articles 50 et 51, il est établi une caisse à trois clefs, dans laquelle le caissier remet, le dernier jour de chaque semaine, le montant des sommes dont il peut avoir fait recette, aux termes des articles ci-dessus indiqués.

Les entrées et sorties de ces fonds sont constatées par le moyen d'un livre de caisse particulier, tenu par le caissier.

62. Des trois clefs de la caisse, l'une est remise entre les mains du caissier, l'autre en celles du directeur général, et la troisième au président du conseil d'administration, qui la confie à un des membres du conseil d'administration, s'il est dans le cas de s'absenter de Paris.

63. Le caissier tient sa comptabilité journalière sous le contrôle immédiat du directeur général.

64. Le secrétaire général de la direction est aussi nommé par le directeur général, et agréé par le conseil d'administration, où il a voix consultative.

Les emplois de caissier et de secrétaire général de la direction peuvent être occupés par la même personne.

CHAPITRE VIII. Des succursales dans les communes des départemens.

65. Pour la commodité des propriétaires, la direction générale peut avoir, dans les communes des quatre départemens qu'elle embrasse, des agens secondaires qui tiennent des bureaux de renseignement et d'expédition.

Les fonctions de ces agens, ainsi que leurs honoraires, sont réglés par le directeur général, qui demeure seul responsable envers la compagnie.

CHAPITRE IX. Dispositions générales.

66. Le directeur veillera à ce que les lois et ordonnances de police sur le ramonage des cheminées soient ponctuellement observées dans les maisons garanties par l'assurance.

67. A l'expiration de la présente société, il sera procédé à la liquidation générale par le conseil d'administration alors existant,

sur le compte présenté par le directeur général.

L'apurement dudit compte sera soumis à l'homologation du tribunal de commerce.

68. S'il survient quelque contestation entre la compagnie, comme chambre d'assurance, et un ou plusieurs assurés, elle est jugée, à la diligence du directeur général pour la société, par trois arbitres, dont deux sont nommés par les parties respectives, et le troisième par le juge-de-paix de l'arrondissement du siége de l'établissement.

Leur jugement est sans appel.

69. Le domicile de la compagnie est élu dans le local de la direction à Paris.

Chaque sociétaire est tenu d'en élire un à Paris ou dans les communes dans lesquelles la direction aura des succursales.

Fait à Paris, le 31 janvier 1819.

Suivent les signatures :

(*Suit l'état des sociétaires de la compagnie d'assurance mutuelle contre l'incendie pour les départemens de la Seine (la ville de Paris exceptée), ceux de Seine-et-Oise, et de Seine-et-Marne, et des valeurs en maisons par eux engagées à l'assurance dans ladite compagnie, au 31 janvier 1817).*

———————

17 MARS 1819. — Ordonnances du Roi qui autorisent l'acceptation des dons et legs faits aux fabriques. (7, Bull. 295.)

———————

17 MARS 1819. — Ordonnance du Roi qui admet les sieurs Spouler et Disternich à établir leur domicile en France. (7, Bull. 270.)

———————

17 MARS 1819. — Ordonnance du Roi qui accorde des lettres de déclaration de naturalité aux sieurs Berger, Petit, de Buscher Pentofski et Dowidzki. (7, Bull. 272, 275, 283, 508.)

———————

18 MARS 1819. Ordonnance du Roi qui nomme aux préfectures des départemens du Tarn, des Landes et des Hautes-Alpes. (7, Bull. 271.)

———————

19 MARS 1819. — Ordonnance du Roi qui accorde des lettres de naturalité au sieur Dernkarlet. (8, Bull. 526.)

———————

24 MARS ⚌ Pr. 14 AVRIL 1819. — Ordonnance du Roi concernant l'école de droit de Paris. (7, Bull. 271, n° 6208.)

Voy. loi du 22 VENTOSE an 12, ordonnances des 5 JUILLET et 4 OCTOBRE 1820, et 6 SEPTEMBRE 1822.

Louis, etc.

Sur le compte qui nous a été rendu de l'accroissement du nombre des étudians près la faculté de droit de Paris, et de l'impossibilité où ils se trouvent, par l'insuffisance des auditoires, d'assister tous aux cours que les réglemens les obligent de suivre ;

Voulant, en outre, donner à l'enseignement du droit les développemens dont il est susceptible ;

Vu le mémoire de notre commission de l'instruction publique ;

Sur le rapport de notre ministre secrétaire-d'État au département de l'intérieur ;

Notre conseil-d'Etat entendu,

Nous avons ordonné et ordonnons ce qui suit :

Art. 1er. L'école de droit de Paris sera divisée en deux sections.

2. Il y aura dans chacune des deux sections,

Trois professeurs de Code civil ;

Un professeur des élémens du droit naturel, des élémens du droit des gens et du droit public général ;

Un professeur des Institutes du droit romain dans ses rapports avec le droit français ;

Un professeur de procédure civile et criminelle et de législation criminelle.

3. Il y aura, en outre, dans l'une des sections, un professeur de Code de commerce, et dans l'autre, trois professeurs, l'un de droit public positif et de droit administratif français, le second d'histoire philosophique du droit romain et du droit français, le troisième d'économie politique.

La chaire du droit français établie par l'acte du Gouvernement du 29 août 1809 sera supprimée.

4. Quatre suppléans seront attachés à chacune des deux sections de l'école.

Ils suppléeront, aux cours, aux examens et aux actes publics, les professeurs qui se trouveront légitimement empêchés, et néanmoins un suppléant sera toujours appelé, à tour de rôle, à chacun des examens et des actes publics pour la *licence* et le *doctorat*.

5. Pendant la première année des études, les élèves suivront le premier cours de Code civil, et le cours des élémens du droit naturel, du droit des gens et du droit public en général.

Pendant la seconde année, ils suivront le second cours du Code civil et le cours des Institutes du droit romain.

Pendant la troisième année, ils suivront le troisième cours de Code civil, et le cours de procédure civile et criminelle et de législa-

tion criminelle, ou, à leur choix, le cours de droit public et administratif français.

Pendant la quatrième année, ils suivront les cours du Code de commerce, et d'histoire philosophique du droit romain et du droit français.

Le cours d'économie politique, destiné spécialement à ceux qui se préparent à l'administration, ne sera pas obligatoire pour l'obtention des grades en droit.

6. La commission de l'instruction publique nommera, pour la première organisation, les professeurs des chaires nouvelles établies par la présente ordonnance, et quatre nouveaux suppléans, conformément à l'article 37 de la loi du 22 ventose an 12.

7. Notre ministre secrétaire-d'État au département de l'intérieur est chargé de l'exécution de la présente ordonnance.

---

24 MARS = Pr. 21 MAI 1819. — Ordonnance du Roi portant autorisation, conformément aux statuts y annexés, de la compagnie provisoirement constituée à Melun, sous le nom de Compagnie d'Assurances mutuelles pour le département de Seine-et-Marne (7, Bull. 279, n° 6469.)

Louis, etc.

Sur le rapport de notre ministre secrétaire-d'Etat au département de l'intérieur ;

Vu l'acte passé par-devant Sensier et son collègue, notaires à Paris, les 8, 9, 10, 11, 12, 13, 14, 15, 16, 17 et 18 décembre 1818 ; ensemble l'acte passé par-devant ledit Sensier, les 27, 28 février, 1, 2, 3 et 4 mars 1819, contenant, amendant et rectifiant définitivement les statuts d'une *Compagnie d'Assurances mutuelles contre l'incendie pour le département de Seine-et-Marne ;*

Vu les art. 29 à 37, 40 et 45 du Code de commerce, concernant les sociétés anonymes ;

Notre conseil-d'Etat entendu,

Nous avons ordonné et ordonnons ce qui suit :

Art. 1er. La compagnie anonyme provisoirement constituée à Melun sous le nom de *Compagnie d'Assurances mutuelles pour le département de Seine-et-Marne*, demeure autorisée conformément aux statuts renfermés dans l'acte des 8, 9, 10, 11, 12, 13, 14, 15, 16, 17 et 18 décembre 1818, amendés et définitivement rectifiés par l'acte des 27, 28 février, 1, 2, 3 et 4 mars 1819, lesquels actes seront annexés à la présente ordonnance.

2. La présente autorisation étant accordée à ladite société, à la charge par elle de se conformer aux lois et aux statuts particuliers qui doivent lui servir de règle, nous

nous réservons de la révoquer dans le cas où ces conditions ne seraient pas accomplies, sauf les actions à exercer par les particuliers devant les tribunaux, à raison des infractions commises à leur préjudice.

3. La société sera tenue de remettre, tous les six mois, copie en forme de son état de situation au préfet du département de Seine-et-Marne et aux greffes des tribunaux de commerce dudit département.

4. Devront les sociétaires se conformer, en ce qui les concerne, aux lois et réglemens de police sur le fait des incendies.

5. Notre ministre secrétaire-d'Etat au département de l'intérieur nommera un commissaire auprès de ladite compagnie.

Il sera chargé de prendre connaissance de ses opérations et de l'observation des statuts. Il informera le préfet du département de tout ce qui, dans les opérations de la compagnie, pourrait intéresser l'ordre et la sûreté publics; il le préviendra de la tenue du conseil général des sociétaires. Il pourra suspendre provisoirement celles des opérations de la compagnie qui lui paraîtraient contraires aux lois et statuts, ou dangereuses pour la sûreté publique, et ce jusqu'à décision à intervenir de la part des autorités compétentes.

6. Notre ministre secrétaire-d'Etat de l'intérieur est chargé de l'exécution de la présente ordonnance, qui sera insérée au Bulletin des Lois avec les actes y annexés : pareille insertion aura lieu dans le Moniteur et dans le journal du département de Seine-et-Marne destiné aux annonces judiciaires, sans préjudice des affiches prescrites par l'art. 45 du Code de commerce.

Par-devant Jean-Baptiste-Théodore Sensier et son collègue, notaires à Paris, soussignés, furent présens.

(*Suivent les noms.*) (1).

Lesquels ont dit ce qui suit :

Il n'est pas une idée plus philantropique que celle de se réunir pour partager en commun le malheur d'un seul : elle ne pouvait trouver une application plus utile que dans la réparation des effets d'un fléau dévastateur. Le système de l'assurance mutuelle contre l'incendie, mis à exécution depuis longtemps en Angleterre et en Suisse, vient d'avoir les plus heureux résultats à Paris : ses avantages appréciés ont vaincu l'insouciance ou la trop grande sécurité, et déjà les propriétaires de plus d'un quart des maisons de cette capitale se prêtent un mutuel secours.

Des établissemens de cette nature se forment à l'envi dans les départemens.

Les soussignés, animés du désir de suivre un exemple utile, et exempts de toute vue d'intérêt, se proposent de faire jouir le département de Seine-et-Marne de l'avantage de ce système en invitant les autres habitans de ce département à se joindre à eux pour porter d'une manière insensible un important secours aux malheureux dont les propriétés seraient incendiées.

Ils ont dû s'assurer d'avance de l'assentiment du premier fonctionnaire public du département : ces statuts lui ont été soumis, et ont reçu son approbation.

Il est dans le cœur de sa majesté d'autoriser et d'encourager ce qui est utile et bon : lui présenter le plan de cette réunion, c'est lui donner occasion de faire du bien, c'est enfin être sûr de son assentiment.

En conséquence, les soussignés ont fait et arrêté ce qui suit :

CHAPITRE Ier. Fondation.

Art. 1er. Il est formé par le présent acte une Société anonyme d'Assurance mutuelle entre les propriétaires soussignés de maisons et bâtimens sis dans le département de Seine-et-Marne, et ceux des propriétaires dans ledit département qui adhéreront aux présens statuts.

2. La présente association ne peut avoir d'effet que du moment où, par suite des adhésions aux présens statuts, il se trouvera pour une somme de vingt-cinq millions de propriétés engagées à l'assurance mutuelle.

L'accomplissement de cette condition sera constaté par le conseil d'administration de la société ; le directeur le notifiera par une circulaire à chaque sociétaire,

Ladite somme de vingt-cinq millions de francs n'est pas limitative ; le nombre des sociétaires est indéfini, la compagnie admettant à l'assurance mutuelle tous les propriétaires de maisons et bâtimens dans le département de Seine-et-Marne.

3. La durée de la société est de trente ans, pourvu, toutefois, qu'à l'expiration de chaque période de cinq années, il se trouve toujours pour vingt-cinq millions de propriétés engagées à l'assurance (sauf l'effet de l'art. 6, relatif à chacun des associés).

CHAPITRE II. But et organisation de la société.

4. Cette société a pour objet de garantir mutuellement ses membres des dommages

_____

(1) En lisant les dispositions de cet acte, il ne faut pas oublier qu'elles ont reçu d'importantes modifications par un autre acte placé à la suite de celui-ci.

et risques que pourraient causer l'incendie et même tous feux du ciel et de cheminée aux maisons et bâtimens qui participent aux bienfaits de la société, ainsi qu'aux meubles placés par les propriétaires à perpétuelle demeure et devenus immeubles par destination dans les bâtimens d'habitation seulement.

Ne font pas partie de la présente association, les spectacles, les usines mues par le feu, les bâtimens d'une valeur au-dessous de quatre mille francs qui seraient construits en bois ou couverts en bois ou en chaume, dits *cabanes* ou *chaumières*;

Plus et encore tout objet étranger à l'immeuble, mêmes les ustensiles, machines et mécaniques, dits *ateliers* et *usines*.

Le conseil d'administration, s'il le juge avantageux pour les intérêts des sociétaires, pourra, par une délibération spéciale, admettre dans l'association, d'après une base d'augmentation progressive déterminée par lui, les propriétaires d'usines mues par le feu, de bâtimens d'exploitation ou magasins couverts en chaume ou en bois d'une valeur au-dessous de quatre mille francs, suivant le plus ou moins de risques que présentera leur immeuble.

Aussitôt la mise en activité de l'établissement, le conseil d'administration donnera tous ses soins à la réalisation du vœu manifesté par les fondateurs, de voir les fermiers admis au bénéfice de l'assurance mutuelle, en cas d'incendie de leur récolte.

Ne sont pas compris dans la présente assurance et ne pourront donner lieu à aucun paiement de dommages, tous incendies provenant, soit d'invasion, soit de commotion ou émeute civile, soit enfin de force militaire quelconque.

La police d'assurance devient nulle dans ses effets actifs et passifs, si la propriété cesse d'exister par d'autres causes que celles d'incendie.

5. Il sera apposé, moyennant une rétribution unique d'un franc une fois payée, sur chaque maison assurée, et dans la quinzaine au plus tard de l'engagement de son propriétaire, une plaque en tôle indicative de l'assurance, portant en lettres initiatives A. M. (Assurance Mutuelle).

6. Chaque sociétaire est assureur et assuré pour cinq années, à partir du premier jour du mois qui suit celui dans lequel il est devenu sociétaire; trois mois avant l'échéance des cinq ans, il fait connaître, par une déclaration consignée sur un registre tenu à cet effet, s'il entend continuer de faire partie de la société, ou s'il y renonce.

Par le seul fait du défaut de déclaration à l'époque donnée, on lui suppose l'intention de demeurer attaché à la société, et il continue d'en faire partie.

S'il continue, toutes les conditions de l'assurance (une nouvelle expertise même comprise, s'il y a lieu) doivent être remplies avant l'échéance du terme de l'engagement.

S'il y renonce, son immeuble est dégagé de toutes charges sociales, comme il cesse de profiter d'aucun bénéfice de garantie à partir de l'échéance dudit terme, et son dernier jour compris.

Chaque sociétaire engage sa propriété pour cinq ans à la sûreté du paiement de sa portion contributive, en cas d'événement.

Le présent article sera exécutoire tant contre l'assuré que contre les héritiers et ayans-cause, et même contre ses acquéreurs en cas de vente, à peine, dans ce cas, de tout recours contre lui.

7. En sa qualité d'assureur, tout sociétaire est tenu de fournir à la compagnie une garantie pour le paiement des portions contributives auxquelles l'assujétit le présent système d'assurance mutuelle : cette garantie, qui forme le fonds capital, est de demi pour cent de la valeur assurée; si cette garantie vient à être entamée pour le paiement d'une portion contributive, elle doit être aussitôt complétée.

Le propriétaire affecte spécialement la propriété assurée jusqu'à concurrence de demi pour cent de son estimation, de manière à former un fonds capital de cent vingt-cinq mille francs, sans qu'en aucun cas ladite garantie puisse excéder cette quotité; cette affectation donne lieu à une inscription que prend le directeur en son nom pour la compagnie, sur la propriété assurée, dans les trois jours de l'engagement de son propriétaire.

Cette inscription peut être suppléée par une rente sur l'Etat représentative au pair du montant de la garantie, ou par un dépôt d'espèces, soit à la Banque de France, soit à la caisse de l'administration, soit à la caisse du Mont-de-Piété. Dans l'un ou l'autre cas, l'engagement s'accomplit de manière que la valeur qui sert de garantie soit constamment, en cas de besoin, à la disposition de l'administration. Si la garantie s'opère en espèces entre les mains du caissier de l'administration, elles sont converties en une inscription sur le grand-livre de la dette publique, laquelle est déposée chez le notaire de la société.

Cette garantie de demi pour cent, jugée nécessaire à la naissance de l'établissement, peut être réduite au fur et à mesure de l'accroissement progressif des propriétés engagées à l'assurance mutuelle.

Ce changement s'opère en vertu d'un arrêté du conseil d'administration délibéré avec le conseil des sociétaires, de manière que le fonds capital de la garantie soit toujours de cent vingt-cinq mille francs, quelles que soient les personnes qui l'aient fourni.

Ce changement étant opéré, le directeur donne main-levée des inscriptions, jusqu'à concurrence des réductions, aux sociétaires qui ont hypothéqué leurs immeubles, et chaque autre sociétaire opère un prélèvement dans la même proportion sur la somme numéraire qu'il a versée.

88. Chaque autre sociétaire, pour l'exécution de l'article ci-dessus, fait élection de domicile dans l'étendue de l'arrondissement où la situation du bien assuré, et se soumet, pour tous les effets du présent acte, à la juridiction du tribunal de première instance séant à Melun, devant lequel seront portées toutes les actions pour inexécution des présens statuts.

9. L'estimation des maisons et bâtimens a lieu de gré à gré entre les propriétaires et un expert choisi par le directeur ; à défaut d'accord, ils s'adjoindront un tiers-expert qui sera payé à frais communs.

L'estimation doit porter séparément sur chacun des bâtimens composant l'ensemble de la propriété assurée.

Cette estimation est constatée, tant par le registre de la société, que par la police d'assurance donnée à chaque sociétaire.

Le montant de cette estimation ne comprend pas la valeur du sol : elle forme le capital à assurer ; et ce capital est la base de la somme à laquelle le propriétaire assuré a droit en cas d'incendie, comme il est la base de la somme pour laquelle il doit contribuer au paiement des dommages audit cas.

10. Tout fait d'incendie est dénoncé au moment où il se manifeste, par le propriétaire assuré, ou par toute autre personne. Il est tenu expressément de charger de soin, au maire de la commune où l'immeuble est situé, ou à tout autre officier public, qui en donne déclaration authentique, portant le détail succinct du dommage; cette déclaration est envoyée dans les quarante-huit heures, au directeur, qui la fait vérifier et constater de suite.

La déclaration du propriétaire ou de son représentant est signée sur un registre à ce destiné ; il en est donné copie au déclarant.

11. Vingt-quatre heures après la remise de la déclaration d'incendie dans les bureaux de la direction, un des architectes de la compagnie procède à l'estimation du dommage causé par l'incendie à la propriété assurée : le propriétaire pourra lui adjoindre, à ses frais, un autre expert ; en cas de partage d'opinions, un troisième est nommé par les deux parties, et payé à frais communs.

La base de cette estimation est la valeur incendiée, et non le prix de la reconstruction.

Si la propriété est entièrement consumée, l'effet de la police d'assurance est suspendu jusqu'à sa reconstruction, et le sociétaire reste, pendant le même temps, affranchi des charges sociales ; le prix est payé sur le pied de l'estimation lors de l'assurance, et les matériaux qui ont résisté à l'incendie deviennent la propriété de la compagnie, qui les fait enlever dans la quinzaine qui suit la clôture du procès-verbal.

12. Quatre mois après la clôture du procès-verbal de ces experts, la valeur de la maison, si elle est entièrement consumée, ou la somme à laquelle le dommage a été fixé, sont payées à l'assuré, sur l'ordre exprès de l'administration.

Dans le cas où il existe des créanciers hypothécaires sur l'immeuble incendié, le paiement ci-dessus représentant en partie la valeur dudit immeuble, et étant destiné à tenir lieu du gage des créanciers hypothécaires, ou à le rétablir par sa reconstruction ou réparation, il ne peut être arrêté ou suspendu par l'effet d'aucune saisie ou opposition au profit d'aucun créancier non hypothécaire.

Ces paiemens seront faits à la charge de subroger la société, jusqu'à concurrence seulement de l'indemnité par elle payée, aux droits et actions qu'auraient les propriétaires incendiés contre la personne du fait de laquelle l'incendie serait provenu.

13. Pour l'exécution de l'article qui précède, le directeur établit, aussitôt la clôture du procès-verbal d'expertise, le compte de la contribution des sociétaires, à raison de l'incendie survenu, sans y comprendre, bien entendu, le propriétaire incendié.

Le conseil d'administration vérifie ce compte et en arrête définitivement la répartition ; le caissier est chargé d'en poursuivre le recouvrement.

Il en est donné avis aux sociétaires, qui viennent en prendre connaissance, s'ils le jugent à propos, au secrétariat de l'administration, et verser entre les mains du caissier le montant de la part dont ils sont respectivement tenus dans ladite contribution.

A défaut de paiement, cet avis est renouvelé ; et, quinze jours après ce dernier avertissement, l'assureur en retard est poursuivi, à la diligence du directeur et par toutes voies de droit, pour le paiement de la somme dont il se trouve débiteur : tout pouvoir est, à cet effet, conféré par les présens statuts au directeur de la compagnie.

Le retardataire est, en outre, passible d'une amende dont la quotité est fixée au quart de la somme pour laquelle il est poursuivi.

Le montant de ces amendes sera ajouté aux sommes destinées à faire des achats de pompes et autres machines à incendie.

14. Les locataires principaux et particuliers, ainsi que les fermiers pour les propriétés rurales, sont admis, à cause de la responsabilité dont ils sont tenus pour tous incendies de leur fait dans la propriété qu'ils habitent ou dont ils ont la jouissance, à devenir membres de la présente société; en satisfaisant, comme s'ils étaient propriétaires, aux dispositions des présens statuts.

L'effet de l'assurance, quant à eux, est, si le propriétaire a fait assurer de son côté, d'être affranchis, vis-à-vis de la compagnie, de la responsabilité résultant de l'incendie arrivé dans les lieux qu'ils habitent et dont ils ont la jouissance.

Et, dans le cas où le propriétaire ne serait pas assuré, la compagnie devra les garantir de tout recours de la part du propriétaire, jusqu'à concurrence du montant du dommage, ou de celui de l'assurance, si la propriété est entièrement brûlée.

Tout créancier hypothécaire est également admis à faire assurer l'immeuble qui lui sert de garantie, en satisfaisant, comme s'il était propriétaire, aux conditions de l'assurance.

C'est à ce créancier ainsi assuré que la compagnie paie le montant de son assurance, à la décharge de son débiteur, en cas d'incendie total de l'immeuble qui en sert de gage.

Et, en cas de simple dommage, l'indemnité due par la compagnie est remise au créancier, en déduction de sa créance.

Tous créanciers inscrits pourront profiter du bénéfice de cet article, mais avant tout accident, en remboursant proportionnellement aux créanciers assureurs les frais déboursés pour l'assurance, et en y contribuant à l'avenir.

L'usufruitier peut, comme le créancier hypothécaire, assurer l'immeuble dont il a l'usufruit, en satisfaisant aussi, comme s'il était propriétaire, aux conditions de l'assurance.

CHAPITRE III. Administration de la société.

SECTION Ire *Composition de l'administration.*

15. La société est administrée par le conseil général des sociétaires, un conseil d'administration et un directeur.

Il est attaché auprès d'eux un conseil contentieux, composé d'un notaire, d'un avoué pour la compagnie, et d'un architecte par chaque arrondissement, lesquels seront nommés par le conseil d'administration, sur la présentation du directeur.

16. Le conseil général des sociétaires est composé des cinquante plus forts sociétaires : il est présidé par l'un de ses membres élu à la majorité des suffrages.

17. Vingt membres choisis dans le sein du conseil général des sociétaires, et à raison de quatre par chacun des arrondissemens qui composent le département, forment le conseil d'administration de la compagnie.

Ils doivent avoir au moins trente mille francs de propriétés engagées à l'assurance mutuelle.

Il est attaché à ce conseil un secrétaire pris hors de son sein, et nommé par lui, sur la présentation du directeur; ce secrétaire peut cumuler les fonctions de caissier.

Les membres du conseil sont renouvelés par quart tous les deux ans; les premiers sortans seront déterminés par le sort.

Ceux dont le temps est expiré pourront être réélus.

Ils peuvent, pendant la durée de leurs fonctions, faire choix d'un suppléant parmi les plus forts sociétaires.

En cas de décès ou de démission de l'un des membres dudit conseil, il est remplacé de droit par un suppléant, jusqu'à ce qu'il ait été pourvu à son remplacement définitif par le conseil général des sociétaires.

18. Pour parvenir à la formation du présent établissement, le conseil d'administration est composé des dix-sept sociétaires fondateurs, dont les noms suivent :

MM. le duc de Praslin; le comte d'Erceville; Sensier, notaire; Despatys, pour l'arrondissement de Melun.

MM. Dassy; Hannoteau; Regnard de Lagny; Veillet de Veaux, pour l'arrondissement de Meaux.

MM. le marquis de Mun; de Montagu; Menager, pour l'arrondissement de Coulommiers.

MM. de Montgon; Jauvet, pour l'arrondissement de Fontainebleau.

MM. d'Haussonville; Simon; Juris; Laval, pour l'arrondissement de Provins.

Les administrateurs susnommés s'adjoindront ultérieurement, pour compléter le nombre de vingt, déterminé par les présens statuts, un administrateur pour l'arrondissement de Coulommiers, et deux pour celui de Fontainebleau.

Les membres du conseil contentieux sont :

MM. Sensier, notaire, et Passeleu, avoué;

M. Solente, architecte, pour l'arrondissement de Melun;

MM. Savarre et Allein, pour l'arrondissement de Meaux;

M. Martin, architecte, pour l'arrondissement de Fontainebleau;

M. Boby de la Chapelle, architecte, pour l'arrondissement de Provins ;

M. Auxerre, aussi architecte, pour celui de Coulommiers.

Ils peuvent avoir voix consultative dans le conseil d'administration.

19. M. Charles-Benoît-Pinatel, employé supérieur à la manufacture des glaces, rue de Reuilly, n° 35, à Paris, sur la demande de M. Sensier, fondateur de l'établissement, en est nommé le directeur ; M. Bernard Leroy, propriétaire à Melun, en est nommé le secrétaire réunissant les fonctions de caissier.

Section II. Attribution.

20. Le conseil général se réunit une fois par année : sa première réunion a lieu six mois après la mise en activité de la société.

Il confirme, s'il le juge convenable, les membres du conseil d'administration.

Il nomme par suite les membres dudit conseil, ainsi que le directeur en cas de décès ou de démission de celui actuel, et en cas de prévarication prévu par l'article 22.

Il choisit dans son sein trois membres pour former un comité de sociétaires, chargé, pendant le cours de l'année, de suivre les opérations de l'administration.

Il statue sur toutes les observations qui lui sont faites chaque année par ledit comité de sociétaires, après avoir toutefois entendu le conseil d'administration.

Le conseil d'administration se réunit d'obligation le premier mercredi de chaque trimestre : si ce jour est férié, la séance est remise au mercredi suivant. Il peut être convoqué extraordinairement dans le cas d'un incendie arrivé.

Le directeur assiste à ses séances.

Le conseil est présidé par un de ses membres : il ne peut délibérer qu'autant qu'il est composé de six membres ou suppléans.

En cas de partage d'opinions, le directeur a voix délibérative pour former majorité.

Les suppléans peuvent assister aux délibérations du conseil d'administration ; mais ils n'ont voix délibérative que quand ils représentent les membres du conseil, ou qu'ils complètent le nombre de six, nécessaire pour valider les délibérations.

Les membres dudit conseil ne contractent, à raison de leur gestion, aucune obligation personnelle ni solidaire, relativement aux engagemens de la société.

Ce conseil délibère sur toutes les affaires de la société, et les décide par des arrêtés consignés sur des registres tenus à cet effet ; il ne peut prendre aucun arrêté qui, en contrevenant aux présens statuts, tende à aggraver ou à changer le sort des sociétaires.

Les décisions sont prises à la majorité absolue des suffrages ; elles sont exécutoires pour toute la compagnie.

Le directeur est tenu de s'y conformer.

21. Le comité des sociétaires prend part aux délibérations du conseil d'administration dans tous les cas prévus par les statuts. Il rend compte au conseil général des observations qu'il a pu faire pendant l'année, et des abus qu'il aurait pu reconnaître dans l'administration.

22. Le directeur, à ce titre, et sous les ordres du conseil d'administration, dirige et exécute toutes les opérations de la société ; il assiste avec voix consultative aux séances dudit conseil, et voix délibérative en cas de partage d'opinions.

Il est responsable du mandat qu'il reçoit.

Il fournit un cautionnement en immeubles dans le département de Seine-et-Marne, ou en effets publics, à sa volonté, de la valeur de cent mille francs.

Il convoque les assemblées, et met sous leurs yeux l'état de situation de l'établissement, et le compte détaillé de tout ce que la compagnie a été dans le cas de rembourser pour cause d'incendie.

Il donne, soit aux sociétaires, soit aux membres des différentes branches de l'administration, tous les renseignemens qu'ils peuvent désirer, avec communication des registres, livres, arrêtés et états de situation.

Il fait procéder à l'estimation des maisons engagées à l'assurance, et prend en son nom, pour la compagnie, toutes les inscriptions : il est chargé de la délivrance des polices d'assurance, de la tenue et de l'ordre des bureaux, des rapports de la société avec les autorités, de la correspondance, enfin de la confection comme de la suite et de l'exécution de tous les actes qui peuvent concerner l'établissement.

Il demeure chargé de l'exécution des présens statuts ; il ne peut s'écarter en aucune manière des opérations qui en sont l'objet.

En conséquence, il est tenu, non-seulement d'ouvrir les registres nécessaires au conseil d'administration pour ses délibérations et ses arrêtés, mais encore d'avoir un journal général qui offre, dans l'ordre jugé convenable, les noms des sociétaires, la valeur de leur assurance et le compte ouvert à chacun d'eux, les registres relatifs aux délibérations d'incendie, aux évaluations de dommages et à la correspondance.

Il peut être révoqué, dans le cas de prévarication dans sa gestion, par le conseil général, sur la poursuite du conseil d'administration, et après avoir été entendu.

23. Un commissaire du Gouvernement, désigné par M. le préfet du département, peut prendre connaissance des arrêtés du conseil d'administration, et en suspendre

l'exécution, s'il les trouve contraires aux lois et en opposition avec les arrêtés de police.

Section III. Frais de direction.

24. Tous frais de loyer, frais de bureau et de correspondance, tous traitemens d'employés, droits d'enregistrement, honoraires du notaire, toute distribution de jetons de présence aux membres du conseil d'administration, enfin toute dépense soit d'établissement, soit de gestion, sont et demeurent à la charge de la direction.

Pour faire face tant à ces dépenses qu'au prélèvement établi par l'article ci-après, chaque associé est redevable, chaque année, de la somme de quarante centimes par mille francs du prix de l'estimation de l'immeuble assuré.

Le paiement de ce droit est exigible au commencement de chaque année, dans le courant du mois correspondant à celui où il est entré à l'assurance.

Ces recettes et ces dépenses forment entre la compagnie et le directeur un traité à forfait, dont la durée est fixée à cinq ans. A cette époque, le conseil d'administration, réuni au comité des sociétaires, se fait représenter l'état des recettes et des dépenses de ces cinq années : s'il juge les recettes dans une proportion convenable avec les dépenses, la société continue sur les mêmes bases; si les recettes excèdent les dépenses de manière à offrir la possibilité d'une réduction dans le droit attribué aux frais de direction, il ordonne et règle cette réduction.

25. La présente société ayant tout à la fois pour objet une police d'assurance et une mesure d'utilité publique, le dixième de la somme que doit verser chaque sociétaire, aux termes de l'article ci-dessus, sera employé, d'après les ordres du conseil général, sur la proposition du conseil d'administration, à l'achat des pompes et autres machines à incendie, en faveur des communes qui n'en sont pas pourvues, et qui ont les plus forts engagemens à l'assurance mutuelle.

Section IV. Comptabilité.

26. Le caissier de la direction fournit un cautionnement de dix mille francs en immeubles ou en effets publics, à sa volonté.

Les inscriptions nécessaires sont prises sur les biens par le directeur, en son nom pour la compagnie : il n'en peut être donné de main-levée et consenti de radiation qu'après l'apurement de ses comptes, et la représentation du *quitus* délivré en suite d'une délibération du conseil d'administration.

27. Pour sûreté des fonds provenant des articles 13 et 25, il est établi une caisse à trois clefs, dans laquelle le caissier remet le dernier jour de chaque mois, le montant des fonds qui ont été versés entre ses mains dans cet espace de temps, et qui n'en sont tirés qu'au fur et à mesure des besoins.

Les entrées et sorties de ces fonds sont constatées par le moyen que le conseil d'administration juge à propos d'adopter.

Des trois clefs de la caisse, l'une est remise entre les mains du caissier, l'autre entre celles du directeur, et la troisième au président ou à l'un des membres désigné par lui.

28. Le caissier tient sa comptabilité journalière sous le contrôle immédiat du directeur.

Chapitre IV. Dispositions générales.

29. Toute action judiciaire à laquelle pourrait donner ouverture tout autre objet que le simple recouvrement, soit des portions contributives, soit des cotisations annuelles, ne pourra être engagée ou soutenue par le directeur, en son nom et aux frais de la direction, que d'après l'avis du conseil d'administration, et l'avoué de la compagnie entendu.

30. S'il survient quelque contestation entre la compagnie, comme chambre d'assurance, et un ou plusieurs des associés, elle est jugée, à la diligence du directeur, pour la société, par trois arbitres dont deux sont nommés par les parties respectives, et le troisième par le juge-de-paix de l'arrondissement du siège de l'établissement. Leur jugement est sans appel.

31. Le domicile de la compagnie est établi dans le local de la direction et des bureaux qui devront toujours être à Melun.

32. Les fondateurs soussignés autorisent M⁰ Sensier, notaire à Paris, y demeurant rue Saint-Denis, n° 247, à se pourvoir devant M. le préfet de Seine-et-Marne et les autorités supérieures, pour parvenir à l'homologation des présens statuts, et fournir toutes les justifications exigées par le Code de commerce et les instructions ministérielles.

Ce fut ainsi convenu et arrêté entre les parties.

Dont acte, fait et passé en la demeure respective des parties, l'an 1818, les 8, 9, 10, 11, 12, 13, 14, 15, 16, 17 et 18 décembre.

Et les 27 et 28 février, 1er, 2, 3 et 4 mars 1819, sont comparus devant M⁰ Jean-Baptiste-Théodore Sensier, notaire royal à Paris, et en présence des témoins ci-après nommés, aussi soussignés.

(*Suivent les noms.*)

Tous dénommés, qualifiés et domiciliés

en l'acte des 8, 9, 10, 11, 12, 13, 14, 15, 16, 17 et 18 décembre 1818, dont expédition précède :

« Lesquels, après un nouvel examen des statuts contenus en l'acte dont la minute précède, et pour satisfaire aux observations qui leur ont été faites par divers sociétaires, et aux rectifications qui ont été désirées par MM. les membres du conseil-d'Etat, ont fait auxdits statuts les additions et changemens qui suivent et qui en formeront le complément.

Enonciation des chapitres et articles qui sont changés et modifiés.

CHAPITRE II. But et organisation de la société.

4. Les fermiers ne pourront être admis, pour le cas d'incendie de leurs récoltes, au bénéfice de l'assurance mutuelle établie entre les propriétaires, comme semblerait l'indiquer le cinquième paragraphe de cet article.

Le conseil d'administration donnera seulement ses soins à la formation d'une société particulière d'assurance mutuelle entre les fermiers pour ledit cas d'incendie de leurs récoltes : cette société aura besoin de l'autorisation royale pour être mise en activité.

6. Les dispositions suivantes sont ajoutées à cet article :

« Le propriétaire assuré s'interdit le droit de se faire assurer en même temps par une autre compagnie.

« En cas de négligence, de la part du propriétaire, de se soumettre aux ordonnances de police sur le ramonage, la compagnie pourra les faire exécuter aux frais dudit propriétaire. »

7. En raison, d'abord de l'obscurité que présentait la rédaction du second paragraphe de cet article, et plus encore de l'impossibilité reconnue de remplir les formalités de l'inscription hypothécaire sans des frais considérables, ledit article 7 est considéré comme non avenu et remplacé par les dispositions suivantes ;

« En sa qualité d'assureur, tout sociétaire est tenu de fournir à la compagnie une garantie pour le paiement des portions contributives auxquelles l'assujettit le présent système d'assurance mutuelle ; elle forme un fonds capital de demi pour cent de la valeur assurée.

« Si cette garantie vient à être entamée pour le paiement d'une portion contributive, elle doit être aussitôt complétée : elle est fournie en une rente sur l'Etat représentative au pair du montant de la garantie, ou en un versement d'espèce soit à la Banque de France, soit à la caisse du Mont-de-Piété, soit à celle de l'administration.

« Si le versement est fait à cette dernière caisse, les fonds sont convertis en une inscription sur le grand-livre de la dette publique, laquelle est déposée chez le notaire de la société.

« Cette garantie de demi pour cent, jugée nécessaire à la naissance de l'établissement, peut être réduite au fur et à mesure de l'accroissement progressif de propriétés engagées à l'assurance mutuelle.

« Ce changement s'opère en vertu d'un arrêté du conseil d'administration, délibéré avec le comité des sociétaires, et est mis à exécution par le directeur, de manière que le fonds capital soit toujours de cent vingt-cinq mille francs. »

9. Les soins que demandait l'estimation partielle de chaque bâtiment, prescrite par le second paragraphe de cet article, ont obligé, pour la mise en activité de l'établissement, de se contenter d'une estimation totale de la part des signataires de l'acte ci-contre, ainsi que des adhérens.

La ventilation de ces estimations totales aura lieu, conformément aux dispositions de ce second paragraphe, dans les six mois qui suivront l'obtention de l'autorisation royale.

Jusqu'à cette époque, en cas d'incendie partiel, l'estimation totale servira de base, à dire d'experts, pour la fixation de la valeur du bâtiment incendié.

Si des changemens opérés ultérieurement dans une propriété bâtie lui donnaient une valeur plus ou moins grande, une nouvelle estimation pourrait être réciproquement demandée annuellement à cet égard.

13. Le mot *amende*, improprement employé dans les deux derniers paragraphes de cet article, est remplacé par le mot *indemnité*.

Outre l'indemnité dont est passible le retardataire, aux termes du cinquième paragraphe de cet article, il sera également tenu des frais de timbre, d'enregistrement et de poursuites de toute nature.

Les portions contributives non recouvrées, ainsi que les frais auxquels elles auraient donné lieu, resteront à la charge du directeur, sans recours contre la société.

14. L'admission des locataires et fermiers comme membres de l'association, autorisée par le premier paragraphe de cet article, n'aura lieu qu'avec le consentement de leurs propriétaires.

Si, postérieurement à l'assurance d'une propriété par des créanciers hypothécaires, en vertu du droit que leur en confèrent les quatrième et septième paragraphes de cet article, le propriétaire voulait également la faire assurer pour son compte, cette nouvelle assurance dégagera les créanciers de l'effet de celle antérieure qu'ils auraient faite.

CHAPITRE III. Administration de la société.

SECTION Ire. *Composition de l'administration.*

17. Les suppléans dont le choix est autorisé par le sixième paragraphe de cet article devront, comme les administrateurs, avoir trente mille francs de propriétés engagées à l'assurance.

19. La qualité de fondateur de l'établissement donnée à Me Sensier, notaire, par cet article, est considérée comme non avenue.

SECTION II. Attribution.

20. Le conseil général, qui, aux termes de cet article, doit se réunir une fois par an, pourra être convoqué extraordinairement par le conseil d'administration, ou par le comité des sociétaires, ou enfin par le directeur.

22. La disposition relative aux inscriptions qui figurent dans le sixième paragraphe de cet article est considérée comme non avenue.

23. Attendu l'engagement contracté par le directeur, de prendre à sa charge les portions contributives non recouvrées et les frais faits, le traité à forfait, dont la durée est fixée à cinq années par le quatrième paragraphe de cet article, sera de dix années, si le directeur le désire, sans aucune application, dans ce cas, du sixième paragraphe : il fera connaître son intention au conseil d'administration, dans les trois derniers mois de la première période de cinq années.

SECTION IV. Comptabilité.

Article ajouté : 28 bis. Lorsqu'un sociétaire aura déclaré, en conformité de l'article 6, qu'il veut se retirer de la société, son compte sera arrêté au dernier jour de son terme d'engagement tant activement que passivement, relativement à ce qui pourrait rester du versement par lui fait, aux termes de l'art. 7 ci-dessus, et aux portions contributives qu'il pourrait devoir. Le directeur lui délivrera copie de ce compte dans le délai d'un mois, et y joindra un mandat payable à vue par le caissier pour le solde actif qui pourrait revenir aux sociétaires sortans.

Si, à l'une des époques quinquennales, il ne restait plus pour vingt-cinq millions de propriétés engagées à l'assurance, la société serait dissoute, le conseil d'administration fixerait le jour auquel cesseront les obligations réciproques des sociétaires, et le compte de chacun d'eux sera réglé et soldé comme il est dit au paragraphe précédent.

Les comptes du directeur et du caissier seront, en cas de décès, démission, retraite, ou dissolution de la société, entendus par le conseil d'administration et arrêtés par le conseil général des sociétaires : l'arrêté de compte contiendra la main-levée des inscriptions prises sur eux, et le dépôt des pièces et livres soit entre les mains du successeur, soit dans les archives publiques.

CHAPITRE IV. Dispositions générales.

Article ajouté : 29 bis. Tous les cas non prévus seront décidés souverainement par le conseil d'administration réuni au comité des sociétaires, le directeur entendu.

Dont acte, fait et passé l'an 1819, savoir, etc.

———

24 MARS ⚌ Pr. 21 MAI 1819. — Ordonnance du Roi portant autorisation, conformément aux statuts y annexés, de l'établissement à Bordeaux d'une Caisse d'épargnes et de prévoyance du département de la Gironde. (7, Bul 281, n° 6556.)

Louis, etc.

Sur le rapport de notre ministre secrétaire-d'Etat au département de l'intérieur ;

Vu l'acte passé par-devant Me Maillères, notaire royal à Bordeaux, les 1er, 2 et 3 février 1819, et contenant les statuts d'une société anonyme pour la création d'une Caisse d'épargnes et de prévoyance dans le département de la Gironde ;

Vu les art. 29 à 37, 40 à 45 du Code de commerce,

L'avis de notre préfet du département de la Gironde sous la date du 20 février 1819 ;

Considérant qu'on ne saurait trop encourager des établissemens aussi recommandables par la moralité et l'utilité de leur but que par la générosité de leurs fondateurs ;

Notre conseil-d'Etat entendu,

Nous avons ordonné et ordonnons ce qui suit :

Art. 1er. L'établissement à Bordeaux d'une Caisse d'épargne et de prévoyance du département de la Gironde, ensemble la société anonyme formée pour sa dotation et son administration, sont et demeurent autorisés, conformément aux statuts dressés et déposés les 1er, 2 et 3 février de la présente année, chez Maillères, notaire à Bordeaux, lesquels statuts seront annexés à la présente, publiés et affichés avec elle.

2. Notre présente autorisation vaudra pour trente ans, à la charge d'exécuter fidèlement les statuts, nous réservant de révoquer notre dite autorisation en cas de non exécution

ou de violation des statuts par nous approuvés, le tout sauf le droit des tiers, et sans préjudice des dommages-intérêts qui seraient prononcés par les tribunaux contre les auteurs des contraventions.

3. L'administration de la société sera tenue de présenter, tous les six mois, le compte rendu de sa situation ; des copies en seront remises au préfet de la Gironde, au tribunal de commerce et à la chambre de commerce de Bordeaux.

4. Notre ministre secrétaire-d'Etat de l'intérieur est chargé de l'exécution de la présente ordonnance, qui sera insérée au Bulletin des Lois. En outre, les statuts de la société seront insérés dans le Moniteur et dans le journal destiné à recevoir les avis judiciaires dans le département de la Gironde.

24 MARS 1819. — Ordonnance du Roi qui permet aux sieurs Chemin, Vernon, Bourdon de Chevigné et Mou, d'ajouter à leurs noms ceux de de Beuvry, de Saint-Bruno, de Moncey et de Sixte. (7 , Bull. 270.)

24 MARS 1819. — Ordonnance du Roi qui admet les sieurs Petit, Texada, Stelzer, Eiscle, Alberola, Weiblen et Born à établir leur domicile en France. (7 , Bull. 270.)

24 MARS 1819. — Ordonnance du Roi qui autorise l'inscription au Trésor royal de diverses pensions tant militaires que civiles. (7 , Bull. 273.)

24 MARS 1819. — Ordonnances du Roi qui accordent des lettres de déclaration de naturalité aux sieurs Haan, Bottino, Kupper, Suchet et Almandola. (7 , Bull. 289 , 301 , 303 , 341 et 348.)

24 MARS 1819. — Ordonnances du Roi qui autorisent l'acceptation de dons et legs faits aux hospices (7 , Bull. 295.)

24 MARS 1819. — Ordonnances du Roi qui autorisent l'acceptation de dons et legs faits aux pauvres. (7 , Bull. 294.)

24 MARS 1819. — Ordonnances du Roi qui autorisent l'acceptation de dons et legs faits aux communes. (7 , Bull. 293.)

29 MARS 1819. ⹀ Pr. 22 MAI 1820. — Lettres-patentes du Roi portant institution de pairie. (7 , Bull. 369 , n° 8724.)

La pairie de M. le comte Laurent de Gouvion-Saint-Cyr, maréchal de France, etc., créé pair par ordonnance royale du 4 juin 1814, a été instituée héréditairement sous le titre de Marquis ;

La pairie de M. Boniface-Louis-André comte de Castellane, lieutenant général, etc., créé pair par ordonnance royale du 17 août 1815, a été instituée héréditairement sous le titre de Comte ;

La pairie de M. Antoine-Louis-Octave comte de Choiseul-Gouffier, chevalier de Saint-Louis, chambellan de l'empereur de Russie, etc., admis par la chambre des pairs, le 13 mars 1819, comme fils aîné et successeur du feu comte Marie-Gabriel-Florent-Auguste de Choiseul-Gouffier, créé pair par ordonnance royale du 17 août 1815, a été instituée héréditairement sous le titre de Comte.

29 MARS 1819. — Extrait de lettres-patentes portant affectation de majorat en faveur de M. de Melun. (7 , Bull. 272.)

31 MARS ⹀ Pr. 14 AVRIL 1819. — Ordonnance du Roi qui proroge les délais fixés par celle du 21 AOUT 1816 , pour les déclarations et révélations des biens et rentes inconnues au domaine. (7 , Bull. 27 , n° 6209.)

Voy. lois des 14 VENTOSE an 7 et 4 VENTOSE an 9 ; ordonnance du 21 AOUT 1816, et loi du 12 MARS 1820, tit II.

Louis, etc.

Vu notre ordonnance du 21 août 1816, concernant les déclarations et révélations des biens et rentes inconnus au domaine ;

Considérant que la brièveté des délais accordés n'a pas permis d'obtenir les résultats espérés ;

Sur le rapport de notre ministre secrétaire-d'Etat des finances ;

Notre Conseil-d'Etat entendu,

Nous avons ordonné et ordonnons ce qui suit :

Art. 1er. Les délais fixés par notre ordonnance du 21 août 1816 sont prorogés, savoir :

Pour la déclaration de la part des détenteurs, pendant le cours de l'année 1819 ;

Et pour les révélations par toute personne indistinctement, jusqu'au 1er janvier 1821.

2. Les autres dispositions de la même ordonnance continueront, jusqu'auxdites époques, à recevoir leur exécution.

3. Notre ministre secrétaire-d'État des finances est chargé de l'exécution de la présente ordonnance, qui sera insérée au Bulletin des Lois.

31 MARS = Pr. 23 AVRIL 1819. — Ordonnance du Roi qui porte à quatre le nombre des courtiers d'assurances au Havre. (7, Bull. 274, n° 6265.)

Louis, etc.

Vu la demande de la chambre de commerce et des autorités locales de la ville du Havre;

Vu l'avis du préfet du département;

Sur le rapport de notre ministre secrétaire-d'État au département de l'intérieur;

Nous avons ordonné et ordonnons ce qui suit :

Art. 1er. Le nombre des courtiers d'assurances créé au Havre par l'arrêté du Gouvernement du 17 germinal an 13 (7 avril 1805), est porté à quatre.

2. Nos ministres secrétaires-d'État de l'intérieur et des finances sont chargés de l'exécution de la présente ordonnance, qui sera insérée au Bulletin des Lois.

31 MARS 1819. — Ordonnance du Roi qui admet les sieurs Bulticaz et Böhlen à établir leur domicile en France. (7, Bull. 272.)

31 MARS 1819. — Ordonnances du Roi qui accordent des lettres de déclaration de naturalité aux sieurs Grunfeld, Laras, Roméi, Kiriaco, Conti, Roverra, Barberis, André, et Manfredi. (7, Bull. 275, 290, 301, 324, 368, 391, 639, et 8, Bull. 52.)

31 MARS 1819. — Ordonnances du Roi qui autorisent l'acceptation de dons et legs faits aux fabriques. (7, Bull. 295.)

31 MARS 1819. — Ordonnances du Roi qui autorisent l'acceptation de dons et legs faits aux pauvres. (7, Bull. 297.)

31 MARS 1819. — Ordonnances du Roi qui autorisent l'acceptation de dons et legs faits à la commune de Hottot-en-Auge; aux pauvres. (7, Bull. 296.)

3 AVRIL 1819. — Ordonnance du Roi qui nomme M. Dupeloux préfet du département des Basses-Alpes. (7, Bull. 275.)

7 = 23 AVRIL 1819. — Ordonnance du Roi concernant le mobilier des archevêchés et évêchés. (7, Bull. 274, n° 6266.)

Louis, etc.

Sur le rapport de notre ministre secrétaire-d'État de l'intérieur;

Vu le décret du 25 mai 1805 (5 prairial an 13), concernant le mobilier des archevêchés et évêchés;

Notre Conseil-d'État entendu,

Nous avons ordonné et ordonnons ce qui suit :

Art. 1er. L'ameublement des archevêchés et évêchés se compose,

1° Des meubles meublans servant à la représentation, tels que glaces, consoles, secrétaires, tentures, lustres, tapis, siéges et autres objets qui garnissent les salons de réception, la salle à manger et le cabinet du prélat;

2° De l'ameublement d'un appartement d'habitation d'honneur;

3° Du mobilier de la chapelle de l'archevêché ou évêché;

4° Des crosses épiscopales et des croix processionnelles des archevêques.

2. L'état actuel et la valeur du mobilier de chaque archevêché et évêché demeurent arrêtés tels qu'ils ont été portés, au 1er janvier de la présente année, dans les inventaires et devis estimatifs dressés en vertu des ordres de notre ministre secrétaire-d'État de l'intérieur et approuvés par lui.

3. Lorsque la valeur du mobilier arrêté comme il est dit à l'article précédent ne s'élèvera pas à une somme équivalente à une année de traitement du titulaire; notre ministre secrétaire-d'État de l'intérieur pourra autoriser, au fur et à mesure des besoins, de nouveaux achats de meubles, jusqu'à concurrence de cette somme. Il n'y aura point lieu néanmoins à prescrire des réductions là où l'ameublement aurait actuellement une plus grande valeur.

4. Les sommes nécessaires pour les nouveaux achats de meubles, ainsi que pour l'entretien annuel des ameublemens, seront prises sur les fonds affectés aux dépenses fixes ou communes à plusieurs départemens. Elles seront mises à la disposition des archevêques, évêques ou vicaires capitulaires en cas de vacance du siége, à la charge de rendre compte de leur emploi. Il sera procédé aux allocations à faire et aux comptes arrêtés, comme pour les autres dépenses de même nature : le préfet du département où sera établi le siége, soumettra au conseil général, dans sa session ordinaire, les états, devis estimatifs et autres pièces, et il sera définitive-

ment statué par notre ministre secrétaire-d'Etat de l'intérieur.

5. A l'avenir, et ainsi qu'il est réglé par notre ordonnance du 17 décembre 1818 à l'égard du mobilier des préfectures, il sera procédé, chaque année, par le préfet ou un conseiller de préfecture désigné par lui, assisté de deux membres du conseil général désignés d'avance par le conseil, au récolement dudit mobilier, concurremment avec le titulaire, ou en cas de vacance du siége, avec le vicaire capitulaire administrateur du diocèse.

Le procès-verbal de cette opération contiendra l'évaluation des sommes jugées nécessaires, soit pour achat, soit pour frais d'entretien, et servira aux propositions à faire en vertu de l'article précédent.

6. En cas de mutation par décès ou autrement, il sera procédé dans les mêmes formes à l'inventaire et au récolement estimatif du mobilier : la succession du défunt, ou l'évêque sortant et l'évêque nommé, pourront s'y faire représenter par des fondés de pouvoir.

Les états de récolement seront signés par le préfet, par les deux membres du conseil général et par les parties intéressées, et seront adressés en triple expédition, dont l'une sera déposée au secrétariat de l'évêché ou de l'archevêché, une autre à la préfecture, et la troisième transmise à notre ministre secrétaire-d'Etat de l'intérieur.

7. Les archevêques et évêques ne seront point responsables de la valeur des meubles, et seront tenus seulement de les représenter.

8. Notre ministre secrétaire-d'Etat de l'intérieur est chargé de l'exécution de la présente ordonnance, qui sera insérée au Bulletin des Lois.

7 AVRIL 1819. — Ordonnance du Roi portant proclamation des brevets d'invention, de perfectionnement et d'importation délivrés pendant le premier trimestre de 1819. (7, Bull. 275 , n° 6289.)

7 AVRIL 1819. — Ordonnance du Roi qui admet les sieurs Onâté et Pura à établir leur domicile en France. (7 , Bull. 272.)

7 AVRIL 1819. — Ordonnance du Roi portant liquidation de trente-deux soldes de retraite , provisoirement payables sur le fonds des demi-soldes. (7 , Bull. 275.)

7 AVRIL 1819. — Ordonnances du Roi qui autorisent l'acceptation de dons et legs faits aux fabriques. (7 , Bull. 298.)

7 AVRIL 1819. — Ordonnances du Roi qui accordent des lettres de déclaration de naturalité aux sieurs Langermann et Everaert. (7 , Bull. 283 et 615.)

7 AVRIL 1819. — Ordonnances du Roi portant établissement de foires dans les communes de Jaulnais et de Condat. (7, Bull. 297.)

7 AVRIL 1819. — Ordonnances du Roi portant établissement de foires dans les communes de Valligny-le-Monial , de Lucenay-les-Aix, de Tauxigny et de Châtillon-en-Vendelais, et suppression de celles qui se tenaient dans la commune de Cossaye. (7 , Bull. 298.)

9 = Pr. 23 AVRIL 1819 — Ordonnance du Roi relative à la formation d'un jury dans les départemens où il existe une ou plusieurs branches de grande industrie manufacturière. (7 , Bull. 274 , n° 6267.)

Art. 1er. Dans les départemens où il existe une ou plusieurs branches de grande industrie manufacturière, nos préfets nommeront, avant le 15 mai prochain, un jury composé de sept fabricans chargés de désigner ceux des artistes qui, depuis dix ans, ont le plus puissamment contribué au perfectionnement des fabriques de leur département, soit par l'invention ou la confection des machines, soit par les progrès qu'ils ont fait faire à la teinture, au tissage ou aux autres procédés des manufactures et des arts.

2. Après s'être assuré du mérite des perfectionnemens que chaque jury aura constatés, et de l'importance des manufactures aux progrès desquelles ils ont concouru, notre ministre de l'intérieur nous fera connaitre les noms et le titre des artistes qui pourront prétendre à des récompenses, selon les services qu'ils auront rendus à l'industrie.

3. Les récompenses que nous jugerons à propos d'accorder seront distribuées en même temps que celles qui seront décernées aux produits de l'industrie dans la prochaine exposition.

4. Notre ministre secrétaire-d'Etat de l'intérieur est chargé de l'exécution de la présente ordonnance.

9 = Pr. 23 AVRIL 1819. — Ordonnance du Roi concernant les ventes publiques de marchandises par le ministère des courtiers. (7 , Bull. 274 , n° 6268.)

Art. 1er. Les ventes publiques de marchandises à l'enchère faites par le ministère des courtiers pourront avoir lieu au domicile du vendeur, ou en tout autre lieu convenable, dans les villes où il n'y aura pas de local affecté à la Bourse et fréquenté par les commerçans.

Il sera prononcé sur cette faculté par les tribunaux de commerce, auxquels, en vertu de l'article 492 du Code de commerce, des décrets des 22 novembre 1811 et 17 avril 1812, et de l'article 74 de la loi du 15 mai 1818 (1), il appartient d'autoriser les ventes publiques de marchandises par le ministère des courtiers.

2. Dans les villes où la Bourse est ouverte et fréquentée, les tribunaux de commerce pourront aussi permettre la vente à domicile ou ailleurs, mais seulement dans le cas où ils estimeront que l'état ou la nature de la marchandise ne permet pas qu'elle soit exposée en vente à la Bourse, ou qu'elle y soit vendue sur échantillons.

3. Dans tous les cas, l'ordonnance du tribunal fixera le lieu et l'heure des ventes, de manière que la réunion des courtiers et le concours des acheteurs puissent leur conserver le même degré de publicité.

4. Il ne pourra être mis aux enchères dans lesdites ventes que les marchandises spécifiées dans l'ordonnance du tribunal, lesquelles ne pourront être d'autre espèce que celles qui seront comprises aux états dressés en conformité du décret du 17 avril 1812 et de notre ordonnance du 1er juillet 1818.

5. Les tribunaux de commerce pourront, par leurs ordonnances motivées, déroger à la fixation du *maximum* et du *minimum* de la valeur des lots portée au décret du 17 avril 1812, s'ils reconnaissent que les circonstances exigent cette exception ; sous la réserve néanmoins qu'ils ne pourront autoriser la vente des articles pièce à pièce, ou en lots à la portée immédiate des particuliers consommateurs, mais seulement en nombre ou quantité suffisans, d'après les usages, pour ne pas contrarier les opérations du commerce en détail.

6. Les dispositions du décret du 17 avril 1812 contraires à celles de la présente ordonnance sont abrogées (2).

7. Notre garde-des-sceaux, ministre secrétaire-d'Etat de la justice, et notre ministre secrétaire-d'Etat de l'intérieur sont chargés de l'exécution de la présente ordonnance, qui sera insérée au Bulletin des Lois.

———

9 AVRIL 1819. — Ordonnance du Roi portant autorisation d'une société pour l'amélioration des prisons. (Mon. du 10 AVRIL 1819.)

Voy. les statuts en date du 15 MAI 1819, et le réglement en date du 7 AOUT 1819.

TITRE Ier. De la société royale pour l'amélioration des prisons.

Art. 1er. La société royale pour l'amélioration des prisons est et demeure approuvée. Nous autorisons ladite société à inscrire notre nom en qualité de protecteur, en tête de la liste de ses membres, et nous consentons que notre bien-aimé neveu, le duc d'Angoulême, agrée le titre et les fonctions de président.

2. Les statuts et les réglemens de ladite société, ainsi que la liste de ses fondateurs, seront soumis à notre approbation.

3. A l'avenir, quiconque désirera être reçu dans la société royale pour l'amélioration des prisons devra être présenté par quatre de ses membres, être admis par la société et agréé par nous.

4. Les fonds et revenus provenant des dons de la société et de ses membres seront exclusivement affectés à l'amélioration des prisons du royaume.

TITRE II. Du conseil général des prisons.

5. Il sera formé, près de notre ministre de l'intérieur, un conseil général des prisons, composé de vingt-quatre membres, lesquels seront choisis par notre ministre parmi les membres de la société royale pour l'amélioration des prisons et agréés par nous.

6. Les membres du conseil général des prisons seront renouvelés par tiers tous les cinq ans.

Les nominations nouvelles auront lieu sur une liste triple de candidats présentée par ledit conseil à notre ministre de l'intérieur.

Les membres sortans seront désignés par la voie du sort ; ils pourront être réélus.

7. Le conseil général des prisons est chargé de présenter à notre ministre de l'intérieur ses vues sur toutes les parties de l'administra-

---

(1) *Voyez* notes sur ces actes.
(2) Cette ordonnance rentre dans l'exercice du pouvoir réglementaire qui appartient au Roi ; dès-lors elle est obligatoire pour les tribunaux.
Les courtiers de commerce ne peuvent, même au cas de faillite, vendre des marchandises hors la Bourse, par lots inférieurs à 2,000 fr., qu'après en avoir obtenu l'autorisation du tribunal de commerce (16 mars 1819, Cass. S. 29, 2, 165. D. 29, 2, 152.).

tion et du régime intérieur des prisons du royaume, et notamment en ce qui concerne le classement des détenus selon l'âge, le sexe et la nature des délits ; les divers systèmes de travail à introduire dans les prisons, la distribution des profits du travail, la discipline intérieure des prisons, la salubrité, la sûreté, l'instruction religieuse et la réforme morale des détenus, la nourriture, le vêtement ; enfin, les agrandissemens, constructions et changemens de distribution qui pourraient être reconnus nécessaires ou utiles dans les enceintes des bâtimens des prisons.

8. Indépendamment des vues générales ci-dessus énoncées, et qui, après avoir été soumises à notre ministre de l'intérieur, devront servir de base à l'établissement du système général d'administration et de régime intérieur des prisons, le conseil général des prisons sera chargé de reconnaître et de constater l'état actuel de toutes les prisons du royaume, et d'indiquer à notre ministre de l'intérieur les moyens d'appliquer successivement aux diverses prisons les principes généraux dont il aura reconnu la convenance et l'utilité.

9. A cet effet, notre ministre de l'intérieur fournira, au conseil général des prisons, tous les renseignemens et documens qui seront recueillis sur l'état des prisons du royaume, tant ceux qui existent actuellement que ceux qui seront ultérieurement transmis par les commissions des prisons départementales dont la formation est ordonnée par les articles 13 et suivans.

10. Les membres du conseil général des prisons seront chargés en outre, toutes les fois qu'il en sera besoin et sous l'autorité de notre ministre de l'intérieur, de l'inspection des prisons du royaume.

En ce cas, il leur sera remis, par notredit ministre, des instructions et des pouvoirs spéciaux.

11. Le conseil général des prisons sera présidé par notre ministre de l'intérieur, et en son absence, par un vice-président choisi parmi les membres dudit conseil, et nommé tous les trois mois par le ministre.

12. Un des membres du conseil, désigné par notre ministre de l'intérieur, fera les fonctions de secrétaire général, et sera chargé, en cette qualité, de la correspondance et de la garde des papiers.

TITRE III. Des commissions des prisons départementales.

13. Dans chacune des villes du royaume où se trouvent une ou plusieurs prisons, maisons d'arrêt ou détention, il sera formé une commission composée de trois à sept membres, sous le nom de commission pour la prison de.....

14. Les membres de ces commissions seront nommés par notre ministre de l'intérieur pour la première fois, sur la présentation des préfets, et dans la suite, selon le mode prescrit par l'article 6, pour le renouvellement du conseil général des prisons.

15. Le procureur général, dans les villes où siège une cour royale et dans les autres villes le procureur du Roi, seront de droit membres supplémentaires de ces commissions qui seront présidées par le préfet dans le chef-lieu du département, et par le sous-préfet dans le chef-lieu d'arrondissement.

16. Les commissions pour les prisons dans les départemens seront chargées,

1° De la surveillance intérieure des prisons, et de tous ce qui concerne la salubrité, la discipline, la tenue régulière des registres d'écrou ; le travail, la distribution des profits du travail, l'instruction religieuse et la réforme morale des détenus, et la conduite envers ceux-ci des concierges ou gardiens.

2° Elles dresseront les cahiers des charges pour les marchés des fournitures relatives aux différens services de la prison, et passeront lesdits marchés, lesquels, faits par soumission cachetée et sur échantillons, ne seront valables qu'autant qu'ils auront reçu l'approbation du préfet.

3° Elles dresseront chaque année, à l'époque déterminée par les instructions, l'état des détenus qui, par leur bonne conduite et leur assiduité au travail, seront reconnus avoir acquis des titres à notre clémence. Elles transmettront ces états au préfet, qui les enverra, avec son avis, au ministre de l'intérieur, pour être par lui transmis à notre garde-des-sceaux, ministre de la justice.

4° Elles transmettront en outre au préfet pour être par lui envoyés au ministre de l'intérieur, et mis sous les yeux du conseil général des prisons, tous les renseignemens et documens relatifs à l'état et au régime de chaque prison, ainsi que leurs vues, propositions et demandes sur les améliorations dont cet état serait susceptible.

Les époques et les formes de la correspondance sur toutes ces matières seront déterminées par des instructions particulières de notre ministre de l'intérieur.

17. Les membres des commissions des prisons départementales qui se rendraient à Paris seront, sur leur demande, admis aux séances du conseil général, s'ils ont quelque proposition à soumettre, ou quelques renseignemens à donner dans l'intérêt de leurs prisons.

TITRE IV. De l'administration des prisons de Paris.

18. Le préfet de police de notre bonne ville de Paris, auquel la police des prisons, maisons de dépôt, d'arrêt, de justice, de force, de correction, ainsi que de la maison de Bicêtre, a été attribuée par l'arrêté du Gouvernement du 12 messidor an 8 (1er juillet 1800), est, en outre, et demeure seul chargé, sous l'autorisation de notre ministre de l'intérieur, de tout ce qui est relatif au régime administratif et économique, tant de ces établissemens que de la maison de répression établie à Saint-Denis, et du dépôt de mendicité du département de la Seine.

Il exercera, en cette partie, la totalité des attributions qui avaient été dévolues au préfet de ce département, sous les modifications suivantes.

19. Il sera formé, dans le conseil général des prisons, un conseil spécial d'administration pour les prisons de Paris.

Ce conseil sera composé de douze membres choisis par nous, sur la proposition de notre ministre de l'intérieur, parmi les membres du conseil général des prisons, dont ils ne cesseront pas de faire partie.

Le premier président et le procureur général près la cour royale de Paris, le président et le procureur du Roi près le tribunal de première instance, et le préfet du département de la Seine, seront, ainsi que le préfet de police, membres dudit conseil spécial d'administration, lequel sera présidé par notre ministre de l'intérieur, et en son absence par notre préfet de police.

20. Le conseil spécial dressera, chaque année, le projet de budget pour le service des prisons de Paris, lequel devra être soumis, comme le budget des hospices, à la délibération du conseil général de département, à l'examen de notre ministre de l'intérieur et à notre approbation.

Il désignera les dépenses et l'emploi des fonds dans les limites, et conformément aux allocations dudit budget.

Il surveillera, sous tous les rapports, matériels et moraux, le régime intérieur des prisons de Paris, et délibérera sur tout ce qui peut intéresser l'état des prisons et le sort des détenus.

Il rendra compte, chaque mois, à notre ministre de l'intérieur et au conseil général des prisons de l'état des divers établissemens confiés à ses soins, des améliorations exécutées, et de celles qu'il pourrait être utile d'entreprendre.

Il dressera, chaque année, ainsi qu'il est dit article 16, titre III, l'état motivé des détenus qui lui paraîtront avoir acquis des titres à notre clémence.

Les arrêts dudit conseil, pris à la majorité des voix et revêtus, s'il y a lieu, de l'approbation de notre ministre de l'intérieur, seront exécutés par les soins du préfet de police et des agens ordinaires de l'administration.

21. La surveillance directe et habituelle de chacune des prisons de Paris, et de chacun des services généraux des prisons, sera répartie par notre ministre de l'intérieur entre les membres du conseil spécial d'administration.

Dans chaque prison tous les détenus, même les détenus au secret, devront être représentés au membre du conseil spécial chargé de l'inspection des prisons, lequel recevra leurs réclamations, et en rendra compte au ministre.

22. Chaque année, une députation composée du bureau de la société royale pour l'amélioration des prisons, et de vingt membres pris dans le sein de la société et du conseil général, nous présentera le compte des travaux de la société et du conseil, et de l'emploi des fonds mis à leur disposition.

23. Il sera pourvu, par des instructions de notre ministre de l'intérieur, aux mesures de détail nécessaires pour assurer l'exécution de la présente ordonnance.

---

9 AVRIL 1819. — Extrait de la circulaire ministérielle relative aux sociétés anonymes. (Mon. du 21 AVRIL.)

Si les commerçans peuvent se passer d'autorisation pour toute espèce de spéculations licites, c'est lorsqu'ils agissent sous leur propre nom, sous leur responsabilité, ou en se liant dans des *sociétés collectives*, suivant les articles 20 et 21 du Code de commerce ; de semblables sociétés ne peuvent s'appeler *administration*, *direction*, *compagnie*, *chambre*, ni leurs agens signer en qualité de simples *directeurs* ou *administrateurs* ; car leur dénomination et leur signature doivent former une raison *sociale* qui ne peut contenir que des noms d'associés : par cette forme tous les associés gérans sont définitivement engagés, solidaires et contraignables par corps.

La société *anonyme*, au contraire, n'a point de *raison sociale*, soit pour dénomination, soit pour signature. Elle n'est désignée par aucun nom sociétaire, et elle se qualifie par l'objet de son entreprise. Quand elle est régulière, les associés ne sont engagés que jusqu'à concurrence de leurs actions ; ils ne sont pas solidaires, les gérans ne sont que des mandataires qui ne s'obligent point personnellement.

Mais aussi cette société ne peut exister qu'avec l'autorisation du Roi et avec son approbation pour l'acte qui la constitue.

Ainsi, quand on voit une entreprise sous le titre d'*administration* ou autre semblable, dont le gérant ne signe pas *un tel et compagnie*, mais se qualifie *directeur*, par cela seul l'entreprise se donne pour une *société anonyme;* or, en ce cas, on doit s'assurer si elle est autorisée; car, sans cela, elle est nulle, comme anonyme. Ceux qui y prendraient des actions auraient à redouter de partager la peine de cette nullité en se trouvant engagés et solidaires pour tous, et le public aurait à craindre, de son côté, de ne trouver que des garanties imaginaires; car un des principaux motifs que la loi a eus en vue en exigeant l'autorisation du Gouvernement, c'est de s'assurer préalablement de la réalité d'un fonds capital mis dans la société. On ne peut être sûr qu'il existe, si cette autorisation ne le certifie; et quand des associés évitent de la demander, c'est qu'apparemment ils ne sont pas en état de justifier d'une mise réelle.

Dans certaines entreprises, c'est leur nature même qu'on a voulu soumettre à l'approbation afin que le public, à qui elles offrent leur service, ne fût pas trompé. Ainsi, indépendamment de ce qu'exige la forme des sociétés anonymes, une autorisation du Gouvernement serait encore requise:

1° Suivant la loi du 24 germinal an 11, pour les banques publiques;

2° Selon l'avis du Conseil-d'Etat du 25 mars 1809, approuvé le 1er avril suivant pour les tontines et autres établissemens du même genre, ce qui comprend les caisses de prévoyance, d'accumulation, les assurances sur la vie des hommes;

3° Selon l'avis du Conseil-d'Etat du 30 septembre 1809, approuvé le 15 octobre suivant, pour les assurances mutuelles contre les incendies et contre les autres fléaux. Par les assurances mutuelles, on entend celles où les propriétaires mettent en commun les risques qu'ils courent, et s'associent, non pour gagner, mais répartir entre eux les pertes accidentelles qui tomberaient sur leurs propriétés.

Les auteurs de plusieurs projets se hâtent d'annoncer que leurs plans ont obtenu l'approbation; ils font quelquefois passer pour telle un *accusé de réception* pur et simple. Mais l'autorisation légale consiste exclusivement dans une ordonnance du Roi, conformément aux articles 37 et 45 du Code de commerce; ces ordonnances sont insérées très exactement au Bulletin des lois et au Moniteur; ainsi, nul ne peut supposer une autorisation qui admet de telles preuves et une telle publicité.

Vous devez prévenir le public de votre département contre les erreurs où des entrepreneurs sans caractères et sans consistance pourraient entraîner les particuliers. Vous devez aussi déférer à la justice, quand il y a lieu, ceux qui essaieraient d'agir contre la disposition de la loi, ou en vertu de sociétés imaginaires, puisque, suivant l'expression du Code, sans l'autorisation royale elles n'existent pas.

---

9 AVRIL 1819. — Ordonnance du Roi qui autorise l'acceptation d'un legs fait au collège de Beaune. (7, Bull. 298.)

---

14 $=$ Pr. 21 AVRIL 1819. — Loi relative à l'ouverture dans chaque département d'un livre auxiliaire du grand-livre de la dette publique (1). (7, Bull. 273, n° 6249.)

Voy. ordonnance du même jour 14 AVRIL et 18 AOUT 1819.

Art. 1er. Il sera ouvert un grand-livre des cinq pour cent consolidés, au nom de la recette générale de chaque département, celui de la Seine excepté, un compte collectif qui comprendra, sur la demande des rentiers, les inscriptions individuelles dont ils sont propriétaires.

2. Chaque receveur général tiendra, en conséquence, comme livre auxiliaire du grand-livre du Trésor, un registre spécial où seront nominativement inscrits les rentiers participant au compte collectif ouvert au Trésor.

3. Il sera délivré à chaque rentier inscrit sur ce livre auxiliaire, une inscription départementale détachée d'un registre à souche et à talon; cette inscription, conforme au modèle ci-joint, sera signée du receveur général, visée et contrôlée par le préfet.

---

(1) Présentation à la chambre des députés, le 15 mars (Mon. du 16).

Rapport de M. de la Boullaye, le 17 mars (Mon. du 18).

Discussion, le 24 mars (Mon. des 26 et 27 mars).

Adoption, le 26 mars (Mon. du 27 mars).

Présentation à la chambre des pairs, le 30 mars (Mon. du 31 mars).

Rapport de M. le comte Mollien, le 6 avril (Mon. du 15 avril).

Adoption, le 13 avril (Mon. du 18).

4. Ces titres équivaudront aux inscriptions délivrées par le directeur du grand-livre. Ils seront transférables dans les départemens comme les inscriptions le sont à Paris, et pourront, à la volonté des parties, être changés contre des inscriptions ordinaires.

5. Le livre des transferts, qui devra être tenu à la recette générale de chaque département, sera produit à la cour des comptes, à l'appui du compte spécial que chaque receveur général rendra annuellement.

6. Tout propriétaire d'inscriptions directes ou d'inscriptions départementales, qui voudra en compenser les arrérages, soit avec ses contributions directes, soit avec celles d'un tiers à ce consentant, en fera la déclaration au receveur général, qui se chargera de la recette desdits arrérages et de l'application de leur montant au paiement de ces contributions, dans quelque lieu qu'elles doivent être acquittées.

7. La compensation n'empêchera pas la libre disponibilité de la rente.

8. Les receveurs généraux sont, sans préjudice de la garantie du Trésor, personnellement responsables envers les particuliers des inscriptions, transferts, mutations, paiemens et compensations qui devront être opérées par ces comptables, en exécution de la présente loi.

9. Des ordonnances du Roi régleront les mesures d'exécution propres à assurer, dans tous leurs développemens, les effets de la présente loi.

(Suit le modèle).

RECETTE générale du département d	RECETTE générale du département d	DETTE PUBLIQUE.	RECETTE générale du département d
5 p. °|₀ consolidés.		RENTES CINQ POUR CENT consolidés.	5 p. °|₀ consolidés.

RECETTE générale du département d

5 p. °|₀ consolidés.

Nº

=

Somme de rente,

INSCRIPTION départementale au nom d

CINQ POUR CENT CONSOLIDÉS.

RECETTE générale du département d

5 p. °|₀ consolidés.

Inscription départementale à prendre dans la rente portée au grand-livre des cinq pour cent consolidés, au nom collectif de la recette générale.

Nº

Somme de rente...

M.

a droit à la somme de

de rente à prendre dans celle ci-dessus désignée, avec jouissance des arrérages à compter du

A   le

Le receveur général,

Vu et enregistré à la préfecture.

Nota. Le propriétaire peut, à volonté, obtenir une inscription au grand-livre, ou l'échange du présent certificat, contre celui d'un autre département.

DETTE PUBLIQUE.

RENTES CINQ POUR CENT consolidés.

=

INSCRIPTION DÉPARTEMENTALE.

RECETTE générale du département d

5 p. °|₀ consolidés.

Nº

=

Somme de rente,

INSCRIPTION départementale au nom d

CERTIFIÉ,

Le receveur général,

Vu par le préfet,

1114 = Pr. 23 AVRIL 1819. — Ordonnance du Roi relative à l'exécution de la loi du 14 AVRIL 1819, qui autorise l'ouverture dans chaque département d'un livre auxiliaire du grand-livre de la dette publique. (7 , Bull. 274, n° 6269.)

Voy. ordonnance du 18 AOUT 1819.

TITRE Ier. Inscriptions collectives au nom des recettes générales de département, et création d'inscriptions départementales.

Art. 1er. Les propriétaires de rentes cinq pour cent consolidés qui désireront être compris dans l'inscription collective d'un département, pour jouir des avantages ci-après, déposeront à la recette générale, avec une demande écrite, l'extrait de leur inscription au grand-livre; il en sera, par le receveur général, délivré un reçu échangeable dans le plus court délai contre une inscription départementale à prendre dans l'inscription collective.

2. Le livre auxiliaire du grand-livre du Trésor que tiendra chaque receveur général, conformément à l'article 2 de ladite loi, sera dans la forme du modèle ci-joint, N° 1er. Les receveurs généraux consigneront sur ce livre auxiliaire, au compte ouvert à chaque propriétaire d'inscription départementale, les inscriptions, transferts et mutations qui auront lieu dans les rentes énoncées auxdits certificats.

3. Les inscriptions départementales délivrées par les receveurs généraux devant, aux termes de l'article 3 de la loi, être à talon, visées et contrôlées par le préfet du département, il sera tenu dans chaque préfecture un registre-contrôle (modèle N° 2) de toutes les inscriptions départementales présentées au visa par le receveur général.

A chaque délivrance d'inscription, le talon en sera détaché et envoyé par le préfet à notre ministre des finances.

Le préfet enverra également, au commencement de chaque mois, la copie des articles portés sur le registre-contrôle pendant le mois précédent.

4. Pour assurer l'efficacité de ce contrôle et empêcher que le total des inscriptions départementales n'excède la somme de l'inscription collective, dont elles ne sont que des fractions, il sera donné connaissance aux préfets :

1° De ladite inscription collective, telle qu'elle aura été originairement établie;

2° Des mouvements ultérieurs qui en augmenteront ou diminueront le montant.

5. En cas de perte d'inscription départementale, il sera procédé à son remplacement dans les formes prescrites par le décret du 3 messidor an 12.

TITRE II. Transferts et mutations des inscriptions départementales.

6. La vente des rentes représentées par les inscriptions départementales s'opérera par un émargement sur le livre auxiliaire, à l'article correspondant, et, en outre, par une déclaration de transfert reçue sur un registre (modèle N° 3) tenu par le receveur général. L'émargement et les déclarations seront signés du propriétaire de la rente, ou d'un fondé de procuration spéciale, assisté d'un agent de change, ou à défaut, d'un notaire, pour certifier l'individualité des parties, la vérité de leurs signatures et celle des pièces produites, conformément à l'art. 15 de l'arrêté du 27 prairial an 10.

7. Les mutations, autres que les ventes, auront lieu sur la production d'un certificat de propriété, dans la forme prescrite par la loi du 28 floréal an 7.

Dans ce cas, l'émargement sera signé du porteur des pièces produites, et énoncera la date du certificat de propriété et le nom de l'officier public qui l'aura délivré.

8. Les inscriptions départementales qui devront être remplacées par d'autres, en vertu de mutations ou de transferts, seront rapportées à la recette générale et annulées.

Ce n'est que d'après cette annulation que les nouvelles inscriptions seront expédiées et présentées au visa des préfets, qui, sur le vu des inscriptions départementales rentrées, en mentionneront l'annulation au contrôle prescrit par l'article 3.

9. La conversion d'une inscription départementale en une inscription au grand-livre s'effectuera, après confrontation au talon, au nom du propriétaire désigné dans ladite inscription départementale, sur la seule demande du porteur.

Le préfet et le receveur général du département d'où ladite inscription départementale sortira seront informés de sa conversion en inscription, afin qu'ils le mentionnent sur leurs registres respectifs.

10. L'échange d'une inscription départementale contre un titre semblable dans un autre département s'effectuera de la manière suivante : l'inscription départementale à échanger sera présentée au receveur général signataire, qui l'annulera, et délivrera au titulaire une lettre d'avis adressée au receveur général du département où la rente doit être transportée; l'inscription départementale sera envoyée à notre ministre des finances, pour qu'il fasse augmenter d'une somme égale l'inscription de la recette générale où devra passer la nouvelle inscription départementale, et diminuer de la même somme l'inscription du département d'où la rente aura été extraite.

22
9

L'inscription nouvelle aura lieu après le certificat donné par le directeur du grand-livre, sur la production de la lettre d'avis du receveur général qui aura annulé la première inscription départementale.

TITRE III. Paiement des arrérages.

11. Les receveurs généraux étant, d'après l'article 8 de la loi, personnellement responsables envers les ayant-droit, du paiement exact des arrérages des inscriptions payables dans les départemens, seront, de droit, crédités au Trésor royal, valeur à l'échéance de chaque semestre, du montant total des arrérages desdites inscriptions.

12. Ces paiemens s'effectueront sur la quittance des porteurs, et seront, suivant la loi du 22 floréal an 7, indiqués au dos du titre par le timbre du semestre payé.

TITRE IV. Compensation des arrérages de rentes avec les contributions directes.

13. Les compensations à faire en exécution de l'article 6 de la loi précitée, entre les arrérages de rente et les contributions directes, s'opéreront par l'abandon des semestres de rentes échéant dans la même année, et sans qu'il y ait lieu à décomptes pour les différences d'échéances entre les rentes et les termes exigibles des contributions.

14. La compensation s'effectuera par l'échange de la quittance des rentes contre la décharge équivalente du receveur général. Le titre dont la rente aura été assignée au paiement des contributions sera timbré des semestres employés à ce paiement.

15. Les déclarations à fin de compensation dureront jusqu'à révocation expresse. Elles cesseront néanmoins d'avoir leur effet, à défaut, par le rentier, de remettre au receveur général sa quittance avant l'échéance du premier terme de sa contribution annuelle.

16. Si la rente est plus forte que la contribution à payer, il sera remis pour le surplus, par le receveur général, des bons payables aux échéances des arrérages compensés; si c'est la contribution qui excède, le rentier acquittera cet excédent.

17. Les receveurs généraux se chargeront de tous les détails nécessaires pour consommer la libération du contribuable, en adressant, soit au directeur des contributions, soit aux receveurs particuliers ou aux percepteurs, les renseignemens nécessaires pour que la compensation soit annotée sur les rôles, et le paiement émargé, de manière qu'il ne puisse être exercé aucune action contre le contribuable.

Le receveur général se chargera des mêmes opérations pour les départemens autres que le sien, et son intervention aura, pour le contribuable, le même effet que dans son département.

Les compensations pour les rentiers domiciliés dans le département de la Seine seront faites au Trésor royal.

18. La compensation n'empêchant pas la libre disposition des rentes, les propriétaires ont la faculté de les vendre, aux époques qui leur conviendront, sous la déduction des arrérages compensés.

TITRE V. Reddition des comptes des transferts et mutations.

19. Les receveurs généraux compteront annuellement les mutations et transferts qu'ils auront admis et effectués par la remise,

1° Des inscriptions départementales annulées;

2° Du registre des déclarations de transferts, mentionné article 5, auquel seront jointes les procurations et autres pièces produites à l'appui des ventes;

3° Des certificats de propriété délivrés par les notaires ou autres officiers publics dans le cas de mutation par décès ou autrement.

20. Ces registres et pièces, après examen fait, par le directeur, des mutations et transferts de la dette publique, seront envoyés à notre cour des comptes, qui statuera sur cette partie de la gestion des receveurs généraux, dans les formes et d'après les lois et réglemens applicables à la comptabilité des transferts et mutations.

TITRE VI. Dispositions générales.

21. Chaque receveur général est chargé d'office, à la volonté des particuliers, d'opérer pour leur compte et sans frais, sauf ceux de courtage justifiés par bordereaux d'agens de change, toutes les ventes et achats de rentes qu'ils jugeront à propos de leur confier.

22. Notre ministre secrétaire-d'Etat des finances est chargé de l'exécution de la présente ordonnance, qui sera insérée au Bulletin des Lois.

14 AVRIL 1819. — Ordonnance du Roi qui permet aux sieurs Gillet, Larroze, Royer et Godard, d'ajouter à leurs noms ceux de Valbreuze, de Barouet, de Saint-Julien et de Juvigny, (7, Bull. 265.)

14 AVRIL 1819. — Ordonnance du Roi qui

admet les sieurs Baumgartner, Spitznagel et de Schati à établir leur domicile en France. (7, Bull. 275.)

14 AVRIL 1819. — Ordonnance du Roi qui autorise l'inscription au Trésor royal de vingt-neuf pensions militaires. (7, Bull. 275.)

14 AVRIL 1819. — Ordonnance du Roi qui modifie celle du 25 SEPTEMBRE 1816 contenant réglement sur l'exercice de la profession de boucher dans la ville du Mans. (7, Bull. 276.)

14 AVRIL 1819. Ordonnances du Roi qui autorisent l'acceptation de dons et legs faits aux fabriques. (7, Bull. 298.)

14 AVRIL 1819. — Ordonnances du Roi qui autorisent l'érection en chapelles des églises de Fransart et de Lays. (7, Bull. 298.)

21 AVRIL = Pr. 6 MAI 1819. — Ordonnance du Roi qui règle le prix des poudres à livrer par la direction générale aux départemens de la guerre, de la marine et des finances, pendant le cours de l'année 1819. (7, Bull. 275, n° 6292.)

Voy. ordonnance du 3 MARS 1820.

Louis, etc.

Vu l'art. 2 de notre ordonnance du 25 mars 1818, relatif à la fixation du prix des poudres fournies par la direction générale aux départemens de la guerre, de la marine et des finances;

Sur la proposition de notre ministre secrétaire-d'Etat au département de la guerre,

Nous avons ordonné et ordonnons ce qui suit :

Art. 1er. Le prix des poudres qui seront livrées, pendant l'année 1819, par la direction générale des poudres, aux départemens de la guerre, de la marine et des finances, est réglé comme il suit :

Poudre de guerre pour la guerre et la marine. . . 2 f 80 c. le kil.
Poudre de guerre pour le commerce. 2 78
Poudre de mine. 2 60
Poudre de commerce extérieur. 2 57
Poudre de chasse ordinaire. . 3 30
Poudre de chasse superfine. . 3 43

2. Nos ministres secrétaires-d'Etat aux départemens de la guerre, de la marine et des finances, sont chargés, chacun en ce qui le concerne, de l'exécution de la présente ordonnance.

21 AVRIL = Pr. 6 MAI 1819. — Ordonnance du Roi portant établissement d'un conseil de prud'hommes à Elbeuf, département de la Seine-Inférieure. (7, Bull. 275, n° 6293.)

Louis, etc.

Sur le rapport de notre ministre secrétaire-d'Etat de l'intérieur;
Vu l'art. 34 de la loi du 18 mars 1806;
Notre Conseil-d'Etat entendu,
Nous avons ordonné et ordonnons ce qui suit :

Art. 1er. Il sera établi un conseil de prud'hommes à Elbeuf, département de la Seine-Inférieure; ce conseil sera composé de sept membres, dont quatre seront choisis dans le nombre des marchands-fabricans de ladite ville et des communes environnantes, et les trois autres parmi les chefs d'atelier, contre-maîtres ou ouvriers patentés.

2. Les branches d'industrie ou professions ci-après désignées concourront à la formation du conseil, dans les proportions suivantes :

Les marchands-fabricans de drap nommeront quatre membres.

Trois membres, tous chefs d'atelier, contre-maîtres, ou ouvriers patentés, seront choisis, tant dans les manufactures de drap de la ville et des environs, que parmi les individus exerçant, aux mêmes lieux, les professions de teinturier, de mécanicien, de menuisier, de lanier, de serrurier, ou autres qui sont relatives à la construction des métiers et machines pour la fabrication des étoffes de laine. Total, sept membres.

3. Indépendamment des sept membres dont il est question dans l'article précédent, il sera attaché au conseil deux suppléans : l'un, marchand-fabricant de drap; l'autre, chef d'atelier, contre-maître, ou ouvrier patenté, choisi également dans les professions ci-dessus spécifiées. Ces suppléans remplaceront ceux des membres qui, par des motifs quelconques, ne pourraient assister aux séances, soit du bureau particulier, soit du bureau général des prud'hommes.

4. La juridiction du conseil s'étendra sur tous les marchands-fabricans, chefs d'atelier, contre-maîtres, commis, teinturiers, ouvriers, compagnons ou apprentis travaillant pour les fabriques du lieu ou du can-

ton de la situation des fabriques, quel que soit l'endroit de la résidence des uns et des autres.

5. Dans le cas où il serait interjeté appel du jugement rendu par les prud'hommes, cet appel sera porté devant le tribunal de commerce de Rouen, dans l'arrondissement duquel la ville d'Elbeuf se trouve comprise.

6. L'élection et le renouvellement des membres du conseil auront lieu suivant le mode et de la manière qui sont réglés par le décret du 11 juin 1809. Ces membres se conformeront, dans l'exercice de leurs fonctions, aux dispositions établies par ledit décret, par celui du 3 août 1810 et par la loi du 18 mars 1816 (1).

7. La ville d'Elbeuf fournira le local nécessaire pour la tenue des séances du conseil; les dépenses de premier établissement, de chauffage, d'éclairage, et de paiement du traitement attribué au secrétaire, seront également à sa charge.

8. Notre garde-des-sceaux, ministre de la justice, et notre ministre secrétaire-d'Etat de l'intérieur, sont chargés de l'exécution de la présente ordonnance, qui sera insérée au Bulletin des Lois.

---

21 AVRIL ⇒ Pr. 8 MAI 1819. — Ordonnance du Roi concernant les gardes-du-corps de Monsieur. (7, Bull. 276, n° 6360.)

---

21 AVRIL 1819. — Ordonnances du Roi qui autorisent l'acceptation de dons et legs faits aux pauvres. (7, Bull. 302.)

---

21 AVRIL 1819. — Ordonnances du Roi qui autorisent l'acceptation de dons et legs faits aux pauvres. (7, Bull. 301.)

---

21 AVRIL 1819. — Ordonnances du Roi qui autorisent l'acceptation de dons et legs faits aux communes. (7, Bull. 298.)

---

21 AVRIL 1819. — Ordonnance du Roi portant qu'il n'y a pas lieu d'autoriser l'acceptation du legs fait par la dame Sillière aux

desservans succesifs de l'église de Pommerieux. (7, Bull. 298.)

---

21 AVRIL 1819. — Ordonnance du Roi qui permet au sieur de Montangon de transférer à Condes le haut-fourneau à fondre des minérais de fer, établi à Marault, département de la Haute-Marne. (7, Bull. 299.)

---

21 AVRIL 1819. — Ordonnance du Roi qui admet les sieurs Fernandez-Zerezo, Lucendo et Scott à établir leur domicile en France. (7, Bull. 275.)

---

21 AVRIL 1819. — Ordonnance du Roi qui accorde une pension civile de trois cent soixante-cinq francs au sieur Charpit de Courville. (7, Bull. 277.)

---

28 AVRIL ⇒ Pr. 6 MAI 1819. — Loi sur les tabacs (2). (7, Bull. 275, n° 6287.)

Voy. lois du 24 DÉCEMBRE 1814 et notes, du 28 AVRIL 1816, titre 5, et du 17 JUIN 1824.

Le titre V de la loi du 28 avril 1816, qui attribue exclusivement à la régie des contributions indirectes, jusqu'au 1er janvier 1821, l'achat, la fabrication et la vente des tabacs, dans toute l'étendue du royaume, continuera d'avoir son effet jusqu'au 1er janvier 1826.

---

28 AVRIL ⇒ Pr. 11 MAI 1819. — Ordonnance du Roi relative à l'appel de la classe de 1818. (7, Bull. 277, n° 6369.)

Vu les art. 5 et 6 de la loi du 10 mars 1818, qui fixent le complet de paix de l'armée, et déterminent le nombre d'hommes qui peuvent être appelés sur chaque classe, ainsi que le mode de répartition à en faire entre les départemens,

Nous avons ordonné et ordonnons ce qui suit:

Art. 1er. Quarante mille hommes sont appelés sur la classe de 1818.

2. La répartition de ces quarante mille hommes entre les départemens demeure fixée

---

(1) *Lisez* 18 mars 1806.
(2) Présentation à la chambre des députés, le 9 janvier (Mon. du 10).
Rapport de M. Fornier de Saint-Larry, le 25 mars (Mon. du 29).
Discussion, le 5 avril (Mon. des 6, 7, 8 à 14).

Adoption, le 12 avril (Mon. du 13 avril).
Présentation à la chambre des pairs, le 1 avril (Mon. du 14 avril).
Rapport de M. le comte de Sussy, le 2 avril (Mon. du 4 mai).
Adoption, le 24 avril (Mon. des 4 et 6 mai).

ainsi qu'elle est établie du tableau annexé à la présente ordonnance.

3. Les deux publications des tableaux de recensement, voulues par l'art. 11 de la loi du 10 mars 1818, auront lieu le 16 et le 23 mai prochain ;

L'examen de ces tableaux et le tirage voulus par l'art. 12, le 15 juin ;

L'ouverture des opérations des conseils de révision, le 15 juillet ;

Et la clôture de la liste du contingent, le 15 septembre.

4. Il sera ultérieurement statué sur l'époque de la mise en activité des quarante mille hommes appelés de la classe de 1818, ainsi que sur la répartition qui doit en être faite entre les corps de notre armée.

5. Notre ministre secrétaire-d'État au département de la guerre est chargé de l'exécution de la présente ordonnance.

RECRUTEMENT.

Répartition de 40,000 hommes à lever sur la classe de 1818.

DÉPARTEMENS.	POPULATION.	CONTINGENT de la classe de 1818.	DÉPARTEMENS.	POPULATION.	CONTINGENT de la classe de 1818.
Ain.	322,077	443	Lot.	268,149	369
Aisne.	442,989	610	Lot-et-Garonne.	326,197	449
Allier.	260,266	358	Lozère.	143,247	197
Alpes (Basses).	146,994	202	Maine-et-Loire.	404,489	557
Alpes (Hautes).	124,763	172	Manche.	581,429	801
Ardèche.	290,833	400	Marne.	311,017	428
Ardennes.	251,589	346	Marne (Haute).	237,785	327
Arriége.	222,827	307	Mayenne.	332,253	458
Aube.	238,819	329	Meurthe.	365,810	504
Aude.	240,993	332	Meuse.	284,703	392
Aveyron.	331,373	456	Morbihan.	403,425	556
Bouches-du-Rhône.	293,235	404	Moselle.	349,697	482
Calvados.	505,420	696	Nièvre.	232,263	320
Cantal.	251,436	346	Nord.	837,386	1,153
Charente.	326,885	450	Oise.	383,507	528
Charente-Inférieure.	392,898	541	Orne.	425,920	586
Cher.	228,158	314	Pas-de-Calais.	570,338	785
Corrèze.	254,270	350	Puy-de-Dôme.	542,834	747
Corse.	174,702	241	Pyrénées (Basses).	383,502	528
Côte-d'Or.	355,436	489	Pyrénées (Hautes).	198,763	274
Côtes-du-Nord.	519,620	716	Pyrénées-Orientales	126,626	174
Creuse.	226,224	312	Rhin (Bas).	439,275	605
Dordogne.	424,113	584	Rhin (Haut).	336,940	464
Doubs.	240,350	331	Rhône.	340,980	470
Drôme.	253,372	349	Saône (Haute).	300,156	413
Eure.	421,481	580	Saône-et-Loire.	471,457	649
Eure-et-Loir.	265,996	366	Sarthe.	410,380	565
Finistère.	452,895	624	Seine.	741,819	1,021
Gard.	322,144	444	Seine-Inférieure.	642,948	885
Garonne (Haute).	367,551	506	Seine-et-Marne.	304,068	419
Gers.	286,497	394	Seine-et-Oise.	430,972	593
Gironde.	514,462	708	Sèvres (Deux).	254,105	350
Hérault.	299,999	413	Somme.	495,058	682
Ile-et-Vilaine.	508,344	700	Tarn.	295,885	407
Indre.	204,721	282	Tarn-et-Garonne.	230,514	317
Indre-et-Loire.	275,071	379	Var.	283,296	390
Isère.	471,660	649	Vaucluse.	205,832	283
Jura.	292,883	403	Vendée.	268,746	370
Landes.	240,146	331	Vienne.	253,048	348
Loir-et-Cher.	213,482	294	Vienne (Haute).	243,195	335
Loire.	315,858	435	Vosges.	334,169	460
Loire (Haute).	268,202	369	Yonne.	326,324	449
Loire-Inférieure.	407,827	562			
Loiret.	285,395	393	TOTAUX.	29,052,692	40,000

28 AVRIL 1819. — Réglement approuvé par le Roi sur le service des aides-majors du corps royal d'état-major (*Journal militaire*, 1819; 1er semestre, page 313.).

Art. 1er. Les aides-majors sont spécialement à la disposition des colonels ou des officiers supérieurs qui les remplacent dans le commandement du corps pour être employés conformément à ce qui est déterminé par le titre 2 de l'ordonnance d'institution du corps royal d'état-major du 6 mai 1818, et par le réglement du 13 du même mois sur le service intérieur.

2. Les aides-majors, en arrivant à un corps d'infanterie ou de cavalerie, sont placés à la suite d'une compagnie ou escadron, pour y faire le service de leur grade; les aides-majors de cavalerie, pendant six mois, et ceux d'infanterie pendant trois mois seulement.

Cette disposition ne sera point appliquée aux aides-majors admis en conséquence des articles 41, 42, 44 et 45 de l'ordonnance du 6 mai 1818, et qui auraient déjà rempli les fonctions de leur grade dans l'arme à laquelle ils seraient attachés.

3. En cas de séparation, l'aide-major reste avec la partie du corps où se trouve le colonel, ou l'officier supérieur qui le remplace.

4. Quand le corps prend les armes, l'aide-major suit le colonel; sa place dans l'ordre de bataille est près de lui à trois pas en arrière à gauche; il transmet ses ordres, et dans les manœuvres le colonel le charge parfois de seconder les adjudans-majors pour le tracé et le maintien des lignes de direction.

5. Il se trouve au rapport journalier chez le colonel pour recevoir ses ordres, assiste aux distributions au moins une fois par quinzaine, et tous les huit jours accompagne le capitaine de semaine dans les visites d'hôpitaux et de prisons.

6. En l'absence du lieutenant-colonel, l'aide-major est près du colonel ou commandant du corps pour exécuter ses ordres.

7. Il précède le corps un peu avant son arrivée dans les gîtes ou lieux de destination (d'après l'ordre qu'il en reçoit), pour remplir les missions dont il peut être chargé.

8. Cet officier est également employé, lorsque le colonel le juge convenable, à l'établissement du corps dans les cantonnemens, campemens et garnisons.

9. L'aide-major dresse le plan ou la carte des cantonnemens occupés par le corps. Il y indique notamment les champs de manœuvres, les eaux et abreuvoirs, les points de rassemblement, les communications qui conduisent au quartier général, aux magasins, et les autres débouchés essentiels.

Il rédige, à l'appui de ce travail, un mémoire descriptif d'après les principes des reconnaissances militaires, et remet le tout au colonel.

10. L'aide-major d'infanterie alterne et concourt, pour le service de semaine, avec les adjudans-majors, ainsi qu'il est déterminé par l'article 62 du réglement sur le service intérieur.

Il ne remplace un adjudant major en cas d'absence, que d'après l'ordre spécial du commandant du corps.

L'aide-major de cavalerie n'ayant pas le grade de lieutenant concourt seulement avec les adjudans-majors, et sous leur direction d'après ce qui est expliqué par le même article 62 du réglement sur le service intérieur.

11. Dans l'infanterie l'aide-major supplée ou seconde, suivant que le colonel l'ordonne, l'adjudant-major de semaine pour les détails du service des compagnies d'artillerie et d'éclaireurs légionnaires.

12. Les aides-majors d'infanterie et de cavalerie devant, conformément à l'article 62 du réglement du service intérieur, être employés à l'instruction de détail, les colonels déterminent la portion de service dont ils doivent être chargés dans cette partie, après avoir reçu du lieutenant-colonel le rapport dont il sera question ci-après.

13. A l'époque où commencent les exercices d'instructions, le lieutenant-colonel fait exercer l'aide-major théoriquement et sur le terrain, savoir : pour la première année jusqu'à l'école du bataillon ou de l'escadron exclusivement, et pour la seconde année jusqu'aux évolutions de ligne; il rend compte au colonel de son degré d'instruction.

Quelque temps avant la revue d'inspection générale, le lieutenant-colonel examine de nouveau l'aide-major pour s'assurer de ses progrès.

Si le lieutenant-colonel est absent, il est remplacé à cet égard par l'officier supérieur instructeur.

14. L'aide-major d'infanterie seconde ou supplée, sous les ordres du colonel, les officiers chargés de l'instruction des compagnies d'artillerie et d'éclaireurs légionnaires.

15. Les aides-majors assistent aux théories qui sont faites par le major sur l'administration de la comptabilité.

Ces officiers, lorsqu'ils ne sont pas employés à d'autres parties de service, doivent l'être subsidiairement près des majors, pour les objets d'administration, et d'après ce que les colonels déterminent.

16. Ils secondent les officiers chargés de la direction des écoles et bibliothèques militaires, suivant les ordres qu'ils en reçoivent des

colonels, notamment pour ce qui concerne les leçons de mathématiques élémentaires appliquées à l'art de la guerre, et l'analyse des meilleurs ouvrages militaires.

17. Les dispositions prescrites par les articles 2, 11, 12, 13, 14, 15 et 16 ne seront point applicables aux aides-majors qui sont attachés aux corps du génie et de l'artillerie, en exécution de l'art. 11 de l'ordonnance du 6 mai 1818.

18. Dans les corps de l'artillerie et du génie les aides-majors participent aux instructions théoriques et pratiques, et suivent les cours des écoles de l'arme, communément avec les lieutenans ; ils sont placés à la suite des compagnies pendant toute la durée des instructions pratiques sur le terrain.

19. Les aides-majors du corps de l'artillerie, après avoir complété leurs instructions théoriques et pratiques, pourront suivre les travaux dans les arsenaux et fonderies, manufactures d'armes, poudrières et autres établissemens d'artillerie, qui se trouveront à portée de leur garnison pour y prendre connaissance des détails relatifs aux différens modes de fabrication, et feront ensuite des rapports raisonnés sur les opérations qui y ont lieu.

20. Chaque année, ou ainsi qu'il pourrait être ultérieurement ordonné, les aides-majors rédigent un mémoire sur des objets déterminés d'art militaire, d'après les programmes qui seront adressés par le ministre aux colonels.

Ces mémoires, écrits de leur main, sont présentés à l'inspecteur général à son arrivée, pour être transmis au ministre avec son travail d'inspection.

21. Les inspecteurs généraux des diverses armes se feront rendre compte chaque année, par les commandans des corps dont l'inspection leur est confiée, des moyens qu'ils auront dû prendre pour l'exécution des dispositions du présent réglement.

Ils examinent les aides-majors sous les divers points de vue d'instruction, en ce qui concerne les manœuvres, le service, la police et l'administration des troupes, et adressent au ministre, avec leur travail d'inspection, leur rapport particulier sur ces officiers.

28 AVRIL = Pr. 11 MAI 1819.—Ordonnance du Roi concernant ses gardes-du-corps. (7, Bull. 277, n° 6370.)

28 AVRIL 1819. — Ordonnance du Roi qui permet aux sieurs Isnard et Gilliot d'ajouter à leurs noms ceux de Sainte-Lorette et de Roncourt. (7, Bull. 278.)

28 AVRIL 1819.—Ordonnance du Roi qui admet les sieurs Bach et Filz à établir leur domicile en France. (7, Bull. 278.)

28 AVRIL 1819. — Ordonnance du Roi qui accorde une pension au sieur Graverand, ex-contrôleur au bureau de garantie. (7, Bull. 279.)

28 AVRIL 1819. — Ordonnances du Roi qui autorisent l'acceptation de dons et legs faits aux fabriques. (7, Bull. 302.)

5 = Pr. 21 MAI 1819. — Ordonnance du Roi qui fixe le prix de la vente des poudres. (7, Bull. 279, n° 6471.)

Voy. ordonnance du 16 MARS 1820.

Louis, etc.

Vu la loi du 16 mars 1819, relative à la fabrication et à la vente des poudres ;
Sur le rapport de notre ministre sécrétaire-d'Etat des finances ;
Nous avons ordonné et ordonnons ce qui suit :

Art. 1er. Le prix de vente des poudres de mine et des poudres de commerce est fixé, par kilogramme, ainsi qu'il suit, savoir :
Poudres de commerce extérieur, deux francs quatre-vingt-quinze centimes.
Poudres de mine, prises dans les entrepôts de la régie des contributions indirectes, deux francs quatre-vingt-quinze centimes ; prise chez les débitans, trois francs vingt centimes.

2. Notre ministre secrétaire-d'Etat des finances est chargé de l'exécution de la présente ordonnance.

5 MAI = Pr. 17 JUIN 1819. — Ordonnance du Roi portant autorisation, conformément aux statuts y annexés, d'une Compagnie d'Assurance mutuelle contre l'incendie dans les départemens de la Seine (Paris excepté) et de Seine-et-Oise. (7, Bull. 286, n° 6774.)

Louis, etc.

Sur le rapport de notre ministre secrétaire-d'Etat au département de l'intérieur ,
Vu les trois actes passés par-devant Sensier et son confrère, notaires à Paris, savoir ;
Le premier, les 28, 29, 30 novembre, 1er, 2 et 3 décembre 1818 ;
Le second , les 23 et 26 mas 1819 ;

Le troisième, les 30 avril et 1er mai 1819 (1).

Contenant les statuts d'une Compagnie d'Assurance mutuelle contre l'incendie dans les départemens de la Seine (Paris excepté) et de Seine-et-Oise;

Vu les articles 29 à 37, 40 et 45 du Code de commerce, concernant les sociétés anonymes;

Notre Conseil-d'Etat entendu,

Nous avons ordonné et ordonnons ce qui suit :

Art. 1er. La compagnie anonyme provisoirement constituée à Paris sous le nom de *Compagnie d'Assurance mutuelle contre l'incendie dans les départemens de la Seine (Paris excepté) et de Seine-et-Oise*, demeure autorisée, conformément aux statuts renfermés dans les trois actes des 28, 29, 30 novembre, 1er, 3 décembre 1818, des 23 et 26 mars, et des 30 avril et 1er mai 1819, annexés à la présente; lesquels sont approuvés, sauf les réserves ci-après.

2. Seront considérés comme exceptés de notre approbation, et ainsi comme non avenus, les deux derniers paragraphes de l'article 12 du premier acte, relatifs aux droits que pourraient prétendre sur les assurances les créanciers hypothécaires des immeubles incendiés, attendu que la société ne peut en rien disposer des droits des personnes tierces, et que ceux des hypothèques, relativement à leur gage, sont sous l'empire du droit commun.

3. Nonobstant l'article 9 des statuts, qui charge le directeur de la compagnie de la révision des estimations données aux propriétés assurées, toute semblable évaluation faite et à faire sera vérifiée et définitivement arrêtée contradictoirement avec les propriétaires, par le conseil d'administration de la compagnie, en présence du commissaire ci-après désigné : les évaluations vérifiées en cette forme feront seules règle, soit pour la quotité des contributions administratives et répartition des pertes, soit pour établir le *minimum* fixé par l'article 2 du premier acte pour l'ouverture des opérations de la société.

4. La présente autorisation étant accordée à ladite société, à la charge par elle de se conformer aux lois et aux statuts particuliers qui doivent lui servir de règle, nous nous réservons de la révoquer dans le cas où ces conditions ne seraient pas accomplies, sauf les actions à exercer par les particuliers devant les tribunaux, à raison des infractions commises à leur préjudice.

5. La société sera tenue de remettre, tous les six mois, copie en forme de son état de situation aux préfets des départemens de la Seine et de Seine-et-Oise, aux greffes des tribunaux de commerce existans dans lesdits départemens, et à la chambre de commerce de Paris.

6. Devront les sociétaires se conformer, en ce qui les concerne, aux lois et réglemens de police sur le fait des incendies.

7. Notre ministre secrétaire-d'Etat au département de l'intérieur nommera un commissaire auprès de ladite compagnie : il sera chargé de prendre connaissance de ses opérations et de l'observation des statuts; il rendra compte du tout à notre ministre de l'intérieur.

Il informera les préfets des deux départemens dans tout ce qui, dans les opérations de la compagnie, pourrait intéresser l'ordre et la sûreté publique; il les préviendra de la tenue des assemblées du conseil général des sociétaires.

Il pourra suspendre provisoirement celles des opérations de la compagnie qui lui paraîtront contraires aux lois et statuts ou dangereuses pour la sûreté publique, et ce, jusqu'à décision à intervenir de la part des autorités compétentes.

8. Notre ministre secrétaire-d'Etat de l'intérieur est chargé de l'exécution de la présente ordonnance, qui sera insérée au Bulletin des Lois : pareille insertion aura lieu dans le Moniteur et dans les journaux destinés aux annonces judiciaires des deux départemens ci-dessus nommés, sans préjudice des affiches prescrites par l'article 45 du Code de commerce.

———

Par-devant Me Jean-Baptiste-Théodore Sensier et son collègue, notaires à Paris, soussignés, furent présens,

(*Suivent les noms*).

Lesquels ont dit et exposé ce qui suit :

Le grand nombre d'incendies qui, particulièrement depuis quelques années, ont renversé tant de fortunes, faisaient désirer partout l'établissement de compagnies d'assurances contre le feu : la capitale a donné l'exemple, et les succès les plus rapides ont proclamé la bonté du système qui a été adopté. Il serait inutile de faire l'apologie de l'assurance mutuelle : elle est si généralement connue, si généralement appréciée, qu'il y aurait presque folie à tenter d'introduire en France un autre mode. Assurer, presque sans frais, la conservation des fortu-

———

(1) En lisant l'acte qui contient les statuts, il ne faut pas négliger d'examiner les actes additionnels et rectificatifs qui le suivent.

nes, tel est le but de la mutualité ; rassurer les particuliers contre les dangers qui menacent les entreprises à capitaux, tel est son moyen de succès. Déjà les habitans de plusieurs grandes villes, de plusieurs départemens, se sont réunis pour garantir leur fortune par des mutualités particulières. Les soussignés, tous propriétaires dans les départemens de Seine-et-Oise et de la Seine (Paris excepté), mus par le désir de suivre un exemple utile sans aucune vue d'intérêt ni d'ambition, ont formé le projet d'employer leurs soins et leur influence pour propager un système avantageux dès le moment de sa mise en activité, et qui deviendra plus avantageux encore par l'établissement successif des pompes et autres machines à incendie dans les communes qui en seront privées : ils ont l'intention de resserrer leur mutualité dans un cercle étroit, mais favorable à la société qu'ils fondent par la diminution des risques à courir. Paris ne peut admettre dans sa mutualité aucune autre ville de France : le rayon qui entoure la capitale, et qui forme le département de Seine-et-Oise et de la Seine (Paris excepté), ne peut concourir pour la sienne avec aucun autre département ; car si les chances de pertes considérables sont presque nulles à Paris, à cause des secours prompts et efficaces que lui fournit l'excellent corps des sapeurs-pompiers, le reste du département de la Seine et le département de Seine-et-Oise jouissent presque autant que Paris de cet avantage, puisque des sapeurs-pompiers se portent avec rapidité à plus de six lieues de distance partout où les appelle le besoin de secours.

C'est donc pour mettre le département de Seine-et-Oise et celui de la Seine (Paris excepté) sous l'égide de la mutualité, que les soussignés proposent à leurs concitoyens de se réunir à eux pour former un faisceau de secours réciproques qui mettra la fortune de tous à l'abri du fléau dévastateur du feu.

Demander au Roi son approbation pour l'établissement d'un projet utile, c'est lui présenter encore du bien à faire ; c'est le servir suivant son cœur. Forts de sa bonté et du désir qu'ils ont aussi de faire un peu de bien, les soussignés arrêtent et établissent ainsi qu'il suit les statuts définitifs de cet établissement philanthropique ; ils les mettent sous la protection de sa majesté, et ils la supplient de vouloir bien les consacrer par son homologation.

Chapitre Ier. Fondation.

Art. 1er. Il est formé par le présent acte une Société anonyme d'Assurance mutuelle

entre les propriétaires soussignés de maisons et bâtimens sis dans les départemens de Seine-et-Oise et de la Seine (Paris excepté) et ceux des propriétaires dans les mêmes départemens qui adhéreront aux présens statuts.

2. La présente association ne peut avoir d'effet que du moment où, par suite des adhésions aux présens statuts, il se trouvera pour une somme de vingt millions de propriétés engagées à l'assurance mutuelle.

L'accomplissement de cette condition sera constaté par le conseil d'administration de la société : le directeur le notifiera par une circulaire à chaque sociétaire.

Ladite somme de vingt millions de francs n'est pas limitative ; le nombre des sociétaires est indéfini, la compagnie admettant à l'assurance mutuelle tous les propriétaires de maisons et bâtimens dans les départemens de Seine-et-Oise et de la Seine (Paris excepté).

3. La durée de la société est de trente ans, pourvu, toutefois, qu'à l'expiration de chaque période de cinq années, il se trouve toujours pour vingt millions de propriétés engagées à l'assurance (sauf l'effet de l'article 6, relatif à chacun des associés).

Chapitre II. But et organisation de la société.

4. Cette société a pour objet de garantir mutuellement ses membres des dommages et risques que pourrait causer l'incendie, et même tout feu du ciel et de cheminée, aux maisons et bâtimens qui participent aux bienfaits de la société, ainsi qu'aux meubles placés par les propriétaires à perpétuelle demeure et devenus immeubles par destination dans les bâtimens d'habitation seulement.

· Ne font pas partie de la présente association les spectacles, les bâtimens construits en bois, ceux couverts en bois et en chaume, dits *cabanes* ou *chaumières*, d'une valeur au-dessous de quatre mille francs ;

Plus et encore tout objet étranger à l'immeuble, même les ustensiles, machines et mécaniques des usines.

Le conseil d'administration, s'il le juge avantageux pour les intérêts des sociétaires, pourra, par une délibération spéciale, déterminer les bases d'augmentation progressive d'après lesquelles les propriétaires d'usines, de bâtimens d'exploitation pour les fermes, de bâtimens ou magasins couverts en chaume ou en bois, d'une valeur au-dessus de quatre mille francs, devront concourir au paiement des dommages suivant le plus ou le moins de risques que présentera leur immeuble, ainsi que la garantie spéciale qui sera exigée d'eux.

Ne sont pas compris dans la présente assurance, et ne pourront donner lieu à aucun paiement de dommages, tous incendies provenant soit d'invasion, soit de commotion, ou émeute civile, soit enfin de force militaire quelconque.

La police d'assurance devient nulle dans ses effets actifs et passifs, si la propriété cesse d'exister par d'autres causes que celles d'incendie.

5. Il sera apposé sur chaque maison assurée, et dans la quinzaine au plus tard de l'engagement de son propriétaire, une plaque en tôle indicative de l'assurance, portant ces lettres initiales A. M. (Assurance Mutuelle), et aux frais du propriétaire à qui cette plaque sera fournie.

6. Chaque sociétaire est assureur et assuré pour cinq années, à partir du premier jour du mois qui suit celui dans lequel il est devenu sociétaire; trois mois avant l'échéance des cinq ans, il fait connaître, par une réclamation consignée sur un registre tenu à cet effet, s'il entend continuer de faire partie de la société ou s'il y renonce.

Par le seul fait du défaut de déclaration à l'époque donnée, on lui suppose l'intention de demeurer attaché à la société, et il continue d'en faire partie.

S'il continue, toutes les conditions de l'assurance (une nouvelle expertise même comprise, s'il y a lieu) doivent être remplies avant l'échéance du terme de l'engagement.

S'il y renonce, son immeuble est dégagé de toutes charges sociales, comme il cesse de profiter d'aucun bénéfice de garantie, à partir de l'échéance dudit terme et son dernier jour compris.

Chaque sociétaire engage sa propriété pour cinq ans.

Le présent article sera exécutoire, tant contre l'assuré, que contre ses héritiers ou ayant-cause, et même contre les acquéreurs en cas de vente, à peine, dans ce dernier cas, de tout recours contre lui.

En sa qualité d'assureur, tout sociétaire est tenu de fournir à la compagnie une garantie pour le paiement des portions contributives auxquelles l'assujétit le présent système d'assurance mutuelle: cette garantie, qui forme le fonds capital, est d'un pour cent de la valeur assurée; si cette garantie vient à être entamée pour le paiement d'une portion contributive, elle doit être aussitôt complétée.

Pour les maisons au-dessous de dix mille francs, le mode de cette garantie est déterminé par le conseil d'administration.

Pour celles de dix mille francs et au-dessus, le propriétaire affecte spécialement la propriété assurée jusqu'à concurrence d'un pour cent de sa valeur: cette affectation donne lieu à une inscription que prend le directeur en son nom, pour la compagnie, sur la propriété assurée, dans les trois jours de l'engagement de son propriétaire.

Cette inscription peut être suppléée par une rente sur l'Etat représentative au pair du montant de la garantie, ou par un dépôt d'espèces, soit à la Banque de France, soit à la caisse de l'administration, soit à la caisse du mont-de-piété. Dans l'un ou l'autre cas, l'engagement s'accomplit de manière que la valeur qui sert de garantie soit constamment, en cas de besoin, à la disposition de l'administration.

Si la garantie s'opère en espèces entre les mains du caissier de l'administration, elles sont converties en une inscription sur le grand-livre de la dette publique, laquelle est déposée chez le notaire de la société.

Cette garantie d'un pour cent, jugée nécessaire à la naissance de l'établissement, peut être réduite au fur et à mesure de l'accroissement progressif des propriétés engagées à l'assurance mutuelle: ce changement s'opère en vertu d'un arrêté du conseil d'administration délibéré avec le comité des sociétaires, de manière que le fonds capital de la garantie soit toujours de cent mille francs, quelles que soient les personnes qui l'aient fourni.

Ce changement étant opéré, le directeur donne main-levée des inscriptions, jusqu'à due concurrence des réductions, aux sociétaires qui ont hypothéqué leurs immeubles, et chaque autre sociétaire opère un prélèvement dans la même proportion sur la somme numéraire qu'il a versée. Dans tous les cas, le montant d'une portion contributive ne peut excéder la garantie d'un pour cent que doit fournir le sociétaire.

8. Chaque sociétaire, pour l'exécution de l'article ci-dessus, fait élection de domicile dans l'étendue de la ville de Paris, et se soumet, pour tous les effets du présent acte, à la juridiction du tribunal de première instance du département de la Seine.

9. La contribution foncière de l'année 1812, calculée comme quart ou comme cinquième du revenu, suivant le plus ou le moins d'ancienneté ou de solidité de construction de l'immeuble à estimer, capitalisée ensuite au denier vingt, est prise pour servir de base à l'estimation des maisons destinées à être garanties par l'assurance.

Les estimations du cadastre seront préférées partout où il aura été établi.

Dans le cas où l'estimation résultant des modes indiqués ci-dessus ne conviendrait pas au propriétaire ou au directeur, comme aussi pour les propriétés qui n'ont pas de valeur locative, elle sera suppléée par une autre, fournie avec détail par le propriétaire et appuyée de l'avis d'un homme de l'art ; la déclaration authentique jointe à l'acte d'adhésion sera vérifiée par les soins du directeur.

Le montant de cette estimation, déduction faite de la valeur du solde, forme le capital à assurer ; et ce capital est la base de la somme à laquelle le propriétaire assuré a droit en cas d'incendie, comme il est la base de la somme pour laquelle il doit concourir au paiement des dommages audit cas.

L'estimation doit porter séparément sur chacun des bâtimens composant l'ensemble de la propriété assurée.

10. Tout fait d'incendie est dénoncé, au moment où il se manifeste, par le propriétaire assuré, ou par toute autre personne qu'il est tenu de charger expressément de ce soin, au maire de la commune où l'immeuble est situé, ou à tout autre officier public, qui en donne déclaration authentique, portant le détail succinct du dommage ; ladite déclaration est envoyée dans les quarante-huit heures au directeur, qui la fait vérifier et constater de suite.

La déclaration du propriétaire ou de son représentant est signée sur un registre à ce destiné ; il en est donné copie au déclarant.

11. Vingt-quatre heures après la remise de la déclaration d'incendie dans les bureaux de la direction, un des architectes de la compagnie procède à l'estimation du dommage causé par l'incendie à la propriété assurée : le propriétaire pourra lui adjoindre, à ses frais, un autre expert ; en cas de partage d'opinions, un troisième est nommé par les deux parties et payé à frais communs.

La base de cette estimation est la valeur incendiée, et non le prix de la reconstruction.

Si la propriété est entièrement consumée, l'effet de la police d'assurance est suspendu jusqu'à sa reconstruction, et le sociétaire reste, pendant le même temps, affranchi des charges sociales : le prix est payé, sauf l'effet de l'article ci-après, sur le pied de l'estimation lors de l'assurance ; et les matériaux qui ont résisté à l'incendie deviennent la propriété de la compagnie, qui les fait enlever dans la quinzaine qui suit la clôture du procès-verbal.

12. Quatre mois après la clôture du procès-verbal de ces experts, les dix-neuf vingtièmes de la valeur de la maison, si elle est entièrement consumée, ou de la somme à laquelle le dommage a été fixé, sont payés à l'assuré sur l'ordre exprès du conseil d'administration, l'autre vingtième restant en perte pour l'assuré, qui, par ce moyen, sera plus intéressé à la conservation de son immeuble.

Ce dernier vingtième sera mis à la disposition de M. le préfet du département dans lequel le feu se sera manifesté, pour, en gratifier le corps des sapeurs-pompiers et les personnes qui seront reconnues pour s'être portées avec le plus d'empressement au secours des incendiés, ou enfin pour dédommager les victimes des incendies non secourues par la mutualité.

Dans le cas où il existe des créanciers hypothécaires sur l'immeuble incendié, le paiement ci-dessus représentant en partie la valeur dudit immeuble, et étant destiné à tenir lieu du gage des créanciers hypothécaires, ou à le rétablir par sa reconstruction ou réparation, il ne peut être arrêté ou suspendu par l'effet d'aucune saisie ou opposition au profit d'aucun créancier non hypothécaire.

Ces paiemens seront faits à la charge de subroger la société, jusqu'à concurrence seulement de l'indemnité par elle payée, aux droits et actions qu'auraient les propriétaires incendiés contre la personne du fait de laquelle l'incendie serait provenu.

13. Pour l'exécution de l'article qui précède, le directeur établit, tous les trois mois, le compte de la contribution des sociétaires, à raison des événemens d'incendie survenus dans le trimestre.

Le conseil d'administration vérifie ce compte et en arrête définitivement la répartition ; le caissier est chargé d'en poursuivre le recouvrement.

Il en est donné avis aux sociétaires, qui viennent en prendre connaissance, s'ils le jugent à propos, au secrétariat de l'administration, et verser entre les mains du caissier le montant de la part dont ils sont respectivement tenus dans ladite contribution.

A défaut de paiement, cet avis est renouvelé ; et quinze jours après ce dernier avertissement, l'assureur en retard est poursuivi, à la diligence du directeur, et par toutes voies de droit, pour le paiement de la somme dont il se trouve débiteur : tout pouvoir est, à cet effet, conféré par les présens statuts au directeur de la compagnie.

Le retardataire est, en outre, passible d'une amende dont la quotité est fixée au quart de la somme pour laquelle il est poursuivi.

Le montant de ces amendes sera ajouté aux sommes destinées à faire des achats de pompes ou autres machines à incendie.

14. Les locataires principaux ou particuliers, ainsi que les fermiers pour les propriétés rurales, sont admis, sur le consentement des propriétaires, à cause de la responsabilité dont ils sont tenus pour tout incendie

de leur fait dans la propriété qu'ils habitent et dont ils ont la jouissance, à devenir membres de la présente société, en satisfaisant, comme s'ils étaient propriétaires, aux dispositions des présens statuts.

L'effet de l'assurance, quant à eux, est, si le propriétaire a fait assurer de son côté, d'être affranchis, vis-à-vis de la compagnie, de la responsabilité résultant de l'incendie arrivé dans les lieux qu'ils habitent et dont ils ont la jouissance.

Et dans le cas où le propriétaire ne serait pas assuré, la compagnie devra les garantir de tout recours de la part du propriétaire, jusqu'à concurrence du montant du dommage, ou de celui de l'assurance, si la propriété est entièrement brûlée.

Tout créancier hypothécaire est également admis à faire assurer l'immeuble qui lui sert de garantie, en satisfaisant, comme s'il était propriétaire, aux conditions de l'assurance.

C'est à ce créancier ainsi assuré que la compagnie paie le montant de son assurance, à la décharge de son débiteur, en cas d'incendie total de l'immeuble qui en sert de gage.

En cas de simple dommage, l'indemnité due par la compagnie est remise au créancier en déduction de sa créance.

Tous les créanciers inscrits pourront profiter du bénéfice de cet article, mais avant tout accident, en remboursant proportionnellement aux créanciers assureurs les frais déboursés pour l'assurance, et en y contribuant à l'avenir.

L'usufruitier peut, comme le créancier hypothécaire, assurer l'immeuble dont il a l'usufruit, en satisfaisant aussi, comme s'il était propriétaire, aux conditions de l'assurance.

Chapitre III. Administration de la société.

Section Ire. Composition de l'administration.

15. La société est administrée par le conseil général des sociétaires, un conseil d'administration et un directeur.

Il est attaché auprès d'eux un conseil contentieux, composé d'un notaire, d'un avocat, d'un avoué, et de deux architectes, lesquels seront nommés par le conseil d'administration, sur la présentation du directeur.

16. Le conseil général des sociétaires est composé des cinquante plus forts sociétaires ; il est présidé par un de ses membres, élu à la majorité des suffrages.

17. Huit membres choisis parmi les sociétaires forment le conseil d'administration de la compagnie.

Ils doivent avoir au moins trente mille francs de propriétés engagées à l'assurance mutuelle.

Il est attaché à ce conseil un secrétaire pris hors de son sein, et nommé par lui, sur la présentation du directeur : ce secrétaire peut cumuler les fonctions de caissier.

Les membres de ce conseil sont renouvelés par moitié tous les dix ans : les premiers sortans seront déterminés par le sort.

Ceux dont le temps est expiré peuvent être réélus.

Ils peuvent, pendant la durée de leurs fonctions, faire choix d'un suppléant parmi les plus forts sociétaires.

En cas de décès ou de démission de l'un des membres dudit conseil, il est remplacé de droit par son suppléant, jusqu'à ce qu'il ait été pourvu à son remplacement définitif par le conseil général des sociétaires.

18. Pour parvenir à la formation du présent établissement, le conseil d'administration sera composé de huit sociétaires fondateurs, savoir : M. Jacques Laffite, M. le baron Thibon, M. Lapeyrière, M. Bérard, M. Collin, M. Audenet.

Il a été laissé deux places vacantes, et il a été convenu que le conseil d'administration se compléterait au fur et à mesure de l'accroissement de l'établissement.

Les membres du conseil contentieux sont MM. Dejean, avocat ; Sensier, notaire ; Dumont, avoué ; Peyre neveu, architecte.

Ils peuvent avoir voix consultative dans le conseil d'administration.

19. M. Angar, fondateur de l'établissement, en est nommé le directeur.

Section II. Attribution.

20. Le conseil général se réunit une fois par année : sa première réunion a lieu six mois après la mise en activité de ladite société.

Il confirme, s'il le juge convenable, les membres du conseil d'administration.

Il nomme par la suite les membres dudit conseil, ainsi que le directeur, en cas de décès ou de démission de celui actuel, et en cas de prévarication prévu par l'article 22.

Il choisit dans son sein trois membres pour former un comité de sociétaires chargés, pendant le cours de l'année, de suivre toutes les opérations de l'administration.

Il statue sur toutes les observations qui lui sont faites chaque année par ledit comité de sociétaires, après avoir toutefois entendu le conseil d'administration.

Le conseil d'administration se réunit d'obligation le premier mercredi de chaque mois : si ce jour est férié, la séance est remise au mercredi suivant.

Le directeur assiste à ces séances.

Le conseil est présidé par un de ses membres : il ne peut délibérer qu'autant qu'il est composé de quatres membres ou suppléans.

En cas de partage d'opinions, le directeur a voix délibérative pour former majorité.

Les suppléans peuvent assister aux délibérations du conseil d'administration ; mais ils n'ont voix délibérative que quand ils représentent les membres du conseil, ou qu'ils complètent le nombre de quatre, nécessaire pour valider les délibérations.

Les membres dudit conseil ne contractent, à raison de leur gestion, aucune obligation personnelle ni solidaire, relativement aux engagemens de la société.

Ce conseil délibère sur toutes les affaires de la société, et les décide par des arrêtés consignés sur des registres tenus à cet effet : il ne peut prendre aucun arrêté qui, en contrevenant aux présens statuts, tende à aggraver ou à changer le sort des sociétaires. Ses décisions sont prises à la majorité absolue des suffrages ; elles sont exécutoires pour toute la compagnie. Le directeur est tenu de s'y conformer.

21. Le comité des sociétaires prend part aux délibérations du conseil d'administration, dans tous les cas prévus par les statuts : il rend compte au conseil général des observations qu'il a pu faire pendant l'année, ou des abus qu'il aurait pu reconnaître dans l'administration.

22. Le directeur, à ce titre et sous les ordres du conseil d'administration, dirige et exécute toutes les opérations de la société : il assiste avec voix consultative aux séances dudit conseil, et voix délibérative en cas de partage d'opinions.

Il est responsable du mandat qu'il reçoit.

Il fournit un cautionnement en immeubles ou en effets publics, à sa volonté, de la valeur de cinquante mille francs.

Il convoque les assemblées, et met sous les yeux l'état de situation de l'établissement et le compte détaillé de tout ce que la compagnie a été dans le cas de rembourser pour cause d'incendie.

Il donne, soit aux sociétaires, soit aux membres des différentes branches de l'administration, tous les renseignemens qu'ils peuvent désirer, avec communication des registres, livres, arrêtés et états de situation.

Il fait procéder à l'estimation des maisons engagées à l'assurance, et prend en son nom, pour la compagnie, toutes les inscriptions nécessaires ; il est chargé de la délivrance des polices d'assurance, de la tenue et de l'ordre des bureaux, des rapports de la société avec les autorités, de la correspondance, enfin de la confection comme de la suite et de l'exécution de tous les actes qui peuvent concerner l'établissement.

Il demeure chargé de l'exécution des présens statuts ; il ne peut s'écarter en aucune manière des opérations qui en sont l'objet.

En conséquence, il est tenu, non-seulement d'ouvrir les registres nécessaires au conseil d'administration pour ses délibérations et ses arrêtés, mais encore d'avoir un journal général qui offre, dans l'ordre jugé convenable, les noms des sociétaires, la valeur de leur assurance et le compte ouvert à chacun d'eux, les registres relatifs aux déclarations d'incendie, aux évaluations des dommages et à la correspondance.

Il peut être révoqué, dans le cas de prévarication dans sa gestion, par le conseil général, sur la poursuite du conseil d'administration et après avoir été entendu.

23. Le commissaire du Gouvernement désigné par le ministre de l'intérieur, peut prendre connaissance des arrêts du conseil d'administration, et en suspendre l'exécution, s'il les trouve contraires aux lois et en opposition avec les arrêtés de police.

SECTION III. Frais de direction.

24. Tous frais de loyer, frais de bureau et de correspondance, tous traitemens d'employés, droits d'enregistrement, honoraires du notaire, prix des plaques à apposer sur les maisons assurées, toute distribution de jetons et autres droits de présence aux membres du conseil d'administration, enfin toutes dépenses soit d'établissement, soit de gestion, sont et demeurent à la charge de la direction.

Pour faire face tant à ces dépenses qu'au prélèvement établi par l'article ci-après, chaque associé est redevable, chaque année, de la somme de quarante-centimes par mille francs du prix de l'estimation de l'immeuble assuré.

Le paiement de ce droit est exigible au commencement de chaque année, dans le courant du mois correspondant à celui où il est entré à l'assurance.

Les retardataires s'engagent à payer, en sus de leur cotisation, cinq francs pour la commission, au collecteur qui aura été recevoir hors de Paris et par course.

Ces recettes et ces dépenses forment entre la compagnie et le directeur un traité à forfait, dont la durée est fixée à dix ans.

A cette époque, le conseil d'administration, réuni au comité des sociétaires, se fait représenter l'état des recettes et dépenses de ces dix années. S'il juge les recettes dans une proportion convenable avec les dépenses, la société continue sur les mêmes bases ; si les recettes excèdent les dépenses de manière à offrir la possibilité d'une réduction dans le droit attribué aux frais de direction, il ordonne et règle cette réduction.

25. La présente société ayant tout à la fois pour objet une police d'assurance et une mesure d'utilité publique, le dixième de la somme que doit verser chaque sociétaire aux termes de l'article ci-dessus sera employé d'après les ordres du conseil général, sur la proposition du conseil d'administration, à l'achat des pompes et autres machines à incendie, en faveur des communes qui n'en sont pas pourvues et qui ont les plus forts engagemens à l'assurance mutuelle.

SECTION IV. Comptabilité.

26. Le caissier de la direction fournit un cautionnement de vingt mille francs en immeubles ou effets publics, à sa volonté.

Les inscriptions nécessaires sont prises sur ses biens par le directeur, en son nom, pour la compagnie : il n'en peut être donné main-levée et consenti de radiation qu'après l'apurement de ses comptes, et la représentation du *quitus* délivré en suite d'une délibération du conseil d'administration.

27. Pour sûreté des fonds provenant des art. 15 et 25, il est établi une caisse à trois clefs, dans laquelle le caissier remet, le dernier jour de chaque mois, le montant des fonds qui ont été versés entre ses mains dans cet espace de temps, et qui n'en sont tirés qu'au fur et à mesure des besoins.

Les entrées et sorties de ces fonds seront constatées par le moyen que le conseil d'administration juge à propos d'adopter.

Des trois clefs de la caisse, l'une est remise entre les mains du caissier, l'autre en celles du directeur, et la troisième au président du conseil.

28. Le caissier tient sa comptabilité journalière sous le contrôle immédiat du directeur.

CHAPITRE IV. Dispositions générales.

29. Toute action judiciaire à laquelle pourrait donner ouverture tout autre objet que le simple recouvrement soit des portions contributives, soit des cotisations annuelles, ne pourra être engagée ou soutenue par le directeur, en son nom et aux frais de la direction, que d'après l'avis du conseil d'administration, l'avocat et l'avoué de la compagnie entendus.

30. S'il survient quelque contestation entre la compagnie comme chambre d'assurance et un ou plusieurs des associés, elle est jugée, à la diligence du directeur pour la société, par trois arbitres, dont deux sont nommés par les parties respectives, et le troisième par le juge-de-paix de l'arrondissement ou siége de l'établissement.

Leur jugement est sans appel.

31. Le domicile de la compagnie est élu dans le local de la direction. Chaque sociétaire est tenu d'élire un domicile, soit à Paris même, dans les bureaux de la compagnie, soit dans les lieux qu'il habite, soit enfin dans les propriétés qu'il engage à l'assurance, en se conformant au paragraphe 5 de l'art. 24.

32. Les fondateurs soussignés autorisent à se pourvoir devant M. le préfet du département de la Seine et M. le préfet du département de Seine-et-Oise et les autorités supérieures, pour parvenir à l'homologation des présens statuts, et fournir toutes les justifications exigées par le Code de commerce et les instructions ministérielles.

Ce fut ainsi convenu et arrêté entre les parties.

Dont acte.

Fait et passé à Paris, en la demeure respective des parties, l'an 1818, les 28, 29 et 30 novembre, 1er, 2, 3 et 4 décembre ; et ont les parties signé avec les notaires, après lecture faite, la minute des présentes, demeurée audit Me Sensier.

Et les 23 et 26 mars 1819,

Sont comparus devant Me Jean-Baptiste-Théodore Sensier et son collègue, notaires à Paris, soussignés.

(*Suivent les noms.*)

Lesquels, après un nouvel examen des statuts contenus en l'acte dont expédition précède, et pour satisfaire aux observations qui leur ont été faites par divers sociétaires, et aux rectifications qui ont été désirées par MM. les membres du Conseil d'État, ont fait auxdits statuts les additions et changemens qui suivent, et qui en formeront le complément.

Énonciation des chapitres et articles qui sont changés et modifiés.

CHAPITRE II. But et organisation de la société.

5. La remise à faire de chaque plaque, aux termes de cet article, aura lieu moyennant la rétribution d'un franc une fois payée.

6. Les dispositions suivantes sont ajoutées à cet article :

« Le propriétaire assuré s'interdit le droit de se faire assurer en même temps par une autre compagnie.

« En cas de négligence, de la part du propriétaire, de se soumettre aux ordonnances de police sur le ramonage, la compagnie pourra les faire exécuter aux frais dudit propriétaire. »

7. En raison d'abord de l'obscurité que

présentait la rédaction du second paragraphe de cet article, et plus encore de l'impossibilité reconnue de remplir les formalités de l'inscription hypothécaire sans des frais considérables, ledit article 7 est considéré comme non avenu, et remplacé par les dispositions suivantes :

« En sa qualité d'assureur, tout sociétaire est tenu de fournir à la compagnie une garantie pour le paiement des portions contributives auxquelles l'assujettit le présent système d'assurance mutuelle : elle forme un fonds capital de demi pour cent de la valeur assurée.

« Si cette garantie vient à être entamée pour le paiement d'une portion contributive, elle doit être aussitôt complétée ; elle est fournie en une rente sur l'État représentative au pair du montant de la garantie, ou en un versement d'espèces, soit à la Banque de France, soit à la caisse du Mont-de-Piété, soit à celle de l'administration.

« Si le versement est fait à cette dernière caisse, les fonds seront convertis en une inscription sur le grand-livre de la dette publique, laquelle est déposée chez le notaire de la société.

« Cette garantie de demi pour cent, jugée nécessaire à la naissance de l'établissement, peut être réduite au fur et à mesure de l'accroissement progressif des propriétés engagées à l'assurance mutuelle.

« Ce changement s'opère en vertu d'un arrêté du conseil d'administration, délibéré avec le comité des sociétaires, et est mis à exécution par le directeur, de manière que le fonds capital soit toujours de cent vingt-cinq mille francs. »

9. Les soins que demandait l'estimation partielle de chaque bâtiment, prescrite par le second paragraphe de cet article, ont obligé, pour la mise en activité de l'établissement, de se contenter d'une estimation totale de la part des signataires de l'acte ci-contre, ainsi que des adhérens.

La ventilation de ces estimations totales aura lieu, conformément aux dispositions de ce second paragraphe, dans les six mois qui suivront l'obtention de l'autorisation royale.

Jusqu'à cette époque, en cas d'incendie partiel, l'estimation totale servira de base, à dire d'experts, pour la fixation de la valeur du bâtiment incendié.

Si des changemens opérés ultérieurement dans une propriété bâtie lui donnaient une valeur plus ou moins grande, une nouvelle estimation pourrait être réciproquement demandée annuellement à cet égard.

13. Le mot *amende*, improprement employé dans les deux derniers paragraphes de cet article, est remplacé par le mot *indemnité*.

Outre l'indemnité dont est passible le retardataire au terme du cinquième paragraphe de cet article, il sera également tenu des frais de timbre, d'enregistrement et de poursuites de toute nature.

Les portions contributives non-recouvrées, ainsi que les frais auxquels elles auraient donné lieu, resteront à la charge du directeur, sans recours contre la société.

14. Si, postérieurement à l'assurance d'une propriété par des créanciers hypothécaires, en vertu du droit que leur en confèrent les quatrième et septième paragraphes de cet article, le propriétaire voulait également la faire assurer pour son compte, cette nouvelle assurance dégagera les créanciers de l'effet de celle antérieure qu'ils auraient faite.

CHAPITRE III. Administration de la société.

SECTION Ire. *Composition de l'administration.*

16. Quinze des membres du conseil général des sociétaires sont choisis parmi les plus forts propriétaires dans le département de la Seine (Paris excepté), quinze autres dans celui de Seine-et-Oise, et les vingt autres membres sont pris indifféremment dans les deux départemens.

17. Trois membres du conseil d'administration doivent nécessairement être propriétaires du département de la Seine (Paris excepté), trois dans celui de Seine-et-Oise ; les deux autres seront choisis indifféremment dans l'un ou l'autre département.

Les suppléans, dont le choix est autorisé par le sixième paragraphe de cet article, devront, comme les administrateurs, avoir trente mille francs de propriétés engagées à l'assurance.

18. M. le comte Daru, pair de France, est nommé administrateur.

19. La qualité de fondateur de l'établissement, donnée à M. Angar par cet article, est considée comme non-avenue.

SECTION II. Attributions.

20. Le conseil général, qui, aux termes de cet article, doit se réunir une fois par an, pourra être convoqué extraordinairement par le conseil d'administration, ou par le comité des sociétaires, ou enfin par le directeur.

22. La disposition relative aux inscriptions, qui figure dans le sixième paragraphe de cet article, est considérée comme non-avenue.

SECTION III. Frais de direction.

24. Les quatrième et cinquième paragra-

phes de cet article sont considérés comme non-avenus.

Section IV. Comptabilité.

Article ajouté : 28 bis. Lorsqu'un sociétaire aura déclaré, en conformité de l'article 6, qu'il veut se retirer de la société, son compte sera arrêté au dernier jour de son terme d'engagement, tant activement que passivement, relativement à ce qui pourrait rester du versement par lui fait aux termes de l'art. 7 ci-dessus, et aux portions contributives qu'il pourrait devoir ; le directeur lui délivrera copie de ce compte dans le délai d'un mois, et y joindra un mandat payable à vue par le caissier, pour le solde actif qui pourrait revenir au sociétaire sortant.

Si à l'une des époques quinquennales, il ne restait plus pour vingt millions de propriétés engagées à l'assurance, la société serait dissoute : le conseil d'administration fixerait le jour auquel cesseraient les obligations réciproques des sociétaires, et le compte de chacun d'eux sera réglé et soldé comme il est dit au paragraphe précédent.

Les comptes du directeur et du caissier seront, en cas de décès, démission, retraite, ou dissolution de la société, entendus par le conseil d'administration, et arrêtés par le conseil général des sociétaires. L'arrêté de compte contiendra la main-levée des inscriptions prises sur eux et le dépôt des pièces et livres, soit entre les mains du successeur, soit dans les archives publiques.

Chapitre IV et dernier. Dispositions générales.

Article ajouté : 29 bis. Tous les cas non-prévus seront décidés souverainement par le conseil d'administration réuni au comité des sociétaires, le directeur entendu.

Dont acte.

Et les 30 avril et 1er mai 1819,

Sont comparus devant Me Jean-Baptiste-Théodore Sensier, et son collègue, notaires à Paris, soussignés,

MM. le baron Thibon, Bérard, Collin, Audenet, dénommés, qualifiés et domiciliés en l'acte des 28, 29 et 30 novembre, 1er, 2, 3 et 4 décembre 1818, dont expédition est la première des autres parts,

Tous administrateurs de la Compagnie d'Assurance mutuelle contre l'incendie pour les départemens de Seine-et-Oise et de la Seine (Paris excepté).

D'une part,

Et M. Didier-Marie-Joseph Angar demeurant à Paris, rue Meslée, n° 12, directeur de la compagnie,

D'autre part ;

Lesquels, par addition aux statuts de ladite compagnie établis par le premier acte qui précède, et modifiés par le second, dont expédition précède immédiatement, ont arrêté ce qui suit :

Sur l'offre de M. Angar, il est convenu que, dans le cas où la masse des propriétés assurées s'élèverait à plus de cent millions, une portion des droits de direction produits par les sommes excédant lesdits cent millions sera mise en réserve dans la caisse à trois clefs, pour servir au paiement des dommages occasionnés par le feu, de manière à venir en déduction des portions contributoires à payer par les propriétaires assurés, en cas d'incendie.

Ladite portion sera fixée souverainement par la conseil d'administration.

M. Angar, qui, dans ce cas, percevra toujours à son profit les droits de direction produits par une masse de cent millions, devra se contenter de la portion non mise en réserve des droits produits par les sommes excédantes, pour les travaux et frais extraordinaires occasionnés par l'accroissement de l'établissement.

------

5 MAI = Pr. 14 JUILLET 1819. — Ordonnance du Roi qui prescrit la mise en usage de nouveaux poinçons. (7, Bull. 291, n° 6892.)

Voy. notes sur la loi du 19 BRUMAIRE an 6, ordonnances des 5 MAI 1820 et 19 SEPTEMBRE 1821.

Louis, etc.

Vu les articles 7, 8, 10, 11 et suivans de la loi du 9 novembre 1797 (19 brumaire an 6) ;

Vu nos ordonnances des 22 octobre 1817 et 1er février 1818 ;

Sur le rapport de notre ministre secrétaire-d'État des finances,

Nous avons ordonné et ordonnons ce qui suit :

Art. 1er. Les nouveaux poinçons de titre et garantie fabriqués en exécution de notre ordonnance du 22 octobre 1817, et les poinçons bigornes de contre-marque fabriqués en vertu de l'ordonnance du 1er juillet 1818, dont les tableaux sont annexés à la minute des présentes, seront employés exclusivement dans tous les bureaux de garantie, à compter du jour qui sera déterminé par un arrêté du ministre secrétaire-d'État des finances. Les marques et contre-marques de ces poinçons seront apposées après essai, tant sur les pièces principales que sur les ornemens et accessoires des ouvrages soumis à la vérification du titre et à l'acquit du droit de garantie. Ces poinçons seront appliqués, pied en pied métrique, sur les jaserons, chaînes, chaînettes en pelote ou autrement, quelle que soit la longueur desdites chaînes, et quand bien même elle seraient remises dans le commerce sans aucune des pièces principales auxquelles elles sont susceptibles d'être adaptées.

2. Le poinçon dit *de vieux*, destiné à marquer les ouvrages dits *de hasard* remis dans le commerce, est et demeure supprimé.

3. Dans le délai de deux mois, à compter du jour qui sera fixé par notre ministre secrétaire-d'Etat des finances pour l'usage des nouveaux poinçons, les marchands, fabricans, orfèvres, bijoutiers, horlogers, coutelliers, fourbisseurs, armuriers, tabletiers et tous autres fabricans et marchands faisant commerce d'ouvrages d'or et d'argent, ou garnis d'or et d'argent, seront tenus de porter aux bureaux de garantie de l'arrondissement de leur domicile leurs ouvrages d'or et d'argent, pour y être marqués, sans frais, des empreintes du nouveau poinçon de recence et de contre-marque.

4. Les nouveaux poinçons de recense et de contre-marque ne seront apposés sans frais que sur les ouvrages revêtus de la marque des poinçons de titre et de garantie ou de recense qui ont été fabriqués en exécution de l'acte du Gouvernement du 7 juillet 1809. Ces mêmes poinçons, dont il ne pourra plus être fait usage à compter du jour fixé par notre ministre secrétaire-d'État des finances, seront renvoyés à l'administration des monnaies et biffés en sa présence.

5. Après l'expiration du délai fixé pour la recense gratuite, les ouvrages d'or et d'argent marqués d'anciens poinçons qui seraient trouvés dans le commerce ou exposés en vente sans être revêtus des nouveaux poinçons de recense et de contre-marque seront assujétis à l'essai et soumis à l'acquit du droit de garantie et à la marque et contre-marque des nouveaux poinçons, sans préjudice des peines portées par les articles 80, 82, 84 et 107 de la loi du 9 novembre 1797 (19 brumaire an 6), en cas de contravention auxdits articles.

6. A compter du jour où il sera fait usage des poinçons désignés en l'article 1er de la présente ordonnance, et à l'expiration des deux mois de la recense gratuite pour les ouvrages qui y sont assujétis, seront réputés non-marqués les ouvrages d'or et d'argent qui ne porteront pas sur le revers ou côté opposé à la marque des poinçons de titre, de garantie, de recense, et du poinçon destiné aux ouvrages venant de l'étranger, l'empreinte du poinçon bigorne ou contre-marque; seront également réputés non-marqués les ouvrages qui n'offriraient

que l'empreinte du poinçon bigorne ou de contre-marque, et sur lesquels ne se trouverait pas l'empreinte des poinçons supérieurs au côté opposé à celui marqué dudit poinçon bigorne.

7. Notre ministre secrétaire-d'Etat des finances est chargé de l'exécution de la présente ordonnance, qui ne sera publiée et insérée au Bulletin des Lois qu'avec l'arrêté par lequel notre ministre des finances fixera l'époque de la mise en activité des nouveaux poinçons et celle de la recense.

Paris, le 8 juillet 1819.

Le ministre secrétaire-d'Etat des finances,
Vu l'art. 1er de l'ordonnance royale du 5 mai dernier,
Sur la proposition de l'administration des monnaies,
Arrête ce qui suit :

Art. 1er. L'époque à laquelle les nouveaux poinçons de titre, de garantie, de recense et de contre-marque, doivent être employés exclusivement dans les bureaux de garantie, aux termes de l'art. 1er de l'ordonnance du 5 mai dernier, est fixée au 16 août prochain.

2. Le délai de deux mois, accordé aux fabricans et marchands orfèvres et à tous autres faisant le commerce d'ouvrages d'or et d'argent pour la recense gratuite desdits ouvrages par l'article 3 de ladite ordonnance, commencera en conséquence à courir à compter du 16 août prochain, et finira le 15 octobre inclusivement.

3. L'administration des monnaies et le directeur général des contributions indirectes sont chargés, chacun en ce qui le concerne, de l'exécution du présent arrêté.

Signé, le baron Louis.

5 MAI 1819. — Ordonnances du Roi qui autorisent l'acceptation de dons et legs faits aux fabriques (7, Bull. 252.)

5 MAI 1819. — Ordonnance du Roi qui permet aux sieurs de Gournay et Pithoux d'ajouter à leurs noms ceux de d'Arnouville et de Masson ; et au sieur Guillemeau de Saint-Souplet de faire précéder son nom de celui d'Usson. (7, Bull. 278.)

5 MAI 1819. — Ordonnance du Roi qui admet les sieurs Capurro, Elorza, Beelitz, Solorzano et Mann à établir leur domicile en France. (7, Bull. 278.)

22

10

5 MAI 1819.—Ordonnance du Roi portant que la recette générale du département du Finistère est transférée de Quimper à Brest. (7, Bull. 279.)

5 MAI 1819. — Ordonnance du Roi qui autorise l'inscription au Trésor royal de plusieurs pensions militaires et soldes de retraite. (7, Bull. 281.)

5 MAI 1819. — Ordonnances du Roi qui accordent des lettres de déclaration de naturalité aux sieurs Carsamilia et Guillet. (7, Bull. 289 et 509.)

12 MAI = Pr. 7 JUIN 1819. — Ordonnance du Roi portant établissement d'une chambre de commerce à Besançon. (7, Bull. 285, n° 6629.)

Art. 1er. Il sera établi une chambre de commerce dans notre bonne ville de Besançon, département du Doubs. Elle sera constituée conformément aux dispositions de l'arrêté du Gouvernement du 24 décembre 1802 (3 nivose an 11).

2. Notre ministre secrétaire-d'Etat de l'intérieur est chargé de l'exécution de la présente ordonnance, qui sera insérée au Bulletin des Lois.

12 MAI 1819. — Ordonnance du Roi qui permet aux sieurs Cochet et Rousseau d'ajouter à leurs noms ceux de Savigny de Saint-Valier et de Beauplan. (7, Bull. 279.)

12 MAI 1819. — Ordonnance du Roi qui accorde une pension de six mille francs à M. le comte Laumond, conseiller-d'État. (7, Bull. 281.)

12 MAI 1819. — Ordonnance du Roi portant liquidation de cent vingt-huit soldes de retraite, provisoirement payables sur le fonds des demi-soldes. (7, Bull. 282.)

12 MAI 1819.—Ordonnance du Roi qui accorde des lettres de déclaration de naturalité au sieur Altaras. (7, Bull. 307.)

12 MAI 1819. — Ordonnance du Roi qui révoque celle du 23 DÉCEMBRE 1817, par laquelle le sieur Bretenet était autorisé à ajouter à son nom celui de Caumont. (7, Bull. 983.)

12 MAI 1819. — Ordonnances du Roi qui autorisent l'acceptation de dons et legs faits aux communes. (7, Bull. 302.)

15 MAI 1819. — Statuts de la société royale pour l'amélioration des prisons, approuvés par le Roi. (Mon. du 14 juin.)

Art. 1er. La société royale des prisons est instituée sous l'autorisation et la haute protection du Roi, et sous la présidence de S. A. R. monseigneur le duc d'Angoulême, pour concourir avec l'administration publique à apporter, dans les prisons du royaume, toutes les améliorations que réclament la religion, la morale, la justice et l'humanité.

2. La liste des fondateurs de la société, après avoir été soumise à l'approbation du Roi, demeurera annexée aux présens statuts, et sera rendue publique comme eux.

3. Les candidats qui désireront, à l'avenir, faire partie de la société, devront être admis par elle, sur la présentation de quatre de ses membres, et agréés par Sa Majesté.

Ils devront prendre en outre, ainsi que le font les souscripteurs, l'engagement de verser annuellement entre les mains du trésorier de la société une somme qui ne pourra être au-dessous de cent francs.

Les compagnies, syndicats et associations qui désireront être admis dans la société y seront reçus aux conditions et selon les formes mentionnées, tant pour l'admission que pour la souscription, en désignant celui de ses membres qui sera appelé à les représenter.

5. La société recevra pareillement tous les dons qui lui seront offerts, et l'état de ses dons sera, chaque année, rendu public.

6. Les sommes provenant, soit des souscriptions des membres de la société, soit des dons ou legs qui pourront lui être faits, seront exclusivement affectés à l'amélioration des prisons du royaume.

7. Dans le cas où les donateurs auraient manifesté, pour l'emploi du montant des donations, une intention particulière déterminant, soit le lieu, soit le mode, soit les conditions de cet emploi, leur vœu sera fidèlement rempli.

8. Il y aura, chaque année, deux assemblées générales de la société, l'une au 15 janvier, l'autre au 15 juillet.

9. Lorsque S. A. R. monseigneur le duc d'Angoulême ne pourra faire à la société l'honneur de la présider, S. A. R. sera suppliée de désigner celui des membres de la société qui devra présider en son absence.

La société élira, chaque année, dans l'assemblée du 15 janvier, quatre secrétaires et un trésorier.

Les secrétaires et le trésorier seront rééligibles.

10. Dans chacune des deux assemblées générales mentionnées ci-dessus le conseil général des prisons présentera à la société le compte de ses travaux et de leurs résultats, qui devra ensuite être soumis au Roi, aux termes de l'art. 22 de l'ordonnance du 9 avril 1819.

Ce compte sera divisé en deux parties : la première partie contiendra le tableau des recettes de la société, de l'emploi qui en aura été fait suivant le mode qui sera ultérieurement déterminé et des fonds restant en caisse. La seconde partie fera connaître les travaux exécutés ou entrepris pour l'amélioration des prisons du royaume, sous tous les rapports ; leurs résultats et les divers perfectionnemens vers lesquels il paraîtra nécessaire de diriger spécialement les efforts de l'administration et les soins de la société elle-même. Il y sera fait mention, en outre, des commissions de prisons départementales qui se seront distinguées par leur zèle et par le succès qu'elles auront obtenu.

11. Ce compte général sera, à la fin de chaque séance, déposé sur le bureau, et la société nommera la députation qui sera chargée de la présenter au Roi.

12. Le procès-verbal de chaque assemblée générale de la société sera rédigé par l'un des secrétaires, et lu à l'ouverture de la réunion suivante.

13. A la réunion du 15 janvier, la liste générale des membres de la société sera arrêtée pour être ensuite soumise au Roi et imprimée.

14. Tous les membres de la société pourront faire parvenir au conseil général des prisons tous les renseignemens, documens et projets qu'ils jugeront utile de lui communiquer pour l'amélioration de l'état des prisons du royaume.

15. Les membres des commissions des prisons départementales sont membres affiliés de la société. Ils ont droit, en cette qualité, d'assister à ces assemblées générales.

La quotité des souscriptions des membres affiliés est indéterminée. Le montant en sera versé entre les mains, soit du receveur municipal, soit de celui des membres de la commision qui aura été désigné à cet effet.

16. Les présens statuts, agréés par S. A. R. monseigneur le duc d'Angoulême, président de la société, seront soumis à l'approbation du Roi et signés par les membres fondateurs de la société.

17 = 18 MAI 1819. — Loi sur la répression des crimes et délits commis par la voie de la presse, ou par tout autre moyen de publication (1). (7, Bull. 278, n° 6444.)

Voy. notes sur l'article 8 de la Charte, lois des 26 MAI 1819 et 25 MARS 1822.

CHAPITRE Ier. De la provocation publique aux crimes et délits.

Art. 1er. Quiconque, soit par des discours, des cris ou menaces proférés (2) dans des lieux ou réunions publics (3), soit par des écrits, des imprimés, des dessins, des gravures, des peintures ou emblèmes vendus

---

(1) Présentation à la Chambre des députés, le 22 mars (Mon. du 23 mars).

Rapport de M. Courvoisier, le 10 avril (Mon. du 11 avril).

Discussion générale, le 14 avril (Mon des 15 et 16 avril).

Discussion article par article, le 15 avril (Mon. des 17, 18, 19, 20, 21 et 22 avril).

Adoption, le 21 avril (Mon. du 23).

Présentation à la Chambre des pairs, le 24 avril (Mon du 6 mai).

Rapport de M. de Broglie, le 8 mai (Mon. du 12 mai).

Discussion, le 13 mai (Mon du 25 mai).

Adoption, le 15 mai (Mon. du 28 mai).

(2) Le mot *proférés* a été substitué au mot *tenus*, qui se trouvait dans le projet, afin de bien exprimer que la publicité est une des conditions essentielles de la criminalité, et qu'*un discours tenu à voix basse, de manière à n'être entendu que d'une personne ou d'un petit nombre de personnes, quoique dans un lieu public*, ne pourrait être incriminé, comme il

l'eût été, suivant la jurisprudence antérieure. *Voy.* S. 13, 1, 65 et 416.

(3) Pour savoir si un lieu est *public*, il faut s'attacher à la *nature du lieu* plus qu'*au nombre des personnes qu'il peut contenir*. Spécialement la salle de bain d'un hôpital est un *lieu public*, indépendamment du nombre de personnes qu'elle peut contenir (4 janvier 1824; Angers; S. 24; 2, 140).

Une auberge et toutes les dépendances de l'auberge habituellement destinées à recevoir le public sont des *lieux publics*, alors même qu'elles sont momentanément occupées par une réunion de particuliers, sous la condition qu'eux seuls y seront reçus pendant un banquet (19 février 1825 ; Cass. S. 25, 1, 333).

Il ne suffit pas que des propos de nature séditieuse aient été tenus dans une auberge pour qu'il y ait discours séditieux proférés en un lieu (ou réunion) publique. Il faut encore que l'intention criminelle et répréhensible se soit manifestée par la nature et les circonstances

ou distribués, mis en vente, ou exposés dans des lieux ou réunions publics, soit par des placards et affiches exposés aux regards du public, aura provoqué (1) l'auteur ou les auteurs de toute action qualifiée crime ou délit à la commettre, sera réputé complice et puni comme tel (2).

2. Quiconque aura, par l'un des moyens énoncés en l'article 1er, provoqué à commettre un ou plusieurs crimes, sans que ladite provocation ait été suivie d'aucun effet, sera puni d'un emprisonnement qui ne pourra être de moins de trois mois ni excéder cinq années, et d'une amende qui ne pourra être au-dessous de cinquante francs, ni excéder six mille francs.

3. Quiconque aura, par l'un des mêmes moyens, provoqué à commettre un ou plusieurs délits, sans que ladite provocation ait été suivie d'aucun effet, sera puni d'un emprisonnement de trois jours à deux années,

et d'une amende de trente francs à quatre mille francs, ou de l'une de ces deux peines seulement, selon les circonstances, sauf les cas dans lesquels la loi prononcerait une peine moins grave contre l'auteur même du délit, laquelle sera alors appliquée au provocateur.

4. Sera réputée provocation au crime, et punie des peines portées par l'art. 2, toute attaque formelle par l'un des moyens énoncés en l'article 1er, soit contre l'inviolabilité de la personne du Roi, soit contre l'ordre de successibilité au trône, soit contre l'autorité constitutionnelle du Roi et des Chambres (3).

5. Seront réputés provocation au délit et punis des peines portées par l'article 3,

1° Tous cris séditieux publiquement proférés, autres que ceux qui rentreraient dans la disposition de l'art. 4;

2° L'enlèvement ou la dégradation des si-

---

de la publicité (11 juin 1831; Cass. S. 31, 1, 234; D. 31; 1, 227).

La maison d'un juge de paix n'est pas un *lieu public*, alors que ce magistrat n'est pas en fonctions (24 décembre 1829; Riom; S. 30, 2, 75; D. 30; 2, 116).

Un greffe de tribunal est un *lieu public*; l'action d'y déposer une plainte calomnieuse constitue le délit de diffamation prévu par l'art. 13 (22 août 1828; Cass. S. 28, 1, 337; D. 28; 1, 399).

Une voiture publique n'est pas nécessairement un *lieu public*, alors même qu'il y aurait plusieurs voyageurs (27 août 1831; Cass. S. 32, 1, 114; D. 31; 1, 307).

La boutique d'un maréchal-ferrant ne peut être considérée comme un *lieu public*. Les propos offensans pour la personne du Roi tenus dans cette boutique, en présence du maréchal-ferrant, de son fils et d'un étranger, ne peuvent être réputés avoir été proférés dans un lieu public ou dans une réunion publique (15 mars 1832; Cass. S. 32, 1, 669; D. 32;1,209).

La classe d'une école composée non-seulement d'élèves internes, mais encore d'élèves externes, est un *lieu public*, ou du moins une *réunion publique* (9 novembre 1832; Cass. S. 32, 1, 744; D. 33; 1, 350).

Lorsqu'un écrit diffamatoire de sa nature n'a été rendu public que par un fait étranger à l'auteur de l'écrit, il n'y a pas diffamation relativement à l'auteur de l'écrit; mais indépendamment de la publicité il peut y avoir tort et dommage, et par suite l'auteur de l'écrit peut être condamné à la réparation de ce tort et dommage (16 février 1829; Cass. S. 29, 1, 151; D. 29; 1, 150).

Voy. notes sur l'art. 14.

Le prévenu de propos séditieux et outrages contre la personne du Roi et de la famille royale ne peut être renvoyé des poursuites par le motif unique que les propos n'ont pas été tenus dans un lieu public. Pour détruire la prévention, il faut en outre décider que les propos n'ont pas été tenus dans une réunion publique (16 janvier 1824; Cass. S. 24, 1, 211).

(1) Sur la signification du mot *provocation*, consultez le rapport de M. de Broglie au nom de la commission de la Chambre des pairs.

M. de Serre, garde-des-sceaux, a dit : « Il « y a *provocation* lorsqu'il y a malignité d'in-« tention dans l'auteur, et que l'effet du dis-« cours ou de l'écrit est ou a pu être tel qu'il « dispose au crime ou au délit. »

(2) Une édition nouvelle est-elle une publication dans le sens de la loi du 17 mai 1819 (8 mars 1825; Amiens; S. 25, 2, 169)?

L'exposition d'une doctrine erronée, telle que celle de dénier à certains agens de la force publique le droit d'arrestation que la loi leur accorde, ne saurait être considérée comme constituant par elle-même, et abstraction faite de l'intention, le délit de provocation à la rébellion et de désobéissance aux lois (27 mars 1827; Paris; S. 27, 2. 132; D. 27; 2, 110).

Voy. les notes sur l'art. 8.

(3) Lorsqu'un individu est renvoyé devant une cour d'assises, comme prévenu de cris provoquant au crime, cette cour ne peut, sans excès de pouvoir, après la déclaration affirmative du jury sur l'existence du fait matériel, se permettre de prononcer elle-même sur les circonstances de moralité qui pourraient caractériser la criminalité. On doit soumettre au jury, non-seulement la question d'existence du fait matériel, mais aussi la question de moralité (2 octobre 1819; Cass. S. 20, 1, 57).

Voy. articles 2, 3, 4 et 6, loi du 25 mars 1822.

gnes publics de l'autorité royale, opérés pa
haine ou mépris de cette autorité ;

3° Le port public de tous signes extérieurs de ralliement non autorisés par le Roi ou par des réglements de police ;

4° L'attaque formelle, par l'un des moyens énoncés en l'article 1er, des droits garantis par les art. 5 et 9 de la Charte constitutionnelle (1).

6. La provocation, par l'un des mêmes moyens, à la désobéissance aux lois, sera également punie des peines portées en l'article 3.

7. Il n'est point dérogé aux lois qui punissent la provocation et la complicité résultant de tous actes autres que les faits de publication prévus par la présente loi.

CHAPITRE II. Des outrages à la morale publique et religieuse, ou aux bonnes mœurs.

8. Tout outrage à la morale publique et religieuse, ou aux bonnes mœurs, par l'un des moyens énoncés en l'article 1er, sera puni d'un emprisonnement d'un mois à un an, et d'une amende de seize francs à cinq cents francs (2).

CHAPITRE III. Des offenses publiques envers la personne du Roi.

9. Quiconque, par l'un des moyens énoncés en l'article 1er de la présente loi, se sera rendu coupable d'offenses envers la personne du Roi, sera puni d'un emprisonnement qui ne pourra être de moins de six mois, ni excéder cinq années, et d'une amende qui ne pourra être au-dessous de cinq cents francs, ni excéder dix mille francs.

Le coupable pourra, en outre, être interdit de tout ou partie des droits mentionnés en l'article 42 du Code pénal, pendant un temps égal à celui de l'emprisonnement auquel il aura été condamné ; ce temps courra à compter du jour où le coupable aura subi sa peine (3).

CHAPITRE IV. Des offenses publiques envers les membres de la famille royale, les Chambres, les souverains et les chefs des Gouvernemens étrangers.

10. L'offense, par l'un des moyens énoncés en l'article 1er, envers les membres de la famille royale, sera punie d'un emprisonnement d'un mois à trois ans, et d'une amende de cent francs à cinq mille francs (4).

---

(1) *Voy.* art. 9, loi du 25 mars 1822.

(2) Les mots *morale publique et religieuse* n'ont pas cette précision rigoureuse, si nécessaire dans les lois ; ils n'ont pas un sens clair et familier, présentant sur-le-champ une idée nette à tous les esprits. Voici comment s'est exprimé M. de Serre pour les expliquer : « La « morale publique est celle que la conscience « et la raison révèlent à tous les peuples comme « à tous les hommes, parce que tous l'ont re- « çue de leur divin auteur, en même temps « que l'existence ; morale contemporaine de « toutes les sociétés, tellement que sans elle « nous ne pouvons pas les comprendre, parce « que nous ne saurions les comprendre sans « les notions d'un Dieu vengeur et rémunéra- « teur, du juste et de l'injuste, du vice et de « la vertu ; sans le respect pour les auteurs « de ses jours et pour la vieillesse, sans la ten- « dresse pour ses enfans, sans le dévouement « au prince, sans l'amour de la patrie, sans « toutes les vertus qu'on trouve chez tous les « peuples et sans lesquelles tous les peuples « sont condamnés à périr. »

M. de Broglie, rapporteur de la commission de la Chambre des pairs, a dit que l'article « a « voulu punir ces attaques gratuites et bru- « tales, heureusement rares du notre siècle, et « que l'imprudence ou l'impiété dirigent con- « tre des objets respectables uniquement parce « qu'ils sont respectés. . . . . . . » Puis expliquant l'intention renfermée dans l'expres-

sion *morale publique*, il a ajouté : « Le mot « était nouveau, il pouvait être critiqué, mais « il avait au moins l'avantage de ne rien ex- « clure et de ne rien désigner, de remettre « seulement entre les mains de la société re- « présentée par plusieurs jurys successifs, une « arme pour se défendre précisément sur le « point où elle se sentirait blessée. »

Décider que l'enseignement du *piétisme* ou d'une religion sans ministre n'est pas un outrage à la morale publique, ce n'est pas violer soit la loi du 17 mai 1819, soit la loi du 25 mai 1822 (3 août 1826 ; Cass. S. 26, 1, 338).

Lorsqu'un ouvrage a déjà été publié et a circulé sans aucune poursuite du ministère public (encore qu'il contienne des outrages à la morale publique), cela peut suffire pour excuser l'éditeur, mais non pour justifier l'ouvrage ; ainsi, l'ouvrage peut être supprimé et mis au pilon, sans condamnation personnelle contre l'éditeur (15 janvier 1825 ; Paris ; S. 25, 2, 342).

Voy. art. 1er, loi du 25 mars 1822.

(3) *Voy.* notes sur l'art. 1er.

(4) Les offenses envers un prince de la famille royale, décédé, peuvent être considérées comme *offenses envers les membres de la famille royale*, dans le sens de cet article ; du moins, l'arrêt qui le décide ainsi ne peut donner ouverture à cassation (24 avril 1823 ; Cass. S. 23, 1, 261).

Voy. notes sur l'art. 1er.

11. L'offense, par l'un des mêmes moyens, envers les Chambres ou l'une d'elles, sera punie d'un emprisonnement d'un mois à trois ans, et d'une amende de cent francs à cinq mille francs (1).

12. L'offense, par l'un des mêmes moyens, envers la personne des souverains ou envers celle des chefs des gouvernemens étrangers, sera punie d'un emprisonnement d'un mois à trois ans, et d'une amende de cent francs à cinq mille francs (2).

CHAPITRE V. De la diffamation et de l'injure publique.

13. Toute allégation ou imputation d'un fait qui porte atteinte à l'honneur ou à la considération de la personne ou du corps auquel le fait est imputé est une diffamation (3).

Toute expression outrageante, terme de mépris ou invective, qui ne renferme l'im-

---

(1) Il ne peut y avoir délit d'offense envers les Chambres qu'autant que l'offense est dirigée contre une Chambre existante; ainsi l'offense contre une chambre des députés dissoute ne peut constituer aucun délit et ne nécessite aucun genre de réparation.

Les tribunaux ne peuvent connaître d'un délit d'offense envers les Chambres, qu'autant que la Chambre offensée a décidé qu'une réparation lui était nécessaire et qu'elle a autorisé les poursuites du ministère public ; à défaut d'autorisation le ministère public est sans action (7 décembre 1827 ; Cass. S. 28, 1, 185; D. 28, 1, 51).

Voy. art. 2 de la loi du 26 mai 1819.

(2) Par cet article, on a voulu réprimer uniquement (suivant M. de Serre) l'offense personnelle envers les souverains étrangers, et non pas la critique et encore moins la discussion des actes des souverains étrangers, critique qu'il importe de laisser parfaitement libre.

(3) On a reconnu que les expressions *allégation, imputation, honneur et considération*, étaient des termes nouveaux dans le langage des lois ; on a senti le besoin de les expliquer :

« *Allégation* et *imputation, honneur* et *con-*
« *sidération*, a dit M. Courvoisier, ne sont
« point synonymes ; *imputer*, c'est *affirmer* ;
« *alléguer*, c'est *annoncer sur la foi d'autrui*,
« *ou laisser à l'assertion l'ombre du doute.*
« Tout ce qui touche à *la réputation, à la pro-*
« *bité*, touche à *l'honneur*, et l'on peut sans
« blesser *l'honneur* porter atteinte à la *consi-*
« *dération*. Dire méchamment qu'un négo-
« ciant a éprouvé des pertes, qu'il gère avec
« inhabileté son négoce, annoncer faussement
« tel ou tel fait à l'appui de l'imputation, c'est
« laisser son honneur intact ; c'est nuire pour-
« tant à la considération dont il jouit. »

M. de Serre a exprimé à peu près les mêmes idées. « Un sens du mot *considération* au-
« quel le mot *honneur* ne répond pas du tout,
« c'est particulièrement, et j'ose me servir de
« ce terme, la *considération professionnelle*,
« l'estime que chacun peut avoir acquise dans
« l'état qu'il exerce, estime qui fait une partie
« de sa fortune, qui est pour lui une propriété,
« un capital précieux, que la diffamation peut
« évidemment atteindre sans porter atteinte
« à son honneur ; car, on peut être homme

« d'honneur, n'être pas diffamé comme tel, et
« l'être par exemple dans les autres qualités
« morales qui font un bon négociant, un bon
« avocat, un bon médecin. En un mot, un
« homme quelconque a mérité par ses actions,
« par sa vie tout entière, une portion d'estime,
« il a acquis une mesure de considération mo-
« rale parmi ses concitoyens, eh bien ! voilà
« le patrimoine que la loi doit protéger et dé-
« fendre, et c'est l'objet de l'article. »

Un témoin qui, dans sa déposition, a fait une grave imputation de nature à diminuer la foi due à un autre témoin, est réputé n'avoir fait que déposer sur les faits de la cause ; il n'y a donc pas lieu à le poursuivre comme auteur de diffamation, seulement il y aurait lieu de le poursuivre comme faux témoin, si la déposition était mensongère (1er juillet 1825 ; Cass. S. 25, 1, 373).

L'imputation d'adultère, publiquement dirigée contre un homme marié, constitue le délit de diffamation, alors même que la femme désignée comme complice ne serait engagée dans aucun lien, et que l'adultère prétendu, n'ayant pas eu lieu dans la maison du mari, ne pourrait dès lors donner lieu à aucune action ou poursuite contre lui (14 mars 1828 ; Limoges; S. 28, 2, 331; D. 29; 2, 16).

Des expressions qui, prises en elles-mêmes et isolément, pourraient être considérées comme un outrage ou une injure, perdent ce caractère lorsqu'en les rapprochant de l'ensemble de l'écrit on reconnaît qu'elles ont été employées non pour attaquer ou nuire, mais pour se *défendre* et se *justifier* d'imputations odieuses (19 mars 1827; Riom; S. 27, 2, 81).

Le délit de dénonciation calomnieuse (ou accusation calomnieuse), prévu et puni par l'art. 373 du Code pénal, est essentiellement différent du délit de calomnie prévu et puni par les articles 367 et suiv. du Code pénal, et les articles 13 et 15 de la loi du 17 mai 1819. L'art. 373 du Code pénal suppose qu'il a été fait devant les officiers de police administrative ou judiciaire une dénonciation de faits passibles de répression et ne permet pas que la dénonciation soit recherchée avant que le mérite de la dénonciation ait été apprécié par la justice répressive elle-même (25 février 1826 ; Cass. S. 26, 1, 367).

Voy. notes sur l'art. 18.

putation d'aucun fait, est une injure (1).

14. La diffamation et l'injure commises par l'un des moyens énoncés en l'article 1er de la présente loi seront punies d'après les distinctions suivantes (2).

15. La diffamation ou l'injure envers les cours, tribunaux ou autres corps constitués, sera punie d'un emprisonnement de quinze jours à deux ans, et d'une amende de cinquante francs à quatre mille francs.

16. La diffamation envers tout dépositaire ou agent de l'autorité publique, pour des faits relatifs à ses fonctions, sera punie d'un emprisonnement de huit jours à dix-huit mois, et d'une amende de cinquante francs à trois mille francs (3).

L'emprisonnement et l'amende pourront, dans ce cas, être infligés cumulativement ou séparément, selon les circonstances.

17. La diffamation envers les ambassadeurs, ministres plénipotentiaires, envoyés, chargés d'affaires ou autres agens diplomatiques accrédités près du Roi, sera punie d'un emprisonnement de huit jours à dix-huit mois, et d'une amende de cinquante francs à trois mille francs, ou de l'une de ces deux peines seulement, selon les circonstances.

18. La diffamation envers les particuliers sera punie d'un emprisonnement de cinq jours à un an, et d'une amende de vingt-cinq francs à deux mille francs, ou de l'une de ces deux peines seulement, selon les circonstances (4).

---

(1) Un jugement qui prononce une condamnation pour délit d'injure est suffisamment motivé, s'il déclare en fait que le prévenu a proféré des *expressions outrageantes*, *termes de mépris*, *ou invectives*; il n'est pas nécessaire qu'il relate les propos qualifiés *injures*.

Celui qui dit publiquement à un juge-de-paix qu'*il ne remplit pas ses devoirs*, *qu'il n'a aucun ménagement à garder envers un homme tel que lui, et qu'il ne le craint pas*, ne commet *que* le délit d'*injure*; il n'y a point diffamation (11 avril 1822; Cass. S. 22, 1, 371).

(2) La diffamation n'est punissable des peines correctionnelles que lorsqu'elle réunit, aux caractères de gravité fixés par la loi, le caractère de publicité; à défaut de publicité, elle n'est punissable que des peines de simple police, comme injure verbale (2 décembre 1819; Cass. S. 20, 1, 148).

Est nul et passible de cassation le jugement qui n'a pas préalablement déclaré constante la publicité (3 janvier 1822; Cass. S. 22, 1, 190).

Voy. notes sur l'art. 1er.

L'art. 463 du Code pénal, qui permet aux juges de diminuer la peine, à raison des circonstances atténuantes, n'est pas applicable aux délits de diffamation et d'injure (13 avril 1820; Cass. S. 20, 1, 263).

Voy. l'article 14 de la loi du 25 mars 1822, qui dispose en sens contraire.

Voy. articles 5 et 6, loi du 25 mars 1822.

(3) Les articles 16 et 19 de la présente loi sont applicables seulement au cas de diffamation ou d'injure commises contre des magistrats *pour des faits relatifs à leurs fonctions*, et non au cas de diffamation ou d'injure commises contre des fonctionnaires *dans l'exercice de leurs fonctions*; ce dernier cas reste soumis aux dispositions de l'article 222 du Code pénal (17 mars 1820; Cass. S. 20, 1, 276).

(*Idem* 27 février 1830; Cass. S. 32, 1, 162; D. 18; 1, 93).

Les *outrages par paroles* contre des magistrats dans l'exercice ou à l'occasion de leurs fonctions dans un lieu non public restent soumis aux dispositions de l'article 222 du Code pénal. Cet article n'a pas été abrogé par la présente loi, qui ne punit que les outrages et injures publics (2 avril 1825; Cass. S. 26, 1, 250).

La discussion à la Chambre des députés est entièrement en ce sens.

Voy. article 19.

Lorsqu'un prévenu condamné en première instance pour dénonciation calomnieuse d'un fonctionnaire public, est condamné, en appel, pour *diffamation* ou pour *outrage public*, il n'y a pas violation des deux degrés de juridiction, si d'ailleurs l'imputation qualifiée diffamation en appel, se trouve dans le même acte que l'imputation considérée par les premiers juges comme dénonciation calomnieuse (28 juillet 1828; Cass. S. 28, 1, 399; D. 28; 1,337).

Lorsque sur l'accusation de diffamation commise envers des agens de l'autorité publique, *pour des faits relatifs à leurs fonctions*, cette dernière circonstance n'a pas été comprise dans la question posée au jury, la déclaration affirmative du jury ne peut servir de base à l'application de la peine portée par cet article (16 juin 1832; Cass. S. 32, 1, 855; D. 33; 1, 86).

L'outrage fait à un gendarme par paroles, gestes ou menaces dans l'exercice de ses fonctions, est punissable d'après l'article 224 du Code pénal, et non d'après les articles 16 et 19 de la présente loi. Cette loi ne s'applique qu'aux outrages *pour des faits relatifs aux fonctions des dépositaires de l'autorité.* Elle ne dispose pas relativement aux outrages faits dans l'exercice des fonctions (27 novembre 1823; Bourges; S. 25, 2, 159).

(4) L'imputation publique d'un vol est une diffamation punissable d'un emprisonnement de cinq jours à un an, et d'une amende de vingt-cinq francs à deux mille francs: ainsi, un tribunal de simple police ne peut en connaître (20 janvier 1825; Cass. S. 25, 1, 276

19. L'injure contre les personnes désignées par les articles 16 et 17 de la présente loi sera punie d'un emprisonnement de cinq jours à un an et d'une amende de vingt-cinq francs à deux mille francs, ou de l'une de ces deux peines seulement, selon les circonstances (1).

L'injure contre les particuliers sera punie d'une amende de seize francs à cinq cents francs.

20. Néanmoins, l'injure qui ne renfermerait pas l'imputation d'un vice déterminé, ou qui ne serait pas publique, continuera d'être punie des peines de simple police (2).

CHAPITRE VI. Dispositions générales.

21. Ne donneront ouverture à aucune action les discours tenus dans le sein de l'une des deux Chambres, ainsi que les rapports ou toutes autres pièces imprimés par ordre de l'une des deux Chambres (3).

22. Ne donnera lieu à aucune action le compte fidèle des séances publiques de la Chambre des députés rendu de bonne foi dans les journaux (4).

23. Ne donneront lieu à aucune action en diffamation ou injure les discours prononcés ou les écrits produits devant les tribunaux : pourront, néanmoins, les juges saisis de la cause, en statuant sur le fonds, prononcer la suppression des écrits injurieux ou diffamatoires, et condamner qui il appartiendra en des dommages-intérêts (5).

Les juges pourront aussi, dans le même cas, faire des injonctions aux avocats et officiers ministériels, ou même les suspendre de leurs fonctions.

La durée de cette suspension ne pourra

---

(1) Le tribunal de simple police est incompétent pour connaître d'une plainte à raison d'injures et propos calomnieux proférés dans les *lieux publics*. La circonstance seule de publicité suffit pour faire rentrer le fait dans la classe du délit d'*injure* puni par cet article (24 avril 1828; Cass. S. 29, 1, 47; D. 28; 1, 224).

Les expressions de *drôle*, d'*insolent*, de *polisson*, adressées au sortir de l'audience, par une partie, à l'avocat de son adversaire, ont le caractère d'injures punissables de peines correctionnelles et non pas seulement d'injures passibles de peines de simple police (15 novembre 1828; Angers; S. 29, 2, 6; D. 29; 2, 64).

Les étrangers qui demeurent en France sont justiciables des tribunaux français, à raison des délits de diffamation qu'ils commettent en France, même à l'égard d'étrangers non résidant en France (22 juin 1826; Cass. S. 27, 1, 200; D. 26; 1, 387).

Voy. notes sur l'article 16.

(2) L'injure écrite, tout aussi bien que l'injure verbale, lorsqu'elle n'a pas les caractères de gravité et de publicité qui la constitueraient un délit, peut être considérée comme contravention et punie comme telle, de peines de simple police (10 novembre 1826; Cass. S. 27, 1, 213).

Des injures ou propos diffamatoires ne cessent pas d'être punissables, par cela seul que le prévenu les aurait tenus en répondant à une interpellation qui lui était faite, ou que d'autres individus les auraient tenus avant lui (4 novembre 1831; Cass. S. 32, 1, 353; D. 31; 1, 355).

Voy. la note précédente.

(3) Ce privilège ne s'applique qu'aux *discours prononcés à la tribune;* il ne peut être étendu aux discours imprimés sans avoir été proférés, ni même aux discours imprimés du propre mouvement des orateurs après avoir été prononcés : cela résulte clairement de la discussion.

(4) *Voy.* article 7, loi du 25 mars 1822.

(5) Le mot *écrit* comprend les imprimés comme les écrits *non imprimés*.

La compétence des juges civils s'étend à la *diffamation* comme à la calomnie.

Un écrit ou mémoire imprimé peut être réputé *produit* dans le sens de cet article, par cela seul qu'il a été distribué aux juges comme document nécessaire à leur instruction : peu importe qu'il ne soit signé ni par un avocat, ni par un avoué et qu'il n'ait pas été signifié à l'adversaire (3 juin 1825; Cass. S. 25, 1, 264).

Peu importe qu'il ne soit signé que par un avocat étranger au tribunal devant lequel la production a eu lieu (12 septembre 1829; Cass. 5, 30, 1, 119; D. 29; 1, 393).

Il suffit qu'il ait été publié dans le cours de l'instance, remis à quelques magistrats, et qu'en réservant l'action pour diffamation, les juges du procès n'aient pas déclaré l'écrit *étranger* à la cause (6 février 1829; Cass. S. 29, 1, 170; D. 29; 1, 141).

Décidé en sens contraire qu'un écrit imprimé et publié dans le cours d'un procès, peut néanmoins être considéré comme *non produit* dans la cause, et par suite comme pouvant être l'objet d'une action séparée en diffamation, si cet écrit n'a pas été signifié aux parties ni distribué aux juges, bien que les juges du fond, tout en réservant cette action à la partie plaignante, n'aient pas expressément déclaré l'écrit étranger au procès (24 décembre 1830; Cass. S. 32, 1, 769; D. 32; 1, 239).

Il est laissé à l'arbitraire des juges de décider, par appréciation des circonstances, si un écrit a été produit ou non (12 septembre 1829; Cass. S. 30, 1, 119; D. 29; 1, 393).

Lorsque devant des arbitres-juges il est pro-

excéder six mois; en cas de récidive, elle sera d'un an au moins et de cinq ans au plus.

Pourront, toutefois, les faits diffamatoires étrangers à la cause donner ouverture, soit à l'action publique, soit à l'action civile des parties, lorsqu'elle leur aura été réservée par les tribunaux, et, dans tous les cas, à l'action civile des tiers (1).

24. Les imprimeurs d'écrits dont les auteurs seraient mis en jugement en vertu de la présente loi, et qui auraient rempli les obligations prescrites par le titre II de la loi du 21 octobre 1814, ne pourront être recherchés pour le simple fait d'impression de ces écrits, à moins qu'ils n'aient agi sciemment, ainsi qu'il est dit à l'article 60 du Code pénal qui définit la complicité (2).

25. En cas de récidive des crimes et délits prévus par la présente loi, il pourra y avoir lieu à l'aggravation de peines prononcée par le chapitre 4, livre Ier du Code pénal (3).

26. Les articles 102, 217, 367, 368, 369, 370, 371, 372, 374, 375, 377 du Code pénal, et la loi du 9 novembre 1815, sont abrogés.

Toutes les autres dispositions du Code pénal auxquelles il n'est pas dérogé par

---

duit un mémoire injurieux, la partie injuriée peut en demander la suppression à la juridiction ordinaire sans attendre justice à cet égard desdits arbitres.—Mais l'action devant justice en suppression de ce mémoire n'est ouverte qu'après jugement de l'affaire au fond par ces arbitres (23 juin 1825; Paris. S. 25, 2, 256).

Cet article n'est pas applicable aux écrits produits dans une affaire soumise à la décision d'un ministre ; si donc l'écrit produit devant le ministre est diffamatoire, la partie diffamée peut *de plano* porter sa plainte devant les tribunaux correctionnels (2 août 1821; Cass. S. 22, 1, 13).

La partie qui se prétend diffamée par la plaidoirie de l'avocat adverse ne peut exiger que cette plaidoirie soit déposée au greffe du tribunal devant lequel elle a été prononcée (18 novembre 1828; Bordeaux S. 29, 2, 228 ; D. 29; 2, 81).

(1) L'action publique ne peut être exercée qu'autant qu'elle a été réservée ; elle est soumise à la nécessité des réserves de même que l'action privée (12 septembre 1829; Cass. S. 30, 1, 119; D. 29; 1, 595).

Cet article ne s'applique pas à des discours ou écrits qui, indépendamment des diffamations ou injures qu'ils pourraient contenir, constitueraient par eux-mêmes des *délits politiques*; cet article n'est relatif qu'au cas de diffamation ou injure entre les parties elles-mêmes, ou à l'égard des tiers (27 février 1852; Cass. S. 32, 1, 162; D. 32; 1, 93).

Cet article, qui réserve seulement une action civile aux tiers diffamés devant les tribunaux, ne peut plus être invoqué lorsqu'il s'agit de diffamations dirigées contre un individu en sa qualité de *témoin* devant un tribunal de commerce. L'article 6 de la loi du 25 mars 1822, qui détermine les peines qui doivent être infligées à ceux qui outragent un témoin à raison de sa déposition, donne aux faits d'outrages contre un témoin le caractère de délit, et abroge virtuellement à cet égard l'article 23 de la loi du 17 mai 1819 (6 novembre 1823; Cass. S. 24, 1, 157).

Des experts dont le ministère a été requis dans une instance ne peuvent y intervenir pour demander la suppression de mémoires injurieux que les parties auraient produits contre eux dans leurs défenses, ils doivent se pourvoir par action principale (28 janvier 1832; Grenoble S. 32, 2, 644; D. 32, 2, 88).

(2) Pour qu'un imprimeur puisse être condamné comme complice de l'auteur d'un écrit reconnu criminel, il n'est pas nécessaire que des poursuites aient été dirigées contre l'auteur, alors même qu'il serait connu ; il suffit qu'il soit constant que l'imprimeur a agi sciemment (15 octobre 1825; Cass. S. 27, 1, 31).

L'associé, quoique non breveté, d'un imprimeur, peut, lorsqu'il est reconnu avoir agi sciemment, être poursuivi comme l'imprimeur lui-même, à raison d'un écrit incriminé dont il a dirigé l'impression (31 août 1832; Cass. S. 32, 1, 574).

L'exception de bonne foi (*non sciemment*) admise pour les imprimeurs n'est pas admise pour les éditeurs responsables des journaux (22 avril 1824; Cass. S. 24, 1, 329).

Voy. la loi du 9 juin 1819.

(3) Cette rédaction a été adoptée pour laisser, dans tous les cas, au juge un pouvoir discrétionnaire, quant à l'application des peines de récidive. Un arrêt de cassation du 22 janvier 1824 interprète l'article de cette manière (S. 24, 1, 282).

Les peines de la récidive s'appliquent aux délits prévus par la présente loi, soit que les deux condamnations rentrent l'une et l'autre dans son application; soit que la première condamnation n'ait été prononcée qu'en vertu du Code pénal (12 septembre 1829; Cass. S. 30, 1, 308; D. 29; 1, 355).

Décidé en sens contraire que la peine de la récidive n'est applicable aux délits prévus par la loi sur la liberté de la presse qu'autant que la première condamnation a été prononcée pour un délit prévu par cette même loi (11 décembre 1829; Douai S. 32, 2, 93; D. 31, 2, 200).

Voy. notes sur la loi du 20 avril 1825.

la présente loi continueront d'être exécutées (1).

19 MAI ⸗ Pr. 4 JUIN 1819. — Ordonnance du
Roi qui détermine le mode suivant lequel
le compte des dépenses des écoles militaires pour les années 1816, 1817 et 1818,
sera rendu à la cour des comptes par le trésorier général de la dotation des invalides.
(7, Bull. 282, n° 6600.)

Louis, etc.

Vu la loi du 16 septembre 1807, sur l'organisation de la cour des comptes ;

L'ordonnance du 29 juillet 1814, relative
au serment à prêter par les comptables directement justiciables de cette cour ;

L'ordonnance du 23 septembre 1814, sur
la réorganisation des écoles militaires ;

Celle du 12 décembre de la même année,
portant rétablissement d'une dotation des
invalides et des écoles militaires ;

Voulant déterminer d'une manière précise
le mode suivant lequel la portion des comptes
de la dotation qui concerne les dépenses des
écoles militaires sera produite à notre cour
des comptes ;

Sur le rapport de notre ministre secrétaire-d'Etat de la guerre,

Nous avons ordonné et ordonnons ce qui
suit :

Art. 1er. Le compte des dépenses des écoles militaires pour les années 1816, 1817 et
1818 sera rendu à notre cour des comptes
par le trésorier général de la dotation des
invalides.

2. A cet effet, il sera délivré à ce trésorier
général, par les soins de notre ministre secrétaire-d'Etat de la guerre, extrait des arrêtés de liquidation des comptes des conseils d'administration desdites écoles pendant le même temps ; lesquels seront mis
à l'appui des comptes généraux qu'il doit
produire à la cour des comptes, en vertu
de l'article 6 de l'ordonnance du 12 décembre 1814.

3. Nos ministres secrétaires-d'Etat de la
guerre et des finances sont chargés, chacun
en ce qui le concerne, de l'exécution de la
présente ordonnance, qui sera insérée au
Bulletin des Lois.

19 MAI ⸗ Pr. 7 JUIN 1819. — Ordonnance du
Roi portant établissement d'une chambre
de commerce à Boulogne, département du
Pas-de-Calais. (7, Bull. 283, n° 6630.)

Louis, etc.

Sur le rapport de notre ministre secrétaire-d'Etat au département de l'intérieur ;

Vu la demande du commerce et des autorités locales de la ville de Boulogne ;

Notre Conseil-d'Etat entendu,

Nous avons ordonné et ordonnons ce qui
suit :

Art. 1er. Il y aura une chambre de commerce dans la ville de Boulogne, département du Pas-de-Calais. Elle sera constituée
conformément aux dispositions de l'arrêté
du 3 nivose an 11 (24 décembre 1802).

2. Notre ministre secrétaire-d'Etat de l'intérieur est chargé de l'exécution de la présente ordonnance, qui sera insérée au Bulletin des Lois.

19 MAI ⸗ Pr. 11 JUIN 1819. — Ordonnance du
Roi portant établissement d'un conseil de
prud'hommes à Abbeville. (7, Bull. 285, n°
6703.)

Art. 1er. Il sera établi un conseil de
prud'hommes à Abbeville, département de
la Somme : ce conseil sera composé de onze
membres, dont six seront pris parmi les
marchands-fabricans, et les cinq autres
parmi les chefs d'atelier, contre-maîtres, ou
ouvriers patentés.

2. Les branches d'industrie ou professions ci-après désignées concourront à la
formation du conseil dans les proportions
suivantes :

Les fileurs et fabricans en coton, les fileurs
et fabricans en laine, les fabricans de moquettes, tapis et velours, les fileurs de lin
pour moquettes et tapis, les fabricans de
poil de chèvre, de toiles à tamis de soie,
de toiles de lin et de chanvre pour voiles,
et de bonneterie, nommeront trois membres, dont deux seront choisis parmi les
marchands-fabricans, et l'autre parmi les
chefs d'atelier, contre-maîtres, ou ouvriers
patentés.

Les fabricans, lamiers, rosetiers, cordiers
en cable, fils à voiles et ficelles, les constructeurs de métiers, les fondeurs et les tourneurs en métaux, nommeront un membre
qui sera marchand-fabricant.

Les teinturiers en laine, les marchands
de verrerie, les apprêteurs, les tondeurs,
les foulonniers, les teinturiers et impri-

(1) L'article 224 du Code pénal n'a pas été
abrogé par la présente loi. — Ainsi l'injure
contre un gendarme doit être punie, non de
la peine portée dans l'article 19, mais de celle

prononcée par l'article 224 du Code pénal (27
novembre 1823 ; Bourges S. 25, 2, 159). *Voy.*
notes sur l'article 16.

meurs en toile de lin et de coton, les blanchisseurs aux prés et à l'acide, les fabricans de couperose et les fabricans de noir d'ivoire, nommeront deux membres, dont l'un sera marchand-fabricant, et l'autre chef d'atelier, contre-maître, ou ouvrier patenté.

Les brasseurs, tanneurs, corroyeurs, mégissiers, pelletiers, chapeliers, les fabricans de savon, d'huile, de chandelles, de cire, les propriétaires de moulins à bois de teinture, les fabricans de papiers, les relieurs, les fabricans de poterie de terre et de poterie d'étain, nommeront un membre qui sera marchand-fabricant.

Les architectes, peintres, sculpteurs, orfèvres, bijoutiers, horlogers, miroitiers, les maçons, charpentiers, constructeurs, menuisiers, tabletiers, ébénistes, tourneurs en bois, vanniers, plafonneurs, paveurs, marbriers, vitriers, doreurs, plombiers, serruriers, armuriers, tailleurs, maréchaux, cloutiers, taillandiers, ferblantiers, chaudronniers, bourreliers, charrons et carrossiers, nommeront quatre membres, dont un sera marchand-fabricant, et les trois autres, chefs d'atelier, contre-maîtres, ou ouvriers patentés.

Total pour chacune des deux classes : pour les fabricans, six; pour les chefs d'ateliers, cinq. Ensemble onze membres.

3. La juridiction du conseil s'étendra sur tous les marchands-fabricans, chefs d'atelier, contre-maîtres, commis, teinturiers, ouvriers, compagnons ou apprentis travaillant pour les fabriques du lieu ou du canton de la situation des fabriques, quel que soit l'endroit de la résidence des uns et des autres.

4. Dans le cas où il serait interjeté appel d'un jugement rendu par les prud'hommes, cet appel sera porté devant le tribunal de commerce de l'arrondissement d'Abbeville.

5. L'élection et le renouvellement des membres du conseil auront lieu suivant le mode et de la manière qui sont réglés par le décret du 11 juin 1809. Ces membres se conformeront, dans l'exercice de leurs fonctions, au dispositions établies par ledit décret, ainsi que par la loi du 18 mars 1806 et par un autre décret du 3 août 1810.

6. La commune d'Abbeville fournira le local nécessaire pour la tenue des séances du conseil ; les dépenses de premier établissement, de chauffage, d'éclairage, et de paiement du traitement attribué au secrétaire, seront également à sa charge.

7. Notre garde-des-sceaux, ministre secrétaire-d'État de la justice, et notre ministre secrétaire-d'État de l'intérieur, sont chargés de l'exécution de la présente ordonnance qui sera insérée au Bulletin des Lois.

19 MAI 1819. — Ordonnance du Roi concernant le renouvellement des membres de la commission de surveillance de la caisse d'amortissement et de celle des dépôts et consignations, dont les fonctions sont expirées. (7, Bull. 281.)

19 MAI 1819. — Ordonnances du Roi qui autorisent les sieurs Fougeroux à s'appeler à l'avenir Duhamel-Fougeroux, et le sieur Bouché à ajouter à son nom celui d'Appert. (7, Bull. 282.)

19 MAI 1819. — Ordonnance du Roi qui admet les sieurs Elterich, Schrader, Muller, Braun, Daumberger, Weik, Bienkocoski, Rothacker, Laesser, Comas et Pfenninger à établir leur domicile en France. (7, Bull. 282.)

19 MAI 1819. — Ordonnances du Roi portant liquidation de soixante-seize soldes de retraite, provisoirement payables sur le fonds des demi-soldes. (7, Bull. 285.)

19 MAI 1819. — Ordonnances du Roi qui autorisent l'acceptation de dons et legs faits aux fabriques. (7, Bull. 302.)

19 MAI 1819. — Ordonnance du Roi qui fixe la limite entre les communes de Lastelle et de Laulne, département de la Manche. (7, Bull. 303.)

19 MAI 1819. — Ordonnances du Roi portant établissement de foires dans les communes de Saint-Agnan-en-Vercors, de Chartres, de Saint-Parise-le-Châtel, de Malausac, de Choisy, de Ry, de Saint-Pierreville, de Charmes, de Saint-Just-sur-Dive et de l'Hôpital-le-Grand. (7, Bull. 303.)

26 ⇌ Pr. 26 MAI 1819. — Loi relative à la poursuite et au jugement des crimes et délits commis par la voie de la presse, ou par tout autre moyen de publication (1). (7, Bull. 280, n° 6515.)

_____

(1) Présentation à Chambre des députés, le 22 mars (Mon. du 23).

Rapport de M. Cassaignoles, le 17 avril (Mon. du 20).

Voy. notes sur l'art. 8 de la Charte, lois des 28 février 1817, 17 mai 1819, et 25 mars 1822.

Art. 1er. La poursuite des crimes et délits commis par la voie de la presse, ou par tout autre moyen de publication, aura lieu d'office et à la requête du ministère public, sous les modifications suivantes.

2. Dans le cas d'offense envers les Chambres ou l'une d'elles par voie de publication, la poursuite n'aura lieu qu'autant que la Chambre qui se croira offensée l'aura autorisée (1).

3. Dans le cas du même délit contre la personne des souverains et celle des chefs des Gouvernemens étrangers, la poursuite n'aura lieu que sur la plainte ou à la requête du souverain ou du chef du Gouvernement qui se croira offensé (2).

4. Dans les cas de diffamation ou d'injure contre les cours, tribunaux, ou autres corps constitués, la poursuite n'aura lieu qu'après une délibération de ces corps, prise en assemblée générale et requérant les poursuites (3).

5. Dans le cas des mêmes délits contre tout dépositaire ou agent de l'autorité publique, contre tout agent diplomatique étranger, accrédité près du Roi, ou contre tout particulier, la poursuite n'aura lieu que sur la plainte de la partie qui se prétendra lésée (4).

6. La partie publique, dans son réquisi-

Discussion, le 22 avril (Mon. du 23 au 30 avril, 1, 2, 3, 4 et 6 mai).

Adoption, le 30 avril (Mon. du 7 mai).

Présentation à la Chambre des pairs, le 4 mai (Mon. du 14).

Rapport de M. le comte Lemercier, le 19 mai (Mon. du 30 mai).

Adoption, le 4 mai (Mon. du 30).

(1) Voy. articles 15 et 16, loi du 25 mars 1822.

(2) Voy. article 17, loi du 25 mars 1822.

(3) Des magistrats outragés et devant lesquels est portée la plainte tendante à la répression de l'injure, ne peuvent être dessaisis, par voie de réglement de juges, pour cause de suspicion légitime (17 décembre 1824; Cass. S. 25, 1, 221; D. 25; 1, 58).

La garde nationale ne forme pas un corps constitué, mais seulement une classe de citoyens dans le sens de l'article 10 de la loi de mars 1822.—Le prévenu d'outrages envers la garde nationale d'une ville, hors de l'exercice de ses fonctions, peut donc être poursuivi d'office par le ministère public, sans qu'il y ait eu plainte de la part de la garde nationale elle-même (29 avril 1831; Cass. S. 31, 1, 303; D. 31, 1, 182).

Les gardes nationaux d'une localité forment, quant à l'exercice de leurs fonctions, sinon un corps constitué, au moins une réunion d'agens de l'autorité publique : ils ne doivent pas être considérés comme de simples particuliers. — Dès-lors, l'injure ou la diffamation dirigée contre eux par la voie de la presse est de la compétence de la cour d'assises à l'exclusion du tribunal correctionnel (24 février 1832; Cass. S. 32, 1, 541; D. 32, 1, 190).

Des gardes nationaux doivent être considérés comme injuriés à raison de leurs fonctions, bien que le service à l'occasion duquel ils ont été injuriés eût cessé lorsque les injures ont été proférées.

Lorsque, soit devant la chambre du conseil soit devant la chambre d'accusation, le délit imputé à un prévenu a été, sur la poursuite du ministère public, qualifié d'injures envers des agens de l'autorité, le ministère public ne peut, changeant la qualification du fait, prétendre devant la cour de cassation que le délit objet des poursuites avait le caractère d'injures envers une classe de personnes, et en conséquence faire casser par ce motif l'arrêt qui l'a déclaré non-recevable à poursuivre d'office (5 août 1831; Cass. S. 32, 1, 157).

Voy. article 16, loi du 25 mars 1822.

(4) De ce que l'article 5 de cette loi ne permet de poursuivre les délinquans que sur la plainte de la partie lésée, et refuse la voie d'action au ministère public, on ne peut conclure que le ministère public n'ait pas la faculté d'appeler d'un jugement de première instance. Ainsi, et suivant les règles ordinaires, les juges d'appel ne peuvent prononcer une peine lorsqu'ils sont saisis seulement par l'appel de la partie civile, et que le ministère public a acquiescé tacitement, en ne formant pas d'appel (13 avril 1820; Cass. S. 20, 1, 263).

Décidé en sens contraire que le ministère public n'a pas la faculté d'interjeter appel d'un jugement de première instance lorsqu'il y a acquiescement par la partie lésée (24 juin 1831; Paris, S. 31, 2, 197; D. 31, 2, 234 — 26 août 1830; Bourges, S. 31, 2, 265; D. 31; 2, 234).

La plainte exigée par cet article n'est pas soumise aux formes prescrites par le Code d'instruction criminelle : il appartient aux magistrats saisis de la poursuite de juger si l'action du ministère public a été suffisamment provoquée.

L'envoi fait au ministère public d'un procès-verbal constatant un délit de diffamation ou d'injures peut être considéré comme une plainte de la personne diffamée ou injuriée (23 février 1832; Cass. S. 32, 1, 622; D. 32; 4, 256).

Voy. article 17, loi du 25 mars 1822.

toire, si elle poursuit d'office, ou le plaignant, dans sa plainte, seront tenus d'articuler et de qualifier les provocations, attaques, offenses, outrages, faits diffamatoires
ou injures, à raison desquels la poursuite
est intentée, et ce, à peine de nullité de la
poursuite (1).

7. Immédiatement après avoir reçu le ré-
quisitoire ou la plainte, le juge d'instruction pourra ordonner la saisie des écrits,
imprimés, placards, dessins, gravures, peintures, emblèmes ou autres instrumens de
publication.

L'ordre de saisir et le procès-verbal de
saisie seront notifiés, dans les trois jours de
ladite saisie, à la personne entre les mains
de laquelle la saisie aura été faite, à peine
de nullité.

8. Dans les huit jours de ladite notification, le juge d'instruction est tenu de faire
son rapport à la chambre du conseil, qui
procède ainsi qu'il est dit au Code d'instruction criminelle, livre 1er, chapitre IX, sauf
les dispositions ci-après.

9. Si la chambre du conseil est unanimement d'avis qu'il n'y a pas lieu à poursuivre,
elle prononce la main-levée de la saisie (2).

10. Dans le cas contraire, ou dans le cas
de pourvoi du procureur du Roi ou de la
partie civile contre la décision de la chambre du conseil, les pièces sont transmises,
sans délai, au procureur général près la
cour royale, qui est tenu, dans les cinq jours
de la réception, de faire son rapport à la
chambre des mises en accusation, laquelle

est tenue de prononcer dans les trois jours
dudit rapport.

11. A défaut par la chambre du conseil
du tribunal de première instance d'avoir
prononcé dans les dix jours de la notification du procès-verbal de saisie, la saisie sera
de plein droit périmée (3). Elle le sera également à défaut par la cour royale d'avoir
prononcé sur cette même saisie dans les dix
jours du dépôt en son greffe de la requête
que la partie saisie est autorisée à présenter,
à l'appui de son pourvoi, contre l'ordonnance de la chambre du conseil (4). Tous
les dépositaires des objets saisis seront tenus
de les rendre au propriétaire sur la simple
exhibition du certificat des greffiers respectifs, constatant qu'il n'y a pas eu d'ordonnance ou d'arrêt dans les délais ci-dessus
prescrits.

Les greffiers sont tenus de délivrer ce
certificat à la première réquisition, sous
peine d'une amende de trois cents francs;
sans préjudice des dommages-intérêts, s'il
y a lieu.

Toutes les fois qu'il ne s'agira que d'un
simple délit, la péremption de la saisie entraînera celle de l'action publique.

12. Dans les cas où les formalités prescrites par les lois et réglemens concernant
le dépôt auront été remplies, les poursuites
à la requête du ministère public ne pourront être faites que devant les juges du lieu
où le dépôt aura été opéré (5), ou de celui
de la résidence du prévenu.

En cas de contravention aux dispositions

(1) La plainte en diffamation doit articuler
et préciser distinctement chaque fait incriminé, à peine de nullité.—Le délit est circons-
crit dans les faits signalés et dans les circonstances qui les caractérisent (24 décembre
1829; Riom, S. 30, 2, 75; D. 30 ; 2, 116).

Le ministère public articule et qualifie suffisamment les provocations, attaques, outrages, etc., en citant les articles de la loi et les
pages de l'ouvrage où se trouvent les passages
incriminés (8 septembre 1824; Cass. S. 25, 1,
67).

(2) Voy. article 133 et suivans, Code d'instruction criminelle.

(3) Cet article, qui fait courir le délai de
la péremption à partir de la notification de la
saisie, ne doit s'entendre que de la saisie ordonnée par le juge d'instruction, conformément à l'article 7 de la même loi. La saisie ordonnée par tout autre magistrat, notamment
par le préfet de police à Paris, ne fait pas
courir le délai de dix jours au profit du prévenu (6 mars 1824; Cass. S. 25, 1, 43).

La péremption de la saisie ne court qu'à
dater de la notification du procès-verbal de

la saisie; il ne suffit pas pour qu'elle commence
à courir qu'il y ait eu ordre de saisie et per-
quisition (8 septembre 1824; Cass. S. 25, 1,
67).

(4) La faculté donnée par cet article au prévenu de présenter une requête à la chambre
d'accusation à l'appui de son pourvoi contre
l'ordonnance de la chambre du conseil, n'est
point autre que la faculté qui appartient à
tout individu renvoyé devant une chambre d'accusation, d'attaquer devant cette chambre
l'ordonnance du tribunal qui a prononcé le
renvoi; ainsi, toute faculté d'opposition à l'ordonnance de la chambre du conseil a cessé
depuis que la loi du 25 mars 1822 a enlevé aux
cours d'assises la connaissance des délits de la
presse, et qu'il n'y a plus par conséquent de
renvoi à la chambre d'accusation (12 août
1826; Cass. Sections réunies; S. 27, 1, 126).

(5) Le prévenu d'un délit de la presse peut
être jugé, s'il y consent, par un tribunal autre
que celui du dépôt. La compétence de ce tribunal est établie dans l'intérêt du prévenu; il
peut y renoncer (8 mars 1825; Amiens; S. 23,
2, 169).

ci-dessus rappelées concernant le dépôt, les poursuites pourront être faites soit devant le juge de la résidence du prévenu, soit dans les lieux où les écrits et autres instrumens de publication auront été saisis.

Dans tous les cas, la poursuite à la requête de la partie plaignante pourra être portée devant les juges de son domicile, lorsque la publication y aura été effectuée (1).

13. Les crimes et délits commis par la voie de la presse ou tout autre moyen de publication, à l'exception de ceux désignés dans l'article suivant, seront renvoyés par la chambre des mises en accusation de la cour royale devant la cour d'assises, pour être jugés à la plus prochaine session. L'arrêt de renvoi sera de suite notifié au prévenu (2).

14. Les délits de diffamation verbale ou d'injure verbale contre toute personne, et ceux de diffamation ou d'injure par une voie de publication quelconque contre des particuliers, seront jugés par les tribunaux de police correctionnelle, sauf les cas attribués aux tribunaux de simple police.

15. Sont tenues, la chambre du conseil du tribunal de première instance, dans le jugement de mise en prévention, et la chambre des mises en accusation de la cour royale, dans l'arrêt de renvoi devant la cour d'assises, d'articuler et de qualifier les faits à raison desquels lesdits prévention ou renvoi sont prononcés, à peine de nullité desdits jugement ou arrêt.

16. Lorsque la mise en accusation aura été prononcée pour crimes commis par voie de publication, et que l'accusé n'aura pu être saisi, ou qu'il ne se présentera pas, il sera procédé contre lui, ainsi qu'il est prescrit au livre II, titre IV du Code d'instruction criminelle, chapitre des *Contumaces.*

17. Lorsque le renvoi à la cour d'assises aura été fait pour délits spécifiés dans la présente loi, le prévenu, s'il n'est présent au jour fixé pour le jugement par l'ordonnance du président, dûment notifiée audit prévenu ou à son domicile, dix jours au moins avant l'échéance, outre un jour par cinq myriamètres de distance, sera jugé par défaut. La cour statuera sans assistance ni intervention de jurés, tant sur l'action publique que sur l'action civile (3).

18. Le prévenu pourra former opposition à l'arrêt par défaut dans les dix jours de la notification qui lui en aura été faite ou à son domicile, outre un jour par cinq myriamètres de distance, à charge de notifier son opposition, tant au ministère public qu'à la partie civile.

Le prévenu supportera, sans recours, les frais de l'expédition et de la signification de l'arrêt par défaut et de l'opposition, ainsi que de l'assignation et de la taxe des témoins appelés à l'audience pour le jugement de l'opposition.

19. Dans les cinq jours de la notification de l'opposition, le prévenu devra déposer au greffe une requête tendant à obtenir du président de la cour d'assises une ordonnance fixant le jour du jugement de l'opposition ; cette ordonnance fixera le jour aux plus prochaines assises ; elle sera signifiée à la requête du ministère public, tant au prévenu qu'au plaignant, avec assignation au jour fixé dix jours au moins avant l'échéance. Faute par le prévenu de remplir les formalités mises à sa charge par le présent article, ou de comparaître par lui-même ou par un fondé de pouvoir au jour fixé par l'ordonnance, l'opposition sera réputée non avenue, et l'arrêt par défaut sera définitif.

20. Nul ne sera admis à prouver la vérité des faits diffamatoires, si ce n'est dans le cas d'imputations contre des dépositaires ou agens de l'autorité, ou contre toutes personnes ayant agi dans un caractère public, de

---

(1) Soit par l'auteur de l'écrit, soit par tout autre, même à l'insu de l'auteur. La discussion à la Chambre des députés démontre que tel est le sens véritable de la loi ; on ne saurait donc invoquer la jurisprudence antérieure, suivant laquelle le fait du libraire qui, après avoir acheté l'ouvrage, le vendait au lieu de sa résidence, était étranger à l'auteur, et ne pouvait être attributif de juridiction (S. 18, 1, 307).

(2) Cet article, auquel se réfère la loi du 8 octobre 1830 sur l'application du jury aux délits de la presse et aux délits politiques, n'a pas entendu qu'un acte d'accusation fût nécessaire.—A cet égard, la législation spéciale emporte dérogation à la disposition générale établie par l'article 241 du Code d'instruction

criminelle (4 mars 1831 ; Cass. S. 31, 1, 85 ; D. 18 ; 1, 131).

Voy. article 17, loi du 25 mars 1822, qui enlève au jury la connaissance des délits de la presse. Voy. loi du 8 octobre 1830 qui la lui rend.

(3) Lorsque le prévenu d'un délit politique dont la connaissance est attribuée au jury par la loi du 8 octobre 1830, est resté en liberté pendant le cours de l'instruction, la chambre d'accusation ne peut, sans excès de pouvoir, ordonner son renvoi devant la cour d'assises, en état de mandat d'amener : le prévenu doit rester en liberté et conserver la faculté de faire défaut que lui accorde cet article (18 février 1831 ; Cass. S. 31, 1, 109 ; D. 31 ; 1, 104).

faits relatifs à leurs fonctions. Dans ce cas, les faits pourront être prouvés par-devant la cour d'assises par toutes les voies ordinaires, sauf la preuve contraire par les mêmes voies.

La preuve des faits imputés met l'auteur de l'imputation à l'abri de toute peine, sans préjudice des peines prononcées contre toute injure qui ne serait pas nécessairement dépendante des mêmes faits (1).

21. Le prévenu qui voudra être admis à prouver la vérité des faits dans le cas prévu par le précédent article devra, dans les huit jours qui suivront la notification de l'arrêt de renvoi devant la cour d'assises, ou de l'opposition à l'arrêt par défaut rendu contre lui, faire signifier au plaignant :

1° Les faits articulés et qualifiés dans cet arrêt, desquels il entend prouver la vérité ;

2° La copie des pièces ;

3° Les noms, professions et demeures des témoins par lesquels il entend faire sa preuve.

Cette signification contiendra élection de domicile près la cour d'assises ; le tout à peine d'être déchu de la preuve.

22. Dans les huit jours suivans, le plaignant sera tenu de faire signifier au prévenu, au domicile par lui élu, la copie des pièces, et les noms, professions et demeures des témoins par lesquels il entend faire la preuve contraire ; le tout également sous peine de déchéance.

23. Le plaignant en diffamation ou injure pourra faire entendre des témoins qui attesteront sa moralité : les noms, professions et demeures de ces témoins seront notifiés au prévenu ou à son domicile, un jour au moins avant l'audition.

Le prévenu ne sera point admis à faire entendre des témoins contre la moralité du plaignant.

24. Le plaignant sera tenu, immédiatement après l'arrêt de renvoi, d'élire domicile près la cour d'assises, et de notifier cette élection au prévenu et au ministère public ; à défaut de quoi toutes significations seront faites valablement au plaignant au greffe de la cour.

Lorsque le prévenu sera en état d'arrestation, toutes notifications, pour être valables, devront lui être faites à personne.

25. Lorsque les faits imputés seront punissables selon la loi, et qu'il y aura des poursuites commencées à la requête du ministère public, ou que l'auteur de l'imputation aura dénoncé ces faits, il sera, durant l'instruction, sursis à la poursuite et au jugement du délit de diffamation (2).

26. Tout arrêt de condamnation contre les auteurs ou complices des crimes et délits commis par voie de publication, ordonnera la suppression ou la destruction des objets saisis, ou de tous ceux qui pourront l'être ultérieurement, en tout ou en partie, suivant qu'il y aura lieu pour l'effet de la condamnation.

L'impression ou l'affiche de l'arrêt pourront être ordonnées aux frais du condamné.

Ces arrêts seront rendus publics dans la même forme que les jugemens portant déclaration d'absence.

27. Quiconque, après que la condamnation d'un écrit, de dessins ou gravures, sera réputée connue par la publication dans les formes prescrites par l'article précédent, les réimprimera, vendra ou distribuera, subira le *maximum* de la peine qu'aurait pu encourir l'auteur.

28. Toute personne inculpée d'un délit commis par la voie de la presse, ou par tout autre moyen de publication, contre laquelle il aura été décerné un mandat de dépôt ou d'arrêt, obtiendra sa mise en liberté provisoire, moyennant caution. La caution à exiger de l'inculpé ne pourra être supérieure au double du *maximum* de l'amende prononcée par la loi contre le délit qui lui est imputé (3).

29. L'action publique contre les crimes et délits commis par la voie de la presse, ou tout autre moyen de publication, se pres-

---

(1) Sous l'empire de la loi du 25 mars 1822, le plaignant en diffamation n'est pas plus recevable à prouver par témoins la fausseté des faits diffamatoires, que le prévenu n'est recevable à prouver leur vérité. Il est seulement autorisé à faire entendre des témoins sur sa moralité (2 février 1827; Cass. S. 27, 1, 288).

Voy. art. 18, loi du 25 mars 1822, qui prohibe la preuve testimoniale, et art. 367 du Code pénal.

(2) Sous l'empire de cette loi comme sous l'empire du Code Pénal, le sursis ne pourrait être invoqué, lorsqu'il s'agit de *diffamations* envers un magistrat, dans le sens de l'art. 222 Code pénal.

Bien que l'art. 20 de cette loi admette la preuve des faits diffamatoires imputés à des dépositaires ou agens de l'autorité publique, néanmoins, il y a lieu à sursoir sur la plainte en diffamation, lorsque les faits imputés sont passibles d'une peine.

La dénonciation des faits imputés suffit pour qu'il y ait lieu à sursis de l'action en diffamation, soit que la dénonciation ait suivi ou précédé l'action en diffamation.

Il y a lieu à sursis de l'action en diffamation, bien qu'il n'ait été dénoncé qu'une partie des faits imputés, ceux qui sont punissables (25 juillet 1821; Cass. S. 21, 1, 417).

(3) Les écrivains ou journalistes qui ont

crira par six mois révolus, à compter du fait de publication qui donnera lieu à la poursuite.

Pour faire courir cette prescription de six mois, la publication d'un écrit devra être précédée du dépôt et de la déclaration que l'éditeur entend le publier (1).

S'il a été fait, dans cet intervalle, un acte de poursuite ou d'instruction, l'action publique ne se prescrira qu'après un an, à compter du dernier acte, à l'égard même des personnes qui ne seraient pas impliquées dans ces actes d'instruction ou de poursuite.

Néanmoins, dans le cas d'offense envers les Chambres, le délai ne courra pas dans l'intervalle de leurs sessions.

L'action civile ne se prescrira, dans tous les cas, que par la révolution de trois années, à compter du fait de la publication.

30. Les délits commis par la voie de la presse ou par tout autre moyen de publication, et qui ne seraient point encore jugés, le seront suivant les formes prescrites par la présente loi (2).

31. La loi du 28 février 1817 est abrogée.

Les dispositions du Code d'instruction criminelle auxquelles il n'est pas dérogé par la présente loi continueront d'être exécutées.

26 MAI = Pr. 7 JUIN. — Loi relative au transit des denrées coloniales par les départemens du Rhin (3). (7, Bull. 283, n° 6628.)

Louis, etc.

Art. 1er. Le transit accordé par la loi du 17 décembre 1814, pour les expéditions de denrées coloniales faites des ports du royaume sur les frontières de terre, sera étendu aux départemens du Rhin pour lesdites denrées coloniales qui entreront par la Wantzenau

et par le pont du Rhin de Strasbourg, et ressortiront par Saint-Louis.

2. Les denrées coloniales et autres marchandises entrant en transit par le pont du Rhin et par la Wantzenau, seront conduites de ces deux bureaux à la douane de Strasbourg, sous toutes les formalités prescrites par les articles 28, 29 et 30 de la loi du 28 avril 1816. A cet effet, et pour que lesdites formalités puissent être remplies exactement et avec sûreté, le commerce de Strasbourg sera tenu de faire exécuter à ses frais, tant à la Wantzenau qu'au pont du Rhin, les travaux et constructions qui seront jugés nécessaires pour procurer la mise à quai, la mise à couvert et la vérification des marchandises.

3. La douane de Strasbourg sera agrandie de tous les magasins que le Gouvernement estimera nécessaires pour recevoir en dépôt distinct, vérifier et plomber les colis de transit. Lesdits magasins, pris sur ceux de la halle attenante à la douane, seront fournis par la chambre de commerce de Strasbourg, et appropriés à leur destination aux frais du commerce.

4. Les départemens du Rhin entreront en jouissance du transit qui leur est accordé par l'article 1er, aussitôt que les moyens du débarquement, de vérification et d'emmagasinement, indiqués par les articles 2 et 3, tant pour la douane de Strasbourg que pour la Wantzenau et le pont du Rhin, auront été fournis et présentés en bon état par le commerce, et agréés et reçus par l'administration des douanes.

5. Pour la facilité de ce transit, les denrées coloniales entrées tant par le pont du Rhin que par la Wantzenau seront reçues en dépôt à Strasbourg pendant un mois. Ce dépôt sera assujéti à toutes les formalités et précautions qui régissent les entrepôts.

fourni un cautionnement peuvent être préventivement arrêtés pour délits de la presse, en vertu d'un mandat d'amener ou de dépôt du juge d'instruction (13 mars 1832; cour royale de Paris; S. 32, 2, 178; D. 32; 2, 99).

(1) Le dépôt à la direction de la librairie ne constitue pas nécessairement la publication dans le sens de cet article, qui déclare les délits de la presse prescriptibles par six mois, à compter du fait de publication; c'est aux juges à déterminer, d'après les circonstances, le moment de la publication (8 septembre 1824; Cass, S. 25, 1, 67).

La prescription court, non du jour du dépôt de l'écrit, mais bien du jour de la publication précédée du dépôt et de la déclaration que l'on entend publier (18 septembre 1829; Cass. S. 29, 1, 561; D. 1829; 1, 557).

(2) Les délits commis par la voie de la presse et non jugés avant la promulgation de cette loi doivent être jugés suivant les formes qu'elle prescrit; peu importe qu'au moment de la promulgation l'instruction fût déjà complétée (25 novembre 1819; Cass. S. 20, 1, 100).

(3) Présentation à la Chambre des députés, le 7 avril (Mon. du 8 avril):

Rapport de M. de la Boullaye, le 4 mai (Mon. du 5 mai).

Discussion, le 7 mai (Mon. des 8 et 9 mai).

Adoption, le 8 mai (Mon. du 10 mai).

Présentation à la Chambre des pairs, le 13 mai (Mon. du 25 mai).

Rapport de M. le comte Chaptal, le 22 mai (Mon. du 30),

Adoption, le 25 mai (Mon. du 5 juin).

6. La double faculté du transit et du dépôt, accordée par les articles précédens, est subordonnée aux conditions ci-après :

1° Les marchandises reçues en dépôt ne pourront, sous aucun prétexte et pour quelque cause que ce soit, en sortir autrement que pour consommer la destination du transit, sans qu'il y ait jamais lieu à les mettre en consommation pour l'intérieur, même sous le paiement des droits ;

2° Les marchandises sortant du dépôt de Strasbourg seront plombées par colis, sur des emballages qui devront être en bon état.

3° Elles seront expédiées par acquits-à-caution portant, outre les obligations générales, celle de faire constater à la porte Dauphine, par les agens des douanes à ce commis, que les colis chargés au dépôt sont sortis de la ville de Strasbourg dans le jour même et avant l'expiration de l'heure qui aura été fixée ;

4° Les acquits-à-caution de transit devront être visés dans tous les bureaux de douanes qu'ils désigneront.

Le tout à peine des mêmes condamnations que celles prononcées par la loi du 17 décembre 1814, contre ceux qui n'effectuent pas la réexportation dans les termes de l'acquit-à-caution, ou qui enfreignent les formalités que cette loi prescrit, et qui toutes sont communes au transit par les départemens du Rhin.

26 MAI ☰ Pr. 7 JUIN 1819. — Ordonnance du Roi concernant le nouveau mode de dévidage et d'enveloppe des cotons filés, prescrit par l'art. 46 de la loi du 21 avril 1818. (7, Bull. 283, n° 6631.)

Voy. ordonnances des 16 JUIN et 1er DÉCEMBRE 1819.

Louis, etc.

Vu le décret du 14 décembre 1810, qui déterminait un nouveau mode de dévidage de fils des diverses matières, et dont les dispositions sont demeurées jusqu'à ce jour sans exécution ;

L'article 59 du titre VI de la loi de douanes du 28 avril 1816, prescrivant l'apposition d'une marque et d'un numéro de fabrication sur les cotons filés, provenant de manufactures françaises ;

Les art. 41 et 46 de la loi du 21 avril 1818 indiquant diverses formalités à remplir par les fabricans, marchands ou détenteurs d'objets assujétis à la marque, et portant qu'à l'égard des cotons filés, cette marque sera suppléée au moyen *d'un nou-*

veau mode de dévidage et d'enveloppe à déterminer ultérieurement par une ordonnance spéciale.

Nos ordonnances du 22 juillet et 12 décembre 1818, qui, dans la vue de laisser le temps nécessaire à la recherche et à l'adoption du mode le plus convenable, ainsi qu'à sa mise à exécution dans toutes les filatures du royaume, ont prolongé successivement jusqu'à l'époque du 1er juillet 1819 le délai fixé pour l'accomplissement desdites formalités ;

Sur le rapport de notre ministre secrétaire-d'État de l'intérieur ;

Nous avons ordonné et ordonnons ce qui suit :

Art. 1er. Le terme que notre ordonnance du 12 décembre dernier avait assigné au 1er juillet prochain pour l'adoption définitive *du nouveau mode de dévidage et d'enveloppe* des cotons filés, prescrit par l'art. 46 de la loi du 21 avril 1818, est prorogé de trois autres mois, et demeure, en conséquence, irrévocablement fixé au 1er octobre de l'année courante.

2. A compter dudit jour 1er octobre 1819, tous les entrepreneurs de filature de coton établis dans les divers départemens du royaume seront tenus de composer d'un fil de *cent mètres* de longueur l'échevette des fils par eux fabriqués, et de former l'écheveau de dix de ces échevettes, en sorte que la longueur totale dudit fil composant l'écheveau soit de mille mètres.

3. Pour l'accomplissement de ces dispositions, lesdits entrepreneurs devront adopter de nouveaux instrumens de dévidage, ou du moins faire à ceux dont ils se servent aujourd'hui, les changemens convenables, de telle sorte qu'à l'avenir leurs établissemens soient pourvus de dévidoirs hexagones de quatorze cent vingt-huit mètres quatre septièmes de développement, auxquels sera adaptée une roue ou compteur de soixante-dix dents.

4. A dater de la même époque du 1er octobre prochain, tous les cotons filés provenant des fabriques françaises seront étiquetés, suivant leur degré de finesse, d'un numéro indicatif du nombre d'écheveaux nécessaires pour former le poids d'une livre métrique ou demi-kilogramme : ainsi, en conservant la mesure métrique et la division décimale, l'écheveau de coton filé au n° 1 devra peser 0,500 grammes ; le même au n° 10, 0,050 grammes ; le même au n° 100, 0,005 grammes, et ainsi de suite.

5. La vente des cotons filés aura lieu par paquets d'une livre métrique (1), suivant

(1) *Lisez* : par paquets de cinq ou de dix livres métriques, *erratum* du Bulletin 286.

l'usage déjà établi ; chacun de ces paquets, en sortant de la presse, et avant qu'on le recouvre de l'enveloppe accoutumée, devra être entouré d'une bande de papier immédiatement appliquée sur les écheveaux, et empreinte de la marque du fabricant, ainsi que d'un numero d'ordre destiné à servir de renvoi aux registres : les deux bouts de cette bande seront réunis sous un seul et même cachet.

6. A cet effet, chaque entrepreneur de filature de coton devra, avant l'époque du 1er octobre, effectuer à la sous-préfecture de son arrondissement le dépôt de deux empreintes ou modèles de la marque par lui adoptée, lesquels recevront la destination indiquée par l'art. 4 de notre ordonnance du 8 août 1816 : il devra aussi, pour le choix de cette marque et pour les vérifications qui la concernent, se conformer aux dispositions indiquées dans les art. 2 et 3 de la même ordonnance.

7. Tout entrepreneur de filature, commerçant, fabricant de tissus ou autres détenteurs, à titre quelconque, entre les mains duquel existent des cotons filés, fabriqués d'après les divers modes actuellement en usage, sera tenu, avant ladite époque du 1er octobre prochain,

1° D'apposer à chaque paquet de cette sorte de coton, suivant la manière indiquée dans l'article 5 ci-dessus, un numéro d'ordre suivi, et la marque distinctive qu'il aura adoptée pour désigner l'origine française ;

2° De reprendre et d'écrire sur son registre-journal tous les paquets ainsi marqués par lui à l'extraordinaire, faisant mention exacte de la marque et des numéros d'ordre sur ledit registre, qui sera par lui arrêté à la fin de l'inventaire, daté et signé.

Pour ceux qui n'ont pas de registre-journal, il y sera suppléé par un inventaire sur feuilles volantes, de la manière et suivant les formes qui se trouvent indiquées au dernier paragraphe de l'art. 41 de la loi du 21 avril 1818.

8. Conformément aux dispositions de l'art. 42 de la même loi, les cotons filés qui, après l'expiration du terme ci-dessus fixé (1er octobre 1819), seront trouvés dépourvus de la marque de fabrique ou d'origine, seront saisis pour ce seul fait ; et lors même qu'après l'examen le jury désigné dans ledit article les déclarerait d'origine française, le propriétaire ou détenteur ne pourra les recouvrer qu'en payant une amende de six pour cent de la valeur, telle que ledit jury l'aura estimée et déclarée.

9. Notre ministre de l'intérieur fera publier, en même temps que la présente, les instructions nécessaires, tant pour faciliter aux fabricans la formation des échevettes de fil suivant la longueur déterminée par l'art. 2 ci-dessus, que pour établir la concordance entre les numéros qui ont indiqué jusqu'à présent le dégré de finesse des fils, et ceux qui doivent l'indiquer à l'avenir.

10. Notre ministre secrétaire-d'Etat de l'intérieur est chargé de l'exécution de la présente ordonnance, qui sera insérée au Bulletin des Lois.

———

26 MAI = Pr. 7 JUIN 1819. — Ordonnance du Roi qui abroge celle du 16 SEPTEMBRE 1818, portant réglement de plusieurs formalités relatives aux états finaux des receveurs généraux des finances. (7, Bull. 283, n° 6652.)

Louis, etc.

Vu l'article 1er de notre ordonnance du 18 novembre 1817, aux termes duquel notre ministre secrétaire-d'Etat des finances est chargé de déterminer la forme des comptes à rendre à la cour des comptes par les receveurs généraux, à partir de 1818 et pour les années suivantes, ainsi que les justifications dont ces comptes doivent être appuyés ;

Sur le rapport de notre ministre secrétaire-d'Etat des finances,

Nous avons ordonné et ordonnons ce qui suit :

Art. 1er. Notre ordonnance du 16 septembre 1818, portant réglement de plusieurs formalités relatives aux états finaux des receveurs généraux des finances, est abrogée.

2. Chaque receveur général sera tenu d'adresser à notre ministre secrétaire-d'Etat des finances, dans les trois mois qui suivront l'expiration de l'année ou l'époque de la cessation de ses fonctions, le compte qui doit être présenté à la cour des comptes, afin qu'après avoir été vérifié au ministère des finances, il puisse être transmis à cette cour dans le délai de six mois fixé par l'art. 6 de notre ordonnance du 18 novembre 1817.

3. Notre ministre secrétaire-d'Etat des finances est chargé de l'exécution de la présente ordonnance, qui sera insérée au Bulletin des Lois.

———

26 MAI 1819. — Ordonnance du Roi qui accorde une pension ecclésiastique au sieur de Bosredont. (7, Bull. 283.)

———

26 MAI 1819. — Ordonnance du Roi qui accorde une pension à la veuve d'un vérifica-

teur à la liquidation générale. (7, Bull. 283.)

‒‒‒‒‒

26 MAI 1819. — Ordonnances du Roi qui permettent aux sieurs Thureau, Detaffin, Dubos, Fossé et Bouchet, d'ajouter à leurs noms ceux de Dangin, de Gœulzin, de Boutal, de Darcosse et de Chaumont. (7, Bull. 283.)

‒‒‒‒‒

26 MAI 1819. — Ordonnances du Roi qui admettent les sieurs Widemann, Hummel, Arnold, Dehal, Paul, Schwebs Zembi, et de Lambertini, à établir leur domicile en France. (7, Bull. 285.)

‒‒‒‒‒

26 MAI 1819. — Ordonnances du Roi qui autorisent l'acceptation de dons et legs faits aux fabriques. (7, Bull. 303.)

‒‒‒‒‒

26 MAI 1819. — Ordonnance du Roi portant que la somme de douze mille francs affectée à l'établissement formé à Roanne par des sœurs de Saint-Charles de Lyon sera employée à l'acquisition d'un immeuble. (7, Bull. 303.)

‒‒‒‒‒

26 MAI 1819. — Ordonnance du Roi portant que le siége de la cure cantonale de Nautiat sera transféré à Compreignac, département de la Haute-Vienne, et que le siége de la succursale de Compreignac sera transféré à Nautiat. (7, Bull. 303.)

‒‒‒‒‒

28 MAI 1819. — Lettres-patentes portant confirmation du titre en faveur de M. Bastard d'Estang, et affectation de ce titre à un majorat précédemment fondé pour celui de baron. (7, Bull. 285.)

‒‒‒‒‒

2 = 30 JUIN 1819. — Ordonnance du Roi relative au droit qu'ont les communes de contraindre les propriétaires de halles à leur vendre ou louer ces établissemens, moyennant une juste et préalable indemnité, et aux formes suivant lesquelles doit être fixé le prix de vente ou de location desdites halles. (7, Bull. 289, n° 6832.)

Voy. loi du 15 = Pr. 28 MARS 1790, tit. II, art. 19 et notes; avis du Conseil-d'Etat des 4 = Pr. 18 AOUT 1807, et 2 = Pr. 6 AOUT 1811 (1).

Louis, etc.

Sur le rapport du comité du contentieux;
Vu la requête à nous présentée au nom du sieur Brichet, juge au tribunal de première instance de l'arrondissement de Lannion, département des Côtes-du-Nord, enregistrée au secrétariat du comité du contentieux de notre Conseil-d'Etat le 7 août 1818, tendant à ce qu'il nous plaise

Annuler, 1° un arrêté du préfet du département des Côtes-du-Nord, du 13 juillet 1813, lequel arrêté ordonne que toute perception de droit dans les halles, places, marchés et champs de foire au profit des particuliers propriétaires de ces immeubles ou de leurs fermiers, cessera à compter du premier jour de la publication du présent, et que cette perception sera continuée aux nom et profit des communes, qui tiendront compte du prix de location ou de la vente desdits immeubles, d'après l'estimation qui en sera faite contradictoirement, et sans préjudicier à la poursuite des instances qui seraient pendantes devant les tribunaux ou devant le Conseil-d'Etat, sur recours contre les arrêtés du conseil de préfecture, au sujet de la propriété desdits halles, places, marchés ou champs de foire;

Annuler, 2° l'acte par lequel la commune de Lannion a, en exécution de l'arrêté ci-dessus, pris possession de la halle dont le réclamant est propriétaire; annuler également la saisie que ladite commune a fait faire des revenus de cette halle entre les mains du sieur Brichet et son fermier;

Annuler, 3° un arrêté du conseil de préfecture du même département, en date du 28 mai 1818, lequel arrêté rejette la demande du réclamant tendant à être réintégré dans la jouissance de sa halle, et ordonner qu'il sera procédé, par des experts, à l'évaluation de cet établissement, afin d'en fixer le prix de vente ou de location.

Vu l'ordonnance de : *soit communiqué* au maire de Lannion, rendue par notre garde-des-sceaux, ministre et secrétaire-d'Etat au département de la justice, le 21 août 1818;

Vu le mémoire en défense de la commune de Lannion, enregistré audit secrétariat le 1er février 1819, lequel conclut au maintien des arrêtés attaqués;

Vu la loi du 28 mars 1790, art. 19, et la proclamation royale en date du 20 août suivant (2), annexé à cette loi;

Vu la loi du 8 mars 1810, art. 1, 11, 12, 16 et 27;

‒‒‒‒‒

(1) *Voy.* ordonnance du 9 juillet 1820, S. 21, 2, 24.
(2) 12 = 20 août 1790, chap. III, art. 2.

Vu l'avis du Conseil-d'Etat, approuvé le 6 août 1811 (1) ;

Vu toutes les pièces produites ;

Considérant, sur l'arrêté du préfet, qu'aux termes de l'art. 19 de la loi du 28 mars 1790, et de l'instruction annexée à cette loi, les communes peuvent contraindre les propriétaires de halles à leur vendre ou louer ces établissemens ;

Mais que, suivant l'art. 545 du Code civil, « nul ne peut être contraint à céder sa propriété que moyennant une juste et préalable indemnité ; »

Que l'arrêté attaqué a contrevenu à cette loi en prescrivant à la commune de se mettre en possession des halles du sieur Brichet et d'en faire saisir les revenus avant que le sieur Brichet eût reçu l'indemnité qui lui était due ;

Considérant, sur l'arrêté du conseil de préfecture, que si, aux termes de la loi du 28 mars 1790, les communes ont le droit de louer ou d'acquérir les halles établies sur leurs territoires, le prix de vente ne peut être fixé que d'après les formes prescrites par la loi du 8 mars 1810, c'est-à-dire, par convention amiablement arrêtée entre les parties, ou par autorité de justice, en se conformant aux bases établies par l'avis du Conseil-d'Etat du 6 août 1811 ;

Considérant que, dans l'état actuel de la législation, le conseil de préfecture, en ordonnant une expertise à l'effet de déterminer la valeur des halles dont il s'agit, a entrepris sur l'autorité judiciaire, et commis un excès de pouvoir ;

Notre Conseil-d'Etat entendu,

Nous avons ordonné et ordonnons ce qui suit :

Art. 1er. L'arrêté du préfet du département des Côtes-du-Nord, du 13 juillet 1813, est maintenu en ce qu'il reconnaît à la commune de Lannion le droit d'acquérir ou de louer les halles qui appartiennent au sieur Brichet.

Il est annulé dans la disposition qui ordonne la dépossession du sieur Brichet avant qu'il ait reçu l'indemnité qui lui est due.

Sont également annulés tous les actes d'exécution qui s'en sont suivis.

2. L'arrêté du conseil de préfecture, du 28 mai 1818, est annulé comme incompétemment rendu.

Le prix de vente ou de location des halles dont il s'agit sera fixé suivant les formes prescrites par la loi du 8 mars 1810, et conformément aux règles établies par l'avis du Conseil-d'Etat du 6 août 1811.

3. La commune de Lannion est condamnée aux dépens.

4. Notre garde-des-sceaux, ministre-d'Etat de la justice, et notre ministre secrétaire-d'Etat de l'intérieur, sont chargés, chacun en ce qui le concerne, de l'exécution de la présente ordonnance, qui sera insérée au Bulletin des lois.

———

2 JUIN 1819. — Ordonnance du Roi qui accorde une pension à M. Law de Lauriston, chevalier de Saint-Jean de Jérusalem. (7, Bull. 286.)

———

2 JUIN 1819. — Ordonnance du Roi qui permet aux sieurs Le Blon et Boussés d'ajouter à leurs noms ceux de Meyrach et de Fourcaup ; et aux sieurs Merda et Marchand, de substituer à leurs noms ceux de Méda et de Répainville. (7, Bull. 286.)

———

2 JUIN 1819. — Ordonnance du Roi qui autorise l'inscription au Trésor royal de plusieurs pensions civiles et militaires. (7, Bull. 287.)

———

2 JUIN 1819. — Ordonnance du Roi portant que la commune de Vauvenargues, département des Bouches-du-Rhône, est distraite du canton de Tret, et réunie au canton d'Aix (Nord). (7, Bull. 287.)

———

2 JUIN 1819. — Ordonnance du Roi qui admet les sieurs Prem, Vetter, Wuest, Post et Helse, à établir leur domicile en France. (7, Bull. 288.)

———

2 JUIN 1819. — Ordonnance du Roi qui révoque celle du 18 JUIN 1817, par laquelle le sieur d'Azémar, vicomte d'Héran, était autorisé à reprendre le nom d'Adhémar. (7, Bull. 289.)

———

2 JUIN 1819. — Ordonnances du Roi qui autorisent l'acceptation de dons et legs faits aux hospices. (7, Bull. 304.)

———

2 JUIN 1819. — Ordonnances du Roi qui autorisent l'acceptation de dons et legs faits aux hospices. (7, Bull. 305.)

———

(1) 2 = 6 août 1811.

2 JUIN 1819. — Ordonnance du Roi qui accorde des lettres de déclaration de naturalité au sieur Barrachini. (7, Bull. 298.)

2 JUIN 1819. — Ordonnances du Roi qui autorisent l'acceptation de dons et legs faits aux fabriques. (7, Bull. 303.)

2 JUIN 1819. — Ordonnance du Roi qui autorise l'érection en chapelle de l'église de Vauhallan (Seine-et-Oise). (7, Bull. 303.)

9 = Pr. 10 JUIN 1819. — Loi relative à la publication des journaux ou écrits périodiques (1). (7, Bull. 284, n° 6648.)

Voy. notes sur l'art. 8 de la Charte ; lois des 31 MARS 1820, 25 JUILLET 1821, 17 et 25 MARS 1822 ; ordonnances des 15 AOUT et 29 SEPTEMBRE 1824, et 24 JUIN 1827 ; et spécialement les articles 7, 11 et 13 de la loi du 25 MARS 1822. *Voy.* aussi ordonnance du même jour 9 JUIN 1819.

Art. 1er. Les propriétaires ou éditeurs de tout journal ou écrit périodique, consacré en tout ou en partie aux nouvelles ou matières politiques, et paraissant, soit à jour fixe, soit par livraison, et irrégulièrement, mais plus d'une fois par mois, seront tenus,

1° De faire une déclaration indiquant le nom, au moins, d'un propriétaire ou éditeur responsable, sa demeure et l'imprimerie, dûment autorisée, dans laquelle le journal ou l'écrit périodique doit être imprimé ;

2° De fournir un cautionnement qui sera, dans les départemens de la Seine, de Seine-et-Oise et de Seine-et-Marne, de dix mille francs de rente pour les journaux quotidiens, et de cinq mille francs de rente pour les journaux ou écrits périodiques paraissant à des termes moins rapprochés ;

Et dans les autres départemens, le cautionnement relatif aux journaux quotidiens sera de deux mille cinq cents francs de rente dans les villes de cinquante mille âmes et au-dessus ; de quinze cents francs de rente dans les villes au-dessous, et de la moitié de ces rentes pour les journaux ou écrits périodiques qui paraissent à des termes moins rapprochés.

Les cautionnemens pourront être également effectués à la caisse des consignations, en y versant le capital de la rente au cours du jour du dépôt (2).

2. La responsabilité des auteurs ou éditeurs indiqués dans la déclaration s'étendra à tous les articles insérés dans le journal ou écrit périodique, sans préjudice de la solidarité des auteurs ou rédacteurs desdits articles (3).

3. Le cautionnement sera affecté, par privilége, aux dépens, dommages-intérêts et amendes auxquels les propriétaires ou éditeurs pourront être condamnés ; le prélèvement s'opérera dans l'ordre indiqué au présent article. En cas d'insuffisance, il y aura lieu à recours solidaire sur les biens des propriétaires ou éditeurs déclarés responsables du journal ou écrit périodique, et les auteurs et rédacteurs des articles condamnés.

4. Les condamnations encourues devront être acquittées et le cautionnement libéré ou complété dans les quinze jours de la notification de l'arrêt ; les quinze jours révolus sans que la libération ou le complétement ait été opéré, et jusqu'à ce qu'il le soit, le journal ou écrit périodique cessera de paraître.

5. Au moment de la publication de chaque feuille ou livraison du journal ou écrit périodique, il en sera remis, à la préfecture, pour les chefs-lieux de département, à la sous-préfecture pour ceux d'arrondissement, et, dans les autres villes, à la mairie, un exemplaire signé d'un propriétaire ou éditeur responsable.

Cette formalité ne pourra ni retarder ni suspendre le départ ou la distribution du journal ou écrit périodique (4).

6. Quiconque publiera un journal ou écrit périodique sans avoir satisfait aux conditions prescrites par les articles 1er, 4 et 5 de la présente loi, sera puni correctionnellement d'un emprisonnement d'un mois à six mois, et

---

(1) Présentation à la Chambre des députés, le 22 mars (M. du 23 mars). — Rapport de M. Savoie Rollin, le 26 avril (Mon. du 27 avril). — Discussion générale, le 1er mai (Mon. des 2 et 3). — Article par article, le 4 mai (Mon. des 6 et 7 mai). — Adoption, le 5 mai (Mon. du 7). — Présentation à la Chambre des pairs, le 8 mai (Mon. du 12).

Rapport de M. le marquis de Lally-Tollendal, le 25 mai (Mon. du 5 juin). — Discussion et adoption, le 28 mai (Mon. du 7 juin 1819).

(2) *Voy.* art. 1er, loi du 17 mars 1822.

(3) L'exception de bonne foi (*non sciemment*) admise pour les imprimeurs par l'art. 24 de la loi du 17 mai 1819, n'est pas admissible pour les éditeurs responsables (22 avril 1824 ; Cass. S. 24, 1, 329).

(4) *Voy.* art. 2, loi du 17 mars 1822.

d'une amende de deux cents francs à douze cents francs (1).

7. Les éditeurs de tout journal ou écrit périodique ne pourront rendre compte des séances secrètes des Chambres, ou de l'une d'elles, sans leur autorisation.

8. Tout journal sera tenu d'insérer les publications officielles qui lui seront adressées, à cet effet, par le Gouvernement, le lendemain du jour de l'envoi de ces pièces, sous la seule condition du paiement des frais d'insertion (2).

9. Les propriétaires ou éditeurs responsables d'un journal ou écrit périodique, ou auteurs ou rédacteurs d'articles imprimés dans ledit journal ou écrit, prévenus de crimes ou délits pour fait de publication, seront poursuivis et jugés dans les formes et suivant les distinctions prescrites à l'égard de toutes les autres publications.

10. En cas de condamnation, les mêmes peines leur seront appliquées : toutefois, les amendes pourront être élevées au double, et, en cas de récidive, portées au quadruple, sans préjudice des peines de la récidive prononcées par le Code pénal (3).

11. Les éditeurs du journal ou écrit périodique seront tenus d'insérer dans l'une des feuilles ou des livraisons qui paraîtront dans le mois du jugement ou de l'arrêt intervenu contre eux, extrait contenant les motifs et le dispositif dudit jugement ou arrêt.

12. La contravention aux articles 7, 8 et 11 de la présente loi sera punie correctionnellement d'une amende de cent francs à mille francs.

13. Les poursuites auxquelles pourront donner lieu les contraventions aux articles 7, 8 et 11 de la présente loi se prescriront par le laps de trois mois, à compter de la contravention, ou de l'interruption des poursuites, s'il y en a de commencées en temps utile.

9 = Pr. 10 JUIN 1819. — Ordonnance du Roi concernant l'exécution de la loi relative à la publication des journaux ou écrits périodiques. (7, Bull, 284, n° 6649.)

Art. 1er. L'éditeur ou propriétaire d'un journal ou écrit périodique de la nature de ceux désignés par l'art. 1er de la loi de ce jour, qui voudra fournir en rentes le cautionnement prescrit par la loi, déclarera à l'agent judiciaire du Trésor royal qu'il affecte l'inscription dont il est propriétaire au cautionnement de son entreprise. L'acte de cautionnement sera fait double entre l'agent judiciaire et le titulaire de l'inscription.

L'inscription donnée en cautionnement sera déposée à la caisse centrale du Trésor royal. Les arrérages continueront à en être payés sur la représentation d'un bordereau délivré par l'agent judiciaire.

Lorsque le cautionnement sera fourni en inscription départementale, le directeur de l'enregistrement remplira, pour le département au livre auxiliaire duquel appartient la rente, les fonctions ci-dessus attribuées à l'agent judiciaire : l'inscription sera déposée à la caisse du receveur des domaines du chef-lieu.

Les mêmes formalités devront être remplies par tout propriétaire d'une rente qui déclarerait l'affecter au cautionnement de l'entreprise formée par un éditeur ou propriétaire de journal.

2. Toute inscription directe ou départementale, affectée à un cautionnement, devra être visée pour cautionnement, soit par le directeur du grand-livre, soit par le receveur général, avant d'être présentée à l'agent judiciaire ou au directeur de l'enregistrement, à l'appui de la déclaration prescrite par l'article précédent.

3. Lorsque le cautionnement aura été, soit versé à la caisse des consignations, soit fourni en rentes, l'éditeur ou propriétaire

---

(1) L'appel des jugemens correctionnels touchant des écrits imprimés (périodiques ou non périodiques) ne doit être porté devant les cours royales (deux chambres réunies) qu'autant qu'il s'agit des délits qui étaient précédemment attribués aux cours d'assises par la loi du 26 mai 1819. — Si, au contraire, il s'agit d'un délit prévu par cet article, l'appel doit être suivi d'après les règles ordinaires (21 avril 1827; Cass. S. 28, 1, 16; D. 1, 451).

Les contraventions au mode de publication des journaux et écrits périodiques, telle celle résultant du défaut de cautionnement, continuent, même depuis la Charte de 1830, d'être de la compétence des tribunaux correctionnels : ces contraventions ne peuvent être assimilées à des délits de la presse dont la connaissance appartient au jury (9 février 1831; Paris; S. 52, 2, 168; D. 2, 254).

Voy. loi du 8 octobre 1830.

L'art. 463 du Code pénal n'est pas applicable aux contraventions relatives à la publication des journaux et écrits périodiques, punies par cet article et par les dispositions de la loi du 18 juillet 1828 (23 novembre 1831; Paris; S. 52, 2, 172; D. 2, 258).

(2) C'est-à-dire, dans le plus prochain numéro pour les journaux qui ne sont pas quotidiens.

(3) Voy. art. 13, loi du 25 mars 1822.

fera, devant le préfet du département, ou, à Paris, devant le préfet de police, la déclaration prescrite par le n° 1 de l'art. 1er de la loi. Il représentera en même temps, soit le reçu de la caisse des consignations, soit l'acte constatant qu'il a fourni son cautionnement en rentes.

Le préfet donnera sur-le-champ acte de la déclaration, et de la justification du cautionnement.

La publication du journal ou de l'écrit périodique pourra commencer immédiatement après.

4. La remise au moment de la publication de chaque feuille ou livraison du journal ou écrit périodique, exigée par l'art. 5 de la loi, sera faite, à Paris, à la préfecture de police.

5. Sur le vu du jugement ou de l'arrêt qui, à défaut par la partie condamnée d'avoir acquitté le montant des condamnations contre elles prononcées dans le délai prescrit par l'art. 4 de la loi, aurait ordonné la vente de l'inscription affectée au cautionnement, cette inscription sera vendue, jusqu'à concurrence, à la requête de la partie plaignante, ou, en cas d'amende, à celle du préposé de la régie de l'enregistrement chargé de la perception des amendes.

Cette vente sera opérée par les soins de l'agent judiciaire, le lendemain de la notification à lui faite du jugement ou de l'arrêt.

Les rentes départementales seront, dans le même cas, transmises par le directeur de l'enregistrement à l'agent judiciaire, lequel en fera faire immédiatement la vente, et en enverra le produit au directeur de l'enregistrement, en un mandat de la caisse centrale du Trésor sur le receveur général. Il y joindra le bordereau de l'agent de change pour justification des frais de courtage.

Le prélèvement sur le capital résultant de la vente sera fait ainsi qu'il est dit à l'article 3 de la loi.

6. Le complètement ou le remplacement d'un cautionnement aura lieu dans les formes prescrites pour le cautionnement primitif.

7. Le propriétaire ou éditeur de journal ou écrit périodique qui voudra cesser son entreprise, en fera déclaration au préfet du département, ou, à Paris, au préfet de police. Le préfet lui donnera acte de ladite déclaration : sur le vu de cette pièce, et après un délai de trois mois, son cautionnement sera remboursé ou libéré, à moins que, par suite de condamnations ou de poursuites commencées, des oppositions n'aient été faites, soit à la caisse des consignations, soit entre les mains de l'agent judiciaire ou du directeur de l'enregistrement.

8. Il est accordé aux éditeurs ou propriétaires des journaux et écrits périodiques désignés par l'art. 1er de la loi, actuellement existans, un délai de quinze jours pour accomplir les formalités prescrites par la loi de ce jour et par la présente ordonnance.

9. Notre garde-des-sceaux ministre de la justice, nos ministres de l'intérieur et des finances, sont chargés, chacun en ce qui le concerne, de l'exécution de la présente ordonnance, qui sera insérée au Bulletin des Lois.

9 JUIN 1819. — Ordonnance du Roi qui accorde une pension au sieur Descoubesse, ex-contrôleur au bureau de garantie d'Agen. (7, Bull. 287.)

9 JUIN 1819. — Ordonnance du Roi qui admet les sieurs Ygartuburu, Martinez, Humé et Unzurrunzaga, à établir leur domicile en France. (7, Bull. 289.)

9 JUIN 1819. — Ordonnances du Roi qui autorisent l'acceptation de dons et legs faits aux fabriques. (7, Bull. 305.)

9 JUIN 1819. — Ordonnances du Roi qui autorisent l'acceptation de dons et legs faits aux pauvres (7, Bull. 306.)

9 JUIN 1819. — Ordonnances du Roi qui autorisent l'acceptation de dons et legs faits aux pauvres. (7, Bull. 307.)

9 JUIN 1819. — Ordonnances du Roi qui autorisent l'acceptation de dons et legs faits aux hospices. (7, Bull. 308.)

9 JUIN 1819. — Ordonnances du Roi portant établissement de foires dans les communes de Tulette, de Saint-Jean-en-Royans, de Saint-Sauvan, de l'Hermenault, de Magny, de la Pertre, de Coësme et de Saint-Anthême. (7, Bull. 309.)

11 JUIN 1819. — Série de questions résolues par le ministre de la guerre sur la loi de recrutement. (Journal officiel militaire, 1er semestre, page 462.)

Voy. notes sur la loi du 10 mars 1818.

Article 6 de la loi, 2 de l'instruction sur les appels.

1re Question. — Quelques cantons n'ayant

pu fournir la totalité du contingent qui leur était aussi assigné d'après leur population, doit-on répartir entre les autres cantons du département le nombre d'hommes manquant?

Réponse. — Il résulte des dispositions de la loi, que chaque canton ne doit que le contingent qui lui est assigné d'après la population générale; en conséquence, si, pour un motif quelconque, le nombre des jeunes gens disponibles du canton se trouve inférieur à celui qui est demandé, il n'est pas permis de faire supporter le déficit par les autres cantons.

Article 6 de la loi, 2 de l'instruction.

2ᵉ *Question.* — Il y aurait économie dans les dépenses locales, et plus grande facilité dans l'exécution de la loi, à réunir sur la même affiche l'état de la répartition du contingent entre les arrondissemens, et celui des répartitions entre les cantons (mod?les 1 et 2 annexés à l'instruction sur les appels).

Les préfets sont autorisés à ne faire dresser qu'un seul état de répartition, mais ils doivent veiller à ce que la population et le contingent de chaque canton y soient exactement indiqués.

Article 7 de la loi, titre 4, chapitre 5, section 2 de l'instruction.

3ᵉ *Question.* — Un jeune homme de la classe de 1818 qui s'est marié avant la publication de la loi doit-il être admis à l'exemption?

L'intention de la loi a été nécessairement d'exempter du service militaire tout homme qui aurait contracté mariage avant sa publication officielle. Ainsi, les conseils de révision peuvent admettre à l'exemption les jeunes gens des classes de 1818 et suivantes qui se seraient mariés avant la publication de la loi du 10 mars.

Article 10 de la loi, 132 de l'instruction.

4ᵉ *Question.* — Faut-il induire de la disposition de l'article 10 de la loi qu'un jeune homme appartenant par son âge à la classe de 1816, qui aurait été omis successivement au tirage de cette classe et au tirage de celle de 1817, ne pourrait plus être appelé pour celui de la classe de 1818?

L'art. 10 de la loi a pour but d'empêcher qu'aucun Français appelé, par son âge, à concourir au recrutement de l'armée, ne puisse se soustraire à ses obligations. Ce but ne serait pas rempli si l'homme qui aurait été omis au tirage de la classe à laquelle il appartient par son âge ne pouvait être rap-

pelé qu'au tirage de la classe immédiatement subséquente; car il suffirait pour se soustraire aux effets de cette disposition que, par fraude ou négligence, l'inscription n'eût eu lieu sur les tableaux d'aucune de ces deux classes.

Pour prévenir un pareil abus, et pour assurer l'entière exécution de la loi, il est indispensable qu'un jeune homme qui n'aurait pas été inscrit sur les listes de sa classe le soit sur celle de la classe dont l'appel suit immédiatement l'époque de la découverte de l'omission, bien qu'une ou plusieurs classes aient été appelées dans l'intervalle.

Article 12 de la loi, 18 de l'instruction.

5ᵉ *Question.* — L'art. 18 de l'instruction charge un conseiller de préfecture de présider à l'examen des tableaux des cantons formant l'arrondissement du chef-lieu du département; le préfet peut-il lui-même présider à cet examen?

Il n'y a pas de motif qui s'oppose à ce que les préfets président eux-mêmes à l'examen des tableaux de recensement, lorsque le bien du service l'exige.

Article 12 de la loi, 19 de l'instruction.

6ᵉ *Question.* — On a inféré de la dernière disposition de cet article 19 que les maires n'étaient tenus à donner communication des tableaux de recensement au sous-préfet qu'au jour fixé pour leur examen; cependant, la connaissance préalable que le sous-préfet prendrait des tableaux peut faciliter beaucoup les dispositions préparatoires que ce fonctionnaire doit faire pour assurer la régularité de l'examen, et principalement des tirages; il serait donc à désirer qu'il fût informé du résultat du recensement avant le jour fixé pour l'ouverture de ses opérations?

Les préfets peuvent, quand ils le jugent convenable, prescrire aux maires d'envoyer aux sous-préfets une expédition des tableaux de recensement à partir du jour fixé pour leur première publication.

Article 12 de la loi, 36 de l'instruction.

7ᵉ *Question.* — L'annotation sur les tableaux de recensement des motifs d'exemptions ou de dispenses allégués par les jeunes gens de la classe devant le sous-préfet, annotation qui exige un travail considérable, et présente de grandes difficultés pour l'exécution, est-elle indispensable?

Ces motifs doivent, aux termes de la loi, être annotés sur la liste du tirage; la mention de ces motifs sur les tableaux de recensement est une mesure de forme et supplémentaire qui ne peut qu'ajouter aux garanties résultant de la publicité des opérations; cependant, si cette mesure pouvait nuire à la marche des opérations, les préfets sont autorisés à en dispenser les sous-préfets et les maires.

Article 14 de la loi, 76 de l'instruction.

8e. *Question*. — Par qui doit être dressée la liste du tirage destinée à être affichée au chef-lieu de canton?

Par le sous-préfet pour être ensuite placardée à sa diligence. Quant aux extraits de la liste du tirage pour les autres communes du canton, ils doivent être faits et placardés à la diligence des maires.

Article 13 de la loi, 18 de l'instruction.

9e *Question*. — Dans le cas où l'officier militaire membre du conseil de révision ne se trouverait pas à la séance pour cause de maladie ou autre empêchement inattendu, doit-on passer outre aux opérations de la levée, ou bien faut-il attendre qu'il ait été pourvu à son remplacement?

Comme le membre militaire du conseil de révision est à portée de faire des observations utiles sur l'aptitude des jeunes gens convoqués, et sur tous les faits qui intéressent le service de l'armée, le préfet doit s'empresser de provoquer, s'il y a lieu, son remplacement provisoire, et il convient que le conseil attende, pour continuer ses opérations, que ce remplacement soit effectué.

Article 13 de la loi, 50 de l'instruction.

10e *Question*. — Est-il nécessaire d'ouvrir un registre pour les procès-verbaux des séances du conseil de révision, ou suffit-il d'inscrire ces procès-verbaux sur des feuilles séparées?

Il convient que ces procès-verbaux soient inscrits sur un registre coté et paraphé par le préfet; cette méthode qui est la plus régulière facilite les recherches et les vérifications que l'on peut avoir à faire ensuite.

Article 13 de la loi, 50 de l'instruction.

11e *Question*. — Les intendants et sous-intendans militaires doivent-ils signer les procès-verbaux des séances du conseil de révision?

Le procès-verbal doit être signé seulement par les membres du conseil présens à la séance; les sous-intendans militaires, dont les fonctions peuvent être assimilées à celles des officiers du ministère public près

les tribunaux, n'ont pas de signature à apposer; mais il est nécessaire que le procès-verbal fasse mention de leur présence.

Article 14 de la loi, 76 de l'instruction.

12e *Question*. — Peut-on admettre à l'exemption l'orphelin de père et mère, qui, ayant des sœurs pour aînées, n'a ni frère ni sœur au-dessous de son âge? peut-on également exempter un orphelin qui est enfant unique?

La loi attache l'exemption à la qualité d'aîné, et dans aucun des deux cas spécifiés ci-dessus, l'orphelin ne peut être considéré comme tel; en conséquence, il ne doit pas être exempt.

Article 14 de la loi, titre 4, chapitre 3, section 2 de l'instruction.

13e *Question*. — Doit-on admettre à l'exemption le petit-fils d'une veuve qui n'a pas d'enfant, mais qui a un gendre père de ce jeune homme?

Le jeune homme étant au second degré dans la ligne descendante et le gendre en premier, celui-ci se trouve le soutien naturel de la veuve; en outre, s'il n'y a pas lieu d'exempter le petit-fils, par mâle, d'une veuve, lequel aurait encore son père, il n'y a pas de raison à accorder cette faveur à celui qui est petit-fils, par femme, d'une veuve, et dont le père est vivant.

14e *Question*. — Le fils unique d'une femme, veuve d'un premier mari, remariée et divorcée, doit-il être exempté?

La mère en se remariant est sortie de son état de veuvage, et ne s'y trouve pas replacée par le divorce, tant que son mari est vivant; dès lors, son fils n'est pas fondé à réclamer l'exemption.

15e *Question*. — Ne doit-on pas considérer comme veuve la femme dont le mari a été condamné aux travaux forcés à perpétuité, et qui, comme tel, est mort civilement; en conséquence, n'y a-t-il pas lieu à exempter le fils aîné ou unique de cette femme?

Ce veuvage n'est que fictif, et l'on doit y avoir d'autant moins égard, qu'il est l'effet d'une condamnation à une peine infamante.

Il serait, d'ailleurs, peu convenable d'exempter le fils d'un individu condamné aux travaux forcés, tandis que le fils d'un homme absent depuis longtemps et dont on ignore le sort ne participe pas, bien qu'il soit l'appui de sa mère, au bénéfice de l'art. 15 de la loi.

16e *Question*. — L'art. 2066 du Code civil porte qu'il suffit que la 70e année soit commencée pour jouir de la faveur accordée aux septuagénaires ; ne convient-il pas, d'après cet article, d'admettre à l'exemption les fils ou petits-fils des vieillards, du moment où ceux-ci entrent dans leur 70e année ?

Bien que l'art. 2066 du Code civil soit relatif à un cas étranger à celui qui fait l'objet de l'art. 14 de la loi, la règle qui y est tracée doit être suivie lorsqu'il s'agit de l'exemption de service militaire.

17e *Question.* — Peut-on admettre à l'exemption le fils unique ou petit-fils unique d'un vieillard paralytique, mais non septuagénaire ?

La position de cette famille ne rentre dans aucun des cas prévus par la loi ; en conséquence, le conseil de révision ne peut prononcer l'exemption.

18e *Question.* — Lorsqu'un jeune homme réclame l'exemption comme ayant un frère réformé pour blessures ou infirmités contractées au service, est-il nécessaire qu'il prouve que ce frère a été blessé sur le champ de bataille, ou que son infirmité provient du fait même du service militaire ?

L'art. 14 de la loi dit que l'exemption sera accordée à celui dont le frère aura été réformé pour blessures reçues ou infirmités contractées à l'armée ; si l'on se reporte à l'article 1er, on verra que le mot *armée* signifie, dans le langage de la loi, l'ensemble des troupes de ligne, sans distinction du temps de paix et du temps de guerre. Dès lors, toute blessure reçue ou infirmité contractée dans un des corps de ligne, en quelque temps que ce soit, constitue, par le fait de la réforme du blessé ou de l'infirme, un cas légal d'exemption, et il n'est pas besoin de rechercher la cause directe de la blessure ou de l'infirmité.

Si on considère, en outre, que toutes les blessures provenant du service militaire ne sont pas reçues sur le champ de bataille, et qu'il est rarement possible de déterminer la véritable origine d'une infirmité, on en conclura qu'il serait injuste de refuser, sous le prétexte d'insuffisance de documens, l'exemption à un jeune homme qui présente un congé de réforme délivré à son frère pour cause de blessures ou infirmités, ou qui produit toute autre pièce authentique constatant cette réforme pour cause de blessures ou d'infirmités.

Un pareil refus ne serait fondé qu'autant qu'il résulterait du contenu de la pièce produite, ou de la date de la réforme, ou de renseignemens parvenus au conseil de révision, que les blessures ou infirmités du réformé existaient déjà au moment de son admission sous les drapeaux.

19e *Question.* — Doit-on admettre à l'exemption celui dont le frère est mort faisant partie d'un bataillon de garde nationale mis en activité de service ?

Les bataillons de garde nationale, lorsqu'ils sont mis en activité de service, et placés sous la direction du ministre de la guerre, sont assimilés aux corps de ligne ; en conséquence, si les gardes nationaux faisant partie de ces bataillons sont morts ou ont été blessés pendant la durée de l'activité, leurs frères sont fondés à réclamer l'exemption.

20e *Question.* — Si un jeune homme exempté pour un autre motif que pour infirmités vient à mourir, un autre frère peut-il, en cas d'appel, réclamer l'exemption pour le même motif ?

Comme, aux termes de la loi, on ne peut opposer à une demande basée sur l'art. 14 que les exemptions accordées à un frère vivant, celle que formerait un jeune homme, dont le frère aurait été exempté et serait mort ensuite, doit être accueillie, lors même qu'elle serait fondée sur le motif qui aurait donné lieu à l'exemption du frère décédé.

21e *Question.* — La loi accorde l'exemption au plus âgé des deux frères désignés tous deux par le sort dans un même tirage ; si ces deux frères sont jumeaux, à qui appartient l'exemption ?

Si les actes de naissance établissent entre les deux frères un rapport d'antériorité, l'exemption est acquise à celui qui a vu le jour le premier ; dans le cas contraire, il y a lieu d'exempter celui qui, ayant le numéro le plus élevé, est fondé à se prévaloir de l'appel déjà fait du numéro de son frère.

22e *Question.* — Lorsque deux frères jumeaux ont concouru au même tirage, et qu'un des deux n'est pas désigné pour la formation du contingent, l'autre doit-il être admis à l'exemption ?

Si l'on se reporte à l'art 14 de la loi, cette question sera résolue négativement. Cet article, n° 5, parle, il est vrai, des deux frères, entre lesquels il y a un aîné ; mais la condition de laquelle cet article fait dépendre l'exemption, est celle de la désignation des deux frères pour la formation du contingent.

23e *Question.* — Lorsque deux frères, ayant concouru au même tirage, et ayant des numéros atteints par les désignations, le plus jeune est exempté pour défaut de taille ou infirmités, l'aîné peut-il réclamer l'exemption ?

L'art. 14 veut que quand deux frères compris dans le même tirage sont tous les deux désignés, un seul doit marcher. Dans le cas dont il s'agit, il n'y a qu'un des deux frères qui marche, le but de la loi est donc rempli, et l'exemption ne peut être accordée à l'aîné.

24e *Question.* — L'article 14 accorde l'exemption à l'un des deux frères faisant partie d'une classe appelée, et désignés l'un et l'autre successivement, pour la formation du contingent. Cette exemption doit-elle être prononcée, lors même qu'un des deux présente un remplaçant ?

En principe l'exemption doit être refusée, puisqu'elle ne peut être accordée qu'en considération d'un service personnel, et qu'alors c'est le frère du remplaçant, et non celui du remplacé, qui a droit à l'exemption, ainsi que cela a été expliqué dans la circulaire du 6 novembre 1818 (3e série des questions).

Cependant si l'exemption avait été accordée au frère de l'appelé avant que ce dernier ait fait admettre un remplaçant, elle ne pourrait lui être retirée attendu que, aux termes de la loi, les dispenses seules sont conditionnelles, et que les exemptions sont, de leur essence, absolues, définitives. Cette exemption n'invaliderait aucunement les droits que viendrait ensuite à faire valoir le frère du remplaçant.

25e *Question.* — Les jeunes gens dont les frères sont morts en état de désertion ou dans les dépôts des réfractaires, ont-ils droit à l'exemption ?

Aux termes de la loi, il faut qu'un militaire soit mort en activité de service, pour que son frère soit exempté; ainsi le jeune homme dont le frère est mort étant en état de désertion ne peut prétendre au bénéfice de l'exemption.

Quant aux jeunes gens dont les frères sont morts dans les dépôts de réfractaires, ils ont droit à l'exemption, attendu que ces dépôts étaient constitués militairement, qu'ils étaient soumis à toute la rigueur du régime militaire, et que l'envoi qu'on y faisait des conscrits n'était qu'une mesure de punition de discipline.

Cette dernière observation s'applique aux bataillons coloniaux, compagnie des pionniers, compagnie de discipline et à tout corps de punition.

26e *Question.* — Un jeune homme qui a droit à l'exemption, pour d'autre motifs que pour infirmités, et dont le numéro n'est pas compris dans le contingent, doit-il donner lieu à la déduction résultant de la disposition des derniers § de l'art. 14 ?

Il n'y a pas lieu d'examiner le droit que peut avoir à l'exemption ou à la dispense un jeune homme dont le numéro, n'étant pas atteint par les désignations, se trouve, en conséquence, compris dans ceux dont la libération est proclamée conformément à la loi; dès lors ce jeune homme ne peut être considéré comme exempté, en vertu de l'art. 14, ni faire l'objet de la déduction voulue par les derniers § de cet article.

27e *Question.* — Des jeunes gens affectés

de mutilations réclament l'exemption près des conseils de révision ; ces demandes doivent-elles être annulées lors même que la mutilation n'est pas accidentelle, mais a été effectuée volontairement, et pour se soustraire au service militaire ?

Toutes les fois que le conseil de révision a à prononcer sur un homme mutilé, il doit prendre les mesures convenables pour avoir des renseignemens positifs sur les causes et les circonstances de la mutilation ; et, dans les cas où il résulterait des informations obtenues qu'elle a été effectuée volontairement et dans l'intention de la part du mutilé de se soustraire au service militaire, cet homme sera compris dans le contingent, s'il est susceptible d'être employé dans les équipages, ou dans un autre service spécial, et le conseil fera, pour lui, à la liste départementale, l'annotation suivante :

« Le conseil s'est convaincu que le « nommé   s'est mutilé ou « fait mutiler volontairement, pour se « soustraire aux obligations que la loi lui « impose. »

Cette annotation sera transcrite textuellement au registre matricule N° 2.

Il sera donné des instructions aux autorités militaires, sur la destination que doivent recevoir les hommes mutilés compris dans le contingent.

Article 15 de la loi, titre 4, chapitre 3, section 3 de l'instruction.

28e *Question.* — Un jeune homme qui s'est enrôlé volontairement, mais qui, à son arrivée au corps, ou à la revue qui a suivi son incorporation, a été déclaré impropre au service militaire, et renvoyé dans ses foyers, ne doit-il pas être compris parmi les dispensés lors de l'appel ultérieur de la classe à laquelle il appartient par son âge ?

Il n'y a pas lieu d'avoir égard à l'engagement contracté par ce jeune homme, attendu que, d'après la règle rappelée par l'art. 21 de l'instruction du 20 mai 1818, sur les engagemens volontaires, le renvoi de l'engagé, dans le cas posé ci-contre, entraîne l'annulation de l'acte qu'il a souscrit.

Et comme l'engagé peut n'avoir été refusé que pour cause d'inaptitude au service de l'arme dont il avait fait choix, il doit, dans le cas de la désignation de son numéro de tirage, être compris dans le contingent, s'il est reconnu propre au service de l'infanterie.

29e *Question.* — Un engagé volontaire dont le numéro de tirage est compris dans la désignation, doit-il être inscrit, comme dispensé, sur la liste du contingent, bien qu'il soit en état de désertion ?

Comme un engagé volontaire qui a abandonné ses drapeaux ne cesse pas néanmoins d'appartenir à l'armée, et attendu que c'est précisément en vertu de son engagement qu'il est poursuivi, et que, s'il n'intervient pas de condamnation judiciaire contre lui, il reste tenu de remplir l'obligation qu'il a contractée, cet homme ne peut être considéré comme devant servir en qualité d'appelé, et les dispositions de l'art. 15 de la loi lui sont toujours applicables.

30ᵉ *Question.* — L'art. 15 de la loi, dans l'énumération des jeunes gens ayant droit à la dispense, parle des engagés volontaires et des officiers de santé commissionnés, mais garde le silence sur ceux qui, sans avoir contracté d'engagement, ont été admis ou servent comme officiers dans les cadres de l'armée.

Comment ces officiers doivent-ils être considérés, en cas d'appel de leur numéro de tirage?

Quoiqu'ils n'aient pas contracté un engagement devant l'autorité civile, ces officiers n'en sont pas moins entrés volontairement et légalement dans les armées; en conséquence il convient de les considérer comme faisant partie de ceux dont il est question au nᵒ 1ᵉʳ de l'art. 15, et de les roter comme dispensés sur la liste du contingent, si leur numéro de tirage est atteint par les désignations.

Cette règle s'applique, et aux officiers qui sont en activité, et à ceux qui sont en non-activité; quant aux officiers réformés, mis à la retraite, et aux officiers démissionnaires, une circulaire du 21 octobre 1818 (3ᵉ série des questions) renferme des explications que les préfets sont invités à rappeler aux conseils de révision.

31ᵉ *Question.* — Les frères des écoles chrétiennes doivent-ils être dispensés par le seul fait de leur engagement de se vouer, pendant dix ans, à l'instruction publique, ou bien faut-il, en outre, que cet engagement soit agréé par le conseil de l'Université?

Les difficultés survenues au sujet des frères des écoles chrétiennes étant aplanies, ces écoles sont maintenant sous les mêmes garanties universitaires que les autres établissemens consacrés à l'instruction publique, et l'engagement de dix ans doit valoir pour tous ceux qui le souscrivent (lettre du ministre de l'intérieur du 18 février 1819).

32ᵉ *Question.* — Un jeune homme de la classe qui n'a fait aucune demande soit devant le sous-préfet, lors du tirage, soit devant le conseil, lors de sa tournée dans ses chefs-lieux de canton, peut-il être admis à réclamer l'exemption ou la dispense?

Les préfets doivent, dans les avis qu'ils publient, engager les jeunes gens à présenter leur réclamation, lors du tirage, ou au moins lors de la tournée des conseils de révision. Ces conseils examineront avec beaucoup de rigueur les réclamations tardives, si l'on n'allègue pas de motifs suffisans de retard. Cependant ils ne pourront se refuser à l'examen de celles qui leur seraient adressées jusqu'à la clôture de la liste départementale du contingent; mais ils n'oublieront pas que, du moment où cette liste est définitivement close, aucune exemption ou dispense ne peut être prononcée, à moins qu'elle ne concerne un jeune homme qui aurait réclamé devant les tribunaux, et pour lequel il n'aurait été pris, d'après les art. 13 et 16 de la loi, qu'une décision provisoire.

Article 15 de la loi, 71 de l'instruction.

33ᵉ *Question* — Un jeune homme qui se croit impropre au service militaire peut-il, lorsqu'il en fait la demande, être visité et exempté, en vertu du § 2 de l'art. 15 de la loi, bien qu'il ait droit à l'exemption pour d'autres motifs que pour infirmités, ou même à la dispense?

Le conseil de révision ne peut refuser de faire droit à une demande de cette nature, et d'exempter le réclamant comme infirme suivant le résultat de la visite; et en acquiesçant à ces sortes de demandes, le conseil ne s'expose pas à frustrer du bénéfice de la loi un autre membre de la même famille, attendu que l'exemption d'un jeune homme pour cause d'infirmités n'entre pas dans les déductions qui doivent être faites, en vertu du dernier § de l'art. 14.

Un jeune homme qui, se trouvant avoir, tout à la fois, les droits à l'exemption et à la dispense, indiquerait celui des droits qu'il veut faire valoir de préférence, doit être accueilli dans sa demande; c'est avec cette restriction qu'il convient d'appliquer les dispositions de l'art. 71 de l'instruction sur les appels.

Article 16 et 17 de la loi, 95 de l'instruction.

34ᵉ *Question.* — L'art. 95 de l'instruction prescrit de mettre en réserve un nombre de jeunes gens double de ceux pour qui le conseil ne peut, dans sa tournée, prendre de décisions définitives.

Il est arrivé que les jeunes gens mis en réserve se sont ensuite trouvés, pour la plupart, avoir eux-mêmes droit à l'exemption, et que le conseil de révision n'a plus eu la possibilité de compléter le contingent.

Pour obvier à cet inconvénient, ne conviendrait-il pas de ne mettre en réserve que des sujets qui, au moyen d'un examen supplémentaire fait dans l'ordre des numéros de tirage, seraient reconnus n'avoir aucun droit à l'exemption?

On ne voit pas de motifs qui empêchent d'avoir recours à cet expédient; mais le conseil de révision n'en mettra pas moins, à la réserve, un nombre double de jeunes gens, et il aura soin, lors de la clôture de la liste départementale, de comprendre, dans la proclamation de libération voulue par l'art. 104 de l'instruction, tous les numéros qui suivent immédiatement le dernier de ceux portés sur la liste: ainsi, supposé que le dernier numéro de canton compris définitivement dans le contingent, soit le numéro 25, que le 26 reste appelé conditionnellement, en vertu de l'art. 16 de la loi, et que le numéro 27 ait été exempté dans l'opération de la mise en réserve faite par le conseil dans sa tournée, la libération voulue par l'art. 104 remontera à ce numéro 26, de manière que l'exemption prononcée, se trouvant ainsi non-avenue, ne puisse être opposée ultérieurement au frère de celui qui en est porteur, si ce frère venait à réclamer le bénéfice de l'art. 14 de la loi.

Quant aux jeunes gens mis en réserve, lors des opérations dans les chefs-lieux de canton, et qui se trouveraient avoir droit à la dispense, ils ne peuvent faire difficulté pour la formation du contingent, puisque les dispenses d'après la loi comptent en déduction du contingent. Cependant si le porteur du numéro, qui suit le dernier appelé, avait, lors de la mise en réserve, été déclaré dispensé, il n'en devrait pas moins être compris dans la libération, ainsi que cela vient d'être dit pour les exemptés.

Articles 16 et 17 de la loi, 100 de l'ordonnance.

35e *Question.* — Peut-on, au moment de la clôture de la liste départementale du contingent, laisser des numéros en réserve, pour, au besoin, remplacer ceux des jeunes gens absens, dont au jour de cette clôture la position ne serait pas encore connue?

Le conseil de révision ne peut, sous aucun prétexte, au moment de la clôture de la liste départementale du contingent, laisser en réserve des numéros autres que ceux qui sont appelés conditionnellement en vertu de l'art. 16 de la loi, pour, au besoin, remplacer dans le contingent les jeunes gens qui ont fait des réclamations dont l'admission ou le rejet dépend de décisions judiciaires à intervenir.

Tout autre appel supplémentaire, au moment de la clôture de la liste départementale, serait une violation de la loi.

Article 17 de la loi, 100 de l'instruction.

36e *Question.* — Est-il nécessaire d'envoyer à chaque commune une liste d'émargement contenant toutes les notes relatives aux jeunes gens du canton? ou bien cette liste ne doit-elle concerner que les jeunes gens de la commune?

Comme la liste d'émargement a pour objet unique de mettre les maires à portée de remplir les dernières colonnes de leurs tableaux de recensement, il est inutile qu'elle fasse mention de tous les jeunes gens du canton, mais il est indispensable qu'elle comprenne tous les jeunes gens de la commune, qui, convoqués devant le conseil de révision pour être examinés et concourir à la formation du contingent du canton, n'ont pas été compris dans la libération prononcée en vertu de la loi et de l'article 104 de l'instruction.

Les maires doivent avoir soin de transcrire sur les tableaux de recensement les annotations portées sur la liste d'émargement, et de noter sur ces tableaux, comme étant définitivement libérés, tous les jeunes gens de la commune qui, d'après leurs numéros du tirage, se trouvent compris dans la proclamation faite en vertu de l'article 104.

Article 18 de la loi, titre 4, chapitre 10, sections 1 et 2 de l'instruction.

37e *Question.* — Indépendamment des stipulations particulières qui peuvent avoir lieu entre le substituant et le substitué, ne convient-il pas de prendre acte administrativement de la constitution?

Comme d'après la loi il doit être dressé acte du remplacement devant le préfet, la régularité des opérations exige qu'il en soit usé ainsi pour les substitutions.

Les signalemens des remplaçans et des substituans devront y être soigneusement établis, et il sera délivré une copie de chaque acte au sous-intendant militaire afin de faciliter la formation des listes prescrites par l'article 235 de l'instruction.

Des copies devront être délivrées également aux parties, si elles en font la demande.

Titre 4, chapitre 10, section 1re de l'instruction.

38e *Question.* — Un jeune homme qui vient d'être dispensé en vertu de l'article 15 de la loi peut-il céder son numéro de tirage et effectuer ainsi une substitution avec un autre jeune homme du même canton?

Le conseil doit examiner si ce jeune homme peut abandonner le service public auquel la dispense est attachée, et il résulte de l'article 3 de la loi, ainsi que du principe dont les articles 10 et 11 de l'instruction du 20 mai sur les engagemens volontaires sont les conséquences, en ce qui concerne le service de mer, que la question se résout négativement pour les engagés volontaires et pour les inscrits maritimes, quant aux autres dispensés et aux hommes exemptés pour d'autres motifs que pour défaut de taille ou infirmités ; il est convenable qu'en les admettant pour substituans, le conseil s'assure qu'ils renoncent à l'exemption ou à la dispense, et cette renonciation doit être exprimée au procès-verbal de la séance et dans l'acte de substitution.

Titre 4, chapitre 10, section 2 de l'instruction.

39ᵉ *Question*. — Un jeune homme appelé pour faire partie du contingent d'une classe peut-il être remplacé par son frère puîné ou l'un de ses frères puînés ?

Comme un remplacement de cette nature n'est par lui-même qu'une cession que le frère puîné fait à son aîné du bénéfice de l'exemption, qui peut (d'après le § VI de l'article 14 de la loi) ultérieurement lui échoir, dans le cas de l'appel de son propre numéro de tirage, rien ne s'oppose à ce qu'un pareil engagement s'effectue, si le remplaçant est âgé de dix-huit ans, et réunit les autres conditions requises pour le service militaire.

Le remplaçant ayant été considéré comme ayant droit à l'exemption, lorsqu'il a été admis à marcher pour le compte de son frère, doit être nécessairement noté comme exempté et remplacé dans le contingent lors de la levée de sa classe, si son numéro de tirage est atteint par les désignations.

Dans le cas où il existerait un troisième frère dans la famille, ce dernier ne serait fondé à réclamer l'exemption qu'autant qu'ayant été appelé postérieurement à la levée de la classe dont le remplaçant fait partie, ce remplaçant aurait obtenu au tirage un numéro non atteint par la désignation, et n'aurait pas eu besoin de réclamer l'exemption à laquelle la famille avait droit en raison de l'appel du frère aîné.

40ᵉ *Question*. — Les jeunes gens qui ont été dispensés en vertu de l'article 15 de la loi peuvent-ils être ensuite admis comme remplaçans ?

Ceux qui, d'après l'article 85 de l'instruction, n'ont été dispensés que conditionnellement, ne peuvent pas être admis à servir comme remplaçans, attendu qu'ils sont tenus de servir pour leur propre compte, du moment où ils abandonnent le service public

en considération duquel la dispense leur a été accordée.

41ᵉ *Question*. — Un jeune homme qui s'est fait remplacer peut-il être admis lui-même comme remplaçant ?

Ce jeune homme étant encore exposé à marcher pour son propre compte, en cas de désertion de son remplaçant, ne peut être admis à servir pour le compte d'un autre, avant l'expiration de l'année pendant laquelle subsiste la responsabilité à laquelle le soumet l'article 18 de la loi.

42ᵉ *Question*. — Un jeune homme qui a été admis comme remplaçant peut-il ensuite se faire remplacer ?

Il ne peut se faire remplacer qu'après l'expiration de la responsabilité à laquelle la loi soumet celui qu'il représente ; toutefois, si ce dernier consent à ce remplacement secondaire la demande en peut être accueillie avant l'expiration de la responsabilité ; dans ce cas le premier remplacement doit être considéré comme nul, et celui qui a donné son consentement doit rester responsable du nouveau remplaçant.

43ᵉ *Question*. — Un homme qui s'est fait remplacer peut-il être admis à contracter un engagement volontaire avant l'expiration de l'année dans le cours de laquelle il demeure responsable de son remplaçant ?

Comme l'effet le plus rigoureux pour lui de cette responsabilité serait de servir pour son propre compte, rien ne l'empêche d'user à l'avance de la faculté de prendre volontairement du service.

Article 19 de la loi, 141 de l'instruction.

44ᵉ *Question*. — Dans les départemens où il a été créé une deuxième légion par l'ordonnance du 17 février 1819, y aura-t-il deux registres-matricules, et le travail du recrutement sera-t-il suivi concurremment par les deux corps ?

Il ne peut y avoir qu'un registre-matricule ; ce registre doit être tenu à la légion de la première formation laquelle seule continuera le travail de recrutement.

Les jeunes soldats destinés à la légion de nouvelle formation, y seront incorporés par voie de changement de destination et conformément aux règles établies au titre VI, chapitre 2, de l'instruction sur les appels, deuxième partie.

Article 18 de la loi, 155 de l'instruction.

45ᵉ *Question*. — L'article 155 de l'instruction dit que les jeunes soldats *non encore mis en activité* pourront se faire remplacer suivant les formes et sous les conditions indiquées au titre IV, chapitre 10 ; quelle est l'opération à partir de laquelle un jeune soldat doit être considéré comme étant en activité ?

Il doit être considéré comme en activité, dès que le préfet, ayant reconnu que la lettre adressée à ce jeune soldat, au nom du ministre de la guerre, a été expédiée régulièrement, et dans l'ordre des numéros du tirage, la lui fait notifier : en conséquence, toute demande de remplacement faite par un jeune soldat postérieurement à la notification de sa lettre de mise en activité, ne peut plus être accueillie par le conseil de révision, sans une autorisation spéciale du ministre.

Article 18 de la loi, 135 et 155 de l'instruction.

46e *Question.* — L'article 135 de l'instruction dit que le sous-intendant fait dresser la liste particulière des hommes qui auront été admis comme remplaçans avant la clôture de la liste départementale du contingent ; doit-il faire dresser une liste supplémentaire pour les remplaçans que le conseil reçoit postérieurement à la clôture ?

Les remplacemens effectués devant le conseil de révision postérieurement à la clôture de la liste départementale du contingent donnent nécessairement lieu à la formation des listes supplémentaires d'après lesquelles le major doit, à mesure qu'elles lui parviennent, inscrire les remplaçans sur les registres-matricules N° 2.

Le sous-intendant est tenu, en outre, de dresser et d'envoyer à la légion un bulletin d'émargement pour chacun des jeunes soldats qui sont admis par les conseils de révision à se faire remplacer dans l'intervalle de temps qui s'écoule depuis le jour de la clôture de la liste départementale jusqu'à celui de leur mise en activité.

Le bulletin d'émargement doit être conforme au modèle annexé à la circulaire du 18 mai 1819.

Article 19 de la loi, 155 et 156 de l'instruction.

47e *Question.* — L'article 155 de l'instruction autorise les jeunes soldats non encore mis en activité à se faire remplacer.

L'article 158 porte que les jeunes soldats qui doivent marcher en personne ne sont mis en activité qu'après que tous les remplaçans existant dans le département auront été incorporés.

Ne résulte-t-il pas de ces dispositions que tous les remplaçans doivent être mis en activité de service aussitôt qu'ils ont été reçus par le conseil de révision, quel que soit le rang que tiennent dans le contingent ceux qu'ils représentent ?

L'article 158 de l'instruction n'est susceptible de recevoir d'application qu'au moment où il s'agit d'exécuter un ordre supérieur de mise en activité pour une partie du contingent. Jusqu'à ce moment, aucun remplaçant ne peut être mis en route, s'il n'en a fait la demande, ou si le remplacé (ainsi que cela a été observé dans la circulaire du 18 mars 1819) s'étant réservé la faculté de le faire, n'use de cette faculté.

Il résulte de cette règle que chaque fois que les intendans ou sous-intendans militaires ont à dresser une liste de mise en activité, ils comprennent dans leur travail et portent en tête de cette liste tous les remplaçans existant alors dans le département.

Les individus qui sont reçus comme remplaçans, postérieurement à la formation de cette liste, et pour lesquels il n'intervient pas de demande régulière d'incorporation, ne sont tenus de marcher immédiatement qu'autant que les jeunes soldats qu'ils représentent se trouvent compris dans la portion du contingent appelé déjà à l'activité. Hors ce cas, ils peuvent rester dans leurs foyers jusqu'au jour où il se fait un nouvel appel de jeunes soldats.

Article 19 de la loi, 163 de l'instruction.

48e *Question.* — Dans le cas où la totalité, ou bien le restant du contingent, est appelé à l'activité, y a-t-il lieu de dresser la liste voulue par l'article 163 de l'instruction? ne doit-on pas alors considérer comme suffisante la liste départementale du contingent?

Comme la liste voulue par l'art. 163 est destinée à donner les documens que ne peut fournir la liste départementale du contingent, il est indispensable de procéder à sa formation, bien que l'ordre supérieur de mise en activité porte sur la totalité ou sur le restant du contingent.

Article 19 de la loi, 159 et 179 de l'instruction.

49e *Question.* — A partir de quelle opération de la levée le sous-intendant militaire peut-il donner suite aux demandes que forment les jeunes soldats, en conformité des articles 159 et 179 de l'instruction ? à quelle époque précise ces demandes doivent-elles être rejetées comme n'ayant pas été faites en temps utile ?

Les jeunes gens placés dans le contingent peuvent demander à être mis en activité et désigner le corps dans lequel ils désirent servir, à partir du jour où la voie de l'engagement volontaire leur est fermée. Ces demandes doivent être remises au sous-intendant militaire qui, cependant, ne doit y donner suite qu'après que les réclamans ont été inscrits comme jeunes soldats sur le registre-matricule N° 2.

Toute demande portant une date certaine au jour où, d'après les ordres supérieurs, commence le travail de la répartition voulue par l'article 161 de l'instruction, doit être rejetée, si celui qui l'a formée se trouve, d'après son numéro, compris dans cette répartition.

Si les ordres de mise en activité portent sur la totalité ou sur tout ce qui reste de jeunes soldats disponibles, et si, par conséquent, il n'y a pas lieu de faire de répartition, la faculté de choisir un corps cesse au jour que fixe le ministre de la guerre.

Article 19 de la loi, 156 de l'instruction.

50e *Question.* — L'article 156 de l'instruction porte que les réglemens militaires, relatifs au mariage des sous-officiers et soldats, sont applicables aux jeunes soldats, encore qu'ils n'aient pas été mis en activité.

Ces réglemens, d'après lesquels le conseil d'administration du corps doit donner son consentement au mariage, sont-ils applicables à tous les jeunes gens qui se trouvent inscrits sur la liste du contingent, sans distinction des dispensés, ni de ceux qui se sont fait remplacer ou substituer?

D'après l'article 141 de l'instruction, la qualification de jeunes soldats ne peut appartenir qu'à ceux des hommes du contingent qui sont inscrits sur le registre-matricule N° 2; les dispensés, de même que les remplacés et les substitués, n'étant pas inscrits sur ce registre, ils ne sont point passibles des dispositions des réglemens militaires.

Article 19 de la loi, 161 de l'instruction.

51e *Question.* — Les dispensés, de même que les remplacés ou substitués, doivent-ils être compris dans la répartition entre les cantons de laquelle il est question à l'art. 161 de l'instruction?

Les jeunes gens dispensés ou substitués, de même que ceux qui ont fourni des remplaçans avant la clôture de la liste départementale, ne sont pas, d'après l'art. 141 de l'instruction, inscrits comme jeunes soldats sur le registre-matricule N° 2.

Les jeunes soldats qui se font remplacer postérieurement à la clôture doivent être immédiatement rayés du registre. Ainsi, aucun de ceux indiqués ci-dessus n'est susceptible d'être compris dans la répartition voulue par l'art. 161.

Les sous-intendans militaires ne doivent pas non plus, aux termes de l'art. 162, comprendre dans cette répartition les jeunes soldats qui, ayant été incorporés, ne sont plus disponibles.

Article 19 de la loi, 164 et 167 de l'instruction.

52e *Question.* — La première expédition des lettres de mise en activité est notifiée au domicile des jeunes soldats, et la seconde, s'ils sont absens, au lieu de leur résidence; cette dernière notification doit-elle avoir lieu pour tous les absens?

Il résulte de l'art. 167 de l'instruction, que la notification, au lieu de la résidence, ne doit être effectuée pour les jeunes soldats qui ont fait la déclaration ou obtenu l'autorisation de déplacement voulue par les articles 148, 149 et 150, ou que pour ceux dont l'absence est antérieure à la clôture de la liste du contingent et dont l'administration connaît la résidence. Quant aux autres jeunes soldats absens, il suffit que la notification soit faite au domicile.

Il n'y a pas lieu non plus à faire d'autre notification que celle au domicile pour les jeunes soldats qui sont absens hors du royaume, avec ou sans autorisation.

Lorsqu'il s'agit d'un jeune soldat qui sert comme remplaçant, la notification doit être faite à son domicile, et, s'il y a lieu, à sa résidence, et non ainsi que cela s'est pratiqué dans quelques départemens, au domicile et à la résidence du remplacé. Toutefois, comme ce dernier est responsable de celui qui le représente, il convient que le préfet lui fasse donner avis de la mise en activité.

Article 19 de la loi, 8 et 172 de l'instruction.

53e *Question.* — Lorsqu'un jeune homme absent a été compris dans le contingent, et que les annotations portées sur la liste qui a été expédiée pour lui, en vertu de l'art. 88 de l'instruction sur les appels, font connaître ensuite qu'il n'est pas propre au service, comment doit-il être procédé à l'égard de ce jeune homme?

Les précautions que prendront les préfets pour que la liste voulue par l'art. 88 de l'instruction puisse leur être envoyée avant le jour fixé pour la clôture définitive de la liste du contingent, ne donnent pas lieu de présumer que la circonstance dont il est question se renouvelle à l'avenir.

Cependant, si, contre toute attente, l'avis de l'inaptitude au service d'un jeune homme absent ne parvenait qu'après la formation du contingent, il conviendrait, s'il a été compris dans ce contingent, de considérer cet avis comme équivalant à celui dont parle l'article 172 de l'instruction, et d'appliquer à l'absent, au moment de sa mise en activité, les dispositions de cet article et de l'article 173.

Articles 13 à 19 de la loi, 223 de l'instruction.

54e Question. — Après quelle opération de la levée la situation des jeunes gens de la classe doit-elle être arrêtée pour le compte à rendre, en vertu de l'article 213 de l'instruction ?

Le compte numérique demandé par cet article 213 est destiné à faire connaître la situation de la classe, telle qu'elle existe immédiatement après la clôture de la liste du contingent.

13 JUIN 1819. — Ordonnance du Roi qui accorde des lettres de déclaration de naturalité au sieur de la Hersé. (7, Bull. 557.)

16 ⚏ Pr. 25 JUIN 1819. — Ordonnance du Roi additionnelle à celle du 26 mai 1819, concernant le nouveau mode de dévidage et d'enveloppe des cotons filés. (7, Bull. 287, n° 6815.)

Voy. Ordonnance du 1er décembre 1819.

Louis, etc.

Vu notre ordonnance du 26 mai dernier, concernant le nouveau mode de dévidage et d'enveloppe des cotons filés ;

Prenant en considération les représentations adressées par plusieurs entrepreneurs de filature, relativement à l'art. 5 de ladite ordonnance et à la nécessité d'y ajouter quelques dispositions pour l'avantage de leur industrie ;

Sur le rapport de notre ministre secrétaire-d'Etat au département de l'intérieur,

Nous avons ordonné et ordonnons ce qui suit :

Art. 1er. Il n'est prescrit aucun poids ni aucun mode particulier d'emballage pour les cotons livrés directement par les filatures aux entrepreneurs de tissages soit en chaînes ourdies, soit simplement en bobines ; mais les colis renfermant ces sortes de coton devront, quelle que soit leur contenance, être fermés par une bande, corde ou ficelle, croisée, dont les deux bouts seront réunis sous un plomb ou cachet portant l'empreinte du fabricant et son numéro d'expédition.

2. Notre ministre secrétaire-d'Etat au département de l'intérieur est chargé de l'exécution de la présente ordonnance, qui sera insérée au Bulletin des Lois.

16 JUIN 1819. — Ordonnance du Roi qui permet au sieur Joseph-Louis d'ajouter à ses prénoms le nom de Langlois. (7, Bull. 287.)

16 JUIN 1819. — Ordonnance du Roi qui admet les sieurs Koerper, Baumgartner, Stuber, Waldow, Kirchner, Kuchenbecker, Krauss, Baer, Muntz, Schmitt, Gerards et Pervas, à établir leur domicile en France. (7, Bull. 289, 393.)

16 JUIN 1819. — Ordonnance du Roi qui autorise l'acceptation de dons et legs faits aux fabriques. (7, Bull. 308.)

23 ⚏ Pr. 30 JUIN 1819. — Ordonnance du Roi qui permet, sous les conditions y exprimées, l'exportation des farines et des biscuits de mer. (7, Bull. 289, n° 6833.)

Voy. ordonnances des 3 AOUT 1815, 22 SEPTEMBRE et 6 OCTOBRE 1819.

Art. 1er. Les dispositions de notre ordonnance du 10 février dernier, qui permet l'exportation des pommes de terre, sont applicables aux farines et aux biscuits de mer.

2. En conséquence, les biscuits de mer et les farines provenant de toute espèce de grains pourront sortir, sous les conditions prescrites par la loi du 2 décembre 1814 et dans les circonstances y indiquées, par les ports et bureaux de douanes mentionnés au tableau annexé à l'ordonnance du 18 décembre, même année.

3. Les formalités à remplir par les préfets pour l'exécution de cette disposition sont les mêmes que celles que rappelle notre ordonnance précitée du 10 février, au sujet de l'exportation des pommes de terre.

4. Nos ministres secrétaires-d'Etat de l'intérieur et des finances sont chargés de l'exécution de la présente ordonnance.

23 JUIN ⚏ Pr. 10 JUILLET 1819. — Ordonnance du Roi relative à la réintégration des communes dans leurs droits sur les biens communaux usurpés. (7, Bull. 290, n° 6842.)

Voy. loi du 9 VENTOSE an 12, et notes.

Louis, etc.

Sur ce qu'il nous a été représenté que l'intérêt des communes exigeait qu'il fût pris des mesures efficaces pour réprimer les usurpations et occupations irrégulières de leurs biens opérées sans titre ni autorisation quelconques ; que les lois et décrets intervenus sur les partages de bois communaux ayant donné lieu à diverses interprétations et à des doutes sur la compétence des autorités judiciaires et administratives pour le jugement des difficultés relatives aux usurpations, l'avis du Conseil-d'Etat approuvé le 18 juin 1809 avait attribué le jugement des usurpations, toutes les fois qu'il s'agissait de l'intérêt d'une commune contre les usurpateurs, aux conseils de préfecture, déjà saisis de la connaissance de toutes les difficultés résultant des partages de biens communaux effectués en vertu ou par suite de la loi du 10 juin 1793; mais que les usurpateurs n'avaient été admis, ni par cet avis, ni par aucune disposition postérieure, au bénéfice de l'art. 3 de la loi du 9 ventose an 12, qui maintient en possession, à certaines conditions, les détenteurs de biens communaux en vertu d'un partage dont il n'aurait pas été dressé acte; que dès-lors les usurpateurs, craignant de se voir dépossédés ou d'être contraints à tenir compte des fruits des portions de terrain par eux occupées depuis nombre d'années, avaient redoublé d'efforts pour dérober à l'administration la connaissance de leurs envahissemens; que, d'un autre côté, les administrations locales avaient mis peu d'activité dans la recherche des biens communaux ainsi envahis, et que cette négligence pouvait être attribuée à la crainte de réduire à une ruine certaine les usurpateurs contre lesquels elles auraient dirigé leurs poursuites, et avec lesquels elles n'étaient point autorisées à transiger, lors même que les dépenses de défrichement, de plantation, de clôture ou de construction, faites sur le terrain usurpé, semblaient commander quelques ménagemens;

A quoi voulant pourvoir;

Considérant qu'il est du plus grand intérêt pour les communes de notre royaume de rentrer dans la jouissance de leurs biens communaux usurpés, ou d'en retirer une redevance annuelle qui, en ajoutant à leurs ressources actuelles, les indemnise des pertes qu'elles ont éprouvées depuis quelques années;

Que si l'attribution donnée précédemment aux conseils de préfecture, pour juger en matière d'usurpation de biens communaux comme en matière de partage, assure aux communes les moyens de poursuivre sans frais leur réintégration dans tous leurs droits, il nous appartient de faciliter cette réintégration, en usant, au profit des communes, de la faculté résultant de la tutelle

qui nous est déférée par les lois, et en les autorisant à transiger avec les usurpateurs à des conditions telles, que ceux-ci soient amenés à légitimer leur possession par un sacrifice modéré, et que les autorités municipales n'aient plus de motifs pour tolérer l'envahissement des biens communaux;

Notre Conseil-d'Etat entendu,

Nous avons ordonné et ordonnons ce qui suit:

Art. 1er. Les administrations locales s'occuperont, sans délai, de la recherche et de la reconnaissance des terrains usurpés sur les communes depuis la publication de la loi du 10 juin 1793, et généralement de tous les biens d'origine communale, actuellement en jouissance privée, dont l'occupation ne résulte d'aucun acte de concession ou de partage, écrit ou verbal, qui ait dessaisi la communauté de ses droits en faveur des détenteurs (1).

2. Chaque détenteur est tenu de faire, dans le délai de trois mois, à compter de la publication de la présente ordonnance, au chef-lieu de sa commune, la déclaration des biens communaux dont il jouit sans droit ni autorisation. Ladite déclaration, adressée au maire, indiquera l'origine de l'usurpation, la quotité, la situation et les limites des terrains usurpés, la nature de ces biens à l'époque de l'usurpation, et les améliorations, telles que défrichemens, plantations, clôtures et constructions, qu'ils auraient reçues depuis par le fait du déclarant.

3. Les détenteurs qui auront satisfait à cette obligation pourront, sur la proposition du conseil municipal, et de l'avis du sous-préfet et du préfet, être maintenus en possession définitive des biens par eux déclarés, s'ils s'engagent, dans les mêmes délais, par soumissions écrites, et chacun pour soi, à payer à la commune propriétaire les quatre cinquièmes de la valeur actuelle desdits biens, déduction faite de la plus-value résultant des améliorations, ou une redevance annuelle égale au vingtième du prix du fonds, ainsi évalué et réduit, à dire d'experts.

Ils auront droit, en outre, à la remise des fruits qui pourraient être exigés à compter du 1er vendémiaire an 13, pour les usurpations antérieures à cette époque, conformément aux lois sur les biens communaux illégalement partagés (2).

4. Tout détenteur qui n'aurait pas rempli, dans les délais déterminés, les obligations

---

(1) Cette ordonnance ne concerne que les détenteurs des biens communaux qui les occupent sans acte de concession ou de partage

écrit ou verbal (26 novembre 1828; ord. Mac. 10, 779).

(2) Des particuliers ne sont pas fondés à

et conditions prescrites par les précédentes dispositions, sera poursuivi, à la diligence du maire, devant le conseil de préfecture, en restitution des terrains usurpés et des fruits exigibles (1).

Dans le cas où, par l'effet de ces poursuites, il demanderait à se rendre acquéreur desdits biens, l'aliénation ne pourra lui en être faite, le vœu et l'intérêt de la commune ne s'y opposant point, que moyennant le paiement de la valeur intégrale du fonds, sans aucune remise ni modération, et suivant toute la rigueur du droit commun.

5. Dans aucun cas, l'aliénation définitive des biens communaux usurpés ne pourra être consommée qu'en vertu de notre autorisation, et après que toutes les formalités applicables aux actes translatifs de la propriété communale auront été remplies.

6. Conformément aux dispositions de la loi du 9 ventose an 12, et de l'avis interprétatif du 18 juin 1809, les conseils de préfecture demeureront juges des contestations sur le fait et l'étendue de l'usurpation, sauf le cas où le détenteur niant l'usurpation et se prétendant propriétaire à tout autre titre qu'en vertu d'un partage, il s'élèverait des questions de propriété pour lesquelles les parties auraient à se pourvoir devant les tribunaux, après s'y être fait autoriser, s'il y a lieu, par les conseils de préfecture (2).

7. Notre ministre secrétaire-d'Etat de l'intérieur est chargé de l'exécution de la présente ordonnance qui sera insérée au Bulletin des Lois.

23 JUIN 1819. — Ordonnance du Roi qui constitue la Chambre des pairs en cour de justice pour connaître de la plainte portée par le sieur Selves contre M. Séguier. (Mon. du 16 juillet 1819.)

Voy. notes sur l'article 34 de la Charte.

Louis, etc.

Sur le compte qui nous a été rendu par notre garde des-sceaux, ministre de la justice, que le sieur Selves a déposé le 8 juin courant, au parquet de la cour royale de Paris, une plainte adressée à la chambre des pairs et dirigée contre le sieur Séguier, premier président de la cour royale et membre de la Chambre des pairs, auquel il impute plusieurs dénis de justice et actes arbitraires, et qu'il devient nécessaire de constituer la Chambre des pairs en cour de justice, pour prononcer sur cette plainte ;

Considérant que si la loi n'a point encore pourvu à l'organisation de la Chambre des pairs sous ce rapport, le cours de la justice ne peut être interrompu,

Nous avons ordonné et ordonnons ce qui suit :

Art. 1er. Les fonctions attribuées par les lois aux officiers du ministère public dans l'instruction et le jugement des affaires criminelles seront exercées près la Chambre des pairs, constituée en cour de justice, pour connaître de la plainte portée par le sieur Selves contre le sieur Séguier, premier président de la cour royale, par le baron Mourre, notre procureur général près la cour de cassation.

---

demander à jouir du bénéfice de cette ordonnance, lorsque leur déclaration ne peut pas être considérée comme un acte spontané et volontaire, mais qu'elle n'est que la suite et l'exécution obligée d'un jugement contradictoire qui les aurait antérieurement condamnés à la restitution des biens usurpés (13 novembre 1821; ord. Mac. 2, 344).

Les plus anciens détenteurs doivent être préférés aux plus nouveaux (28 juillet 1824; ord. Mac. 6, 454).

(1) Les détenteurs qui n'ont pas fait la soumission prescrite par l'ordonnance, doivent être condamnés à restituer le bien usurpé avec les fruits depuis l'époque fixée par les lois.

Lorsqu'il résulte des actes produits par les parties, que chacun des lots attribués par le partage ne contenait originairement qu'une étendue déterminée, l'excédant de contenance doit être considéré comme usurpé et soumis au régime de l'ordonnance (8 mars 1827; ord. Mac. 9, 144).

(2) Même en cette matière les questions de propriété sont essentiellement du ressort des tribunaux (31 août 1828; ord. Mac. 10, 685.— 22 décembre 1824; ord. Mac. 6, p. 706. — — 12 avril 1829; ord. Mac. 11, 136.).

Lorsque le conseil de préfecture a méconnu ce principe, il y a lieu d'annuler son arrêt pour cause d'incompétence et de renvoyer la partie devant les tribunaux.

Les dépens doivent être supportés par la partie qui succombera devant les tribunaux (25 mars 1830; ord. Mac. 12, 153).

Si après la concession, il s'élève des questions de servitude, c'est devant les tribunaux qu'elles doivent être portées (28 juillet 1824; ord. Mac. 6, 454).

Un conseil de préfecture excède ses pouvoirs en prescrivant à un usurpateur de biens communaux des conditions autres que celles qui sont établies par cette ordonnance.

Si le détenteur n'a pas rempli dans le délai déterminé, les obligations prescrites par l'ordonnance, le conseil doit se renfermer dans l'application de l'article 4 (20 janvier 1830; ord. Mac. 12, 39.)

2. Le sieur Cauchy, secrétaire-archiviste de la Chambre des pairs, remplira les fonctions de greffier.

3. Notre garde-des-sceaux ministre de la justice, est chargé de l'exécution de la présente ordonnance.

23 JUIN 1819. — Ordonnance du Roi sur le service de la garde nationale. (Mon. du 27 juin.)

Voy. notes sur l'ordonnance du 17 JUILLET 1816.

Louis, etc.

La garde nationale de Paris a donné, aux époques les plus difficiles, l'exemple des sacrifices, de la constance et du dévouement. Nous comptons sur elle dans toutes les occasions où les mêmes services seront utiles à l'Etat; mais il est dans l'essence de son institution de ne servir qu'à défaut ou en cas d'insuffisance des corps soldés et entretenus pour un service habituel. Il est juste, il est dans l'intérêt public et particulier de restreindre en temps de paix et de tranquillité un service temporaire et gratuit, qui, lorsqu'il enlève sans nécessité les citoyens aux soins de leurs familles et de leurs affaires, affaiblit sans compensation les sources de la richesse publique;

Nous nous sommes fait représenter, dans ce but, le tableau du service actuel de la garde nationale de Paris, et de ce même service tel qu'il peut être réduit d'après le plan concerté entre les autorités civiles et militaires de notre bonne ville de Paris;

A ces causes,

Sur le rapport de nos ministres de l'intérieur et de la guerre,

Nous avons ordonné et ordonnons ce qui suit:

Art. 1er. A partir du 1er juillet prochain le service ordinaire de la garde nationale de Paris sera réduit aux postes qu'il est absolument indispensable de lui conserver, de manière que ledit service ne puisse exiger plus de quatre cents hommes par jour.

La garde nationale n'occupera, comme postes ordinaires, que ceux qui sont ci-après indiqué-, savoir:

Postes permanens: postes d'honneur des Tuileries, des Chambres pendant les sessions, postes d'ordre et de sûreté de l'Hôtel-de-Ville, de l'état-major général de la garde nationale du Palais-Royal, de la maison d'arrêt de la garde nationale. Postes d'arrondissement permanens: un seul poste d'ordre et de sûreté dans chaque mairie.

2. Tous les autres postes seront relevés successivement, soit par notre garde nationale en ce qui est de son service, soit par la garnison, soit par la gendarmerie et les sapeurs-pompiers.

Notre ministre de la guerre prendra les mesures convenables pour faire caserner à Paris le nombre des troupes de ligne nécessaire à cet effet.

Notre ministre de l'intérieur donnera semblablement des ordres pour que l'organisation et le service de la gendarmerie de Paris et des sapeurs-pompiers soient déterminés de manière que ces corps puissent concourir de plus en plus au service d'ordre et de police.

4. Tout service autre que celui qui est déterminé par les art. 1er et 2 ne pourra être demandé à la garde nationale qu'en vertu d'une réquisition écrite de notre préfet de police qui en déterminera la nature et la durée; cette réquisition sera transmise sans délai à notre ministre de l'intérieur pour recevoir ultérieurement son approbation.

5. Nos ministres de l'intérieur et de la guerre sont chargés de l'exécution de la présente ordonnance.

23 JUIN 1819. — Ordonnance du Roi qui accorde des lettres de déclaration de naturalité au sieur Filliard. (7, Bull. 290.)

23 JUIN 1819. — Ordonnance du Roi qui accorde à la dame veuve Anfrye une pension de mille francs sur le Trésor royal. (7, Bull. 291.)

23 JUIN 1819. — Ordonnance du Roi qui accorde des lettres de déclaration de naturalité au sieur Mayer. (7, Bull. 311.)

23 JUIN 1819. — Ordonnance du Roi qui autorise le sieur Mitton à entrer au service de sa majesté l'empereur de Russie. (7, Bull. 316.)

23 JUIN 1819. — Ordonnances du Roi qui autorisent l'acceptation de dons et legs faits aux fabriques. (7, Bull. 308.)

23 JUIN 1819. — Ordonnances du Roi qui autorisent l'acceptation de donations faites aux hospices. (7, Bull. 309.)

23 JUIN 1819. — Ordonnance du Roi contenant réglement sur l'exercice de la profession de boulanger dans les villes d'Aubenas, de Bar-le-Duc, de Verdun, de Condé-sur-Noireau, de Salins, de Bourges, de Bolbec,

d'Yvetot, de Dieppe, d'Armentières et de Saint-Malo. (7, Bull. 509.)

———

27 = Pr. 28 juin 1819. — Loi relative au règlement définitif des budgets de 1815, 1816 et 1817, et à la rectification provisoire de celui de 1818 (1). (7, Bull. 288, n° 6830.)

Voy. lois des 28 avril 1816, 25 mars 1817, 15 mai 1818, 10 et 28 mai 1820 (2).

Titre Ier. Réglemens des budgets des exercices 1815 et 1816.

§ Ier. De l'exercice 1815.

Art. 1er. Les crédits de l'exercice de 1815 sont fixés à la somme de sept cent quatre-vingt-dix-huit millions cinq cent quatre-vingt-dix mille huit cent cinquante-neuf francs, et répartis entre les divers ministères et services, conformément à l'état A ci-annexé.

2. Les recettes de toute nature faites en numéraire sur ledit exercice, précédemment évaluées à la somme de sept cent quarante millions trente mille sept cents francs, sont arrêtées, au 31 décembre 1818, à celle de sept cent quatre-vingt-dix-huit millions cinq cent quatre-vingt-dix mille huit cent cinquante-neuf francs, conformément à l'état B, au moyen d'un prélèvement de cinquante-quatre millions sept cent soixante mille six cent cinquante-neuf francs sur les ressources de l'exercice 1817.

3. L'état des paiemens qui seront faits ou régularisés par le Trésor, jusqu'à concurrence de la somme de deux millions, deux cent quatre-vingt-cinq mille deux cent quatre-vingt-huit francs quarante-cinq centimes restant à payer ou à régulariser sur les crédits au 31 décembre 1818, suivant l'état de situation annexé sous le N° 7 à la proposition de loi présentée par le Gouvernement, sera produit au compte général de l'administration des finances de chaque année, jusqu'à ce que ces paiemens soient entièrement consommés. Cet état rappellera ce qui était

dû ou à régulariser au 31 décembre 1818, ce qui aura été payé ou régularisé depuis, et la somme restant à payer ou à régulariser.

Il en sera de même de la somme de trois millions cent quatre-vingt-sept mille six cent quatre-vingt-trois francs vingt-cinq centimes qui restait à payer au 31 décembre 1817 sur l'exercice 1814. (Comptes de gestion, page 142, état N° 9.)

4. Les sommes qui pourraient provenir encore des ressources affectées à l'exercice 1815, seront portées en recette au compte de l'exercice courant, au moment où lesdites recettes seront effectuées.

§ II. De l'exercice 1816.

5. Les crédits de l'exercice 1816 sont fixés à la somme de huit cent quatre-vingt-quinze millions cinq cent soixante-dix-sept mille deux cent cinq francs, et répartis entre les divers ministères et services, conformément à l'état C.

6. Les recettes de toute nature faites pour ledit exercice, précédemment évaluées à la somme de huit cent soixante millions neuf cent soixante-six mille six cent soixante-un francs, sont arrêtées, pour les administrations financières, au 1er janvier 1818, et pour les autres recettes, au 31 décembre de ladite année, à la somme de huit cent quatre-vingt-quinze millions cinq cent soixante-dix-sept mille deux cent cinq francs, conformément à l'état D, au moyen d'un prélèvement de dix-sept millions neuf cent quatre-vingt-dix-huit mille huit cent cinq francs sur les ressources de l'exercice 1817.

7. L'état des paiemens qui seront faits ou régularisés par le Trésor, jusqu'à concurrence de la somme de treize millions huit cent quatre-vingt-treize mille six francs vingt centimes, à laquelle se réduit, déduction faite d'un million cent trente mille francs dont a été augmentée l'annulation de crédit de la dette publique, celle de quinze millions vingt-trois mille six francs vingt centimes qui restait à payer ou à régulariser sur les crédits au 31 décembre 1818, suivant l'état de situation annexé sous le N° 8 à la proposition de loi, sera produit au compte annuel

———

(1) Présentation à la Chambre des députés, le 15 février (Mon. du 16 février).

Rapport de M. Roy, le 24 avril (Mon. du 25 avril).

Discussion, le 10 mai (Mon. des 11, 12, 13, 14, 16, 19, 20, 21, 22, 23, 24, 25 et 26 mai).

Adoption, le 24 mai (Mon. du 26).

Présentation à la Chambre des pairs, le 4 juin (Mon. du 6).

Rapport de M. le marquis de Garnier, le 17 juin (Mon. du 24).

Discussion, le 12 juin (Mon. du 6 juillet). Adoption, le 23 juin (Mon. du 7 juillet).

(2) Cette loi est la première qui soit spécialement consacrée au règlement des budgets antérieurs, en exécution de l'article 102 de la loi du 15 mai 1818, de l'article 148 de la loi du 25 mars 1817, et 122 de la loi du 28 avril 1816. Voy. ces articles.

des finances, conformément à l'article 3 ci-dessus.

8. Les dispositions de l'article 4 ci-dessus sont applicables aux recettes qui pourraient provenir encore des ressources de l'exercice 1816.

TITRE II. Réglement du budget de l'exercice 1817.

§ Iᵉʳ. De la régularisation des dépenses faites au-delà des crédits.

9. Sont allouées les dépenses faites au-delà des crédits fixés par la loi du 25 mars 1817, et montant, savoir :

Pour la dette publique, à............................		3,660,000ᶠ
Pour le ministère des affaires étrangères (service extraordinaire), à....		2,811,804
Pour le ministre de l'intérieur :		
Dépenses départementales..................	127,000ᶠ	
Travaux de charité...................	2,500,000	30,532,000
Pertes sur les subsistances.............	22,200,000	
Primes à l'importation des grains.......	5,705,000	
Pour le ministère de la guerre (armée d'occupation)...........		13,000,000
Pour le ministère des finances :		
Indemnité aux Anglais pour marchandises saisies à Bordeaux......................	483,016	8,192,486
Frais de négociations.................	7,709,470	
	TOTAL.......	58,195,790

Les ministres des départemens ci-dessus, chacun en ce qui le concerne, sont, en conséquence, déchargés de la responsabilité résultant, pour cette cause, des articles 151 et 152 de la loi du 24 mars 1817.

Le crédit provisoire de deux millions de francs pour les frais de justice criminelle est augmenté de six cent quatre-vingt-trois mille francs et définitivement porté à deux millions six cent quatre-vingt-trois mille francs.

10. Les crédits de l'exercice 1817 sont fixés à la somme d'un milliard trente-six millions huit cent dix mille cinq cent quatre-vingt-trois francs, et répartis entre les divers ministères et services, conformément à l'état E.

11. Les recettes de toute nature dudit exercice, y compris un supplément de trois millions deux cent soixante-quinze mille huit cent soixante-dix-sept francs, à prendre sur les recettes de 1818, sont arrêtées, pour les administrations financières, au 1ᵉʳ janvier 1818, et pour les autres recettes, au 31 décembre de la même année, à la somme totale d'un milliard cent vingt-un millions huit cent huit mille trois cent-soixante-dix-neuf francs, dont un milliard trente-six millions huit cent dix mille cinq cent quatre-vingt-trois francs seulement sont applicables au service dudit exercice 1817, conformément à l'état F.

12. L'état des paiemens qui seront faits ou régularisés par le Trésor, jusqu'à concurrence de la somme de vingt-quatre millions huit cent cinquante-neuf mille sept cent trente-huit francs quatre-vingt-seize centimes, à laquelle se réduit, déduction faite de trois millions sur le crédit de la dette publique, celle de vingt-sept millions huit cent cinquante-neuf mille sept cent trente-huit francs quatre-vingt-seize centimes qui restait à payer ou à régulariser sur les crédits au 31 décembre 1818, suivant l'état de situation annexé sous le Nº 9 à la proposition de loi, sera produit au compte annuel des finances, conformément à l'article 8 ci-dessus.

13. Les dispositions de l'article 4 de la présente loi sont applicables aux recettes qui pourraient provenir des ressources de l'exercice 1817.

TITRE III. Rectification provisoire du budget de l'exercice 1818 (1).

§ Iᵉʳ. Des annulations de crédit.

14. Le crédit pour le service ordinaire du ministère de la guerre est réduit à cent cinquante-quatre millions sept cent cinquante mille francs, au moyen de l'annulation d'une somme de huit millions, restée sans emploi sur ce crédit.

Le crédit du même ministère pour l'armée d'occupation est réduit à cent quarante-

---

(1) *Voy.* lois des 10 et 28 mai 1820.

deux millions cinq cent mille francs, au moyen de l'annulation d'une somme de sept millions cinq cent mille francs, aussi restée sans emploi sur le crédit dudit service.

§ II. Des supplémens de crédits.

15. Il est accordé sur le budget de 1818, au-delà des crédits fixés par la loi du 15 mai de la même année, les supplémens ci-après,

Pour la dette publique.		2,635,007ᶠ
Au ministère des affaires étrangères :		
Service ordinaire.	1,460,000ᶠ	
Service extraordinaire.	600,000	} 2,060,000
Au ministère de l'intérieur, pour les travaux du Havre		
(loi du 13 mai 1818).	500,000	
Primes à l'importation des grains.	4,505,000	} 5,005,000
Au ministère de la marine (frais d'expéditions extraordinaires). . . .		1,600,000
Au ministère des finances :		
Dépenses extraordinaires de l'armée d'occupation, pour décompte de solde.	26,666,667	
Paiement à l'Angleterre, en exécution d'une convention du 1ᵉʳ septembre 1817.	2,200,000	} 45,764,667
Remboursement de cautionnemens à des titulaires non remplacés.	12,000,000	
Frais de négociations.	4,898,000	

TOTAL des supplémens de crédits. 57,064,667

TITRE IV. Dispositions particulières.

16. Le compte de la liquidation de l'ancienne caisse d'amortissement, ordonné par l'art. 98 de la loi du 28 avril 1816, sera distribué aux Chambres dans leur prochaine session : ce compte fera connaître le montant de l'actif et du passif de cette caisse au 1ᵉʳ avril 1814, l'application qui a été faite de son actif, tel qu'il existait à cette époque, et la situation active et passive de la même caisse, tant à l'égard du Trésor que sous tous les autres rapports, à l'époque de sa confusion au Trésor public, ordonnée par la loi du 28 avril.

17. Le compte de l'ancien passif des caisses du Trésor, estimé originairement, y compris celui de la caisse d'amortissement au 1ᵉʳ avril 1814, à cent treize millions, sera soumis aux Chambres à leur prochaine session.

Ce compte établira en détail les élémens et le montant effectif du passif à cette époque, et constatera les mouvemens qu'il a éprouvés chaque année, de manière à en fixer définitivement le montant au 1ᵉʳ janvier 1819.

18. Le même compte constatera l'ancien actif du Trésor au 1ᵉʳ avril 1814, provenant, soit des débets des comptables, soit d'avances non-remboursées, soit de toutes autres valeurs ou créances actives. Il distin-

guera les parties recouvrables et celles qui ne présenteraient aucune espérance de recouvrement : il établira également,

1° Le passif au 1ᵉʳ janvier 1819 ;

2° L'actif de toute nature existant, à la même époque, en deniers comptans, débets, valeurs en rente, valeurs de portefeuille, échues ou non-échues, bonnes ou caduques.

19. Il sera rédigé un compte général, par département, de la distribution du fonds de dégrèvemens et non-valeurs pour chacune des années 1815, 1816, 1817 et 1818. Ce compte sera distribué aux Chambres dans la prochaine session.

20. Le compte annuel des finances sera accompagné de l'état de situation des travaux de la cour des comptes au 1ᵉʳ septembre de chaque année.

21. Dans les cas prévus par les art. 151 et 152 de la loi du 25 mars 1817, les ordonnances qui auraient autorisé des paiemens pour des dépenses extraordinaires et urgentes seront présentées en forme de loi à la plus prochaine session des Chambres, par chacun des ministres dans le département duquel la dépense aura été faite, pour être converties en lois, conformément aux dispositions de l'art. 152 ci-dessus, et avant le réglement définitif des budgets antérieurs, ordonné par l'art. 102 de la loi du 15 mai 1818.

BUDGET DÉFINITIF

ÉTAT A.   DÉPENSES.

MINISTÈRES ET SERVICES.	CRÉDITS précédemment accordés. — (*Loi du 25 mars* 1817.)	SUPPLÉMENT pour solder les dépenses de l'exercice 1815.	CRÉDITS sans emploi à annuler.	MONTANT définitif des dépenses et des crédits accordés.
Liste civile et famille royale.	30,700,000	»	»	30,700,000
Chambre des pairs.	1,203,500	»	»	1,203,500
Chambre des députés. . . .	2,554,160	19,180	»	2,573,340
Ministère de la justice. . . .	19,100,000	»	108,688	18,991,312
— des affaires étrangères. .	8,500,000	1,154,112	»	9,654,112
— de l'intérieur.	51,600,000	1,957,000	»	53,557,000
— de la guerre.	321,343,000	6,950,154	»	328,293,154
— de la marine.	59,500,000	116,699	»	39,616,699
— de la police générale. .	1,017,000	10,516	»	1,027,516
— des finances.	17,800,000	»	1,465,754	16,334,246
Dette publique.	100,000,000	»	1,360,000	98,640,000
Intérêts et cautionnemens. .	8,000,000	»	»	8,000,000
Frais de négociations. . . .	10,000,000	»	»	10,000,000
Dépenses extraordin. (paiemens aux étrangers). . .	180,000,000	»	»	180,000,000
TOTAUX. . . .	791,517,660	10,207,641	2,934,442	798,590,859

Augm^{on}   7,273,199

DE L'EXERCICE 1815.

RECETTES.   ÉTAT B.

DÉSIGNATION DES PRODUITS.	ÉVALUATIONS. — (*Loi du 25 mars* 1817.)	EXCÉDANT des RECETTES.	DIMINUTIONS et NON-VALEURS.	FIXATION DÉFINITIVE. — RECETTES effectuées au 1er janvier 1819.
Contributions directes. . . .	320,000,000	»	»	320,000,000
Enregistrement, domaines et bois.	150,000,000	2,765,000	»	107,765,000
Douanes.	69,852,000	783,000	»	70,615,000
Contributions indirectes. . .	83,405,000	5,745,000	»	89,147,000
Loteries.	7,844,000	13,000	»	7,857,000
Postes.	9,086,500	»	256,500	8,830,000
Salines de l'Est.	2,400,000	»	»	2,400,000
Recettes diverses.	6,600,000	2,093,000	»	8,693,000
Produit de cinq millions cinq cent mille francs de rentes provenant de la caisse d'amortissement.	35,863,200	»	»	35,863,200
Emprunt de cent millions. .	100,000,000	»	7,338,000	92,662,200
		11,394,000	7,594,500	
TOTAUX. . . .	740,050,700	Augmⁿ 3,799,500		743,850,000
Complément à prendre sur les recettes de 1817. . .	Loi du 25 mars 1817. . . .	51,286,960		54,760,659
	Supplément pour solde. . .	3,473,699		
TOTAL des recettes. . . .				798,590,859

BUDGET DÉFINITIF

ÉTAT C.   DÉPENSES.

MINISTÈRES ET SERVICES.	CRÉDITS précédemment accordés. — (L. des 28 mars 1817 et 15 mai 1818.)	SUPPLÉMENT pour solder les dépenses de l'exercice 1816.	CRÉDITS sans emploi à annuler.	MONTANT définitif des dépenses et des crédits accordés.
Liste civile.	34,000,000	»	»	34,000,000
Famille royale.				
Chambre des pairs.	2,000,000	»	»	2,000,000
Chambre des députés. . . .	700,000	»	»	700,000
de la justice.	17,600,000	»	12,200	17,587,800
des affaires étrangères.	11,620,000	»	»	11,620,000
Service ordinaire.	51,400,000	»	»	51,400,000
Dépenses départementales. . . .	23,930,000	»	6,751	23,923,760
Service ordinaire.	216,000,000	2,800,000	»	218,800,000
Subsistances et entretien des troupes.	138,350,000	»	250,000	138,100,000
de la marine.	48,000,000	»	»	48,000,000
Service ordinaire.	16,000,000	»	700,000	15,300,000
Contrib. de guerre, 1er 5e.	140,000,000	»	»	140,000,000
de la police générale. .	1,000,000	»	»	1,000,000
Dette publique.	125,500,000	»	6,088,001	119,420,000
Intérêts de cautionnemens.	8,000,000	»	»	8,000,000
Frais de négociations. . . .	16,442,780	»	»	16,442,780
Fonds d'amortissement. . . .	20,000,000	»	»	20,000,000
Intérêts des obligations royales.	1,122,000	»	»	1,122,000
Paiement aux comtes de Bentheim et Steinfurth. . . .	800,000	»	»	800,000
Remboursement aux départemens.	10,000,000	»	»	10,000,000
Secours accordés par le Roi et les princes.	11,000,000	»	»	11,000,000
Intérêts des capitaux des créances étrangères. . . .	6,000,000	360,856	»	6,360,856
TOTAUX. . . .	899,465,300	3,160,856	7,048,951	895,577,200
RÉDUCTION de crédit.		3,888,095		

(MINISTÈRES : de l'Intér., de la guerre, des financ.)

DE L'EXERCICE 1816.

RECETTES.   ÉTAT D.

DÉSIGNATION DES PRODUITS.	ÉVALUATIONS. (*Loi du 25 mars* 1817.)	EXCÉDANT des RECETTES.	DIMINUTIONS et NON-VALEURS.	FIXATION DÉFINITIVE RECETTES effectuées au 1er janvier 1819.
Contrib. directes (principal et cent. additionnels). . .	341,570,661	4,947,339	»	346,618,000
Enregistrement, domaines et bois.	181,196,000	»	12,381,000	168,815,000
Douanes.	66,000,000	4,526,000	»	70,526,000
Contributions indirectes. . .	90,000,000	5,291,000	»	95,291,000
Postes.	10,600,000	1,198,000	»	11,798,000
Loteries.	8,000,000	1,171,000	»	9,171,000
Salines de l'Est.	2,400,000	378,000	»	2,778,000
Recettes diverses.	1,000,000	2,371,000	»	3,371,000
Cautionnemens.	56,000,000	9,104,500	»	65,104,000
Retenues sur les traitemens.	13,000,000	»	966,000	12,034,000
Abandon fait par le Roi et les princes.	11,000,000	»	»	11,000,000
Recettes de 1814 et antérieures faites depuis le 1er octobre 1815.	10,500,000	809,400	»	11,309,400
Produit de six millions de rentes.	69,600,000	163,000	»	69,763,000
		29,958,739	13,347,000	
TOTAUX. . . .	860,966,661	Augmon 16,611,739		877,578,400
Complément à prendre sur les recettes de 1817. . . {	Loi du 25 mars 1817. . . .	23,525,859		17,998,805
	DONT A DÉDUIRE : Solde excédant les besoins.	5,527,054		
TOTAL des recettes.				895,577,205

BUDGET DÉFINITIF

ÉTAT E.   DÉPENSES.

MINISTÈRES ET SERVICES.	CRÉDITS précédemment accordés. (Loi du 25 mars 1817.)	SUPPLÉMENS pour solder les dépenses de l'exercice 1817.	CRÉDITS sans emploi à annuler.	MONTANT. définitif des dépenses et des crédits accordés.
Dette constituée et amortissement.				
Intérêts des cinq pour cent consolidés......	117,000,000	3,660,000	»	120,660,000
Fonds d'amortissement...............	40,000,000	»	»	40,000,000
{*Dépenses ordinaires.*				
Dette viagère...............	13,400,000	»	1,000,000	12,400,000
Pensions { civiles 'maximum' crédits........... 3,000,000 / militaires (2e semestre 1817 .... 28,301,744 / excédant des fonds de retenues........ 833,250 / pensions ecclésiastiques. 7,000,000 / id. retirées du budget du clergé......... 7,600,000	46,834,984	»	2,400,000	44,434,984
Liste civile et famille royale...........	34,000,000	»	»	34,000,000
Chambre des pairs et des députés...........	2,680,000	»	»	2,680,000
de la justice.........	17,600,000	685,000	»	18,285,000
des affaires étrangères.........	6,500,000	2,811,304	»	9,310,304
MINISTÈRES de l'intérieur { Fonds supplétif des pensions... 185,250 / Dépenses générales diminuées de 800,000. / Clergé (déduction de 7,600,000 ci-dessus.	85,316,750	»	16,750	85,300,000
Dépenses départementales (augmentées de 800,000).	28,600,000	127,000	»	28,727,000
Ateliers de charité.........	»	2,800,000	»	2,800,000
Pertes définitives sur les achats de grains.	»	22,200,000	»	22,200,000
Primes à l'importation des grains....	»	5,705,000	»	5,705,000
des finances { Indemnités aux Anglais pour marchandises saisies à Bordeaux, etc.........	»	483,016	»	483,016
Service ordinaire.........	13,200,000	»	»	13,200,000
Pensions aux employés supprimés.....	250,000	»	»	250,000
Centimes pour dégrèvemens et non-valeurs	9,902,082	»	»	9,902,082
Cadastre.........	3,000,000	»	»	3,000,000
de la guerre. { Service ordinaire.........	137,500,000	»	500,000	137,000,000
Pensions reportées du crédit général de la dette publique...............	23,860,603	»	»	23,860,603
Armée d'occupation.........	160,000,000	13,000,000	»	173,000,000
de la marine.........	44,000,000	»	»	44,000,000
de la police générale.........	1,000,000	»	»	1,000,000
Intérêts de cautionnemens.........	9,000,000	»	»	9,000,000
Frais de négociations.........	15,000,000	7,709,470	»	22,709,470
Dépenses extraordinaires.				
Acompte sur le remboursement de l'ancienne des caisses.........	23,000,000	»	»	23,000,000
Remboursement des obligations royales.	3,740,000	»	»	3,740,000
Intérêts dus jusqu'au remboursement ci-dessus..	1,125,000	»	»	1,125,000
Remboursement aux départemens, etc.	10,000,000	»	»	10,000,000
Contributions de guerre (2e cinquième).	140,000,000	»	»	140,000,000
Intérêts de créances étrangères,.........	6,000,000	»	360,836	5,639,155
TOTAUX..........	982,209,599	58,878,790	4,277,606	1,036,810,383
AUGMENTATION.....		54,601,184		

DE L'EXERCICE 1817.

RECETTES.   ÉTAT F.

DÉSIGNATION DES PRODUITS.	ÉVALUATIONS. — (Loi du 25 mars 1817.)	EXCÉDANT des RECETTES.	DIMINUTIONS et NON-VALEURS.	FIXATION DÉFINITIVE. — RECETTES effectuées au 1er janvier 1819.
Enregistrement, domaines et timbre (produits nets).	140,000,000	14,170,000	»	154,170,000
Postes (idem).	9,000,000	3,475,000	»	12,475,000
Loteries (idem).	8,000,000	»	1,769,200	6,230,800
Contributions directes, principal et centimes additionnels.	356,608,667	1,733,000	»	358,341,667
Douanes (produits nets).	75,000,000	11,376,000	»	86,376,000
Contributions indirectes (idem).	120,000,000	»	18,427,000	101,573,000
Salines de l'Est (idem).	2,400,000	174,000	»	2,574,000
Recettes diverses(idem).	1,000,000	»	259,000	741,000
Coupes de bois (idem). .	16,400,000	419,200	»	16,819,200
Reste à recouvrer sur les bois aliénés, les biens des communes et les décomptes.	10,000,000	»	1,156,200	8,843,800
Abandon fait par le Roi et les princes.	5,000,000	»	»	5,000,000
Retenues sur les traitemens et pensions. . .	14,200,000	»	1,801,000	12,399,000
Produits de trente millions de rentes. . . .	311,651,591	33,413,409	»	345,065,000
Produit de six cent soixante - neuf mille sept cent cinquante-cinq francs de rentes.	»	7,924,035	»	7,924,035
		72,684,944	23,412,400	
TOTAUX. . . .	1,069,260,258	Augmentation	49,272,244	1,118,532,502

Prélèvemens affectés et transportés aux budgets des exercices. . .
   1814.   12,238,352
   1815.   54,760,659   }   84,997,796
   1816.   17,998,805

RECETTES disponibles pour 1817.   1,033,534,706
COMPLÉMENT à prendre sur les recettes de 1818. . .   3,275,877

TOTAL égal aux dépenses.   1,036,810,583

29 JUIN. ⚌ Pr. 10 JUILLET 1819. — Ordonnance du Roi contenant des dispositions relatives à l'exécution du réglement des Israélites, du 10 DÉCEMBRE 1806. (7, Bull. 290, n° 6843.)

Voy. deux décrets du 17 MARS 1808 et notes; loi du 17 JUILLET 1819, article 10, n° 5.

Louis, etc.

Vu les réclamations des synagogues consistoriales et les demandes du consistoire central;

Considérant qu'il importe de régulariser la marche administrative de ces consistoires, en donnant à quelques articles de leur réglement du 10 décembre 1806 une interprétation moins rigoureuse que ne le fait le décret d'exécution du 17 mars 1808;

Sur le rapport de notre ministre secrétaire-d'Etat au département de l'intérieur;

Nous avons ordonné et ordonnons ce qui suit:

Art. 1er. Conformément à l'art. 6 du réglement des Israélites, du 10 décembre 1806, les notables des circonscriptions consistoriales pourront être convoqués à l'effet d'élire un cinquième membre du consistoire. Ils désigneront pour cette place le second rabbin, autant que faire se pourra; et, à défaut, ils y appelleront un membre laïc.

2. Les Israélites qui viendraient s'établir en France (*art. 11 dudit réglement*) contribueront de droit, ainsi que les autres Israélites du royaume, aux charges de la circonscription consistoriale dont fait partie la commune de leur résidence.

3. Une fois par an, et à jour fixe, chaque consistoire invitera les notables de la circonscription à se réunir à lui pour assister à la formation du budget annuel des frais généraux de la circonscription, ainsi qu'à la confection du rôle de répartition y relatif (*art. 12 du réglement, et 7 du décret d'exécution.*)

Les consistoires communiqueront en même temps aux notables le compte rendu par le trésorier des recettes et dépenses relatives à l'exercice précédent (*art. 25 du réglement*).

Les dépenses d'instructions religieuses et des écoles primaires qui, d'après l'avis du consistoire central, auront été approuvées par l'autorité compétente, seront comprises dans les frais du culte mentionnés à l'art. 23 du réglement, ils feront, suivant la diverse destination des établissemens, partie, soit des frais généraux du consistoire central, soit des frais généraux de la circonscription, ou de ceux des communes respectives.

4. Le mode de perception actuellement en usage est maintenu. En conséquence, les fonds continueront d'être recouvrés par les receveurs généraux, et le montant en sera versé dans la caisse du trésorier israélite. (*art. 25 du réglement.*)

5. L'art. 15 du réglement, concernant la sortie annuelle d'un membre du consistoire central, n'est applicable qu'aux membres laïcs de ce consistoire.

6. Le décret du 17 mars 1808, qui prescrit les mesures pour l'exécution du réglement précité, continuera d'être exécuté dans toutes les dispositions qui ne sont pas spécialement modifiées par la présente ordonnance, qui sera insérée au Bulletin des Lois.

7. Notre ministre secrétaire-d'Etat de l'intérieur est chargé de l'exécution de la présente ordonnance.

———

29 JUIN ⚌ Pr. 10 JUILLET 1819. — Ordonnance du Roi qui élève la ville de Colmar au rang des bonnes villes du royaume. (7, Bull. 290, n° 6844.)

Louis, etc.

Voulant témoigner à la ville de Colmar, département du Haut-Rhin, notre satisfaction du bon esprit de ses habitans, et la récompenser des charges qu'elle a supportées avec autant de zèle que de résignation pendant l'occupation militaire;

Sur le rapport de notre ministre secrétaire-d'Etat de l'intérieur,

Nous avons ordonné et ordonnons ce qui suit:

Art. 1er. La ville de Colmar est élevée au rang des bonnes villes.

2. Notre ministre secrétaire-d'Etat de l'intérieur est chargé de l'exécution de la présente ordonnance.

———

29 JUIN 1819. — Lettres-patentes du Roi portant institution de majorat en faveur de M. Duperrier avec le titre de baron. (7, Bull. 292.)

———

30 JUIN ⚌ Pr. 17 JUILLET 1819. — Ordonnance du Roi relative à la formation, dans le département de la Gironde, d'une seconde école ecclésiastique qui sera établie à Bazas. (7, Bull. 293, n° 6957.)

Louis, etc.

Vu la demande que nous a faite l'archevêque de Bordeaux, d'autoriser l'établissement d'une seconde école ecclésiastique dans le département de la Gironde;

Vu l'avis de la commission de l'instruction publique du 13 novembre 1817;

Vu l'article 6 de notre ordonnance du 5 octobre 1814 (1);

Sur le rapport de notre ministre secrétaire-d'Etat de l'intérieur,

Nous avons ordonné et ordonnons ce qui suit:

Art. 1er. L'archevêque de Bordeaux est autorisé à former dans le département de la Gironde une seconde école ecclésiastique, qui sera établie à Bazas, à la charge de se conformer aux lois et réglemens.

2. Notre ministre secrétaire-d'Etat de l'intérieur est chargé de l'exécution de la présente ordonnance, qui sera insérée au Bulletin des Lois.

_____

30 JUIN 1819. — Ordonnance du Roi qui admet les sieurs Singer, Leroy, Laimgruber, Pio Arnaiz et Giboni à établir leur domicile en France. (7, Bull. 290.)

_____

30 JUIN 1819. — Ordonnance du Roi qui accorde des lettres de déclaration de naturalité au sieur Van-Berchem. (7, Bull. 298.)

_____

30 JUIN 1819. — Ordonnance du Roi qui permet aux sieur et demoiselle Babillon d'ajouter à leur nom celui de Lucotte. (7, Bull. 292.)

_____

30 JUIN 1819. — Ordonnance du Roi portant rédaction de la limite de la concession des mines d'antimoine d'Anglebas, arrondissement de Riom, département du Puy-de-Dôme. (7, Bull. 309.)

_____

30 JUIN 1819. — Ordonnances du Roi qui autorisent les sieurs Pons et Reydellet à construire une usine pour la fabrication du fil de fer dans la commune de Dortan, arrondissement de Nantua, département de l'Ain. (7, Bull. 309.)

_____

7 ⩵ Pr. 29 JUILLET 1819. — Ordonnance du Roi qui établit une chambre de commerce à Saint-Brieuc, département des Côtes-du-Nord. (7, Bull. 298, n° 7061.)

Louis, etc.

Sur le rapport de notre ministre secrétaire-d'Etat de l'intérieur;

Vu la demande du commerce de la baie de Saint-Brieux et l'avis du préfet des Côtes-du-Nord;

Notre Conseil-d'Etat entendu,

Nous avons ordonné et ordonnons ce qui suit:

Art. 1er. Il sera établi une chambre de commerce à Saint-Brieuc, département des Côtes-du-Nord: elle sera instituée conformément aux dispositions de l'arrêté du Gouvernement du 24 décembre 1802 (3 nivose an 11).

2. Les principaux négocians de Dahouet, de Port-aux-Moines, du Légué, de Binic, de Pontrieux et de Saint-Brieux, pourront être appelés à concourir à la première élection des membres de cette chambre, et pourront en faire partie.

3. Notre ministre secrétaire-d'Etat au département de l'intérieur est chargé de l'exécution de la présente ordonnance, qui sera insérée au Bulletin des Lois.

_____

7 JUILLET ⩵ Pr. 4 AOUT 1819. — Ordonnance du Roi portant autorisation de la société anonyme formée pour l'exploitation des salines d'Engrenüier et de Lavalduc, et de la fabrique de soude factice, etc., situées au lieu dit le plan d'Aren, département des Bouches-du-Rhône (2). (7, Bull. 299, n° 7144.)

Louis, etc.

Sur le rapport de notre ministre secrétaire-d'Etat de l'intérieur;

Vu l'acte d'association en forme de statuts, passé, les 24 et 26 avril 1819, par-devant Rousseau et son collègue, notaires à Paris, entre les sieurs Chaptal, Pillet-Will, Guérin de Foncin, Perrier, Darcet, Bodin frères et Holstein, et ayant pour objet l'exploitation d'un établissement d'industrie situé près d'Aix, département des Bouches-du-Rhône, consistant principalement en salines et en une fabrique de soude factice et d'autres produits chimiques;

Vu les plans et devis estimatifs annexés audit acte, lesquels présentent, pour les étangs salins, bâtimens, ustensiles et objets de fabrication, une valeur de six cent mille francs;

Vu l'inventaire aussi annexé des marchandises, effets, créances, valeurs en por-

_____

(1) Voy. notes sur cette ordonnance.

(2) L'ordonnance d'autorisation modifie certains articles des statuts; il faut tenir compte de cette observation.

tefeuille et argent en caisse au 31 décembre 1818, lequel se monte à deux cent vingt-quatre mille cent neuf francs trente-six centimes ; mais devra être, au moment de la mise en activité de la société, réduit ou augmenté de manière à former une somme de deux cent mille francs ;

Vu la demande adressée, le 6 mai 1819, par les sieurs Chaptal fils et Bodin frères, au préfet de police du département de la Seine, à l'effet d'obtenir son avis sur la présente association, conformément à l'article 37 du Code de Commerce ;

Vu l'avis favorable de ce magistrat adressé, avec la demande et l'acte de société ci-dessus, à notre ministre secrétaire-d'Etat de l'intérieur, le 17 mai suivant ;

Vu le consentement donné le 24 juin 1819, par les sieurs Chaptal fils et Bodin frères, à ce que les articles 8 et 17 des statuts soient modifiés ainsi qu'il est exprimé ci-dessous, lequel consentement restera annexé à la présente ordonnance ;

Vu les articles 29 à 37, 40 et 47 du Code du commerce ;

Notre Conseil-d'Etat entendu,

Nous avons ordonné et ordonnons ce qui suit :

Art. 1er. La société anonyme formée pour l'exploitation des salines d'Engrennier et de Lavalduc, et de la fabrique de soude factice et autres produits chimiques, situées au lieu dit *le plan d'Aren*, arrondissement d'Aix, département des Bouches-du-Rhône, est autorisée, conformément à l'acte ci-dessus visé des 24 et 26 avril 1819, et sauf les modifications qui vont être indiquées.

Expédition dudit acte restera annexée à la présente ordonnance, et sera publiée et affichée avec elle.

2. Les souscripteurs des quarante actions dont il est parlé en l'article 8 des statuts seront appelés, concurremment avec les sieurs Chaptal fils et Bodin frères, à décider, à la majorité des voix des intéressés, si ces actions seront prises sur celles appartenant auxdits sieurs Chaptal et Bodin, ou sur les actions supplémentaires.

3. Nonobstant les dispositions contenues en l'article 17 des mêmes statuts, quel que soit le nombre d'actions possédées par un sociétaire, le *maximum* du nombre de voix dont il pourra disposer, est fixé à dix.

Nul ne pourra avoir voix délibérative dans l'assemblée générale, à moins qu'il ne justifie qu'il est propriétaire du nombre d'actions nécessaire depuis plus de trois mois.

4. Il ne pourra être fait aucun autre

changement aux susdits statuts sans une autorisation de notre part.

5. L'existence de la société commencera à dater de notre ordonnance, et durera pendant trente années.

6. Notre présente autorisation vaudra pour toute la durée de la société, à la charge d'exécuter fidèlement les statuts tels qu'ils viennent d'être modifiés, nous réservant de révoquer la présente autorisation en cas de non-exécution ou de violation desdits statuts par nous approuvés ; le tout sauf le droit des tiers, et sans préjudice des dommages et intérêts qui seraient prononcés par les tribunaux contre les auteurs des contraventions.

7. L'administration de la société sera tenue de présenter, tous les six mois, le compte rendu de sa situation : des copies en seront remises au préfet de la Seine, au tribunal de commerce et à la chambre de commerce de Paris.

8. Notre ministre secrétaire-d'Etat de l'intérieur est chargé de l'exécution de la présente ordonnance, laquelle sera insérée au Bulletin des Lois : en outre, les statuts de la société seront insérés dans le Moniteur et dans les journaux destinés à recevoir les avis judiciaires dans les départemens de la Seine et des Bouches-du-Rhône.

---

7 JUILLET 1819. — Circulaire de M. le garde-des-sceaux à MM. les procureurs-généraux près les cours royales (Journal militaire ; deuxième semestre, 1819, p. 61.)

Monsieur,

Vous avez reçu, par la circulaire de mon prédécesseur du 7 octobre 1818 (1), des instructions relatives à l'exécution de la loi sur le recrutement, en ce qui concerne les tribunaux ; il en reste encore quelques-unes à vous donner, qui seront contenues dans la présente.

1° Les tribunaux ne sont compétens en matière de recrutement que pour les demandes en nullité des engagemens volontaires, et les questions concernant l'état ou les droits civils des jeunes gens appelés au recrutement ; toutes les réclamations d'une nature différente, celles relatives aux exemptions, aux dispenses, à la formation des listes et à la libération, leur sont étrangères. Si des demandes de cette nature étaient portées devant eux, ils devraient se déclarer incompétens, sur la réquisition de nos substituts, ou ceux-ci devraient élever le conflit, qui pourrait l'être aussi par le préfet.

---

(1) Voy. à sa date.

2° Le préfet est la partie qui doit défendre aux réclamations, soit des engagés volontaires, soit des appelés qui élèvent des questions sur leur état ou leurs droits civils ; l'art. 16 de la loi le dit expressément. Quant à ces dernières questions, il y a la même raison de décider pour les actions en nullité des engagemens volontaires ; c'est l'administration qui a intérêt à les repousser, et son défenseur naturel est le préfet.

3° Le préfet doit être reçu à instruire, et à défendre sur toutes les demandes concernant le recrutement, par simple mémoire et sans ministère d'avoué.

4° Le tribunal compétent est le tribunal de première instance, au domicile, soit de l'engagé volontaire, soit de l'appelé.

5° L'article 16 de la loi veut qu'il soit statué par les tribunaux, sans délai, à la requête de la partie la plus diligente, qui sera presque toujours le préfet. Vous veillerez à ce que ces causes soient promptement vidées, comme sommaires et urgentes, tant en première instance qu'en cause d'appel.

6° Pour abréger le temps et diminuer les frais, à l'exemple de ce qui est établi pour les causes qui intéressent le Gouvernement, les jugemens devront contenir seulement les conclusions, les motifs et le dispositif, sans que les mémoires puissent y être insérés ; les motifs doivent, en général, être exprimés avec concision.

7° Les parties pourront même se faire délivrer, par simple extrait, le dispositif des jugemens interlocutoires, et s'il y a lieu à enquêtes, elles seront mises en minute sous les yeux des juges.

8° Les appels seront portés à l'audience, sur simple acte et sans autre procédure.

9° La partie qui succombera sera condamnée aux dépens, qui ne devront guère consister qu'en simples débours és.

10° Vous remarquerez que la loi veut qu'on inscrive, dans les listes des contingens, des jeunes gens destinés à remplacer ceux qui ont fait des réclamations, pour le cas où elles viendraient à être reconnues justes. La dernière disposition de l'article 17 dit qu'aussitôt qu'il aura été statué par les tribunaux sur les questions mentionnées dans l'article 16, le conseil, d'après leur décision, prononcera la libération, ou des réclamans ou des jeunes gens conditionnellement désignés pour les suppléer ; il suit de ces deux choses :

La première, que les tribunaux n'ont jamais à prononcer la libération : elle peut être une conséquence de leurs jugemens, mais le conseil de révision peut seul l'ordonner ;

La seconde, c'est que les jeunes gens qui négligent de présenter leurs réclamations avant que la liste départementale ne soit définitivement close et arrêtée se rendent non recevables à les produire, en privant le conseil de révision du moyen de les remplacer ; ils renonceront à leurs droits ; leurs réclamations tardives ne peuvent, soit diminuer le contingent, soit préjudicier aux jeunes gens du canton dont la libération aurait été prononcée..

Recevez, etc.

7 = Pr. 29 JUILLET 1819. — Ordonnance du Roi portant proclamation des brevets d'invention, de perfectionnement et d'importation, délivrés pendant le second trimestre de 1819. (7, Bull. 298, n° 7060.)

7 JUILLET 1819. — Ordonnances du Roi qui autorisent l'acceptation de dons et legs faits aux séminaires. (7, Bull. 309.)

7 JUILLET 1819. — Ordonnance du Roi qui accorde des lettres de déclaration de naturalité au sieur Grosjean. (7, Bull. 307.)

7 JUILLET 1819. — Arrêté du ministre des finances qui fixe l'époque de la mise en activité des nouveaux poinçons qui doivent être employés en vertu de l'ordonnance du 5 MAI 1817. (7, Bull. 291.)

Voy. 5 MAI 1819.

7 JUILLET 1819. — Ordonnance du Roi qui autorise l'inscription au Trésor royal de soixante-six pensions civiles et militaires. (7, Bull. 298.)

7 JUILLET 1819. — Ordonnance du Roi qui admet les sieurs Léonard, Bernays, Salnikoff, Haas et Challier, à établir leur domicile en France. (7, Bull. 298.)

7 JUILLET 1819. — Ordonnances du Roi portant établissement de foires dans les communes de Sainte-Colombe, de Morhange, de Rodemack, de Richemont, de Péronne, de Meaux et de Brech. (7, Bull. 310.)

7 JUILLET 1819. — Ordonnance du Roi qui classe parmi les routes départementales du Loiret le chemin d'Orléans à Romorantin. (7, Bull. 298.)

13 = Pr. 17 JUILLET 1819. — Ordonnance du Roi relative à la convocation des conseils d'arrondissement et des conseils généraux. (7, Bull. 293, n° 6956.)

Louis, etc.

Art. 1er. Les conseils d'arrondissement s'assembleront le 20 juillet pour la première partie de leur session, qui durera dix jours.

2. Les séances des conseils généraux seront ouvertes le 1er août; elles seront continuées pendant quinze jours consécutifs. Si à cette époque du 1er août, la loi sur les finances n'était pas encore parvenue dans les départemens, les conseils généraux se réuniront le sixième jour après la date de la promulgation de cette loi.

3. Les conseils d'arrondissement reprendront leur session, pour la seconde partie, cinq jours après la clôture de celle des conseils généraux, et la termineront le cinquième inclusivement.

4. Notre ministre secrétaire-d'Etat de l'intérieur est chargé de l'exécution de la présente ordonnance.

14 = Pr. 16 JUILLET 1819. — Loi relative à la fixation du budget des dépenses de 1819 (1). (7, Bull. 292, n° 6953.)

Voy. lois des 15 MAI 1818 et 19 JUILLET 1820 (2).

TITRE Ier. Dispositions relatives aux pensions (3).

Art. 1er. Le crédit des pensions militaires, fixé par la loi du 25 mars 1817 à cinquante-un millions sept cent soixante deux mille trois cent dix-sept francs, pourra être augmenté jusqu'à concurrence d'une somme de quinze cent mille francs, destinée à couvrir l'insuffisance de ce crédit, comparé au montant réel des pensions militaires acquises antérieurement à ladite loi.

Les inscriptions qui auront lieu en vertu du présent article porteront jouissance du 1er janvier 1819.

2. Les soldes de retraite des militaires sujets à la visite annuelle, et pour lesquels il avait été fait un fonds particulier de seize cent mille francs au budget du ministère de la guerre, en exécution de l'article 28 de la loi du 25 mars 1817, seront inscrites au livre des pensions du Trésor royal, pour être payées, à compter du 1er janvier 1819, sur les fonds généraux mis à la disposition du ministre des finances.

3. Ces soldes de retraite provisoires sont déclarées définitives, et les titulaires ne seront plus assujétis à la visite annuelle.

4. L'inscription au Trésor aura lieu d'après les tableaux qui seront adressés au ministre des finances par le ministre de la guerre, et suivant les formalités prescrites par les articles 24 et 25 de la loi du 25 mars 1817.

5. A l'avenir, la totalité des extinctions qui surviendront dans les pensions militaires sera acquise à l'Etat.

La moitié desdites extinctions, affectée à la concession de pensions nouvelles par la loi du 25 mars 1817, sera remplacée, à compter du 1er janvier 1819, par un crédit annuel qui, en temps de paix, ne pourra s'élever au-delà de six cent mille francs. Tous les ans, le ministre de la guerre rendra un compte spécial de l'emploi de ce crédit, qui ne pourra être augmenté qu'en vertu d'une loi.

6. Les dispositions de l'article 12 de la loi du 15 mai 1818, relatives à la pension dont jouissent les chevaliers de Malte présens à la capitulation de l'île, sont étendues à ceux de ces chevaliers qui jouissent d'une pension de retraite ou de tout traitement quelconque, et leur sont applicables à dater de la promulgation de ladite loi.

7. Sont exceptées de la disposition des lois qui prohibent le cumul, les pensions accordées aux grand's-croix, commandeurs et chevaliers de Saint-Louis.

8. La disposition de l'article 98 de la loi du 15 mai 1818, qui assimile les vétérans des camps de Juliers et d'Alexandrie aux donataires des quatrième, cinquième et sixième classes, est abrogée.

Les vétérans des camps de Juliers et d'A-

(1) Présentation à la chambre des députés, le 16 mars (Mon. du 17). Rapport de M. Roy, le 10 mai (Mon. du 11 mai). Discussion, le 25 mai (Mon. du 26 mai). Adoption, le 22 juin (Mon. du 24). Présentation à la Chambre des pairs, le 29 juin (Mon. du 1er juillet). Rapport de M. le comte Chaptal, le 7 juillet (Mon. du 11).

Discussion et adoption, le 10 juillet (Mon. du 16).

(2) Premier exemple de deux lois consacrées l'une au réglement des dépenses, l'autre au réglement des recettes. *Voy.* aussi les lois des 19 et 23 juillet 1820. A partir de 1821, l'usage de comprendre les recettes et les dépenses dans une même loi a été repris.

(3) *Voyes* lois du 25 mars 1817, titre 4; du 15 mai 1818, titre 4; et du 19 juillet 1820, titre 1er, ordonnance du 2 août 1820.

rexandrie, ainsi que les veuves et les orphe-
ms de ceux qui sont décédés, tant sur les
stablissemens que depuis leur rentrée en
srance, seront inscrits au livre des pensions
cour une somme égale à leur solde de re-
fraite, en indemnité des domaines nationaux
tui leur avaient été concédés par la loi du
1er floréal an 11 (21 avril 1803).

Ces pensions seront réversibles sur les
œuves des vétérans.

Les arrérages du doublement de solde
ccordé par l'ordonnance du 2 décembre
814, et suspendu au 1er avril 1817, seront
ésquittés, sauf déduction des sommes reçues
au domaine extraordinaire, en vertu de
article 98 de la loi du 25 mars 1817.

9. Les comptes des caisses des pensions
e tous les ministères et de toutes les administrations, appuyés sur toutes les pièces
ustificatives, seront soumis au jugement de
cour des comptes : ils comprendront tou-
es les recettes et toutes les dépenses faites
epuis l'établissement des retenues.

TITRE II. Fixation des charges et dépenses
de l'exercice 1819.

§ Ier. *Budget de la dette consolidée.*

10. Les dépenses de la dette consolidée et
e l'amortissement sont fixées, pour l'exer-
ice 1819, à la somme de deux cent vingt-
pt millions neuf cent quatre-vingt-dix-
pt mille cent vingt-trois francs, conformé-
ent à l'état A ci-annexé.

11. La rente de sept millions inscrite en
vertu des conventions faites en 1815 avec
les puissances étrangères pour la garantie
de la contribution de guerre, laquelle ne
portait point d'intérêts, sera rayée du grand-
livre.

12. Le crédit de sept cent quarante-cinq
mille huit cent trente-huit francs de rentes
resté sans emploi sur celui de trois millions
cinq cent mille francs ouvert par l'article 2
de la loi du 23 décembre 1815 pour le paiement des sommes dues aux sujets anglais,
et le crédit de cinq millions cent soixante-
dix mille six cent vingt-trois francs de rentes
aussi resté sans emploi sur celui de vingt-
quatre millions ouvert par la loi du 6 mai
1818 pour le paiement de ce qui restait dû
aux puissances étrangères, sont annulés.

§ II. Fixation des dépenses générales du
service.

13. Des crédits sont ouverts jusqu'à concurrence de six cent quarante-un millions
cinq cent dix-neuf mille francs pour les dépenses générales du service de l'année 1819,
conformément à l'état B.

14. Il sera pourvu au paiement des dépenses mentionnées dans les articles 10 et
13 de la présente loi et dans les tableaux y
annexés, par les voies et moyens de l'exercice 1819.

ÉTAT A.

Budget de la dette consolidée et de l'amortissement pour l'exercice 1819.

Intérêts des reconnaissances de liquidation délivrées avant le 1er janvier 1819.	9,984,308 f	} 15,000,000 f
à délivrer ultérieurement (par évaluation).	5,015,692	
Intérêts de cinq pour cent consolidés inscrits avant le 1er janvier 1819.	167,776,309	} 172,997,123
à inscrire ultérieurement en exécution des lois rendues.	5,220,814	
		187,997,123
Dotation de la caisse d'amortissement.		40,000,000
TOTAL général. . .		227,997,123

ÉTAT B.   *Budget des dépenses et services pour l'exercice 1819.*

DÉSIGNATION DES DÉPENSES ET SERVICES.			ORDINAIRE.	TEMPORAIRE.	TOTAL général.
Liste civile............................			25,000,000	»	54,000,000
Famille royale..........................			9,000,000	»	
Ministère de la justice.................			17,460,000	»	17,460,000
Ministère des affaires étrangères (y compris 280,000 fr. pour construction de l'hôtel de ce ministère)............			7,850,000	»	7,850,000
Ministère de l'intérieur.	Service ordinaire..........	10,700,000	102,700,000	»	102,700,000
	Culte..	Clergé , non compris 4,700,000 f. payés par le Trésor à titre de pensions faisant partie des traitemens ecclésiastiques........ 22,500,000 Culte non catholique. 500,000			
	Travaux publics..	Ponts et chaussées et mines, y compris les fonds spéciaux..... 30,000,000 Travaux d'intérêt général à Paris..... 1,400,000 *Idem* dans les départemens.......... 1,800,000			
	Dépenses départementales fixes.. 12,000,000 *Idem* variables............. 22,000,000 Secours pour grêle, incendies et autres cas fortuits (1 *centime sur le fonds de non-valeurs*). 12,000,000				
Ministère de la guerre.	Service actif............. 168,494,000 Demi-soldes et secours temporaires. 15,600,000 Frais de liquidation de l'arrière..... 656,000 } 16,256,000		168,494,000	» 16,256,000	184,750,000
Ministère de la marine et des colonies.	Service général..................		45,200,000	»	45,200,000
Ministère des finances.	Dette viagère....................		»	11,809,000	249,359,000
	Pensions		25,000,000	43,938,000	
	Intérêts de cautionnemens.		8,060,000	»	
	Intérêts de la dette flottante............		»	7,500,000	
	Chambre des pairs................		2,000,000	»	
	Chambre des députés..............		680,000	»	
	Légion-d'Honneur (rente payable sur les produits de l'enregistrement)..........		240,000	»	
	Cour des comptes.................		1,243,000	"	
	Commission de liquidation française et étrangère.		»	151,000	
	Cadastre		»	3,000,000	
	Constructions, rue de Rivoli........		»	1,200,000	
	Service ordinaire du ministère, déduction faite de 224,000 fr. pour intérêts d'anciennes créances sur le Trésor.		7,541,000	»	
	Frais de service du Trésor, déduction faite de 1,800,000 fr. sur les 4,086,000 fr. demandés pour commission aux receveurs généraux et particuliers.		8,796,000	»	
	Frais de régie et de perception, déduction faite, 1° de 2,000,000 sur le fonds de non-valeurs transporté au ministère de l'intérieur pour les secours pour grêle, incendies, etc.; 2° de 500,000 f. pour réimpositions; 3° de 200,000 fr. sur l'administration des contributions indirectes		155,670,000	»	
TOTAL GÉNÉRAL..........			557,674,000	83,845,000	641,519,000

Récapitulation des charges et dépenses de 1819.

Dette consolidée et amortissement. 227,997,123ᶠ
Service général. 641,519,000

　　　　　　　　　　　　　TOTAL général. 869,516,123

Articles portés pour ordre en dépenses, et qui devront l'être en recettes.

Dépenses de l'administration de l'instruction publique.
　(Ministère de l'intérieur). . . . . 1,789,352ᶠ ⎫
Dépenses de la direction générale des poudres et salpêtres.　⎬ 5,079,852
　(Ministère de la guerre). . . . , ... 3,290,500 ⎭

= Pr. 17 JUILLET 1819. — Loi relative à l'abolition du droit d'aubaine et de détraction (1). (7, Bull. 294, n° 6986.)

Voy. lois des 6 = 18 AOUT 1790, 8 = 15 AVRIL 1791, article 3; 13 = 17 AVRIL 1791; et constitution du 3 SEPTEMBRE 1791, titre 6.

Art. 1ᵉʳ. Les articles 726 et 912 du Code civil sont abrogés; en conséquence, les étrangers auront le droit de succéder, de disposer et de recevoir de la même manière que les Français, dans toute l'étendue du royaume (2).

2. Dans le cas de partage d'une même succession entre des cohéritiers étrangers et français, ceux-ci prélèveront sur les biens situés en France une portion égale à la valeur des biens situés en pays étranger dont ils seraient exclus, à quelque titre que ce soit, en vertu des lois et coutumes locales (3).

---

(1) Proposition par M. le duc de Lévis à la Chambre des Pairs, le 30 décembre 1818, 4 janvier 1819 (Mon. des 8 et 11 janvier).
Rapport de M. le marquis de Clermont-Tonnerre, le 19 janvier (Mon. du 25).
Discussion, le 26 janvier (Mon. du 27 janvier au 2 février).
Adoption, le 30 janvier (Mon. des 4 et 15 février).
Communication à la Chambre des députés, le 12 février (Mon. du 13).
Rapport de M. Siméon en séance secrète, le 11 mars (Mon. des 12 et 16 mars).
Adoption, le 16 mars (Mon. du 17).
Présentation à la Chambre des pairs, le 4 mai (Mon. du 14 mai).
Rapport de M. le comte Boissy-d'Anglas, le 22 mai (Mon. du 30).
Discussion et adoption, le 25 mai (Mon. du 15 juin).
Présentation à la Chambre des députés, le 29 mai (Mon. des 30 mai et 2 juin).
Rapport de M. Clermont-Tonnerre, le 9 juin (Mon. du 2 juillet).
Discussion, le 8 juillet (Mon. du 9).
Adoption, le 8 juillet (Mon. du 9).
(2) Nonobstant l'abolition du droit d'aubaine, prononcée par cette loi, les dispositions du Code civil peuvent encore recevoir leur application, lorsqu'il s'agit de successions ouvertes antérieurement à la loi abolitive; il peut donc être utile de connaître les disposi-

tions des traités récens ou anciens entre la France et les diverses puissances, il faut consulter le Code des aubaines, par Gaschon, où l'on trouve pour chaque pays le texte même des actes qui règlent ses relations avec la France, accompagnés des explications nécessaires pour leur intelligence.
Voy. aussi les notes sur la loi des 6 et 18 août 1790.
M. le garde-des-sceaux a dit dans l'exposé des motifs (Mon. du 14 mai 1819): « L'étranger propriétaire en France ne pourra tester sur ses biens de France, que de la portion disponible d'après les lois françaises; et s'il meurt intestat, la succession en France sera partagée d'après les lois françaises. » Il a invoqué la règle écrite dans l'article 3 du Code civil; mais il faut remarquer que, dans cet article, il n'est question que des immeubles. Quant au mobilier qui se trouverait en France, ce serait la loi du domicile qu'il faudrait appliquer.
Cette loi ne confère pas aux étrangers la capacité de succéder à titre d'enfant adoptif, ou mieux de recevoir l'adoption; —sauf le cas où les traités des deux nations rendraient communs à ces étrangers les droits civils appartenant aux Français. (7 juin 1826; Cass. S. 26, 1, 330; D. 1, 299).
Voy. Chabot, Traité des Successions, sur l'article 726 du Code civil.
(3) Peu importe que cette exclusion pro-

14 ⸗ Pr. 17 JUILLET 1819. — Lois relatives à quelques changemens dans la circonscription des divers départemens, arrondissemens, cantons et communes du royaume (1). (7, Bull. 294, n° 6987.)

1re Loi.

Les communes de la Chevillotte, de Gennes, de Mamirolles, de Graterie, de Montfaucon, de Morre et de Saône, faisant actuellement partie du canton de Roulans, arrondissement de Baumes, département du Doubs, seront distraites de ce canton et réunies au canton (sud) de la ville de Besançon, arrondissement de Besançon.

2e Loi.

Le canton de Briolay est distrait de l'arrondissement de Segré, et réuni à l'arrondissement d'Angers, département de Maine-et-Loire.

3e Loi.

La commune de Saint-Chamassy, département de la Dordogne, est distraite du canton de Saint-Alvère, arrondissement de Bergerac, et réunie au canton de Saint-Cyprien, arrondissement de Sarlat.

4e Loi.

La commune de Mourrens, département de Lot-et-Garonne, est distraite du canton et de l'arrondissement de Nérac, et réunie au canton de Laplume et à l'arrondissement d'Agen.

5e Loi.

La commune d'Aubignan, département de Vaucluse, est distraite du canton de Baumes et de l'arrondissement d'Orange; elle sera réunie à l'arrondissement et au canton (nord) de Carpentras.

6e Loi.

La commune de Benon est distraite du canton de Surgères et de l'arrondissement de Rochefort; elle sera réunie au canton de Courçon et à l'arrondissement de La Rochelle, département de la Charente-Inférieure.

7e Loi.

La commune d'Escos est distraite du canton de Bidache, arrondissement de Bayonne, département des Basses-Pyrénées, et réunie au canton de Salies, arrondissement d'Orthez.

8e Loi.

La commune de Beaurepos est distraite de l'arrondissement de Sarlat, département de la Dordogne, et réunie au canton de Souillac, arrondissement de Gourdon, département du Lot.

9e Loi.

La commune de Dracy est distraite du canton d'Aillant, arrondissement de Joigny, département de l'Yonne, et réunie au canton de Toucy, arrondissement d'Auxerre.

10e Loi.

La commune de Chemilly, département de l'Yonne, est distraite du canton de Noyers et de l'arrondissement de Tonnerre, et réunie au canton de Chablis et à l'arrondissement d'Auxerre.

11e Loi.

La partie du territoire et de la population de la commune de Dampierre, département du Calvados, qui, par l'ordonnance royale du 26 février 1817, a été réunie à la commune du Perron, département de la Manche, est comprise définitivement dans ce département et dans la juridiction du tribunal civil de Saint-Lô.

12e Loi.

La commune de Thoronet, département

---

vienne du fait seul de la loi, ou qu'elle résulte d'une disposition de l'homme autorisée par la loi.

Un pair avait proposé un amendement, portant que la liquidation et le jugement des droits auxquels l'étranger est admis par la loi seraient soumis aux tribunaux et aux lois françaises.

L'amendement a été rejeté sur l'observation de M. le garde-des-sceaux, qu'il était inutile de rappeler dans une loi particulière les principes sur la juridiction suffisamment établis dans le Code civil.

(1) Présentation à la Chambre des pairs, le 8 mai (Mon. du 12).
Rapport de M. le comte Germain, le 13 mai (Mon. du 25).
Adoption, le 15 mai (Mon. du 28).
Présentation à la Chambre des députés, le 18 mai (Mon. du 19).
Rapport, le 9 juin (Mon. du 10).
Adoption, le 8 juillet (Mon. du 10).

du Var, et distraite du canton de Besse, arrondissement de Brignoles, et réunie au canton de Lorgues, arrondissement de Draguignan.

---

14 JUILLET = Pr. 4 AOUT 1819. — Ordonnance du Roi portant autorisation d'une Société d'assurances mutuelles contre l'incendie dans le département du Nord. (7, Bull. 299, n° 7145.)

Voy. ordonnance du 5 DÉCEMBRE 1831.

Louis, etc.

Sur le rapport de notre ministre secrétaire d'État de l'intérieur;

Vu l'acte passé à Lille, département du Nord, par-devant Grimbel et son confrère, notaires royaux, les 4, 5, 6, 7, 8, 9, 10 et 11 juin 1819, acte contenant les statuts d'une Compagnie d'Assurances mutuelles contre l'incendie dans ledit département;

Notre Conseil-d'État entendu,

Nous avons ordonné et ordonnons ce qui suit:

Art. 1er. La Société d'Assurances mutuelles contre l'incendie, provisoirement constituée dans le département du Nord par l'acte précité, demeure autorisée, conformément aux statuts renfermés dans ledit acte annexé aux présentes, lequel est approuvé, sauf les réserves ci-après;

2. Les détériorations non déclarées aux époques prescrites par l'article 9, ne pourront donner lieu, en vertu de cet article, à l'annulation de l'assurance, qu'autant qu'elles s'élèveront au dixième de la valeur de l'objet assuré, à partir de la dernière évaluation.

3. La présente autorisation étant accordée à la charge par ladite société de se conformer aux lois et aux statuts qui doivent lui servir de règle, nous nous réservons de la révoquer dans le cas où les conditions ne seraient point accomplies, sauf les actions à exercer par les particuliers devant les tribunaux, à raison des infractions commises à leur préjudice.

4. La société sera tenue de remettre, tous les six mois, copie conforme de son état de situation, au préfet du département du Nord, aux greffes des tribunaux civils et de commerce, ainsi qu'aux chambres de commerce existant dans ledit département.

5. Devront les sociétaires se conformer, en ce qui les concerne, aux lois et réglemens de police sur les incendies.

6. Notre ministre secrétaire-d'État de l'intérieur nommera auprès de ladite société un commissaire chargé de prendre connaissance des opérations, de veiller à l'observation des statuts, de lui en rendre compte, d'informer le préfet du département du Nord de tout ce qui, dans l'administration de la compagnie, pourrait intéresser l'ordre public, et de le prévenir des assemblées du conseil général des actionnaires.

Ce commissaire pourra suspendre provisoirement l'exécution des mesures qui lui paraîtront contraires aux lois, aux statuts, ou dangereuses pour la sûreté publique, et ce, jusqu'à décision à intervenir de la part des autorités compétentes, auxquelles toute suspension devra être immédiatement déférée.

7. Notre ministre secrétaire-d'État de l'intérieur est chargé de l'exécution de la présente ordonnance, qui sera insérée au Bulletin des Lois; pareille insertion aura lieu dans le Moniteur et dans le journal destiné aux annonces judiciaires du département du Nord, sans préjudice des affiches prescrites par l'art. 45 du Code de commerce.

Par-devant nous, Edouard-Benjamin-Joseph Grimbel et notre collègue, notaires royaux à la résidence de Lille, chef-lieu du département du Nord, soussignés, sont comparus, etc.

(Suivent les noms).

Lesquels ont arrêté, ainsi qu'il suit, les statuts de la Compagnie d'Assurance mutuelle contre l'incendie, qu'ils se proposent d'établir à Lille pour le département du Nord.

Compagnie d'Assurance mutuelle contre l'incendie à Lille, pour le département du Nord.

STATUTS.

CHAPITRE Ier. Fondation.

Art 1er. Il y a société entre les soussignés propriétaires de maisons et bâtimens dans la ville de Lille, département du Nord, et ceux des propriétaires dans l'étendue du même département qui adhéreront aux présens statuts.

Cette société est anonyme; elle a pour objet de garantir mutuellement ses membres des dommages et risques que pourrait causer l'incendie, et même tout feu du ciel ou de cheminée, aux maisons et bâtimens qui participent aux bienfaits de l'association; ensemble aux meubles placés par le propriétaire à perpétuelle demeure, et devenus immeubles par destination, dans des maisons d'habitation, de même qu'aux machines et ustensiles de valeur, d'un déplacement difficile et qui se trouvent dans lesdits bâtimens.

Ne sont pas compris dans la présente assurance, et ne peuvent donner lieu à aucun paiement de dommages, tous incendies provenant soit d'invasion, soit de commotion ou émeute civile, soit enfin de force militaire quelconque, ou de l'explosion de moulins et magasins à poudre.

2. La société est administrée par un conseil général des sociétaires, un conseil d'administration et un directeur.

3. Cette société exclut toute solidarité entre les sociétaires, dont chacun, en tout état de cause, ne peut supporter que la part dont il est tenu dans la contribution à laquelle le risque peut donner lieu.

4. Les objets admis dans la présente assurance sont classés suivant le plus ou le moins de risques auxquels ils sont censés être exposés, et ces classes sont provisoirement déterminées ainsi qu'il suit :

La première comprend les maisons d'habitation bâties en pierres ou en briques, et couvertes en ardoises ou en tuiles. Cette classe forme l'unité de la portion contributive des sociétaires.

La deuxième comprend les maisons ou portions de maisons et bâtimens qui servent d'ateliers pour toute espèce de fabrication, et qui ne sont habituellement chauffés en hiver qu'à douze ou quinze degrés du thermomètre de Réaumur ; plus, les machines assurées y contenues, les maisons bâties en bois, les granges, écuries, buanderies, boulangeries, raffineries, brasseries, distilleries, teintureries et autres bâtimens de la même espèce.

La contribution de cette classe sera d'un quart plus forte que celle de la première classe.

Dans le cas où l'on présenterait à l'assurance des objets d'un danger de feu plus grand que ceux ci-dessus désignés, le conseil d'administration déterminera la quotité de contribution d'après laquelle ils pourront être admis, et il formera ainsi de nouvelles classes aussitôt qu'il le jugera avantageux aux intérêts de la société, en soumettant toutefois sa décision à la sanction du conseil général.

5. Chaque sociétaire est assureur et assuré pour cinq ans, à partir du premier jour du mois qui suit celui dans lequel il est devenu sociétaire.

Trois mois avant l'échéance des cinq ans, il fait connaître par une déclaration consignée sur un registre tenu à cet effet, s'il entend continuer de faire partie de la société, ou s'il y renonce.

Par le fait seul de défaut de déclaration à l'époque donnée, on lui suppose l'intention de demeurer attaché à la société, et il continue d'en faire partie.

S'il continue, toutes les conditions de l'assurance, une nouvelle expertise même comprise, doivent être remplies avant l'échéance du terme de l'engagement.

S'il y renonce, son immeuble est dégagé de toutes charges sociales, comme il cesse de profiter d'aucun bénéfice de garantie, à partir de l'échéance dudit terme.

6. La durée de la société est de trente années, pourvu toutefois qu'au renouvellement de cinq ans en cinq ans il se trouve toujours pour vingt millions de propriétés engagées à l'assurance.

7. La présente association ne peut avoir d'effet que du moment où, par suite des adhésions aux présens statuts, il se trouve pour une somme de dix millions de propriétés engagées à l'assurance mutuelle.

Un arrêté du conseil d'administration, dont il sera donné connaissance par le directeur à chaque sociétaire, déterminera le jour de la mise en activité de la société.

Cette somme de dix millions n'est point limitative ; le nombre des sociétaires est indéfini, la compagnie admettant à l'assurance mutuelle tous les propriétaires de maisons et bâtimens dans le département du Nord qui adhéreront aux présens statuts, sauf les exceptions déterminées par l'article 8 ci-après.

8. Sont exclus provisoirement de la présente assurance les salles de spectacles, les moulins et magasins à poudre, les ateliers et magasins servant à l'artillerie et au génie, les maisons couvertes en chaume et tous les autres bâtimens qui, au jugement du conseil d'administration, présenteraient un risque trop considérable, soit par vice de construction, soit par leur destination ou autrement.

Sont de même exclues provisoirement les maisons et fermes isolées, éloignées de plus d'une demi-lieue d'une commune, et toute commune rurale qui n'aurait pas de secours suffisans pour les incendies.

Chapitre II. Estimation des immeubles, leur assurance contre l'incendie, et leur paiement au propriétaire en cas d'incendie.

9. L'estimation des immeubles est faite, aux frais de la personne qui se fait assurer, par l'architecte ou le préposé de la compagnie, sur le rapport duquel le conseil d'administration admet ou refuse l'assurance.

Le montant de cette estimation, déduction faite de la valeur du sol, forme le capital à assurer, et ce capital est la base de l'indemnité à laquelle le propriétaire assuré a droit en cas d'incendie, comme il est la base de sa contribution, en qualité d'assureur, au paiement des dommages audit cas.

Quant aux machines et ustensiles, ils ne

pourront, en aucun cas, être admis à l'assurance à plus des deux tiers du prix d'estimation.

Ces machines et ustensiles seront inventoriés et estimés aux frais du propriétaire, contradictoirement par deux experts, l'un au choix du propriétaire, l'autre de l'administration.

Leur existence et situation seront constatées exactement quatre fois par an, et plus s'il en est besoin, aux frais du propriétaire. Ces frais ne pourront excéder six francs par année pour la rétribution des quatre visites obligatoires et autres jugées nécessaires, de l'inspecteur chargé de vérifier l'inventaire et de faire un rapport écrit au conseil d'administration.

La valeur des immeubles et des machines compris dans la présente assurance étant sujette à éprouver des variations d'une année à l'autre, soit par la décadence des bâtisses, soit par de nouvelles constructions, le propriétaire s'engage à en faire la déclaration, chaque année, le cas échéant, sous peine d'annulation de la police d'assurance, si l'administration acquérait la preuve que cette déclaration aurait été négligée.

La même déclaration devient obligatoire, sous les mêmes peines, pour tout déplacement de machines. (1)

10. En sa qualité d'assureur, tout sociétaire est tenu de fournir à la compagnie une garantie pour le paiement des portions contributives auxquelles l'assujétit le présent système d'assurance mutuelle; cette garantie est d'un pour cent de la valeur assurée.

Néanmoins, l'augmentation progressive prévue par l'article 4 sera applicable aux immeubles renfermant des matières combustibles, et généralement aux maisons, bâtimens et établissemens qui, par leur nature, présentent plus ou moins de risques.

L'obligation spéciale et non transmissible de cette garantie, souscrite par chaque sociétaire et par une autre personne reconnue solvable qui s'obligera solidairement avec lui, sera remise au caissier de la société au moment même de l'engagement.

Dans le cas où une portion contributive serait nécessaire pour un événement d'incendie, elle sera payée en numéraire par chaque sociétaire dans la proportion de son obligation de garantie.

Dans tous les cas, le montant d'une portion contributive, en raison des événemens d'un ou plusieurs incendies manifestés dans les vingt-quatre heures, à compter du moment où le premier incendie aura commencé à éclater, en un ou plusieurs en-

droits, sur des bâtimens appartenant à un ou plusieurs propriétaires, et quel que soit le temps de la durée de l'incendie, ne peut excéder la garantie fournie par le sociétaire, en sorte que le propriétaire incendié ne puisse rien réclamer au-delà de cette garantie, qui sera répartie entre eux au marc le franc.

Le renouvellement de l'incendie, faute d'extinction suffisante, ne sera point considéré comme un nouvel incendie, mais, au contraire, comme la continuation du premier.

L'administration fera connaître, tous les trois mois, l'état exact de la garantie d'assurance, afin que les assurés n'ignorent pas la limite de leur recours sur la société en cas d'incendie.

11. Tous locataires sont admis, avec le consentement du propriétaire, à cause de la responsabilité dont ils sont tenus pour tout incendie de leur fait dans la propriété qui leur est louée, à devenir membres de la présente société, en satisfaisant, comme s'ils étaient propriétaires, aux dispositions des présens statuts.

Le bénéfice de cette assurance n'aura lieu, en faveur du locataire, qu'autant que par l'événement il sera tenu lui-même à une indemnité envers son propriétaire.

Lorsque le propriétaire n'aura pas fait assurer sa propriété, tout créancier hypothécaire est admis à faire assurer l'immeuble qui lui sert de garantie, en satisfaisant, comme s'il était propriétaire, aux conditions de l'assurance.

Ce créancier ainsi assuré jouit, en cas d'incendie total de l'immeuble qui lui sert de gage, des deniers dont l'emploi devait être affecté à sa reconstruction : en cas de simple dommage, ces deniers sont réservés pour la réparation dudit dommage.

Il est expressément observé que les assurances permises aux locataires, aux créanciers hypothécaires et autres intéressés, ne pourront être comptées dans le *minimum* des assurances exigées pour l'existence et la mise en activité de la société.

Dans le cas où plusieurs assurances seraient faites par divers intéressés sur un même immeuble, la compagnie ne serait néanmoins tenue qu'au paiement d'une seule indemnité en faveur du propriétaire, sauf aux divers intéressés à conserver leurs droits sur cette indemnité.

12. Tout fait d'incendie est dénoncé, au moment où il se manifeste, par le propriétaire assuré, ou par toute autre personne qu'il est tenu de charger expressément de

---

(1) *Voy.* article 2 de l'ordonnance.

ce soin; cette dénonciation se fait aux autorités locales ainsi qu'à la direction.

Le directeur fait vérifier et constater de suite, par un procès-verbal, ledit événement.

La déclaration du propriétaire, ou de son représentant, est consignée sur un registre à ce destiné, et signée du déclarant, à qui il en est donné copie.

Toute personne qui, la première, vient dénoncer un incendie, a droit à une prime dont la quotité est réglée par le conseil d'administration.

13. Aussitôt que possible, après l'événement constaté, trois experts sont nommés d'office pour procéder à l'estimation du dommage causé par l'incendie à la propriété assurée, à moins que la compagnie et le propriétaire incendié ne se soient accordés pour les nommer tous les trois conjointement.

La base de cette estimation est la valeur de la portion incendiée, et non le prix de la reconstruction.

Si la propriété est entièrement consumée, l'effet de la police d'assurance est suspendu jusqu'à sa reconstruction, et le sociétaire reste, pendant le même temps, affranchi des charges sociales.

Les matériaux de la partie incendiée qui ont résisté en tout ou partie à l'incendie sont estimés comme ci-dessus, et restent au propriétaire, à valoir sur l'indemnité qu'il doit recevoir.

La police d'assurance devient nulle dans ses effets actifs et passifs, si la propriété cesse d'exister par d'autres causes que celle d'incendie.

14. Quatre mois au plus après la clôture du procès-verbal des experts, l'importance de la somme à laquelle le dommage aura été fixé sera payée à l'ayant-droit sur l'ordre exprès du conseil d'administration.

15. Pour l'exécution de l'article qui précède, le directeur établit, lorsque le cas l'exige, le compte de la contribution des sociétaires, à raison des événemens d'incendie qui sont survenus.

Le conseil d'administration vérifie ce compte et en arrête définitivement la répartition : le caissier est chargé d'en poursuivre le recouvrement.

Il en est donné avis aux sociétaires qui viennent en prendre connaissance, s'ils le jugent à propos, au secrétariat de l'administration, et versent entre les mains du caissier le montant de la part dont ils sont respectivement tenus dans ladite contribution; à défaut de paiement, cet avis est renouvelé, et, quinze jours après ce dernier avertissement, l'assureur en retard et son cobligé sont poursuivis à la diligence du directeur, et par toutes voies de droit, pour le paiement de la somme due.

16. Le propriétaire d'un immeuble assuré pourra y faire tel changement qu'il avisera bien, en faisant toutefois constater, par l'architecte ou le préposé de la compagnie, la plus ou moins value de cette propriété après le changement.

Le procès-verbal qui le constatera sera aux frais du propriétaire ; le même procès-verbal déterminera la valeur pour laquelle il concourra désormais aux assurances.

CHAPITRE III. Conseil général des sociétaires.

17. Il y a une assemblée des sociétaires sous la dénomination de conseil général.

18. Le conseil général est composé des cinquante plus forts sociétaires; il est présidé par un des membres, élu à la majorité des suffrages.

Il se réunit une fois par année; sa première réunion a lieu lors de la mise en activité de la société.

19. Le conseil général nomme les membres du conseil d'administration.

CHAPITRE IV. Conseil d'administration.

20. Le conseil d'administration est composé de cinq membres et cinq suppléans; il choisit dans son sein son président.

En cas d'absence du président, il est remplacé par un des membres du conseil.

Le conseil d'administration est composé, pour parvenir à la formation de l'institution, des cinq sociétaires fondateurs dont les noms suivent : MM. Beaussier-Mathon, négociant ; Danel, juge suppléant; Fevez-Ghesquière, propriétaire ; Salembier, notaire ; Bigo (Dominique), manufacturier.

Les fonctions de ce conseil provisoire cesseront à la première assemblée du conseil général, lors de laquelle il sera nommé un nouveau conseil d'administration, si celui actuel n'est pas confirmé.

Il a nommé pour avocat, notaire, avoué et architecte de la compagnie, MM. Desfontaine-Cuvelier, avocat; Grimbel, notaire ; Desrousseaux (Louis), avoué ; Leclercq, architecte.

Les avocat, notaire, avoué et architecte de la compagnie peuvent être appelés, avec voix consultative, aux délibérations du conseil d'administration.

21. En cas de décès ou démission d'un des membres du conseil d'administration, il est remplacé de droit par le premier suppléant, suivant l'ordre du tableau.

22. Les membres du conseil d'administration sont renouvelés, par moitié, tous les cinq ans; les premiers sortans sont déterminés par le sort.

Tout membre du conseil d'administration

doit être sociétaire et avoir au moins pour trente mille francs de propriétés engagées à l'assurance mutuelle.

On compte aux membres du conseil d'administration leurs propriétés personnelles et celles de leurs épouses ; au père, celles de ses enfans et de ses gendres et belles-filles ; au fils et au gendre, celles de ses père et mère, beau-père et belle-mère.

Les membres du conseil d'administration dont le temps est expiré peuvent être réélus.

23. Le conseil d'administration se réunit d'obligation deux fois par mois.

Il ne peut délibérer qu'autant que tous ses membres sont présens ou représentés par leurs suppléans.

Le directeur tient la plume.

Les procès-verbaux sont signés par le président ; les arrêtés sont signés par les membres qui y ont concouru.

24. Les membres du conseil d'administration ne sont responsables que de l'exécution du mandat qu'ils ont reçu.

Ils ne contractent, à raison de leur gestion, aucune obligation personnelle ni solidaire relativement aux engagemens de la société.

25. Le conseil d'administration nomme le directeur.

Il nomme également MM. les avocat, notaire, avoué et architecte de la compagnie.

Il peut suspendre le directeur, dans le cas de prévarication dans sa gestion, provoquer et poursuivre sa révocation près du conseil général convoqué extraordinairement à cet effet par le conseil d'administration.

Le directeur est entendu en ses moyens de défense.

La décision du conseil général est sans appel.

Le conseil d'administration révoque aussi tous les employés.

Il délibère sur toutes les affaires de la société, et décide par des arrêtés consignés sur des registres tenus à cet effet ; le directeur est tenu de s'y conformer.

Il ne peut prendre aucun arrêté qui, en contrevenant aux présens statuts, tende à grever ou à changer le sort des sociétaires.

Ses décisions sont prises à la majorité absolue des suffrages ; elles sont exécutoires pour toute la compagnie.

26. Un commissaire du Gouvernement, désigné par le ministre de l'intérieur, peut prendre connaissance des arrêtés du conseil d'administration, et en suspendre l'exécution, s'il les trouve contraires aux lois et en opposition avec les réglemens de police.

CHAPITRE V. Direction.

27. Il y a un directeur qui, à ce titre et sous les ordres du conseil d'administration, dirige et exécute toutes les opérations de la société.

Il assiste, avec voix consultative, aux assemblées du conseil d'administration. Il convoque les assemblées du conseil général des sociétaires, aux époques et dans les cas prévus.

Il convoque également, lorsque cela peut devenir nécessaire, les assemblées extraordinaires du conseil d'administration.

28. Le directeur met sous les yeux du conseil général des sociétaires, lors de sa réunion, l'état de situation de l'établissement, celui des recettes et dépenses de l'année précédente, et le compte détaillé de tout ce que la compagnie a été dans le cas de rembourser pour cause d'incendie.

Il donne à chaque sociétaire tous les renseignemens dont il peut avoir besoin.

29. Le directeur fait procéder à l'estimation des maisons, bâtimens et objets engagés à l'assurance.

Il prend, en sa qualité, pour la compagnie, toutes les inscriptions nécessaires, le cas échéant ; il est chargé de la délivrance des polices d'assurance, de la tenue et de l'ordre des bureaux, des rapports de la société avec les autorités, de la correspondance, enfin de la confection comme de la suite ou de l'exécution de tous les actes qui peuvent concerner l'établissement.

30. Le directeur, chargé de l'exécution des présens statuts, ne peut s'en écarter en aucune des opérations qui en font l'objet.

En conséquence, il est tenu, non-seulement d'ouvrir les registres nécessaires au conseil général et au conseil d'administration pour leurs délibérations et leurs arrêtés, mais encore d'avoir un journal général qui offre, dans l'ordre jugé convenable, les noms des sociétaires, la valeur de leurs assurances et le compte ouvert à chacun d'eux ; enfin, les registres relatifs aux déclarations d'incendie, aux évaluations des dommages et à la correspondance.

31. Le directeur fait apposer sur chaque propriété assurée, et dans la quinzaine au plus tard de l'engagement, une plaque indicative de l'assurance mutuelle, par ces lettres initiales A. M.

32. Tous frais de loyer, frais de bureau et de correspondance, tous traitemens d'employés, droits d'enregistrement et honoraires du notaire pour les actes d'administration, tous frais d'instance ou d'actions judiciaires, prix des plaques à apposer sur les propriétés assurées, enfin toutes dépenses, soit d'établissement, soit de gestion, sont et demeurent à la charge de la direction.

À cet effet, et pour faire face, tant à ces dépenses qu'aux primes établies par l'article 12, chaque sociétaire paie une rétribution annuelle de cinquante centimes par mille francs de propriétés engagées à l'assurance.

Le paiement de ce droit est exigible au commencement de chaque année, c'est-à-dire, au jour correspondant à celui où l'associé est entré dans l'assurance.

Ces recettes et ces dépenses forment entre la compagnie et le directeur un traité à forfait dont la durée est fixée à cinq ans.

A cette époque, le conseil général se fait représenter l'état des recettes et dépenses : s'il juge les recettes dans une proportion convenable avec les dépenses, la société continue sur les mêmes bases; si les recettes excèdent les dépenses de manière à offrir la possibilité d'une réduction dans le droit attribué aux frais de direction, il ordonne et règle cette réduction.

33. Toute action judiciaire à laquelle pourrait donner ouverture tout autre objet que le recouvrement, soit des portions contributives, soit des cotisations annuelles, ne pourra être engagée ou soutenue par le directeur, en sa qualité, et aux frais de la direction, que d'après l'avis du conseil d'administration, l'avocat et l'avoué de la compagnie entendus.

34. Le directeur est responsable de l'exécution du mandat qu'il reçoit.

Il fournit un cautionnement en immeubles de vingt mille francs.

M. le chevalier Leroy est nommé directeur.

Chapitre VI. Comptabilité.

35. Il y a un caissier auprès de la direction; il fournit un cautionnement en immeubles, de la valeur de vingt mille francs.

Les inscriptions nécessaires sont prises sur ses biens par le directeur en sa qualité, pour la compagnie, et il n'en peut être donné main-levée et consenti de radiation qu'après l'apurement de ses comptes et la représentation d'un *quitus* délivré en suite d'une délibération du conseil d'administration.

36. Pour sûreté du dépôt des obligations et des fonds provenant de l'art. 15, il est établi une caisse à trois clés, dans laquelle le caissier remet, chaque semaine, les obligations et les fonds qui ont été versés entre ses mains dans cet espace de temps; ces fonds n'en sont tirés qu'au fur et à mesure des besoins de la direction.

L'entrée et la sortie de ces fonds sont constatées par le moyen que l'administration juge à propos d'adopter.

Des trois clés de la caisse, l'une est remise entre les mains du président du conseil d'administration, une en celles du directeur, et la troisième en celles du caissier.

37. Le caissier tient sa comptabilité journalière sous le contrôle immédiat du directeur; cependant, il n'est fait aucun paiement de fonds que sur l'autorisation du conseil d'administration et sur des bordereaux ordonnancés par lui.

Chapitre VII. Dispositions générales.

37. Il sera pourvu, sous la direction des autorités locales, à ce que les lois et ordonnances de police sur le ramonage et la construction des cheminées, fours et fourneaux, soient ponctuellement observées à l'égard et envers les propriétés garanties par l'assurance.

39. S'il survient quelque contestation au civil entre la compagnie, comme chambre d'assurance, et un ou plusieurs des assurés, elle est jugée à la diligence du directeur, pour la société, par trois arbitres, dont deux sont nommés par les parties respectives, et le troisième par le juge-de-paix de l'arrondissement du siège de l'établissement.

Leur jugement est sans appel.

40. Tous les cas non prévus par les présens statuts, de même que les changemens que l'expérience fera reconnaître comme utiles ou nécessaires dans les attributions respectives du conseil général des sociétaires, du conseil d'administration et du directeur, seront déterminés par un supplément aux présens statuts, et par un règlement délibéré en conseil général, soumis à l'homologation du ministre de l'intérieur, et porté à la connaissance de chaque sociétaire.

41. Le domicile de la compagnie est élu dans le local de la direction, dont les bureaux ne pourront être établis ailleurs qu'à Lille.

Chaque sociétaire est tenu d'élire domicile à Lille, ou dans les communes dans lesquelles la direction aura des succursales.

Les bureaux de la direction sont provisoirement établis à Lille, rue de l'Abbaye de Loos, n° 26.

État sommaire des propriétés des soussignés qui seront admises à l'assurance mutuelle contre l'incendie.

(*Suit l'état.*)

14 JUILLET 1819. — Ordonnance du Roi qui accorde au sieur Laboullinière une pension civile de huit cent trente-trois francs. (7, Bull. 299.)

14 JUILLET 1819. — Ordonnance du Roi qui autorise l'inscription au Trésor royal de

neuf mille soixante-douze soldes de retraite. (7, Bull. 299.)

14 JUILLET 1819. — Ordonnance du Roi portant qu'il n'y a pas lieu d'autoriser l'acceptation de la donation faite par les sieur et dame Loas aux desservans successifs de l'église de Plougniel, département des Côtes-du-Nord, d'une rente convenancière provenant d'origine ecclésiastique. (7, Bull. 310.)

14 JUILLET 1819. — Ordonnances du Roi qui autorisent l'acceptation de dons et legs faits à des fabriques. (7, Bull. 310.)

14 JUILLET 1819. — Ordonnances du Roi qui autorisent l'acceptation de legs faits aux pauvres et à l'église du consistoire réformé de Bordeaux, et à l'hôpital Saint-Jacques de Toulouse. (7, Bull. 311.)

14 JUILLET 1819. — Ordonnance du Roi qui autorise le sieur Guerre à construire au hameau de Sermoran, commune de Voiron, département de l'Isère, une taillanderie et un martinet pour confectionner et raccommoder les instrumens tranchans. (7, Bull. 311.)

14 JUILLET 1819. — Ordonnance du Roi qui établit des foires dans les villes de Longwy, de Sierck, de Bouzonville, de Forbach et de Bitch. (7, Bull. 311.)

16 ⇒ Pr. 17 JUILLET 1819. — Loi relative aux grains (1). (7, Bull. 294, n° 6988.)

Voy. lois des 2 DÉCEMBRE 1814, 7 JUIN 1820, et 4 JUILLET 1821; ordonnances des 22 SEPTEMBRE, 6 OCTOBRE 1819 et du 10 JUILLET 1822.

Art. 1er. Le droit permanent de cinquante centimes par quintal métrique, établi par la loi du 28 avril 1816 sur les grains et farines importés de l'étranger, est converti en un droit, également permanent, d'un franc vingt-cinq centimes par hectolitre de grains, et de deux francs cinquante centimes par quintal métrique de farine.

Ce droit sera réduit à vingt-cinq centimes par hectolitre de grains, et à cinquante centimes par quintal métrique de farines, lorsque l'importation aura lieu par navires français.

2. Lorsque le prix des blés-fromens indigènes sera descendu au taux de vingt-trois francs dans les départemens compris dans la première classe établie par l'ordonnance du 14 décembre 1814, rendue en exécution de la loi du 2 décembre même année, à celui de vingt-un francs dans les départemens compris dans la seconde classe, à celui de dix-neuf francs dans les départemens compris dans la troisième, les blés-fromens étrangers importés dans ces départemens paieront, indépendamment du droit permanent, un droit supplémentaire d'un franc par hectolitre, sans distinction de pavillon.

3. Lorsque le prix des blés-fromens indigènes sera descendu au-dessous des taux mentionnés dans l'article précédent, chaque franc de diminution donnera lieu, indépendamment du droit permanent et du droit supplémentaire réglé par l'article 2, à un nouveau droit supplémentaire d'un franc par hectolitre, et également sans distinction de pavillon.

4. Dans les cas prévus par les articles 2 et 3, le quintal métrique de farine de grains venant de l'étranger paiera, indépendamment du droit permanent, le triple des droits supplémentaires imposés sur l'hectolitre de grains.

5. Lorsque le prix des blés-fromens indigènes sera tombé au-dessous de vingt francs dans les départemens compris dans la première classe établie par l'ordonnance du 14 décembre 1814, au-dessous de dix-huit francs dans les départemens de la seconde classe, et au-dessous de seize francs dans les départemens de la troisième classe, toute introduction de blés et de farine de blés étrangers, pour la consommation nationale, sera prohibée dans lesdits départemens.

6. Pour l'exécution des dispositions portées aux articles 2, 3, 4 et 5, le ministre de l'intérieur fera dresser et arrêtera, à la fin de chaque mois, un état des prix moyens des grains vendus sur les marchés qui seront ci-après désignés : cet état sera publié au Bulletin des Lois, le 1er de chaque mois; il servira, pendant le mois de sa publication, à percevoir, s'il y a lieu, les droits supplé-

(1) Présentation à la Chambre des députés, le 30 mai (Mon. du 2 juin). Rapport de M. Lainé, le 22 juin (Mon. du 9 juillet). Discussion et adoption, le 7 juillet (Mon. du 9).

Présentation à la Chambre des pairs le 12 juillet (Mon. du 18). Rapport de M. le duc de Larochefoucault, le 15 juillet (Mon. du 20). Adoption, le 16 juillet (Mon. du 20).

mentaires établis par les articles 2, 3 et 4, et à l'exécution de l'article 5.

7. Pour l'établissement et l'application des prix moyens mentionnés en l'article précédent, les départemens frontières compris dans les trois classes déterminées par l'article 2 de la loi du 2 décembre 1814 et par l'ordonnance du 14 du même mois, seront divisés en sections, conformément au tableau annexé à la présente loi.

8. Il sera établi un prix moyen pour chacune de ces sections; ce prix se réglera sur les mercuriales des deux premiers marchés du mois courant et du dernier marché du mois précédent : ces mercuriales seront celles des marchés régulateurs indiqués pour chaque section, sur le tableau annexé à la présente loi.

9. A l'avenir, les prix moyens arrêtés et publiés, conformément à la présente loi, serviront à régler la suspension de l'exportation dans les différentes sections indiquées au tableau qui est annexé. Ils remplaceront ceux qui devaient être dressés en exécution des articles 6 et 7 de la loi du 2 décembre 1814, lesquels sont abrogés.

10. Les dispositions des articles 2, 3 et 4 de la présente loi seront applicables aux seigles, maïs, et aux farines de seigle et de maïs, lorsque le prix en sera descendu à dix-sept francs l'hectolitre dans les départemens de la première classe, à quinze francs dans les départemens de la seconde classe, à treize francs dans les départemens de la troisième classe.

Chaque franc de diminution dans ces prix donnera lieu aux droits supplémentaires établis par l'article 3.

La prohibition portée par l'article 5 sera applicable aux seigles, maïs, et aux farines de seigle et de maïs, lorsque le prix de ces grains sera descendu au-dessous de quatorze francs dans les départemens de la première classe, au-dessous de douze francs dans les départemens de la seconde classe, au-dessous de dix francs dans les départemens de la troisième classe.

Les mêmes dispositions des articles 2, 3, 4 et 5, pourront être étendues par des ordonnances royales à l'orge et autres grains non dénommés ci-dessus.

11. Il n'est rien changé aux dispositions des lois et réglemens qui autorisent l'entrepôt réel des grains étrangers dans les ports du royaume : cette autorisation est étendue aux villes de Strasbourg, Sierck, Thionville, Charleville, Givet, Lille et Valenciennes.

La réexportation des grains entreposés ne pourra, dans aucun cas, être gênée ni interdite, sous quelque prétexte que ce soit.

12. Le gouvernement est autorisé à modifier, dans l'intervalle des sessions, le tableau annexé à la présente loi, sauf à faire approuver ces modifications à la première session qui suivra.

Tableau de la division en sections des trois classes de départemens établies par la loi du 2 décembre 1814, relative à l'exportation des grains, farines et légumes, et par l'ordonnance du 18 du même mois.

SECTIONS.	DÉPARTEMENS DE LA 1re CLASSE.	MARCHÉS RÉGULATEURS.
	(L'exportation ne peut être permise dans ces départemens que quand le blé-froment est au-dessous de 23 f. l'hectolitre.)	
1re.	De la Gironde, des Landes, des Basses-Pyrénées, des Hautes-Pyrénées, de l'Arriége et de la Haute-Garonne.	Marans, Bordeaux, Toulouse.
2e.	Des Pyrénées-Orientales, de l'Aude, de l'Hérault, du Gard, des Bouches-du-Rhône, du Var, des Basses-Alpes, des Hautes-Alpes, de l'Isère, de l'Ain, du Jura et du Doubs.	Toulouse, Marseille, Arles, Lyon.
	DÉPARTEMENS DE LA 2e CLASSE.	
	(L'exportation ne peut être permise dans ces départemens que quand le blé-froment est au-dessous de 21 f. l'hectolitre.)	
1re.	Du Haut-Rhin et du Bas-Rhin.	Mulhausen, Strasbourg.
2e.	Du Nord, du Pas-de-Calais, de la Somme, de la Seine-Inférieure, de l'Eure et du Calvados.	Bergues, Arras, Roye, Soissons, Paris, Rouen.
3e.	De la Loire-Inférieure, de la Vendée et de la Charente-Inférieure.	Saumur, Nantes, Marans.
	DÉPARTEMENS DE LA 3e CLASSE.	
	(L'exportation ne peut être permise dans ces départemens que quand le blé-froment est au-dessous de 19 f. l'hectolitre.)	
1re.	De la Moselle, de la Meuse, des Ardennes et de l'Aisne.	Metz, Verdun, Charleville, Soissons.
2e.	De la Manche, d'Ile-et-Vilaine, des Côtes-du-Nord, du Finistère et du Morbihan.	Saint-Lô, Paimpol, Quimper, Hennebon, Nantes.

16 ⹀ Pr. 28 juillet 1819. — Loi relative à des échanges entre le domaine de la couronne et S. A. S. M. le duc d'Orléans (1). (7, Bull. 297, n° 7055.)

Voy. loi du 8 novembre 1814.

Art. 1er. La régie de l'enregistrement est autorisée à céder à l'administration de la dotation de la couronne le domaine de Neuilly, provenant du Domaine extraordinaire, moyennant le transfert d'une rente au grand-livre de la dette publique, représentant, au cours de ce jour, la somme capitale de sept cent quatre-vingt-onze mille trois cent quatre francs quatre-vingt-huit centimes, montant de l'estimation dudit domaine de Neuilly.

2. Ledit domaine de Neuilly, celui de Villiers, et une partie de la forêt de Bondy, jusqu'à concurrence de la somme de deux cent quarante-neuf mille cinq cent quarante-huit francs douze centimes, d'après la démarcation et l'estimation qui seront faites contradictoirement, faisant partie de la dotation de la couronne, seront échangés avec la régie de l'enregistrement et des domaines, contre les écuries situées à Paris, rue Saint-Thomas-du-Louvre, provenant de la succession de feu M. le duc d'Orléans, dont l'expropriation a été ordonnée pour cause d'utilité publique, et la valeur estimée à un million cent quatre-vingt-quatre mille trois cent cinquante-trois francs.

3. Au moyen de cet échange, lesdites écuries feront partie du domaine de la couronne.

4. La régie de l'enregistrement est autorisée, pour acquitter la somme d'un million cent quatre-vingt-quatre mille trois cent cinquante-trois francs, montant de l'expropriation, à céder en paiement à M. le duc d'Orléans les domaines de Neuilly et de Villiers, pour la somme de neuf cent trente-quatre mille huit cent quatre francs quatre-vingt-huit centimes, prix de leur estimation, et la partie de la forêt de Bondy mentionnée en l'article 2.

Moyennant cet échange, M. le duc d'Orléans deviendra propriétaire incommutable des domaines de Neuilly, de Villiers et de la partie de la forêt de Bondy, à la charge par lui de payer aux créanciers de la succession bénéficiaire ladite somme d'un million cent quatre-vingt-quatre mille trois cent cinquante-trois francs, et de rapporter mainlevée pure et simple et radiation de toutes les inscriptions hypothécaires dont lesdites écuries pourront se trouver grevées.

———

16 juillet 1819. — Lettres-patentes portant institution d'un majorat en faveur de M. Vital Bechade, avec titre de baron. (7, Bull. 298.)

———

17 ⹀ Pr. 17 juillet 1819. — Loi relative à la fixation du budget des recettes de 1819 (2). (7, Bull. 295, n° 7003.)

Voy. lois des 15 mai 1818, 14 juillet 1819, et 25 juillet 1820; et la première note sur la loi du 23 septembre 1814.

Titre Ier. Divers droits et perceptions.

Art. 1er. Les dispositions des lois auxquelles il n'est pas dérogé par la présente, et qui régissent actuellement la perception des droits d'enregistrement, de timbre, de greffe, d'hypothèque, de passeports et permis de port d'armes ; des droits de douanes, y compris celui sur les sels ; des contributions indirectes, des postes, des loteries ; de la taxe des brevets d'invention ; des droits de vérification des poids et mesures, du dixième des billets d'entrée dans les spectacles, et d'un quart de la recette brute dans les lieux de réunion et de fête où l'on est admis en payant, et d'un décime pour franc sur ceux de ces droits qui n'en sont point affranchis, sont et demeurent maintenues (3).

2. Indépendamment du droit de timbre auquel les journaux sont assujétis par l'article 70 de la loi sur les finances du 28 avril

———

(1) Présentation à la Chambre des députés, le 8 juin (Mon. du 9).
Rapport de M. Corbières, le 28 juin (Mon. du 29).
Discussion et adoption, le 8 juillet (Mon. du 9).
Présentation à la Chambre des pairs, le 12 juillet (Mon. du 13).
Adoption, le 13 juillet (Mon. du 14).

(2) Présentation à la Chambre des députés, le 20 mars (Mon. du 21).
Rapport de M. Beugnot, le 7 juin (Mon. du 8 juin).

Discussion, le 23 juin (Mon. des 24 juin et 6 juillet).
Adoption, le 6 juillet (Mon. du 8 juillet).
Présentation à la Chambre des pairs, le 10 juillet (Mon. du 11 juillet).
Rapport de M. le comte Mollien, le 15 juillet (Mon. du 17).
Discussion et adoption, le 16 juillet (Mon. du 21).

(3) *Voy.* loi du 21 décembre 1814, et notes.

1816, il continuera d'être perçu un centime et demi par feuille sur ceux imprimés à Paris, et un demi-centime sur ceux imprimés dans les départemens (1).

3. La troisième exception prononcée par l'article 3 de la même loi, titre 1er des *Contributions indirectes*, est restreinte aux vins, cidres et poirés qui seront transportés par un propriétaire, colon partiaire ou fermier, des caves ou celliers où sa récolte aura été déposée, dans une autre de ses caves ou celliers située dans l'étendue du même département, et hors du département, dans l'arrondissement ou dans les arrondissemens limitrophes de celui où la récolte aura été faite.

L'article 81 de la loi du 25 mars 1817 est abrogé.

4. Le droit du dixième du prix des places, auquel sont assujéties les voitures publiques de terre et d'eau à service régulier, sera indistinctement perçu à l'avenir, sous la déduction, pour les places vides d'un tiers du prix total des places, nonobstant les dispositions contraires des articles 112 et 114 de la loi sur les finances du 25 mars 1817, qui sont abrogées.

5. Le Gouvernement continuera pendant une année d'être autorisé, conformément à la loi du 4 mai 1802 (14 floréal an X), à établir des droits de péage dans le cas où ils seront reconnus nécessaires pour concourir à la construction ou à la réparation des ponts, écluses et ouvrages d'art à la charge de l'Etat, des départemens et des communes : il en fixera les tarifs et le mode de perception, et en déterminera la durée dans la forme usitée pour les réglemens d'administration publique.

6. Continueront d'avoir lieu pour l'année 1819 les retenues proportionnelles sur les traitemens, remises et salaires, qui ont été prescrites par les articles 78 et 79 de la loi du 28 avril 1816 et par l'article 136 de la loi du 25 mars 1817.

Toutefois, ces retenues seront réduites à moitié du tarif, à partir du 1er juillet 1819 (2).

7. Sont néanmoins exceptés de ladite retenue les traitemens des agens du ministère des affaires étrangères pendant leur résidence hors du royaume.

8. Les redevances sur les mines continueront à être perçues comme par le passé.

9. Les distributrices de papier timbré à Paris fourniront un cautionnement en numéraire, pour la sûreté de leur gestion ; ce cautionnement est réglé pour chacune à deux mille quatre cents francs.

10. Continueront d'être perçus

1° Les droits établis par l'article 16 des lettres-patentes du 10 février 1780 pour frais de visite chez les pharmaciens, droguistes et épiciers-droguistes ;

2° Les diverses rétributions imposées, en faveur de l'Université, sur les établissemens particuliers d'instruction et sur les élèves qui fréquentent les écoles publiques ;

3° Les contributions spéciales destinées, soit aux frais des bourses de commerce, conformément à la loi du 19 mars 1801 (28 ventôse an IX), soit à ceux des chambres de commerce, assimilés aux frais desdites bourses, ainsi que les revenus spéciaux qui seraient attribués auxdites chambres de commerce et aux établissemens sanitaires ;

4° Les taxes imposées, avec l'autorisation du Gouvernement, pour la conservation et la réparation des digues et autres ouvrages d'art intéressant les communautés de propriétaires et d'habitans ;

5° Les sommes réparties sur les Israélites de chaque circonscription pour le traitement des rabbins et autres frais de leur culte, après néanmoins que les rôles, dressés en la forme prescrite par le décret du 10 décembre 1806, auront été rendus exécutoires par les préfets de chaque département (3).

TITRE II. Contributions directes.

11. Le montant de la contribution foncière mise par des rôles particuliers en 1818, sur les bois qui ont cessé, à quelque titre que ce soit, de faire partie du domaine de l'Etat, sera, pour 1819, ajouté au contingent de chaque département, de chaque arrondissement, de chaque commune.

12. Les bois et autres propriétés qui n'auraient pas été compris dans les rôles particuliers de 1818, et qui cesseraient ultérieurement de faire partie du domaine de l'Etat, ou deviendraient imposables pour toute autre cause, seront, d'après une matrice particulière rédigée dans la forme accoutumée, cotisés comme les autres bois et propriétés de même nature, et accroîtront le contingent de chaque département, de chaque arrondissement et de chaque commune.

---

(1) *Voy*. notes sur l'article 5 de la loi du 23 juillet 1820.

(2) *Voy*. lois du 15 mai 1818, article 92, et du 23 juillet 1820, article 7.

(3) Ainsi, les dispositions qui prohibent toutes contributions autres que celles autorisées par la loi n'empêchent pas qu'il ne soit fait un rôle de contribution pour les frais du culte israélite, conformément au réglement organique du culte israélite du 10 décembre 1806 et du décret du 17 mars 1808 (28 juillet 1819; ordonnance du Roi; S. 20, 2, 237).

13. A l'égard des propriétés de toute nature qui, ayant appartenu à des particuliers, passent dans le domaine de l'État ou sont entrées dans la dotation de la couronne, et des propriétés non bâties qui, pour toute autre cause, cessent d'être imposables et deviennent, à ce titre, libres de la contribution foncière, les communes, arrondissemens et départemens où elles sont situées, seront dégrevés de la contribution jusqu'à concurrence de la part que lesdites propriétés prenaient dans leur matière imposable.

14. Il est accordé, sur la contribution foncière de 1819, un dégrèvement de six millions huit cent quatre-vingt-cinq mille cent quarante-sept francs, dont quatre millions cinq cent quatre-vingt-dix mille quatre-vingt-dix-huit francs sur le principal, et deux millions deux cent quatre-vingt-quinze mille quarante-neuf francs sur les centimes additionnels.

Ce dégrèvement sera réparti entre les trente-cinq départemens désignés dans le tableau A ci-annexé, conformément aux proportions indiquées par ledit tableau.

15. Le dégrèvement ci-dessus n'est que provisoire; il sera présenté à la session prochaine des Chambres un tableau du dégrèvement définitif à répartir entre les départemens qui, d'après le complément des vérifications prescrites par la loi du 15 mai 1818, auront été reconnus y avoir droit.

16. La nouvelle répartition entre les cantons cadastrés, ordonnée par l'article 37 de ladite loi du 15 mai 1818, et qui devait avoir lieu à partir de 1819, est suspendue pour cette année.

17. Il est accordé sur les trente centimes temporaires de la contribution foncière une réduction de cinq centimes, montant à huit millions six cent quarante mille francs.

18. Il est accordé sur les quatre-vingt-dix centimes temporaires de la contribution des portes et fenêtres une réduction de quarante centimes, montant à cinq millions cent vingt-cinq mille francs.

19. La contribution personnelle et mobilière et les patentes seront perçues, pour 1819, en principal et centimes additionnels, sur le même pied qu'en 1818.

20. Les entrepreneurs des moulins à soie sont assimilés, pour la patente, aux filateurs de coton et de laine : ils paieront en conséquence un droit fixe de quinze francs, lorsqu'ils n'emploieront pas plus de cinq cents broches correspondantes aux guindres de leurs moulins; ils paieront en outre trois francs par chaque cent de broches de même nature excédant le nombre de cinq cents; le tout conformément aux règles prescrites par l'article 30 de la loi du 15 mai 1818.

21. Les fileurs de cocons de soie paieront un droit fixe de trois francs par chaque chaudière, quelle que soit la population de leur domicile, sans préjudice du droit proportionnel.

22. En conséquence des dégrèvemens et réductions ci-dessus, la contribution foncière, la contribution personnelle et mobilière, la contribution des portes et fenêtres et les patentes, seront perçues, pour l'exercice 1819, tant en principal qu'en centimes additionnels, ordinaires et temporaires, conformément à l'état B ci-annexé.

23. Le contingent de chaque département dans les contributions foncière et mobilière, et des portes et fenêtres, est fixé, pour le même exercice, aux sommes portées dans l'état C de répartition générale annexé à la présente loi.

24. Jusqu'à ce que les rôles de l'exercice 1819 aient pu être terminés, la perception continuera d'avoir lieu sur ceux de 1818, ainsi qu'il a déjà été prescrit pour les six premiers mois par la loi du 31 décembre dernier.

Il sera fait sur les nouveaux rôles tous décomptes résultant des paiemens effectués, comparés avec les dégrèvemens et réductions ci-dessus.

TITRE III. Fonds destinés aux dépenses départementales.

25. Sur les centimes additionnels à la contribution foncière et à la contribution personnelle et mobilière, il sera prélevé dix-sept centimes et demi pour les dépenses départementales, fixes, communes et variables.

Ces centimes seront divisés de la manière suivante :

1° Six centimes et quart seront versés au Trésor royal, pour être tenus en totalité à la disposition du Gouvernement, et être employés, sur ses ordonnances, au paiement des dépenses fixes ou communes à plusieurs départemens ci-après désignés, savoir :

Traitemens des préfets, sous-préfets et conseillers de préfecture;

Abonnemens des préfectures et sous-préfectures;

Travaux et dépenses des maisons centrales de détention, en y comprenant les dépenses des condamnés à un an et plus d'emprisonnement, qui, existant dans les prisons départementales, ne pourraient être admis dans les prisons de détention;

Bâtimens des cours royales;

Travaux aux églises, et supplément aux dépenses du clergé à la charge des diocèses, autres que le personnel des ministres de la religion.

Etablissemens thermaux et sanitaires;

I Dépenses imprévues communes à plusieurs départemens.

§ 2° Six centimes et quart seront versés dans les caisses des receveurs généraux de départemens, pour être à la disposition des préfets, et être employés sur leurs mandats, aux dépenses variables ci-après, savoir :

I Loyers des hôtels de préfecture, contribution, acquisition, entretien et renouvellement du mobilier ;

II Dépenses ordinaires des prisons, dépôts, secours et ateliers, pour remédier à la mendicité ;

III Casernement de la gendarmerie ;

IV Loyers, mobilier et menues dépenses des cours et tribunaux ;

V Travaux des bâtimens des préfectures, tribunaux, prisons, dépôts, casernes et autres édifices départementaux ;

VI Travaux des routes départementales, et autres d'intérêt local, non compris au budget des ponts-et-chaussées ;

VII Enfans trouvés et enfans abandonnés, sans préjudice du concours des communes, soit au moyen d'un prélèvement proportionnel à leurs revenus, soit au moyen d'une répartition qui sera proposée par le conseil général, sur l'avis du préfet, et approuvée par le ministre compétent ;

VIII Encouragemens et secours pour les pépinières, sociétés d'agriculture, artistes vétérinaires, cours d'accouchement et autres ;

IX Dettes départementales à payer en numéraire, indemnités de terrains, acquisitions ;

X Dépenses imprévues de toute nature.

XI Les dépenses variables ci-dessus seront établies dans un budget dressé par le préfet, voté par le conseil général, et définitivement approuvé par le ministre de l'intérieur.

XII Les cinq centimes restans seront versés au Trésor royal, pour, à titre de fonds commun, être tenus à la disposition du ministre secrétaire-d'État de l'intérieur, et venir au secours des départemens dont les dépenses variables excéderont le produit des six centimes et quart ci-dessus.

§ 26. Les conseils généraux de département pourront, en outre, et sauf l'approbation du gouvernement, établir, pour les dépenses d'utilité départementale, des impositions dont le montant ne pourra excéder cinq centimes du principal des contributions foncière, personnelle et mobilière de 1819, et dont l'allocation sera toujours conforme au vote du conseil général.

§ 27. Les produits de ces contributions extraordinaires seront recouvrés pas les receveurs des contributions directes, et versés dans la caisse des receveurs généraux de département, qui les tiendront à la disposition des préfets, pour être employés conformément aux votes des conseils généraux, approuvés par le Gouvernement.

28. L'état de distribution du fonds de non-valeurs sera communiqué par les préfets aux conseils généraux de département.

TITRE IV. Fonds affectés au service de la dette constituée et de l'amortissement.

29. Les produits nets de l'enregistrement, du timbre, et autres droits accessoires, ceux des domaines et des forêts, les produits nets des douanes et des droits sur les sels, sont spécialement affectés au service de la dette constituée et de l'amortissement.

30. La portion des produits nets ci-dessus qui restera libre après l'acquittement de toutes les charges relatives au service de la dette constituée sera jointe aux autres produits des revenus ordinaires, pour concourir à l'acquittement des dépenses générales de l'État.

TITRE V. Fixation des recettes de l'exercice 1819.

31. Le budget des recettes est fixé, pour l'exercice 1819, à la somme totale de huit cent quatre-vingt-onze millions quatre cent trente-cinq mille francs, conformément à l'état D ci-annexé.

TITRE VI. Dispositions particulières.

32. L'excédant des recettes de l'exercice 1819 sur les dépenses du même exercice sera exclusivement appliqué à diminuer par des remboursemens effectifs la somme à laquelle s'élève encore le déficit existant au 1er avril 1814, désigné sous la dénomination de passif des caisses antérieur à ladite époque.

33. Les fonds maintenant existant au Trésor, et provenant soit de dépôts et consignations, soit des produits de retenues sur les appointemens dans les ministères et administrations, soit de toute autre nature de produits, dont l'article 110 de la loi du 28 avril 1816 a ordonné que le service serait fait par la caisse des dépôts et consignations, seront versés par le Trésor à ladite caisse, qui en opérera successivement le remboursement.

TITRE VII. Dispositions générales.

34. Toutes contributions directes ou indirectes autres que celles autorisées ou maintenues par la présente loi, à quelque titre et sous quelque dénomination qu'elles se perçoivent, sont formellement interdites, à peine contre les autorités qui les ordonneraient, contre les employés qui confectionne-

raient les rôles et tarifs, et ceux qui en feraient le recouvrement, d'être poursuivis comme concussionnaires, sans préjudice de l'action en répétition pendant trois années contre tous receveurs, percepteurs ou individus qui auraient fait la perception, et sans que, pour exercer cette action devant les tribunaux, il soit besoin d'une autorisation préalable : il n'est pas néanmoins dérogé à l'exécution des articles 4 et 6 de la loi du 28 avril 1816, relatifs aux contributions extraordinaires pour remboursement des dépenses de l'occupation militaire de 1815, et des articles 39, 40, 41, 42 et 43 de la loi du 15 mai 1818, relatifs aux dépenses extraordinaires des communes (1).

17 = Pr. 25 JUILLET 1819. — Loi relative aux servitudes imposées à la propriété pour la défense de l'Etat (2). (7, Bull. 296, n° 7024.)

Voy. lois des 8 = Pr. 10 JUILLET 1791, et 8 MARS 1810, décrets des 9 et 24 DÉCEMBRE 1811, ordonnances des 24 DÉCEMBRE 1817 et 1er AOUT 1821.

Art. 1er. Lorsque le roi aura ordonné, soit des constructions nouvelles de places de guerre ou postes militaires, soit la suppression ou démolition de ceux actuellement existans, soit des changemens dans le classement ou dans l'étendue desdites places ou postes, les effets qui résulteraient de ces mesures dans l'application des servitudes imposées à la propriété en faveur de la défense par la loi du 10 juillet 1791 ne pourront avoir lieu qu'en vertu d'une ordonnance du Roi, publiée dans les communes intéressées, et d'après les formes prescrites par la loi du 8 mars 1810 (3).

2. Le terrain militaire appartenant à l'Etat, tel qu'il a été défini par la loi du 10 juillet 1791, sera limité par des bornes plan-

---

(1) *Voy* loi du 23 juillet 1820, article 44; ordonnance du 9 juillet 1820; J. S. tome 5, p. 417.

(2) Présentation à la Chambre des pairs, le 13 avril (Mon. du 18).
Rapport de M. le comte de Marescot, le 1er mai (Mon. du 11 mai).
Discussion le 4 mai (Mon. du 9 juin).
Adoption le 6 mai (Mon. du 11 juin).
Présentation à la Chambre des députés, le 13 mai (Mon. du 14).
Rapport de M. le lieutenant-général Grenier, le 31 mai (Mon. du 2 juin).
Adoption le 8 juillet (Mon. du 11).

(3) Dans la discussion de la loi du 7 juillet 1833, sur l'expropriation pour cause d'utilité publique, M. Paixhans a fait remarquer que la loi du 17 juillet 1819 n'a pas été légalement votée. En effet, a-t-il dit, elle n'a pas été votée par la majorité voulue par la Charte de 1814, comme par celle de 1830. La Chambre des députés ne comptait alors que 258 membres, la moitié est de 129; la majorité absolue est de 130; eh bien, il n'y eut pas 130 voix qui votèrent la loi. Je ne me suis pas borné à l'avoir vu sur le Moniteur, j'ai consulté les procès-verbaux très réguliers, j'ai vu qu'en effet le nombre des votans n'avait pas été constaté tel qu'il était exigé par la Charte (Mon. du 9 février 1833, page 330, colonne 2).
Cette loi est-elle privée de toute force obligatoire, à raison du vice radical de sa confection? Ou bien ce vice a-t-il été couvert par l'exécution qu'elle a reçue, par la maxime *error communis facit jus.* Je comprends bien tout ce qu'il y a de rigoureux à conclure à la nullité; mais je ne vois guère le moyen d'établir la validité.

L'insertion au Bulletin des Lois de l'ordonnance royale du 1er août 1821 et du tableau des places de guerre y annexé, suffit pour rendre la présente loi exécutoire dans lesdites places (2 septembre 1829; ord. Mac. 11, 371, — 6 janvier 1830, ord. Mac. 12, 27. — 9 juin 1830, ord. Mac 12, 310. — 15 octobre 1830, ord. Mac. 12, 458. — 26 décembre 1830, ord. Mac. 12, 575.)

Les propriétés particulières ne peuvent être réunies au domaine de l'Etat dans l'intérêt des places de guerre, que suivant le mode prescrit par les lois des 10 juillet 1791, 8 mars 1810, et 17 juillet 1819, pour les expropriations pour cause d'utilité publique, et que tout autant que le gouvernement a consacré la mesure. Le fait de l'autorité militaire subalterne s'emparant de la propriété privée est un excès de pouvoir; le propriétaire lésé peut s'adresser à l'autorité judiciaire, pour se faire maintenir dans son droit de propriété (28 juillet 1820; ordonnance du Roi; J. C. t. 5. p. 423; et S. 21, 2, 87.).
Voy. article 15.
Une décision du ministre de la guerre, qui ne fait pas mention de l'accomplissement de toutes les formalités prescrites par la présente loi et par l'ordonnance du 1er août 1821, ne peut s'appliquer à aucune propriété déterminée.
Une pareille décision, conçue en termes généraux, n'est qu'une simple instruction, et ne constate, à l'égard des particuliers qu'une déclaration administrative du sens dans lequel le ministre estime que la loi du 17 juillet 1819 doit être entendue. Une telle décision n'est pas susceptible d'être déférée au Conseil d'Etat par la voie contentieuse (8 mars 1827; ord. mac. 9; p. 179.).

ɔfilées contradictoirement avec les propriétai-
ɔres des terrains limitrophes. Ces bornes se-
oᴚront rattachées à des points fixes, et rappor-
ɔᴚtées sur un plan spécial de circonscription,
obdont une expédition sera déposée à la sous-
ıqᴚpréfecture, afin que chacun puisse en pren-
ıbᴚdre connaissance.

L'opération de ce bornage sera exécutée
ɪsaux frais du Gouvernement,

3. La tolérance spécifiée par l'art. 30 du
ɪiᴚ titre 1ᵉʳ de la loi du 10 juillet 1791, en fa-
ɔv veur des moulins et usines, pourra, lorsqu'il
'ɑ ᴚ'en ré-ultera aucun inconvénient pour la
ɔbᴚdéfense, s'étendre à toute espèce de bâti-
ɪɪ mens ou clôtures situés hors des places ou
ɔq postes, ou sur l'esplanade des citadelles ; le
ɔɪ tout sous les conditions qui seront détermi-
ɔɪᴚnées par le Roi, relativement à la nature des
ɪɪ matériaux ou à la dimension des construc-
ɪ⸱ tions.

Les terrains auxquels la présente excep-
ɪɪ tion pourra être appliquée seront limités
qᴚpar les bornes, et rapportés sur le plan
ɪɜᴚspécial de circonscription mentionné à l'ar-
ɪᴚ ticle 2, et homologué par une ordonnance
b du Roi. Il ne sera accordé aucune permis-
ɜ sion quelconque, ni avant la confection de
ɔ ce plan, ni hors de ces limites, quand il aura
ɜᴚété dressé (1).

4. La distance fixée à cent toises par les
ɢ articles 31 et 32 du titre Iᵉʳ de la loi du 10
ɪ⸱ juillet 1791, sera portée à deux cent cin-
ɔ quante mètres, sans néanmoins que la prohi-
ɪ bition qui en résulte puisse s'étendre aux
ɔ constructions existantes, lesquelles pourront
ɔ⸱ être entretenues dans leur état actuel (2).
ɪ Pourront aussi, entre ladite limite et celle

du terrain militaire, être établies librement
des clôtures en haies sèches ou en planches
à claire-voie, sans pans de bois ni maçonnerie (3).

5. Les ouvrages détachés auront sur leur
pourtour, suivant leur dégré d'importance
et les localités, des rayons égaux, soit aux
rayons de l'enceinte des places et des ouvrages qui en dépendent immédiatement,
soit à ceux des simples postes militaires.

Seront considérés comme ouvrages détachés les ouvrages de fortifications qui se
trouveraient à plus de deux cent cinquante
mètres des chemins couverts de la place à
laquelle ils appartiennent.

6. Les distances fixées par la loi du 10
juillet 1791 et par la présente loi, pour l'exercice des servitudes imposées à la propriété
en faveur de la défense, seront mesurées à
partir des lignes déterminées par lesdites
lois, sur les capitales de l'enceinte et des
dehors. Leurs points extrêmes seront marqués par des bornes qui, réunies de proche
en proche par des lignes droites, serviront
de limites extérieures au terrain soumis
auxdites servitudes.

Les procès-verbaux de bornage seront
dressés par les ingénieurs civils et militaires, en présence des maires ou adjoints des
communes intéressées, et ces fonctionnaires
pourront y faire inscrire leurs avis ou observations.

7. Autour des places et postes qui n'ont
ni chemin couvert, ni mur de clôture, les
distances susdites seront mesurées à partir
de la crête intérieure de leur parapet.

8. Les bornes plantées en exécution des

---

(1) Les constructions situées sur le terrain
d'une esplanade ne peuvent être autorisées
qu'à titre de tolérance ;

La démolition des ouvrages indûment faits
ne peut être ajournée jusqu'à la publication
de l'ordonnance qui doit fixer la réduction de
l'esplanade (26 décembre 1830; ord. Mac. 12,
574).

(2) Cette exception ne s'applique qu'aux
maisons situées dans le rayon ajouté par cet
article à la première zône militaire ;

Lorsque les constructions ont été élevées
dans la deuxième zône, l'exception n'est pas
applicable (8 septembre 1830; ord. Mac. 12,
410).

(3) Cet article prohibe toutes les constructions
quelconques dans l'étendue de 250 mètres autour des places de guerre; il n'y a d'exception que pour les clôtures ou haies sèches ou
en planches à claire-voie : la construction d'un
hangard ne rentre pas dans cette exception
(8 avril 1829; ord. Mac. 11. 120; S. 29, 2,
258).

L'exercice de la servitude établie dans l'intérêt de la défense des places de guerre par
cet article, n'est pas subordonné à l'exécution des plans de circonscription et du bornage prescrits par les articles 2, 6 et suivans
(15 octobre 1826; ord. Mac. 8, 617. — 26
août 1829; ord. Mac. 11, 346.—24 décembre
1828; ord. Mac. 10, 839.—8 avril 1829; ord.
Mac. 11, 119.—6 janvier 1830; ord. Mac. 12,
27).

Il n'est subordonné qu'à la publication prescrite par l'article 1ᵉʳ de ladite loi et par l'article 76 de l'ordonnance du 1ᵉʳ août 1821 (21
septembre 1827 ; ord. Mac. 9, 488).

Et à la vérification de la distance déterminée par ces articles (6 mai 1829; ord. Mac.
11, 153).

Un fragment de plan est suffisant pour que
le conseil de préfecture puisse prononcer l'application de l'article 4, sauf en cas de contestation, à ordonner une vérification contradictoire de la distance dans les formes prescrites
par la loi (15 octobre 1826; ord. Mac. 8, 617.)

articles précédens seront, comme celles du terrain militaire appartenant à l'État, rattachées à des points fixes, et rapportées sur le plan de circonscription mentionné en l'article 2.

Les bâtimens, clôtures et autres constructions existant en dedans des limites déterminées ci-dessus, ainsi que toutes les bâtisses et constructions qui seront faites en vertu des exceptions ci-dessus déterminées, seront aussi rapportés avec un numéro d'ordre sur ledit plan de circonscription.

Ce plan sera accompagné d'un état descriptif des dimensions et de la nature desdites constructions, d'après la vérification qui en sera faite en présence des propriétaires et du maire de la commune, dûment requis à cet effet.

9. Les distances et dimensions fixées par le plan et par l'état descriptif ci-dessus mentionnés seront notifiées à chaque partie intéressée, par l'intermédiaire des gardes des fortifications dûment assermentés.

Si, dans les trois mois de ladite notification, les propriétaires intéressés réclament contre l'application des limites légales, il sera statué à cet égard, sauf tout recours de droit, comme en matière de grande voierie, d'après une vérification faite sur les lieux par les ingénieurs civils et militaires.

Les propriétaires intéressés y seront présens ou dûment appelés, et pourront s'y faire assister par un arpenteur. Leurs avis et observations seront consignés au procès-verbal (1).

10. Les travaux ou constructions qui pourront devenir, en vertu de la présente loi ou de celle du 10 juillet 1791, l'objet d'une tolérance spéciale, ne seront entrepris qu'après que les particuliers ou les communes auront pris l'engagement de remplir les conditions qui leur seront prescrites.

Cette soumission ne sera assujétie qu'au droit fixe d'un franc, et son effet subsistera indéfiniment sans qu'il soit besoin de la renouveler.

11. Les contraventions à la présente loi seront constatées par les procès-verbaux des gardes des fortifications et réprimées conformément à la loi du 19 mai 1802 (29 floréal an 10) relative aux contraventions en matière de grande voierie (2).

---

(1) Les formalités prescrites par les articles 8 et 9 doivent être observées, toutes les fois qu'il y a contestation sur le plan rédigé par les officiers de génie (21 septembre 1827; ord. Mac. 9, 488).

(2) Un procès-verbal de contravention est nul, faute d'avoir été dressé par un garde du génie assermenté près le tribunal du ressort et faute d'avoir été affirmé dans les vingt-quatre heures (2 septembre 1829; ord. Mac. 11, 575).

Lorsque le contrevenant ne s'est point inscrit en faux contre le procès-verbal dressé par le garde du génie, le conseil de préfecture ne peut se dispenser de réprimer la contravention constatée par ce procès-verbal (18 janvier 1831; ord. Mac. 13, 45. — 22 octobre 1830; ord. Mac. 12, 483, 286.

Le conseil de préfecture doit statuer au fond sur l'opposition formée par le contrevenant à son arrêté pris par défaut, au lieu de subordonner sa décision à la décision du ministre sur la réclamation à lui adressée (8 septembre 1830; ord. Mac. 12, 411).

Les conseils de préfecture sont compétens pour connaître des contraventions relatives aux fouilles et dépôts de décombres dans le rayon fixé des fortifications des places de guerre.

Aux termes des lois et réglemens particuliers sur cette matière, il est défendu de faire des dépôts de terres et de décombres à une distance moindre de 500 toises de la crête des parapets des chemins couverts (28 juillet 1824; ord. Mac. 6, 475).

Un conseil de préfecture peut faire défense d'élever des constructions ou même ordonner la démolition de celles déjà faites, dans le rayon destiné à former une nouvelle esplanade pour un fort, quoique l'ordonnance royale de délimitation qui doit fixer l'étendue des fortifications de la place ne soit pas encore rendue (17 août 1825; ord. Mac. 7, 505).

Les arrêtés du conseil de préfecture qui répriment les contraventions ne font point obstacle à ce que le contrevenant porte les questions de propriété et d'indemnité devant les tribunaux.

La demande de conserver les constructions jusqu'à l'établissement de la rue militaire à créer, sous l'offre de les démolir alors sans indemnité, n'est pas susceptible d'être présentée au Conseil-d'État par la voie contentieuse (21 septembre 1827; ord. Mac. 9, 492).

Le contrevenant ne peut pas se prévaloir de l'alignement qui lui a été donné par le préfet ou le maire.

Cet alignement ne fait point obstacle à ce que le conseil de préfecture statue sur le procès-verbal de contravention (21 septembre 1827; ord. Mac. 9, 488).

Le particulier qui a bâti dans le rayon de la place, doit être condamné à démolir ses constructions et à 50 fr. d'amende par contravention (15 octobre 1826; ord. Mac. 8, 617).

Un particulier qui a outrepassé l'autorisation de bâtir qui lui a été donnée par le génie militaire, s'est mis en contravention et doit

12. Dans le cas où, nonobstant la notification faite par les gardes des fortifications, des procès-verbaux de contravention, les contrevenans ne rétabliraient pas l'ancien état des lieux dans le délai qui leur sera fixé, l'autorité militaire transmettra lesdits procès-verbaux au préfet du département ; elle y joindra, avec un fragment du plan dont il est fait mention dans l'article 2 de la présente loi, un extrait de l'état descriptif et un mémoire sommaire de discussion, pour être sur le tout statué en conseil de préfecture, sauf les vérifications qui pourront être jugées nécessaires.

Toutefois, si, après la notification faite en vertu du présent article, les contrevenans poursuivaient leur infraction, le conseil de préfecture ordonnerait sur-le-champ la suspension des travaux.

13. Outre la démolition de l'œuvre nouvelle, aux frais des contrevenans, ils encourront, selon les cas, les peines applicables aux contraventions analogues en matière de grande voirie.

14. Tout jugement de condamnation rendu en exécution des deux articles précédens

fixera le délai dans lequel le contrevenant sera tenu de démolir, enlever les décombres et rétablir à ses frais l'ancien état des lieux.

Il sera notifié à la partie intéressée par les gardes des fortifications, avec sommation d'exécuter ; faute de quoi il y sera procédé d'office.

A défaut d'exécution après l'expiration des délais, la démolition aura lieu, à la diligence de l'autorité militaire, en présence du maire ou de son adjoint, requis à cet effet.

Les démolitions, déblais et remblais seront effectués et la dépense constatée dans les formes établies pour les travaux de fortifications : le compte de ces dépenses sera transmis par le directeur des fortifications au préfet du département, qui en fera poursuivre le recouvrement, conformément à la loi du 19 mai 1802.

15. Les indemnités prévues par les articles 18, 19, 20, 21, 33 et 38 de la loi du 10 juillet 1791, seront fixées dans les formes prescrites par la loi du 8 mars 1810 et préalablement acquittées, conformément à l'article 10 de la Charte constitutionnelle (1).

être condamné à démolir ses constructions et à l'amende.

Il n'est pas fondé à soutenir qu'il n'y a pas contravention, par le motif que le rayon militaire n'a pas été délimité dans les formes prescrites par la loi. (21 septembre 1827 ; ord. Mac. 9, 491).

Lorsqu'un propriétaire a, sans en avoir préalablement obtenu l'autorisation, établi une couverture en planches, supportée par poutres et chevrons sur vieille maçonnerie, située dans le rayon militaire d'une place forte, il y a lieu de le condamner à démolir et à l'amende (15 juin 1830 ; ord. Mac. 11, 356).

Un particulier qui, dans la construction d'une maison, dépasse la hauteur fixée par la loi et les réglemens militaires, doit être condamné à démolir et à l'amende, surtout lorsqu'il a déclaré se conformer à la fixation déterminée par le génie de la place (15 octobre 1826 ; ord. Mac. 8, 619).

La réparation d'un bâtiment situé dans le rayon militaire d'une place forte est assimilée à la *reconstruction*, et se trouve, par conséquent, dans le cas de l'application des dispositions des lois et ordonnances sur la matière (7 décembre 1825 ; ord. Mac. 7, 717).

(1) On a demandé si les servitudes établies antérieurement à la loi donneraient lieu à indemnité ? Il n'y a lieu à suivre les formes de la loi du 8 mars 1810 que pour les *expropriations*, *privations de jouissance* et *dommages matériels*. Les demandes en indemnité pour tous les autres cas non prévus sont de la com-

pétence du ministre de la guerre, sauf recours au Conseil-d'État (21 décembre 1825 ; ord. ; S. 26, 2, 349 ; Mac. 7, 726, 13 août 1828 ; Mac. 10, 628).

Lorsque la construction d'une maison détruite par suite de la défense d'une place de guerre ne remonte pas à une époque antérieure à l'ordonnance de 1713, il n'y a pas lieu d'accorder l'indemnité demandée (22 juin 1825 ; ord. Mac. 7, 336).

De ce que les constructions en bois ont été tolérées jusqu'en 1791, il ne s'ensuit pas que leur destruction donne au propriétaire le droit à une indemnité, dans le cas où cette destruction aurait été opérée pour assurer la défense de la place (11 mai 1825 ; ord. Mac. 7, 266).

Lorsqu'un tribunal a statué sur la propriété d'un terrain réclamé par l'administration de la guerre comme dépendant du rayon militaire d'une place forte, le conseil de préfecture est incompétent, soit pour confirmer le jugement du tribunal, soit pour prononcer sur la propriété du terrain en litige (15 octobre 1826 ; ord. Mac. 8, 621).

Les droits de propriété relatifs au terrain militaire et aux constructions élevées sur ce terrain, se résolvent, d'après ces dispositions, en un droit à indemnité (21 septembre 1827 ; ord. Mac. 7, 492).

L'État doit une indemnité à raison de la destruction de propriétés nécessitée pour la défense d'une place forte (20 mai 1831 ; ord. Mac. 13, 187).

16. Les dispositions des lois existantes auxquelles il n'est pas formellement dérogé par la présente loi continueront d'avoir leur plein et entier effet (1).

---

17 ⌐ Pr. 28 JUILLET 1819. — Loi relative à des échanges entre le domaine de la couronne et trois propriétaires (2). (7, Bull. 297, n° 7036.)

Voy. loi du 8 NOVEMBRE 1814.

Sont confirmés trois contrats d'échanges passés, en vertu des ordonnances des 16 août et 7 novembre 1817 et 5 mars 1818, entre le directeur général du ministère de la maison du Roi et le comte Dupont-Chaumont, le lieutenant général baron de Saint-Laurent, et le marquis de Fraguier, sous les dates des 7 et 8 novembre de ladite année 1817, 14 mars, 1er et 6 avril 1818.

---

19 JUILLET 1819. — Question sur les engagemens volontaires résolue par le ministre de la guerre. (*Journal militaire officiel*, page 55, *deuxième semestre.*)

Question. — Contre qui les engagés volontaires ou leurs ayans-cause doivent-ils intenter l'action en nullité des engagemens volontaires?

Cette action doit être intentée contre le préfet; l'article 16 de la loi le désigne comme le contradicteur des demandes des appelés qui élèvent des questions judiciaires pour obtenir leur libération; et, d'ailleurs le préfet est chargé, de droit commun, de défendre sur les actions dirigées contre le gouvernement.

Le préfet est tenu de faire connaître la demande en annulation de l'engagement au ministre de la guerre, qui examine s'il peut y faire droit, ou si la contestation doit être suivie devant les tribunaux.

Aucune demande en nullité d'un engagement volontaire n'a d'effet suspensif. En conséquence, tout engagé qui, sous le prétexte de cette demande, ne se rendrait pas à la destination qui lui est assignée, ou quitterait son corps avant la notification de la décision du ministre de la guerre, ou d'un jugement définitif et exécutoire, devra être poursuivi comme déserteur, et son signalement envoyé à la gendarmerie.

---

19 JUILLET 1819. — Cinquième série de questions résolues par le ministre de la guerre sur les appels. (*Journal militaire, page* 157, *deuxième semestre.*)

1re Question. — Quelle est la limite de la compétence des tribunaux dans l'opération des appels?

Les tribunaux sont compétens seulement pour connaître des questions relatives à l'état ou aux droits civils de ceux qui les élèvent pour se libérer; mais les tribunaux ne peuvent, dans aucun cas, prononcer la libération; c'est au conseil de révision à faire tirer et à appliquer la conséquence du jugement rendu sur les questions d'État. Le dernier alinéa de l'article 17 de la loi est précis à cet égard.

Les questions d'état ou de droits civils ont été et ont dû être laissées à la connaissance des tribunaux, leurs juges naturels; mais elles seront rares en matière de recrutement.

Elles peuvent être, de la part des appelés, l'allégation d'être étrangers ou de ne pas jouir des droits civils, parcequ'ils en auraient été privés ou les auraient perdus. Dans tous les cas, s'ils présentaient une preuve satisfaisante au conseil de révision, il s'y rendrait. La question ne serait à délaisser aux tribunaux qu'autant qu'elle serait susceptible d'être discutée. Il est possible qu'il y ait aussi contestation sur l'âge d'un appelé, par le défaut de son acte de naissance, procédant de la perte des registres; c'est le cas qui prendra le plus de temps, parcequ'il faudra recourir à des enquêtes.

J'invite les préfets à se reporter aux explications qui leur ont été données dans ma circulaire du 6 novembre 1818, sur les enquêtes faites d'office par les maires, en exécution de l'article 9 de la loi; à observer, en outre, que la notoriété publique doit être con-

---

Lorsqu'il est reconnu que les habitans des maisons voisines d'une place de guerre, incendiée pour fait de guerre, ont droit à une indemnité, on ne peut déduire sur le montant de cette indemnité les secours qui leur ont été accordés par le roi sur la liste civile (18 février 1829; ord. Mac. 11, 61).

(1) M. le rapporteur de la commission de la Chambre des députés a déclaré que l'objet de la loi était d'abroger le décret du 9 décembre 1811, comme injuste, illégal et évidemment trop rigoureux.

(2) Présentation à la Chambre des députés, le 8 juin (Mon. du 9).
Rapport de M. Corbière, le 12 juin (Mon. du 29 juin).
Adoption, le 8 juillet (Mon. du 9).
Présentation à la Chambre des pairs, le 12 juillet (Mon. du 13).
Adoption, le 13 juillet (Mon. du 14).

sultée, de la manière indiquée dans cette circulaire, pour tous les jeunes gens qui prétendraient ne pas faire partie de la classe appelée, à moins que ces jeunes gens ne produisent, en remplacement de l'acte de naissance, et conformément à l'art. 46 du Code civil, ainsi qu'aux avis du Conseil-d'Etat des 3 janvier et 3 novembre 1802 (13 nivose an 10 et 12 brumaire an 11), un jugement régulier rendu contradictoirement avec la partie publique.

L'article 16 de la loi disant que les questions judiciaires seront jugées contradictoirement avec le préfet, cet administrateur doit, aussitôt qu'il a connaissance d'une question de ce genre élevée par un jeune homme de la classe, le faire assigner, s'il juge qu'il y a lieu à contestation, devant le tribunal d'arrondissement de son domicile. Il instruira l'affaire par simple mémoire qu'il adressera au procureur du roi.

2e *Question.* — Jusqu'à quelle époque, dans le cours des opérations de la levée, les jeunes gens appelés peuvent-ils se pourvoir devant les tribunaux pour faire régler leur état ou leurs droits civils ?

Comme la loi exige qu'il soit fait des désignations supplémentaires en cas de recours devant les tribunaux, et que ces désignations ne peuvent s'effectuer après la clôture de la liste départementale du contingent, le pourvoi devant les tribunaux doit être formé et notifié au préfet avant le jour fixé pour la clôture. Les préfets remarqueront que dans sa circulaire du 7 juillet, le garde-des-sceaux a prévenu les procureurs généraux, que les jeunes gens qui négligent de présenter leurs réclamations avant ce jour, se rendront non-recevables à les produire.

3e *Question.* — Dans le cas de l'appel à l'activité du contingent, peut-on faire incorporer les jeunes gens qui ont été désignés pour suppléer ceux qui se sont pourvus devant les tribunaux, et pour lesquels il n'est pas encore intervenu de jugement ?

1° La décision prise par le conseil de révision relativement au jeune homme qui s'est pourvu, et par conséquent au suppléant de celui-ci, n'est que provisoire ;

2° L'article 16 de la loi dit que le conseil de révision prononcera, d'après la décision du tribunal, la libération du réclamant, ou de celui conditionnellement désigné pour le suppléer ;

3° D'après l'art. 144 de l'instruction, les suppléans des réclamans ne sont inscrits au registre-matricule, et par conséquent ne deviennent jeunes soldats et susceptibles d'être incorporés, qu'après la décision définitive du conseil de révision.

Il résulte de ces dispositions que l'autorité militaire ne peut mettre en activité ni celui

qui s'est pourvu ni son suppléant, avant le jugement du tribunal, et la décision définitive qui en est la suite.

4e *Question.* — Quelle est la voie à suivre dans le cas où les tribunaux s'immisceraient dans la connaissance de ce qui est dévolu aux conseils de révision ?

La voie du conflit à élever par le préfet.

5e *Question.* — Quelle marche est à suivre si des conseils de révision statuent sur des questions attribuées soit aux tribunaux, soit à d'autres autorités, telles que les ministres, les préfets, les conseils de préfecture ?

Le recours au Conseil-d'Etat soit par les parties intéressées, soit par le ministre de la guerre.

L'article 13 de la loi dit, il est vrai, que, hors le cas prévu par l'art. 16, les décisions du conseil seront définitives, mais cela veut dire qu'elles ne peuvent pas être attaquées par appel, et pour cause d'injustice, et c'est dans ce sens qu'il est dit dans la circulaire du 14 août 1818 qu'elles sont inattaquables ; mais si le conseil de révision avait prononcé hors de ses pouvoirs, la décision pourrait être attaquée comme celle de tout tribunal, qui, bien qu'il juge définitivement, ne peut jouir de ce droit que dans ses attributions.

La décision du Conseil de révision peut aussi être attaquée au Conseil-d'Etat pour contravention au texte de la loi ou pour violation des formes.

Les recours au conseil-d'Etat exercés par les jeunes gens de la classe, soit pour excès de pouvoir, soit pour contravention au texte de la loi, soit pour violation des formes, n'ayant pas d'effet suspensif, les décisions définitives des conseils de révision doivent être exécutées jusqu'à cassation, et si dans l'intervalle l'ordre des désignations appelait les réclamans à l'activité, ils seraient tenus, sous les peines portées par la loi, de subir la destination qui leur est assignée ; c'est sous les drapeaux, dans ce cas, qu'ils devraient attendre l'issue des réclamations qu'ils ont élevées.

Les jeunes gens qui recourent au Conseil-d'Etat contre les décisions du conseil de révision, sont, en outre, dans l'obligation d'envoyer une copie du pourvoi au préfet de leur département, lequel en rend compte au ministre de la guerre, et joint à son rapport tous les documens qui peuvent servir à faire apprécier la valeur de la réclamation.

———————

21 JUILLET 1819. — Avis des comités de l'intérieur, de législation et des finances réunis, portant que l'hospice qui avait été dépouillé de ses rentes par la loi du 23 messidor an 5, qui a dû être remboursé par le

Trésor, en vertu de l'article 9 de la loi du 16 VENDEMIAIRE an 5, et qui, avant la loi du 29 PLUVIOSE an 5, a reçu, en remplacement de ses rentes, des biens provenant d'émigrés, n'est tenu à aucune restitution envers l'émigré, par suite de la loi du 5 DÉCEMBRE 1814. (Sirey, 20, 2, 304.)

21 JUILLET 1819. — Ordonnance du Roi portant augmentation des routes départementales du département de Tarn-et-Garonne. (7, Bull. 300.)

21 JUILLET 1819. — Ordonnances du Roi portant liquidation de cent quatre-vingt-douze soldes de retraite, provisoirement payables sur le fonds des demi-soldes. (7, Bull. 300.)

21 JUILLET 1819. — Ordonnance du Roi qui permet au sieur François d'ajouter à son nom celui de Versenay. (7, Bull. 299.)

21 JUILLET 1819. — Ordonnance du Roi qui admet les sieurs Heitzmann et Andreis à établir leur domicile en France. (7, Bull. 301.)

21 JUILLET 1819. — Ordonnances du Roi qui autorisent l'érection en chapelle, des églises de Naulieu, de Cuinziers de La Chapelle, de Lesches, de Cropus, de Saint-Denis-sur-Scie, de la Bitarelle, commune d'Altier, et de la Renaudie, commune d'Angerolles. (7, Bull. 311.)

21 JUILLET 1819. — Ordonnances du Roi relatives aux foires des communes de la Bazoche, des Abrets, de Lainsecq, de Loriol, d'Étoile, de Bourglès-Valence, de Bouzonville et de Blancafort. (7, Bull. 311.)

21 JUILLET 1819. — Ordonnance du Roi qui autorise le vice-amiral duc Decrès à tenir en activité les usines qu'il possède dans la commune de Rimaucourt, département de la Haute-Marne. (7, Bull. 311.)

21 JUILLET 1819. — Ordonnances du Roi qui autorisent l'acceptation de dons et legs faits au séminaire de Toulouse; aux fabriques. (7, Bull. 312.)

21 JUILLET 1819. — Ordonnances du Roi qui autorisent l'acceptation de dons et legs faits aux hospices. (7, Bull. 313.)

28 JUILLET = Pr. 20 AOUT 1819. — Ordonnance du Roi qui fixe la portion du centime de non-valeurs de 1819, mis à la disposition du ministre des finances, dont les préfets sont autorisés à faire emploi. (7, Bull. 302, n° 7174.)

Louis, etc.

Vu l'état C annexé à la loi des finances du 17 de ce mois, duquel il résulte qu'il est imposé additionnellement au principal des contributions foncière, personnelle et mobilière de 1819, deux centimes, dont l'un à la disposition de notre ministre des finances pour couvrir les remises, modérations et non-valeurs, et l'autre à celle de notre ministre de l'intérieur, pour secours effectifs à raison de grêles, orages, incendies et autres vimaires;

Et voulant déterminer la portion du centime mis à la disposition de notre ministre des finances dont les préfets pourront, dès à présent, faire jouir les administrés;

Sur le rapport de notre ministre secrétaire-d'Etat des finances,

Nos ministres entendus,

Nous avons ordonné et ordonnons ce qui suit :

Art. 1er. Le produit du centime du fonds de non-valeurs, à la disposition de notre ministre des finances, sera réparti de la manière suivante :

Un tiers de ce centime est mis à la disposition des préfets;

Les deux autres tiers resteront à la disposition du Gouvernement.

2. Ce centime sera exclusivement employé à couvrir les remises et modérations à accorder sur les contributions foncière, personnelle et mobilière, et les non-valeurs qui existeraient sur ces deux contributions, en fin d'exercice.

3. Si, dans un département, la somme mise à la disposition du préfet et celle qui lui serait accordée par le Gouvernement sur une année, ne se trouvaient pas totalement employées, l'excédant accroîtra le fonds de non-valeurs de l'année suivante.

2. Notre ministre secrétaire-d'Etat au département des finances, est chargé de l'exécution de la présente ordonnance.

28 JUILLET = 20 AOUT 1819. — Ordonnance du Roi qui autorise un emprunt pour concourir au paiement des travaux de construction d'un pont sur la rivière de Scorff, au passage Saint-Christophe (Morbihan), et

contient le tarif du droit de péage sur ce pont. (7, Bull. 302, n° 7175.)

Louis, etc.

Sur le rapport de notre ministre secrétaire-d'Etat de l'intérieur,

Vu la délibération du conseil municipal de la ville de Lorient, du 1er mars 1819, relative à l'établissement d'un droit de péage sur le pont à construire sur la rivière du Scorff, au passage Saint-Christophe, département du Morbihan ;

Vu l'art. 5 de la loi de finances du 17 juillet 1819 ;

Notre Conseil d'Etat entendu,

Nous avons ordonné et ordonnons ce qui suit :

Art. 1er. Il sera fait un emprunt de cent trente-cinq mille francs pour concourir, avec les fonds du Trésor, au paiement des travaux de construction d'un pont en charpente sur la rivière de Scorff, au passage Saint-Christophe, département du Morbihan, route royale, n° 27, de Paris à Lorient.

2. Cet emprunt sera remboursé par annuités, au moyen de la concession d'un péage qui sera établi sur ce pont aussitôt après son achèvement. L'adjudication de cette concession sera passée par le préfet en conseil de préfecture.

3. Le tarif des droits à percevoir par le concessionnaire, pendant la durée de sa concession, sera le même que celui du bac actuel de Saint-Christophe, qui est maintenu ainsi qu'il suit :

(Suit le tarif.)

28 JUILLET ⹂ Pr. 20 AOUT 1819. — Ordonnance du Roi portant établissement d'un péage fixé par le tarif y annexé, pour concourir aux frais de construction d'un nouveau pont, en remplacement de l'ancien sur la rivière de Marne, dans la ville d'Epernay. (7, Bull. 302, n° 7176.)

Voy. ordonnance du 23 MAI 1820.

Louis, etc.

Sur le rapport de notre ministre secrétaire-d'Etat au département de l'intérieur,

Vu l'avis du conseil municipal d'Epernay sur le projet d'établissement d'un péage sur le nouveau pont à construire en cette ville ;

Vu l'art. 5 de la loi des finances du 17 juillet 1819 ;

Notre Conseil-d'Etat entendu,

Nous avons ordonné et ordonnons ce qui suit :

Art. 1er. Il sera établi un péage pour concourir, avec les fonds du Trésor, aux frais

de construction d'un nouveau pont en pierre, en remplacement de l'ancien, sur la rivière de la Marne, dans la ville d'Epernay, département de la Marne, route royale, n° 44, de Mézières à Orléans.

2. Les droits de péage sont fixés conformément au tarif ci-après :

(Suit le tarif.)

28 JUILLET 1819. — Ordonnances du Roi qui autorisent l'acceptation de dons et legs faits aux fabriques. (7, Bull. 313.)

2 JUILLET 1819. — Ordonnance du Roi qui admet les sieurs Piédé-Delame, Hermann, d'Adeler et Loelegen, à établir leur domicile en France. (7, Bull. 301.)

28 JUILLET 1819. — Ordonnance du Roi qui autorise l'inscription au Trésor royal de soixante-douze pensions civiles et militaires. (7, Bull. 303.)

28 JUILLET 1819. — Ordonnances du Roi qui accordent des lettres de déclaration de naturalité aux sieurs Vallet, Bernays, Bosson, Galley, Gargurich, Dejonge et Bayenet. (7, Bull. 303, 307, 317, 324 et 331.)

30 JUILLET 1819. — Lettres-patentes qui restreignent à cinq mille francs de revenu net le majorat de dix mille sept cents francs institué en faveur de M. de Maselary. (7, Bull. 300.)

30 JUILLET 1819. — Lettres-patentes portant institution d'un majorat en faveur de M. le marquis de la Moussaye. (7, Bull. 300.)

31 JUILLET ⹂ Pr. 9 OCTOBRE 1819. — Ordonnance du Roi qui nomme M. l'abbé de Vichy à l'évêché d'Autun. (7, Bull. 313, n° 7666.)

Louis, etc.

Sur le rapport et la présentation de notre cousin le cardinal grand-aumônier de France,

Avons nommé et nommons l'abbé de Vichy, aumônier de notre bien-aimée nièce, Madame, duchesse d'Angoulême, déjà nommé évêque de Soissons, à l'évêché d'Autun, vacant par le décès de M. Imberties (Fabien-Sébastien), décédé le 25 janvier 1819.

Notre cousin le cardinal grand-aumônier et notre ministre secrétaire-dEtat de l'intérieur sont chargés de l'exécution de la présente ordonnance.

———

4 AOUT ⹀ Pr. 4 SEPTEMBRE 1819. — Ordonnance du Roi concernant les chirurgiens qui s'embarquent sur les navires du commerce, et la visite des coffres de médicamens et des caisses d'instrumens de chirurgie dont ces navires doivent être pourvus. (7, Bull. 306, n° 7385.)

Louis, etc.

Nous étant fait représenter les ordonnances et réglemens concernant les chirurgiens et coffres de médicamens à embarquer sur les navires du commerce et la composition des équipages desdits navires ;

Sur le rapport de notre ministre secrétaire-d'Etat au département de la marine et des colonies ;

Notre Conseil d'Etat entendu ,

Nous avons ordonné et ordonnons ce qui suit :

Art. 1er. Les armateurs et capitaines de tout navire expédié, soit pour des voyages de long cours, soit pour la pêche de la baleine et autres poissons à lard, seront tenus d'embarquer un chirurgien, lorsque l'équipage dudit navire sera de vingt hommes et au-dessus, non compris les mousses.

2. Il sera embarqué un chirurgien sur tout navire destiné aux pêches de la morue, quand l'équipage sera de quarante hommes, non compris les mousses.

3. Les armateurs de bâtimens expédiés au long cours ne seront assujétis à embarquer deux chirurgiens que si l'équipage est de quatre-vingt-dix hommes, non compris les mousses.

Les navires destinés pour la pêche de la morue seront dispensés de cette obligation.

4. Nul ne pourra dorénavant être embarqué, en qualité de chirurgien, sur un navire de commerce, s'il n'a été reçu officier de santé, conformément à la loi du 19 ventose an 11 (10 mars 1803), relative à l'exercice de la médecine; ou s'il n'a été employé, comme officier de santé de seconde classe, soit sur nos vaisseaux ou dans les hôpitaux de la marine, soit à la suite de nos troupes de terre ou dans les hôpitaux militaires; ou enfin si, antérieurement à la présente ordonnance, il n'a fait deux voyages de long cours, en qualité de chirurgien, sur un navire du commerce, et s'il n'est muni de certificats satisfaisans, délivrés, soit par les armateurs,

soit par les capitaines des bâtimens sur lesquels il aura servi.

5. Il y aura, dans chaque port, une commission composée d'un médecin, un chirurgien et un pharmacien, chargés d'examiner et de vérifier les titres des chirurgiens qui se présenteront pour être employés sur des navires du commerce, et de procéder à la visite des coffres de médicamens et des caisses d'instrumens de chirurgie dont lesdits navires et les chirurgiens doivent être pourvus.

L'administrateur en chef de la marine et le président du tribunal de commerce se réuniront pour choisir les trois membres de cette commission, et les désigner au ministre secrétaire-d'Etat de la marine et des colonies, qui fera expédier à chacun d'eux une lettre de nomination.

Dans les ports de commerce où un officier de santé de la marine déjà commissionné sera employé pour ledit service, il sera membre de la commission d'examen ; et les deux autres examinateurs seront nommés ainsi qu'il est prescrit par le présent article.

6. Les officiers de santé qui se présenteront à la commission d'examen pour être embarqués en qualité de chirurgiens de navires du commerce devront produire les titres constatant leurs réceptions ainsi que leurs services antérieurs, et un certificat de de bonne conduite, délivré, soit par les professeurs, docteurs, officiers de santé en chef sous les ordres desquels ils auront servi, soit par l'administration municipale du lieu de leur domicile, soit enfin par les capitaines des navires à bord desquels ils auront été employés.

7. Lorsque la commission d'examen aura reconnu la validité des titres et certificats qui lui auront été produits, elle en délivrera une attestation à l'officier de santé qui se sera présenté ; et, sur le vu de cette attestation, qui restera déposée au bureau du commissaire de la marine chargé de l'inscription maritime, ledit commissaire remettra à l'officier de santé un permis d'embarquement en qualité de chirurgien des navires du commerce.

8. L'examen des titres des officiers de santé qui se présenteront pour être embarqués en qualité de chirurgiens des navires du commerce sera gratuit.

9. Les armateurs des navires sur lesquels un chirurgien devra être embarqué seront tenus de lui fournir un coffre de médicamens, ustensiles et autres objets composé conformément à l'état N° 1, annexé à la présent e ordonnance.

Les commissions d'examen pourront toutefois apporter audit état les modifications que la force de l'équipage et la nature du voyage entrepris pourraient comporter.

Chaque chirurgien de navire devra, indépendamment de sa trousse, être pourvu, avant son embarquement, d'une caisse d'instrumens, composée conformément à l'état N° 2, annexé à la présente ordonnance.

10. Le coffre de médicamens et ustensiles, et la caisse d'instrumens de chirurgie, seront déposés, trois jours au moins avant le départ du navire, au bureau du commissaire de l'inscription maritime; ils seront visités par les examinateurs, en présence du capitaine et du chirurgien du navire; les examinateurs procéderont en même temps à la visite de la caisse d'instrumens dont le chirurgien doit être pourvu.

Le pharmacien qui participera à la visite du coffre de médicamens ne pourra être le même que celui qui aura fourni lesdits médicamens.

Dans les cas où il n'y aurait pas, dans la ville, un autre pharmacien, la visite sera faite par le médecin et le chirurgien examinateurs seulement.

11. Il sera payé quinze francs de vacation à la commission qui aura procédé à l'examen du coffre de médicamens, et de la caisse d'instrumens de chirurgie.

12. Le procès-verbal de la visite du coffre de médicamens et ustensiles, et de la caisse d'instrumens de chirurgie, sera remis au commissaire de l'inscription maritime, et il demeurera annexé à la minute du rôle d'équipage.

Le coffre et la caisse seront scellés ledit commissaire et par le capitaine du navire: l'un et l'autre resteront déposés au bureau du commissaire jusqu'à ce qu'ils soient portés à bord.

Les clés du coffre et de la caisse resteront entre les mains du capitaine jusqu'au départ du navire; et lorsque le capitaine aura levé les scellés, et remis le coffre au chirurgien, celui-ci deviendra responsable des objets contenus dans ledit coffre.

13. Tout armateur qui expédiera un navire, soit pour le long cours, soit pour la pêche de la baleine et pour celle de la morue, et qui, d'après la présente ordonnance, ne sera pas tenu d'embarquer un chirurgien, devra néanmoins fournir au capitaine un coffre de médicamens, lorsque l'équipage sera de huit hommes, y compris les mousses.

Dans ce cas, la commission d'examen déterminera la composition dudit coffre, en raison de la force de l'équipage, de la destination du bâtiment, et de la durée présumée du voyage.

Après que le coffre aura été soumis à la visite de la commission et scellé par elle, il sera remis, ainsi que le procès-verbal constatant ladite visite, au bureau du commissaire de l'inscription maritime pour être délivré au capitaine lors de son départ; et, ainsi qu'il est prescrit par l'article 12 ci-dessus, le procès-verbal sera annexé à la minute du rôle d'équipage.

La commission d'examen remettra au capitaine une instruction sur l'usage à faire des médicamens qui seront entrés dans la composition du coffre.

14. Quand deux chirurgiens devront être embarqués sur un navire du commerce, en exécution de l'article 3 de la présente ordonnance, celui qui sera employé en chef devra prouver qu'il a fait au moins un voyage de mer en qualité d'officier de santé.

15. Tout chirurgien embarqué à bord d'un navire de commerce tiendra exactement un journal sur lequel il décrira les maladies qu'il aura traitées pendant le cours du voyage, les remèdes qu'il aura administrés; et ce, à peine de ne pouvoir servir en ladite qualité: ce journal sera visé par le capitaine.

Il devra également tirer du capitaine du navire un certificat de la conduite qu'il aura tenue pendant le voyage.

Il remettra le journal et le certificat au commissaire chargé de l'inscription maritime dans le port où le navire fera son retour. Ledit commissaire visera l'une et l'autre pièce; il requerra la commission établie en exécution de l'article 5 de la présente ordonnance d'examiner le journal, de certifier l'examen qu'elle en aura fait, et d'exprimer son opinion sur ledit journal.

La commission délivrera son certificat en double expédition: l'une restera déposée au bureau de l'inscription maritime; l'autre sera remise au chirurgien, après avoir été visée par le commissaire.

16. Il est expressément défendu à tous chirurgiens des navires du commerce de rien exiger ni recevoir d'aucun des individus malades ou blessés qui sont employés tant à la manœuvre qu'au service du bâtiment.

17. Aucun capitaine ne pourra, pendant la durée du voyage, congédier ni débarquer le chirurgien du navire, à moins que ce ne soit pour une cause valable, et par suite d'une autorisation expresse des commissaires de l'inscription maritime dans les ports du royaume et des colonies, et de nos consuls en pays étranger; lesquelles cause et autorisation seront certifiées et mentionnées ensuite sur le rôle d'équipage.

18. Les chirurgiens des navires du commerce ne pourront, sauf le cas prévu par

l'article 17 ci-dessus, quitter les bâtimens sur lesquels ils auront été embarqués en ladite qualité, à moins que le voyage entrepris n'ait été terminé; et ce, sous telles peines que de droit.

19. Tout chirurgien qui aura navigué sur un navire du commerce, et qui se présentera pour être employé de nouveau en cette qualité, devra exhiber l'attestation de la commission qui aura examiné son journal, et le certificat du capitaine du bâtiment sur lequel il aura été embarqué.

20. Les armateurs ou les capitaines des navires du commerce employés aux grandes pêches ne pourront exiger que les chirurgiens embarqués remplissent, pendant la durée du voyage, d'autres fonctions que celles de leur profession.

21. Les commissaires de la marine chargés de l'inscription maritime tiendront une matricule spéciale des chirurgiens embarqués

sur les navires du commerce : il y mentionneront les certificats que ces chirurgiens auront produits aux commissions d'examen ; les attestations qu'ils auront reçues desdites commissions ; les permissions d'embarquer qui leur auront été délivrées ; les avis donnés par les commissions d'examen sur les journaux remis par les chirurgiens, lors du désarmement des navires, et les certificats de conduite expédiés par les capitaines des navires à bord desquels ils auront été employés.

22. Les amendes prononcées pour cause de contravention à la présente ordonnance seront versées dans la caisse des invalides de la marine.

23. Notre ministre secrétaire-d'Etat au département de la marine et des colonies est chargée de l'exécution de la présente ordonnance, qui sera insérée au Bulletin des Lois.

(Suit le mandement de S. A. R. Mgr le duc d'Angoulême, grand-amiral de France.)

1) (N° Ier.)   *État des médicamens à embarquer sur des navires du commerce,*
pour un équipage de vingt hommes.

MÉDICAMENS.	SYNONYMIE ANCIENNE.	POITS NOUVEAUX ET ANCIENS.			
		Gramm.	Livr.	Onc.	Gros.
Acétate de plomb cristallisé. . .	Sel de Saturne. .	96	»	3	»
Acide sulfurique, à 40 degrés. .	Huile de vitriol. .	1,500	3	»	»
Alcool camphré.	Eau-de-vie camph.	2,000	4	»	»
Idem à la cannelle.	Teinture de canu. .	64	»	2	»
Ammoniaque liquide.	Alcali volatil fluor.	64	»	2	»
Camphre.	. . . .	32	»	1	»
Cire jaune.	. . . .	250	»	8	»
Charpie.	. . . .	1,000	2	»	»
Emplâtre épispastique.	. . . .	96	»	3	»
Idem de diachilon gommé. . .	. . . .	250	»	8	»
Idem de vigo cum mercurio. .	. . . .	96	»	3	»
Ether sulfurique.	. . . .	64	»	2	»
Extrait de réglisse.	Suc de réglisse. .	1,500	3	»	»
Idem d'opium.	. . . .	8	»	»	2
Fleurs de camomille.	. . . .	250	»	8	»
Graine de lin.	. . . .	3,000	6	»	»
Gomme arabique en poudre. .	. . . .	125	»	4	»
Huile d'olive.	. . . .	1,500	3	»	»
Jalap en poudre.	. . . .	32	»	1	»
Ipécacuanha en poudre. . . .	. . . .	16	»	»	4
Laudanum liquide.	. . . .	32	»	1	»
Linge à pansement, dont un tiers en draps.		9,000	18	»	»
Manne en sorte.	. . . .	375	»	12	»
Nitrate de potasse.	Nitre.	32	»	1	»
Idem d'argent fondu	Pierre infernale. .	4	»	»	1
Onguent jaune.	. . . .	500	1	»	»
Idem mercuriel.	. . . .	190	»	6	»
Idem ou pommade antipsorique. .	. . . .	375	»	12	»
Orge mondé.	. . . .	3,000	6	»	»
Pommade de garou.	. . . .	64	»	2	»
Poudre de cantharides. . . .	. . . .	32	»	1	»
Idem fumale de Guyton. . .	. . . .	1,500	3	»	»
Idem pour le diascordium. . .	. . . .	64	»	2	»
Proto-chlorure de mercure. . .	Calomelas. . . .	32	»	1	»
Quinquina, dont moitié en poudre.	. . . .	500	1	»	»
Rhubarbe, dont moitié en poudre.	. . . .	125	»	4	»
Suc de citron.	. . . .	500	1	»	»
Sucre.	. . . .	2,000	4	»	»
Sulfate de magnésie.	Sel d'Epsom. . .	500	1	»	»
Idem de zinc.	Vitriol blanc. . .	32	»	1	»
Tartrate acide de potasse. . .	Crème de tartre. .	375	»	12	»
Idem de potasse et d'antimoine. .	Emétique. . . .	4	»	»	1
Thé vert.	. . . .	125	»	4	»

Ustensiles et autres objets.

Aiguilles à coudre, nombre, 15.
Balance à main et ses poids, *id.* 1.
Bandages herniaires simples, *id.* 3.
Bassin de commodité, *id.* 1.
Biberon, *id.* 1.
Cafetières en ferblanc, *id.* 2.
Courtines ou fioles assorties, *id.* 12.
Couvertures de laine, *id.* 2.
Ecuelles d'étain, *id.* 4.
Idem de terre, *id.* 3.
Encres, grammes, 125.
Épingles, nombre, 250.
Éponges fines pour pansemens, grammes, 48.
Étamines, nombre, 2.
Étoupes fines, grammes, 1500.
Fil retors, *id.* 16.
Galon de fil, mètres, 6.
Gobelets en ferblanc, nombre, 5.
Mortier de marbre, contenant cinq cents grammes, avec pilon, nombre, 1.
Papier commun, feuilles, 25.
Poêle en cuivre à main, nombre, 1.
Seringue à clystère, avec canule courbe en étain, nombre, 1.
Canules droites en buis, nombre, 4.
Trébuchet garni, *id.* 1.
Urinoir, *id.* 1.
Ventouses en verres, *id.* 2.

Composition de la caisse d'instrumens dont les navires du commerce doivent être pourvus.

Deux couteaux à amputation, un *idem* interosseux ; une scie avec deux feuillets, un tourniquet ordinaire, un lacs à amputation, un cautère en olive, une boîte d'aiguilles à sutures et à ligatures, de diverses dimensions ; une algalie moyenne, deux sondes de gomme élastique, six bougies de gomme élastique, de grosseurs variées ; deux scalpels, une seringue à injection, un pied de biche, un trocar moyen, une clé de Garengeot, une boîte d'instrumens pour nettoyer les dents, une spatule, une davier.
La trousse des chirurgiens des navires du commerce doit être composée des instrumens ci-après :
Trois bistouris, deux ciseaux à incision, un ciseau à linge, une feuille de myrte, quatre lancettes, une ligature, une pince à anneaux, une pince à dissection, un porte-pierre, un rasoir, une sonde cannelée, une sonde à panaris, un stylet à séton.

(A)

Modèle de l'attestation à délivrer en exécution de l'article 7.

CHIRURGIENS DES NAVIRES DU COMMERCE.

Vérification de certificats.

F°   de la matricule.

Nous soussignés (*prénoms, nom, profession de chacun des membres*), composant la commission établie au port d   en exécution de l'ordonnance du Roi en date du
Certifions que le sieur (*prénoms, nom*), né le   à   département d   nous a exhibé (*indiquer la nature et les dates des pièces produites, conformément aux articles 4, 6 et 7 de l'ordonnance*); lesquels constatent que ledit sieur (*indiquer si le chirurgien a été reçu conformément à la loi du 19 ventôse an XI*).
Ou s'il est reconnu officier de santé de 2e classe par les départemens de la guerre ou de la marine ;
Ou s'il a été précédemment employé, en qualité de chirurgien, sur un navire du commerce).
En conséquence, nous déclarons qu'un permis de s'embarquer, en qualité de chirurgien, sur un navire du commerce, peut être délivré audit sieur.
Fait à   le
Vu le (*la date*), par le   de marine chargé de l'inscription maritime, au quartier d

(B)

Modèle des permis d'embarquement à délivrer en exécution de l'article 7.

Quartier d

CHIRURGIENS DES NAVIRES DU COMMERCE.

Permis d'embarquement.

F°   de la matricule.

Le   de marine chargé de l'inscription maritime, au quartier d
Vu l'attestation délivrée le   par la commission établie au port d
en exécution de l'ordonnance du Roi en date du   laquelle commission a constaté que le sieur (*prénoms et nom*), né le   à   - département d   a produit les titres nécessaires pour

être embarqué en qualité de chirurgien des navires du commerce;

Permet audit sieur   de s'embarquer, en ladite qualité, sur le navire
l   de   tonneaux ayant
hommes d'équipage, appartenant à

Fait à   le

_____

(C)

Modèle du procès-verbal de visite à dresser en exécution des articles 9, 10, 12 et 13.

CHIRURGIENS DES NAVIRES DU COMMERCE.

Coffre de médicamens et caisse d'instrumens de chirurgie.

Le navire le

L'an mil huit cent   le
jour d

Nous soussignés (prénoms, nom et profession de chacun des membres), composant la commission établie au port d   en exécution de l'ordonnance du Roi en date du   avons constaté, en présence du sieur   capitaine du navire l   du port de   tonneaux, ayant   hommes d'équipage appartenant à   destiné pour   et du sieur   chirurgien dudit navire, que le coffre de médicamens et la caisse d'instrumens de chirurgie (si un chirurgien doit être embarqué sur le navire) destinés pour ledit navire renferment les objets ci-après mentionnés, lesquels nous certifions être de bonne qualité, et parfaitement propres à l'usage auquel ils doivent être employés.

_____

(D)

Modèle du certificat à délivrer en exécution de l'article 15.

CHIRURGIENS DES NAVIRES DU COMMERCE.

Examen du journal.

Fo   de la matricule.

Nous soussignés (les prénoms, nom et profession de chacun des membres), composant la commission établie au port d   en exécution de l'ordonnance du Roi en date du

Certifions que le sieur (prénoms et nom), qui a été embarqué depuis le   jusqu'au   sur le navire le   du port de   tonneaux, ayant   hommes d'équipage appartenant à

lequel navire a (indiquer les voyages faits), nous a remis le journal qu'il a tenu, à bord dudit bâtiment, pour décrire les maladies qu'il a traitées pendant le cours du voyage, et les remèdes qu'il a administrés;

Et déclarons que (la commission exprimera son opinion sur la rédaction du journal).

Fait double, à   le
Vu le (la date), par le   de marine chargé de l'inscription maritime.

_____

4 AOUT 1819. — Ordonnances du Roi qui autorisent l'acceptation de donations faites aux communes. (7, Bull. 314.)

_____

4 AOUT 1819. — Ordonnance du Roi qui accorde une pension au sieur Constant, essayeur de monnaies. (7, Bull. 302.)

_____

4 AOUT 1819. — Ordonnance du Roi qui permet au sieur Jannot de joindre à son nom celui de de Morey. (7, Bull. 301.)

_____

4 AOUT 1819. — Ordonnances du Roi qui autorisent l'acceptation de dons et les faits aux fabriques. (7, Bull. 313.)

_____

4 AOUT 1819. — Ordonnance du Roi qui autorise l'érection en chapelle de l'église de Reux, département du Calvados. (7, Bull. 314.)

_____

4 AOUT 1819. — Ordonnance du Roi qui admet la dame veuve Jackson, la demoiselle Jackson et le sieur Garau, à établir leur domicile en France. (7, Bull. 301.)

_____

4 AOUT 1819. — Ordonnance du Roi qui classe parmi les routes départementales du Pas-de-Calais le chemin d'Arras à Saint-Laurent. (7, Bull. 307.)

_____

4 AOUT 1819. — Ordonnances du Roi qui accordent des lettres de déclaration de naturalité aux sieurs Taha, Bacle, Joly-Muffaz, Michel et Chalamel. (7, Bull. 307, 308, 311, 368 et 456.)

_____

7 AOUT 1819. — Réglement sur les fonctions des membres du conseil général des prisons. (Recueil officiel de l'intérieur, page 420.)

Le ministre de l'intérieur arrête, de l'avis du conseil-général des prisons, et sous l'approbation du Roi :

Art. 1er. Le conseil général des prisons est présidé par le ministre de l'intérieur, et, en son absence, par un vice-président nommé par lui tous les trois mois, et choisi par les membres du conseil.

2. Le conseil général tiendra sa séance les mardis de chaque semaine de huit à dix heures du soir.

Cette séance sera ouverte par la lecture du procès-verbal de la séance précédente, rédigé par le secrétaire général, et de l'ordre du jour des matières portées à la délibération du conseil.

Chaque membre, avec l'autorisation du président, aura droit de faire au conseil toutes les propositions qu'il lui paraîtrait utile de soumettre à sa délibération.

3. Le président du conseil nommera des commissaires pris dans le sein du conseil, toutes les fois qu'il se présentera des affaires qui paraîtront exiger un examen particulier.

Les commissions nommées sont dissoutes aussitôt que le conseil aura délibéré, et qu'il aura été statué sur les rapports dont elles auront été chargées.

4. La correspondance du conseil général avec les commissions départementales, et avec les autorités, a lieu par l'intermédiaire du ministre de l'intérieur.

5. Pour faciliter la surveillance du conseil général sur les prisons du royaume, chacun des membres du conseil aura la surveillance spéciale des prisons d'un certain nombre de départemens qui lui seront assignés par le ministre de l'intérieur, et qui seront distribués comme il sera dit ci-après.

6. Sont chargés de la surveillance des arrondissemens ci-dessus désignés :

1er arrondissement : Le Bas-Rhin, le Haut-Rhin, la Meurthe, les Vosges, le duc d'Albufera.

2e : Les Hautes-Alpes, les Basses-Alpes et la Loire, le comte Anglès.

3e : L'Orne, l'Allier et Saône-et-Loire, le marquis d'Aligre.

4e : L'Eure, la Seine-Inférieure et la Manche, le marquis de Barbé-Marbois.

5e : La Moselle, la Haute-Loire, Seine-et-Marne, Bellart.

6e : Le Gers, l'Aube, le Calvados, le duc de Broglie.

7e : Ile-et-Vilaine, Côtes-du-Nord et Loire-Inférieure, comte Bigot de Préameneu.

8e : Lot, Haute-Garonne, Tarn-et-Garonne, marquis de Catelan.

9e : Charente, Corrèze et Ain, Cottu.

10e : Puy-de-Dôme, Cantal et Morbihan, comte Chabrol de Volvic.

11e : Loir-et-Cher, Indre-et-Loire, Hérault, comte Chaptal.

12e : Aude, Corse, Nord, comte Daru.

13e : Gironde, Charente-Inférieure, Landes, comte Decaze.

14e : Seine-et-Oise, Vaucluse, Eure-et-Loire, baron Delaitre.

15e : Loiret, abbé Desjardins.

16e : Rhône, Var, Arriége, baron Benjamin Delessert.

17e : Lot-et-Garonne, Isère, Aisne, Guizot.

18e : Ardèche, Yonne, Côte-d'Or, Jacquinot-Pamplune.

19e : Hautes-Pyrénées, Basses-Pyrénées, Pyrénées-Orientales, comte Alexandre de Laborde.

20e : Oise, Somme, Marne, duc de la Rochefoucault.

21e : Vienne, Deux-Sèvres, Vendée, comte Mollien.

22e : Mayenne, Maine-et-Loire, Finistère, vicomte de Montmorency.

23e : Doubs, Jura, Haute-Saône, Pariset.

24e : Sarthe, Pas-de-Calais, Ardennes, baron Pasquier.

25e : Nièvre, Cher, Haute-Marne, Roy.

26e : Meuse, Haute-Vienne, Dordogne, comte de Saint-Aulaire.

27e : Drôme, Aveyron, Lozère, baron Séguier.

28e : Indre, Haute-Vienne, Creuse, Thy.

7. Le chef du bureau des prisons au ministère de l'intérieur remplira les fonctions de secrétaire archiviste du conseil, et il assistera en cette qualité à ses séances.

8. La correspondance relative à l'administration des prisons du royaume sera communiquée par le secrétaire archiviste aux membres du conseil pour les départemens dont la surveillance leur est confiée ; le membre chargé de la surveillance des prisons d'un département fera sur cette correspondance les observations qu'il jugera convenables, indiquera les abus à réformer, les améliorations à introduire, et les motifs des décisions à prendre ; il appellera, toutes les fois qu'il le jugera convenable, l'attention du ministère et du conseil général sur l'état des prisons de sa division, et leur présentera les questions qui lui paraîtront devoir leur être soumises.

9. Lorsqu'un membre du conseil général s'absentera il fera connaître au secrétaire-archiviste celui des membres du conseil qu'il aura chargé de le remplacer pour la surveillance de son arrondissement.

10. Chaque membre du conseil général inspecte de droit les prisons de son arrondissement, et correspond à cet effet, quand il juge convenable, sous le couvert du ministre avec les préposés des prisons et les fonction-

riaires du département; le tout sans préjudice ii ees inspections dont les autres membres du seonseil pourront être chargés, conformément 'as'l'article 10 de l'ordonnance du 15 mai 1819, il lar le ministre de l'intérieur.

If 11. Il sera préparé, à portée des bureaux q ees prisons, un cabinet avec un garçon de sombreau, à la disposition de MM. les membres io u conseil.

Sb 12. Dans les séances du mois qui précédera isonacune des séances de la société générale ruour l'amélioration des prisons, le conseil gé-lsièral désignera les matières qui devront faire ijdobjet du compte de ses travaux, et de ses resoservations à présenter au Roi et à la so-Siété, conformément à l'article 10 des statuts ul e la société. Ce rapport pourra être divisé en iannusieurs parties, selon l'ordre des matières, tiù être confié à plusieurs rapporteurs qui se-Jront choisis dans le sein de la société par le ini inistre de l'intérieur.

Sh 13. Le présent réglement sera soumis à qqupprobation du Roi.

= = Pr. 15 AOUT 1819. — Ordonnance du off Roi contenant des modifications au tarif des douanes. (7, Bull. 501, n° 7155.)

Voy. lois des 27 MARS 1817, 7 JUIN 1820, et 27 JUILLET 1822; ordonnance du 13 JUILLET 1825, et loi du 17 MAI 1826. *Voy.* ordonnance du 29 SEPTEMBRE 1819.

Louis, etc.

La multiplicité des travaux entrepris dans la session législative que nous venons de clore n'ayant pas permis de présenter le projet de la loi sur les douanes à la délibération des Chambres, nous nous sommes fait représenter ce projet afin d'examiner si parmi ses dispositions il ne s'n trouverait pas dont l'ajournement pourrait devenir préjudiciable au commerce et surtout à l'industrie du royaume, et nous avons effectivement reconnu qu'à l'égard de plusieurs articles, d'ailleurs sans importance pour le fisc, il y avait urgence.

A ces causes,

Sur le rapport de notre ministre secrétaire-d'Etat au département des finances,

Notre Conseil-d'Etat entendu,

Nous avons ordonné et ordonnons ce qui suit:

TARIF.

Entrée.

A Art. 1er. Les droits d'entrée seront, à l'égard des marchandises dénommées au présent oilrticle, établis ou modifiés de la manière suivante:

isicier fondu.			Mêmes droits que l'acier forgé.
luaulx.			Mêmes droits que les autres instrumens aratoires, sans distinction.
immes à scie, dentelées no ou non dentelées, d'é-nq paisseur d'usage. . .	au-dessus d'un mètre 14 centimètres de longueur.		Mêmes droits que les outils de fer rechargésd'acier
	d'un mètre 14 centimètres de longueur et au-dessous.		Mêmes droits que les outils de pur acier.
immes et râpes.	à grosses tailles, dites *communes* (1).		70 f	par 100 kilogram.
	à polir, dites *fines* (2). .	de 17 centimètres de longueur et au-dessus. . .	200	
		ayant moins de 17 centimètres de longueur (3). . .	250	

---

1)(1) On comprendra sous cette dénomination les limes à queue non polies, dont chacune ne esse pas moins d'un hectogramme, qui sont entortillées de paille sans papier et mises en pa-joaets de six au plus, lesquelles limes se vendent au poids dans le commerce.

c)(2) Elles se distinguent des limes communes par les caractères opposés à ceux décrits en oa note précédente. La taille en est plus serrée et plus régulière. Le morceau d'acier dont moemmanchement est formée ayant été poli avant qu'on le poinçonnât, la partie inférieure qui sert mœmmanchement est lisse et régulièrement évidée. Les limes fines sont, à moins de tentative ti i fraude, enveloppées de papiers, et se vendent au pouce.

c)(3) Cette longueur ne se mesurera que sur la partie de la lime qui est taillée ou poinçon-oie: elle ne comprendra pas la partie inférieure réservée pour l'emmanchement ou la queue.

Ferblanc. . . . . 70 00 par 100 kilogram.

Etoffes de soie provenant de l'Inde, et en général toutes celles
   dont l'origine d'Europe ne sera pas certaine. . . . . 45 00 par kilogram.

Chicorée { en racine { verte. . . . . 0 50 } par 100 kilog.
                { sèche, non torréfiée. . . . . 2 50 }
       moulue ou faux café. . . . . Prohibée.

Oxide de zinc dit *tutie* ou *cadmie*. . . . . Même droit que la pierre
                                   calaminaire.

Graines de lin apportées en droiture des ports de la Baltique. . . 1 fr. par 100 kilogram.

	DROITS	
	par navires français.	par navires étrangers et par terre.
Tartre brut destiné aux raffineries et à la réexportation en crème de tartre. . . .	0 f 50 c	2 f 00 c
Dérivés du salpêtre dont les droits doivent être augmentés, en vertu de la loi du 10 mars dernier. — Acides { sulfurique et muriatique nitrique. . . .	droits actuels. 90 60	98 60
fin et rosé, dit de Rome. . .	33 70	36 80
Alun.. { ordinaire, de toute espèce.	28 70	31 30
brulé ou calci.	89 40	97 20
Soudes de toute sorte. .	11 50	12 60
Natron.	6 50	7 10

par 100 kilog.

Sortie.

2. Les droits de sortie seront, à l'égard des marchandises dénommées au présent article, établis ou modifiés comme il suit :

Peaux d'agneaux et de chevreaux { fraîches. . . 46 00 }
   du pays, brutes.. . . . . { sèches. . . 80 00 } par 100 kilogrammes.
Crème de tartre. . . . . 00 50 }

PRIMES A LA SORTIE.

Sucres.

3. La prime de sortie des sucres raffinés sera portée de quatre-vingt-dix à cent dix francs pour les pains entiers de six kilogrammes et au dessous, et de soixante à quatre-vingts francs pour ceux au-dessus de six kilogrammes et pour le sucre candi.

Acides.

4. Conformément à la loi du 10 mars dernier, il sera accordé, pour l'exportation des acides nitriques et sulfuriques, une prime que nous réglons de la manière suivante :

Pour les premiers. . 53 00 { par 100 kilog.
Pour les seconds. . 3 50 { net.

Pour obtenir ces primes, les acides devront être expédiés directement des fabriques françaises sur l'un des bureaux désignés en notre ordonnance du 2 janvier 1817, relative aux tissus de coton ; et ce, avec des certificats d'origine, confirmés par les autorités locales.

5. Notre ministre secrétaire-d'Etat des finances est chargé de l'exécution de la présente ordonnance, qui sera insérée au Bulletin des Lois.

; **111 ⚡ Pr. 20 août 1819.** — Ordonnance du Roi qui fixe pour 1819 la durée des vacances de la cour des comptes, et institue une chambre de vacation pendant l'intervalle. (7, Bull. 302, n° 7179.)

114 ⚡ 28 août 1819. — Ordonnance du Roi qui indique les départemens compris dans les circonscriptions des salpétrières royales, et ceux où l'exploitation du salpétre est entièrement abandonnée à l'industrie privée, et contient des modifications aux réglemens de l'administration des poudres et salpêtres. (7, Bull. 303, n° 7266.)

Voy. loi du 10 mars 1819.

Louis, etc.

Vu les lois, décrets et ordonnances concernant l'administration générale des poudres et salpêtres ;

Vu la loi du 10 mars 1819, sur le commerce et l'exploitation du salpêtre ;

Voulant pourvoir à l'exécution des articles 4 et 5 de la loi du 10 mars 1819, en ce qui concerne l'indication des départemens compris dans les circonscriptions des salpêtrières royales, et de ceux où l'exploitation du salpêtre est entièrement abandonnée à l'industrie privée, et apporter aux réglemens de cette administration les modifications qu'exige sa destination actuelle ;

Sur le rapport de notre ministre secrétaire-d'Etat de la guerre,

Nous avons ordonné et ordonnons ce qui suit :

Art. 1er. Seront compris dans la circonscription des salpêtrières royales, et, comme tels, soumis aux dispositions de l'article 5 de la loi du 10 mars 1819, les départemens portés au tableau A annexé à la présente ordonnance.

2. Les départemens portés au tableau B, également annexé à la présente ordonnance, sont et demeureront définitivement hors des circonscriptions des salpêtrières royales ; en conséquence, conformément à l'article 4 de la loi précitée, l'exploitation du salpêtre y sera entièrement et exclusivement livrée à l'industrie privée.

3. La faculté de vendre des salpêtres au public, réservée à l'administration des poudres par l'ordonnance du 20 mai 1818, lui est interdite à partir du 1er novembre prochain.

4. Les commissariats de Dijon et d'Avignon sont supprimés, et seront remplacés par de simples entrepôts.

5. Le service de l'administration des poudres se bornera exclusivement à la fabrication des poudres et des salpêtres nécessaires à l'Etat pour les départemens de la guerre et de la marine, ainsi que pour le département des finances, chargé de la vente des poudres au commerce et aux particuliers.

6. Cette administration, qui continuera d'être dirigée conformément aux dispositions de nos ordonnances du 19 novembre 1817, sera désormais désignée sous la dénomination de *service des poudres et salpêtres de France*.

Tableau A.

État des départemens compris dans les circonscriptions des salpêtrières royales, et soumis en conséquence aux dispositions de l'article 5 de la loi du 10 mars 1819, avec l'indication des commissariats auxquels ils ressortissent.

Commissariat chef-lieu de circonscription : Paris. Départemens compris dans cette circonscription : Seine, Seine-et-Marne, Seine-et-Oise, Aisne, Oise, Eure, Eure-et-Loir, Calvados, Yonne.

Commissariat chef-lieu de circonscription : Le Ripault. Départemens compris dans cette circonscription : Loiret, Loir-et-Cher, Indre-et-Loire, Indre, Maine-et-Loire, Vienne, Cher.

Commissariat chef-lieu de circonscription : Bordeaux. Départemens compris dans cette circonscription : Charente, Gironde, Dordogne, Lot-et-Garonne.

Commissariat chef-lieu de circonscription : Toulouse. Départemens compris dans cette circonscription : Hérault, Tarn-et-Garonne, Haute-Garonne, Aude, Pyrénées-Orientales. L'entrepôt de Montpellier conservé pour le département de l'Hérault.

Commissariat chef-lieu de circonscription : Marseille. Départemens compris dans cette circonscription : Gard, Bouches-du-Rhône, Var, Basses-Alpes, Vaucluse. Le commissariat d'Avignon supprimé, et remplacé par un entrepôt pour le département de Vaucluse.

Commissariat chef-lieu de circonscription : Lyon. Département compris dans cette circonscription : Haute-Loire, Puy-de-Dôme, Allier, Nièvre, Rhône, Isère, Ain, Saône-et-Loire. L'entrepôt de Clermont conservé pour les départemens de l'Allier, du Puy-de-Dôme, de la Haute-Loire et de la Nièvre.

Commissariat chef-lieu de circonscription : Besançon. Départemens compris dans cette circonscription : Côte-d'Or, Haute-Marne, Haute-Saône, Doubs, Jura. Le commissariat de Dijon supprimé, et remplacé par un entrepôt pour les départemens de la Côte-d'Or et de la Haute-Marne.

Commissariat chef-lieu de circonscription : Colmar. Départemens compris dans cette circonscription : Haut-Rhin, Bas-Rhin.

Commissariat chef-lieu de circonscription : Nancy. Départemens compris dans cette circonscription : Vosges, Meurthe, Moselle, Meuse, Aube, Marne, Ardennes. L'entrepôt de Châlons conservé.

Commissariat chef-lieu de circonscription : Lille. Départemens compris dans cette circonscription : Nord, Pas-de-Calais, Somme.

TABLEAU B.

État des départemens situés hors des circonscriptions des salpétrières royales, et dans lesquels, conformément à l'article 4 de la loi du 10 mars 1819, l'exploitation du salpêtre est entièrement et exclusivement livrée à l'industrie privée.

Seine-Inférieure, Manche, Orne, Sarthe, Mayenne, Ille-et-Vilaine, Côtes-du-Nord, Finistère, Morbihan, Loire-Inférieure, Vendée, Deux-Sèvres, Charente-Inférieure, Landes, Gers, Basses-Pyrénées, Hautes-Pyrénées, Arriége, Tarn, Aveyron, Lot, Corréze, Haute-Vienne, Creuse, Cantal, Lozère, Ardèche, Drôme, Hautes-Alpes, Corse.

Approuvé les présens états, conformément à l'ordonnance du 11 août 1819.

Le ministre secrétaire-d'État de la guerre ; en l'absence du maréchal Gouvion-Saint-Cyr, le président du conseil des ministres, Signé LE MARQUIS DESSOLLE.

11 AOUT 1819. — Ordonnances du Roi qui autorisent l'acceptation de dons et legs faits aux fabriques. (7, Bull. 315.)

11 AOUT 1819. — Ordonnances du Roi qui autorisent l'acceptation de dons et legs faits aux hospices (7, Bull. 316.)

11 AOUT 1819. — Ordonnance du Roi qui transfère à Beaufort le chef-lieu de la justice de paix du canton de Cousance, département du Jura. (7, Bull. 302.)

11 AOUT 1819. — Ordonnance du Roi qui admet les sieurs Braunes, Zierwes, Muller, Abramowtez, Pantiga, Meyer, Hartelt et Stadelmann, à établir leur domicile en France. (7, Bull. 304.)

11 AOUT 1819. — Ordonnances du Roi qui accordent des lettres de déclaration de naturalité aux sieurs Cremer, Nadal, Sacré, Sauerbronn, Rival, Yung, Pescatore et Tonina. (7, Bull. 307, 317, 322, 330, 343, 419, 444 et 602.)

11 AOUT 1819. — Ordonnances du Roi qui autorisent l'acceptation de dons et legs faits au séminaire de Clermont-Ferrand ; aux fabriques. (7, Bull. 314.)

18 = Pr. 28 AOUT 1819. — Ordonnance du Roi relative au traitement des professeurs de mathématiques attachés aux écoles régimentaires du génie. (7, Bull. 303, n° 7267.)

Louis, etc.

Voulant améliorer la position des professeurs de mathématiques attachés aux trois écoles régimentaires du génie, dont le traitement se trouve être moindre que celui des mêmes professeurs dans l'artillerie, quoique le service des uns et des autres soit le même ;

Sur le rapport de notre ministre secrétaire-d'État au département de la guerre ;

Nous avons ordonné et ordonnons ce qui suit :

Art. 1er. A compter du 1er octobre prochain, le traitement des professeurs de mathématiques attachés aux écoles régimentaires du génie sera le même que celui des professeurs de mathématiques attachés aux écoles régimentaires d'artillerie.

2. Nos ministres secrétaires-d'État aux départemens de la guerre et des finances sont chargés, chacun en ce qui le concerne, de l'exécution de la présente ordonnance.

18 = Pr. 28 AOUT 1819 — Ordonnance du Roi qui prescrit la remise aux payeurs des départemens, des pièces justificatives des paiemens que feront les receveurs généraux, par compensation ou autrement, des arrérages d'inscriptions départementales ou d'inscriptions directes. (7, Bull. 303, n° 7268.)

Louis, etc.

Nous étant fait représenter notre ordonnance du 28 du mois dernier par laquelle il a été prescrit aux receveurs généraux de comprendre dans leurs comptes à la cour des comptes les paiemens et compensations des arrérages de rentes qu'ils doivent acquitter sur les inscriptions départementales ;

Considérant que, pour l'unité de la comptabilité, il est préférable de faire rentrer dans celles des agens institués pour la dépense un article qui appartient à ce service ;

Ne voulant pas, toutefois, priver les porteurs d'inscriptions directes et départementales de la facilité d'en recevoir les arrérages à la caisse des receveurs généraux ;

Sur le rapport de notre ministre secrétaire-d'Etat des finances,

Nous avons ordonné et ordonnons ce qui suit :

Art. 1er. Notre ordonnance du 28 juillet dernier est rapportée (1).

2. Les pièces justificatives des paiemens que feront les receveurs généraux, par compensation ou autrement, des arrérages d'inscriptions départementales ou d'inscriptions directes, conformément à la loi du 14 avril dernier et à notre ordonnance du même jour, seront remises par eux aux payeurs de leurs départemens, qui les comprendront dans leurs comptes à notre cour des comptes.

3. Notre ministre secrétaire-d'Etat des finances donnera les instructions nécessaires pour l'exécution de la présente ordonnance, qui sera insérée au Bulletin des Lois.

18 ⇒ Pr. 28 AOUT 1819. — Ordonnance du Roi qui règle la solde des officiers et sous-officiers de sapeurs. (7, Bull. 303, n° 7269.)

Louis, etc.

Voulant faire cesser la différence de solde qui existe, dans les régimens de notre corps royal du génie, entre les officiers et sous-officiers de sapeurs et les officiers et sous-officiers de mineurs ;

Sur le rapport de notre ministre secrétaire-d'Etat au département de la guerre,

Nous avons ordonné et ordonnons ce qui suit :

Art. 1er. La solde d'activité des chefs de bataillon de sapeurs, dans les régimens du corps royal du génie, sera portée à quatre mille francs par an.

2. La solde d'activité des capitaines en premier, capitaines en second, lieutenans en premier, lieutenans en second, sergens-majors, sergens et fourriers, dans les sapeurs, sera la même que celle de ces grades dans les mineurs.

3. Les dispositions mentionnées aux articles précédens recevront leur exécution à compter du 1er octobre prochain : elles ne seront néanmoins pas applicables, jusqu'à nouvel ordre, aux capitaines en premier de sapeurs qui seraient détachés des régimens pour le service des places ; ils continueront

d'être traités comme par le passé, jusqu'à ce que la mesure dont il s'agit soit mise en harmonie, dans la prochaine organisation définitive du corps royal du génie, avec la solde du grade de capitaine dans l'état-major du même corps.

4. Nos ministres secrétaires-d'Etat de la guerre et des finances sont chargés, chacun en ce qui le concerne, de l'exécution de la présente ordonnance.

18 ⇒ Pr. 28 AOUT 1819. — Ordonnance du Roi qui enjoint aux officiers de l'état civil de se procurer, dans le délai fixé, de nouveaux registres lorsque des cours ou des tribunaux auront ordonné, pour l'instruction des causes, l'apport au greffe des registres courans. (7, Bull. 303, n° 7270.)

Louis, etc.

L'apport des registres courans de l'état civil aux greffes des cours et tribunaux pour l'instruction des causes qui y sont portées, ne permettant pas d'y inscrire les actes à la conservation desquels ils sont consacrés, il est nécessaire, dans ce cas, de pourvoir à leur remplacement de manière que l'état civil puisse toujours être fidèlement et régulièrement constaté.

A ces causes,

Sur le rapport de notre garde-des-sceaux, ministre secrétaire-d'Etat au département de la justice,

Notre Conseil-d'Etat entendu,

Nous avons ordonné et ordonnons ce qui suit :

Art. 1er. Lorsque des cours ou tribunaux auront ordonné l'apport au greffe des registres courans de l'état civil, les officiers de l'état civil, sur la signification qui leur en sera faite, se procureront, dans la quinzaine au plus tard, de nouveaux registres.

2. Aussitôt qu'ils en seront munis, ils cloront et arrêteront les registres dont l'apport aura été ordonné, et ils y mentionneront la cause pour laquelle ils sont clos avant la fin de l'année.

3. Les cours et tribunaux comprendront les frais des nouveaux registres dans la liquidation des frais et dépens auxquels doit être condamnée la partie qui succombe.

4. En cas d'insolvabilité du condamné, la dépense faite pour ces nouveaux registres sera remboursée par la régie du domaine et de l'enregistrement.

5. Notre garde-des-sceaux, ministre secré-

_____

(1) Cette ordonnance n'est pas au Bulletin.

taire-d'Etat au département de la justice, et nos ministres secrétaires-d'Etat de l'intérieur et des finances, sont chargés, chacun en ce qui le concerne, de l'exécution de la présente ordonnance.

---

18 = Pr. 28 AOUT 1819. — Ordonnance du Roi qui fixe à cinquante le nombre des avoués à la cour royale de Paris. (7, Bull. 303, n° 7271.)

Louis, etc.

Vu l'article 114 du décret du 6 juillet 1810, d'après lequel, sur l'avis de nos cours royales, il doit être pourvu à une nouvelle fixation du nombre d'avoués nécessaire pour le service des cours royales et des tribunaux de première instance ;

Vu les délibérations de notre cour royale de Paris, des 6 mars 1813 et 25 mai 1819 ;

Sur le rapport de notre garde-des-sceaux, ministre secrétaire-d'Etat au département de la justice,

Nous avons ordonné et ordonnons ce qui suit :

Art. 1er. Le nombre des avoués à la cour royale de Paris est fixé à cinquante.

2. Jusqu'à réduction des titres maintenant existans au nombre ci-dessus déterminé, il ne sera présenté à notre nomination aucun candidat qu'il ne soit porteur de deux démissions ou présentations, soit de la part des titulaires, soit de celle de leurs ayans-cause, aux termes de l'art. 91 de la loi de finances du 28 avril 1816.

3. Les avoués qui ont encouru la déchéance pour n'avoir point satisfait aux cautionnemens ou supplémens de cautionnemens exigés par la loi de finances du 28 avril 1816, sont, comme ceux qui auraient encouru la destitution, privés du droit de présenter leur successeur.

4. Notre garde-des-sceaux, ministre secrétaire-d'Etat au département de la justice, est chargé de l'exécution de la présente ordonnance.

---

18 = Pr. 28 AOUT 1819. — Ordonnance du Roi relative à la réduction de la communauté des huissiers de Paris à cent cinquante membres. (7, Bull. 303, n° 7272.)

Louis, etc.

Il nous a été représenté que, le délai de deux ans fixé par notre ordonnance du 12 février 1817 pour opérer la réduction de la communauté des huissiers de Paris, au nombre de cent cinquante, étant expiré, l'incertitude qui règne sur le mode ultérieur qui pourrait être adopté pour opérer cette réduction empêche la transmission des titres.

A quoi voulant pourvoir ;

Vu ladite ordonnance ;

Vu la délibération de notre cour royale de Paris, du 25 mai dernier ;

Sur le rapport de notre garde-des-sceaux, ministre-secrétaire-d'Etat au département de la justice,

Nous avons ordonné et ordonnons ce qui suit :

Art. 1er. La réduction de la communauté des huissiers de Paris à cent cinquante membres, prescrite par notre ordonnance du 12 février 1817, continuera de s'opérer suivant le mode indiqué par cette ordonnance.

2. Les huissiers qui ont encouru la déchéance pour n'avoir point satisfait aux cautionnemens exigés par la loi de finances du 28 avril 1816 sont, comme ceux qui ont encouru la destitution, privés du droit de présenter leurs successeurs.

3. Notre garde-des-sceaux, ministre secrétaire-d'Etat au département de la justice, est chargé de l'exécution de la présente ordonnance.

---

18 = Pr. 3 SEPTEMBRE 1819. — Ordonnance du Roi portant convocation des collèges électoraux des départemens de la troisième série et du département de la Haute-Garonne. (7, Bull. 303, n° 7343.)

Voy. lois des 5 FÉVRIER 1817, 29 JUIN 1820, et notes.

Louis, etc.

Les départemens de la 3e série doivent renouveler cette année leur députation ; celle du département de la Haute-Garonne, appartenant à une autre série, doit être complétée ; en conséquence, sur le compte qui nous a été rendu que la liste des électeurs a été dressée, imprimée et affichée par les soins des préfets, nous avons résolu de convoquer les collèges électoraux de ces départemens.

A ces causes,

Vu les articles 35, 36 et 37 de la Charte ;

Vu notre ordonnance du 27 novembre 1816, qui a réparti les quatre-vingt-six départemens du royaume en cinq séries, dont l'ordre a été réglé par le tirage au sort fait dans la Chambre des députés, le 22 janvier 1817 ;

Vu la loi du 5 février suivant ;

Vu les ordonnances des 20 août 1817 et 26 septembre 1818, par lesquelles nous avons réglé les formalités qui sont relatives à l'exécution de ladite loi, et que nous croyons devoir reproduire ;

Sur le rapport de notre ministre secrétaire-d'Etat de l'intérieur,

Nous avons ordonné et ordonnons ce qui suit :

Art. 1er. Les colléges électoraux des départemens de la 3e série, et du département dont la députation est incomplète, sont convoqués.

2. Ils se réuniront dans les villes et au jour ci-après indiqués. Ils se diviseront en sections, conformément au tableau ci-joint, et ils éliront le nombre de députés énoncé au même tableau, savoir :

SÉRIES.	DÉPARTEMENS.	VILLES où les colléges tiendront leur séance.	JOUR de l'ouverture du collége.	NOMBRE des sections du collége.	NOMBRE de députés à nommer.
3e.	Aisne.	Laon. . . .	11 sept.	3	4
Idem.	Allier.	Moulins. . . .	Idem.	2	2
Idem.	Arriége.	Foix. . . .	Idem.	1	2
Idem.	Cantal.	Aurillac. . . .	Idem.	2	2
Idem.	Charente-Inférieure. .	Saintes. . . .	Idem.	3	4
Idem.	Doubs.	Besançon. . .	Idem.	2	2
Idem.	Eure-et-Loir.	Chartres. . . .	Idem.	3	2
Idem.	Isère.	Grenoble. . .	Idem.	3	4
Idem.	Marne (Haute). . . .	Chaumont. . .	Idem.	1	2
Idem.	Mayenne.	Laval. . . .	Idem.	3	3
Idem.	Morbihan.	Vannes. . . .	Idem.	2	4
Idem.	Pyrénées (Basses). . .	Pau.	Idem.	1	3
Idem.	Rhin (Bas).	Strasbourg. .	Idem.	2	4
Idem.	Seine-Inférieure. . . .	Rouen.	Idem.	10	6
Idem.	Tarn.	Albi.	Idem.	3	2
Idem.	Vaucluse.	Avignon. . . .	Idem.	2	2
Idem.	Vienne. . . . , . . .	Poitiers. . . .	Idem.	2	2
3e.	Garonne (Haute). . .	Toulouse. . .	Idem.	3	1

3. Nul ne pourra être admis dans le collége ou dans la section, s'il n'est inscrit d'office, ou ne s'est fait inscrire sur les listes principale ou supplémentaires.

4. La division en sections se fera par ordre alphabétique des noms des électeurs. Le préfet, en suivant cet ordre, déterminera le nombre des électeurs de chaque section dans les limites fixées par l'article 9 de la loi du 5 février 1817.

5. Le préfet, à la réception de la présente ordonnance, la fera publier dans l'arrondissement du chef-lieu, avec l'arrêté par lequel il aura désigné le local des séances du collége et des diverses sections. Il transmettra immédiatement à chacun des sous-préfets une copie de ces deux actes, pour qu'ils les fassent également publier dans leurs arrondissemens respectifs.

6. Il sera remis à chaque électeur une carte indiquant : 1° le numéro de la section à laquelle il appartient ; 2° celui de son inscription sur la liste de cette section ; 3° l'édifice où la section doit se réunir.

7. Le préfet fera également remettre au président du collége et à chaque vice-président : 1° une expédition de la présente ordonnance, et la lettre close par laquelle nous leur donnons avis de leur nomination et de la convocation du collége ; 2° un extrait de l'arrêté qui désigne l'édifice dans lequel doit se réunir le collége ou la section qu'ils président ; 3° la liste alphabétique des membres du collége ou de cette section, avec le nom, la qualification et le domicile de chacun ; 4° enfin, une liste indicative des éligibles du département.

8. Si, avant l'ouverture du collége ou pendant la durée de la session, le président ou un des vice-présidens nommés par nous se trouvait empêché de remplir ses fonctions, le préfet désignera le président parmi les mem-

bres du collége et le vice-président parmi les électeurs de la section, pour le remplacer.

9. Le jour fixé pour l'ouverture du collége, le président et les vice-présidens, chacun dans sa section, ouvriront la séance à huit heures précises du matin, en désignant, parmi les électeurs présens, les quatre scrutateurs et le secrétaire provisoire; on procédera ensuite à la nomination du bureau définitif, par deux scrutins simultanés, mais distincts; l'un de liste simple, pour la nomination des quatre scrutateurs; l'autre, individuel, pour celle du secrétaire.

Le quart plus une des voix de la totalité des membres du collége, et la moitié des suffrages exprimés, exigés pour les autres opérations, ne sont pas nécessaires pour la nomination des membres du bureau; ils peuvent être élus à la simple pluralité des voix des électeurs présens.

10. Aussitôt que le président ou le vice-président aura proclamé les membres du bureau définitif, le secrétaire ouvrira le procès-verbal; il y consignera les opérations qui auront eu lieu jusqu'à ce moment. Le procès-verbal sera tenu en double minute, rédigé à la fin de chaque séance, et signé, au plus tard, à l'ouverture de la séance suivante, par tous les membres du bureau qui y auront assisté.

11. A l'ouverture de chaque tour de scrutin, le président fera faire un appel des électeurs. Chacun, à mesure que son nom sera appelé, déposera son bulletin.

Le membre du bureau qui aura reçu le bulletin inscrira sa propre signature devant le nom de l'électeur porté sur la liste du collége ou de la section.

Chaque électeur, en votant pour la première fois, prononcera le serment dont la teneur suit:

Je jure fidélité au Roi, obéissance à la Charte constitutionnelle et aux lois du royaume.

12. Les bulletins de ceux qui, n'ayant pas répondu à l'appel, se présenteront ensuite pour voter, continueront à être reçus jusqu'à l'heure fixée pour la clôture.

13. A trois heures, le président ou vice-président déclarera que le scrutin est clos; il comptera le nombre des bulletins, et il en ordonnera le dépouillement. Le procès-verbal constatera le nombre des bulletins trouvés dans la boîte, et celui des électeurs qui auront voté.

14. Si le nombre des bulletins est inférieur ou supérieur à celui des votans, le bureau décide provisoirement, selon les cas et les circonstances, de la validité de l'opération. Il sera fait mention de la décision au procès-verbal.

15. Le bureau raiera de tout bulletin: 1° les derniers noms inscrits au-delà de ceux qu'il doit contenir; 2° les noms qui ne désigneraient pas clairement l'individu auquel ils s'appliquent; 3° au troisième tour de scrutin, les noms des individus qui ne seraient pas compris sur la liste double des personnes qui ont obtenu le plus de suffrages au second tour.

Le relevé des votes, dans chaque section, sera arrêté et signé par le bureau, conformément à l'article 13 de la loi, et le vice-président le portera immédiatement au bureau du collége, qui fera le recensement général. Il sera dressé un procès-verbal de recensement.

16. Si une ou plusieurs sections n'avaient pas terminé leurs opérations ou n'en avaient fait que d'irrégulières, le recensement des votes des autres sections n'en aura pas moins lieu, conformément à l'art. 13 de la loi; et les candidats qui auraient obtenu le nombre de voix nécessaire seront proclamés.

17. Le bureau ne peut juger que les difficultés qui s'élèvent sur la régularité des opérations du collége ou de la section. Il ne doit pas s'occuper des réclamations qui auraient pour objet le droit de voter.

Le bureau délibère à part; le président prononce la décision à haute voix.

18. S'il s'élève des discussions dans le sein du collége ou d'une section, le président ou le vice-président rappellera aux électeurs qu'aux termes de l'article 8 de la loi, toutes discussions, toutes délibérations, leur sont interdites. Si, malgré cette observation, la discussion continue dans l'assemblée, et si le président n'a pas d'autre moyen de la faire cesser, il prononcera la levée de la séance, et l'ajournement au lendemain au plus tard. Les électeurs seront obligés de se séparer à l'instant.

19. La police du collége ou des sections appartenant au président ou vice-président, nulle force armée ne peut, sans leur demande, être placée auprès du lieu des séances: mais les commandans militaires sont tenus d'obtempérer à leurs réquisitions.

20. Le président prononcera la séparation du collége, aussitôt que les élections seront terminées, et, au plus tard, le dixième jour après l'ouverture.

21. Immédiatement après la clôture du collége, le président adressera au préfet du département les deux minutes du procès-verbal de chaque section, et le procès-verbal des recensemens généraux dans les colléges qui sont divisés en sections.

22. L'une de ces minutes restera déposée aux archives de la préfecture, et l'autre sera envoyée par le préfet à notre ministre de l'intérieur, qui la transmettra aux questeurs de la Chambre des députés.

23. Notre ministre secrétaire-d'État de l'intérieur est chargé de l'exécution de la présente ordonnance.

18 AOUT = Pr. 3 SEPTEMBRE 1819. — Ordonnance du Roi relative à la convocation du collége électoral du département de la Corse. (7, Bull. 303, n° 7344.)

Voy. lois des 5 FÉVRIER 1817, 29 JUIN 1820, et notes.

Louis, etc.

Vu notre ordonnance en date de ce jour, qui convoque les colléges électoraux de la 3ᵉ série, et règle les formalités concernant la tenue de leur session ;

Sur le rapport de notre ministre secrétaire-d'État de l'intérieur,

Nous avons ordonné et ordonnons ce qui suit :

Art. 1ᵉʳ. Le collége électoral du département de la Corse se réunira le jour qui sera indiqué par le préfet, et dans la ville qu'il désignera.

2. Il ne sera composé que d'une section, et procédera à la nomination de deux députés.

3. Notre ministre secrétaire-d'État de l'intérieur est chargé de l'exécution de la présente ordonnance.

18 AOUT = Pr. 6 SEPTEMBRE 1819. — Ordonnance du Roi qui réunit la juridiction des patrons pêcheurs du port de Sérignan à celle du port d'Agde, et contient réglement à cet égard. (7, Bull. 307, n° 7404.)

Louis, etc.

Vu la loi du 12 décembre 1790, concernant les pêcheurs des différens ports du royaume et particulièrement ceux de Marseille ;

La loi du 20 mars 1791, portant établissement d'une juridiction de prud'hommes dans le port de Sérignan ;

La délibération prise, le 14 mars 1819, par les patrons pêcheurs de ce port, pour demander la réunion de leur prud'hommie à celle du port d'Agde ;

La délibération du 2 juin 1819, par laquelle les patrons pêcheurs d'Agde ont déclaré adhérer à cette réunion ;

Considérant que les patrons pêcheurs de Sérignan ne sont plus en assez grand nombre pour pouvoir renouveler leurs prud'hommes aux époques et dans les formes voulues par les réglemens et statuts qui régissent leur communauté ;

Et que d'ailleurs les dépenses et frais d'entretien de la prud'hommie excèdent aujourd'hui ses revenus et ses ressources;

Sur le rapport de notre ministre secrétaire-d'État au département de la marine et des colonies ;

Notre Conseil-d'État entendu,

Nous avons ordonné et ordonnons ce qui suit :

Art. 1ᵉʳ. La juridiction des patrons pêcheurs du port de Sérignan est réunie à celle du port d'Agde.

2. Cette réunion aura lieu à l'époque déterminée pour le renouvellement des prud'hommes.

3. Un des quatre prud'hommes d'Agde devra être élu parmi les patrons pêcheurs de Sérignan.

4. Ce prud'homme jouira des mêmes avantages que ceux d'Agde; il résidera à Sérignan, et sera chargé de rendre la justice aux patrons pêcheurs de cette commune, en se faisant assister de deux d'entre eux, qui seront désignés, à cet effet, par les pêcheurs assemblés, lors de l'élection des prud'hommes.

5. Dans aucun cas, les patrons de Sérignan ne se rendront à Agde pour y faire juger leurs différens ; si quelque affaire grave se présentait, deux prud'hommes d'Agde seraient tenus de se rendre sur les lieux à l'invitation de celui de Sérignan.

6. Le prud'homme en résidence à Sérignan sera chargé de verser, le 1ᵉʳ de chaque mois, dans la caisse de la communauté, la recette du droit dit *de la demi-part*, ou de l'abonnement qui pourra en tenir lieu, selon que les intérêts de la juridiction porteraient les patrons pêcheurs des deux prud'hommies réunies à adopter l'un ou l'autre mode de perception ; notre intention étant, au surplus, que, dans toutes les circonstances quelconques, les patrons pêcheurs de Sérignan aient à jouir des mêmes avantages et à supporter les mêmes charges que ceux d'Agde.

7. Notre ministre secrétaire-d'État au département de la marine et des colonies est chargé de l'exécution de la présente ordonnance.

18 AOUT 1819. — Ordonnance du Roi qui permet aux sieurs Fifuet et Bonnet d'ajouter à leurs noms ceux de Sanville et de Castres. (7, Bull. 304.)

18 AOUT 1819. — Ordonnance du Roi qui admet les sieurs Pache, Delle et Brokoski, à établir leur domicile en France. (7, Bull. 304.)

18 AOUT 1819. — Ordonnance du Roi qui au-

torise l'inscription au Trésor royal d.. vingt-quatre pensions civiles et militaires. (7, Bull. 508.)

18 AOUT 1819. — Ordonnances du Roi qui autorisent l'acceptation de dons et legs faits aux fabriques. (7, Bull. 316.)

18 AOUT 1819. — Ordonnances du Roi qui accordent des lettres de déclaration de naturalité aux sieurs Dupaquier, Pirard , de Pirch , Airardi, Fischer , Borgia , Velat , Fontana, Ramache, Hottelier, Frowin, Lacurial, Maréchal, Orengo, Gay et Wassemberg et au sieur Pohé. (7, Bull. 307, 308, 311, 316; et 8, Bull. 105, 322, 324, 330, 331, 337, 348, 353, 396.)

18 AOUT 1819. — Ordonnances du Roi qui autorisent l'acceptation de dons et legs faits aux fabriques. (7, Bull. 317.)

18 AOUT 1819. — Ordonnances du Roi qui autorisent l'acceptation de dons et legs faits aux pauvres. (7, Bull. 318.)

21 AOUT 1819. — Ordonnance du Roi qui accorde une pension de retraite à M. Buttet, sous-chef de division au ministère des affaires étrangères. (7, Bull. 320.)

22 AOUT 1819. — Ordonnance du Roi portant nomination des présidens et vice-présidens des colléges électoraux des départemens de la 3e série et du département de la Haute-Garonne. (7, Bull. 305.)

23 AOUT = Pr. 6 SEPTEMBRE 1819. — Ordonnance du Roi qui détermine la composition et les fonctions du conseil général du commerce , établi près le ministre de l'intérieur. (7, Bull. 307, no 7405.)

Voy. ordonnance du 9 FÉVRIER 1825.

Louis, etc.

L'institution d'un conseil de négocians appelés auprès du ministère, pour donner leur avis sur les matières de commerce, remonte à des temps déjà anciens, et atteste la haute protection que les Rois nos prédécesseurs se plurent à accorder à une profession dont les utiles travaux contribuent à la prospérité générale et augmentent les ressources de l'Etat.

Nous nous sommes fait rendre compte de l'organisation actuelle de cette institution, désignée sous le nom de *conseil général du commerce*, et des avantages qu'elle a présentés jusqu'en ces derniers temps.

Pour témoigner aux membres du conseil général du commerce notre satisfaction de leurs services passés, et donner à cet établissement un nouveau degré d'utilité,

Et aussi, afin que les négocians de notre royaume sachent quelle est notre sollicitude pour eux, notre confiance en leurs lumières, et combien nous sommes disposé à accueillir leurs vues et leurs demandes pour tout ce qui peut contribuer à l'extension et au succès de leurs entreprises, si dignes d'encouragement ;

Vu les actes des 3 nivose au 11 et 27 juin 1810 ;

Sur le rapport de notre ministre secrétaire-d'Etat au département de l'intérieur,

Nous avons ordonné et ordonnons ce qui suit :

Art. 1er. La composition et les fonctions du conseil général du commerce, établi près notre ministre secrétaire-d'Etat de l'intérieur, sont déterminées ainsi qu'il suit :

2. Le conseil général du commerce donne son avis motivé sur les questions de législation et d'administration et sur les projets et mémoires relatifs au commerce qui lui sont renvoyés par notre ministre secrétaire-d'Etat de l'intérieur.

Il signale au ministre les abus qui parviennent à sa connaissance et qui seraient de nature à préjudicier au commerce ; il présente ses vues sur les améliorations de toute espèce qu'il croit propres à en favoriser le mouvement et les progrès.

3. Lorsqu'il se présente des questions qui intéressent à la fois le commerce et les manufactures, une commission mixte est formée par le ministre de l'intérieur, et choisie en nombre égal dans les deux conseils, pour discuter et proposer un avis commun.

4. Lorsque les avis du conseil porteront sur des questions sur lesquelles il aura été consulté par le ministre, la décision intervenue, t ansmise par celui-ci, sera transcrite, à côté de la délibération, sur le registre où seront consignés les procès-verbaux des séances du conseil.

5. Le conseil général du commerce est nommé par notre ministre secrétaire-d'Etat de l'intérieur, sous notre approbation, parmi les négocians les plus recommandables exerçant actuellement le commerce.

Il est composé d'un membre choisi sur la présentation de chaque chambre de commerce, et de vingt membres nommés directement.

6. Pour l'exécution de l'article précédent,

une liste de deux candidats sera immédiatement adressée par chaque chambre de commerce à notre ministre secrétaire-d'Etat de l'intérieur; pareille liste lui sera adressée toutes les fois que nous aurons jugé convenable de pourvoir au renouvellement du conseil.

Lors de la vacance partielle d'une place de membre nommé sur la présentation d'une chambre de commerce, cette chambre désignera deux nouveaux candidats.

Les candidats ne peuvent être choisis que dans l'étendue de l'arrondissement respectif de chaque chambre.

7. Les fonctions des membres du conseil général du commerce sont gratuites; elles durent trois années. Elles peuvent être continuées en vertu d'une nouvelle nomination.

8. Le conseil se réunit une fois par semaine en séance ordinaire. Le procès-verbal mentionne le nom des membres présens.

9. Le conseil peut être convoqué extraordinairement par notre ministre secrétaire-d'Etat au département de l'intérieur, soit en totalité, soit en partie, suivant la nature des affaires qui devront y être traitées.

10. Notre ministre secrétaire-d'Etat de l'intérieur préside le conseil général. Il nomme un vice-président pris dans le sein du conseil et renouvelé tous les six mois.

11. L'ordre du jour de chaque séance sera envoyé d'avance à tous les membres présens à Paris.

Il y aura, pour la première séance de chaque mois, un grand ordre du jour, arrêté par notre ministre de l'intérieur, où seront plus particulièrement portées les questions d'intérêt général.

Cet ordre du jour sera imprimé quinze jours d'avance, autant qu'il sera possible, et envoyé à tous les membres résidans ou non résidans, ainsi qu'aux chambres de commerce.

Lorsque les questions qui seront portées au grand ordre du jour paraîtront à une chambre de commerce mériter son attention particulière, elle pourra faire parvenir ses observations au ministre, qui les adressera au conseil.

12. Si, dans cette circonstance, une chambre de commerce juge que la présence du membre du conseil général nommé sur sa présentation soit utile, elle pourra, en cas d'empêchement de ce membre, déléguer un de ses propres membres pour le remplacer, de l'agrément du ministre, à la séance indiquée.

13. Le titre de conseiller du Roi au conseil général du commerce pourra, après cinq ans d'exercice au moins, être conféré, par un brevet signé de notre main, à ceux des membres du conseil qui auront coopéré de

la manière la plus utile à ses travaux, et qui auront rendu des services signalés au commerce.

14. Les conseillers brevetés membres du conseil général du commerce pourront être appelés par notre ministre secrétaire-d'Etat de l'intérieur au comité de l'intérieur et du commerce de notre Conseil-d'Etat, pour prendre part à la discussion des affaires ou des questions qui, après avoir été traitées au conseil général du commerce, seraient portées audit comité.

Ils y auront voix consultative, comme les maîtres des requêtes à notre Conseil-d'Etat.

15. Les conseillers brevetés qui ne feront plus partie du conseil général du commerce pourront être appelés aux séances du grand ordre du jour, toutes les fois que notre ministre de l'intérieur le jugera utile.

16. Il nous sera proposé six brevets de conseiller du Roi au conseil général du commerce, en faveur de ceux des membres de l'ancien conseil général qui se trouvent, dès ce moment, dans le cas prévu par l'article 13.

17. Notre ministre secrétaire-d'Etat au département de l'intérieur est chargé de l'exécution de la présente ordonnance, qui sera insérée au Bulletin des Lois.

23 AOUT ⹀ Pr. 6 SEPTEMBRE 1819. — Ordonnance du Roi qui détermine la composition et les fonctions du conseil général des manufactures, établi près le ministère de l'intérieur. (7, Bull. 307, n° 7406.)

Voy. ordonnance du 9 FÉVRIER 1825.

Louis, etc.

Nous nous sommes fait rendre compte de l'organisation actuelle du conseil général des manufactures, du zèle qu'il apporte dans ses travaux, et des avantages que notre ministère retire des avis de ce conseil.

Nous avons reconnu l'utilité de maintenir une institution spécialement destinée à mettre l'administration en état de peser et de balancer entre eux les intérêts des manufactures de notre royaume et ceux du commerce.

Voulant témoigner au conseil général des manufactures notre satisfaction de ses services, et lui donner une organisation appropriée aux changemens survenus depuis sa première formation;

Vu l'acte du 26 juin 1810;

Sur le rapport de notre ministre secrétaire-d'État de l'intérieur;

Nous avons ordonné et ordonnons ce qui suit:

Art. 1er. La composition et les fonctions

du conseil général des manufactures, établi près notre ministre secrétaire-d'État de l'intérieur, sont déterminées ainsi qu'il suit :

2. Le conseil général donne son avis motivé sur les questions de législation et d'administration, et sur les projets et mémoires relatifs aux manufactures, qui lui sont renvoyés par notre ministre secrétaire-d'État de l'intérieur.

Il signale au ministre les abus qui pourraient porter préjudice à l'industrie nationale, et lui présente ses vues sur les améliorations à introduire dans toutes les parties du régime propre aux manufactures.

3. Lorsqu'il se présente des questions qui intéressent à la fois les manufactures et le commerce, une commission mixte est formée par le ministre de l'intérieur, et choisie en nombre égal dans les deux conseils, pour discuter et proposer un avis commun.

4. Lorsque les avis du conseil général des manufactures porteront sur des questions sur lesquelles il aura été consulté par le ministre, la décision intervenue, transmise par celui-ci, sera transcrite, à côté de la délibération, sur le registre où seront consignés les procès-verbaux des séances du conseil.

5. Le conseil général des manufactures sera composé de soixante membres nommés par notre ministre secrétaire-d'État de l'intérieur, sous notre approbation, et choisis sur la généralité des manufacturiers de France en exercice, sans distinction de lieu, en s'attachant aux hommes les plus recommandables, et de manière que chaque branche d'industrie compte un ou plusieurs membres au conseil dans la proportion relative du degré d'importance qu'elle présente.

6. Les fonctions de membre du conseil sont gratuites; elles durent trois années. Elles peuvent être continuées en vertu d'une nouvelle nomination.

7. Le conseil se réunit une fois par semaine en séance ordinaire. Le procès-verbal mentionne le nom des membres présens.

8. Le conseil peut être convoqué extraordinairement par notre ministre secrétaire-d'État de l'intérieur, soit en totalité soit en partie, suivant la nature des affaires qui devront y être traitées.

9. Notre ministre secrétaire d'État de l'intérieur préside le conseil général. Il nomme un vice-président pris dans le sein de ce conseil et renouvelé tous les six mois.

10. L'ordre du jour de chaque séance sera envoyé la veille à tous les membres présens à Paris.

Il y aura, pour la première séance de chaque mois, un grand ordre du jour, arrêté par notre ministre secrétaire-d'État de l'intérieur, où seront plus particulièrement portées les questions d'intérêt général.

Cet ordre du jour sera imprimé quinze jours d'avance, autant qu'il sera possible, et envoyé à tous les membres résidans ou non résidans, ainsi qu'aux chambres de commerce faisant fonctions de chambres consultatives des arts et manufactures.

Lorsque les questions ou les affaires portées au grand ordre du jour paraîtront à une chambre mériter son attention particulière, elle pourra adresser ses observations au ministre, qui les adressera au conseil général.

11. Le titre de conseiller du Roi au conseil général des manufactures, pourra, après cinq ans d'exercice au moins, être conféré, par un brevet signé de notre main, à ceux des membres du conseil qui auront coopéré de la manière la plus utile à ses travaux, et qui auront rendu des services signalés à l'industrie.

12. Les conseillers brevetés membres du conseil général des manufactures pourront être appelés par notre ministre secrétaire-d'État de l'intérieur au comité de l'intérieur et du commerce de notre Conseil-d'État, pour prendre part à la discussion des affaires ou des questions qui, après avoir été traitées au conseil général des manufactures, seraient portées audit comité.

Ils y auront voix consultative, comme les maîtres des requêtes à notre Conseil-d'État.

13. Les conseillers brevetés qui ne feraient plus partie du conseil général des manufactures, pourront être appelés aux séances du grand ordre du jour, toutes les fois que notre ministre de l'intérieur le jugera utile.

14. Il nous sera proposé six brevets de conseiller du Roi au conseil général des manufactures en faveur de ceux des membres de l'ancien conseil général qui se trouvent, dès ce moment, dans le cas prévu par l'art. 11.

15. Notre ministre secrétaire-d'État de l'intérieur est chargé de l'exécution de la présente ordonnance, qui sera insérée au Bulletin des Lois.

25 AOUT ⇌ Pr. 17 SEPTEMBRE 1819. — Ordonnance du Roi qui érige cinq cents succursales nouvelles en faveur des diocèses, et contient des dispositions à cet égard. (7, Bull. 309, n° 7480.)

Louis, etc.

Sur le rapport de notre ministre secrétaire-d'État de l'intérieur,

Notre Conseil-d'État entendu,

Nous avons ordonné et ordonnons ce qui suit :

Art 1er. Il sera érigé cinq cents succursales nouvelles en faveur des diocèses où le nombre des succursales établies n'est plus proportionné aux besoins des localités.

2. Une ordonnance spéciale désignera, pour chaque diocèse, les communes dans lesquelles les succursales nouvelles seront érigées, d'après les demandes des conseils municipaux, la proposition des évêques et l'avis des préfets.

3. Les vicaires actuell. ment établis ou à établir dans les cures ou succursales trop étendues pourront être placés dans une autre commune que celle du chef-lieu paroissial, et y recevoir l'indemnité de deux cent cinquante francs accordée par l'ordonnance du 9 avril 1817, pourvu, toutefois, que cette commune ait pris, suivant les formes administratives, l'engagement d'entretenir son église et d'assurer au vicaire le traitement prescrit par le décret du 30 décembre 1809.

4. Les communes dont les églises seront ainsi desservies jouiront de l'exemption portée à l'article 1er de l'avis du Conseil approuvé le 14 décembre 1810.

5. Dans les dioc.ses où le nombre des ecclésiastiques n'est point suffisant pour que toutes les succursales soient pourvues de pasteurs, il pourra être mis à la disposition de l'archevêque ou évêque, et sur sa demande, une somme qui n'excédera point le dixième des traitemens attachés aux succursales vacantes. Cette somme sera employée à défrayer un nombre proportionné de prêtres nés ou incorporés dans le diocèse et désignés par l'archevêque ou évêque pour aller, aux époques convenables, porter successivement les secours de la religion dans les succursales dépourvues de pasteurs.

6. Nos ministres secrétaires-d'Etat de l'intérieur et des finances sont chargés de l'exécution de la présente ordonnance.

---

31 AOUT 1819. — Tableaux des prix moyens régulateurs des grains, dressé et arrêté conformément aux articles 6 et 8 de la loi du 16 JUILLET 1819. (7, Bull. 504.)

---

31 AOUT 1819. — Lettres-patentes portant institution de majorats en faveur de MM. Duhamel et Auriol. (7, Bull. 507.)

1er = Pr. 10 SEPTEMBRE 1819. — Ordonnance du Roi qui permet, aux conditions y exprimées, l'exportation des marrons et châtaignes. (7, Bull. 508, n° 7434.)

Louis, etc.

Sur le rapport de notre ministre secré-

taire-d'Etat au département de l'intérieur ;

Vu les réglemens administratifs précédens, qui ont soumis, par assimilation, les marrons et châtaignes au régime particulier des grains sous le rapport de la police des douanes ;

Vu les dispositions du titre Ier, art. 9 de la loi des douanes du 28 avril 1816, qui ont établi en droit commun l'exportation de ces fruits, sauf les prohibitions temporaires ou locales,

Nous avons ordonné et ordonnons ce qui suit :

Art. 1er. Les dispositions prohibitives de l'exportation des marrons et châtaignes sont abrogées.

En conséquence, les fruits de cette espèce pourront, à l'avenir, sortir librement par toutes les frontières du royaume, moyennant le paiement des droits portés au dernier tarif des douanes.

2. Nos ministres secrétaires-d'Etat de l'intérieur et des finances sont chargés de l'exécution de la présente ordonnance, qui sera insérée au Bulletin des Lois.

1er = Pr. 10 SEPTEMBRE 1819. — Ordonnance du Roi qui annule une décision ministérielle du 22 OCTOBRE 1815, qui déclare un particulier passible d'une imposition locale dont le montant est destiné à couvrir les frais d'un procès par lui gagné contre une commune. (7, Bull. 508, n° 7435.)

Louis, etc.

Sur le rapport du comité du contentieux ;

Vu la requête à nous présentée au nom du sieur Lefrère-Desmaisous, enregistrée au secrétariat de notre Conseil-d'Etat le 21 février 1816 ; ladite requête tendant à l'annulation d'une décision de notre ministre de l'intérieur, du 22 octobre 1815, qui le déclare passible d'une imposition locale dont le montant est destiné à couvrir les frais d'un procès qu'il a gagné contre la commune de Ménil-Glaise ;

Vu ladite décision ;

Vu l'ordonnance de soit communiqué du 13 mars 1816, à laquelle la commune de Ménil-Glaise n'a pas répondu dans les délais du règlement ;

Vu la lettre de notre ministre de l'intérieur, en date du 30 juillet 1818, et l'avis du comité du Conseil attaché à ce département, du 14 juin 1817 ;

Vu notre ordonnance du 16 décembre 1814, portant que la commune de Ménil-Glaise, département de l'Orne, est autorisée à s'imposer extraordinairement, en cinq ans et par cinquième, en centimes additionnels à ses contributions directes, la somme de deux mille deux cent cinquante-quatre francs quatre-vingt-dix-neuf centimes, pour payer les frais d'un procès qu'elle a perdu contre les héritiers Desmaisons, au sujet de la propriété d'un terrain ;

Vu les décrets des 22 et 31 mai 1813, portant que les particuliers contre lesquels les communes ont plaidé, ne doivent pas être compris dans la répartition de l'imposition locale destinée à couvrir les frais et dépens des procès par elles perdus,

Ensemble toutes les pièces jointes au dossier ;

Considérant qu'il ne s'agit pas, dans l'espèce, d'un prélèvement à faire sur les revenus ordinaires de la commune, mais d'une imposition extraordinaire à répartir proportionnellement au rôle des contributions directes ;

Considérant que des intérêts ne peuvent pas être communs lorsqu'ils sont opposés ; que lorsqu'une commune plaide avec l'un de ses habitans, ils deviennent étrangers l'un à l'autre pour tout ce qui fait la matière du procès ; que ce sont deux propriétaires, l'un collectif, l'autre individuel, qui plaident l'un contre l'autre ; que, par conséquent, le sieur Lefrère-Desmaisons ne doit pas être imposé pour subvenir aux frais du procès que la commune de Ménil-Glaise a été condamnée par jugement à lui rembourser (1) ;

Notre Conseil-d'Etat entendu,

Nous avons ordonné et ordonnons ce qui suit :

Art. 1er. La décision de notre ministre de l'intérieur, du 22 octobre 1813, est annulée.

Le sieur Lefrère-Desmaisons ne sera pas compris dans la répartition de la somme de deux mille deux cent cinquante-quatre francs quatre-vingt-dix-neuf centimes, à laquelle la commune de Ménil-Glaise a été autorisée à s'imposer extraordinairement par notre ordonnance du 16 décembre 1814.

2. La commune de Ménil-Glaise est condamnée aux dépens.

3. Notre garde-des-sceaux, ministre secrétaire-d'Etat de la justice, et notre ministre secrétaire-d'Etat de l'intérieur sont chargés, chacun en ce qui le concerne, de l'exécution de la présente ordonnance, qui sera insérée au Bulletin des Lois.

1er ⚌ Pr. 17 SEPTEMBRE 1819. — Ordonnance du Roi qui règle la manière suivant laquelle, après cassation d'un arrêt de la cour des comptes dans l'un des cas prévus par la loi du 16 SEPTEMBRE 1807, les comptes sur lesquels cette cour aurait d'abord prononcé seront ultérieurement jugés. (7, Bull. 309, n° 7481.)

Louis, etc.

Vu l'article 17 de la loi du 16 septembre 1807, concernant l'organisation de la cour des comptes, lequel article ouvre, tant aux comptables qu'au ministre des finances, dans l'intérêt du Trésor public, un recours en cassation au Conseil-d'Etat contre les arrêts de la cour des comptes qu'ils croiraient devoir être cassés pour violation des formes ou de la loi ;

Considérant qu'il est nécessaire de régler de quelle manière, après cassation d'un arrêt de cette cour, les comptes sur lesquels elle avait d'abord prononcé seront ultérieurement jugés ;

Sur le rapport de notre garde-des-sceaux ministre secrétaire-d'Etat au département de la justice,

Nous avons ordonné et ordonnons ce qui suit :

Art. 1er. Lorsqu'après cassation d'un arrêt de notre cour des comptes, dans l'un des cas prévus par l'article 17 de la loi du 16 septembre 1807, le jugement du fond aura été renvoyé à notre dite cour, l'affaire sera portée devant l'une des chambres qui n'en auront pas connu.

2. Dans le cas où un ou plusieurs membres de la chambre qui aura rendu le premier arrêt seraient passés à la chambre nouvellement saisie de l'affaire, ils s'abstiendront d'en connaître, et ils seront, si besoin est, remplacés par d'autres conseillers-maîtres, en suivant l'ordre de leur nomination.

3. Notre garde-des-sceaux ministre secrétaire-d'Etat au département de la justice, et notre ministre secrétaire-d'Etat au département des finances, sont chargés, chacun en ce qui le concerne, de l'exécution de la présente ordonnance.

1er ⚌ Pr. 17 SEPTEMBRE 1819. — Ordonnance du Roi portant autorisation, sous le nom de Compagnie française du Phénix, de la so-

---

(1) M. Sirey fait remarquer, en citant cette ordonnance, qu'un associé peut en son propre et privé nom plaider contre la société dont il fait partie, et que le gain du procès par la société, lui profiterait pour sa part contingente ; d'où sans doute il faut conclure que l'associé pourrait, en cette qualité d'associé, être tenu de sa part des frais du procès qu'il aurait gagné en son propre et privé nom (S. 20, 2, 124 ; et 19, 2, 271).

société anonyme d'assurance contre l'incendie, formée à Paris par les actes y énoncés. (7, Bull. 309, nº 7482.)

Louis, etc.

Sur le rapport de notre ministre secrétaire-d'Etat au département de l'intérieur;

Vu deux actes passés par-devant Viault et son collègue, notaires à Paris, l'un, les 7, 8, 10, 11 et 12 mai 1819, et le second, en supplément et amendement du premier, les 11, 12 et 13 août 1819, contenant ensemble les statuts d'une société anonyme d'assurance contre l'incendie, formée à Paris sous la désignation de *Compagnie française du Phénix;*

Vu les art. 29 à 37, 40 à 45 du Code de commerce;

Notre Conseil-d'Etat entendu;

Nous avons ordonné et ordonnons ce qui suit:

Art. 1ᵉʳ. La société anonyme d'assurances contre l'incendie provisoirement instituée à Paris par les actes des 7, 8, 10, 11 et 12 mai 1819, et des 11, 12 et 13 août suivant, sous la désignation de *Compagnie française du Phénix*, est et demeure autorisée, conformément auxdits actes, qui sont approuvés et qui demeureront annexés à la présente ordonnance.

2. Est excepté de la présente autorisation et sera considéré comme non avenu le dernier paragraphe de l'article 17 des statuts, en ce sens qu'il impliquerait la faculté de transiger entre l'assureur et l'assuré, dans les clauses de la police d'assurance, sur les droits qui pourraient appartenir à des créanciers, lesquels droits sont de tierces personnes et doivent être laissés intacts sous l'empire de la loi commune (1).

3. La présente autorisation étant accordée à ladite société, à la charge par elle de se conformer aux lois et aux statuts qui la doivent régir; dans le cas où ces conditions ne seraient pas accomplies, nous nous réservons de révoquer ladite approbation, sauf les actions à exercer devant les tribunaux par les particuliers, à raison des infractions commises à leur préjudice.

4. La société sera tenue de remettre, tous les six mois, copie en forme de son état de situation au préfet du département de la Seine, au greffe du tribunal de commerce et à la chambre de commerce de Paris.

5. Vu l'article 25 des statuts et y accédant, un commissaire auprès de ladite compagnie sera nommé par notre ministre secrétaire-d'Etat de l'intérieur. Il sera chargé de prendre connaissance des opérations de la société et de l'observation des statuts.

Il rendra compte du tout à notre ministre de l'intérieur.

Il rendra compte spécialement de l'exécution de l'article 21 des statuts, relatif aux époques auxquelles les actionnaires sont tenus de faire les versemens et transferts correspondans au prix de leurs actions.

Il pourra suspendre provisoirement celles des opérations de la compagnie qui lui paraîtront contraires aux lois et statuts, ou dangereuses pour la sûreté publique, et ce jusqu'à la décision à intervenir de la part des autorités compétentes.

6. Notre ministre secrétaire-d'Etat de l'intérieur est chargé de l'exécution de la présente ordonnance, qui sera insérée au Bulletin des Lois: pareille publication aura lieu dans le Moniteur et dans le journal des annonces judiciaires du département de la Seine, conjointement avec l'insertion des actes ci-annexés, sans préjudice des affiches prescrites par l'article 45 du Code de commerce.

Actes constitutifs de la compagnie française du Phénix (2).

Par-devant Mᵉ Pierre-Amable-Ferdinand Viault et son collègue, notaires royaux à Paris, soussignés, furent présens M. Charles-Xavier Thomas, propriétaire, demeurant à Paris, rue Chantereine, nº 54, et M. Jacob Dupan, propriétaire, demeurant à Paris, rue Hillerin-Bertin, nº 4, auteurs du projet d'assurance générale contre l'incendie dont il va *être* parlé; lesquels ont déclaré qu'ils ont l'intention de fonder, avec l'autorisation du Roi, comme ils fondent par ces présentes, une société anonyme par actions sous le titre de *Compagnie française du Phénix.*

Le but de cette société est d'assurer toutes les valeurs périssables par l'incendie, dans toute l'étendue de la France, et même en pays étranger. Elle est établie à Paris, et sa durée sera de trente années à partir du jour où sera rendue l'ordonnance royale qui l'autorisera; et pour se conformer aux dispositions de la loi relative aux sociétés de cette nature, lesdits sieurs Thomas et Dupan ont représenté aux notaires soussignés, pour demeurer annexé à la minute des

_____

(1) Il importe de ne pas perdre de vue cette disposition en lisant l'article 17 des statuts.

(2) Remarquez qu'à la suite de cet acte se trouve un acte rectificatif qui modifie plusieurs dispositions du premier.

présentes, un projet des statuts qui doivent régir ladite société, lequel projet, écrit sur quatre feuilles de papier du timbre d'un franc vingt-cinq centimes, et enregistré ce-jourd'hui 12 mai présent mois, est effective-ment demeuré annexé à la minute des pré-sentes, après que MM. les comparans l'ont eu certifié véritable, signé et paraphé *ne varietur*, en présence desdits notaires sous-signés.

Ces statuts, qui se divisent en vingt-sept articles, déterminent, entre autres choses, le but de la société, le mode d'administra-tion, la nature des propriétés et valeurs qui seront admises à l'assurance, les cas et le mode d'application de la garantie offerte aux assurés, etc.

L'article 20 fixe à quatre mille, à raison de mille francs chacune, le nombre des ac-tions dont le fonds capital et primitif de la société sera composé, lequel fonds pourra être augmenté successivement (dans le cas prévu par l'article 20), et porté à vingt-quatre mille actions.

L'article suivant détermine la nature des valeurs dans lesquelles le paiement de ces actions pourra s'effectuer.

L'article 22 indique le cas, la manière et les proportions dans lesquels auront lieu les répartitions des bénéfices qui résulteront de ladite association.

Enfin la durée de la société est fixée (ainsi qu'on l'a déjà exprimé) à trente ans par l'article 24; et l'article 26 confère à M. Thomas la qualité de directeur général, et à M. Dupan celle de directeur adjoint.

MM. Thomas et Dupan se chargent de faire toutes les démarches nécessaires pour obtenir l'ordonnance royale voulue pour l'existence de la société.

Et au même instant sont intervenus,

(*Suivent les noms*).

Lesquels ont déclaré par ces présentes prendre part dans la société anonyme fon-dée par MM. Thomas et Dupan, par le pré-sent acte, sous le titre de *Compagnie fran-çaise du Phénix*, pour *l'assurance générale contre l'incendie*, savoir (*Suivent les indi-cations du nombre d'actions*).

Ils s'engagent en conséquence, chacun pour ce qui le concerne, à effectuer entre les mains du caissier de ladite société le versement du prix des mille trente actions pour lesquelles ils souscrivent; et ce, à l'é-poque fixée par l'article 21 des statuts de la-dite association, dont le projet se trouve an-nexé à la minute des présentes : ils déclarent en même temps avoir une parfaite connais-sance de ces statuts, et les approuver et adopter en leur entier, sans aucune modi-fication.

Pour l'exécution des présentes, les parties es élisent domicile en leur demeure susdite, à l'exception de MM. Lagrange, Lemancel, Goëtschy et Dero, qui font élection de domi-cile en l'étude.

(*Suit la teneur de l'annexé*).

COMPAGNIE FRANÇAISE DU PHÉNIX.

Assurance générale contre l'incendie.

STATUTS.

Art. 1er. Il sera formé à Paris une société anonyme sous le titre de *Compagnie fran-çaise du Phénix* : son but est d'assurer tou-tes les valeurs périssables par l'incendie avec un capital de vingt-quatre millions.

2. Cette compagnie sera administrée par :
Un conseil d'administration,
Un directeur général,
Un directeur adjoint,
Un contrôleur faisant fonctions de secré-taire général.
Il y aura un caissier, dont le cautionne-ment sera déterminé par le conseil d'admi-nistration.

3. La compagnie se fera représenter par des agens dans les départemens.
Il y aura cinq inspecteurs.

4. Les actionnaires se réuniront le 1er mars et le 1er septembre de chaque année, et cette réunion formera le conseil général de la compagnie.

Les souscripteurs avec vingt actions, et les acquéreurs avec trente composeront ce conseil général.

Le dépôt de ces actions devra être fait trois jours avant l'ouverture de l'assemblée, et le certificat qui en sera délivré par le caissier, visé par le directeur général, sera le seul moyen d'admission.

Le conseil général entendra le compte du semestre expiré, qui ne sera rendu public qu'après son approbation.

Il nommera les membres du conseil d'ad-ministration.

Il sera convoqué extraordinairement après le placement complet des actions qui for-ment la première série du fonds capital de la compagnie, 1° pour l'élection des mem-bres du premier conseil d'administration ; et 2° pour arrêter des réglemens d'exécution.

Les souscripteurs des mille premières ac-tions se réuniront pour nommer un conseil d'administration provisoire.

5. Le conseil d'administration sera com-posé de neuf actionnaires établis et domici-liés en France : pendant leur exercice, leurs actions seront déposées entre les mains du caissier de la compagnie. Le nombre de ces

actions est déterminé à trente pour les sous-cripteurs, et à cinquante pour les autres actionnaires.

La durée de l'exercice de chaque administrateur sera de trois ans: dans les deuxième et troisième années, trois sortiront par la voie du sort, et seront remplacés ou réélus par le conseil général.

Le conseil ne sera compétent, pour prendre des arrêtés, que par la réunion de cinq de ses membres : en cas d'égalité de voix, celle du président ou du vice-président sera comptée pour deux, et en cas d'absence du président ou du vice-président, le doyen d'âge en remplira les fonctions.

Il se réunira une fois par mois: néanmoins, il pourra être convoqué extraordinairement par le président.

Il nommera, excepté pour la première fois, le directeur général et le directeur adjoint. Le choix d'un caissier sera aussi dans ses attributions.

Il déterminera les appointemens des directeurs et autres employés, dont il fixera le nombre.

Il déterminera, chaque mois, la quotité des primes pour toutes les natures de risques.

Il examinera et arrêtera les comptes de semestre, et les soumettra ensuite au conseil général.

Il ordonnera le paiement des dividendes aux actionnaires après l'arrêté des comptes par le conseil général.

Il exercera enfin sa surveillance sur tous les intérêts de la compagnie.

Le contrôleur est secrétaire du conseil d'administration.

Le directeur général et le directeur adjoint y sont admis avec voix consultative.

Les membres de ce conseil reçoivent des jetons de présence.

6. Le directeur général aura la nomination de tous les employés, excepté du caissier.

Il suivra la marche journalière des opérations.

Il correspondra avec les agens placés dans les départemens.

Il enverra des inspecteurs dans les lieux où les intérêts de la compagnie l'exigeront.

Il rendra compte, chaque mois, au conseil d'administration, et exécutera ses ordres et ses décisions.

Les actions seront signées par lui et visées par le président du conseil d'administration.

Le directeur adjoint suppléera le directeur général en cas d'absence ou de maladie.

Il est agent de la compagnie pour le département de la Seine.

7. Le contrôleur est choisi par le conseil d'administration et parmi ses membres. Il lui sera alloué un traitement.

Il est l'œil du conseil d'administration auprès du directeur général, dont il contrôle les opérations.

Il fait les fonctions de rapporteur auprès du conseil d'administration : il est enfin, auprès du directeur général, le délégué du conseil d'administration.

8. Les agens de la compagnie dans les départemens recevront les propositions d'assurance.

Ils constateront la valeur des objets offerts à l'assurance, et, sur les instructions du directeur général, ils en détermineront les conditions.

Ils signeront les polices.

Ils seront sujets à un cautionnement qui devra être fait en actions de la compagnie.

Leur traitement consistera dans une remise ou commission sur les primes qu'ils auront reçues.

9. Les inspecteurs surveilleront les opérations des agens de la compagnie placés dans les départemens.

Ils sont à la disposition du directeur général.

10. Un conseil judiciaire est attaché à la compagnie : il est composé d'un jurisconsulte et du notaire de la compagnie.

11. Les propriétés construites offertes à l'assurance n'y seront admises que pour les neuf dixièmes au plus de leur valeur réelle, dont il sera retranché la valeur du sol.

Les marchandises et produits des récoltes pourront être admis pour toute leur valeur.

L'assurance des marchandises sera de deux espèces : l'une fixe, et l'autre temporaire.

La première servira à garantir la valeur des marchandises qu'un négociant ou commissionnaire aurait reconnu avoir habituellement dans ses magasins, et aura lieu pour une ou plusieurs années, à la volonté de l'assuré.

La dernière a pour but de garantir des marchandises entrées transitoirement chez un négociant ou commissionnaire ; elle nécessitera désignation, et le terme de l'assurance ne pourra être moindre de trois mois.

Dans ces deux espèces d'assurance, l'assuré, en cas de sinistre, sera obligé d'administrer la preuve de la présence de la valeur assurée.

Il y aura autant de polices d'assurance qu'il y aura de natures de risques, lors même que ces divers risques concerneraient le même propriétaire.

Dans la police d'assurance sur une propriété construite, il sera fait des réserves pour le cas où l'on y introduirait des marchandises ou autres effets combustibles ; réciproquement, et dans le cas d'assurance sur marchandises et effets mobiliers, il sera fait des réserves pour le cas où l'immeuble serait converti en forge ou autre usine, de nature à augmenter le risque des effets assurés.

12. Les maisons assurées recevront une plaque indicative de la compagnie française du Phénix.

13. Les risques ne sont à la charge de la compagnie que du moment de la remise de la police d'assurance ; remise qui n'aura lieu que contre le paiement en espèces du montant de la prime convenue.

14. La compagnie pourra concourir, avec les autorités locales. à l'établissement de secours contre l'incendie dans les chefs-lieux d'arrondissement où il n'en existe pas et où elle aura un agent. Dans les communes, chaque assuré sera tenu de posséder et de maintenir en état de service les instrumens de secours qui lui seront indiqués par la police d'assurance, et qui sont les plus analogues à sa profession.

15. La destruction complète de l'objet assuré rend, pour l'avenir, nulle et sans effet la police d'assurance ; la reconstruction de l'immeuble donnera lieu à une nouvelle police.

La destruction partielle ne détruit ni ne suspend l'effet de la police d'assurance ; elle sera inscrite au dos, et diminuera d'autant le capital assuré pendant la reconstruction de l'immeuble.

La compagnie, dérogeant à l'article 369 du Code de commerce, n'admettra, dans aucun cas, l'abandon de la propriété assurée.

16. La compagnie garantit tous les risques quelconques d'incendie, à l'exception néanmoins des sinistres qui proviendraient de guerre ou émeute.

Elle garantit aussi les risques qui pourraient résulter de précédentes assurances, étrangères ou nationales, et d'actes d'adhésion à des statuts d'assurance mutuelle.

Dans le cas où, pour faire ce qu'on appelle communément la part du feu, une ou plusieurs maisons seraient démolies ou détruites, la compagnie, en payant les assurés, demeure subrogée à leurs droits contre les propriétaires des maisons sauvées, à moins que ces dernières ne soient assurées par elle.

17. Tout sinistre sera constaté dans les vingt-quatre heures par une déclaration circonstanciée que l'assuré fera et affirmera sous serment devant le maire ou son adjoint, et, à leur défaut, devant le notaire ; l'officier public devant lequel se fera cette déclaration, certifiera la vérité des faits qui y sont énoncés. Cette déclaration sera envoyée à l'agent de la compagnie, qui en adressera une copie à la direction générale : le directeur général fera aussitôt constater la valeur du sinistre par des experts et contradictoirement entre la compagnie et le propriétaire assuré. En cas de division d'opinions, ces experts s'adjoindront un sur-expert ; réunis, ils détermineront la valeur des dommages, et leur décision sera sans appel.

Les pertes seront payées aux assurés immédiatement après qu'elles auront été constatées ; la compagnie se réserve néanmoins la faculté de rétablir les objets assurés dans l'état où ils étaient avant l'incendie.

Les matériaux résultant de la destruction des objets assurés seront, sur estimation contradictoire, laissés au propriétaire en déduction de ce que la compagnie aura à lui payer.

En cas de sinistre et d'existence de créances hypothécaires sur les propriétés assurées, les créanciers ont les premiers droits sur les fonds réparateurs du dommage ; la loi étant muette sur cette disposition, cette condition sera insérée dans les polices d'assurance (1).

18. Le défaut de ramonage étant une des causes les plus communes d'incendie, la compagnie pourra prendre, à cet égard, les mesures qui lui paraîtront les plus propres à suppléer la négligence des assurés.

19. La compagnie pourra garantir des risques d'incendie hors du territoire français, en prenant toutes les précautions extraordinaires que les localités rendront nécessaires, et en proportionnant ces risques étrangers à son fonds capital, augmenté du montant de la réserve.

20. La compagnie est fondée sur un capital de vingt-quatre millions, formé par vingt-quatre mille actions au porteur, de mille francs chacune, et ce capital est divisé en six séries de quatre mille actions.

Elle commencera ses opérations par le produit de la première série, et les actions de la seconde seront émises, lorsque le fonds de réserve aura produit l'équivalent de la douzième partie du capital réalisé : les séries suivantes sont soumises à la même règle.

L'émission des actions des cinq dernières séries aura lieu en vertu d'un arrêté du conseil d'administration.

Les actions, quoiqu'au porteur, pourront être rendues transférables.

Il sera ouvert, à cet effet, un registre à la direction générale.

21. Le paiement de ces actions s'effectuera de la manière suivante :

(1) *Voy*. article 2 de l'ordonnance.

Le dixième, soit cent francs par action, en numéraire, trente jours après que l'ordonnance du roi aura été rendue; et les neuf dixièmes restans, en inscriptions sur le grand-livre de la dette publique, lesquelles pourront n'être transférées à la compagnie qu'aux époques ci-après : quatre dixièmes, trois mois après que l'ordonnance du Roi aura été rendue, et cinq dixièmes, trois mois plus tard, soit six mois après ladite ordonnance.

Les inscriptions qui seront données en paiement des neuf dixièmes d'action, seront transférées au nom de la compagnie, et les transferts des portions qui pourrraient devenir nécessaires ne pourront être faits que d'après une délibération du conseil d'administration, et devront être signés par le président du conseil, le directeur général et le caissier. Après l'expiration et la liquidation de la société, les inscriptions seront retransférées aux porteurs d'actions pour les quotités qui appartiendraient à leurs actions respectivement.

Tous les fonds et les actions servant de garantie seront déposés par le caissier à la Banque de France, d'où il ne pourra être rien retiré sans une décision du conseil d'administration.

La portion du fonds capital qui aura été versée en numéraire, pourra être employée en inscriptions sur le grand-livre de la dette publique au nom de la compagnie, ou placée de la manière que le conseil d'administration jugera la plus avantageuse aux actionnaires.

22. Le quart des bénéfices sera mis en réserve et employé en inscriptions sur le grand-livre, étant destiné à accroître le capital ; le restant sera réparti tous les six mois.

Il n'y aura lieu à aucune répartition, si, après avoir épuisé la réserve, le capital de la compagnie se trouvait entamé; car, dans ce cas, tous les bénéfices devront être réservés pour remettre ledit capital au complet. S'il arrivait, ce qu'à Dieu ne plaise, que le capital de la compagnie, par des malheurs successifs et réitérés, fût réduit des trois quarts, et que les actionnaires ne voulussent pas le reconstituer de nouveau, elle devra se dissoudre et suspendre toute opération nouvelle : dans ce cas, ce qui restera du fonds capital, demeurera la garantie des assurés jusqu'à l'extinction de la dernière police d'assurance.

Lorsque la réserve aura produit une somme de trois millions, elle sera réduite à un cinquième des bénéfices ; et lorsqu'elle aura produit douze millions, elle cessera tout-à-fait.

23. Les rentes des actionnaires, c'est-à-dire les arrérages des inscriptions transmises

à la compagnie ne sont pas réputés bénéfices ; ils seront payés intégralement, et par semestre, aux porteurs d'actions, sans frais de perception.

Il en sera de même des intérêts du dixième versé en numéraire, lesquels intérêts seront payés, chaque semestre, aux actionnaires, à six pour cent par année, en même temps que les arrérages d'inscriptions dont il vient d'être parlé.

24. La durée de la compagnie est fixée à trente ans, à compter du jour de l'ordonnance royale.

25. Il y aura près de la compagnie un commissaire du Gouvernement qui surveillera l'exécution des statuts.

26. Le sieur *Charles-Xavier Thomas*, de Colmar, propriétaire, demeurant rue de la Chaussée-d'Antin, n° 6, et le sieur *Jacob Dupan*, propriétaire, demeurant rue Hillerin-Bertin, n° 4, fondateurs du présent établissement, en sont les directeurs pour quinze ans : le premier, comme directeur général ; et le dernier, en qualité de directeur adjoint. Ils sont, en leur susdite qualité, chargés de faire toutes les démarches nécessaires pour obtenir l'ordonnance royale voulue par les lois et réglemens sur les sociétés anonymes ; ils sont aussi autorisés à signer les divers actes auxquels la présente association peut donner lieu.

Le sieur Dupan remplacera le sieur Thomas en cas de décès.

27. Les bureaux de la compagnie sont établis rue de la Chaussée-d'Antin, n° 6.

Et les 11, 12 et 13 août 1819, par-devant Me Pierre-Amable-Ferdinand Viault et son collègue, notaires royaux à Paris, soussignés, furent présens M. Charles-Xavier Thomas, propriétaire, demeurant à Paris, rue de la Chaussée-d'Antin, n° 6, et M. Jacob Dupan, propriétaire, demeurant aussi à Paris, rue Hillerin-Bertin, n° 4, auteurs du projet d'assurance générale contre l'incendie dont il va être parlé, lesquels ont dit que, par acte passé devant Me Viault, l'un des notaires soussignés, et son collègue, les 7, 8, 10, 11 et 12 mai 1819, enregistré, dont expédition précède, ils ont déclaré être dans l'intention de fonder, avec l'autorisation du Roi, et qu'ils ont effectivement fondé par ledit acte une société anonyme par actions, sous le titre de *Compagnie française du Phénix*, le but de laquelle société est d'assurer toutes les valeurs périssables par l'incendie dans toute l'étendue de la France et même en pays étranger ; que le projet des statuts qui doivent régir ladite société, est demeuré annexé audit acte, dont expédition précède ; et qu'ils apportent par ces présentes auxdits statuts les changemens, modifications et additions suivans.

Art. 1ᵉʳ. L'article 1ᵉʳ du projet desdits statuts est rapporté et remplacé par l'article suivant :

« Il est formé à Paris une société anonyme « sous le titre de *Compagnie française du* « *Phénix :* son capital actuel est de quatre « cent mille francs en espèces et cent quatre- « vingt mille francs de rentes sur l'Etat, « cinq pour cent consolidés, avec réserve « et promesse de créer successivement des « actions nouvelles à concurrence d'un mil- « lion quatre-vingt mille francs de rentes « et deux millions quatre cent mille francs « d'argent, ainsi qu'il sera expliqué à l'ar- « ticle 8. »

2. Le huitième paragraphe de l'art. 4 des statuts, ainsi conçu : *pour arrêter des ré- glemens d'exécution,* est rapporté, et rem- placé par le suivant :

« L'approbation de son excellence le mi- « nistre de l'intérieur est réservée sur les « réglemens d'exécution. »

3. Le troisième paragraphe de l'article 15 des statuts est rapporté, et remplacé par la clause suivante :

« La compagnie, dans sa police d'assu- « rance, pourra stipuler que l'assuré renon- « cera au bénéfice de la loi sur l'abandon « de la chose assurée. » (Art. 369 du Code de commerce.)

4. La compagnie, avec son capital actuel, ne pourra garantir sur un seul risque que deux cent mille francs de valeurs qui, par leur nature, seraient sujettes à une prime de cinq pour mille et au-dessus, et six cent mille francs de toutes autres valeurs ; ce *maximum* suivra la progression du fonds capital de la compagnie. Il est réservé au conseil général d'adopter un *maximum* plus élevé, et, dans ce cas, le conseil d'adminis- tration en soumettra la demande à son ex- cellence le ministre de l'intérieur.

5. Le premier paragraphe de l'article 16 est rapporté et remplacé par la clause sui- vante :

« La compagnie garantit tous les risques « quelconques d'incendie, à l'exception néan- « moins, pour les immeubles, des bâtimens « servant à la fabrication de la poudre à ti- « rer ; et pour les meubles, des bijoux de « toute espèce, de l'or, de l'argent et des « titres.

« Elle ne garantira pas non plus les pertes « qui proviendraient de guerre, d'émeute, « de l'ordre d'une autorité quelconque, ou « d'un désastre général causé par un trem- « blement de terre ou un ouragan. »

6. La police d'assurance sera délibérée par le conseil d'administration, et soumise à l'approbation de son excellence le secrétaire- d'Etat au département de l'intérieur.

7. Nonobstant le troisième paragraphe de l'article 17, la compagnie, dans sa police d'assurance, pourra stipuler qu'elle se char- gera des matériaux qui pourraient résulter de l'incendie, si l'assuré veut en faire une condition particulière.

8 L'article 20 des statuts est rapporté, et remplacé par la clause suivante :

« Le capital primitif de la compagnie est « fixé à quatre cent mille francs en numéraire « et à cent quatre-vingt mille francs de rente « sur le grand-livre de la dette publique ; ce « capital est divisé en actions au porteur, de « cent francs numéraire et quarante-cinq « francs de rente, et forme la 1ᵉ série.

« La compagnie se réserve et promet de « porter son capital jusqu'à un million qua- « tre-vingt mille francs de rente et deux mil- « lions quatre cent mille francs d'espèce, ce « qui aura lieu par cinq nouvelles séries de « quatre mille actions chacune, de même « espèce et valeur que les premières.

« L'époque de ces nouvelles séries sera « délibéré par le conseil général, et soumis « à l'approbation de son excellence le minis- « tre secrétaire-d'Etat au département de « l'intérieur.

« Les actions, quoique au porteur, pour- « ront être rendues transférables ; il sera ou- « vert, à cet effet, un registre à la direction « générale. »

9. Les actions des souscripteurs qui ne rempliraient pas leurs engagemens envers la compagnie seraient vendues pour leur compte, le bénéfice qui en résulterait leur serait réservé ; et si cette vente produisait un déficit, le paiement en serait poursuivi par les voies ordinaires.

10. A l'expiration de la société, le conseil d'administration se réduira à un comité de trois de ses membres ; ce comité sera chargé de la liquidation, et cette liquidation devra être terminée dans l'année qui suivra le terme de la société.

11. Le troisième paragraphe de l'art. 26 est rapporté, et remplacé par la clause sui- vante :

« Lesdits sieurs Thomas et Dupan en sont « les directeurs pour quinze ans ; le premier, « comme directeur général, et le dernier en « qualité de directeur adjoint ; mais, aux « termes de l'art. 31 du Code de commerce, « ils sont révocables par le conseil d'admi- « nistration. »

A ces présentes sont intervenus :

(*Suivent les noms.*)

Lesquels ont déclaré avoir une parfaite connaissance des changemens, modifications et additions apportés aux statuts de ladite compagnie du Phénix et sus-rapportés, et les approuver et adopter en leur entier ; et ils réitèrent, en tant que de besoin, chacun en ce qui le concerne, l'engagement d'effectuer entre les mains du caissier de ladite société le versement du prix des actions pour lesquelles ils ont souscrit; et ce, à l'époque fixée par l'article 21 des statuts primitifs de ladite association, dont le projet est annexé, ainsi qu'il a été dit, à la minute dont expédition précède.

Et à ces mêmes présentes sont intervenus :

(Suivent les noms.)

Lesquels ont déclaré, par ces présentes, prendre part dans la société anonyme fondée par MM. Thomas et Dupan, par ledit acte des 7, 8, 10, 11 et 12 mai 1819, dont expédition précède, sous le titre de *Compagnie française du Phénix contre l'incendie*, et auquel il a été apporté les changemens, modifications et additions qui précèdent, savoir:

(Suit l'indication du nombre d'actions.)

Et MM. Pallard, Louis-François Trigant de la Tour, Antoine-Marie-François baron Trigant de la Tour, le comte du Lau d'Allemands et M. de Bourjolly, tous cinq ci-dessus dénommés, qualifiés et domiciliés, ont déclaré souscrire de nouveau, et indépendamment des actions pour lesquelles ils ont déjà souscrit dans l'acte con titutif dont expédition précède, ainsi qu'il a été dit ci-dessus, savoir :

(Suit l'indication du nombre d'actions.)

Total des nouvelles actions, quatre cent trente-six, ci.   436

A quoi réunissant les neuf cent quarante actions énoncées ci-dessus, ci. .   940

On trouve un total général de treize cent soixante-seize. 1,376

Ils s'engagent, en conséquence, chacun pour ce qui le concerne, à effectuer entre les mains du caissier de ladite société le versement du prix des quatre cent trente-six actions pour lesquelles ils souscrivent; et ce, à l'époque fixée par l'article 21 des statuts de ladite association, dont le projet, comme il a été dit ci-dessus, est demeuré annexé à la minute de l'acte dont expédition précède.

Ils déclarent en même temps avoir une parfaite connaissance de ces statuts, et des changemens, modifications et additions apportées auxdits statuts par ces présentes et susrapportées, et les approuver et adopter dans leur entier.

Pour l'exécution des présentes, les parties élisent domicile en leur demeure, à l'exception de MM. Lagrange, Goëtschy, Dero, La-couture, Lavit, Berlin, Dubosc, qui font élection de domicile en l'étude.

Pour être annexé à l'ordonnance, enregistrée sous le N° 3704, en date du 1er septembre 1819.

Le ministre secrétaire-d'Etat au département de l'intérieur,

Signé le comte DECAZES.

_____

1er ⫘ Pr. 30 SEPTEMBRE 1819. — Ordonnance du Roi qui réunit en une seule et même association la tontine du Pacte social, précédemment divisée en deux sociétés, et contient réglement à cet égard. (7, Bull. 312, n° 7588.)

Voy. ordonnance du 20 NOVEMBRE 1822.

Louis, etc.

Par notre ordonnance du 25 octobre 1814, nous avons prescrit plusieurs dispositions propres à garantir les intérêts de la tontine du Pacte social, à améliorer le sort des actionnaires tant de la première que de la seconde société de cette tontine, et à préparer le réglement de leurs droits respectifs.

Nous avions ordonné, à cet effet, que les anciens commissaires seraient convoqués en assemblée, afin de se prononcer sur la réunion des actionnaires en une seule société et sur le partage des biens.

Après plusieurs conférences, ces anciens commissaires se sont accordés unanimement sur le maintien de leur association tontinière, ainsi que sur la fusion des deux sociétés en une seule, et ont pris, à la même unanimité, sous la date du 24 février 1817, une délibération qui contient les bases de réorganisation et de répartition des biens, auxquelles il nous parait juste et conforme à l'intérêt des actionnaires de donner notre assentiment.

En conséquence, après nous être fait représenter ladite délibération du 24 février; les statuts du 15 juin 1793, auxquels elle se réfère en partie; les décrets, ordonnances, jugemens et arrêts y relatifs, ainsi que le nouveau projet de réglement, dressé par notre conseiller d'Etat, préfet de la Seine, nous avons résolu de réunir dans un corps de statuts régulier toutes les dispositions qui doivent désormais régir la tontine du Pacte social.

A ces causes,

Sur le rapport de notre ministre secrétaire-d'Etat de l'intérieur;

Notre Conseil-d'Etat entendu,

Nous avons ordonné et ordonnons ce qui suit :

TITRE Iᵉʳ. *Formation de la tontine.*

DIVISION EN CLASSES. — Création de nouveaux titres d'actions.

Art. 1ᵉʳ. La tontine du Pacte social, précédemment divisée en deux sociétés, est réunie en une seule et même association tontinière, qui se compose, savoir :

Pour la première société, dite *Société assignats* ;

Des actionnaires qui n'ont pas échangé leurs titres lors de la formation de la seconde société, et dont les actions, déposées à l'administration des tontines, s'élèvent à huit mille cinq cent soixante-neuf.

Et pour la seconde société, dite *Société numéraire*,

1° Des actionnaires qui, faisant d'abord partie de la société assignats, ont ensuite échangé leurs titres contre des actions de la nouvelle société ;

2° Des actionnaires qui se sont joints à ceux-ci, en prenant des actions purement numéraires ;

(Le nombre d'actions déposées à l'administration des tontines, par ces deux classes d'actionnaires, est de dix mille huit cent trente-huit.)

3° Des individus qui ont préféré des rentes fixes sur les fonds de la tontine au hasard des chances, et auxquels il sera accordé, en remplacement de ces rentes, lesquelles sont et demeurent supprimées, un nombre d'actions nouvelles, correspondant aux capitaux par eux fournis, à raison de cent francs par action, avec faculté de compléter les excédans inférieurs à cent francs ;

4° Des actionnaires qui n'ont pas complété le prix de leurs actions, et que nous autorisons aussi à fournir les complémens nécessaires ;

5° Enfin, des individus simples soumissionnaires, que nous autorisons également à remplir le montant de leurs soumissions.

2. Lesdites autorisations ne peuvent profiter qu'aux personnes qui ont déposé leurs titres, conformément à notre ordonnance royale du 25 octobre 1814.

3. Les sommes à fournir par les personnes dont il s'agit devront être versées avant le 1ᵉʳ octobre 1820, pour tout délai, sous peine de déchéance de tout droit et de perte des à-comptes payés. Ces fonds seront immédiatement employés en rentes sur l'État.

4. Les individus primitivement actionnaires de la tontine, qui ont échangé, depuis, leurs actions contre des rentes personnellement constituées par le sieur Tolozé, ancien directeur, et qui se sont ainsi retirés de l'association tontinière, sont déchus de tous droits comme actionnaires. Ils sont renvoyés à se pourvoir contre le sieur Tolozé, ainsi qu'ils aviseront.

5. La tontine est divisée en six classes. Ces classes comprennent, savoir :

La première, tous les actionnaires nés depuis et y compris le 1ᵉʳ novembre 1772, jusqu'à ce jour ;

La seconde, les actionnaires nés depuis et y compris le 1ᵉʳ novembre 1757, jusqu'au 1ᵉʳ novembre 1772 exclusivement ;

La troisième, les actionnaires nés depuis et y compris le 1ᵉʳ novembre 1747, jusqu'au 1ᵉʳ novembre 1757 exclusivement;

La quatrième, les actionnaires nés depuis et y compris le 1ᵉʳ novembre 1737, jusqu'au 1ᵉʳ novembre 1747 exclusivement ;

La cinquième, les actionnaires nés depuis et y compris le 1ᵉʳ novembre 1727, jusqu'au 1ᵉʳ novembre 1737 ;

La sixième, les actionnaires nés antérieurement au 1ᵉʳ novembre 1727.

6. Il sera fait de nouveaux titres d'actions sur un modèle uniforme, mais avec indication de l'origine, pour être délivrés aux ayans-droit, en remplacement de leurs anciens titres ; toutes les actions seront numérotées. Il y aura autant de séries que de classes.

TITRE II. *Patrimoine et charges de la tontine.*

7. Le patrimoine de la tontine se compose, 1° des rentes sur l'État qui ont été ou seront acquises avec les deniers provenant des immeubles vendus en exécution de nos ordonnances ; 2° des autres rentes sur l'État qui pourront être acquises avec les sommes provenant des complémens d'actions ou paiement d'actions soumissionnées, prévus par le titre précédent ; 3° enfin de toutes les sommes provenant des accroissemens et bonifications dont il sera parlé ci-après.

8. Les rentes sont inscrites au nom de la tontine du Pacte social.

9. Les charges de la tontine comprennent tous les frais qui ont pu être faits jusqu'à ce jour, tant à l'occasion des procès des sociétés qu'à l'occasion des ventes des biens, les dettes, charges et poursuites y relatives ; plus les frais annuels d'administration, qui seront fixés par le préfet de la Seine.

Lesdits frais seront prélevés sur les revenus généraux avant tout autre paiement.

10. Toute répétition exercée ou à exercer par l'une des anciennes sociétés sur l'autre demeure éteinte et amortie.

TITRE III. *Première distribution des rentes.*

11. Les rentes de la tontine se divisent en fractions et forment des rentes de dix francs.

12. Nonobstant la fusion des deux sociétés en une seule, la première distribution des rentes sera faite inégalement entre les deux sociétés, d'une manière distincte, comme si elles n'étaient pas réunies, et dans la proportion suivante, savoir : deux tiers, pour les actionnaires qui font partie de la société assignats, et un tiers, pour les actionnaires qui font partie de la société numéraire.

13. Afin d'opérer cette distribution, l'administration reconnaîtra d'abord, distinctement pour l'une et pour l'autre société, quelle est la proportion des rentes de dix francs avec le nombre d'actions existant dans chacune des deux sociétés ; et lorsqu'il sera reconnu qu'il y a une rente par tel nombre d'actions, les actionnaires, classés selon l'origine de leurs titres, recevront de droit, chacun dans sa société, autant de rentes qu'ils seront de fois propriétaires du nombre d'actions exigé pour avoir une rente.

14. Le nombre des actions excédantes, ainsi que les actions isolées possédées par des actionnaires à qui il n'en appartient pas une quantité suffisante pour obtenir de droit une rente, seront mis, séparément pour chaque société, dans une roue de fortune, d'où il sera tiré un nombre de numéros égal au nombre de rentes restant à distribuer.

15. L'actionnaire ayant des rentes de droit sera tenu d'indiquer immédiatement les numéros auxquels il veut que lesdites rentes soient appliquées ; à défaut de quoi les rentes seront attribuées par l'administration aux numéros les plus bas.

16. Cette première distribution de rentes aura lieu à l'époque qui sera déterminée par le préfet de la Seine, sur la proposition de l'administration des tontines.

TITRE IV. *Mode de jouissance.*

ORDRE DES PAIEMENS.

FORMALITÉS POUR RECEVOIR. — Comptes à rendre.

17. Une fois le partage opéré et la première distribution faite, toute distinction de la société disparaît. Les actionnaires sont soumis généralement aux chances diverses de l'association tontinière, sans autre distinction que celles des classes auxquelles chacun d'eux appartient.

Les classes sont séparées entre elles ; mais, dans chaque classe ainsi séparée, les droits respectifs et individuels des actionnaires se confondent dans une égalité parfaite, à quelque société que lesdits actionnaires aient précédemment appartenu.

18. Les actionnaires d'une même classe se survivent les uns aux autres, et profitent, exclusivement aux actionnaires des autres classes, des rentes éteintes et des bonifications aequises dans la classe dont ils font partie.

19. Les classes se survivent ensuite entre elles. Lors de l'extinction entière d'une classe par suite du décès de tous les actionnaires qui la composaient, ses revenus et ses droits sont dévolus aux classes survivantes, qui les partagent par égale portion, c'est-à-dire, par cinquième, par quart, par tiers ou par moitié, suivant qu'il reste alors cinq, quatre, trois ou deux classes, et cela sans avoir égard au nombre proportionnel des actions de chaque classe.

20. Cette succession des actionnaires et des classes a lieu jusqu'à ce qu'il ne reste plus de toutes les classes de la tontine qu'un certain nombre d'actions dont les titulaires deviennent propriétaires du patrimoine de la tontine, fonds et revenus, ainsi qu'il est expliqué au titre V.

21. Tous les ans, au mois de septembre, il sera fait pour chaque classe un tirage au sort, à l'effet de répartir entre les ayansdroit les rentes provenant tant des décès réels et présumés que des classes éteintes et des bonifications dont il est fait mention aux articles suivans.

22. Mais ce tirage n'aura lieu que jusqu'à ce que toutes les actions d'une même classe aient obtenu une rente. A cette époque, les rentes provenant d'actions qui viendront à s'éteindre seront distribuées au marc le franc, entre toutes les actions survivantes, à moins, toutefois, que la somme à répartir ne soit insuffisante pour procurer à chaque action un accroissement d'au moins cinq centimes de rente. Dans ce cas, les fonds seront provisoirement mis en réserve, comme fonds de bonification.

23. Les arrérages à payer par notre Trésor royal pour chaque semestre de rentes appartenant à la tontine seront touchés par le caissier des tontines, et distribués par lui aux actionnaires, conformément aux états de distribution qui seront dressés par l'administration des tontines et approuvés par le préfet de la Seine.

24. Les distributions ou paiemens à faire aux actionnaires seront effectués une fois par an seulement, du 1ᵉʳ octobre d'une année au 31 mars de l'année suivante : les exercices de la tontine commencent audit jour 1ᵉʳ octobre et finissent au 30 septembre suivant.

25. Le caissier présentera son compte dans le mois de juillet.

26. La situation de la tontine sera imprimée tous les ans par classe.

27. Les fonds destinés au service des rentes, ainsi que ceux qui, par l'effet des extinc-

tions, des déchéances ou retards de paiement prévus par les articles 29 et 30, forment le fonds de bonification, seront, en attendant leur emploi, placés dans des caisses publiques, pour produire intérêt au profit de la tontine, proportionnellement aux droits de chaque classe.

28. L'administration paie les rentes sur la présentation du titre et du certificat de vie. Le paiement est constaté par un timbre appliqué au dos de l'action.

29. Les rentes établies sur des têtes dont le certificat de vie n'a pas été produit dans le cours d'un semestre de paiement sont réputées vacantes à l'expiration de ce semestre, et elles sont distribuées comme telles par la voie du sort, sauf le droit de rétablissement dont il sera ci-après parlé.

Les arrérages de ces rentes sont perdus pour l'actionnaire, et tournent en bonification au profit de la classe à laquelle l'actionnaire appartenait.

30. Tournent également en bonification au profit des classes, les arrérages dus pour les rentes placées sur des têtes décédées, et que les ayans-droit ne se sont pas mis en devoir de toucher dans le semestre de paiement qui a suivi le décès.

La production de l'acte de décès et la remise du titre sont les seules formalités exigées des héritiers ou ayans-droit pour qu'ils obtiennent le paiement.

31. L'ordonnance à délivrer pour le paiement des arrérages annuels appartenant à chaque actionnaire, est expédiée après production du certificat de vie.

32. Mais les rentiers qui, après avoir produit leurs certificats, n'auraient pas retiré leur ordonnance, ou qui, ayant retiré leur ordonnance, auraient négligé d'en recevoir le montant dans le cours de la distribution annuelle, sont obligés d'attendre ensuite l'époque de la distribution suivante ; et, faute par eux de retirer leur ordonnance ou d'en toucher le montant dans le cours de cette nouvelle distribution, ils tombent en déchéance pour les arrérages, dont le montant profite à la classe, le tout sans préjudice des dispositions de l'art. 29.

33. Les rentiers tombés en déchéance dans le cas prévu par ledit article 29, peuvent obtenir de nouvelles rentes, en produisant, dans le cours d'un semestre de paiement, les certificats de vie des têtes sur lesquelles les actions ont été placées.

34. Ces nouvelles rentes seront prélevées sur les rentes qui viendront à vaquer, et dans l'ordre des demandes : en cas d'insuffisance, les numéros restés en souffrance viendront en première ligne dans l'année suivante, mais après qu'il aura été fourni de nouveaux certificats de vie; et sans

éprouver d'autres désavantages que celui d'un retard de paiement.

Le décès de l'actionnaire survenant dans l'intervalle, les arrérages pourront être reçus par les héritiers ou ayans-droit, sauf l'exécution de l'art. 30.

35. Les rentiers rétablis ont droit aux arrérages de leurs nouvelles rentes à compter du jour de l'ouverture de l'exercice dans le cours duquel ils ont justifié de leur existence, c'est-à-dire, à partir du 1er octobre qui précède la production du certificat de vie, soit que le rentier ait obtenu de suite sa nouvelle rente, soit que, dans le cas prévu par l'article précédent, il ait été ajourné à l'année suivante.

36. Les actionnaires à qui il échoit des rentes par le sort, sont appelés à la jouissance des arrérages de ces rentes, à partir du jour de l'ouverture de l'exercice qui suit le tirage au sort.

37. Toute action non portant rente et qui n'est pas liée par un même titre à une action portant rente, doit être soumise, de trois ans en trois ans, dans l'intervalle du 1er octobre au 31 mars, au visa de l'administration.

Les actions non visées en temps utile ne participent point aux tirages annuels.

38. Le visa est effectué au dos du titre, sur la présentation d'un certificat de vie.

39. Cette formalité sera exigée pour la première fois en 1823, et ensuite de trois en trois ans. Elle ne peut être remplie dans les années intermédiaires, ou du moins, dans ce cas, elle ne vaut que pour le temps restant à courir jusqu'à la prochaine époque périodique ordinaire des visa.

40. Les certificats de vie sont délivrés par les maires ou par les notaires : ils doivent indiquer les noms, prénoms, qualités, demeures et dates de naissance des personnes sur les têtes desquelles reposent les actions. Ils seront signés de ces personnes : si elles ne le savent pas ou ne le peuvent, il en sera fait mention, en spécifiant, dans ce dernier cas, la cause de l'empêchement.

Les certificats doivent être légalisés par les autorités compétentes, à l'exception de ceux qui seront délivrés par les maires de notre bonne ville de Paris, ou par les notaires du département de la Seine.

41. Il sera admis des exceptions à l'article précédent, en faveur des militaires ou marins et employés à la suite de l'armée ou employés à bord des bâtimens de notre marine royale, que la nature de leur service ou les chances de la guerre mettraient dans l'impossibilité de s'y conformer.

Il pourra être suppléé, dans ce cas, aux certificats de vie, par des certificats délivrés par nos ministres de la guerre ou de la marine, ou approuvés par eux.

42. Notre ministre de l'intérieur est également autorisé à relever des déchéances prescrites par les articles 29, 30 et 32, les militaires, marins ou employés qui justifieraient authentiquement s'être trouvés dans les cas prévus par l'article précédent.

La décision indiquera s'il est fait remise de tout ou de partie seulement des déchéances encourues. Elle sera prise sur la proposition de l'administration des tontines, et d'après l'avis du préfet de la Seine.

Les rétablissemens s'effectueront de la manière prescrite par les art. 33 et 34.

43. Les rentes sur l'Etat qui forment la propriété de la tontine ne perdent pas leur nature en passant dans la caisse de l'administration des tontines; elles y sont insaisissables, et y jouissent, comme à notre Trésor royal, de tous les privilèges attachés à la dette publique.

TITRE V. Dissolution de la tontine et partage du patrimoine.

44. Le partage des biens de la tontine, à l'époque où sa dissolution aura lieu de la manière prescrite par les anciens statuts, déposés chez Gaillard, notaire, en juin 1793, s'effectuera dans les proportions déterminées par la délibération des commissaires du 24 février 1817, que nous homologuons à cet effet dans toute sa teneur.

TITRE VI. Dispositions générales.

45. Tous réglemens ou statuts contraires au présent sont abrogés.

46. Les difficultés qui pourraient s'élever sur le sens ou l'exécution des dispositions actuellement prescrites seront soumises par l'administration des tontines à notre conseiller-d'Etat préfet de la Seine, sauf le recours à notre ministre secrétaire-d'Etat de l'intérieur et au Conseil-d'Etat.

47. Notre ministre secrétaire-d'Etat de l'intérieur est chargé de l'exécution de la présente ordonnance, qui sera insérée au Bulletin des Lois.

———

1er SEPTEMBRE 1819. — Ordonnance du Roi qui nomme membre de la chambre des vacations de la cour des comptes M. Caze de la Bove, conseiller-maître en cette cour. (7, Bull. 308.)

———

1er SEPTEMBRE 1819. — Ordonnance du Roi qui permet aux sieurs Marie et Madey d'ajouter à leurs noms ceux de Massolet d'Escoublant, et au sieur Fricot de substituer à son nom celui de Frecot. (7, Bull. 309.)

1er SEPTEMBRE 1819. — Ordonnance du Roi qui admet les sieurs Esmonde, Botte, Olivié, Kaiser, Laudenbach, David et Brochner, à établir leur domicile en France. (7, Bull. 309.)

———

1er SEPTEMBRE 1819. — Ordonnance du Roi portant que la commune de la Vaudieu, département de l'Indre, est distraite du canton du Blanc, et réunie à la commune de Saint-Hilaire, canton de Belabre, pour ne former qu'une seule mairie dont le chef-lieu est fixé à Saint-Hilaire. (7, Bull. 309.)

———

1er SEPTEMBRE 1819. — Ordonnances du Roi qui autorisent l'acceptation de dons et legs faits aux séminaires; aux fabriques. (7, Bull. 318.)

———

1er SEPTEMBRE 1819. — Ordonnance du Roi qui autorise l'érection d'une chapelle dans la commune de Cours, département de la Gironde. (7, Bull. 318.)

———

1er SEPTEMBRE 1819. — Ordonnances du Roi qui autorisent l'acceptation de legs faits aux fabriques. (7, Bull. 319.)

———

1er SEPTEMBRE 1819. — Ordonnances du Roi qui accordent des lettres de déclaration de naturalité aux sieurs Jacquemin, Nicolet, Mistler, Rouvery et Essig. (7, Bull. 311, 330, 331, 368 et 435.)

———

4 SEPTEMBRE 1819. — Ordonnance du Roi qui nomme M. Lemarié vice-président de la dixième section du collège électoral du département de la Seine-Inférieure. (7, Bull. 308.)

———

8 ⇌ Pr. 17 SEPTEMBRE 1819. — Ordonnance du Roi qui permet, aux conditions y exprimées, l'exportation des charbons et des perches provenant des forêts du département des Ardennes. (7, Bull. 309, n° 7483.)

Voy. ordonnances des 10 NOVEMBRE 1819 et 4 OCTOBRE 1820.

Louis, etc.

Sur le rapport de notre ministre secrétaire-d'Etat de l'intérieur;

Vu nos ordonnances des 28 novembre 1814, 14 février 1816, 25 septembre 1816, 22 octobre 1817 et 16 septembre 1818, par lesquelles nous avons successivement accordé et prorogé jusqu'au 1er septembre

1819 la sortie provisoire à l'étranger, par le cours de la Meuse, des charbons et perches provenant des forêts des Ardennes, et même celle des écorces d'arbres,

Nous avons ordonné et ordonnons ce qui suit :

Art. 1er. L'exportation, par le cours de la Meuse, des charbons et des perches provenant des forêts du département des Ardennes, est permise jusqu'au 1er septembre 1820, sous les conditions exprimées dans notre ordonnance du 28 novembre 1814.

2. Nous nous réservons de prononcer sur le renouvellement de la permission d'exporter les écorces d'arbres.

3. Nos ministres secrétaires-d'État de l'intérieur et des finances sont chargés de l'exécution de la présente ordonnance.

---

8 SEPTEMBRE 1819. — Ordonnance du Roi qui autorise l'inscription au Trésor royal de soixante-deux pensions militaires. (7, Bull. 310.)

---

8 SEPTEMBRE 1819. — Ordonnance du Roi qui accorde une pension à la dame veuve Carré. (7, Bull. 310.)

---

8 SEPTEMBRE 1819. — Ordonnance du Roi qui admet les sieurs Meyer et Borgmann à établir leur domicile en France. (7, Bull. 311.)

---

8 SEPTEMBRE 1819. — Ordonnances du Roi qui autorisent l'acceptation de dons et legs faits aux fabriques. (7, Bull. 319.)

---

8 SEPTEMBRE 1819. — Ordonnance du Roi qui change le jour de la tenue de la foire de Formiguères, arrondissement de Prades. (7, Bull. 322.)

---

8 SEPTEMBRE 1819. — Ordonnance du Roi qui autorisent l'acceptation de dons et legs faits à la fabrique de Vignoc, aux pauvres et aux hospices. (7, Bull. 322.)

---

8 SEPTEMBRE 1819. — Ordonnances du Roi qui accordent des lettres de déclaration de naturalité aux sieurs Demarbaix et Fontana. (7, Bull. 316 et 317.)

---

8 SEPTEMBRE 1819. — Ordonnances du Roi portant établissement de foires dans les communes de Saint-Vincent, de Camoil, d'Augan, de Maillis, de Nogent-sur-Marne, de Saint-Nicolas de la Grave et de Binges. (7, Bull. 319.)

---

15 = Pr. 28 SEPTEMBRE 1819. — Ordonnances du Roi concernant le bref adressé à l'archevêque de Bordeaux et autres archevêques et évêques institués avant le 11 JUIN 1817. (7, Bull. 311, no 7349.)

Art. 1er. Le bref donné à Rome, à Sainte-Marie-Majeure, le 25 août 1819, adressé à l'archevêque de Bordeaux et autres archevêques et évêques institués avant le 11 juin 1817, par lequel ils sont avertis de conserver et exercer leur autorité épiscopale dans toute l'étendue de leur diocèse et avec les mêmes rapports métropolitains et diocésains tels que le tout existait avant ledit jour, est reçu, et sera transmis à chacun de ceux qu'il concerne par notre ministre secrétaire-d'État de l'intérieur, sans qu'on puisse en induire que la bulle de circonscription donnée à Rome, le 27 juillet 1817, soit reçue dans le royaume.

2. Ledit bref est reçu sans approbation des clauses, formules ou expressions qu'il renferme et qui sont ou pourraient être contraires à la Charte constitutionnelle, aux lois du royaume, aux franchises, libertés et maximes de l'église gallicane.

3. Il sera transcrit en latin et en français sur les registres de notre Conseil-d'État : mention de ladite transcription sera faite sur l'original par le secrétaire général du Conseil.

4. Notre garde-des-sceaux de France, ministre secrétaire-d'État de la justice, et notre ministre secrétaire-d'État de l'intérieur sont chargés de l'exécution de la présente ordonnance qui sera insérée au Bulletin des Lois.

---

15 = Pr. 28 SEPTEMBRE 1819. — Ordonnance du Roi concernant le bref adressé aux évêques préconisés dans le consistoire du 1er OCTOBRE 1817, pour des sièges nouvellement érigés et pour trois anciens sièges. (7, Bull. 311, no 7550.)

Art. 1er. Le bref donné à Rome, à Sainte-Marie-Majeure, le 25 août 1819, adressé aux évêques préconisés dans le consistoire du 1er octobre 1817, pour des sièges nouvellement érigés, et pour trois anciens sièges dont la vacance par translation n'a pu encore avoir lieu, par lequel lesdits évêques sont avertis de ne faire aucun usage de leur institution, est reçu, et sera transmis à chacun d'eux par notre ministre secrétaire-d'État au département de l'intérieur, sans qu'on puisse en induire que la bulle de circonscription donnée à Rome, le 27 juillet 1817, soit reçue dans le royaume.

2. Ledit bref est reçu sans approbation des clauses, formules ou expressions qu'il renferme et qui sont ou pourraient être contraires à la Charte constitutionnelle, aux lois du royaume, aux franchises, libertés et maximes de l'église gallicane.

3. Il sera transcrit en latin et en français sur les registres de notre Conseil-d'Etat : mention de ladite transcription sera faite sur l'original par le secrétaire général du Conseil.

4. Notre garde-des-sceaux de France, ministre secrétaire-d'Etat de la justice, et notre ministre secrétaire-d'Etat de l'intérieur, sont chargés de l'exécution de la présente ordonnance, qui sera insérée au Bulletin des Lois.

---

15 ☰ Pr. 28 SEPTEMBRE 1819. — Ordonnance du Roi qui prescrit la publication des bulles d'institution canonique des archevêques de Paris, Besançon, Bourges, Toulouse et Tours, et des évêques de Nantes, Poitiers, Séez et Amiens, ainsi que des brefs adressés à ces prélats. (7, Bull. 311, n° 7551.)

Art. 1er. Les neuf bulles ci-après désignées, savoir :

La première, donnée à Rome, à Sainte-Marie-Majeure, aux calendes d'octobre 1817, portant institution canonique de notre cousin le cardinal Alexandre-Angélique de Talleyrand de Périgord, ancien archevêque de Reims, notre grand-aumônier, duc et pair de France, nommé par nous à l'archevêché de Paris ;

La seconde, donnée à Rome, à Sainte-Marie-Majeure, le même jour, portant institution canonique de notre amé et féal Gabriel Cortois de Pressigny, comte et pair de France, ci-devant évêque de Saint-Malo, nommé par nous à l'archevêché de Besançon ;

La troisième, donnée à Rome le même jour, portant institution canonique de M. Etienne-Jean-Baptiste des Gallois de la Tour, nommé par nous à l'archevêché de Bourges ;

La quatrième, donnée à Rome le même jour, portant institution canonique de M. François de Bovet, ancien évêque de Sisteron, nommé par nous à l'archevêché de Toulouse ;

La cinquième, donnée à Rome le même jour, portant institution canonique de M. Jean-Baptiste Duchilleau, ancien évêque de Châlons-sur-Saône, nommé par nous à l'archevêché de Tours ;

La sixième, donnée à Rome le même jour, portant institution canonique de M. Louis-Jules-Joseph Dandigné de Mayneuf, nommé par nous à l'évêché de Nantes ;

La septième, donnée à Rome le même jour, portant institution canonique de M. Jean-Baptiste de Bouillé, nommé par nous à l'évêché de Poitiers ;

La huitième, donnée à Rome le même jour, portant institution canonique de M. Alexis Saussol, nommé par nous à l'évêché de Séez ;

La neuvième, donnée à Rome le même jour, portant institution canonique de M. Marc-Marie de Bombelles, nommé par nous à l'évêché d'Amiens ;

Ensemble les neuf brefs, en date du 25 août 1819, adressés aux susdits archevêques et évêques, et qui leur prescrivent d'exercer leurs fonctions dans les limites de leurs diocèses respectifs, telles qu'elles étaient déterminées avant le 17 juillet 1817, et avec les mêmes rapports de métropolitains et de suffragans qui existaient auparavant entre leurs siéges.

Sont reçus, et seront publiés dans la forme accoutumée, sans qu'on puisse induire desdits bulles et brefs que la bulle de circonscription donnée à Rome, le 27 juillet 1817, soit reçue dans le royaume.

2. Lesdites bulles d'institution canonique et lesdits brefs sont reçus sans approbation des clauses, formules ou expressions qu'ils renferment et qui sont ou pourraient être contraires à la Charte constitutionnelle, aux lois du royaume, aux franchises, libertés et maximes de l'église gallicane.

3. Ils seront transcrits en latin et en français sur les registres de notre Conseil-d'Etat : mention desdites transcriptions sera faite sur les originaux par le secrétaire général du Conseil.

4. Notre garde-des-sceaux de France, ministre secrétaire-d'État de la justice, et notre ministre secrétaire-d'État de l'intérieur, sont chargés, chacun en ce qui le concerne, de l'exécution de la présente ordonnance, qui sera insérée au Bulletin des Lois.

---

15 ☰ Pr. 28 SEPTEMBRE 1819. — Ordonnance du Roi qui prescrit la publication de la bulle d'institution canonique de l'archevêque d'Aix, et du bref adressé à ce prélat. (7, Bull. 311, n° 7552.)

Art. 1er. La bulle donnée à Rome, à Sainte-Marie-Majeure, aux calendes d'octobre 1817, portant institution canonique de M. Pierre-François-Gabriel-Raymond-Ignace-Ferdinand de Beausset-Roquefort, ancien évêque de Vannes, nommé par nous à l'archevêché d'Aix ; ensemble le bref, en date du 25 août 1819, qui lui est adressé et lui prescrit d'exercer ses fonctions dans les limites de son diocèse, telles qu'elles étaient déterminées avant le 17 juillet 1817, et avec les mêmes droits métropolitains qui appartenaient auparavant à son siège, sont reçus et seront publiés dans la forme accoutumée, sans qu'on en puisse induire l'approbation de l'union de l'Église d'Embrun à celle d'Aix, qui est mentionnée dans la bulle d'institution, ni que la bulle de circonscription donnée à Rome, le 27 juillet 1817, soit reçue dans le royaume.

2. Ladite bulle d'institution canonique et ledit bref sont reçus sans approbation des clauses, formules ou expressions qu'ils renferment et qui sont ou pourraient être contraires à la Charte constitutionnelle, aux lois du royaume, aux franchises, libertés et maximes de l'église gallicane.

3. Ils seront transcrits en latin et en français sur les registres de notre Conseil-d'État : mention desdites transcriptions sera faite sur les originaux par le secrétaire général du Conseil.

4. Notre garde-des-sceaux de France, ministre secrétaire-d'État de la justice, et notre ministre secrétaire-d'État de l'intérieur, sont chargés de l'exécution de la présente ordonnance, qui sera insérée au Bulletin des Lois.

---

15 = Pr. 28 SEPTEMBRE 1819. — Ordonnance du Roi qui prescrit la publication des bulles d'institution canonique des évêques de Saint-Flour, Vannes, Strasbourg, Valence, Saint-Brieux et Orléans, et des brefs adressés à ces prélats. (7, Bull. 311, n° 7553.)

Art. 1er. Les bulles ci-après désignées, savoir :

La première, donnée à Rome, à Sainte-Marie-Majeure, le 10 des calendes de septembre de l'année 1819, portant institution canonique de M. Jean-François de Mallian, nommé par nous à l'évêché de Saint-Flour ;

La seconde, donnée à Rome, à Sainte-Majeure, le même jour, portant institution canonique de M. Henri-Marie-Claude de Bruc, nommé par nous à l'évêché de Vannes ;

La troisième, donnée à Rome, à Sainte-Marie-Majeure, le même jour, portant institution canonique de M. Gustave-Maximilien-Juste de Croy, nommé à l'évêché de Strasbourg ;

La quatrième, donnée à Rome, à Sainte-Marie-Majeure, le même jour, portant institution canonique de M. Marie-Joseph-Antoine-Laurent Larivoire de la Tourrète, nommé par nous à l'évêché de Valence ;

La cinquième, donnée à Rome, à Sainte-Marie-Majeure, le même jour, portant institution canonique de M. Mathias Legroin de la Romagère, nommé par nous à l'évêché de Saint-Brieux ;

La sixième, donnée à Rome, à Sainte-Marie-Majeure, le même jour, portant institution canonique de M. Pierre-Marin Rouph de Varicourt, nommé par nous à l'évêché d'Orléans ;

Ensemble les six brefs adressés auxdits évêques, le 24 août dernier, et qui leur prescrivent d'exercer leurs fonctions dans les limites de leurs diocèses respectifs, telles qu'elles étaient déterminées avant le 17 juillet 1817, et de reconnaître les mêmes métropolitains dont leurs sièges étaient dépendans avant la même époque,

Sont reçus et seront publiés dans la forme accoutumée, sans qu'on puisse induire desdites bulles et brefs que la bulle de circonscription donnée à Rome, le 27 juillet 1817, soit reçue dans le royaume.

2. Lesdites bulles d'institution canonique et lesdits brefs sont reçus sans approbation des clauses, formules ou expressions qu'ils renferment et qui sont ou pourraient être contraires à la Charte constitutionnelle, aux lois du royaume, aux franchises, libertés et maximes de l'église gallicane.

3. Lesdites bulles et brefs seront transcrits en latin et en français sur les registres de notre Conseil-d'État : mention desdites transcriptions sera faite sur les originaux par le secrétaire général du Conseil.

4. Notre garde-des-sceaux de France, ministre secrétaire-d'État au département de la justice, et notre ministre secrétaire-d'État de l'intérieur, sont chargés de l'exécution de la présente ordonnance, qui sera insérée au Bulletin des Lois.

---

15 SEPTEMBRE = Pr. 6 OCTOBRE 1819. — Ordonnance du Roi portant autorisation, conformément aux statuts y annexés, d'une Compagnie d'Assurances mutuelles contre l'incendie dans le département de la Loire-Inférieure. (7. Bull. 314, n° 7651.)

Louis, etc.

Sur le rapport de notre ministre secrétaire-d'État de l'intérieur,

Vu l'acte passé par-devant Brager et son collègue, notaires à Nantes, les 7, 8 et 9 juin 1819, contenant les statuts d'une Compagnie d'Assurances mutuelles contre l'incendie dans le département de la Loire-Inférieure, et l'acte passé devant ce même notaire et son collègue, le 17 août suivant, contenant rectification desdits statuts ;

Notre Conseil-d'État entendu,

Nous avons ordonné et ordonnons ce qui suit :

Art. 1er. La société provisoirement constituée à Nantes, sous le nom de *Compagnie d'Assurances mutuelles contre l'incendie dans le département de la Loire-Inférieure,* demeure autorisée, conformément aux statuts renfermés dans les deux actes des 7, 8 et 9 juin 1819, et du 17 août 1819, annexés à la présente, lesquels sont approuvés, sauf les réserves ci-jointes.

2. Il sera permis à la société de commencer ses opérations aussitôt que la valeur des propriétés engagées dans l'assurance mutuelle s'élèvera à quinze millions de francs, mais sous la condition expresse que le *maximum* de la valeur séparée de chaque propriété admise n'excédera pas cent vingt mille francs : ce *maximum* pourra être augmenté dans la proportion de l'accroissement de la masse des propriétés assurées, en conservant entre ces deux quantités les rapports déterminés ci-dessus.

3. Le cautionnement du directeur de la société ne pourra être de moins de vingt mille francs ; et celui du caissier, de moins de huit mille francs (1).

4. La présente autorisation étant accordée à ladite société à la charge par elle de se conformer aux lois et statuts particuliers qui doivent lui servir de règle, nous nous réservons de la révoquer dans le cas où ces conditions ne seraient pas accomplies, sans préjudice des actions à exercer par les particuliers devant les tribunaux, à raison des infractions commises à leur préjudice.

5. La société sera tenue de remettre, tous les six mois, copie en forme de son état de situation au préfet du département de la Loire-Inférieure, aux greffes des tribunaux de commerce du même département et à la chambre de commerce de Nantes.

6. Devront les sociétaires se conformer, en ce qui les concerne, aux lois et réglemens de police sur le fait des incendies.

7. Notre ministre secrétaire-d'État de l'intérieur nommera un commissaire auprès de ladite compagnie : il sera chargé de prendre connaissance de ses opérations et de l'observation des statuts ; il rendra compte du tout à notre ministre de l'intérieur.

Il informera le préfet du département de tout ce qui, dans les opérations de la compagnie, pourrait intéresser l'ordre et la sûreté publique ; il le préviendra de la tenue des assemblées du conseil général des sociétaires.

Il pourra suspendre provisoirement celles des opérations de la compagnie qui lui paraîtront contraires aux lois et statuts, ou dangereuses pour la sûreté publique, et ce, jusqu'à décision à intervenir de la part des autorités compétentes.

8. Notre ministre secrétaire-d'État de l'intérieur est chargé de l'exécution de la présente ordonnance, qui sera insérée au Bulletin des Lois; pareille insertion aura lieu dans le Moniteur et dans les journaux destinés aux annonces judiciaires du département de la Loire-Inférieure, sans préjudice de toute autre publication qui serait également nécessaire.

Par-devant Brager et son collègue, notaires royaux à la résidence de Nantes, soussignés, ont comparu :

(*Suivent les noms.*)

STATUTS (2).

CHAPITRE Ier. Fondation.

Art. 1er. Il y a société entre les propriétaires de maisons et bâtimens dans le département de la Loire-Inférieure, soussignés, et ceux des propriétaires dans le même département qui adhéreront aux présens statuts.

Cette société est anonyme : elle a pour objet de garantir mutuellement ses membres des dommages et risques que pourraient causer l'incendie, et même tout feu du ciel ou de cheminée, aux maisons et bâtimens qui participent au bienfait de l'association ; ensemble les meubles placés par le propriétaire à perpétuelle demeure, et devenus immeubles par destination, dans les maisons d'habitation seulement.

Les bâtimens seuls des usines peuvent être assurés, et non les ustensiles, machines et mécanismes qui en dépendent, lesquels sont expressément exceptés.

Les spectacles ne peuvent faire partie de la présente association. Ne sont pas compris dans la présente assurance, et ne peuvent donner lieu à aucun paiement de dommages, tous incendies provenant, soit d'invasion ou de faits à main armée, soit de commotion ou émeute civile, soit enfin de force militaire quelconque, ou de l'explosion de moulins et magasins à poudre.

---

(1) Cet article contient des dispositions différentes de celles des articles 56 et 58 des statuts.

(2) Il ne faut pas perdre de vue les modifications apportées à ces statuts par les actes rectificatifs qui les suivent.

2. La société est administrée par un conseil général des sociétaires, un conseil d'administration et un directeur. Deux censeurs surveillent les actes d'administration.

3. Cette société exclut toute solidarité entre les sociétaires, dont chacun, en tout état de cause, ne peut supporter que la part dont il est tenu dans la contribution à laquelle le risque peut donner lieu.

4. Le conseil d'administration, s'il le juge avantageux pour les intérêts des sociétaires, pourra, par une délibération spéciale, déterminer les bases d'augmentation progressive, d'après lesquelles les propriétaires devront concourir au paiement des dommages, suivant le plus ou le moins de risques que présentera leur immeuble.

5. Chaque sociétaire est assureur et assuré pour cinq ans, à partir du premier jour du mois qui suit celui dans lequel il est devenu sociétaire.

Il est néanmoins dérogé à cette clause en faveur des locataires et créanciers hypothécaires; ils peuvent ne s'engager que pour la durée de leur bail ou créance, mais seulement du consentement du propriétaire, parceque, l'assurance cessant à l'égard de ceux-là, celui-ci, (le propriétaire) au cas qu'il ne restât pas pour douze millions de propriétés assurées, s'engagerait à devenir sociétaire en leur lieu et place pour le reste des cinq ans, ou du moins pour jusqu'au moment où les douze millions seraient faits.

Trois mois avant l'échéance du terme de son engagement, le sociétaire fait connaître, par une déclaration consignée sur un registre tenu à cet effet, s'il entend continuer de faire partie de la société, ou s'il y renonce. Par le fait seul du défaut de déclaration à l'époque donnée, on lui suppose l'intention de demeurer attaché à la société, et il continue d'en faire partie.

S'il continue, toutes les conditions de l'assurance, une nouvelle expertise même comprise, doivent être remplies avant l'échéance du terme de l'engagement; s'il y renonce, l'immeuble est dégagé de toutes charges sociales, comme il cesse de profiter d'aucun bénéfice de garantie, à partir de l'échéance dudit terme.

En cas de mutation par décès ou par vente de l'immeuble assuré, l'assurance cessera du jour de la déclaration que l'héritier ou le vendeur en aura faite au directeur, pourvu toutefois que, déduction faite des immeubles assurés par l'antécédent propriétaire, il se trouve pour douze millions de propriétés engagées à l'assurance.

Dans le mois de la déclaration, le sociétaire, l'héritier ou le vendeur, sur l'ordre exprès du conseil d'administration, est remboursé du fonds capital de sa garantie d'assurance, si elle a été versée en numéraire, ou le directeur donne main-levée de l'inscription prise sur l'immeuble affecté à cette garantie.

6. La durée de la société est de trente années, pourvu toutefois qu'au renouvellement de cinq ans en cinq ans, il se trouve toujours pour douze millions de propriétés engagées à l'assurance.

7. La présente association ne peut avoir d'effet que du moment où, par suite des adhésions aux présens statuts, il se trouvera pour une somme de douze millions de propriétés engagées à l'assurance mutuelle.

Un arrêté du conseil d'administration, dont il sera donné connaissance par le directeur à chaque sociétaire, déterminera le jour de la mise en activité de la société.

Cette somme de douze millions n'est point limitative: le nombre des sociétaires est indéfini, la compagnie admettant à l'assurance mutuelle tous les propriétaires de maisons et bâtimens qui, dans le département de la Loire-Inférieure, adhéreront aux présens statuts.

Les frais des actes d'adhésion et de dépôt d'iceux sont à la charge de la personne qui se fait assurer, ainsi que ceux de main-levée d'inscription, dans le cas du dernier paragraphe de l'article 5.

8. La présente société ayant pour objet tout à la fois une police d'assurance et une association de bienfaisance, le dixième de la somme que doit verser chaque sociétaire, aux termes de l'article 34 ci-après, est attribué aux hospices du département. Les présidens de leurs commissions et leurs trésoriers se concerteront avec l'administration et le directeur de la compagnie pour l'exécution du présent article.

CHAPITRE II. Estimation des immeubles, leur assurance contre l'incendie, et leur paiement au propriétaire en cas d'incendie.

9. L'estimation des immeubles est faite, aux frais de la personne qui se fait assurer, par l'architecte ou le préposé de la compagnie, sur le rapport duquel le conseil d'administration admet ou refuse l'immeuble.

Pour la ville de Nantes, on pourra, dès qu'il sera achevé, prendre pour base de l'estimation un travail précieux dont on s'occupe activement: c'est la refonte, d'après expertises comparatives, des états de sections déposés aux archives de la mairie (bureau des contributions).

Dans le cas où l'évaluation ne conviendrait pas au propriétaire, il choisira un expert dont le conseil d'administration prendra l'avis, y ayant l'égard que de raison.

Le montant de l'estimation, déduction faite de la valeur du sol, forme le capital à assurer, et ce capital est la base de l'indemnité à laquelle le propriétaire assuré a droit en cas d'incendie, comme il est la base de sa contribution, en sa qualité d'assureur, au paiement des dommages, audit cas.

10. En sa qualité d'assureur, tout sociétaire est tenu de fournir à la compagnie une garantie pour le paiement des portions contributives auxquelles l'assujettit le présent système d'assurance mutuelle. Cette garantie, qui forme le fonds capital de la société, est d'un pour cent de la valeur assurée.

Néanmoins, la compagnie se réserve le droit de déterminer, par une délibération spéciale du conseil d'administration, la quotité de garantie que devront fournir les propriétaires d'immeubles renfermant des matières combustibles, et généralement ceux des maisons, bâtimens et établissemens qui, par leur nature, présentent plus ou moins de risques.

Le montant de cette garantie sera versé par chaque sociétaire, au moment même de son engagement : l'administration veillera au placement immédiat des fonds en provenant, soit à la banque de Nantes, soit à l'administration du mont-de-piété, soit sur hypothèques, soit enfin de toute autre manière sûre, le plus grand avantage de la société ; elle produira à chaque sociétaire un dividende d'intérêt qui sera réglé par le conseil d'administration, et payé à la fin de chaque année. Cependant, lorsque cette garantie sera de cinq cents francs et au-dessus, chaque sociétaire aura la faculté de la fournir par une inscription hypothécaire valable à ses frais, laquelle pourra même être suppléée par une rente sur l'État, représentative, au pair, du montant de la garantie, ou toutes autres valeurs réalisables au besoin, que, dans l'intérêt des sociétaires, il sera toujours libre au conseil d'administration, ou d'accepter, ou de refuser, sans être tenu d'en déduire les motifs.

Dans le cas où une portion contributive serait nécessaire pour un événement d'incendie, elle sera prise, pour les sociétaires qui auront versé leur garantie en numéraire, sur le fonds capital ; et pour ceux qui n'auront pas versé leur garantie en numéraire, ou elle sera prise sur les valeurs réalisables, ou sur l'avis qui leur en est donné, ils la versent entre les mains du caissier de l'administration.

Le fonds capital de la garantie étant entamé pour une portion contributive, il doit être aussitôt complété d'après le mode indiqué en l'article 15.

Cette garantie d'un pour cent, jugée nécessaire à la naissance de l'établissement, peut être réduite à fur et à mesure de l'accroissement progressif des propriétés engagées à l'assurance mutuelle. Néanmoins, cette réduction ne pourra avoir lieu avant qu'il y ait pour trente millions de propriétés assurées. Elle s'opère en vertu d'un arrêté du conseil d'aministration, de manière que le fonds capital de la garantie soit toujours de trois cent mille francs. Ce changement étant opéré, le directeur, sur l'ordre exprès du conseil d'administration, donne main-levée des inscriptions jusqu'à due concurrence des réductions, et chaque sociétaire retire dans la même proportion sur la somme numéraire qu'il a versée.

Dans tous les cas, le montant d'une portion contributive, en raison des événemens d'un ou plusieurs incendies manifestés le même jour en un ou plusieurs endroits, sur des bâimens appartenant à un ou plusieurs propriétaires, et quel que soit le temps de la durée de l'incendie, ne peut excéder la garantie fournie par le sociétaire, en sorte que les propriétaires incendiés ne pourraient rien réclamer au-delà de cette garantie, qui serait répartie entre eux au marc le franc.

Le renouvellement d'incendie, faute d'extinction, ne sera point considéré comme un nouvel incendie, mais, au contraire, comme une continuation du premier.

L'administration fera connaître, tous les trois mois, l'état exact de la garantie d'assurance.

11. Tous locataires sont admis, avec le consentement du propriétaire (voyez le second paragraphe de l'article 5), à cause de la responsabilité dont ils sont tenus (art. 1733 du Code civil), pour tout incendie de leur fait dans la propriété qui leur est louée, à devenir membres de la présente société, en satisfaisant, comme s'ils étaient propriétaires, aux dispositions des présens statuts.

Le bénéfice de cette assurance n'aura lieu, en faveur du locataire, qu'autant que, par l'événement, il sera tenu lui-même à une indemnité envers son propriétaire. L'effet de l'assurance cessera avec son bail. Dans le cas où l'incendie ne proviendrait pas de son fait, l'indemnité sera payée au propriétaire, distraction faite, au profit du locataire, des frais et garantie d'assurance auxquels il s'est soumis pendant le temps couru et à courir de son engagement.

Tout créancier hypothécaire est également admis à faire assurer l'immeuble qui lui sert de garantie, en satisfaisant, comme s'il était propriétaire, aux conditions de l'assurance.

Toute personne est admise à assurer officieusement la propriété d'autrui, en se soumettant personnellement aux conditions de l'assurance. Dans le cas où plusieurs assurances seraient faites par divers intéressés sur un même immeuble, la compagnie ne serait néanmoins tenue qu'au paiement d'une seule indemnité en faveur du propriétaire, sauf aux divers intéressés à conserver leurs droits sur cette indemnité.

12. Tout fait d'incendie dans la ville de Nantes et sa banlieue est dénoncé, au moment où il se manifeste, par le propriétaire assuré, ou par toute autre personne qu'il est expressément tenu de charger de ce soin, au secrétariat de la direction, qui le fait vérifier et constater de suite.

La déclaration du propriétaire ou de son représentant est consignée sur un registre à ce destiné, et signée du déclarant, auquel il en est délivré copie.

Dans les autres communes du département, la personne incendiée est tenue d'en faire ou faire faire à l'instant la déclaration au maire de la commune : elle énoncera les causes et circonstances de l'incendie ; le maire en dresse procès-verbal, et donne son avis ; la déclaration et le procès-verbal, dans les trois jours de sa clôture, sont adressés par la personne incendiée, ou par son préposé, au directeur, qui le fait de suite vérifier ; le tout à peine, par les contrevenans, d'éprouver la réduction du dixième de l'indemnité à laquelle ils auraient droit.

Toute personne qui la première vient dénoncer un incendie, a droit à une prime, dont la quotité est réglée par le conseil d'administration.

Il sera offert chaque année, par le conseil d'administration, des médailles d'argent à ceux de MM. les pompiers et à toutes autres personnes qui se seront le plus distingués dans les incendies des propriétés assurées.

13. Vingt-quatre heures après l'événement constaté, l'architecte de la compagnie, ou le préposé d'icelle, procède à l'estimation du dommage causé par l'incendie à la propriété assurée.

Le propriétaire pourra lui adjoindre, à ses frais, un autre expert ; et dans le cas de partage entre eux, un troisième expert est nommé par les parties, et payé à frais communs.

La base de cette estimation est la valeur de la portion incendiée, et non le prix de la reconstruction. Si la propriété est entièrement consumée, l'effet de la police d'assurance est suspendu jusqu'à sa reconstruction, et le sociétaire reste pendant le même temps affranchi des charges sociales.

Les matériaux de la partie incendiée qui ont résisté en tout ou en partie à l'incendie sont estimés comme ci-dessus, et restent, au

propriétaire à valoir sur l'indemnité qu'il doit recevoir.

La police d'assurance devient nulle dans ses effets actifs et passifs, si la propriété cesse d'exister par d'autres causes que celles d'incendie.

14. Quatre mois après la clôture du procès-verbal des experts, la somme à laquelle le dommage a été fixé, est payée à l'assuré, sur l'ordre exprès du conseil d'administration.

Dans le cas où il existe des créanciers hypothécaires sur l'immeuble incendié, le paiement ci-dessus représentant en partie la valeur dudit immeuble, et étant destiné à tenir lieu du gage des créanciers hypothécaires, ou à le rétablir par sa reconstruction ou réparation, il ne peut être arrêté ou suspendu par l'effet d'aucune saisie ni opposition, au profit d'aucun créancier non hypothécaire.

Ce paiement sera fait à la charge de subroger la société, et jusqu'à concurrence seulement de l'indemnité par elle payée, aux droits et actions qu'aurait eus, cessant l'assurance, le propriétaire incendié contre les personnes du fait desquelles l'incendie serait provenu : néanmoins, cette subrogation n'aura lieu qu'autant que le propriétaire incendié aura été entièrement indemnisé de ses pertes tant par l'indemnité qui lui aura été payée par la société, que par celle qu'il aura pu obtenir contre l'incendiaire, pour le surplus des dommages que lui aurait occasionnés l'incendie.

15. Pour l'exécution de l'article qui précède, le directeur établit, tous les trois mois, le compte de la contribution des sociétaires, à raison des événemens d'incendie survenus dans le trimestre.

Le conseil d'administration vérifie ce compte, et en arrête définitivement la répartition. Le caissier est chargé d'en poursuivre le remboursement.

Il en est donné avis aux sociétaires, qui viennent en prendre connaissance, s'ils le jugent à propos, au secrétariat de l'administration, et versent entre les mains du caissier le montant de la part dont ils sont respectivement tenus dans ladite contribution.

A défaut de paiement, cet avis est renouvelé ; et, quinze jours après ce dernier avertissement, l'assureur en retard est poursuivi, à la diligence du directeur, par toutes les voies de droit, pour le paiement de la somme dont il se trouve débiteur.

Le retardataire est en outre passible, au profit des hospices, d'une amende dont la quotité est fixée au quart de la somme pour laquelle il est poursuivi.

16. Le propriétaire d'un immeuble assuré pourra y faire tel changement qu'il jugera

à propos, en faisant toutefois constater, par l'architecte ou le préposé de la compagnie, la plus ou moins value de cette propriété après le changement.

Le procès-verbal qui le constatera sera aux frais du propriétaire ; le même procès-verbal déterminera la valeur pour laquelle il concourra désormais aux assurances.

CHAPITRE III. Conseil général des sociétaires.

17. Il y aura une assemblée générale des sociétaires, sous la dénomination de *conseil général*.

18. Le conseil général est composé de cinquante membres, dont vingt sont les plus forts sociétaires qui ont payé comptant leur garantie, et trente sont, dans l'ordre du tableau, aussi les plus forts sociétaires sans distinction : il est présidé par un de ses membres, élu à la majorité des suffrages.

Il se réunit une fois par année. Sa première réunion a lieu lors de la mise en activité de la société.

19. Le conseil général nomme les membres du conseil d'administration, et en détermine le nombre.

20. Le conseil général choisit dans son sein deux censeurs chargés de surveiller, pendant le courant de l'année, toutes les opérations de l'administration.

Le conseil d'administration et les censeurs sont nommés à la majorité des suffrages.

21. Les censeurs peuvent assister, avec voix consultative seulement, aux délibérations du conseil d'administration, ils rendent compte au conseil général des observations qu'ils ont pu faire pendant l'année, et des abus qu'ils ont pu reconnaître dans l'administration.

Le conseil général, après avoir délibéré sur le rapport des censeurs, statue sur leurs observations.

Les censeurs, réunis à cinq membres du conseil général, peuvent convoquer des assemblées extraordinaires de ce conseil.

CHAPITRE IV. Conseil d'administration.

22. Le conseil d'administration choisit son président.

En cas d'absence du président, il est remplacé par un vice-président désigné par le conseil.

Chacun des membres de ce conseil s'adjoint un suppléant, dont il fait choix dans le conseil général. Ce suppléant assiste aux séances, en cas d'absence du membre qui l'a choisi.

Le conseil d'administration est composé, pour parvenir à la formation de l'institution, des six sociétaires fondateurs dont les noms suivent :

MM. le comte Dufou, officier de la Légion-d'Honneur, chevalier de l'Aigle rouge de Prusse ; Lequen, négociant, consul de Portugal ; Law de Lauriston, receveur général ; Jolin, négociant ; Freteau, docteur médecin, président de la société académique ; Sarrebourse d'Audeville, négociant, demeurant tous à Nantes.

Ses fonctions pourront cesser à la première assemblée du conseil général, qui, article 19, doit nommer les membres du conseil d'administration.

Il a nommé pour avocat, notaire, avoué et architecte de la compagnie, MM. Collombel, avocat ; Maisonneuve, avoué ; Brager, notaire ; Blon, architecte.

Les avocat, notaire, avoué et architecte de la compagnie, peuvent être appelés, avec voix consultative, aux délibérations du conseil d'administration.

23. En cas de décès ou de démission de l'un des membres du conseil d'administration, il est remplacé de droit par son suppléant, jusqu'à ce qu'il ait été pourvu à son remplacement par le conseil général. Ce suppléant, devenu membre du conseil d'administration, s'adjoint un suppléant, dont il fait aussi choix dans le conseil-général.

24. Les membres du conseil d'administration sont renouvelés par moitié tous les cinq ans. Les premiers sortans sont déterminés par le sort.

Tout membre du conseil d'administration doit être sociétaire, et avoir au moins pour cinquante mille francs de propriétés engagées à l'assurance mutuelle. On compte aux membres du conseil d'administration leurs propriétés personnelles et celles de leur épouse ; au père, celles de ses enfans et de ses gendres et belles-filles ; au fils et au gendre, celles de ses père et mère, beau-père et belle-mère.

Les membres du conseil d'administration dont le temps est expiré peuvent être réélus.

25. Le conseil d'administration se réunit d'obligation deux fois par mois.

Il ne peut délibérer qu'autant que tous ses membres sont présens ou représentés par leurs suppléans.

Il est fait une distribution de jetons aux membres présens, lors de chaque assemblée ; les suppléans participent à cette distribution.

Le secrétaire de la direction tient la plume.

Les procès-verbaux sont signés par le président ; les arrêtés sont signés par les membres qui y ont concouru.

26. Les membres du conseil d'administration ne sont responsables que du mandat qu'ils ont reçu.

Ils ne contractent, à raison de leur gestion, aucune obligation personnelle ni solidaire, relativement aux engagemens de la société.

27. Le conseil d'administration nomme le directeur, et les autres employés, sur sa présentation.

Il nomme également MM. les avocat, notaire, avoué et architecte de la compagnie.

Il peut suspendre le directeur dans le cas de prévarication dans sa gestion, provoquer et poursuivre sa révocation près du conseil général, convoqué extraordinairement à cet effet par le conseil d'administration.

Le directeur est entendu dans ses moyens de défense. La décision du conseil général est sans appel.

Il délibère sur toutes les affaires de la société, et décide par arrêtés consignés sur des registres tenus à cet effet. Le directeur est tenu de s'y conformer.

Il ne peut prendre aucun arrêté qui, en contrevenant aux présens statuts, tende à grever ou à changer le sort des sociétaires.

Ses décisions sont prises à la majorité absolue des suffrages ; elles sont exécutoires pour toute la compagnie.

28. Un commissaire du Gouvernement, désigné par le ministre de l'intérieur, peut prendre connaissance des arrêtés du conseil d'administration, et en suspendre l'exécution, s'il les trouve contraires aux lois et en opposition avec les réglemens de police.

CHAPITRE V: Direction.

29. Il y a un directeur, qui, à ce titre et sous les ordres du conseil d'administration, dirige et exécute toutes les opérations de la société.

Il assiste, avec voix consultative, aux assemblées du conseil d'administration.

Il convoque les assemblées du conseil général des sociétaires, aux époques et dans les cas prévus.

Il convoque également, lorsque cela peut devenir nécessaire, les assemblées extraordinaires du conseil d'administration, et en donne avis aux censeurs.

30. Le directeur met sous les yeux du conseil général des sociétaires, lors de sa réunion, l'état de situation de l'établissement, celui des recettes et des dépenses de l'année précédente, et le compte détaillé de tout ce que la compagnie a été dans le cas de rembourser pour cause d'incendie. Il donne aux censeurs toutes les communications qu'ils peuvent désirer ; il leur représente les registres des délibérations et arrêtés de l'administration, les états de situation de l'établissement, et leur procure tous les renseignemens que l'intérêt de leurs commettans exige.

Il donne également à chaque sociétaire tous les renseignemens dont il peut avoir besoin.

31. Le directeur fait procéder à l'estimation des maisons et bâtimens engagés à l'assurance, et prend en son nom, pour la compagnie, toutes les inscriptions nécessaires : il est chargé de la délivrance des polices d'assurance, de la tenue et de l'ordre des bureaux, des rapports de la société avec les autorités, de la correspondance, enfin de la confection comme de la suite ou de l'exécution de tous les actes qui peuvent concerner l'établissement.

32. Le directeur, chargé de l'exécution des présens statuts, ne peut s'en écarter en aucune des opérations qui en font l'objet.

En conséquence, il est tenu, non-seulement d'ouvrir les registres nécessaires au conseil d'administration pour ses délibérations et ses arrêtés, mais encore d'avoir un journal général qui offre, dans l'ordre jugé convenable, les noms des sociétaires, la valeur de leurs assurances et le compte ouvert à chacun d'eux, enfin les registres relatifs aux déclarations d'incendie, aux évaluations des dommages et à la correspondance.

33. Le directeur fait apposer sur chaque propriété assurée, et dans la quinzaine au plus tard de l'engagement, une plaque de tôle indicative de l'assurance par ces lettres initiales : P. A. C. L.

34. Tous frais de loyer, frais de bureau et de correspondance, tous traitemens d'employés, droits d'enregistrement et honoraires du notaire pour les actes de l'administration, tous frais d'instances ou d'actions judiciaires, prix des plaques à apposer sur les propriétés assurées, toutes distributions de jetons ou autres droits de présence aux membres du conseil d'administration, enfin toutes dépenses, soit d'établissement, soit de gestion, sont et demeurent à la charge de la direction. A cet effet, et pour faire face tant à ces dépenses qu'au prélèvement établi par l'article 8 en faveur des hospices, et des primes établies par l'article 12, chaque sociétaire paie, chaque année, quarante centimes pour mille francs, du prix d'estimation de chaque propriété assurée.

Le paiement de ce droit est exigible au commencement de chaque année.

Cependant, le sociétaire dont la propriété est d'une valeur au-dessous de vingt mille francs est tenu d'acquitter ce droit pour les cinq années, au moment même de son engagement.

Ces recettes et ces dépenses forment entre la compagnie et le directeur un traité à forfait, dont la durée est fixée à cinq ans, ou jusqu'à l'époque où il y aurait pour trente millions de propriétés assurées.

A l'une de ces époques, le conseil général se fait représenter l'état des recettes et dépenses : s'il juge les recettes dans une proportion convenable avec les dépenses, la société continue sur les mêmes bases; si les recettes excèdent les dépenses, de manière à offrir la possibilité d'une réduction dans le droit attribué aux frais de direction, il ordonne et règle cette réduction ; dans le cas contraire, il l'augmente.

35. Toute action judiciaire à laquelle pourrait donner ouverture tout autre objet que le simple recouvrement, soit des portions contributives, soit des cotisations annuelles, ne pourra être engagée ou soutenue par le directeur, aux frais de la direction, que d'après l'avis du conseil d'administration, l'avocat et l'avoué de la compagnie entendus.

36. Le directeur est responsable de l'exécution du mandat qu'il reçoit ; il fournit un cautionnement en immeubles de quatre mille francs (1).

37. M. Goullin de la Brosse (Henri), fondateur de l'établissement, en est nommé directeur.

CHAPITRE VI. Comptabilité.

38. Il y a un caissier auprès de la direction ; il fournit un cautionnement en immeubles de la valeur de six mille francs. Les inscriptions nécessaires sont prises sur ses biens par le directeur, en sa qualité, pour la compagnie, et il n'en peut être donné mainlevée et consenti de radiation qu'après l'apurement de ses comptes et la représentation d'un *quitus* délivré en suite d'une délibération du conseil d'administration (2).

39. Pour sûreté des fonds provenant des dispositions des articles 15 et 34, il est établi une caisse à trois clefs, dans laquelle le caissier remet, le dernier jour de chaque semaine, le montant des fonds qui ont été versés entre ses mains dans cet espace de temps : ces fonds n'en sont tirés qu'au fur et à mesure des besoins de la direction.

Les entrées et sorties de ces fonds sont constatées par le moyen que l'administration juge à propos d'adopter.

Des trois clefs de la caisse, l'une est remise entre les mains du président du conseil d'administration, une en celles du directeur, et la troisième en celles du caissier.

40. Le caissier tient sa comptabilité journalière sous le contrôle immédiat du directeur : cependant il n'est fait aucun paiement de fonds que sur l'autorisation du conseil d'administration et sur des bordereaux ordonnancés par lui.

CHAPITRE VII. Dispositions générales.

41. La compagnie se réserve, pour sa plus grande prospérité, de pourvoir, par les voies que sa prudence et son expérience lui suggéreront, aux moyens de préservation d'incendie, particulièrement de veiller à ce que les lois et ordonnances de police sur le ramonage et la construction des cheminées, fours et fourneaux, soient ponctuellement observées dans les maisons garanties par l'assurance.

42. S'il survient quelque contestation au civil entre la compagnie, comme chambre d'assurance, et un ou plusieurs des assurés, elle est jugée, à la diligence du directeur pour la société, par trois arbitres, dont deux sont nommés par les parties respectives, et le troisième, par le président du tribunal de première instance de l'arrondissement du siége de l'établissement. Leur jugement est sans appel.

43. Le domicile de la compagnie est élu dans le local de la direction, dont les bureaux ne pourront être établis ailleurs qu'à Nantes.

Chaque sociétaire est tenu d'élire domicile à Nantes.

Fait et passé à Nantes, en l'étude, et les demeures des comparans, au rapport de Brager, les 7, 8 et 9 juin 1819. Lecture faite aux comparans, ils ont signé, avec les notaires, la minute des présentes, demeurée audit Brager, l'un des notaires soussignés.

(Suit l'état sommaire des propriétés qui seront admises à l'assurance mutuelle contre l'incendie et proposées par les signatures de l'acte ci-dessus.)

Par devant Brager et son collègue, notaires royaux à la résidence de Nantes, soussignés, ont comparu :

MM. François-Marie-Bonaventure comte Dufou ; Pierre-Louis Lequen, négociant ; Jean-Marie Freteau, docteur-médecin ; George Law de Lauriston, receveur général ; Jean Jolin, négociant, demeurant tous à Nantes, membres du conseil d'administration de la Compagnie d'Assurance mutuelle contre l'incendie, provisoirement constituée pour le département de la Loire-Inférieure, et signataires de l'acte social en contenant les statuts, au rapport de Brager, notaire à Nantes, y enregistré ;

Lesquels, pour se conformer à l'avis du Conseil-d'État, ont arrêté que les articles ci-après seraient rédigés comme il suit :

Article 5 de l'acte social des 7, 8 et 9 juin 1819, second paragraphe. « Il est néan-
« moins dérogé à cette clause en faveur des

(1 et 2) *Voy.* art. 3 de l'ordonnance.

« locataires, créanciers hypothécaires ; ils
« pourront ne s'engager que pour la durée
« de leur bail ou créance : mais, dans ce cas,
« le propriétaire s'engagera à devenir so-
« ciétaire pour son propre compte pendant
« le reste des cinq ans, si, à l'époque de la
« cessation de leur assurance, il ne se trou-
« vait pas pour quinze millions de proprié-
« tés assurées, et ce, pour prévenir la dis-
« solution de la société, qui ne peut subsis-
« ter que pour cette somme. »

Même article 5, cinquième paragraphe.
Les mots *douze millions* seront remplacés
par ceux de *quinze millions*.

Art. 6. « Les mots *douze millions* seront
« remplacés par ceux de *quinze millions*.

Art. 7. « La présente association ne peut
« avoir d'effet que du moment où, par suite
« des adhésions aux présens statuts, il se
« trouvera pour une somme de quinze mil-
« lions de propriétés engagées à l'assurance
« mutuelle. »

Même article, troisième paragraphe. Les
mots *douze millions* seront remplacés par
ceux de *quinze millions*.

Art. 10, troisième paragraphe. « Cepen-
« dant, lorsque cette garantie sera de cinq
« cents francs et au-dessus, chaque socié-
« taire aura la faculté de la fournir par une
« inscription hypothécaire valable à ses frais,
« laquelle pourra être suppléée par une rente
« sur l'État, qui, admise au cours du jour,
« puisse produire le capital nécessaire à la
« garantie, ou toutes autres valeurs réalisa-
« bles au besoin, le tout au choix de chaque
« sociétaire. »

Art. 15, dernier paragraphe. « Le retar-
« dataire est en outre passible, au profit des
« hospices, d'une indemnité dont la quotité
« est fixée au quart de la somme pour la-
« quelle il est poursuivi. »

Art. 36. « Le directeur est responsable
« de l'exécution du mandat qu'il reçoit ; il
« fournit un cautionnement en immeubles
« de..... » (la somme sera déterminée à
« Paris. »

Art. 37. « M. Goullin de la Brosse (Henri),
« l'un des fondateurs de l'établissement, en
« est nommé le directeur. »

Art. 38. « Il y a un caissier auprès de la
« direction ; il fournit un cautionnement en
« immeubles de la valeur de... » (la somme
sera fixée à Paris).

Tels sont les changemens auxquels les
susnommés et soussignés ont déclaré consentir en leurs noms et qualité de membres
du conseil d'administration de la Compagnie
d'Assurance mutuelle contre l'incendie, provisoirement constituée pour le département
de la Loire-Inférieure, et en instance pour
obtenir l'autorisation royale.

---

15 SEPTEMBRE 1819. — Ordonnance du Roi qui
permet au sieur Groux de substituer à son
nom celui de Jolis; au sieur Le Clerc, comte
de Lassigny, d'ajouter à ses noms celui de
Juigné, et aux sieurs Colas frères, de substituer à leur nom celui de Vallon. (7, Bull.
311.)

---

15 SEPTEMBRE 1819. — Ordonnance du Roi qui
admet les sieurs Perisse et Meiter à établir
leur domicile en France. (7, Bull. 311.)

---

15 SEPTEMBRE 1819. — Ordonnance du Roi qui
autorise l'acceptation d'une somme de six
mille francs, offerte par M. le duc et Madame la duchesse d'Orléans, pour concourir aux frais de construction et de premier
établissement d'une école d'enseignement
mutuel dans la commune de Neuilly. (7,
Bull. 312.)

---

15 SEPTEMBRE 1819. — Ordonnances du Roi qui
autorisent l'acceptation de legs faits à la
à la commune de Dammery, aux églises. (7,
Bull. 324.)

---

15 SEPTEMBRE 1819. — Ordonnances du Roi qui
autorisent l'acceptation de legs faits aux fabriques. (7, Bull. 322.)

---

15 SEPTEMBRE 1819. — Ordonnances du Roi qui
accordent des lettres de déclaration de naturalité aux sieurs Kremer, Neirenhausen,
Rabboni, Simon. (7, Bull. 337, 348 et 375.)

---

18 SEPTEMBRE 1819 ⹃ Pr. 22. MAI 1820. —
Lettres-patentes portant institution d'une
pairie. (7, Bull. 369, n° 8724.)

Le majorat de la pairie de M. Jean-
Louis-Henri de Bancalis, marquis d'Aragon, créé pair par ordonnance royale du
5 mars 1819, a été établi sur la métairie
du château de Saliès, situé sur la commune de ce nom et sur celle d'Albi, département du Tarn ; la métairie de Lan-
drivié, sise même commune de Saliès et
celle de Carlus ; la métairie du Château-Bas,
située sur Saliès et Albi ; la métairie dite
Métairie Neuve sur Saliès et Carlus, et la
métairie des Perreys, sise sur Saliès, avec
leurs bâtimens d'exploitation et jardins ; plus
cent arpens douze perches quarante neuf
mètres de terres labourables, douze arpens
cinq perches métriques de prairies, six cents
perches soixante mètres en vignes, dix-sept
arpens cinq perches soixante-dix mètres de
pacages, et quinze arpens soixante-quinze

perches métriques en bois ; le tout produisant dix mille deux cents francs de revenu : en conséquence, la pairie de M. d'Aragon a été instituée *héréditairement* sous le titre de *Baron.*

18 SEPTEMBRE 1819. — Lettres-patentes relatives à l'institution d'un majorat en faveur de M. Bancalis de Maurel, marquis d'Aragon. (7, Bull. 310.)

22 — Pr. 30 SEPTEMBRE 1819. — Ordonnance du Roi qui permet, aux conditions y exprimées, l'exportation des légumes secs et des farines en provenant. (7, Bull. 312, n° 7592.)

Voy. loi du 16 JUILLET 1819, et ordonnance du 6 OCTOBRE 1819.

Louis, etc.

Sur le rapport de notre ministre secrétaire-d'Etat au département de l'intérieur ;

Vu les dispositions de la loi du 2 décembre 1814, concernant l'exportation des grains et légumes, et celles de la loi du 16 juillet 1819 relative à l'importation et à l'exportation des grains et farines,

Nous avons ordonné et ordonnons ce qui suit :

Art. 1er. Notre ordonnance du 3 août 1815 est abrogée en ce qui concerne la suspension provisoire de l'exportation des légumes.

En conséquence, les légumes secs, tels que pois, haricots, fèves et lentilles, et les farines en provenant, pourront, à l'avenir, sortir librement par toutes les frontières de notre royaume, sous les conditions de la loi du 2 décembre 1814, modifiées par l'art. 9 de celle du 16 juillet dernier.

2. Nos ministres secrétaires-d'Etat de l'intérieur et des finances sont chargés de l'exécution de la présente ordonnance, qui sera insérée au Bulletin des Lois.

22 SEPTEMBRE — Pr. 23 OCTOBRE 1819. — Ordonnance du Roi qui révoque, en ce qui concerne les propriétés des particuliers, l'ordonnance du 28 AOUT 1816 et le réglement y annexé sur le martelage des bois propres aux constructions navales. (7, Bull. 318, n° 7753.)

Voy. ordonnance du 28 AOUT 1816, instruction du 5 OCTOBRE 1819, circulaire du 1er MAI 1826, et Code forestier de 1827.

Louis, etc.

Dans l'intention de pourvoir autant que possible, par les forêts du royaume, à l'approvisionnement de nos arsenaux maritimes en bois de construction, nous avons rendu, le 28 août 1816, une ordonnance suivie d'un réglement concernant le martelage et la conservation des bois de marine ;

Mais des représentations ont été adressées par divers particuliers, et même par des conseils généraux de département, sur l'extension donnée aux amendes qu'avait établies le décret du 15 avril 1811, e. sur la suppression de plusieurs dispositions prescrites par le même décret, dans l'intérêt des propriétaires de bois :

Ayant égard à ces représentations, et voulant concilier le libre exercice du droit de propriété avec les besoins du service et l'utilité publique ;

Vu les articles 7, 8 et 9 de la loi du 9 floréal an XI (29 avril 1803), l'article 11 de l'arrêté du 28 floréal an XI (18 mai 1803), et le décret du 15 avril 1811 ;

Sur le rapport de notre ministre secrétaire-d'Etat au département de la marine et des colonies,

Notre Conseil-d'Etat entendu,

Avons ordonné et ordonnons ce qui suit :

Art. 1er. Notre ordonnance du 28 août 1816 et le réglement y annexé sur le martelage des bois propres aux constructions navales sont révoqués en tout ce qui concerne les propriétés des particuliers.

En conséquence, les propriétaires de bois ne seront plus assujétis désormais qu'à se conformer aux dispositions des lois antérieures, et notamment au décret du 15 avril 1811.

2. Notre garde-des-sceaux, ministre de la justice, et nos ministres des finances et de la marine, sont chargés, chacun en ce qui le concerne, de l'exécution de la présente ordonnance.

22 SEPTEMBRE 1819. — Ordonnance du Roi relative à l'établissement formé à Bailleulsur-Thérain, département de l'Oise, par la congrégation des sœurs hospitalières de Saint-Joseph. (7, Bull. 326.)

22 SEPTEMBRE 1819. — Ordonnance du Roi qui autorise l'acceptation de dons et legs faits aux fabriques. (7, Bull. 326.)

22 SEPTEMBRE 1819. — Ordonnance du Roi qui autorise l'inscription au Trésor royal des pensions accordées à quatre cent trente-un vétérans des camps de Juliers et d'Alexan-

drie, à titre de doublement de solde de retraite. (7, Bull. 319.)

22 SEPTEMBRE 1819. — Ordonnance du Roi qui autorise l'acceptation d'une donation faite à la fabrique de l'église de Raids. (7, Bull. 324.)

22 SEPTEMBRE 1819. — Ordonnance du Roi qui autorise l'acceptation d'une donation faite à la fabrique de l'église de Réquista. (7, Bull. 325.)

22 SEPTEMBRE 1819. — Ordonnance du Roi qui classe deux chemins parmi les routes départementales de l'Arriége. (7, Bull. 315.)

22 SEPTEMBRE 1819. — Ordonnance du Roi qui admet le sieur Suris à établir son domicile en France. (7, Bull. 315.)

22 SEPTEMBRE 1819. — Ordonnance du Roi qui admet le sieur John Collier, né à Newport, à jouir des droits de citoyen français. (7, Bull. 317.)

22 SEPTEMBRE 1819. — Ordonnances du Roi qui accordent des lettres de déclaration de naturalité aux sieurs Sarasin, Gobel, Laroch, Morbach et Chanforan. (7, Bull. 317, 337, 348, 353 et 427.)

24 SEPTEMBRE = Pr. 9 OCTOBRE 1819. — Ordonnance du Roi qui nomme coadjuteur de M. le cardinal de Périgord, archevêque de Paris, M. de Quélen, évêque de Samosate. (7, Bull. 315, n° 7668.)

Voy. ordonnance du 4 FÉVRIER 1820.

Louis, etc.

Sur la demande et la présentation de notre cousin le cardinal grand-aumônier,

Avons nommé et nommons M. de Quelen (Hyacinthe-Louis), évêque de Samosate, co-adjuteur avec future succession de notre cousin le cardinal de Périgord, archevêque de Paris.

Notre cousin le cardinal grand-aumônier et notre ministre secrétaire-d'Etat de l'intérieur sont chargés de l'exécution de la présente ordonnance.

24 SEPTEMBRE = Pr. 18 OCTOBRE 1819. — Or-

donnance du Roi qui détermine le mode de construction des fosses d'aisances dans la ville de Paris. (7, Bull. 316, n° 7687.)

Voy. décret du 10 MARS 1809.

Louis, etc.

Sur le rapport de notre ministre de l'intérieur;

Vu les observations du préfet de police sur la nécessité de modifier les réglemens concernant la construction des fosses d'aisances dans notre bonne ville de Paris;

Notre Conseil-d'Etat entendu,

Nous avons ordonné et ordonnons ce qui suit:

SECTION Ire. Des constructions neuves.

Art. 1er. A l'avenir, dans aucun des bâtimens publics ou particuliers de notre bonne ville de Paris et de leurs dépendances, on ne pourra employer, pour fosses d'aisances, des puits, puisards, égoûts, aquéducs ou carrières abandonnées, sans y faire les constructions prescrites par le présent réglement.

2. Lorsque les fosses seront placées sous le sol des caves, ces caves devront avoir une communication immédiate avec l'air extérieur.

3. Les caves sous lesquelles seront construites les fosses d'aisances devront être assez spacieuses pour contenir quatre travailleurs et leurs ustensiles, et avoir au moins deux mètres de hauteur sous voûte.

4. Les murs, la voûte et le fond des fosses seront entièrement construites en pierres meulières, maçonnées avec du mortier de chaux maigre et de sable de rivière bien lavé.

Les parois des fosses seront enduites de pareil mortier, lissé à la truelle.

On ne pourra donner moins de trente à trente-cinq centimètres d'épaisseur aux voûtes, et moins de quarante-cinq ou cinquante centimètres aux massifs et aux murs.

5. Il est défendu d'établir des compartimens ou divisions dans les fosses, d'y construire des piliers, et d'y faire des chaînes ou des arcs en pierres apparentes.

6. Le fond des fosses d'aisances sera fait en forme de cuvette concave.

Tous les angles intérieurs seront effacés par des arrondissemens de vingt-cinq centimètres de rayon.

7. Autant que les localités le permettront, les fosses d'aisances seront construites sur un plan circulaire, elliptique ou rectangulaire.

On ne permettra point la construction de fosses à angle rentrant, hors le seul cas où la surface de la fosse serait au moins de quatre mètres carrés de chaque côté de l'angle ; et alors il serait pratiqué, de l'un et de l'autre côté, une ouverture d'extraction.

8. Les fosses, quelle que soit leur capacité, ne pourront avoir moins de deux mètres de hauteur sous clé.

9. Les fosses seront ouvertes par une voûte en plein cintre, ou qui n'en différera que d'un tiers de rayon.

10. L'ouverture d'extraction des matières sera placée au milieu de la voûte, autant que les localités le permettront.

La cheminée de cette ouverture ne devra point excéder un mètre cinq centimètres (1) de hauteur, à moins que les localités n'exigent impérieusement une plus grande hauteur.

11. L'ouverture d'extraction correspondante à une cheminée d'un mètre cinquante centimètres au plus de hauteur ne pourra avoir moins d'un mètre en longueur sur soixante-cinq centimètres en largeur.

Lorsque cette ouverture correspondra à une cheminée excédant un mètre cinquante centimètres de hauteur, les dimensions ci-dessus spécifiées seront augmentées de manière que l'une de ces dimensions soit égale aux deux tiers de la hauteur de la cheminée.

12. Il sera placé, en outre, à la voûte, dans la partie la plus éloignée du tuyau de chute et de l'ouverture d'extraction, si elle n'est pas dans le milieu, un tampon mobile, dont le diamètre ne pourra être moindre de cinquante centimètres. Ce tampon sera en pierre, encastré dans un chassis en pierre, et garni, dans son milieu, d'un anneau en fer.

13. Néanmoins, ce tampon ne sera pas exigible pour les fosses dont la vidange se fera au niveau du rez-de-chaussée, et qui auront, sur ce même sol, des cabinets d'aisances avec trémie ou siége sans bonde, et pour celles qui auront une superficie moindre de six mètres dans le fond, et dont l'ouverture d'extraction sera dans le milieu.

14. Le tuyau de chute sera toujours dans le milieu (2).

Son diamètre intérieur ne pourra avoir moins de vingt-cinq centimètres, s'il est en terre cuite ; et de vingt centimètres, s'il est en fonte.

15. Il sera établi, parallèlement au tuyau de chute, un tuyau d'évent, lequel sera conduit jusqu'à la hauteur des souches de cheminées de la maison, ou de celles des maisons contiguës, si elles sont plus élevées.

Le diamètre de ce tuyau d'évent sera de vingt-cinq centimètres au moins ; s'il passe cette dimension, il dispensera du tampon mobile.

16. L'orifice intérieur des tuyaux de chute et d'évent ne pourra être descendu au-dessous des points les plus élevés de l'intrados de la voûte.

SECTION II. Des reconstructions de fosses d'aisances dans les maisons existantes.

17. Les fosses actuellement pratiquées dans les puits, puisards, égoûts anciens, aquéducs ou carrières abandonnés, seront comblées ou reconstruites à la première vidange.

18. Les fosses situées sous le sol des caves qui n'auraient point communication immédiate avec l'air extérieur seront comblées à la première vidange, si l'on ne peut pas établir cette communication.

19. Les fosses actuellement existantes dont l'ouverture d'extraction, dans les deux cas déterminés par l'article 11, n'aurait pas et ne pourrait avoir les dimensions prescrites par le même article, celles dont la vidange ne peut avoir lieu que par des soupiraux ou des tuyaux, seront comblées à la première vidange.

20. Les fosses à compartimens ou étranglemens seront comblées ou reconstruites à la première vidange, si l'on ne peut pas faire disparaître ces étranglemens ou compartimens, et qu'ils soient reconnus dangereux.

21. Toutes les fosses des maisons existantes qui seront reconstruites le seront suivant le mode prescrit par la 1re section du présent réglement.

Néanmoins, le tuyau d'évent ne pourra être exigé que s'il y a lieu à reconstruire un des murs en élévation au-dessus de ceux de la fosse, ou si ce tuyau peut se placer intérieurement ou extérieurement, sans altérer la décoration des maisons.

SECTION III. Des réparations des fosses d'aisances.

22. Dans toutes les fosses existantes, et lors de la première vidange, l'ouverture d'extraction sera agrandie, si elle n'a pas les dimensions prescrites par l'article 11 de la présente ordonnance.

23. Dans toutes les fosses dont la voûte aura besoin de réparations, il sera établi un tampon mobile, à moins qu'elles ne se trouvent dans les cas d'exception prévus par l'article 13.

(1) Lisez un mètre cinquante centimètres. Erratum, Bull. 320.
(2) Lisez sera toujours vertical. Erratum, Bull. 320.

24. Les piliers isolés établis dans les fosses seront supprimés à la première vidange, ou l'intervalle entre les piliers et les murs sera rempli en maçonneries, toutes les fois que le passage entre les piliers et les murs aura moins de soixante-dix centimètres de largeur.

25. Les étranglemens existant dans les fosses, et qui ne laisseraient pas un passage de soixante-dix centimètres au moins de largeur, seront élargis à la première vidange, autant qu'il sera possible.

26. Lorsque le tuyau de chute ne communiquera avec la fosse que par un couloir ayant moins d'un mètre de largeur, le fond de ce couloir sera établi en glacis jusqu'au fond de la fosse, sous une inclinaison de quarante-cinq degrés au moins.

27. Toute fosse qui laisserait filtrer ses eaux par les murs ou par le fond sera réparée.

28. Les réparations consistant à faire des rejointoimens, à élargir l'ouverture d'extraction, placer un tampon mobile, rétablir des tuyaux de chute ou d'évent, reprendre la voûte et les murs, boucher ou élargir des étranglemens, réparer le fond des fosses, supprimer des piliers, pourront être faites suivant les procédés employés à la construction première de la fosse.

29. Les réparations consistant dans la reconstruction entière d'un mur de la voûte ou du massif du fond des fosses d'aisances ne pourront être faites que suivant le mode indiqué ci-dessus pour les constructions neuves (1).

30. Les propriétaires des maisons dont les fosses seront supprimées en vertu de la présente ordonnance seront tenus d'en faire construire de nouvelles, conformément aux dispositions prescrites par les articles de la Ire section.

31. Ne seront pas astreints aux contructions ci-dessus déterminées, les propriétaires qui, en supprimant leurs anciennes fosses, y substitueront les appareils connus sous le nom de *fosses mobiles inodores*, ou tous autres appareils que l'administration publique aurait reconnus par la suite pouvoir être employés concurremment avec ceux-ci.

32. En cas de contravention aux dispositions de la présente ordonnance, ou d'opposition de la part des propriétaires aux mesures prescrites par l'administration, il sera procédé, dans les formes voulues, devant le tribunal de police ou le tribunal civil, suivant la nature de l'affaire.

43. Le décret du 10 mars 1809, concernant les fosses d'aisance dans Paris, est et demeure annulé.

34. Notre ministre secrétaire-d'Etat de l'intérieur, et notre garde-des-sceaux, ministre de la justice, sont chargés de l'exécution de la présente ordonnance.

---

29 SEPTEMBRE ⚏ Pr. 6 OCTOBRE 1819. — Ordonnance du Roi qui élève à quarante-cinq francs par kilogramme le droit d'entrée des tissus de bourre de soie fabriqués à l'étranger. (7, Bull. 314, n° 7650.)

Louis, etc.

Informés que l'importation des tissus de bourre de soie fabriqués à l'étranger, moyennant le droit actuel, qui est trop faible, porte atteinte à la prospérité des fabriques françaises, que notre ferme intention est de protéger ;

Vu l'article 39 de la loi du 17 decembre 1814 ;

Sur le rapport de notre ministre secrétaire-d'Etat des finances,

Notre Conseil-d'Etat entendu,

Nous avons ordonné et ordonnons ce qui suit :

Art. 1er. Les tissus de bourre de soie façon cachemire paieront, à l'avenir, un droit de quarante-cinq francs par kilogramme, à leur entrée en France.

2. Notre ministre secrétaire-d'Etat des finances est chargé de l'exécution de la présente ordonnance, qui sera insérée au Bulletin des Lois.

---

29 SEPTEMBRE ⚏ Pr. 9 OCTOBRE 1819. — Ordonnance du Roi qui met en activité les jeunes soldats disponibles des classes de 1816 et 1817. (7, Bull. 315, n° 7665.)

Louis, etc.

Vu la loi du 10 mars 1818, notre ordonnance du 26 août même année, qui appelle à l'activité quarante mille hommes des classes de 1816 et 1817 ; et celle du 3 décembre 1818, qui répartit ces quarante mille hommes entre nos légions d'infanterie ;

Sur le rapport de notre ministre secrétaire-d'Etat au département de la guerre,

Nous avons ordonné et ordonnons ce qui suit :

Art. 1er. Sont mis en activité les jeunes soldats des classes de 1816 et 1817 qui se

---

(1) *Ajoutez :* Il en sera de même pour l'enduit général s'il y a lieu à en revêtir les fosses Erratum, Bull. 320.

trouvent en ce moment disponibles dans leurs foyers.

2. Ces jeunes soldats seront incorporés dans les légions de leurs départemens respectifs.

3. L'incorporation des jeunes soldats des classes de 1816 et 1817 devra être terminée, au plus tard, le 15 novembre prochain, pour tous les départemens.

4. Notre ministre secrétaire-d'Etat au département de la guerre est chargé de l'exécution de la présente ordonnance.

---

29 SEPTEMBRE 1819. — Ordonnance du Roi qui permet au sieur Léon d'ajouter à son nom celui de Parisy, et à la dame Céleste, son épouse, d'ajouter au sien celui de Lombardon. (7, Bull. 315.)

---

29 SEPTEMBRE 1819. — Ordonnance du Roi qui admet les sieurs Persico, Lange et Habisreutinger, à établir leur domicile en France. (7, Bull. 315.)

---

29 SEPTEMBRE 1819. — Ordonnance du Roi qui distrait la commune de Barbonville du canton de Gerbévillers, et la réunit à celui de Bayon, arrondissement de Lunéville. (7, Bull. 316.)

---

29 SEPTEMBRE 1819. — Ordonnance du Roi qui autorise le sieur Menuau de Villeneuve à entrer au service de sa majesté le roi d'Espagne. (7, Bull. 322.)

---

29 SEPTEMBRE 1819. — Ordonnances du Roi qui accordent des lettres de déclaration de naturalité au sieur Gall. (7, Bull. 314.)

---

29 SEPTEMBRE 1819. — Ordonnances du Roi qui autorisent l'acceptation de dons et legs faits aux sœurs de la Providence de Séez, aux séminaires et aux fabriques. (7, Bull. 320.)

---

29 SEPTEMBRE 1819. — Ordonnance du Roi qui approuve l'érection en chapelle de l'église de la Madeleine située à Bordeaux. (7, Bull. 327.)

---

29 SEPTEMBRE 1819. — Ordonnances du Roi qui autorisent l'acceptation de legs faits aux fabriques. (7, Bull. 327.)

---

30 SEPTEMBRE 1819. — Tableau des prix moyens régulateurs des grains, dressé et arrêté conformément aux articles 6 et 8 de la loi du 16 JUILLET 1819. (7, Bull. 313.)

---

5 OCTOBRE 1819. — Instructions adressées par son excellence le ministre de la marine et des colonies à MM. les directeurs du service forestier de la marine à Paris, Tours, Angoulême et Lyon. (Mon. du 9 OCTOBRE 1819.)

Voy. ordonnance du 22 SEPTEMBRE 1819.

Le Roi, Monsieur, par une ordonnance en date du 27 septembre dernier, a révoqué, en ce qui regarde les propriétés des particuliers, celle du 28 août 1816, concernant le martelage et la conservation des bois nécessaires aux constructions navales, ainsi qu'un réglement du même jour relatif à l'exécution des martelages et à l'exploitation desdits bois.

Je joins ici une copie de cette ordonnance dont l'objet est de mettre fin aux nombreuses réclamations qu'a fait naître, depuis plusieurs années, l'exécution des lois relatives au martelage des bois de marine, et de concilier l'intérêt des propriétaires d'arbres de haute futaie, avec l'indispensable nécessité de réserver, pour l'approvisionnement des arsenaux maritimes, tous ceux qui leur essence, leur forme et leurs dimensions rendent propres à la construction des bâtimens de guerre.

Vous ne devrez donc prendre désormais pour guide dans vos opérations que les lois et les dispositions réglementaires qui régissaient le service des martelages, avant le 28 août 1816, c'est-à-dire la loi du 9 floréal an 11 (29 avril 1803), l'arrêté du 28 floréal an 11 (18 mai 1803), et le décret du 15 avril 1811.

L'article 9 de la loi du 9 floréal an 11 oblige tout propriétaire de futaie à déclarer, six mois d'avance, les coupes qu'il a intention de faire, et d'indiquer les lieux où sont situés les bois qui doivent être abattus.

Mais l'article 1er du décret du 15 mars 1811 excepte de l'obligation de la déclaration les propriétés des arbres situés dans les lieux clos, et fermés de murs et de haies vives avec fossés, attenant aux habitations, et qui ne sont pas aménagés en coupe réglée.

L'article 2 du même décret n'oblige les propriétaires à comprendre dans leur déclaration que les chênes de futaie et les ormes ayant treize décimètres (quatre pieds) de tour et au-dessus, et il en excepte encore les ormes de dimension quelconque, plantés en avenue près les maisons d'habitation.

Vous voudrez bien faire connaître, aux contre-maîtres sous vos ordres, ces diverses exceptions, afin qu'ils s'abstiennent à l'avenir de verbaliser contre les propriétaires qui feraient abattre, sans déclaration préalable, des arbres pour lesquels cette formalité n'est plus nécessaire.

Le délai de six mois, qui doit s'écouler entre la déclaration du propriétaire et l'abattage des chênes et ormes de treize décimètres de tour, n'a pas d'autre objet que de donner aux agens de la marine le temps de se rendre sur les lieux, et de visiter ces arbres sur pied, afin de reconnaître s'ils sont de nature à produire, par l'équarrissage, des pièces propres aux constructions navales. Ainsi toutes les fois qu'il dépendra de vous de hâter cette opération, je vous recommande de le faire afin de laisser plus promptement les propriétaires libres de commencer leurs exploitations.

J'écris à M. le ministre des finances, pour le prier d'autoriser les agens de toutes classes de l'enregistrement et des domaines et forêts à recevoir les déclarations des particuliers domiciliés dans les lieux de leurs ressorts respectifs, et de leur prescrire de vous en adresser immédiatement le double, sans l'envoyer préalablement au conservateur des forêts, ou au directeur de l'enregistrement dans les départemens où il n'y a point de conservateur; par ce moyen, les formalités prescrites par l'article 4 du décret du 15 avril 1811 seront abrégées sans aucun inconvénient, et vous serez plus promptement en mesure de diriger les contre-maîtres vers les lieux où des coupes auront été projetées.

Vous n'attendrez même pas les communications officielles des agens forestiers, pour ordonner la reconnaissance des bois; lorsque les propriétaires vous auront adressé directement leur intention d'abattre, vous aurez soin seulement, en pareil cas, de les prévenir qu'ils n'en devront pas moins faire leur déclaration, dans les formes prescrites par l'article 4 précité du décret du 15 avril 1811.

Les contre-maîtres de la marine continueront à dresser, en triple expédition, le procès-verbal de chaque martelage qu'ils auront exécuté; ils vous en enverront de suite une expédition, en même temps qu'ils en feront passer une seconde au préposé de l'administration de l'enregistrement et des domaines et forêts, chez lequel aura été faite la déclaration de l'intention d'abattre les arbres visités, et ils remettront la troisième expédition au propriétaire à qui elle

servira de garantie pour procéder immédiatement à leur exploitation.

La même marche sera suivie pour l'expédition et la remise des certificats de visite des arbres déclarés, parmi lesquels il n'en serait trouvé aucun qui fût propre aux constructions navales.

Les contre-maîtres de la marine devant diriger la découpe et l'équarrissage des arbres qu'ils auront frappés de leur marteau, vous voudrez bien tenir la main à ce qu'ils mettent, à ces opérations, la plus grande activité, afin de prévenir les retards qui pourraient être nuisibles aux intérêts de ces propriétaires.

Vous veillerez également à ce que les recettes des bois équarris soient faites dans le moindre délai possible, soit sur les lieux même d'exploitation, soit sur les ports flottables les plus voisins, suivant les conditions auxquelles les fournisseurs de la marine seront convenus d'en prendre possession.

Vous ne perdrez pas de vue que ces fournisseurs doivent traiter avec les propriétaires des arbres martelés aussitôt après que vous leur aurez donné avis du martelage, et que, d'après l'article 9 du décret du 15 avril 1811, ces arbres doivent être enlevés et payés, au plus tard, dans les six mois qui suivent l'abattage.

Toutes les fois que, pour obtenir une garantie de l'exécution de cette dernière disposition, les propriétaires réclameront des contre-maîtres de constater l'époque de l'abattage de leurs arbres, ceux-ci devront en donner de suite un certificat conformément à l'article 8 du même décret.

Les arrangemens relatifs à l'achat des arbres par les fournisseurs doivent toujours, autant que possible, être faits de gré à gré; mais si un traité à l'amiable devenait impraticable entre un propriétaire et le fournisseur, avant l'expiration du délai de six mois, vous ferez procéder à l'estimation du bois par des experts, conformément aux dispositions des articles 10 et 11 de l'arrêté du 28 floréal an 11, et vous me rendriez compte, sur-le-champ, des difficultés auxquelles donnerait lieu l'exécution de cette mesure, si toutefois elle éprouvait quelque entrave de part et d'autre.

Enfin, Monsieur, vous voudrez bien tenir la main à ce que les contre-maîtres n'exigent jamais, des propriétaires de bois, aucune rétribution ou indemnité quelconque, pour les procès-verbaux et les certificats dont ils auront à leur faire la remise, et je punirai sévèrement toute contravention à cette prohibition.

Je me repose d'ailleurs sur votre zèle, du soin d'assurer l'exécution de ces mesures, et je vous recommande surtout de veiller, avec la plus grande attention, à ce que les agens employés sous vos ordres ne se permettent, dans aucune circonstance, d'interpréter arbitrairement les lois relatives au service forestier, leur premier devoir étant de respecter les droits des propriétaires, lorsque ceux-ci ont satisfait aux obligations que les lois leur imposent.

Recevez, etc.

Baron PORTAL.

6 ⹀ Pr. 10 OCTOBRE 1819. — Ordonnance du Roi qui rapporte celle du 3 AOUT 1815, concernant l'exportation des grains, et contient le tableau des ports et bureaux de douanes désignés pour l'importation et l'exportation des grains, farines et légumes, dans chacun des départemens de la frontière. (7, Bull. 316, n° 7686.)

Voy. lois du 16 JUILLET 1819 et 4 JUILLET 1821.

Louis, etc.

Vu la loi du 2 décembre 1814, concernant l'exportation des grains :

Les articles 6, 7, 8 et 9 de celle du 16 juillet 1819, relative à l'importation et à l'exportation de ces denrées.

Notre ordonnance du 18 décembre 1814, rendue en exécution de la première de ces deux lois ;

Notre ordonnance du 3 août 1815, qui a suspendu temporairement, et à raison des circonstances pénibles survenues dans la situation des subsistances, la sortie des grains, farines, légumes et fourrages hors de notre royaume ;

Vu enfin nos ordonnances des 23 juin et 22 septembre derniers par lesquelles l'ordonnance du 3 août 1815 a été révoquée, en ce qui concerne la prohibition de sortie des farines, biscuits et légumes.

Et le tableau des prix moyens régulateurs des grains, publié le 30 septembre dernier par notre ministre secrétaire-d'Etat de l'intérieur,

Nous avons ordonné et ordonnons ce qui suit :

Art. 1er. Notre ordonnance du 3 août 1815, concernant l'exportation des grains, cessera d'avoir son effet.

2. En conséquence, les grains de toute espèce pourront sortir librement du royaume,

dans les limites et sous les conditions indiquées par la loi du 2 décembre 1814, modifiées par l'article 9 de celle du 16 juillet 1819.

L'exportation des farines, permise par notre ordonnance du 23 juin dernier, est assujettie aux mêmes conditions.

3. La désignation des ports et bureaux de douanes par lesquels ces exportations pourront avoir lieu, telle qu'elle avait été fixée par notre ordonnance du 18 décembre 1814, est rectifiée conformément au tableau annexé à la présente.

Les importations de grains, farines, biscuits et légumes, se feront exclusivement par les mêmes ports et bureaux de douanes.

4. Nos ministres secrétaires-d'Etat de l'intérieur et des finances sont chargés de l'exécution de la présente ordonnance, qui sera insérée au Bulletin des Lois.

Tableau des ports et bureaux de douanes désignés pour l'importation et l'exportation des grains, farines et légumes, dans chacun des départemens de la frontière.

Ports et bureaux par où l'exportation aura lieu :

Aisne : La Chapelle (1), Hirson, Aubenton.

Ardennes : Givet, Rocroy, Gué-d'Hossus, Fumay, Givonne, Messincourt, Carrignan, Saint-Menges, Sédan, Charleville et Gesponsard.

Meuse : Fagny, Montmédi, Thonnela-Long, Marville.

Moselle : Longwy, Mont-Saint-Martin, Sierck, Apach, Schwerdroff, Waldewiese, Launstroff, Fraurberg (2), Bitche, Grosblidersdorff, Schweyer, Stulzelbrounn, Bouzonville et Sarguemines.

Bas-Rhin : Lembach, Wissembourg, Münchausen, Seltz, Belheim, Port-Louis (3), Drusenheim, Gambsheim, La Wantzenau, le Pont-du-Rhin, Rhinau, Marckolsheim et Lauterbourg.

Haut-Rhin : Croix, Delle, Pfetterhausen, Folgensbourg, Durlingsdrost, Ottingen, Hegedheim, Bourgfelden, Saint-Louis, Huningue, Chalampé, l'Ile-de-Paille, Artzheim.

Doubs : Morteau, Pontarlier, Verrières-de-Joux, Jougue (4), Montbéliard.

Jura : Morez.

Ain : Nantua, Bellegarde, Seyssel (5), Cordon.

---

(1) *Lisez* La Capelle. *Erratum*, Bull. 317.
(2) *Lisez* Frauenberg. *Erratum*, Bull. 317.
(3) *Lisez* Fort-Louis. *Erratum*, Bull. 317.

(4) *Lisez* Jougne. *Erratum*, Bull. 317.
(5) *Ajoutez* Belley. *Erratum*, Bull. 317.

Isère : Chaparcillans, le Touvet, Pont-Charra, La Chapelle-du-Bard, Bourg-d'Oisans, Pont-de-Beauvoisiu, Entredeux-Guiers, La Tour-du-Pin.

Hautes-Alpes : Briançon, Mont-Genèvre, Guillestre, Abriès.

Basses-Alpes : Barcelonnette, Saint-Paul, Larche, Fours, Allos, Colmars, Entrevaux, Annot (1), Saint-Pierre, les Sausses.

Var : Toulon, Antibes, Saint-Laurent-du-Var, Saint-Tropez, les Salins, Bandol, Cannes, Saint-Raphaël.

Bouches-du-Rhône : Marseille, Arles, Cassis, Badon, Vignoles, Martigues, Port-de-Bouc, La Valduc, Berre, La Ciotat.

Gard : Aigues-Mortes.

Hérault : Cette, Agde.

Aude : Narbonne, La Nouvelle.

Pyrénées-Orientales : Collioure, Port-Vendre, Saint-Laurent de La Salanque et Canet, *par mer ;* Perthus, Prats-de-Mollo, Costonges et Bourg-Madame, *par terre.*

Arriège : Tarascon, Ax, Seix, Sentein.

Haute-Garonne : Bagnères-de-Luchon, Saint-Béat.

Hautes-Pyrénées : Argelès, Arreau.

Basses-Pyrénées : Bayonne, Saint-Jean-de-Luz, *par mer ;* Saint-Jean-Pied-de-Port, *par terre.*

Landes : Saint-Esprit-lès-Bayonne.

Gironde : Bordeaux, Libourne, Blaye, Pauillac, La Tête-de-Buch.

Charente-Inférieure : Marans, La Rochelle, Marenne, Charente, Rochefort, La Tremblade.

Vendée : Luçon, Saint-Gilles, Morineq(2), Saint-Michel-en-l'Herm, les Sables-d'Olonne, Beauvoir, Noirmoutiers, Bouin.

Loire-Inférieure : Nantes et lieux de chargement situés au-dessous jusqu'à Paimbœuf, Paimbœuf, Saint-Nazaire, le Pouliguen, le Croisic (3), Mesquer, Pornic, Bourgneuf.

Morbihan : Lorient, Hennebond, Auray, Vannes, Sarzeau, Penerf, La Roche-Bernard.

Finistère : Quimper, Quimperlé, Brest, Morlaix, Roscoff, Pontaven, Pont-l'Abbé, Audierne, Landerneau.

Côtes-du-Nord : Dinan, Dahouet, le Légué, Pontrieux, Paimpol, Lannion, Tréguier, Port-à-la-Duc, Pontrieux (4).

Ille-et-Vilaine : Redon, Saint-Malo, Saint-Servan.

Manche : Cherbourg, Barfleur, La Hougue, Avranches, Saint-Léonard, Granville, Regneville, Port-Bail, Carteret, Saint-Germain-sur-Aï, Amonville (5), Carentan.

Calvados : Caen, Honfleur, Isigny.

Eure : Quillebœuf.

Seine-Inférieure : Rouen, Caudebec, le Havre, Fécamp, Dieppe, Saint-Valery-en-Caux.

Somme : Saint-Valery-sur-Somme.

Pas-de-Calais : Boulogne, Calais, Etaples.

Nord : Maubeuge, Bavai, Malplaquet, Bettignies, Jeumont, Consolre, Solre-le-Château, Trélon, Valenciennes, Blanc-Misseron, Condé, Maulde, Saint-Amand, Halluin, Commines, Werwick, Armentières, Pont-Rouge, Baisieux, Bailleul, Steenvoorde, Dunkerque, Gravelines, Zuitcoote, Bergues, Hondscoote, Oost-Capel.

Arrêté par nous ministre secrétaire-d'État au département de l'intérieur.

Paris, le 7 octobre 1819.

Signé le comte Decaze.

————

6 octobre 1819. — Ordonnance du Roi qui distrait la commune de Peyssies du canton du Fousseret, et la réunit à celui de Carbonne, arrondissement de Muret, département de la Haute-Garonne. (7, Bull. 321.)

————

6 octobre 1819. — Ordonnance du Roi qui autorise l'inscription au Trésor royal de cent cinq pensions militaires ou soldes de retraite. (7, Bull. 324.)

————

6 octobre 1819. — Ordonnance du Roi qui maintient l'usine du sieur Sautre, située à Regnier-Voye, arrondissement d'Épinal, département des Vosges. (7, Bull. 327.)

————

6 octobre 1819. — Ordonnance du Roi qui accepte la renonciation faite par le sieur Broussy à une partie de la concession des mines de houille de Sensac, arrondissement de Rodez, département de l'Aveyron. (7, Bull. 327.)

————

6 octobre 1819. — Ordonnance du Roi qui permet au sieur Vergnies-Bouischères de transférer la forge neuve située à Oust, arrondissement de Saint-Girons, sur sa pro-

————

(1) *Lisez* Aunot. *Erratum,* Bull. 317.

(2) *Lisez* Moricq. *Erratum,* Bull. 317.

(3) *Lisez* le Croisiq. *Erratum,* Bull. 317.

(4) *Lisez* Portrieux. *Erratum,* Bull. 317.

(5) *Lisez* Omonville. *Erratum,* Bull. 317.

priété, dans la commune de Vic-Dessas, département de l'Arriége. (7, Bull. 327.)

ə 6 octobre 1819. — Ordonnances du Roi qui autorisent l'acceptation de dons et legs faits aux fabriques. (7, Bull. 327.)

ə 6 octobre 1819. — Ordonnance du Roi qui autorise l'inscription au Trésor royal de quarante-quatre pensions ecclésiastiques. (7, Bull. 330.)

ł 12 ⚏ Pr. 18 octobre 1819. — Ordonnance du Roi portant convocation du collége électoral du département du Cher. (7, Bull. 317, n° 7720.)

Voy. lois des 5 février 1817, 29 juin 1820, et notes.

Louis, etc.

ə La députation du département du Cher
e étant devenue incomplète par la mort du
ɔ sieur baron Augier, nous avons résolu, en
ł exécution de l'article 18 de la loi du 5 février
ɔ 1817, de convoquer le collége électoral de
ce département.

A ces causes,

z Vu les articles 35 et 36 de la Charte constitutionnelle et la loi du 5 février 1817 :

ɔ Vu les précédentes ordonnances par les-
ł quelles nous avons réglé les formalités relatives à l'exécution de ladite loi ;

ɔ Sur le rapport de notre ministre secrétaire-
ł d'État de l'intérieur, duquel il résulte que
ɔ la liste des électeurs du département du
ł Cher a été dressée, imprimée et affichée par
les soins du préfet,

z Nous avons ordonné et ordonnons ce qui
suit :

ɛ Art. 1er. Le collége électoral du département du Cher est convoqué pour le 31 octobre présent mois.

ɜ 2. Il se réunira dans la ville de Bourges,
ɛ se divisera en deux sections, et procédera à
l'élection d'un député.

ɜ 3. Les dispositions contenues aux articles
3 à 22 de l'ordonnance de 18 août 1819, relative à la convocation des colléges électoraux de la 3e série, sont applicables au collége électoral du département du Cher.

4. Notre ministre secrétaire-d'État de l'intérieur est chargé de l'exécution de la présente ordonnance.

12 octobre 1819. — Ordonnance du Roi portant nomination du président et du vice-président du collége électoral du département du Cher. (7, Bull. 317.)

13 ⚏ Pr. 25 octobre 1819. — Ordonnance du Roi concernant le paiement des arrérages de la dette publique et des pensions. (7, Bull. 318, n° 7754.)

Louis, etc.

Voulant donner aux créanciers de la dette perpétuelle et viagère toutes les facilités qui s'accordent avec la justice et l'ordre de la comptabilité publique,

Sur le rapport de notre ministre des finances,

Nous avons ordonné et ordonnons ce qui suit :

Art. 1er. Les arrérages de la dette publique, cinq pour cent consolidés, sont payables, dans les départements comme à Paris, jusqu'à l'expiration du délai de cinq ans, terme fixé, par l'article 156 de la loi du 24 août 1793, pour la prescription desdits arrérages.

2. Ceux de la dette viagère et des pensions sont payables, tant à Paris que dans les départemens, pendant le délai d'une année, à compter de l'échéance de chaque semestre ou trimestre.

Les rentes viagères et pensions dont les arrérages n'auront pas été réclamés pendant ce délai, à compter du dernier paiement, ne pourront être payées qu'en vertu de nouveaux états de paiement, dressés sur la réclamation des parties et la présentation des certificats de vie des titulaires.

3. Néanmoins, la prescription des arrérages desdites rentes viagères et pensions n'aura lieu, savoir : pour les rentes viagères, que dans le délai de cinq ans, conformément au décret du 8 ventose an 13, et à l'article 156 précité de la loi du 24 août 1793 ; et pour les pensions, que dans le délai de trois ans, conformément à l'arrêté du 15 floréal an 11.

4. Au moyen des dispositions contenues dans la présente ordonnance, les articles 5 et 6 de l'arrêté du 23 germinal an 11 sont abrogés.

5. Notre ministre secrétaire-d'État des finances est chargé de l'exécution de la présente ordonnance.

13 octobre ⚏ Pr. 8 novembre 1819. — Ordonnance du Roi portant proclamation des brevets d'invention, de perfectionnement et d'importation, délivrés pendant le troisième trimestre de 1819. (7, Bull. 324, n° 7809.)

13 OCTOBRE 1819. — Ordonnances du Roi qui autorisent l'érection en chapelles des églises de Montboillon, d'Autet, de Bassigney, des Aynans et de Saint-Sulpice. (7, Bull. 328.)

13 OCTOBRE 1819. — Ordonnance du Roi qui autorise l'acceptation d'une donation faite aux hospices de Romans. (7, Bull. 329.)

13 OCTOBRE 1819. — Ordonnance du Roi qui admet les sieurs Carreras, Marimon, Lacosta, Gomez et Jacquet à établir leur domicile en France. (7, Bull. 322.)

13 OCTOBRE 1819. — Ordonnances du Roi qui accordent des lettres de déclaration de naturalité aux sieurs Chianea, Conti, Glavany, Braccini, Savoye, Pavoni et Santoux. (7, Bull. 322, 324, 343, 427, 549 et 712.)

13 OCTOBRE 1819. — Ordonnance du Roi qui permet au sieur Carrier de substituer à son nom celui de Tamisier, et au sieur Baudouin d'ajouter à son nom celui de Saint-Firmin. (7, Bull. 318.)

13 OCTOBRE 1819. — Ordonnance du Roi qui autorise l'acceptation d'une donation faite à la fabrique de l'église de Gerbécourt. (7, Bull. 327.)

13 OCTOBRE 1819. — Ordonnances du Roi qui autorisent l'acceptation de dons et legs faits aux communes. (7, Bull. 327 et 328.)

14 ⚍ Pr. 23 OCTOBRE 1819. — Ordonnance du Roi portant convocation de la Chambre des pairs et de la Chambre des députés pour le 15 novembre. (7, Bull. 318, n° 7752.)

Louis, etc.

Sur le rapport de notre ministre secrétaire-d'État au département de l'intérieur,

Nous avons ordonné et ordonnons ce qui suit :

Art. 1er. La Chambre des pairs et la Chambre des députés des départements sont convoquées pour le quinzième jour du mois de novembre de la présente année.

2. Les présentes seront insérées au Bulletin des Lois.

3. Notre ministre secrétaire-d'État de l'intérieur est chargé de l'exécution de la présente ordonnance.

20 OCTOBRE ⚍ Pr. 1er NOVEMBRE 1819. — Ordonnance du Roi qui supprime la retenue exercée sur les dépenses du matériel de la guerre et sur le prix des marchés, prescrite par l'ordonnance du 12 DÉCEMBRE 1814, au profit de la caisse des invalides, et le droit de sceau et la retenue d'augmentation institués par la même ordonnance. (7, Bull. 320, n° 7791.)

Art. 1er. La retenue sur les dépenses du matériel de la guerre et sur le prix de tous les marchés, prescrite, au profit de la caisse des invalides, par le paragraphe 3 de l'article 4 de l'ordonnance du 12 décembre 1814, cessera d'être exercée : elle ne continuera d'être perçue que sur les marchés actuellement en vigueur.

2. Le droit de sceau et la retenue d'augmentation institués par les paragraphes 5 et 6 de l'article 4 de notre dite ordonnance, sont également supprimés.

Notre ministre secrétaire-d'État au département de la guerre est chargé de l'exécution de la présente ordonnance.

20 OCTOBRE ⚍ Pr. 8 NOVEMBRE 1819. — Ordonnance du Roi qui autorise la Compagnie d'Assurances générales contre l'incendie à élever le maximum de chaque police d'assurance pour les risques dont elle est chargée, et permet à cette compagnie d'assurer contre l'incendie à l'étranger comme dans l'intérieur de la France. (7, Bull. 321, n° 7810.)

Louis, etc.

Vu notre ordonnance du 14 février 1819, qui a autorisé la formation de la société anonyme d'assurances générales contre l'incendie ;

Vu l'article 3 des statuts de ladite compagnie, approuvés par notre dite ordonnance, portant que le capital de cette société est de deux millions de francs ;

Vu l'article 3 (1) de l'acte additionnel qui fait partie dedits statuts par nous approuvés, portant que le *maximum* des risques que la compagnie pourra souscrire par chaque police d'assurance est fixé à la somme de cent mille francs ;

Vu les représentations qui nous ont été

_____

(1) *Lisez* 2.

faites par la société ci-dessus désignée, tendant à établir que la fixation à cent mille francs du *maximum* de chaque risque est absolument disproportionnée à son capital, et qu'étant trop basse elle exclut un grand nombre d'assurés dont le concours accroîtrait le rapport favorable des primes et des garanties avec les chances, augmentation qui serait également à l'avantage des assurés et des assureurs ;

Considérant que le *maximum* de chaque risque doit être réglé par la proportion desdites chances et garanties, dont le temps seul peut donner les élémens certains ;

Que néanmoins les observations déjà faites sur le nombre annuel et sur le dommage des incendies permettent, dès ce moment, d'élever la fixation du *maximum*, conformément à ce qui a déjà été établi envers d'autres assureurs ;

Sur le rapport de notre ministre secrétaire-d'État de l'intérieur ;

Notre Conseil-d'État entendu,

Nous avons ordonné et ordonnons ce qui suit :

Art. 1er. La Compagnie d'Assurances générales contre l'incendie pourra, conformément à sa demande, porter à l'avenir, et jusqu'à ce qu'il en soit autrement ordonné, le *maximum* de chaque police à la somme de deux cent mille francs pour les risques les plus graves parmi ceux dont elle est autorisée à se charger, et jusqu'à cinq cent mille francs pour les risques de l'espèce la plus simple.

2. La classification des risques que la compagnie assure, et la graduation du *maximum* entre les termes ci-dessus pour les risques intermédiaires, seront soumises à l'approbation de notre ministre secrétaire-d'État de l'intérieur.

3. La compagnie est autorisée à assurer contre l'incendie à l'étranger comme dans l'intérieur de la France.

4. Notre ministre secrétaire-d'État de l'intérieur est chargé de l'exécution de la présente ordonnance, qui sera insérée au Bulletin des Lois, et en outre soumise aux mêmes publications que celle du 14 février 1819.

20 OCTOBRE = Pr. 8 NOVEMBRE 1819. — Ordonnance du Roi qui autorise la formation, dans le département de l'Eure, d'une seconde école ecclésiastique, qui sera établie dans le bourg d'Écouis. (7, Bull. 321, n° 7811.)

Louis, etc.

Vu la demande que nous a faite l'évêque d'Évreux, d'autoriser une seconde école ecclésiastique dans le département de l'Eure ;

Vu l'avis de la commission de l'instruction publique, du 11 septembre 1819 ;

Vu l'article 6 de notre ordonnance du 5 octobre 1814 (1) ;

Sur le rapport de notre ministre secrétaire-d'État au département de l'intérieur ;

Nous avons ordonné et ordonnons ce qui suit :

Art. 1er. L'évêque d'Évreux, pair de France, est autorisé à former, dans le département de l'Eure, une seconde école ecclésiastique, qui sera établie dans le bourg d'Écouis, arrondissement des Andelys, à la charge de se conformer aux lois et ordonnances concernant ces établissements.

2. Notre ministre secrétaire-d'État de l'intérieur est chargé de l'exécution de la présente ordonnance, qui sera insérée au Bulletin des Lois.

---

20 OCTOBRE 1819. — Ordonnance relative aux avances à payer aux troupes qui s'embarquent pour aller tenir garnison aux colonies. (*Journal militaire, deuxième semestre, p. 233.*)

Louis, etc.

Sur le rapport de notre ministre de la marine et des colonies concerté avec le ministre de la guerre,

Nous avons ordonné et ordonnons ce qui suit :

Art. 1er. Les avances qui seront payées, soit pour la solde soit pour la masse d'entretien aux officiers, sous-officiers et soldats qui s'embarquent pour aller tenir garnison dans les colonies, seront :

D'un mois pour les établissemens d'Afrique, situés en deçà du cap de Bonne-Espérance ;

De deux mois pour les colonies d'Amérique ;

De trois mois pour les colonies situées au-delà du cap de Bonne-Espérance.

2. Ces avances pour les officiers et soldats de l'armée de terre seront payées sur les fonds du département de la guerre.

3. A l'arrivée des troupes au lieu de leur destination, la portion desdites avances qui excédera le temps de la traversée sera précomptée aux officiers sur leurs appointemens courans, et aux sous-officiers et soldats à raison du quart pour chacun des quatre

---

(1) *Voy.* notes sur cette ordonnance.

mois qui suivront leur débarquement dans les colonies.

4. Lorsque la durée de la traversée aura excédé le temps pour lequel il aura été payé des avances, il sera tenu compte aux officiers de leur solde, aux sous-officiers et soldats de leur solde et masse d'entretien pour cet excédant.

5. Il n'est dû, pour le temps de leur traversée, aux troupes qui s'embarquent pour les colonies, ni indemnités de fourrages et logement, ni masse de ferrage.

6. Toutes dispositions contraires à la présente ordonnance sont et demeurent annulées.

7. Notre ministre de la guerre et de la marine sont chargés de l'exécution de la présente ordonnance.

---

20 OCTOBRE 1819. — Ordonnance du Roi qui accorde des pensions aux dames veuves de la Roche et Chaudouet. (7, Bull. 322.)

---

20 OCTOBRE 1819. — Ordonnance du Roi qui permet aux sieurs Ferey, de Carabène et Dominé, d'ajouter à leurs noms ceux de Demay, d'Échauz et de Feret. (7, Bull. 322.)

---

20 OCTOBRE 1819. — Ordonnance du Roi portant que le sieur Cassie, capitaine de navire, est réintégré dans les droits de citoyen français. (7, Bull. 322.)

---

20 OCTOBRE 1819. — Ordonnances du Roi qui accordent des lettres de déclaration de naturalité aux sieurs Eyckens, Bertonasco, Allayola, Negerani, Ordronneau, Schanen, Dombrez et Mecrus. (7, Bull. 324, 330, 337, 348, 375 et 549.)

---

20 OCTOBRE 1819. — Ordonnance du Roi portant liquidation de seize soldes de retraite, provisoirement payables sur le fonds des demi-soldes. (7, Bull. 325.)

---

20 OCTOBRE 1819. — Ordonnance du Roi qui admet les sieurs Huebert, Haier, Brenner, Asal, Cahn, Munch, Hevant, Flaum, Hummel, Frantz, Brand, Kirchner, Dilger, Riedmuller, Gaertner, Kreitzberger, Eppinger, Roch, Pohl, Bourgaux, Pesch, Pedrero, Hortas et Pommnitz, à établir leur domicile en France. (7, Bull. 325.)

---

20 OCTOBRE 1819. — Ordonnances du Roi por-

tant liquidation de trente-sept soldes de retraite, provisoirement payables sur le fonds des demi-soldes. (7, Bull. 326.)

---

20 OCTOBRE 1819. — Ordonnance du Roi portant liquidation de quarante-cinq soldes de retraite, provisoirement payables sur le fonds des demi-soldes. (7, Bull. 327.)

---

20 OCTOBRE 1819. — Ordonnances du Roi qui autorisent l'acceptation de dons et legs faits aux fabriques. (7, Bull. 329.)

---

20 OCTOBRE 1819. — Ordonnances du Roi portant établissement de foires dans les communes de Saint-Agnet, de Saint-Léger-sous-Beuvray, de Largentière, de Demu et de la Fontaine-Saint-Martin. (7, Bull. 329.)

---

20 OCTOBRE 1819. — Ordonnances du Roi portant établissement de foires dans les communes de Pleurtuit, de Broladre, de Roz-sur-Coesnon, de Cannes et de Seclin. (7, Bull. 331.)

---

20 OCTOBRE 1819. — Ordonnances du Roi qui autorisent l'acceptation de deux legs faits à l'hospice de Chalabre, et d'une donation faite aux pauvres de Cambieure. (7, Bull. 331.)

---

20 OCTOBRE 1819. — Ordonnances du Roi qui autorisent l'acceptation de dons et legs faits aux hospices. (7, Bull. 332.)

---

20 OCTOBRE 1819. — Ordonnances du Roi qui autorisent l'acceptation de dons et legs faits aux hospices. (7, Bull. 333.)

---

20 OCTOBRE 1819. — Ordonnance du Roi qui permet au sieur Fouchon de tenir en activité le martinet à cuivre qu'il a construit dans ses propriétés, situées commune de Vieille-Adour, département des Hautes-Pyrénées. (7, Bull. 333.)

---

20 OCTOBRE 1819. — Ordonnance du Roi qui autorise l'acceptation d'un legs fait à l'hôpital Saint-Maur de Châlons. (7, Bull. 334.)

---

20 OCTOBRE 1819. — Ordonnance du Roi qui autorise le sieur Eudel, ex-lieutenant d'infanterie, à entrer au service de sa majesté l'empereur d'Autriche (7, Bull. 343.)

25 OCTOBRE 1819. — Extrait de la circulaire du ministre de l'intérieur sur les sociétés des assurances mutuelles. (*Recueil officiel de l'intérieur, page* 480.)

Art. 1er. Les assurances mutuelles sont soumises à l'approbation et à la surveillance du Gouvernement, non pas simplement à cause de l'article 37 du Code de commerce, et comme assimilées aux sociétés anonymes, dont elles empruntent en effet quelques formes, mais principalement pour le fonds et pour l'objet même de l'association dont la nature est telle que l'autorité a dû se réserver d'en prendre connaissance et de les approuver. Les titres de cette disposition se trouvent dans les avis du Conseil-d'Etat, dûment approuvés, du 1er avril 1809, sur les sociétés du genre des tontines, et du 30 septembre 1817, sur les assurances mutuelles contre les ravages de la grêle et contre la mortalité des bestiaux ; les assurances qui ont pour objet de mettre en commun les pertes et de les rendre légères à chacun par la répartition, excluent tout profit, toute spéculation, et n'ont rien de commercial. C'est dans l'intérêt de l'ordre public que l'autorité agit, lorsqu'elle exerce sa surveillance sur les associations qui s'en occupent, parce qu'un système d'assurance mal combiné, appliqué soit aux propriétés, soit à la vie, pourrait compromettre la sûreté publique et même encourager à certain crime.

2. Il ne sera pas donné d'approbation pour des sociétés d'assurances mutuelles ou réciproques qu'on voudrait rendre générales ou étendre à une vaste circonscription ; il convient sans doute que de telles assurances réunissent beaucoup de propriétés assurées, et c'est une condition essentielle, sans quoi les répartitions des dommages fortuits pesant sur un petit nombre pourraient être onéreuses, mais c'est une autre condition non moins importante attachée à la nature de ces réunions que les propriétés assurées soient connues de tous les intéressés, que chacun puisse y surveiller, de ses yeux, l'existence, la valeur des objets, la vérité, l'intensité des accidens, la nécessité et l'exactitude des réparations ; tout cela exige une circonscription de médiocre étendue où les associés puissent s'accorder une confiance personnelle et réciproque. Un département peut suffire si les principaux propriétaires y concouraient, si ceux de deux départemens ou de telle autre localité concentrique et naturellement limitée désiraient se lier, que leurs magistrats n'y vissent pas d'inconvéniens et qu'il fût constant que leurs risques soient identiques, il y aurait lieu de consentir à cette réunion ; mais il n'en peut être approuvé ni de plus étendue, ni dans

aucun autre intérêt, la prudence le commande, et l'administration est obligée de s'imposer cette règle.

3. Aucune administration générale ou centrale ne sera autorisée à gérer, de Paris, les affaires d'assurances actuelles établies dans les départemens autres que celui de la Seine, et les départemens qui y confinent : ce serait une superfétation coûteuse, sans but et contraire à l'assurance de la mutualité. Pour vérifier la valeur de leurs maisons, pour constater un incendie, pour répartir le dommage, des propriétaires coassociés d'un département ou de plusieurs départemens qui se touchent, n'ont à dépendre de personne, ils peuvent avoir un directeur parmi eux, lequel est leur mandataire et leur agent ; ils peuvent s'abonner avec lui pour les frais de gestion, ou le salarier de toute autre manière, mais ils n'ont aucune affaire hors de l'arrondissement qu'embrasse leur association, aucune occasion de correspondre avec une direction générale étrangère à cet arrondissement, aucun besoin d'en supporter l'action et les frais.

4. C'est la notoriété de la valeur et des accidens dans les propriétés immobilières qui permet à des voisins de mettre leurs risques d'incendie en commun. Il n'en est pas de même des effets mobiliers, dont les coassociés ne sauraient vérifier par eux-mêmes ni l'existence, ni l'appréciation, ni la destruction. Ceux qui ne s'unissent point dans la vue de faire aucun bénéfice ne doivent pas courir la chance d'ajouter au risque de l'incendie, celui d'être trompés sur la sincérité des dommages ; ce double risque ne convient qu'aux assurances à primes, entreprises par spéculation ; en conséquence, il ne sera accordé aucune approbation pour l'assurance mutuelle du mobilier, excepté toutefois pour les machines propres aux manufactures dans les pays où elles sont communes, en se bornant à celles d'un déplacement difficile, et en établissant des précautions pour que la continuation de leur existence en place soit constatée.

———

26 OCTOBRE = Pr. 8 NOVEMBRE 1819. — Ordonnance du Roi qui prescrit la publication des bulles d'institution canonique de l'archevêque de Rouen, et des évêques d'Autun et de Meaux, et des brefs adressés à ces prélats. (7, Bull. 321, n° 7812.)

Louis, etc.

Sur le rapport de notre ministre secrétaire-d'Etat au département de l'intérieur,
Notre Conseil-d'Etat entendu,
Nous avons ordonné et ordonnons ce qui suit :

Art. 1er. Les bulles ci-après désignées, savoir :

La première, donnée à Rome, à Sainte-Marie-Majeure, le 5 des calendes d'octobre de l'année 1819, portant institution canonique de M. François de Pierre de Bernis, ancien archevêque d'Alby, nommé par nous à l'archevêché de Rouen ;

La seconde, donnée à Rome, à Sainte-Marie-Majeure, le 4 des calendes d'octobre de l'année 1819, portant institution canonique de M. Roch-Etienne de Vichy, précédemment nommé par nous à l'évêché de Soissons, et depuis nommé à l'évêché d'Autun ;

La troisième, donnée à Rome, à Sainte-Marie-Majeure, le 4 des calendes d'octobre de l'année 1819, portant institution canonique de M. Joseph-Victoire de Cosnac, nommé par nous à l'évêché de Meaux,

Ensemble les trois brefs adressés, sous la date du 1er octobre 1819, auxdits archevêques et évêques, et qui leur prescrivent d'exercer leurs fonctions dans les limites de leurs diocèses respectifs, telles qu'elles étaient déterminées avant le 17 juillet 1817, et avec les mêmes rapports de métropolitains et de suffragans qui existaient auparavant pour leurs siéges,

Sont reçus et seront publiés dans la forme accoutumée, sans qu'on puisse induire desdites bulles et brefs que la bulle de circonscription donnée à Rome, le 27 juillet 1817, soit reçue dans le royaume.

2. Lesdites bulles d'institution canonique et lesdits brefs sont reçus sans approbation des clauses, formules ou expressions qu'ils renferment et qui sont ou pourraient être contraires à la Charte constitutionnelle, aux lois du royaume, aux franchises, libertés et maximes de l'église gallicane.

3. Lesdites bulles et brefs seront transcrits en latin et en français sur les registres de notre Conseil-d'Etat ; mention de dites transcriptions sera faite sur les originaux par le secrétaire général du Conseil.

4. Notre garde-des-sceaux de France, ministre secrétaire-d'Etat de la justice, et notre ministre secrétaire-d'Etat de l'intérieur, sont chargés, chacun en ce qui le concerne, de l'exécution de la présente ordonnance, qui sera insérée au Bulletin des Lois.

———

27 octobre = Pr. 8 novembre 1819. — Ordonnance du Roi qui détermine les formalités à observer pour le remplissage des vins, etc., arrivant à Paris par la Haute-Seine, et déclare le port Saint-Bernard annexe de l'entrepôt. (7, Bull. 321, n° 7808.)

Voy. décrets des 5 décembre 1813, 2

janvier 1814, et ordonnance du 18 juin 1817.

Louis, etc.

Sur le rapport de notre ministre secrétaire-d'Etat au département de l'intérieur ; notre Conseil-d'Etat entendu,

Nous avons ordonné et ordonnons ce qui suit :

Art. 1er. Le remplissage des vins, cidres, poirés, vinaigres, eaux-de-vie, esprits et liqueurs arrivant à Paris par la Haute-Seine, et destinés à être livrée immédiatement à la consommation de Paris, continuera à se faire dans le bassin de la Râpée, conformément aux dispositions de notre ordonnance du 18 juin 1817, et ces boissons seront exclusivement dirigées sur le port aux Tuiles.

2. Les vins conduits à la vente et destinés à être entreposés à Paris ne seront point remplis dans le bassin de la Râpée, et seront dirigés sur le port Saint-Bernard, qui est déclaré annexe de l'entrepôt, à partir du pont de la Tournelle jusqu'à la rue de la Seine.

3. Les vins déposés sur le port annexe pourront y être remplis, vendus, et y séjourner, comme ceux qui sont placés dans les cours et magasins de l'entrepôt ; à la charge par les entrepositaires de se conformer aux réglemens d'entrepôt et de police.

Aucune opération de remplissage, de transvasion, ou autre, ne pourra avoir lieu dans les bateaux chargés de vins stationnant devant le port annexe.

4. Le droit d'entrepôt, fixé précédemment à un franc par hectolitre de vin, est réduit à cinquante centimes ; mais ce droit sera perçu sur les vins enlevés du port annexe aussi bien que sur ceux expédiés de l'entrepôt ; il sera exigible à la sortie des vins quelle que soit la durée du séjour sur ce port ou dans l'entrepôt.

5. Des réglemens concertés entre notre directeur général des contributions indirectes et notre préfet de la Seine, détermineront les mesures d'exécution commandées par la présente ordonnance : ils pourvoiront à ce qu'il ne puisse résulter d'abus du séjour des boissons sur le port ; ils préviendront tout encombrement ; enfin, ils détermineront le mode de la surveillance qui devra être exercée sur ledit port dans l'intérêt de la ville et du Trésor.

6. Nos ministres secrétaires-d'Etat aux départemens de l'intérieur et des finances sont chargés de l'exécution de la présente ordonnance.

———

27 octobre = Pr. 6 décembre 1819. — Ordonnance du Roi portant autorisation, con-

formément aux statuts y annexés, d'une Compagnie d'Assurances mutuelles contre l'incendie dans le département de la Gironde. (7, Bull. 327, n° 7887.)

Louis, etc.

Sur le rapport de notre ministre secrétaire-d'État de l'intérieur,

Vu l'acte passé par-devant Mathieu et son collègue, notaires royaux à Bordeaux, les 28, 30 et 31 août 1819, contenant les statuts d'une Compagnie d'Assurances mutuelles contre l'incendie dans le département de la Gironde ;

Notre Conseil-d'État entendu,

Nous avons ordonné et ordonnons ce qui suit :

Art. 1er. La Compagnie d'Assurances mutuelles contre l'incendie provisoirement constituée à Bordeaux pour le département de la Gironde, est et demeure autorisée conformément aux statuts contenus dans l'acte des 28, 30 et 31 août 1819, annexé à la présente, lesquels sont approuvés, sauf la réserve portée en l'article suivant.

2. Aucune propriété prise isolément ne pourra être admise à l'assurance mutuelle pour une valeur de plus de cent vingt mille francs, si la masse des propriétés associées à l'assurance n'excède pas douze millions : ce maximum, pour un seul risque, pourra s'accroître avec la masse des propriétés assurées, en suivant la même proportion d'un à cent.

3. La présente autorisation étant accordée à ladite société, à la charge par elle de se conformer aux lois et statuts particuliers qui doivent lui servir de règle, nous nous réservons de la révoquer dans le cas où ces conditions ne seraient pas accomplies, sauf les actions à exercer par les particuliers devant les tribunaux, à raison des infractions commises à leur préjudice.

4. La société sera tenue de remettre, tous les six mois, copie en forme de son acte de situation au préfet du département de la Gironde, aux greffes des tribunaux de première instance existans dans cedit département, et à la chambre de commerce de Bordeaux.

5. Devront les sociétaires se conformer, en ce qui les concerne, aux lois et réglemens de police sur le fait des incendies.

6. Il sera institué auprès de ladite compagnie un commissaire, qui sera chargé de prendre connaissance de ses opérations et de l'observation des statuts, et rendra compte du tout à notre ministre secrétaire-d'État de l'intérieur, de qui il tiendra sa nomination.

Ce commissaire informera le préfet du département de tout ce qui, dans les opérations de la compagnie, pourrait intéresser l'ordre et la sûreté publique ; il le préviendra de la tenue des assemblées du conseil général des sociétaires.

Il pourra suspendre provisoirement celles des opérations de la compagnie qui lui paraîtraient contraires aux lois et statuts, ou dangereuses pour la sûreté publique, et ce jusqu'à décision à intervenir des autorités compétentes.

7. Notre ministre secrétaire-d'État de l'intérieur est chargé de l'exécution de la présente ordonnance, qui sera insérée au Bulletin des Lois ; pareille insertion aura lieu dans le Moniteur et dans le journal destiné aux annonces judiciaires du département de la Gironde, sans préjudice des affiches qui pourraient être requises par la loi.

Compagnie anonyme d'assurances mutuelles contre l'incendie pour le département de la Gironde.

Par devant Jean-Baptiste Mathieu et son collègue, notaires royaux à Bordeaux, soussignés, ont comparu :

(*Suivent les noms.*)

Lesquels ont arrêté ainsi qu'il suit les statuts de la Compagnie d'Assurance mutuelle contre l'incendie, qu'ils se proposent, sauf l'autorisation de sa majesté, d'établir à Bordeaux, pour le département de la Gironde :

CHAPITRE Ier. Fondation et but.

Art. 1er. Il est contracté société entre les propriétaires, ci-dessus dénommés, d'immeubles situés dans le département de la Gironde, et tous autres propriétaires dans le même département qui adhéreront aux présens statuts.

2. Cette société est anonyme.

3. Son seul objet est de garantir mutuellement les associés, des dommages et pertes que pourraient éprouver les maisons et autres bâtimens engagés à l'association, lorsque ces dommages et pertes résulteront d'un incendie, quelle qu'en soit la cause, sauf néanmoins les exceptions ci-après convenues.

4. Les objets attachés au fonds à perpétuelle demeure dans les maisons et bâtimens et dans les manufactures et usines, les mécaniques qui ne pourront être déplacées sans être démontées, participeront aux avantages de l'assurance.

5. Ne pourront être engagées à l'association ni les salles de spectacles, ni les manufactures et usines que le conseil d'administra-

¹ion délibérera de ne point y admettre.

6. Les incendies provenant soit d'invasion, soit de commotion ou émeute civile, soit enfin de force militaire quelconque, ne font point partie des risques contre lesquels les sociétaires entendent mutuellement s'assurer.

7. Chaque sociétaire est assureur et assuré pour cinq ans, à partir du premier jour du mois qui suit celui dans lequel il est devenu sociétaire.

Trois mois avant l'échéance de chaque période de cinq ans, il fait connaître, par une déclaration consignée sur un registre tenu à cet effet, s'il entend continuer de faire partie de la société, ou s'il y renonce.

Par le seul fait du défaut de déclaration à l'époque donnée, on lui suppose l'intention de demeurer attaché à la société, et il continue d'en faire partie.

Dans ce cas, toutes les conditions de l'assurance (une nouvelle estimation même comprise, si elle est jugée nécessaire) doivent être remplies avant l'échéance du terme de l'engagement.

Si le sociétaire y renonce, son immeuble est dégagé des charges sociales, comme il cesse de profiter d'aucun bénéfice de garantie, à partir de l'échéance dudit terme, son dernier jour compris.

8. La durée de la société est de trente années pourvu toutefois qu'au renouvellement d'en cinq ans en cinq ans, il se trouve toujours pour douze millions de propriétés engagées à l'assurance mutuelle.

Le présent article sera exécutoire, tant contre l'assuré, que contre ses héritiers ou ayans-cause, et même contre les acquéreurs en cas de vente. à peine, dans ce dernier cas, de tout recours contre lui.

9. Cette société exclut toute solidarité entre les sociétaires, dont chacun, en tout état de cause, ne peut supporter que la part dont il est tenu dans la contribution à laquelle le dommage peut donner lieu, d'après les états de répartition qui en seront faits conformément aux présens statuts.

CHAPITRE II. Administration de la société.

10. La société est administrée par un conseil général, un conseil d'administration et un directeur.

11. Le conseil général se compose des cinquante propriétaires plus forts sociétaires : il est présidé par l'un de ses membres, élu à la pluralité des suffrages.

Il se réunit une fois par année, sauf la convocation extraordinaire jugée possible par l'article 14. Sa première réunion a lieu six mois après la mise en activité de la société.

12. Le conseil général nommera à l'avenir les membres du conseil d'administration, quand ceux nommés par les présens statuts auront cessé d'en faire partie.

13. Le conseil général choisit dans son sein un comité de trois membres, chargé de suivre, pendant le courant de l'année, toutes les opérations de l'administration.

14. Le comité des sociétaires prend part aux délibérations du conseil d'administration, dans tous les cas prévus par les présens statuts.

Ce comité pourra faire convoquer extraordinairement, soit le conseil d'administration, soit le conseil général, pour les cas urgens.

Il rend compte au conseil général des observations qu'il a pu faire pendant l'année, et des abus qu'il aurait pu reconnaître dans l'administration.

Le conseil général, après avoir entendu le conseil d'administration, délibère sur le rapport du comité, et statue sur ses observations.

Conseil d'administration.

15. Le conseil d'administration est composé de six des sociétaires fondateurs dont les noms suivent :

MM. Marc-Pierre-Marie-Emérigon, chevalier de l'ordre royal de la Légion-d'Honneur, président du tribunal de première instance de Bordeaux ; André Didier-Béchade, ancien négociant, président du tribunal de commerce de Bordeaux ; Alexis Beaubens, chevalier de l'ordre royal de la Légion-d'Honneur, adjoint de M. le maire de Bordeaux ; Jean-Baptiste Nairac, négociant ; Moïse Rodrigues Henriques, négociant ; Mathurin Berniard, négociant.

16. Tout membre du conseil d'administration doit être sociétaire, et avoir au moins pour trente mille francs de propriétés engagées à l'assurance mutuelle.

17. Pour pouvoir délibérer, les membres du conseil d'administration doivent être au moins au nombre de quatre.

Ceux qui prennent part à la délibération reçoivent un jeton de présence.

18. Chacun des membres du conseil d'administration peut s'adjoindre un suppléant, dont il fait choix parmi les sociétaires, et qui doit être agréé par ce conseil.

Les suppléans que les membres du conseil d'administration se seront donnés devront remplir les mêmes conditions que les membres eux-mêmes.

Ils peuvent assister aux délibérations du conseil d'administration ; mais ils n'ont voix délibérative, ni jetons de présence, que quand ils sont appelés pour compléter le

ton nombre de quatre membres nécessaires pour
la validité des délibérations du conseil d'administration.

19. En cas de décès ou démission de l'un des membres du conseil d'administration, il est remplacé de droit par son suppléant, jusqu'à ce qu'il ait été pourvu à son remplacement définitif par le conseil général.

20. Trois des membres du conseil d'administration sont renouvelés tous les cinq ans : les premiers sortans sont déterminés par le sort.

21. Les membres du conseil d'administration dont le temps est expiré peuvent être réélus.

22. Les avocats, notaire, avoué et architecte de la compagnie, seront à l'avenir nommés par le conseil d'administration.

Ils peuvent être appelés, avec voix consultative, aux délibérations du conseil d'administration.

La compagnie choisit aujourd'hui, pour avocats, Mes Denucé et de Saget ; pour notaire, Me Mathieu ; pour avoué, Me Raffet ; pour architecte, M. Bonfin.

23. Le conseil d'administration se réunit d'obligation une fois par mois ; il fixe dans chaque séance le jour de la suivante réunion.

Il est présidé par l'un de ses membres ; le secrétaire général de la direction tient la plume au conseil.

24. Les membres du conseil d'administration ne sont responsables que de l'exécution du mandat qu'ils ont reçu.

Ils ne contractent, à raison de leur gestion, aucune obligation personnelle ni solidaire, relativement aux engagements de la société.

25. Le conseil d'administration délibère sur toutes les affaires de la société, et les décide par des arrêtés consignés sur des registres ouverts à cet effet : le directeur général est tenu de s'y conformer.

Le conseil d'administration ne peut prendre aucun arrêté qui, en contrevenant aux présens statuts, tende à grever ou à changer le sort des sociétaires.

Ses décisions sont prises à la majorité absolue des suffrages.

26. Un commissaire du Gouvernement, désigné par le ministre de l'intérieur, peut prendre connaissance des arrêtés du conseil d'administration, et en suspendre l'exécution, s'ils sont contraires aux lois et en opposition avec les réglemens de police.

De la direction.

27. Il y a un directeur général, qui, à ce titre, dirige et exécute toutes les opérations de la société.

Il assiste, avec voix consultative, aux assemblées du conseil d'administration.

Il convoque les assemblées du conseil général des sociétaires.

Il convoque également, lorsque cela peut devenir nécessaire, les assemblées extraordinaires du conseil d'administration.

28. Le directeur met sous les yeux du conseil général des sociétaires, lors de sa réunion, l'état de situation de l'établissement et le compte détaillé de tout ce que la compagnie a été dans le cas de rembourser pour cause d'incendie.

Il donne aux membres du comité des sociétaires tous les détails qu'ils peuvent désirer ; il leur communique les registres des délibérations et arrêtés de l'administration, les états de situation de l'établissement, et leur procure tous les renseignemens que les intérêts de leurs commettans exigent.

Il donne à chaque sociétaire les éclaircissemens dont il peut avoir besoin.

29. Le directeur veille à l'observation de toutes les formalités prescrites pour l'assurance mutuelle, objet de la présente société.

Il est chargé de la délivrance des polices, des rapports de la société avec les autorités, de la correspondance, enfin de la confection comme de la suite ou de l'exécution de tous les actes qui peuvent concerner l'établissement.

30. Le directeur, chargé de l'exécution des présens statuts, ne peut s'en écarter en aucune des opérations qui en sont l'objet.

En conséquence, il est tenu d'ouvrir les registres nécessaires au conseil d'administration pour ses délibérations et arrêtés ; d'avoir un journal général qui offre, dans un ordre convenable, les noms des sociétaires, la valeur de leurs propriétés assurées et le compte ouvert à chacun d'eux ; les registres relatifs aux déclarations d'incendies, aux évaluations de dommages, à la correspondance, etc.

31. Le directeur fait apposer sur chaque propriété engagée à l'assurance, et dans la quinzaine de l'engagement, une plaque avec les lettres initiales M. A. C. L. (*Maison assurée contre l'incendie*).

32. Tous frais de loyers, frais de correspondance, frais de bureau, traitemens d'employés à sa nomination, frais d'impression ; toute distribution de jetons de présence, tant aux membres du conseil d'administration et commissaire du Gouvernement, qu'aux avocats, notaire, avoué, mais seulement, quant à ceux-ci, lorsqu'ils auront été convoqués ; enfin toutes dépenses, soit d'établissement, soit de gestion, sont et demeurent à la charge du directeur général.

A cet effet, et pour faire face à tous ces frais, que la grande étendue de la circonscription et la dissémination des propriétés rendront considérables, chaque sociétaire paie par an un demi pour mille du prix d'estimation de chaque immeuble assuré (cinquante centimes par mille francs).

Le paiement de ce droit de direction, ainsi calculé, est exigible au commencement de chacune des cinq années pour lesquelles le sociétaire s'est engagé à faire partie de la compagnie.

33. Quelle que soit, au-dessous de quatre mille francs, la valeur d'une propriété assurée, le droit de direction sera toujours, et par chaque année, de deux francs.

34. La présente société ayant pour objet tout à la fois une police d'assurance et une mesure d'utilité et de sécurité publique, le dixième du droit attribué au directeur général sera prélevé et employé, d'après une délibération du conseil d'administration, partie à l'achat de pompes à incendies, seaux et autres ustensiles pour les communes où le besoin sera jugé le plus urgent, ou en gratification pour ceux des pompiers qui se seront rendus recommandables par des actes de dévouement, et partie à former le fonds de non-valeur dont il sera parlé à l'art. 61.

35. Ces recettes et dépenses forment, entre la compagnie et le directeur général, un traité à forfait dont la durée est fixée à trente ans ; néanmoins, à chaque période de cinq ans, le conseil d'administration, réuni au comité des sociétaires, après avoir comparé les dépenses et les recettes particulières de la direction, pourra apporter les modifications que les résultats antérieurs feront juger convenables au présent traité à forfait.

36. Toute action judiciaire, autre que celles auxquelles peuvent donner ouverture les présens statuts, ne peut être engagée et soutenue par le directeur, au nom et aux frais de l'association, que d'après l'avis du conseil d'administration, les avocats et l'avoué de la compagnie entendus.

37. Le directeur général est responsable de l'exécution du mandat qu'il reçoit : il peut être révoqué par suite d'une prévarication légalement constatée, et après avoir été entendu.

Tous les employés dont le traitement est à sa charge, sont à sa nomination.

38. Il fournit un cautionnement en immeubles, de la valeur de vingt mille francs.

Les inscriptions sont prises sur ses biens par le président du conseil d'administration.

39. M. Desfourniel père, négociant, fondateur de cet établissement, en est le directeur général.

40. En cas de décès du directeur général avant le terme de la société, le conseil d'administration lui choisit un successeur. La veuve ou les héritiers peuvent présenter des sujets pour cette nomination, le conseil d'administration demeurant néanmoins libre dans son choix.

41. Le directeur peut également présenter au conseil d'administration celui qu'il désigne pour le remplacer, s'il voulait se retirer.

42. Pour assurer le service de la compagnie contre tout événement de maladie ou autre empêchement, le directeur général a le droit de se nommer un adjoint, destiné à le suppléer dans toutes les opérations de la direction.

Les émolumens attribués à cet adjoint sont à la charge du directeur général.

Comptabilité.

43. Il y a un caissier auprès de la direction ; il est nommé par le directeur général, et agréé par le conseil d'administration ; il fournit un cautionnement en immeubles, de la valeur de dix mille francs.

Les inscriptions nécessaires sont prises sur ses biens par le directeur, en son nom pour la compagnie ; et il n'en peut être donné de main-levée et consenti de radiation qu'après l'apurement de ses comptes, et la présentation d'un *quitus* délivré par suite d'une délibération du conseil d'administration.

44. Pour sûreté des fonds provenant du recouvrement des portions contributives prescrit par l'article 61, et de ceux à percevoir et à employer en exécution de l'article 34, il est établi une caisse à trois clés, dans laquelle le caissier remet, le dernier jour de chaque semaine, le montant des sommes dont il peut avoir fait recette, aux termes des articles ci-dessus indiqués.

Les entrées et sorties de ces fonds sont constatées par le moyen d'un livre de caisse particulier, tenu par le caissier.

45. Des trois clés de la caisse, l'une est remise entre les mains du caissier, l'autre en celles du directeur général, et la troisième au président du conseil d'administration ; s'il est dans le cas de s'absenter de Bordeaux, il la confie au plus ancien membre du conseil.

46. Le caissier tient sa comptabilité journalière, sous le contrôle immédiat du directeur général.

47. Le secrétaire général de la direction est aussi nommé par le directeur général, et agréé par le conseil d'administration.

Les emplois de caissier et de secrétaire général de la direction peuvent être occupés par la même personne.

CHAPITRE III. Organisation et régime de la
société.

48. L'estimation des immeubles sera faite
aux frais de l'association, par son architecte,
à la décision duquel les sociétaires actuels
s'en rapportent pour l'évaluation des immeubles par eux conférés.

Néanmoins, si le sociétaire, ou la personne qui se proposera d'entrer dans l'association, présente une évaluation qui soit admise par le conseil d'administration, l'expertise ne deviendra point nécessaire.

49. Dans le cas où la valeur de la propriété assurée serait modifiée pendant le cours
des cinq années de l'engagement, le propriétaire sera tenu d'en informer le directeur, et il sera procédé de gré à gré ou contradictoirement à une nouvelle estimation,
à ses frais.

50. Les évaluations qui auront été faites
en exécution de l'article précédent, ne seront
définitives qu'après avoir été approuvées par
le conseil d'administration.

51. Le montant de l'estimation ou de l'é-
valuation d'une maison, n'importe le mode
qui aura été suivi pour l'établir, déduction
faite de la valeur du sol, forme le capital à
assurer, et ce capital est la base de la somme
à laquelle le propriétaire assuré a droit en
cas d'incendie; la répartition du montant
des dommages entre les sociétaires sera faite
d'après les bases fixées par l'article 64.

52. La valeur du sol est fixée au dixième
de l'estimation de l'immeuble, à moins que,
dans l'intérêt de la société ou dans celui de
l'associé, il n'en ait été fait une estimation
contradictoire et par experts avant l'engagement dudit immeuble, aux frais de l'assuré.

53. Les locataires principaux ou particuliers, ainsi que les fermiers pour les propriétés rurales, sont admis, sur le consentement par écrit des propriétaires, à cause
de la responsabilité dont ils sont tenus pour
tout incendie de leur fait dans la propriété
qu'ils habitent et dont ils ont la jouissance,
à devenir membres de la présente société,
en satisfaisant, comme s'ils étaient propriétaires, aux dispositions des présens statuts.

L'effet de l'assurance, quant à eux, est,
si le propriétaire a fait assurer de son côté,
d'être affranchis, vis-à-vis de la compagnie
de la responsabilité résultant de l'incendie
arrivé dans les lieux dont ils ont la jouissance.

Et dans le cas où le propriétaire ne serait
pas assuré, la compagnie devra les garantir
de tout recours de la part du propriétaire,
jusqu'à concurrence du montant du dommage ou de celui de l'assurance, si la propriété est entièrement brûlée.

54. Tout créancier hypothécaire pourra,
en justifiant de l'existence de sa créance, et
en se chargeant personnellement de satisfaire aux charges de l'assurance, faire assurer au nom de son débiteur l'immeuble qui
lui sert de gage.

En cas d'incendie de cet immeuble, les
sommes que l'association devra payer ne
pourront être reçues par le propriétaire de
l'immeuble qu'en présence et du consentement du créancier qui aura fait faire l'assurance.

55. Les locataires et les créanciers hypothécaires, en se faisant assurer, déclareront
et fixeront le temps pendant lequel ils voudront que l'assurance produise son effet à
leur égard.

56. L'usufruitier peut faire assurer l'immeuble dont il a l'usufruit, en satisfaisant,
comme s'il était propriétaire, aux conditions
de l'assurance.

57. Si, postérieurement à l'assurance d'une
propriété par des créanciers hypothécaires
ou par un usufruitier, le propriétaire l'a
fait assurer pour son compte, cette nouvelle
assurance dégagera les créanciers, et l'usufruitier, si celui-ci n'habite pas l'immeuble
dont il a l'usufruit, des assurances antérieures qu'ils auraient faites.

58. Les assurances permises aux locataires,
aux créanciers hypothécaires et aux usufruitiers, ne pourront être comptées dans le minimum fixé pour la mise en activité et pour
la continuation de la société.

59. La garantie réciproque entre les sociétaires qui sont respectivement assureurs
et assurés est fixée à un pour cent de la valeur de la propriété assurée.

Ladite garantie d'un pour cent subsiste
dans toute son intégrité pendant toute la
durée de l'engagement de la propriété assurée, indépendamment du paiement des portions contributives dont il sera parlé ci-
après.

Cette garantie mutuelle d'un pour cent a
pour objet l'obligation, par chacun des propriétaires assurés, d'acquitter les portions
contributives qui lui seront demandées au
fur et à mesure que les incendies survenus
donneront lieu à la réalisation de ladite garantie, et ce, en vertu des états de répartition rendus exécutoires par le conseil d'administration, et visés par le juge-de-paix du
domicile de la compagnie.

60. Dans aucun cas, une portion contributive pour chaque événement d'incendie ne
peut outre-passer le montant de la garantie
réciproque.

61. Le sociétaire appelé à fournir sa portion contributive, en vertu des états de répartition rendus exécutoires, est tenu de
verser son contingent à la caisse de la com-

pagnie, sur le simple avis du directeur général.

Si dans les quinze jours qui suivront ce premier avis, le sociétaire n'a pas effectué le versement demandé, l'avertissement lui sera réitéré, et, faute par lui d'avoir satisfait dans les quinze jours à ce second avis, il sera poursuivi par toutes les voies de rigueur et de droit, à la requête du directeur général, auquel il est dès à présent conféré tous pouvoirs nécessaires, à l'effet de parvenir au recouvrement desdites portions contributives.

Les portions contributives qui n'auraient pu être recouvrées en vertu desdites poursuites, tomberont, ainsi que les frais, en non-valeur, pour être ajoutées à la contribution la plus prochaine qui sera mise en recouvrement, si le fonds de non-valeur réservé par l'article 34 ne peut y suffire.

Lorsque le conseil s'occupera, conformément à l'article 35, de modifier la quotité des cotisations annuelles pour frais de direction, il pourra, sur le montant desdites cotisations, affecter, si l'importance du capital de la société le permet, un prélèvement spécial au fonds de non-valeur.

62. Le directeur général rend périodiquement compte, au conseil d'administration, du résultat des poursuites exercées inutilement contre les retardataires. Sur son rapport, il est pris à leur égard, par le conseil d'administration, telles mesures qui lui paraîtront convenables à l'intérêt de la compagnie; mais, provisoirement, la garantie résultant de l'association demeurera suspendue et sans effet à leur égard, à compter du jour de la condamnation prononcée contre eux, jusqu'au paiement effectif de leurs portions contributives et des frais.

63. Tout fait d'incendie est dénoncé, au moment où il se manifeste, par le propriétaire assuré, ou par toute autre personne qu'il est tenu de charger de ce soin. Cette dénonciation se fait aux autorités locales, ainsi qu'à la direction générale.

Le directeur général fera vérifier et constater de suite par un procès-verbal ledit événement.

La déclaration de l'assuré ou de son représentant est consignée sur un registre à ce destiné : elle est signée du déclarant, à qui il en est délivré copie.

64. Dans l'intervalle des dix jours qui suivent l'événement constaté, et selon la distance des lieux, trois experts procèdent à l'estimation du dommage causé par l'incendie à la propriété assurée.

L'un de ces experts est nommé par la compagnie, l'autre par le propriétaire assuré, et le troisième, s'il est nécessaire, par les deux autres experts.

Les frais de cette expertise sont à la charge de la compagnie, et sont répartis avec le montant du dommage.

Cette estimation fixera la valeur de la portion incendiée, laquelle est payée à l'assuré: la compagnie ne se charge pas de faire réparer ou reconstruire.

65. Si la propriété est entièrement consumée, l'effet de la police d'assurance est suspendu jusqu'à ce que, postérieurement à sa reconstruction, il ait été procédé à une nouvelle estimation, et le sociétaire reste, pendant le même temps, affranchi des charges sociales.

Les matériaux qui ont résisté à l'incendie deviennent la propriété de la compagnie, qui les fait ôter ou enlever, ou adjuger sur la place, au plus offrant, dans la quinzaine qui suit la clôture du procès-verbal.

66. Quatre mois après la clôture du procès-verbal des experts, la somme à laquelle le dommage a été fixé, est payée à l'assuré, sur l'ordre exprès du conseil d'administration.

67. Pour l'exécution des articles 59 et suivans, le directeur général établit, dans les cas d'incendie, le compte des portions contributives dues par les sociétaires à raison des événemens d'incendie.

Le conseil d'administration vérifie ce compte, en arrête définitivement la répartition, et le déclare exécutoire.

Le compte étant déclaré exécutoire, le directeur général est chargé d'en poursuivre le recouvrement, en conformité des articles 64 et suivans.

Ledit compte est conservé au secrétariat de la direction; et les sociétaires qui le jugent à propos, peuvent venir en prendre connaissance.

68. Attendu que les maisons, par la forme de leur construction, et à raison des professions exercées par ceux qui les habitent, comme aussi par leur plus ou moins grand éloignement des secours contre les incendies, courent des risques plus ou moins multipliés, elles concourent au paiement des dommages d'incendie, dans chaque répartition, au *pro-rata* de ces risques.

Pour cet effet, elles sont distribuées en quatre classes, et dans l'ordre ci-après :

Première classe. Les maisons d'habitation ordinaires construites en pierre ou brique, ou même en terre, et qui sont couvertes en tuiles et ardoises, les châteaux, les maisons de campagne proprement dites, formées des mêmes matériaux.

Deuxième classe. Les fermes et bâtimens analogues, tels que granges, hangars, pressoirs, écuries, etc., bâtis comme les précédens ;

Les maisons construites en pierre, en brique ou en terre, couvertes en chaume ou en bois ;

Celles qui sont construites en bois et couvertes en tuiles ou ardoises :

Les maisons construites et couvertes comme celles de la première classe, et occupées par des auberges, ou dans lesquelles il se trouve des boutiques et magasins d'épiceries ou autres matières combustibles ;

Les moulins à eau et à vent, les fabriques et manufactures, où le feu n'est pas employé comme agent moteur.

Troisième classe. Les chaumières et toutes autres maisons construites en bois et couvertes en bois ou en chaume.

Quatrième classe. Les usines, les ateliers où il se fait une grande consommation de combustibles, comme les forges, les fours, les fonderies, raffineries, et tous les immeubles de cette espèce, où les dangers sont plus imminens et leurs conséquences plus graves.

Dans les répartitions qui seront faites en conformité de l'article précédent, les immeubles de la première classe y seront compris d'après la valeur pour laquelle ils auront été engagés à l'assurance.

Ceux de la seconde classe y seront compris, en y ajoutant un tiers à cette valeur ;

Ceux de la troisième classe, en y ajoutant une moitié ;

Et ceux de la quatrième, en doublant cette valeur.

La garantie d'un pour cent exigée par l'article 59 est calculée, pour ces trois dernières classes, sur le capital augmenté dans la même proportion qui vient d'être fixée pour le concours au dommage.

Le conseil d'administration pourra former telles nouvelles classes qui seraient jugées avantageuses aux intérêts de la société, en soumettant toutefois sa décision à la sanction du conseil général.

69. Lorsqu'une propriété bâtie se compose de plusieurs corps-de-logis ou de plusieurs bâtimens qui appartiennent aux diverses classes déterminées dans l'article 68, il doit en être fait mention, soit dans la déclaration du propriétaire, soit dans le procès-verbal d'estimation, indiqués par les articles 48 et 49. Il est fait application à ces bâtimens de constructions différentes, des dispositions desdits articles, suivant la classe à laquelle ils appartiennent.

70. La police d'assurance devient nulle dans ses effets actifs et passifs, si les bâtimens sont détruits par d'autres causes que celles d'incendie.

Dispositions générales.

71. Le directeur donnera ses soins à ce que les lois et ordonnances de police sur le ramonage des cheminées soient observées dans les maisons garanties par l'assurance.

72. A l'expiration de la présente société, il sera procédé à la liquidation générale par le conseil d'administration alors existant, sur le compte présenté par le directeur général.

L'apurement dudit compte sera soumis à l'homologation du tribunal de commerce de Bordeaux.

73. S'il survient quelque contestation entre la compagnie, comme société d'assurance, et un ou plusieurs assurés, elle est jugée, à la diligence du directeur général pour la société, par trois arbitres, dont deux sont nommés par les parties respectives, et le troisième par le juge-de-paix de l'arrondissement du siége de l'établissement.

Leur jugement est sans appel et sans aucun aut e recours.

74. Le domicile de la compagnie est élu dans le local de la direction, à Bordeaux.

Chaque sociétaire est tenu d'en élire un à Bordeaux.

75. La présente association ne peut avoir d'effet que du moment où, par suite des adhésions aux présens statuts, il se trouvera pour une somme de douze millions de propriétées engagées à l'assurance mutuelle.

Un arrêté du conseil d'administration, dont il sera donné connaissance par le directeur à chaque sociétaire déterminera le jour de la mise en activité, et jusque là toutes les adhésions ne sont que provisoires.

76. Tous les cas non prévus seront décidés par le conseil d'administration, réuni au comité des sociétaires, le directeur entendu.

77. M. Desfourniel père, l'un des fondateurs, choisi pour directeur général, est personnellement chargé de faire toutes les démarches et demandes nécessaires pour solliciter de sa majesté l'approbation des présens statuts : les sociétaires lui en donnent le mandat exprès.

Ce qui a été ainsi convenu et arrêté entre les comparans.

Dont acte requis et octroyé.

Fait à Bordeaux, en la demeure respective des comparans, l'an 1819, les 28, 30 et 31 août.

27 OCTOBRE = Pr. 9 DÉCEMBRE 1819. — Ordonnance du Roi portant autorisation, conformément aux statuts y annexés, d'une Compagnie d'Assurances mutuelles contre l'incendie dans le département du Rhône. (7, Bull. 328, n° 7906.)

Voy. ordonnances des 21 FÉVRIER 1820},
et 8 JUIN 1825 (1).

Louis, etc.

Sur le rapport de notre ministre secrétaire-d'État de l'intérieur ;
Vu l'acte passé par-devant Casati et son
collègue, notaires royaux à Lyon, les 5, 6,
8, 11 et 14 juillet 1819, contenant les statuts d'une Compagnie d'Assurances mutuelles contre l'incendie dans le département du
Rhône ;
Notre Conseil-d'État entendu,
Nous avons ordonné et ordonnons ce qui
suit :
Art. 1er. La Compagnie d'Assurances mutuelles contre l'incendie constituée provisoirement à Lyon pour le département du
Rhône est et demeure autorisée conformément aux statuts contenus dans l'acte des 5,
6, 8, 11 et 14 juillet 1819, annexé à la présente, lesquels sont approuvés, sauf la réserve portée en l'article suivant.
2. Aucune propriété, prise isolément, ne
pourra être admise à l'assurance mutuelle
pour une valeur de plus de trois cent mille
francs, si la masse des propriétés associées à
l'assurance n'excède pas vingt millions ; ce
maximum pour un seul risque pourra s'accroître avec la masse des propriétés assurées,
en suivant la même proportion d'un et demi
à cent.
3. La présente autorisation étant accordée
à ladite société à la charge par elle de se
conformer aux lois et statuts particuliers
qui doivent lui servir de règle, nous nous
réservons de la révoquer dans le cas où ces
conditions ne seraient pas accomplies, sauf
les actions à exercer par les particuliers
devant les tribunaux à raison des infractions
commises à leur préjudice.
4. La société sera tenue de remettre, tous
les six mois, copie en forme de son acte de
situation, au préfet du département du
Rhône, aux greffes des tribunaux de première instance existans dans cedit département, et à la chambre de commerce de
Lyon.
5. Devront les sociétaires se conformer,
en ce qui les concerne, aux lois et réglemens
de police sur le fait des incendies.
6. Il sera institué auprès de ladite compagnie un commissaire qui sera chargé de
prendre connaissance de ses opérations et
de l'observation des statuts, et rendra compte
du tout à notre ministre secrétaire-d'État
de l'intérieur, de qui il tiendra sa nomination.

Ce commissaire informera le préfet du
département de tout ce qui, dans les opérations de la compagnie, pourrait intéresser
l'ordre et la sûreté publique. Il le préviendra
de la tenue des assemblées du conseil général des sociétaires.
Il pourra suspendre provisoirement celles
des opérations de la compagnie qui lui paraîtraient contraires aux lois et statuts ou
dangereuses pour la sûreté publique, et ce
jusqu'à décision à intervenir des autorités
compétentes.
7. Notre ministre secrétaire-d'État de l'intérieur est chargé de l'exécution de la présente
ordonnance, qui sera insérée au Bulletin
des Lois : pareille insertion aura lieu dans
le Moniteur et dans le journal destiné aux
annonces judiciaires du département du
Rhône, sans préjudice des affiches qui pourraient être requises par la loi.

Société anonyme d'Assurance mutuelle contre
l'incendie pour la ville de Lyon.

Par-devant Me Casati et son confrère, notaires à Lyon, soussignés, furent présens.

(*Suivent les noms.*)

Lesquels ont arrêté ainsi qu'il suit les statuts de la compagnie d'assurance mutuelle
contre l'incendie, qu'ils se proposent d'établir pour la ville de Lyon.

CHAPITRE Ier. Fondation et but de la société.

Art. 1er. Il est fondé par le présent acte
une *société* anonyme entre les propriétaires
soussignés de *maisons* et *bâtimens* à Lyon
et ceux des propriétaires dans ladite ville qui
adhéreront aux présens statuts.
Cette société a pour objet de garantir mutuellement ses membres des risques et dommages que pourrait causer l'incendie, et
même tout feu du ciel, aux maisons et bâtimens qui participent au bienfait de l'association.
Tout objet étranger à l'immeuble lui-même
ne peut être assuré.
Ne peuvent non plus faire partie de l'association les salles de spectacles.
A l'égard des bâtimens qui présentent
trop de risques, soit en raison des professions exercées par ceux qui les habitent, soit
par leur position, soit par leur mauvaise
construction, le conseil d'administration
pourra les admettre à l'assurance, sur le
rapport de l'architecte de la compagnie,
mais en faisant concourir leurs propriétaires

_____
(1) Ces deux ordonnances autorisent des modifications aux articles 6, 7 et 15 des statuts.

au paiement des dommages de l'incendie et à la cotisation annuelle dans une proportion plus forte que les autres sociétaires ; cette partie de l'assurance se traitera de gré à gré entre le conseil et les propriétaires desdits bâtimens.

Ne sont pas compris dans la présente assurance et ne peuvent donner lieu à aucun paiement de dommages tous incendies provenant, soit d'un siége, soit d'une autre force majeure militaire, soit de l'explosion de magasins à poudre.

2. La société est administrée par un conseil général des sociétaires et par un conseil d'administration.

3. Cette société exclut toute solidarité entre ses membres, dont chacun ne doit supporter que la part dont il est tenu dans la contribution à laquelle le dommage peut donner lieu, selon les états de répartition rendus exécutoires par le conseil d'administration.

4. Chaque sociétaire est assureur et assuré pour cinq ans, s'il fait partie de la société au moment de sa mise en activité ou au commencement de l'une des nouvelles périodes de cinq ans.

A l'égard des propriétaires qui ne se présentent qu'après l'une ou l'autre de ces époques, ils ne sont sociétaires que pour le temps qui reste à courir, à compter du jour de leur adhésion, de la période de cinq ans dans laquelle ils sont admis à l'assurance, de manière que l'engagement de tous les sociétaires finisse toujours en même temps.

Trois mois avant l'échéance des cinq ans, le sociétaire fait connaître, par une déclaration consignée sur un registre tenu à cet effet, s'il entend continuer de faire partie de la société, ou s'il y renonce : il lui est donné copie de sa déclaration.

Par le seul fait du défaut de déclaration à l'époque indiquée, il est censé avoir l'intention de rester attaché à la société, et il continue d'en faire partie.

Dans ce cas, toutes les conditions de l'assurance (y compris même une nouvelle expertise, si elle est nécessaire) seront remplies avant l'échéance du terme de l'engagement.

Si le sociétaire renonce, son immeuble est affranchi des charges comme il cesse de profiter des avantages de la société, à partir de l'échéance dudit terme, son dernier jour compris.

Dans le mois qui suit cette déclaration, l'inscription prise sur les biens du sociétaire renonçant est rayée ; et dans le cas où il a fourni sa garantie en numéraire ou en effets publics ou particuliers, les valeurs qu'il a remises lui sont rendues : le tout sur l'ordre exprès du conseil d'administration.

Dans aucun cas, le changement de propriétaire, soit par vente, soit par décès, ne peut porter atteinte aux droits de la compagnie pour tout le temps qui reste à courir de l'engagement du sociétaire ; et les dispositions des présens statuts seront exécutoires, tant contre l'assuré que contre ses héritiers ou ayans cause, et même contre les acquéreurs en cas de vente, à peine, dans ce dernier cas, de tout recours contre lui.

5. L'usufruitier peut être admis à faire assurer l'immeuble dont il a la jouissance, en satisfaisant, comme s'il était propriétaire, aux conditions de l'assurance.

Le créancier peut aussi être admis à faire assurer l'immeuble qui lui sert de garantie ; mais son assurance se traite de gré à gré entre le conseil d'administration et lui.

6. La présente association ne peut avoir d'effet que du moment où par suite des adhésions à ses statuts, il se trouve pour une somme de vingt millions de propriétés engagées à l'assurance mutuelle.

L'accomplissement de cette condition sera constaté par le conseil d'administration de la société, qui en donnera avis à chaque sociétaire.

Cette somme de vingt millions n'est pas limitative (1).

7. La durée de la société est de trente années, pourvu qu'à l'expiration de chaque période de cinq années, il se trouve toujours pour vingt millions de propriétés engagées à l'assurance (2).

CHAPITRE II. Estimation des immeubles, assurance contre l'incendie, paiement après l'incendie.

8. L'estimation des immeubles est faite de gré à gré entre le conseil d'administration et le propriétaire. A défaut d'accord, cette estimation a lieu aux frais de la compagnie par son architecte, mais sur un état descriptif que le propriétaire est tenu de fournir à ses frais. En cas de dissentiment entre le propriétaire et l'architecte, ils s'adjoignent un tiers arbitre, payé à frais communs. Le conseil d'administration, sur le rapport de son architecte, admet ou refuse l'assurance.

Le montant de cette estimation, déduction faite de la valeur du sol, forme le capital à assurer, et ce capital est la base de l'indemnité à laquelle le propriétaire assuré a droit en cas

(1 et 2) *Voy.* ordonnance du 21 février 1820.

d'incendie, comme il est la base de sa contribution au paiement des dommages audit cas.

9. En sa qualité d'assureur, chaque sociétaire est tenu de fournir à la compagnie une garantie pour le paiement des portions contributives auxquelles l'assujétit le présent système d'assurance mutuelle ; cette garantie, qui forme le capital de la société, est d'un et demi pour cent de la valeur assurée.

Si cette garantie vient à être entamée pour le paiement d'une portion contributive, elle est aussitôt complétée par le versement en numéraire de cette portion contributive, dont le recouvrement s'opère ainsi qu'il est dit en l'article 14 ci-après.

Cette garantie d'un et demi pour cent est fournie, au choix du sociétaire, soit par une inscription hypothécaire qu'il laisse prendre sur ses immeubles en vertu du présent acte, ou sur l'un d'eux jusqu'à concurrence d'un et demi pour cent de la valeur totale qu'il a fait assurer, soit par un dépôt en numéraire à la caisse du Mont-de-Piété établi à Lyon, soit enfin en rentes sur l'Etat.

Cette garantie peut même être fournie, si le conseil d'administration le juge convenable, par le dépôt de billets et effets particuliers revêtus au moins de trois signatures avantageusement connues.

10. Le montant de la portion contributive d'un sociétaire pour tous les incendies qui éclateraient le même jour dans un ou plusieurs endroits, quelle que soit la durée de ces incendies, ne peut excéder le montant de la garantie d'un et demi pour cent de la valeur assurée ; en sorte que les propriétaires incendiés le même jour ne puissent rien réclamer au-delà de cette garantie, qui sera répartie au marc le franc entre eux.

Si, pendant le cours d'une année, les événemens d'incendie absorbent ou excèdent le fonds capital de cette garantie d'un et demi pour cent, chaque sociétaire, en acquittant la portion contributive, qui, réunie au montant de celles déjà payées pendant la même année, se trouvera absorber ou excéder ladite garantie d'un et demi pour cent, peut se retirer de la société, en faisant, au moment de ce dernier paiement, une déclaration spéciale, consignée sur le registre dont il est question à l'article 4, et de laquelle il lui sera donné copie.

Le défaut de déclaration emporte continuation de l'engagement du sociétaire.

11. Tout fait d'incendie est dénoncé, au moment où il se manifeste, par le propriétaire assuré ou par tout autre personne qu'il aura chargé de ce soin, à l'administration, qui le fait vérifier et constater de suite.

La déclaration du propriétaire ou de son représentant est consignée sur un registre à ce destiné, et il en est donné copie au déclarant.

Si l'incendie n'a point été notoire, le défaut de déclaration du propriétaire dans les trois jours de cet incendie le prive de toute indemnité de la part de la société.

12. Dans les vingt-quatre heures de la déclaration d'incendie, l'architecte de la compagnie procède, sous l'inspection de l'un des membres du conseil d'administration, à l'estimation du dommage causé : le propriétaire pourra lui adjoindre, à ses frais, un autre expert ; et, dans le cas de partage entre eux, le troisième expert est nommé par les deux parties et payé à frais communs.

Cette estimation ne pourra jamais avoir d'autre base que la valeur incendiée, lors même que, soit par suite du reculement auquel la maison serait assujétie, soit par suite de toute autre circonstance particulière, l'incendie aurait entraîné d'autres dommages que ceux qu'il cause par lui-même.

Si la propriété est entièrement consumée, l'effet de la société d'assurance est suspendu relativement à cette propriété, jusqu'à sa reconstruction.

La société d'assurance devient nulle, dans ses effets actifs et passifs, à l'égard du propriétaire dont l'immeuble a cessé d'exister par d'autres causes que celle de l'incendie.

13. Un mois après la clôture du procès-verbal des experts, la somme à laquelle le dommage causé a été fixé est payée à l'assuré sur l'ordre exprès du conseil d'aministration.

La société est subrogée de droit, et à l'instant même de l'incendie, aux droits et actions qu'aurait le propriétaire incendié contre la personne du fait de laquelle l'incendie serait provenu, sans cependant que le propriétaire qui habiterait sa maison, et dans l'appartement duquel le feu aurait commencé, puisse être tenu à aucune indemnité à l'égard de la compagnie.

Tout locataire principal ou particulier, en état de justifier, par une déclaration de son propriétaire, inscrite sur un registre à ce destiné, et signée par le propriétaire et le conseil d'administration, qu'il concourt avec son propriétaire aux frais de l'assurance mutuelle pour la maison qu'il habite ou dont le bail lui a été passé, est affranchi de toute responsabilité à l'égard de la compagnie, pour raison de l'incendie survenu dans lesdits lieux (1).

14. Pour l'exécution de l'article qui précède, le conseil d'administration fait éta-

(1) *Voy.* ordonnance du 8 juin 1825.

blir, aussitôt après la clôture du procès-verbal d'expertise, le compte de la contribution des sociétaires, à raison de l'incendie survenu. Il vérifie ce compte, en arrête la répartition définitive, et en fait poursuivre le recouvrement.

Il en est donné avis aux sociétaires, qui viennent en prendre connaissance, s'ils le jugent à propos, et versent le montant de la part dont ils sont respectivement tenus dans ladite contribution.

A défaut de paiement, cet avis est renouvelé, et, après ce dernier avertissement, l'assureur en retard est poursuivi, à la diligence du conseil d'administration et par toutes les voies de droit, pour le paiement de la somme dont il se trouve débiteur.

15. Le sociétaire pourra faire à son immeuble, tel changement qu'il avisera, en faisant toutefois constater la plus ou moins value de sa propriété après le changement, et déterminer la valeur pour laquelle il concourra désormais à l'assurance, le tout dans les formes déterminées par l'article 8.

CHAPITRE III. Dispositions générales pour les moyens de préservation contre l'incendie.

16. La compagnie, pour sa plus grande prospérité, emploiera tous les moyens que sa prudence et son expérience lui suggéreront pour préserver d'incendie les maisons assurées.

17. Le conseil d'administration peut, lorsqu'il le juge convenable, faire examiner l'état des cheminées, fourneaux, etc, tenant aux maisons et établissemens engagés à l'assurance, et, sur le premier avis qu'il leur en donne, les propriétaires sont tenus de faire réparer les cheminées, fourneaux, etc, qui par leur mauvais état présenteraient quelques dangers. A défaut par les sociétaires de satisfaire à cette obligation, le conseil d'administration fait faire ces réparations à leurs frais.

Le sociétaire peut, en cas de dissentiment, requérir une expertise, pour constater si les réparations sont nécessaires ; les frais de cette expertise sont à la charge du sociétaire, s'il succombe.

18. Chaque année, à l'époque qui sera déterminée par le conseil d'administration, les cheminées, fours, fourneaux, tuyaux et autres conduits de fumée tenant aux établissemens assurés, seront ramonés avec le plus grand soin. Le ramonage sera fait par les propriétaires ou locataires et à leurs frais, toujours sous la surveillance de l'architecte de la compagnie.

19. Le conseil d'administration peut, suivant les circonstances, accorder aux pom-

piers et autres travailleurs, des primes dont il fixe la quotité.

CHAPITRE IV. Conseil général des sociétaires.

20. Il y a une assemblée des sociétaires sous la dénomination de *conseil général.*

Ce conseil est composé de tous les sociétaires ayant au moins chacun pour cent mille francs de valeurs engagées à l'assurance.

Les autres sociétaires peuvent se réunir et se faire représenter par l'un d'eux, pourvu qu'ils aient ensemble pour cent mille francs de valeurs assurées.

Il se réunit une fois par année ; sa première réunion a lieu au moment de la mise en activité de la société. Il est présidé par l'un de ses membres, élu à la majorité des suffrages.

En cas d'absence, un sociétaire peut se faire représenter, mais par un autre sociétaire seulement. Il n'est pas nécessaire que le sociétaire remplaçant fasse lui-même partie du conseil général.

21. Le conseil général nommera à l'avenir les membres du conseil d'administration et leurs suppléans.

Ces nominations sont faites à la majorité absolue des suffrages.

Il délibère sur toutes les affaires qui lui sont soumises par le conseil d'administration.

CHAPITRE V. Du conseil d'administration.

22. Le conseil d'administration est composé de sept membres, tous sociétaires et ayant au moins chacun pour cent mille francs de propriétés engagées à l'assurance mutuelle.

Il leur est adjoint un nombre égal de suppléans réunissant les mêmes conditions.

23. Le conseil d'administration choisit son président ; en cas d'absence, un membre du conseil le remplace.

24. En cas de démission ou de décès de l'un des membres du conseil d'administration, il est remplacé, de droit, par le premier suppléant dans l'ordre des nominations, jusqu'à la première assemblée du conseil général, qui pourvoit définitivement au remplacement.

25. Les membres du conseil d'administration et les suppléans sont renouvelés de la manière suivante :

A l'expiration de la troisième année, trois administrateurs et trois suppléans, et à l'expiration de la quatrième année, deux administrateurs et deux suppléans seront renouvelés : ces premiers sortans seront déterminés par le sort. A l'expiration de la

cinquième année, les deux autres administrateurs et les deux autres suppléans sortiront de droit.

Le même ordre sera suivi à l'avenir
d'après l'ancienneté.

Les administrateurs et les suppléans peuvent être indéfiniment réélus.

26. Le conseil d'administration se réunit
d'obligation le premier mardi de chaque
mois, à moins que ce ne soit un jour férié;
dans ce cas, la réunion a lieu le lendemain.

Il ne peut délibérer que lorsque cinq
membres au moins sont présens soit par eux,
soit par leurs suppléans. Les procès-verbaux
sont signés par le président et les membres
qui ont assisté à la séance.

27. Le conseil d'administration nomme
les avocat, notaire, avoué et architecte de
la compagnie.

Il nomme aussi l'agent général et les
autres employés.

Le conseil d'administration révoque, s'il
y a lieu, les employés qu'il a choisis.

Il délibère sur toutes les affaires de la
société, et ses décisions sont consignées sur
un registre tenu à cet effet.

Ses décisions sont prises à la majorité des
suffrages.

Elles sont exécutoires pour toute la compagnie.

Il met sous les yeux du conseil général
des sociétaires, lors de sa réunion annuelle,
l'état de situation de la compagnie, celui
des recettes et des dépenses de l'année précédente, et le compte détaillé de tout ce que
la compagnie a été dans le cas de payer pour
cause d'incendie.

Il convoque, si cela devient nécessaire,
des assemblés extraordinaires du conseil général.

28. Les membres du conseil d'administra-
tration ne contractent, à raison de leur
gestion, aucune obligation personnelle ni solidaire, relativement aux engagemens de la
société.

29. Le conseil d'administration est définitivement composé des sociétaires fondateurs dont les noms suivent :

MM. Evesque, Nivière (receveur général),
de Monicault, Munet, Pavy, de Fleurieu et
Chalandon ;

Et ils ont pour suppléans ,

MM. de Boissieux, Charcot, Caron, Fortis, Auginieur, Maurier, et Dian.

Les administrateurs et les suppléans ci-
dessus nommés seront renouvelés de la manière indiquée dans l'article 25 qui précède.

30. Me Casati, l'un des notaires soussignés, est nommé, dès à présent, notaire de
la société.

Les avocat, notaire, avoué et architecte
de la compagnie, peuvent être appelés avec

voix consultative aux délibérations du conseil d'administration.

CHAPITRE VI. Administration.

31. L'agent général choisi par le conseil
d'administration exécute, sous les ordres du
conseil, toutes les opérations de la société.

Il assiste avec voix consultative aux assemblées du conseil d'administration, lorsque
le conseil le juge convenable.

32. Il donne à chaque sociétaire toutes
les communications et tous les renseignemens dont il peut avoir besoin.

Sur la demande des sociétaires, il fait
apposer sur chaque maison assurée, dans
la quinzaine au plus tard de l'engagement
et moyennant une rétribution fixée par le
conseil d'administration, une plaque indicative de l'assurance par ces lettres initiales M. A. (*Maison assurée*).

33. Le conseil d'administration détermine, chaque année, la somme à accorder
à l'agent général, tant pour ses appointemens que pour les frais de bureau et de
correspondance ; il fixe aussi, chaque année,
les appointemens des autres employés. A
l'égard de toutes les autres dépenses, le
compte en est présenté tous les mois au
conseil d'administration, qui règle et ordonne le paiement.

Pour faire face aux dépenses ci-dessus,
chaque sociétaire paie une cotisation de
quarante centimes par mille francs de la
valeur assurée.

Le versement de cette cotisation s'effectue
par quart et d'avance de trois en trois mois.

A l'expiration de chaque année, il est fait
un compte particulier pour chacun des sociétaires ; et si le montant de sa cotisation
annuelle se trouve avoir excédé la part qu'il
avait à supporter dans les frais, l'excédant
est imputé sur le montant de la cotisation de
ce sociétaire pour l'année suivante.

34. Le conseil d'administration est autorisé à exiger des agens comptables qu'il
emploie, un cautionnement, soit en numéraire, soit en immeubles, dont il fixe la
quotité.

CHAPITRE VII. Caisse et comptabilité.

35. Un réglement particulier du conseil
d'administration déterminera les devoirs et
les attributions du caissier et le mode de
comptabilité.

CHAPITRE VIII. Dispositions générales.

36. Les bases de l'estimation de gré à gré
des immeubles à assurer seront fixées par le
conseil d'administration.

37. Toute action judiciaire à laquelle pourrait donner ouverture tout autre objet que le simple recouvrement soit des portions contributives, soit des cotisations annuelles, ne pourra être engagée ou soutenue par le conseil d'administration qu'après avoir préalablement entendu l'avocat et l'avoué de la société.

38. S'il survient quelque contestation entre la compagnie, comme chambre d'assurance, et un ou plusieurs associés, elle est jugée à la diligence des administrateurs par trois arbitres, dont deux sont nommés par les parties respectives et le troisième par le président du tribunal de première instance de Lyon. Leur jugement est sans appel.

39. Le domicile de la compagnie est élu dans les bureaux de l'administration.

40. Un commissaire du Gouvernement, désigné par l'autorité compétente, peut prendre connaissance des arrêtés du conseil d'administration, et en suspendre l'exécution s'il les trouve contraires aux lois et en opposition avec les réglemens de police.

41 et dernier. Les fondateurs soussignés autorisent Me Casati, notaire de la société, à se pourvoir devant M. le préfet du département du Rhône et les autorités supérieures pour parvenir à l'homologation des présens statuts, et à fournir, à cet effet, toutes les justifications nécessaires.

Fait et passé à Lyon, tant en l'étude que dans la demeure respective des parties, en l'an 1819, les 5, 6, 8, 11 et 14 juillet.

———

27 OCTOBRE 1819 = Pr. 22 MAI 1820. — Lettres-patentes du Roi portant institution d'une pairie. (7, Bull. 309, n° 8724.)

Le majorat de la pairie de M. le comte Jean-François-Aimé Dejean, lieutenant général, grand'-croix de la Légion-d'Honneur, etc., créé pair par ordonnance royale du 5 mars 1819, a été établi : 1° sur dix actions de cinq cents francs de rente chacune sur le canal de Loing, attachées à son titre de comte, suivant lettres d'investiture délivrées à M. le comte Dejean, le 24 août 1810, en exécution d'un décret antérieur qui lui a accordé cette dotation ; 2° et une inscription, de cinq pour cent consolidés, de six mille francs de rente, appartenant à M. le comte Dejean, sur le grand-livre, numérotée 20,166, immobilisée par déclaration du 7 avril 1819, suivant certificat du directeur, numéroté 7 ; le tout produisant onze mille francs de revenu ; en conséquence, la pairie de M. Dejean a été instituée hereditairement sous le titre de Baron.

———

22

27 OCTOBRE 1819. — Ordonnance du Roi portant réglement sur le service des fonds du département de la guerre. (*Journal militaire, deuxième semestre* 1819, page 145.)

Louis, etc.

Sur le rapport de nos ministres de la guerre et des finances,

Nous avons ordonné et ordonnons ce qui suit :

Titre préliminaire.

Art. 1er. Le service des fonds du département de la guerre embrasse toutes les dispositions relatives à l'ordonnancement des dépenses de ce département.

2. L'ordonnancement est l'opération par laquelle le ministre dispose, par des ordonnances, des fonds que les crédits législatifs affectent aux dépenses de son département.

3. Le ministre de la guerre délivre seul des ordonnances sur des crédits législatifs.

4. Toutes les dépenses qui ne sont pas ordonnancées directement par le ministre, le sont par des ordonnateurs secondaires sur les crédits que le ministre a ouverts.

5. Les ordonnateurs secondaires du département de la guerre sont :

1° Les intendans et sous-intendans militaires;

2° Les directeurs de l'artillerie et du génie ; ces derniers seulement pour les dépenses du matériel de leurs services respectifs.

TITRE Ier. De l'ordonnancement des dépenses.

CHAPITRE Ier. Des ordonnances ministérielles.

6. Les ordonnances délivrées par le ministre de la guerre prennent le nom d'ordonnances ministérielles.

7. Toute ordonnance ministérielle doit être imputée sur le crédit législatif.

8. Les ordonnances ministérielles sont conformes aux modèles Nos 1 et 2, et se divisent :

1° En ordonnances directes ou de paiement ;

2° En ordonnances indirectes ou de crédit.

9. Les ordonnances de paiement sont délivrées au nom des parties prenantes.

10. Les ordonnances de crédit ont pour objet d'ouvrir aux ordonnateurs secondaires des crédits qui prennent le nom de crédits ministériels; elles donnent lieu à l'émission des mandats de paiement dont il sera parlé ci-après, chap. 3.

11. Les intendans militaires et les direc-

———

19

teurs d'artillerie et du génie sont seuls titulaires des crédits ministériels.

12. L'ordre adopté pour le classement des dépenses dans le budget de chaque année doit être rigoureusement suivi pour la délivrance des ordonnances relatives au service de l'exercice correspondant. Cet ordre est indiqué par une nomenclature des dépenses de la guerre, arrêtées tous les ans et à l'avance par le ministre.

13. Les ordonnances de crédit peuvent être délivrées par article ou par chapitre du budget, ou comprendre plusieurs articles du même chapitre ; les ordonnances de paiement ne peuvent être délivrées que par articles ; les unes et les autres peuvent être individuelles ou collectives.

14 Les ordonnances ministérielles sont adressées au ministre des finances, qui prendra les mesures nécessaires pour en faire effectuer le paiement dans les valeurs déterminées par les lois de finances.

15. Des extraits d'ordonnances conformes aux modèles N°s 3 et 4 sont remis ou envoyés :

1° En ce qui concerne les ordonnances de paiement, aux parties prenantes, pour être à même d'être payées aux époques déterminées par lesdits extraits ;

2° En ce qui concerne les ordonnances de crédit, aux ordonnateurs secondaires, pour leur faire connaître les crédits qui leur sont ouverts.

16. Les extraits d'ordonnances de paiement sont à talon et disposés de manière à recevoir la quittance et la déclaration de quittance des parties prenantes.

17. Les talons desdits extraits destinés à recevoir la déclaration de quittance sont transmis au payeur par l'intermédiaire du ministère des finances.

18. Les extraits d'ordonnances de crédit constituent, pour les ordonnateurs secondaires, le titre des crédits ministériels qui leur sont ouverts ; ils doivent rester dans les archives de la division.

19. Les crédits ministériels sont ouverts spécialement pour chaque nature de dépense :

1° Par division ou intendance militaire, pour les dépenses de l'administration générale ;

2° Par direction du génie ou de l'artillerie, pour les dépenses du matériel de ces deux services.

20. Les crédits ouverts pour la même nature de dépense, pour un même exercice, s'ajoutent successivement les uns aux autres, soit par chapitre, soit par article, selon le mode d'après lequel ils ont été ouverts ; ainsi accumulés ils forment un crédit unique par chapitre ou par article, sur lequel portent les mandats délivrés par les ordonnateurs secondaires.

21. Les crédits étant ouverts spécialement pour chaque nature de dépense, les ordonnateurs secondaires ne peuvent, pour quelque motif que ce soit, ni les dépasser ni en changer la destination.

22. Lorsqu'un crédit est ouvert par un des chapitres du budget et sans distinction spéciale d'article, il peut servir au paiement des dépenses comprises dans ce même chapitre.

23. Lorsque les crédits portent l'indication d'un ou de plusieurs articles, ils ne peuvent servir au paiement d'aucun autre article de dépense du même chapitre.

24. Le même crédit ne peut servir au paiement des dépenses de deux exercices différens, sauf la seule exception prévue au règlement des revues, titre VI, article 272, pour ce qui concerne les rappels de solde ou d'abonnement des corps de troupe.

25. Les payeurs sont autorisés à refuser le paiement des mandats qui s'écarteraient des règles prescrites par les quatre articles qui précèdent.

26. Tout crédit ouvert pour servir au paiement des dépenses d'un exercice est valable, quelle que soit sa date, et sauf annulation expresse, jusqu'au dernier jour inclus du quatrième mois de l'année qui suit cet exercice ; à cette époque les crédits ou portions de crédit non employés pour les dépenses de l'exercice précédent cessent d'être à la disposition des ordonnateurs secondaires, et rentrent au crédit général du ministre de la guerre.

27. Passé l'époque ci-dessus énoncée, les ordonnateurs secondaires ne peuvent plus ordonnancer aucune dépense portant sur le fonds de l'exercice précédent.

28. Si, par suite des circonstances extraordinaires imprévues, quelques dépenses n'ont pas été ordonnancées à l'époque précitée, ou si quelques mandats n'ont pas été payés en temps utile, il en est rendu compte au ministre, qui se réserve de les faire solder.

CHAPITRE II. De la délégation des crédits ministériels et de la réalisation des fonds sur les lieux où les paiemens doivent s'effectuer.

29. Les crédits étant ouverts en masse par division militaire, conformément à l'article 19, les intendans militaires délèguent aux sous-intendans militaires employés sous leurs ordres, le droit de disposer de tout ou partie desdits crédits.

30. A cet effet, les intendans militaires établissent à l'avance, et au fur et à mesure

les besoins du service des états de répartition conformes au modèle N° 5.

31. Les états de répartition indiquent les
sommes dont les sous-intendans militaires
peuvent disposer dans chacun des départemens de la division militaire, ainsi que les
époques auxquelles il est nécessaire que
ces fonds soient réalisés dans la caisse des
payeurs.

Les intendans militaires y font figurer,
avec les mêmes indications, les crédits ou
proportions de crédit dont ils se réserveront de
faire emploi pour les dépenses qu'ils doivent
ordonnancer eux-mêmes d'après les réglemens.

32. Si les sommes indiqués par les répartitions comme devant être employées dans
un département, sont insuffisantes, ou si elles
excèdent les paiemens à faire, les intendans
militaires rectifient ces dispositions par voie
de diminution ou de réduction dans les
répartitions subséquentes.

33. Lorsque les besoins du service l'exigent impérieusement, les intendans militaires peuvent changer, par une répartition
nouvelle, la destination de la totalité ou
d'une portion des sommes réparties.

34. Les intendans militaires sont tenus
d'établir les états de répartition assez à l'a-
vance pour éviter tous retards dans le placement des fonds sur les lieux où les paiemens
doivent s'effectuer. Ils doivent éviter avec
soin de faire faire des dispositions de fonds
qui ne soient pas rigoureusement exigées
par les besoins du service.

35. Les états de répartition sont toujours
établis en double expédition.

36. Une des expéditions de ces états est
remise immédiatement au receveur-général
du département, chef-lieu de la division
militaire, lequel est chargé par le ministre
des finances des mesures à prendre pour
les réalisations des fonds aux époques et
sur les lieux indiqués par les états de répartition.

37. L'autre expédition des états de répartition est remise au payeur du département,
chef-lieu de la division, qui est chargé d'en
donner avis aux payeurs des autres départemens, et de rendre compte au ministère
des finances des paiemens effectués dans
toute l'étendue de la division sur les crédits
ouverts.

38. Les intendans militaires adressent en
outre aux sous-intendans militaires, chacun
en ce qui le concerne, extrait des états de
répartition. Ces extraits, conformes au modèle N° 6, constituent pour eux le titre de
la délégation qui leur est faite de tout ou
partie des crédits ministériels.

39. Les sous-intendans militaires placés
hors du département, chef-lieu de la divi-

sion, donnent communication de ces extraits
aux receveurs-généraux de leurs départemens respectifs, afin de les prévenir à l'a-
vance de l'importance des besoins de fonds.

40. Les crédits ou portions de crédit délégués en vertu de l'article 29 sont cumulés
par les titulaires des délégations à l'instar
des crédits ministériels, en suivant les règles
prescrites par ceux-ci à l'article 20 du présent règlement.

41. En cas d'insuffisance de fonds pour
paiement de mandats imputés sur des crédits
ouverts ou délégués, les payeurs doivent en
informer sur-le-champ les officiers de l'intendance militaire qui ont délivré les mandats, lesquels se concertent avec les receveurs-généraux pour parer aux besoins du
service et empêcher qu'il ne reste en souffrance.

CHAPITRE III. Des mandats de paiement.

42. Les ordonnateurs secondaires ne peuvent disposer des crédits ministériels qu'au
moyen de mandats de paiement dont la forme est déterminée ci-après.

43. Les mandats de paiement sont délivrés, tant par les ordonnateurs secondaires
titulaires des crédits, que par les délégataires
de tout ou portion desdits crédits.

44. Les sous-intendans militaires et les
adjoints aux sous-intendans faisant, par interim, les premiers les fonctions d'intendant, et les autres celles de sous-intendant,
ainsi que les officiers du génie et de l'artillerie, remplissant celle de directeur, dis-
posent des crédits ou des portions de crédit
ouverts aux fonctionnaires dont ils tiennent
la place.

45. D'après le même principe, un fonctionnaire, succédant immédiatement à un
autre, devient titulaire des crédits ouverts
ou délégués à son prédécesseur, comme
s'ils avaient été ouverts ou délégués à lui-
même.

46. Tout mandat de paiement est valable,
et doit être acquitté lorsqu'il porte sur un
crédit ministériel, et qu'il n'outrepasse pas
la masse des crédits cumulés, pour chaque
nature de dépense par exercice.

47. Il n'est fait d'exception à la règle posée
par l'article précédent, que pour les dépenses d'indemnité de route et de fournitures
de petit équipement aux militaires voyageant isolément, dont le paiement a lieu par
avance et sans crédit préalable.

48. Les mandats de paiement sont délivrés par partie prenante individuelle ou collective, et chaque mandat ne peut en comprendre plusieurs, à la seule exception des
mandats d'avance délivrés pour le paiement
des fournitures d'effets de petit équipement.

49. Les mandats de paiement doivent indiquer le chapitre et l'article du budget auxquels appartient la dépense qui fait l'objet de chacun d'eux.

50. Tous les ordonnateurs secondaires doivent rappeler en tête de leurs mandats le numéro du dernier crédit ministériel.

51. Les mandats doivent indiquer en outre, savoir :

1° Ceux délivrés par les titulaires des crédits, le montant cumulé des crédits ou portions de crédits dont ils se sont réservé l'emploi ;

2° Ceux délivrés par les légataires, le montant des délégations cumulées.

52. Dans aucun cas, le même mandat de paiement ne peut comprendre deux articles du même chapitre.

53. Tout mandat doit énoncer l'objet du paiement, le temps que la dépense concerne, le numéro de la division militaire, le département, et le nom du payeur sur la caisse duquel il est tiré.

54. Lorsqu'un mandat est délivré pour solde d'un compte de revues décompté, ou de tout autre compte de dépense dûment arrêté, ce mandat doit contenir, dans la colonne d'observation, une déclaration expresse signée par l'ordonnateur secondaire, et indiquant :

1° La nature et le nombre des pièces justificatives de l'ordonnancement ;

2° La date de l'envoi qui en a été fait à l'ordonnateur titulaire du crédit, ou au ministre de la guerre, selon les qualités de l'ordonnateur secondaire qui livre le mandat.

Cette déclaration doit être répétée sur le talon dudit mandat pour solde.

55. Tout mandat de paiement, soit définitif, soit d'avance, est extrait d'un registre à souche.

56. Les registres de mandats définitifs sont à souche et à talon, et conformes au modèle 7 bis.

57. Le registre N° 7 sert pour l'ordonnancement des prestations individuelles, en deniers attribués aux militaires sans troupes et autres payés comme tels ; le registre N° 7 bis sert pour l'ordonnancement de toutes les autres dépenses du département de la guerre susceptibles d'être ordonnancées par les ordonnateurs secondaires.

58. Les registres de mandats d'avance délivrés en vertu de l'article 47 sont à souche seulement, et conformes aux modèles N°s 8 et 9.

59. Chaque ordonnateur secondaire doit donner un numéro à ses mandats et suivre une seule série de numéros par exercice et par espèce de registre ; l'ordre des dates doit coïncider avec l'ordre des numéros.

60. La souche des mandats reste au registre ; le talon préparé pour recevoir la déclaration de quittance est remis directement à la partie prenante, pour la mettre à même d'en toucher le montant à la caisse du payeur.

61. L'envoi des talons de mandats est toujours accompagné d'un bordereau numérique et sommaire, et conforme au modèle N° 10.

62. Les registres des mandats sont fournis par le ministère de la guerre aux ordonnateurs secondaires, ils sont côtés et paraphés par les titulaires des crédits qui indiquent l'exercice pour lequel ils doivent servir.

63. A l'époque de la clôture des comptes de l'exercice pour lequel les registres ont été ouverts, ils sont arrêtés par les intendans et sous-intendans militaires, et déposés aux archives de l'intendance militaire.

64. Les mandats et les talons de mandats biffés pour cause d'erreur restent toujours annexés à la souche.

65. Tout mandat de paiement est payable pendant trois mois de sa date, à la caisse sur laquelle il a été tiré.

66. Passé ce délai, aucun mandat de paiement ne peut être acquitté, et la dépense dont il était l'objet doit être réordonnancée s'il y a lieu, par les ordonnateurs secondaires, sur les crédits à leur disposition pour la même nature de service.

67. Si le non-paiement d'un mandat, dans le délai déterminé par l'article 65, est constaté, après l'époque fixée par l'article 26, et si la dépense qui a fait l'objet de ce mandat est susceptible d'être réordonnancée, il en est rendu compte spécialement au ministre, sans préjudice des formalités prescrites par l'article 102 du présent règlement.

68. Dans tous les cas, le réordonnancement ne peut avoir lieu que sur l'exhibition du mandat périmé.

69. S'il arrivait qu'une partie prenante eût perdu un mandat ou un extrait d'ordonnance de paiement, il lui en serait délivré un duplicata d'après l'attestation écrite du payeur sur lequel le mandat était tiré, portant que l'extrait d'ordonnance ou le mandat n'a pas été acquitté.

70. En cas d'insuffisance des crédits ouverts lors du passage ou de l'arrivée inopinée d'un corps de troupe, ou de la passation d'un marché d'urgence, et dans tout autre circonstance extraordinaire et imprévue,

Les intendans et sous-intendans militaires sont autorisés à requérir, par écrit, des payeurs, le paiement de la solde ou de tout autre dépense urgente ; il est rendu compte immédiatement de ces dispositions aux ministres de la guerre et des finances par leurs ordonbordonnés respectifs.

71. Les paiemens extraordinaires faits en vertu de l'article précédent ont lieu sur des mandats provisoires, conformes au modèle n° 11, lesquels sont remplacés par des mandats définitifs imputés sur les premiers fonds mis à la disposition des ordonnateurs secondaires, pour le même exercice et pour la même nature de dépense.

72. Il n'existe point de registre à souche pour les mandats provisoires dont il est question à l'article précédent.

73. Si les mandats délivrés pour régulariser ces paiemens peuvent être quittancés par les parties prenantes, les mandats provisoires sont annulés; si, au contraire, les parties prenantes ne peuvent quittancer les mandats définitifs, les mandats provisoires y sont annexés, et il en est fait mention par l'ordonnateur secondaire sur les talons desdits mandats définitifs.

TITRE II. Des paiemens et de la preuve des paiemens.

CHAPITRE Ier. Des paiemens et de leur inscription sur les livrets de paiement et sur les feuilles de route.

74. Toute ordonnance et tout mandat de paiement délivrés conformément aux dispositions prescrites par le titre Ier du présent règlement, doivent être acquittés par le Trésor ou par ses agens, soit à présentation, soit aux époques fixées par lesdites ordonnances ou mandats.

75. Les paiemens doivent s'effectuer:
1° En ce qui concerne les ordonnances de paiement, sur la remise des extraits dont il est question à l'art. 15;
2° En ce qui concerne les mandats, sur la remise de ces mandats.

76. Tout extrait d'ordonnance directe et tout mandat doivent être signés par la partie prenante y désignée pour quittance sur le talon dudit extrait ou mandat; quand la partie prenante ne sait pas signer, il y est suppléé suivant l'usage.

77. Toute quittance apposée au bas d'un extrait d'ordonnance ou au bas d'un mandat extrait d'un registre à souche et à talon, constitue un acquit définitif.

78. Les payeurs, ou autres agens du Trésor payant pour le compte desdits payeurs, sont tenus, sous leur responsabilité personnelle, d'enregistrer:
1° Sur les livrets de paiement toutes les sommes payées à des militaires sans troupes ou à des corps de détachement en marche, les paiemens faits pour supplément de route;

2° Sur les feuilles de routes, toutes les sommes payées pour indemnité de route ou de séjour aux militaires voyageant isolément;
3° Sur les livrets de paiement de tous les comptables de la guerre, quelle que soit la destination des fonds ordonnancés en leur nom, toutes les sommes qui leur sont payées.

79. Immédiatement après avoir fait un paiement, les payeurs doivent timbrer du mot *payé* les extraits d'ordonnance, les mandats, ainsi que les talons desdits extraits et mandats qui leur ont été remis ou adressés.

CHAPITRE II. De la preuve des paiemens.

80. La preuve des paiemens faits sur ordonnances directes et sur mandats définitifs résulte:
1° Pour le Trésor, des quittances des parties prenantes;
2° Pour le département de la guerre, des déclarations de quittance et de l'inscription des paiemens effectués sur les livrets et feuilles de route.

81. Quant aux créances qui s'acquittent, par avance, en vertu de l'art. 47, la preuve des paiemens résulte:
1° Pour le département de la guerre, des mandats d'avances quittancés, et des bordereaux qui donnent lieu aux mandats définitifs délivrés pour couvrir ses avances;
2° Pour le Trésor, desdits mandats définitifs quittancés pour ordre par les payeurs.

82. Du 1er au 10 de ce mois, tous les payeurs du Trésor, soit à Paris, soit dans les départemens, doivent faire parvenir:
1° Au ministre de la guerre, et par l'intermédiaire du Trésor royal, les talons d'extraits d'ordonnances directes dont ils ont effectué le paiement pendant le mois précédent;
2° A chacun des ordonnateurs secondaires, dont ils ont acquitté les mandats pendant le mois précédent, les talons desdits mandats.

83. Ces mandats doivent être accompagnés de bordereaux numériques et sommaires conformes au modèle N° 12.

84. Les talons de mandats qui reviennent à l'ordonnateur secondaire sont toujours envoyés par lui à l'autorité chargée d'établir le décompte de la dépense que le mandat concerne.

CHAPITRE III. De la régularisation des paiemens faits à titre d'avance.

85. Dans les dix premiers jours de chaque mois, les payeurs de départemens réunissent par service, dans l'ordre réglé par l'ar-

ticle suivant, tous les mandats qu'ils ont acquittés ou qui ont été acquittés pour leur compte, à titre d'avances, conformément à l'article 47 du présent réglement, pendant le cours du mois précédent.

86. Après avoir classé ces mandats par partie prenante pour les militaires sans troupe, et par corps pour les militaires de troupe, ils en forment des bordereaux conformes au modèle N° 13, et distincts :

1° Pour l'indemnité de route et de séjour, pour le supplément représentatif des fourrages, et pour les fournitures d'effet de petit équipement, aux militaires isolés appartenant au département de la guerre, y compris les militaires condamnés aux travaux publics, et ceux condamnés au boulet :

2° Pour les indemnités de route et de séjour, aux marins et autres individus appartenant au département de la marine et voyageant isolément.

87. Lorsque des paiemens ont été faits à des prisonniers de guerre, il est établi pour eux des bordereaux de dépenses divisés par puissance.

88. Les payeurs transmettent ces bordereaux en simple expédition, avec les mandats à l'appui, à l'intendant divisionnaire, qui leur en accuse sur-le-champ réception.

89. L'intendant militaire vérifie les bordereaux à l'aide des mandats qui y sont joints, les arrête, et ordonnance le montant des avances au profit du payeur de chaque département, au moyen des mandats définitifs extraits du registre N° 8 bis. Cette opération doit être terminée dans les quinze jours qui suivent la réception des bordereaux adressés par les payeurs.

90. Ces mandats sont signés, *pour ordre*, par les payeurs, tant pour quittance que pour déclaration de quittance, et le talon desdits mandats est renvoyé à l'intendant militaire, ainsi que cela est prescrit par les articles 82 et 83.

91. L'intendant militaire conserve les bordereaux particuliers de département, ainsi que les mandats d'avances qui servent immédiatement à l'établissement des bordereaux d'imputation, dont il est fait mention au réglement des revues.

TITRE III. De l'annulation des ordonnances ministérielles et des mandats.

CHAPITRE Ier. *Des annulations par prescription.*

92. Dans les dix premiers jours de chaque trimestre, tous les payeurs du Trésor doivent établir, en double expédition, un bordereau par exercice, conformément au modèle N° 14, des extraits d'ordonnances di-

rectes payables par eux, et qui, au dernier jour inclus du trimestre précédent, ont atteint trois mois de date sans avoir été acquittés.

93. Les payeurs envoient une expédition de ce bordereau au ministère des finances; ils adressent l'autre au ministère de la guerre, par l'intermédiaire du ministère des finances, pour servir à l'annulation des ordonnances.

94. A la même époque, les payeurs établissent des bordereaux conformes au modèle N° 15, pour les talons des mandats de paiement tirés sur leurs caisses, et qui ont atteint trois mois de date au dernier jour inclus du trimestre précédent, sans avoir été acquittés.

95. Ces bordereaux sont transmis en double expédition, avec les talons de mandats, à chacun des ordonnateurs secondaires qui ont délivré les mandats de paiement qui n'ont pas été acquittés.

96. Après s'être assuré que ces talons de mandats, joints à ceux portant déclaration ou de quittance, qui leur ont été envoyés tous les mois, conformément à l'art. 82, forment la totalité de ceux qu'ils ont transmis aux payeurs, les ordonnateurs secondaires leur renvoient l'une des expéditions de bordereau portant annulation des mandats non acquittés. Les uns et les autres passent respectivement écriture de ces annulations, et il en est fait mention par les ordonnateurs secondaires, sur les souches et sur les talons desdits mandats.

97. Les dispositions des articles qui précèdent ne sont point applicables aux mandats d'avance délivrés en vertu de l'article 47.

98. Le premier jour du cinquième mois de chaque exercice, chacun des ordonnateurs secondaires, titulaires ou délégataires, doit passer écriture des crédits ou portions de crédit sans emploi, appartenant à l'exercice précédent, lesquels doivent rentrer au crédit du ministère de la guerre, conformément à l'article 26 du présent réglement.

99. La notification de ces restans libres est faite immédiatement aux payeurs, par les ordonnateurs secondaires, titulaires et délégataires, au moyen d'un bordereau conforme au modèle N° 16.

100. Les ordonnateurs secondaires, délégataires, adressent un double de ce bordereau aux titulaires des crédits.

Les payeurs de chaque département en adressent copie au payeur du département chef-lieu de la division.

101. Lorsque les titulaires des crédits ont connaissance de toutes les sommes restées sans emploi, tant sur les délégations que sur les crédits ou portions de crédit qu'ils s'étaient réservés, ils passent écriture de ces

restans libres, et les notifient au payeur du chef-lieu de la division, qui en rend compte au Trésor ; cette notification a lieu au moyen des bordereaux conformes au modèle N° 16.

102. Si des mandats de paiement viennent à être annulés lorsque ces opérations sont consommées, les sommes ainsi annulées sont successivement déclarées libres pour l'envoi des bordereaux conformes au même modèle N° 16, et d'après les dispositions prescrites par les articles qui précèdent.

103. Du 20 au 30 du troisième mois de chaque trimestre, le ministre de la guerre transmet au Trésor un bordereau conforme au modèle N° 17, portant annulation de toutes les ordonnances ou portions d'ordonnances directes ou indirectes, qui sont susceptibles d'être annulées d'après les renseignemens qui lui sont parvenus jusqu'à cette époque. Il est passé immédiatement écriture de ces annulations au ministère de la guerre et au Trésor, et il en est fait mention, tant sur les minutes que sur les expéditions desdites ordonnances.

CHAPITRE II. Des annulations accidentelles.

104. Lorsque, par quelque circonstance extraordinaire, il ne doit être fait aucun emploi de tout ou partie d'un crédit ministériel, les ordonnateurs secondaires adressent sur-le-champ un bordereau de déclaration de fonds libres, conforme au modèle N° 16, au payeur du département, chef-lieu de la division militaire.

105. Dans le cas où ces crédits auraient été l'objet de délégations ou répartitions, elles sont annulées, et il en est donné connaissance aux receveurs-généraux et aux sous-intendans militaires.

106. Le ministre comprend, s'il y a lieu, ces sommes dans le bordereau général, dont l'envoi au Trésor public est prescrit par l'article 103.

107. Le ministre adresse également au Trésor un bordereau semblable à celui déterminé par l'article 103, pour toutes les autres annulations qu'il est dans le cas d'ordonner accidentellement sur les ordonnances directes ou sur les crédits qu'il a ouverts, soit que ces annulations aient pour but un changement quelconque dans le montant des crédits, soit qu'elles aient pour objet de faire rentrer au crédit général de la guerre les sommes non employées par des comptables de ce département, et versées dans les caisses du Trésor après l'arrêté définitif de leur compte d'exercice.

108. Dans tous les cas, on ne doit considérer une ordonnance du ministre de la guerre, directe ou indirecte, comme définitivement annulée en tout ou partie, que lorsque les bordereaux trimestriels, arrêtés par le ministre lui-même, en ont consacré l'annulation.

Dispositions additionnelles.

109. Les ordonnateurs secondaires, titulaires ou délégataires, rendent compte des crédits ou portions de crédit qui leur sont ouverts ou délégués, conformément aux instructions sur la tenue des écritures.

110. Les exceptions dont les dispositions du présent réglement peuvent être susceptibles, en ce qui concerne la répartition et le compte à rendre des crédits ouverts aux directeurs de l'artillerie et du génie, pour le matériel de ces deux services, sont déterminées par des instructions spéciales.

111. Nos ministres de la guerre et des finances sont chargés de l'exécution de la présente ordonnance.

———

27 OCTOBRE 1819. — Ordonnance du Roi qui permet aux sieurs Pottier et Roussot d'ajouter à leurs noms ceux de Clugny et de Leyva. (7, Bull. 322.)

———

27 OCTOBRE 1819. — Ordonnance du Roi qui admet les sieurs Roget, Pinuela-Perez et Schultz à établir leur domicile en France. (7, Bull. 322.)

———

27 OCTOBRE 1819. — Ordonnances du Roi qui autorisent l'acceptation de dons et legs faits aux fabriques. (7, Bull. 334.)

———

27 OCTOBRE 1819. — Ordonnances du Roi qui accordent des lettres de déclaration de naturalité aux sieurs Stemler, Daum, Oddoard et Richart. (7, Bull. 331, 337, 371 et 456.)

———

27 OCTOBRE 1819. — Ordonnances du Roi qui autorisent l'acceptation de dons et legs faits aux hospices. (7, Bull. 335.)

———

30 OCTOBRE 1819. — Tableau des prix moyens régulateurs des grains, dressé et arrêté conformément aux articles 6 et 8 de la loi du 16 JUILLET 1819. (7, Bull. 320, n° 7789.)

———

31 OCTOBRE = Pr. 22 NOVEMBRE 1819. — Ordonnance du Roi sur la composition, l'avancement, les appointemens et l'uniforme du corps de la marine. (7, Bull. 323, n° 7855.)

Voy. ordonnances des 1er JUILLET 1814 et notes, 23 JUIN 1824, et 19 OCTOBRE 1825.

TITRE Ier. Composition du corps de la marine.

Art. 1er. Le corps des officiers de notre marine royale est et demeure composé, pour le temps de paix, ainsi qu'il a été réglé par notre ordonnance du 1er juillet 1814, savoir :

Vice-amiraux, dix ; contre-amiraux, vingt ; capitaines de vaisseau de première classe, quarante ; de seconde classe, soixante ; capitaines de frégate, cent ; lieutenans de vaisseau, quatre cents ; enseignes de vaisseau, cinq cents ; élèves de première et deuxième classes, trois cents.

Néanmoins, ce nombre d'officiers ne sera complété qu'en vertu d'une ordonnance spéciale, et restera fixé provisoirement ainsi qu'il suit :

Vice-amiraux, six ; contre-amiraux, douze ; capitaines de vaisseau, de première classe, vingt ; de deuxième classe, quarante ; capitaines de frégate, quatre-vingts ; lieutenans de vaisseau, trois cents ; enseignes de vaisseau, quatre cents ; élèves de première et deuxième classes, trois cents.

2. Les officiers de notre marine seront alternativement employés, conformément aux ordonnances et réglemens, soit au commandement ou à la formation des états-majors de nos bâtimens de guerre, soit à la majorité générale, à la direction des ports, et dans les compagnies d'élèves, soit enfin au service des gardes, rondes, visites, recettes et conseils de guerre.

3. En temps de paix comme en temps de guerre, les capitaines de vaisseau pourront seuls être chargés du commandement de nos vaisseaux de ligne ; ils commanderont en temps de paix nos frégates, et même tous autres bâtimens de rang inférieur, si les besoins ou les convenances de notre service le comportent.

4. Le commandement de nos frégates sera donné, en temps de guerre, auxdits capitaines de vaisseau ou aux capitaines de frégate. En temps de paix, ceux-ci commanderont les corvettes et autres bâtimens de rang inférieur.

5. En temps de guerre, les lieutenans de vaisseau commanderont les corvettes et bâtimens légers ; ils pourront être appelés, en temps de paix, au commandement des bricks, avisos, flûtes et gabares.

6. Les enseignes de vaisseau seront susceptibles de commander, en temps de guerre, les bricks, lougres, cutters, avisos, gabares et chaloupes canonnières, pourvu qu'ils aient au moins une année de navigation dans ce grade ; ils pourront être appelés, en temps de paix, à des commandemens d'avisos et d'autres bâtimens de rang inférieur, pourvu qu'ils aient au moins deux ans de grade.

7. Les lieutenans de vaisseau et enseignes qui ne seront pas embarqués ou attachés à la majorité de la marine, aux compagnies d'élèves ou à la direction du port, seront alternativement désignés par le commandant de la marine, pour suivre les constructions et radoubs, ainsi que tous les travaux et opérations mécaniques de l'arsenal, afin d'être à portée d'acquérir toutes les connaissances de détail que doit réunir un officier de la marine.

Ils seront également chargés de veiller à l'entretien et à la conservation des bâtimens désarmés.

Ils ne pourront donner aucun ordre dans les directions auxquelles ils seront temporairement attachés, tout le service devant être exclusivement dirigé par les officiers préposés à cet effet.

TITRE II. Avancement des officiers.

8. Les élèves de deuxième classe seront admis à la première classe, lorsqu'ils auront fait les deux campagnes d'instruction prescrites par l'article 36 de l'ordonnance du 31 janvier 1816, ou une seule campagne d'au moins vingt mois, et lorsqu'ils auront subi avec succès l'examen déterminé par l'art. 48 de ladite ordonnance.

Les élèves de première classe seront promus au grade d'enseigne de vaisseau, d'après l'ordre de leur inscription sur les listes ; mais ils ne pourront être nommés à ce grade que lorsqu'ils auront complété quarante-huit mois de navigation dans le grade d'élève, y compris leurs campagnes d'instruction.

9. Les deux tiers des places de lieutenant de vaisseau et de capitaine de frégate seront donnés à l'ancienneté, et l'autre tiers à notre choix.

10. Les avancemens aux grades de capitaine de vaisseau, de contre-amiral et de vice-amiral, seront tous à notre choix.

11. Les lieutenans de vaisseau, pour être portés au grade de capitaine de frégate à notre choix, devront avoir commandé, pendant un an au moins, un de nos bâtimens.

12. Nul ne pourra être nommé capitaine de vaisseau, s'il n'a été embarqué pendant trois ans comme capitaine de frégate, ou s'il n'a commandé, en cette qualité, deux années au moins, ou enfin s'il n'a rempli pendant le même temps les fonctions de major d'une escadre ou division sous les ordres d'un officier général.

13. Un capitaine de vaisseau ne pourra

être promu au grade de contre-amiral, s'il ne réunit cinq années de commandement au service de l'Etat, dont trois au moins dans le grade de capitaine de vaisseau, ou s'il n'a rempli pendant cinq ans les fonctions de major d'un escadre de cinq vaisseaux au moins, ou complété par ce service les cinq années de commandement exigées.

14. Le contre-amiral ne pourra être promu au grade de vice-amiral, s'il n'a commandé une escadre ou division d'au moins cinq bâtimens de guerre, ou une escadre d'évolution, ou enfin s'il n'a rempli, pendant une campagne de guerre, les fonctions de major-général d'une armée navale.

15. Indépendamment des conditions prescrites par les articles 11, 12, 13 et 14 ci-dessus, nul officier ne pourra être élevé au grade immédiatement supérieur à celui dont il est pourvu, s'il n'a quatre ans de service ou deux années de navigation dans le grade inférieur.

16. Sont exceptés des conditions ci-dessus établies les avancemens extraordinaires que nous nous réservons d'accorder pour faits de guerre et actions d'éclat.

17. A l'avenir, il ne sera plus accordé, dans notre marine, de grade provisoire ou à prendre rang, notre intention étant que tout grade et tout avancement soient effectifs, et que les officiers qui auront été promus prennent place dans les cadres constitutifs du corps, à dater du jour de leur nomination.

TITRE III. Appointemens.

18. Les appointemens annuels des officiers de notre marine sont réglés ainsi qu'il suit :

Vice-amiral, quinze mille francs ; contre-amiral, dix mille francs ; capitaine de vaisseau, de première classe, cinq mille francs ; de deuxième classe, quatre mille cinq cents francs ; capitaine de frégate, trois mille cinq cents francs ; lieutenans de vaisseau, deux mille francs ; enseignes de vaisseau, quinze cents francs.

19. Ces appointemens seront augmentés d'un cinquième en sus :

1° Pour tous les officiers embarqués, à dater du jour de la revue d'armement jusqu'à celui de la revue de désarmement ;

2° Pour ceux attachés, dans les proportions établies par les réglemens, à la majorité de la marine, à la direction du port, et aux compagnies d'élèves de la marine ;

3° Pour ceux qui, avec l'autorisation de notre ministre secrétaire-d'Etat de la marine, rempliront les fonctions d'aide-de-camp auprès des commandans de la marine de nos ports militaires ;

4° Pour ceux des officiers qui, d'après nos

ordres, seront employés momentanément au service de l'armée de terre.

20. Les appointemens des élèves de la marine de première classe demeurent fixés à huit cents francs par an.

La solde des élèves de deuxième classe est maintenue à quarante francs par mois.

21. Les officiers qui seront employés comme capitaines de pavillon, majors ou aides-majors d'escadre, continueront à jouir des supplémens attribués à ces fonctions.

22. Tout officier qui débarquera après une campagne d'un an au moins, pourra obtenir un congé de six mois ; il jouira, pendant la durée de ce congé, des deux tiers de ses appointemens annuels.

Il pourra également être accordé des congés dont la durée n'excédera pas six mois, à ceux des officiers qui en formeront la demande ; ils jouiront pendant la durée de leur absence de la moitié de leurs appointemens annuels.

Ces congés seront, autant que possible, délivrés, pour les lieutenans et enseignes, suivant l'ordre inverse de leur tour d'embarquement.

23. Tout officier qui, à l'expiration de son congé, n'aurait pas rejoint son département, sera privé de ses appointemens à dater du jour où il en aura dépassé le terme.

24. Tout officier prisonnier de guerre jouira, pendant le temps de sa détention, et jusqu'au jour où il aura rejoint son département, de la moitié de ses appointemens.

25. Nul officier employé temporairement à des fonctions supérieures à celles de son grade ne pourra prétendre qu'aux appointemens du grade dont il est réellement pourvu.

TITRE IV. Officiers auxiliaires.

26. Il ne sera appelé d'officiers auxiliaires à notre service que lorsque la totalité des officiers entretenus sera reconnue insuffisante pour les besoins des armemens.

27. Nul officier auxiliaire ne pourra être employé à terre, même dans nos ports et arsenaux.

28. Aucun navigateur ne pourra servir comme officier auxiliaire dans un grade supérieur à celui d'enseigne de vaisseau.

29. Les capitaines au long cours seront employés comme enseignes de vaisseau auxiliaires ; mais ils devront être préalablement pourvus d'une commission spéciale qui leur sera expédiée par notre ministre de la marine.

A dater du jour de leur embarquement jusqu'à celui de leur débarquement, ils jouiront des mêmes prérogatives et émolumens que les enseignes de vaisseau entretenus.

30. Les enseignes de vaisseau auxiliaires ne prendront rang qu'après les enseignes de vaisseau entretenus.

31. Les officiers auxiliaires seront susceptibles d'être admis dans notre marine avec le grade d'enseigne de vaisseau, et même avec celui de lieutenant de vaisseau, s'ils méritent cet avancement par leurs services ou par des actions d'éclat; ils seront dès lors susceptibles d'être successivement promus à tous les autres grades de notre marine royale.

32. Nous défendons aux officiers généraux de la marine, commandans des ports et gouverneurs de nos colonies, de nommer des officiers auxiliaires et provisoires.

Dans le cas cependant où il arriverait qu'un de nos bâtimens, en relâche dans une colonie, ou employé à une expédition lointaine, n'aurait plus le nombre d'officiers absolument nécessaire au service du bord, et qu'il ne serait pas possible de les remplacer par des élèves ayant quatre ans de navigation, le gouverneur de la colonie, ou le commandant de l'expédition, aurait la faculté de pourvoir, *pour la campagne*, aux places vacantes dans le grade d'enseigne seulement, à la charge par lui d'en rendre compte au ministre de la marine, et sous la condition expresse qu'il ne se trouverait à bord des bâtimens, ni dans la colonie, d'officiers entretenus susceptibles d'être embarqués.

TITRE V. Correspondance de rang entre les officiers de la marine et ceux de l'armée de terre.

33. Les officiers de la marine continueront à prendre rang avec ceux du service de terre, à la date de leurs provisions, commissions et brevets, ainsi qu'il suit :
Les vice-amiraux avec les lieutenans généraux de nos armées ; — les contre-amiraux avec les maréchaux-de-camp;—les capitaines de vaisseau avec les colonels; — les capitaines de frégate avec les lieutenans-colonels ; — les lieutenans de vaisseau avec les capitaines ; — les enseignes de vaisseau avec les lieutenans en premier ; —les élèves de première classe avec les lieutenans en second.

TITRE VI. Uniforme.

34. L'uniforme des officiers généraux de la marine continuera d'être le même que celui des officiers généraux de l'armée de terre.

Les officiers de la marine des différens grades auront un grand et un petit uniforme.

Le grand uniforme sera composé ainsi qu'il suit :

Habit de drap bleu-de-roi, doublé de rouge ; collet et paremens bleus ; l'habit boutonnant droit sur la poitrine jusqu'à la ceinture, et dégageant sur les cuisses ; les pans tombans et à retroussis, ornés d'une ancre brodée ; le collet sera montant et échancré, les paremens seront ouverts en dessous, les poches seront dans les plis : cet habit sera orné d'une broderie conforme aux modèles ci-joints pour chaque grade.

Les capitaines de vaisseau porteront sur le collet, les paremens et la taille, la broderie conforme au dessin N° 1. La largeur de la broderie du collet et des paremens sera de quarante-un millimètres, y compris la baguette.

Les capitaines de frégate porteront sur le collet et les paremens une broderie du même dessin que celle des capitaines de vaisseau, mais dont la largeur ne sera que de trente-cinq millimètres, y compris la baguette.

Les lieutenans de vaisseau porteront sur le collet et les paremens une baguette et une ancre brodées en or, conformes au modèle N° 2.

Les enseignes de vaisseau porteront au collet seulement une baguette et une ancre conformes au dessin N° 3.

Il sera placé neuf gros boutons sur le devant de l'habit, un à chaque hanche, et deux petits aux manches.

Le bouton sera de métal doré, timbré d'une ancre conforme au modèle N° 4.

La veste et le pantalon du grand uniforme seront en drap ou casimir blanc ; la veste sera garnie de petits boutons d'uniforme. Les bottes courtes et sans retroussis.

A terre, les officiers pourront porter la culotte blanche ; les boucles seront en or, ou métal doré.

En été, les officiers pourront porter, en grand uniforme, la veste et le pantalon de basin blanc uni, sur la botte.

Le chapeau uni sera bordé d'un galon de poil de chèvre ; la ganse et les glands seront en torsades pour les capitaines de vaisseau et de frégate ; pour les autres grades, la ganse sera en galon, et les glands à frange de filé.

Le petit uniforme sera de drap bleu-de-roi, collet, paremens et doublure de même, collet montant et échancré ; les paremens ouverts en dessous, fermant par deux boutons ; les pans tombans et à retroussis, ornés d'une ancre brodée, la poche dans les plis ; l'habit croisera sur la poitrine, et sera garni, de chaque côté, d'un rang de neuf boutons ; la veste sera blanche ; le pantalon de drap bleu, collant ou large, pour être porté en dedans ou par-dessus la botte. Les officiers pourront, en petit uniforme, porter le pantalon de nankin, ou de basin blanc.

L'habit petit uniforme sera le même pour

tous les grades, qui ne seront distingués que par les épaulettes qui leur sont affectées.

Les capitaines de vaisseau porteront deux épaulettes en or mat à torsade ; le corps de l'épaulette également en or. Les capitaines de frégate porteront les mêmes épaulettes en or mat à torsades ; mais le corps de l'épaulette sera en galon d'argent.

Les lieutenans de vaisseau porteront sur l'épaule gauche une épaulette à frange, à graine en or, et une contre-épaulette. Le corps de l'épaulette et de la contre-épaulette sera en galon d'or sans broderie.

Les enseignes de vaisseau porteront les mêmes épaulettes que celles des lieutenans de vaisseau ; mais le corps de l'épaulette sera traversé dans toute sa longueur par un fil rouge apparent.

Les officiers de la marine de tous grades porteront une épée dont la poignée sera en nacre, et les garnitures en cuivre doré, conforme au modèle N° 5.

En grand uniforme, le ceinturon sera blanc et uni.

En petit uniforme, il sera en cuir noir verni.

Les officiers de marine porteront, en grand et en petit uniforme, le col noir.

Les lieutenans et enseignes de vaisseau attachés aux états-majors, ou remplissant les fonctions d'aide-de-camp auprès des commandans de la marine, porteront l'épaulette de leur grade à droite.

L'uniforme des élèves restera tel qu'il est fixé par l'ordonnance du 31 janvier 1817. Toutefois, les élèves de 1re classe embarqués porteront des trèfles en or ; et les élèves de 2e classe, des trèfles en or mêlés de soie.

Dispositions générales.

35. Les officiers généraux de la marine n'auront pas de département fixe ; ils seront libres de résider dans le lieu qui leur pourra convenir, à la charge de faire connaître leur domicile au ministre de la marine.

Tous les autres officiers seront attachés à l'un des ports de Brest, Toulon, Rochefort, Lorient et Cherbourg.

Ils devront y résider habituellement, et ne pourront obtenir de congé qu'avec l'autorisation préalable de notre ministre de la marine.

36. Nous nous réservons, lorsque nous le jugerons convenable, d'accorder, comme un témoignage spécial de notre satisfaction, aux officiers qui seront admis à la retraite après dix ans d'activité dans leur dernier grade, le brevet honorifique du grade immédiatement supérieur.

La proposition nous sera faite par notre ministre secrétaire-d'Etat de la marine,

lequel mettra en même temps sous nos yeux les titres qui pourront motiver cette récompense.

37. Sont et demeurent rapportées les dispositions des titres III et IV de l'acte du 7 prairial an XII, sur l'uniforme des officiers de la marine ; celles du 25 mai 1814, ainsi que les ordonnances du 1er juillet de la même année, portant règlement sur la composition, le rang, l'avancement et les appointemens des officiers de notre marine, et du 23 juillet 1819, sur les grades honorifiques.

Est également rapporté l'article 2 de notre ordonnance du 18 avril 1816, qui confère aux cinquante premiers lieutenans de vaisseau le rang de chef de bataillon.

Toutefois, les lieutenans de vaisseau de 1re classe actuellement portés en cette qualité sur les listes de la marine conserveront, jusqu'à ce qu'ils passent à un grade supérieur, les marques distinctives et les honneurs qui leur étaient attribués par l'article 2 de ladite ordonnance.

38. Notre ministre secrétaire-d'Etat de la marine et des colonies est chargé de l'exécution de la présente ordonnance qui aura son effet à dater du 1er janvier 1820.

(Suit le mandement de son A. R. le duc d'Angoulême, grand-amiral de France.)

———————

3 NOVEMBRE = Pr. 9 DÉCEMBRE 1819 — Ordonnance du Roi concernant la comptabilité des frais de justice à recouvrer sur les condamnés. (7, Bull. 328, n° 7905.)

Art. 1er. L'administration de l'enregistrement continuera de poursuivre sur les condamnés le recouvrement des frais de justice qui ne doivent pas rester à la charge de l'Etat ; mais le montant de ce recouvrement sera porté annuellement dans le budget général des recettes de l'Etat, et l'administration en comptera comme de ses autres produits.

En conséquence, la disposition de l'article 178 du décret du 18 juin 1811, qui autorise la compensation du montant des recouvremens effectués sur les condamnés avec les avances faites par l'administration de l'enregistrement pour frais généraux de justice, est abrogée, à compter du 1er janvier 1820.

2. Les frais résultant de la levée des extraits d'arrêts et de jugemens, ainsi que le montant des états de liquidation et autres actes semblables dont l'administration de l'enregistrement aura besoin pour poursuivre sur les condamnés le recouvrement des amendes et des frais de procédure, cesseront à la même époque d'être acquittés sur les

fonds généraux des frais de justice, et fc-ront partie des dépenses de ladite adminis-tration.

3. Nos ministres secrétaires-d'Etat des fi-nances et de la justice régleront, de concert, toutes les mesures d'exécution résultant des dispositions ci-dessus.

---

3 NOVEMBRE 1819. — Ordonnance du Roi qui accorde au sieur Bon, ex-contrôleur de ga-rantie, une pension de six cent vingt-deux francs. (7, Bull. 323.)

---

3 NOVEMBRE 1819. — Ordonnance du Roi qui admet les sieurs Kochler, Haller, Depor-tus et Salamanca à établir leur domicile en France. (7, Bull. 324.)

---

3 NOVEMBRE 1819. — Ordonnance du Roi qui autorise l'inscription au Trésor royal de soixante-seize pensions tant civiles que mi-litaires. (7, Bull. 332.)

---

3 NOVEMBRE 1819. — Ordonnances du Roi qui autorisent l'acceptation de dons et legs faits aux fabriques. (7, Bull. 335.)

---

3 NOVEMBRE 1819. — Ordonnances du Roi qui accordent des lettres de déclaration de na-turalité aux sieurs Calvet, Meon dit Meyon et Stumpf. (7, Bull. 331 et 349.)

---

7 NOVEMBRE 1819. — Ordonnance du Roi qui remet au 29 novembre l'ouverture de la session des deux Chambres. (7, Bull. 322.)

---

9 NOVEMBRE 1819 = Pr. 22 MAI 1820. — Let-tres-patentes du Roi portant institution d'une pairie. (7, Bull. 369, n° 8724.)

La pairie de M. Carles-Bretagne-Marie-Joseph, duc de la Tremoille, prince de Ta-rente, créé pair par ordonnance royale du 4 juin 1814, a été instituée héréditairement, sous le titre de duc.

---

9 NOVEMBRE 1819. — Lettres-patentes portant érection de majorats en faveur de MM. Ca-ruel de Saint-Martin et du Plessis-d'Argen-tré. (7, Bull. 324.)

---

10 = Pr. 22 NOVEMBRE 1819. — Ordonnance du Roi qui accorde, à titre d'indemnité, un supplément de solde de deux cents francs par an aux lieutenans et sous-lieute-nans des troupes d'infanterie et de cavale-rie. (7, Bull. 323, n° 7837.)

Louis, etc.

Considérant que le traitement alloué aux lieutenans et sous-lieutenans d'infanterie et de cavalerie de nos troupes de ligne n'a éprouvé depuis plus de vingt ans aucune augmentation sensible, et qu'il est aujour-d'hui hors de proportion avec les dépenses que ces officiers ont à faire pour se main-tenir convenablement au service ;

Voulant améliorer leur position autant que les circonstances le permettent ;

Sur le rapport de notre ministre secré-taire-d'Etat de la guerre,

Nous avons ordonné et ordonnons ce qui suit :

Art. 1er. A compter du 1er janvier 1820, les lieutenans et sous-lieutenans de nos lé-gions d'infanterie et de nos régimens de cavalerie de ligne recevront, pour le temps de présence au corps et indépendamment de la solde de grade réglée par les tarifs annexés au réglement provisoire du 2 fé-vrier 1818, un supplément de solde qui leur sera payé à raison de deux cents francs par an.

2. Il n'est apporté aucun changement à la fixation du traitement des officiers autres que les lieutenans et sous-lieutenans des lé-gions d'infanterie et des régimens de cava-lerie de ligne.

3. Notre ministre secrétaire-d'Etat de la guerre est chargé de l'exécution de la pré-sente ordonnance.

---

10 = Pr. 22 NOVEMBRE 1819. — Ordonnance du Roi qui proroge jusqu'au 1er SEPTEMBRE 1820 la faculté d'exporter par le cours de la Meuse les écorces d'arbre provenant des forêts des Ardennes. (7, Bull. 323, n° 7838.)

Voy. ordonnance du 4 OCTOBRE 1820.

Louis, etc.

Sur le rapport de notre ministre secrétai-re-d'Etat au département de l'intérieur ;

Vu notre ordonnance du 8 septembre 1819, qui a prorogé jusqu'au 1er septembre 1820 la faculté d'exporter, par le cours de la Meuse, les charbons et perches provenant de la forêt des Ardennes, et par laquelle nous nous sommes réservé de prononcer sur l'exporta-tion des écorces d'arbre.

Nous avons ordonné et ordonnons ce qui suit :

Art. 1er. L'exportation, par le cours de la

Meuse, des écorces d'arbre provenant des forêts des Ardennes est permise jusqu'au 1er septembre 1820, ainsi qu'elle l'était ci-devant par notre ordonnance du 16 septembre 1818, et moyennant le même droit de quatre francs le quintal décimal.

2. Nos ministres secrétaires-d'Etat de l'intérieur et des finances sont chargés de l'exécution de la présente ordonnance.

10 = Pr. 25 NOVEMBRE 1819. — Ordonnance du Roi qui met en activité vingt mille hommes de la classe de 1818, et en prescrit la répartition conformément aux états y annexés. (7, Bull. 324, n° 7839.)

Louis, etc.

Vu notre ordonnance du 28 avril dernier, qui appelle quarante mille hommes sur la classe de 1818;

Sur le rapport de notre ministre secrétaire-d'Etat de la guerre,

Nous avons ordonné et ordonnons ce qui suit :

Art. 1er. Vingt mille jeunes soldats seront mis en activité sur ceux de la classe de 1818 qui sont disponibles dans leurs foyers.

2. Sur le nombre spécifié à l'article précédent, six mille seize jeunes soldats seront dirigés sur des régimens de cavalerie, douze cent trente-deux sur des régimens d'artillerie, cent vingt sur des régimens du génie; le restant sera affecté aux légions.

3. Conformément à l'article 19 de la loi du 10 mars, qui veut que les jeunes soldats soient mis en activité au fur et à mesure des besoins de l'armée, les sept mille trois cent soixante-huit hommes dont la destination est indiquée dans l'article précédent seront choisis (en suivant l'ordre des numéros de la liste départementale du contingent) sur la totalité de ce contingent.

4. La répartition des jeunes soldats mis en activité entre les corps de la cavalerie, de l'artillerie, du génie, et les légions, aura lieu conformément aux états de répartition Nos 1 et 2, annexés à la présente ordonnance.

5. Les départs des jeunes soldats pour leurs destinations respectives devront être terminés au 20 décembre prochain.

6. Notre ministre secrétaire-d'Etat au département de la guerre est chargé de l'exécution de la présente ordonnance.

(Suivent les états.)

10 NOVEMBRE = Pr. 15 DÉCEMBRE 1819. — Ordonnance du Roi portant autorisation, conformément aux statuts y annexés, d'une

Compagnie d'Assurance mutuelle contre l'incendie dans le département d'Eure-et-Loir. (7, Bull. 329, n° 7929.)

Louis, etc.

Sur le rapport de notre ministre secrétaire-d'Etat au département de l'intérieur,

Vu un acte passé, tant à Paris que dans le département d'Eure-et-Loir, les 15, 17, 19, 20, 22 et 24 juillet 1819, par-devant Vilcocq, notaire à Paris, respectivement assisté d'autres notaires et témoins requis ; ledit acte contenant les statuts d'une Compagnie d'Assurance mutuelle contre l'incendie dans le département d'Eure-et-Loir;

Notre Conseil d'Etat entendu,

Nous avons ordonné et ordonnons ce qui suit :

Art. 1er. La compagnie provisoirement constituée à Chartres sous le nom de *Compagnie d'Assurance mutuelle contre l'incendie, dans le département d'Eure-et-Loir*, est autorisée conformément aux statuts contenus dans l'acte des 15, 17, 19, 20, 22 et 24 juillet 1819, annexé à la présente ordonnance, lesquels statuts sont approuvés, sauf les réserves ci-après.

2. La compagnie ne pourra en aucun temps admettre à l'assurance mutuelle quelque propriété que ce soit dont la valeur individuelle excéderait un pour cent de la somme totale des valeurs associées jusque là à ladite assurance.

3. Nonobstant ce qui est porté à l'article 7 des statuts, le conseil d'administration concourra avec le directeur à la vérification de la valeur des édifices admis à l'assurance. Les uns et les autres seront tenus de soigneusement constater l'exactitude des déclarations faites par les propriétaires, tant au moment de l'assurance qu'à l'occasion des variations qui surviendraient à l'état des édifices, et également de veiller à ce que, dans ce dernier cas, lesdites déclarations ne soient pas omises.

4. Il ne pourra point être induit des dispositions de l'article 18 que les administrateurs sont dispensés de la révocabilité attachée de droit à leur qualité de mandataires.

5. L'association des particuliers pour l'assurance mutuelle de leurs propriétés n'étant point commerciale, l'approbation donnée à l'article 24 des statuts, en vertu duquel les difficultés qui surviendraient entre eux sont soumises à l'arbitrage sans appel, n'emporte aucune autre dérogation du droit commun, relativement à la nature de ladite société.

6. La présente autorisation étant accordée, à la charge par ladite association de se

conformer aux lois et aux statuts particuliers qui doivent la régir, nous nous réservons de la révoquer dans le cas où ces conditions ne seront pas accomplies, sauf les actions à exercer par les particuliers devant les tribunaux, à raison des infractions commises à leur préjudice.

7. La société sera tenue de remettre, tous les six mois, copie en forme de son état de situation au préfet du département d'Eure-et-Loir et aux greffes des tribunaux de première instance existans dans ledit département.

8. Devront, lesdits sociétaires, se conformer, en ce qui les concerne, aux lois et réglemens de police sur le fait des incendies.

9. Notre ministre secrétaire-d'Etat au département de l'intérieur nommera un commissaire auprès de ladite compagnie, lequel sera chargé de prendre connaissance de ses opérations, de l'observation de ses statuts, et d'en rendre compte.

Il informera le préfet du département de tout ce qui, dans les opérations de la compagnie, pourrait intéresser l'ordre et la sûreté publique. Il le préviendra de la tenue des assemblées du conseil général des sociétaires.

Il pourra suspendre provisoirement celles des opérations de la compagnie qui lui paraîtront contraires aux lois et statuts ou dangereuses pour la sûreté publique, et ce, jusqu'à la décision à intervenir de la part des autorités compétentes.

10. Notre ministre secrétaire-d'Etat de l'intérieur est chargé de l'exécution de la présente ordonnance, qui sera insérée au Bulletin des Lois; pareille insertion aura lieu dans le Moniteur et dans le journal destiné aux annonces judiciaires du département d'Eure-et-Loir, sans préjudice des publications qui pourront être requises par la loi.

Compagnie d'Assurance mutuelle contre l'incendie, particulière au département d'Eure-et-Loire, créée et administrée par des propriétaires de ce département.

Par-devant Me Louis-Hector Vilcocq, notaire à Paris, soussigné, assisté de ses collègues, et en présence des témoins ci-après nommés, et aussi soussignés,

Sont comparus.

(Suivent les noms.)

Tous propriétaires dans le département d'Eure-et-Loir ;

Lesquels ont dit ce qui suit :

Le fléau de l'incendie est surtout désastreux dans un département où les moyens de secours sont toujours insuffisans et souvent presque nuls.

L'idée de supporter en commun le malheur d'un seul, et de rendre insensible à chacun, par une répartition proportionnelle, le dommage qui, pour l'incendié, serait irréparable, est à la fois conforme à l'intérêt public et à l'intérêt particulier. Le système de l'assurance mutuelle, suivi depuis longtemps dans les Etats voisins, vient d'obtenir les plus heureux résultats à Paris et dans les départemens qui l'environnent.

Les soussignés, tous propriétaires dans le département d'Eure-et-Loir, animés du désir de suivre un exemple utile, et sans aucun motif d'intérêt, se proposent de faire jouir leur département de ce système, et invitent leurs concitoyens à former avec eux un faisceau de secours réciproques pour garantir chacun, aux dépens de tous, des ravages de l'incendie.

Les statuts ci-après, rédigés dans cette vue, seront soumis à l'approbation du Roi. L'assentiment de Sa Majesté ne saurait être douteux quand il s'agit d'un projet utile.

En conséquence, les soussignés ont fait et arrêté ce qui suit (1) :

CHAPITRE Ier. Fondation.

Art. 1er. Il est formé par le présent acte une société anonyme d'assurance mutuelle entre les propriétaires susnommés de maisons et batimens situés dans le département d'Eure-et-Loir, et ceux des propriétaires dans le même département qui adhèreront aux présens statuts.

Cette société exclut toute solidarité entre les sociétaires, dont chacun, en tout état de cause, ne peut supporter que la part dont il est tenu dans la contribution à laquelle le dommage peut donner lieu, selon les états de répartition rendus exécutoires par le conseil d'administration, sauf l'exécution de la clause du dernier paragraphe de l'art. 11.

2. La présente association ne peut avoir d'effet que du moment où, par suite des adhésions aux présens statuts, il se trouvera pour une somme de douze millions cinq cent mille francs de propriétés engagées à l'assurance mutuelle. L'accomplissement de cette condition sera constaté par le conseil d'administration de la société. Le directeur l'annoncera par une circulaire à chaque sociétaire. Ladite somme de douze millions cinq cent mille francs n'est pas limitative. Le

---

(1) Il faut remarquer que les articles 7, 18 et 24 sont modifiés par les termes de l'ordonnance.

nombre des sociétaires est indéfini, la compagnie admettant à l'assurance mutuelle tous les propriétaires de maisons et bâtimens dans le département d'Eure-et-Loir.

3. La durée de la société est de trente ans (sauf l'effet de l'article 6, relatif à chacun des associés), pourvu toutefois qu'à l'expiration de chaque période de cinq années, il se trouve toujours pour douze millions cinq cent mille francs de propriétés engagées à l'assurance.

Chapitre II. But et organisation de la société.

4. Cette société a pour objet de garantir mutuellement ses membres des dommages et risques que pourrait causer l'incendie, et même tout feu du ciel et de cheminée, aux maisons et bâtimens qui participent aux bienfaits de l'association, ainsi qu'aux meubles placés par les propriétaires à perpétuelle demeure dans les maisons et bâtimens désignés dans l'article 525 du Code civil.

Ne font point partie de la présente association les salles de spectacles et les usines mues par le feu; plus et encore tout objet étranger à l'immeuble, même les ustensiles, machines et mécaniques.

Néanmoins, le conseil général, sur la proposition du conseil d'administration, pourra, s'il le juge convenable, admettre dans l'association les usines mues par le feu, d'après une base d'augmentation progressive déterminée par lui, suivant le plus ou moins de risques que présentera l'immeuble.

Ne sont pas compris dans la présente assurance, et ne pourront donner lieu à aucun paiement de dommages, tous incendies provenant, soit d'invasion, soit de commotion ou émeute civile, soit enfin de force militaire quelconque.

La police d'assurance devient nulle dans ses effets actifs et passifs, si la propriété cesse d'exister par d'autres causes que celles d'incendie.

5. Il sera apposé sur chaque propriété assurée, et dans la quinzaine au plus tard de l'engagement du propriétaire, une plaque, en tôle, indicative de l'assurance, portant les lettres initiales G. M. (Garantie mutuelle), et ce aux frais et par les soins du propriétaire à qui cette plaque sera fournie, moyennant la rétribution unique d'un franc.

6. Chaque sociétaire est assureur et assuré pour cinq ans, à partir, savoir : à l'égard des propriétaires qui auront adhéré aux présens statuts avant la mise en activité de la société, du jour de cette mise en activité;

et, à l'égard de ceux qui y adhéreront postérieurement, à partir du premier jour du mois qui suivra celui dans lequel ils seront devenus sociétaires.

Trois mois avant l'échéance des cinq ans, chaque sociétaire fait connaître, par une déclaration consignée sur un registre tenu à cet effet, s'il entend continuer de faire partie de la société ou s'il y renonce.

Par le seul fait du défaut de déclaration à l'époque donnée, on lui suppose l'intention de demeurer attaché à la société, et il continue d'en faire partie.

S'il continue, toutes les conditions de l'assurance (une nouvelle expertise même, s'il y a lieu) doivent être remplies avant l'échéance du terme de l'engagement.

S'il y renonce, son immeuble est déchargé de toute charge sociale, et cesse de profiter d'aucun bénéfice de garantie, à partir de l'échéance dudit terme, et son dernier jour compris.

Le présent article sera exécutoire, tant contre l'assuré que contre ses héritiers et ayans-cause, et même contre ses acquéreurs, en cas de vente.

Le propriétaire assuré s'interdit le droit de faire assurer les mêmes biens par une autre compagnie.

7. La valeur des maisons et bâtimens est établie d'après la déclaration du propriétaire, sauf la vérification que le directeur pourra en faire faire dans le mois de la déclaration, passé lequel temps l'évaluation déclarée sera admise définitivement.

Dans le cas où, d'après cette vérification, une visite contradictoire serait nécessaire, elle aura lieu à frais communs.

L'évaluation doit porter séparément sur chacun des bâtimens composant l'ensemble de la propriété assurée; elle est constatée, tant par le registre de la société, que par la police d'assurance donnée à chaque sociétaire.

Le montant de cette estimation ne comprend pas la valeur du sol, elle forme le capital à assurer, et ce capital est la base de la somme à laquelle le propriétaire assuré a droit en cas d'incendie, comme il est la base de la somme pour laquelle il doit concourir au paiement des dommages, audit cas.

Si des changemens quelconques, opérés ultérieurement dans une propriété bâtie, lui donnaient une valeur plus ou moins grande, une nouvelle déclaration en sera faite par le propriétaire, sauf la vérification à faire par les soins du directeur, et, s'il y a lieu, la visite contradictoire, ainsi qu'il est dit ci-dessus (1).

_____

(1) Voy. l'ordonnance d'autorisation.

8. Tout incendie, au moment où il se manifeste, est déclaré par le propriétaire assuré ou par toute autre personne qu'il est tenu de charger expressément de ce soin, au maire ou adjoint de la commune où l'immeuble est situé, lesquels donneront acte de cette déclaration; et, dans les vingt-quatre heures qui suivront la cessation de l'incendie, pareille déclaration, contenant en outre le détail succinct du dommage, et certifiée par ledit maire ou adjoint, est transmise au directeur, qui la fait vérifier et constater de suite. La déclaration du propriétaire ou de son représentant est consignée sur un registre à ce destiné; il en est donné copie au déclarant.

9. Vingt-quatre heures après la remise de cette dernière déclaration dans les bureaux du directeur, un expert désigné par lui procédera, contradictoirement avec un expert nommé par le propriétaire, à l'estimation du dommage; et, si ces deux experts réunis ne sont pas d'accord, ils en choisissent un troisième, qui les départage.

La décision ainsi rendue, soit par deux, soit par trois experts, sera obligatoire pour les parties, et ne pourra être attaquée par aucune voie.

Tous les frais de ces expertises seront ajoutés au dommage.

La base de l'estimation est la valeur de l'objet incendié, d'après son appréciation au moment de l'assurance, et non le prix de la reconstruction.

Si la propriété est entièrement consumée, l'effet de la police d'assurance est suspendu jusqu'à sa reconstruction, et le propriétaire reste, pendant le même temps, affranchi des charges sociales. Le prix est payé, sauf l'effet de l'article ci-après, sur le pied de l'estimation lors de l'assurance, et la valeur des matériaux qui auront résisté à l'incendie sera déduite du montant de cette estimation.

10. Quatre mois après la clôture du procès-verbal des experts, le montant du dommage ainsi fixé est payé au propriétaire, sur l'ordre spécial du conseil d'administration.

Dans le cas où il existe des créanciers hypothécaires sur l'immeuble incendié, le paiement ci-dessus représentant en partie la valeur dudit immeuble, et é'ant destiné à tenir lieu du gage des créanciers hypothécaires, ou à le rétablir par sa reconstruction ou réparation, il ne peut être arrêté ou suspendu par l'effet d'aucune saisie ou opposition au profit d'aucun créancier non hypothécaire.

Ce paiement sera fait à la charge de subroger la société, dans la personne du directeur, jusqu'à concurrence seulement de l'in-

demnité par elle payée, aux droits et actions que le propriétaire incendié aurait contre la personne du fait de laquelle l'incendie serait provenu.

11. Pour l'exécution de l'article qui précède, le directeur établit, aussitôt la clôture du procès-verbal d'expertise, le compte de la contribution des sociétaires, à raison de l'incendie survenu, sans y comprendre le propriétaire incendié; le conseil d'administration vérifie le compte, et en arrête définitivement la répartition; le directeur est chargé d'en poursuivre le recouvrement.

Il en est donné avis aux sociétaires, qui viennent en prendre connaissance, s'ils le jugent à propos, dans les bureaux de la direction, et verser entre les mains du directeur le montant de la part dont ils sont respectivement tenus dans ladite contribution, dans la quinzaine de l'avis. A défaut de paiement, cet avis est renouvelé; et, quinze jours après ce dernier avertissement, l'assureur en retard est poursuivi, à la diligence du directeur et par toutes voies de droit, pour le paiement de la somme dont il se trouve débiteur. Tout pouvoir est, à cet effet, conféré par les présens statuts au directeur de la compagnie.

Le retardataire est, en outre, passible d'une indemnité dont la quotité est fixée au quart de la somme dont laquelle il est poursuivi. Le produit de ses indemnités sera ajouté au dixième à prélever en vertu de l'article 22 ci-après. Les droits de timbre, enregistrement, et les frais de poursuite de toute nature, seront à la charge du retardataire.

Les portions contributives qui seraient jugées non recouvrables par le conseil d'administration tomberont en non-valeurs, pour être ajoutées à la contribution suivante.

12. Les fermiers ou locataires principaux ou particuliers sont admis, à cause de la responsabilité dont ils sont tenus pour tout incendie de leur fait dans la propriété qu'ils habitent ou dont ils ont la jouissance, à devenir membres de la présente société, en satisfaisant, comme s'ils étaient propriétaires, aux dispositions des présens statuts.

L'effet de l'assurance, quant à eux, est, si le propriétaire est aussi entré dans l'assurance, d'être affranchis, vis-à-vis de la compagnie, de la responsabilité résultant de l'incendie arrivé dans les lieux qu'ils habitent et dont ils ont la jouissance;

Et, dans le cas où le propriétaire ne serait pas assuré, la société devra les garantir de tout recours de la part du propriétaire, jusqu'à concurrence du montant du dommage, ou de celui de l'assurance, si la propriété est entièrement brûlée.

Tout créancier hypothécaire est également

admis, si le propriétaire ne l'a pas fait, à faire assurer l'immeuble qui lui sert de garantie, en satisfaisant, comme s'il était propriétaire, aux conditions de l'assurance.

C'est à ce créancier, ainsi assuré, que la compagnie paie le montant du dommage, à la décharge de son débiteur, en cas d'incendie total de l'immeuble qui lui sert de gage;

Et, en cas de simple dommage, l'indemnité due par la compagnie est remise au créancier, en déduction de sa créance.

Tous les créanciers inscrits pourront profiter du bénéfice de cet article, mais avant tout accident, et en remboursant proportionnellement aux créanciers assureurs les frais déboursés pour l'assurance, et en y contribuant à l'avenir.

L'usufruitier peut, comme le créancier hypothécaire, assurer l'immeuble dont il a l'usufruit, en satisfaisant aussi, comme s'il était propriétaire, aux conditions de l'assurance.

Si, postérieurement à l'assurance d'une propriété par des créanciers hypothécaires, en vertu du droit que leur en confèrent les 4e et 7e paragraphes de cet article, le propriétaire voulait la faire assurer pour son compte, cette nouvelle assurance dégagera les créanciers de l'effet de celle antérieure qu'ils auraient faite.

CHAPITRE III. Administration de la société.

13. La société est administrée par un conseil général, un conseil d'administration et un directeur.

Le conseil d'administration fait choix d'un notaire et d'un avoué.

Le directeur désigne des experts, au fur et à mesure des besoins.

14. Le conseil général est composé des trente plus forts assurés; il est présidé par un de ses membres, élu à la majorité des suffrages.

15. Quinze membres choisis par le conseil général forment le conseil d'administration.

Ils sont pris en raison de la population des arrondissemens, savoir : cinq parmi les propriétaires de l'arrondissement de Chartres, quatre parmi ceux de l'arrondissement de Dreux, trois parmi ceux de l'arrondissement de Châteaudun, et trois parmi ceux de l'arrondissement de Nogent-le-Rotrou. A l'avenir, et sauf l'effet de l'article 16 ci-après, chacun d'eux devra avoir au moins vingt mille francs de propriétés engagées à l'assurance mutuelle; l'un d'entre eux tient la plume dans les délibérations. Les membres du conseil sont renouvelés par cinquième tous les deux ans; les trois membres sortans

seront, à l'époque de chaque renouvellement, désignés par le sort, jusqu'à l'entier épuisement de la première liste.

Les membres sortans peuvent être réélus; ceux qui seront élus à chaque renouvellement devront appartenir à l'arrondissement dont faisaient partie ceux qu'ils remplaceront.

Chaque membre du conseil d'administration choisit parmi les plus forts sociétaires un suppléant résidant dans l'arrondissement de Chartres, pour le remplacer en cas d'absence.

En cas de décès ou de démission de l'un des membres du conseil, il est remplacé de droit par son suppléant jusqu'à l'époque où il devait cesser d'en faire partie.

16. Pour parvenir à la formation du présent établissement, le conseil d'administration est composé provisoirement de quinze sociétaires fondateurs dont les noms suivent, savoir :

Pour l'arrondissement de Chartres.

MM. Billar-Saint-Laumer, maire de Chartres; le baron Rouillard de Beauval, maire de Morancez; Dutemple de Chevrigny, maire de Coltainville; Guillaume et Maugars.

Pour l'arrondissement de Dreux.

MM. de Chaulnes, maire de Dreux; le baron Desmousseaux; Brideau, notaire, et Egasse.

Pour l'arrondissement de Châteaudun.

MM. le chevalier de Villebrême; Anthoine; Morin, maître de poste à Bonneval.

Pour l'arrondissement de Nogent-le-Rotrou.

MM. le marquis du Tillet; Paillart, directeur de l'enregistrement; Petit-d'Ormoy.

17. M Chasles, l'un des sociétaires fondateurs soussignés, est nommé directeur de la compagnie.

Attributions diverses.

18. Le conseil général se réunit, une fois par année, au chef-lieu du département. Sa première réunion a lieu six mois après la mise en activité de la société.

Il confirme, s'il le juge convenable, et dans cette première réunion, les membres du conseil d'administration.

Il nomme par la suite les membres dudit conseil, ainsi que le directeur, en cas de démission ou décès de celui actuel, et en cas de prévarication.

22

Il statue sur toutes les observations qui lui sont faites par le conseil d'administration.

Le conseil d'administration se réunit le premier lundi de chaque mois, sans qu'il soit besoin de convocation. Si ce jour est férié, la séance est remise au lundi suivant.

Ses séances se tiendront à Chartres ; le directeur y assiste : il est présidé par un de ses membres ; il ne peut délibérer qu'au nombre de sept membres ou suppléans, au moins. En cas de partage d'opinions, le directeur a voix délibérative.

Les membres du conseil ne contractent, à raison de leur gestion, aucune obligation personnelle ni solidaire, relativement aux engagemens de la société.

Le conseil délibère sur toutes les affaires de la société, et les décide par des arrêtés consignés sur des registres tenus à cet effet. Il ne peut prendre aucun arrêté qui, en contrevenant aux présens statuts, tende à aggraver ou à changer le sort des sociétaires ; ses décisions sont prises à la majorité absolue des suffrages ; elles sont exécutoires pour toute la compagnie ; le directeur est tenu de s'y conformer (1).

19. Le directeur, à ce titre, et sous les ordres du conseil d'administration, dirige et exécute toutes les opérations de la société ; il assiste, avec voix consultative, aux séances dudit conseil, et voix délibérative, en cas de partage d'opinions ; il est responsable du mandat qu'il reçoit ; il fournit un cautionnement en immeubles, dans le département d'Eure-et-Loir, de la valeur de vingt-cinq mille francs. Le coût de l'inscription à prendre, et des mains-levées partielles ou définitives qui en seront données par la suite, sera prélevé sur les fonds mis à la disposition du conseil d'administration par l'article 22 ci-après. Le directeur en fait l'avance.

Il sera libre au directeur de transférer, en tout ou partie, l'inscription prise au profit de la compagnie, sur tous autres immeubles de valeur suffisante, qu'il offrira au conseil d'administration ; il pourra également remplacer en tout ou partie ce cautionnement hypothécaire par le dépôt, chez un notaire, d'effets publics au cours du jour.

Le directeur convoque les assemblées du conseil général, et met sous ses yeux l'état de situation de l'établissement, et le compte détaillé de tout ce que la compagnie a été dans le cas de recevoir et payer pour cause d'incendie.

Il donne aux sociétaires tous les renseignemens qu'ils peuvent désirer, avec communication, sans déplacement, des registres, arrêtés et états de situation.

Il fait procéder à l'estimation des propriétés assurées, dans le cas des articles 7 et 9 ; il est chargé de la délivrance des polices d'assurances, de la tenue et de l'ordre des bureaux, des rapports de la société avec les autorités, de la correspondance, enfin, de la confection comme de la suite et de l'exécution de tons les actes qui peuvent concerner l'établissement.

Il demeure chargé de l'exécution des présens statuts ; il ne peut s'écarter, en aucune manière, des opérations qui en sont l'objet. En conséquence, il est tenu non-seulement d'ouvrir les registres nécessaires au conseil d'administration pour ses délibérations et arrêtés, mais encore d'avoir un journal général qui offre, dans l'ordre jugé convenable, les noms des sociétaires, la valeur de leur assurance, et le compte ouvert à chacun d'eux ; les registres relatifs aux déclarations d'incendie, aux évaluations de dommages, à la correspondance.

Il peut être révoqué, dans le cas de prévarication dans sa gestion, par le conseil général, sur la poursuite du conseil d'administration, et après avoir été entendu.

20. Le commissaire du Gouvernement, qui sera désigné par le ministre de l'intérieur, peut prendre connaissance des arrêtés du conseil d'administration et en suspendre l'exécution, s'il les trouve contraires aux lois et réglemens de police.

Frais de direction.

21. Tous frais de loyer, frais de bureau, de correspondances, tous traitemens d'employés, droits d'enregistrement, honoraires aux notaire et avoué, distribution de jetons pour droits de présence aux membres du conseil d'administration, enfin toutes dépenses soit d'établissement, soit de gestion (les droits de timbre exceptés) sont et demeurent à la charge de la direction.

A cet effet, pour faire face à tous ces frais, que la grande étendue de la circonscription et la dissémination des propriétés rendront très considérables, chaque sociétaire paie par an un demi pour mille du prix de chaque propriété assurée (cinquante centimes par mille francs.)

Ce droit de direction, ainsi calculé, est payable par avance au bureau de la direction, ou entre les mains des personnes qui seront désignées par le directeur sur différens points du département, au commencement

---

(1) Voy. l'ordonnance d'autorisation.

chaque année, c'est-à-dire, au jour correspondant à celui où l'associé est entré dans la compagnie.

Néanmoins, quelle que soit, au-dessous de quatre mille francs, la valeur d'une propriété assurée, le droit de direction sera notoujours, et par chaque année, de deux francs.

Ceux qui, dans le mois de l'exigibilité de leur cotisation dans les frais de direction, ne l'auraient pas acquittée, paieront en sus, et à titre d'indemnité, une somme qui ne pourra excéder trois francs, et être moindre d'un franc, et qui sera fixée chaque mois par le conseil d'administration, dont la délibération sera exécutoire.

Ces recettes et ces dépenses forment entre la compagnie et le directeur un traité à forfait, dont la durée est fixée à cinq ans. A l'expiration desdites cinq années, le conseil d'administration se fait représenter l'état des recettes et dépenses de ces cinq années : s'il juge les recettes dans une proportion convenable avec les dépenses, la direction continue aux mêmes conditions ; et, si le nombre des sociétaires et la masse des propriétés réassurées sont devenus assez considérables pour offrir la possibilité d'une réduction, elle est réglée par le conseil d'administration.

Pareil examen aura lieu à l'expiration de chaque nouvelle période de cinq années.

Nonobstant la disposition du 3e paragraphe du présent article, le droit de direction ci-dessus fixé ne sera payable par les propriétaires entrés dans l'assurance avant la mise en activité de la compagnie que dans le mois de cette mise en activité.

En cas de décès du directeur pendant la durée de ses fonctions, ses héritiers succèdent à ses droits pour le temps qui reste à courir de chaque période de cinq années. En conséquence, ils devront désigner un successeur au conseil général, qui néanmoins pourra ne pas l'admettre, et en désigner un autre.

22. La présente société ayant tout à la fois pour objet une police d'assurance et une mesure d'utilité publique, le dixième de la somme que doit verser chaque propriétaire, aux termes de l'article ci-dessus, sera employé, d'après la décision du conseil général, sur la proposition qui lui en sera faite par le conseil d'administration, tant à l'achat de pompes et autres machines à incendies pour les communes qui n'en sont pas pourvues et qui auront les plus forts engagemens à l'assurance mutuelle, qu'à la distribution de récompenses aux personnes qui

auraient montré du dévouement dans les incendies.

CHAPITRE IV. Dispositions générales.

23. Toute action judiciaire à laquelle pourrait donner ouverture tout autre objet que le simple recouvrement soit des portions contributives, soit des cotisations annuelles, ne pourra être engagée ou soutenue par le directeur, lors même qu'il agirait en son nom et à ses frais, que d'après l'avis du conseil d'administration, l'avoué de la compagnie entendu.

24. S'il survient quelque contestation entre la compagnie, comme chambre d'assurance, et un ou plusieurs associés, elle est jugée, à la diligence du directeur pour la société, par des arbitres, suivant les dispositions du Code de commerce. Leur jugement est sans appel et sans recours en cassation (1).

25. En cas de dissolution de la présente société par suite de réduction du montant des assurances à une somme moindre de douze millions cinq cent mille francs, et à quelque époque que ce puisse être, les sociétaires ne pourront rien répéter contre le directeur sur leur cotisation de l'année courante.

26. En cas de cessation des fonctions du directeur pour quelque cause que ce soit, ses comptes sont entendus et arrêtés dans le mois par le conseil d'administration, provisoirement, et définitivement par le conseil général convoqué à cet effet. Main-levée sera donnée de son cautionnement, et remise sera faite des états et registres, soit entre les mains de son successeur, soit aux archives du département d'Eure-et-Loir.

27. Le domicile de la compagnie est élu dans le local de la direction, à Chartres. Chaque sociétaire est tenu d'en élire un dans la même ville.

28 et dernier. Les fondateurs soussignés autorisent M. Chasles, directeur de la compagnie, à se pourvoir devant M. le préfet du département d'Eure-et-Loir et les autorités supérieures, pour parvenir à l'homologation des présens statuts, et fournir toutes les justifications exigées par le Code de commerce et les instructions ministérielles.

Dont acte.

10 NOVEMBRE 1819. — Ordonnance du Roi qui autorise l'acceptation d'un legs fait à la ville de Besançon. (7, Bull. 355.)

(1) Voy. l'ordonnance d'autorisation.

10 NOVEMBRE 1819. — Ordonnance du Roi contenant réglement sur l'exercice de la profession de boucher dans la ville d'Arras. (7, Bull. 335.)

10 NOVEMBRE 1819. — Ordonnance du Roi relative aux mines de houille de Lasalle, Miramont et Lagrange, commune d'Aubin, arrondissement de Villefranche, département de l'Aveyron. (7, Bull. 333.)

10 NOVEMBRE 1819. — Ordonnance du Roi qui accorde deux pensions civiles sur le Trésor royal. (7, Bull. 324.)

10 NOVEMBRE 1819. — Ordonnance du Roi relative à la maison de retraite instituée à Marienthal pour les prêtres âgés ou infirmes du diocèse de Strasbourg. (7, Bull. 324.)

10 NOVEMBRE 1819. — Ordonnance du Roi portant que la commune de Corveissiat, arrondissement de bourg, département de l'Ain, est détachée du canton de Ceizeriat, et réunie à celui de Treffort. (7, Bull. 324.)

10 NOVEMBRE 1819. — Ordonnances du Roi qui accordent des lettres de déclaration de naturalité aux sieurs Drovetti, Castelnovo, Witmakers et Perin. (7, Bull. 341, 368 et 371.)

10 NOVEMBRE 1819. — Ordonnances du Roi qui autorisent l'acceptation de dons et legs faits aux hospices. (7, Bull. 338.)

10 NOVEMBRE 1819. — Ordonnances du Roi qui autorisent l'acceptation de dons et legs faits à l'hospice d'Auxerre; aux pauvres. (7, Bull. 339.)

10 NOVEMBRE 1819. — Ordonnances du Roi qui autorisent l'acceptation de legs faits aux pauvres de Bolagny et de Mauron. (7, Bull. 341.)

10 NOVEMBRE 1819. — Ordonnances du Roi qui autorisent l'acceptation de dons et legs faits à la commune de Sourdeval; aux hospices. (7, Bull. 337.)

10 NOVEMBRE 1819. — Ordonnances du Roi qui autorisent l'acceptation de dons et legs faits aux pauvres. (7, Bull. 342.)

16 NOVEMBRE 1819 = Pr. 22 MAI 1820. — Lettres-patentes du Roi portant institution de pairies. (7, Bull. 369, n° 8724.)

La pairie de M. Amable-Guillaume-Prosper Brugière de Barante, conseiller-d'Etat, créé pair par ordonnance royale du 5 mars 1819, a été instituée *personnellement* sous le titre de baron.

La pairie de M. le baron Jean-Louis Dubreton, lieutenant-général, etc., créé pair par ordonnance royale du 5 mars 1819, a été instituée *personnellement* sous le titre de baron.

17 NOVEMBRE = Pr. 15 DÉCEMBRE 1819. — Ordonnance du Roi portant établissement à Metz d'une caisse d'épargnes et de prévoyance pour le département de la Moselle. (7, Bull. 329, n° 7930.)

Louis, etc.

Sur le rapport de notre ministre secrétaire -d'Etat au département de l'intérieur ;

Vu le projet présenté par l'administration des hospices et par l'administration du mont-de-piété de la ville de Metz, en date du 8 juillet 1819 ;

Vu la délibération du conseil municipal de cette ville, du 23 août suivant ;

Vu l'avis du préfet du département de la Moselle, du 9 septembre ;

Vu nos ordonnances des 29 juillet 1818 et 24 mars dernier, autorisant l'établissement des caisses d'épargnes et de prévoyance de Paris et de Bordeaux ;

Notre Conseil-d'Etat entendu,

Nous avons ordonné et ordonnons ce qui suit :

Art. 1er. Il sera établi à Metz une caisse d'épargnes et de prévoyance pour le département de la Moselle.

Cette caisse sera destinée à recevoir en dépôt les petites sommes qui lui seront confiées par les cultivateurs, ouvriers, artisans, domestiques et toutes autres personnes économes ou industrieuses.

2. Elle sera régie par les officiers du mont-de-piété, et placée sous la surveillance de cet établissement.

3. Les fonds qui y seront déposés seront employés au service du mont-de-piété.

4. Le mode de comptabilité et d'administration intérieure sera réglé par l'administration du Mont-de-piété.

Les officiers du mont-de-piété tiendront pour la gestion de la caisse d'épargnes, des registres séparés, et rendront, chaque année, un compte distinct de ses opérations.

Ce compte, rendu par l'administration du mont-de-piété, sera soumis à l'administraoittion des hospices, visé par l'administration municipale, et arrêté par le préfet.

5. La caisse d'épargnes recevra en dépôt toutes les sommes qui ne seront pas au-dessous d'un franc.

6. L'intérêt ne courra au profit du prêteur que lorsque ces épargnes auront atteint la somme de douze francs. Il ne sera alloué aucun intérêt sur les portions de dépôt excédant les multiples de cette somme.

7. Lorsque le capital déposé aura atteint la somme de douze francs, les intérêts seront calculés et payés au prêteur aux échéances fixées, ou joints, s'il le préfère, au capital, pour porter avec lui intérêt, quelle que soit la quotité de la somme provenant, soit des dépôts successifs, soit des intérêts accumulés.

8. Aussitôt que le compte du prêteur présentera une somme suffisante pour acheter, au cours moyen du jour, une inscription de cinquante francs de rente sur l'Etat, le transfert de cette rente sera fait en son nom: s'il en forme la demande, il en deviendra propriétaire et en pourra disposer à son gré. S'il ne retire pas son inscription, la caisse en restera dépositaire et percevra les intérêts au crédit du titulaire.

9. L'intérêt que la caisse d'épargnes et de prévoyance paiera à ses prêteurs est fixé à cinq pour cent.

10. L'intérêt sera réglé à la fin de chaque mois : il sera ajouté au capital, et produira des intérêts pour les mois suivans.

Les sommes retirées ne porteront point d'intérêt pour les jours écoulés du mois pendant lequel le retirement sera opéré, la caisse n'allouant aucun intérêt pour les portions de mois.

11. Les dépôts seront restitués, à quelque époque que ce soit, et à la volonté des prêteurs, en prévenant huit jours d'avance ; la caisse se réservant toutefois, si elle le juge convenable, de rembourser avant l'expiration des huit jours.

12. Les frais occasionnés par le surcroît de travail qu'exigera la gestion de la caisse d'épargnes seront pris sur les bénéfices que les hospices retirent du mont-de-piété,

13. Conformément à l'article 122 du règlement du mont-de-piété, les créances des prêteurs seront hypothéquées sur tous les biens-fonds des hospices.

14. Notre ministre secrétaire-d'Etat de l'intérieur est chargé de l'exécution de la présente ordonnance.

17 NOVEMBRE 1819. — Ordonnance du Roi qui admet les sieurs Scotte de Janno, Helgesen, Kellermann, Krieger, Dorner, Fuhrmann, Vinderhalder, Bobke et Lara à établir leur domicile en France. (7, Bull. 328.)

17 NOVEMBRE 1819. — Ordonnance du Roi qui autorise l'inscription au Trésor royal de vingt-quatre pensions militaires. (7, Bull. 332.)

17 NOVEMBRE 1819. — Ordonnances du Roi qui autorisent l'acceptation de dons et legs faits aux fabriques. (7, Bull. 342.)

17 NOVEMBRE 1819. — Ordonnance du Roi qui autorise le maire de Courdemanche à répudier le legs fait par le sieur Leroux à cette commune. (7, Bull. 342.)

17 NOVEMBRE 1819. — Ordonnance du Roi qui accorde des lettres de déclaration de naturalité au sieur Dujardin. (7, Bull. 569.)

19 ⸗ Pr. 29 NOVEMBRE 1819. — Ordonnance du Roi qui nomme à trois ministères et à la présidence du conseil des ministres. (7, Bull. 325, n° 7860.)

Art. 1er. Le baron Pasquier, ministre d'Etat, membre de la Chambre des députés, est nommé ministre secrétaire-d'Etat au département des affaires étrangères.

Le marquis de la Tour-Maubourg, pair de France, notre ambassadeur près S. M. le roi de la Grande-Bretagne, est nommé ministre secrétaire-d'Etat au département de la guerre.

Le sieur Roy, ministre d'Etat, membre de la Chambre des députés, est nommé ministre secrétaire-d'Etat au département des finances.

2. Le comte Decazes, ministre secrétaire-d'Etat au département de l'intérieur, est nommé président de notre conseil des ministres.

3. Notre ministre secrétaire-d'Etat au département de l'intérieur, président de notre conseil des ministres, est chargé de l'exécution de la présente ordonnance.

21 NOVEMBRE ⸗ Pr. 6 DÉCEMBRE 1819. — Ordonnance du Roi portant nomination de huit pairs de France. (7, Bull. 327, n° 7885.)

Voy. notes sur l'article 27 de la Charte.

Louis, etc.

Vu l'article 27 de la Charte constitutionnelle,

Nous avons ordonné et ordonnons ce qui suit :

Art. 1er. Sont nommés membres de la Chambre des pairs les dénommés ci-après : Le comte Clément de Ris, le comte Dedelay-d'Agier, le comte Fabre de l'Aude, le comte Gassendi, le duc de Praslin, le comte Casa-Bianca, le comte de Ségur, le comte de Valence.

2. Il est expressément dérogé, en faveur des pairs ci-dessus nommés, à la disposition de l'art. 1er de notre ordonnance du 25 août 1817. En conséquence, lesdits pairs prendront immédiatement séance dans la Chambre des pairs, lors même qu'ils n'auraient pas encore institué le majorat exigé par l'article précité.

Devront toutefois, lesdits pairs, pour jouir du bénéfice de notre ordonnance du 19 août 1815, et rendre la dignité de pair héréditaire dans leurs familles, instituer un majorat au titre qui leur sera conféré par nos lettres-patentes.

Ils prendront dans la Chambre le rang du titre de pairie dont ils auront institué le majorat.

Jusqu'à cette institution, ils prendront rang après le dernier pair antérieurement nommé et reçu, selon l'ordre de nomination de la présente ordonnance.

3. Notre ministre secrétaire-d'Etat de l'intérieur, président du conseil des ministres, et notre garde-des-sceaux, ministre de la justice, sont chargés de l'exécution de la présente ordonnance.

22 NOVEMBRE 1819. — Ordonnance du Roi concernant l'administration de la justice dans les colonies françaises. (Publié par Me Isambert.)

Louis, etc.

Vu les arrêtés du gouvernement des 29 prairial an 10 (18 juin 1802), 12 vendémiaire an 11 (4 octobre 1802) et 14 ventose suivant (5 mars 1803);

Le premier, relatif à l'administration de la justice dans les colonies françaises;

Le second, touchant les formes à observer dans ces établissemens pour l'instruction et le jugement des contraventions aux lois sur le commerce étranger;

Le troisième, prescrivant (art. 1er) l'exécution, dans les colonies, de l'arrêté du 17 floréal an 9 (7 mai 1801), qui fixe les attributions des officiers d'administration de la marine, quant aux naufrages et aux prises, et maintient, d'ailleurs, art. 2, les deux arrêtés des 29 prairial an 10 (18 juin 1802) et 12 vendémiaire an 11 (4 octobre 1802), dans

tout ce à quoi il n'est pas dérogé par son article 1er.

Vu encore les ordres qui ont été donnés depuis 1802, aux administrateurs des colonies, pour la publication dans lesdites possessions de diverses parties des nouveaux Codes français, en tout ce que comporteraient les localités, ensemble les dispositions provisoirement exécutoires qui ont été prises en conséquence par lesdits administrateurs;

Et, attendu la nécessité de compléter le plus tôt que faire se pourra, ce qui a été commencé à cet égard;

Sur le rapport de notre ministre de la marine et des colonies,

Nous avons ordonné et ordonnons ce qui suit :

Art. 1er. Les cours et tribunaux qui, depuis 1814, ont été rétablis dans les colonies françaises, sous les titres de conseils supérieurs des sénéchaussées, amirautés et juridictions royales, prendront la dénomination, savoir : les conseils supérieurs, de cours royales, et les sénéchaussées, amirautés et juridictions royales, de tribunaux de première instance, sans que, de ce changement de dénomination, on puisse en inférer aucun, quant aux formes de procéder, lois, réglemens, tarifs, présentement observés dans ces cours et tribunaux, ni quant à leur organisation, ressort et compétence actuelle, si ce n'est en ce qui sera dit ci-après.

2. A la Martinique, à la Guadeloupe et dépendances, dans les établissemens français de l'Inde et à Caïenne, les contraventions aux lois et réglemens concernant le commerce étranger et les contraventions qui leur sont assimilées, quant aux poursuites, par notre ordonnance royale du 8 janvier 1817, et par la loi du 15 avril 1818, concernant, l'une et l'autre, les infractions à l'abolition du trafic connu sous le nom *de traite des noirs*, seront instruites et jugées conformément aux dispositions de l'arrêté consulaire du 12 vendémiaire an 11, ci-dessus relaté, sous la seule modification que dans la commission spéciale d'appel instituée par l'art. 3 dudit arrêté, le capitaine général sera remplacé par le gouverneur, ou commandant et administrateur, le préfet colonial, par l'ordonnateur de la marine, ou par l'officier d'administration qui en fait les fonctions; le commissaire de justice, ou le grand-juge par le procureur-général.

3. Seront mises à exécution dans tous ceux de nos établissemens coloniaux où elles ne seraient pas maintenant en vigueur, les dispositions de l'art. 1er de l'arrêté du 14 ventose an 11, relatif aux attributions des officiers d'administration de la marine, en ce qui concerne les naufrages et les prises.

4. Voulons, en conformité du droit public des Français, qu'à dater du jour de l'enregistrement de la présente ordonnance dans nos colonies, tous les arrêts et jugemens soient motivés, et qu'à partir du même jour la peine de la confiscation des biens des condamnés soit abolie dans ceux de ces établissemens où elle subsisterait encore (1).

5. Seront, au surplus, repris et complétés, sous le moindre délai possible, les travaux commencés, relativement à la mise en vigueur dans nos possessions au-delà des mers, des dispositions des nouveaux Codes français, sous les modifications que peuvent exiger les circonstances propres à ces établissemens.

6. Une organisation judiciaire, aussi rapprochée que le permettra la différence des localités, de l'organisation judiciaire existant dans la métropole, sera établie le plus tôt que faire se pourra dans celles de nos colonies où cette partie des nouvelles institutions de la France n'aurait pas encore été introduite, et serait susceptible de l'être avec avantage.

7. Les travaux nécessaires pour ladite organisation, et ceux qui sont mentionnés en l'article 5 ci-dessus, seront d'abord rédigés, savoir : à la Martinique, par un commissaire de justice, que nous y envoyons à cet effet, et dans nos autres colonies par le chef du ministère public.

Ils devront d'ailleurs être consultativement discutés sur les lieux, en conformité de ce qui sera prescrit, soit par nous-même, soit par notre ministre de la marine et des colonies, à qui ils seront transmis pour être portés sous nos yeux et être statué comme il appartiendra.

8. Notre ministre de la marine et des colonies est chargé de l'exécution de la présente ordonnance.

———

22 NOVEMBRE 1819 = Pr. 6 SEPTEMBRE 1823. — Ordonnance du Roi portant établissement de comités consultatifs dans les colonies françaises de la Martinique, de la Guadeloupe, de Bourbon et de Caïenne. (7, Bull. 624, n° 15392.)

Voy. ordonnances des 13 AOUT 1823, 21 AOUT 1825, et 9 FÉVRIER 1827.

Louis, etc.

Vu l'arrêté du gouvernement du 23 ventose an 11 (14 mars 1803), qui établit des chambres d'agriculture dans plusieurs colonies françaises ;

Vu aussi notre ordonnance du 13 novembre 1816, concernant la formation d'un comité consultatif d'agriculture et de commerce à l'île de Bourbon ;

Considérant les avantages de ces institutions, et voulant en faire jouir, sous diverses modifications réglementaires, celles des possessions nationales au-delà des mers dont la situation actuelle le comporte ;

Sur le rapport de notre ministre secrétaire-d'État de la marine et des colonies ;

Nous avons ordonné et ordonnons ce qui suit :

Art. 1er. A la Martinique, à la Guadeloupe, à Bourbon et à Caïenne, il sera formé un comité consultatif dont les membres seront, pour les trois premières colonies, au nombre de neuf, et pour la Guyanne française, au nombre de cinq.

2. Chaque année, après que le gouverneur ou le commandant et administrateur pour le Roi aura provisoirement arrêté en conseil de gouvernement et d'administration, pour l'exercice suivant, sur les propositions de l'ordonnateur ou de l'officier d'administration qui en fait les fonctions :

1° La quotité des contributions publiques ;

2° Le projet de budget des recettes et dépenses du service intérieur et municipal ;

Et avant que ledit gouverneur ou commandant et administrateur rende également en conseil l'ordonnance exécutoire de l'imposition, et arrête finalement le projet de budget des recettes et dépenses intérieures ou municipales,

Le comité consultatif émettra son avis :

1° Sur l'assiette et la répartition des contributions publiques ;

2° Sur le budget des recettes et des dépenses du service intérieur ou municipal.

Une expédition des avis donnés par le comité consultatif demeurera annexée à la minute de l'ordonnance annuelle d'imposition et à celle du budget du service intérieur ou municipal.

3. Les autres attributions du comité consultatif seront de recevoir, avant qu'il soit arrêté par le gouverneur ou commandant et administrateur en conseil, la communication du dernier compte annuel des recettes et dépenses du service intérieur et municipal ;

D'entendre le compte moral (rédigé par l'ordonnateur ou l'officier d'administration

———

(1) Bien que cet article ne prononce pas la peine de nullité, néanmoins un arrêt rendu (notamment à la Martinique) est nul s'il ne contient point de motifs (22 février 1825; Cass. S. 26, 1, 189.)

qui en fait les fonctions), de la situation de la colonie, notamment en ce qui concerne les recettes et dépenses, soit générales, soit intérieures ou municipales ;

De faire ses observations sur lesdits comptes, tant matériel que moral, desquelles observations il sera joint des copies à ces mêmes comptes ;

D'examiner tous les projets et documens relatifs à des objets d'utilité publique qui lui seront renvoyés par nos gouverneurs ou commandans et administrateurs en chef, soit de leur propre mouvement, soit par ordre de notre ministre secrétaire-d'État de la marine et des colonies, et d'émettre leur opinion motivée sur chacun desdits projets et documens.

Pourra, le comité consultatif de chaque colonie, correspondre avec le député qu'elle aura à Paris, ainsi qu'il sera dit ci-après, et avec notre ministre secrétaire-d'État au département de la marine et des colonies.

4. Chaque comité consultatif se réunira nécessairement une fois par an, sur la convocation du premier chef de la colonie, et à l'époque qui aura été par lui indiquée.

Cette session n'excédera pas quinze jours, à moins que le gouverneur ou commandant et administrateur pour le Roi ne juge à propos de la proroger.

Pourront, d'ailleurs, nos gouverneurs, commandans et administrateurs en chef, convoquer extraordinairement, s'ils le jugent nécessaire, le comité consultatif pour un temps limité.

Toutes convocations ou prorogations de session du comité seront faites par une ordonnance rendue en conseil de gouvernement et d'administration.

5. Les comités consultatifs ne pourront délibérer qu'au nombre, tout au moins, de sept membres, pour la Martinique, la Guadeloupe et Bourbon, et qu'au nombre de cinq pour Caïenne.

Ils ne s'occuperont d'aucun objet autre que ceux qui sont prévus par la présente ordonnance.

Toute correspondance autre que celles qui leur sont permises par le dernier paragraphe de l'art. 3 leur est interdite.

Les opinions, soit collectives, soit individuelles, qui auront été émises dans leur sein ne devront point être imprimées.

Prohibons expressément toutes réunions des comités consultatifs formées ou prolongées sous la convocation ou au-delà du terme de la convocation des gouverneurs commandans ou administrateurs en chef.

6. S'il arrivait que les comités consultatifs vinssent à s'écarter des principes et des bornes de leur institution, nos gouverneurs, commandans et administrateurs en chef en

prononceraient la séparation immédiate, à la charge, par eux, d'en délibérer préalablement en conseil spécial de gouvernement, et d'en rendre compte, sans délai, à notre ministre secrétaire-d'État de la marine et des colonies, qui prendrait nos ordres, afin qu'il y fût pourvu.

La séparation ainsi prononcée ne portera préjudice aux poursuites et aux peines qu'auraient encourues les membres du comité, à raison des écarts auxquels ils se seraient livrés et des dommages qui en seraient résultés.

7. Dans aucun cas, le cours des affaires qui auront été déférées aux comités consultatifs ne pourra être arrêté, à défaut d'avis donné par lesdits comités, avant la fin de leurs sessions ordinaires et extraordinaires, sur les objets qui auraient été offerts à leur délibération.

Il serait alors, par nos gouverneurs ou commandans et administrateurs en chef, procédé à l'exécution, si besoin est, après en avoir préalablement délibéré en conseil de Gouvernement et d'administration.

8. Auront nos gouverneurs ou commandans et administrateurs en chef la faculté de présider les comités consultatifs toutes les fois qu'ils le jugeront convenable.

Ils pourront également s'y faire accompagner et assister, à la Martinique et à la Guadeloupe, par l'ordonnateur ; à Bourbon et à Caïenne, par le commissaire de la marine chargé des détails du service administratif.

Au besoin, ils s'y feront représenter, savoir : dans les deux premières colonies, par le commandant militaire assisté de l'ordonnateur, ou par l'ordonnateur seul ; et dans les deux autres colonies, par l'officier supérieur qui tient, au conseil de gouvernement et d'administration, la place de commandant militaire, assisté du commissaire de marine chargé des détails du service administratif, ou par un commissaire de marine seul.

Sera d'ailleurs exécuté, par chacun des comités consultatifs, ce qui est dit dans l'article 9 de l'arrêté du 23 ventôse an 11 (14 mars 1803), au sujet de la présidence du doyen d'âge, et sur le choix, par chaque chambre d'agriculture, d'un secrétaire pris hors de son sein.

9. Tout ce qui aura été proposé et délibéré dans le comité consultatif sera consigné dans les procès-verbaux, dont, à la fin de chaque session et par les soins du doyen d'âge, une ampliation sera remise au gouverneur ou commandant et administrateur en chef de la colonie, et une autre sera envoyée directement à notre ministre secrétaire-d'État de la marine et des colonies.

10. Pour la composition des comités con-

sultatifs, il sera formé par nos gouverneurs ou commandans et administrateurs en chef, à la Martinique, à la Guadeloupe et à Cayenne, dans les vingt jours au plus qui suivront la réception de la présente ordonnance, une liste des Français propriétaires ou fils de propriétaires d'habitations ou de maisons, ayant vingt-cinq ans accomplis et trois ans au moins de résidence dans la colonie, laquelle offrira un nombre triple de celui qui a été réglé pour chaque comité.

Ils adresseront cette liste, par l'occasion la plus prochaine, à notre ministre secrétaire-d'Etat de la marine qui la mettra sous nos yeux, afin que nous nommions parmi les candidats les membres du comité, au nombre marqué pour chacune des trois colonies par l'art. 1er, et les suppléans, au nombre de cinq pour la Martinique, cinq pour la Guadeloupe et deux pour Caïenne.

Les neuf membres du comité consultatif de Bourbon, et les suppléans, au nombre de cinq, seront, pour cette fois, nommés par nous, d'après la liste double qui a été transmise par notre commandant et administrateur en chef au ministre secrétaire-d'Etat de la marine, en conformité de notre ordonnance du 13 novembre 1816, qui, au moyen de la présente, est rapportée.

11. Les membres des comités consultatifs et leurs suppléans seront, cette fois, nommés pour trois ans, avant l'expiration desquels il sera statué sur le renouvellement.

En cas de mort, démission, maladie ou autre empêchement des membres titulaires, les suppléans entreront en fonctions ou siégeront temporairement dans l'ordre de leur nomination; et à leur défaut, il sera pourvu à leur remplacement de la même manière qu'à la première formation desdits comités.

12. Le service des comités consultatifs sera gratuit, sauf les frais de leur secrétariat, au réglement et à l'acquittement desquels il sera pourvu par nos gouverneurs, commandans et administrateurs en chef, selon ce que prescrivait, pour les chambres d'agriculture, l'art. 10 de l'arrêté du 23 ventôse an 11 (14 mars 1803).

13. Le député pris hors de son sein, à l'élection duquel chaque chambre d'agriculture devait procéder, sauf l'approbation du Gouvernement, suivant l'art. 11 de l'arrêté du 23 ventôse an 11 (14 mars 1803), sera nommé par nous pour chaque colonie, sur une liste de trois candidats formée par le comité consultatif au scrutin secret et à la pluralité absolue des suffrages de ses membres, envoyée par nos gouverneurs, commandans et administrateurs en chef, à notre ministre secrétaire-d'Etat de la marine, pour nous être présentée, et pour que nous

nommions celui des trois candidats que nous jugerons à propos de préférer.

14. Les députés nommés en conformité de l'article précédent seront en exercice pendant trois ans, avant la fin desquels il sera statué sur le renouvellement.

A cette modification près, les dispositions de l'art. 12 et celles des art. 13 et 14 de l'arrêté du 23 ventôse (14 mars), concernant la rééligibilité indéfinie des députés des chambres d'agriculture, sous le consentement du Gouvernement, sur leur réunion au conseil près le ministre secrétaire-d'Etat de la marine et des colonies, et enfin sur la quotité et l'imputation de leur traitement, sont applicables aux députés des comités consultatifs.

15. Notre ministre secrétaire-d'Etat de la marine et des colonies est chargé de l'exécution de la présente ordonnance.

———

24 NOVEMBRE = 1er DÉCEMBRE 1819. — Ordonnance du Roi qui déclare compris dans l'amnistie les faits imputés au lieutenant général comte Grouchy, lesquels ont donné lieu à la procédure instruite contre lui à la diligence des rapporteurs près les premier et deuxième conseil de guerre de la première division militaire, et porte que cet officier général rentrera dans tous ses droits, titres, grades et honneurs. (7, Bull. 326, n° 7863.)

Voy. loi du 12 JANVIER 1816, ordonnances des 1er DÉCEMBRE 1819 et 11 FÉVRIER 1820.

Louis, etc.

Nous étant fait rendre compte de l'état de la procédure dirigée jusqu'à ce jour contre le lieutenant général comte Grouchy, traduit successivement devant le premier et deuxième conseils de guerre de la première division militaire ;

Sur le rapport de notre garde-des-sceaux, ministre secrétaire-d'Etat de la justice ;

Nous avons reconnu, d'après l'examen des faits imputés à l'accusé, et par le résultat de l'instruction, et particulièrement d'après le témoignage de notre bien-aimé neveu le duc d'Angoulême, qu'il nous appartenait de considérer ledit comte Grouchy comme étant compris dans l'amnistie portée par la loi du 12 janvier 1816.

A ces causes,

Et de l'avis de notre Conseil,

Nous avons ordonné et ordonnons ce qui suit :

Art. 1er. Les faits imputés au lieutenant général comte Grouchy, et qui ont donné lieu à la procédure instruite contre lui à la diligence des rapporteurs près les premier et deuxième conseils de guerre de la première division militaire, sont déclarés compris dans l'amnistie : il ne sera, en conséquence, donné aucune suite aux informations et autres actes de procédure dressés à cette occasion ; et le lieutenant général comte Grouchy rentrera immédiatement dans tous les droits, titres, grades et honneurs dont il était pourvu à l'époque du 19 mars 1815.

2. Notre présente ordonnance sera inscrite à la suite des procès-verbaux d'information.

3. Notre ministre secrétaire-d'Etat de l'intérieur, président du conseil ; notre garde-des-sceaux, ministre secrétaire-d'Etat de la justice ; notre ministre secrétaire-d'Etat de la guerre, et notre ministre secrétaire-d'Etat des finances, sont chargés, chacun en ce qui le concerne, de l'exécution de la présente ordonnance, qui sera insérée au Bulletin des Lois.

---

24 NOVEMBRE 1819. — Ordonnance du Roi qui admet les sieurs Meissenhelder, Wurth, Hermann, Moser, Schoenbaechler, Muller, Biedermann, Filtz, Kubn, Rhodge et Muller, à établir leur domicile en France. (7, Bull. 328.)

---

24 NOVEMBRE 1819. — Ordonnances du Roi qui accordent des lettres de déclaration de naturalité aux sieurs Pazero, Hahn, Evrard, Duncker et Galland. (7, Bull. 341, 368, 371, 418 et 480.)

---

24 NOVEMBRE 1819. — Ordonnances du Roi qui autorisent l'acceptation de dons et legs faits aux fabriques. (7, Bull. 342.)

---

24 NOVEMBRE 1819. — Ordonnances du Roi portant établissement de foires dans les communes de Saulon-la-Chapelle, de Saulon-la-Rue, d'Avranches, de Louvèze, de Viserny et de Manthotron. (7, Bull. 342.)

---

24 NOVEMBRE 1819. — Ordonnances du Roi relatives aux foires des communes de Saint-Germain, de Grand-Frenoy, de Jarcieux, de Genay, de Savigny-sur-Orge, de Montbertault, de Wilferding et de Châtillon-sur-Seine. (7, Bull. 344.)

---

25 NOVEMBRE ⹀ Pr. 15 DÉCEMBRE 1819. — Ordonnance du Roi portant établissement au Conservatoire des arts et métiers d'un enseignement public et gratuit pour l'application des sciences aux arts industriels. (7, Bull. 329, n° 7951.)

Louis, etc.

Le Conservatoire des arts et métiers a rendu depuis son institution d'importans services ; mais, pour atteindre complètement le but de sa fondation, il y a manqué jusqu'ici une haute école d'application des connaissances scientifiques au commerce et à l'industrie.

Voulant pourvoir à ces besoins, remplir le vœu des hommes éclairés et contribuer de tout notre pouvoir aux moyens d'accroître la prospérité nationale ;

Sur la proposition de notre ministre secrétaire-d'Etat de l'intérieur,

Nous avons ordonné et ordonnons ce qui suit :

Art. 1er. Il sera établi, au Conservatoire des arts et métiers, un enseignement public et gratuit pour l'application des sciences aux arts industriels.

2. Cet enseignement se composera de trois cours, savoir :

Un cours de mécanique   { appliquées aux
Un cours de chimie. . . {   arts.
Un cours d'économie industrielle.

3. La petite école de géométrie descriptive et de dessin, fondée auprès du Conservatoire, continuera d'y être annexée.

4. Les conseils de perfectionnement et d'administration de l'établissement seront maintenus avec l'organisation indiquée dans les articles qui suivent.

5. Le conseil de perfectionnement sera composé de dix-sept membres, savoir :

Le pair de France inspecteur général du Conservatoire et des écoles d'arts et métiers,

L'administrateur du Conservatoire,

Les trois professeurs des cours fondés par l'article 2,

Six membres de l'académie des sciences,

Six manufacturiers, négocians ou agriculteurs.

6. L'inspecteur général, l'administrateur et les professeurs, nommés par nous, sur la proposition de notre ministre secrétaire-d'Etat de l'intérieur, seront membres permanens du conseil de perfectionnement.

Les autres membres nommés par le ministre, sous notre approbation, seront renouvelés tous les trois ans, par tiers : les membres sortiront par la voie du sort ; ils pourront être réélus.

7. Les renouvellemens auront lieu, pour les académiciens, sur la présentation de l'académie des sciences, et, pour les manufacturiers, négocians et agriculteurs, sur la présentation du conseil de perfectionnement.

La première fois, les choix seront faits immédiatement par le ministre, qui les soumettra à notre confirmation.

8. Le conseil de perfectionnement se réunira au moins une fois tous les trois mois : il arrêtera tous les programmes d'enseignement, fixera l'époque et la durée des cours, se fera rendre compte des progrès des élèves, de l'administration intérieure et des dépenses ; il discutera l'utilité des voyages qui pourraient être demandés aux professeurs, les projets d'amélioration, et les accroissemens successifs du dépôt des machines et modèles ; il fera les demandes pour le budget annuel, et adressera sur le tout son rapport au ministre, qui prendra les décisions convenables.

9. Le conseil d'administration sera composé de cinq membres, savoir :

Le pair de France inspecteur général, président ;

L'administrateur ;

Les professeurs de mécanique, de chimie et d'économie.

10. Ce conseil s'assemblera au moins une fois tous les quinze jours : il réglera l'exécution du budget de l'établissement ; il décidera de tout ce qui sera relatif à la police intérieure, et provoquera l'attention du conseil de perfectionnement sur tout ce qu'il croira être utile au Conservatoire.

11. Il ne sera fait aucun changement ou addition aux bâtimens du Conservatoire que sur la proposition du conseil d'administration, transmise par le conseil de perfectionnement à notre ministre de l'intérieur, et approuvée par lui.

L'architecte qui sera chargé de l'exécution des travaux autorisés par le ministre recevra directement les ordres du conseil d'administration.

12. L'administrateur, qui, jusqu'à ce jour, avait eu le titre de directeur, sera chargé de prendre toutes les mesures propres à assurer l'effet des ordres du ministre, ou des arrêtés du conseil d'administration.

Il fera les fonctions de trésorier de l'établissement, et tiendra la plume dans les deux conseils.

13. Les fonctions des membres des conseils de perfectionnement et d'administration seront gratuites.

14. Les traitemens de l'administrateur, des professeurs, des employés et des gens de service du Conservatoire, seront réglés par notre ministre de l'intérieur.

15. Les professeurs de l'école d'application seront, autant que possible, logés à l'établissement.

Quand ils seront envoyés en mission par le ministre, sur la demande du conseil de perfectionnement, conformément à ce qui est dit à l'article 8, ils auront droit à une indemnité, que le ministre fixera, pour leurs frais de voyage.

16. La nomination des professeurs de la petite école et des employés aura lieu par le ministre sur la présentation du conseil de perfectionnement.

La nomination du concierge, des gardiens, ouvriers et autres gens de service, sera faite par le conseil d'administration ; le ministre en sera informé.

17. Quand les professeurs attachés au Conservatoire auront atteint soixante-cinq ans, ils passeront à l'éméritat, et leur traitement sera réduit de moitié. Il sera pourvu immédiatement à leur remplacement ; mais ils conserveront le droit d'assister aux conseils et de prendre part aux délibérations.

18. Douze bourses de mille francs chacune seront créées au Conservatoire des arts et métiers : elles seront destinées à des jeunes gens peu fortunés, mais qui feront preuve de grandes dispositions pour les arts industriels. Ces élèves seront nommés par notre ministre de l'intérieur, sur la proposition du conseil de perfectionnement, et après un examen des trois professeurs de l'école d'application. Chaque élève pourra conserver pendant trois années la bourse qui lui aura été accordée ; mais tous les ans il devra subir un nouvel examen, qui fera juger s'il est digne, ou non, de la continuation de cette faveur.

Notre ministre fera connaître au conseil l'époque à laquelle des désignations pourront commencer à avoir lieu pour les bourses de cette nature.

19. Tous les ans, un crédit sera ouvert au budget du département de l'intérieur, pour l'entretien et les besoins du Conservatoire des arts et métiers.

20. Toutes les dispositions contraires aux présentes sont rapportées.

21. Notre ministre secrétaire-d'État de l'intérieur est chargé de l'exécution de la présente ordonnance, qui sera insérée au Bulletin des Lois.

---

29 NOVEMBRE 1819. — Tableau des prix moyens régulateurs des grains, dressé et arrêté conformément aux articles 6 et 8 de la loi du 16 JUILLET 1819. (7, Bull. 326.)

1er ≡ Pr. 15 DÉCEMBRE 1819. — Ordonnance du Roi qui modifie celles des 26 MAI et 16 JUIN 1819, concernant le mode uniforme de dévidage et d'enveloppe des cotons filés de fabrique française, et accorde un nouveau délai pour l'adoption définitive de ce mode. (7, Bull. 329, n° 7952.)

Louis, etc.

Vu nos ordonnances des 26 mai et 16 juin derniers, concernant un mode uniforme de dévidage et d'enveloppe des cotons filés de fabrique française ;

Les représentations qui nous ont été de nouveau adressées par plusieurs entrepreneurs de filature, relativement à quelques dispositions desdites ordonnances et aux modifications dont elles peuvent être susceptibles dans l'intérêt de l'industrie ;

Sur le rapport de notre ministre secrétaire-d'Etat au département de l'intérieur,

Nous avons ordonné et ordonnons ce qui suit :

Art. 1ᵉʳ. Il est accordé un nouveau délai, jusqu'au 1ᵉʳ mars de l'année prochaine, pour l'adoption définitive du nouveau mode de dévidage et d'enveloppe des cotons filés, tel qu'il a été déterminé par l'article 2 de notre ordonnance du 26 mai dernier.

2. Les saisies exécutées jusqu'à ce moment, en vertu de l'article 8 de cette ordonnance, seront annulées, ainsi que toutes poursuites auxquelles elles auront donné lieu, et les cotons filés seront remis aux parties sans le paiement de l'amende déterminée par cet article.

Toutefois, cette disposition ne peut s'appliquer aux cotons filés qui, ayant été saisis pour défaut de marque et d'enveloppe, seraient suspects d'origine étrangère, et par suite reconnus pour tels.

3. Il n'est prescrit aucun mode particulier de ligature pour les dix échevettes dont la réunion doit composer l'écheveau de mille mètres. Chaque fabricant sera libre, soit de réunir par une seule ligature lâche les fils formant ledit écheveau, soit de le diviser en deux parties égales, soit enfin de passer un fil ou chaîne qui sépare distinctement l'écheveau en dix échevettes.

4. Par modification à l'article 3 de ladite ordonnance du 26 mai, le numéro indiquant la finesse du fil, à la mesure métrique, pourra suppléer le *numéro d'ordre* dont il est question dans cet article. Les entrepreneurs de filature sont également dispensés de l'obligation d'entourer chaque paquet d'une bande de papier immédiatement appliquée sur les écheveaux, et de réunir sous un seul et même cachet les deux bouts de cette bande ; seulement ils seront tenus d'appliquer une étiquette portant leur marque collée ou cachetée, sur une des cordes qui servent de lien au paquet, de manière que cette corde ne puisse se détacher sans déchirer l'étiquette.

5. Les dispositions transitoires de l'ancien système au nouveau, qu'avait déterminées l'article 7 de notre ordonnance du 26 mai, demeurent modifiées ainsi qu'il suit :

Tout entrepreneur de filature, commerçant, fabricant de tissus, ou autre détenteur à titre quelconque, entre les mains duquel existent des cotons filés, fabriqués d'après les divers modes actuellement en usage, sera tenu, avant ladite époque du 1ᵉʳ mars prochain,

1° D'apposer à chaque paquet de cette sorte de coton, suivant la manière indiquée dans l'article qui précède, une étiquette collée ou cachetée, portant la marque et le numéro du fil ;

2° De reprendre et d'écrire sur son livre d'entrée et de sortie des matières tous les paquets ainsi marqués à l'extraordinaire, dont l'état sera par lui arrêté sur ledit registre, daté et signé.

Pour ceux qui n'auront point de registre, il pourra y être suppléé par un inventaire ou état sur feuille volante, déposé à la mairie de leur commune, et, pour Paris, à la préfecture de police.

6. Seront dispensés de l'application de bande, corde ou ficelle, ainsi que du plomb ou cachet, les colis, balles ou caisses désignés par l'article 1ᵉʳ de notre ordonnance du 16 juin.

7. Toutes les dispositions en général, concernant le nouveau système de dévidage et de numérotage, à la mesure métrique, des cotons filés, ainsi que le mode d'enveloppe des paquets, ne seront rigoureusement applicables qu'à ceux desdits cotons filés qui sont livrés au commerce *en écru*, et dont le degré de finesse est au-dessus de seize mille mètres, correspondant au n° 20 à peu près de l'ancien écheveau de six cent cinquante aunes.

8. Notre ministre secrétaire-d'Etat de l'intérieur est chargé de l'exécution de la présente ordonnance, qui sera insérée au Bulletin des Lois.

———

1ᵉʳ DÉCEMBRE 1819 ⇒ Pr. 4 FÉVRIER 1820. — Ordonnance du Roi qui autorise la rentrée en France des individus dénommés dans l'article 2 de l'ordonnance du 24 JUILLET 1815, autres que ceux compris dans l'article 7 de la loi du 12 JANVIER 1816. (7, Bull. 342, n° 8157.)

Louis, etc.

Vu nos ordonnances des 24 juillet 1815 et 17 janvier 1816 ;

Vu les articles 3 et 7 de la loi du 12 janvier 1816 ;

Nous avons ordonné et ordonnons ce qui suit :

Art. 1ᵉʳ. Les individus dénommés dans l'art. 2 de notre ordonnance du 24 juillet 1815, autres que ceux compris dans l'art. 7

de la loi du 12 janvier 1816, sont autorisés à rentrer en France.

2. A cet effet, ils se retireront par-devant nos ambassadeurs ou ministres près les gouvernemens sur le territoire desquels ils résident, pour recevoir d'eux les passeports nécessaires, après avoir prêté entre leurs mains le serment de *fidélité à notre personne et d'obéissance à la Charte constitutionnelle, aux lois du royaume.*

3. Nos ministres secrétaires-d'État sont chargés de l'exécution de la présente ordonnance, qui sera insérée au Bulletin des Lois.

1ᵉʳ DÉCEMBRE 1819. — Ordonnances du Roi qui autorisent l'acceptation de dons et legs faits aux fabriques, à la congrégation de la mission de Saint-Lazare, aux communes, aux hospices. (7, Bull. 344, 346, 347, 348 et 349.)

1ᵉʳ DÉCEMBRE 1819. — Ordonnance du Roi qui accorde une pension au sieur Vanderveken, ancien caissier de la Monnaie de Lille. (7 , Bull. 329.)

1ᵉʳ DÉCEMBRE 1819. — Ordonnance du Roi portant liquidation de trente soldes de retraite, provisoirement payables sur le fonds des demi-soldes. (7, Bull. 330.)

1ᵉʳ DÉCEMBRE 1819. — Ordonnance du Roi portant liquidation de soixante-dix-neuf soldes de retraite, provisoirement payables sur le fonds des demi-soldes. (7, Bull. 331.)

8 ⇉ Pr. 22 DÉCEMBRE 1819. — Ordonnance du Roi portant établissement, à compter du 1ᵉʳ JANVIER 1820, d'un nouveau bureau dans le département du Doubs, pour l'exportation des boissons en franchise des droits de circulation et de consommation. (7, Bull. 330, nᵒ 7948.)

Louis, etc.

Vu l'article 34 de la loi du 17 décembre 1814;

Vu les articles 5, 8 et 87 de la loi du 28 avril 1816;

Vu les articles 2 et 3 de notre ordonnance du 11 juin de la même année et les dispositions de notre ordonnance du 20 mai 1818;

Sur le rapport de notre ministre secrétaire-d'État des finances;

Nous avons ordonné et ordonnons ce qui suit :

Art. 1ᵉʳ. A compter du 1ᵉʳ janvier 1820, il sera établi au poste de Villers, canton de Morteau, département du Doubs, un bureau par lequel les boissons pourront passer en franchise des droits prononcés par les art. 5 et 87 de la loi du 28 avril 1816.

2. Notre ministre secrétaire-d'État des finances est chargé de l'exécution de la présente ordonnance, qui sera insérée au Bulletin des Lois.

8 ⇉ 30 DÉCEMBRE 1819. — Ordonnance du Roi portant autorisation, conformément aux statuts y annexés, de l'établissement de la caisse de survivance et d'accroissement. (7, Bull. 333, nᵒ 8015.)

Voy. ordonnance du 14 DÉCEMBRE 1820.

Louis, etc.

Sur le rapport de notre ministre secrétaire-d'État de l'intérieur ;

Vu la demande formée par les sieurs baron Blein, vicomte de Boury et consorts, à l'effet d'être autorisés à ouvrir un établissement du genre des tontines, sous le nom de *Caisse de survivance et d'accroissement, avec remboursement de capitaux ;*

Vu deux actes passés par-devant Cronier et son collègue, notaires à Paris, le 2 décembre 1819 : le premier acte contenant les statuts de ladite caisse de survivance et d'accroissement ; le second contenant l'acte constitutif d'une société anonyme contractée entre les personnes qui se proposent d'ouvrir au public ladite caisse de survivance et de gérer cet établissement, laquelle société anonyme d'agence sera établie à Paris, sous le nom de *Maison gérante de la caisse de survivance et d'accroissement ;*

Vu les art. 27 à 37, 40 et 45, et 632, paragraphe 4, du Code de commerce ;

Notre Conseil-d'État entendu,

Nous avons ordonné et ordonnons ce qui suit :

Art. 1ᵉʳ. L'établissement de la caisse de survivance et d'accroissement est autorisé, conformément aux statuts contenus dans l'acte du 2 décembre courant, qui restera annexé à la présente ordonnance.

2. La société anonyme constituée pour administrer ledit établissement sous le nom de *Maison gérante de la caisse de survivance et d'accroissement*, est autorisée, et ses statuts approuvés, ainsi qu'ils sont contenus dans l'acte social du 2 décembre présent mois, lequel restera également annexé à la présente ordonnance. Ladite approbation est donnée sous la réserve que les administrateurs de la caisse seront tenus de déposer chez le notaire gardien du registre et du talon des deniers sociaux de la maison ge-

rante les titres desdits deniers dont ils sont propriétaires, sans pouvoir les retirer ni en disposer tant qu'ils resteront en fonctions.

3. La présente autorisation étant accordée, tant à l'établissement de la caisse de survivance qu'à la société anonyme qui en entreprend la gestion, à la charge de se conformer aux lois et statuts qui doivent la régir, dans le cas où ces conditions ne seraient pas accomplies, nous nous réservons de révoquer ladite approbation, sauf les actions à exercer devant les tribunaux par les particuliers à raison des infractions commises à leur préjudice : la révocation arrivant sera commune tant à l'établissement principal qu'à la maison gérante, conformément à leurs statuts réciproques.

4. La maison gérante sera tenue de remettre, tous les six mois, au préfet du département de la Seine, au greffe du tribunal de commerce, et à la chambre de commerce de Paris, copie en forme de l'état de situation, tant de ladite maison que de la caisse de survivance par elle régie.

5. Il sera nommé par nous, sur la présentation de notre ministre secrétaire-d'État de l'intérieur, un commissaire près ladite caisse de survivance et son administration.

Il sera chargé de prendre connaissance des opérations de l'établissement et de l'exacte exécution des statuts : il en rendra compte à notre ministre de l'intérieur. Il pourra suspendre provisoirement celles des opérations qui lui paraîtront contraires aux lois et aux statuts, et ce, jusqu'à la décision à intervenir des autorités compétentes. Il vérifiera essentiellement le versement complet et l'emploi des fonds de garantie de la maison gérante.

6. Notre ministre secrétaire-d'État de l'intérieur est chargé de l'exécution de la présente ordonnance. Elle sera insérée au Bulletin des Lois ; pareille publication aura lieu dans le Moniteur et dans le journal des annonces judiciaires du département de la Seine, conjointement avec l'insertion des actes ci-annexés, et sans préjudice des affiches prescrites par l'article 45 du Code de commerce, en ce qui concerne l'acte social de la maison gérante.

(Suit l'acte de société de la maison gérante.)

8 DÉCEMBRE 1819. — Ordonnance du Roi qui nomme M. de Perceval secrétaire général du ministère de la guerre. (7, Bull. 329.)

8 DÉCEMBRE 1819. — Ordonnance du Roi qui

permet au sieur Colavier d'ajouter à son nom celui d'Albici. (7, Bull. 330.)

8 DÉCEMBRE 1819. — Ordonnance du Roi qui nomme M. Ravez président de la Chambre des députés. (7, Bull. 331.)

8 DÉCEMBRE 1819. — Ordonnance du Roi qui admet les sieurs Thilges, Hettich, Pino, de Bornschlegel et Grybouski à établir leur domicile en France. (7, Bull. 331.)

8 DÉCEMBRE 1819. — Ordonnance du Roi portant que la commune de Montigny, département de l'Oise, est détachée du canton de Saint-Just, et réunie à celui de Maignelay. (7, Bull. 332.)

8 DÉCEMBRE 1819. — Ordonnance du Roi qui autorise l'inscription au Trésor royal de cent quatre-vingt-deux pensions militaires. (7, Bull. 336.)

8 DÉCEMBRE 1819. — Ordonnances du Roi qui accordent des lettres de déclaration de naturalité aux sieurs Brondel, Gasner, Munier, Boniqui, Bricola, Legrand, Dayly et Ruffin. (7, Bull. 341, 353, 557, 375, 396, 402, 465 et 569.)

8 DÉCEMBRE 1819. — Ordonnances du Roi qui autorisent l'acceptation de dons et legs faits aux fabriques. (7, Bull. 349 et 350.)

15 DÉCEMBRE 1819. — Ordonnance du Roi qui nomme M. le baron de Talleyrand préfet du département de la Corse. (7, Bull. 335.)

16 DÉCEMBRE 1819 = Pr. 11 JANVIER 1820. — Ordonnance du Roi qui réunit, sous le nom de bibliothèque Mazarine, celle du même nom et celle de l'Institut, et contient règlement y relatif. (7, Bull. 336, n° 8483.)

Voy. ordonnance du 26 DÉCEMBRE 1821.

Louis, etc.

Nous nous sommes fait rendre compte de la situation des dépôts littéraires connus sous le nom de *bibliothèque Mazarine* et de *bibliothèque de l'Institut* : nous avons reconnu que ces deux établissemens, quoique placés dans un même bâtiment, dans des salles contiguës et qui se communiquent entre elles, étaient cependant séparés pour l'administration, le régime, les fonds, d'où il résultait de doubles emplois, de doubles charges, de doubles dépenses.

Voulant apporter dans cette partie un meilleur ordre, adopter pour l'avenir un système plus économique, et organiser le service d'après un mode plus simple, plus utile aux savans, aux hommes studieux, au public en général, sans nuire toutefois aux justes droits acquis par les personnes actuellement en exercice dans l'une et l'autre institution ;

Sur le rapport de notre ministre secrétaire-d'Etat de l'intérieur,

Nous avons ordonné et ordonnons ce qui suit :

Art. 1er. La bibliothèque de l'Institut et la bibliothèque Mararine seront réunies à partir du 1er janvier 1820.

2. Le nom de *bibliothèque Mazarine* sera maintenu pour l'établissement formé par cette réunion.

3. Cette bibliothèque sera régie par la commission administrative de l'Institut, et, sous sa direction, par un conseil administratif, composé des bibliothécaires et conservateurs.

4. Le conseil proposera toutes les mesures relatives aux crédits, aux acquisitions et à tous les besoins de la bibliothèque.

La commission examinera les demandes, et en fera, s'il y a lieu, le rapport au ministre de l'intérieur, qui prendra les décisions convenables.

5. Toutes les personnes actuellement en exercice conserveront leurs fonctions et traitemens, suivant l'ordre indiqué dans l'état ci-annexé N° 1er.

6. Au fur et à mesure des extinctions, les emplois seront réduits et classés conformément au tableau ci-joint N° 2.

7. La nomination du bibliothécaire en chef sera faite à l'avenir par nous, sur la présentation de la commission administrative de l'Institut et le rapport du ministre.

Les nominations aux places de conservateurs et sous-bibliothécaires seront faites par notre ministre de l'intérieur, sur le rapport de la commission administrative de l'Institut, d'après la présentation du conseil de la bibliothèque.

La nomination des employés et gens de service sera faite par la commission administrative sur la proposition du conseil : le ministre en sera informé.

8. Un règlement particulier pour l'heure d'ouverture des salles et la durée des séances sera préparé par le conseil de la bibliothèque, et soumis par la commission administrative au ministre, qui statuera.

En attendant, le service se fera à la biblio-

thèque Mazarine nouvellement organisée, comme il s'est fait jusqu'ici à la bibliothèque de l'Institut.

9. Les sommes nécessaires à l'établissement seront portées dans le budget de l'Institut royal, à l'article des dépenses communes, et la justification de leur emploi entrera dans le compte général à rendre tous les ans par la commission administrative pour les fonds mis à sa disposition.

10. Notre ministre secrétaire-d'Etat de l'intérieur est chargé de l'exécution de la présente ordonnance, qui sera insérée au Bulletin des Lois.

État N° Ier.

MM. Petit-Radel, bibliothécaire en chef, cinq mille francs ; Chasles, bibliothécaire en chef, trois mille francs ; ensemble, huit mille francs ; Feuillet, bibliothécaire adjoint, trois mille francs ; Amar, conservateur, quatre mille francs ; Féletz, conservateur, quatre mille francs ; Osmond, conservateur, trois mille francs ; Henri Dillon, conservateur, deux mille francs ; Aimé Guillon, conservateur, deux mille francs ; Boulanger, sous-bibliothécaire, deux mille quatre cents francs ; Thiébault, sous-bibliothécaire, deux mille quatre cents francs ; ensemble, quatre mille huit cents francs ; Goujon, sous-bibliothécaire économe, seize cents francs ; Nicolo Poulo, employé, douze cents francs ; Pagnier, employé, douze cents francs ; trois garçons de bibliothèque, à neuf cents francs, deux mille sept cents francs ; deux portiers, à sept cent vingt francs, quatorze cent quarante francs ; frais divers et achats, reliures, etc., quatorze mille soixante francs. Total, cinquante-trois mille francs.

Tableau N° II.

Un bibliothécaire en chef, cinq mille francs ; deux conservateurs à quatre mille francs, huit mille francs ; deux sous-bibliothécaires à deux mille quatre cents francs, quatre mille huit cents francs ; quatre employés à quinze cents francs, six mille francs ; trois garçons de bibliothèque à neuf cents francs, deux mille sept cents francs ; deux portiers à sept cent vingt francs, quatorze cent quarante francs ; achats et reliures, huit mille francs ; frais divers, chauffage, etc., quatre mille soixante francs. Total, quarante mille francs.

---

16 DÉCEMBRE 1819 = Pr. 11 JANVIER 1820. — Ordonnance du Roi qui établit à Fécamp quatre places de courtier conducteur de navires interprète. (7, Bull. 356, n° 8085.)

Art. 1er. Il y aura quatre places de courtier conducteur de navires interprète à Fécamp, département de la Seine-Inférieure ; le cautionnement attaché à chacun de ces emplois sera de quatre mille francs.

2. Nos ministres secrétaires-d'État de l'intérieur et des finances sont chargés de l'exécution de la présente ordonnance, qui sera insérée au Bulletin des Lois.

16 DÉCEMBRE 1819 = Pr. 22 MAI 1820. — Lettres-patentes du Roi portant institution d'une pairie. (7, Bull. 369, n° 8724.)

La pairie de M. Charles-Gilbert-Morel, vicomte de Morel, ancien conseiller au Parlement de Paris, chevalier de la Légion-d'Honneur, etc., créé pair par ordonnance royale du 17 août 1815, a été instituée héréditairement sous le titre de vicomte.

16 DÉCEMBRE 1819. — Ordonnance du Roi qui nomme M. le baron Chabaud-Latour questeur de la Chambre des députés. (7, Bull. 355.)

16 DÉCEMBRE 1819. — Ordonnances du Roi qui accordent des lettres de déclaration de naturalité aux sieurs Jonquay, Fiévez, Gril, Desloges, Corra et Centuriane. (7, Bull. 337, 341, 355 et 426.)

16 DÉCEMBRE 1819. — Ordonnances du Roi qui autorisent l'acceptation de dons et legs faits aux pauvres. (7, Bull. 360 et 351.)

16 DÉCEMBRE 1819. — Ordonnance du Roi relative aux usines du sieur Denizet, établies sur la rivière de Chiers, commune de la Granville, arrondissement de Briey, département de la Moselle. (7, Bull. 351.)

20 DÉCEMBRE 1819. — Ordonnances du Roi qui autorisent l'acceptation de dons et legs faits aux fabriques. (7, Bull. 351.)

22 DÉCEMBRE 1819 = 11 JANVIER 1820. — Ordonnance du Roi qui modifie le décret du 6 FÉVRIER 1811, relatif à la caisse de Poissy et au commerce de boucherie dans le département de la Seine. (7, Bull. 336, n° 8086.)

Voy. ordonnance du 28 MARS 1821.

Louis, etc.

Vu les lettres-patentes du 18 mars 1779, portant établissement d'une caisse pour la facilité du commerce des bestiaux, et le décret du 6 février 1811, portant rétablissement de ladite caisse sous le nom de Caisse de Poissy ;

Vu la loi du 28 avril 1816 et notre ordonnance du 14 mai 1817 ;

Vu la délibération prise par le conseil municipal de Paris, le 12 décembre 1819 ;

Sur le rapport de notre ministre secrétaire-d'État au département de l'intérieur,

Nous avons ordonné et ordonnons ce qui suit :

Art. 1er. Le droit de trois et demi pour cent du prix des bestiaux vendus aux marchés de Sceaux et de Poissy, à celui des vaches grasses et à la halle aux veaux de Paris, attribué à notre bonne ville de Paris par les articles 8, 9, 10 et 11, titre IV du décret du 6 février 1811, cessera d'être perçu à compter du 1er janvier prochain.

2. La caisse de Poissy continuera de payer comptant et sans déplacement, aux propriétaires herbagers et marchands forains, le prix de tous les bestiaux que les bouchers de Paris achèteront auxdits marchés.

3. Il ne pourra être enlevé des marchés aucuns bestiaux qu'en vertu de laissez-passer délivrés par la caisse, soit aux bouchers de Paris pour le compte desquels elle paiera, soit à tous autres bouchers non accrédités.

A l'égard des bestiaux non vendus ou reconnus impropres à la boucherie, il continuera d'être procédé conformément aux réglemens sur la police des marchés.

4. A compter du 1er janvier 1820, il sera perçu sur les bœufs, vaches, veaux et moutons achetés pour l'approvisionnement de Paris, un droit de consommation de trois pour cent de la valeur desdits bestiaux, déterminée par leur prix d'achat.

S'il s'élevait quelque difficulté sur l'appréciation de cette valeur, les syndics des bouchers de Paris interviendront et seront appelés comme arbitres par la caisse de Poissy (1).

5. Les bouchers de Paris jouiront, pour le paiement de ce droit, d'un crédit de trente jours pour les achats faits aux marchés de Sceaux et de Poissy, et de huit jours pour

(1) Le droit perçu par la caisse de Poissy, au profit de la ville de Paris, sur les bœufs, vaches, veaux et moutons qui sont achetés sur les marchés de Sceaux et de Poissy pour l'approvisionnement de Paris, est un véritable droit d'octroi, qui a pu dès-lors être légalement établi par ordonnance royale, et non un impôt pour l'établissement duquel le concours du pouvoir législatif fût nécessaire (22 mars 1832 ; Cass. S. 32, 1, 253 ; D. 1832, 1, 142).

les achats provenant du marché des vaches grasses et de la halle aux veaux.

Le directeur de la caisse de Poissy est chargé d'exercer le recouvrement de ce droit sur les bouchers simultanément avec celui des avances à eux faites par ladite caisse.

6. Le produit de ce droit continuera d'être spécialement affecté au paiement des obligations de l'emprunt souscrit par notre bonne ville de Paris, en vertu de notre ordonnance du 14 mai 1817.

7. Les édits, lettres-patentes, déclarations, ordonnances et réglemens concernant les marchés de Sceaux, de Poissy et de Paris, ainsi que les décrets des 6 février 1811 et 15 mai 1813, continueront de recevoir leur exécution, en tout ce qui n'est pas contraire à la présente.

8. Nos ministres secrétaires-d'Etat de l'intérieur et des finances sont chargés de l'exécution de la présente ordonnance.

---

22 DÉCEMBRE 1819 = Pr. 27 FÉVRIER 1820. — Ordonnance du Roi qui établit une commission spéciale pour donner son avis sur les actions à intenter en matière de contravention aux lois prohibitives de la traite des noirs. (7, Bull. 346, n° 8246.)

Voy. lois des 15 AVRIL 1818, et 25 AVRIL 1827.

Art. 1er. Il y aura, près notre ministre secrétaire-d'Etat de la marine et des colonies, une commission spéciale, chargée de donner son avis motivé concernant toutes actions judiciaires que le département de la marine et des colonies aurait à intenter, à suivre ou à soutenir, en France, dans l'intérêt de l'administration publique, en matière de contravention aux dispositions prohibitives du trafic connu sous le nom de *traite des noirs.*

2. Cette commission spéciale sera composée ainsi qu'il est dit ci-après, savoir : le comte Siméon, conseiller-d'Etat, membre de la Chambre des députés, président ; le baron Mourre, procureur général près la Cour de cassation ; le comte d'Augier, contre-amiral, membre de la Chambre des députés ; le sieur Bretin d'Aubigny, conseiller à la cour royale de Paris ; le sieur Jacquinot-Pampelune, maître des requêtes au Conseil-d'Etat, procureur du Roi près le tribunal de première instance du département de la Seine, membre de la Chambre des députés.

Un maître des requêtes sera désigné par notre ministre secrétaire-d'Etat de la marine pour remplir les fonctions de secrétaire de la commission spéciale.

Les fonctions de rapporteur seront remplies, dans chaque affaire, par celui des membres de la commission spéciale que le président désignera.

3. Notre ministre secrétaire-d'Etat de la marine et des colonies est chargé de l'exécution de la présente ordonnance.

---

22 DÉCEMBRE 1819 = Pr. 27 FÉVRIER 1820. — Ordonnance du Roi portant autorisation, conformément aux statuts y annexés, de la société anonyme constituée à Paris sous le nom de Compagnie d'Assurances générales sur la vie des hommes. (7, Bull. 346, n° 8247.)

Voy. ordonnances du 30 MAI 1820 et du 6 SEPTEMBRE 1820.

Louis, etc.

Sur le rapport de notre ministre secrétaire-d'Etat au département de l'intérieur ;

Vu deux actes passés par-devant Lequesne et son collègue, notaires à Paris, les 28 septembre et 17 décembre 1819, le premier contenant les statuts d'une société anonyme contractée à Paris sous le nom de *Compagnie d'Assurances générales sur la vie des hommes*, le second contenant une rédaction nouvelle et définitive de cinq articles desdits statuts ;

Vu les articles 27 à 37, 40 et 45 du Code de commerce ;

Notre Conseil-d'Etat entendu,

Nous avons ordonné et ordonnons ce qui suit :

Art. 1er. L'établissement de la société anonyme constituée à Paris sous le nom de *Compagnie d'Assurances générales sur la vie des hommes*, est autorisé, ainsi que le genre d'assurances qu'elle se propose d'entreprendre conformément à ses statuts, lesquels sont approuvés ainsi qu'ils demeurent fixés par les actes sociaux des 28 septembre et 17 décembre, joints à la présente ordonnance et devant y rester annexés.

2. Ladite approbation est donnée sous la réserve que les obligations directes payables à la compagnie à présentation, et admissibles, suivant l'article 9 des statuts de la société, dans la proportion des quatre cinquièmes du montant des actions nominatives, seront entièrement acquittées et effectivement réalisées dans la caisse de la société, au plus tard, dans le terme de cinq ans de ce jour. Notre ministre secrétaire-d'Etat de l'intérieur se fera rendre compte de l'accomplissement de ladite condition.

3. La présente autorisation étant accordée à la société à la charge de se conformer aux lois et statuts qui doivent la régir, dans le cas où ces conditions ne seraient pas accomplies, nous nous réservons de révoquer ladite

approbation, sauf les actions à exercer devant les tribunaux, par les particuliers, à raison des infractions commises à leur préjudice.

4. La compagnie sera tenue de remettre, tous les six mois, au préfet du département de la Seine, au greffe du tribunal de commerce et à la Chambre de commerce de Paris, copie en forme de son état de situation.

5. Notre ministre secrétaire-d'État au département de l'intérieur est chargé de l'exécution de la présente ordonnance. Elle sera insérée au Bulletin des Lois; pareille insertion aura lieu dans le Moniteur et dans le journal des annonces judiciaires du département de la Seine, conjointement avec l'insertion des actes ci-annexés, et sans préjudice des affiches prescrites par l'art. 45 du Code de commerce.

Assurance sur la vie des hommes.

Acte social (1).

Par-devant Mᵉ Lequesne et son collègue, notaires à Paris, soussignés, furent présens.

(*Suivent les noms*).

Lesquels, voulant en fixer les bases et réglemens, et se conformer aux articles 37 et 40 du Code de commerce, ont arrêté entre eux, pour être soumises à l'approbation de Sa Majesté, les clauses et conditions suivantes :

Art. 1ᵉʳ. Il est formé une société anonyme sous le titre de *Compagnie d'Assurance générale sur la vie des hommes.*

Cette société est établie pour trente années, à partir du jour où elle a commencé ses premières opérations; passé ce terme, elle ne pourra contracter de nouvelles assurances, à moins d'un renouvellement consenti par les actionnaires en majorité de nombre et d'actions, et autorisé par le Gouvernement.

Si, avant l'expiration de ce terme de trente années, l'assemblée générale des actionnaires décidait en majorité de nombre et d'actions la dissolution de la société, elle cesserait dès ce moment de contracter de nouveaux risques, et procéderait à sa liquidation.

Dans le cas où, par une cause quelconque, le capital social serait réduit à moitié, la société doit également cesser de contracter de nouveaux risques et procéder à sa li-

quidation, à moins qu'il ne convienne aux actionnaires de rétablir ce capital.

Quelle que soit l'époque de la cessation des opérations de la compagnie, elle continuera de subsister pour l'acquit de ses engagemens envers les assurés, et jusqu'à leur entière extinction.

A partir de son expiration et à mesure de l'extinction des risques, les capitaux appartenant à la société seront, avec l'autorisation du Gouvernement, répartis entre les actionnaires, de manière qu'il en reste toujours assez pour offrir aux assurés restans une garantie suffisante.

2. Les opérations de la compagnie embrassent toutes les espèces d'assurances sur la vie d'une ou plusieurs personnes, dont les principales sont,

1° Les assurances pour la vie entière,

2° Les assurances temporaires,

3° Les assurances différées.

Toutes opérations de commerce, autres que lesdites assurances et les placemens de fonds qui en proviennent, sont interdites à la société.

Assurances sur la vie entière.

3. La compagnie s'engage, moyennant une somme qui lui est payée immédiatement, ou moyennant une prime que l'assuré s'oblige à acquitter annuellement,

1° A payer, après le décès de l'assuré, à ses héritiers ou ayans-droit, un capital convenu ;

2° A payer au contractant, après le décès d'un tiers, un capital convenu ;

Dans ce cas, elle ne souscrit pas d'assurance sans le consentement donné par écrit du tiers assuré, ou sans que le contractant ait justifié qu'il a à la conservation de la vie de ce tiers un intérêt équivalent à la somme assurée ;

3° A payer, après le décès de deux ou plusieurs personnes, à leurs héritiers ou ayans-droit, un capital convenu ;

4° A payer un capital ou une rente, soit au premier survivant, soit au survivant désigné de deux ou plusieurs personnes.

Assurances temporaires.

4. La compagnie s'engage, moyennant une somme qui lui est payée immédiatement, ou moyennant une prime que l'assuré s'oblige à acquitter annuellement, à payer un capital convenu à la mort de l'assuré, si sa mort a lieu pendant un nombre d'années déterminé.

---

(1) *Vod.* l'acte modificatif placé à la suite de celui-ci.

Si l'assuré survit, les sommes versées sont acquises à la compagnie, et elle n'a rien à rembourser.

5. Le contrat d'assurance pour la vie entière ou d'assurance temporaire, appelé *police d'assurance*, contient les clauses générales ci-après :

1° La prime d'assurance doit être payée par l'assuré au plus tard dans les trente jours qui suivent son échéance ; faute de quoi, s'il vient à mourir, ses ayans-droit ne peuvent rien réclamer.

Mais, s'il ne meurt pas, la compagnie lui laisse la faculté de rentrer dans la jouissance de la police pendant les deux mois qui suivent l'échéance de la prime, en payant une augmentation d'un demi pour cent sur le capital assuré.

Les deux mois révolus sans que l'assuré ait satisfait aux dispositions précédentes, il est déchu de ses droits ;

2° La propriété de la police est transmissible par endossement, sur l'avis qui en est donné à la compagnie ;

3° La déclaration fournie par l'assuré pour constater son âge, le lieu de sa résidence, sa profession, l'état de sa santé, sert de base au contrat d'assurance, qui devient nul quand elle contient des faits controuvés dans le but de surprendre un engagement à la compagnie ;

4° Si l'assuré périt dans une guerre ou par suite des blessures qu'il y aurait reçues, s'il se donne la mort, s'il est tué dans un duel, s'il perd la vie par exécution d'une condamnation judiciaire, il s'ensuit nullité de la police.

Il y a également nullité de la police, si l'assuré meurt dans un voyage sur mer, pendant un voyage ou séjour hors des limites de l'Europe, à moins que la compagnie n'ait consenti à courir ce risque, moyennant une augmentation de prime.

Dans tous les cas de nullité, les sommes payées par l'assuré sont acquises à la compagnie ;

5° Tout assuré qui aura servi pendant deux ans en temps de guerre, postérieurement à la date de la police, sera tenu de payer une augmentation d'un cinquième sur la prime, ou de subir une réduction équivalente sur le capital assuré ;

6° Les sommes dues par la compagnie sont payées comptant et sans aucune retenue ;

7° Les contestations entre la compagnie et l'assuré sont jugées par voie d'arbitres.

Assurances différées.

6. La compagnie s'engage à payer, à une époque fixe, un capital convenu à l'assuré, s'il vit à cette époque, moyennant une somme que l'assuré paie immédiatement ou moyennant une prime qu'il s'engage à acquitter annuellement.

Les clauses générales de ce contrat d'assurance sont les suivantes :

1° La prime doit être payée par l'assuré, chaque année, au jour fixé par la police, ou au plus tard dans les trente jours suivans. Si après les trente jours, mais dans l'intervalle de deux mois, à dater du jour de l'échéance de la prime, l'assuré veut l'acquitter, il doit payer, une seule fois, en sus de la prime, une augmentation d'un demi pour cent sur le capital assuré : les deux mois révolus sans que l'assuré ait acquitté la prime, il est déchu de ses droits, et ne peut réclamer les sommes qu'il a payées ;

2° La propriété de la police est transmissible par endossement, sur l'avis qui en est donné à la compagnie ;

3° Si l'assuré meurt avant le jour de l'échéance du capital assuré, les sommes versées sont acquises à la compagnie, et elle n'a rien à payer ;

4° La somme stipulée dans la police est payée par la compagnie comptant et sans aucune retenue ;

5° En cas de contestation entre l'assuré et la compagnie, elles sont jugées par voie d'arbitres.

7. Les sommes que l'assuré doit acquitter en un seul paiement ou en paiemens annuels sont déterminées pour chaque espèce d'assurance et pour chaque âge donné ; elles sont calculées d'après les bases suivantes :

La loi de mortalité générale en France, telle qu'elle est établie dans la table publiée par le bureau des longitudes ;

L'intérêt des sommes versées, calculé à raison de quatre pour cent l'an, cumulé d'année en année et combiné avec les probabilités de vie ou de mort déduites de la loi de mortalité précitée, suivant les méthodes connues de l'analyse mathématique, indiquées notamment dans l'ouvrage de F. Baily, publié à Londres en 1813, sous le titre de *Doctrine des annuités et des assurances sur la vie.*

La compagnie se réserve, quand elle le jugera nécessaire, de réduire le taux de l'intérêt : le *minimum* est de trois pour cent par an.

Tout individu est admis à traiter au taux qu'indiquent les tables formées d'après les principes ci-dessus énoncés, s'il a eu la petite-vérole, ou a été vacciné, et s'il n'est pas sujet à des maladies ou infirmités graves.

Celui qui n'a pas eu la petite-vérole ou n'a pas été vacciné paie une augmentation d'un dixième de la prime annuelle ou du prix de l'assurance.

Celui qui est atteint de maladies ou infirmités graves, obtient des conditions plus ou moins favorables, suivant la nature de la maladie. Ces dérogations aux conditions générales doivent être spécialement énoncées dans le contrat d'assurance.

Le *maximum* de la somme que la compagnie assure sur une seule tête peut être porté à cent mille francs.

8. La compagnie peut avoir des correspondans dans toutes les villes de France et de l'étranger, pour la représenter, conformément aux instructions qu'elle leur donne.

9. Le capital de la compagnie est de trois millions de francs : il est formé par trois cents actions de sept mille cinq cents francs l'une, et par mille actions de sept cent cinquante francs l'une Les actions de sept mille cinq cents francs sont au nom des propriétaires ; elles ne peuvent être transférées qu'avec l'agrément du conseil d'administration.

Le cinquième desdites actions est payé, au moment de leur délivrance, au choix de l'actionnaire, en argent ou en dépôt d'effets publics, transférés au nom de la compagnie : les autres quatre cinquièmes peuvent être fournis en obligations directes, payables à la compagnie à présentation.

Les actionnaires étrangers qui n'ont pas en France un domicile fixe ou des propriétés immobilières suffisantes, doivent déposer en effets publics transférés au nom de la société le prix total de leurs actions.

Les effets publics qui sont admis en dépôt, sont,

Les rentes cinq pour cent consolidés, pour la moitié de leur valeur nominale ;

Les reconnaissances de liquidation, à raison de soixante pour cent de leur valeur nominale ;

Les actions de la Banque de France, pour douze cents francs l'une ;

Et les obligations de la ville de Paris, pour mille francs.

Les déposans sont toujours responsables de la moins-value de ces effets, si, par un événement quelconque, leur valeur à la bourse de Paris tombe au-dessous du prix auquel ils ont été reçus en dépôt ; et, dans ce cas, les déposans ont à fournir incontinent en argent la moins-value.

Les actions de sept cent cinquante francs sont au porteur et payées argent comptant.

Les propriétaires d'actions nominatives ont en tout temps la faculté d'en acquitter plus d'un cinquième ; mais les intérêts revenant à ces paiemens ne courent qu'à compter de l'ouverture du semestre qui suit immédiatement lesdits paiemens.

Si, dans le cours d'un semestre, le propriétaire d'actions nominatives veut convertir en un dépôt d'effets publics le paiement du cinquième qu'il a fait en numéraire, il en a la faculté : mais il ne lui est tenu compte d'aucun intérêt pour le temps couru pendant ce semestre.

Les valeurs ainsi déposées à la société sont enfermées dans une caisse à trois clefs, dont l'une est entre les mains du directeur, une dans celles de l'inspecteur, et l'autre successivement, pendant une semaine, entre les mains d'un des autres administrateurs, à tour de rôle.

Ces valeurs ne peuvent être extraites de ladite caisse et être réalisées qu'en cas de besoin, et après décision de la majorité du conseil d'administration, motivée et signée du directeur et des administrateurs présens, et après qu'il en a été donné avis aux propriétaires des effets, pour qu'ils puissent fournir en argent leur contingent aux besoins de la société, s'ils le préfèrent.

10. Le conseil d'administration dont il est parlé plus loin, fait valoir les fonds disponibles de la société, ainsi que les primes et capitaux d'assurance qui lui sont versés,

Soit en achats d'immeubles, de rentes sur l'Etat, ou d'effets publics créés et autorisés par le Gouvernement ;

Soit en prêts sur immeubles et sur effets publics ;

Soit enfin en escomptant des valeurs de commerce sur la France, garanties par trois signatures réputées bien solvables, et à échéances fixes, n'excédant pas trois mois : ne peuvent compter parmi les signatures celles des administrateurs de la société, et des titulaires d'actions nominatives non soldées.

11. Le conseil d'administration, dans l'emploi qu'il fait des fonds qui lui sont entrés en argent, a soin qu'une somme de six cent mille francs soit en valeurs immédiatement disponibles pour parer aux premiers besoins qui surviendront ; et si, par quelque événement, cette somme était réduite à moitié, il réaliserait des engagemens directs des actionnaires ce qui serait nécessaire pour la compléter en valeurs disponibles.

Dans cette réalisation, le conseil tend toujours à établir l'égalité pour les sommes fournies par les actionnaires nominatifs, en sorte, par exemple, que celui qui a fourni les deux cinquièmes de ses actions ne soit appelé à contribuer que quand les autres ont fourni autant que lui.

12. Les actionnaires nominatifs, ainsi que les propriétaires d'actions au porteur, conformément à l'article 33 du Code de commerce, ne sont passibles que de la perte du montant de leurs actions.

13. Tout actionnaire nominatif reçoit trois actions au porteur par chaque action nominative pour laquelle il se trouve engagé.

Après la susdite distribution des actions au porteur, celles qui restent sont vendues au profit de la société, et aux époques qui sont déterminées par le conseil d'administration, sans toutefois que cette vente puisse être différée de plus d'une année après l'autorisation accordée par le Gouvernement.

14. Tout signataire du présent acte de société a une action nominative au moins : aucun ne peut en posséder plus de dix en son nom.

15. En cas d'appel de fonds prévu par l'article 11 des présens statuts sur les engagemens ou dépôts provenant des actions nominatives, les propriétaires sont obligés de satisfaire audit appel dans les dix jours qui suivent la demande à eux faite ; à défaut de quoi, et sans qu'il soit besoin d'une nouvelle autorisation, le conseil d'administration fait vendre par le ministère d'un agent de change une ou plusieurs actions de ceux qui sont en retard, jusqu'à concurrence de leur part aux contributions dont ils sont passibles, et il est fait compte aux débiteurs du produit du net, sans préjudice de leur responsabilité pour la moins-value, s'il y en a.

16. En cas de faillite d'un actionnaire nominatif, ses droits sont réglés d'après l'inventaire fait à la fin du semestre précédent, et ce qui est survenu depuis en bénéfice ou perte demeure au compte de la société, moyennant le paiement que la compagnie fait sans retard de ce qui, d'après cet inventaire, revient à l'actionnaire ; au moyen de quoi la compagnie dispose à son gré des actions qui lui sont ainsi acquises.

Il en est de même en cas de mort d'un actionnaire. Néanmoins, si son ou ses héritiers désirent continuer de faire partie de la société, ils formeront leur demande au conseil d'administration, qui en décidera au scrutin et à la majorité ; et si, dans la même succession, il y a plusieurs actions et plusieurs héritiers désirant chacun conserver celles qui lui sont échues en partage, le conseil statuera séparément sur la demande de chaque héritier.

17. La société est régie par un conseil composé de huit administrateurs, tous propriétaires de deux actions nominatives au moins, et par un directeur : les administrateurs ont seuls voix délibérative.

L'un des huit administrateurs est plus particulièrement chargé de la vérification des opérations et des comptes du directeur : il a le titre d'inspecteur.

18. Une assemblée générale des actionnaires est convoquée dans le courant des mois de janvier et de juillet de chaque année. Cette assemblée entend les rapports sur la situation de la société, et le compte des réparti-

tions arrêtées par le conseil d'administration d'après l'article 25 du présent acte.

L'assemblée générale des actionnaires peut aussi avoir lieu sur la convocation du conseil d'administration, toutes les fois qu'à la majorité des membres présens il a pris un arrêté à cet effet.

Tout propriétaire de deux actions nominatives est membre de l'assemblée générale des actionnaires, et y a voix délibérative.

Tout propriétaire de vingt actions au porteur ou plus qui, trois mois avant l'assemblée générale, les a déposées dans la caisse de l'administration, est admis dans cette assemblée, et y a voix délibérative.

Les propriétaires d'une seule action nominative et ceux d'actions au porteur sont représentés, ainsi que les absens, par l'assemblée générale : ils déclarent reconnaître tout ce qu'elle fait et adopte, comme s'ils avaient pris part aux délibérations.

19. Les administrateurs sont nommés pour quatre ans, et le directeur pour trois ans.

Chaque année, il est nommé deux administrateurs.

L'assemblée générale qui aura lieu au 1er juillet 1820 fixera l'ordre du renouvellement partiel des administrateurs.

Les administrateurs et le directeur sont toujours rééligibles.

L'assemblée générale nomme les administrateurs au scrutin secret et à la majorité relative ; elle nomme le directeur au scrutin secret et à la majorité absolue.

Le conseil d'administration choisit, toutes les années, parmi les administrateurs, celui qui, sous le titre d'inspecteur, est chargé d'une surveillance plus particulière.

20. Le directeur habite au domicile de la société ; il agit comme son procureur fondé, conduit le travail des bureaux, et est obligé de faire exécuter les arrêtés des assemblées des actionnaires et les délibérations du conseil d'administration : il poursuit au nom de la société toute action, tant en justice qu'ailleurs, rend compte de ses faits au conseil d'administration, et signe avec un ou plusieurs administrateurs les polices d'assurances, la correspondance et autres engagemens de la société.

En cas que le directeur ne puisse, pour quelque cause que ce soit, remplir cette place comme l'intérêt de la société le demande, et que le conseil d'administration à la majorité croie utile de le remplacer, il en fait la proposition à l'assemblée générale des actionnaires, qui en décide à la majorité des trois quarts des voix.

21. Pour qu'une délibération du conseil d'administration soit valable, il faut qu'elle soit prise et signée au moins par cinq membres du conseil.

Ceux qui participent aux délibérations reçoivent un droit de présence en jetons ; et, lors des assemblées générales, tous les actionnaires qui y ont assisté, voté et signé le procès-verbal, reçoivent le même droit.

A la fin de l'année de son service, l'inspecteur reçoit du conseil d'administration une bourse de jetons en témoignage de reconnaissance pour les soins qu'il a donnés aux intérêts de la société.

22. Dans toutes les élections, en cas d'égalité de suffrages, celui qui possède le plus d'actions nominatives est préféré, et si, sur ce fait, il y a encore égalité, la préférence est donnée à l'âge.

23. En cas de retraite ou de mort d'un ou plusieurs administrateurs, les autres membres du conseil d'administration pourvoient provisoirement à leur remplacement, jusqu'à la première assemblée générale, qui fait l'élection définitive ; mais, s'il y a lieu à remplacer le directeur, l'assemblée générale des actionnaires est convoquée immédiatement, et procède au remplacement.

24. Le directeur rend compte, à chaque semestre, à l'assemblée générale des actionnaires, des opérations qui ont eu lieu et de leurs résultats ; il soumet à leur délibération les propositions que le conseil l'a chargé de présenter.

L'inspecteur fait, sur le compte rendu par le directeur, les observations qu'il estime convenables.

Après un tour de discussion, l'assemblée vote sur chaque proposition à la majorité, et ses décisions sont observées par le conseil d'administration.

25. Chaque semestre, un intérêt de deux et demi pour cent est prélevé sur les bénéfices acquis, et subsidiairement sur le capital social, en faveur des actions au porteur et des portions d'action nominative qui ont été payées comptant.

Il n'est pas dû d'intérêts sur les effets publics reçus en dépôt ; les dividendes et arrérages qui résultent de ces effets appartiennent toujours à leurs propriétaires, et leur sont remis aussitôt qu'ils ont été reçus.

Après le prélèvement des intérêts susdits, si les bénéfices nets acquis s'élèvent à deux pour cent du capital primitif ou au-dessus, la moitié desdits bénéfices est prélevée, et forme un fonds de réserve au profit de la société. Lorsque ce fonds de réserve aura porté le capital de la société à quatre millions, il ne sera plus prélevé qu'un quart ; lorsqu'il aura été porté à cinq millions, il ne sera plus prélevé qu'un huitième des bénéfices nets au profit de la société.

Sur les bénéfices qui restent après ces prélèvemens, il est pris à la fin de chaque année, en cumulant ou compensant les bénéfices ou les pertes des deux semestres, deux pour cent, qui sont employés par le conseil d'administration en actes de bienfaisance.

Ces prélèvemens faits, le résultat des bénéfices nets est réparti au centime le franc entre les actions au porteur et les actions nominatives ; mais le contingent qui revient à la portion des actions nominatives qui n'a pas été payée comptant ou déposée en effets publics, au lieu d'être touché par les actionnaires, est porté à leur crédit ; leurs engagemens sont réduits d'autant, et cet article de crédit, considéré comme argent reçu, vaut, les semestres suivans, intérêt aux propriétaires.

Si les bénéfices nets acquis pendant le premier semestre ne s'élèvent pas à deux pour cent, il ne sera fait de répartition qu'à la fin de celui des semestres suivans où ces deux pour cent seront réalisés.

Si des actions nominatives qui ont été payées comptant, ou dont la valeur a été déposée en effets publics, sont transférées à des Français admis à jouir de l'avantage du paiement ou du dépôt du cinquième, ils peuvent, s'ils le désirent, retirer les autres quatre cinquièmes en échange de leurs obligations directes, sauf le maintien, tant pour le passé que pour l'avenir, de la retenue des bénéfices stipulée ci-dessus, pour la portion des actions nominatives qui n'a pas été payée comptant ou déposée en effets publics.

26. L'ordre et la marche de la société sont plus particulièrement déterminés par un réglement intérieur général, concordant avec les principes du présent acte ; il sera aussi soumis à l'approbation de Sa Majesté.

Ensuite le conseil d'administration fait les réglemens de détail qu'il croit utiles, et peut toujours les modifier sans s'écarter des bases fondamentales fixées par l'acte d'association.

27 et dernier. Au moyen du présent acte, ceux précédemment passés pour le même objet devant Me Foucher, qui en a minute, et ses collègues, notaires royaux à Paris, les 20 et 26 août 1818, et 17 février suivant, enregistrés, sont réputés nuls et comme non avenus.

C'est ainsi que le tout a été convenu entre les comparans fondateurs de la société, pour être exécuté de bonne foi par eux et par tous ceux qui deviendront ensuite membres de la présente société, sans qu'ils puissent en changer les dispositions, attendu qu'avant de s'engager par leurs signatures, ils doivent prendre connaissance du présent acte et des réglemens qui en déterminent l'exécution.

Réglement.

Par-devant Me Lequesne et son collègue,

notaires à Paris, soussignés, furent présens.

(Suivent les noms.)

Lesquels, en exécution de l'acte constitutif de cette société passé devant les notaires soussignés cejourd'hui, et dont la minute sera enregistrée en même temps que ces présentes, ont établi ainsi qu'il suit les réglemens intérieurs de ladite société :

Assemblée générale des actionnaires.

Art. 1er. L'assemblée générale des actionnaires est composée des propriétaires de deux actions nominatives ou plus, et des possesseurs reconnus de vingt actions au porteur, conformément au quatrième paragraphe de l'article 18 de l'acte social ; ils ont voix délibérative.

Aucun ne peut posséder sous son nom plus de dix actions nominatives.

Lorsqu'une maison possède ses actions sous le nom collectif de plusieurs associés, un seul les représente à l'assemblée des actionnaires.

Le droit de voter est personnel ; nul ne peut voter par procuration d'un membre absent.

2. L'assemblée élit, chaque année, deux administrateurs au scrutin et à la majorité relative.

3. Chaque année l'assemblée générale procède, au scrutin et à la majorité relative, à la nomination de son président, de son secrétaire et de deux scrutateurs.

Ceux qui ont été nommés à ces fonctions sont constamment rééligibles ; dans le cas où, par quelque cause que ce fût, ils perdraient le droit de voter, ils seraient remplacés à la première réunion des actionnaires.

Le directeur ni aucun des administrateurs, ne peuvent être élus à ces places.

4. L'assemblée délibère par un tour de discussion sur les propositions qui lui sont soumises ; ensuite elle décide à la majorité.

Toutes les fois que cinq votans demandent que les voix soient recueillies au scrutin, il a lieu.

5. Si par mort, maladie, démission ou toute autre cause, le directeur cesse de remplir ses fonctions, l'assemblée des actionnaires sera incontinent convoquée, et procédera à son remplacement.

6. Chaque année, l'assemblée choisit parmi les actionnaires votans non membres du conseil d'administration, trois commissaires, qui vérifient les comptes rendus et font leur rapport à l'assemblée suivante.

7. Le procès-verbal de chaque assemblée est rédigé par le secrétaire et mis sur le registre à ce destiné ; il est signé par le président et par tous les membres qui ont voté dans l'assemblée.

Conseil d'administration.

8. Le conseil d'administration est composé de huit administrateurs (au nombre desquels est l'inspecteur) et du directeur. Les nominations précédemment faites à ces places sont celles de MM. Pierre Basterrèche, Nicolas Hubbard, François-Jacques Outrequin, Louis Perrée, Ternaux-Rousseau, Isaac Thuret, Roman-Vassal, Bartholdi, Sœhnée, administrateurs, et Auguste de Gourcuff, directeur.

9. Pour qu'une délibération du conseil soit valable, il faut qu'elle soit prise par cinq membres au moins, et à la majorité de trois voix contre deux.

10. Le conseil s'assemble aussi souvent qu'il le juge à propos, et au moins une fois par semaine.

Outre le directeur et l'inspecteur, les autres membres du conseil sont tour à tour de service pendant une semaine, de manière qu'il y en a toujours un au bureau de l'administration à l'heure convenable pour signer avec le directeur la correspondance et les autres actes d'administration.

11. Le conseil choisit, tous les ans, son président parmi les administrateurs autres que le directeur et l'inspecteur.

12. Lorsque l'administrateur de semaine ne peut faire son service, il en prévient le conseil et il se fait remplacer par un autre administrateur.

13. L'administrateur de semaine vise le registre où ont été copiés les contrats d'assurances.

14. Le conseil choisit les employés de la compagnie, règle leur traitement et modère les dépenses autant que possible ; le secrétaire de la compagnie n'est pas membre du conseil ; mais il y assiste chaque fois qu'il ne se forme pas en comité secret.

15. Les procès-verbaux du conseil sont rédigés par le secrétaire, et, après leur approbation, rapportés sur un registre à ce destiné, et signé par le président, l'inspecteur, le directeur et deux administrateurs.

16. L'inspecteur ou tout autre membre du conseil qui est d'avis opposé à la délibération prise peut faire inscrire son opinion dans le procès-verbal et la signer ; néanmoins elle n'arrête pas l'effet de la délibération de la majorité du conseil ; mais si, dans le service de tous les jours, l'inspecteur et l'administrateur de semaine diffèrent d'avis avec le directeur, le conseil est convoqué pour le lendemain et prononce définitivement sur le dissentiment.

S'il est fait des placemens en rente sur l'État, leur inscription a lieu au nom de la compagnie, avec faculté par le directeur de transférer, assisté de l'un des administrateurs.

17. Le conseil d'administration dispose, de la manière qui lui semble la plus avantageuse à la société, et en se conformant à l'article 13 des statuts, des actions en réserve, après qu'il en a délibéré, et que ses arrêtés, inscrits sur le registre des délibérations, ont été signés par la majorité des membres qui y ont concouru.

18. Le conseil fait exécuter les délibérations de l'assemblée générale des actionnaires et rend compte de leur exécution à la réunion suivante. Il établit, toutes les fois qu'il le croit utile, des agens et des correspondans dans les principales villes de France ou de l'étranger; il fixe le traitement de ses agens et correspondans, leur donne ses instructions, et peut toujours les changer ou révoquer.

19. Le conseil s'empresse de faire acquitter les capitaux ou rentes stipulés dans les polices d'assurances, aussitôt que la demande qui en est faite a été suffisamment justifiée.

20. Chaque semestre, le conseil d'administration arrête l'inventaire de la société, et règle le dividende d'après l'art. 25 de l'acte social.

21. L'assemblée générale des actionnaires peut être convoquée toutes les fois que, par des circonstances importantes et imprévues, le conseil l'a arrêté; le directeur est chargé de ces convocations.

22. Dans les cas inattendus et non assez importans pour convoquer l'assemblée générale, le conseil d'administration fait ce qu'il juge convenable aux intérêts de la société, à la charge d'en rendre compte lors de la première assemblée générale.

23. En cas de mort, démission, maladie ou absence prolongée du directeur, le président du conseil le remplace jusqu'à ce que l'assemblée générale des actionnaires ait procédé à une nouvelle nomination.

Dans les même cas, l'inspecteur est suppléé par un des sept autres administrateurs restans; mais, s'il y a absence de quatre administrateurs, les actionnaires sont incontinent convoqués pour procéder à leur remplacement.

Dispositions générales.

24. Les écritures de la société sont tenues en partie double: la balance en est faite le 1er de chaque mois, et rapportée sur un registre à ce destiné.

Tous les six mois, il est fait un inventaire détaillé, suivi du calcul des répartitions réglé sur l'art. 25 de l'acte social. Cet inventaire est rapporté sur le registre à la suite

des balances mensuelles, et signé par tous les membres du conseil pour en affirmer l'exactitude.

25. La société a son compte à la Banque de France, afin de n'avoir dans sa caisse que l'argent nécessaire aux dépenses journalières de détail: les mandats fournis sur la Banque sont signés par le directeur, et visés par l'inspecteur, et, à son défaut, par l'administrateur de service.

26. Les actions au porteur sont délivrées à leurs propriétaires, et portent quittance par elles-mêmes.

Les actions nominatives consistent en inscriptions sur le grand-livre de la société.

Il en est délivré des extraits aux propriétaires, signés par le directeur et l'administrateur de semaine et visés par l'inspecteur.

Elles peuvent se transmettre par transfert préalablement autorisé par le conseil d'administration.

Ces diverses pièces sont numérotées et copiées sur un registre particulier, et il est pris des mesures pour en prévenir la falsification.

Les extraits ci-dessus stipulent les paiemens et les dépôts qui ont été faits à valoir sur lesdites actions.

Fait et passé à Paris, au domicile de la société, rue de Provence, n° 19, le 28 septembre 1819.

Modifications à l'acte constitutif de la Société d'Assurances générales sur la vie des hommes.

Par-devant Me Lequesne et son collègue, notaires royaux à Paris, soussignés, furent présens, etc.

Lesquels, après un nouvel examen, sont convenus et ont arrêté de modifier de la manière suivante l'acte constitutif de ladite société passé devant Me Lequesne, l'un des notaires à Paris, soussignés, qui en a minute, et son collègue, le 28 septembre dernier, enregistré.

Les articles 1er, 3, 5, 7 et 9 dudit acte sont supprimés et remplacés par ceux ci-après:

Art. 1er. Il est formé une société anonyme sous le titre de *Compagnie d'Assurances générales sur la vie des hommes*.

Cette société est établie pour trente années, à partir du jour où elle a commencé ses premières opérations: passé ce terme, elle ne pourra contracter de nouvelles assurances, à moins d'un renouvellement d'association qui sera soumis à l'approbation du Roi.

Si, avant l'expiration de ce terme de trente années, l'assemblée générale des actionnaires décidait en majorité de nombre et d'actions la dissolution de la société, elle cesserait dès ce moment de contracter de nouveaux risques, et procéderait à sa liquidation.

Dans le cas où, par une cause quelconque, le capital social serait réduit à moitié, la société doit également cesser de contracter de nouveaux risques, et procéder à sa liquidation, à moins qu'il ne convienne aux actionnaires de rétablir ce capital.

Quelle que soit l'époque de la cessation des opérations de la compagnie, elle continuera de subsister pour l'acquit de ses engagemens envers les assurés et jusqu'à leur entière extinction.

A partir de son expiration et à mesure de l'extinction des risques, les capitaux appartenant à la société seront, avec l'autorisation du Gouvernement, répartis entre les actionnaires, de manière qu'il en reste toujours assez pour offrir aux assurés restans une garantie suffisante.

Assurances pour la vie entière.

3. La compagnie s'engage, moyennant une somme qui lui est payée immédiatement, ou moyennant une prime que l'assuré s'oblige à acquitter annuellement,

A payer, après le décès de l'assuré, à ses héritiers ou ayans-droit, un capital convenu,

Ou à payer au contractant, après le décès d'un tiers, un capital convenu.

Dans ce cas, elle ne souscrit pas d'assurances sans le consentement donné par écrit du tiers assuré, ou sans que le contractant ait justifié qu'il a à la conservation de la vie de ce tiers un intérêt équivalent à la somme assurée ;

Ou à payer après le décès de deux ou plusieurs personnes, à leurs héritiers ou ayans-droit, un capital convenu ;

Ou enfin à payer un capital ou une rente, soit au premier survivant, soit au survivant désigné de deux ou plusieurs personnes.

5. Le contrat d'assurance pour la vie entière ou d'assurance temporaire, appelé *police d'assurance*, contient les clauses générales ci-après :

1° La prime d'assurance doit être payée par l'assuré au plus tard dans les trente jours qui suivent son échéance ; faute de quoi, s'il vient à mourir, ses ayans-droit ne peuvent rien réclamer.

Mais, s'il ne meurt pas, la compagnie lui laisse la faculté de rentrer dans la jouissance de la police pendant les deux mois qui suivent l'échéance de la prime, en payant une augmentation d'un demi pour cent sur le capital assuré.

Les deux mois révolus sans que l'assuré

ait satisfait aux dispositions précédentes, il est déchu de ses droits ;

2° La propriété de la police est transmissible par voie d'endossement ; mais, pour que ce transfert soit valable, il faut qu'il soit approuvé par la compagnie, qui ne l'autorisera que sur le consentement écrit de l'assuré ;

3° La déclaration fournie par l'assuré pour constater son âge, le lieu de sa résidence, sa profession, l'état de sa santé, sert de base au contrat d'assurance, qui devient nul quand elle contient des faits controuvés dans le but de surprendre un engagement à la compagnie ;

4° Si l'assuré périt dans une guerre ou par suite de blessures qu'il y aurait reçues, s'il se donne la mort, s'il est tué dans un duel, s'il perd la vie par exécution d'une condamnation judiciaire, il s'en suit nullité de la police.

Il y a également nullité de la police, si l'assuré meurt dans un voyage sur mer, pendant un voyage ou séjour hors des limites de l'Europe, à moins que la compagnie n'ait consenti à courir ce risque moyennant une augmentation de prime.

Dans tous les cas de nullité, les sommes payées par l'assuré sont acquises à la compagnie ;

5° Tout assuré qui aura fait un service militaire de deux années en temps de guerre, postérieurement à la date de la police, sera tenu de payer une augmentation du cinquième sur la prime, ou de subir une réduction équivalente sur le capital assuré ;

6° Les sommes dues par la compagnie sont payées comptant et sans aucune retenue ;

7° Les contestations entre la compagnie et l'assuré sont jugées par voie d'arbitres.

7. Les sommes que l'assuré doit acquitter en un seul paiement ou en paiemens annuels sont déterminées pour chaque espèce d'assurance et pour chaque âge donné ; elles sont calculées d'après les bases suivantes :

La loi de mortalité générale en France, telle qu'elle est établie dans la table publiée par le bureau des longitudes ;

L'intérêt des sommes versées, calculé à raison de quatre pour cent l'an, cumulé d'année en année et combiné avec les probabilités de vie ou de mort déduites de la loi de mortalité précitée, suivant les méthodes connues de l'analyse mathématique, indiquées notamment dans l'ouvrage de F. Baily, publié à Londres en 1813, sous le titre de *Doctrine des annuités et des assurances sur la vie.*

La compagnie a, d'après les principes ci-dessus énoncés, fait dresser trois tableaux ou tables que les comparans ont représentés, dûment timbrés, et qui sont, à leur réquisition, demeurés ci-annexés, après avoir été de chacun d'eux signés et paraphés en présence des notaires soussignés.

Ladite compagnie se réserve, quand elle le jugera nécessaire, de réduire le taux de l'intérêt : le *minimum* est de trois pour cent par an.

Tout individu est admis à traiter au taux qu'indiquent les tables formées d'après les principes ci-dessus énoncés, s'il a eu la petite-vérole ou a été vacciné, et s'il n'est point sujet à des maladies ou infirmités graves.

Celui qui n'a pas eu la petite-vérole ou n'a pas été vacciné paie une augmentation d'un dixième de la prime annuelle ou du prix de l'assurance.

Celui qui est atteint de maladies ou infirmités graves obtient des conditions plus ou moins favorables, suivant la nature de la maladie : ces dérogations aux conditions générales doivent être spécialement énoncées dans le contrat d'assurance.

Le *maximum* de la somme que la compagnie assure sur une seule tête, peut être porté à cent mille francs.

9. Le capital de la compagnie est de trois millions de francs : il est formé par trois cents actions de sept mille cinq cents francs l'une, et par mille actions de sept cent cinquante francs l'une. Les actions de sept mille cinq cents francs sont au nom des propriétaires, et elles ne peuvent être transférées qu'avec l'agrément du conseil d'administration, et cet agrément constituera la parfaite libération de l'actionnaire cédant et les nouvelles obligations du cessionnaire.

Le cinquième desdites actions est payé, au moment de leur délivrance, au choix de l'actionnaire, en argent ou en dépôt d'effets publics transférés au nom de la compagnie : les autres quatre cinquièmes peuvent être fournis en obligations directes payables à la compagnie à présentation.

Les actionnaires étrangers qui n'ont pas en France un domicile fixe ou des propriétés immobilières suffisantes doivent déposer en effets publics transférés au nom de la société le prix total de leurs actions.

Les effets publics qui sont admis en dépôt sont :

Les rentes cinq pour cent consolidés, pour la moitié de leur valeur nominale ;

Les reconnaissances de liquidation, à raison de soixante pour cent de leur valeur nominale ;

Les actions de la Banque de France, pour douze cents francs l'une ;

Et les obligations de la ville de Paris, pour mille francs.

Les déposans sont toujours responsables de la moins-value de ces effets, si, par un événement quelconque, leur valeur à la Bourse de Paris tombe au-dessous du prix auquel ils ont été reçus en dépôt ; et, dans ce cas, les déposans ont à fournir incontinent en argent la moins-value.

Les actions de sept cent cinquante francs sont au porteur et payées argent comptant.

Le propriétaires d'actions nominatives ont en tout temps la faculté d'en acquitter plus d'un cinquième ; mais les intérêts revenant à ces paiemens ne courent qu'à compter de l'ouverture du semestre qui suit immédiatement lesdits paiemens.

Si, dans le cours d'un semestre, le propriétaire d'actions nominatives veut convertir en un dépôt d'effets publics le paiement du cinquième qu'il a fait en numéraire, il en a la faculté ; mais il ne lui est tenu compte d'aucun intérêt pour le temps couru pendant ce semestre.

Les valeurs ainsi déposées à la société sont enfermées dans une caisse à trois clés, dont l'une est entre les mains du directeur, une dans celles de l'inspecteur, et l'autre, successivement pendant une semaine, entre les mains d'un des autres administrateurs, à tour de rôle.

Ces valeurs ne peuvent être extraites de ladite caisse et être réalisées qu'en cas de besoin, et après décision de la majorité du conseil d'administration, motivée et signée du directeur et des administrateurs présens, et après qu'il en a été donné avis aux propriétaires des effets, pour qu'ils puissent fournir en argent leur contingent aux besoins de la société, s'ils le préfèrent.

Fait et passé à Paris, en la demeure de chacun des comparans, le 17 décembre 1819.

(*Suit la teneur des annexes.*)

22 DÉCEMBRE 1819. — Ordonnances du Roi qui autorisent l'acceptation de dons et legs faits aux fabriques. (7, Bull. 351.)

22 DÉCEMBRE 1819. — Ordonnances du Roi qui autorisent l'acceptation de dons et legs faits aux sœurs hospitalières du Saint-Sacrement de Romans, et aux communes. (7, Bull. 355.)

25 DÉCEMBRE 1819 = Pr. 29 JANVIER 1820. — Ordonnance du Roi contenant règlement sur la répartition des bourses ou portions de bourse attribuées aux communes dans les collèges royaux. (7, Bull. 340, n° 8138.)

Voy. ordonnance du 16 NOVEMBRE 1821.

Louis, etc.

Sur le rapport de notre ministre secrétaire-d'Etat au département de l'intérieur ;

Vu l'acte du Gouvernement du 10 mai 1808, portant création de bourses et portions de bourse à la charge des communes dans les colléges royaux ;

Vu l'acte du 2 mai 1811, le titre II de notre ordonnance du 12 mars 1817, et les délibérations prises par les conseils municipaux des villes comprises dans la répartition annexée au décret de 1808 ;

Considérant que les bourses et portions de bourse attribuées aux communes par les examens, promotions et concours auxquels elles donnent lieu, entretiennent une émulation salutaire parmi la jeunesse de nos départemens, et qu'elles sont un moyen puissant de ne pas laisser inutiles, faute d'une éducation convenable, les talens et les dispositions naturelles des jeunes gens dépourvus de fortune ;

Considérant que, depuis le décret de 1808, il a été reconnu que beaucoup de communes avaient été mal à propos comprises dans la répartition des bourses annexées à ce décret, et que les conseils municipaux avaient été privés d'une participation convenable à la collation de ces bourses ;

Mais que s'il est juste de laisser aux autorités locales le choix et la désignation des sujets qui peuvent obtenir les bourses fondées par les villes, la garantie que l'Etat doit aux familles n'exige pas moins impérieusement que ces choix ne puissent tomber que sur les sujets les plus capables et dont la présence dans les colléges royaux ne soit pas nuisible ou dangereuse pour ces établissemens ;

Que le concours à des conditions connues et fixées présente le mode d'admission le plus juste et le plus égal ;

Que même la majorité des délibérations municipales est favorable au maintien de cette mesure ;

Considérant enfin que, les conseils municipaux se trouvant chargés dorénavant de remplir les bourses au fur et à mesure des vacances qui surviendront, il ne serait pas juste de faire supporter aux colléges royaux les retenues autorisées jusqu'ici sur les bourses vacantes et auxquelles les conseils municipaux ne pourvoiraient pas ;

A ces causes,

Vu le mémoire de notre commission royale d'instruction publique ;

Notre Conseil-d'Etat entendu ;

Nous avons arrêté et arrêtons, ordonné et ordonnons ce qui suit :

TITRE Ier. Fondations.

Art. 1er. Les villes comprises dans le tableau ci-joint continueront à entretenir dans les colléges royaux désignés audit tableau, des élèves boursiers qui seront assimilés en tout aux boursiers de l'Etat.

2. En conséquence, lesdites communes porteront chaque année dans leurs budgets les sommes affectées auxdites bourses, sans qu'il puisse être rien innové à cet égard qu'en vertu d'une ordonnance royale.

TITRE II. Mode de nomination.

3. Les bourses fondées par les communes ne pourront être obtenues qu'au concours et par suite d'examens qui seront faits d'après les règles et aux conditions ci-après exprimées.

4. Lorsqu'une de ces bourses deviendra vacante, le proviseur du collége royal en donnera immédiatement avis au maire de la ville fondatrice, qui sera prévenu, en outre, trois semaines avant les époques ci-après fixées, du jour où le concours aura lieu.

5. Les concours pour les bourses vacantes seront ouverts dans les communes fondatrices au mois de mai et au mois de septembre de chaque année ; et, dans le cas où il serait jugé convenable d'ouvrir un concours extraordinaire, le conseil municipal de la ville intéressée se concertera à cet effet avec le recteur de l'académie.

6. Le conseil municipal formera une liste des candidats qu'il jugera convenable de présenter au concours : ils devront être nés ou domiciliés dans la ville fondatrice, et remplir les conditions exigées par les réglemens sur l'instruction publique.

La liste devra être triple, au moins, du nombre des bourses vacantes ; elle sera signée par le maire, et remise à l'inspecteur chargé du concours.

7. Il sera procédé au concours, soit par un inspecteur général des études, soit par l'inspecteur de l'académie, ou tout autre officier de l'instruction publique désigné par le recteur à cet effet, en présence du maire ou de l'adjoint à ce commis. Le concours sera public.

8. Le procès-verbal du concours, signé par le maire ou par l'adjoint présent, auquel seront jointes les pièces exigées par les réglemens, sera transmis au recteur de l'académie, qui l'adressera sur-le-champ à la commission royale de l'instruction publique ; et la commission nommera immédiatement aux bourses vacantes les élèves qui se seront le plus distingués au concours.

9. Dans la huitaine de la nomination, la commission en donnera connaissance au maire de la commune intéressée par l'in-

termédiaire du préfet du département, et à notre ministre de l'intérieur.

Elle fera connaître en même temps l'époque à laquelle les élèves nommés devront être rendus à leur destination.

L'arrêté de nomination sera transcrit sur le registre des délibérations du conseil municipal, et le maire en donnera avis à chaque élève nommé, ainsi que du jour où il devra être rendu au collège royal.

TITRE III. Dispositions générales.

10. Les bourses supérieures devant être la récompense des élèves déjà boursiers qui obtiennent le plus de succès dans l'intérieur des collèges royaux, les élèves admis au concours ne pourront obtenir pour la première fois que des bourses à demi-pension ou à trois quarts de pension, à moins qu'il ne se soit présenté à l'examen des sujets particulièrement distingués et dont les parens ne puissent fournir au paiement de la moitié ou du quart de la bourse mise au concours ; ce qui sera attesté par le maire.

11. Il ne sera jamais nommé aux bourses communales vacantes, sous quelque prétexte que ce soit, que les élèves présentés par les conseils municipaux des villes fondatrices.

12. Tout élève qui ne sera pas rendu à sa destination dans les trois mois de sa nomination, à moins d'empêchement légitime constaté par le maire, sera considéré comme démissionnaire, et il sera pourvu à son remplacement d'après le procès-verbal du dernier concours et en suivant l'ordre des numéros donnés aux concurrens, sauf le cas d'un nouveau concours, comme il est dit article 5.

13. Tout boursier qui, par suite de sa paresse ou de sa négligence habituelle, ne passerait pas, à la fin de chaque année scolastique, dans une classe supérieure, sera remis à ses parens.

14. Les retenues qui s'opéreraient sur les bourses vacantes, conformément au décret du 2 mai 1811 et à notre ordonnance du 12 mars 1817, ne seront plus exercées à l'avenir et à compter du 1er janvier 1820.

15. Les communes dont les fondations de bourses ont cessé d'être comprises dans le tableau de répartition ci-joint, et qui par la suite voudraient rétablir ces fondations, ou celles qui, à l'avenir, voudraient fonder une ou plusieurs bourses dans les collèges royaux, feront connaître leurs vœux à cet égard à notre ministre secrétaire-d'État de l'intérieur ; et, sur la proposition de notre commission royale de l'instruction publique, lesdites communes seront admises au bénéfice de la fondation, d'après les règles et aux conditions déjà établies.

TITRE IV. Dispositions transitoires.

16. Les bourses créées par le décret du 10 mai 1808, et qui ne sont point conservées par la présente ordonnance, continueront néanmoins à être entretenues par les communes, comme par le passé, si elles sont en ce moment occupées ; et ce, jusqu'à ce que les titulaires desdites bourses aient terminé le cours de leurs études.

17. Les changemens faits aux anciennes fondations des bourses par le tableau annexé à la présente ordonnance, et les modifications à ces fondations demandées par les communes, seront opérés partiellement dès que les fonds provenant des vacances des bourses anciennes le permettront, et sans attendre l'extinction totale de ces bourses.

18. Les communes dont les fondations ne se trouvent plus comprises dans le tableau de répartition annexé à la présente ordonnance seront tenues d'acquitter les sommes qu'elles pourraient devoir pour l'entretien des bourses qui leur auraient été attribuées jusqu'ici.

19. Notre commission royale de l'instruction publique prendra toutes les mesures convenables pour opérer la translation des élèves dont les bourses seront reversées d'un collège dans un autre, et fera les réglemens nécessaires pour assurer la prompte exécution des présentes.

TITRE V.

20. Toutes dispositions des anciens décrets et ordonnances contraires aux présentes sont et demeurent abrogées.

21. Notre ministre secrétaire-d'État de l'intérieur est chargé de l'exécution de la présente ordonnance, qui sera insérée au Bulletin des Lois.

Tableau de répartition des Bourses ou portions de Bourse attribuées aux communes dans les colléges royaux.

DÉPARTEMENS.	COMMUNES.	NOMBRE DE BOURSES			SOMMES.
		entièr.	3/4	1/2	
Collége royal d'Amiens (2ᵉ classe).					
Somme.	Amiens.	3	4	4	5,200 00
Oise.	Beauvais.	2	»	»	1,300 00
	Béthune.	»	1	»	487 50
Pas-de-Calais.	Montreuil.	»	»	1	325 00
	Hesdin.	»	1	»	487 50
Seine.	Paris.	10	20	20	22,750 00
		15	26	25	30,550 00
Collége royal d'Angers (2ᵉ classe).					
Maine-et-Loire. . . .	Angers.	2	4	5	4,875 00
	Saumur.	1	1	»	1,137 50
Sarthe.	Le Mans.	3	2	»	2,925 00
Mayenne.	Mayenne.	»	»	1	325 00
		6	7	6	9,262 50
Collége royal d'Avignon (3ᵉ classe).					
	Avignon.	3	2	3	3,600 00
Vaucluse.	Apt.	»	1	»	450 00
	Carpentras.	»	»	2	600 00
Var.	Lorgues.	»	»	1	300 00
		3	3	6	4,950 00
Collége royal de Besançon (2ᵉ classe).					
Doubs.	Besançon.	2	2	6	4,225 00
Haute-Saône.	Vesoul.	»	»	2	650 00
Jura.	Lons-le-Saulnier. . .	»	»	1	325 00
		2	2	9	5,200 00
Collége royal de Bordeaux (1ʳᵉ classe).					
Gironde.	Bordeaux.	14	20	14	27,000 00
	Blaye.	»	»	1	375 00
Lot-et-Garonne. . . .	Marmande.	»	»	1	375 00
Landes.	Mont-de-Marsan. . . .	»	1	1	937 00
		14	21	17	28,687 50

DÉPARTEMENS.	COMMUNES.	NOMBRE DE BOURSES			SOMMES.
		entièr.	3/4	1/2	
Collége royal de Bourges (3e classe).					
Cher.	Bourges.	1	2	2	2,100 00
Nièvre.	Nevers.	1	1	2	1,650 00
Indre.	Châteauroux. . . .	»	»	1	300 00
		2	3	5	4,050 00
Collége royal de Caen (2e classe).					
Calvados.	Falaise.	1	»	»	650 00
	Valogne.	»	1	1	812 50
Manche.	Carentan.	»	»	1	325 00
	Granville.	»	»	1	325 00
	Alençon.	2	»	»	1,300 00
Orne.	Séez.				
	Mortagne.	»	»	1	325 00
Collége royal de Cahors (3e classe).					
Lot.	Cahors.	3	»	»	1,800 00
Collége royal de Clermont (3e classe).					
Puy-de-Dôme. . . .	Clermont.	1	2	3	2,400 00
	Thiers.	»	»	2	600 00
		1	2	5	3,000 00
Collége royal de Dijon (2e classe).					
Côte-d'Or.	Dijon.	3	»	»	1,950 00
	Auxonne.	»	»	1	525 00
	Beaune.	2	»	»	1,500 00
Haute-Marne. . . .	Saint-Dizier.	1	»	»	650 00
		6	»	1	4,225 00
Collége royal de Douai (2e classe).					
	Douai.	3	4	»	3,900 00
	Cambrai.	2	2	3	3,250 00
Nord.	Bergues.	»	1	1	812 50
	Hazebrouck.	1	»	»	650 00
	Lille.	4	4	4	5,350 00
	Saint-Amand.	»	»	1	325 00
Pas-de-Calais. . . .	Calais.	2	»	»	1,500 00
		12	11	9	16,087 50

DÉPARTEMENS.	COMMUNES.	NOMBRE DE BOURSES			SOMMES.
		entièr.	3/4	1/2	
Collége royal de Grenoble (3e classe).					
Isère.	Grenoble.	3	2	4	3,009 00
	Vienne.	»	2	»	900 00
Drôme.	Valence.	»	»	1	300 00
		3	4	5	5,100 00
Collége royal de Limoges (3e classe).					
Haute-Vienne.	Limoges.	1	2	3	2,400 00
Collége royal de Lyon (1re classe).					
Rhône.	Lyon.	14	26	40	40,125 00
Loire.	Saint-Étienne.	1	2	3	3,000 00
		15	28	43	43,125 00
Collóge royal de Marseille (1re classe).					
Bouches-du-Rhône. .	Marseille.	15	25	36	38,812 50
	Aubagne.	»	»	1	375 00
	Aix.	3	2	»	3,375 00
	Tarascou.	»	2	»	1,125 00
Var.	Toulon.	2	4	2	4,500 00
	Hyères.	»	»	1	375 00
	Grasse.	1	»	»	750 00
		21	33	40	49,312 50
Collége royal de Metz (2e classe).					
Moselle.	Metz.	3	»	9	4,875 00
Collége royal de Montpellier (2e classe).					
Hérault.	Montpellier.	2	4	8	5,850 00
	Lodève.	1	»	»	650 00
	Cette.	2	»	»	1,300 00
	Lunel.	»	»	1	325 00
Aude.	Garcassonne.	1	2	1	1,950 00
		6	6	10	10,075 00

DÉPARTEMENS.	COMMUNES.	NOMBRE DE BOURSES			SOMMES.
		entièr.	3/4	1/2	
Collége royal de Moulins (3e classe).					
Allier.	Moulins.	1	2	3	2,400 00
Cantal.	Aurillac.	»	»	2	600 00
		1	2	5	3,000 00
Collége royal de Nancy (3e classe).					
Meurthe.	Nancy.	1	2	3	2,400 00
Haut-Rhin.	Colmar.	1	2	2	2,100 00
Meuse.	Bar-le-Duc.	1	»	»	600 00
	Saint-Mihiel.	»	»	1	300 00
	Verdun.	»	1	1	750 00
Vosges.	Épinal.	1	1	»	1,050 00
	Saint-Dié.	»	»	1	300 00
		4	6	8	7,500 00
Collége royal de Nantes (2e classe).					
Loire-Inférieure. . . .	Nantes.	5	8	17	12,675 00
	Saint-Brieuc.				
Côtes-du-Nord. . . .	Lannion.				
	Dinan.				
Collége royal de Nîmes (2e classe).					
Gard.	Nîmes.	2	4	6	5,000 00
	Alais.	»	»	2	650 00
	Beaucaire.	»	»	3	975 00
		2	4	11	6,825 00
Collége royal d'Orléans (2e classe).					
Loiret.	Orléans.	7	6	5	9,100 00
Loir-et-Cher.	Vendôme.	»	»	1	525 00
Seine.	Paris.	10	20	20	22,750 00
		17	26	26	32,175 00

DÉPARTEMENS.	COMMUNES.	NOMBRE DE BOURSES			SOMMES.
		entièr.	3/4	1/2	

Collége royal de Pau (3e classe).

DÉPARTEMENS.	COMMUNES.	entièr.	3/4	1/2	SOMMES.
Hautes-Pyrénées. . .	Tarbes.	»	»	2	600 00
Basses-Pyrénées. . . .	Pau.	»	2	1	1,200 00
Landes.	Dax.	»	2	»	900 00
		»	4	3	2,700 00

Collége royal de Poitiers (3e classe).

DÉPARTEMENS.	COMMUNES.	entièr.	3/4	1/2	SOMMES.
Charente-Inférieure. .	La Rochelle.	2	2	1	2,400 00
	Rochefort.	1	2	2	2,100 00
	Saintes.	1	»	2	1,200 00
Vienne.	Poitiers.	3	2	2	3,300 00
Deux-Sèvres.	Niort.	3	2	»	2,700 00
Vendée.	Fontenay.	1	1	»	1,050 00
	Les Sables.	1	»	»	600 00
		12	9	7	13,350 00

Collége royal de Pontivy (3e classe).

DÉPARTEMENS.	COMMUNES.	entièr.	3/4	1/2	SOMMES.
Finistère.	Brest.	4	4	4	5,400 00
	Landerneau.	1	»	»	600 00
	Morlaix.	1	»	2	1,200 00
		6	4	6	7,200 00

Collége royal de Reims (2e classe).

DÉPARTEMENS.	COMMUNES.	entièr.	3/4	1/2	SOMMES.
Marne.	Reims.	4	2	4	4,875 00
Aisne.	Saint-Quentin. . . .	1	2	»	1,625 00
	Laon.	»	2	»	975 00
	Sedan.	»	»	1	812 50
Ardennes.	Mézières.	»	»	1	325 00
	Rethel.	»	»	1	325 00
Seine.	Paris.	4	9	8	9,587 50
		9	15	15	18,525 00

Collége royal de Rennes (1re classe).

DÉPARTEMENS.	COMMUNES.	entièr.	3/4	1/2	SOMMES.
Ille-et-Vilaine. . . .	Rennes.	2	8	»	5,200 00

DÉPARTEMENS.	COMMUNES.	NOMBRE DE BOURSES			SOMMES.
		entièr.	3/4	1/2	

Collége royal de Rouen (1re classe).

DÉPARTEMENS.	COMMUNES.	entièr.	3/4	1/2	SOMMES.
Seine-Inférieure. . .	Rouen.	13	18	7	22,500 00
	Le Havre.	1	1	2	2,062 50
	Dieppe.	1	1	2	5,062 50
Eure.	Louviers.	»	»	1	375 00
Seine.	Paris.	2	4	5	5,625 00
		17	24	17	32,625 00

Collége royal de Strasbourg (1re classe).

DÉPARTEMENS.	COMMUNES.	entièr.	3/4	1/2	SOMMES.
Bas-Rhin.	Strasbourg.	9	15	11	19,312 50
	Haguenau.	»	2	»	1,125 00
	Schelestadt.	1	1	2	2,062 50
	Obernay.	»	»	1	375 00
	Saverne.	»	»	3	1,125 00
Haut-Rhin.	Mulhausen.	»	»	2	750 00
		10	18	19	24,750 00

Collége royal de Toulouse (2e classe).

DÉPARTEMENS.	COMMUNES.	entièr.	3/4	1/2	SOMMES.
Haute-Garonne. . . .	Toulouse.	8	8	12	13,000 00
Tarn-et-Garonne. . .	Moissac.	1	»	»	650 00
		9	8	12	13,650 00

Collége royal de Versailles (1re classe).

DÉPARTEMENS.	COMMUNES.	entièr.	3/4	1/2	SOMMES.
Seine-et-Oise.	Versailles.	4	4	6	7,500 00
	Saint-Germain.	1	»	1	1,125 00
	Pontoise..	»	»	3	1,125 00
	Étampes.	»	»	2	750 00
Eure-et-Loir.	Châteaudun.	1	»	»	750 00
Seine-et-Marne. . . .	Melun.	1	»	1	1,125 00
	Fontainebleau.	1	2	»	1,875 00
Seine.	Paris.	20	20	20	26,250 00
	Saint-Denis.				

Colléges royaux de Henri IV et de Louis-le-Grand , à Paris.
Prix de la pension, 900 francs.

DÉPARTEMENS.	COMMUNES.	entièr.	3/4	1/2	SOMMES.
Seine.	Paris.	20	40	40	63,000 00

29 = Pr. 30 DÉCEMBRE 1819. — Loi relative au recouvrement provisoire des six premiers douzièmes des contributions directes et à la perception des impositions indirectes pendant l'année 1820 (1). (7, Bull. 334, n° 8027.)

Art. 1er. Provisoirement, et attendu le retard qu'éprouvera la confection des rôles de 1820, les six premiers douzièmes de la contribution foncière, de la contribution personnelle et mobilière, et de celles des portes et fenêtres et des patentes, seront recouvrés sur les rôles de 1819.

2. Jusqu'à la promulgation de la nouvelle loi sur les finances, toutes les impositions indirectes seront perçues en 1820 d'après les lois actuelles.

3. Il est ouvert au ministre secrétaire-d'Etat des finances un crédit provisoire de deux cents millions pour le paiement des dépenses publiques, jusqu'à ce qu'elles aient été réglées définitivement par la loi des finances de 1820.

---

29 DÉCEMBRE 1819 = Pr. 23 JANVIER 1820.— Ordonnance du Roi qui autorise l'administration des hospices de Paris à faire construire un bâtiment destiné à recevoir des pauvres vieillards et malades, en attendant leur admission dans les hospices. (7, Bull. 339, n° 8131.)

Art. 1er. L'administration des hospices de Paris est autorisée à faire construire, dans la maison de secours du quartier du Gros-Caillou, un bâtiment destiné à recevoir des pauvres vieillards et malades des deux sexes, en attendant leur admisssion dans les hospices, conformément aux plans et devis qui en ont été dressés, sauf les modifications indiquées par l'avis du conseil des bâtimens civils du 24 juin 1819.

2. Il sera pourvu à la dépense de cette construction, évaluée à trente mille francs, au moyen,

1° Des dix-huit mille huit cent trente-neuf francs quatre-vingt-neuf centimes qui se trouvent libres sur les revenus de la fondation de la dame Le Prince, en faveur des pauvres du Gros-Caillou ;

2° Des dons qui ont été offerts pour coopérer à la formation de l'établissement projeté.

3. Notre ministre secrétaire-d'Etat de l'intérieur est chargé de l'exécution de la présente ordonnance.

---

29 DÉCEMBRE 1819 = Pr. 20 FÉVRIER 1820. — Ordonnance du Roi portant autorisation, conformément aux statuts y annexés, d'une tontine sous le nom d'association viagère en rentes sur l'État, avec accroissemens fixes et régénération des rentes. (7, Bull. 344, n° 8219.)

Voy. ordonnance du 30 MAI 1820.

Louis, etc.

Sur le rapport de notre ministre secrétaire-d'Etat au département de l'intérieur ;

Vu la demande formée par les sieurs Petit des Roziers, Roard et d'Hervilly, à l'effet d'être autorisés à établir une tontine désignée sous le nom d'*Association viagère en rentes sur l'Etat, avec accroissemens fixes et régénération sur d'autres têtes* ;

Vu les statuts de ladite tontine, arrêtés le 13 décembre 1819, et déposés chez Beaudesson, notaire, à Paris ;

Vu l'avis du Conseil-d'Etat du 25 mai 1809 ;

Vu le décret du 18 novembre 1810 ;

Notre Conseil-d'Etat entendu ;

Nous avons ordonné et ordonnons ce qui suit :

Art. 1er. La tontine projetée sous le nom d'*Association viagère en rentes sur l'Etat, avec accroissemens fixes et régénération de rentes*, est et demeure autorisée, conformément à l'acte contenant les statuts de ladite tontine, déposé chez Beaudesson, notaire, à Paris, lequel acte restera annexé à la présente ordonnance.

2. Nous nous réservons de révoquer la présente autorisation en cas de non-exécution ou de violation des statuts par nous approuvés, le tout sauf les droits des tiers, et sans préjudice des dommages et intérêts qui seraient prononcés par les tribunaux contre les auteurs des contraventions.

3. Notre ministre secrétaire-d'Etat de l'intérieur est chargé de l'exécution de la présente ordonnance, qui sera insérée au Bulletin des Lois.

Statuts de l'association viagère en rentes sur l'État, avec accroissemens fixes et régénération sur d'autres têtes.

CHAPITRE Ier. *De l'établissement et de son administration.*

Art. 1er. Le siége de cet établissement est à Paris, centre de toutes ses opérations.

2. Il sera régi par une administration composée de quatre administrateurs, créateurs

---

(1) Le vote des douzièmes provisoires n'a cessé qu'en 1822. *Voy.* loi du 17 août 1822.

et fondateurs de l'établissement, et de trois administrateurs choisis parmi les actionnaires inscrits.

3. Les quatre administrateurs fondateurs administreront seuls jusqu'au moment où une réunion suffisante et proportionnelle d'actionnaires dans chaque classe pourra faire jouir chacun de ces derniers de l'action viagère établie en leur faveur.

4. Aussitôt que cette réunion sera opérée, les administrateurs fondateurs convoqueront, par ordre d'inscription sur les registres-matricules, les cinquante actionnaires de chacune des cinq dernières classes, propriétaires du plus grand nombre d'actions, à l'effet de se réunir dans un lieu désigné, pour y nommer entre eux et parmi eux trois syndics par classe, vingt-un pour les sept classes, au scrutin secret et à la majorité absolue.

5. Les vingt-un syndics représentant la généralité des actionnaires se réuniront ensuite, et nommeront parmi eux, de même au scrutin secret et à la majorité absolue, les trois administrateurs chargés particulièrement de stipuler les intérêts des actionnaires.

6. Les fonctions des administrateurs actionnaires étant purement honorifiques, ils jouiront seulement d'un droit de présence de deux jetons d'argent, à chaque séance de comité ou de conseil d'administration à laquelle ils assisteront : ce droit de présence pourra être converti, lorsque les économies de l'administration sur le droit de recette le permettront, en un traitement fixe.

7. Les fonctions des administrateurs actionnaires ne sont que de trois ans ; mais ils ont la faculté de se retirer avant ce délai, s'ils ont des motifs plausibles, et lorsqu'ils auront été remplacés.

8. Les syndics auront également la faculté de remplacer ceux des administrateurs actionnaires qui donneraient lieu à des plaintes fondées, ou dont la gestion ne serait pas satisfaisante.

Le remplacement ainsi que le renouvellement des administrateurs actionnaires se feront par les syndics et parmi ces syndics, suivant le mode prescrit article 5.

9. Les syndics nommés administrateurs actionnaires seront remplacés dans le syndicat, par des actionnaires choisis toujours parmi les cinquante plus forts en actions de chacune des cinq dernières classes, suivant le mode indiqué art. 4, de manière que le nombre des syndics soit toujours au complet de vingt-un.

10. Les engagemens que prennent envers les administrateurs fondateurs de l'établissement, embrassant toutes les périodes de la vie humaine, et faisant

peser sur eux une longue responsabilité, qui deviendrait presque illusoire si elle ne reposait pas sur les mêmes têtes, ou au moins sur celles de leurs héritiers, les administrateurs fondateurs ne pourront se démettre de leurs fonctions d'administrateurs.

11. Dans le cas où des raisons de santé ou des motifs particuliers les forceraient de se retirer, ils ne pourront le faire qu'en présentant, pour leur succéder, un de leurs fils ou gendres, et seront déchargés, de fait et de droit, de toute responsabilité lorsqu'ils auront obtenu l'assentiment du Gouvernement.

Si le candidat n'est pas agréé par défaut de qualités requises, ils auront la faculté d'en présenter un autre, toujours parmi leurs fils ou gendres ; et si ce dernier n'est pas admis, il sera remplacé par un administrateur actionnaire, nommé par l'administration, à la pluralité des voix.

Si l'administrateur démissionnaire n'a pas ou n'a plus de postérité directe, il aura la faculté de présenter un de ses neveux pour lui succéder en se conformant aux dispositions précédentes.

Lorsqu'un administrateur fondateur décédera dans l'exercice de ses fonctions sans avoir désigné par écrit un candidat à l'effet de lui succéder, sa veuve, et, à son défaut, les héritiers *réunis* de l'administrateur, présenteront à l'administration, en remplacement de l'administrateur décédé, un candidat choisi parmi ses héritiers, et jouiront de la faculté ci-dessus exprimée d'en présenter un second, dans le cas où le premier candidat n'aurait pas été agréé.

12. Ils jouiront chacun d'un traitement fixe de douze mille francs, prélevé sur le droit de recette des rentes des actionnaires ; mais ils ne toucheront ce traitement que dans la proportion que donnera le recouvrement du droit de recette jusqu'au moment où les sept classes seront complètes par la réunion des quatre-vingt-quinze mille actions.

13. En cas de décès d'un administrateur fondateur en exercice, sa veuve conservera jusqu'à sa mort le sixième des émolumens annuels que touchait et qu'aurait touchés son mari, et ce, pendant le cours de la vie de la veuve survivante ; ce sixième sera pris sur les émolumens de son successeur.

14. L'administration aura sous ses ordres un directeur général, chargé de suivre le travail des bureaux, et de le diriger conformément aux présens statuts et aux décisions de l'administration ; il surveillera tous les détails du service, et signera en ladite qualité et sous sa responsabilité tous les actes y relatifs.

15. Le principal auteur du projet de cet établissement, l'un des quatre administra-

leurs fondateurs actuels, remplira les fonctions de directeur général.

Il ne jouira d'aucun traitement comme directeur général, et conservera seulement les traitemens et émolumens attachés à son titre d'administrateur.

Lorsque l'âge et les infirmités ne lui laisseront plus l'activité nécessaire pour l'exercice de cette place, il rentrera dans le sein de l'administration.

Les conditions imposées aux administrateurs, en cas de démission, lui sont applicables comme directeur général.

16. Le nouveau directeur général ne pourra être agréé comme tel par l'administration, qu'autant qu'il aura exercé sous les ordres de son prédécesseur, pendant un temps suffisant, les fonctions de chef de bureau, et qu'il sera reconnu capable de gérer la direction générale.

17. Le traitement du nouveau directeur général est fixé à huit mille francs.

18. Il y aura, près de l'administration, un commissaire nommé par le Roi, chargé de rendre compte à son excellence le ministre et secrétaire-d'Etat de l'intérieur, de la situation de l'établissement, de ses améliorations, et d'en faire observer exactement les statuts.

Il aura, en conséquence, le droit de faire rendre compte, par les administrateurs de chaque section, de la situation matérielle et personnelle des actionnaires; de vérifier, quand il le jugera à propos, les registres et la comptabilité; de s'assurer par lui-même de la situation des caisses, et enfin de la régularité et de la concordance de toutes les opérations de l'établissement.

Il sera présent à chaque conseil d'administration, et donnera son avis sur les questions qui pourront y être proposées, ou sur les délibérations à prendre concernant le service.

Son traitement sera supporté par l'administration, et payé proportionnellement aux opérations de la société.

19. L'administration se réunira en comité une fois par semaine, pour entendre le rapport du directeur général sur le travail des bureaux, et ordonner les mesures d'exécution qu'elle jugera nécessaires.

20. L'administration se réunira en conseil d'administration, à jour fixe, au moins une fois par mois, et plus souvent, si les intérêts des actionnaires le requièrent, sur la convocation du président.

Ce conseil sera composé des sept administrateurs et du commissaire du Roi.

L'administrateur directeur général remplira les fonctions de secrétaire du conseil.

Les sept administrateurs auront voix délibérative.

Le commissaire du Roi aura voix consultative.

Les délibérations seront prises à la majorité des voix.

21. L'administration sera présidée par un administrateur fondateur nommé par les trois administrateurs actionnaires à la majorité des voix.

Le président sera renouvelé tous les trois ans, et pourra être prorogé pendant trois autres années; mais, s'il n'accepte pas sa réélection, il lui sera nommé un successeur dans la forme prescrite ci-dessus.

22. Il sera tenu tous les ans, à compter de la seconde année, et ce, dans le mois qui suivra le paiement du second semestre des rentes, un conseil extraordinaire d'administration, auquel MM. les syndics seront invités à se rendre sur la convocation du président.

23. Les actionnaires propriétaires de dix actions y seront admis, en déposant, quinze jours d'avance, à la caisse générale, leurs titres de propriété.

Les fondés de pouvoirs, porteurs de cinquante actions réunies, y seront également admis, en en faisant le dépôt dans le délai ci-dessus prescrit.

24. Ce conseil extraordinaire aura pour objet, dans sa première tenue, de faire à l'assemblée générale des actionnaires, dans les personnes de leurs syndics et des principaux actionnaires, le rapport des travaux des trois premiers semestres depuis l'établissement, et de leur en faire connaître le résultat; de leur rendre compte de la situation matérielle des sept classes d'actionnaires, et des encaissemens opérés et a opérer pour le service de la progression des rentes, fixée par le tableau général annexé aux présens statuts.

25. Les administrateurs fondateurs, pour sûreté et garantie des engagemens qu'ils contractent envers les actionnaires, s'obligent de fournir au Trésor royal un cautionnement de *quatre cent soixante-quinze mille francs*, en inscriptions, tiers consolidé, au denier vingt, lequel sera réalisé successivement, de semestre en semestre, dans la proportion du dixième des recettes à faire à chaque semestre pour le compte des actionnaires, et ce, avant l'ouverture de chacun desdits semestres, dans l'intervalle qui s'écoulera depuis l'ouverture de l'établissement jusqu'à sa mise en activité viagère. Ils seront tenus de parfaire ledit cautionnement avant l'ouverture du premier trimestre qui suivra l'époque de la mise en entière activité viagère de l'établissement.

26. Ils prennent en outre l'engagement comme garantie,

1° D'ajouter aux restans en caisse de cha

que semestre, et de verser dans la caisse de réserve un et demi pour cent de la recette des rentes, faite au Trésor royal pour le compte des actionnaires, ledit un et demi pour cent prélevé sur les trois pour cent à eux attribués par les présens statuts pour droit de recette;

2° De laisser en dépôt, dans leurs archives, les inscriptions provenant de l'emploi des restans en caisse semestriels;

3° Et de laisser également en dépôt dans leurs archives les inscriptions provenant de l'emploi du montant de leurs attributions, autres que leur traitement fixe, et dont la propriété à ce titre sera constatée.

Quand ces trois objets réunis auront formé en capital une somme de cinq cent vingt-cinq mille francs, ils rentreront de droit dans la pleine et entière disposition des capitaux excédant les trois garanties ci-dessus stipulées.

Jusqu'à cette époque, ils ne pourront disposer que du revenu de ces mêmes capitaux.

Chapitre II. Titres d'admission dans l'association viagère.

27. Pour faire partie de cette association spéciale et volontaire, il faut être né ou naturalisé Français, avoir son domicile habituel et l'exercice de ses droits politiques en France.

28. Tous les Français sont appelés exclusivement à jouir des avantages de cette association; et y seront admis tous ceux qui fourniront au moins le capital d'une action, suivant le mode déterminé ci-après.

Chapitre III. Nature et qualité des actions.

29. Chaque action sera de cinquante francs de rente, cinq pour cent consolidés, inscrite au grand-livre de la dette publique.

30. Cette rente restera inscrite au nom du titulaire, et conservera son caractère perpétuel, jusqu'à la mise en activité viagère de l'établissement.

Les rentes, à cette époque seulement, deviendront viagères, et seront transférées en vertu des procurations déposées au nom de l'administration mandataire, représentant, en ce cas, le Gouvernement, auquel retournera en définitive la propriété de ces rentes, à l'époque de la dissolution de l'établissement par l'extinction des derniers actionnaires : le transfert sera libellé suffisamment pour conserver l'origine de la rente et maintenir la propriété du titulaire.

31. Au même instant du transfert de ces rentes au nom de l'administration, ces inscriptions seront estampillées, pour en interdire la négociation; et l'administration se trouvera, par cette mesure qu'elle a sollicitée

elle-même, dans l'impuissance de jamais en disposer.

32. Ces rentes, par leur nature de viagères, sont insaisissables.

33. Les personnes qui ne jouiraient pas de rentes sur l'Etat auront la faculté de verser dans la caisse de réserve de l'administration une somme égale au capital nécessaire, suivant le cours commun de la bourse du lendemain du versement, pour devenir propriétaires d'une ou de plusieurs actions dans l'association viagère, jusqu'au nombre de vingt seulement sur une seule tête.

34. Celui qui, sans être propriétaire de rentes sur l'Etat, sera créancier du Gouvernement, à un titre quelconque, d'une somme dont le montant ne soit pas inférieur à celle de mille francs, valeur nominative en inscription de rente, ou à celle déterminée par le cours de la bourse pour le prix d'une inscription de cinquante francs, valeur en numéraire effectif, sera admis dans l'association viagère pour le nombre d'actions représentées, en déposant à l'administration, soit la lettre d'avis de l'ordonnance, soit le bulletin ou toute autre pièce équivalente, constatant que la créance est définitivement admise, quoique non ordonnancée.

En vertu de son titre, le créancier du Gouvernement sera inscrit pour le nombre d'actions qu'il désirera prendre dans l'établissement, jusqu'à concurrence de vingt sur une seule tête, à raison du capital de sa créance, dans les proportions indiquées ci-dessus.

Les créances ne pouvant être converties en actions que pour la somme représentant exactement le capital d'une ou de plusieurs actions, la somme excédante que les porteurs desdites créances ne pourront ou ne voudront pas placer dans l'association viagère, sera acquise par l'administration au cours de la bourse, et à eux remise avec un certificat d'agent de change constatant le taux de la négociation.

Chapitre IV. Fixation du nombre des actions, et leur division par classes.

35. Les actions seront au nombre de quatre-vingt-quinze mille, et réparties en sept classes, suivant l'âge des actionnaires.

Les deux premières classes seront composées de quarante mille actions, dont vingt mille affectées au premier âge jusqu'à la dixième année, et vingt mille depuis dix ans et un jour jusqu'à la vingtième année, ci ensemble pour les deux premières classes.   40,000

La troisième se composera de quinze mille actions, depuis vingt ans et un jour jusqu'à la trentième année, ci.   15,000

La quatrième, de douze mille actions, depuis trente ans et un jour jusqu'à la quarantième année, ci. . **12,000**

La cinquième, de dix mille actions depuis quarante ans et un jour jusqu'à la cinquantième année, ci. . **10,000**

La sixième, de neuf mille actions, depuis cinquante ans et un jour, jusqu'à la soixantième année, ci . . **9,000**

La septième classe se compose de neuf mille actions : mais, comme elle comprend les individus depuis l'âge de soixante ans, et au-delà, indéfiniment, et qu'elle embrasse conséquemment une période plus longue que celle des autres classes, on l'a divisée en cinq séries.

La première série, de soixante ans et un jour jusqu'à la soixante-cinquième année, six mille cinq cents actions, ci. . **6,500**

La deuxième série, de soixante-cinq ans et un jour jusqu'à la soixante-septième année, mille actions, ci. **1,000**

La troisième série, de soixante-sept ans et un jour jusqu'à la soixante-dixième année, huit cents actions, ci. **800**

La quatrième série, de soixante-dix ans et un jour jusqu'à la soixante-quinzième année, six cents actions, ci. **600**

La cinquième série, de soixante-quinze ans et un jour et au-delà, cent actions, ci. **100**

} **9,000**

TOTAUX. . . **95,000**

36. Les sixième et septième classes ne pourront excéder chacune le nombre de neuf mille actions ; mais elles n'entreront pas moins en jouissance à un nombre inférieur, aussitôt que les autres classes seront remplies.

37. Si, lors de l'ouverture du semestre des rentes sur l'État, qui suivra l'établissement de l'association viagère, le nombre des actions ne se trouve pas au complet dans les proportions ci-dessus indiquées, les actionnaires inscrits toucheront directement leurs rentes de l'administration, ainsi qu'ils les touchaient précédemment, soit par eux, soit par leurs fondés de pouvoirs, jusqu'à ce que le mouvement viager puisse recevoir son plein effet.

Par une suite nécessaire, les héritiers de l'actionnaire inscrit et décédé auront, avant la mise en pleine activité de l'établissement, la faculté de retirer leurs inscriptions, si toutefois l'actionnaire n'a pas fait de dispositions contraires.

Néanmoins, aussitôt que les actionnaires de chaque classe auront déposé leurs inscriptions de rente à l'administration, dans la proportion, par exemple, d'un quart, d'un tiers, de moitié des quatre-vingt-quinze mille actions, ils seront appelés à jouir, dans l'ordre même de leur inscription, et ce, à partir du semestre échéant le 22 mars 1820, de leurs droits, et, par suite, des dividendes d'actions attribués à leur classe, aux termes de l'article 49 des présens statuts.

CHAPITRE V. Droits des actionnaires.

38. Chaque individu aura la faculté de prendre tel nombre d'actions que bon lui semblera, en se soumettant aux conditions ci-après exprimées.

Il ne pourra toutefois placer plus de vingt actions sur la même tête.

39. Il sera fait une retenue de demi pour cent sur le produit des rentes dont sont appelés à jouir les actionnaires propriétaires ou simplement titulaires de deux actions placées sur une seule tête ;

D'un pour cent, sur les propriétaires ou titulaires de trois actions reposant sur la même tête ;

D'un et demi pour cent, sur ceux de quatre actions ;

De deux pour cent, sur ceux de cinq actions ;

De deux et demi pour cent, sur ceux de six actions ;

De trois pour cent, sur ceux de sept actions ;

De trois et demi pour cent, sur ceux de huit actions ;

De quatre pour cent, sur ceux de neuf actions ;

De quatre et demi p ur cent, sur ceux de dix actions ;

Et de cinq pour cent, sur ceux possédant au-delà de dix actions jusqu'à vingt actions.

40. Le produit de ces retenues sera employé en achats de rentes sur l'État, pour être affecté spécialement au complément des paiemens qui pourraient devenir nécessaires par la longévité des actionnaires multiples, plus grande que celle des simples actionnaires.

Les dividendes des inscriptions acquises avec le produit des retenues seront toujours cumulés à chaque semestre, et resteront en dépôt dans la caisse de réserve pendant trois années consécutives.

41. A l'expiration de la troisième année, et ensuite, de trois ans en trois ans, il sera fait un travail général sur la différence entre le nombre des actions éteintes dans le cours de trois années et celui des actionnaires éteints.

Si le nombre des actions éteintes par le décès des actionnaires multiples n'égale pas celui des extinctions des simples actionnaires dans la proportion de leur nombre relatif, la caisse de réserve prélèvera, sur le produit des retenues faites aux actionnaires multiples, la somme nécessaire pour parfaire la différence, et en fera le versement dans la caisse des comptes courans, pour assurer le service des rentes.

Le montant de ce prélèvement sera ajouté à la recette du semestre, à l'effet d'être appliqué à l'acquit des dividendes des rentes à payer aux actionnaires.

Le compte des retenues opérées pendant le cours de ces trois ans sur les actionnaires multiples sera arrêté et liquidé définitivement après le prélèvement dont est question. S'il se trouve un excédant, il appartiendra de droit à l'administration ; si, au contraire, il se trouve un déficit, l'administration en fera raison à la caisse des comptes courans sur ses propres deniers, ou actif lui appartenant, concentré dans la caisse de réserve de l'administration.

42. Tout individu pourra placer, lors de l'ouverture de l'établissement, sur telles têtes et sur autant de têtes qu'il le jugera à propos, selon ses affections ou ses intérêts.

Lorsque le nombre des actions inscrites sera au complet de quatre-vingt-quinze mille, l'association viagère sera fermée, et ne recevra plus de nouveaux actionnaires.

Cependant, pour ne pas priver des avantages de cette association les actionnaires qui se présenteraient trop tard pour faire partie de cette première société, l'administration en ouvrira une seconde, absolument distincte, régie par les mêmes statuts et jouissant des mêmes priviléges et avantages que la première.

Les actionnaires de cette seconde société toucheront leurs rentes ordinaires de l'administration, jusqu'à ce qu'elle se trouve au complet, ainsi qu'il est déterminé pour la première société.

43. Il sera ouvert, pour chaque classe, un registre-matricule, destiné à l'inscription des actionnaires propriétaires d'une ou plusieurs actions : il sera numéroté depuis le n° 1, sans lacune ni interruption, jusqu'à celui répondant au nombre fixé des actionnaires de chaque classe.

On remettra à chacun des actionnaires une ampliation du procès-verbal de leur admission, détachée de la souche de ce registre, laquelle sera signée de l'administrateur directeur général, et leur servira de titre de propriété, en même temps que de récépissé des pièces qu'ils auront déposées.

44. Les inscriptions de rentes que les actionnaires auront fournies pour prix de leurs actions seront déposées, avec les autres pièces qui les concernent, dans leurs dossiers, timbrés du numéro de leur matricule, et de celui du carton dans lequel elles seront placées.

45. A chaque semestre, et aussitôt que les recettes auront été effectuées au Trésor royal, les rentes afférentes à chaque actionnaire seront acquittées à bureau ouvert, dans les proportions établies et fixées par le tableau général, sous la déduction,

1° De trois pour cent alloués à l'administration pour droit de recette ;

2° De la retenue relative au plus ou moins d'actions reposant sur une même tête ;

Et 3° des réserves que pourront faire volontairement sur eux-mêmes les actionnaires.

46. On délivrera à chaque actionnaire un mandat de paiement, détaché de la souche du registre contenant les comptes ouverts de chacun d'eux, présentant en détail la somme brute, les déductions, et la somme nette à payer. L'actionnaire remettra ce mandat au caissier, et en recevra le montant sur son acquit.

CHAPITRE VI. Progression des rentes des actionnaires.

47. Le produit annuel des rentes des quatre-vingt-quinze mille actions sera commun à toutes les classes, et réparti en raison de cinquante francs par chaque action.

48. La progression des rentes dans chaque classe étant fondée sur les extinctions des actionnaires survenues pendant le cours d'une année révolue, le produit des rentes éteintes dans chaque classe, à la déduction du droit de recette de trois pour cent, entrera en ligne de compte pour servir le dividende de supplément de rente, qui sera payé ainsi qu'il suit, savoir :

La première fois, et à partir des diverses époques de progression des rentes, fixées pour chaque classe, lors du paiement du troisième semestre des rentes et en même temps que les rentes elles-mêmes, et ensuite d'année en année, en même temps que les cinquième, septième, neuvième semestres, etc., à dater de l'ouverture constatée de l'établissement.

La septième classe jouira seule, en raison de son âge, dès le troisième semestre échu, à dater de l'ouverture de l'établissement, et pendant tout le cours de l'année suivante, du produit des extinctions survenues dans toutes les classes depuis l'ouverture de l'établissement, sans néanmoins pouvoir dépasser la progression fixée dans le tableau ci-annexé.

49. Le premier dividende en faveur de la

septième classe est, pour les deux premières années, savoir : .

En faveur de la première série, de deux dixièmes en sus de la rente ;

En faveur de la deuxième série, de trois dixièmes en sus de la rente ;

En faveur de la troisième série, de quatre dixièmes en sus de la rente ;

En faveur de la quatrième série, de cinq dixièmes en sus de la rente ;

En faveur de la cinquième série, de six dixièmes en sus de la rente.

Ce dividende se partage ensuite successivement, et aux époques déterminées dans le tableau ci-annexé, avec les autres classes, et reçoit cependant de nouveaux accroissemens dans une proportion graduée et plus forte jusqu'au *maximum* :

De douze cents francs pour la première série ;

De mille francs, pour la deuxième série ;

De huit cents francs, pour la troisième série ;

De cinq cents francs pour la quatrième série ;

De trois cents francs, pour la cinquième série.

La sixième classe jouira, dès la troisième année, d'un cinquième en sus de sa rente, et graduellement jusqu'au *maximum* de quinze cents francs ;

La cinquième classe, à la sixième année, d'un cinquième en sus de sa rente, jusqu'au *maximum* de dix-huit cents francs ;

La quatrième classe, à la neuvième année, d'un cinquième en sus de sa rente, jusqu'au *maximum* de deux mille cent fr. ;

La troisième classe, à la deuxième année, d'un cinquième en sus de sa rente, jusqu'au *maximum* de deux mille quatre cents francs ;

La deuxième classe, à la quinzième année, d'un cinquième en sus de sa rente, jusqu'au *maximum* de six mille francs ;

Et enfin, la première classe, à la dix-huitième année, d'un cinquième en sus de sa rente, jusqu'au *maximum* de douze mille francs par action.

50. Lorsque la première classe aura atteint son *maximum* de douze mille francs, les rentes de l'association viagère excédant celles à payer aux actionnaires survivans s'éteindront au profit de l'Etat.

51. L'administration se trouvant privée, à cette époque, non-seulement de la perception de son droit de recette sur les rentes éteintes au profit du Gouvernement, mais même du bénéfice de ses attributions, elle aura droit, pour cette non-perception, à un dédommagement qui se prélèvera sur les rentes de l'association viagère excédant celles à payer aux actionnaires survivans, au fur et

à mesure des versemens qui s'en feront à la caisse d'amortissement.

Ce dédommagement, évalué annuellement à la deux-centième partie des rentes versées à la caisse d'amortissement, est fixé à la somme de vingt-trois mille sept cent cinquante francs de rentes, dont jouiront définitivement les administrateurs fondateurs par égale portion, à titre de retraite.

CHAPITRE VII. *Formalités à remplir, et pièces à fournir par les actionnaires.*

52. Les actionnaires ne pourront requérir leur inscription dans l'association viagère, ayant d'ailleurs les qualités requises par le chapitre II des présens statuts, qu'en fournissant,

1° Soit une inscription au grand-livre de la dette publique, de cinquante francs, rente perpétuelle ; soit une somme en numéraire, égale au capital déterminé par le cours de la bourse pour former une inscription de cinquante francs de rente, cinq pour cent consolidés ; soit un bulletin de révision ou lettre d'avis de l'ordonnance de paiement d'une créance sur l'Etat au moins égale à la somme de mille francs, par le cours des effets publics, valeur nominative d'une inscription de cinquante francs de rente ;

2° Un extrait légal de leur naissance ou de celles des personnes sur les têtes desquelles ils placeront ;

3° Une procuration conforme au modèle ci-annexé.

53. Les actionnaires seront inscrits sur le livre de la classe dans laquelle leur âge les placera ; on leur délivrera de suite un bulletin de leur inscription, coupé à la souche du registre, portant récépissé et l'énumération des pièces par eux fournies, ainsi que la date de leur inscription et le numéro de la société dont ils feront partie. Le bulletin sera signé du directeur général.

Ils signeront la souche du registre qui portera le même numéro d'ordre que celui de leur bulletin. S'ils ne savent pas signer, ils devront se présenter avec deux témoins connus, pris hors de l'administration, lesquels certifieront l'identité et l'individualité du titulaire, et signeront en cette qualité sur le registre.

54. Ils devront, à chaque échéance de paiement, fournir un certificat de vie, délivré à Paris, par le maire de leur arrondissement, et, dans les départemens, par le maire de leur commune, sur l'attestation de deux témoins habitant la même commune, qui certifieront l'identité et l'individualité de l'actionnaire ; ledit certificat légalisé par le préfet ou sous-préfet.

Ces certificats de vie, pour être valables,

devront au moins porter la date du 22 mars ou du 22 septembre de chaque année, pour leur donner droit au paiement de leurs rentes, à chacun des semestres expirés.

55. Le dividende d'un semestre de l'année échu à l'actionnaire qui ne fournirait pas son certificat de vie pour ledit semestre avant les 1ᵉ juin et 1ᵉʳ décembre de chaque année, sera mis en réserve, et lui sera payé cumulativement, sur celui qu'il produira pour le semestre suivant.

Il en sera de même pour les semestres subséquens, s'il ne présente ou ne fait pas présenter son certificat de vie aux époques ci-dessus indiquées. Les sommes qui pourront lui être dues seront mises en réserve et lui seront payées en totalité, avec le semestre subséquent, lorsqu'il aura justifié légalement de son existence.

56. Cependant, si, dans le cours de cinq années consécutives et révolues, il n'a fourni aucun certificat de vie, il sera périmé pour le semestre antérieur aux cinq années ; pour deux semestres, s'il ne prouve son existence qu'après un laps de six années révolues, et ainsi de suite, de manière qu'il ne pourra jamais réclamer que les cinq dernières années d'arrérages.

Chapitre VIII. Décès.

57. Les ayans-causes de chaque actionnaire sont invités à faire connaître de suite son décès à l'administration, en fournissant l'acte légal du décès, lequel sera annexé à son dossier.

Ils devront aussi fournir tous les actes nécessaires pour se faire reconnaître aptes à recueillir.

58. Il sera fait décompte de ce qui pourra leur revenir pour les portions de rente acquises depuis le dernier paiement jusqu'au jour du décès.

Le produit de ce décompte leur sera payé, sous la déduction du droit de recette, par la caisse des comptes courans, et ce, après l'ouverture des paiemens du semestre qui suivra celui du décès.

La portion de rente échue depuis le jour du décès, jusqu'à la fin du semestre dans lequel il sera arrivé, sera dévolue à l'administration, et versée par la caisse des comptes courans à la caisse de réserve au compte de l'administration.

59. Si les héritiers ne se présentent pas dans le cours successif de cinq années, à dater du jour du décès de l'actionnaire qu'ils représentent, ou même, quoique s'étant présentés dans cet intervalle, si, à l'expiration des cinq années, ils ne se sont pas mis en état de recueillir, par défaut de dépôt des pièces nécessaires pour les faire reconnaître, ils se-

ront déchus ; et la somme qu'ils étaient appelés à recevoir sera versée à la caisse de réserve, au profit de l'administration, sous la déduction du droit de recette de trois pour cent.

Chapitre IX. Régénération des rentes.

60. L'administration désirant accroître l'utilité de cet établissement, et procurer aux actionnaires un avantage nouveau et inconnu jusqu'à ce jour, de donner à leurs rentes viagères placées dans l'association, par la régénération successive et multiple de leurs actions primitives, un caractère qui, sans les rendre perpétuelles, produise un effet prompt et salutaire à l'aisance des actionnaires ou de leurs familles ; voulant conséquemment que chaque actionnaire puisse augmenter avec le temps, soit à son profit, le nombre de ses actions, soit exercer des actes de bienfaisance par des placemens partiels sur la tête de ses parens ou de toute autre personne qu'il affectionnera, soit enfin, d'après le vœu de la nature, placer sur la tête de ses enfans et petits-enfans des rentes également viagères, formées de capitaux issus des rentes primitives placées dans l'association, chaque actionnaire a la faculté de faire sur le dividende de ses rentes placées dans l'association viagère, ou seulement sur l'accroissement progressif qu'elles recevront aux époques fixées par le tableau général annexé aux présens statuts, telle réserve qu'il jugera à propos, et d'indiquer chacun des individus en faveur desquels elle sera faite.

Il en fera alors une déclaration précise et par écrit à l'administration : cette déclaration sera consignée de suite sur un registre-matricule, intitulé *Réserves* ; et il lui en sera délivré une ampliation détachée de la souche du registre.

61. Il ne pourra néanmoins établir cette réserve sans être tenu de désigner de suite les personnes en faveur desquelles son intention est de disposer.

Mais si cette réserve produit des capitaux d'actions avant la désignation des donataires, les actions seront de droit inscrites au nom de l'actionnaire, sans pouvoir ultérieurement changer l'inscription, et la réserve sera réputée avoir été faite sur lui-même.

62. Si l'actionnaire désigne de suite les personnes au profit desquelles la réserve doit tourner, il devra en même temps déclarer si son intention est qu'elles en jouissent de son vivant, ou seulement après sa mort.

Dans le premier cas, le donataire entrera successivement en jouissance des actions produites par les capitaux obtenus sur les réserves de l'actionnaire.

Dans le second cas, le titulaire entrera

de suite en jouissance, non seulement de ses rentes sans aucune distraction, à moins qu'il ne stipule une nouvelle réserve, mais même de celles produites par la réserve, quoique inscrites au nom du donataire.

Il pourra cependant laisser en réserve les dividendes semestriels d'actions provenant de la première réserve, pour être capitalisés jusqu'à sa mort, de manière à augmenter, si telle est son intention, le nombre des actions dont devra jouir à cette époque le donataire désigné.

63. Les sommes réservées volontairement par les actionnaires seront déduites du produit des rentes qu'ils auront à toucher à chaque semestre à la caisse des comptes courans, et seront portées en recette, à leur profit, sur le journal de la caisse de réserve.

64. Les capitaux d'actions provenant des réserves sont déterminés et fixés pour chaque actionnaire au profit de qui la réserve sera faite, d'après le cours de la bourse des 1er mars et 1er septembre de chaque année.

65. L'intérêt des sommes réservées courra au profit des actionnaires, à raison de cinq pour cent sans retenue, du jour même de la date du mandat de paiement ; et cet intérêt sera toujours cumulé avec le capital réservé, jusqu'au moment où les réserves formeront le capital ou environ, fixé suivant le mode indiqué dans l'article précédent pour l'acquisition d'une nouvelle action de cinquante francs.

Mais cet intérêt ne sera versé réellement par l'administration que lors de la conversion du capital nécessaire à l'acquisition d'une inscription de cinquante francs.

66. Le placement des diverses sommes réservées ne pouvant être que collectif et opéré en masse, pour éviter des retards et opérer utilement en faveur de tous et chacun des actionnaires, ces sommes *réunies* seront, à chaque versement qui en sera fait, employées en achats de rentes cinq pour cent consolidés, et provisoirement au nom de l'administration mandataire.

67. Au fur et à mesure que la somme réservée par chaque actionnaire, ainsi que l'intérêt stipulé ci-dessus, formeront ensemble un capital d'action au cours de la bourse du 1er mars ou 1er septembre de telle ou telle année, la personne au profit de laquelle la réserve aura été faite deviendra propriétaire d'une action dans l'association viagère, et sera de suite inscrite dans la classe dans laquelle son âge la placera.

L'inscription achetée au nom du nouvel actionnaire sera enregistrée sur le registre-matricule n° 1, et déposée dans le dossier de ce nouvel actionnaire ; ampliation de cette inscription lui sera délivrée pour établir son titre de propriété.

68. Si l'actionnaire continue à faire des réserves, il lui sera ouvert un nouveau compte.

69. Les capitaux d'actions provenant des réserves ne sont point remboursables. En conséquence, le titulaire qui réserve sur lui-même, comme le donataire en faveur duquel on dispose, ne peuvent jouir que des rentes progressives produites par les capitaux formés des réserves.

Cette disposition est de rigueur et conçue dans le plus grand intérêt des actionnaires, puisqu'à certaines époques les rentes égalent et même surpassent les capitaux qui les ont produites.

70. L'individu désigné par le titulaire sera inscrit de suite dans la classe dans laquelle son âge le place, pour le nombre d'actions produit par la réserve, et dans la société qui s'ouvrira ou se trouvera ouverte à cette époque ; il jouira, comme les autres actionnaires, de la progression des rentes attribuées à sa classe.

71. Si cet individu se refusait à souscrire aux conditions qui pourraient lui être imposées par le titulaire, la réserve continuerait d'avoir son effet, comme par le passé, soit à son profit, lorsqu'il aurait souscrit auxdites conditions, soit définitivement et à l'instant du placement des fonds en inscriptions, au profit du titulaire.

72. Si le titulaire décède avant d'avoir complété en faveur du donataire le capital d'une ou de plusieurs actions, suivant le nombre fixé par le premier, ce dernier n'entrera en jouissance que du nombre d'actions dont les capitaux seront complétés.

La somme excédant le capital d'une action, s'il y a un excédant, de même que celle inférieure au capital d'une action, restera en réserve jusqu'au complément du capital d'une action.

Le donataire aura la faculté de parfaire ce capital pour jouir de suite de son action, et même de verser partiellement la somme nécessaire pour compléter ce capital d'action.

73. Il en sera de même des actionnaires qui, voulant se ménager, dans un âge plus avancé, des ressources plus étendues, par une capitalisation successive, feront des réserves sur eux-mêmes : ils jouiront du produit des actions formées de ces réserves, à leur volonté.

74. Si la mort surprend les actionnaires qui ont réservé, soit sur eux-mêmes, soit au profit d'autrui, sans désignation d'individu, les sommes qui se trouveront alors excéder les capitaux d'actions obtenus par les réserves, seront acquises et payées en numéraire, dans ce cas seulement, savoir :

A raison de cinq sixièmes de la somme,

aux héritiers des actionnaires ; et le dernier sixième, à l'administration.

La répartition des sommes revenant à l'administration se fera de suite, sans attendre l'époque à laquelle les héritiers ou ayans-cause auront pu remplir les formalités requises pour se faire reconnaître et être déclarés aptes à recueillir.

Celles revenant aux héritiers leur seront payées lorsqu'ils auront fourni les pièces légales établissant leur qualité d'héritiers.

Fait, arrêté et statué par les administrateurs fondateurs de la présente association viagère, ci-après dénommés et soussignés :

M. Jean-Baptiste Petit des Roziers, administrateur général des convois militaires, demeurant à Paris, rue Saint-Guillaume, n° 30, faubourg Saint-Germain ;

M. Augustin Roard, propriétaire, ancien notaire à Paris, y demeurant, rue Montmartre, n° 160 ;

M. Louis-Marie-Eloi d'Hervilly, directeur de la comptabilité générale des convois militaires, demeurant à Paris, rue de Ménilmontant, n° 7 *bis* ;

Et M.

Pour les présens statuts être déposés pour minute en l'étude de Mᵉ Beaudesson, notaire à Paris et de la société.

Le domicile légal de l'association sera dans le local où ses bureaux seront établis, et que l'on fera connaître ultérieurement.

A Paris, le 13 décembre 1819.

Signé : PETIT DES ROZIERS, ROARD, D'HERVILLY.

29 DÉCEMBRE 1819. — Ordonnance du Roi sur la retenue de cinq centimes sur les appointemens des préposés aux douanes. (Publiée par M. Isambert.)

Louis, etc.

Vu le tableau qui nous a été soumis du revenu et des charges de la caisse des retraites de l'administration des douanes ;

Tableau duquel il résulte qu'à la fin de l'exercice courant, le déficit probable de cette caisse serait de trois cent cinquante mille francs ;

Considérant qu'il importe de pourvoir aux moyens de combler promptement ce déficit, et en même temps d'assurer le service des pensions à payer par ladite caisse, lesquelles sont au nombre de quatre mille sept cent soixante-une ;

Que la seule ressource possible aujourd'hui est de porter la retenue sur les appointemens des employés des douanes, laquelle est présentement de trois pour cent, au taux le plus élevé qu'elle puisse atteindre ;

Sur le rapport de notre ministre des finances,

Nous avons ordonné et ordonnons ce qui suit :

Art. 1ᵉʳ. Pour l'année 1820, la retenue exercée sur les appointemens des agens et employés des douanes de tous grades pour subvenir au paiement des pensions de retraite sera portée à cinq pour cent du montant de leurs appointemens.

2. Notre ministre des finances est chargé de l'exécution de la présente ordonnance.

29 DÉCEMBRE 1819. — Ordonnance du Roi portant que la commune de Castelnau, département du Tarn, est distraite du canton de Vabre, et réunie au canton de Brassac. (7, Bull. 342.)

29 DÉCEMBRE 1819. — Ordonnances du Roi qui autorisent l'acceptation de dons et legs faits aux fabriques. (7, Bull. 353.)

29 DÉCEMBRE 1819. — Ordonnances du Roi qui autorisent l'acceptation de dons et legs faits aux fabriques. (7, Bull. 354 et 355.)

29 DÉCEMBRE 1819. — Ordonnance du Roi qui approuve les changemens et augmentations faits par le sieur Mouret de Barterans, aux usines qu'il possède à Chenecey, arrondissement de Besançon, département du Doubs. (7, Bull. 355.)

29 DÉCEMBRE 1819. — Ordonnance du Roi qui autorise le sieur Bertrand, au nom du sieur comte de Mérodes, à ajouter un second foyer à son haut-fourneau de Hayon, commune de Trelon, département du Nord. (7, Bull. 355.)

30 DÉCEMBRE 1819. — Tableau des prix moyens régulateurs des grains, dressé et arrêté conformément aux articles 6 et 8 de la loi du 16 JUILLET 1819. (7, Bull. 355.)

5 = Pr. 23 JANVIER 1820. — Ordonnance du Roi qui modifie l'article 15 de celle du 1ᵉʳ AVRIL 1818, relative à la formation des compagnies de discipline. (7, Bull. 359, n° 8128.)

Voy. ordonnance du 19 JUILLET 1820.

Louis, etc.

Vu notre ordonnance du 1ᵉʳ avril 1818,

qui prescrit la formation des compagnies de discipline,

Sur le rapport de notre ministre secrétaire-d'État au département de la guerre,

Nous avons ordonné et ordonnons ce qui suit :

Art. 1er. L'article 15 de notre ordonnance précitée est modifié par les dispositions suivantes :

Les sous-officiers, caporaux et tambours seront choisis parmi ceux de la ligne. Ils auront, en entrant dans les compagnies de discipline, le rang et la solde du grade supérieur à celui qu'ils occupent, mais sans en porter les marques distinctives.

Ceux qui mériteront d'y être conservés pendant deux ans pourront, s'ils le désirent, rentrer dans les corps de la ligne, avec le grade dont ils n'ont que le rang dans ces compagnies.

2. Notre ministre de la guerre est chargé de l'exécution de la présente ordonnance.

————

5 janvier 1820. — Ordonnance du Roi portant liquidation de quatre-vingt-trois soldes de retraite, provisoirement payables sur le fonds des demi-soldes. (7, Bull. 341.)

————

5 janvier 1820. — Ordonnance du Roi qui admet les sieurs Kain, Kronig, Rudiger et du Pont à établir leur domicile en France. (7, Bull. 341.)

————

5 janvier 1820. — Ordonnances du Roi portant liquidation de cinquante-une soldes de retraite provisoirement payables sur le fonds des demi-soldes. (7, Bull. 342.)

————

5 janvier 1820. — Ordonnances du Roi qui autorisent l'acceptation de dons et legs faits aux fabriques. (7, Bull. 355.)

————

5 janvier 1820. — Ordonnances du Roi qui accordent des lettres de déclaration de naturalité aux sieurs Fleury, Gerson, Duchesne, Georgen, Demkes, Lefèvre, Bert, Pinello, Malkorn et Gagliords. (7, Bull. 341, 349, 368, 396, 402 et 664.)

————

8 janvier 1820. — Lettres-patentes du Roi portant institution de titres de pairie de MM. le comte Jean-Antoine Chaptal, et comte Pierre-Antoine-Noël-Bruno Daru. (7, Bull. 569.)

————

12 = Pr. 17 janvier 1820. — Ordonnance du Roi portant révocation, après deux mois de sa promulgation, des greffiers, notaires et autres officiers ministériels qui n'auront point fait les cautionnemens exigés par la loi du 28 avril 1816. (7, Bull. 337, no 8091.)

Voy. notes sur l'ordonnance du 19 février 1817, ordonnances des 1er mars et 6 avril 1820.

Louis, etc.

Vu l'article 95 de la loi des finances du 28 avril 1816, portant qu'il sera pourvu au remplacement des divers fonctionnaires appelés à faire des cautionnemens ou supplémens de cautionnemens, qui n'y auraient point satisfait dans les délais fixés par cette loi ;

Vu nos ordonnances du 1er mai 1816 et 19 février 1817 ;

Étant informé que plusieurs des fonctionnaires appelés par ladite loi à verser des cautionnemens ou supplémens de cautionnemens ont négligé de le faire dans les délais fixés par la loi et prorogés par notre ordonnance du 19 février 1817 ;

Qu'ils n'y ont point encore satisfait dans ce moment, et que cependant ils exercent leurs fonctions au mépris de la loi et au détriment de ceux qui en ont exécuté les dispositions ;

Sur le rapport de notre garde-des-sceaux ministre-secrétaire-d'État au département de la justice,

Nous avons ordonné et ordonnons ce qui suit :

Art. 1er. Tout greffier, soit des cours et tribunaux, soit des justices de paix, tous notaires, avoués, huissiers, et commissaires-priseurs qui n'ont point encore satisfait aux cautionnemens ou supplémens de cautionnemens exigés par la loi de finances du 28 avril 1816, sont tenus de le faire dans les deux mois qui suivront la publication de la présente ordonnance.

2. Ledit délai expiré, nous déclarons révoquées les commissions de ceux qui n'auront pas satisfait à la loi, et ils seront tenus de cesser leurs fonctions.

3. Défenses sont faites, après le délai susdit, aux receveurs généraux ou particuliers, d'admettre aucun versement de la part des fonctionnaires portés dans les états qui ont dû leur être remis par les procureurs généraux et procureurs du Roi, en exécution de l'article 3 de l'ordonnance du 1er mai 1816; lesdits receveurs cloront et arrêteront lesdits états, et les feront viser pour clôture par les procureurs du Roi de leur résidence.

4. Les receveurs généraux transmettront

dans le plus bref délai, après l'expiration de celui porté à l'article 1er, à nos procureurs généraux près des cours dans le ressort desquelles sont situés leurs départemens respectifs, un état, par eux certifié, des greffiers et avoués des cours royales, et des états, dressés par arrondiss. ment de tribunaux de première instance, des greffiers, soit de tribunaux, soit de justices de paix, ainsi que des notaires, avoués, huissiers et commissaires-priseurs des divers arrondissemens, qui n'auront point satisfait à leurs cautionnemens ou supplémens de cautionnemens.

5. Au reçu desdits états, les procureurs généraux en adresseront des copies certifiées à notre garde-des-sceaux ; ces états seront ensuite, et dans le plus bref délai, transmis par nos procureurs généraux à nos procureurs du Roi, avec l'ordre de présenter à notre ministre de la justice des candidats en remplacement des titulaires qui n'auront point satisfait à la loi.

6. Les fonctionnaires révoqués en vertu de l'art. 1er qui, après le délai porté audit article, continueraient à exercer leurs fonctions, seront poursuivis conformément aux lois.

7. Nos procureurs généraux et nos procureurs près les tribunaux de première instance tiendront notre ministre de la justice exactement informé de leurs diligences pour l'exécution des précédentes dispositions.

8. Nos ministres de la justice et des finances sont chargés de l'exécution de la présente ordonnance.

12 = Pr. 18 JANVIER 1820. — Ordonnance du Roi concernant l'imprimerie royale. (7, Bull. 338, n° 8119.)

Voy. ordonnance du 28 DÉCEMBRE 1814 et notes ; ordonnances du 23 JUILLET 1823, 11 et 20 AOUT 1824.

Louis, etc.

Vu nos ordonnances des 28 décembre 1814 et 3 juillet 1816 : la première, concernant le régime administratif de l'imprimerie royale et de la liquidation de l'ancienne imprimerie ; la seconde, concernant les caisses de retraites des employés et ouvriers de l'imprimerie royale, et les règles à suivre dans la liquidation de leurs pensions ;

Vu les dispositions des lois de finances des 25 mars 1817 et 15 mai 1818, concernant les caisses de retraites des ministères et administrations ;

Considérant que la présentation des tarifs, prescrite par l'article 10 de notre ordonnance du 28 décembre 1814, n'a pas encore mis le Gouvernement à portée de profiter des avantages qu'il a lieu d'attendre de l'imprimerie royale, et qu'en outre il n'a point été suffisamment pourvu par ladite ordonnance au contrôle que l'administration doit exercer sur cet important établissement, à l'effet d'en connaître la marche et les résultats, et de pouvoir en modifier, au besoin, l'administration dans l'intérêt de l'Etat ;

Considérant, en ce qui regarde le fonds de liquidation de l'ancienne imprimerie, ainsi que la caisse de retraites et les pensions de l'imprimerie actuelle, que s'il a été convenable, soit à raison de la séparation qui a été opérée par notre ordonnance du 23 septembre 1814, des services, jusque là réunis, des pensions de l'imprimerie et du ministère de la justice, soit à cause des réductions et suppressions qu'a dû éprouver l'établissement par l'effet des circonstances, de donner à cette caisse les moyens spéciaux et les secours extraordinaires qui ont été pris sur le fonds de liquidation, il serait contraire aux règles, ainsi qu'aux lois précitées, de porter ces fonds au-delà de justes bornes, et d'en laisser jouir cette caisse après l'extinction des anciens services et la cessation des besoins extraordinaires qui en ont motivé l'affectation ;

Que par là on donnerait à la caisse de retraites de l'imprimerie et à ses divers employés, des avantages dont ne jouissent point les caisses de retenue des autres administrations ;

Que dès lors il convient d'arrêter finalement le montant des secours à accorder à cette caisse, d'en limiter la durée, d'en assurer le retour au Trésor, et de le faire jouir, dès à présent, de l'excédant du fonds de liquidation ;

Sur le rapport de notre garde-des-sceaux ministre secrétaire-d'Etat au département de la justice ;

Nous avons ordonné et ordonnons ce qui suit :

TITRE Ier. Régime administratif de l'imprimerie.

Art. 1er. Le privilége général d'exécuter toutes les impressions au compte de l'Etat, exclusivement attribué à l'imprimerie royale avant le 1er janvier 1815, demeure supprimé, conformément à l'article 14 de notre ordonnance du 28 décembre 1814.

2. L'attribution exclusive donnée à l'imprimerie royale par l'art. 8 de ladite ordonnance lui sera conservée seulement pour ce qui suit :

1° Le service de notre cabinet et de notre maison ;

2° Celui de notre chancellerie et de nos conseils;

3° Les objets qui par leur nature exigent le secret, ou une garantie particulière, tels que bons et effets du Trésor, billets de loterie, congés, passeports, etc. ;

4° L'impression et la distribution du Bulletin des Lois.

3. En conséquence, il est permis à tous imprimeurs ou libraires d'imprimer et de débiter les lois et ordonnances du royaume, aussitôt après leur publication officielle au Bulletin des Lois.

4. Il continuera d'être loisible à nos ministres et chefs d'administrations générales de s'adresser à l'imprimerie royale, ou de traiter avec tout imprimeur du commerce, pour les impressions nécessaires à leur service.

5. Il est interdit à l'imprimerie royale d'exécuter aucun travail d'impression, soit pour des administrations autres que celles spécifiées à l'article précédent, soit pour les particuliers, à moins d'une autorisation de notre garde-des-sceaux.

6. Les travaux et fournitures exécutés par l'imprimerie royale, à partir du 1er janvier de la présente année 1820, lui seront payés aux prix portés dans les tarifs annexés à la présente ordonnance.

7. Le directeur de l'imprimerie royale tiendra, à partir du 1er janvier de cette année, des écritures en bon ordre, dans lesquelles il ouvrira un compte à chaque nature de main-d'œuvre.

Notre garde-des-sceaux se fera représenter lesdits comptes, toutes les fois qu'il le jugera convenable, pour nous proposer tous les changemens et modifications que pourra commander l'intérêt de notre service.

8. Le directeur de l'imprimerie royale fournira gratuitement sept mille exemplaires du Bulletin des Lois pour les besoins du Gouvernement, et en fera la distribution selon l'état de répartition qui en sera arrêté par notre garde-des-sceaux.

9. Il n'est, d'ailleurs, rien innové aux précédens réglemens en ce qui concerne l'impression, la distribution et le prix de l'abonnement et le recouvrement des produits du Bulletin des Lois.

10. Le directeur de l'imprimerie royale sera tenu d'imprimer gratuitement les Mémoires de l'Institut et les ouvrages de littérature, sciences et arts, ou tous autres dont nous jugerons à propos, sur la proposition de notre garde-des-sceaux, d'ordonner la publication, à titre de récompense ou d'encouragement.

La valeur de ces impressions ne pourra pas s'élever annuellement à plus de quarante mille francs. Cependant, si les travaux

ordonnés pendant une année n'atteignent pas cette somme, l'excédant non employé viendra accroître le fonds destiné aux impressions gratuites pour les années subséquentes.

11. Le directeur continuera d'entretenir, conformément au décret du 28 mars 1813, quatre élèves qui seront instruits dans la manipulation typographique des caractères orientaux.

12. Aussitôt la publication de la présente ordonnance, il sera fait un nouvel inventaire général et estimatif du fonds mobilier de l'imprimerie royale par un commissaire délégué de notre garde-des-sceaux, contradictoirement avec le directeur de l'imprimerie.

Les diminutions ou détériorations qui seraient survenues dans ledit mobilier depuis l'inventaire fait au 1er janvier 1815 seront payées par le directeur.

13. Le directeur demeurera responsable de tous les objets compris dans le nouvel inventaire, comme de propriétés appartenant à l'Etat.

Il sera tenu de les entretenir et de les renouveler à ses frais, et il devra justifier, en outre, chaque année, que le fonds mobilier de cet établissement a été augmenté d'au moins dix mille francs.

Cette somme sera employée, sur la proposition du directeur et d'après les ordres de notre garde-des-sceaux, en gravures de poinçons, frappes de matrices, constructions de machines et autres objets utiles au service.

14. Pour assurer l'exécution de l'article précédent, à l'avenir et au 1er janvier de chaque année, il sera procédé à un inventaire contradictoire et estimatif sur lequel figureront les objets acquis pendant l'année précédente. Toutefois, la pesée des caractères ne sera faite que tous les cinq ans : le poids et la valeur n'en seront portés dans les années d'intervalle que par évaluation, afin de ne pas interrompre inutilement le service.

15. Le directeur de l'imprimerie royale continuera de compter annuellement du produit de la vente du Bulletin des Lois antérieur à 1815, ainsi que des Codes et ouvrages confiés à sa garde.

Lesdits produits feront la matière d'un compte qui sera soumis, tous les trois mois, à l'approbation de notre garde-des-sceaux. Immédiatement après l'arrêté de ce compte, le montant en sera versé au Trésor royal, à titre de *recettes diverses*.

TITRE II. Dispositions concernant le fonds de liquidation et les pensions.

16. Les sommes à prendre, en vertu de notre ordonnance du 28 décembre 1814, sur

le fonds de liquidation de l'ancienne imprimerie, pour être versées à la caisse des retraites de l'imprimerie royale, sont et demeurent arrêtées à une rente annuelle de quarante mille sept cent onze francs quatre-vingt-quinze centimes, formant, avec la rente de trois mille huit cent vingt-un francs, propre à ladite caisse, et avec ses fonds annuels de retenue (déduction faite, sur ces derniers fonds, d'une somme annuelle de deux mille cinq cents francs à employer en secours de maladie), la somme de cinquante-cinq mille deux cent soixante-douze francs quatre-vingt-quinze centimes, à laquelle s'élève l'état des pensions ordonnancé par notre garde-des-sceaux pour le 1er janvier 1820.

17. Le surplus du fonds de liquidation, soit qu'il consiste en rentes ou en toutes autres valeurs, sera versé immédiatement au Trésor.

La susdite rente de quarante mille sept cent onze francs quatre-vingt-quinze centimes fera retour au Trésor de la manière qui va être prescrite ci-après.

18. Sur les extinctions des pensions employées en l'état ordonnancé le 1er janvier de cette année, deux tiers profiteront au Trésor jusqu'à extinction de la rente de quarante mille sept cent onze francs quatre-vingt-quinze centimes ci-dessus : l'autre tiers pourra être employé en concessions de pensions annuelles.

19. Les dispositions des ordonnances et réglemens précédens sont abrogées en tout ce qui est contraire à la présente ordonnance.

20. Nos ministres de la justice et des finances sont chargés de l'exécution de la présente ordonnance.

---

12 JANVIER 1820. — Ordonnance du Roi qui admet les sieurs de Molina et Henry à établir leur domicile en France. (7, Bull. 341.)

12 JANVIER 1820. — Ordonnances du Roi qui autorisent l'acceptation de dons et legs faits aux fabriques des églises de Mornac, de Saint-Martin d'Aubigny et de Nancy. (7, Bull. 355.)

12 JANVIER 1820. — Ordonnances du Roi qui autorisent l'acceptation de dons et legs faits aux hospices. (7, Bull. 356.)

12 JANVIER 1820. — Ordonnances du Roi qui accordent des lettres de déclaration de naturalité aux sieurs Orlandi, Jacquet, Finot, Gonet Baily. (7, Bull. 349, 357, 382 et 427.)

---

12 JANVIER 1820. — Ordonnances du Roi qui autorisent l'acceptation de donations faites aux communes. (7, Bull. 358.)

---

12 JANVIER 1820. — Ordonnance du Roi qui autorise le sieur Gourg de Moure à rétablir une forge à fer à la catalane, dans son domaine de la Rade-Basse, commune de Cuxac-Cabardès, département de l'Aude. (7, Bull. 358.)

---

12 JANVIER 1820. — Ordonnances du Roi qui autorisent l'acceptation de donations faites à l'hôpital de la charité de Lyon, et aux pauvres de Dangeau. (7, Bull. 358.)

---

16 JANVIER 1820. — Ordonnance du gouverneur de la Guyane française sur les successions vacantes. (Publié par Me Isambert.)

Nous P. Cl. de Laussat, commandant et administrateur de la Guïane Française pour le Roi ;

Considérant que l'administration des successions vacantes est recommandée par les instructions du Roi à notre sollicitude la plus active, que nous sommes autorisé à faire les modifications qui nous paraîtraient nécessaires à l'édit de 1781, et fortement invité à ne point perdre de vue que cette loi a entendu protéger et défendre les intérêts des propriétaires absens, et non que ces intérêts devinssent la proie de la cupidité et de l'impéritie favorisées par la négligence ;

Considérant que les maux et les désordres qui sont nés avec profusion dans les colonies, et principalement dans celle-ci, des curatelles aux successions vacantes, proviennent évidemment de ce que l'action et les pouvoirs ont été confiés démesurément aux curateurs sous des surveillances et des formalités qu'il était trop facile d'éluder ou de changer en vraies simagrées et oiseuses interventions ;

Considérant qu'il est urgent de pourvoir à l'exercice régulier de la curatelle des successions vacantes et des biens des absens qui se trouvent en ce moment sans titulaire, et confiés provisoirement à la direction du domaine où elle languit nécessairement, faute d'une organisation qui anime et règle sa marche ;

Après en avoir délibéré en conseil spécial, Avons ordonné et ordonnons, pour être exécuté provisoirement et sauf l'approbation de Sa Majesté, ce qui suit :

Art. 1er. La direction du domaine est

chargée de la curatelle des successions vacantes et biens des absens, et il sera fixé au directeur du domaine un traitement particulier pour cet objet.

2. Il sera nommé un avoué près les tribunaux qui poursuivra les affaires de cette curatelle, sous l'inspection et d'après les instructions de la direction du domaine; le tarif des frais de justice qui lui seront alloués sera déterminé.

3. Une fois par semaine, il y aura une conférence présidée par le procureur général, et à laquelle assisteront le procureur du Roi et le directeur des domaines.

Le procureur général ou l'assemblée y appelleront l'avoué des successions vacantes et des biens des absens, pour y avoir voix consultative, toutes les fois qu'ils le jugeront convenable.

4. Les effets, soit mobiliers soit immobiliers, appartenant à la vacance, seront mis en main du directeur des domaines, régis et gardés sous ses ordres et sous sa responsabilité.

5. Tous deniers provenant de la vacance seront déposés immédiatement et sur-le-champ dans la caisse du trésorier colonial, qui en tiendra une comptabilité séparée : la remise à lui allouer sera ultérieurement fixée.

6. Dès qu'il y aura dix mille francs de disponibles dans la caisse du trésorier, le directeur du domaine sera tenu d'en faire son rapport au commandant et administrateur pour le Roi, et cette somme sera mise à la caisse des dépôts, à Paris, pour y en être disposé par le ministre de la marine et des colonies, au profit de qui il appartiendra. Son excellence en sera, en conséquence, informée au fur et à mesure; et quand il aura été rendu quelque acte d'autorité légale qui ordonne le paiement des sommes provenant de la vacance à des parties intéressées résidant en Europe, il en sera fait rapport officiel au ministre, et les pièces lui seront transmises, avec prière d'ordonner que le paiement en soit fait.

7. Toutes les dispositions de l'édit du Roi, du 24 novembre 1781, qui sont compatibles avec celles qui précèdent, continueront à être exécutées, et chacun des agens, établis par la présente ordonnance, s'y conformera fidèlement, en ce qui le concernera.

La présente ordonnance sera enregistrée, tant au greffe de la cour supérieure qu'à celui du tribunal de 1re instance, et au con-trôle de la marine, pour être exécutée selon sa forme et sa teneur.

19 = Pr. 23 JANVIER 1820. — Ordonnance du Roi portant fixation du nombre des avoués près les tribunaux de première instance, dans le ressort de la cour royale de Paris. (7, Bull. 339, n° 8129.)

Voy. ordonnance du 18 AOUT 1819.

Louis, etc.,

Vu l'article 114 du décret du 6 juillet 1810, portant que, sur l'avis des cours royales, il sera pourvu à une nouvelle fixation du nombre d'avoués nécessaire pour le service des tribunaux;

Vu la délibération de notre cour royale de Paris, du 22 août 1818;

Sur le rapport de notre garde-des-sceaux, ministre secrétaire-d'Etat au département de la justice,

Nous avons ordonné et ordonnons ce qui suit (1) :

Art. 1er. Le nombre des avoués attachés aux tribunaux de première instance du ressort de notre cour royale de Paris est fixé conformément au tableau ci-dessous, savoir :

Aube. Troyes, huit; Arcis-sur-Aube, quatre; Bar-sur-Aube, quatre; Nogent-sur-Seine, cinq; Bar-sur-Seine, cinq.

Eure-et-Loir. Chartres, six; Nogent-le-Rotrou, quatre; Châteaudun, cinq; Dreux, six.

Marne. Reims, dix; Châlons, six; Epernay, six; Sainte-Ménéhould, six; Vitry-le-Français, six.

Seine-et-Marne. Melun, sept; Coulommiers, six; Provins, six; Fontainebleau, cinq; Meaux, six.

Seine-et-Oise. Versailles, quatorze; Rambouillet, cinq; Etampes, quatre; Pontoise, six; Corbeil, cinq; Mantes, six.

Yonne. Auxerre, neuf; Avallon, six; Tonnerre, six; Joigny, six; Sens, six.

2. Jusqu'à ce que les titres actuellement existans aient été réduits au nombre ci-dessus déterminé, il ne sera présenté à notre nomination aucun candidat qui ne soit porteur de deux démissions ou présentations, soit de la part des titulaires, soit de celle de leurs ayant-cause, aux termes de l'article 91 de la loi de finances du 28 avril 1816.

3. Ceux des officiers ministériels qui auront encouru la déchéance pour n'avoir point versé les cautionnemens ou supplémens de

(1) Le même préambule est répété dans toutes les ordonnances relatives aux autres cours.

cautionnemens exigés, seront, comme ceux qui auraient encouru la destitution, privés du droit de présenter leur successeur.

4. Notre garde-des-sceaux, ministre de la justice, est chargé de l'exécution de la présente ordonnance.

---

19 = Pr. 23 JANVIER 1820. — Ordonnance du Roi portant fixation du nombre des huissiers près les tribunaux de première instance dans le ressort de la cour royale de Paris. (7, Bull. 339, n° 8130.)

Louis, etc.,

Vu l'article 120 du décret du 6 juillet 1810 et l'article 8 du décret du 14 juin 1813, d'après lesquels, sur l'avis des cours royales, il doit être pourvu à une nouvelle fixation du nombre d'huissiers nécessaire pour le service des tribunaux ;

Vu la délibération de notre cour royale de Paris en date du 9 juin 1817 ;

Sur le rapport de notre garde-des-sceaux, ministre secrétaire-d'État au département de la justice,

Nous avons ordonné et ordonnons ce qui suit (1) :

Art. 1er. Le nombre des huissiers attachés aux tribunaux de première instance du ressort de notre cour royale de Paris est fixé conformément au tableau ci-dessous, savoir :

Aube. Troyes, trente-sept ; Arcis-sur-Aube, quatorze ; Nogent-sur-Seine, douze ; Bar-sur-Seine, dix-huit.

Eure-et-Loir. Chartres, vingt-sept ; Nogent-le-Rotrou, dix-sept ; Chateaudun, dix-sept ; Dreux, dix-huit.

Marne. Reims, trente ; Châlons, quatorze ; Epernay, vingt-six ; Sainte-Ménéhould, seize ; Vitry-le-Français, vingt-un.

Seine-et-Marne. Melun, seize ; Coulommiers, seize ; Provins, seize ; Fontainebleau, vingt-deux ; Meaux, dix-neuf.

Seine-et-Oise. Versailles, trente ; Rambouillet, quatorze ; Etampes, treize ; Pontoise, vingt-trois ; Corbeil, seize ; Mantes, dix-sept.

Yonne. Auxerre, quarante-cinq ; Avallon, vingt-trois ; Tonnerre, quatorze ; Joigny, trente-trois ; Sens, vingt-cinq.

2. Jusqu'à ce que les titres actuellement existans aient été réduits au nombre ci-dessus déterminé, il ne sera présenté à notre nomination aucun candidat qui ne soit porteur de deux démissions ou présentations, soit de la part des titulaires, soit de celle de

leurs ayans-cause, aux termes de l'article 91 de la loi de finances du 28 avril 1816.

3. Ceux des officiers ministériels qui auront encouru la déchéance pour n'avoir pas versé les cautionnemens ou supplémens de cautionnemens exigés, seront, comme ceux qui auraient encouru la destitution, privés du droit de présenter leur successeur.

4. Il n'est point dérogé aux dispositions des articles 5, 6 et 7 du décret du 14 juin 1813.

5. Notre garde-des-sceaux, ministre de la justice, est chargé de l'exécution de la présente ordonnance.

---

19 JANVIER 1820 = Pr. 6 JANVIER 1831. — Ordonnance du Roi (Louis XVIII) qui nomme une commission de vérification des frais de négociation au Trésor pour 1819. (9 Bull. O. 31, n° 630.)

Louis, etc.,

Vu notre ordonnance du 18 novembre 1817, relative à la régularisation des frais de négociation du Trésor royal ;

Voulant assurer, pour 1819, l'exécution des dispositions réglementaires de cette ordonnance, et ayant jugé convenable d'adjoindre désormais des membres de la Cour des comptes à ceux du conseil-d'Etat, qui, jusqu'à présent, ont procédé à l'examen des comptes des frais de négociation ;

Sur le rapport de notre ministre secrétaire-d'Etat des finances :

Nous avons ordonné et ordonnons ce qui suit :

Art. 1er. Une commission, prise dans notre conseil-d'Etat et notre Cour des comptes, est chargée de revoir, d'examiner, de vérifier et d'arrêter les comptes des frais de négociation du Trésor royal pendant l'année 1819, en les divisant par trimestre, si la disposition des élémens desdits comptes se prête à cette division.

2. La commission se fera représenter les registres, états, journaux, pièces et autres documens divers qu'elle croira devoir demander pour éclairer son examen et appuyer son jugement relativement à chacun desdits comptes.

3. Elle constatera, par un procès-verbal, les résultats de la vérification dudit compte, et proposera l'allocation des frais de négociation qu'elle aura reconnus réguliers.

4. Sont nommés membres de cette commission, les sieurs :

Ramond, conseiller-d'Etat, président ;

---

(1) Le même préambule est répété dans toutes les ordonnances relatives aux autres cours.

Le baron Fréville et Delaitre, maîtres des requêtes ;

Jard-Panvillier et Buchère, référendaires de deuxième classe à la Cour des comptes ;

Duret, inspecteur-général des finances.

5. Notre ministre secrétaire-d'Etat des finances est chargé de l'exécution de la présente ordonnance.

---

19 JANVIER ⚌ Pr. 4 FÉVRIER 1820. — Ordonnance du Roi portant proclamation des brevets d'invention, de perfectionnement et d'importation, délivrés pendant le quatrième trimestre de 1819. (7, Bull. 342, n° 8156.)

---

19 JANVIER 1820. — Ordonnances du Roi qui autorisent l'acceptation de dons et legs faits aux fabriques. (7, Bull. 358.)

---

19 JANVIER 1820. — Ordonnance du Roi qui maintient et autorise les nouveaux artifices introduits dans les forges et usines de Gincla et Montfort, appartenant au sieur Rivals. (7, Bull. 358.)

---

19 JANVIER 1820. — Ordonnances du Roi qui accordent des lettres de déclaration de naturalité aux sieurs Tiollier et Storace. (7, Bull. 343 et 615.)

---

19 JANVIER 1820. — Ordonnance du Roi qui autorise le sieur Laumailler à construire au lieu dit la Ballue, commune de Bazouges-la-Pérouse, arrondissement de Fougères, département d'Ile-et-Vilaine, une verrerie en gobeletterie et en vases de chimie. (7, Bull. 358.)

---

19 JANVIER 1820. — Ordonnances du Roi relatives aux foires des communes de Saint-Martin, de Buxi, de Saint-Christophe, de Charolles, de Roanne et d'Arfons. (7, Bull. 358.)

---

19 JANVIER 1820. — Ordonnances du Roi relatives aux foires des communes de Saint-Fulgent, de Livry, de Champ-Fremont, d'Étaples, de Joyeuse, de Saint-Laurent-de-Pape et de Saint-Jean-de-Luze. (7, Bull. 359.)

---

20 JANVIER 1820. — Lettres-patentes du Roi portant institution héréditairement des titres de pairies de MM. le baron René-Marc-Marie-Anne de Montalembert ; Jean-Baptiste-Marie, marquis de Chabannes, et Personne Clément ; et le comte Antoine-Guillaume Rampon, sous le titre de baron. (7, Bull. 569.)

---

24 JANVIER 1820. — Ordonnance du Roi qui nomme sous-secrétaire d'État au département de la justice M. le comte Siméon, chargé, en l'absence du garde-des-sceaux ministre de la justice, du porte-feuille de ce département. (7, Bull. 340.)

---

25 JANVIER 1820. — Ordonnance du Roi qui nomme conseiller-d'État en service ordinaire M. Pichon, maître des requêtes. (7, Bull. 340.)

---

26 JANVIER ⚌ Pr. 16 FÉVRIER 1820. — Ordonnance du Roi relative à MM. les lieutenans-généraux et maréchaux-de-camp en non-activité, appelés à faire partie de l'état-major général de l'armée. (7, Bull. 343, n° 8204.)

Louis, etc.,

Voulant donner aux lieutenans-généraux et maréchaux-de-camp de notre armée, présentement en non-activité, un témoignage de notre constante bienveillance, en les faisant concourir dès à présent aux emplois d'activité ;

Voulant, toutefois, que cette mesure n'entraîne aucune nouvelle charge pour le Trésor, mais encore qu'il en résulte un dégrèvement pour l'avenir ;

Sur le rapport de notre ministre secrétaire-d'Etat au département de la guerre ;

De l'avis de notre Conseil,

Nous avons ordonné et ordonnons ce qui suit :

Art. 1er. A dater du 1er avril 1820, les lieutenans généraux et les maréchaux-de-camp composant présentement le cadre de l'état-major général de l'armée, et ceux en non-activité appelés à y rentrer successivement par les dispositions de notre ordonnance du 22 juillet 1818, feront tous partie dudit cadre de l'état-major général.

2. A compter de la même époque, les officiers généraux qui ne seront pas pourvus de lettres de service jouiront d'une solde de disponibilité, fixée, pour les lieutenans généraux, à douze mille francs, et pour les maréchaux-de-camp, à huit mille francs par an.

3. Jusqu'à ce que le nombre des officiers généraux soit réduit à celui fixé par l'art. 1er de l'ordonnance du 22 juillet 1818, savoir : à cent trente pour les lieutenans généraux, et à deux cent soixante pour les maréchaux-de-camp, les promotions dans ces

deux grades ne pourront avoir lieu que pour moitié des vacances, dans le grade de lieutenant général, et pour le tiers, dans le grade de maréchal-de-camp (1).

4. Les extinctions qui surviendront pendant la présente année parmi les lieutenans généraux et les maréchaux-de-camp ne donneront lieu à aucun remplacement ; les promotions qui, d'après l'art. 9 de l'ordonnance précitée, pourraient nous être proposées, n'auront lieu que par suite des vacances survenues en 1821, et dans les proportions énoncées dans l'article précédent.

5. Les dispositions de notre ordonnance du 22 juillet 1818 qui ne sont pas contraires à la présente sont maintenues.

6. Notre ministre de la guerre est chargé de l'exécution de la présente ordonnance.

26 JANVIER 1820. — Ordonnance du Roi portant liquidation de treize soldes de retraite, provisoirement payables sur le fonds des demi-soldes. (7, Bull. 343.)

26 JANVIER 1820. — Ordonnance du Roi portant liquidation de vingt-six soldes de retraite, provisoirement payables sur le fonds des demi-soldes. (7, Bull. 345.)

26 JANVIER 1820. — Ordonnances du Roi qui autorisent l'acceptation de dons et legs faits aux fabriques. (7, Bull. 359.)

30 JANVIER 1820. — Tableaux des prix moyens régulateurs des grains , dressé et arrêté conformément aux articles 6 et 8 de la loi du 16 JUILLET 1819. (7, Bull. 341.)

30 JANVIER 1820. — Ordonnances du Roi qui nomment aux préfectures des départemens de l'Aisne, de la Corse, du Gard, de l'Isère et du Doubs. (7, Bull. 343.)

30 JANVIER 1820. — Ordonnance du Roi qui nomme M. le baron Costaz conseiller-d'État en service extraordinaire. (7, Bull. 346.)

2 ═ Pr. 16 FÉVRIER 1820. — Ordonnance du Roi qui augmente le nombre des membres du conseil des prud'hommes de la ville de Nîmes. (7, Bull. 343, n° 8208.)

Louis, etc.

Sur le rapport de notre ministre secrétaire-d'Etat de l'intérieur ;

Vu le décret du 27 septembre 1807 relatif à l'établissement d'un conseil de prud'hommes dans la ville de Nîmes ;

Prenant en considération les motifs qui nous ont été exposés au nom du commerce de cette ville, et qui ont pour but d'obtenir dans l'organisation dudit conseil quelques changemens nécessités par l'intérêt actuel de l'industrie du pays ;

Nous avons ordonné et ordonnons ce qui suit :

Art. 1er. A dater de l'époque du prochain renouvellement des membres du conseil des prud'hommes de la ville de Nîmes, le nombre des membres de ce conseil, qui, précédemment, avait été fixé à cinq, savoir : trois marchands fabricans et deux chefs d'atelier, sera porté à neuf, en conservant les mêmes proportions de moitié, moins un, dans le nombre des chefs d'atelier, comparé à celui des marchands fabricans.

2. Les diverses branches d'industrie ci-après désignées concourront à la formation dudit conseil, de la manière suivante :

Les manufacturiers d'étoffes de soie nommeront cinq membres, dont trois seront marchands fabricans, et les deux autres, chefs d'atelier.

Les marchands fabricans de bas, tricots, tulles chinés, velours et veloutés, un membre.

Les marchands fabricans de galons, bourettes, soie à coudre, etc., un membre.

Les chefs d'atelier chineurs, fileurs et mouliniers de soie, un membre.

Les chefs d'atelier teinturiers, un membre : total, neuf membres.

3. Indépendamment des neuf membres dont il est question dans l'article précédent, il sera attaché au conseil deux suppléans, qui seront, l'un, marchand fabricant, et l'autre, chef d'atelier ou ouvrier patenté.

Ces suppléans, qui seront pris indistinctement dans les différentes branches d'industrie spécifiées ci-dessus, remplaceront ceux des prud'hommes que des motifs quelconques empêcheraient d'assister aux séances, soit du bureau particulier, soit du bureau général du conseil.

4. Il n'est rien changé aux dispositions du décret du 27 septembre 1807, concernant la juridiction, la tenue et les dépenses du conseil de prud'hommes de la ville de Nîmes.

5. L'élection et le renouvellement de ses

_____

(1) Cependant, il y a eu une promotion à l'occasion du baptême du duc de Bordeaux, par ordonnance du 28 avril 1821, insérée au Moniteur du 1er mai.

membres auront lieu d'après le mode qui a été réglé par le décret du 11 juin 1809, rectifié le 20 février suivant.

Les marchands fabricans et les chefs d'atelier, appelés à faire partie du conseil, se conformeront, dans l'exercice de leurs fonctions, aux dispositions établies tant par ce décret que par la loi du 18 mars 1806 et par le décret du 3 août 1810.

6. Nos ministres de la justice et de l'intérieur sont chargés de l'exécution de la présente ordonnance.

2 FÉVRIER = Pr. 29 MARS 1820. — Ordonnance du Roi portant autorisation, conformément aux statuts y annexés, d'une Société d'assurance mutuelle contre l'incendie dans le département du Bas-Rhin. (7, Bull. 355, n° 8473.)

Louis, etc.

Sur le rapport de notre ministre secrétaire-d'Etat au département de l'intérieur ;

Vu les statuts de la société d'assurance mutuelle contre l'incendie dans le département du Bas-Rhin, déposés chez Lacombe, notaire à Strasbourg, par acte du 6 novembre 1819 ;

Notre Conseil-d'Etat entendu ;

Nous avons ordonné et ordonnons ce qui suit :

Art. 1er. La société anonyme provisoirement constituée à Strasbourg, sous le nom de *Société d'Assurance mutuelle contre l'incendie dans le département du Bas-Rhin*, demeure autorisée conformément aux statuts renfermés dans l'acte ci-dessus visé du 6 novembre 1819, lesquels sont approuvés, sauf les réserves ci-après.

2. Nonobstant la disposition contenue dans le premier paragraphe de l'article 6 des susdits statuts, la société ne pourra être définitivement constituée que lorsqu'elle aura pour vingt millions de propriétés engagées à l'assurance mutuelle.

3. Seront considérés comme exceptés de notre approbation, et ainsi comme non avenus, le troisième paragraphe de l'article 16 et le second paragraphe de l'article 19, relatifs aux droits que pourraient prétendre sur les assurances les créanciers hypothécaires des immeubles incendiés, attendu que tous les droits résultant des hypothèques sont sous l'empire du droit commun.

4. La présente autorisation étant accordée à ladite société à la charge par elle de se conformer aux lois et aux statuts particuliers qui doivent lui servir de règle, nous nous réservons de la révoquer dans le cas où ces conditions ne seraient pas accomplies, sauf

les actions à exercer par les particuliers devant les tribunaux, à raison des infractions commises à leur préjudice.

5. La société sera tenue de remettre, tous les six mois, copie en forme de son état de situation au préfet du département du Bas-Rhin, aux greffes des tribunaux de première instance dudit département, et à la chambre de commerce de Strasbourg.

6. Devront les sociétaires se conformer, en ce qui les concerne, aux lois et réglemens de police sur le fait des incendies.

7. Notre ministre secrétaire-d'Etat de l'intérieur est chargé de l'exécution de la présente ordonnance, qui sera insérée au Bulletin des Lois : pareille insertion aura lieu dans le Moniteur et dans les journaux destinés aux annonces judiciaires du département, sans préjudice des affiches qui pourront être requises par la loi.

Société d'Assurance mutuelle contre l'incendie dans le département du Bas-Rhin.

STATUTS.

CHAPITRE Ier. Fondation.

Art. 1er. Il sera formé, avec l'autorisation du Roi, une société anonyme entre les propriétaires de maisons et bâtimens situés dans le département du Bas-Rhin qui accéderont aux présens statuts et seront admis à faire partie de l'association.

Cette société a pour unique objet de garantir mutuellement ses membres des risques et des dommages que pourraient causer l'incendie, le feu du ciel, et la foudre, lors même qu'elle ne serait point suivie d'incendie, aux maisons et bâtimens qui participent aux bienfaits de l'assurance, de même qu'aux machines et ustensiles d'un déplacement difficile.

La société garantit également les dégradations, les coupures, qui seraient faites à une maison assurée, par ordre de l'autorité locale, pour intercepter la communication du feu.

2. La société exclut toute solidarité entre les sociétaires, dont chacun, en tout état de cause, ne doit supporter que la part contributive à laquelle il est tenu dans les charges de la présente association.

3. Les maisons et bâtimens admis dans la présente assurance sont classés suivant le plus ou moins de risques auxquels ils sont exposés, et ces classes sont provisoirement déterminées ainsi qu'il suit :

La première comprend les maisons d'habitation bâties en pierres et couvertes de tuiles ou d'ardoises.

La deuxième comprend les maisons ou bâtimens construits en bois, les granges, écuries, buanderies, bûchers; les fabriques et ateliers en général, ainsi que les portions de bâtiment dans lesquelles s'exploite une industrie par l'emploi du feu; plus les machines assurées y contenues :

En observant qu'une maison d'habitation, construite partie en pierres et partie en cloisons, est placée dans la deuxième classe, si la partie cloisonnée est la plus considérable.

Dans le cas qu'on présenterait à l'assurance des objets d'un danger de feu plus grand que ceux ci-dessus désignés, le conseil d'administration déterminera la quotité de contribution de chacun d'eux, sauf l'approbation du comité des sociétaires.

4. La société se forme pour trente ans; cependant elle se renouvelle de cinq en cinq années, pourvu qu'à chaque révolution quinquennale il se trouve toujours pour vingt millions de propriétés engagées.

Chaque sociétaire est assuré et assureur en même temps, à partir du jour de son inscription au registre-matricule de la société, jusqu'à l'expiration de la révolution quinquennale dans le courant de laquelle son admission aura eu lieu.

Cette inscription ne sera faite qu'en vertu d'une délibération du conseil d'administration.

Si dans l'intervalle des cinq années la propriété assurée était vendue, son nouveau propriétaire n'en serait pas moins tenu de continuer l'engagement de l'assurance jusqu'à l'expiration desdites cinq années, pendant lesquelles l'admission du vendeur aurait été arrêtée et inscrite.

5. Trois mois avant l'échéance des cinq ans, le sociétaire fait connaître, par une déclaration signée de lui, qu'il adresse au directeur, et dont celui-ci lui accuse la réception, s'il entend continuer à faire partie de la société, ou s'il y renonce.

Faute de déclaration à l'époque déterminée, ledit propriétaire est considéré comme faisant partie de ladite société pour cinq autres années.

Dans le cas d'une déclaration de renonciation, son immeuble est dégagé de toutes les charges sociales, et il cesse de profiter d'aucun bénéfice de garantie, à partir de l'échéance dudit terme, et son dernier jour compris.

6. La présente association ne peut avoir d'effet que du moment où, par suite des admissions faites par le conseil d'administration, il se trouvera pour une somme de dix millions de propriétés engagées à l'assurance mutuelle (1).

Le conseil déterminera et fera connaître, par insertion dans les feuilles publiques et par toute autre voie, le jour auquel les effets actifs et passifs de la société commenceront pour chacun de ses membres.

La somme de dix millions n'est point limitative, la société se composant de tous les propriétaires de maisons ou bâtimens situés dans le département qui seront admis à l'association.

7. La société a non-seulement pour objet d'indemniser ceux de ses membres qui éprouveraient un dommage quelconque par suite d'incendie, mais encore de pourvoir, par toutes les voies dictées par la prudence, aux meilleurs moyens de prévenir ces sortes d'accidens : en conséquence, le conseil d'administration, réuni au comité des sociétaires, fixera, chaque année, après l'examen des ressources de la société, la somme qui pourra être employée aux encouragemens et améliorations des secours pour les incendies.

8. Les moulins et magasins à poudre, les fonderies, les ateliers et magasins servant à l'artillerie ou au génie, sont exclus de la présente assurance, ainsi que les salles de spectacle, les maisons sans cheminées, celles dont les cheminées ne vont que jusqu'aux greniers, celles couvertes en chaume, et enfin tous les autres bâtimens qui, au jugement du conseil d'administration, présenteraient un risque de feu trop considérable.

Sont encore exclues les fermes ou maisons isolées, éloignées de plus d'une demi-lieue d'une commune, et toute commune rurale qui ne justifierait pas de moyens de secours pour les incendies.

9. Ne seront point compris non plus dans la présente assurance et ne pourront donner lieu à aucuns dommages, les incendies provenant de bombardement, d'invasion, de commotions, d'émeutes civiles, et de force ou de fait militaire quelconque.

CHAPITRE II. Estimation des immeubles; leur assurance contre l'incendie, et paiemens à faire en cas de dommage.

10. Pour connaître la somme à laquelle chaque propriétaire a droit en cas d'incendie, ainsi que celle pour laquelle il doit concourir au paiement des dommages audit cas, chaque sociétaire remet une description de sa maison, indiquant sa position, sa hauteur, largeur et longueur, le nombre des étages, celui des foyers ; il fera connaître également si elle est construite en pierres ou en bois, si la couverture est en tuiles, en ardoises ou autrement ; il indiquera aussi d'une manière

(1) *Voy.* article 2 de l'ordonnance.

précise l'usage ou la destination de chaque bâtiment ou portion de bâtiment.

Cette description sera remise à la direction par tous les sociétaires de Strasbourg et sa banlieue, et à l'agent de la société établi pour chaque canton, par tous ceux qui seront dudit canton.

Sur la demande du propriétaire, le directeur et ledit agent pourront faire faire ladite description, mais toujours aux frais du premier.

A cette description sera jointe une évaluation de chaque maison, aile ou portion de maison, dans le cas où, sous un même toit, le bâtiment se trouverait d'un côté d'une valeur différente que de l'autre, de même que de chaque bâtisse accessoire, comme grange, remise, écurie ou autre.

Ne seront point comprises dans cette évaluation, ni la valeur du terrain sur lequel se trouvent les maisons, ni celle des cours, jardins, attenances ou jouissances, de quelque nature qu'elles puissent être, non plus que la valeur des fondemens, caves voûtées et autres ouvrages sous terre, étant à l'abri des incendies ; l'évaluation, enfin, doit se faire uniquement de la bâtisse hors de terre, et être basée sur le prix moyen qu'on pourrait en retirer lors d'une vente publique sur les lieux mêmes, déduction faite des objets mentionnés ci-dessus.

L'estimation des machines se fait contradictoirement par deux experts, l'un au choix du propriétaire, l'autre de l'administration, et ce aux frais du propriétaire.

11. Il est expressément interdit à tout membre de la société de fixer un prix qui soit au-dessus de la valeur réelle de son immeuble ; quant aux machines, elles ne pourront, en aucun cas, être admises à plus des trois quarts du prix d'estimation.

Toutes les fois qu'un sociétaire voudra faire faire la levée d'un plan, ou bien un procès-verbal d'estimation, par un des experts de la société, il pourra le requérir, en l'indemnisant de ce travail ; et cette évaluation ne sera point sujette à révision.

12. Lorsque l'administration trouve que les évaluations données par un sociétaire sont exagérées et sujettes à révision, elle fait procéder à une estimation par un expert par elle délégué, et fixe, sur son rapport, la somme à laquelle l'immeuble proposé pourra être admis.

Les estimations de chaque bâtiment ou de chaque portion de bâtiment seront faites en sommes rondes, et pas au-dessous de cent francs.

13. Toute variation dans la valeur des machines et des immeubles compris dans l'assurance sera déclarée au conseil d'administration par le propriétaire, dans l'année, afin qu'il puisse régler la police d'assurance en conséquence.

Faute par le propriétaire de faire cette déclaration dans ledit délai, le conseil d'administration sera autorisé à prononcer l'annulation de la police d'assurance.

Cette déclaration devra être faite au directeur ou à l'agent de canton, comme il est dit à l'article 10.

L'existence et l'estimation des machines seront constatées, chaque année, par les soins du directeur et aux frais des propriétaires.

14. Afin que la société puisse rembourser sans délai les dommages et pertes provenant d'incendie, elle se forme un capital permanent et disponible, dont le conseil d'administration, réuni au comité des sociétaires, aura la gestion.

A cet effet, chaque sociétaire, au moment de son admission, versera entre les mains du directeur un et demi pour mille du prix d'estimation de sa propriété assurée dans la première classe, et deux pour mille dans la deuxième classe.

Il ne sera établi de nouvelles parts contributives que sur la décision du conseil d'administration et du comité des sociétaires, et seulement lorsque la moitié du fonds capital aura été absorbée par les paiemens pour dommages d'incendie.

La portion contributive ne pourra dépasser dans une année le double de la première mise d'un et demi et de deux pour mille ; et si le montant des dommages exigeait une somme plus forte, l'excédant serait reversé sur les années subséquentes.

Cependant, ce cas arrivant à l'expiration de la durée quinquennale de la société, tous les propriétaires assurés seront tenus de verser, de suite, leur part contributive nécessaire pour liquider entièrement les charges de l'association, si toutefois elle venait à être dissoute.

A l'avenir, tout propriétaire qui voudra être admis à la société paiera les mêmes quotités d'un et demi et de deux pour mille, quelle que soit alors la part contributive des anciens sociétaires ; mais il ne participera aux événemens d'incendie qu'à dater du jour de son admission.

15. Les fonds provenant des parts contributives déterminées ci-dessus ne pourront, dans aucun cas ni sous aucun prétexte, recevoir aucune autre destination que pour payer les indemnités dues aux sociétaires incendiés.

En attendant cet emploi, une commission financière, composée de trois membres du comité des sociétaires, choisis par ledit comité, sera chargée de faire valoir le fonds permanent, en escomptant du papier de commerce à trois signatures connues et réputées solvables, à trois mois d'échéance au plus, et négociable sur place, pour pouvoir réaliser de suite en cas de besoin.

La commission financière se réunira dans les bureaux de la direction, où le commerce pourra faire présenter les traites proposées à l'escompte ; les bénéfices résultant des opérations de ladite commission, dont les fonctions sont gratuites, seront employés comme frais d'administration de la société, en déduction des cotisations qui seraient exigées plus tard des sociétaires, conformément à l'article 36 des statuts.

16. Tous locataires principaux et particuliers, soit ensemble, soit séparément, sont admis, sous le consentement du propriétaire (à cause de la responsabilité dont ils sont tenus pour tout incendie de leur fait dans la propriété qu'ils habitent ou dont ils ont la jouissance), à devenir membres de la présente société, en satisfaisant, comme s'ils étaient propriétaires, aux dispositions des présens statuts.

Tout créancier hypothécaire est également admis à faire assurer l'immeuble qui lui sert de garantie, en remplissant les conditions de l'assurance.

Ce créancier, ainsi assuré, reçoit, en cas d'incendie de l'immeuble qui lui est hypothéqué, le montant de l'évaluation du dommage, dont l'emploi devrait être affecté au rétablissement de son gage, et ce, jusqu'à concurrence du montant de la créance seulement (1).

17. Tout fait d'incendie est dénoncé, au moment où il se manifeste, par le propriétaire assuré, ou par toute autre personne qu'il est tenu de charger expressément de ce soin, pour la ville de Strasbourg et sa banlieue, au bureau de la direction ; pour le rdste du département, à l'agent du canton son ressort.

La déclaration du propriétaire ou de son représentant est consignée sur un registre à ce destiné, et signée du déclarant, à qui il en est délivré copie ; celui qui reçoit la déclaration est tenu de vérifier et constater le fait dans le plus bref délai possible, par l'expert désigné par l'administration : il aura soin en outre d'obtenir un gardien de l'autorité locale, si le cas l'exige.

Les assurés sont encore tenus expressément de se conformer aux réglemens de police existans pour les accidens du feu.

18. Aussitôt que possible après l'événement constaté, trois experts, dont l'un est nommé par le conseil d'administration, l'autre par le propriétaire, et le troisième par les deux parties intéressées, procèdent à l'estimation du dommage causé par l'incendie à la propriété assurée,, et au besoin on nommera des experts particuliers pour estimer le dommage d'incendie causé à des machines assurées.

Les frais de ces expertises sont à la charge de la société.

La base d'estimation est la valeur de la portion incendiée, proportionnellement au prix inscrit dans l'assurance, et non le prix de la reconstruction.

Si la propriété est entièrement consumée, ou tellement endommagée que les experts jugent qu'il est impossible de la réparer et qu'elle est dans le cas d'être reconstruite à neuf, il n'y a pas lieu à estimation, et l'indemnité doit être payée complétement, suivant le prix d'inscription.

En ce cas, l'effet de la police d'assurance est suspendu jusqu'à sa reconstruction, et le sociétaire reste pendant le même temps affranchi des charges sociales.

Les matériaux qui auraient résisté à l'incendie deviennent la propriété de la société : leur valeur sera estimée par les experts ; mais le propriétaire incendié ou ses ayans-droit seront obligés de les recevoir en déduction de l'évaluation de l'immeuble incendié.

La police d'assurance devient nulle dans ses effets actifs et passifs, si la propriété cesse d'exister par d'autres causes que celles de l'incendie.

19. Quinze jours après la clôture du procès-verbal de ces experts, la moitié de la somme à laquelle le dommage a été fixé est payée à l'assuré sur l'ordre exprès du conseil d'administration, et l'autre moitié trois mois plus tard, sauf les restrictions résultant de l'article 14 ci-dessus.

Dans le cas où il existe des créanciers hypothécaires sur l'immeuble incendié, le paiement ci-dessus représentant en partie la valeur dudit immeuble, et étant destiné à tenir lieu du gage desdits créanciers hypothécaires, ou à le rétablir par sa reconstruction ou réparation, il ne pourra être arrêté ni suspendu par l'effet d'une saisie ou opposition au profit d'aucun créancier chirographaire, et le sociétaire assuré ne peut toucher l'indemnité à lui échue que du consentement de ses créanciers hypothécaires (2).

20. Pour l'exécution de l'article qui précède, le directeur établit, tous les trois mois, le compte de la contribution des sociétaires à raison des événemens d'incendie survenus dans le trimestre ; le conseil d'administration vérifie ce compte, et arrête définitivement la répartition, de l'avis du comité des sociétaires : le directeur est chargé de pour-

---

(1 et 2) Supprimez ces paragraphes, article 3 de l'ordonnance.

suivre le remboursement des quotités de contributions dont l'appel aura été ordonné, sauf la restriction mentionnée en l'article 14.

Il en est donné avis, par insertion aux feuilles publiques du département, aux sociétaires, qui peuvent en venir prendre connaissance au secrétariat de l'administration, et ils versent entre les mains du directeur le montant de leur part dans ladite contribution.

A défaut de paiement, cet avis est renouvelé par le directeur et l'intermédiaire de l'agent cantonnal, et, quinze jours après ce dernier avertissement, l'assureur en retard est poursuivi, à la diligence du directeur et par toutes voies de droit, pour le paiement de la somme dont il se trouve débiteur ; le retardataire est en outre passible d'une indemnité dont la quotité est fixée à la moitié de la somme pour laquelle il est poursuivi, pour être versée dans la caisse établie par l'art. 7.

21. Il est expressément interdit aux membres de la présente société, sous les mêmes peines portées à l'article 13, de faire assurer d'une autre manière les propriétés qui participent au bienfait de cette assurance mutuelle, en conformité des lois existantes ; et aucun ne doit être reçu si sa propriété était assurée ailleurs.

CHAPITRE III. Conseil général des sociétaires.

22. La société est administrée par un conseil général des sociétaires, ou son comité, par un conseil d'administration et un directeur.

23. Le conseil général est composé des soixante plus forts sociétaires, choisis parmi les quatre cents premiers souscripteurs par le comité provisoire nommé en assemblée générale le 12 août 1819, et chargé de dresser les statuts de la société : il se réunit une fois par an.

24. Le conseil général nomme les membres du conseil d'administration ; il choisira dans son sein un comité de onze membres, lequel prend part aux délibérations du conseil d'administration dans tous les cas prévus par les présens statuts, reçoit, vérifie et arrête chaque année tous les comptes de la société ; il rend compte au conseil général des observations qu'il a faites dans l'intervalle d'une assemblée du conseil à l'autre, et des abus qu'il a pu reconnaître dans l'administration. Le comité fait convoquer le conseil général dans des cas extraordinaires, et lorsque, de concert avec le conseil d'administration, il le juge nécessaire dans l'intérêt de la société.

CHAPITRE IV. Conseil d'administration.

25. Le conseil d'administration est composé de sept membres choisis parmi les sociétaires par le conseil général ; chacun des membres dudit conseil d'administration s'adjoint un suppléant, dont il fait choix parmi les sociétaires.

26. En cas de décès ou de démission de l'un des membres du conseil d'administration, il est remplacé de droit par son suppléant, jusqu'à ce qu'il ait été pourvu à son remplacement définitif par le conseil général des sociétaires.

27. Les membres du conseil d'administration sont renouvelés par moitié tous les cinq ans : les premiers sortans sont désignés par le sort ; mais ils sont rééligibles.

Tout membre du conseil d'administration et tout suppléant doivent avoir au moins pour quarante mille francs de propriétés engagées à l'assurance mutuelle.

28. Le conseil d'administration se réunit d'obligation tous les 1er et 16 du mois : il est présidé par l'un de ses membres ; son secrétaire est pris hors de son sein.

29. Les membres du conseil d'administration ne sont responsables que du mandat qu'ils ont reçu ; ils ne contractent, à raison de leur gestion, aucune obligation personnelle ni solidaire relativement aux engagemens de la société.

30. Le conseil d'administration, réuni au comité des sociétaires, nomme le directeur ; le conseil d'administration seul nomme le secrétaire ; les autres employés, selon le besoin, seront également nommés par lui, sur la présentation du directeur.

Il délibère sur toutes les affaires de la société et les décide par des arrêtés consignés sur un registre tenu à cet effet : le directeur est tenu de s'y conformer.

Il ne peut prendre aucune décision qui, en contrevenant aux présens statuts, tende à grever ou à changer le sort des sociétaires : ses décisions sont prises à la majorité absolue des suffrages.

31. Tous les cas non prévus par les présens statuts, de même que les changemens que l'expérience fera reconnaître comme utiles ou nécessaires dans les attributions respectives du comité des sociétaires, du conseil d'administration et du directeur, seront déterminés par un supplément aux présens statuts, et par un réglement délibéré en conseil général, soumis à l'homologation du ministre de l'intérieur et porté à la connaissance de chaque sociétaire.

CHAPITRE V. Direction.

32. Le directeur dirige et exécute toutes

les opérations de la société sous les ordres du conseil d'administration ; il assiste, lorsqu'il y est appelé, à ses assemblées, avec voix consultative.

Le conseil d'administration, conjointement avec le comité des sociétaires, convoque le conseil général par l'organe du directeur.

Le directeur peut convoquer, lorsqu'il le croit nécessaire, les assemblées extraordinaires du conseil d'administration.

33. Le directeur mettra sous les yeux du conseil d'administration, deux fois par an, l'état de situation de l'établissement, celui de toutes les recettes et dépenses, et le compte détaillé de tout ce que la société a été dans le cas de rembourser pour cause d'incendie : tous ces états seront examinés et approuvés, s'il y a lieu, par le conseil d'administration, et soumis à la sanction du comité des sociétaires.

Le directeur donne également à chaque sociétaire tous les renseignemens dont il peut avoir besoin.

34. Le directeur fait procéder aux estimations mentionnées dans les articles 12 et 13. Il est chargé de la délivrance des polices d'assurance, signées par le président du conseil d'administration et contresignées par lui ; de la tenue et de l'ordre des bureaux, de la correspondance ; enfin de la confection comme de la suite et de l'exécution de tous les actes qui peuvent concerner l'établissement.

Quant aux rapports de la société avec les autorités, ils auront lieu par le conseil d'administration.

35. Le directeur fait apposer sur chaque maison assurée, et dans la quinzaine au plus tard de l'engagement de son propriétaire, une plaque de tôle indicative de l'assurance par la marque M. A.

Il est chargé de l'exécution des présens statuts, et ne peut s'en écarter en aucune des opérations qui en font l'objet.

Il est tenu en conséquence d'avoir un journal général qui offre, dans l'ordre jugé convenable, les noms des sociétaires, la valeur de leurs assurances et le compte ouvert à chacun d'eux, les registres relatifs aux déclarations d'incendie, aux évaluations des dommages et de la correspondance.

36. Le traitement du directeur et celui des employés, les frais de bureau et de correspondance, les dépenses pour droit d'enregistrement, frais d'expertise et d'impression, le prix des plaques à apposer sur les maisons assurées, et en général toutes dépenses, soit d'établissement, soit de gestion, seront faites au moyen d'un fonds spécial indépendant de celui destiné aux indemnités pour incendie, qui sera mis à la disposition du directeur par le conseil d'administration, au fur et à mesure des besoins.

A cet effet, et pour faire face, tant à ces dépenses qu'à celles qui doivent avoir lieu pour encouragemens et améliorations de secours, conformément à l'article 7, chaque sociétaire, au moment de son admission, paiera entre les mains du directeur un pour mille du prix d'estimation de sa propriété.

Cette seule contribution, qui est exigible tous les ans, est susceptible de diminution lors des paiemens à venir, vu qu'il n'y aura plus de frais de premier établissement par la suite, et que le fonds permanent rapportera des intérêts, qui seront employés à couvrir une partie de ces frais.

Le conseil d'administration présentera au conseil général, lors de sa seconde réunion, le compte détaillé de ce fonds spécial, et proposera un réglement définitif pour cette espèce de recettes et dépenses.

37. Aucune action judiciaire à laquelle pourrait donner ouverture tout autre objet que le simple recouvrement, soit des portions contributives, soit des cotisations annuelles, ne pourra être engagée ou soutenue par le directeur, en son nom et aux frais de la direction, que d'après l'avis du conseil d'administration.

38. Le directeur est responsable de l'exécution du mandat qu'il reçoit.

CHAPITRE VI. Comptabilité.

39. Le directeur remplit en même temps les fonctions de caissier, et fournit en cette qualité un cautionnement en immeubles de quarante mille francs, lequel sera reçu, par acte notarié, par le président du conseil d'administration.

Il ne peut en être donné main-levée par ledit président, qu'après que les comptes du directeur auront été apurés, et sur la représentation d'un *quitus* délivré en suite d'une délibération du conseil d'administration, réuni au comité des sociétaires.

40. La société aura deux caisses distinctes : l'une pour y mettre en dépôt les sommes destinées au remboursement des dommages ; l'autre renfermera les sommes perçues pour subvenir aux frais d'administration.

41. Pour sûreté des fonds destinés aux remboursemens des dommages, la caisse qui les contiendra sera fermée par deux serrures et deux clefs différentes, dont l'une restera entre les mains du directeur, et l'autre entre celles de l'un des trois membres de la commission financière.

Le dernier jour de chaque mois, le directeur remettra au conseil l'état des sommes perçues à destination de rembourser des dommages : ces sommes seront déposées dans la caisse à deux clefs, en présence du membre de la commission financière chargé d'une de ces clefs, lequel constate toutes les entrées et sorties de ces fonds.

42. Le directeur tient sa comptabilité sous le contrôle immédiat du conseil d'administration : aucune quittance ne sera valable, si elle n'est visée par un des membres dudit conseil, et aucun paiement ne pourra se faire que sur pièces comptables ordonnancées par le conseil.

Chapitre VII. Liquidation.

43. Si, à l'une des époques quinquennales, il ne restait plus pour vingt millions de propriétés engagées à l'assurance mutuelle, la société étant dissoute dans ce cas, suivant l'article 4, l'administration fixera un jour auquel devront cesser les obligations réciproques des sociétaires.

Les meubles, et tous les autres objets et valeurs appartenant à la société seront aussitôt réalisés par les soins du conseil d'administration, réuni au comité ; l'actif total sera versé à un ou plusieurs établissemens de charité à désigner par le conseil général des sociétaires.

Chapitre VIII. Dispositions générales.

44. S'il survient quelque contestation entre la société et un ou plusieurs de ses membres, elle est jugée, à la diligence du directeur et sur les ordres du conseil, par trois arbitres, dont deux seront nommés par les parties respectives, et, sur le refus de l'une ou de l'autre, par le tribunal de l'arrondissement dans lequel le défendeur est domicilié ; le troisième arbitre sera toujours nommé par le tribunal de commerce de l'arrondissement de Strasbourg. Leur jugement est sans appel et sans pourvoi en cassation, et sera exécuté sur l'ordonnance d'exécution de M. le président dudit tribunal de commerce : à l'effet de quoi les parties intéressées élisent domicile au greffe du même tribunal.

45. Le domicile de la société est élu et fixé à Strasbourg, dans le local des bureaux de l'administration, rue   n°

Les soussignés, membres du conseil d'administration de la société d'assurance mutuelle contre l'incendie pour le département du Bas-Rhin, certifient que le cahier imprimé ci-dessus et des autres parts, de cinq feuillets et une demi-page, contient les quarante-cinq articles des statuts de ladite société, qui ont servi de base aux engagemens des sociétaires signataires du registre d'adhésion.

Fait à Strasbourg, le 5 novembre 1819.

2 FÉVRIER 1820. — Ordonnances du Roi qui autorisent l'acceptation de dons et legs faits aux fabriques. (7, Bull. 360.)

4 = Pr. 16 FÉVRIER 1820. — Ordonnance du Roi qui autorise la publication de la bulle portant translation de M. de Quélen, ancien évêque de Samosate, à l'archevêché de Trajanople *in partibus*, et institution canonique de cet archevêque, en qualité de coadjuteur, avec future succession au siége archiépiscopal de Paris. (7, Bull. 343, n° 8209.)

Louis, etc.

Sur le rapport de notre ministre secrétaire-d'Etat au département de l'intérieur ;

Vu notre ordonnance du 24 septembre dernier, portant nomination de M. Hyacinthe-Louis de Quelen, évêque de Samosate, à la coadjutorerie de l'archevêché de Paris ;

Notre Conseil-d'Etat entendu,

Nous avons ordonné et ordonnons ce qui suit :

Art. 1er. La bulle donnée à Rome, à Sainte-Marie-Majeure, l'année 1819, et le seizième jour avant les calendes de janvier, portant translation de M. Hyacinthe-Louis de Quelen, ancien évêque de Samosate, à l'archevêché de Trajanople *in partibus*, et institution canonique dudit archevêque, en qualité de coadjuteur, avec future succession, au siége archiépiscopal de Paris, ladite institution donnée du consentement de notre cousin le cardinal duc de Talleyrand-Périgord, archevêque de Paris, et sur notre nomination, sera publiée dans la forme accoutumée.

2. Ladite bulle d'institution canonique est reçue sans approbation des clauses, formules ou expressions qu'elle renferme et qui sont ou pourraient être contraires à la Charte constitutionnelle, aux lois du royaume, aux franchises, libertés et maximes de l'église gallicane, et tant que lesdites clauses, formules ou expressions puissent nuire ni préjudicier aux droits de notre couronne.

3. Transcription sera faite de ladite bulle en latin et en français sur les registres de notre Conseil-d'Etat.

Le secrétaire général fera mention de cette transcription sur l'original.

4. Nos ministres de la justice et de l'intérieur sont chargés de l'exécution de la présente ordonnance.

4 = Pr. 16 FÉVRIER 1820. — Ordonnance du Roi qui assigne une nouvelle direction au service en poste et en malles, de Paris à Caen. (7, Bull. 343, n° 8210.)

Art. 1er. A dater du 1er avril prochain, le service en poste et en malles, de Paris à Caen, cessera de passer par Rouen, et sera dirigé par Evreux et Lisieux.

2. Notre ministre des finances est chargé de l'exécution de la présente ordonnance.

———

4 = Pr. 20 FÉVRIER 1820. — Ordonnance du Roi contenant des mesures de police relatives aux propriétaires ou entrepreneurs de diligences, de messageries ou autres voitures publiques. (7, Bull. 344, n° 8218.)

Voy. décrets des 23 JUIN 1806 et notes, et 28 AOUT 1808; ordonnances des 24 DÉCEMBRE 1814, 20 JUIN 1821, 21 MAI 1823 et 27 SEPTEMBRE 1827.

Louis, etc.,

Sur le rapport de notre ministre secrétaire-d'Etat au département de l'intérieur, il nous a été représenté que, depuis quelque temps, les entreprises de voitures publiques s'étant extrêmement multipliées, les mesures de police ordonnées par le décret du 28 août 1808 et par notre ordonnance du 24 décembre 1814, n'ont pas été exécutées avec soin, et qu'il en est résulté des accidens graves et fréquens;

Voulant pourvoir à la sûreté des voyageurs, en prescrivant la stricte exécution des réglemens existans, et en y ajoutant les mesures dont l'expérience a fait reconnaître l'utilité;

Notre Conseil-d'Etat entendu,

Nous avons ordonné et ordonnons ce qui suit :

Art. 1er. Les propriétaires ou entrepreneurs de diligences, des messageries ou autres voitures publiques allant à destination fixe, se présenteront, dans la quinzaine de la publication de la présente ordonnance, dans le département de la Seine, devant le préfet de police, et, dans les autres départemens, devant les préfets ou sous-préfets, pour faire la déclaration du nombre de places qu'elles contiennent, du lieu de leur destination, du jour et de l'heure de leur départ, de leur arrivée et de leur retour, à peine de l'amende portée à l'article 3 du titre III de la loi du 29 août 1790.

Lorsqu'ils augmenteront ou diminueront le nombre de leurs voitures, qu'ils changeront le lieu de leur résidence ou transfére-ront leur entreprise dans une autre commune, ils en feront également la déclaration.

2. Aussitôt après ces déclarations, les préfets ou sous-préfets ordonneront la visite desdites voitures par des experts nommés par eux, afin de constater si elles sont entièrement conformes à ce qui est prescrit par la présente ordonnance, et si elles n'offrent aucun vice susceptible de compromettre la sûreté des voyageurs. Aucune voiture nouvelle ne pourra être mise en circulation avant la décision du préfet, rendue sur le rapport des experts. Celles qui existent cesseront de circuler après la visite qui en sera faite, si elles sont reconnues défectueuses, jusqu'à ce que les défectuosités aient été corrigées et que le préfet ait levé la défense.

Les entrepreneurs auront la faculté de nommer de leur côté des experts qui opéreront conjointement avec ceux indiqués ci-dessus. Dans ce cas, les préfets ou sous-préfets prononceront sur les rapports contradictoires des experts respectifs.

Les visites d'experts ne pourront être faites qu'au chef-lieu de chaque établissement de voitures publiques.

3. Chaque voiture portera, à l'extérieur, le nom du propriétaire ou de l'entrepreneur et l'estampille prescrite par l'article 117 de la loi du 25 mars 1817.

4. Elle portera dans l'intérieur l'indication du nombre des places qu'elle contient, ainsi que le numéro et le prix de chaque place, du lieu du départ au lieu de la destination (1).

5. Les propriétaires et entrepreneurs de voitures publiques tiendront registre du nom des voyageurs qu'ils transporteront.

Ils enregistreront également les ballots, malles et paquets dont le transport leur sera confié; ils donneront extrait de cet enregistrement aux voyageurs avec le numéro de leur place.

Les registres seront sur papier timbré, cotés et paraphés.

6. Les conducteurs ne pourront prendre en route aucun voyageur, ni recevoir aucun paquet, sans en faire mention sur leur feuille en la forme indiquée par l'article précédent.

7. Il est défendu d'admettre dans les voitures un plus grand nombre de voyageurs que celui qui est énoncé dans la déclaration. Le conducteur aura seul la faculté de se placer dans le panier situé sur l'impériale,

———

(1) La contravention à cette disposition n'étant prévue par aucune disposition pénale et spéciale, rentre dans l'application de l'article 475, n° 4, Code pénal, sur la violation des réglemens concernant les voitures (11 novembre 1826; Cass. S. 27, 1, 512; D. 1, 335).

lorsque cela sera nécessaire pour surveiller le chargement de la voiture.

8. Le poids des paquets, ballots ou autres fardeaux placés sur l'impériale pourra être d'autant de fois vingt-cinq kilogrammes qu'il y aura de places dans les voitures à quatre roues ; ce poids sera réduit à dix kilogrammes par place pour les voitures à deux roues. Jamais ces poids ne devront être dépassés (1).

L'élévation de la charge sera au plus de quarante centimètres sur les voitures à quatre roues, et de vingt-sept centimètres sur les voitures à deux roues (2).

9. Les voitures seront d'une construction solide, et pourvues de tout ce qui est nécessaire à la sûreté des voyageurs. Elles ne pourront avoir d'autres places extérieures, outre celles du cabriolet, que celles dites *banquettes d'impériale de devant :* ces places n'excéderont pas le nombre de trois. On ne pourra les adapter qu'aux voitures établies d'après le nouveau système avec des ressorts en acier et sans soupentes de cuir. Lorsqu'il y aura une banquette d'impériale, le poids des objets placés dans le panier, conformément à l'article précédent, sera diminué d'un cinquième. Toutes places d'impériale, autres que celles indiquées au présent article et dans l'article 7, sont rigoureusement défendues.

Les places de galeries situées derrière la caisse et au même niveau qu'elle, ne sont point considérées comme places extérieures, même quand elles ne sont fermées que par des rideaux.

Les voitures auront au moins un mètre soixante-deux centimètres de voie entre les jantes de la partie des roues passant sur le sol. La voie des roues de devant ne pourra être moindre d'un mètre cinquante-neuf centimètres.

Les essieux seront en fer corroyé, et fermés, à chaque extrémité, d'un écrou assujetti au moyen d'une clavette.

10. Les propriétaires ou les entrepreneurs sont garans de tous les accidens qui pourraient arriver par leur négligence (3).

La conduite des voitures ne pourra être confiée qu'à des hommes pourvus de livrets (4).

Elles sont dirigées par deux postillons ou par un cocher et un postillon, toutes les fois qu'elles seront attelées de plus de cinq chevaux, ou de cinq chevaux dont le cinquième en arbalète (5).

Les voitures seront enrayées toutes les fois qu'elles parcourront une descente rapide. Le sabot d'enrayage sera placé par le conducteur. Les postillons ne pourront, sous aucun prétexte, descendre de leurs chevaux.

Il leur est expressément défendu de conduire les voitures au galop sur les routes, et autrement qu'au petit trot dans les villes ou communes rurales, et au pas dans les rues étroites.

11. Les employés aux ponts à bascule, soit aux barrières de Paris, soit ailleurs, seront tenus, sous peine de destitution, de peser, au moins une fois par trimestre, une des voitures publiques par chaque route desservie, pour assurer l'exécution de l'article 6 du décret du 23 juin 1816, et d'en justifier auprès des fonctionnaires désignés en l'article 1er, qui en rendront compte à nos ministres de l'intérieur et des finances.

En cas de contravention, ils en dresseront procès-verbal, et il y sera statué par le maire

(1) Lorsqu'il est constaté qu'une voiture publique était chargée à une hauteur excédant celle déterminée par les réglemens, et que d'ailleurs le propriétaire de la voiture est connu, il y a lieu de lui appliquer les peines prononcées par l'article 475 du Code pénal ; peu importe que le procès-verbal n'énonce pas le numéro de l'estampille de la voiture et le nom du conducteur (31 juillet 1825 ; Cass. S. 26, 1, 213).

(2) Il y a contravention par cela seul que l'élévation du chargement de la voiture excède la limite fixée par l'ordonnance. — Peu importe que le poids du chargement n'ait pas été vérifié (9 septembre 1826 ; Cass. S. 27, 1, 305 ; D., 1, 19).

(3) Les entrepreneurs de voitures publiques sont plus que pécuniairement responsables du fait de leurs préposés ; ils sont pareillement passibles des peines de police (7 février 1822 ; Cass. S. 22, 1, 210).

Idem.... quel que soit l'individu employé pour le chargement ou la conduite des voitures (31 juillet 1825 ; Cass. S. 26, 1, 213).

Décidé en sens contraire que la responsabilité des entrepreneurs de messageries pour les faits de leurs préposés, est essentiellement civile ; qu'elle ne comporte ni amende ni emprisonnement (18 novembre 1825 ; Cass. S. 26, 1, 607 ; D., 1, 107).

(4) La contravention à cet article, bien qu'il ne prononce aucune peine, rentre néanmoins dans l'application de l'article 475, n° 4, Code pénal, qui punit de peines de police la violation des réglemens contre la mauvaise direction des voitures.

(5) Lorsqu'une voiture publique est attelée de plus de cinq chevaux, elle doit être dirigée par deux postillons ; peu importe que les chevaux soient attelés trois de front et sur deux rangs (15 septembre 1825 ; Cass. S. 27, 1, 6 ; D., 1, 33).

du lieu où le procès-verbal aura été dressé, et à Paris, par le préfet de police, conformément aux titres VII, VIII et IX du même décret du 23 juin.

12. Conformément aux dispositions contenues dans l'article 16 du décret du 28 août 1808, les rouliers, voituriers, charretiers, continueront à être tenus de céder la moitié du pavé aux voitures des voyageurs, à peine de cinquante francs d'amende, et du double en cas de récidive, sans préjudice des peines personnelles portées aux réglemens de police. Les conducteurs de diligences et postillons feront, en cas de contravention, leurs déclarations à l'officier de police du lieu le plus voisin, en faisant connaître le nom du roulier ou du voiturier d'après la plaque; et nos procureurs généraux, sur l'envoi des procès-verbaux, seront tenus de poursuivre les délinquans (1).

13. Les maires et adjoints, la gendarmerie et tous les officiers de police sont chargés spécialement de veiller à l'exécution de la présente ordonnance, de constater les contraventions et d'exercer les poursuites nécessaires à leur répression (2).

14. Les réglemens existans continueront d'être exécutés en tout ce qui n'est pas contraire à la présente ordonnance, qui sera insérée au Bulletin des Lois et affichée dans tous les chefs-lieux et bureaux de voitures publiques.

15. Nos ministres de l'intérieur, de la justice et des finances sont chargés de l'exécution de la présente ordonnance.

4 FÉVRIER 1820. — Ordonnance du Roi qui admet les sieurs Jaloski, Ferau, Gonzalès et Lang, à établir leur domicile en France. (7, Bull. 344.)

4 FÉVRIER 1820. — Ordonnance du Roi qui accorde à M. le comte Begouen, conseiller d'État honoraire, une pension de quatre mille francs. (7, Bull. 343.)

4 FÉVRIER 1820. — Ordonnances du Roi qui accordent des lettres de déclaration de naturalité aux sieurs Megalland, Monod, Cingria, Mayan, Soccola, Pecoud, Brazier et

Gay dit Guerraz, et au sieur Monne. (7, Bull. 348, 349, 357, 368, 401; et 8, Bull. 297.)

4 FÉVRIER 1820. — Ordonnance du Roi qui autorise l'inscription au Trésor royal de trois pensions civiles. (7, Bull. 348.)

4 FÉVRIER 1820. — Ordonnances du Roi qui autorisent l'acceptation de dons et legs faits aux hospices. (7, Bull. 360.)

4 FÉVRIER 1820. — Ordonnances du Roi qui autorisent l'acceptation de dons et legs faits aux pauvres, aux hospices. (7, Bull. 361.)

4 FÉVRIER 1820. — Ordonnances du Roi qui autorisent l'acceptation de dons et legs faits aux hospices. (7, Bull. 363.)

11 ⚏ Pr. 16 FÉVRIER 1820. — Ordonnance du Roi qui déclare compris dans l'amnistie les faits imputés au lieutenant-général baron Gilly, lesquels ont donné lieu à la procédure instruite contre lui à la diligence des rapporteurs près les premier et deuxième conseils de guerre de la première division militaire, et porte que cet officier général rentrera dans tous ses droits, titres, grades et honneurs. (7, Bull. 343, n° 8212.)

Voy. loi du 12 JANVIER 1816.

Louis, etc.

Nous étant fait rendre compte, sur la demande de notre bien-aimé neveu le duc d'Angoulême, de l'état de la procédure dirigée jusqu'à ce jour contre le lieutenant général baron Gilly, traduit successivement devant les premier et deuxième conseils de guerre de la première division militaire, et ayant reconnu que les faits à lui imputés permettaient de le considérer comme étant compris dans l'amnistie accordée par la loi du 12 janvier 1816;

Ayant égard aux sentimens qu'il nous a fait exprimer, et voulant donner à notre bien-aimé neveu le duc d'Angoulême une nouvelle preuve de notre affection, non-seu-

---

(1) *Voy.* ordonnance du 15 mai 1822.

(2) Tout gendarme de service a qualité pour dresser procès-verbal des contraventions aux réglemens sur le chargement des voitures publiques, et foi est due à ce procès-verbal jusqu'à preuve contraire; ainsi, il y a lieu de

casser le jugement du tribunal de police qui aurait renvoyé le prévenu sous prétexte qu'un tel procès-verbal est illégal et nul (9 avril 1818; Cass. S. 26, 1, 253).

Voy. dans le même sens, arrêt du 11 mars 1825; S. 26, 1, 25.

lement en étendant au général Gilly le bienfait de cette amnistie, mais encore en rétablissant ledit général, ainsi que notre bienaimé neveu nous en a sollicité, dans ses droits, titres, grades et honneurs ;

De l'avis de notre Conseil,

Nous avons ordonné et ordonnons ce qui suit :

Art. 1er. Les faits imputés au lieutenant général baron Gilly, et qui ont donné lieu à la procédure instruite contre lui à la diligence des rapporteurs près les premier et deuxième conseils de guerre de la première division militaire, sont déclarés compris dans l'amnistie : il ne sera, en conséquence, donné aucune suite aux informations et autres actes de procédure dressés à cette occasion.

Le lieutenant général baron Gilly sera immédiatement remis en liberté, et rentrera dans tous ses droits, titres, grades et honneurs.

2. Notre présente ordonnance sera inscrite à la suite des procès-verbaux d'information.

3. Nos ministres de l'intérieur, de la guerre, des finances, notre sous-secrétaire-d'Etat au département de la justice, sont chargés de l'exécution de la présente ordonnance.

---

11 = Pr. 21 FÉVRIER 1820. — Ordonnance du Roi portant fixation du nombre des avoués près la cour royale d'Aix, et de ceux près les tribunaux de première instance du ressort de la même cour. (7, Bull. 345, n° 8236.)

Voy. préambule de l'ordonnance du 19 JANVIER 1820.

Art. 1er. Le nombre des avoués attachés à la cour royale d'Aix, et de ceux attachés aux tribunaux de première instance du ressort de la même cour, est fixé ainsi qu'il suit, savoir :

Aix (siége de la cour royale), vingt.

Bouches-du-Rhône : Aix, dix-huit ; Marseille, trente-six ; Arles, douze.

Basses-Alpes : Digne, dix ; Barcelonnette, cinq ; Castellane, quatre ; Forcalquier, cinq ; Sisteron, quatre.

Var : Draguignan, dix ; Brignolles, sept ; Grasse, six ; Toulon, treize.

2. Jusqu'à ce que les titres actuellement existans aient été réduits au nombre ci-dessus déterminé, il ne sera présenté à notre nomination aucun candidat qui ne soit porteur de deux démissions ou présentations, soit de la part des titulaires, soit de celle de leurs-ayans causes, aux termes de l'article 91 de la loi de finances du 28 avril 1816.

3. Ceux des officiers ministériels qui auront encouru la déchéance pour n'avoir pas versé les cautionnemens ou supplémens de cautionnemens exigés seront, comme ceux qui auraient encouru la destitution, privés du droit de présenter leur successeur.

4. Notre sous-secrétaire-d'Etat de la justice est chargé de l'exécution de la présente ordonnance.

---

11 = Pr. 21 FÉVRIER 1820. — Ordonnance du Roi portant fixation du nombre des huissiers près les tribunaux de première instance du ressort de la cour royale d'Aix. (7, Bull. 345, n° 8237.)

Voy. préambule de l'ordonnance du 19 JANVIER 1820.

Art. 1er. Le nombre des huissiers attachés aux tribunaux de première instance ci-après désignés est fixé ainsi qu'il suit :

Bouches-du-Rhône : Aix, vingt-huit ; Marseille, trente ; Arles, dix-sept.

Basses-Alpes : Digne, dix-huit ; Barcelonnette, neuf ; Castellane, huit ; Forcalquier, huit ; Sisteron, huit.

Var : Draguignan, vingt-deux ; Brignolles, dix-huit ; Grasse, vingt ; Toulon, vingt-deux.

2. Jusqu'à ce que les titres actuellement existans aient été réduits au nombre ci-dessus déterminé, il ne sera présenté à notre nomination aucun candidat qui ne soit porteur de deux démissions ou présentations, soit de la part des titulaires, soit de celle de leurs ayans-cause, aux termes de l'article 91 de la loi de finances du 28 avril 1816.

3. Ceux des officiers ministériels qui auront encouru la déchéance pour n'avoir pas versé les cautionnemens ou supplémens de cautionnemens exigés seront, comme ceux qui auraient encouru la destitution, privés du droit de présenter leur successeur.

4. Il n'est pas dérogé aux dispositions des articles 5, 6 et 7 du décret du 14 juin 1813.

5. Notre sous-secrétaire-d'Etat de la justice est chargé de l'exécution de la présente ordonnance.

---

11 = Pr. 21 FÉVRIER 1820. — Ordonnance du Roi portant fixation du nombre des avoués près la cour royale de Rouen et de ceux près les tribunaux de première instance du ressort de la même cour. (7, Bull. 345, n° 8238.)

Voy. préambule de l'ordonnance du 19 JANVIER 1820.

Art. 1er. Le nombre des avoués attachés

à la cour royale de Rouen, et de ceux attachés aux tribunaux de première instance du ressort de la même cour, est fixé ainsi qu'il suit, savoir :

Rouen (siége de la cour royale), douze.

Seine-Inférieure : Rouen, vingt-quatre ; Neufchâtel, huit ; Dieppe, huit ; le Havre, neuf ; Yvetot, huit.

Eure : Evreux, neuf ; Andelys, sept ; Louviers, six ; Bernay, huit ; Pont-Audemer, huit.

2. Jusqu'à ce que les titres actuellement existans aient été réduits au nombre ci-dessus déterminé, il ne sera présenté à notre nomination aucun candidat qui ne soit porteur de deux démissions ou présentations, soit de la part des titulaires, soit de celle de leurs ayans-cause, aux termes de l'article 91 de la loi de finances du 28 avril 1816.

3. Ceux des officiers ministériels qui auront encouru la déchéance pour n'avoir pas versé les cautionnemens ou supplémens de cautionnemens exigés seront, comme ceux qui auraient encouru la destitution, privés du droit de présenter leur successeur.

4. Notre sous-secrétaire-d'Etat au département de la justice est chargé de l'exécution de la présente ordonnance.

────────

11 ═ Pr. 21 FÉVRIER 1820. — Ordonnance du Roi portant fixation du nombre des huissiers près les tribunaux de première instance du ressort de la cour royale de Rouen. (7, Bull. 345, n° 8239.)

Voy. préambule de l'ordonnance du 19 JANVIER 1820.

Art. 1er. Le nombre des huissiers attachés aux tribunaux de première instance ci-après désignés est fixé ainsi qu'il suit, savoir :

Seine-Inférieure : Rouen, quatre-vingt-douze (1) ; Neuchâtel, vingt-quatre ; Dieppe, vingt-huit ; le Havre, trente-quatre ; Yvetot, trente-quatre.

Eure : Evreux, quarante ; Andelys, vingt-cinq ; Louviers, vingt ; Bernay, vingt-quatre ; Pont-Audemer, vingt-six.

2. Jusqu'à ce que les titres actuellement existans aient été réduits au nombre ci-dessus déterminé, il ne sera présenté à notre nomination aucun candidat qui ne soit porteur de deux démissions ou présentations, soit de la part des titulaires, soit de celle de leurs ayans-cause, aux termes de l'article 91 de la loi de finances du 28 avril 1816.

3. Ceux des officiers ministériels qui auront encouru la déchéance pour n'avoir pas versé les cautionnemens ou supplémens de cautionnemens exigés seront, comme ceux qui auraient encouru la destitution, privés du droit de présenter leur successeur.

4. Il n'est point dérogé aux dispositions des articles 5, 6 et 7 du décret du 14 juin 1813.

5. Notre sous-secrétaire-d'État au département de la justice est chargé de l'exécution de la présente ordonnance.

────────

11 FÉVRIER ═ Pr. 8 MARS 1820. — Ordonnance du Roi qui révoque l'autorisation accordée par l'ordonnance du 19 AOUT 1818 à la société anonyme sous le titre de compagnie d'assurances maritimes contre les risques de guerre. (7, Bull. 349, n° 8303.)

Louis, etc.

Sur le rapport de notre ministre secrétaire-d'État de l'intérieur ;

Vu notre ordonnance du 19 août 1818, portant autorisation d'une société anonyme sous le titre de *Compagnie d'Assurances maritimes contre les risques de guerre ;*

Vu l'acte passé par-devant Boileau et son confrère, notaires à Paris, les 30 et 31 décembre 1819, 3, 4, 5, 6, 7 et 8 janvier 1820, avec adhésion par acte annexé des 18, 19, 24 et 26 janvier 1820, par lesquels actes les associés à ladite compagnie ont déclaré reconnaitre que toutes les opérations de leur société sont terminées, et que la liquidation en est définitivement apurée, ainsi qu'ils en ont fait rapport, le 30 août dernier, à notre ministre secrétaire-d'État de l'intérieur, et qu'ils entendent que la susdite société soit et demeure dissoute ;

Notre conseil-d'État entendu,

Nous avons ordonné et ordonnons ce qui suit :

Art. 1er. L'autorisation accordée par notre ordonnance du 19 août 1818 à la société anonyme sous le titre de *Compagnie d'Assurances maritimes contre les risques de guerre* est révoquée.

Ladite compagnie est et demeure dissoute.

2. La présente révocation est prononcée ainsi que la dissolution de la société, sans préjudice des droits qui pourraient encore exister à sa charge, et à condition que, le cas échéant, les intéressés qui auraient retiré le capital de leurs actions seraient obligés à rapport, au prorata et à due concurrence, conformément à l'article 33 du Code de commerce.

────────

(1) *Lisez* 72, erratum du Bulletin 350.

3. L'acte de dissolution et la présente ordonnance seront affichés en la forme prescrite par l'article 46 dudit Code.

4. Notre ministre secrétaire-d'État de l'intérieur est chargé de l'exécution de la présente ordonnance, qui sera insérée au Bulletin des Lois, au Moniteur et dans le journal des annonces judiciaires du département de la Seine.

---

11 FÉVRIER = Pr. 21 AVRIL 1820. — Ordonnance du Roi portant autorisation, conformément aux statuts y annexés, d'une compagnie royale d'assurances sur la vie. (7, Bull. 562, n° 8636.)

Voy. ordonnance du 31 JANVIER 1821.

Louis, etc.

Vu l'acte passé par-devant Colin de Saint-Menge et son collègue, notaires à Paris, les 25 janvier et 2 février 1820, contenant les statuts d'une société anonyme constituée à Paris sous le nom de *Compagnie royale d'Assurances sur la vie*, laquelle présente pour garantie actuelle et immédiate l'inscription de trois cent mille francs de rentes, cinq pour cent consolidés, et en total un capital réalisable et engagé à la société de trente millions de francs;

Vu les articles 29 à 37, 40 et 45 du Code de commerce;

Sur le rapport de notre ministre secrétaire-d'État de l'intérieur;

Notre Conseil-d'État entendu,

Nous avons ordonné et ordonnons ce qui suit :

Art. 1er. La société anonyme provisoirement constituée à Paris sous le nom de *Compagnie royale d'Assurances sur la vie*, est autorisée conformément à l'acte des 25 janvier et 2 février 1820, ci-annexé, lequel nous approuvons.

2. La présente autorisation étant accordée à la société, à la charge par elle de se conformer aux lois et aux statuts qui la doivent régir, nous nous réservons de révoquer ladite approbation dans le cas où ces conditions ne seraient pas accomplies, et sauf les actions à exercer devant les tribunaux par les particuliers, à raison des infractions commises à leur préjudice.

3. Conformément à l'article 2 de notre ordonnance du 11 septembre 1816, le titre de *Compagnie royale*, étendu à la présente société comme à l'une des divisions dans lesquelles l'ancienne compagnie royale d'assurances s'est renouvelée, ne pourra tirer à conséquence, conférer aucune préférence ou privilège, ni impliquer l'idée d'aucun inté-rêt ou participation du Gouvernement dans ladite société.

4. Les réglemens généraux pour les assurances sur la vie, arrêtés le 10 novembre 1819 par les commissaires des souscripteurs de la compagnie, sont approuvés et resteront annexés à la présente ordonnance.

L'arrêté général annoncé en l'art. 6 desdits réglemens sera soumis, dans les trois mois de ce jour, à l'approbation de notre ministre secrétaire-d'État de l'intérieur.

5. La compagnie sera tenue de remettre, tous les six mois, copie en forme de son état de situation au préfet du département de la Seine, au greffe du tribunal de commerce et à la chambre de commerce de Paris.

6. Notre ministre secrétaire-d'État de l'intérieur est chargé de l'exécution de la présente ordonnance, qui sera insérée au Bulletin des Lois avec l'acte et les réglemens annexés; pareille insertion aura lieu dans le Moniteur et dans le Journal des annonces judiciaires du département de la Seine, sans préjudice des affiches prescrites par l'article 45 du Code de commerce.

Assurances sur la vie.

Par-devant Me Marc-Louis-Amable Colin de Saint-Menge et son collègue, notaires à Paris, soussignés, sont comparus.

(Suivent les noms.)

Lesquels, désirant fixer les bases d'une société anonyme sous la dénomination de *Compagnie royale d'Assurances sur la vie*, sont convenus de ce qui suit :

Art. 1er. Il sera établi, sous l'autorisation du gouvernement, une société anonyme sous le nom de *Compagnie royale d'Assurances sur la vie*.

Le chef-lieu de la société et le domicile social seront fixés à Paris.

2. Les opérations de la compagnie comprendront les assurances ou constitutions viagères, simples, différées, temporaires, sur une ou plusieurs têtes réunies ou séparées, ou dépendantes d'un ordre de survivance ;

Les assurances à terme fixe, ou indépendantes de la mort des personnes assurées;

Enfin, toutes les espèces de contrats ou de conventions dont les effets dépendent de la vie des hommes.

3. Les assurances et opérations pourront s'effectuer au nom de la compagnie, à Paris, dans tout le royaume et à l'étranger.

4. Toutes opérations autres que celles mentionnées ci-dessus sont formellement interdites à la compagnie.

5. Le tableau de la mortalité moyenne et les trois tarifs annexés au présent acte sont

22

24

déclarés fondamentaux ; il ne pourra y être fait aucun changement sans une autorisation du Gouvernement.

Dans aucun cas les changemens autorisés ne pourront avoir un effet rétroactif. Lesdits tableaux et tarifs seront enregistrés en même temps que ces présentes.

6. Les tarifs autres que ceux ci-dessus qui pourront être adoptés et publiés par la compagnie devront être calculés sur les mêmes bases et donner des résultats analogues.

Quant aux contrats qui ne pourront être tarifés d'avance, les conditions en seront réglées sur les bases des trois tarifs fondamentaux.

7. La résiliation des assurances et autres contrats consentis par la compagnie pourra être faite de gré à gré entre la compagnie et les contractans.

8. Aucune assurance ne pourra être faite sans le consentement exprès de la personne au décès de laquelle il écherrait un droit quelconque en faveur d'un tiers.

Le consentement des père et mère ou des tuteurs suffira pour les personnes inhabiles à contracter.

Du capital de la société.

9. Le capital de la société est fixé à trente millions de francs, divisés en six mille actions de cinq mille francs chacune.

10. Les actionnaires souscriront l'obligation de verser, s'il y a lieu, jusqu'à la concurrence du montant de leurs actions ; l'obligation indiquera un domicile à Paris.

Les obligations seront garanties par un transfert, au nom de la compagnie, de cinquante francs de rente en cinq pour cent de la dette publique fondée pour chaque action.

11. Les actionnaires ne seront responsables des engagemens de la compagnie que jusqu'à la concurrence du montant de leurs actions.

12. Tout appel de fonds sur les actions, excédant cinq mille francs par action, est formellement interdit.

13. Les actions seront représentées par une inscription nominale sur les registres de la compagnie.

Il n'y aura pas d'actions au porteur.

14. Aucun actionnaire ne pourra posséder plus de cent actions.

Les souscripteurs de la présente société seront admis de droit comme actionnaires pour le nombre d'actions par eux souscrit.

A l'avenir, il ne pourra être admis d'actionnaires que par délibération du conseil d'administration de la compagnie, au scrutin secret et à la majorité des trois quarts des votans, sauf les exceptions ci-après.

15. Ne seront pas soumis au scrutin d'admission, ceux qui transféreront, en garantie de l'obligation mentionnée dans l'art. 10, une somme de rentes équivalente au montant de leurs actions.

Cette garantie pourra être donnée par des transferts d'autres fonds publics français, agréés par le conseil d'administration.

16. Les arrérages de rentes, ainsi que les arrérages, intérêts ou dividendes des autres fonds publics transférés en garantie des paiemens des actions, seront répartis aux actionnaires immédiatement après qu'ils auront été perçus.

17. La transmission des actions s'opérera par de simples transferts sur des registres doubles tenus à cet effet.

Elles seront valablement transférées par la déclaration du propriétaire, ou de son fondé de pouvoir, signée sur les registres, et certifiée par un administrateur.

La certification mentionnera l'arrêté d'admission.

18. Les actionnaires seront tenus d'effectuer une assurance sur leur vie, ou sur une ou plusieurs autres vies, pour une somme égale au dixième du montant de leurs actions.

Cette obligation aura lieu à l'égard des actionnaires qui succéderont, lors même que l'assurance effectuée par le prédécesseur sera encore existante.

19. Les assurances exigées par l'article précédent pourront être suppléées par des contrats équivalens, d'après les bases qui seront adoptées.

20. En cas de mort d'un actionnaire, ses héritiers ou ayans-droit auront pendant six mois la faculté de présenter un actionnaire en remplacement.

Si, à l'expiration des six mois à partir du jour du décès, il n'a été fait aucune présentation, ou si les remplaçans n'ont pas été admis, les actions seront vendues aux risques et périls de l'actionnaire, sans qu'il soit besoin d'aucune notification ni autorisation.

Les rentes transférées en garantie et le produit de la vente des actions affectés, par compensation, à ce qui pourra être dû à la compagnie par l'actionnaire décédé. L'excédant, s'il y en a, sera tenu à la disposition de ses héritiers.

21. En cas de faillite d'un actionnaire, les actions inscrites sous le nom du failli seront vendues sans qu'il soit besoin de notifications ou autorisations.

Les rentes transférées en garantie et le produit de la vente des actions seront affectés, par compensation, à ce qui pourra être dû à la compagnie par l'actionnaire failli. L'excédant, s'il y en a, sera tenu à la disposition des créanciers.

De l'administration.

22. La compagnie sera administrée par un conseil d'administration composé de quinze administrateurs et trois censeurs.

23. Les administrateurs et censeurs seront nommés par l'assemblée générale des actionnaires et intéressés.

Les administrateurs seront pris parmi les actionnaires propriétaires de dix actions au moins, lesquelles seront inaliénables pendant toute la durée de leurs fonctions.

Les censeurs seront pris de préférence parmi les cent plus forts assurés ou intéressés non actionnaires ; ils ne seront pas tenus d'être propriétaires d'actions.

24. La durée des fonctions des administrateurs sera de cinq ans ; celle des censeurs sera de trois ans.

Les administrateurs seront renouvelés par cinquième tous les ans, et les censeurs par tiers.

Pendant les premières années, les administrateurs et le censeur sortans seront désignés par le sort.

Les administrateurs seront rééligibles.

Les censeurs ne seront rééligibles que lorsqu'ils auront été choisis parmi les intéressés non actionnaires.

25. Les fonctions des administrateurs et des censeurs seront gratuites, sauf les droits de présence.

26. Le conseil d'administration nommera, parmi ses membres, un président ; la durée des fonctions du président sera d'une année.

Il pourra être réélu.

27. Le conseil d'administration se réunira au moins deux fois par mois.

Il lui sera rendu compte de toutes les opérations de la compagnie.

Ses arrêtés seront pris à la majorité absolue des membres présens.

28. Le conseil d'administration dirigera toutes les parties de l'établissement.

Il déterminera la nature et la forme des obligations qui devront être fournies par les actionnaires, en exécution de l'art. 10.

Il délibérera et arrêtera les tarifs supplémentaires et les conditions principales des assurances et contrats non tarifés.

Il délibérera et arrêtera la forme et les conditions principales des contrats adoptés pour la compagnie.

Il déterminera, chaque année, le *maximum* des assurances qui pourront être consenties sur une seule tête.

Il déterminera l'emploi qui devra être fait des primes d'assurance et des réserves sur les bénéfices.

Il réglera et arrêtera le paiement des assurances par suite des extinctions, et les résiliations proposées.

Il nommera, révoquera ou destituera tous les agens et employés de la compagnie.

Il réglera et arrêtera, chaque année, les traitemens et salaires, ainsi que les dépenses générales de l'administration.

29. Les comptes annuels et les répartitions des bénéfices seront réglés et arrêtés par le conseil d'administration, après qu'ils auront été vérifiés par les censeurs.

30. Les censeurs surveilleront l'exécution de l'acte de société et des réglemens, ainsi que toutes les parties de l'administration.

Ils se feront représenter les registres, la correspondance et les états de caisse, toutes les fois qu'ils le jugeront à propos.

31. Les censeurs n'auront point voix délibérative dans le conseil d'administration.

Ils proposeront toutes les mesures qu'ils croiront utiles aux intérêts de la compagnie.

Si leurs propositions ne sont pas adoptées, ils pourront en requérir la transcription sur le registre des délibérations.

32. Les censeurs rendront compte à l'assemblée générale de l'exercice de leur surveillance.

Du comité de direction.

33. La direction de toutes les opérations sera attribuée à un comité composé de trois administrateurs et de deux directeurs.

34. Les administrateurs composant le comité seront nommés par le conseil d'administration ; la durée de leurs fonctions sera de trois mois ; ils seront renouvelés par tiers chaque mois, pendant les premiers mois. Les administrateurs sortans seront désignés par le sort.

Ils seront rééligibles.

35. Les directeurs seront nommés par le conseil d'administration.

Ils seront salariés.

Les directeurs devront être propriétaires de cinq actions au moins, lesquelles seront inaliénables pendant toute la durée de leurs fonctions.

36. Les directeurs assisteront au conseil d'administration.

Ils y auront voix consultative.

L'un d'eux remplira les fonctions de secrétaire du conseil.

37. Les directeurs auront voix délibérative dans le comité.

Aucune résolution ne pourra y être délibérée sans le concours de trois votans au moins.

Le président du conseil d'administration assistera au comité, toutes les fois qu'il le jugera à propos.

38. Le comité sera chargé de l'exécution

des délibérations et arrêtés du conseil d'administration.

Il consentira et arrêtera les conditions particulières des assurances et contrats, en se conformant aux bases arrêtées par le conseil.

Il soumettra au conseil les remboursemens qui devront être effectués par suite d'extinctions, ainsi que les demandes en résiliation.

Il proposera les agens et correspondans dans les départemens et à l'étranger, et les instructions qui devront leur être données.

39. Les contrats d'assurance et autres consentis par la compagnie,

Les transferts de rentes et autres fonds inscrits en son nom, les traités et conventions,

La correspondance,

Seront signés par un des administrateurs, membre du comité, et par un directeur.

Les endossemens et acquits seront signés par un des directeurs.

Les actions judiciaires seront exercées au nom de la compagnie, poursuite et diligence d'un directeur.

Assemblée générale.

40. L'universalité des actionnaires sera représentée par les deux cents plus forts actionnaires.

Les deux cents plus forts actionnaires seront ceux qui, d'après les registres de la compagnie, seront constatés être depuis six mois révolus les plus forts propriétaires des actions.

L'actionnaire le plus anciennement inscrit sera préféré.

41. L'universalité des intéressés sera représentée par les cent plus forts intéressés non actionnaires.

Les cent plus forts intéressés seront ceux qui, d'après le dernier inventaire, seront créditeurs dans les registres de la somme la plus forte, soit comme assurés, soit par toute autre nature de contrat.

L'intéressé le plus ancien sera préféré.

42. Les deux cents actionnaires et les cent intéressés ci-dessus composeront l'assemblée générale.

Les administrateurs et les censeurs en feront partie de droit.

43. Les membres composant l'assemblée générale non domiciliés à Paris pourront s'y faire représenter par des fondés de pouvoir.

Les membres composant l'assemblée, et les fondés de pouvoir, n'auront qu'une voix, quels que soient le nombre des actions qu'ils possèdent et le nombre des pouvoirs dont ils seront porteurs.

Les fondés de pouvoir qui seront en même

temps membres de l'assemblée générale auront deux voix.

44. L'assemblée générale se réunira dans le courant de mars de chaque année.

Elle sera convoquée extraordinairement,

1° Lorsque, par retraite ou décès, le nombre des administrateurs sera réduit à sept, et celui des censeurs à un;

2° Lorsqu'elle aura été requise par l'universalité des censeurs;

3° Lorsqu'elle aura été délibérée par le conseil d'administration.

45. L'assemblée générale sera convoquée par le conseil d'administration.

Elle sera présidée par le président du conseil.

Il lui sera rendu compte, chaque année, des opérations de la compagnie.

Les comptes seront rendus publics par la voie de l'impression.

46. L'assemblée générale nommera les administrateurs et les censeurs, à la majorité absolue des membres votans, et par des scrutins individuels.

47. L'exercice des administrateurs et des censeurs nommés en remplacement pour cause de retraite ou décès n'aura lieu que pour le temps qui restait à courir à leurs prédécesseurs.

48. Pour la première fois seulement, l'assemblée générale sera composée de tous les souscripteurs du présent acte pour quatre actions et au-dessus.

Comptes annuels.

49. Il sera fait, chaque année, un inventaire estimatif de l'actif et du passif de la société.

Cet inventaire sera réglé au 31 décembre.

50. Les bénéfices résultant des inventaires seront répartis entre les actionnaires et les assurés et intéressés dans les proportions qui seront réglées par le conseil d'administration.

La part des bénéfices à répartir aux intéressés ne pourra, dans aucun cas, être au-dessous de la moitié.

51. Sur la part dévolue aux actionnaires, le quart au moins, et la moitié au plus, sera mis en réserve en accroissement du capital, jusqu'à ce que le montant de cette réserve ait atteint la somme d'un million de francs.

L'excédant des bénéfices sera réparti aux actionnaires.

Lorsque les bénéfices réservés auront atteint la somme fixée ci-dessus, la réserve sur les bénéfices annuels ne pourra excéder le quart ni être au-dessous du huitième des bénéfices afférens aux actionnaires.

L'excédant leur sera réparti.

52. Pour régler la répartition des bénéfi-

ces alloués aux intéressés, il sera attribué à chaque contrat, au moment où il sera passé, un nombre de centimes proportionnels donnant droit à une part de bénéfices pendant toute la durée du contrat, s'il n'en est autrement convenu.

53. Il ne pourra être fait de répartition de bénéfices pendant les deux premières années.

A la fin de chaque année à partir de la troisième année, il sera procédé à une répartition de bénéfices de la manière suivante.

On formera trois masses de centimes proportionnels, comprenant respectivement la troisième, la seconde et la première année.

Chacune de ces trois masses sera composée de la totalité des centimes proportionnels attribués aux contrats qui auraient été en vigueur dans l'année correspondante, quelle que soit la date de leur origine.

La somme des bénéfices réalisés au dernier inventaire sera divisée par le nombre total des centimes proportionnels des trois masses cumulées.

54. Il sera fait à la masse de la plus ancienne des trois années seulement, une allocation d'une part des bénéfices, réglée sur la totalité des centimes proportionnels appartenant à cette même année, d'après la valeur des centimes déterminée dans l'article précédent.

La somme allouée se partagera, en premier lieu, entre les actionnaires et les intéressés figurant dans la masse, dans la proportion qui sera réglée en exécution de l'article 49.

En second lieu, la part dévolue aux intéressés sera répartie entre eux au marc le franc, en raison du nombre de centimes proportionnels attribué à chaque contrat en particulier.

Elle sera bonifiée à chacun, soit en argent, soit par une augmentation allouée au bénéficiaire dans ses droits en assurances ou en rentes d'après les bases des tarifs, au choix du conseil d'administration.

55. La portion des bénéfices des deux autres années non réparties restera en réserve jusqu'à l'inventaire suivant, et se cumulera sans distinction avec les résultats de cet inventaire.

56. Le conseil d'administration pourra, s'il le juge nécessaire, différer la répartition des bénéfices pendant une année ou plusieurs années.

Dans ce cas, les masses d'intéressés ou de centimes proportionnels seront augmentées en raison des années pendant lesquelles il n'y aura point eu de répartition.

La répartition pourra alors s'opérer sur plusieurs masses ayant droit aux bénéfices,

de manière cependant que la portion des deux masses les moins anciennes reste en réserve, conformément à l'article ci-dessus.

57. En cas de pertes qui absorberaient les bénéfices réservés et entameraient le capital de la société, le conseil d'administration sera tenu d'exiger de la part des actionnaires un versement proportionnel, égal au montant du déficit.

Sur la notification de l'arrêté de répartition déterminé par le conseil, les actionnaires seront tenus d'effectuer dans les dix jours le versement demandé.

A défaut de paiement dans le délai ci-dessus, les rentes transférées en garantie du paiement des actions seront vendues, et l'actionnaire en retard sera déchu de tous ses droits aux actions, qui seront aussi vendues à ses risques et périls, sans préjudice des poursuites à exercer contre lui pour le recouvrement des sommes dont il sera débiteur envers la compagnie.

58. Dans le cas prévu par l'article précédent, la totalité des bénéfices résultant des inventaires subséquens sera affectée au remboursement des versemens exigés de la part des actionnaires.

59. Lorsque les remboursemens auront été complétés, les réserves ordonnées par l'art. 50 seront continuées dans les proportions qui y seront prescrites.

Dissolution et liquidation.

60. La durée de la présente association étant, par sa nature, indéfinie, la dissolution n'en pourra être prononcée que dans les cas suivans :

La dissolution aura lieu de plein droit, si les pertes de la compagnie excèdent la moitié du capital social;

Si elle est demandée par un nombre d'actionnaires représentant les trois quarts au moins des actions.

61. Dans les cas prévus par l'article précédent, le conseil d'administration sera tenu de convoquer immédiatement l'assemblée générale.

62. L'assemblée générale nommera, séance tenante, cinq commissaires liquidateurs, dont trois seront pris parmi les actionnaires, et deux parmi les intéressés non actionnaires, et deux conseils pris hors des actionnaires et des intéressés.

Les cinq commissaires et les deux conseils composeront la commission de liquidation.

Ils prononceront, comme arbitres souverains et amiables compositeurs, sur les droits des actionnaires et des intéressés, et sur toutes contestations qui pourraient s'élever de la part des actionnaires ou des intéressés.

63. La résiliation des contrats existans

étant une conséquence nécessaire de la dissolution, leur effet cessera de droit à compter du jour où elle aura été arrêtée.

Les droits des intéressés aux contrats existans seront réglés d'après les tarifs, suivant la nature des contrats et les sommes dont chacun sera crédité dans les livres de la société.

64. La commission de liquidation réglera et arrêtera la résiliation des contrats existans, les remboursemens des contrats éteints, et toutes les pertes et dépenses à la charge de la compagnie.

65. A l'expiration de l'année qui suivra l'époque où la liquidation aura été prononcée, il sera fait un état estimatif des résiliations et remboursemens non terminés et des valeurs actives non liquidées.

Les comptes en seront rendus à l'assemblée générale, qui statuera sur le terme de la liquidation.

66. Les actionnaires seront tenus, sur la demande de la commission de liquidation, d'effectuer des versemens nécessaires pour opérer les remboursemens, jusqu'à la concurrence du montant de leurs actions.

Fait et passé à Paris, ès demeures respectives des parties, les 25 janvier et 2 février 1820.

———

Tarifs fondamentaux en supposant le cours de cinq pour cent de la dette fondée à 75 (1).

———

Réglemens généraux.

Art. 1er. Les personnes qui se proposent de traiter avec la compagnie pour une assurance ou toute autre espèce de contrat doivent lui adresser une demande spéciale, contenant la déclaration exacte des faits qui doivent servir de base au contrat.

Des modèles de ces demandes pour les divers cas seront fournis par la compagnie.

Dans le cas prévu à l'article 8 des statuts, le consentement exigé par cet article devra être donné à la suite de la demande.

2. La compagnie fait procéder aux vérifications qu'elle juge convenables pour constater la fidélité de la déclaration.

3. La compagnie ne consent aucun contrat par l'effet duquel l'intéressé serait ou pourrait devenir son débiteur.

4. Si, par la déclaration faite en vertu de l'art. 1er, il est affirmé quelque fait contraire à la vérité, tendant à diminuer l'opinion du risque, le contrat sera annulé de plein droit, sans toutefois que la compagnie soit tenue de rembourser les paiemens qui lui auraient été faits.

5. Le défaut d'un paiement à son échéance dans les contrats dont le prix doit s'acquitter en plusieurs paiemens successifs;

La mort d'une personne sur la tête de qui repose une assurance arrivant :

Dans un voyage ou trajet maritime,

Hors des limites de l'Europe,

Pendant que cette personne est en activité de service militaire de terre ou de mer,

Peuvent entraîner,

Ou une simple suspension du contrat,

Ou une résiliation, à charge d'un paiement à faire par la compagnie,

Ou l'annulation complète du contrat, les sommes reçues par la compagnie lui restant acquises.

Le conseil d'administration déterminera, par un arrêté général,

Les divers cas où auront lieu les effets ci-dessus indiqués,

Les conditions auxquelles un contrat suspendu peut être remis en vigueur,

Les conditions auxquelles se feront les résiliations.

Il peut d'ailleurs être traité de gré à gré, tant sur les cas susmentionnés, que sur toute autre circonstance qui présenterait quelques risques particuliers et pourrait donner lieu à un supplément de prime.

6. La mort d'une personne sur la tête de qui repose une assurance arrivant par suite d'un combat singulier, par sentence de justice, par suicide,

L'assurance est annulée de droit, et les paiemens faits à la compagnie, jusqu'à l'époque du décès lui demeurent acquis.

La compagnie se réserve néanmoins la faculté de renoncer, dans les trois cas ci-dessus, au bénéfice de l'annulation, et de regarder, quant à son intérêt, le contrat comme résilié.

L'arrêté général du conseil d'administration mentionné à l'article précédent déterminera également les cas où cette renonciation sera effectuée, et où la compagnie disposera, en conséquence, du prix de la résiliation, soit en faveur de la famille du décédé ou des intéressés dans l'assurance, soit en faveur des indigens.

7. Chaque contrat fera mention des clauses qui peuvent le concerner particulièrement dans les deux articles précédens.

8. Tout décès qui donne ouverture à un droit contre l'établissement, ou qui change la position respective de la compagnie et des

———

(1) Nous supprimons ces tarifs; ils ont été remplacés par ceux qui sont annexés à l'ordonnance du 31 janvier 1821.

intéressés, doit lui être notifié dans les trois mois, s'il a lieu en France ; et dans les six mois, s'il a lieu dans l'étranger.

En cas de retard, les titulaires sont assujétis à une réduction à leurs droits, laquelle sera déterminée par un arrêté général du conseil d'administration.

Le même arrêté statuera sur les délais dans lesquels les sommes dues par la compagnie devront être réclamées, et les conditions de déchéance en cas de non-réclamation.

9. Le paiement des sommes dues par la compagnie pour raison des assurances a lieu dans les trois mois qui suivent la justification du décès, s'il n'est autrement convenu.

10. Dans tout contrat dont les conditions dépendent de l'âge d'une ou plusieurs personnes, le paiement de sommes dues par la compagnie ne s'effectue que sur la production des actes de naissance ou pièces équivalentes, si cette production n'a pas eu lieu antérieurement.

S'il résulte d'un acte qu'il y a eu, dans la désignation de l'âge, erreur au préjudice de la compagnie, le contrat est annulé, conformément à l'art. 4.

La compagnie se réserve néanmoins la faculté, si elle estime qu'il n'y a pas eu intention frauduleuse dans la désignation, de reconnaître le contrat comme valide, en faisant toutefois subir aux intéressés telle réduction à leurs droits qu'elle jugera à propos.

Si l'erreur est au préjudice d'un intéressé, le contrat sera valable, sans néanmoins que cet intéressé puisse réclamer aucun changement à son contrat pour raison de l'erreur.

11. La compagnie ouvre des comptes courans à ceux des intéressés qui le désirent, pour faciliter les paiemens qu'ils ont à faire à l'établissement.

Elle se charge pour eux, sans autres frais que ses débours effectifs, des recouvremens sur Paris, négociations d'effets publics français, ventes de matières d'or et d'argent, pourvu que le produit de ces rentrées soit destiné aux paiemens stipulés par des contrats passés avec la compagnie.

Elle effectue également, pour le compte de ses intéressés, les achats d'effets publics portant arrérages, et se charge de la perception, pourvu que ses arrérages aient la destination ci-dessus indiquée.

Elle effectue les mêmes opérations pour le compte des intéressés qui désirent faire emploi des sommes à eux dues par la compagnie pour assurances, rentes ou part dans les bénéfices.

Tout compte courant est liquidé au plus tard dans les six mois qui suivent l'époque où le titulaire cesse d'être intéressé.

L'intérêt à bonifier en compte courant sera réglé par le conseil d'administration.

Paris, le 10 novembre 1819.

Les commissaires chargés d'obtenir l'autorisation du Gouvernement.

Signé : V. ROUX, HOTTINGUER, LEFEBVRE, SCIPION PÉRIER.

---

11 FÉVRIER = Pr. 21 AVRIL 1820. — Ordonnance du Roi portant autorisation, conformément aux statuts y annexés, d'une Compagnie royale d'Assurances contre l'incendie. (7, Bull. 362, n° 8637.)

Louis, etc.,

Vu l'acte passé par-devant Colin de Saint-Menge et son collègue, notaires à Paris, les 25 janvier et 2 février 1820, contenant les statuts d'une société anonyme constituée à Paris sous le nom de *Compagnie royale d'Assurances contre l'incendie ;*

Vu les articles 29 à 37, 40 et 45 du Code de commerce ;

Sur le rapport de notre ministre secrétaire-d'État de l'intérieur,

Notre Conseil-d'Etat entendu,

Nous avons ordonné et ordonnons ce qui suit :

Art. 1er. La société anonyme provisoirement constituée à Paris, sous le nom de *Compagnie royale d'Assurances contre l'incendie*, est autorisée conformément à l'acte des 25 janvier et 2 février 1820, ci-annexé, lequel nous approuvons.

2. La présente autorisation étant accordée à la société à la charge par elle de se conformer aux lois et aux statuts qui la doivent régir, nous nous réservons de révoquer ladite approbation dans le cas où ces conditions ne seraient pas accomplies, et sauf les actions à exercer devant les tribunaux par les particuliers, à raison des infractions commises à leur préjudice.

3. Conformément à l'article 2 de notre ordonnance du 11 septembre 1816, le titre de *Compagnie royale*, étendu à la présente société comme à l'une des divisions dans lesquelles l'ancienne compagnie royale d'assurances s'est renouvelée, ne pourra tirer à conséquence, conférer aucune préférence ou privilège, ni impliquer l'idée d'aucun intérêt ou participation du Gouvernement dans ladite société.

4. Le règlement arrêté par les commissaires des souscripteurs de la compagnie, le 10 novembre 1819, pour servir de règle aux assurances contre l'incendie, est approuvé, et restera annexé à la présente ordonnance.

5. La compagnie sera tenue de remettre,

tous les six mois, copie en forme de son état de situation au préfet du département de la Seine, au greffe du tribunal de commerce et à la chambre de commerce de Paris.

6. Notre ministre secrétaire-d'Etat de l'intérieur est chargé de l'exécution de la présente ordonnance, qui sera insérée au Bulletin des Lois avec l'acte et le règlement annexés : pareille insertion aura lieu au Moniteur et dans le Journal des annonces judiciaires du département de la Seine, sans préjudice des affiches prescrites par l'article 45 du Code de commerce.

Assurances contre l'incendie.

Par-devant Me Marc-Louis-Amable Colin de Saint-Menge et son collègue, notaires, à Paris, soussignés, sont comparus.

(Suivent les noms.)

Lesquels, désirant fixer les bases d'une société anonyme sous la dénomination de *Compagnie royale d'Assurances contre l'incendie,* sont convenus de ce qui suit :

Art. 1er. Il sera établi, sous l'autorisation du Gouvernement, une société anonyme sous le nom de *Compagnie royale d'Assurances contre l'incendie.*

Le chef-lieu de la société et le domicile social seront fixés à Paris.

2. Les opérations de la compagnie comprendront les assurances contre tous risques d'incendie des maisons, bâtimens, édifices, magasins et hangars, des marchandises, denrées, meubles, ustensiles et autres effets mobiliers.

3. Les assurances pourront s'effectuer, au nom de la compagnie, à Paris, dans tout le royaume et à l'étranger.

4. Toutes opérations autres que celles mentionnées ci-dessus sont formellement interdites à la compagnie.

Du capital de la société.

5. Le capital de la société est fixé à dix millions de francs, divisés en deux mille actions de cinq mille francs chacune.

6. Les actionnaires souscriront l'obligation de verser, s'il y a lieu, jusqu'à la concurrence du montant de leurs actions ; l'obligation indiquera un domicile à Paris.

Les obligations seront garanties par un transfert, au nom de la compagnie, de cinquante francs de rente en cinq pour cent de la dette publique fondée pour chaque action.

7. Les actionnaires ne seront responsables des engagemens de la compagnie que jusqu'à la concurrence du montant de leurs actions.

8. Tout appel de fonds sur les actions ex-

cédant cinq mille francs par action est formellement interdit.

9. Les actions seront représentées par une inscription nominale sur les registres de la compagnie.

Il n'y aura point d'actions au porteur.

10. Aucun actionnaire ne pourra posséder plus de cent actions.

Les souscripteurs de la présente société seront admis de droit comme actionnaires pour le nombre d'actions par eux souscrit.

A l'avenir, il ne pourra être admis d'actionnaires que par délibération du conseil d'administration de la compagnie, au scrutin secret, et à la majorité des trois quarts des votans, sauf l'exception ci-après.

11. Ne seront point soumis au scrutin d'admission ceux qui transféreront, en garantie de l'obligation mentionnée dans l'article 6, une somme de rentes équivalente au montant de leurs actions. Cette garantie pourra être donnée par des transferts d'autres fonds publics français, agréés par le conseil d'administration.

12. Les arrérages de rentes, ainsi que les arrérages, intérêts ou dividendes des autres fonds publics transférés en garantie du paiement des actions, seront répartis aux actionnaires immédiatement après qu'ils auront été perçus.

13. La transmission des actions s'opérera par de simples transferts sur des registres doubles tenus à cet effet.

Elles seront valablement transférées par la déclaration du propriétaire ou de son fondé de pouvoir, signée sur le registre, et certifiée par un administrateur.

La certification mentionnera l'arrêté d'admission.

14. En cas de mort d'un actionnaire, ses héritiers ou ayans-droit auront pendant six mois la faculté de présenter un actionnaire en remplacement.

Si, à l'expiration des six mois à partir du jour du décès, il n'a été fait aucune présentation, ou si les remplaçans n'ont pas été admis, les actions seront vendues aux risques et périls de l'actionnaire, sans qu'il soit besoin d'aucune notification ou autorisation.

Les rentes transférées en garantie et le produit de la vente des actions seront affectés, par compensation, à ce qui pourra être dû à la compagnie par l'actionnaire décédé.

L'excédant, s'il y a lieu, sera tenu à la disposition des héritiers.

15. En cas de faillite d'un actionnaire, les actions inscrites sous le nom du failli, seront vendues sans qu'il soit besoin de notification ou autorisation.

Les rentes transférées en garantie et le produit de la vente des actions seront affectés, par compensation, à ce qui pourra être dû à la compagnie par l'actionnaire failli. L'excédant, s'il y a lieu, sera tenu à la disposition des créanciers.

De l'administration.

16. La compagnie sera administrée par un conseil d'administration composé de quinze administrateurs et de trois censeurs.

17. Les administrateurs et les censeurs seront nommés par l'assemblée générale des actionnaires et des assurés.

18. Les administrateurs sont pris parmi les actionnaires propriétaires de dix actions au moins, lesquelles seront inaliénables pendant toute la durée de leurs fonctions.

Les censeurs seront pris de préférence parmi les cinquante plus forts assurés non actionnaires; ils ne seront pas tenus d'être propriétaires d'actions.

19. La durée des fonctions des administrateurs sera de cinq ans; celle des censeurs sera de trois ans.

Les administrateurs seront renouvelés par cinquième tous les ans, et les censeurs par tiers.

Pendant les premières années, les administrateurs et le censeur sortans seront désignés par le sort.

Les administrateurs seront rééligibles.

Les censeurs ne seront rééligibles que lorsqu'ils auront été choisis parmi les assurés non actionnaires.

20. Les fonctions des administrateurs et des censeurs seront gratuites, sauf les droits de présence.

21. Le conseil d'administration nommera parmi ses membres un président.

La durée des fonctions du président sera d'une année.

Il pourra être réélu.

22. Le conseil d'administration se réunira au moins deux fois par mois.

Il lui sera rendu compte de toutes les affaires de la compagnie.

Ses arrêtés seront pris à la majorité absolue des membres présens.

23. Le conseil d'administration déterminera la nature et la forme des obligations qui devront être fournies par les actionnaires, en exécution de l'art. 6.

Il délibérera et arrêtera les conditions principales des contrats d'assurances qui seront adoptés pour la compagnie.

Il déterminera chaque année le *maximum* des assurances qui pourront être consenties sur chaque nature de risque.

Il déterminera l'emploi qui devra être fait des primes d'assurance et des réserves sur les bénéfices.

Il réglera et arrêtera le paiement des pertes et des dommages à la charge de la compagnie.

Il nommera, révoquera et destituera tous les agens et employés de la compagnie.

Il réglera et arrêtera, chaque année, les traitemens et salaires, ainsi que les dépenses générales de l'administration.

24. Les comptes annuels et les répartitions de bénéfices seront réglés et arrêtés par le conseil d'administration, après qu'ils auront été vérifiés par les censeurs.

25. Les censeurs surveilleront l'exécution de l'acte de société et des réglemens, ainsi que toutes les parties de l'administration.

Ils se feront représenter les registres, la correspondance et les états de caisse, toutes les fois qu'ils le jugeront à propos.

26. Les censeurs n'auront point voix délibérative dans le conseil d'administration.

Ils proposeront toutes les mesures qu'ils croiront utiles aux intérêts de la compagnie.

Si leurs propositions ne sont pas adoptées, il pourront en requérir la transcription sur les registres des délibérations.

27. Les censeurs rendront compte à l'assemblée générale de l'exercice de leur surveillance.

Du comité de direction.

28. La direction de toutes les opérations sera attribuée à un comité composé de trois administrateurs, d'un directeur et d'un directeur adjoint.

29. Les administrateurs composant le comité seront nommés par le conseil d'administration.

La durée de leurs fonctions, comme membres du comité, sera de trois mois.

Ils seront renouvelés par tiers chaque mois.

Pendant les premiers mois, les administrateurs sortans seront désignés par le sort.

Ils seront rééligibles.

30. Le directeur et le directeur adjoint seront nommés par le conseil d'administration.

Ils seront salariés.

Le directeur devra être propriétaire de cinq actions au moins; et le directeur-adjoint, de trois actions, lesquelles seront inaliénables pendant toute la durée de leurs fonctions.

31. Le directeur et le directeur-adjoint assisteront au conseil d'administration.

Ils y auront voix consultative.

L'un d'eux remplira les fonctions de secrétaire du conseil.

32. Le directeur et le directeur-adjoint auront voix délibérative dans le comité.

Aucune résolution ne pourra être délibérée sans le concours de trois votans au moins.

Le président du conseil assistera au comité, toutes les fois qu'il le jugera à propos.

33. Le comité sera chargé de l'exécution des délibérations et arrêtés du conseil d'administration.

Il réglera et arrêtera le taux des primes et les conditions particulières des assurances.

Il soumettra au conseil les remboursemens qui devront être effectués pour pertes et dommages à la charge de la compagnie.

Il proposera les agens et correspondans dans les départemens et à l'étranger, et les instructions qui devront leur être données.

34. Les contrats d'assurance,

Les transferts de rente et autres fonds inscrits au nom de la compagnie,

Les traités et conventions,

La correspondance,

Seront signés par un des administrateurs, membre du comité, et par le directeur ou le directeur adjoint.

Les endossemens ou acquits seront signés par le directeur ou le directeur adjoint.

Les actions judiciaires seront exercées au nom de la compagnie, poursuite et diligence du directeur.

De l'assemblée générale.

35. L'universalité des actionnaires sera représentée par les cent plus forts actionnaires.

Les cent plus forts actionnaires seront ceux qui, d'après les registres de la compagnie, seront constatés être, depuis six mois révolus, les plus forts propriétaires des actions.

L'actionnaire le plus anciennement inscrit sera préféré.

36. L'universalité des assurés sera représentée par les cinquante plus forts assurés non actionnaires.

Les cinquante plus forts assurés seront ceux qui, d'après le dernier inventaire, seront portés dans les registres comme ayant effectué les plus fortes assurances.

L'assuré le plus ancien sera préféré.

37. Les cent plus forts actionnaires et les cinquante plus forts assurés ci-dessus composeront l'assemblée générale.

Les administrateurs et les censeurs en feront partie de droit.

38. Les membres composant l'assemblée générale non domiciliés à Paris pourront s'y faire représenter par des fondés de pouvoir.

Les membres composant l'assemblée générale, et les fondés de pouvoir, n'auront qu'une voix, quels que soient le nombre d'actions qu'ils possèdent et le nombre de pouvoirs dont ils soient porteurs.

Les fondés de pouvoir qui seront en même temps membres de l'assemblée auront deux voix.

39. L'assemblée générale se réunira dans le courant de mars de chaque année.

Elle sera convoquée extraordinairement,

1° Lorsque, par retraite ou décès, le nombre des administrateurs sera réduit à sept, et celui des censeurs à un;

2° Lorsqu'elle aura été requise par l'unanimité des censeurs;

3° Lorsqu'elle aura été délibérée par le conseil d'administration.

40. L'assemblée générale sera convoquée par le conseil d'administration.

Elle sera présidée par le président du conseil.

Il lui sera rendu compte, chaque année, des opérations de la compagnie.

Les comptes seront rendus publics par la voie de l'impression.

41. L'assemblée générale nommera les administrateurs et les censeurs, à la majorité absolue des membres votans et par des scrutins individuels.

42. L'exercice des administrateurs et des censeurs nommés en remplacement pour cause de retraite ou décès n'aura lieu que pour le temps qui restait à courir à leurs prédécesseurs.

43. Pour la première fois seulement, l'assemblée générale sera composée de tous les souscripteurs du présent acte pour quatre actions et au-dessus.

Comptes annuels.

44. Il sera fait, chaque année, un inventaire estimatif de l'actif et du passif de la société.

Cet inventaire sera réglé au 31 décembre.

45. Les bénéfices résultant des inventaires seront répartis entre les actionnaires et les assurés, dans les proportions qui seront réglées par le conseil d'administration.

La part des bénéfices à répartir aux intéressés ne pourra, en aucun cas, être au-dessous du tiers ni au-dessus de la moitié.

46. Sur la part des bénéfices dévolue aux actionnaires, le quart au moins, et la moitié au plus, sera mis en réserve en accroissement du capital; le surplus sera réparti aux actionnaires.

Lorsque les bénéfices réservés s'élèveront à un million de francs, la réserve annuelle pourra être au-dessous du quart des bénéfices jusqu'au huitième; l'excédant sera réparti aux actionnaires.

47. La répartition des bénéfices alloués aux assurés sera faite, en raison des primes annuelles reçues, par les centimes proportionnels attribués à chacun.

La répartition s'en opérera par imputation sur les primes de l'année suivante.

48. Ceux des assurés dont les contrats auront été en vigueur pendant toute la durée de l'année qui aura précédé l'inventaire, auront seuls droit à la répartition des bénéfices.

49. Par suite des dispositions de l'article précédent, il ne pourra être fait de répartition de bénéfices qu'après la deuxième année de la mise en activité de la compagnie.

Le conseil d'administration déterminera l'époque où la première répartition sera faite.

50. En cas de pertes qui absorberaient les bénéfices réservés et entameraient le capital de la société, le conseil d'administration sera tenu d'exiger de la part des actionnaires un versement proportionnel égal au montant du déficit.

Sur la notification de l'arrêté de répartition déterminé par le conseil, les actionnaires seront tenus d'effectuer dans les dix jours le versement demandé.

A défaut de paiement dans le délai ci-dessus, les rentes transférées en garantie du paiement des actions seront vendues, et l'actionnaire en retard sera déchu de tous ses droits aux actions, qui seront aussi vendues à ses risques et périls, sans préjudice des poursuites à exercer contre lui pour le paiement des sommes dont il sera débiteur envers la compagnie.

51. Dans les cas prévus par l'article précédent, la totalité des bénéfices résultant des inventaires subséquens sera affectée au remboursement des sommes exigées de la part des actionnaires.

Lorsque les remboursemens auront été complétés, les réserves ordonnées par l'article 46 seront continuées dans les proportions qui y sont prescrites.

Dissolution et liquidation.

52. La durée de la présente société est fixée à trente années, qui commenceront du jour où l'autorisation du Gouvernement aura été obtenue.

La dissolution n'en pourra être prononcée, avant son terme, que dans les cas ci-après.

53. La dissolution aura lieu de plein droit, si les pertes de la compagnie excèdent la moitié du capital social,

Ou si elle est demandée par un nombre d'actionnaires représentant au moins les trois quarts des actions.

54. Dans les cas prévus par l'article précédent, le conseil d'administration sera tenu de convoquer immédiatement l'assemblée générale.

55. L'assemblée générale nommera, séance tenante, cinq commissaires liquidateurs, trois parmi les actionnaires et deux parmi les assurés, lesquels composeront la commission de liquidation,

Les commissaires liquidateurs prononceront, comme arbitres souverains et amiables compositeurs, sur les droits des actionnaires et des assurés, et sur toutes contestations qui pourront s'élever de la part des actionnaires ou des assurés.

56. Les commissaires liquidateurs feront immédiatement réassurer les risques non terminés, ou résilieront les contrats existans.

Ils régleront et arrêteront les remboursemens des pertes et dommages à la charge de la compagnie.

Ils pourront compromettre et transiger sur toutes contestations et demandes.

57. A l'expiration de l'année qui suivra l'époque où la liquidation aura été prononcée, il sera fait un état estimatif des pertes et dommages non réglés et des valeurs actives non réalisées.

Les comptes en seront rendus à l'assemblée générale, qui statuera sur le terme de la liquidation.

58 et dernier. Les actionnaires seront tenus, sur la demande de la commission de liquidation, d'effectuer les versemens nécessaires pour opérer les remboursemens, jusqu'à la concurrence du montant de leurs actions.

Fait et passé à Paris, ès-demeures respectives des parties, l'an 1820, les 25 janvier et 2 février.

Projet de réglement pour les assurances contre l'incendie.

Art. 1er. La compagnie assurera contre tous risques d'incendie les maisons, édifices, usines, meubles, marchandises et denrées, ainsi que les forêts.

Les assurances pourront être faites dans toute l'étendue du royaume et dans l'étranger.

2. Sont exceptés :

Les incendies occasionnés par guerre, invasion, émeute populaire, ou force armée, quelle qu'elle soit.

Les titres et papiers d'affaires, effets au porteur, lettres-de-change et billets, livres et registres de comptes, pierres précieuses, bijoux, monnaies, médailles et objets d'arts, dont la valeur est relative ou indéterminée.

3. Le maximum des assurances qui pourront être souscrites sur un seul risque, ne pourra excéder un million de francs pour la France, et cinq cent mille francs pour l'étranger.

4. L'estimation des objets assurés sera faite de gré à gré.

5. Le risque commencera au moment de

la signature du contrat ; il y sera mentionné le jour et l'heure.

Il sera éteint à la même heure du jour ou délai fixé par le contrat.

6. Les locataires pourront faire assurer la valeur de la portion de la maison ou bâtiment qu'ils occupent.

L'assurance entière de la maison ou bâtiment annullera l'assurance partielle pour le temps qui restera à courir.

7. Les créanciers hypothécaires et les créanciers saisissans pourront faire assurer leurs créances sur les maisons ou bâtimens.

Les usufruitiers pourront aussi faire assurer les maisons et bâtimens servant de gage à leur usufruit.

Ils devront déclarer leurs qualités et acquitter la prime.

8. Le montant des pertes et dommages sera payé comptant, sans déduction ni retenue, immédiatement après qu'ils auront été justifiés ou réglés.

9. L'incendie devra être notifié à la compagnie dans les vingt-quatre heures.

Cette notification sera faite à Paris, pour les risques assurés à Paris ; et aux agens de la compagnie pour les risques assurés dans les départemens ou à l'étranger.

10. L'assuré justifiera de l'existence des objets détruits par le feu au moment de l'incendie.

La compagnie pourra exiger qu'il soit admis au serment.

11. L'évaluation du dommage sera faite de gré à gré, ou réglée par arbitres.

12. La compagnie se réserve le droit de réparer l'objet incendié, et de le remettre en l'état ou valeur reconnus au moment de l'assurance.

13. L'assuré sera tenu de faire connaître les changemens qui pourront survenir dans les professions exercées dans les lieux assurés.

Cette condition est obligatoire, à peine de nullité de l'assurance pour le temps qui restera à courir.

14. Toute réticence ou fausse déclaration de la part de l'assuré, qui diminueraient l'opinion du risque ou en changeraient le sujet, annulleront l'assurance.

La prime payée sera acquise à la compagnie.

15. La compagnie se réserve les droits des propriétaires contre ceux qui auront occasionné l'incendie de la maison assurée.

16. La compagnie pourra réassurer les maisons, marchandises et effets assurés.

Paris, le 10 novembre 1819.

Les commissaires chargés de solliciter l'autorisation du Gouvernement.

Signé : V. Roux, Hottingeur, Lefebvre, Scipion Perier.

---

11 FÉVRIER = Pr. 26 AVRIL 1820. — Ordonnance du Roi portant autorisation, conformément aux statuts y annexés, d'une Compagnie royale d'Assurances maritimes. (7, Bull. 363, n° 8639.)

Louis, etc.

Vu l'acte passé par-devant Colin de Saint-Menge et son collègue, notaires à Paris, les 25 janvier et 2 février 1820, contenant les statuts d'une société anonyme constituée à Paris sous le nom de *Compagnie royale d'Assurances maritimes ;*

Vu les articles 29 à 37, 40 et 45 du Code de commerce ;

Attendu que cette société nouvelle est destinée à remplacer, en ce qui concerne l'assurance maritime, la Compagnie royale d'assurances précédemment autorisée et qualifiée par notre ordonnance du 11 septembre 1816 ;

Sur le rapport de notre ministre secrétaire-d'État de l'intérieur ;

Notre Conseil-d'Etat entendu,

Nous avons ordonné et ordonnons ce qui suit :

Art. 1er. La société anonyme provisoirement constituée à Paris sous le nom de *Compagnie royale d'Assurances maritimes* est autorisée, conformément à l'acte des 25 janvier et 2 février 1820, ci-annexé, lequel nous approuvons.

2. La présente autorisation étant accordée à la société à la charge par elle de se conformer aux lois et aux statuts qui la doivent régir, nous nous réservons de révoquer ladite approbation dans le cas où ces conditions ne seraient pas accomplies, et sauf les actions à exercer devant les tribunaux par les particuliers, à raison des infractions commises à leur préjudice.

3. Conformément à l'article 2 de notre ordonnance du 11 septembre 1816, le titre de *Compagnie royale*, maintenu à la présente société, ne pourra tirer à conséquence, conférer aucune préférence ou privilége, ni impliquer l'idée d'aucun intérêt ou participation du Gouvernement dans ladite société.

4. Si la compagnie n'adopte pas les réglemens d'exécution approuvés pour la compagnie royale d'assurances maritimes précédente, elle sera tenue de soumettre ceux qu'elle arrêtera à l'approbation de notre ministre secrétaire-d'État de l'intérieur.

5. La compagnie sera tenue de remettre, tous les six mois, copie en forme de son état de situation au préfet du département de la Seine, au greffe du tribunal de commerce et à la chambre de commerce de Paris.

6. Notre ministre secrétaire-d'État de l'intérieur est chargé de l'exécution de la présente ordonnance, qui sera publiée au Bul-

letin des Lois avec l'acte annexé; pareille insertion aura lieu dans le Moniteur et dans le journal des annonces judiciaires du département de la Seine, sans préjudice des affiches prescrites par l'article 45 du Code de commerce.

Assurances maritimes.

Par-devant Me Marc-Louis-Amable Colin de Saint-Menge et son collègue, notaires à Paris, soussignés, sont comparus:

(Suivent les noms.)

Lesquels, désirant fixer les bases d'une société anonyme sous la dénomination de *Compagnie royale d'Assurances maritimes*, sont convenus de ce qui suit:

Art. 1er. Il sera établi, sous l'autorisation du Gouvernement, une société anonyme sous le nom de *Compagnie royale d'Assurances maritimes*.

Le chef-lieu de la société et le domicile social seront fixés à Paris.

2. Les opérations de la compagnie comprendront,

Les assurances sur navires français et étrangers contre les risques de mer, piraterie, guerre, arrêts et détentions de puissances, et tous autres risques maritimes;

Les assurances contre tous risques de transport par terre, fleuves, rivières et canaux.

3. Les assurances pourront s'effectuer au nom de la compagnie, à Paris, et dans tous les ports français et étrangers.

4. Toutes opérations autres que celles mentionnées ci-dessus sont formellement interdites à la compagnie.

Du capital de la société.

5. Le capital de la société est fixé à dix millions de francs, divisés en deux mille actions de cinq mille francs chacune.

6. Les actionnaires souscriront l'obligation de verser, s'il y a lieu, jusqu'à concurrence du montant de leurs actions; l'obligation indiquera un domicile à Paris.

Les obligations seront garanties, pour chaque action, par un transfert, au nom de la compagnie, de cent francs de rente en cinq pour cent de la dette publique fondée.

7. Les actionnaires ne seront responsables des engagemens de la compagnie que jusqu'à la concurrence du montant de leurs actions.

8. Tout appel de fonds sur les actions excédant cinq mille francs par action est formellement interdit.

9. Les actions seront représentées par une inscription nominale sur les registres de la société.

Il n'y aura point d'actions au porteur.

10. Aucun actionnaire ne pourra posséder plus de cent actions.

Les souscripteurs de la présente société seront admis de droit comme actionnaires pour le nombre d'actions par eux souscrit.

A l'avenir il ne pourra être admis d'actionnaires que par délibération du conseil d'administration de la compagnie, au scrutin secret et à la majorité des trois quarts des votans, sauf l'exception ci-après.

11. Ne seront point soumis au scrutin d'admission ceux qui transféreront, en garantie de l'obligation mentionnée dans l'article 6, une somme de rentes équivalente au montant de leurs actions.

Cette garantie pourra être donnée par des transferts d'autres fonds publics français, agréés par le conseil d'administration.

12. Les arrérages des rentes, ainsi que les arrérages, intérêts ou dividendes des autres fonds publics, transférés en garantie du paiement des actions, seront répartis aux actionnaires immédiatement après qu'ils auront été perçus.

13. La transmission des actions s'opérera par de simples transferts sur des registres doubles tenus à cet effet.

Elles seront valablement transférées par la déclaration du propriétaire ou de son fondé de pouvoir, signée sur les registres et certifiée par un administrateur.

La certification mentionnera l'arrêté d'admission.

14. En cas de mort d'un actionnaire, ses héritiers ou ayans-droit auront, pendant six mois, la faculté de présenter un actionnaire en remplacement.

Si, à l'expiration des six mois à partir du jour du décès, il n'a été fait aucune présentation, ou si les remplaçans n'ont pas été admis, les actions seront vendues aux risques et périls de l'actionnaire, sans qu'il soit besoin d'aucune notification ni autorisation.

Les rentes transférées en garantie et le produit de la vente des actions seront affectés, par compensation, au paiement de ce qui pourra être dû à la compagnie par l'actionnaire décédé; l'excédant, s'il y en a, sera tenu à la disposition des héritiers.

15. En cas de faillite d'un actionnaire, les actions inscrites au nom du failli seront vendues sans qu'il soit besoin de notification et autorisation.

Les rentes transférées en garantie et le produit de la vente des actions seront affectés, par compensation, au paiement de ce qui pourra être dû à la compagnie par l'actionnaire failli; l'excédant, s'il y en a, sera tenu à la disposition des créanciers.

De l'administration.

16. La compagnie sera administrée par
un conseil d'administration, composé de
quinze administrateurs et de trois censeurs.
17. Les administrateurs et les censeurs
seront nommés par l'assemblée des actionnaires.

Ils seront pris parmi les actionnaires propriétaires de dix actions au moins, lesquelles seront inaliénables pendant toute la durée de leurs fonctions.

18. La durée des fonctions des administ-
trateurs sera de cinq ans : celle des censeurs
sera de trois ans.

Les administrateurs seront renouvelés par
cinquième tous les ans, et les censeurs par
tiers.

Pendant les premières années, les administrateurs et les censeurs sortans seront désignés part le sort.

Les administrateurs et les censeurs seront
rééligibles.

19. Les fonctions des administrateurs et
des censeurs seront gratuites, sauf les droits
de présence.

20. Le conseil d'administration nommera
parmi ses membres un président.

La durée des fonctions du président sera
d'un an.

Il pourra être réélu.

21. Le conseil d'administration se réunira
au moins deux fois par mois.

Il lui sera rendu compte de toutes les opérations de la compagnie.

Ses arrêtés seront pris à la majorité absolue
des membres présens.

22. Le conseil d'administration déterminera la nature et la forme des obligations
qui devront être fournis par les actionnaires,
en exécution de l'article 6.

Il déterminera le *maximum* des assurances
qui pourront être consenties sur une même
expédition.

Il délibérera et arrêtera les conditions principales des contrats d'assurance qui seront
adoptés pour la compagnie.

Il déterminera les réserves annuelles sur
les bénéfices, et l'emploi qui devra en être
fait.

Il délibérera et arrêtera les réglemens
d'avarie et le paiement des pertes.

Il nommera, révoquera et destituera tous
les agens et employés de la compagnie.

Il réglera et arrêtera, chaque année, les
traitemens et salaires, ainsi que les dépenses
générales de l'administration.

23. Les comptes annuels seront réglés et
arrêtés par le conseil d'administration, après
qu'ils auront été vérifiés par les censeurs.

24. Les censeurs surveilleront l'exécution
de l'acte de société et des réglemens, ainsi
que toutes les parties de l'administration.

Ils se feront représenter les registres, la
correspondance et les états de caisse, toutes
les fois qu'ils le jugeront à propos.

25. Les censeurs n'auront point voix délibérative dans le conseil d'administration.

Ils proposeront toutes les mesures qu'ils
croiront utiles aux intérêts de la compagnie.

Si leurs propositions ne sont pas adoptées,
ils pourront en requérir la transcription sur
le registre des délibérations.

26. Les censeurs rendront compte à l'assemblée des actionnaires de l'exercice de leur
surveillance.

Comité de direction.

27. La direction de toutes les opérations
sera attribuée à un comité composé de trois
administrateurs, d'un directeur et d'un directeur adjoint.

28. Les administrateurs composant le comité seront nommés par le conseil d'administration.

La durée de leurs fonctions sera de trois
mois.

Ils seront renouvelés par tiers tous les
mois.

Pendant les deux premiers mois, les administrateurs sortans du comité seront désignés par le sort.

Ils seront rééligibles.

29. Le directeur et le directeur adjoint
seront nommés par le conseil d'administration.

Ils seront salariés.

Le directeur devra être propriétaire de
cinq actions, et le directeur adjoint de trois
actions, au moins, lesquelles seront inaliénables pendant toute la durée de leur gestion.

30. Le directeur et le directeur adjoint
assisteront au conseil d'administration.

Ils auront voix consultative.

L'un deux remplira les fonctions de secrétaire du conseil.

31. Le directeur et le directeur adjoint
auront voix délibérative dans le comité.

Aucune résolution ne pourra y être délibérée sans le concours de trois votans au
moins.

Le président assistera au comité toutes les
fois qu'il le jugera à propos.

32. Le comité sera chargé de l'exécution
des délibérations et arrêtés du conseil d'administration.

Il soumettra au conseil les réglemens d'a-
varies et pertes.

Il pourra néanmoins, en cas d'urgence, et
à l'unanimité des cinq membres du comité,
ordonner le paiement des avaries et pertes,

et transiger, s'il y a lieu, avec les assurés.

Le comité réglera et arrêtera le taux des primes et les conditions particulières des assurances.

Il soumettra au conseil d'administration l'établissement des agens et correspondans de la compagnie dans les départemens et dans l'étranger, ainsi que les instructions qui devront leur être données.

33. Les contrats d'assurances,

Les transferts de rentes ou autres fonds inscrits au nom de la compagnie,

Les engagemens, traités et conventions, et la correspondance,

Seront signés par un administrateur membre du comité, et par le directeur ou le directeur adjoint.

Les actions judiciaires seront exercées au nom de la compagnie, poursuite et diligence du directeur.

Assemblée des actionnaires.

34. L'universalité des actionnaires sera représentée par cent d'entre eux, lesquels composeront l'assemblée des actionnaires.

Les cent actionnaires composant l'assemblée seront ceux qui, d'après les registres de la compagnie, seront constatés être, depuis six mois révolus, les plus forts propriétaires d'actions.

L'actionnaire le plus anciennement inscrit sera préféré.

Les administrateurs et les censeurs seront de droit membres de l'assemblée générale des actionnaires.

35. Les membres composant l'assemblée des actionnaires non domiciliés à Paris pourront s'y faire représenter par des fondés de pouvoir.

Les membres composant l'assemblée, et les fondés de pouvoir, n'auront qu'une voix, quel que soit le nombre d'actions et de pouvoirs qu'ils possèdent.

Les fondés de pouvoir qui seront en même temps membres de l'assemblée n'auront que deux voix.

36. L'assemblée des actionnaires se réunira dans le courant de février de chaque année.

Elle sera convoquée extraordinairement,

1° Lorsque, par retraite ou décès, le nombre des administrateurs sera réduit à sept, et celui des censeurs, à un ;

2° Lorsqu'elle aura été requise par l'unanimité des censeurs ;

3° Lorsqu'elle aura été délibérée par le conseil d'administration.

37. L'assemblée des actionnaires sera convoquée par le conseil d'administration.

Elle sera présidée par le président du conseil.

Elle nommera les administrateurs et les censeurs.

Il lui sera rendu compte, chaque année, des opérations de la compagnie.

Les comptes seront rendus publics par la voie de l'impression.

38. Les administrateurs et les censeurs seront nommés à la majorité absolue des suffrages des membres votans, par des scrutins individuels.

39. L'exercice des administrateurs et des censeurs nommés en remplacement, pour cause de retraite ou décès, n'aura lieu que pour le temps qui restait à courir à leurs prédécesseurs.

40. Pour la première fois seulement, l'assemblée des actionnaires sera composée de tous les souscripteurs du présent acte pour quatre actions et au-dessus.

Comptes annuels.

41. Il sera fait, chaque année, un inventaire estimatif de l'actif et du passif de la société.

Cet inventaire sera réglé au 31 décembre.

42. Les bénéfices annuels résultant des inventaires seront répartis comme il suit :

Le quart au moins, et la moitié au plus, sera mis en réserve, en accroissement du capital, jusqu'à ce que le montant de cette réserve ait atteint la somme de deux millions cinq cent mille francs.

L'excédant des bénéfices sera réparti aux actionnaires.

43. Lorsque les bénéfices réservés auront atteint la somme fixée ci-dessus, la réserve sur les bénéfices annuels ne pourra excéder le quart ni être au-dessous du huitième des bénéfices.

L'excédant sera réparti aux actionnaires.

44. En cas de pertes qui absorberaient les réserves et entameraient le capital de la société, le conseil d'administration sera tenu d'exiger, de la part des actionnaires, un versement proportionnel, égal au montant du déficit.

Sur la notification de l'arrêté de répartition, déterminé par le conseil, les actionnaires seront tenus d'effectuer le versement demandé dans les dix jours.

A défaut de paiement dans le délai ci-dessus, les rentes transférées en garantie du paiement des actions seront vendues : l'actionnaire en retard sera déchu de tous ses droits aux actions, qui seront aussi vendues à ses risques et périls, sans préjudice des poursuites à exercer contre lui pour le recouvrement des sommes dont il sera débiteur envers la compagnie.

45. Dans les cas prévus par l'article précédent, la totalité des bénéfices résultant des

inventaires subséquens sera affectée au remboursement des sommes versées par les actionnaires.

Lorsque ce remboursement aura été complété, les réserves annuelles ordonnées par les articles 41 et 42 seront continuées dans les proportions prescrites.

Dissolution et liquidation.

46. La durée de la présente société est fixée à trente années, qui commenceront du jour où l'autorisation du Gouvernement aura été obtenue.

La dissolution n'en pourra être prononcée, avant son terme, que dans les cas ci-après.

47. La dissolution aura lieu de plein droit, si les pertes de la compagnie excèdent la moitié du capital social, ou si elle est demandée par un nombre d'actionnaires représentant au moins les trois quarts des actions.

48. Dans les cas prévus par l'article précédent, le conseil d'administration sera tenu de convoquer immédiatement l'assemblée des actionnaires.

49. L'assemblée des actionnaires nommera, séance tenante, cinq commissaires liquidateurs, qui composeront la commission de liquidation.

Ils prononceront, comme arbitres souverains et amiables compositeurs, sur les droits des actionnaires et sur toutes les contestations qui pourront s'élever de la part des actionnaires.

50. Les commissaires liquidateurs feront immédiatement réassurer les risques non terminés.

Ils régleront et arrêteront les remboursemens des avaries et pertes à la charge de la compagnie ; ils pourront compromettre et transiger sur toutes contestations et demandes.

51. A l'expiration de l'année qui suivra l'époque où la liquidation aura été prononcée, il sera fait un état estimatif des pertes et avaries non réglées et des valeurs actives non réalisées.

Les comptes en seront rendus à l'assemblée des actionnaires qui statuera sur le terme de la liquidation.

52. Les actionnaires seront tenus, sur la demande de la commission de liquidation, d'effectuer les versemens nécessaires pour opérer le remboursement, jusqu'à la concurrence du montant de leurs actions.

Fait et passé à Paris, ès-demeures respectives des parties, l'an 1820, les 25 janvier et 2 février.

---

11 FÉVRIER = Pr. 26 AVRIL 1820. — Ordonnance du Roi portant dissolution de la société anonyme qui avait été autorisée par l'ordonnance du 11 SEPTEMBRE 1816, sous le nom de Compagnie royale d'Assurances maritimes. (7, Bull. 363, n° 8640.)

Louis, etc. ,

Vu nos ordonnances de ce jour, portant autorisation pour trois sociétés anonymes sous les noms de *Compagnie royale d'Assurances maritimes*, *Compagnie royale d'Assurances contre l'incendie*, et *Compagnie royale d'Assurances sur la vie;*

Vu le projet de l'acte qui sera passé pardevant Colin de Saint-Menge et son collègue, notaires à Paris, contenant dépôt de la délibération prise, le 13 novembre 1819, par les actionnaires de la Compagnie royale d'Assurances maritimes, autorisée par notre ordonnance du 11 septembre 1816, laquelle délibération porte que ladite société sera dissoute dans les trente jours qui suivront l'époque où l'autorisation du Gouvernement pour la société nouvelle des assurances maritimes aura été obtenue;

Vu les articles 37 et 46 du Code de commerce ;

Sur le rapport de notre ministre secrétaire-d'Etat de l'intérieur,

Notre Conseil-d'Etat entendu,

Nous avons ordonné et ordonnons ce qui suit :

Art. 1er. Attendu la substitution des trois compagnies autorisées par nos ordonnances de ce jour (et notamment de la nouvelle compagnie royale d'assurances maritimes) à la société anonyme qui avait été autorisée par notre ordonnance du 11 septembre 1816, sous le nom de *Compagnie royale d'Assurances maritimes*, la société formée en 1816 sous cette dénomination sera dissoute dans les trente jours de la publication de la présente, conformément à la délibération des sociétaires du 13 novembre 1819, notre autorisation restant révoquée.

2. La liquidation de l'ancienne compagnie sera faite aussitôt, en la forme prescrite par l'art. 2 de ladite délibération des sociétaires; la dissolution de la société et la révocation de notre autorisation royale étant sans préjudice des droits de quiconque a des intérêts dans ladite association ou des prétentions à sa charge.

3. Notre ministre secrétaire-d'Etat de l'intérieur est chargé de l'exécution de la présente ordonnance, laquelle sera publiée au Bulletin des Lois avec l'acte et délibération ci-annexés : pareille insertion aura lieu dans le Moniteur et dans le journal des annonces judiciaires du département de la Seine, sans

préjudice des affiches ordonnées par l'art. 46 du Code de commerce.

---

11 FÉVRIER 1820. — Ordonnance du Roi qui permet aux sieurs Jacques et Boscary d'ajouter à leurs noms ceux de Lacroix et de Villeplaine. (7, Bull. 345.)

---

11 FÉVRIER 1820. — Ordonnances du Roi qui autorisent l'acceptation de dons et legs faits aux hospices (7, Bull. 365.)

---

11 FÉVRIER 1820. — Ordonnances du Roi qui autorisent l'acceptation de dons et legs faits aux hospices. (7, Bull. 368.)

---

11 FÉVRIER 1820. — Ordonnances du Roi qui accordent des lettres de déclaration de naturalité aux sieurs Pawlaki, Fraikin, Libin et de Hosson. (7, Bull. 353, 371 et 849.)

---

14 FÉVRIER 1820. — Ordonnance du Roi qui constitue la Chambre des pairs en cour de justice, pour connaître de l'attentat commis sur la personne d'un prince de la famille royale. (Mon. du 15 FÉVRIER 1820.)

Voy. notes sur l'article 33 de la Charte.

Louis, etc.,

Vu l'art. 33 de la Charte constitutionnelle qui attribue à la Chambre des pairs la connaissance des crimes de haute-trahison, et des attentats à la sûreté de l'Etat, qui seront définis par la loi;

Vu l'art. 87 du Code pénal, qui met au nombre des crimes contre la sûreté de l'Etat, l'attentat ou le complot contre la vie ou la personne des membres de la famille royale;

Notre Conseil-d'Etat entendu,

Nous avons ordonné et ordonnons ce qui suit :

Art. 1er. La Chambre des pairs, constituée en Cour des pairs, procédera, sans délai, au jugement du nommé Louis-Pierre Louvel, prévenu du crime d'attentat sur la personne de notre bien-aimé neveu le duc de Berry.

2. Elle se conformera, pour l'instruction et le jugement, aux formes prescrites par nos ordonnances du 11 et du 12 novembre 1815.

3. Notre procureur général en notre cour royale de Paris remplira les fonctions de procureur général près notre cour des pairs.

Le secrétaire-archiviste et son adjoint en notre dite cour royale rempliront celles de greffiers (1).

4. La présente ordonnance sera portée à la Chambre des pairs par notre ministre de l'intérieur, président de notre conseil des ministres; notre ministre de la guerre, et le comte Siméon, sous-secrétaire-d'Etat, chargé par *interim* du ministère de la justice, que nous chargeons d'en soutenir la discussion.

---

17 FÉVRIER 1820. — Ordonnance du Roi qui nomme M. Rosman maître des requêtes en service extraordinaire. (7, Bull, 347.)

---

18 FÉVRIER 1820. — Ordonnance du Roi qui nomme M. Boursaint maître des requêtes en service extraordinaire. (7, Bull. 347.)

---

18 FÉVRIER 1820. — Ordonnance du Roi qui nomme maître des requêtes en service extraordinaire M. le comte de Chazelles, préfet du Morbihan. (7, Bull. 347.)

---

18 FÉVRIER 1820. — Ordonnance du Roi qui nomme maître des requêtes en service extraordinaire M. le vicomte de Villeneuve, préfet du département de la Charente. (7, Bull. 349.)

---

19 FÉVRIER 1820. — Ordonnance du Roi sur l'emploi des amendes. (*Recueil officiel de l'intérieur*, tome IV, p. 19.)

Louis, etc.

Notre ministre de l'intérieur nous ayant exposé que les amendes prononcées par jugemens antérieurs au 1er janvier 1820 des tribunaux de police correctionnelle et de simple police rurale et municipale, ont été perçues par les receveurs des domaines, et versées dans la caisse des receveurs généraux, sans distinction des communes où les délits et contraventions ont eu lieu;

Que dans cet état de choses, l'article 466 du Code pénal ne peut recevoir son exécution pour les amendes antérieures au 1er janvier 1820, et qu'en conséquence il y a lieu d'en faire l'application, conformément aux règles établies par le décret du 17 mai 1809;

---

(1) *Il faut lire* : le secrétaire-archiviste et son adjoint à la Chambre des pairs.

Nous avons ordonné et ordonnons ce qui suit :

Art. 1er. Les amendes prononcées par jugemens définitifs antérieurs au 1er janvier dernier, des tribunaux correctionnels et de simple police rurale et municipale, continueront d'être perçues par les receveurs des domaines, à la charge par eux d'en faire, avec celles dont ils ont opéré le recouvrement, le versement dans les caisses de services, pour être ensuite employées avec les intérêts qui en proviendront, savoir : un tiers aux dépenses des Enfans-Trouvés, et les deux autres tiers aux dépenses communales indiquées dans les états de répartition qui en seront soumis par les préfets à l'approbation de notre ministre de l'intérieur.

Nos ministres de l'intérieur et des finances se concerteront pour assurer à l'avenir l'exécution de l'article 466 du Code pénal, et en soumettre les moyens à notre approbation.

2. Nos ministres aux départemens de l'intérieur et des finances sont chargés de l'exécution de la présente ordonnance.

---

20 FÉVRIER 1820. — Ordonnance du Roi qui nomme M. le duc de Richelieu, ministre secrétaire-d'État, président du conseil des ministres. (7, Bull. 345.)

---

20 FÉVRIER 1820. — Ordonnance du Roi qui nomme ministre d'État, membre du conseil privé, M. le comte Decazes. (7, Bull. 345.)

---

20 FÉVRIER 1820. — Ordonnances du Roi portant liquidation de cent cinquante-neuf soldes de retraite, provisoirement payables sur le fonds des demi-soldes. (7, Bull. 352.)

---

20 FÉVRIER 1820. — Ordonnance du Roi qui nomme maître des requêtes en service extraordinaire M. le baron d'Haussez, préfet du département de l'Isère. (7, Bull. 347.)

---

20 FÉVRIER 1820. — Ordonnance du Roi qui nomme duc M. le comte Decazes, pair de France, ministre d'État. (7, Bull. 345.)

---

20 FÉVRIER 1820. — Ordonnance du Roi portant liquidation d'une solde de retraite, provisoirement payable sur le fonds des demi-soldes. (7, Bull. 353.)

---

21 FÉVRIER = Pr. 17 MARS 1820. — Ordonnance du Roi qui autorise des changemens dans les statuts de la Compagnie d'Assurances mutuelles contre l'incendie, établie à Lyon pour le département du Rhône. (7, Bull. 351, n° 8370.)

Louis, etc.,

Vu notre ordonnance du 27 octobre 1819, qui a autorisé pour le département du Rhône une société d'assurances mutuelles contre l'incendie, établie à Lyon ;

Vu les statuts de la compagnie, annexés à notre ordonnance susdite ;

Vu la délibération prise par ladite société en acte de Casati et son confrère, des 23 et 25 novembre, portant changemens aux articles 5, 6 et 7 des statuts, lesdits changemens consistant,

1° En ce que le *minimum* des propriétés associées à l'assurance mutuelle, nécessaire pour la mise en activité de la société et pour sa continuation aux époques quinquennales, est réduite à douze millions ;

2° En ce que les locataires peuvent être admis à l'assurance mutuelle ;

Sur le rapport de notre ministre secrétaire-d'Etat de l'intérieur ;

Notre Conseil-d'Etat entendu,

Nous avons ordonné et ordonnons ce qui suit :

Art. 1er. L'acte des 23 et 25 novembre 1819, portant rectification des statuts de la compagnie d'assurances mutuelles contre l'incendie dans le département du Rhône, est approuvé, et lesdits changemens autorisés, sous la réserve que les locataires ne pourront être assurés qu'avec le consentement préalable du propriétaire.

2. Ledit acte restera annexé à la présente ordonnance, laquelle sera publiée au Bulletin des Lois, et insérée au Moniteur et au journal des annonces judiciaires du département du Rhône avec l'acte annexé, sans préjudice des affiches qui pourront être requises par la loi.

Modification à l'acte de Société d'Assurances mutuelles contre l'incendie.

Et les 23 et 25 novembre 1819, par-devant ledit Me Casati et son confrère, notaires à Lyon, soussignés, furent présens,

MM. Pavy, président du conseil d'administration de la compagnie d'assurances mutuelles contre l'incendie, établie à Lyon ; de Monicault, vice-président ; Evesque, Nivière, receveur général ; de Fleurieu, Munet et Chaladon, administrateurs de ladite compagnie ;

Et MM. Anginieur, Carron de Boissieux, Charcot, Maurier, Dian et Fortis, ce dernier représenté par ledit sieur Gallay, son mandataire, suppléans de MM. les administrateurs ;

Tous mesdits sieurs comparans dénommés, qualifiés et domiciliés dans l'acte des 5, 6, 8, 11 et 14 juillet 1819, dont l'expédition précède ;

Lesquels ont dit et fait ce qui suit :

Par ordonnance rendue au château des Tuileries le 27 octobre dernier, Sa Majesté a bien voulu autoriser pour tout le département du Rhône la société d'assurance mutuelle contre l'incendie, provisoirement constituée à Lyon, conformément aux statuts arrêtés par l'acte des 5, 6, 8, 11 et 14 juillet 1819, ci-dessus énoncé, avec cette modification, cependant, qu'aucune propriété prise isolément ne pourra être admise à l'assurance mutuelle pour une valeur de plus de trois cent mille francs, si la masse des propriétés engagées à l'assurance n'excède pas vingt millions ; l'art. 6 desdits statuts fixe à cette somme de vingt millions le capital nécessaire pour la mise en activité de la compagnie.

Comme le montant des propriétés actuellement engagées à l'assurance mutuelle ne s'élève qu'à environ douze millions, les comparans, désirant ne pas retarder l'époque à laquelle leurs concitoyens et eux pourront jouir des bienfaits d'un établissement aussi utile, se sont déterminés à solliciter de Sa Majesté l'autorisation de mettre en activité la compagnie aussitôt qu'elle présentera une masse de douze millions de propriétés associées ; déjà une pétition a été adressée, à cet effet, à son excellence le ministre de l'intérieur, par l'intermédiaire de M. le préfet du département du Rhône : mais, pour donner à leur demande un caractère plus authentique, mesdits sieurs comparans, en vertu des pouvoirs qui leur ont été délégués par les autres signataires de l'acte social et par tous les souscripteurs qui ont adhéré à cet acte, changent par ces présentes, de la manière ci-après, l'art. 6 des statuts qu'il contient :

Nouvel article 6. L'association mutuelle contre l'incendie ne peut avoir d'effet que du moment où, par suite des adhésions à ces statuts, il se trouve pour une somme de douze millions de propriétés engagées à l'assurance.

L'accomplissement de cette condition sera constaté par le conseil d'administration de la compagnie, qui en donnera avis à chaque sociétaire.

Cette somme de douze millions n'est pas limitative.

Dans aucun cas le *maximum* de la valeur séparée de chaque propriété admise ne pourra excéder le montant du fonds capital de la société, qui sera fixé ci-après ; ce *maximum* pourra être augmenté proportionnellement à l'accroissement dudit fonds capital.

Changement à l'article 7. La condition de l'existence de vingt millions pour la continuation de la société est remplacée par celle de l'existence de douze millions seulement.

Par ces mêmes présentes, MM. les administrateurs et suppléans donnent à l'art. 5 desdits statuts l'extension ci-après.

Les locataires peuvent également être admis, sur des bases fixées par le conseil d'administration, à faire assurer l'immeuble dont le bail leur a été passé.

Les comparans autres que M. de Monicault autorisent ce dernier à remplir toutes les formalités nécessaires pour obtenir de Sa Majesté l'approbation des changemens apportés ci-dessus à l'acte constitutif de la société.

Fait et passé à Lyon, tant en l'étude dudit Me Casati, qu'en la demeure des parties, les jours, mois et an sus-indiqués.

Lecture faite, tous mesdits sieurs comparans ont signé, avec lesdits notaires, la minute des présentes, demeurée à Me Casati, l'un d'eux.

---

21 FÉVRIER 1820. — Ordonnance du Roi qui nomme M. le comte Siméon ministre secrétaire-d'Etat au département de l'intérieur. (7, Bull. 346.)

21 FÉVRIER 1820. — Ordonnance du Roi qui nomme M. le baron Mounier directeur général de l'administration départementale et de la police. (7, Bull. 346.)

21 FÉVRIER 1820. — Ordonnance du Roi qui nomme sous-secrétaire-d'État au département de la justice M. le comte Portalis, chargé, en l'absence du garde-des-sceaux ministre de la justice, du portefeuille de ce département. (7, Bull. 346.)

---

23 FÉVRIER = Pr. 16 MARS 1820. — Ordonnance du Roi portant fixation du nombre des avoués près la Cour royale de Bordeaux, et de ceux près les tribunaux de première instance du ressort de la même cour. (7, Bull. 350, n° 8339.)

Voy. préambule de l'ordonnance du 19 JANVIER 1820 et ordonnance du 26 NOVEMBRE 1823.

Art. 1er. Le nombre des avoués attachés à la cour royale de Bordeaux, et de ceux attachés aux tribunaux de première instance du ressort de la même cour, est fixé ainsi qu'il suit, savoir :

Bordeaux (siége de la cour royale), quinze ;

Gironde : Bordeaux, vingt ; Bazas, cinq ; Blaye, cinq ; Lesparre, cinq ; Libourne, huit ; La Réole, cinq.

Charente : Angoulême, dix ; Barbezieux, six ; Cognac, six ; Confolens, cinq ; Ruffec, cinq.

Dordogne : Périgueux, dix ; Bergerac, six ; Nontron, six ; Riberac, cinq ; Sarlat, sept.

2. Jusqu'à ce que les titres actuellement existans aient été réduits au nombre ci-dessus déterminé, il ne sera présenté à notre nomination aucun candidat qui ne soit porteur de deux démissions ou présentations, soit de la part des titulaires, soit de celle de leurs ayans-causes, aux termes de l'art. 91 de la loi des finances du 28 avril 1816.

3. Ceux des officiers ministériels qui auront encouru la déchéance pour n'avoir pas versé les cautionnemens ou supplémens de cautionnemens exigés seront, comme ceux qui auront encouru la destitution, privés du droit de présenter leur successeur.

4. Notre sous-secrétaire-d'Etat au département de la justice est chargé de l'exécution de la présente ordonnance.

23 FÉVRIER ⟹ Pr. 16 MARS 1820. — Ordonnance du Roi portant fixation du nombre des huissiers près les tribunaux de première instance dans le ressort de la cour royale de Bordeaux. (7, Bull. 350, nº 8340.)

Voy. préambule de l'ordonnance du 19 JANVIER 1820.

Art. 1ᵉʳ. Le nombre des huissiers attachés aux tribunaux de première instance ci-après désignés est fixé ainsi qu'il suit :

Gironde : Bordeaux, soixante ; Bazas, quinze ; Blaye, quinze ; Lesparre ; dix ; Libourne, vingt-cinq ; La Réole, dix-huit.

Charente : Angoulême, trente ; Barbezieux, dix-huit ; Cognac, vingt : Confolens, dix-huit ; Ruffec, seize.

Dordogne : Périgueux, trente ; Bergerac, trente ; Nontron, vingt ; Riberac, vingt-cinq ; Sarlat, vingt-cinq.

2. Jusqu'à ce que les titres actuellement existans aient été réduits au nombre ci-dessus déterminé, il ne sera présenté à notre nomination aucun candidat qui ne soit porteur de deux démissions ou présentations, soit de la part des titulaires, soit de celle de leurs ayans-cause, aux termes de l'article 91 de la loi de finances du 28 avril 1816.

3. Ceux des officiers ministériels qui auront encouru la déchéance pour n'avoir pas versé les cautionnemens ou supplémens de cautionnemens exigés seront, comme ceux qui auraient encouru la destitution, privés du droit de présenter leur successeur.

4. Il n'est point dérogé aux dispositions des articles 5, 6 et 7 du décret du 14 juin 1813.

5. Notre sous-secrétaire-d'Etat au département de la justice est chargé de l'exécution de la présente ordonnance.

23 FÉVRIER ⟹ Pr. 16 MARS 1820. — Ordonnance du Roi portant fixation du nombre des avoués près la cour royale de Caen, et de ceux près les tribunaux de première instance du ressort de la même cour. (7, Bull. 350, nº 8341.)

Voy. préambule de l'ordonnance du 19 JANVIER 1820.

Art. 1ᵉʳ. Le nombre des avoués attachés à la cour royale de Caen, et de ceux attachés aux tribunaux de première instance du ressort de la même cour, est fixé ainsi qu'il suit, savoir :

Caen (siége de la cour royale), dix-huit.

Calvados : Caen, douze ; Baïeux, douze ; Pont-l'Évêque, huit ; Falaise, huit ; Vire, huit ; Lizieux, dix.

Manche : Coutances, douze ; Saint-Lô, dix ; Valognes, dix ; Avranches, huit ; Mortain, six ; Cherbourg, six.

Orne : Alençon, dix ; Argentan, dix ; Mortagne, huit ; Domfront, huit.

2. Jusqu'à ce que les titres actuellement existans aient été réduits au nombre ci-dessus déterminé, il ne sera présenté à notre nomination aucun candidat qui ne soit porteur de deux démissions ou présentations, soit de la part des titulaires, soit de celle de leurs ayans-cause, aux termes de l'article 91 de la loi de finances du 28 avril 1816.

3. Ceux des officiers ministériels qui auront encouru la déchéance pour n'avoir pas versé les cautionnemens ou supplémens de cautionnemens exigés seront, comme ceux qui auraient encouru la destitution, privés du droit de présenter leur successeur.

4. Notre sous-secrétaire-d'Etat au département de la justice est chargé de l'exécution de la présente ordonnance.

23 FÉVRIER ⟹ Pr. 16 MARS 1820. — Ordonnance du Roi portant fixation du nombre des huissiers près les tribunaux de première instance dans le ressort de la cour royale de Caen. (7, Bull. 350, nº 8342.)

Voy. préambule de l'ordonnance du 19 JANVIER 1820.

Art. 1er. Le nombre des huissiers attachés aux tribunaux de première instance ci-après désignés est fixé ainsi qu'il suit :

Calvados : Caen, soixante ; Baïeux, quarante-deux ; Pont-l'Evêque, trente-deux ; Falaise, trente-deux ; Vire, trente-deux : Lisieux, trente-six.

Manche : Coutances, cinquante ; Saint-Lô, trente-six ; Valognes, trente-six ; Avranches, trente-six ; Mortain, trente-deux ; Cherbourg, trente.

Orne : Alençon, trente-deux ; Argentan, quarante-quatre ; Mortagne, quarante-six ; Domfront, trente-deux.

2. Jusqu'à ce que les titres actuellement existans aient été réduits au nombre ci-dessus déterminé, il ne sera présenté à notre nomination aucun candidat qui ne soit porteur de deux démissions ou présentations, soit de la part des titulaires, soit de celle de leurs ayans-cause, aux termes de l'article 91 de la loi de finances du 28 avril 1816.

3. Ceux des officiers ministériels qui auront encouru la déchéance pour n'avoir pas versé les cautionnemens ou supplémens de cautionnemens exigés seront, comme ceux qui auront encouru la destitution, privés du droit de présenter leur successeur.

4. Il n'est point dérogé aux dispositions des art. 5, 6 et 7 du décret du 14 juin 1813.

5. Notre sous-secrétaire-d'Etat au département de la justice est chargé de l'exécution de la présente ordonnance.

23 FÉVRIER = Pr. 16 MARS 1820. — Ordonnance du Roi portant fixation du nombre des avoués près la cour royale de Lyon, et de ceux près les tribunaux de première instance du ressort de la même cour. (7, Bull. 350, no 8343.)

Voy. préambule de l'ordonnance du 19 JANVIER 1820.

Art. 1er. Le nombre des avoués attachés à la cour royale de Lyon, et de ceux attachés aux tribunaux de première instance du ressort de la même cour, est fixé ainsi qu'il suit, savoir :

Lyon (siége de la cour royale), vingt-quatre ;

Rhône : Lyon, trente-cinq ; Villefranche, dix.

Loire : Montbrison, douze ; Saint-Etienne, quatorze ; Roanne, douze.

Ain : Bourg, douze ; Belley, six ; Nantua, huit ; Trévoux, huit ; Gex, six.

2. Jusqu'à ce que les titres actuellement

existans aient été réduits au nombre ci-dessus déterminé, il ne sera présenté à notre nomination aucun candidat qui ne soit porteur de deux démissions ou présentations, soit de la part des titulaires, soit de celle de leurs ayans-cause, aux termes de l'art. 91 de la loi de finances du 28 avril 1816.

3. Ceux des officiers ministériels qui auront encouru la déchéance pour n'avoir pas versé les cautionnemens ou supplémens de cautionnemens exigés seront, comme ceux qui auraient encouru la destitution, privés du droit de présenter leur successeur.

4. Notre sous-secrétaire-d'Etat au département de la justice est chargé de l'exécution de la présente ordonnance.

23 FÉVRIER = Pr. 16 MARS 1820. — Ordonnance du Roi portant fixation du nombre des huissiers près les tribunaux de première instance dans le ressort de la cour royale de Lyon. (7, Bull. 350, no 8344.)

Voy. préambule de l'ordonnance du 19 JANVIER 1820.

Art. 1er. Le nombre des huissiers attachés aux tribunaux de première instance ci-après désignés est fixé ainsi qu'il suit :

Rhône : Lyon, quarante-huit ; Villefranche, vingt-six.

Loire : Montbrison, trente ; Saint-Etienne, vingt-un ; Roanne, vingt-quatre.

Ain : Bourg, trente ; Belley, vingt-deux ; Nantua, dix-huit ; Trévoux, seize ; Gex, dix.

2. Jusqu'à ce que les titres actuellement existans aient été réduits au nombre ci-dessus déterminé, il ne sera présenté à notre nomination aucun candidat qui ne soit porteur de deux démissions ou présentations, soit de la part des titulaires, soit de celle de leurs ayans-cause, aux termes de l'art. 91 de la loi de finances du 28 avril 1816.

3. Ceux des officiers ministériels qui auront encouru la déchéance pour n'avoir pas versé les cautionnemens ou supplémens de cautionnemens exigés seront, comme ceux qui auraient encouru la destitution, privés du droit de présenter leur successeur.

4. Il n'est point dérogé aux dispositions des art. 5, 6 et 7 du décret du 14 juin 1813.

5. Notre sous-secrétaire-d'Etat au département de la justice est chargé de l'exécution de la présente ordonnance.

23 FÉVRIER = Pr. 16 MARS 1820. — Ordonnance du Roi portant fixation du nombre des avoués près la cour royale de Metz, et de ceux près les tribunaux de première instance du ressort de la même cour. (7, Bull. 350, no 8345.)

Voy. préambule de l'ordonnance du 19 JANVIER 1820.

Art. 1er. Le nombre des avoués attachés à la cour royale de Metz, et de ceux attachés aux tribunaux de première instance du ressort de la même cour, est fixé ainsi qu'il suit :

Metz (siége de la cour royale), sept ;

Moselle : Metz, huit ; Briey, six ; Sarreguemines, six ; Thionville, six.

Ardennes : Charleville, huit ; Rethel, six ; Rocroy, quatre: Sedan, sept; Vouziers, cinq.

2. Jusqu'à ce que les titres actuellement existans aient été réduits au nombre ci-dessus déterminé, il ne sera présenté à notre nomination aucun candidat qui ne soit porteur de deux démissions ou présentations, soit de la part des titulaires, soit de celle de leurs ayans-cause, aux termes de l'art. 91 de la loi de finances du 28 avril 1816.

3. Ceux des officiers ministériels qui auront encouru la déchéance pour n'avoir pas versé les cautionnemens ou supplémens de cautionnemens exigés seront, comme ceux qui auraient encouru la destitution, privés du droit de présenter leur successeur.

4. Notre sous-secrétaire-d'Etat au département de la justice est chargé de l'exécution de la présente ordonnance.

25 FÉVRIER ⚏ Pr. 16 MARS 1820. — Ordonnance du Roi portant fixation du nombre des huissiers près les tribunaux de première instance dans le ressort de la cour royale de Metz. (7, Bull. 350, n° 8346.)

Voy. préambule de l'ordonnance du 19 JANVIER 1820.

Art. 1er. Le nombre des huissiers attachés aux tribunaux de première instance ci-après désignés est fixé ainsi qu'il suit :

Moselle : Metz, trente-deux ; Briey, quatorze ; Sarreguemines, vingt ; Thionville, quatorze.

Ardennes : Charleville, dix-huit ; Rethel, seize ; Rocroy, quatorze ; Sedan, quinze ; Vouziers, vingt.

2. Jusqu'à ce que les titres actuellement existans aient été réduits au nombre ci-dessus déterminé, il ne sera présenté à notre nomination aucun candidat qui ne soit porteur de deux démissions ou présentations, soit de la part des titulaires, soit de celle de leurs ayans-cause, aux termes de l'art. 91 de la loi de finances du 28 avril 1816.

3. Ceux des officiers ministériels qui auront encouru la déchéance pour n'avoir pas versé les cautionnemens ou supplémens de cautionnemens exigés seront, comme ceux qui auraient encouru la destitution, privés du droit de présenter leur successeur.

4. Il n'est point dérogé aux dispositions des art. 5, 6 et 7 du décret du 14 juin 1813.

5. Notre sous-secrétaire-d'Etat au département de la justice est chargé de l'exécution de la présente ordonnance.

23 FÉVRIER ⚏ Pr. 16 MARS 1820. — Ordonnance du Roi portant fixation du nombre des avoués près la cour royale de Rennes, et de ceux près les tribunaux de première instance du ressort de la même cour. (7, Bull. 350, n° 8347.)

Voy. préambule de l'ordonnance du 19 JANVIER 1820.

Art. 1er. Le nombre des avoués attachés à la cour royale de Rennes, et de ceux attachés aux tribunaux de première instance du ressort de la même cour, est fixé ainsi qu'il suit :

Rennes (siége de la cour royale), quinze ;

Ille-et-Vilaine : Rennes, douze ; Saint-Malo, dix ; Fougères, six ; Vitré, six ; Redon, six ; Montfort, six.

Loire-Inférieure : Nantes, dix-huit ; Châteaubriand, cinq; Paimbœuf, cinq: Ancenis, cinq ; Savenay, cinq.

Côtes-du-Nord : Saint-Brieuc, huit ; Lannion, six ; Dinan, six ; Guingamp, sept ; Loudéac, cinq.

Finistère : Quimper, huit ; Brest, dix ; Quimperlé, six ; Morlaix, sept ; Châteaulin, six.

Morbihan : Vannes, huit ; Pontivy, six ; Ploermel, six ; Lorient, huit.

2. Jusqu'à ce que les titres actuellement existans aient été réduits au nombre ci-dessus déterminé, il ne sera présenté à notre nomination aucun candidat qui ne soit porteur de deux démissions ou présentations, soit de la part des titulaires, soit de celle de leurs ayans-cause, aux termes de l'art. 91 de la loi de finances du 28 avril 1816.

3. Ceux des officiers ministériels qui auront encouru la déchéance pour n'avoir pas versé les cautionnemens ou supplémens de cautionnemens exigés seront, comme ceux qui auraient encouru la destitution, privés du droit de présenter leur successeur.

4. Notre sous-secrétaire-d'Etat au département de la justice est chargé de l'exécution de la présente ordonnance.

23 FÉVRIER ⚏ Pr. 16 MARS 1820. — Ordonnance du Roi portant fixation du nombre des huissiers près les tribunaux de première

instance dans le ressort de la cour royale de Rennes. (7, Bull. 350, n° 8348.)

Voy. préambule de l'ordonnance du 19 JANVIER 1820.

Art. 1er. Le nombre des huissiers attachés aux tribunaux de première instance ci-après désignés est fixé ainsi qu'il suit :

Ille-et-Vilaine : Rennes, trente ; Saint-Malo, vingt ; Fougères, quinze ; Redon, quinze ; Vitré, douze ; Montfort, dix.

Loire-Inférieure : Nantes, trente ; Châteaubriand, douze ; Paimbœuf, dix ; Ancenis, dix ; Savenay, vingt.

Côtes-du-Nord : Saint-Brieuc, vingt ; Lannion, quinze ; Dinan, dix-huit ; Guingamp, dix-huit ; Loudéac, quinze.

Finistère : Quimper, dix-huit ; Brest, vingt ; Quimperlé, huit ; Morlaix, vingt-quatre ; Châteaulin, seize.

Morbihan : Vannes, vingt ; Pontivy, quinze ; Ploermel, quinze ; Lorient, vingt.

2. Jusqu'à ce que les titres actuellement existans aient été réduits au nombre ci-dessus déterminé, il ne sera présenté à notre nomination aucun candidat qui ne soit porteur de deux démissions ou présentations, soit de la part des titulaires, soit de celle de leurs ayans-cause, aux termes de l'art. 91 de la loi de finances du 28 avril 1816.

3. Ceux des officiers ministériels qui auront encouru la déchéance pour n'avoir pas versé les cautionnemens ou supplémens de cautionnemens exigés seront, comme ceux qui auraient encouru la destitution, privés du droit de présenter leur successeur.

4. Il n'est point dérogé aux dispositions des art. 5, 6 et 7 du décret du 14 juin 1813.

5. Notre sous-secrétaire-d'Etat au département de la justice est chargé de l'exécution de la présente ordonnance.

___

23 FÉVRIER ⹀ Pr. 28 MARS 1820. — Ordonnance du Roi qui annulle, pour excès de pouvoir, un arrêté du conseil de préfecture du département du Finistère. (7, Bull. 355, n° 8405.)

Louis, etc.,

Sur le rapport du comité du contentieux ;
Vu la requête de l'administration générale de l'enregistrement et des domaines et forêts, enregistré le 19 octobre 1819 au secrétariat général de notre Conseil-d'Etat, et tendant à ce qu'il nous plaise annuler, pour excès de pouvoirs, un arrêté du conseil de préfecture du département du Finistère, du 15 mai 1812, qui a maintenu les sieurs Turnier, Lazenec et consorts, et Dubois, veuve Quelen, et Louvier, dans la propriété des terrains à eux afféagés par contrats des 24 mai 1743, 6 mars et 19 septembre 1750 et 12 juin 1751 ;

Vu l'arrêt attaqué ;
Vu le jugement du tribunal de Morlaix, du 11 juin 1819, portant que, quoique la décision du 15 mai 1812 soit incompétente, il ne peut néanmoins statuer en l'état, jusqu'à ce que ladite décision ait été annulée par l'autorité supérieure ;

Vu toutes les autres pièces jointes au dossier ;

Considérant que toutes les actions domaniales, autres que celles qui sont relatives à la vente des biens nationaux et qui intéressent l'Etat, soit en demandant, soit en défendant, sont de la compétence exclusive des tribunaux ordinaires ;

Considérant qu'aux termes de l'article 15 du titre III de la loi du 5 novembre 1790 (1), les conseils de préfecture doivent se borner à émettre un avis sur la question de savoir s'il est dans l'intérêt de l'Etat d'engager ou de soutenir une action judiciaire sur les questions de propriété élevées entre l'Etat et des particuliers ;

Considérant que, dans l'espèce, le conseil de préfecture du département du Finistère, au lieu de donner un simple avis, a statué sur le fond, en quoi il a excédé ses pouvoirs ;

Notre Conseil-d'Etat entendu,

Nous avons ordonné et ordonnons ce qui suit :

Art. 1er. L'arrêté du conseil de préfecture du département du Finistère, du 15 mai 1812, est annulé.

2. Nos ministres de la justice et des finances sont chargés de l'exécution de la présente ordonnance.

___

26 FÉVRIER 1820. — Ordonnance du Roi qui nomme M. le baron Capelle secrétaire-général du ministère de l'intérieur chargé de l'administration des hospices. (7, Bull. 349, n° 8305.)

___

29 FÉVRIER ⹀ Pr. 16 MARS 1820. — Ordonnance du Roi qui homologue, sauf les modifications y indiquées, un arrêté du maire de Boulogne, département du Pas-de-Calais, sur les ventes de poissons et de salaisons. (7, Bull. 350, n° 8349.)

___

(1) *Voy.* les notes sur cet article, loi du 28 octobre ⹀ 5 novembre 1790.

Louis, etc.,

Sur le rapport de notre ministre secrétaire-d'Etat au département de l'intérieur ;
Vu notre ordonnance du 14 août 1816,
relative aux ventes et salaisons de poissons
dans les ports de notre royaume,
Notre Conseil-d'Etat entendu,
Nous avons ordonné et ordonnons ce qui
suit :
Art. 1er. L'arrêté du maire de Boulogne,
département du Pas-de-Calais, en date du
30 novembre 1819, ayant pour objet de garantir la loyauté des ventes de poissons et la
bonté des salaisons qui se font dans ce port,
est homologué, sauf les modifications ci-
après indiquées.
2. L'article 4, relatif au tableau à former
des marchands saleurs qui auront fourni
caution, et qui porte que « nul ne sera ad-
« mis à se rendre adjudicataire s'il n'est
« inscrit sur ce tableau », sera terminé par
ces mots, *à moins qu'il ne paie comptant le
montant de son adjudication.*
3. Au droit de neuf francs par bateau,
imposé par l'art. 35, pour payer les préposés à la vente des poissons, il sera substitué un droit de soixante-quinze centimes
par chaque cent mesures de poissons.
4. Expédition du susdit arrêté restera annexée à la présente ordonnance.
5. Notre ministre de l'intérieur est chargé
de l'exécution de la présente ordonnance.

———————

Nous maire de la ville de Boulogne,
Vu l'article 35, titre IV, de l'ordonnance
du Roi du 14 août 1816, portant règlement
sur la pêche et les salaisons du hareng et du
maquereau, ledit article prescrivant aux
maires des villes où existent des ports de pêche et de salaisons, de proposer des arrêtés
de police locale propres à garantir la loyauté
des ventes et la bonté des salaisons, et à
fournir les moyens de couvrir les frais de
surveillance ;
Vu l'article 31 de ladite ordonnance, qui
autorise les syndics pour la surveillance de
la pêche, à former des demandes pour obtenir que des adjoints soient nommés pour
les aider dans leurs fonctions, lesquels adjoints seront salariés aux frais du commerce ;
Vu l'article 9, titre II, de la même ordonnance, qui autorise l'autorité municipale à
désigner des préposés pour surveiller la
vente du poisson, ajoutant que les règle-
mens nécessaires pour l'établissement de ces
préposés ne pourront être exécutés qu'après
avoir été homologués au Conseil-d'Etat ;
Vu la lettre adressée par les syndics à
MM. les membres de la Chambre de commerce de cette ville, en date du 15 novem-

bre présent mois, par laquelle ils se plai-
gnent de l'impossibilité où ils se trouvent
d'exercer une surveillance suffisante sur la
vente du poisson et les salaisons du hareng,
et demandent qu'il soit fait des réglemens
de police locale qui facilitent cette surveillance, conformément aux dispositions de
l'ordonnance du Roi précitée ;
Vu le renvoi à nous fait par MM. les membres de la Chambre de commerce ;
Considérant qu'il est de la plus haute importance que le commerce de cette ville conserve le crédit dont il a toujours joui et la
confiance qui a toujours fait rechercher de
préférence les salaisons expédiées de ce port
sur toutes les places de commerce ;
Considérant que, pour parvenir à ce but,
il est essentiel d'assurer dans toutes ses parties l'exécution de l'ordonnance de Sa Majesté, qui ne laisse rien à désirer à cet égard ;
Considérant encore qu'il importe de garantir aux hôtes de bateaux de pêche la sûreté du paiement du prix des ventes qui sont
faites par-devant l'autorité municipale,
Arrêtons ce qui suit :
Art. 1er. Aucune vente de poisson destiné
aux salaisons ne pourra être faite que publiquement et devant le maire ou son délégué.
Nul ne pourra y être reçu comme adjudicataire, s'il ne justifie qu'il a fourni une
caution acceptée dans la réunion des hôtes
de bateaux de pêche.
2. Les cautionnemens seront limités ou
illimités : dans le premier cas, l'acquéreur
ne pourra être reçu adjudicataire que jusqu'à concurrence de la somme pour laquelle
il aura été cautionné.
3. Il sera tenu acte des cautionnemens au
greffe de la mairie sur un registre particulier, et chacun des marchands saleurs devra
être muni d'un acte de cautionnement extrait de ce registre.
4. Il sera dressé un tableau de tous les
marchands saleurs ayant fourni caution,
lequel tableau sera affiché au lieu ordinaire
des ventes ; et nul ne sera admis à se rendre
adjudicataire, s'il n'est inscrit sur ce tableau.
5. Aucune vente ne pourra être faite qu'au
lieu ordinaire des ventes et par-devant le
commissaire de police de cette ville, que
nous déléguons à cet effet, accompagné de
deux appariteurs et du greffier de la mairie,
qui enregistrera les ventes à mesure qu'elles
seront effectuées.
6. Le hareng d'une et deux nuits, qui,
aux termes de l'ordonnance, peut seul être
employé aux salaisons, sera seul vendu par-
devant les délégués de l'autorité municipale.
7. Pour faciliter aux syndics nommés en
vertu de l'ordonnance la surveillance qui

leur est confiée, il sera nommé par la Chambre de commerce de cette ville quatre adjoints pour les aider dans leurs fonctions, lesquels adjoints, de même que les syndics, seront pris, autant que possible, parmi les anciens saleurs, et seront renouvelés tous les ans.

Ces adjoints seront rétribués par le commerce de la manière ci-après indiquée.

8. Les adjoints dont il vient d'être parlé seront spécialement chargés de surveiller la stricte exécution des dispositions de l'ordonnance du Roi.

9. Un des adjoints devra être constamment sur le port au moment de l'arrivée des bateaux de pêche, principalement au moment de la livraison du poisson, pour s'assurer qu'il est entièrement pareil à la montre ou échantillon qui a été produit à la vente.

10. A l'arrivée de chaque bateau de pêche, les maîtres de bateau seront tenus d'apporter au commissaire de police, au lieu ordinaire des ventes, la montre de leurs harengs, et de lui faire une déclaration sincère et véritable de la quantité et de la qualité de leur poisson, aussi bien que du jour où il a été pêché.

11. Le relevé de ce registre sera remis au fur et mesure aux adjoints ou aux syndics, afin de les mettre à même de vérifier l'exactitude des déclarations au moment de la livraison.

12. Les maîtres du bateau devront déclarer le moment précis de la sortie du port de leurs bateaux qui vont à la pêche du hareng.

13. Les syndics seront particulièrement chargés de s'assurer de la qualité du poisson provenant des bateaux sortis depuis plus de deux nuits, aussi bien que de l'âge du poisson apporté par des bateaux venant d'un autre port.

14. Si, malgré la surveillance de l'adjoint aux syndics placé sur le quai, l'adjudicataire se trouvait trompé, il devra, dans le moment même de la livraison, faire constater la fraude par l'adjoint aux syndics, qui sera appelé à cet effet, et qui en dressera procès-verbal en présence du maître du bateau, ou, à son défaut, en présence de son hôte ou écoreur.

15. Chaque maître, outre les mesures étalonnées et vérifiées conformément à l'ordonnance du Roi, devra avoir à son bord huit mannes de grandeur suffisante pour mettre le hareng dans la mesure et sur la voiture.

16. Les mesures devront toujours être remplies à comble par les gens de l'équipage, qui ne pourront y introduire des rogues ou autres ordures.

17. Toute insulte faite par les maîtres de bateau, leurs équipages ou leurs femmes,

aux personnes préposées par les adjudicataires pour assister à la livraison, sera constatée par un procès-verbal du syndic ou adjoint qui s'y trouvera présent, et punie conformément aux lois.

18. D'après la quantité de harengs vendue à chaque marchand saleur, les syndics ou adjoints détermineront le nombre des barils de salaisons qui devra être confectionné par chacun d'eux, et chaque marchand saleur sera tenu de se borner au nombre qui sera déterminé de cette manière.

19. Il sera tenu par les syndics et adjoints un registre des salaisons et autres opérations relatives à l'exécution du présent réglement, sur les déclarations qui leur seront faites, de la manière ci-après indiquée.

20. Le hareng de trois nuits, qui, aux termes de l'ordonnance, ne peut point être salé, sera vendu de la main à la main par les maîtres ou armateurs de bateaux de pêche, qui remettront chaque fois aux syndics ou aux adjoints l'écore des livraisons de ce hareng, avec indication de la quantité vendue et du nom des acheteurs.

Les syndics et adjoints devront, dans les vingt-quatre heures, faire une visite chez les acheteurs, et se faire représenter ces harengs, ou justifier de l'emploi qui en aura été fait.

21. Les fabricans de harengs saurs devront, immédiatement après qu'ils auront pendu le hareng dans les corresses, faire aux syndics ou adjoints la déclaration de la quantité de harengs qu'ils auront préparée, avec celle du jour où le feu aura été allumé.

22. Ces fabricans seront de même tenus d'avertir les syndics ou adjoints trois jours avant que de dépendre le hareng, afin que ces derniers puissent en faire la visite dans lesdits trois jours; et défense est faite aux fabricans de dépendre ces harengs, si les syndics ou adjoints ne le trouvent pas convenable, sauf, en cas de contestation, à être par nous réglé ce qu'il appartiendra.

23. Lors de la dépente des harengs saurs, les marchands feront jeter au rebut les harengs de mauvaise qualité, ils mettront aussi de côté les harengs qui, sans défauts, scraient par trop petits, et ne feront aucun triage des plus grands harengs, sous prétexte d'en faire du hareng de bouche, à moins que lesdits harengs ne soient par trop gras, et qu'ils ne soient susceptibles de gâter les autres.

24. Chaque baril de harengs saurs contiendra mille dix ou douze cent douze harengs.

25. Lesdits marchands saurisseurs, immédiatement après avoir mis dans les barils les harengs de leur corresse, devront faire leurs déclarations aux syndics ou adjoints, qui e u

tiendront registre, ainsi qu'il est dit en l'article 19 ci-dessus,

26. Après lesdites déclarations, les syndics ou adjoints se transporteront chez les fabricans pour vérifier le nombre des barils, en visiter quelques-uns, s'ils le jugent convenable, et délivrer un permis de marquer lesdits barils de la marque des marchands et de celle de la ville.

27. Tout fabricant sera tenu de mettre son nom en toutes lettres sur les barils qui sortiront de ses ateliers.

28. Les fabricans de harengs blancs devront faire leurs déclarations aux syndics ou adjoints, du jour où chaque partie aura été salée.

29. Pour ne point arrêter le travail, les syndics ou adjoints feront, avant l'expiration des dix jours fixés par l'ordonnance et dans les vingt-quatre heures de la déclaration qui en aura été faite, la visite de chaque partie de hareng qui se trouvera dans les cuves, et, lors de la visite, il en sera délivré aux fabricans un certificat portant permis de paquer au dixième jour : la partie du hareng qui aura été reconnue loyale et marchande, sera indiquée dans ce certificat.

30. Tout fabricant qui aura négligé de faire les déclarations ci-dessus prescrites, sera puni conformément à la loi.

31. Les marchands saleurs seront tenus de serrer les harengs le plus qu'il sera possible ; et, pour que les barils contiennent moins de vide, ils devront être fermés avec la presse du verris : les syndics ou adjoints s'assureront ensuite qu'ils ont le poids voulu par l'ordonnance.

32. Chaque marchand saleur sera tenu de venir faire au bureau des syndics et adjoints la déclaration de la quantité de barils qu'il aura remplis, afin que ces barils soient ensuite visités et marqués, sur leur certificat, tant de la marque de la ville que de celle des fabricans.

33. Les registres et autres papiers du bureau des syndics et adjoints seront déposés, tous les ans, après la pêche, au secrétariat de la mairie.

34. Les hôtes de bateau de pêche ne pourront jouir de l'ancien droit de prendre leur moitié dans les harengs mis en vente ; mais ils se borneront, comme tout autre marchand, à exercer le droit d'enchérir et d'acheter.

35. Il sera accordé aux employés de la mairie chargés de présider aux ventes de poisson une indemnité pour le temps de la pêche aux harengs.

Cette indemnité sera payée au moyen d'une perception de neuf francs sur chaque bateau employé à cette pêche, et le produit de cette perception sera réparti ainsi qu'il suit, savoir : un tiers au commissaire de police, un tiers au greffier de la marine, et un autre tiers aux appariteurs.

36. Les quatre adjoints aux syndics, qui doivent être salariés aux termes de l'ordonnance, le seront au moyen d'une perception de quinze centimes prélevés sur chaque baril de hareng blanc ou saur, confectionné pendant la salaison du hareng : le produit de cette perception, qui s'effectuera à fur et à mesure des expéditions, sera versé dans une caisse commune, pour être partagé par portions égales entre les adjoints, à l'expiration du terme fixé pour les salaisons de hareng.

37. Au moyen de cette rétribution, les adjoints aux syndics resteront chargés, comme par le passé, de leurs frais de bureau, chauffage, éclairage, etc.

38. Les adjoints aux syndics qui seraient convaincus d'avoir usé d'indulgence ou de n'avoir pas rempli d'une manière convenable les fonctions qui leur sont confiées, seront remplacés.

39. Le commissaire de police surveillera exactement l'exécution de tous les articles ci-dessus, et, au besoin, remplira les fonctions de syndic.

40. Les contraventions aux différens articles du présent réglement seront punies des mêmes peines que les contraventions aux articles de la loi à l'exécution desquels ils se rapportent.

41. Copie du présent arrêté sera adressée à l'autorité supérieure, avec prière d'en provoquer l'homologation par le Conseil-d'Etat.

Fait en l'hôtel-de-ville, le 30 novembre 1819.

Le maire de Boulogne,
Signé : DE ROSNY.

29 FÉVRIER ⚹ Pr. 28 MARS 1820. — Ordonnance du Roi qui autorise et approuve les changemens faits aux statuts de la Compagnie commerciale d'assurances par l'acte public y annexé. (7, Bull. 383, n° 8406.)

Louis, etc.

Sur le rapport de notre ministre secrétaire-d'Etat de l'intérieur ;

Vu la demande formée par la compagnie commerciale d'assurances, à ce qu'il nous plaise l'autoriser,

1° A se charger de l'assurance des risques de guerre ;

2° A réduire le *maximum* de chaque risque qu'elle pourra assurer, savoir : à cent mille francs par bâtiment, le risque de guerre compris ; et cent cinquante mille francs, le risque de guerre excepté : le tout, au lieu de deux cent mille francs, taux du *maximum* précédemment fixé ;

3° A réduire en conséquence son capital à la somme de quatre millions ; somme d'autant plus suffisante, que le surplus avait été préparé dans la vue, aujourd'hui abandonnée, d'embrasser l'assurance contre l'incendie ; ladite compagnie entendant au surplus que la réduction du capital ne puisse être faite que pour l'avenir, afin de ne diminuer envers aucun des assurés actuels les garanties sur la foi desquelles ils ont contracté ;

Vu notre ordonnance du 22 avril 1818, qui a autorisé ladite compagnie, et l'acte public contenant ses statuts approuvés, annexés à la même ordonnance ;

Vu un nouvel acte passé individuellement par les actionnaires de ladite compagnie, par-devant Boilleau et son confrère, notaires à Paris, les 30 et 31 décembre 1819, 3, 4, 5, 6, 7 et 8 janvier 1820, contenant des changemens aux statuts en conformité aux vœux de la compagnie ci-dessus rappelé ;

Vu l'état énonciatif des risques assurés par ladite compagnie jusqu'au 1er janvier 1820, avec annotation des extinctions survenues jusqu'au 21 du même mois, le tout certifié le 29 par les directeurs et l'agent de la compagnie, et déposé au ministère de l'intérieur ;

Notre Conseil-d'Etat entendu,

Nous avons ordonné et ordonnons ce qui suit :

Art. 1er. Nous avons autorisé et approuvé, autorisons et approuvons les changemens faits aux statuts de la compagnie commerciale d'assurances par l'acte public des 30 et 31 décembre 1819, 3, 4, 5, 6, 7 et 8 janvier 1820, lequel demeure annexé à la présente ordonnance.

2. La réduction du capital portée par ledit acte en amendement de l'article 8 des statuts n'est approuvée que pour l'avenir, sans préjudice des droits de tout créancier ou assuré actuel de la société ; sous la condition expresse que la portion du capital primitif qui sera susceptible d'être rendue aux actionnaires ne pourra être retirée que lorsque cette somme se trouvera disponible par l'extinction des risques auxquels elle aura été affectée jusqu'au jour de la présente ordonnance, et sous la réserve que tout remboursement qui serait fait aux actionnaires contre cette disposition serait nul et sujet à être rapporté.

3. Les directeurs et l'agent de la compagnie seront tenus de remettre sans délai à notre ministre secrétaire-d'Etat de l'intérieur un état certifié des risques assurés par la compagnie depuis le 1er janvier de la courante année, jusqu'à la publication de la présente, pour être joint à celui qu'ils ont produit jusqu'à la fin de décembre 1819, afin de compléter le tableau final des assurances antérieures ayant droit à la garantie du capital primitif telle qu'elle est réservée par l'art. 2 ci-dessus.

Ils remettront pareillement de mois en mois l'état certifié des extinctions des susdits risques jusqu'à leur épuisement.

4. Notre ministre secrétaire-d'Etat au département de l'intérieur est chargé de l'exécution de la présente ordonnance, qui sera, avec l'acte annexé, publiée au Bulletin des Lois, et insérée au Moniteur et dans le journal des annonces judiciaires du département de la Seine, sans préjudice des affiches ordonnées par l'article 46 du Code de commerce.

Compagnie commerciale d'assurances.

Changemens et modifications à l'acte de société.

Par-devant Me Jean-Louis Boilleau et son collègue, notaires à Paris, soussignés, furent présens.

(Suivent les noms.)

Tous les susnommés non sujets à patente pour l'objet des présentes, où ils agissent en leur qualité d'actionnaires de la compagnie commerciale d'assurances établie à Paris par l'acte de société passé devant Me Boilleau, l'un des notaires soussignés, qui en a la minute, et son collègue, les 10, 11, 12, 13, 14, 15, 16, 17 et 18 février 1818, enregistré le 20 dudit mois par Hurtrelle, autorisée par Sa Majesté suivant son ordonnance rendue le 22 avril même année, et déposée au greffe du tribunal de commerce de Paris par acte du 29 dudit mois d'avril ;

Lesquels, sous la foi de l'approbation qu'ils espèrent obtenir de Sa Majesté, ont délibéré et arrêté, de la manière et ainsi qu'il suit, les changemens et amendemens qu'ils désirent faire à leur acte de société au sujet des articles 5, 6, 7, 8 et 17, savoir :

L'article 5 est remplacé par l'article suivant :

Art. 5. « La compagnie assure les risques « maritimes ordinaires et ceux de guerre sur-« venante, la baraterie du patron et la pi-« raterie.

« Elle assure les risques de navigation in-« térieure et de transport par terre.

« Elle affecte à ces diverses assurances un « capital de quatre millions de francs, con-« formément à ce qu'il sera dit article 8 ci-« après. »

L'article 6 est remplacé par l'article suivant :

Art. 6. « Le *maximum* à assurer pour risques maritimes ordinaires est fixé à cent cinquante mille francs sur un même navire, et à cent mille francs seulement lorsque l'assurance comprendra le risque de guerre. »

L'article 7 est remplacé par l'article suivant :

Art. 7. « La compagnie s'interdit toute opération autre que les diverses assurances énoncées dans les articles précédens, et les placemens de fonds qui en proviendront. »

L'article 8 est remplacé par l'article suivant :

Art. 8. « Le fonds capital primitif de la société, qui a été fourni par

« Six cents actions nominatives, de huit mille francs l'une, faisant ensemble quatre millions huit cent mille francs,

« ci. . . . .   4,800,000 f

« Et douze cents actions au porteur, de mille francs l'une, faisant ensemble douze cent mille francs, ci.   1,200,000
                                      —————
                                      6,000,000

« Est réduit à quatre millions de francs, qui sont affectés à tous les risques énoncés en l'article 5.

« Les deux millions restans seront rendus aux actionnaires dans la même nature de valeurs que chacun d'eux aura versée, lorsque cette somme se trouvera disponible par l'extinction des risques auxquels elle aura été affectée jusqu'au jour où l'ordonnance de Sa Majesté à intervenir sur les présentes aura été rendue. »

L'article 17 est remplacé par l'article suivant :

Art. 17. « Le cas arrivant où un propriétaire d'actions nominatives les cède, vend ou transporte, de l'agrément du conseil d'administration, avant de les avoir payées en entier en numéraire, les obligations qu'il a souscrites et versées conformément à l'article 11, seront valablement remplacées par de semblables obligations souscrites par le cessionnaire que le conseil d'administration aurait agréé, en sorte que le cédant sera pleinement et entièrement déchargé de toute responsabilité.

« Néanmoins, s'il est titulaire de plusieurs actions nominatives, il aura la faculté d'en mobiliser jusqu'à concurrence de la moitié, après en avoir versé le montant en numéraire dans la caisse de l'administration.

« L'action impaire ne pourra être mobilisée. »

Pour l'enregistrement, le dépôt et la publication des présentes, conformément aux dispositions du Code de commerce, tout pouvoir est donné au porteur de leur expédition.

Dont acte,

Pour l'exécution duquel les parties font élection de domicile en leurs demeures susdites, auxquels lieux, etc.

Fait et passé à Paris, en l'étude, l'an 1819, les 30 et 31 décembre, et l'an 1820, les 3, 4, 5, 6, 7 et 8 janvier, et ont toutes les parties signé avec les notaires, après lecture faite.

(Suivent les signatures.)

————

29 FÉVRIER 1820. — Tableau des prix moyens régulateurs des grains, dressé et arrêté conformément aux articles 6 et 8 de la loi du 16 JUILLET 1819. (7, Bull. 348.)

————

29 FÉVRIER 1820. — Ordonnance du Roi qui accorde deux nouvelles foires à la commune de Pontailler, arrondissement de Dijon. (7, Bull. 368.)

————

29 FÉVRIER 1820. — Ordonnance du Roi relative aux foires de plusieurs communes de l'arrondissement de Louhans. (7, Bull. 369.)

————

29 FÉVRIER 1820. — Ordonnance du Roi portant établissement de foires dans les communes de Fuveau, de Sauxais et de Malesherbes. (7, Bull. 371.)

————

1ᵉʳ = Pr. 8 MARS 1820. — Ordonnance du Roi portant révocation, après deux mois de sa promulgation, des agens de change et courtiers qui n'auront point fait les cautionnemens exigés par la loi de finances du 28 AVRIL 1816. (7, Bull. 349, n° 8306.)

Voy. ordonnances des 12 JANVIER et 6 AVRIL 1820.

Louis, etc.,

Sur le rapport de notre ministre secrétaire-d'État de l'intérieur;

Vu l'article 95 de la loi de finances du 28 avril 1816, portant qu'il sera pourvu au remplacement des divers fonctionnaires appelés à faire des cautionnemens ou supplément de cautionnemens, qui n'y auraient pas satisfait dans les délais fixés par cette loi;

Vu nos ordonnances des 1ᵉʳ mai 1816, 19 février 1817 et 9 janvier 1818; étant informé que plusieurs fonctionnaires appelés par la dernière loi à verser des cautionnemens ou supplémens de cautionnemens ont négligé de le faire dans les délais fixés par la loi et prorogés par notre ordonnance du 19 janvier 1817 ; qu'ils n'y ont point encore satisfait dans ce moment, et que cependant ils exercent leurs fonctions au mépris de la loi et au détriment de ceux qui en ont exécuté les dispositions ;

Notre Conseil-d'Etat entendu,

Nous avons ordonné et ordonnons ce qui suit :

Art. 1er. Tous agens de change et courtiers qui n'ont point acquitté les cautionnemens ou supplémens de cautionnemens exigés par la loi de finances du 28 avril 1816 sont tenus de le faire dans les deux mois qui suivront la publication de la présente ordonnance.

2. Ledit délai expiré, nous déclarons révoquées les commissions de ceux qui n'auront pas satisfait à la loi : ils seront tenus de cesser leurs fonctions.

3. Défenses sont faites, après le délai susdit, aux receveurs généraux et particuliers, d'admettre aucun versement de la part des agens de change et courtiers retardataires.

4. Nos receveurs généraux transmettront à nos préfets de chaque département un état, certifié par eux, de ceux de ces agens qui auront rempli les obligations que la loi leur impose, dans le délai donné à l'article 1er de la présente ordonnance.

5. Au reçu desdits états, nos préfets feront rayer de la liste des agens de change et courtiers, affichée dans les bourses de commerce des villes où il en existe, les titulaires qui ne seront pas portés sur ces états et n'auront pas satisfait à la loi. Ils feront procéder immédiatement, dans les formes prescrites par l'arrêté du 29 germinal an 9 (19 avril 1801), à la présentation de candidats pour les remplacer. Les listes de présentation seront adressées par eux à notre ministre secrétaire-d'Etat de l'intérieur.

6. Les agens de change et courtiers révoqués en vertu de l'article 2, qui continueront à exercer leurs fonctions, seront poursuivis conformément aux lois.

7. Nos ministres de l'intérieur et des finances sont chargés de l'exécution de la présente ordonnance.

———

3 = Pr. 8 MARS 1820. — Ordonnance du Roi qui règle, conformément au tableau y annexé, la répartition de quarante mille hommes à lever sur la classe de 1819. (7, Bull. 349, no 8302.)

Louis, etc.,

Vu les articles 5 et 6 de la loi du 10 mars 1818, qui fixent le complet de paix de l'ar-

mée, et déterminent le nombre d'hommes qui peuvent être appelés sur chaque classe, ainsi que le mode de répartition à en faire entre les départemens,

Nous avons ordonné et ordonnons ce qui suit :

Art. 1er. Quarante mille hommes sont appelés sur la classe de 1819.

2. La répartition de ces quarante mille hommes entre les départemens demeure fixée ainsi qu'elle est établie au tableau annexé à la présente ordonnance.

3. Les deux publications des tableaux de recensement, voulues par l'article 11 de la loi du 10 mars, auront lieu le 26 mars et le 2 avril prochain ;

L'examen de ces tableaux et le tirage voulus par l'article 12, à partir du 20 avril ;

L'ouverture des opérations des conseils de révision aura lieu le 10 mai ;

Et la clôture de la liste du contingent, le 1er août.

4. Il sera ultérieurement statué sur l'époque de la mise en activité des quarante mille hommes appelés de la classe de 1819, ainsi que sur la répartition qui doit en être faite entre les corps de notre armée.

5. Notre ministre de la guerre est chargé de l'exécution de la présente ordonnance.

———

3 = Pr. 16 MARS 1820. — Ordonnance du Roi qui fixe les prix auxquels les poudres seront livrées pendant l'année 1820 aux départemens de la guerre, de la marine et des finances. (7, Bull. 350, no 8350.)

Voy. ordonnances des 25 MARS 1818, et 16 MARS 1820.

Louis, etc.,

Vu l'article 2 de l'ordonnance du 25 mars 1818, relatif à la fixation du prix des poudres fournies par la direction générale du service des poudres aux départemens de la guerre, de la marine et des finances ;

Sur la proposition de notre ministre secrétaire-d'Etat au département de la guerre,

Nous avons ordonné et ordonnons ce qui suit :

Art. 1er. Le prix des poudres qui seront livrées pendant l'année 1820, par la direction générale du service des poudres, aux départemens de la guerre, de la marine et des finances, est réglé comme il suit :

Poudre de guerre pour les arsenaux, deux francs soixante-douze centimes ; poudre de guerre pour le commerce, deux francs soixante-neuf centimes ; poudre de mine, deux francs cinquante centimes ; poudre de commerce extérieur pour le commerce, deux francs quarante trois centimes ; poudre de commerce extérieur pour la marine, deux francs cinquante-six centimes; poudre de chasse ordinaire, trois francs quinze centimes; poudre de chasse superfine, trois francs trente-trois centimes.

2. Nos ministres de la guerre, de la marine et des finances, sont chargés de l'exécution de la présente ordonnance.

———

3 ⚌ Pr. 28 MARS 1820. — Ordonnance du Roi portant fixation du nombre des avoués près la cour royale de Limoges, et de ceux près les tribunaux de première instance du ressort de la même cour. (7, Bull. 353, n° 8407.)

Louis, etc.,

Vu l'article 114 du décret du 6 juillet 1810, portant que, sur l'avis des cours royales, il sera pourvu à une nouvelle fixation du nombre d'avoués nécessaire pour le service des tribunaux;

Vu la délibération de notre cour royale de Limoges en date du 21 avril 1818,

Nous avons ordonné et ordonnons ce qui suit:

Art. 1er. Le nombre des avoués attachés à la cour royale de Limoges, et de ceux attachés aux tribunaux de première instance du ressort de la même cour, est fixé ainsi qu'il suit:

Limoges (siége de la cour royale), douze;
Haute-Vienne : Limoges, douze; Bellac, huit; Saint-Yrieix, six; Rochechouart, six.
Creuse : Guéret, douze; Aubusson, dix; Bourganeuf, six; Chambon, six.
Corrèze : Tulle, dix; Brives, dix; Ussel, huit.

2. Jusqu'à ce que les titres actuellement existans aient été réduits au nombre ci-dessus déterminé, il ne sera présenté à notre nomination aucun candidat qui ne soit porteur de deux démissions ou présentations, soit de la part des titulaires, soit de celle de leurs ayans-cause, aux termes de l'article 91 de la loi de finances du 28 avril 1816.

3. Ceux des officiers ministériels qui auront encouru la déchéance pour n'avoir pas versé les cautionnemens ou supplémens de cautionnemens exigés seront, comme ceux qui auraient encouru la destitution, privés du droit de présenter leur successeur.

4. Notre sous-secrétaire-d'Etat au département de la justice est chargé de l'exécution de la présente ordonnance.

———

3 ⚌ Pr. 28 MARS 1820. — Ordonnance du Roi portant fixation du nombre des huissiers près les tribunaux de première instance dans le ressort de la cour royale de Limoges. (7, Bull. 353, n° 8408.)

Voy préambule de l'ordonnance du 19 JANVIER 1820.

Art. 1er. Le nombre des huissiers attachés aux tribunaux de première instance ci-après désignés est fixé ainsi qu'il suit:

Haute-Vienne : Limoges, trente-six; Bellac, vingt-cinq; Rochechouart, quinze; Saint-Yrieix, quinze.
Creuse : Guéret, trente; Aubusson, trente-six; Chambon, dix-huit; Bourganeuf, quinze.
Corrèze : Tulle, quarante; Brives, trente-six; Ussel, vingt-cinq.

2. Jusqu'à ce que les titres actuellement existans aient été réduits au nombre ci-dessus déterminé, il ne sera présenté à notre nomination aucun candidat qui ne soit porteur de deux démissions ou présentations, soit de la part des titulaires, soit de celle de leurs ayans-cause, aux termes de l'article 91 de la loi de finances du 28 avril 1816.

3. Ceux des officiers ministériels qui auront encouru la déchéance pour n'avoir pas versé les cautionnemens ou supplémens de cautionnemens exigés seront, comme ceux qui auraient encouru la destitution, privés du droit de présenter leur successeur.

4. Il n'est point dérogé aux dispositions des articles 5, 6 et 7 du décret du 14 juin 1813.

5. Notre sous-secrétaire-d'Etat au département de la justice est chargé de l'exécution de la présente ordonnance.

———

3 MARS ⚌ Pr. 1er AVRIL 1820. — Ordonnance du Roi portant fixation du nombre des avoués près la cour royale de Toulouse, et de ceux près les tribunaux de première instance du ressort de la même cour. (7, Bull. 357, n° 8522.)

Voy. préambule de l'ordonnance du 19 JANVIER 1820.

Art. 1er. Le nombre des avoués attachés à la cour royale de Toulouse, et de ceux attachés aux tribunaux de première instance du ressort de la même cour, est fixé ainsi qu'il suit:

Toulouse (siége de la cour royale), vingt-deux;
Haute-Garonne : Toulouse, vingt-cinq; Villefranche, six; Saint-Gaudens, douze; Muret, huit.
Tarn : Alby, huit; Castres, six; Lavaur, cinq; Gaillac, sept.

Tarn-et-Garonne : Montauban, huit ; Castel-Sarrazin, sept ; Moissac, six.

Arriége : Foix, dix ; Pamiers, sept ; Saint-Girons, neuf.

2. Jusqu'à ce que les titres actuellement existans aient été réduits au nombre ci-dessus déterminé, il ne sera présenté à notre nomination aucun candidat qui ne soit porteur de deux démissions ou présentations, soit de la part des titulaires, soit de celle de leurs ayans-cause, aux termes de l'article 94 de la loi de finances du 28 avril 1816.

3. Ceux des officiers ministériels qui auront encouru la déchéance pour n'avoir pas versé les cautionnemens ou supplémens de cautionnemens exigés seront, comme ceux qui auraient encouru la destitution, privés du droit de présenter leur successeur.

4. Notre sous-secrétaire-d'État au département de la justice est chargé de l'exécution de la présente ordonnance, qui sera insérée au Bulletin des Lois.

---

3 MARS ⚎ Pr. 1er AVRIL 1820. — Ordonnance du Roi portant fixation du nombre des huissiers près les tribunaux de première instance dans le ressort de la cour royale de Toulouse. (7, Bull. 357, n° 8523.)

Voy. préambule de l'ordonnance du 19 JANVIER 1820.

Art. 1er. Le nombre des huissiers attachés aux tribunaux de première instance ci-après désignés est fixé ainsi qu'il suit :

Haute-Garonne : Toulouse, quarante-cinq ; Villefranche, seize ; Saint-Gaudens, quarante ; Muret, vingt.

Tarn : Alby, vingt-cinq ; Castres, vingt-cinq ; Lavaur, neuf ; Gaillac, dix-huit.

Tarn-et-Garonne : Montauban, trente ; Castel-Sarrazin, vingt ; Moissac, dix-huit.

Ariége : Foix, vingt ; Pamiers, quinze ; Saint-Girons, vingt.

2. Jusqu'à ce que les titres actuellement existans aient été réduits au nombre ci-dessus déterminé, il ne sera présenté à notre nomination aucun candidat qui ne soit porteur de deux démissions ou présentations, soit de la part des titulaires, soit de celle de leurs ayans-cause, aux termes de l'article 94 de la loi de finances du 28 avril 1816.

3. Ceux des officiers ministériels qui auront encouru la déchéance pour n'avoir pas versé les cautionnemens ou supplémens de cautionnemens exigés seront, comme ceux qui auraient encouru la destitution, privés du droit de présenter leur successeur.

4. Il n'est point dérogé aux dispositions des articles 5, 6 et 7 du décret du 14 juin 1813.

5. Notre sous-secrétaire-d'État au département de la justice est chargé de l'exécution de la présente ordonnance.

---

3 MARS 1820. — Ordonnance du Roi qui permet au sieur Lhomme de la Pinsonnière d'ajouter à son nom celui de Freulleville. (7, Bull. 350.)

---

3 MARS 1820. — Ordonnances du Roi qui accordent des lettres de déclaration de naturalité aux sieurs Bechem, Joly, Lutzenkirchem, Lacroix, Olislagers et Nalinnes. (7, Bull. 357, 375, 376 et 382.)

---

3 MARS 1820. — Ordonnance du Roi qui admet les sieurs de Velasco, Groos, Beuster et Weber à établir leur domicile en France. (7, Bull. 350.)

---

3 MARS 1820. — Ordonnance du Roi qui autorise l'inscription au Trésor royal de cent soixante-douze pensions. (7, Bull. 360.)

---

3 MARS 1820. — Ordonnances du Roi qui autorisent l'acceptation de dons et legs faits aux pauvres. (7, Bull. 371.)

---

3 MARS 1820. — Ordonnances du Roi qui autorisent l'acceptation de dons et legs faits aux hospices. (7, Bull. 372.)

---

3 MARS 1820. — Ordonnances du Roi qui autorisent l'acceptation de dons et legs faits aux pauvres. (7, Bull. 373.)

---

4 MARS 1820. — Ordonnance du Roi qui nomme M. d'Astros à l'évêché de Baïonne. (7, Bull. 351.)

---

4 MARS 1820. — Ordonnance du Roi qui nomme M. Dubois à l'évêché de Dijon. (7, Bull. 351.)

---

6 MARS 1820. — Ordonnance du Roi qui nomme M. Salamon à l'évêché de Saint-Flour. (7, Bull. 351.)

---

6 MARS 1820. — Ordonnance du Roi qui classe le chemin de Chartres à Angerville parmi les routes départementales d'Eure-et-Loir. (7, Bull. 355.)

10 MARS 1820. — Ordonnance du Roi qui nomme directeur des travaux de Paris M. le baron Hely d'Oissel, conseiller-d'État. (7, Bull. 351.)

10 MARS 1820. — Ordonnance du Roi qui nomme maître des requêtes en service extraordinaire M. de Villiers du Terrage, préfet du Gard. (7, Bull. 351.)

10 MARS 1820. — Ordonnance du Roi qui permet au sieur Deméré d'ajouter à son nom celui de d'Aubigny. (7, Bull. 352.)

10 MARS 1820. — Ordonnance du Roi qui admet les sieurs Boltz, Chiappa, Pastor, Kaas et Weiss, à établir leur domicile en France. (7, Bull. 353.)

10 MARS 1820. — Ordonnances du Roi qui accordent des lettres de déclaration de naturalité aux sieurs Pla, Geneve, Savioz, Pricas et Page. (7, Bull. 371, 382, 417 et 419.)

10 MARS 1820. — Ordonnances du Roi qui autorisent l'acceptation de dons et legs faits aux fabriques. (7, Bull. 373.)

11 MARS 1820. — Ordonnance du Roi portant liquidation de onze soldes de retraite provisoirement payables sur le fonds des demi-soldes. (7, Bull. 353.)

12 ☰ Pr. 17 MARS 1820. — Loi sur la libération des diverses classes d'acquéreurs du domaine de l'État (1). (7, Bull. 351, n° 8369.)

TITRE Ier. Décomptes des ventes de domaines nationaux (2).

Art. 1er. Sont déclarés pleinement libérés, tous les acquéreurs de domaines nationaux, quelles que soient l'origine des biens et l'époque des ventes, qui, conformément à l'article 5 du décret du 22 octobre 1808, ayant, à l'époque de ce décret, quittance pour solde ou dernier terme, des préposés du domaine chargés de recevoir leurs paiemens, n'auraient reçu, dans les six années écoulées depuis ce décret, aucune notification de décompte.

Les mentions inscrites sur les registres des préposés tiendront lieu des quittances non représentées.

2. Sont pareillement déclarés pleinement libérés, tous acquéreurs de domaines nationaux qui, conformément à l'article 6 du décret du 22 octobre 1808, auraient, postérieurement à ce décret, reçu quittance pour solde ou dernier terme des préposés du domaine chargés de recevoir leurs paiemens, et auxquels il n'aura été notifié aucun décompte dans les six années échues et à échoir depuis la date de cette quittance (3).

3. A l'égard des acquéreurs dont la quittance pour solde ou dernier terme remonterait à moins de six ans à l'époque de la signification qui leur sera faite du décompte ainsi qu'à l'égard de ceux qui n'ont point eu jusqu'à présent de quittance pour solde ou dernier terme, il sera procédé, dans le plus bref délai, par l'administration des domaines, à leurs décomptes définitifs. Ces décomptes seront terminés et signifiés avant le 1er janvier 1822.

Ce délai expiré sans qu'il ait été signifié de décompte, tous lesdits acquéreurs seront entièrement libérés du prix de leur acquisition (4).

---

(1) Présentation à la Chambre des députés, le 4 janvier (Mon. du 5).
Rapport de M. Delacroix-Frainville, le 2 février (Mon. du 3).
Discussion et adoption, les 7, 8, 9 et 10 février (Mon. des 8, 9, 10, 11 et 13).
Présentation à la Chambre des pairs, le 16 février (Mon. du 27).
Discussion et adoption, le 9 mars (Mon. du 10 mars).
(2) Les dispositions contenues dans ce titre s'appliquent également aux décomptes dus à l'État, et aux décomptes remis aux anciens propriétaires, aux termes de la loi du 5 décembre 1814.
Voy. lois des 14 mai 1790 et 16 floréal an 10, arrêtés des 4 thermidor an 11, 5 ventose an 12, et décret du 22 octobre 1808.

(3) La prescription de dix ans prononcée par le décret du 22 octobre 1808 conserve ainsi son effet.
(4) C'est à l'acquéreur primitif qu'a dû être signifié le décompte (13 juillet 1825; ord. Mac. 7, 389).
Cette signification, pour être valable, doit être faite à la personne ou au domicile de l'acquéreur.
Une indication d'adresse donnée par l'acquéreur, trois ans avant la signification du décompte, ne peut constituer une élection légale de domicile.
A défaut de personne ou domicile, la signification aurait dû être faite ainsi qu'il est ordonné par l'article 3 de la loi du 13 mai 1793 (24 floréal an 3) (22 juin 1825; ord. Mac. 7, 350).

Ne sont pas compris dans la disposition du présent article les acquéreurs des biens vendus en exécution des lois des 15 et 16 floréal an 10 (5 et 6 mai 1802) dont le dernier terme de paiement n'est pas actuellement acquitté, lesquels ne pourront obtenir leur libération que par la quittance pour solde de ce terme.

4. Aucune poursuite n'aura lieu pour des décomptes dont le débet ne serait en capital que de vingt francs et au-dessous ; et, à l'égard des décomptes de sommes au-dessus de vingt francs en capital, qui auront été notifiés en temps utile, l'administration des domaines ne pourra exercer de poursuites que jusqu'à l'expiration de l'année 1822. Au 1er janvier 1823, elle pourra seulement terminer l'exécution des arrêtés et décisions rendus et signifiés, et des jugemens et arrêts précédemment obtenus.

5. Il n'est rien innové dans le mode des poursuites ; elles continueront d'avoir lieu par les voies légales en matière de domaines nationaux, dans le délai prescrit par l'article précédent, et, néanmoins, les sous-acquéreurs qui se seraient libérés en vertu de jugemens ne pourront être exposés à aucun recours (1).

6. Les acquéreurs de rentes nationales, en vertu de la loi du 21 nivose an 8, ayant quittance pour solde, auxquels l'administration des domaines n'aurait pas signifié de décompte ou demande en supplément de prix dans le délai fixé par l'article 3, c'est-à-dire avant le 1er janvier 1822, seront définitivement libérés.

TITRE II. Libération des concessionnaires, engagistes et échangistes (2).

7. L'administration des domaines fera signifier aux propriétaires détenteurs de domaines provenant de l'Etat à titre d'engagement, concession ou échange, auxquels seraient applicables les dispositions des lois des 14 ventose an 7 (4 mars 1799), 28 avril 1816 et 15 mai 1818, et qui n'y auraient pas satisfait, qu'ils aient à se conformer auxdites lois, relativement aux domaines engagés ou échangés dont ils seraient actuellement en possession (3).

8. A l'égard des domaines provenant d'engagemens ou d'échanges restant à remettre aux anciens propriétaires en exécution des lois des 5 décembre 1814, 28 avril 1816 et 15 mai 1818, dont l'origine domaniale sera connue, l'administration des domaines fera ses réserves dans l'acte de remise, et elle imposera aux propriétaires l'obligation de se conformer aux dispositions de la loi du 14 ventose an 7 (4 mars 1799).

9. A l'expiration de trente années à compter de la publication de la loi du 14 ventose an 7, les domaines provenant de l'Etat, cédés à titre d'engagement ou d'échange antérieurement à la loi du 1er décembre 1790, autres que ceux pour lesquels auraient été faites, ou seraient faites jusqu'à l'expiration desdites trente années, les significations et réserves réglées aux articles ci-dessus 7 et 8, sont déclarés propriétés incommutables entre les mains des possesseurs actuels, sans distinction de ceux qui se seraient conformés ou non aux dispositions des lois des 14 ventose an 7 (4 mars 1799), 12 pluviose an 12 (2 février 1804) (4), 28 avril 1816, et 15 mai 1818.

En conséquence, les possesseurs actuels desdits biens, engagistes, échangistes ou concessionnaires, ou leurs représentans, seront quittes et libérés par l'effet seul de la présente loi, et sans qu'ils puissent être te-

---

L'action du domaine en recouvrement des décomptes qui n'ont pas été signifiés dans les délais voulus par cet article est prescrite (2 août 1826 ; ord. Mac. 8, 479).

(1) Cet article ne déclare définitif en faveur des sous-acquéreurs que les paiemens faits en vertu de jugemens.

Des paiemens faits à autre titre ne libèrent pas les sous-acquéreurs (13 juillet 1825 ; ord. Mac. 7, 390).

Le sous-acquéreur qui s'est libéré en vertu d'un jugement d'ordre, doit jouir du bénéfice de la présente loi (18 juillet 1821 ; ord. Mac. 2, 159).

Lorsque la déchéance se trouve pleinement consommée par un arrêté du préfet qui l'a déclarée en vertu de la loi de frimaire an 8, par la reprise de possession, le bail des biens et la perception des fruits de la part de l'administration des domaines, les héritiers du

sous-acquéreur ne sont pas fondés à demander l'application de cet article.

Cet article ne s'applique qu'aux poursuites dirigées contre les sous-acquéreurs qui étaient en possession à l'époque de la promulgation de la présente loi (26 août 1829 ; ord. Mac. 11, 344).

(2) Voy. lois des 22 novembre = 1er décembre 1790, 3 septembre 1792, 10 frimaire an 2, 22 frimaire an 3, 14 ventose an 7, 11 pluviose an 12, 28 avril 1816, article 116, et 15 mai 1818.

(3) Cette loi ne relève de la déchéance prononcée par celle du 14 ventose an 7 (article 13) que les détenteurs actuels et non les engagistes dépossédés (28 août 1827 ; ord. Mac. 9, 450).

(4) C'est sans doute la loi du 11 pluviose an 12.

nus de fournir aucune justification, sous prétexte que lesdits biens proviendraient d'engagemens, d'échanges ou de concessions, avant ou depuis le mois de février 1566, avec ou sans clause de retour.

10. Le ministre des finances fera imprimer et distribuer aux Chambres l'état des biens engagés qui sont à la connaissance de l'administration des domaines, avec le nom des détenteurs.

---

13 MARS 1820. — Lettres-patentes du Roi portant érection de majorats en faveur de MM. Duval de Fraville, Bouthillon et Barois. (7, Bull. 352.)

---

13 MARS 1820. — Lettres-patentes du Roi portant érection d'un majorat en faveur de M. Chapelle de Jumilhac. (7, Bull. 355.)

---

13 MARS 1820. — Lettres-patentes du Roi portant institution de titres de pairie de M. Frédéric Séraphin, comte de Latour-du-Pin, sous le titre de marquis; de M. le comte Dominique Clément de Ris, sous le titre de baron; de M. le comte Gabriel-Thomas-Marie d'Arjuzon, sous le titre de baron; de M. le comte Honoré-Charles-Michel-Joseph Reille, sous le titre de baron; de M. le comte Jean Pelet (de la Lozère), sous le titre de baron; de M. le comte Jean-Pierre Fabre (de l'Aude), sous le titre de baron; de M. le comte Antoine-René-Charles-Mathurin de la Forest, personnellement sous le titre de baron. (7, Bull. 369.)

---

16 = Pr. 28 MARS 1820. — Ordonnance du Roi portant fixation du prix de vente des poudres. (7, Bull. 353, n° 8410.)

Louis, etc.,

Vu la loi du 16 mars 1819, relative à la fabrication et à la vente des poudres;

Vu la loi du 29 décembre de la même année, portant que, jusqu'à la promulgation de la nouvelle loi sur les finances, toutes les impositions indirectes seront perçues en 1820 d'après les lois actuelles;

Vu notre ordonnance du 3 mars 1820, portant fixation du prix à rembourser par la régie des contributions indirectes à celle des poudres;

Sur le rapport de notre ministre secrétaire-d'État des finances,

Nous avons ordonné et ordonnons ce qui suit :

Art. 1er Le prix de vente des poudres de mine et des poudres de commerce est fixé par kilogramme, ainsi qu'il suit, savoir :

Poudre de commerce extérieur, deux francs quatre-vingt-dix centimes; poudre de mine prise dans les entrepôts de la régie des contributions indirectes, deux francs quatre-vingt-dix centimes; poudre de mine prise chez les débitans, trois francs quinze centimes.

2. La poudre superfine, dont le prix de vente pour les consommateurs est fixé à huit francs, pourra être livrée par la régie aux débitans au prix de sept francs cinquante centimes le kilogramme.

3. Notre ministre secrétaire-d'État des finances est chargé de l'exécution de la présente ordonnance.

---

16 = Pr. 28 MARS 1820. — Ordonnance du Roi portant organisation, sous le nom de corps de la gendarmerie d'élite, de la compagnie de gendarmerie des chasses et voyages du Roi. (7, Bull. 353, n° 8411.)

Voy. ordonnances des 10 SEPTEMBRE 1815, article 2; 27 AVRIL et 29 OCTOBRE 1820; et 17 OCTOBRE 1821.

Louis, etc.,

Voulant donner à la gendarmerie affectée au service de nos chasses et voyages, une organisation distincte et plus conforme à la nature des fonctions qu'elle est appelée à remplir dans nos résidences royales,

Nous avons ordonné et ordonnons ce qui suit :

Art. 1er. La gendarmerie de nos chasses et voyages prendra la dénomination de *corps de la gendarmerie d'élite.*

La force et la composition de ce corps sont régiées comme il suit :

État-major : colonel, un; capitaine adjudant-major, un; lieutenant trésorier, un; adjudant sous-officier, un; trompette-major, un; artiste vétérinaire, un; deux compagnies, chacune de cent dix-sept, (deux cent trente-quatre), commandée par un chef d'escadron : force total, deux cent quarante hommes.

Chaque compagnie est composée, savoir : chef d'escadron commandant, un; lieutenans, trois; maréchal-des-logis chef, un; maréchaux-des-logis, six; brigadiers, douze; gendarmes, quatre-vingt-douze; trompettes, deux : total, cent dix-sept.

2. Ce corps sera placé sous les ordres du major général de service de notre garde royale.

3. Le recrutement de la gendarmerie d'élite se fera dans les compagnies de gendarmerie des départemens, parmi les sujets dont les services, l'aptitude et le dévouement mériteront cette préférence.

4. Le corps sera porté graduellement au complet déterminé par l'art. 1er, et de manière que les fonds qui seront accordés pendant la présente année par la loi de finances pour le service de la gendarmerie royale ne soient pas dépassés.

5. Les dispositions relatives aux rapports de service et à l'administration de ce corps seront fixées ultérieurement par un réglement qui sera présenté à notre approbation.

6. Notre ministre de la guerre est chargé de l'exécution de la présente ordonnance.

16 MARS 1820. — Ordonnance du Roi qui autorise l'inscription au Trésor royal de vingt-trois pensions ecclésiastiques. (7, Bull. 361.)

16 MARS 1820. — Ordonnance du Roi qui accorde des pensions aux dames veuves Boyer et d'Albaret. (7, Bull. 362.)

16 MARS 1820. — Ordonnances du Roi qui autorisent l'acceptation de dons et legs faits au séminaire de Troyes et aux fabriques. (7, Bull. 373.)

16 MARS 1820. — Ordonnance du Roi qui autorise l'acceptation de dons et legs faits aux fabriques. (7, Bull. 374.)

16 MARS 1820. — Ordonnances du Roi qui autorisent l'acceptation de dons et legs faits aux fabriques. (7, Bull. 376.)

18 MARS 1820. — Ordonnance du Roi qui prescrit des corrections dans deux ordonnances portant liquidation de soldes de retraite. (7, Bull. 355.)

19 MARS = Pr. 1er AVRIL 1820. — Ordonnance du Roi portant fixation du nombre des avoués près la cour royale de Grenoble, et de ceux près les tribunaux de première instance du ressort de la même cour. (7, Bull. 357, n° 8524.)

Voy. préambule de l'ordonnance du 19 JANVIER 1820.

Art. 1er. Le nombre des avoués attachés à la cour royale de Grenoble, et de ceux attachés aux tribunaux de première instance du ressort de la même cour, est fixé ainsi qu'il suit :

Grenoble (siége de la cour royale), seize,

Isère : Grenoble, vingt; Vienne, dix; Saint-Marcellin, dix; Bourgoin, dix.

Hautes-Alpes : Gap, huit; Briançon, sept, Embrun, six.

Drôme : Valence, quinze; Die, huit; Montélimart, huit, Nyons, six.

2. Jusqu'à ce que les titres actuellement existans aient été réduits au nombre ci-dessus déterminé, il ne sera présenté à notre nomination aucun candidat qui ne soit porteur de deux démissions ou présentations, soit de la part des titulaires, soit de celle de leurs ayans-cause, aux termes de l'art. 91 de la loi de finances du 28 avril 1816.

3. Ceux des officiers ministériels qui auront encouru la déchéance pour n'avoir pas versé les cautionnemens ou supplémens de cautionnemens exigés seront, comme ceux qui auraient encouru la destitution, privés du droit de présenter leur successeur.

4. Notre sous-secrétaire-d'Etat au département de la justice est chargé de l'exécution de la présente ordonnance.

19 MARS = Pr. 1er AVRIL 1820. — Ordonnance du Roi portant fixation du nombre des huissiers près les tribunaux de première instance dans le ressort de la cour royale de Grenoble. (7, Bull. 357, n° 8525.)

Voy. préambule de l'ordonnance du 19 JANVIER 1820.

Art. 1er. Le nombre des huissiers attachés aux tribunaux de première instance ci-après désigné est fixé ainsi qu'il suit:

Isère : Grenoble, soixante-deux; Vienne, quarante; Saint-Marcelin, trente; Bourgoin, vingt-cinq.

Hautes-Alpes : Gap, vingt; Embrun, douze; Briançon, douze.

Drôme : Valence, trente-neuf; Montélimart, dix; Nyons, douze; Die, vingt.

2. Jusqu'à ce que les titres actuellement existans aient été réduits au nombre ci-dessus déterminé, il ne sera présenté à notre nomination aucun candidat qui ne soit porteur de deux démissions ou présentations, soit de la part des titulaires, soit de celle de leurs ayans-cause, aux termes de l'article 91 de la loi de finances du 28 avril 1816.

3. Ceux des officiers ministériels qui auront encouru la déchéance pour n'avoir pas versé les cautionnemens ou supplémens de cautionnemens exigés seront, comme ceux qui auraient encouru la destitution, privés du droit de présenter leur successeur.

4. Il n'est point dérogé aux dispositions des articles 5, 6 et 7 du décret du 14 juin 1813.

5. Notre sous-secrétaire-d'Etat au dépar-

tement de la justice est chargé de l'exécution de la présente ordonnance.

19 MARS = Pr. 1ᵉʳ AVRIL 1820. — Ordonnance du Roi portant fixation du nombre des avoués près la cour royale de Nîmes, et de ceux près les tribunaux de première instance du ressort de la même cour. (7, Bull. 557, nᵒ 8526.)

Voy. préambule de l'ordonnance du 19 JANVIER 1820.

Art. 1ᵉʳ. Le nombre des avoués attachés à la cour royale de Nîmes, et de ceux attachés aux tribunaux de première instance du ressort de la même cour, est fixé ainsi qu'il suit :

Nîmes (siége de la cour royale), seize ;
Gard : Nîmes, quinze ; Alais, huit ; Le Vigan, sept ; Uzès, neuf.
Vaucluse : Carpentras, huit ; Avignon, huit ; Apt, six ; Orange, sept.
Ardèche : Privas, douze ; L'Argentière, dix ; Tournon, dix.
Lozère : Mende, dix ; Florac, sept ; Marvejols, dix.

2. Jusqu'à ce que les titres actuellement existans aient été réduits au nombre ci-dessus déterminé, il ne sera présenté à notre nomination aucun candidat qui ne soit porteur de deux démissions ou présentations, soit de la part des titulaires, soit de celle de leurs ayans-cause, aux termes de l'article 91 de la loi de finances du 28 avril 1816.

3. Ceux des officiers ministériels qui auront encouru la déchéance pour n'avoir pas versé les cautionnemens ou supplémens de cautionnemens exigés seront, comme ceux qui auraient encouru la destitution, privés du droit de présenter leur successeur.

4. Notre sous-secrétaire-d'Etat au département de la justice est chargé de l'execution de la présente ordonnance.

—————

19 MARS = Pr. 1ᵉʳ AVRIL 1820. — Ordonnance du Roi portant fixation du nombre des huissiers près les tribunaux de première instance dans le ressort de la cour royale de Nîmes. (7, Bull. 557, nᵒ 8527.)

Voy. préambule de l'ordonnance du 19 JANVIER 1820.

Art. 1ᵉʳ. Le nombre des huissiers attachés aux tribunaux de première instance ci-après désignés est fixé ainsi qu'il suit :

Gard : Nîmes, vingt-six ; Alais, dix-huit ; Le Vigan, vingt ; Uzès, dix-huit.
Vaucluse : Carpentras, seize ; Avignon, quatorze ; Apt, douze ; Orange, dix-huit.

Ardèche : Privas, vingt ; l'Argentière, vingt ; Tournon, vingt.
Lozère : Mende, dix-huit ; Florac, dix-huit ; Marvejols, vingt-deux.

2. Jusqu'à ce que les titres actuellement existans aient été réduits au nombre ci-dessus déterminé, il ne sera présenté à notre nomination aucun candidat qui ne soit porteur de deux démissions ou présentations, soit de la part des titulaires, soit de celle de leurs ayans-cause, aux termes de l'article 91 de la loi de finances du 28 avril 1816.

3. Ceux des officiers ministériels qui auront encouru la déchéance pour n'avoir pas versé les cautionnemens ou supplémens de cautionnemens exigés seront, comme ceux qui auraient encouru la destitution, privés du droit de présenter leur successeur.

4. Il n'est point dérogé aux dispositions des articles 5, 6 et 7 du décret du 14 juin 1813.

5. Notre sous-secrétaire-d'Etat au département de la justice est chargé de l'exécution de la présente ordonnance.

—————

19 MARS 1820. — Ordonnance du Roi qui permet au sieur Guibal d'ajouter à son nom celui de Veaute. (7, Bull. 369.)

—————

19 MARS 1820. — Ordonnance du Roi qui admet les sieurs Wunsch et Gondry à établir leur domicile en France. (7, Bull. 353.)

—————

19 MARS 1820. — Ordonnances du Roi qui accordent des lettres de déclaration de naturalité aux sieurs Vigoureux et Vallevegni. (7, Bull. 401 et 427.)

—————

21 MARS 1820. — Ordonnance du Roi portant convocation des colléges électoraux des départemens de la Charente-Inférieure, de l'Isère, de la Seine-Inférieure et de Vaucluse. (7, Bull. 355.)

—————

24 MARS = Pr. 28 AVRIL 1820. — Ordonnance du Roi portant fixation du nombre des avoués près la cour royale d'Agen, et de ceux près les tribunaux de première instance du ressort de la même cour. (7, Bull. 364, nᵒ 8648.)

Voy. préambule de l'ordonnance du 19 JANVIER 1820.

Art. 1ᵉʳ. Le nombre des avoués attachés à la cour royale d'Agen, et de ceux attachés aux tribunaux de première instance du ressort de la même cour, est fixé ainsi qu'il suit :

Agen (siége de la cour royale), vingt ;

Lot-et-Garonne : Agen, huit ; Marmande, sept ; Nérac, six ; Villeneuve-d'Agen, sept.

Gers : Auch, dix ; Condom, huit ; Lectoure, six ; Lombez, six ; Mirande, huit.

Lot : Cahors, dix ; Figeac, huit ; Gourdon, six.

2. Jusqu'à ce que les titres actuellement existans aient été réduits au nombre ci-dessus déterminé, il ne sera présenté à notre nomination aucun candidat qui ne soit porteur de deux démissions ou présentations, soit de la part des titulaires, soit de celle de leurs ayans-cause, aux termes de l'article 91 de la loi de finances du 28 avril 1816.

3. Ceux des officiers ministériels qui auront encouru la déchéance pour n'avoir pas versé les cautionnemens ou supplémens de cautionnemens exigés seront, comme ceux qui auraient encouru la destitution, privés du droit de présenter leur successeur.

4. Notre sous-secrétaire-d'Etat au département de la justice est chargé de l'exécution de la présente ordonnance.

———

24 MARS ⹀ Pr. 28 AVRIL 1820. — Ordonnance du Roi portant fixation du nombre des huissiers près les tribunaux de première instance dans le ressort de la cour royale d'Agen. (7, Bull. 364, n° 8649.)

Voy. préambule de l'ordonnance du 19 JANVIER 1820.

Art. 1er. Le nombre des huissiers attachés aux tribunaux de première instance ci-après désignés est fixé ainsi qu'il suit :

Lot-et-Garonne : Agen, trente-huit ; Marmande, trente-trois ; Nérac, seize ; Villeneuve-d'Agen, vingt-quatre.

Gers : Auch, dix-huit ; Condom, vingt-deux ; Lectoure, seize ; Lombez, douze ; Mirande, trente.

Lot : Cahors, trente ; Figeac, vingt-deux ; Gourdon, vingt-trois.

2. Jusqu'à ce que les titres actuellement existans aient été réduits au nombre ci-dessus déterminé, il ne sera présenté à notre nomination aucun candidat qui ne soit porteur de deux démissions ou présentations, soit de la part des titulaires, soit de celle de leurs ayans-cause, aux termes de l'article 91 de la loi de finances du 28 avril 1816.

3. Ceux des officiers ministériels qui auront encouru la déchéance pour n'avoir pas versé les cautionnemens ou supplémens de cautionnemens exigés seront, comme ceux qui auraient encouru la destitution, privés du droit de présenter leur successeur.

4. Il n'est point dérogé aux dispositions des articles 5, 6 et 7 du décret du 14 juin 1813.

5. Notre sous-secrétaire-d'Etat au département de la justice est chargé de l'exécution de la présente ordonnance.

———

24 MARS ⹀ Pr. 28 AVRIL 1820. — Ordonnance du Roi portant fixation du nombre des avoués près la cour royale de Nancy, et de ceux près les tribunaux de première instance du ressort de la même cour. (7, Bull. 364, n° 8650.)

Voy. préambule de l'ordonnance du 19 JANVIER 1820.

Art. 1er. Le nombre des avoués attachés à la cour royale de Nancy, et de ceux attachés aux tribunaux de première instance du ressort de la même cour, est fixé ainsi qu'il suit :

Nancy (siége de la cour royale), douze ;

Meurthe : Nancy, douze ; Toul, six ; Vic, cinq ; Sarrebourg, six ; Lunéville, six.

Meuse : Saint-Mihiel, dix ; Bar-le-Duc, neuf ; Montmédy, six ; Verdun, six.

Vosges : Neufchâteau, six ; Mirecourt, six ; Epinal, six ; Saint-Dié, huit ; Remiremont ; cinq.

2. Jusqu'à ce que les titres actuellement existans aient été réduits au nombre ci-dessus déterminé, il ne sera présenté à notre nomination aucun candidat qui ne soit porteur de deux démissions ou présentations, soit de la part des titulaires, soit de celle de leurs ayans-cause, aux termes de l'article 91 de la loi de finances du 28 avril 1816.

3. Ceux des officiers ministériels qui auront encouru la déchéance pour n'avoir pas versé les cautionnemens ou supplémens de cautionnemens exigés seront, comme ceux qui auraient encouru la destitution, privés du droit de présenter leur successeur.

4. Notre sous-secrétaire-d'Etat au département de la justice est chargé de l'exécution de la présente ordonnance.

———

24 MARS ⹀ Pr. 28 AVRIL 1820. — Ordonnance du Roi portant fixation du nombre des huissiers près les tribunaux de première instance dans le ressort de la cour royale de Nancy. (7, Bull. 364, n° 8651.)

Voy. préambule de l'ordonnance du 19 JANVIER 1820.

Art. 1er. Le nombre des huissiers attachés aux tribunaux de première instance ci-après désignés est fixé ainsi qu'il suit :

Meurthe : Nancy, trente-neuf; Toul, seize; Vic, seize; Sarrebourg, quinze; Lunéville, dix-huit.

Meuse : Bar-le-Duc, vingt-deux; Saint-Mihiel, vingt; Montmédy, seize; Verdun, vingt.

Vosges : Neufchâteau, vingt; Mirecourt, vingt; Epinal, dix-huit; Saint-Dié, vingt; Remiremont, douze.

2. Jusqu'à ce que les titres actuellement existans aient été réduits au nombre ci-dessus déterminé, il ne sera présenté à notre nomination aucun candidat qui ne soit porteur de deux démissions ou présentations, soit de la part des titulaires, soit de celles de leurs ayans-cause, aux termes de l'article 91 de la loi de finances du 28 avril 1816.

3. Ceux des officiers ministériels qui auront encouru la déchéance pour n'avoir pas versé les cautionnemens ou supplémens de cautionnemens exigés seront, comme ceux qui auraient encouru la destitution, privés du droit de présenter leur successeur.

4. Il n'est point dérogé aux dispositions des articles 5, 6 et 7 du décret du 14 juin 1813.

5. Notre sous-secrétaire-d'Etat au département de la justice est chargé de l'exécution de la présente ordonnance.

— — — — — —

24 MARS = Pr. 28 AVRIL 1820. — Ordonnance du Roi portant fixation du nombre des avoués près la cour royale d'Orléans, et de ceux près les tribunaux de première instance du ressort de la même cour. (7, Bull. 364, n° 8652.)

Voy. préambule de l'ordonnance du 19 JANVIER 1820.

Art. 1er. Le nombre des avoués attachés à la cour royale d'Orléans, et de ceux attachés aux tribunaux de première instance du ressort de la même cour, est fixé ainsi qu'il suit :

Orléans (siége de la cour royale), six;

Loiret : Orléans, dix; Pithiviers, cinq; Montargis, six; Gien, cinq.

Loir-et-Cher : Blois, sept; Vendôme, six; Romorantin, cinq.

Indre-et-Loire : Tours, dix; Loches, six; Chinon, huit.

2. Jusqu'à ce que les titres actuellement existans aient été réduits au nombre ci-dessus déterminé, il ne sera présenté à notre nomination aucun candidat qui ne soit porteur de deux démissions ou présentations, soit de la part des titulaires, soit de celle de leurs ayans-cause, aux termes de l'article 91 de la loi de finances du 28 avril 1816.

3. Ceux des officiers ministériels qui au-

ront encouru la déchéance pour n'avoir pas versé les cautionnemens ou supplémens de cautionnemens exigés seront, comme ceux qui auraient encouru la destitution, privés du droit de présenter leur successeur.

4. Notre sous-secrétaire-d'Etat au département de la justice est chargé de l'exécution de la présente ordonnance.

— — — — —

24 MARS = Pr. 28 AVRIL 1820. — Ordonnance du Roi portant fixation du nombre des huissiers près les tribunaux de première instance dans le ressort de la cour royale d'Orléans. (7, Bull. 364, n° 8653.)

Voy. préambule de l'ordonnance du 19 JANVIER 1820.

Art. 1er. Le nombre des huissiers attachés aux tribunaux de première instance, ci-après désignés, est fixé ainsi qu'il suit :

Loiret : Orléans, trente-six; Pithiviers, quinze; Montargis, dix-huit; Gien, quatorze.

Loir-et-Cher : Blois, trente; Vendôme, dix-neuf; Romorantin, seize.

Indre-et-Loire : Tours, trente-six; Loches, seize; Chinon, vingt-huit.

2. Jusqu'à ce que les titres actuellement existans aient été réduits au nombre ci-dessus déterminé, il ne sera présenté à notre nomination aucun candidat qui ne soit porteur de deux démissions ou présentations, soit de la part des titulaires, soit de celle de leurs ayans cause, aux termes de l'article 91 de la loi de finances du 28 avril 1816.

3. Ceux des officiers ministériels qui auront encouru la déchéance pour n'avoir pas versé les cautionnemens ou supplémens de cautionnemens exigés seront, comme ceux qui auraient encouru la destitution, privés du droit de présenter leur successeur.

4. Il n'est point dérogé aux dispositions des articles 5, 6 et 7 du décret du 14 juin 1813.

5. Notre sous-secrétaire-d'Etat au département de la justice est chargé de l'exécution de la présente ordonnance.

—————

24 MARS 1820. — Ordonnance du Roi qui admet les sieurs Wrainffiright, John Rayner, de Backer, Feidcof, dit Solock, Garriga et Loctz à établir leur domicile en France. (7, Bull. 557.)

—————

24 MARS 1820. — Ordonnance du Roi qui autorise le sieur Gelly de Montela à entrer au service de sa majesté le roi de Sardaigne. (7, Bull. 582.)

—————

24 MARS 1820. — Ordonnances du Roi qui accordent des lettres de déclaration de naturalité aux sieurs Hélisch, Fabricius et Ferra. (7, Bull. 447, 455 et 494.)

26 = 28 MARS 1820. — Loi sur la liberté individuelle (1). (7, Bull. 354, n° 8441.)

Voy. notes sur l'article 4 de la Charte, et notamment ordonnance du 24 JUILLET 1815; lois des 29 OCTOBRE et 9 NOVEMBRE 1815, et 12 FÉVRIER 1817.

Art. 1er. Tout individu prévenu de complots ou de machinations contre la personne du Roi, la sûreté de l'Etat et les personnes de la famille royale, pourra, sans qu'il y ait nécessité de le traduire devant les tribunaux, être arrêté et détenu en vertu d'un ordre délibéré dans le conseil des ministres, et signé de trois ministres au moins, et dont il lui sera laissé copie.

2. Tout prévenu arrêté en exécution du précédent article sera directement conduit dans la maison d'arrêt du tribunal de l'arrondissement de sa résidence, ou de l'arrondissement dans lequel il aura donné lieu à ladite prévention.

Le geôlier ou gardien de la maison d'arrêt remettra, dans les vingt-quatre heures, une copie de l'ordre d'arrestation au procureur du Roi, qui, soit par lui-même, soit par l'un de ses substituts, entendra immédiatement le détenu, l'interrogera, tant sur les faits qui seront à sa connaissance que sur les documens transmis par le ministère, dressera procès-verbal des dires et des réponses du détenu, recevra de lui tous mémoires, réclamations et autres pièces, et enverra le tout, sans délai, par l'intermédiaire du procureur général, au ministre de la justice, pour en être fait rapport au conseil du Roi, qui statuera.

3. Ce rapport, la décision du conseil, soit pour le renvoi du prévenu devant les juges compétens, soit pour sa mise en liberté, en lui donnant connaissance, par écrit, des causes de son arrestation, devront avoir lieu dans les trois mois, au plus tard, qui suivront l'envoi fait des pièces ci-dessus au ministre de la justice par le procureur général.

4. Si la présente n'est pas renouvelée dans la prochaine session des Chambres, elle cessera de plein droit d'avoir son effet.

5. La présente loi ne déroge en rien aux dispositions du droit commun relatives à la forme des arrestations et au temps pendant lequel elles peuvent être faites.

28 MARS = Pr. 13 AVRIL 1820. — Ordonnance du Roi qui autorise, sous les conditions y exprimées, les fabriques des succursales à se faire remettre en possession des biens et rentes appartenant autrefois aux églises qu'elles administrent. (7, Bull. 361, n° 8620.)

Voy. notes sur l'arrêté du 7 THERMIDOR an 11.

Louis, etc.,

Sur le rapport de notre ministre secrétaire-d'Etat de l'intérieur;

Vu l'arrêté du 7 thermidor an 11 (26 juillet 1803) et les décrets des 30 mai et 31 juillet 1806, concernant les biens et rentes des fabriques des églises;

Vu le décret du 30 septembre 1807, qui détermine les cas où les communes pourront faire ériger leurs églises en chapelles;

Vu notre ordonnance royale du 25 août 1819, qui augmente le nombre des succursales;

D'après les observations qui nous ont été soumises par plusieurs évêques de notre royaume;

Voulant concilier, autant que possible, l'intérêt que nous inspirent les efforts et les sacrifices des communes réunies pour obtenir l'exercice de la religion, et celui que méritent les églises reconnues comme paroisses par la circonscription ecclésiastique, ainsi que les droits concédés à ces églises par l'arrêté du 7 thermidor an 11 (26 juillet 1803) et les décrets des 30 mai et 31 juillet 1806;

Notre Conseil-d'Etat entendu,

Nous avons ordonné et ordonnons ce qui suit:

Art. 1er Les fabriques des succursales érigées depuis la circonscription générale des

---

(1) Présentation à la Chambre des députés, le 15 février (Mon. du 16 mars).

Rapport de M. Rivière, le 3 mars (Mon. du 4 mars).

Discussion générale, le 6 mars (Mon. du 7 au 10 mars).

Discussion article par article, le 10 mars (Mon. du 10 au 15 mars).

Adoption, le 15 mars (Mon. du 16 mars).

Présentation à la Chambre des pairs, le 17 mars (Mon. des 18, 19 et 26 mars).

Rapport de M. le marquis Garnier, le 21 mars (Mon. des 22 et 26 mars).

Discussion, le 23 mars (Mon. des 24, 25 et 26 mars).

Adoption, le 25 mars (Mon. du 26 mars).

paroisses du royaume approuvée le 28 août 1808, ou qui le seraient à l'avenir, sont autorisées à se faire remettre en possession des biens ou rentes appartenant autrefois aux églises qu'elles administrent ou à celles qui y sont réunies, dont, au moment de la publication de la présente ordonnance, le transfert ou l'aliénation n'aurait pas été définitivement et régulièrement consommé en exécution de l'art. 2 de l'arrêté du 7 thermidor an 11 et des décrets des 30 mai et 31 juillet 1806 (1).

2. La même faculté est accordée, sous les mêmes conditions, aux fabriques des chapelles établies conformément aux dispositions du titre II du décret du 30 septembre 1807, mais seulement quant à l'usufruit des biens ou rentes appartenant autrefois soit à l'église érigée légalement en chapelle, soit à celles qui se trouveraient comprises dans la circonscription, et à la charge, par la fabrique usufruitière, de donner immédiatement avis à la fabrique de la cure ou succursale, des biens ou rentes dont elle se serait mise ou poursuivrait l'entrée en jouissance, pour par cette dernière être prises les mesures nécessaires afin de se faire envoyer régulièrement en possession de la nue propriété.

3. Les évêques pourront nous proposer de distraire des biens et rentes possédés par une fabrique paroissiale, pour être rendus à leur destination originaire, soit en toute propriété, soit seulement en simple usufruit, suivant les distinations établies ci-dessus, ceux ou partie de ceux provenant de l'église érigée postérieurement en succursale ou chapelle, lorsqu'il sera reconnu que cette distraction laissera à la fabrique possesseur actuel les ressources suffisantes pour l'acquittement de ses dépenses.

La délibération de cette dernière fabrique, une copie de son budget, la délibération du conseil municipal, et les avis du sous-préfet et du préfet, devront accompagner la proposition de l'évêque.

4. Notre ministre secrétaire-d'État de l'intérieur est chargé de l'exécution de la présente ordonnance.

---

28 MARS 1820. — Ordonnances du Roi qui autorisent l'acceptation de dons et legs faits aux fabriques. (7, Bull. 376.)

---

28 MARS 1820. — Ordonnances du Roi relatives aux foires des communes de Sacy-le-Grand, de Vauréas, de Sainte-Colombe, de Dax, de Clérac, d'Orléans et de Saulieu. (7, Bull. 376.)

---

28 MARS 1820. — Ordonnances du Roi relatives aux foires des communes de Longecourt, de la Nouaille et d'Albert. (7, Bull. 377.)

---

29 MARS 1820. — Ordonnance du Roi qui nomme M. Breton membre de la commission de surveillance de la caisse d'amortissement, etc. (7, Bull. 358.)

---

30 MARS = Pr. 13 AVRIL 1820. — Ordonnance du Roi qui autorise la formation, dans le département du Calvados, d'une seconde école ecclésiastique, qui sera établie à Villiers-le-Sec. (7, Bull. 361, n° 8621.)

Louis, etc.,

Sur le rapport de notre ministre secrétaire-d'État au département de l'intérieur;

Vu la demande que nous a faite l'évêque de Bayeux, d'autoriser une seconde école ecclésiastique dans le département du Calvados;

Vu l'avis de la commission de l'instruction publique, du 16 mars 1820;

Vu l'article 6 de notre ordonnance du 5 octobre 1814 (2):

Nous avons ordonné et ordonnons ce qui suit :

Art. 1er. L'évêque de Bayeux est autorisé à former, dans le département du Calvados, une seconde école ecclésiastique, qui sera établie dans la commune de Villiers-le-Sec, arrondissement de Bayeux, à la charge de se conformer aux lois et ordonnances concernant ces établissemens.

2. Notre ministre de l'intérieur est chargé de l'exécution de la présente ordonnance.

---

30 MARS = Pr. 1er MAI 1820. — Ordonnance du Roi portant autorisation, conformément aux statuts y annexés, de l'établissement à Rouen d'une caisse d'épargnes et de prévoyance pour le département de la Seine-Inférieure. (7, Bull. 365, n° 8664.)

---

(1) Une ordonnance qui, en exécution de la présente, a concédé à une chapelle vicariale l'usufruit du presbytère et du jardin appartenant à l'église paroissiale, ne peut être considérée que comme un simple acte d'administration qui n'est pas susceptible de recours par la voie contentieuse (11 mai 1825; ord. mac. 7; 258).

(2) Voy. notes sur cette ordonnance.

Louis, etc.,

Sur le rapport de notre ministre secrétaire-d'État de l'intérieur ;

1° Vu l'acte passé par-devant Lequesne et son confrère, notaires royaux à Rouen, le 18 janvier 1820, concernant l'établissement à Rouen d'une caisse d'épargnes et de prévoyance, ledit acte énonçant en vingt articles les statuts de l'organisation et de l'administration dudit établissement ;

2° Deux actes annexés, savoir : les pleins pouvoirs donnés aux délégués dont les noms sont mentionnés ci-dessus, et les articles convenus entre les fondateurs de l'association et qui se retrouvent littéralement répétés dans les dispositions des statuts qui ont été soumis à notre approbation ;

3° Les articles 29 à 37, 40 et 45 du Code de commerce ;

4° L'avis de notre préfet de la Seine-Inférieure, en date du 31 janvier 1820 ;

Considérant que des établissemens aussi recommandables par leur utilité ne sauraient être trop encouragés ;

Notre conseil-d'État entendu,

Nous avons ordonné et ordonnons ce qui suit :

Art. 1er. L'établissement, à Rouen, d'une caisse d'épargnes et de prévoyance pour le département de la Seine-Inférieure, et la société anonyme formée pour la dotation et l'administration de cette caisse, sont et demeurent autorisées, conformément aux statuts dressés et déposés, les 15 et 18 janvier 1820, chez Lequesne et son confrère, notaires royaux à Rouen, lesquels statuts seront annexés à la présente ordonnance, publiés et affichés avec elle.

2. Notre présente autorisation s'étendra à la durée de trente années, à la charge de la fidèle exécution des statuts, nous réservant de la révoquer en cas de violation, le tout sauf les droits des tiers et sans préjudice des dommages et intérêts qui pourront être prononcés par les tribunaux contre les auteurs des contraventions.

3. L'administration de la société sera tenue de présenter, tous les ans, le compte rendu de sa situation : des copies en seront remises au préfet de la Seine-Inférieure, à la municipalité et au tribunal de commerce.

4. Notre ministre secrétaire-d'État au département de l'intérieur est chargé de l'exécution de la présente ordonnance, qui sera publiée au Bulletin des Lois et insérée, avec les statuts de la société, dans le Moniteur et dans le journal destiné à recevoir les avis judiciaires dans le département de la Seine-Inférieure.

———

30 MARS 1820. — Tableau des prix moyens régulateurs des grains, dressé et arrêté conformément aux articles 6 et 8 de la loi du 16 JUILLET 1819. (7, Bull. 357.)

———

30 MARS 1820. — Ordonnance du Roi qui autorise l'acceptation d'une donation faite à la société de charité maternelle de Paris. (7, Bull. 377.)

———

30 MARS 1820. — Ordonnances du Roi qui autorisent l'acceptation de dons et legs faits aux communes et aux fabriques. (7, Bull. 378.)

———

31 = Pr. 31 MARS 1820. — Loi sur la publication des journaux et écrits périodiques(1). (7, Bull. 351, n° 8494.)

Voy. notes sur l'article 8 de la Charte, ordonnance du 1er AVRIL 1820, loi du 26 JUILLET 1821, l'article 4 de la loi du 17 MARS 1822, ordonnances des 15 AOUT et 29 SEPTEMBRE 1824, et 24 JUIN 1827.

Art. 1er. La libre publication des journaux et écrits périodiques consacrés en tout ou en partie aux nouvelles et aux matières politiques, paraissant soit à jour fixe, soit irrégulièrement et par livraisons, est suspendue temporairement jusqu'au terme ci-après fixé.

2. Aucun desdits journaux et écrits périodiques ne pourra être publié qu'avec l'autorisation du Roi.

Toutefois, les journaux et écrits périodiques actuellement existans continueront de paraître, en se conformant aux dispositions de la présente loi.

———

(1) Présentation à la Chambre des pairs, le 15 février (Mon. des 16 et 17 février).
Rapport de M. Larochefoucault, le 23 février (Mon. des 24 et 25 février).
Discussion, le 26 février (Mon. des 27 et 29 février).
Adoption, le 28 février (Mon. du 2 mars).
Présentation à la Chambre des députés, le 1er mars (Mon. du 2 mars).

Rapport de M. Froc de la Boulaye, le 16 mars (Mon. du 17 mars).
Discussion générale, le 21 mars (Mon. des 22, 23 et 24 mars).
Discussion article par article, le 25 mars (Mon. du 26 au 30 mars).
Adoption, le 30 mars (Mon. du 31 mars).

3. L'autorisation exigée par l'article précédent ne pourra être accordée qu'à ceux qui justifieront s'être conformés aux conditions prescrites à l'art. 1er de la loi du 9 juin 1819.

4. Avant la publication de toute feuille ou livraison, le manuscrit devra être soumis, par le propriétaire ou l'éditeur responsable, à un examen préalable.

5. Tout propriétaire ou éditeur responsable qui aurait fait imprimer et distribuer une feuille ou une livraison d'un journal ou écrit périodique sans l'avoir communiquée au censeur avant l'impression, ou qui aurait inséré dans une desdites feuilles ou livraisons un article non communiqué ou non approuvé, sera puni correctionnellement d'un emprisonnement d'un mois à six mois, et d'une amende de deux cents francs à douze cents francs, sans préjudice des poursuites auxquelles pourrait donner lieu le contenu de ces feuilles, livraisons et articles (1).

6. Lorsqu'un propriétaire ou éditeur responsable sera poursuivi en vertu de l'article précédent, le Gouvernement pourra prononcer la suspension du journal ou écrit périodique jusqu'au jugement.

7. Sur le vu du jugement de condamnation, le Gouvernement pourra prolonger, pour un terme qui n'excédera pas six mois, la suspension dudit journal ou écrit périodique. En cas de récidive, il pourra en prononcer définitivement la suppression.

8. Nul dessin imprimé, gravé ou lithographié ne pourra être publié, exposé, distribué ou mis en vente, sans l'autorisation préalable du Gouvernement.

Ceux qui contreviendraient à cette disposition seront punis des peines portées en l'article 5 de la présente loi (2).

9. Les dispositions des lois du 17 mai, du 26 mai et du 9 juin 1819, auxquelles il n'est point dérogé par les articles ci-dessus, continueront à être exécutées.

10. La présente loi cessera de plein droit d'avoir son effet à la fin de la session de 1820.

───────────

31 MARS = 8 MAI 1820. — Ordonnance du Roi sur le nouveau mode d'inspection générale des troupes, et l'établissement de comités spéciaux et consultatifs pour chacune des diverses armes. (7, Bull. 367, n° 8685.)

Voy. ordonnances des 3 AVRIL et 3 JUILLET 1822.

Louis, etc.,

Voulant régler par un mode uniforme l'inspection générale de nos troupes de toutes armes et l'inspection du matériel de l'artillerie et du génie;

Ayant reconnu qu'après quatre années d'organisation, l'inspection préparatoire de l'infanterie et de la cavalerie serait à l'avenir sans avantage, et par conséquent une charge inutile à l'Etat; considérant cependant qu'il importe au bien de notre service de faire concourir les maréchaux-de-camp à l'inspection générale;

Voulant aussi que des comités spéciaux et consultatifs pour chacune des armes qui composent notre armée, établis et organisés d'une manière uniforme, puissent être utilement consultés sur les objets qui seront renvoyés à leur examen et à leur discussion;

Nous étant d'ailleurs assuré que les dépenses résultant de ce nouveau mode de service présentent une économie sur celles qui ont eu lieu jusqu'à ce jour;

Sur le rapport de notre ministre secrétaire-d'Etat au département de la guerre,

Nous avons ordonné et ordonnons ce qui suit :

Art. 1er. L'inspection générale de nos troupes d'infanterie, de cavalerie, d'artillerie, du génie et de gendarmerie, sera, à l'avenir, confiée à des officiers généraux du grade de lieutenant général et de maréchal-de-camp, dont le nombre pour chaque arme sera déterminé, chaque année, d'après les besoins du service, et dont la nomination annuelle sera soumise à notre approbation par notre ministre secrétaire-d'Etat au département de la guerre.

2. Le nombre des inspecteurs généraux de nos troupes de toutes armes ne pourra excéder, pour la présente année, ceux ci-après indiqués pour chacune des armes :

Vingt-quatre pour l'infanterie (douze lieutenans généraux et douze maréchaux-de-camp);

Seize pour la cavalerie (huit lieutenans généraux et huit maréchaux-de-camp);

Quatre pour l'artillerie (quatre lieutenans généraux);

Deux pour le génie (deux lieutenans généraux);

Six pour la gendarmerie (deux lieutenans généraux et quatre maréchaux-de-camp);

3. Les lieutenans généraux et maréchaux-de-camp qui nous seront proposés pour l'inspection de nos corps royaux de l'artillerie,

───────────

(1) L'article 463 du Code pénal, qui autorise des modérations de peines, n'est pas applicable aux délits prévus par les lois spéciales sur la presse, et notamment au délit prévu par cet article (3 janvier 1821; Cass. S. 21, 1, 187).

(2) *Voy.* ordonnances du 1er avril 1820, article 12, loi du 25 mars 1822, article 12, et ordonnance du 1er mai 1822.

du génie et de la gendarmerie, seront choisis parmi ceux qui sont affectés au service de ces armes. Pour l'inspection de l'infanterie et de la cavalerie, ils seront choisis parmi tous les officiers généraux du cadre qui, par la nature de leurs services antérieurs, auront les connaissances spéciales à ces armes.

4. L'inspection générale des troupes d'infanterie et de cavalerie de notre garde royale continuera d'être confiée, conformément aux dispositions de l'article 4 de notre ordonnance du 1er septembre 1815, aux lieutenans généraux commandant les quatre divisions de ces deux armes, et celle des troupes de l'artillerie restera également confiée au maréchal-de-camp qui les commande, et qui, aux termes de notre ordonnance précitée, remplit près d'elle les fonctions d'inspecteur général.

5. Les inspecteurs généraux de toutes armes adresseront directement leur travail d'inspection à notre ministre secrétaire-d'Etat au département de la guerre, et devront avoir terminé leur tournée au 15 octobre de chaque année.

6. L'inspection de notre corps royal de la gendarmerie pourra être faite partiellement chaque année, de manière, néanmoins, que chaque légion puisse être inspectée une fois tous les deux ans.

7. L'inspection du matériel de l'arme de l'artillerie, comprenant celle des arsenaux, fonderies, forges, manufactures d'armes, poudreries, raffineries, ainsi que celle de l'artillerie des places et des équipages de campagne, des armes, poudres, attirails et munitions de guerre, tant sous le rapport des travaux que sous celui du régime de l'administration et de l'entretien de ces établissemens, ainsi que de la conservation du matériel qu'ils renferment, sera confiée, chaque année, ou tous les deux ans, d'après les besoins du service, à huit inspecteurs généraux dont six lieutenans généraux, y compris les officiers généraux de ce grade qui seront chargés de l'inspection des troupes, et deux maréchaux-de-camp.

8. L'inspection du matériel de l'arme du génie, comprenant celle des places fortes et postes fortifiés de notre royaume, des établissemens militaires que renferment ces places, ainsi que des villes de casernement, tant sous le rapport de travaux exécutés et de ceux à effectuer, que sous celui du régime de l'administration et de l'entretien des fortifications et des établissemens militaires, sera confiée, chaque année, ou tous les deux ans, suivant les besoins du service, à six inspecteurs généraux, dont trois lieutenans géné-

raux, y compris les officiers généraux de ce grade qui seront chargés de l'inspection des troupes de cette arme, et trois maréchaux-de-camp.

9. La nomination de ces officiers généraux aux fonctions d'inspecteurs généraux du matériel de l'artillerie et du génie sera soumise à notre approbation par notre ministre secrétaire-d'Etat au département de la guerre.

10. Il sera établi, à dater de la présente année, des comités spéciaux et facultatifs pour chacune des armes de l'infanterie, de l'artillerie, du génie et de la gendarmerie.

Ces comités s'occuperont de l'examen et de la discussion des projets, propositions, affaires générales ou particulières, dont le renvoi à ces comités aura été ordonné par notre ministre secrétaire-d'Etat de la guerre : ils émettront sur chacune d'elles un avis motivé, qu'ils adresseront directement au ministre (1).

11. Les comités des armes de l'artillerie et du génie seront permanens. Ceux des armes de l'infanterie, de la cavalerie et de la gendarmerie seront réunis, aussitôt que l'inspection générale de ces armes sera terminée, et leur session ne pourra dépasser le terme du 1er avril de l'année suivante.

12. Chacun de ces comités spéciaux et facultatifs sera composé de trois lieutenans généraux et de deux maréchaux-de-camp.

Les officiers généraux qui composeront les comités de l'infanterie et de la cavalerie seront choisis parmi ceux qui auront fait l'inspection des troupes pendant l'année.

Les officiers généraux qui composeront les comités de l'artillerie, du génie et de la gendarmerie seront choisis parmi ceux qui sont spécialement affectés au service de ces armes.

Le choix de ces officiers généraux sera soumis à notre approbation, le 1er novembre de chaque année, par notre ministre secrétaire-d'Etat au département de la guerre.

13. Ces comités remplaceront, pour les armes de l'artillerie et du génie, le comité central de l'artillerie et celui des fortifications, qui ont été établis par nos ordonnances des 22 septembre 1815 et 17 décembre 1817. Les réglemens en date du 3 novembre 1815 et du 16 mars 1816, qui en avaient fixé les attributions, se trouvent abrogés par la présente ordonnance.

14. Les officiers généraux qui auront été chargés de l'inspection du matériel des armes du génie et de l'artillerie, et qui ne feraient pas partie de ces comités, y seront appelés lors de la discussion des projets relatifs aux

---

(1) Voy. ordonnance du 5 juillet 1822, article 14.

places et établissemens de leur arrondissement, et ils y auront voix délibérative.

Pendant la durée des inspections générales, auxquelles pourront être employés quelques-uns des officiers généraux qui composeront les comités permanens de l'artillerie et du génie, le nombre des membres de ces comités sera maintenu à cinq, en y appelant des officiers généraux ou colonels, qui conserveront, néanmoins, les emplois titulaires dont ils sont pourvus, et qu'ils reprendront au retour des inspecteurs généraux.

15. Notre ministre secrétaire-d'Etat au département de la guerre est chargé de faire tous les réglemens qui lui paraîtront nécessaires pour établir l'ordre du travail et des délibération de chacun de ces comités.

16. Les inspecteurs généraux d'armes et les membres des comités jouiront du traitement d'activité et des allocations attribuées à leurs grades respectifs, les premiers depuis le 1er juillet jusqu'au 31 décembre de chaque année, et les seconds pendant la durée de la session des comités.

17. Notre ministre de la guerre est chargé de l'exécution de la présente ordonnance.

31 MARS = Pr. 8 MAI 1820. — Ordonnance du Roi qui règle le nombre et la répartition des maréchaux-de-camp employés dans les divisons militaires. (7, Bull. 367, n° 8686.)

Voy. ordonnance du 5 JUILLET 1822.

Louis, etc.,

Considérant que l'art. 13 de la loi du 10 mars 1818, sur le recrutement de l'armée, désigne un officier général ou supérieur pour faire partie des conseils de révision chargés de prononcer définitivement sur la formation de la liste du contingent de chaque département ;

Que la nature de ces travaux exigeant la présence presque continuelle de ses membres au chef-lieu du département, on ne pourrait continuer à détacher de chaque légion l'un de ses chefs, sans nuire à la discipline et à la bonne administration des corps d'infanterie ;

Que la présence d'un officier général ou celle d'un officier supérieur étranger aux corps actifs de la ligne dans chaque conseil de révision assurera davantage, dans l'intérêt de la population et dans celui de l'armée,

l'uniformité de sa jurisprudence, en même temps qu'elle donnera plus de garantie de l'impartialité de ses opérations ;

Sur le rapport de notre ministre secrétaire-d'Etat au département de la guerre,

Nous avons ordonné et ordonnons ce qui suit :

Art. 1er. Le nombre des maréchaux-de-camp employés dans les divisions militaires est fixé à soixante-dix, qui seront répartis, conformément au tableau annexé à la présente ordonnance, dans chacune des subdivisions qui seront composées d'un ou plusieurs départemens, suivant l'état des garnisons habituelles de nos troupes et le nombre des départemens qui composent chaque division militaire.

2. Ces officiers généraux résideront au chef-lieu des subdivisions, dont la première sera toujours confiée au maréchal-de-camp le plus ancien de grade, afin de suppléer au besoin le lieutenant général dans le commandement de la division militaire. Cette dernière disposition n'est pas applicable à la première division militaire.

3. Les maréchaux-de-camp employés dans les divisions militaires seront membres des conseils de révision pour le recrutement de l'armée institués par l'article 13 de la loi du 10 mars 1818, dans le département où leur résidence sera établie. L'article 15 de notre ordonnance du 8 avril 1818, qui confiait ces fonctions aux colonels ou lieutenans-colonels des légions, est, en conséquence rapporté.

4. Ils seront, en outre, chargés, sous les ordres des lieutenans-généraux commandant les divisions militaires, du commandement des troupes stationnés dans la subdivision où ils seront employés, ainsi que des opérations relatives au choix des jeunes soldats pour les armes spéciales.

5. Dans les subdivisions composées de plusieurs départemens, les fonctions de membre des conseils de révision, dans les départemens autres que celui du chef-lieu de la subdivision, seront remplies par des colonels en non activité, qui recevront une indemnité pendant la durée des conseils de révision.

6. Les dispositions de notre ordonnance du 6 novembre 1817, qui n'établissait que deux subdivisions par division militaire, quel que fût le nombre des départemens dont elle était composée, sont rapportées.

7. Notre ministre de la guerre est chargé de l'exécution de la présente ordonnance.

Tableau indiquant le nombre et la répartition des maréchaux-de-camp employés dans les vingt-une divisions militaires.

DIVISIONS militaires.	NOMBRE de MARÉCHAUX-DE-CAMP employés dans chaq. division.	COMPOSITION DES SUBDIVISIONS.		CHEFS-LIEUX DES SUBDIVISIONS.
1re	7	1re	Seine.	Paris.
		2e	Seine-et-Oise	Versailles.
		3e	Aisne.	Laon.
		4e	Seine-et-Marne.	Melun.
		5e	Oise.	Beauvais.
		6e	Loiret.	Orléans.
		7e	Eure-et-Loir.	Chartres.
2e	3	1re	Marne.	Châlons.
		2e	Ardennes.	Mézières.
		3e	Meuse.	Verdun.
3e	3	1re	Moselle.	Metz.
		2e	Meurthe.	Nancy.
		3e	Vosges.	Épinal.
4e	4	1re	Indre-et-Loire.	Tours.
		2e	Sarthe.	Le Mans.
			Maïenne.	
		3e	Maine-et-Loire.	Angers.
		4e	Loir-et-Cher.	Blois.
5e	2	1re	Bas-Rhin.	Strasbourg.
		2e	Haut-Rhin.	Colmar.
6e	4	1re	Doubs.	Besançon.
		2e	Ain.	Bourg.
		3e	Jura.	Lons-le-Saulnier.
		4e	Haute-Saône.	Vesoul.
7e	3	1re	Isère.	Grenoble.
		2e	Drôme.	Valence.
		3e	Hautes-Alpes.	Briançon.
8e	4	1re	Bouches-du-Rhône. . . .	Marseille.
		2e	Basses-Alpes.	Digne.
		3e	Vaucluse.	Avignon.
		4e	Var.	Toulon.
9e	2	1re	Hérault.	Montpellier.
			Tarn.	
		2e	Aveyron.	Nîmes.
			Gard.	
			Ardèche.	
			Lozère.	
10e	5	1re	Haute-Garonne.	Toulouse.
			Arriége.	
		2e	Aude.	Carcassonne.
		3e	Pyrénées-Orientales. . . .	Perpignan.
		4e	Hautes-Pyrénées.	Tarbes.
			Gers. . . . . - .	
		5e	Tarn-et-Garonne.	Montauban.
11e	2	1re	Gironde.	Bordeaux.
			Landes.	
		2e	Basses-Pyrénées.	Bayonne.

DIVISIONS militaires.	NOMBRE de MARÉCHAUX-DE-CAMP employés dans chaq. division.	COMPOSITION DES SUBDIVISIONS.		CHEFS-LIEUX DES SUBDIVISIONS.
12e	5	1re	Loire-Inférieure.	Nantes.
		2e	Charente-Inférieure. . . .	La Rochelle.
		3e	Deux-Sèvres.	Niort.
		4e	Vendée.	Bourbon-Vendée.
		5e	Vienne.	Poitiers.
13e	4	1re	Ille-et-Vilaine.	Rennes.
		2e	Côtes-du-Nord.	Saint-Brieuc.
		3e	Finistère.	Brest.
		4e	Morbihan.	Vannes.
14e	3	1re	Calvados.	Caen.
		2e	Manche.	Cherbourg.
		3e	Orne.	Alençon.
15e	3	1re	Seine-Inférieure.	Rouen.
		2e	Somme.	Amiens.
		3e	Eure.	Évreux.
16e	2	1re	Nord.	Lille.
		2e	Pas-de-Calais.	Arras.
17e	1	1re	Corse.	Bastia.
18e	5	1re	Côte-d'Or.	Dijon.
		2e	Aube.	Troyes.
		3e	Haute-Marne.	Chaumont.
		4e	Yonne.	Auxerre.
		5e	Saône-et-Loire.	Mâcon.
19e	3	1re	Rhône.	Lyon.
		2e	Loire. . . . . Haute-Loire.	Montbrison.
		3e	Puy-de-Dôme. . . . . . Cantal.	Clermont.
20e	2	1re	Dordogne. . . . . Corrèze.	Périgueux.
		2e	Charente. . . . . Lot-et-Garonne. . . . . Lot.	Agen.
21e	3	1re	Cher. . . . . Indre. . . . . Allier.	Bourges.
		2e	Creuse. . . . . Haute-Vienne.	Moulins.
		3e	Nièvre.	Nevers.

31 MARS = Pr. 8 MAI 1820. — Ordonnance du Roi qui fixe le nombre des officiers généraux qui seront employés à l'inspection de la gendarmerie royale. (7, Bull. 367, n° 8687.)

Louis, etc.

Voulant assurer le service important de l'inspection de notre gendarmerie royale et mettre le nombre des inspecteurs généraux du corps en rapport avec celui des officiers généraux des autres armes spéciales ;

Sur la proposition de notre ministre secrétaire-d'État de la guerre,

Nous avons ordonné et ordonnons ce qui suit :

Art. 1er. Le nombre des officiers généraux qui seront à l'avenir employés spécialement à l'inspection de notre gendarmerie royale, est fixé à neuf, savoir : trois lieutenans généraux et six maréchaux-de-camp.

Ils seront désignés par nous, sur la proposition de notre ministre secrétaire-d'Etat de la guerre.

2. Lorsqu'il y aura lieu d'inspecter les troupes de notre gendarmerie royale, ou de réunir le comité consultatif créé par notre ordonnance de ce jour, notre ministre secrétaire-d'Etat de la guerre nous présentera l'état des lieutenans généraux et maréchaux-de-camp auxquels il y aura lieu de donner des lettres de service à cet effet.

3. Notre ministre de la guerre est chargé de l'exécution de la présente ordonnance.

————————

31 MARS ⊐ Pr. 8 MAI 1820. — Oordonnance du Roi qui supprime les emplois de maréchaux-de-camp commandant les écoles d'artillerie et du génie y dénommés, et indique la manière dont se fera à l'avenir le service de ces écoles. (7, Bull. 367, n° 8688.)

Voy. ordonnance du 1er MAI 1822.

Louis, etc,

Vu notre ordonnance de ce jour sur le nouveau mode d'inspection générale de nos troupes et la formation des comités d'armes ;

Sur le rapport de notre ministre secrétaire-d'Etat au département de la guerre,

Nous avons ordonné et ordonnons ce qui suit :

Art. 1er. Les emplois de maréchal-de-camp commandant chacune des écoles d'artillerie de la Fère, d'Auxonne, de Valence et de Rennes, ainsi que les emplois de maréchal-de-camp commandant chacune des écoles du génie d'Arras et de Montpellier, sont supprimés.

2. L'administration et les détails du service de chacune de ces écoles seront confiés à un officier supérieur, sous les ordres du colonel du régiment qui y tient garnison.

3. La surveillance du dépôt central de l'artillerie sera confiée à un des officiers généraux affectés au service de cette arme ; il en sera de même pour le dépôt des fortifications : ces deux officiers généraux seront chargés de la direction de tous les travaux qui y seront ordonnés par notre ministre secrétaire - d'Etat au département de la guerre.

4. Notre ministre de la guerre est chargé de l'exécution de la présente ordonnance.

————————

1er ⊐ Pr. 1er AVRIL 1820. — Ordonnance du Roi concernant l'exécution de la loi du 31 MARS 1820, relative à la publication des journaux et écrits périodiques. (7, Bull. 358, n° 8538.)

Voy. notes sur la loi du 31 MARS 1820.

TITRE Ier. De l'autorisation des journaux et écrits périodiques.

Art. 1er. Dans les cinq jours qui suivront la publication de la présente ordonnance, les propriétaires ou éditeurs responsables des journaux et écrits périodiques actuellement existans seront tenus de déclarer, à Paris, devant le préfet de police, et dans les départemens, devant les préfets, qu'ils entendent se conformer aux dispositions de la loi du 31 mars 1820, et profiter, en conséquence, de l'autorisation qui leur est accordée par l'article 2 de ladite loi.

2. A l'avenir, toute personne qui voudra publier un nouveau journal sera tenue, pour obtenir notre autorisation, de présenter sa demande à notre ministre secrétaire-d'Etat au département de l'intérieur. Si la demande est admise, notre autorisation sera accordée au requérant sur la preuve qu'il a satisfait aux conditions prescrites en l'article 1er de la loi du 9 juin 1819.

3. Le brevet d'autorisation délivré par notre ministre secrétaire-d'Etat de l'intérieur sera enregistré, sans frais, au tribunal civil du lieu où le journal ou écrit périodique sera publié.

TITRE II. De la censure.

4. Il y aura à Paris, auprès de notre ministre secrétaire-d'Etat au département de l'intérieur, une commission chargée de l'examen préalable de tous les journaux et écrits périodiques.

5. Cette commission sera composée de douze censeurs : ils seront nommés par nous, sur la présentation de notre ministre secrétaire-d'Etat de l'intérieur.

6. Tout article de journal ou écrit périodique devra, avant d'être imprimé, avoir été revêtu du *visa* de la commission, qui en autorisera la publication, conformément à l'article 5 de la loi du 31 mars 1820.

7. La commission ne pourra prononcer, s'il n'y a au moins cinq membres présens.

8. Dans chaque chef-lieu de département, il y aura auprès du préfet une commission de trois censeurs, chargée de l'examen préalable des journaux et écrits périodiques qui seront publiés dans le département.

9. Un conseil de neuf magistrats, nommés par nous sur la présentation de notre garde-des-sceaux, ministre secrétaire-d'Etat au dé-

partement de la justice, sera chargé de la surveillance de la censure.

10. La commission de censure de Paris rendra, une fois par semaine, un compte raisonné de ses décisions au conseil de surveillance. Les commissions des départemens lui rendront compte de leurs opérations au moins une fois par mois.

11. Quand il y aura lieu, en exécution de l'article 6 de la loi du 31 mars 1820, à la suspension provisoire d'un journal ou écrit périodique, elle sera prononcée par le conseil de surveillance, sous l'approbation de notre ministre secrétaire-d'Etat au département de la justice. Il en sera de même, quand il y aura lieu, en exécution de l'article 7 de ladite loi, de prononcer la suspension ou la suppression d'un journal ou écrit périodique après jugement.

TITRE III. Des dessins, estampes et gravures.

12. L'autorisation préalable exigée par l'article 8 de la loi du 31 mars 1820, pour la publication, exposition, distribution ou mise en vente de tout dessin en estampe gravé ou lithographié, qui, à l'avenir, sera déposé conformément à l'article 8 de notre ordonnance du 24 octobre 1814, sera accordée, s'il y a lieu, en même temps que le récépissé mentionné en l'article 9 de ladite ordonnance. Toute autorisation accordée sera insérée au Journal de la librairie.

13. Nos ministres de l'intérieur et de la justice sont chargés de l'exécution de la présente ordonnance.

1er ⇌ Pr. 2 AVRIL 1820. — Ordonnance du Roi portant nomination des membres du conseil chargé de la surveillance de la censure des journaux et écrits périodiques. (7, Bull. 359, n° 8557.)

Voy. loi du 31 MARS 1820.

Louis, etc.

Vu l'article 9 de notre ordonnance de ce jour, concernant l'exécution de la loi du 31 mars, relative à la publication des journaux et écrits périodiques;

Sur le rapport de notre garde-des-sceaux ministre secrétaire-d'Etat au département de la justice,

Nous avons ordonné et ordonnons ce qui suit :

Art. 1er. Sont nommés membres du conseil chargé de la surveillance de la censure, institué par l'article 9 de notre ordonnance de ce jour, les sieurs Boyer, Vergès, Olivier, et Voysin de Gartempe, nos conseillers en

la cour de cassation ; Brière de Surgy, président en notre cour des comptes; Tarrible, maître des comptes; de Merville, président, Lepoitevin et Larrieu, conseillers en notre cour royale de Paris.

2. Notre garde-des-sceaux, ministre de la justice, est chargé de l'exécution de la présente ordonnance.

1er ⇌ Pr. 2 AVRIL 1819. — Ordonnance du Roi portant nomination des membres de la commission de censure, instituée à Paris. (7, Bull. 359, n° 8558.)

Art. 1er. Sont nommés membres de la commission de censure instituée à Paris par notre ordonnance de ce jour, les sieurs d'Andrezel, inspecteur général des études; Auger, membre de l'académie française ; Baudus ; Derbigny, ancien recteur de l'académie de Grenoble; Lageard de Cherval; Lourdoueix; Mazure, inspecteur général des études ; Rothe de Nugent.

2. Notre ministre de l'intérieur est chargé de l'exécution de la présente ordonnance.

3 ⇌ Pr. 26 AVRIL 1820. — Ordonnance du Roi qui déclare applicables aux écoles de filles les dispositions de l'ordonnance du 29 FÉVRIER 1816, et confie aux préfets la surveillance de ces écoles. (7, Bull. 363, n° 8641.)

Voy. notes sur les ordonnances des 29 FÉVRIER 1816 et 31 OCTOBRE 1821, et ordonnance du 8 AVRIL 1824, titre 5.

Louis, etc.

Sur la représentation qui nous a été faite que notre ordonnance du 29 février 1816, relative à l'instruction primaire, n'exprimait pas suffisamment que les dispositions de cette ordonnance fussent applicables aux institutrices, et pour ne laisser aucun doute sur nos intentions, qui ont été d'apporter aussi dans l'éducation des filles les importantes améliorations dont elle est susceptible ;

Sur le rapport de notre ministre secrétaire-d'Etat au département de l'intérieur ;

Notre Conseil-d'Etat entendu,

Nous avons ordonné et ordonnons ce qui suit :

Art. 1er. Les dispositions de notre ordonnance du 29 février 1816 sont applicables aux écoles de filles comme aux écoles de garçons.

2. Toutefois, la surveillance qui est attribuée à la commission de l'instruction publique sur ces dernières écoles est confiée,

pour les écoles de filles, aux préfets des départemens.

3. Les institutrices d'écoles de filles appartenant à une congrégation légalement reconnue, et dont les statuts, et spécialement ceux qui sont relatifs à l'instruction des novices, auront été approuvés par nous, seront assimilées aux frères des écoles chrétiennes, en ce point que leurs brevets de capacité seront expédiés sur la présentation de leurs lettres d'obédience, et que ces brevets seront déposés dans les mains des supérieures de la congrégation, lesquelles pourront annuler ceux des institutrices qu'elles se verraient obligées d'exclure.

4. Notre ministre de l'intérieur est chargé de l'exécution de la présente ordonnance.

---

3 AVRIL 1820. — Ordonnance du Roi qui nomme M. Maxime de Choiseul préfet du département de la Côte-d'Or. (7, Bull. 361.)

---

5 ⇌ Pr. 13 AVRIL 1820. — Ordonnance du Roi portant création d'une compagnie de canonniers sédentaires, affectés au service de l'artillerie en Corse. (7, Bull. 361, n° 8623.)

Louis, etc.

Les besoins du service dans l'île de Corse exigeant qu'il y soit formé une compagnie d'artillerie pour les travaux, le soin et la conservation des effets et magasins de l'artillerie, autant que pour le service des places et la police des ports;

Sur le rapport de notre ministre secrétaire-d'Etat au département de la guerre.

Nous avons ordonné et ordonnons ce qui suit:

Art. 1er. Il sera formé une compagnie de canonniers sédentaires, sous la dénomination de 13e *compagnie des canonniers sédentaires*, affectée au service et aux travaux de l'artillerie, dont le dépôt sera stationné à Bastia, en Corse.

2. Cette compagnie sera formée suivant nos ordonnances d'organisation des 18 mai 1814 et 25 novembre 1818, et l'admission des anciens militaires de l'artillerie y aura lieu ainsi que dans les autres compagnies de canonniers sédentaires.

3. Notre ministre de la guerre est chargé de l'exécution de la présente ordonnance.

---

5 ⇌ Pr. 13 AVRIL 1820. — Ordonnance du Roi contenant des dispositions relatives au recrutement de la gendarmerie royale. (7, Bull. 361, n° 8624.)

Louis, etc.

D'après le compte qui nous a été rendu, que les dispositions de notre ordonnance du 2 août 1818 ne donnaient pas, quant à présent, la latitude nécessaire pour le recrutement de notre gendarmerie royale;

Voulant faciliter, suivant les besoins et l'importance du service de ce corps, les moyens de porter et d'entretenir les cadres au complet;

Sur le rapport de notre ministre secrétaire-d'Etat au département de la guerre.

Nous avons ordonné et ordonnons ce qui suit:

Art. 1er. A défaut d'hommes justifiant d'un rengagement dans un corps de ligne, ou d'un congé absolu en bonne forme, les militaires en activité, âgés de vingt-cinq ans révolus, ayant quatre années de service, pourront concourir pour les emplois de gendarme, s'ils réunissent les autres conditions déterminées par notre ordonnance du 2 août 1818, et sont d'ailleurs reconnus, par leurs chefs ou par les inspecteurs généraux d'armes, susceptibles de servir dans notre gendarmerie.

2. Les militaires pourvus d'emplois de gendarme, en exécution de l'article précédent, seront tenus de compléter le temps de service prescrit par la loi du 10 mars 1818; et toutes les dispositions des lois et ordonnances auxquelles ils auraient été assujétis dans le corps de la ligne continueront à leur être applicables.

3. Notre ministre de la guerre est chargé de l'exécution de la présente ordonnance.

---

5 ⇌ Pr. 13 AVRIL 1820. — Ordonnance du Roi qui fixe une première mise d'habillement aux militaires qui passent dans la gendarmerie royale. (7, Bull. 361, n° 8625.)

Art. 1er. Les sous-officiers et soldats des corps de l'armée qui, après avoir reçu des congés absolus, obtiendraient de passer immédiatement dans le corps de la gendarmerie royale, auront droit à une première mise d'habillement.

Les mêmes dispositions continueront d'être applicables aux militaires qui, pour les cas de recrutement extraordinaire, seraient appelés des différens corps de l'armée dans les cadres de la gendarmerie.

2. L'indemnité de première mise d'habillement est fixée définitivement, à partir de janvier 1821, en faveur de ces militaires, à cent cinquante francs pour l'arme à pied, et à trois cents francs pour l'arme à cheval.

3. Notre ministre de la guerre est chargé de l'exécution de la présente ordonnance.

---

5 = Pr. 26 AVRIL 1820. — Ordonnance du Roi portant nomination de quatre membres de la commission de censure instituée à Paris. (7, Bull. 363, n° 8642.)

Art. 1er. Sont nommés membres de la commission de censure instituée à Paris par notre ordonnance du 1er avril, les sieurs Raoul-Rochette, membre de l'Académie des inscriptions, Pariset, Landrieux, Vieillard.

2. Notre ministre de l'intérieur est chargé de l'exécution de la présente ordonnance.

5 AVRIL 1820. — Instruction du ministre de la justice aux procureurs-généraux au sujet des magistrats honoraires. (Publiée par Me Isambert.)

Voy. notes sur le décret du 2 OCTOBRE 1807.

La nature et l'étendue des prérogatives des magistrats qui ont cessé d'être en activité, et auxquels le Roi a accordé le titre d'honoraires, ont donné lieu à des interprétations différentes. Il est trop essentiel dans une matière aussi grave de s'attacher aux règles et de les entendre sainement, pour que je me dispense de vous donner des instructions propres à fixer l'incertitude et dissiper les doutes, à faire exécuter d'une manière uniforme les dispositions des réglemens.

Toute notre législation dans cette partie se trouve écrite dans l'article 3 du décret du 2 octobre 1807 et dans l'article 77 du décret du 6 juillet 1810.

Il y a deux classes de magistrats honoraires : les uns conservent leur titre et leur rang, mais ils n'exercent aucunes fonctions ; les autres ont droit d'assister, avec voix délibérative, aux assemblées des chambres et aux audiences solennelles.

Pour bien les distinguer, il faut faire attention d'abord qu'il ne peut exister, pour les tribunaux inférieurs, que des magistrats honoraires qui n'exercent aucune fonction ; l'article 77 du décret du 6 juillet 1810 ne s'applique qu'aux magistrats des cours royales ; ce n'est qu'à eux qu'il accorde le privilége de pouvoir, quoique admis à la retraite, concourir à certaines délibérations ; en quittant le siége dont ils ont fait partie, jamais les membres des tribunaux de première instance ne peuvent prétendre à une pareille prérogative.

Remarquez que cette distinction ne présente rien qui puisse affaiblir la juste considération qui est due aux membres des tribunaux inférieurs qui remplissent bien leurs fonctions. Le but de l'article 77 du décret du 6 juillet a été de ne pas priver les cours de magistrats distingués, qui, parcequ'ils fléchissent sous le poids d'un travail de tous les jours, n'ont pas perdu pour cela leurs lumières et leur expérience : or, on n'a pu supposer que les vertus et les talens d'un magistrat attaché à un tribunal inférieur y resteraient oubliés pendant trente ans ; on a dû croire, et l'expérience le démontre chaque jour, qu'un tel magistrat serait placé dans une cour souveraine.

S'il n'y a que deux classes de magistrats honoraires, dont les uns ont voix délibérative dans certains cas, et les autres ne peuvent jamais l'avoir, il faut dire que tous ceux qui n'appartiennent pas à la première classe font nécessairement partie de la seconde : il suffit donc de faire voir quels magistrats honoraires peuvent prétendre au privilége établi par le décret de juillet 1810, pour indiquer ceux qui n'y ont pas droit.

L'article 77 exige d'abord que le magistrat qui se retire ait trente années de service.

Il veut ensuite que la retraite du magistrat soit volontaire : pourront se retirer, dit l'article.

Il résulte de là que les membres des cours qui n'ont point été compris dans les nouvelles institutions que le Roi a données ne peuvent prétendre aux prérogatives énoncées dans l'article 77 précité, quand même le titre d'honoraires leur aurait été accordé, soit par l'ordonnance portant institution des magistrats de la cour à laquelle ils appartenaient, soit par une ordonnance particulière, quand même ils auraient réellement trente années de service. Leurs droits sont réglés par l'article 5 du décret du 2 octobre 1807, qui est relatif aux magistrats qui, forcés à se retirer pour une cause quelconque, n'ont cependant pas démérité, et auxquels la justice veut qu'on laisse la possession de leur état. Le titre d'honoraires que le Roi a accordé aux membres des cours qu'il n'a point maintenus dans leurs fonctions n'a eu d'autre objet que d'adoucir ce que leur retraite forcée pouvait avoir eu de pénible pour eux. Il n'est donc pas possible de l'assimiler pour ses effets au titre d'honoraires dont parle l'article 77 du décret du 6 juillet ; ce dernier est une récompense ; il est une conséquence, il fait partie du système établi par ce décret pour entretenir une louable et salutaire émulation parmi les magistrats.

Il n'y a donc que les membres des cours qui peuvent, en sollicitant et obtenant leur retraite, après trente années de service, réclamer les droits énoncés dans l'article 77 du décret du 6 juillet. Mais l'exercice de ces droits est lui-même soumis à une condition. Le magistrat qui veut en jouir doit obtenir des lettres du Roi qui l'y autorisent : lorsque nous leur aurons fait expédier nos lettres pour ce nécessaires, porte l'article précit[1]. Or, il ne faut pas confondre avec ces lettres une ordonnance qui confère le titre d'honoraire, quand même elle ajouterait : pour en jouir avec les droits et prérogatives qui y sont attachés ; il est facile de s'en convaincre.

Les droits dont parle l'article 77 ne sont pas inévitablement acquis au magistrat qui se retire volontairement après trente années de service. Le Roi peut ne les point accorder. Ces droits d'ailleurs diffèrent de ceux dont parle l'article 3 du décret du 2 octobre 1807 ; pour obtenir ces derniers, il suffit de n'avoir point démérité, et c'est tout ce que reconnaît une ordonnance qui accorde le titre d'honoraire. Il n'en est pas de même des prérogatives énoncées dans l'article 77 ; le droit qu'elles donnent de prendre part à certaines délibérations est soumis à deux conditions dont l'accomplissement doit être prouvé : il ne faut pas que les parties qui attaquent ou défendent un arrêt auquel a concouru un magistrat honoraire aient à rechercher si sa retraite fut volontaire, s'il avait réellement trente années de service ; il ne faut pas de tels faits puissent devenir litigieux : il faut, au contraire, que la preuve en repose dans l'acte même qui confère au magistrat le droit de juger. Il faut donc des lettres qui disent la nature et la durée des services des magistrats honoraires : aussi l'article 77 du décret du 6 juillet 1810 porte-t-il : lorsque nous leur aurons fait expédier nos lettres pour ce nécessaires.

Il résulte de tout ce que je viens de vous dire.

1° Que les membres honoraires des tribunaux inférieurs ne peuvent avoir d'autres prérogatives que celles dont parle l'article 3 du décret du 2 octobre 1807 ;

2° Que le titre de président ou de conseiller honoraire d'une cour de justice, conféré par une ordonnance royale à un magistrat qui ne s'est point retiré volontairement, et qui a moins de trente ans d'exercice, n'a d'autre objet, en l'assimilant aux officiers de magistrature dont il est parlé en l'article 3 du décret du 2 octobre 1807, que d'adoucir ce que sa retraite forcée peut avoir eu de pénible pour lui ;

3° Que ce titre, conféré par une ordonnance royale à un magistrat qui se retire volontairement, même après trente ans d'exercice, ne lui donne pas d'autres droits que ceux qui sont énoncés dans l'article qui vient d'être cité ;

4° Enfin que ce titre, avec les prérogatives qui y sont attachées par l'article 77 du règlement du 6 juillet 1810, est une récompense qui ne peut être conférée que par lettres du Roi à ce nécessaires ; mais que cette récompense, qui ne peut être demandée que par les magistrats qui se retirent volontairement après trente ans d'exercice, est facultative de la part du Roi, et ne leur est point inévitablement acquise.

Ainsi, les magistrats honoraires de votre cour qui ont bien mérité dans l'exercice de leurs fonctions, et qui croiront devoir réclamer les prérogatives dont parle l'article 77 du règlement du 6 juillet 1810, devront se pourvoir au ministère de la justice pour obtenir du Roi les lettres à ce nécessaires. Ils devront joindre à leur demande la preuve qu'ils ont trente années de service, qu'ils ont eux-mêmes sollicité leur retraite.

Vous voudrez bien communiquer ces instructions aux premier président et présidens de votre cour, aux présidens des tribunaux de première instance, et à vos substituts près ces tribunaux, pour qu'ils en surveillent avec vous, chacun en ce qui le concerne, l'exécution, et fassent cesser les abus qui auraient pu s'introduire.

Vous m'en accuserez réception.

———

5 AVRIL 1820. — Ordonnance du Roi qui nomme M. le maréchal Moncey, duc de Conegliano, gouverneur de la 9e division militaire. (7, Bull. 360.)

———

5 AVRIL 1820. — Ordonnances du Roi portant liquidation de cinquante-six soldes de retraite, provisoirement payables sur le fonds des demi-soldes. (7, Bull. 365.)

———

5 AVRIL 1820. — Ordonnances du Roi portant liquidation de trente-une soldes de retraite, provisoirement payables sur le fonds des demi-soldes. (7, Bull. 366.)

———

6 ⚌ Pr. 13 AVRIL 1820. — Ordonnance du Roi qui fixe un délai de rigueur pour le versement des cautionnemens ou supplémens de cautionnemens exigés par la loi de finances du 28 AVRIL 1816. (7, Bull. 361, 8626.)

Voy. ordonnances des 19 FÉVRIER 1817, 12 JANVIER et 1er MARS 1820.

Louis, etc.

Sur le rapport de notre ministre secrétaire-d'État des finances ;

Vu l'article 95 de la loi de finances du 28 avril 1816, portant qu'il sera pourvu au remplacement des divers fonctionnaires appelés à faire des cautionnemens ou supplémens de cautionnemens, qui n'y auraient pas satisfait dans les délais fixés par cette loi.

Vu nos ordonnances des 1er mai 1816, 19 février 1817 et 9 janvier 1818;

Étant informé que plusieurs fonctionnaires appelés par la dernière loi à verser des cautionnemens ou supplémens de cautionnemens ont négligé de le faire dans les délais fixés par la loi et prorogés par notre ordonnance du 19 janvier 1817;

Qu'ils n'y ont point encore satisfait dans ce moment, et que cependant ils exercent leurs fonctions au mépris de la loi et au détriment de ceux qui en ont exécuté les dispositions;

Notre Conseil-d'Etat entendu.

Nous avons ordonné et ordonnons ce qui suit :

Art. 1er. Tous payeurs de départemens, percepteurs des contributions directes, receveurs communaux, directeurs, inspecteurs et contrôleurs des contributions indirectes, préposés aux tabacs, directeurs, inspecteurs, receveurs et vérificateurs des douanes, contrôleurs des canaux, préposés à la navigation et conservateurs des hypothèques, qui n'ont point acquitté les cautionnemens ou supplémens de cautionnemens exigés par la loi de finances du 28 avril 1816, sont tenus de le faire dans les deux mois qui suivront la publication de la présente ordonnance.

2. Ledit délai expiré, nous déclarons révoquées les commissions de ceux qui n'auront pas satisfait à la loi : ils seront tenus de cesser leurs fonctions.

3. Défenses sont faites, après le délai susdit, aux receveurs généraux et particuliers, d'admettre aucun versement de leur part.

4. Les fonctionnaires révoqués en vertu de l'article 1er, qui, après le délai porté audit article, continueraient à exercer leurs fonctions, seront poursuivis conformément aux lois.

5. Notre ministre des finances est chargé de l'exécution de la présente ordonnance.

———————

6 AVRIL. 1820. — Ordonnance du Roi qui nomme M. le duc de Gaëte gouverneur de la Banque de France. (7, Bull. 360.)

———————

7 AVRIL 1820. — Ordonnance du Roi qui admet les sieurs Waldenmair, de Woussow, Schœffer, Bilger et Buchler, à établir leur domicile en France. (7, Bull. 364.)

———————

7 AVRIL 1820. — Ordonnances du Roi qui accordent des lettres de déclaration de naturalité aux sieurs Fresco, Renard, Boetti,

Schneider et Grancier. (7, Bull. 376, 396, 401 et 444.)

———————

9 ⚌ Pr. 28 AVRIL 1820. — Ordonnance du Roi portant proclamation des brevets d'invention, de perfectionnement et d'importation, délivrés pendant le premier trimestre de 1820. (7, Bull. 364, n° 8660.)

———————

9 AVRIL ⚌ Pr. 25 MAI 1820. — Ordonnance du Roi portant autorisation, conformément aux statuts y annexés, de la Société d'Assurances mutuelles contre l'incendie dans les départemens du Calvados, de l'Orne et de la Manche, provisoirement formée à Caen. (7, Bull. 370, n° 8728.)

Louis, etc.

Vu les actes et statuts constitutifs d'une société d'assurances mutuelles contre l'incendie dans les départemens du Calvados, de l'Orne et de la Manche, provisoirement formée à Caen, savoir :

1° Acte passé par-devant Poignant et son collègue, notaires à Caen, le 7 juillet 1819;

2° Nouvel acte passé, le 10 janvier 1820, par-devant les mêmes notaires, renfermant des modifications aux statuts contenus dans l'acte ci-dessus;

Sur le rapport de notre ministre secrétaire-d'Etat au département de l'intérieur;

Notre Conseil-d'Etat entendu;

Nous avons ordonné et ordonnons ce qui suit :

Art. 1er. La société d'assurances mutuelles contre l'incendie dans les départemens du Calvados, de l'Orne et de la Manche, provisoirement formée à Caen, est autorisée conformément à ses statuts, tels qu'ils résultent définitivement de l'acte du 7 juillet 1819, modifié par celui du 10 janvier 1820, lesquels statuts, annexés à la présente ordonnance, sont approuvés, sauf les réserves ci-après.

2. En aucun temps, nulle propriété dont la valeur individuelle excéderait un pour cent de la somme totale des valeurs associées jusqu'alors dans l'assurance mutuelle ne pourra y être admise.

3. L'examen des estimations des propriétés admises à l'assurance, mentionné aux articles 9, 20, 22, 24 des statuts, ne pourra être abandonné aux soins du directeur, mais devra être fait avec le concours et l'approbation du conseil d'administration.

4. Les suppléans des membres du conseil d'administration seront susceptibles des mêmes conditions d'éligibilité que les administrateurs.

5. Nonobstant l'article 32 (1), il n'est porté aucune atteinte au droit commun des sociétaires de révoquer le directeur en sa qualité de leur mandataire.

6. Les stipulations de l'article 14, au sujet des créanciers hypothécaires, ne s'entendront en aucune manière déroger ni préjudicier aux droits des tiers non contractans, tels qu'ils sont garantis par le droit commun.

7. La présente autorisation étant accordée à la charge par ladite association de se conformer aux lois et aux statuts qui doivent la régir, nous nous réservons de la révoquer dans le cas où ces conditions ne seront pas accomplies, sauf les actions à exercer par les particuliers devant les tribunaux, à raison des infractions commises à leur préjudice.

8. La société sera tenue de remettre, tous les six mois, copie en forme de son état de situation au préfet du département du Calvados, et aux greffes des tribunaux de première instance existans dans ledit département.

9. Devront lesdits sociétaires se conformer, en ce qui les concerne, aux lois et régiemens de police sur le fait des incendies.

10. Notre ministre secrétaire-d'Etat au département de l'intérieur nommera un commissaire auprès de ladite compagnie, lequel sera chargé de prendre connaissance de ses opérations, de l'observation de ses statuts, et d'en rendre compte.

Il informera le préfet du département de tout ce qui, dans les opérations de la compagnie, pourrait intéresser l'ordre et la sûreté publique. Il le préviendra de la tenue des assemblées du conseil général des sociétaires : il pourra suspendre provisoirement celles des opérations de la compagnie qui lui paraîtront contraires aux lois et statuts, ou dangereuses pour la sûreté publique, et ce, jusqu'à la décision à intervenir des autorités compétentes.

11. Notre ministre secrétaire-d'Etat de l'intérieur est chargé de l'exécution de la présente ordonnance, qui sera insérée au Bulletin des Lois.

Pareille insertion aura lieu dans le Moniteur et dans le journal destiné aux annonces judiciaires du département du Calvados, sans préjudice des publications qui pourront être requises par la loi.

STATUTS (2).

CHAPITRE Ier. Fondation.

Art. 1er. Il est formé par le présent acte une société anonyme d'assurances mutuelles entre les propriétaires soussignés de maisons et bâtimens sis dans les départemens du Calvados, de l'Orne et de la Manche, et ceux des propriétaires dans les mêmes départemens qui adhéreront aux présens statuts.

2. La présente association ne pourra avoir d'effet que du moment où, par suite des adhésions aux présens statuts, il se trouvera pour une somme de dix millions de francs de propriétés engagées à l'assurance mutuelle.

L'accomplissement de cette condition sera constaté par le conseil d'administration de la société. Le directeur le notifiera par une circulaire à chaque sociétaire.

Ladite somme de dix millions de francs n'est pas limitative; le nombre des sociétaires est indéfini; la compagnie admettant à l'assurance mutuelle tous les propriétaires de maisons et bâtimens dans ces départemens.

3. La durée de la société est de trente ans, pourvu toutefois qu'à l'expiration de chaque période de cinq années il se trouve toujours pour dix millions de propriétés engagées à l'assurance, sauf l'effet de l'article 6, relatif à chacun des associés.

CHAPITRE II. But et organisation de la société.

4. Cette société a pour objet de garantir mutuellement ses membres des dommages et risques que pourraient causer l'incendie et même tout feu du ciel et de cheminée aux maisons et bâtimens qui participent aux bienfaits de la société, ainsi qu'aux meubles placés par les propriétaires à perpétuelle demeure, et devenus immeubles par destination, dans les bâtimens d'habitation seulement.

Ne font pas partie de la présente association les spectacles; n'y sont point également compris les objets étrangers à l'immeuble, même les ustensiles, machines et mécaniques des usines.

Enfin, ne sont pas compris dans la présente assurance, et ne pourront donner lieu à aucun jugement de dommages, tous incendies provenant, soit d'invasion, soit d'émeutes populaires ou dissensions civiles, soit enfin de force militaire quelconque.

La police d'assurance devient nulle dans ses effets actifs et passifs, si la propriété cesse d'exister par d'autres causes que celles d'incendie.

---

(1) C'est sans doute 22.
(2) Il ne faut pas perdre de vue les modifications apportées par l'acte additionnel du 10 janvier 1820, placé à la suite des statuts.

5. Il sera remis à chaque propriétaire assuré, en même temps que sa police d'assurance, une plaque en tôle, indicative de l'assurance, portant les lettres initiales P. A. C. L. (propriété assurée contre l'incendie), qu'il devra faire apposer à ses frais dans l'endroit le plus apparent de sa propriété.

6. Chaque sociétaire est assureur et assuré pour cinq années, à partir du premier jour du mois qui suit celui dans lequel il est devenu sociétaire; trois mois avant l'échéance des cinq ans, il fait connaître, par une déclaration consignée sur un registre tenu à cet effet, s'il entend continuer de faire partie de la société, ou s'il y renonce.

Par le seul fait du défaut de déclaration à l'époque donnée, il est réputé avoir l'intention de demeurer attaché à la société, et il continue d'en faire partie.

S'il continue, toutes les conditions de l'assurance (y compris une nouvelle expertise, s'il y a lieu) doivent être remplies avant l'échéance du terme de l'engagement.

S'il y renonce, son immeuble est dégagé de toutes charges sociales, comme il cesse de profiter des bénéfices de garantie, à partir de l'échéance dudit terme, et son dernier jour compris.

Chaque propriétaire engage sa propriété pour cinq ans.

Le présent article sera exécutoire, tant contre l'assuré, que contre les héritiers, ayans-cause, et même contre les acquéreurs, en cas de vente, à peine, dans ce dernier cas, de tout recours contre lui.

7. En sa qualité d'assureur, tout sociétaire est tenu de fournir à la compagnie une garantie pour le paiement des portions contributives auxquelles l'assujétit le présent système d'assurance mutuelle : cette garantie, qui forme le capital, est d'un pour cent de la valeur assurée.

Si cette garantie vient à être entamée par le paiement d'une portion contributive, elle doit être aussitôt complétée.

Pour les maisons au-dessous de dix mille francs, le mode de cette garantie est déterminé par le conseil d'administration.

Pour celles de dix mille francs et au-dessus, le propriétaire affecte spécialement la propriété assurée, jusqu'à concurrence d'un pour cent de sa valeur; cette affectation donne lieu à une inscription que prend le directeur en son nom, pour la compagnie, sur la propriété assurée, dans les trois jours de l'engagement de son propriétaire.

Cette inscription peut être suppléée par une rente sur l'État, représentative, au cours du jour, du montant de la garantie, ou par un dépôt d'espèces, soit à la Banque de France, soit à la caisse de l'administration,

soit à la caisse du Mont-de-Piété. Dans l'un ou l'autre cas, l'engagement s'accomplit de manière que la valeur qui sert de garantie soit constamment, en cas de besoin, à la disposition de l'administration.

Si la garantie s'opère en espèces entre les mains du caissier de l'administration, elles sont converties en une inscription sur le grand-livre de la dette publique, laquelle est déposée chez le notaire de la société.

Cette garantie, jugée nécessaire à la naissance de l'établissement, peut être réduite au fur et à mesure de l'accroissement progressif des propriétés engagées à l'assurance mutuelle.

Ce changement s'opère en vertu d'un arrêté du conseil d'administration délibéré avec le comité des sociétaires, de manière que le fonds capital de la garantie soit toujours de cent mille francs, quelles que soient les personnes qui l'aient fourni.

Ce changement étant opéré, le directeur donne main-levée des inscriptions, jusqu'à due concurrence des réductions, aux sociétaires qui ont hypothéqué leurs immeubles, et chaque autre sociétaire opérera un prélèvement dans la même proportion sur la somme numéraire qu'il a versée : dans tous les cas, le montant d'une portion contributive ne peut excéder la garantie d'un pour cent que doit fournir le sociétaire.

8. Chaque sociétaire, pour l'exécution de l'article ci-dessus, fait élection de domicile dans l'un des chefs-lieux des départemens compris dans l'assurance, et se soumet, pour tous les effets du présent acte, à la juridiction du tribunal de première instance du domicile qu'il aura fixé.

9. La contribution foncière de 1812, calculée comme quart ou comme cinquième du revenu, suivant le plus ou le moins d'ancienneté ou de solidité de construction de l'immeuble à estimer, capitalisée au denier vingt, est prise pour servir de base à l'estimation des maisons destinées à être garanties par l'assurance.

Les estimations du cadastre seront préférées partout où il aura été établi.

Dans le cas où l'évaluation résultant des modes indiqués ci-dessus ne conviendrait pas au propriétaire ou au directeur, comme aussi pour les propriétés qui n'ont pas de valeur locative, elle sera suppléée par une autre évaluation fournie avec le détail par le propriétaire et appuyée de l'avis d'un homme de l'art : la déclaration jointe à l'acte d'adhésion sera vérifiée par les soins du directeur.

Le montant de cette estimation, déduction faite de la valeur du sol, forme le capital à assurer; et ce capital est la base de la somme à laquelle le propriétaire assuré a droit en cas d'incendie, comme il est la base de la somme pour laquelle il doit concourir au paiement des dommages audit cas.

L'estimation doit porter séparément sur chacun des bâtimens composant l'ensemble de la propriété assurée.

La valeur du sol est fixée au dixième de l'estimation de l'immeuble, à moins que, dans l'intérêt de la société ou dans celui de l'associé, il n'ait été fait une estimation rigoureuse par experts, avant l'engagement dudit immeuble (1).

10. Tout fait d'incendie est dénoncé, au moment où il se manifeste, par le propriétaire assuré, ou par toute autre personne qu'il est tenu de charger expressément de ce soin, au maire de la commune où l'immeuble est situé, ou à tout autre officier public, qui en donne déclaration authentique, portant le détail succinct du dommage : ladite déclaration est envoyée dans les trois jours, augmentés d'un jour par chaque trois myriamètres de distance, au directeur, qui la fait constater et vérifier de suite.

La déclaration du propriétaire ou de son représentant est signée sur un registre à ce destiné, et il en est donné copie au déclarant.

11. Cinq jours au plus après la remise de la déclaration d'incendie dans les bureaux de la direction, l'architecte désigné par le directeur procède à l'estimation du dommage causé par l'incendie à la propriété assurée : le propriétaire pourra lui adjoindre, à ses frais, un autre expert ; en cas de partage d'opinions, un troisième est nommé par le juge-de-paix du lieu de l'incendie, et payé à frais communs.

La base de cette estimation est la valeur incendiée, et non le prix de la reconstruction.

Si la propriété est entièrement consumée, l'effet de la police d'assurance est suspendu jusqu'à la reconstruction, et le sociétaire reste pendant le même temps affranchi des charges sociales : ce prix est payé, sauf l'effet de l'article ci-après, sur le pied de l'estimation lors de l'assurance ; et les matériaux qui ont résisté à l'incendie deviennent la propriété de la compagnie, qui les fait enlever dans la quinzaine qui suit la clôture du procès-verbal.

12. Quatre jours après la clôture du procès-verbal des experts, les dix-neuf vingtièmes de la valeur de la maison, si elle est entièrement consumée, ou de la somme à laquelle le dommage a été fixé, seront payés à l'assuré, sur l'ordre exprès du conseil d'administration ; l'autre vingtième reste en perte pour l'assuré, qui, par ce moyen, sera plus intéressé à la conservation de son immeuble.

Ce dernier vingtième sera mis à la disposition du conseil général du département dans lequel sera située la propriété incendiée, pour en gratifier, de concert avec le conseil d'administration de la compagnie, soit le corps des sapeurs-pompiers, soit les autres personnes qui seront reconnues pour s'être portées avec le plus d'empressement au secours des incendies, soit enfin pour dédommager les victimes d'incendie non secourues par la mutualité.

Dans le cas où il existe des créanciers hypothécaires sur l'immeuble incendié, le paiement ci-dessus représentant en partie la valeur dudit immeuble, et étant destiné à tenir lieu du gage des créanciers hypothécaires, ou à le rétablir par la reconstruction ou réparation, il ne peut être arrêté ou suspendu par l'effet d'une saisie ou opposition au profit d'anciens créanciers non hypothécaires.

Ces paiemens seront faits à la charge de subroger la société, jusqu'à concurrence seulement de l'indemnité par elle payée, aux droits et actions qu'auraient les propriétaires incendiés contre la personne du fait de laquelle l'incendie serait provenu.

13. Pour l'exécution de l'article qui précède, le directeur établit, tous les trois mois, le compte de la contribution des sociétaires, à raison des événemens d'incendie survenus dans le trimestre.

Le conseil d'administration vérifie ce compte, et en arrête définitivement la répartition : le caissier est chargé d'en poursuivre le recouvrement.

Il en est donné avis aux sociétaires, qui viennent en prendre connaissance, s'ils le jugent à propos, au secrétariat de l'administration, et verser entre les mains du caissier le montant de la part dont ils sont tenus respectivement dans ladite contribution.

À défaut de paiement, cet avis est renouvelé ; et, quinze jours après ce dernier avertissement, l'assureur en retard est poursuivi, à la diligence du directeur, et par toutes voies de droit, pour le paiement de la somme dont il se trouve débiteur : tout pouvoir est, à cet effet, conféré par les présens statuts au directeur de la compagnie.

Le retardataire, en outre, est passible d'une amende dont la quotité est fixée au quart de la somme pour laquelle il est poursuivi.

_____

(1) Voy. l'article 5 de l'ordonnance.

Le montant de ces amendes sera ajouté aux sommes destinées à faire des achats de pompes et autres machines à incendie.

14. Les locataires principaux ou particuliers, ainsi que les fermiers pour les propriétés rurales, sont admis, sans le consentement du propriétaire, à cause de la responsabilité dont ils sont tenus pour tout incendie de leur fait dans la propriété qu'ils habitent ou dont ils ont la jouissance, à devenir membres de la présente société, en satisfaisant, comme s'ils étaient propriétaires, aux dispositions des présens statuts.

L'effet de l'assurance, quant à eux, est, si le propriétaire a fait assurer de son côté, d'être affranchis, vis-à-vis de la compagnie, de la responsabilité résultant de l'incendie arrivé dans les lieux qu'ils habitent et dont ils ont la jouissance.

Et dans le cas où le propriétaire ne serait pas assuré, la compagnie devra les garantir de tout recours de la part du propriétaire, jusqu'à concurrence du montant du dommage, ou de celui de l'assurance, si la propriété est entièrement brûlée.

Tout créancier hypothécaire est également admis à faire assurer l'immeuble qui lui sert de garantie, en satisfaisant, comme s'il était propriétaire, aux conditions de l'assurance.

C'est à ce créancier assuré que la compagnie paie le montant de son assurance à la décharge du débiteur, en cas d'incendie total de l'immeuble qui lui sert de gage ; et en cas de simple dommage, l'indemnité due par la compagnie est remise au créancier en déduction de sa créance.

Tous les créanciers inscrits pourront profiter du bénéfice de cet article, mais avant tout accident, en remboursant proportionnellement aux créanciers les frais déboursés pour l'assurance, et en y contribuant à l'avenir.

L'usufruitier peut, comme le créancier hypothécaire, assurer l'immeuble dont il a l'usufruit, en satisfaisant aussi, comme s'il était propriétaire, aux conditions de l'assurance (1).

CHAPITRE III. Du mode de répartition des portions contributives à la charge des sociétaires pour le cas d'incendie.

15. Attendu que les maisons, par la forme de leurs constructions, et à raison des professions exercées par ceux qui les habitent, comme aussi par leur plus ou moins grand éloignement des secours contre les incendies, courent des risques plus ou moins multipliés, elles concourront au paiement des dommages d'incendie dans chaque répartition, au prorata de ces risques.

Pour cet effet, elles sont distribuées en quatre classes dans l'ordre ci-après :

Première classe. Les maisons d'habitation ordinaires, construites en pierre ou en brique, ou même en terre, et qui sont couvertes en tuiles ou ardoises ; les châteaux, les maisons de campagne proprement dites, formés des mêmes matériaux : ces maisons concourront uniquement au prorata de la somme pour laquelle elles sont engagées à l'assurance, c'est-à-dire qu'elles ne paieront qu'un simple droit.

Seconde classe. Les fermes et bâtimens analogues, tels que granges, hangars, pressoirs, écuries, etc., bâtis comme les précédens : ces bâtimens concourront dans la proportion d'un tiers en sus de leur valeur, selon l'assurance.

Troisième classe. Les chaumières et toutes autres maisons construites en bois, et couvertes en bois ou en chaume : ces maisons concourront dans la proportion de moitié en sus de leur valeur, selon l'assurance.

Quatrième classe. Les usines, les ateliers où il se fait une grande consommation de combustibles, commé les forges, les fours, les fonderies, les raffineries et tous les immeubles de cette espèce, où les dangers sont plus imminens et les conséquences plus graves : ces immeubles paient dans une proportion double de la somme pour laquelle ils sont compris dans l'assurance.

Lorsqu'une propriété bâtie se compose de plusieurs corps-de-logis ou de plusieurs bâtimens qui appartiennent aux diverses classes déterminées dans cet article, il en doit être fait mention dans la déclaration du procès-verbal d'estimation prescrite par l'article 9, et il est fait application à ces bâtimens de constructions différentes, des clauses dudit article, suivant la classe à laquelle ils appartiennent.

CHAPITRE IV. Administration de la société.

SECTION Ire. *Composition de l'administration.*

16. La société est administrée par un conseil général des sociétaires, un conseil d'administration et un directeur.

Il est attaché auprès d'eux un conseil contentieux, composé d'un notaire, d'un avocat, d'un avoué et de deux architectes, lesquels sont nommés par le conseil d'administration sur la présentation du directeur.

17. Le conseil général des sociétaires est

---

(1) *Voy.* article 6 de l'ordonnance.

composé des cinquante plus forts sociétaires : il est présidé par l'un de ses membres, élu à la majorité des suffrages.

Huit membres choisis parmi les sociétaires forment le conseil d'administration de la compagnie. Ils doivent avoir au moins *trente mille francs* de propriétés engagées à l'assurance mutuelle.

Il est attaché à ce conseil un secrétaire pris hors de son sein, et nommé par lui, sur la présentation du directeur ; ce secrétaire peut cumuler la fonction de caissier.

Les membres du conseil sont renouvelés par moitié tous les dix ans ; les premiers sortans sont déterminés par le sort.

Ceux dont le temps est expiré peuvent être réélus.

Ils peuvent, pendant la durée de leus fonctions, faire choix d'un suppléant parmi les plus forts sociétaires.

18. Pour parvenir à la formation du présent établissement, le conseil d'administration sera composé de huit sociétaires, savoir :

MM. le baron Le Menuet, premier président de la cour royale de Caen ; le baron de Préfeln, procureur général ; Deloges, conseiller à la cour ; Després, conseiller à la cour ; Poignant, notaire honoraire à Caen ; Godefroy, professeur et docteur en médecine ; Brunon l'aîné, propriétaire à Caen ; Prudhomme, professeur de navigation ; tous dénommés au commencement des présentes. Les membres du conseil contentieux sont :

MM. Louis-Marie-Ferdinand Poignant, notaire, à Caen, y demeurant, rue Ecuyère, n° 44 ; Hippolite-Pierre-François Marc, avocat, professeur en droit et recteur de l'académie de Caen ; le sieur Le Cornu, avoué près la cour royale de Caen. En leursdites qualités de notaire, avocat et avoué, ils peuvent avoir voix consultative.

19. M. Bernard-Marie Deloges, propriétaire, demeurant à Caen, rue du Port, est le directeur général de l'établissement.

SECTION II. Attributions.

20. Le conseil général se réunit une fois par année ; sa première réunion a lieu six mois après la mise en activité de ladite société.

Il confirme, s'il le juge convenable, les membres du conseil d'administration.

Il nomme par la suite les membres dudit conseil.

Il choisit dans son sein trois membres pour former un comité de sociétaires chargé, pendant le cours de l'année, de suivre toutes les opérations de l'administration.

Il statue sur toutes les observations qui lui sont faites chaque année, par ledit comité de sociétaires, après avoir toutefois entendu le conseil d'administration.

Le conseil d'administration se réunit, d'obligation, le premier mercredi de chaque mois.

Si c'est un jour férié, la séance est remise au mercredi suivant.

Le directeur assiste à ces séances.

Le conseil est présidé par un de ses membres ; il ne peut délibérer qu'autant qu'il est composé de quatre membres ou suppléans.

En cas de partage d'opinions, le directeur a voix délibérative pour faire majorité.

Les suppléans peuvent assister aux délibérations du conseil d'administration ; mais ils n'ont voix délibérative que quand ils représentent les membres du conseil d'administration, ou qu'ils complètent le nombre de quatre, nécessaire pour valider les opérations.

Les membres dudit conseil ne contractent, à raison de leur gestion, aucune obligation personnelle ou solidaire relativement aux engagemens de la société.

Le conseil délibère sur toutes les affaires de la société, et les décide par des arrêtés consignés sur des registres tenus à cet effet ; il ne peut prendre aucun arrêté qui, en contrevenant aux présens statuts, tende à aggraver ou à changer le sort des sociétaires.

Ses décisions sont prises à la majorité absolue des suffrages ; elles sont exécutoires pour toute la compagnie. Le directeur est tenu de s'y conformer (1).

21. Le comité des sociétaires prend part aux délibérations du conseil d'administration dans tous les cas prévus par les statuts ; il rend compte au conseil général des observations qu'il a pu faire pendant l'année, et des abus qu'il aurait pu reconnaître dans l'administration.

22. Le directeur dirige et exécute toutes les opérations de la société ; il assiste, avec voix consultative, aux séances dudit conseil, et a voix délibérative en cas de partage d'opinions.

Il est responsable du mandat qu'il reçoit : il fournit un cautionnement en immeubles ou en effets publics, à sa volonté, de la valeur de dix mille francs ; ce cautionnement serait porté à vingt mille francs, dans le cas où il tiendrait lui-même la caisse. Il convoque les assemblées, et met sous leurs yeux l'état de situation de l'établissement et les comptes détaillés de tout ce que la compagnie a été

(1) Voy. article 5 de l'ordonnance.

dans le cas de rembourser pour cause d'in-cendie.

Il donne, soit aux sociétaires, soit aux membres des différentes branches de l'admi-nistration, tous les renseignemens qu'ils peu-vent désirer, avec communication des regis-tres, livres, arrêtés, état de situation, etc.

Il fait procéder à l'estimation des maisons engagées à l'assurance : il est chargé de la délivrance des polices d'assurance, de la te-nue et de l'ordre des bureaux, des rapports de la société avec les autorités, de la cor-respondance, enfin de la confection comme de la suite et de l'exécution de tous les actes qui peuvent concerner l'établissement.

Il demeure chargé de l'exécution des pré-sens statuts, et ne peut s'écarter en au-cune manière des opérations qui en sont l'objet.

En conséquence, il sera tenu non-seule-ment d'ouvrir les registres nécessaires au conseil d'administration pour ses délibéra-tions et arrêtés, mais encore d'ouvrir un journal général qui offre, dans l'ordre jugé convenable, les noms des sociétaires, la va-leur de leurs assurances et le compte ouvert à chacun d'eux, les registres relatifs aux dé-clarations d'incendie, aux évaluations des dommages et à la correspondan e.

En cas de décès du directeur général avant le terme de la société, le conseil d'ad-ministration lui choisit un successeur dans les sujets que la veuve ou ses héritiers lui présenteront pour le remplacer.

Le directeur présente au conseil d'admi-nistration celui qu'il désire pour le rempla-cer, même de son vivant ; et la survivance, ainsi que le droit de remplacement actuel, lui est assurée par le conseil d'administration.

Pour assurer le service de la compagnie contre tout événement de maladie ou autre empêchement, le directeur général a le droit de se nommer un adjoint destiné à le sup-pléer dans toutes les opérations de la direc-tion.

Les émolumens attribués à cet adjoint sont à la charge du directeur, en conformité de l'article 24 (1).

23. Le commissaire du Gouvernement, désigné par le ministre de l'intérieur, peut prendre connaissance des arrêtés du conseil d'administration, et en suspendre l'exécu-tion, s'il les trouve contraires aux lois et en opposition avec les arrêtés de police.

Section. III. Frais de direction.

24. Tous frais de loyer, frais de bureau ou de correspondance, tous traitemens d'em-ployés, droits d'enregistrement, honoraires des notaires, prix des plaques à apposer sur les maisons assurées, toutes distributions de jetons et autres droits de présence aux mem-bres du conseil d'administration, enfin tou-tes dépenses, soit d'établissement, soit de gestion, sont et demeurent à la charge de la direction.

Pour faire face à ces dépenses et au pré-lèvement établi par l'article ci-après, et vu la grande étendue de la circonscription et de la dissémination des propriétés, qui rendent ces frais très considérables, chaque associé est redevable de la somme de trente centi-mes par mille francs du prix de l'estimation de l'immeuble assuré ; cependant, quelque modique que soit la valeur d'une propriété assurée, le droit de direction ne pourra, dans aucun cas, être moindre de deux francs pour chaque année, ou de dix francs pour cinq ans.

Le paiement de ce droit est exigible au commencement de chaque année, dans le courant du mois correspondant à celui où il est entré à l'assurance ; cependant le société-taire dont la propriété est d'une valeur au-dessous de dix mille francs est tenu d'ac-quitter ce droit pour cinq années au moment même de son engagement.

Il en sera de même des usufruitiers, loca-taires et créanciers, et de tous sociétaires qui ne pourraient ou ne voudraient élire domi-cile dans les chefs-lieux des départemens compris dans l'assurance.

Les retardataires s'engagent à payer, en sus de leur cotisaton, cinq francs pour commis-sion au collecteur qui aura été recevoir, et par course.

Ces recettes et ces depenses forment entre la comptabilité et le directeur un traité à forfait, dont la durée est fixée à dix ans.

A cette époque, le conseil d'administra-tion, réuni au comité des sociétaires, se fera représenter l'état des recettes et des dépen-ses de ces dix années : s'il juge les recettes dans une proportion convenable avec les dépenses, la société continuera sur les mê-mes bases ; si les recettes excèdent les dé-penses de manière à offrir la possibilité d'une réduction dans le droit attribué aux frais de di-rection, il ordonne et règle cette réduction(2).

25. La présente société ayant tout à la fois pour objet une police d'assurance et une me-sure d'utilité publique, le dixième de la somme que doit verser chaque sociétaire aux termes de l'article ci-dessus, sera em-ployé, d'après les ordres du conseil général,

(1) *Voy*. article 3 de l'ordonnance.
(2) *Voy*. article 3 de l'ordonnance.

sur la proposition du conseil d'administration, à l'achat des pompes et autres machines à incendie, en faveur des communes qui n'en sont pas pourvues, et qui ont les plus forts engagemens à l'assurance mutuelle.

Section IV. Comptabilité.

26. Il y a un caissier auprès de la direction : il est nommé par le directeur général et agréé par le conseil d'administration ; le caissier de la direction fournit un cautionnement de dix mille francs en immeubles ou effets publics, à sa volonté.

Les inscriptions nécessaires sont prises sur ses biens par le directeur en son nom pour la compagnie, et il n'en peut être donné de main-levée et consenti de radiation qu'après l'apurement de ses comptes et la représentation du *quitus* délivré ensuite d'une délibération du conseil d'administration.

Pour sûreté des fonds provenant des articles 13 et 25, il est établi une caisse à trois clés, dans laquelle le caissier remet, le dernier jour de chaque mois, le montant des fonds qui lui ont été versés dans cet espace de temps, et qui n'en sont tirés qu'au fur et à mesure des besoins.

Les entrées et les sorties de ces fonds sont calculées par le moyen que le conseil d'administration juge à propos d'adopter.

Des trois clés de la caisse, l'une est remise entre les mains du caissier, l'autre entre les mains du directeur ou de son représentant, et la troisième au président du conseil.

Le caissier tient la comptabilité journalière sous le contrôle immédiat du directeur.

27. Cependant la caisse ne sera établie que dans le cas où le directeur ne voudrait pas lui-même tenir la caisse sous sa responsabilité ; cette responsabilité serait assurée par le cautionnement de vingt mille francs par lui donné, ainsi qu'il a été dit article 22. Alors il tiendrait la comptabilité journalière sous le contrôle du comité d'administration.

Section V. Des succursales dans les communes des départemens.

28. Pour la commodité des propriétaires, la direction générale peut ouvrir, dans les communes des départemens qu'elle embrasse, des agens secondaires qui tiennent des bureaux de renseignemens, d'expédition, etc. Les fonctions de ces agens et de tous ceux que le directeur jugera à propos d'employer, ainsi que leurs honoraires, sont réglés par le directeur, qui demeure seul responsable envers la compagnie.

Section VI et dernière. Dispositions générales.

29. Toute action judiciaire à laquelle pourrait donner ouverture tout autre objet que le simple recouvrement, soit des portions contributives, soit des cotisations annuelles, ne pourra être engagée ou soutenue par le directeur, en son nom et aux frais de la direction, que d'après l'avis du conseil d'administration, l'avocat et l'avoué de la compagnie entendus.

30. S'il survient quelque contestation entre la compagnie, comme chambre d'assurance, et un ou plusieurs des associés, elle est jugée, à la diligence du directeur et pour la société, par trois arbitres, dont deux sont nommés par les parties respectives, et le troisième par le juge-de-paix du chef-lieu de l'arrondissement dans lequel est située la propriété assurée.

Le jugement de ces arbitres est sans appel.

31. Le domicile de la compagnie est élu dans le local de la direction.

Chaque sociétaire est tenu d'élire domicile dans l'un des chefs-lieux des départemens compris dans la circonscription que s'est tracée la société d'assurance, ou même dans les bureaux de la direction.

Fait et passé à Caen, au domicile des comparans, l'an 1819, le 7 juillet.

Acte additionnel.

Et le lundi 10 janvier 1820, devant ledit Me Poignant et son collègue, notaires à Caen, soussignés, furent présens.

(Suivent les noms).

Lesquels, après un nouvel examen des statuts contenus en l'acte dudit jour 7 juillet 1819, et pour se conformer aux intentions de son excellence le ministre de l'intérieur, notamment en ce qui concerne la réunion des deux sociétés, et pour satisfaire aux observations qui leur ont été faites par divers sociétaires, ont fait auxdits statuts les additions et changemens qui suivent, et qui en formeront le complément pour les deux sociétés réunies à dater de ce jour.

Énonciation des chapitres et articles qui sont changés et modifiés.

Chapitre II.

Art. 4. Les dispositions suivantes sont ajoutées au second paragraphe de cet article :
« Les machines et ustensiles d'un déplacement difficile sont compris dans l'assurance. »

5. La mise de chaque plaque, aux termes

de cet article, aura lieu moyennant la rétribution de deux francs, et dans les lieux de la résidence des receveurs, elles seront apposées aux frais de la direction : ces plaques porteront les lettres M. A. (maison assurée).

6. Les dispositions suivantes sont ajoutées à cet article :

« Le propriétaire assuré s'interdit le droit « de faire assurer le même objet par une « autre compagnie.

« En cas de négligence du propriétaire à « se soumettre aux ordonnances de police « sur le ramonage, la compagnie pourra « le faire exécuter aux frais dudit proprié- « taire. »

7. En raison de l'impossibilité reconnue de remplir les formalités de l'inscription hypothécaire sans des frais considérables, ledit article 7 est considéré comme non avenu et remplacé par les dispositions suivantes :

« Les propriétaires pourront être dispen- « sés de l'inscription hypothécaire au moyen « de leur simple obligation personnelle et « s'ils sont suffisamment connus du compta- « ble ; et, dans le cas contraire, ils fourni- « ront une caution à la satisfaction de ce « dernier, si mieux n'aime le souscripteur « déposer, à titre de consignation, six francs « par mille francs de la valeur engagée à « l'assurance : l'intérêt provenant de cette « consignation acquittera la rétribution an- « nuelle pour frais d'administration.

« Si cette garantie vient à être entamée « pour le paiement d'une portion contribu- « tive, elle doit être aussi complétée. »

9. Les soins que demandait l'estimation partielle de chaque bâtiment, prescrits au cinquième paragraphe de cet article, ont obligé, pour la mise en activité de cet établissement, de se contenter d'une estimation totale de la part des signataires de l'acte dont expédition précède, ainsi que de leurs adhérens.

La ventilation de ces estimations totales aura lieu conformément aux dispositions de ce cinquième paragraphe, dans les six mois qui suivront l'obtention de l'autorisation royale.

Jusqu'à cette époque, en cas d'incendie partiel, l'estimation totale servira de base, à dire d'experts, pour la fixation de la valeur du bâtiment incendié.

Si les changemens opérés ultérieurement dans une propriété bâtie lui donnaient une valeur plus ou moins grande, une nouvelle estimation pourrait être réciproquement demandée annuellement à cet égard.

12. Les deux premiers paragraphes de cet article sont annulés et remplacés par les dispositions suivantes :

« Quatre mois après la clôture du procès-

« verbal des experts, le montant de la valeur « de la maison, si elle est entièrement con- « sumée, ou de la somme à laquelle le dom- « mage a été fixé, est payée à l'assuré, sur « l'ordre exprès du conseil d'administra- « tion. »

13. Le mot *amende*, improprement employé dans les deux derniers paragraphes de cet article, est remplacé par le mot *indemnité*.

Outre l'indemnité dont est passible le retardataire, aux termes de cet article, il sera également tenu des frais de timbre et d'enregistrement, et poursuites de toute nature.

Les portions contributives non recouvrées, ainsi que les frais auxquelles elles auront donné lieu, resteront à la charge de la direction générale, sans recours contre la société.

14. Si, postérieurement à l'assurance d'une propriété par des créanciers hypothécaires, en vertu du droit que leur en confèrent les quatrième et septième paragraphes de cet article, le propriétaire voulait également la faire assurer pour son compte, cette nouvelle assurance dégagera les créanciers de l'effet de celle antérieure qu'ils auraient faite.

CHAPITRE III.

15. Sont comprises dans la quatrième classe de cet article les maisons qui renferment des machines admises à l'assurance comme étant d'un déplacement difficile.

CHAPITRE IV.

SECTION Ire.

17. Les dispositions suivantes sont ajoutées au premier paragraphe de cet article :

« Le conseil général est divisé en trois « sections, séant dans chacun des trois chefs- « lieux de département, et dont vingt mem- « bres composent celle de Caen, quinze « membres celle de Saint-Lô, et quinze mem- « bres celles d'Alençon ; chacune de ces sec- « tions choisit un délégué pour composer à « Caen le comité des sociétaires. »

La première phrase du troisième paragraphe de cet article est supprimée.

SECTION III.

24. Les dispositions de cet article relatives aux plaques sont annulées ; il en est de même des second et troisième paragraphes, qui sont remplacés ainsi qu'il suit :

« Pour faire face aux dépenses, et vu la « grande étendue de la circonscription et la « dissémination des propriétés qui rendent

« ces frais considérables, chaque associé est
« redevable de la somme de trente centimes
« par mille francs du prix de l'estimation de
« l'immeuble assuré : ce droit sera exigible
« d'avance pour chaque année, excepté pour
« les propriétés au-dessous de trois mille
« francs, pour lesquelles les cinq années se-
« ront payées d'avance, au moment même
« de l'engagement. »

Dispositions additionnelles.

32. Sur la présentation de M. le directeur
général,

M. Brebam-Paisant, qualifié et dénommé
au présent, est nommé caissier général.

M. Marie, également qualifié et dénommé
au présent, est nommé inspecteur et secrétaire général, chargé de la vérification des
bureaux dans les trois départemens, excepté
aux résidences où il aurait été institué des
directeurs de département.

Il fournira un cautionnement en immeubles de dix mille francs.

Fait et passé à Caen, au domicile des
comparans, lesdits jour, mois et an ; et
ont, lesdits comparans, signé la minute des
présentes avec lesdits notaires, lecture faite.

———

9 AVRIL. ⹀ Pr. 1er JUIN 1820. — Ordonnance
du Roi portant autorisation, conformément
aux statuts y annexés, de la Compagnie
d'Assurance mutuelle contre l'incendie
dans le département du Loiret, provisoirement formée à Orléans. (7, Bull. 373, n°
8786.)

Voy. ordonnance du 26 JANVIER 1821.

Louis, etc.

Vu les actes et statuts constitutifs d'une
société d'assurance mutuelle contre l'incendie, formée à Orléans, projetée pour les départemens du Loiret, d'Eure-et-Loir, de
Loir-et-Cher et de l'Yonne, et maintenant
réduite au département du Loiret, par lesdits actes et statuts, savoir :

1° Acte passé par-devant Pitois et son collègue, notaires à Paris, les 9, 11, 12, 14, 15
et 16 juin 1819 ;

2° Acte supplémentaire passé par-devant
les mêmes, le 31 juillet suivant ;

3° Nouvel acte portant des modifications
aux précédens actes passés par-devant Cot-
tin et son confrère, notaires à Paris, le 24
janvier 1820 ;

4° Délibération du conseil d'administration provisoire de ladite compagnie, en date
du 9 mars 1820, déposé le 10, même mois,
aux mains de Pitois, notaire à Paris ;

Sur le rapport de notre ministre secrétaire-d'Etat de l'intérieur ;

Notre Conseil-d'Etat entendu,

Nous avons ordonné et ordonnons ce qui
suit :

Art. 1er. La compagnie d'assurance mutuelle contre l'incendie dans le département
du Loiret, provisoirement formée à Orléans,
est autorisée, conformément à ses statuts,
tels qu'ils résultent définitivement de l'acte
des 9, 11, 12, 14, 15 et 16 juin 1819, modifié par ceux des 31 juillet 1819 et 24 janvier 1820, ainsi que par délibération du 9
mars 1820, lesquels statuts, annexés à la
présente, sont approuvés, sauf les réserves
ci-après.

2. Nonobstant ce qui est dit au second
paragraphe de l'article 12 des statuts relativement aux créanciers hypothécaires, cet
article ne pourra, en aucune manière, s'entendre comme préjudiciant aux droits des
tiers, tels qu'ils sont réglés par le droit commun.

3. L'état des frais faits par le directeur
actuel avant l'autorisation et dans l'intérêt
de l'établissement, desquels, dans le cas prévu
par le second paragraphe de l'article 4 de
l'acte du 24 janvier 1820, le susdit directeur
aurait à compter de clerc à maître, sera préalablement réglé sur l'avis du commissaire du
Gouvernement.

4. La présente autorisation étant accordée
à la charge par ladite association de se conformer aux lois et aux statuts particuliers
qui doivent la régir, nous nous réservons de
la révoquer dans le cas où ces conditions ne
seront pas accomplies, sauf les actions à
exercer par les particuliers devant les tribunaux, à raison des infractions commises à
leur préjudice.

5. La société sera tenue de remettre, tous
les six mois, copie conforme de son état de
situation au préfet du département du Loiret, et aux greffes des tribunaux de première
instance existans dans ledit département.

6. Devront lesdits sociétaires se conformer, en ce qui les concerne, aux lois et réglemens de police sur le fait des incendies.

7. Notre ministre secrétaire-d'Etat de l'intérieur nommera un commissaire auprès de
ladite compagnie, lequel sera chargé de prendre connaissance de ses opérations, de l'observation de ses statuts, et d'en rendre
compte.

Il informera le préfet du département de
tout ce qui, dans les opérations, pourrait intéresser l'ordre et la sûreté publique ; il le
préviendra de la tenue des assemblées du
conseil général des sociétaires.

Il pourra suspendre provisoirement celles
des opérations de la compagnie qui lui paraîtront contraires aux lois et statuts, ou

dangereuses pour la sûreté publique, et ce, jusqu'à la décision à intervenir de la part des autorités compétentes.

8. Notre ministre secrétaire-d'Etat de l'intérieur est chargé de l'exécution de la présente ordonnance, qui sera insérée au Bulletin des Lois.

Pareille insertion aura lieu dans le Moniteur et dans le journal destiné aux annonces judiciaires du département du Loiret, sans préjudice des publications qui pourront être requises par la loi.

---

9 AVRIL 1820. — Ordonnance du Roi portant nomination des présidens et vice-présidens des colléges électoraux des départemens de la Charente-Inférieure, de l'Isère, de la Seine-Inférieure et de Vaucluse. (7, Bull. 363, n° 8644.)

---

9 AVRIL 1820. — Ordonnances du Roi qui autorisent l'acceptation de dons et legs faits aux fabriques. (7, Bull. 378.)

---

9 AVRIL 1820. — Ordonnances du Roi qui autorisent l'acceptation de dons et legs faits aux fabriques. (7, Bull. 380.)

---

14 ═ Pr. 28 AVRIL 1820. — Ordonnance du Roi portant fixation du nombre des avoués près la cour royale d'Amiens, et de ceux près les tribunaux de première instance du ressort de la même cour. (7, Bull. 364, n° 8654.)

Voy. préambule de l'ordonnance du 19 JANVIER 1820.

Art. 1er. Le nombre des avoués attachés à la cour royale d'Amiens, et de ceux attachés aux tribunaux de première instance du ressort de la même cour, est fixé ainsi qu'il suit :

Amiens (siége de la cour royale), dix :

Somme : Amiens, seize ; Abbeville, huit ; Doullens, cinq ; Péronne, huit ; Montdidier, six.

Aisne : Château-Thierry,, sept ; Soissons, sept ; Laon, douze ; Saint-Quentin, sept ; Vervins, six.

Oise : Beauvais, douze ; Clermont, huit ; Compiègne, sept ; Senlis, huit.

2. Jusqu'à ce que les titres actuellement existans aient été réduits au nombre ci-dessus déterminé, il ne sera présenté à notre nomination aucun candidat qui ne soit porteur de deux démissions ou présentations, soit de la part des titulaires, soit de celle de leurs

ayans-cause, aux termes de l'article 91 de la loi de finances du 28 avril 1816.

3. Ceux des officiers ministériels qui auront encouru la déchéance pour n'avoir pas versé les cautionnemens ou supplémens de cautionnemens exigés seront, comme ceux qui auraient encouru la destitution, privés du droit de présenter leur successeur.

4. Notre sous-secrétaire-d'Etat au département de la justice est chargé de l'exécution de la présente ordonnance.

---

14 ═ Pr. 28 AVRIL 1820. — Ordonnance du Roi portant fixation du nombre des huissiers près les tribunaux de première instance dans le ressort de la cour royale d'Amiens. (7, Bull. 364, n° 8655.)

Voy. préambule de l'ordonnance du 19 JANVIER 1820.

Art. 1er. Le nombre des huissiers attachés aux tribunaux de première instance ci-après désignés est fixé ainsi qu'il suit :

Somme : Amiens, quarante-cinq ; Abbeville, vingt-sept ; Doullens, quatorze ; Péronne, vingt-cinq ; Montdidier, dix-huit.

Aisne : Château-Thierry, dix-huit ; Soissons, vingt ; Laon, quarante-quatre ; Saint-Quentin, dix-huit ; Vervins, vingt.

Oise : Beauvais, trente-deux ; Clermont, vingt-quatre ; Compiègne, vingt-quatre ; Senlis, vingt-quatre.

2. Jusqu'à ce que les titres actuellement existans aient été réduits au nombre ci-dessus déterminé, il ne sera présenté à notre nomination aucun candidat qui ne soit porteur de deux démissions ou présentations, soit de la part des titulaires, soit de celle de leurs ayans-cause, aux termes de l'article 91 de la loi de finances du 28 avril 1816.

3. Ceux des officiers ministériels qui auront encouru la déchéance pour n'avoir pas versé les cautionnemens ou supplémens de cautionnemens exigés seront, comme ceux qui auraient encouru la destitution, privés du droit de présenter leur successeur.

4. Il n'est point dérogé aux dispositions des articles 5, 6 et 7 du décret du 14 juin 1813.

5. Notre sous-secrétaire-d'Etat au département de la justice est chargé de l'exécution de la présente ordonnance.

---

14 ═ Pr. 28 AVRIL 1820. — Ordonnance du Roi portant fixation du nombre des avoués près la cour royale de Douai, et de ceux près les tribunaux de première instance du ressort de la même cour. (7, Bull. 364, n° 8656.)

Voy. préambule de l'ordonnance du 19 JANVIER 1820.

Art. 1er. Le nombre des avoués attachés à la cour royale de Douai, et de ceux attachés aux tribunaux de première instance du ressort de la même cour, est fixé ainsi qu'il suit :

Douai (siège de la cour royale), douze ;

Nord : Douai, sept ; Avesnes, sept ; Cambrai, huit ; Hazebrouck, six ; Lille, dix ; Dunkerque, huit ; Valenciennes, six.

Pas-de-Calais : Arras, neuf ; Béthune, six ; Boulogne, six ; Montreuil, sept ; Saint-Omer, dix ; Saint-Pol, six.

2. Jusqu'à ce que les titres actuellement existans aient été réduits au nombre ci-dessus déterminé, il ne sera présenté à notre nomination aucun candidat qui ne soit porteur de deux démissions ou présentations, soit de la part des titulaires, soit de celle de leurs ayans-cause, aux termes de l'article 91 de la loi de finances du 28 avril 1816.

3. Ceux des officiers ministériels qui auront encouru la déchéance pour n'avoir pas versé les cautionnemens ou supplémens de cautionnemns exigés seront, comme ceux qui auraient encouru la destitution, privés du droit de présenter leur successeur.

4. Notre sous-secrétaire-d'Etat au département de la justice est chargé de l'exécution de la présente ordonnance.

---

14 ⸗ Pr. 28 AVRIL 1820. — Ordonnance du Roi portant fixation du nombre des huissiers près les tribunaux de première instance dans le ressort de la cour royale de Douai. (7, Bull. 364, n° 8657.)

. *Voy.* préambule de l'ordonnance du 19 JANVIER 1820.

Art. 1er. Le nombre des huissiers attachés aux tribunaux de première instance ci-après désignés est fixé ainsi qu'il suit :

Nord : Douai, dix-huit ; Avesnes, vingt ; Cambrai, dix-huit ; Hazebrouck, vingt ; Lille, vingt-cinq ; Dunkerque, vingt ; Valenciennes, dix-huit.

Pas-de-Calais : Arras, vingt-deux ; Béthune, dix-huit ; Boulogne, vingt ; Montreuil, quinze ; Saint-Omer, vingt ; Saint-Pol, douze.

2. Jusqu'à ce que les titres actuellement existans aient été réduits au nombre ci-dessus déterminé, il ne sera présenté à notre nomination aucun candidat qui ne soit porteur de deux démissions ou présentations, soit de la part des titulaires, soit de celle de leurs ayans-cause, aux termes de l'article 91 de la loi de finances du 28 avril 1816.

3. Ceux des officiers ministériels qui au-

ront encouru la déchéance pour n'avoir pas versé les cautionnemens ou supplémens de cautionnemens exigés seront, comme ceux qui auraient encouru la destitution, privés du droit de présenter leur successeur.

4. Il n'est point dérogé aux dispositions des articles 5, 6 et 7 du décret du 14 juin 1813.

5. Notre sous-secrétaire-d'Etat au département de la justice est chargé de l'exécution de la présente ordonnance.

---

14 ⸗ Pr. 28 AVRIL 1820. — Ordonnance du Roi portant fixation du nombre des avoués près la cour royale de Montpellier, et de ceux près les tribunaux de première instance du ressort de la même cour. (7, Bull. 364, n° 8658.)

Voy. préambule de l'ordonnance du 19 JANVIER 1820.

Art. 1er. Le nombre des avoués attachés à la cour royale de Montpellier, et de ceux attachés aux tribunaux de première instance du ressort de la même cour, est fixé ainsi qu'il suit :

Hérault ; Montpellier (siège de la cour royale), dix-huit ; Montpellier, vingt ; Saint-Pons, six ; Beziers, dix ; Lodève, huit.

Aude : Carcassonne, neuf ; Castelnaudary, six ; Limoux, six ; Narbonne, six.

Aveyron : Villefranche ; dix ; Rodès, douze ; Millau, huit ; Espalion, dix ; Saint-Affrique, huit.

Pyrénées-Orientales : Perpignan, dix ; Prades, six ; Céret, cinq.

2. Jusqu'à ce que les titres actuellement existans aient été réduits au nombre ci-dessus déterminé, il ne sera présenté à notre nomination aucun candidat qui ne soit porteur de deux démissions ou présentations, soit de la part des titulaires, soit de celle de leurs ayans-cause, aux termes de l'article 91 de la loi de finances du 28 avril 1816.

3. Ceux des officiers ministériels qui auront encouru la déchéance pour n'avoir pas versé les cautionnemens ou supplémens de cautionnemens exigés seront, comme ceux qui auraient encouru la destitution, privés du droit de présenter leur successeur.

4. Notre sous-secrétaire-d'Etat au département de la justice est chargé de l'exécution de la présente ordonnance.

---

14 ⸗ Pr. 28 AVRIL 1820. — Ordonnance du Roi portant fixation du nombre des huissiers près les tribunaux de première instance dans le ressort de la cour royale de Montpellier. (7, Bull. 364, n° 8659.)

Voy. préambule de l'ordonnance du 19 JANVIER 1820.

Art. 1er. Le nombre des huissiers attachés aux tribunaux de première instance ci-après désignés est fixé ainsi qu'il suit :

Hérault : Montpellier, trente-six ; Saint-Pons, quatorze; Béziers, vingt-sept ; Lodève, quatorze.

Aude : Carcassonne, vingt ; Castelnaudary, quinze ; Limoux, vingt ; Narbonne, douze.

Aveyron : Villefranche, vingt-six ; Rodès, vingt-huit ; Millau, vingt-deux ; Espalion, vingt-quatre ; Saint-Affrique, dix-huit.

Pyrénées-Orientales : Perpignan, dix-huit ; Prades, quinze ; Céret, dix.

2. Jusqu'à ce que les titres actuellement existans aient été réduits au nombre ci-dessus déterminé, il ne sera présenté à notre nomination aucun candidat qui ne soit porteur de deux démissions ou présentations, soit de la part des titulaires, soit de celle de leurs ayans-cause, aux termes de l'article 91 de la loi de finances du 28 avril 1816.

3. Ceux des officiers ministériels qui auront encouru la déchéance pour n'avoir pas versé les cautionnemens ou supplémens de cautionnemens exigés seront, comme ceux qui auraient encouru la destitution, privés du droit de présenter leur successeur.

4. Il n'est point dérogé aux dispositions des articles 5, 6 et 7 du décret du 14 juin 1813.

5. Notre sous-secrétaire-d'Etat au département de la justice est chargé de l'exécution de la présente ordonnance.

————

14 AVRIL 1820. — Lettres-patentes du Roi portant institution de titre de pairie de M. Charles-François-Armand, duc de Maillé ; de M. Jean-Baptiste Nompère de Champagny, sous le titre de baron; de M. le comte Jean Rapp, sous le titre de baron; et de M. Charles-Étienne-François Ruty, personnellement sous le titre de baron. (7 , Bull. 380.)

————

14 AVRIL 1820. — Lettres-patentes du Roi portant érection de majorats en faveur de MM. Chapuis et Cornuau d'Offemon. (7, Bull. 363.)

————

14 AVRIL 1820. — Ordonnance du Roi qui admet les sieurs Trabers, Meabrun et Rauch à établir leur domicile en France. (7, Bull. 361.)

————

14 AVRIL 1820. — Ordonnances du Roi qui accordent des lettres de déclaration de naturalité aux sieurs Nathan Lattad, Davico, Collomb et d'Arcine. (7, Bull. 368 , 376 et 427.)

————

15 = Pr. 26 AVRIL 1820. — Ordonnance du Roi qui accorde à la ville de Marseille une réduction de droits sur les racines de réglisse qui seront exportées à l'étranger, après avoir été converties en jus de réglisse dans les fabriques de cette ville. (7, Bull. 363, n° 8645.)

————

Louis, etc.

Vu notre ordonnance du 10 septembre 1817, relative au régime particulier des douanes à Marseille, nous avons jugé convenable d'ajouter au moyen d'encourager les fabriques dans cette ville, une réduction de droits pour les racines de réglisse qui seront exportées à l'étranger, après avoir été converties en jus de réglisse ;

A ces causes,

Sur le rapport de notre ministre-secrétaire-d'Etat des finances.

Notre Conseil entendu,

Nous avons ordonné et ordonnons ce qui suit :

Art. 1er. Les racines de réglisse qui, à leur arrivée à Marseille ou à la sortie de l'entrepôt, seront déclarées pour la fabrication en cette ville du jus de réglisse destiné à être exporté à l'étranger, n'acquitteront que les droits ci-après :

Par navire français, 0f 25e } par 100 kilo-
Par navire étranger, 2 00 } grammes.

2. Les quantités de racines pour lesquelles, un an après la déclaration, on n'aurait pas justifié d'une exportation en jus dans la proportion d'un septième, seront soumises au paiement de la différence entre les droits perçus et ceux établis au tarif général.

3. Notre ministre des finances est chargé de l'exécution de la présente ordonnance.

————

15 AVRIL 1820. — Ordonnance du Roi qui accorde une pension aux sieurs de Pierre et Bremare. (7, Bull. 365.)

————

16 AVRIL 1820. — Ordonnance du Roi portant liquidation de quatre-vingt-quatorze soldes de retraite, provisoirement payables sur le fonds des demi-soldes. (7, Bull. 366.)

————

16 AVRIL 1820. — Ordonnance du Roi qui nomme M. Dupont vice-président de la sixième section du collège électoral du département de la Seine-Inférieure. (7, Bull. 369.)

17 AVRIL ⇌ Pr. 1er MAI 1820. — Ordonnance de Roi qui augmente le nombre des membres du conseil de prud'hommes de la ville de Troyes. (7, Bull. 365, n° 8669.)

Louis, etc.

Sur le rapport de notre ministre secrétaire-d'Etat de l'intérieur ;
Vu le décret du 7 mai 1808, relatif à l'établissement d'un conseil de prud'hommes dans la ville de Troyes ;
Prenant en considération les motifs qui nous ont été exposés, au nom du commerce de cette ville, et qui ont pour but d'obtenir dans l'organisation dudit conseil quelques changemens nécessités par la situation actuelle de l'industrie du pays,
Nous avons ordonné et ordonnons ce qui suit :
Art. 1er. A dater de l'époque du prochain renouvellement du conseil de prudhommes de la ville de Troyes, le nombre des membres de ce conseil, qui précédemment avait été fixé à cinq, savoir : trois marchands-fabricans et deux chefs d'atelier, ou ouvriers patentés, sera porté à neuf, en conservant les mêmes proportions de moitié moins un dans le nombre des chefs d'atelier ou ouvriers patentés, comparé à celui des marchands-fabricans.
2. Indépendamment des neuf membres dont il est question dans l'article précédent, il continuera d'être attaché au conseil deux suppléans, dont l'un marchand-fabricant, et l'autre chef d'atelier ou ouvrier patenté. Ces suppléans demeurent autorisés, dès ce moment, à remplacer ceux des prud'hommes que des motifs quelconques empêcheraient d'assister aux séances, soit du bureau particulier, soit du bureau général du conseil.
3. Il n'est rien changé aux dispositions du décret du 7 mai 1808, concernant la juridiction, la tenue et les dépenses du conseil de prud'hommes de la ville de Troyes.
4. L'élection et le renouvellement de ses membres auront lieu d'après le mode qui a été réglé par le décret du 11 juin 1809, rectifié le 20 février suivant. Les marchands-fabricans et les chefs d'atelier ou ouvriers patentés, appelés à faire partie du conseil, se conformeront, dans l'exercice de leurs fonctions, aux dispositions établies tant par ce décret que par la loi du 18 mars 1806 et par le décret du 3 août 1810.
5, Nos ministres de la justice et de l'intérieur sont chargés de l'exécution de la présente ordonnance.

17 AVRIL 1820. — Ordonnances du Roi qui autorisent l'acceptation de dons et legs faits aux fabriques. (7, Bull. 380.)

19 AVRIL ⇌ Pr. 8 MAI 1820. — Ordonnance du Roi qui autorise la formation dans le département de la Marne d'une seconde école ecclésiastique, qui sera établie à Reims. (7, Bull. 367, n° 8689.)

Louis, etc.

Vu la demande que nous a faite l'évêque de Meaux d'autoriser une seconde école ecclésiastique dans le département de la Marne ;
Vu l'avis de la commission de l'instruction publique du 23 mars 1820 ;
Vu l'article 6 de notre ordonnance du 5 octobre 1814 (1) ;
Sur le rapport de notre ministre secrétaire-d'Etat au département de l'intérieur ;
Nous avons ordonné et ordonnons ce qui suit :
Art. 1er. L'évêque de Meaux est autorisé à former, dans le département de la Marne, une seconde école ecclésiastique, qui sera établie dans la ville de Reims, à la charge de se conformer aux lois et ordonnances concernant ces établissemens.
2. Notre ministre de l'intérieur est chargé de l'exécution de la présente ordonnance.

19 AVRIL 1820. — Ordonnance du Roi qui nomme M. Séguier préfet du département de la Côte-d'Or. (7, Bull. 363.)

19 AVRIL 1820. — Ordonnance du Roi qui permet au sieur Perier et à la demoiselle Julie d'ajouter à leurs noms ceux de Saint-Germain et de Campi. (7, Bull. 368.)

19 AVRIL 1820. — Ordonnances du Roi qui autorisent l'acceptation de dons et legs faits au consistoire réformé de Nîmes, à des communes. (7, Bull. 379.)

(1) Voy. notes sur cette ordonnance.

19 AVRIL 1820. — Ordonnances du Roi qui autorisent l'acceptation de dons et legs faits à des fabriques. (7, Bull. 380.)

19 AVRIL 1820. — Ordonnance du Roi qui autorise le sieur Mesmin-Laloyaux à établir une usine propre à fondre le laiton, sur sa propriété, commune de Montey-Saint-Pierre, département des Ardennes. (7, Bull. 382.)

19 AVRIL 1820. — Ordonnance du Roi qui autorise le sieur Lepays de Tilleul à conserver la verrerie qu'il possède dans la commune de Leignelet, arrondissement de Fougères, département d'Ile-et-Vilaine. (7, Bull. 382.)

19 AVRIL 1820. — Ordonnances du Roi qui autorisent l'acceptation de donations faites aux communes. (7, Bull. 383.)

19 AVRIL 1820. — Ordonnance du Roi qui autorise le sieur Marlière à rester au service de sa majesté très fidèle. (7, Bull. 402.)

20 AVRIL 1820. — Ordonnance du Roi qui autorise l'acceptation d'un legs fait à l'hospice de la Charité de Lyon. (7, Bull. 383.)

20 AVRIL. 1820. — Ordonnance du Roi qui réunit les communes d'Hartzville et de Rodes au canton de Sarrebourg, et celle de Bouxières-aux-Chênes au canton de Nancy. (7, Bull. 367.)

25 AVRIL. = Pr. 3 MAI 1820. — Ordonnance du Roi relative à la tutelle des enfants de son altesse royale feu monseigneur le duc de Berry, à la composition du conseil de famille, et aux formalités à observer lors des scellés ou inventaires qui auraient lieu après le décès des princes ou princesses de la famille royale, ou en toute autre occasion. (7, Bull. 366, n° 8678.)

Voy. ordonnance du 23 MARS 1816, et la première note sur la Charte.

Louis, etc.

Vu notre ordonnance du 23 mars 1816, qui détermine les formalités nécessaires pour constater l'état civil des princes et princesses de notre famille;

Voulant pourvoir à ce qui concerne la tutelle des enfans de feu notre bien-aimé neveu *Charles-Ferdinand d'Artois* duc de *Berry*, et régler à l'égard de notre maison royale la composition des conseils de famille, dont les fonctions sont déterminées par la loi, ainsi que les formalités à observer aux scellés ou inventaires auxquels il pourrait y avoir lieu de procéder après le décès des princes et princesses de notre famille, ou en toute autre occasion,

Nous avons ordonné et ordonnons ce qui suit :

Art. 1er. Nous déclarons réserver et attribuer, au besoin, à nous et à notre couronne, tous les droits de la puissance paternelle sur la personne de notre bien-aimée petite nièce Mademoiselle, fille de feu notre bien-aimé neveu Charles-Ferdinand d'Artois, duc de Berry, et de notre bien-aimée nièce Caroline-Ferdinande des Deux-Siciles, duchesse de Berry, comme aussi sur la personne de l'enfant dont notre bien-aimée nièce Caroline-Ferdinande des Deux-Siciles, duchesse de Berry, est enceinte.

2. La tutelle et la curatelle, quant aux biens et à l'administration des biens, seront réglées conformément à ce qui est prescrit par le Code civil. Nous nous réservons néanmoins la nomination de tous tuteurs onéraires, subrogés tuteurs et curateurs.

3. Ces tuteurs seront placés sous la surveillance du conseil de famille, dont la composition sera réglée ci-après : ils lui rendront tous comptes de tutelle, le cas échéant. Ce conseil remplira, pour les actes de tutelle, toutes les fonctions qui, à l'égard des particuliers, sont délégués par le Code civil aux conseils de famille ordinaires.

4. Notre chancelier exercera, par rapport à nous et aux princes et princesses de notre maison, les fonctions attribuées aux juges-de-paix dans les conseils de famille à l'égard des autres Français.

Il sera assisté par le garde des archives de la Chambre des Pairs, faisant fonctions de greffier.

5. Le conseil de famille sera présidé par notre chancelier, qui en fait toujours partie : il sera composé, outre les princes de notre famille et de notre sang, des personnes que nous jugerons à propos d'y appeler. Il s'assemblera au lieu que nous aurons indiqué.

6. Dans tous les cas où, entre particuliers, les délibérations des conseils de famille sont sujettes à l'homologation des tribunaux, les décisions du conseil de notre famille n'auront d'effet qu'après avoir été revêtues de notre approbation.

7. S'il y a lieu d'apposer les scellés après décès, ou en tous autres cas, ils seront apposés par notre chancelier et par lui levés en la forme ordinaire. Les inventaires seront

faits en sa présence par tous officiers à ce compétens. Néanmoins il pourra déléguer, tant pour l'apposition et la levée des scellés que pour l'inventaire, un de nos conseillers-d'Etat, lorsqu'il faudra, pour ces opérations, se transporter dans tout autre lieu que le palais où nous résiderons. Le garde des archives de la Chambre des Pairs fera les fonctions de greffier. Elles seront remplies par un maître des requêtes en notre Conseil, désigné par notre chancelier, lorsqu'il sera lui-même remplacé par un Conseiller-d'Etat.

8. Il sera procédé à l'apposition, à la levée des scellés et à l'inventaire, conformément aux règles prescrites par le Code de procédure civile : le garde des archives de la Chambre des Pairs, ou le maître des requêtes faisant fonctions de greffier, recevront toutes oppositions qui pourraient être faites aux scellés.

9. Les minutes des procès-verbaux d'apposition et levée des scellés et des inventaires (1) resteront déposées aux archives de la Chambre des pairs. Les expéditions seront délivrées par le garde des archives de la Chambre des pairs aux parties intéressées.

10. La présente ordonnance sera communiquée à notre Chambre des pairs et transcrite sur ses registres. Elle sera en outre insérée au Bulletin des Lois.

11. Le président de notre conseil des ministres est chargé de l'exécution de la présente ordonnance.

---

25 AVRIL 1820. — Ordonnance du Roi qui nomme aux préfectures de la Meurthe et de la Charente. (7, Bull. 367.)

---

25 AVRIL 1820. — Ordonnance du Roi qui admet les sieurs Stephan, Hasenvinckel et Schaginger à établir leur domicile en France. (7, Bull. 368.)

---

25 AVRIL 1820. — Ordonnances du Roi qui accordent des lettres de déclaration de naturalité aux sieurs Richard-Blanc, de Wolff, Weber, Krier et Vassalo. (7, Bull. 371, 401, 427, 494.)

---

27 AVRIL ⇄ Pr. 25 MAI 1820. — Ordonnance du Roi qui fixe les règles de service, la solde et le mode d'administration du corps de la gendarmerie d'élite. (7, Bull. 370, n° 8729.)

Voy. ordonnances des 16 MARS 1820 et 17 OCTOBRE 1821.

Louis, etc.

Vu notre ordonnance de formation du corps de la gendarmerie d'élite ;

Voulant fixer les règles de service, la solde et le mode d'administration de ce corps ;

Sur la proposition de notre ministre secrétaire-d'État de la guerre ;

Nous avons ordonné et ordonnons ce qui suit :

TITRE 1er. Du service.

Art. 1er. Notre gendarmerie d'élite est spécialement chargée du service de surveillance de nos châteaux et domaines, et des routes que nous parcourons lors de nos voyages ; elle est également affectée au service de nos chasses.

2. Elle entretiendra constamment au château que nous habitons un poste suffisant pour en assurer le service de police. Ce poste continuera d'être mis à la disposition du gouverneur du château, à qui il sera rendu compte directement de tout ce qui concerne ce service.

Lorsque nous sortirons, un piquet de quinze hommes, commandé par un officier, se portera en avant, d'après les instructions de notre grand-écuyer, ou de notre écuyer commandant, pour éclairer notre marche, faire la police sur notre passage et dans les lieux où nous nous arrêterons.

3. Notre gendarmerie d'élite entretiendra encore des détachemens dans nos résidences de Versailles, Saint-Cloud, Fontainebleau, Compiègne, Saint-Germain et Rambouillet. Chaque détachement sera composé d'un brigadier et de dix gendarmes, commandés par un maréchal-des-logis. Il sera pris chaque jour dans le détachement, pour être à la disposition du gouverneur, des gendarmes dont le nombre sera déterminé suivant les besoins du service dans chaque localité.

Le surplus du détachement surveillera nos parcs et forêts, afin d'en prévenir la dévastation, et se conformera aux réglemens arrêtés par le ministre de notre maison pour la conservation de nos domaines.

4. Ces mêmes détachemens seront également employés, pendant tout le temps de leur station, au service ordinaire des chasses, d'après des instructions spéciales de notre grand-veneur. La force de ces détachemens sera augmentée dans nos résidences où se trouvera l'équipage de la vénerie.

Notre gendarmerie d'élite fournira en ou-

---

(1) Supprimez : et des inventaires. Erratum, Bulletin 369.

tre, lors de nos chasses, un détachement de dix hommes, commandé par un officier, et qui se portera au rendez-vous, ou sur les différens points que notre grand-veneur jugera convenable de faire surveiller. Ce détachement sera entièrement sous la direction de notre grand-veneur, durant les chasses.

5. Lors de nos voyages, un détachement formé d'après les ordres du major général de service de notre garde nous devancera, et se rendra dans le lieu où nous devrons séjourner, pour y continuer auprès de notre personne l'exercice des différens services de surveillance et de police dont la gendarmerie d'élite est chargée.

6. Des détachemens seront pareillement fournis pour les chasses et voyages des princes de notre maison.

7. Les chefs d'escadron commandant les compagnies feront, d'après les ordres du colonel, des tournées périodiques dans les lieux de station, pour s'assurer si le service se fait bien, et s'il n'existe pas de sujet de plainte contre les hommes composant les détachemens.

8. Notre major général de service donnera les autorisations nécessaires au colonel de notre gendarmerie d'élite, pour que cet officier supérieur puisse déférer sur-le-champ aux réquisitions qui lui seront adressées directement, en ce qui concerne le service habituel du corps, et ainsi qu'il est déterminé par la présente ordonnance.

Le colonel rendra un compte journalier à notre major général de l'exécution du service et de tous les mouvemens des postes et détachemens.

9. Les généraux commandant nos divisions militaires, et les autres autorités civiles et militaires, ne pourront disposer de la gendarmerie d'élite, ni la distraire de ses fonctions spéciales.

10. Tous les rapports relatifs au personnel et à la police et discipline du corps seront remis par le colonel à notre major général de service, qui en fera, s'il y a lieu, l'objet de propositions à notre ministre secrétaire-d'Etat de la guerre.

11. La gendarmerie d'élite sera inspectée annuellement par le lieutenant général inspecteur général d'armes de la division de grosse cavalerie de la garde, et d'après les ordres et instructions de notre ministre secrétaire-d'Etat de la guerre.

12. (Additionnel à l'ordonnance de formation.) Il sera attaché au corps de la gendarmerie d'élite un chirurgien aide-major.

Le trompette-major et l'artiste vétérinaire, ainsi désignés dans l'ordonnance du 16 mars dernier, auront, comme dans notre garde, le nom de *trompette brigadier, maréchal vétérinaire.*

TITRE II. De la solde et de l'administration.

SECTION Ire.

13. La solde et les indemnités seront réglées pour la gendarmerie d'élite conformément au tarif annexé à la présente ordonnance, et à partir du 1er avril.

Les supplémens de solde et de logement, à raison du séjour de Paris, feront toujours partie des traitemens, et tiendront lieu des indemnités de déplacement pour le service dans nos autres résidences royales.

La solde de congé est fixée, ainsi que celle d'hôpital, pour les officiers, d'après les tarifs de notre garde : et pour la troupe, à la moitié de la solde personnelle, la masse d'entretien comprise.

Les indemnités de logement ou d'ameublement continueront d'être payées pour le temps d'absence légale des officiers.

14. La solde des sous-officiers et gendarmes comprendra une allocation de deux cents francs par an, qui en sera distraite par des retenues mensuelles pour former la masse d'entretien de l'habillement, équipement et harnachement. Cette masse est la propriété des sous-officiers et gendarmes, auxquels il sera fait tous les ans le décompte des sommes qui excéderaient, pour chacun, un avoir de trois cents francs en dépôt à la caisse.

15. Il est alloué au corps de notre gendarmerie d'élite un abonnement de remonte fixé à soixante francs par an et par homme, d'après le complet des sous-officiers et gendarmes. Le fonds de remonte est spécialement destiné à pourvoir aux dépenses de remplacement des chevaux morts ou mis à la réforme par suite d'accidens ou de maladies survenus dans le service : les sous-officiers et gendarmes recevront des indemnités proportionnées à leurs pertes, dont l'appréciation sera basée sur les procès-verbaux d'acquisition des chevaux, et sur les estimations consignées annuellement dans les contrôles d'inspection.

Les militaires qui, lors de leur admission dans le corps, n'auraient pas les moyens suffisans pour acheter un cheval pourront obtenir, sur le fonds de remonte, des avances dont le remboursement s'effectuera par des retenues qui ne devront point dépasser le quart de la solde, déduction faite de la portion affectée à l'entretien de l'habillement.

16. L'achat des chevaux se fera par les sous-officiers et gendarmes, qui en débattront eux-mêmes les prix, en présence du commandant de la compagnie et du maréchal vétérinaire. Ces achats ne seront définitifs qu'après avoir été approuvés par le colonel.

Les chevaux des hommes décédés ou congédiés pourront être retenus, s'ils conviennent à la remonte du corps, après une estimation faite contradictoirement par experts, en présence des gendarmes propriétaires ou de leurs héritiers, auxquels il sera tenu compte sur-le-champ du prix de cette estimation, en déduisant les sommes qui seraient dues à la caisse.

17. Il est également alloué un abonnement de secours de quinze francs par an et par homme, au complet des sous-officiers et gendarmes. Ce fonds est réservé pour acquitter les frais administratifs du corps, sans qu'ils puissent dépasser le cinquième du produit annuel, et pour procurer des indemnités aux sous-officiers et gendarmes qui auraient éprouvé des pertes dans le service.

18. Les abonnemens de remonte et de secours se paieront mensuellement, et il sera rendu des comptes particuliers de l'emploi des fonds à notre ministre secrétaire-d'État de la guerre.

Les sous-officiers et gendarmes ne peuvent en aucun cas demander un compte personnel de ces fonds.

19. Si les besoins du service rendaient nécessaire l'admission, dans le corps, de militaires sortant immédiatement des régimens de cavalerie, ces hommes auraient droit à l'indemnité de première mise d'habillement déterminée pour la gendarmerie.

20. Il sera accordé aux sous-officiers et gendarmes qui se seraient distingués par des services marquans, des gratifications, dont nous déterminerons la quotité sur la proposition de notre ministre secrétaire-d'État de la guerre.

21. Les officiers, sous-officiers et gendarmes, recevront les rations de fourrages des magasins militaires, sur le pied fixé pour la grosse cavalerie de notre garde, tant pour le nombre que pour la composition des rations.

22. Le casernement de la gendarmerie d'élite dans la résidence de Paris aura lieu d'après les ordres de notre ministre secrétaire-d'État de la guerre.

Le même service dans les autres résidences royales se fera de concert avec le ministre de notre maison.

Les effets de couchage seront fournis aux sous-officiers et gendarmes par les soins de l'intendant militaire de notre garde.

23. La fourniture du chauffage n'aura lieu que pour les corps-de-garde de la troupe dans la résidence de Paris.

Section II.

24. Les détails d'administration du corps sont confiés à un conseil composé, savoir :
Du colonel, président ;
Des deux chefs d'escadron,
D'un lieutenant,
D'un maréchal-des-logis,
Et d'un brigadier ou d'un gendarme alternativement.

Le trésorier fera les fonctions de secrétaire, et n'aura point voix délibérative.

Le plus ancien chef d'escadron préside en l'absence du colonel. Le lieutenant et les deux autres membres sont pris parmi les plus anciens de leurs grades respectifs, et dans l'arme de la gendarmerie.

Le maréchal-des-logis et le brigadier ou gendarme prendront part à toute la délibération, mais ne deviendraient responsables qu'en cas de malversation de leur fait. Ils devront consigner leur avis sur le registre des délibérations, s'ils jugent que les opérations du conseil peuvent nuire aux intérêts des sous-officiers et gendarmes.

25. Les clés de la caisse seront confiées, l'une au président, une autre au deuxième membre du conseil, et la troisième au trésorier.

Les fonds ne pourront être tirés de la caisse et remis au trésorier pour les dépenses du corps, que sur une délibération du conseil, énonçant l'affectation spéciale de ces fonds.

L'administration du corps est placée sous la surveillance et la direction de l'intendant militaire de notre garde, qui fera suivre, pour les revues, l'emploi des masses et les détails de la comptabilité, les réglemens particuliers à l'arme de la gendarmerie.

26. Les ordonnances et réglemens pour les nominations et avancemens, pour la police et discipline, et pour le mode d'administration de la gendarmerie royale des départemens, sont applicables à notre gendarmerie d'élite, en tout ce qui n'est pas contraire aux dispositions de nos ordonnances spéciales pour ce corps.

27. Notre président du conseil des ministres et notre ministre de la guerre sont chargés de l'exécution de la présente ordonnance.

Tarif de la solde, des indemnités et

GRADES.	SOLDE DE PRÉSENCE			SOLDE D'ABSENCE par jour,	
	par an.	par mois.	par jour.	en congé.	aux hôpitaux.
OFFICIERS.					
État-major.	f	f c m	f c m	f c m	f c m
Colonel.	7,975	664 58 3	22 15 2	9 54 8	16 09 7
Capitaine adjudant-major.	4,375	364 58 3	12 15 2	5 20 8	8 41 6
Lieutenant-trésorier. . .	2,658	221 50 0	7 38 3	3 02 0	4 54 1
Chirurgien-aide-major. .	2,750	229 16 6	7 63 8	3 12 5	5 05 0
Compagnies.					
Chef d'escadron-comman-dant.	5,800	483 33 3	16 11 1	6 94 4	10 88 8
Lieutenant.	2,658	221 50 0	7 38 3	3 02 0	4 54 1

SOUS-OFFICIERS ET GENDARMES.	SOLDE DE PRÉSENCE, y compris les deux cents francs pour la masse d'entretien,			SOLDE D'ABSENCE PAR JOUR, en congé ou aux hôpitaux.
	par an.	par mois.	par jour.	
Petit état-major.	f	f c m	f c m	f c m
Adjudant sous-officier. .	1,800	150 00 0	5 00 0	2 50 0
Maréchal vétérinaire. . .	1,360	113 33 3	3 77 7	1 88 8
Trompette brigadier. . .	1,280	106 66 6	3 55 5	1 77 7
Compagnie.				
Maréchal-des-logis chef. .	1,500	125 00 0	4 16 6	2 08 3
Maréchal-des-logis. . . .	1,360	113 33 3	3 77 7	1 88 8
Brigadier.	1,280	106 66 6	3 55 5	1 77 7
Gendarme et trompette.	950	79 16 6	2 63 8	1 31 9

Nota. La solde des sous-officiers et gendarmes est calculée et payable, par mois, à raison de partie. La première mise d'habillement ne s'allouera, au taux de trois cents francs, qu'à comp-

ŝn *abonnemens de la gendarmerie d'élite.*

INDEMNITÉS, Y COMPRIS LE SUPPLÉMENT DE PARIS.						INDEMNITÉ ANNUELLE DE FRAIS			OBSERVATIONS.
DE LOGEMENT,			D'AMEUBLEMENT,			de représent.	de tournée	de bureau.	
par an.	par mois.	par jour.	par an.	par mois.	par jour.				
900	75	2 50	300	25 00	83 3	1,500	»	»	
324	27	0 90	162	13 50	45 0	»	»	»	
324	27	0 90	162	13 50	45 0	»	»	300	
216	18	0 60	108	9 00	30 0	»	»	»	
720	60	2 00	240	20 00	66 6	»	300	»	
216	18	0 60	108	9 00	30 0	»	»	»	

ABONNEMENS, suivant le complet des sous-officiers et soldats, par an,		PREMIÈRES MISES D'HABILLEMENT aux nouveaux admis sortant immédiatement des corps de l'armée.
de remonte.	de secours.	
60	15	
60	15	
60	15	
		Trois cents francs pour tous les grades.
60	15	
60	15	
60	15	
60	15	

la douzième partie de la fixation annuelle; et par jour, à raison de la trois cent soixantième
ter du 1er janvier 1821.

28 AVRIL = Pr. 22 MAI 1820. — Ordonnance du Roi qui accepte, aux conditions y exprimées, l'offre faite par vingt-quatre actionnaires de se charger de la construction d'un pont à Ebreuil sur la Sioule, département de l'Allier. (7, Bull. 369, n° 8721.)

Louis, etc.

Sur le rapport de notre ministre secrétaire-d'Etat de l'intérieur ;

Vu l'acte de société souscrit, le 3 avril 1819(1), par vingt-quatre actionnaires qui offrent de se charger de la construction d'un pont à Ebreuil, sur la Sioule, moyennant la concession d'un droit de péage sur ce pont pendant cinquante ans ;

Vu les plans, devis et détail estimatif des travaux, établissant que la dépense sera de soixante-douze mille francs ;

Vu les modifications apportées au projet d'après l'avis du conseil des ponts-et-chaussées, et qui ont reçu l'assentiment de la société ;

Vu l'avis du préfet du département de l'Allier, l'article 11 de la loi du 4 floréal an 10 et l'article 5 de la loi sur les finances du 17 juillet 1819 ;

Notre Conseil-d'Etat entendu,

Nous avons ordonné et ordonnons ce qui suit :

Art. 1er. Les offres faites, le 3 avril 1819(2), par vingt-quatre souscripteurs, de remplacer le bac existant à Ebreuil sur la Sioule, département de l'Allier, par la construction d'un pont, sont acceptées aux conditions suivantes :

1° Lesdits actionnaires construiront à leurs frais sur la Sioule, à Ebreuil, un pont en charpente , avec des piles et culées en pierre, conformément aux plans, devis et détail estimatif approuvés par notre directeur général de l'administration départementale, et sous la direction et surveillance des ingénieurs des ponts-et-chaussées du département.

2° La construction du pont devra être terminée dans l'espace de trois années au plus, à partir de la notification de la présente ordonnance. En conséquence, les actionnaires seront tenus de pourvoir à la dépense à raison d'un tiers au moins chaque année, et dans une proportion plus forte si les travaux sont conduits avec plus de célérité et peuvent être achevés en moins de temps.

3° Pour se rembourser de leurs avances en capital et intérêts, les souscripteurs sont autorisés à percevoir sur le pont, à partir du jour où il sera rendu viable, et pendant cinquante ans, un droit de péage, conformément au tarif ci-après.

4° Les réparations nécessaires pour l'entretien du pont, ainsi que les frais de perception et accessoires, seront à la charge des actionnaires pendant toute la durée de la jouissance du péage.

5° Si, pendant la durée de la construction, la totalité ou une partie des travaux faits était détruite par une cause de force majeure, et s'il en résultait que la dépense totale de la construction excédât la somme de soixante-douze mille francs, les actionnaires seront tenus d'y pourvoir ; et, dans ce cas, la durée du péage à leur profit sera prolongée d'une année de plus pour chaque somme de trois mille francs qu'ils seront obligés de fournir en augmentation dûment constatée.

6° Si, pendant la durée du péage au profit des actionnaires, le pont éprouvait quelque dégradation extraordinaire par cause de force majeure, les actionnaires pourront être tenus de pourvoir à la dépense qu'elle nécessitera, et la durée de la perception à leur profit sera prolongée dans la proportion ci-dessus exprimée.

7° Dans le cas où, par suite de dégradations, le passage du pont serait interrompu, les actionnaires devront pourvoir au passage au moyen de bacs ; les produits du péage leur appartiendraient, et il leur serait accordé une prolongation de la jouissance du péage, proportionnée aux dépenses qu'ils auront faites pour se procurer les bacs, et à la différence qui se trouverait entre les produits du péage et celui du pont.

8° Dans le cas où ce pont serait mis entièrement hors d'état de servir, et où il serait nécessaire d'avoir recours de nouveau à l'établissement des bacs, la concession gratuite en sera accordée aux entrepreneurs pour un nombre d'années double de celui qui resterait à courir pour le péage du pont.

9° Les actionnaires nommeront leurs commissaires et leur trésorier : les employés à la perception seront également nommés et révocables par eux ; mais ils devront être agréés par le maire.

2. Le tarif des droits du passage du pont est fixé ainsi qu'il suit, savoir :

(Suit le tarif.)

3. Les fonctionnaires et militaires à qui l'exemption du péage est légalement accordée jouiront également de cette exemption pour le pont d'Ebreuil.

4. Les contestations relatives à l'applica-

(1 et 2) Lisez 23 avril 1819. Erratum, Bulletin 382.

tion et à la quotité des droits seront jugées sommairement et sans frais, suivant les règles établies pour la perception des droits d'octroi.

5. Nos ministres de l'intérieur et des finances sont chargés de l'exécution de la présente ordonnance.

---

28 AVRIL ⇌ Pr. 27 MAI 1820. — Ordonnance du Roi qui autorise les sieurs Bailleul et Darru à ouvrir à Paris un établissement sous le nom d'agence générale de placemens sur les fonds publics. (7, Bull. 371, n° 8733.)

Voy. ordonnance du 21 MARS 1821.

Louis, etc.

Vu l'acte passé, le 12 avril 1820, par-devant Froger-Deschesnes et son collègue, notaires à Paris, renfermant les statuts d'un établissement de la nature des tontines, proposé par les sieurs Bailleul et Darru, dans lequel acte manifestant les garanties qu'ils entendent donner au public, ils ont inséré les pactes de la société solidaire entre eux contractée ;

Vu l'acte du 1er avril 1809, relatif aux sociétés de la nature des tontines ;

Sur le rapport de notre ministre secrétaire-d'Etat au département de l'intérieur ;

Notre Conseil-d'Etat entendu,

Nous avons ordonné et ordonnons ce qui suit :

Art. 1er. Les sieurs Bailleul et Darru sont autorisés à ouvrir à Paris l'établissement projeté sous le nom d'*Agence générale de placement sur les fonds publics, ou caisse de placement en viager avec chance d'accroissement et de successibilité,* conformément aux statuts contenus dans l'acte du 12 avril 1820, par-devant Froger-Deschesnes et son collègue, notaires à Paris, lequel acte demeurera annexé à la présente ordonnance et sera publié avec elle.

2. Des tableaux seront dressés pour l'exécution de l'article 4 des statuts, et pour l'application pratique, aux cas qui y sont prévus, des élémens puisés dans les tables de probabilité indiquées audit article. Ces tableaux seront soumis à l'approbation de notre ministre secrétaire-d'Etat de l'intérieur.

3. Nous nous réservons de révoquer la présente autorisation en cas de non-exécution ou de violation des statuts par nous approuvés, le tout sauf les droits des tiers et sans préjudice des dommages et intérêts qui seraient prononcés par les tribunaux.

4. Notre ministre secrétaire-d'Etat de l'intérieur nommera un commissaire au-près dudit établissement, lequel sera chargé d'en surveiller la marche et d'en rendre compte. Il pourra suspendre provisoirement celles des opérations qui lui paraîtront contraires aux lois et statuts, et dangereuses pour la sûreté publique, et jusqu'à la décision à intervenir de la part des autorités compétentes.

Les sieurs Bailleul et Darru remettront, tous les six mois, l'état de situation des sociétés dépendantes de leur agence au préfet du département de la Seine et au greffe du tribunal de commerce de Paris.

5. Notre ministre secrétaire-d'Etat au département de l'intérieur est chargé de l'exécution de la présente ordonnance, qui sera insérée au Bulletin des Lois.

Pareille insertion aura lieu dans le Moniteur et dans le journal des annonces judiciaires du département de la Seine, conjointement avec l'insertion de l'acte annexé, sans préjudice des affiches prescrites par l'article 42 du Code de commerce, en ce qui concerne la société *Bailleul et Darru.*

CHAPITRE 1er. Nature de l'établissement offert au public.

Art. 1er. Les comparans déclarent s'associer pour l'établissement qu'ils ont projeté sous la dénomination d'*Agence générale de placemens sur les fonds publics, ou de caisse de placemens en viager avec chance d'accroissement et de successibilité.*

M. Bailleul aura le titre de directeur ; et M. Darru, celui de trésorier.

La raison sociale sera *Maison Bailleul et Darru ;* mais lesdits Bailleul et Darru devront signer individuellement tous les actes relatifs à l'administration.

2. Les placemens se feront par classes divisées ainsi qu'il suit ;

La première classe comprendra de la naissance à cinq ans inclusivement ;

La seconde, de six ans à dix inclusivement ;

La troisième, de onze ans à quinze inclusivement ;

Et ainsi de suite de cinq en cinq ans.

3. Chaque classe sera divisée en compagnies, et chaque compagnie se composera de dix personnes, sur la tête de chacune desquelles subsistera une des dix parties de rente.

Chaque actionnaire aura la faculté de faire le placement, soit sur sa tête, soit sur celle d'un tiers qu'il indiquera.

Plusieurs personnes pourront même se réunir pour former ensemble l'une des dix parties de rente qui appartiendront à une compagnie, et en jouir de la manière qu'elles détermineront entre elles, soit sur la tête de l'une d'elles qui sera indiquée comme actionnaire, soit sur la tête d'un tiers qu'elles présenteraient.

Les pièces à fournir par les actionnaires sont leurs actes de naissance en bonne forme, ou ceux des personnes sur la tête desquelles ils feront des placemens ; ces actes resteront déposés entre les mains de l'agence.

4. Le placement sur chacune desdites têtes composant une compagnie devra être pour chacune d'une quotité égale : le *minimum* sera de vingt-cinq francs de rente ; et, dans ce cas, la compagnie aura deux cent cinquante francs de rente.

Au-dessus de vingt-cinq francs de rente, les placemens seront de cinquante francs, soixante-quinze francs et cent francs ; et au-dessus de cette dernière somme, ils devront augmenter successivement de vingt-cinq francs au moins.

Néanmoins, comme la différence d'âge entre les individus d'une même compagnie leur fait courir une chance inégale, il est naturel d'égaliser autant que possible leurs mises respectives dans une proportion analogue à la durée de la vie humaine.

En conséquence, les mises seront inégales et proportionnelles aux nombres exprimant la durée moyenne de la vie humaine, à partir d'un âge donné. Pour cet effet, on fera usage des tables publiées en France par ordre du Gouvernement, et qui ont servi de base au rapport fait à son excellence monseigneur le ministre de l'intérieur par la commission du commerce du Conseil-d'État. Ces tables sont celles publiées par Duvillard dans l'ouvrage intitulé : *Analyse et Tableaux de l'influence de la petite vérole sur la mortalité à chaque âge, etc.*, édition de l'imprimerie royale, année 1806, pages 161 et 162, colonne intitulée *vie moyenne*.

5. Une même personne pourra prendre intérêt dans autant de compagnies que bon lui semblera de la classe à laquelle cette personne appartiendra.

6. Chaque personne qui prendra intérêt dans une compagnie pourra se libérer, soit en rentes sur l'État, dont il sera fait transfert au profit de l'agence générale, soit en fournissant la somme nécessaire pour acheter, au nom de l'agence, une rente sur l'État égale à celle pour laquelle la personne sera intéressée dans une compagnie. La somme à fournir en argent devra être équivalente au montant du prix de l'inscription, d'après le cours au jour de l'achat, en y comprenant les droits de commission de l'agent de change. Toutes les inscriptions seront immatriculées ainsi qu'il suit : *Agence générale de placemens en viager.*

7. Les inscriptions, aussitôt la remise en nature par les membres de chaque compa-

gnie, ou aussitôt l'achat qui en sera fait par l'agence à l'égard des personnes qui se libéreront en argent, seront déposées chez ledit Me Froger-Deschesnes, notaire de l'agence. Lorsque les dix inscriptions en rente appartenant à une même compagnie seront réunies, elles seront retirées des mains du notaire par MM. Bailleul et Darru, pour être déposées au bureau des consignations de la caisse d'amortissement, avec le bordereau nominatif des personnes qui forment cette compagnie, afin que le transfert de propriété puisse en être fait à la dernière des dix survivantes, de la manière qui sera établie ci-après, article 12 ; et jusqu'à l'époque de ce transfert, les arrérages de rentes seront touchés par l'agence à vue des bordereaux d'inscription qu'elle requerra à cet effet, en déposant les inscriptions dont s'agit.

8. Chaque actionnaire devant fournir soit des rentes sur l'État, soit de l'argent comptant, qui sera de suite converti en rentes sur l'État, aura droit aux arrérages de la rente pour laquelle il sera intéressé dans une compagnie, à partir de la dernière échéance du semestre des rentes sur l'État au moment où il sera devenu actionnaire.

9. Chaque actionnaire, quelle que soit la quotité proportionnelle de sa mise, aura droit à un dixième des arrérages de la rente appartenant à sa compagnie. Ces arrérages seront payés à chaque actionnaire tous les six mois, aux mêmes époques que celles fixées pour le paiement des arrérages de rentes sur l'État, sous la déduction d'une commission de deux pour cent au profit de l'agence sur le montant de chaque semestre seulement ; et pour les deux premiers semestres qui reviendront à chaque actionnaire, la retenue en faveur de l'agence sera de moitié du montant de chacun des deux semestres. A chaque époque du paiement des arrérages, l'actionnaire devra fournir un certificat de vie délivré dans les formes authentiques.

10. L'agence retiendra en outre, pour son profit, le semestre qui suivra chaque extinction.

11. Les retenues déterminées par les articles 9 et 10 serviront à remplir l'agence des frais et dépenses de toute nature que l'établissement pourra occasionner, sans aucune espèce de recours ni répétition de la part de l'agence contre les actionnaires, quel que puisse être le montant desdits frais et dépenses, et aussi sans que le retard que pourraient apporter quelques-uns des actionnaires à retirer les arrérages qui leur seront dus, donne jamais lieu d'exiger des intérêts de l'agence pour cet objet.

12. Chaque extinction tournera, dans une égale proportion, au profit des survivans des actionnaires composant une compagnie, sauf

la retenue portée aux articles 9 et 10, en sorte que, neuf desdites têtes composant une même compagnie se trouvant éteintes, le survivant desdits actionnaires aura droit à la totalité des dix parties de rente qui appartenaient à la compagnie. En conséquence et aussitôt le décès de neuf têtes dans une même compagnie, l'agence transférera au dernier survivant des dix personnes composant une même compagnie, la totalité de l'inscription dont jouissait cette compagnie.

Ce transfert sera fait par M. Darru seul, l'un des propriétaires de l'agence, auquel M. Bailleul donne tout pouvoir à cet effet, ou par toute autre personne qui pourrait remplacer par la suite ledit sieur Darru, en vertu des dispositions du présent acte.

Il est bien entendu cependant que, dans le cas où les deux ou trois derniers survivans d'une compagnie voudraient partager par égales portions la rente de cette compagnie, l'agence devra obtempérer à ce vœu, en transférant cette rente aux survivans; mais ce transfert ne sera effectué de la part de l'agence qu'au vu d'un acte notarié souscrit par les survivans de cette compagnie, dont expédition en forme restera déposée dans ses archives.

Dans les cas prévus par les paragraphes précédens, l'agence percevra ses honoraires sur les portions de rentes qui restaient à s'éteindre, conformément aux articles 9 et 10 du présent acte, c'est-à-dire qu'elle aura droit à la moitié des arrérages annuels de chaque portion de rente appartenant à un ou plusieurs survivans copartageans,

13. Le transfert dont est question en l'article précédent, se fera en vertu d'un arrêté du conseil particulier d'administration, qui sera composé :

1° Des directeur et trésorier de l'établissement,

2° D'un avocat et d'un avoué,

3° D'un agent de change,

4° Et du notaire de l'agence.

Toutes les opérations de l'agence et du conseil seront soumises à la surveillance et à l'examen d'un commissaire royal nommé *ad hoc* par le Gouvernement.

14. Il y aura aussi un conseil général d'administration, qui sera composé des personnes formant le conseil particulier, tel qu'il est dit en l'article 13, et, en outre, de douze actionnaires tirés au sort ainsi qu'il va être dit.

Tous les ans, il sera d'abord tiré au sort, parmi toutes les classes, les douze classes dans lesquelles devront être pris les douze membres destinés à faire partie du conseil général ; et ces douze membres seront également choisis par la voie du sort dans toutes les compagnies desdites classes ainsi désignées, à raison d'un par chacune desdites classes.

Lesdits tirages au sort se feront en séance de conseil particulier.

15. Le conseil général d'administration s'assemblera une fois par année, à moins de convocation extraordinaire. Il y sera rendu compte de toutes les opérations qui auront eu lieu précédemment, et il ne pourra être pris de délibération qu'autant qu'il y aura douze membres présens.

16. Les comparans affectent à la garantie de leurs opérations, et particulièrement de l'achat qui devra être fait par eux de rentes sur l'État au profit de leurs actionnaires, le capital de trois inscriptions de rentes perpétuelles cinq pour cent consolidés, montant ensemble à une somme de quatorze cents francs; ces rentes sont la propriété de MM. Bailleul et Darru, comme ayant été achetées avec leurs deniers personnels, ainsi qu'ils le déclarent.

La première desdites inscriptions, de la somme de mille francs, numérotée 38,234, appartient à M. Darru, et est inscrite en son nom.

Les deux autres, montant ensemble à quatre cents francs, et numérotées 14,822 et 14,855, appartiennent à M. Bailleul, et sont inscrites en son nom.

Le capital de ces rentes ne servira uniquement que de garantie pour les placemens des actionnaires ou compagnies ; les comparans s'interdisent la faculté de pouvoir les vendre ou d'en disposer que quatre mois après la dissolution de la présente société.

Ces trois inscriptions étant déposées à Me Fournier, notaire à Paris, par suite d'un précédent acte de société passé devant lui entre lesdits comparans, le 17 avril 1819, M. Darru est, par ces présentes, autorisé à les retirer des mains dudit Me Fournier, et à donner toutes décharges.

Le dépôt de ces trois inscriptions sera fait à Me Froger-Deschesnes, notaire de la société, entre les mains duquel elle devront rester déposées pour n'en être retirées que dans les cas ci-après prévus, les parties déclarant que l'acte de société passé devant ledit Me Fournier, et ci-dessus daté, demeure annulé, et se confond entièrement avec le présent acte, attendu que ledit acte n'a reçu aucune espèce d'exécution que le dépôt desdites inscriptions, qui est un fait personnel aux comparans.

CHAPITRE II. De la gestion de l'établissement, et des conditions des sociétaires administrateurs.

17. Les comparans déclarent s'associer pour la gestion et administration de leur établissement, sous la dénomination de société en nom collectif.

Ils supporteront par égale portion les profits et pertes de la maison : chacun d'eux pourra se choisir un adjoint, qui n'aura cependant que voix consultative dans les assemblées et délibérations, excepté en cas d'absence de celui qu'il représentera ; il pourra également se choisir un successeur : mais ces différens choix d'adjoint et de successeur devront être approuvés et confirmés par le conseil particulier de l'agence.

18. En cas de décès de l'un des sociétaires, le conseil particulier de l'agence désignera un de ses membres pour remplacer provisoirement dans l'exercice de ses fonctions celui qui sera décédé.

19. Les héritiers des sociétaires décédés devront présenter, dans les quinze jours du décès, un candidat qui devra être agréé par le conseil particulier.

A défaut de cette présentation dans ledit délai, et icelui passé, le droit de présentation appartiendra au sociétaire survivant.

20. Les comptes à rendre aux héritiers du sociétaire décédé ne pourront être exigés que trois mois après le décès : les héritiers ne pourront s'immiscer personnellement dans les affaires de l'agence ; ils devront se faire représenter par un mandataire spécial.

21. Le siége pour toutes les opérations de l'agence sera dans la ville de Paris, et ses bureaux sont en ce moment établis rue du Sentier, n° 6.

22. En cas de contestation, sous quelque prétexte que ce puisse être, soit entre les deux sociétaires entre eux, soit avec les héritiers et représentans du sociétaire décédé, soit avec les actionnaires, et dans quelque cas que ce soit, toutes les difficultés qui s'élèveront devront être soumises à des arbitres nommés de part et d'autre, lesquels arbitres, en cas d'avis différens, pourront nommer un tiers arbitre pour les départager. Lesdits arbitres et tiers arbitre prononceront en dernier ressort, et sans recours à à la voie d'appel ni en cassation.

23. Pour obtenir toute autorisation nécessaire des autorités supérieures à l'effet de former ledit établissement, et par suite pour faire faire et requérir toutes insertions et affiches partout où il sera convenable, notamment pour se conformer aux dispositions du Code de commerce, tous pouvoirs sont donnés au porteur d'une expédition ou extrait des présentes.

24. Les comparans déclarent que le dépôt de quatorze cents francs de rentes fait de leurs propres fonds entre les mains dudit Me Fournier, notaire, et que M. Darru est autorisé à retirer pour les remettre à Me Froger-Deschesnes, sont la propriété personnelle, savoir : de mille francs à M. Darru, et de quatre cents francs à M. Bailleul, et

qu'ils n'affectent à la garantie de leurs opérations que le capital de ces rentes, entendant recevoir, chaque semestre, les arrérages de ce dépôt dans les proportions ci-dessus détaillées.

25. Les comparans se réservent expressément la faculté de dissoudre leur société après l'expiration de trois années révolues, dans le cas où les recettes faites à leur profit ne couvriraient pas leurs frais d'établissement, à charge par eux de rembourser à chacun des actionnaires le montant intégral de son action, ainsi que les parts qui lui auraient été attribuées par extinction, sauf les remises qui seront légitimement acquises auxdits comparans ; en conséquence, et dans ce cas seulement, ils sont et demeurent autorisés à retirer, soit des mains du notaire de l'agence, soit de la caisse d'amortissement ou de tout autre lieu de dépôt, tant les inscriptions appartenant à chaque compagnie pour en faire la vente et le transfert afin d'opérer leurs remboursemens, que celles qu'ils ont ou auront déposées pour garantie de leurs opérations.

En conséquence, la simple décharge donnée par les comparans audit Me Froger-Deschesnes pour les inscriptions qu'il leur aura remises, opérera l'entière libération de ce dernier, tant envers l'agence qu'envers les actionnaires, sans autres formalités ; cependant, à l'échéance de chaque semestre, le notaire de l'agence devra remettre les inscriptions à lui déposées audit sieur Darru pour en toucher les arrérages, sur son simple récépissé, à la charge par ce dernier de les rapporter ensuite.

Pour l'exécution des présentes, les parties élisent domicile en leurs demeures susdites et respectives.

---

28 AVRIL = Pr. 27 MAI 1820. — Ordonnance du Roi qui dissout la compagnie d'assurances maritimes établie à Bordeaux par ordonnance du 22 JUILLET 1818, et prescrit la liquidation de cette compagnie. (7, Bull. 371, n° 8734.)

Louis, etc.

Vu notre ordonnance du 22 juillet 1818, portant autorisation de l'établissement d'une société d'assurances maritimes à Bordeaux, avec un capital de quatre millions huit cent mille francs ;

Vu les représentations qui nous ont été faites par les actionnaires de ladite compagnie, tendant à obtenir la faculté de liquider cette société en sa forme actuelle, afin d'y substituer deux nouvelles associations avec des capitaux différens ; l'une pour continuer les assurances maritimes ;

Prenant en considération les motifs exposés, qui sont que suivant les premiers plans de la société, les deux branches d'assurance devaient être cumulées; ce qui en avait fait régler le capital au taux actuel; que, le principe d'administration qui a fait écarter la cumulation des assurances d'espèces différentes ayant été appliqué dans l'intervalle, et la compagnie de Bordeaux s'étant ainsi réduite à l'assurance maritime, son fonds s'est trouvé excessif pour les besoins et les risques de cette seule branche, en sorte que, bien qu'on n'ait mis en recouvrement qu'une faible partie de chaque action, l'administration de la société n'a pu faire emploi de ses fonds en caisse que par des placemens étrangers à son but; .

Sur le rapport de notre ministre secrétaire-d'État au département de l'intérieur;

Notre Conseil-d'État entendu,

Nous avons ordonné et ordonnons ce qui suit :

Art. 1er. La compagnie d'assurances maritimes à Bordeaux, telle qu'elle est approuvée par notre ordonnance du 22 juillet 1818, sera dissoute, et il sera procédé à sa liquidation, notre autorisation susdite étant révoquée.

2. Le capital de ladite société restera affecté aux assurances en cours, aux dettes et obligations passives de la société : les sommes et valeurs en caisse ne pourront être distraites, ni les obligations des souscripteurs annulées, qu'à mesure d'extinction desdites assurances et dettes, de sorte qu'il ne soit retranché aux assurés aucune des garanties sous lesquelles ils ont contracté avec la compagnie.

3. Notre ministre secrétaire-d'État de l'intérieur est chargé de l'exécution de la présente ordonnance, qui sera publiée au Bulletin des Lois et insérée dans le Moniteur et dans le journal des annonces judiciaires du département de la Gironde, sans préjudice des affiches prescrites par l'art. 45 du Code de commerce.

―――

28 AVRIL = Pr. 27 MAI 1820. — Ordonnance du Roi portant autorisation de la nouvelle société anonyme formée sous le nom de compagnie d'assurances maritimes de Bordeaux. (7, Bull. 374, n° 8735.)

Louis, etc.

Vu un acte passé, le 25 février 1820, par-devant Mathieu et son collègue, notaires à Bordeaux, contenant les statuts d'une compagnie d'assurances maritimes;

Vu les art. 29 à 37, 40 et 45 du Code de commerce;

Sur le rapport de notre ministre secrétaire-d'État de l'intérieur;

Notre Conseil-d'État entendu,

Nous avons ordonné et ordonnons ce qui suit :

Art. 1er. La nouvelle société anonyme formée à Bordeaux, sous le nom de *Compagnie d'Assurances maritimes de Bordeaux*, est autorisée, à la charge de ne commencer ses opérations que lorsque celle que nous avons autorisée par notre ordonnance du 22 juillet 1818 aura effectué sa dissolution; le tout conformément aux statuts de la nouvelle société contenus dans l'acte du 25 février 1820, qui est annexé à la présente et sera publié avec elle : lesdits statuts restent approuvés sous les réserves ci-après.

2. Il est réservé,

1° Que l'augmentation du nombre d'actions prévu par l'art. 3 des statuts ne pourra être autorisée que par l'assemblée générale de la compagnie;

2° Que le réglement qui doit être dressé suivant l'art. 14 sera soumis à l'approbation de notre ministre secrétaire-d'État de l'intérieur.

3. La présente autorisation étant accordée à ladite société à la charge par elle de se conformer aux lois et à ses statuts; dans le cas où ces conditions ne seraient pas accomplies, nous nous réservons de révoquer ladite approbation, sauf les actions à exercer devant les tribunaux par les particuliers, à raison des infractions commises à leur préjudice.

4. La société sera tenue de remettre, tous les six mois, copie en forme de son état de situation au préfet du département de la Gironde, au greffe du tribunal de commerce et à la chambre de commerce de Bordeaux.

5. Notre ministre secrétaire-d'État de l'intérieur est chargé de l'exécution de la présente ordonnance, laquelle sera publiée dans le Bulletin des Lois, insérée au Moniteur et au journal des annonces judiciaires du département de la Gironde, conjointement avec l'insertion de l'acte annexé, sans préjudice des affiches prescrites par l'art. 45 du Code de commerce.

Société d'assurances maritimes.

Par-devant Jean-Baptiste Mathieu et son confrère, notaires royaux à Bordeaux, soussignés, ont comparu

(*Suivent les noms.*)

Lesquels ont arrêté comme il suit, sauf l'approbation du Gouvernement, les bases et les conditions de la société d'assurances maritimes qu'ils sont convenus d'établir à Bordeaux :

Art. 1er. Cette société sera anonyme, et prendra le titre de *Compagnie d'Assurances maritimes de Bordeaux.*

Le chef-lieu de l'association et le domicile social sont fixés à Bordeaux.

La durée de l'association sera de sept années, qui commenceront vingt jours après que le Gouvernement aura accordé son approbation au présent acte.

2. La compagnie assurera à Bordeaux, et pourra assurer à Paris et dans les divers ports de France, tous les risques auxquels peuvent être exposées les expéditions maritimes françaises et étrangères, et les marchandises et denrées transportées par les rivières et canaux.

Elle assurera aussi les risques de guerre survenante.

3. Le capital de la compagnie est fixé à deux millions cent mille francs, divisés en :

Cent vingt actions nominatives de quinze mille francs;

Vingt actions au porteur, de quinze mille francs, subdivisées chacune en dix coupons de quinze cents francs.

Ce capital ne pourra être augmenté que par la création de nouvelles actions, et non par un appel de fonds sur les actions primitives (1).

4. Le *maximum* des sommes à souscrire sur chaque bâtiment est fixé à :

Cent vingt mille francs par bâtiment assuré, pour risques de mer ;

Quatre-vingt mille francs par bâtiment assuré en temps de paix, pour risques de mer et de guerre survenante, avec augmentation de prime à fixer ;

Cinquante mille francs par bâtiment assuré en temps de paix, pour risques de mer et de guerre survenante, à prime déterminée.

En cas de guerre, ce *maximum* sera moindre, et sa fixation devra être déterminée par l'assemblée générale.

5. Les actions nominatives demeurent d'ores et déjà distribuées comme il suit, entre les souscripteurs du présent acte et ceux au nom desquels il est souscrit.

Aucun des actionnaires ne pourra avoir plus de quatre actions nominatives en son nom.

6. Les propriétaires d'actions nominatives seront tenus de verser en argent le cinquième du montant de leurs actions, dès que l'approbation du Gouvernement aura été accordée.

Les actions au porteur seront payées intégralement et comptant.

Lorsque les actions au porteur créées par l'art. 3 ci-dessus seront toutes placées, cha-

que actionnaire nominatif, propriétaire de plus de deux actions, aura la faculté de convertir en actions au porteur une partie de l'excédant, à la charge d'en compléter le paiement.

Néanmoins, cette conversion ne pourra plus avoir lieu dès que le tiers du capital entier de la société sera représenté par des actions au porteur.

7. La propriété des actions nominatives sera constatée par une inscription nominale sur le registre à ce destiné, dont un extrait en forme sera délivré aux actionnaires.

Celle des actions au porteur le sera par des coupons d'action au porteur.

8. Toute cession d'action nominative ne sera valide que lorsque le transfert en aura été établi sur les registres de la compagnie.

Jusqu'alors le cédant demeurera responsable du montant de ses actions.

9. Dans le cas où il serait éprouvé des pertes, chaque actionnaire nominatif sera tenu de compléter le versement du cinquième de ses actions, et successivement de verser les autres cinquièmes, jusqu'à concurrence du montant de ses actions.

Un retard de dix jours à satisfaire à cette obligation donnera lieu à l'exclusion du sociétaire, et il sera disposé de ses actions par la compagnie, sauf à lui tenir compte de l'excédant qui pourra lui revenir, sans qu'il puisse réclamer les bénéfices faits depuis la dernière répartition, le tout sans préjudice des poursuites à exercer contre lui pour le paiement des sommes dont il se trouverait redevable.

10. En cas de mort naturelle ou civile et en cas de faillite d'un actionnaire nominatif, ses droits seront réglés d'après la situation générale arrêtée au semestre qui aura précédé la mort ou la faillite.

Tout ce qui sera survenu depuis cette époque en perte ou en bénéfice restera pour compte de la compagnie : elle aura le droit, après le remboursement de ce qui revient à l'actionnaire mort ou failli, de disposer des actions nominatives qu'il possédait.

11. En cas d'atermoiement ou de suspension de paiement d'un actionnaire nominatif, il devra, sur la demande qui lui en sera faite, fournir une caution ; à défaut de quoi, les dispositions de l'article précédent lui seront applicables.

12. L'assemblée générale de la compagnie se compose des actionnaires nominatifs, et des propriétaires de vingt coupons d'action au porteur qui les auront déposés dans la caisse de la société, trois mois avant chaque réunion.

(1) *Voy.* article 2 de l'ordonnance.

Les actionnaires nominatifs domiciliés à Bordeaux ne pourront être représentés dans l'assemblée générale que par des associés ou par des gérans chargés de leur procuration générale.

Les actionnaires nominatifs domiciliés hors de Bordeaux peuvent se faire représenter par des porteurs de procuration : si leurs fondés de pouvoirs étaient déjà membres de l'assemblée, ils ne pourront, quel que soit le nombre des actions qu'ils représentent ou possèdent, avoir plus de deux voix.

Les délibérations de l'assemblée générale sont obligatoires pour les actionnaires au porteur.

13. L'administration de la compagnie est confiée à un conseil de neuf membres choisis parmi les actionnaires nominatifs ; ils sont élus par l'assemblé générale, au scrutin et à la majorité des voix.

14. Un réglement délibéré en assemblée générale détermine la durée des fonctions des membres du conseil, leur renouvellement, les attributions du conseil, la forme de la gestion, les traitemens et pouvoirs à accorder, et les précautions particulières propres à garantir les intérêts des assurés et ceux de la compagnie (1).

15. Le conseil d'administration règle les conditions des assurances, et détermine les sommes à souscrire sur chaque bâtiment, suivant les localités et les circonstances.

Néanmoins, le *maximum* de ces sommes ne pourra excéder la fixation portée par l'article 4 des présentes.

16. Le conseil d'administration est autorisé à employer les fonds disponibles du capital de la compagnie en effets réalisables à volonté, de préférence payables dans Bordeaux, et en effets publics.

17. Deux fois par an, le conseil d'administration présente à l'assemblée générale l'état des opérations qui ont eu lieu pendant le semestre précédent, le compte des profits et des pertes qui en résultent, et le tableau général de la situation de la compagnie.

L'assemblée générale arrête le compte rendu, fixe les prélèvemens à faire pour obvier aux pertes connues, et détermine la quotité des dividendes à répartir à chaque espèce d'action.

18. Il est prélevé sur les bénéfices de chaque semestre un intérêt de cinq pour cent par an, lequel est réparti tant aux actions nominatives qu'aux actions au porteur, sur les fonds effectivement versés.

Sont comprises comme fonds versés les sommes réservées aux actions nominatives, en exécution de l'article précédent.

Le surplus des bénéfices sera distribué comme il suit : aux actions au porteur, sous la retenue du dixième desdits bénéfices, aux actions nominatives, sous la retenue du cinquième desdits bénéfices.

Ces retenues seront destinées à former un fonds de réserve.

Lorsque ce fonds de réserve excédera le vingtième du capital primitif, l'excédant sera réparti entre les actionnaires, pourvu toutefois que le capital de la compagnie n'ait point éprouvé de diminution.

La distribution des bénéfices aura lieu par semestre.

Les bénéfices résultant des risques éteints seront seuls distribués.

19. Dans le cas où, lors de la présentation des comptes semestriels, il serait reconnu que le capital de la compagnie se trouverait réduit des trois quarts, les opérations de la compagnie devront cesser à l'instant, et il sera de suite procédé à la liquidation de la société.

20. Les actionnaires nominatifs, souscripteurs du présent acte, s'engagent à ne faire partie d'aucune autre compagnie d'assurances maritimes qui pourrait se former à l'avenir à Bordeaux pendant la durée de la présente, à ne point signer des assurances pour leur compte, et à ne point se charger des agences des compagnies d'assurances du dehors.

Dans le cas où l'un d'eux se trouverait déjà chargé de quelque agence, il ne pourra être élu membre du conseil.

21. La présente société ne pourra être dissoute avant l'expiration de sept années, que par le vœu des trois quarts en somme des actionnaires nominatifs.

22. Indépendamment des conditions ci-dessus établies, l'association sera régie par les dispositions des articles 29 à 37 du Code de commerce, relatif aux sociétés anonymes.

Il n'y aura point de solidarité entre les actionnaires, et chacun d'eux ne pourra être engagé et responsable que pour le montant des actions pour lesquelles il concourt à ces présentes.

23. La compagnie ne pourra commencer ses opérations, même après avoir obtenu l'approbation du Gouvernement, que lorsque la société établie par les actes du 31 mars et 24 juin 1818, approuvée par l'ordonnance de sa majesté du 22 juillet suivant, aura effectué et publié sa dissolution.

Dont acte.

Fait à Bordeaux, dans la demeure respective des sieurs comparans, le 25 février 1820. Lecture faite des présentes à chacun

_____
(1) *Voy.* article 2 de l'ordonnance.

d'eux, ils les ont signées avec les notaires soussignés.

---

28 AVRIL = Pr. 23 JUIN 1820. — Ordonnance du Roi portant autorisation de la société anonyme formée à Bordeaux sous le nom de Compagnie d'Assurances contre l'incendie. (7, Bull. 377, n° 8860.)

Louis, etc.

Vu un acte passé, les 25 février 1820, par-devant Mathieu et son collègue, notaires à Bordeaux, contenant les statuts d'une compagnie d'assurances contre l'incendie;

Vu les articles 29 à 37, 40 et 45 du Code de commerce;

Sur le rapport de notre ministre secrétaire-d'Etat au département de l'intérieur,

Notre Conseil-d'Etat entendu,

Nous avons ordonné et ordonnons ce qui suit :

Art. 1er. La société anonyme formée à Bordeaux sous le nom de *Compagnie d'Assurances contre l'incendie* est autorisée, à la charge de ne commencer ses opérations que lorsque la compagnie d'assurances maritimes autorisée par notre ordonnance du 22 juillet 1818 aura effectué sa dissolution ; le tout conformément aux statuts de la nouvelle société contenus dans l'acte du 25 février 1820, qui est annexé à la présente et sera publié avec elle, lesdits statuts restant approuvés sous les réserves ci-après.

2. Il est réservé,

1° Que l'augmentation du nombre d'actions prévue par l'article 3 des statuts ne pourra être autorisée que par l'assemblée générale de la compagnie;

2° Que le réglement qui doit être dressé suivant l'article 14, contiendra une classification des risques pour la graduation progressive du *maximum* de chaque police d'assurance, fixé par l'article 4 de cent vingt mille francs à trois cent mille francs;

3° Que ledit réglement sera soumis à l'approbation de notre ministre secrétaire-d'Etat de l'intérieur.

3. En autorisant aujourd'hui la fixation dudit *maximum*, nous nous réservons d'ordonner qu'il sera changé si, par le résultat des travaux dont est chargée notre académie royale des sciences, il était connu que d'autres bases de proportion entre la nature, la quotité des risques et les garanties offertes par les compagnies d'assurances contre l'incendie, doivent être adoptées dans l'intérêt public.

4. La présente autorisation étant accordée à ladite société à la charge par elle de se conformer aux lois et à ses statuts; dans le cas où ces conditions ne seraient pas accomplies, nous nous réservons la faculté de révoquer ladite approbation, sauf les actions à exercer devant les tribunaux par les particuliers à raison des infractions commises à leur préjudice.

5. La société sera tenue de remettre, tous les six mois, copie en forme de son état de situation au préfet du département de la Gironde, au greffe du tribunal de commerce et à la chambre de commerce de Bordeaux.

6. Notre ministre secrétaire-d'Etat au département de l'intérieur est chargé de l'exécution de la présente ordonnance, laquelle sera publiée dans le Bulletin des Lois, insérée au Moniteur et au journal des annonces judiciaires du département de la Gironde, conjointement avec l'insertion de l'acte annexé, sans préjudice des affiches prescrites par l'article 45 du Code de commerce.

Société d'assurances contre l'incendie à Bordeaux.

Par-devant Jean-Baptiste Mathieu et son confrère, notaires royaux à Bordeaux, soussignés, ont comparu,

(*Suivent les noms.*)

Lesquels ont arrêté comme il suit, sauf l'approbation du Gouvernement, les bases et les conditions de la société d'assurances contre l'incendie qu'ils sont convenus d'établir à Bordeaux :

Art. 1er. Cette société sera anonyme, et prendra le titre de *Compagnie d'Assurances de Bordeaux contre l'incendie.*

Le chef-lieu de l'association et le domicile social seront fixés à Bordeaux.

La durée de l'association sera de sept années, qui commenceront vingt jours après que le Gouvernement aura accordé son approbation au présent acte.

2. La compagnie assurera, dans le département de la Gironde, les maisons, bâtimens, usines et édifices de toute espèce, les meubles, marchandises et denrées emmagasinées; elle pourra assurer les mêmes risques dans toute autre partie de la France, lorsque l'assemblée générale des actionnaires l'aura délibéré.

3. Le capital de la compagnie est fixé à un million quatre cent mille francs, divisés en :

Cent vingt actions nominatives de dix mille francs,

Vingt actions au porteur de dix mille francs.

Chacune de ces dernières actions sera subdivisée en dix coupons de mille francs.

Ce capital ne pourra être augmenté que par la création de nouvelles actions, et non par un appel de fonds sur les actions primitives (1).

4. Le *maximum* des risques à souscrire sur chaque police est fixé à :

Cent vingt mille francs pour les risques les plus graves ;

Trois cent mille francs pour les risques de l'espèce la plus simple (2).

5. Les actions nominatives demeurent d'ores et déjà distribuées comme il suit entre les souscripteurs du présent acte et ceux au nom desquels il est souscrit.

Aucun des actionnaires ne pourra avoir plus de quatre actions nominatives en son nom.

6. Les propriétaires d'actions nominatives seront tenus de verser en argent le cinquième du montant de leurs actions, dès que l'approbation du Gouvernement aura été obtenue.

Les actions au porteur seront payées intégralement et comptant.

Lorsque les actions au porteur, créées par l'article 3 ci-dessus, seront toutes placées, chaque actionnaire nominatif propriétaire de plus de deux actions aura la faculté de convertir en actions au porteur une partie de l'excédant, à la charge d'en compléter le paiement.

Néanmoins, cette conversion ne pourra avoir lieu dès que le tiers du capital entier de la société sera représenté par des actions au porteur.

7. La propriété des actions nominatives sera constatée par une inscription nominale sur le registre à ce destiné, dont un extrait en forme sera délivré aux actionnaires.

Celle des actions au porteur le sera par des coupons d'action au porteur.

8. Toute cession d'actions nominatives ne sera valide que lorsque le transfert en aura été établi sur le registre de la compagnie : jusqu'alors le cédant demeurera responsable du montant de ses actions.

9. Dans le cas où il serait éprouvé des pertes, chaque actionnaire nominatif sera tenu de compléter le versement du cinquième de ses actions, et successivement de verser les autres cinquièmes jusqu'à concurrence du montant de ses actions.

Un retard de dix jours à satisfaire à cette obligation donnera lieu à l'exclusion du sociétaire, et il sera disposé de ses actions par la compagnie, sauf à lui tenir compte de l'excédant qui pourra lui revenir, sans qu'il puisse réclamer les bénéfices faits depuis la dernière répartition, le tout sans préjudice des poursuites à exercer contre lui pour le paiement des sommes dont il se trouverait redevable.

10. En cas de mort naturelle ou civile et en cas de faillite d'un actionnaire nominatif, ses droits seront réglés d'après la situation générale arrêtée au semestre qui aura précédé la mort ou la faillite.

Tout ce qui sera survenu depuis cette époque en perte ou en bénéfice, restera pour compte de la compagnie : elle aura le droit, après le remboursement de ce qui revient à l'actionnaire mort ou failli, de disposer des actions nominatives qu'il possédait.

11. En cas d'atermoiement ou de suspension de paiement d'un actionnaire nominatif, il devra, sur la demande qui lui en sera faite, fournir une caution ; à défaut de quoi les dispositions du précédent article lui seront applicables.

12. L'assemblée générale de la compagnie se compose des actionnaires nominatifs et des propriétaires de vingt coupons d'actions au porteur qui les auront déposés dans la caisse de la société, trois mois avant chaque réunion.

Les actionnaires nominatifs domiciliés à Bordeaux ne pourront être représentés dans l'assemblée générale que par des associés ou par des gérans chargés de leur procuration générale.

Les actionnaires nominatifs domiciliés hors de Bordeaux peuvent se faire représenter par des porteurs de procuration : si leurs fondés de pouvoirs étaient déjà membres de l'assemblée, ils ne pourront, quel que soit le nombre des actions qu'ils représentent ou possèdent, avoir plus de deux voix.

13. L'administration de la compagnie est confiée à un conseil de neuf membres choisis parmi les actionnaires nominatifs.

Ils sont élus par l'assemblée générale au scrutin et à la majorité des voix.

14. Un règlement délibéré en assemblée générale détermine la durée des fonctions des membres du conseil, leur renouvellement, les attributions du conseil, la forme de la gestion, les traitemens et pouvoirs à accorder, et les précautions particulières propres à garantir les intérêts des assurés et ceux de la compagnie (3).

15. Les assurances seront divisées en diverses classes : un tableau des primes proportionnées à ces différentes classes sera formé par le conseil et soumis à l'assemblée générale.

16. Le conseil d'administration est autorisé à employer les fonds disponibles du capital de la compagnie en effets réalisables à

(1, 2 et 3) Articles 2 et 3 de l'ordonnance.

volonté, de préférence payables dans Bordeaux, et en effets publics.

17. Deux fois par an, le conseil d'administration présente à l'assemblée générale l'état des opérations qui ont eu lieu pendant le semestre précédent, le compte des profits et des pertes qui en résultent, et le tableau général de la situation de la compagnie.

L'assemblée générale arrête le compte rendu.

18. Chaque semestre, un intérêt de cinq pour cent par an sera prélevé sur les bénéfices, et réparti aux actionnaires dans la proportion de leurs versemens effectifs.

Une moitié du surplus des bénéfices sera répartie aux actionnaires, l'autre moitié sera mise en réserve pour augmenter le capital de la compagnie.

Dès que ce capital aura été porté à la somme de deux millions, il ne sera plus fait de réserve, et la totalité des bénéfices sera distribuée aux actionnaires.

La distribution des bénéfices aura lieu par semestre.

Les bénéfices résultant des risques terminés seront seuls distribués.

19. Dans le cas où des pertes réduiraient des trois quarts le capital primitif de la compagnie, ses opérations devront cesser à l'instant, et il sera de suite procédé à la liquidation de la société.

20. Les actionnaires nominatifs souscripteurs du présent acte s'engagent à ne faire partie d'aucune autre compagnie contre l'incendie qui pourrait se former à Bordeaux pendant la durée de la présente.

Sont exceptés de cette disposition, ceux qui font déjà partie des compagnies d'assurances mutuelles.

Ils s'engagent à ne point se charger des agences des compagnies d'assurances contre l'incendie établies ailleurs.

21. La présente société ne pourra être dissoute avant l'expiration de sept années, sauf le cas prévu dans l'article 18, que par le vœu des trois quarts des actionnaires nominatifs.

22. Indépendamment des conditions ci-dessus établies, l'association sera régie par les dispositions des articles 29 à 37 du Code de commerce, relatifs aux sociétés anonymes.

Il n'y aura point de solidarité entre les actionnaires; ils ne seront passibles que de la perte du montant de leurs actions.

23. La compagnie ne pourra commencer ses opérations, même après avoir obtenu l'approbation du Gouvernement, que lorsque la société établie par les actes des 31 mars et 4 juin 1818, approuvés par l'ordonnance

de Sa Majesté du 22 juillet suivant, aura effectué et publié sa dissolution.

Dont acte.

Fait à Bordeaux, dans la demeure respective des sieurs comparans, le 25 février 1820.

28 AVRIL 1820. — Ordonnances du Roi qui autorisent l'acceptation de dons et legs faits aux hospices. (7, Bull. 383.)

28 AVRIL 1820. — Ordonnance du Roi qui accorde deux foires nouvelles à la commune de Fenier, arrondissement d'Aubusson. (7, Bull. 384.)

28 AVRIL 1820. — Ordonnances du Roi relatives aux foires des communes de Vouneuil-sous-Biard, de Montbazens, de Varennes-sous-Montsoreau, de Blangy, de Gaille-Fontaine et d'Ardes. (7, Bull. 385.)

28 AVRIL 1820. — Ordonnances du Roi qui autorisent l'acceptation de dons et legs faits au Mont-de-Piété et aux pauvres de Montpellier, aux hospices. (7, Bull. 385.)

28 AVRIL 1820. — Ordonnances du Roi relatives aux foires des communes de la Bosne, de Vallières, de Baville, de Magnat et de Pamproux. (7, Bull. 386.)

28 AVRIL 1820. — Ordonnances du Roi qui autorisent l'acceptation de dons et legs faits aux pauvres. (7, Bull. 386.)

29 AVRIL 1820. — Tableau des prix moyens régulateurs des grains, dressé et arrêté conformément aux articles 6 et 8 de la loi du 16 JUILLET 1819. (7, Bull. 365.)

4 = Pr. 27 MAI 1820. — Ordonnance du Roi qui met l'administration de l'hôtel royal des Invalides et de ses succursales en rapport avec l'institution du corps des intendans militaires. (7, Bull. 371, n° 8736.)

Voy. ordonnances des 12 DÉCEMBRE 1814, 10 JANVIER 1816 et 24 NOVEMBRE 1824.

Louis, etc.,

Sur le rapport de notre ministre secrétaire-d'État de la guerre;

Voulant mettre en rapport l'administration de notre hôtel royal des Invalides et de ses succursales avec l'institution du corps des intendans militaires créé par notre ordonnance du 29 juillet 1817 ;

Voulant aussi que, dès ce moment et pour l'avenir, la direction du service administratif dudit h tel soit confiée à l'expérience et aux talens des plus anciens intendans militaires, comme récompense des services rendus par eux à l'Etat,

Nous avons ordonné et ordonnons ce qui suit :

. Art. 1er. Un intendant militaire en activité de service, choisi parmi les plus anciens et nommé par notre ministre secrétaire-d'Etat de la guerre, sera chargé en chef de la direction du service administratif de notre hôtel royal des Invalides et de ses succursales.

2. Cet intendant aura sous ses ordres un sous-intendant militaire, dont le choix est réservé à notre ministre secrétaire-d'Etat de la guerre.

3. L'emploi d'administrateur comptable, créé par notre ordonnance du 10 janvier 1816, est supprimé.

Les fonctions attribuées à cet emploi seront remplies par l'intendant militaire.

4. Un réglement général sur l'administration de notre hôtel royal des Invalides sera ultérieurement soumis à notre approbation par notre ministre secrétaire-d'Etat de la guerre.

Les dispositions de ce réglement auront pour objet essentiel d'appliquer au régime intérieur de l'hôtel le système général d'administration et de comptabilité des différens services de la guerre, quels que puissent être les moyens destinés à pourvoir aux dépenses de cet hôtel.

5. Notre ministre de la guerre est chargé de l'exécution de la présente ordonnance.

———

4 MAI = Pr. 1er JUIN 1820. — Ordonnance du Roi qui accepte, aux conditions y exprimées, les offres faites par une compagnie d'actionnaires, de concourir à la construction du pont de la Pointe-Saint-Sulpice sur le Tarn. (7, Bull. 375, n° 8787.)

Louis, etc.,

Sur le rapport de notre ministre secrétaire-d'Etat de l'intérieur ;

Vu la délibération du conseil général du département du Tarn, prise dans sa session de 1819, par laquelle il demande qu'un pont soit construit à la Pointe-Saint-Sulpice, et que la dépense en soit remplie :

1° Un tiers par le Trésor,

2° Un tiers par le département même, .

3° Un tiers par une compagnie d'actionnaires à laquelle on concéderait le produit d'un péage à établir sur ce pont après son achèvement ;

Vu la soumission souscrite par cette compagnie, qui offre de fournir cent mille francs pour concourir à la dépense qu'exige la construction de ce pont, moyennant la concession d'un droit de péage ;

Vu l'article 5 de la loi du 17 juillet 1819, qui autorise le Gouvernement à établir des droits de péage dans le cas où ils sont reconnus nécessaires pour concourir à la construction ou à la réparation des ponts, etc.

Notre Conseil-d'Etat entendu,

Nous avons ordonné et ordonnons ce qui suit :

Art. 1er. Les offres faites, le 12 décembre 1819, par une compagnie d'actionnaires, de fournir une somme de cent mille francs pour concourir avec les fonds du Trésor et du département à la construction du pont de la Pointe-Saint-Sulpice sur le Tarn, route n° 106, de Lyon à Toulouse, sont acceptées.

2. Pour se rembourser de leurs avances en capital et intérêts, les actionnaires percevront au passage du pont, à compter du jour où il sera livré au public, et pendant cinquante ans, un droit de péage conforme au tarif ci-après, qui est le même que celui du bac de la Pointe-Saint-Sulpice.

(Suit le tarif.)

3. Seront exempts du droit de péage :

Le préfet et le sous-préfet en tournée, les juges-de-paix et les gendarmes dans l'exercice de leurs fonctions, les ingénieurs et conducteurs des ponts-et-chaussées traversant le pont pour leur service ; les généraux, officiers, employés militaires, sous-officiers et soldats voyageant en troupes ou séparément, à la charge par eux, dans ce dernier cas, de présenter leur feuille de route ou lettre de service ; les trains d'artillerie et leurs conducteurs ; les malles qui font le service des postes de l'Etat, hors les voyageurs qu'elles contiennent, et qui sont tenus d'acquitter chacun le droit dû pour une personne à pied.

4. Notre ministre de l'intérieur est chargé de l'exécution de la présente ordonnance.

———

4 MAI 1820. — Ordonnances du Roi qui autorisent l'acceptation de dons et legs faits à des communes. (7, Bull. 386.)

———

4 MAI 1820. — Ordonnance du Roi qui concède les mines de houille d'Arinhac, de
Riounègre, de la Pomarède et du Bois-
Lauro, département de l'Aveyron. (7, Bull.
386.)

5 = Pr. 22 MAI 1820. — Ordonnance du Roi
concernant le service de la garantie sur la
marque d'or et d'argent. (7, Bull. 369, n°
8720.)

Voy. notes sur la loi du 19 BRUMAIRE an
6, ordonnances des 5 MAI 1819 et 19 SEP-
TEMBRE 1821.

Louis, etc. ,

Sur le compte qui nous a été rendu des
difficultés qui se sont élevées relativement à
la part que doivent prendre les administrations des contributions indirectes et des monnaies dans la surveillance et la perception
du droit de garantie sur la marque d'or et
d'argent ;

Considérant qu'il est nécessaire de régler
définitivement leur intervention respective
dans cette matière ;

Vu les lois des 19 brumaire et 13 germinal
an 6, 5 ventose an 12 et 1er germinal an 13
(9 novembre 1797 et 2 avril 1798, 25 février 1804 et 22 mars 1805), les arrêtés du
Gouvernement du 13 prairial an 7, 10 prairial an 11 et 5 germinal an 12 (1er juin 1799,
30 mai 1803 et 26 mars 1804), et le décret
du 28 floréal an 13 (17 juin 1805) ;

Sur le rapport de notre ministre secrétaire-d'Etat des finances,

Notre Conseil-d'Etat entendu,

Nous avons ordonné et ordonnons ce qui
suit :

Art. 1er. L'essayeur de chaque bureau
de garantie sera nommé par le préfet du
département où ce bureau est placé ; mais
il ne pourra en exercer les fonctions qu'a-
près avoir obtenu de l'administration des
monnaies un certificat de capacité, conformément à l'article 39 de la loi du 19 brumaire an 6 (9 novembre 1797) et à l'article 2 de la loi du 13 germinal suivant (2 avril
1798).

2. L'administration des contributions indirectes continuera de nommer le receveur
de chaque bureau de garantie.

3. Les contrôleurs et autres employés des
bureaux de garantie seront nommés par notre
ministre secrétaire-d'Etat des finances, sur
une présentation concertée entre le directeur
général des contributions indirectes et l'administration des monnaies.

4. Les receveurs, les contrôleurs et les
emloyés des bureaux de garantie autres
que les essayeurs, font partie des employés

des contributions indirectes. Ils pourront
être chargés d'autres parties du service de
cette administration lorsqu'il sera reconnu
par celle des monnaies que cette cumulation
ne sera pas nuisible au service de la garantie. Dans tous les cas, les réglemens de l'administration des contributions indirectes, en
ce qui touche la retenue sur les appointemens et les droits à la pension sur la caisse
des retraites, sont applicables à ces employés.

Les contrôleurs, les sous-contrôleurs, les
employés aux exercices actuellement en fonctions, seront traités, pour la liquidation de
leur pension, comme les employés de la régie
des contributions indirectes; mais les services qu'ils auront rendus dans la garantie antérieurement à la date de la présente ordonnance ne leur seront comptés comme services
rendus à ladite régie, qu'autant qu'ils auront versé à sa caisse, dans un délai qui sera
déterminé par notre ministre des finances,
une somme égale au montant de la retenue
qui aurait été opérée sur leurs appointemens
depuis qu'ils sont payés sur les fonds de cette
même régie.

5. Les essayeurs sont révocables par le
préfet, sauf l'approbation de notre ministre
secrétaire-d'Etat des finances; les receveurs,
par l'administration des contributions indirectes; les contrôleurs et autres employés
de la garantie, par notre ministre secrétaire-
d'Etat des finances, sur la proposition de
celle des deux administrations qui aurait reconnu que cette mesure serait utile au bien
du service.

L'autre administration sera consultée.

6. Les essayeurs et contrôleurs des bureaux
de garantie continueront à être sous les ordres de l'administration des monnaies et à
correspondre directement avec elles pour les
objets qui la concernent.

Cette administration demeure chargée de
donner toutes les instructions relatives à
l'exactitude des essais, et de diriger la confection, l'envoi, l'application et la vérification des poinçons.

7. Des inspecteurs nommés par notre ministre secrétaire-d'Etat des finances sur la
présentation de l'administration des monnaies seront chargés de surveiller l'exécution
des lois et réglemens sur le titre des matières
d'or et et d'argent.

Leur traitement sera alloué sur le budget
de l'administration des monnaies.

Il en sera de même pour le traitement accordé aux chefs et commis employés à la
correspondance de la garantie, qui avaient
été payés jusqu'à présent par l'administration des contributions indirectes sur les produits de la garantie.

8. Ces inspecteurs devront, dans leurs

tournées, se faire représenter les registres des divers employés des bureaux et les poinçons de chaque bureau. Ils constateront toutes les infractions aux lois et aux réglemens qui viendraient à leur connaisance.

Ils pourront, au besoin, requérir auprès du directeur des contributions indirectes de l'arrondissement la suspension des agens de la garantie.

Leurs rapports seront transmis à notre ministre secrétaire-d'État des finances par l'administration des monnaies, qui les accompagnera de ses observations.

9. Tout ce qui concerne le régime administratif, la proposition et le réglement des dépenses, la perception du droit, l'ordre des bureaux, la surveillance des redevables, est dans les attributions de l'administration des contributions indirectes, sauf ce qui a rapport au service spécialement réservé à l'administration des monnaies.

10. Les changemens apportés à l'ordre actuel du service de la garantie par la présente ordonnance auront leur exécution à compter du 1er juillet prochain.

Notre ministre des finances réglera la somme qui devra être prélevée sur le budget de la régie des contributions indirectes pour 1820, et transportée au budget de l'administration des monnaies, pour être employé, à partir de cette même époque du 1er juillet, au paiement des traitemens des inspecteurs et employés attachés à l'administration des monnaies, en exécution de l'art. 7 de la présente ordonnance, ainsi que des frais de tournée, de bureau, et autres dépenses qui restent à la charge de ladite administration.

Notre ministre des finances est chargé de l'exécution de la présente ordonnance.

----

5 ⹀ Pr. 22 MAI 1820. — Ordonnance du Roi qui prescrit la publication des bulles d'institution canonique des évêques de Rennes et du Mans, et des brefs adressés à ces prélats: (7, Bull. 569, n° 8722.)

Art. 1er. Les bulles ci-après désignées, savoir :

La première, donnée à Rome, à Sainte-Marie-Majeure, le 9 des calendes de mars de l'année 1820, portant institution canonique de M. Charles Mannay, ancien évêque de Trèves, nommé par nous à l'évêché de Rennes ;

La seconde, donnée à Rome, à Sainte-Marie-Majeure, le 8 des calendes de mars de l'année 1820, portant institution canonique de M. Claude-Madeleine de la Myre-Mory, ancien vicaire général de Paris, nommé par nous à l'évêché du Mans;

Ensemble les deux brefs adressés, sous la date du 24 février 1820, auxdits évêques, et qui leur prescrivent d'exercer leurs fonctions dans les limites de leurs diocèses respectifs, telles qu'elles étaient determinées avant le 17 juillet 1817, et de reconnaître les mêmes métropolitains dont leurs siéges étaient dépendans avant la même époque,

Sont reçus, et seront publiés dans la forme accoutumée, sans qu'on puisse induire desdites bulles et brefs que la bulle de circonscription donnée à Rome, le 27 juillet 1817, soit reçue dans le royaume.

2. Lesdites bulles d'institution canonique et lesdits brefs sont reçus sans approbation des clauses, formules ou expressions qu'ils renferment et qui sont ou pourraient être contraires à la Charte Constitutionnelle, aux lois du royaume, aux franchises, libertés et maximes de l'église gallicane.

3. Lesdites bulles et lesdits brefs seront transcrits en latin et en français sur les registres de notre Conseil d'État; mention desdites transcriptions sera faite sur les originaux par le secrétaire général du Conseil.

4. Nos ministres de la justice et de l'intérieur sont chargés de l'exécution de la présente ordonnance.

----

5 MAI 1820. — Ordonnance du Roi qui autorise l'inscription au Trésor royal, de quatre-vingt-sept soldes de retraite. (7, Bull. 375.)

----

5 MAI 1820. — Ordonnance du Roi qui autorise l'inscription au Trésor royal de cinq cent cinquante-six pensions militaires. (7, Bull. 575.)

----

5 MAI 1820. — Ordonnances du Roi qui accordent des lettres de déclaration de naturalité aux sieurs Saccommanno, Penret, Jaspers et Périnat. (7, Bull. 376, 458, 459 et 622.)

----

5 MAI 1820. — Ordonnances du Roi qui autorisent l'acceptation de dons et legs faits aux fabriques. (7, Bull. 386.)

----

5 MAI 1820. — Ordonnances du Roi qui autorisent l'acceptation de dons et legs faits à l'hôpital de Saint-Nicolas de Metz et aux fabriques. (7, Bull. 87.)

----

5 MAI 1820. — Ordonnances du Roi qui autorisent l'érection en chapelles des églises de la Trauclière, de Velloreille-les-Choye, de la Chapelle-les-Luxeuil et de Follie. (7, Bull. 387.)

10 = Pr. 14 mai 1820. — Loi relative à divers supplémens de crédits sur le budget de 1818. (7, Bull. 368, n° 8694.)

Voy. lois des 6 et 15 mai 1818, 27 juin 1819, titre 3; 28 mai 1820, et 25 avril 1821.

Art. 1er. Il est accordé, par supplément aux crédits de 1818, fixés par les lois des 6 et 15 mai 1818 et 27 juin 1819, savoir :

1° Au ministre de la justice, pour complément de frais de justice criminelle. . . . . 694,495 f
2° Au ministre des finances : loterie (complément de remises aux receveurs buralistes),782,600; douanes (complément de remises sur l'impôt du sel), 108,210; contributions indirectes (tabacs et service de la garantie), 276,900. . . 1,167,710

TOTAL. 1,862,205

2. Il est ouvert au ministre des finances un crédit extraordinaire de huit millions cent quatre-vingt-six mille six cent soixante-quinze francs pour régularisation des paiemens effectués du 1er janvier 1818 au 1er septembre 1819, par les administrations financières, par prélèvement sur les produits de l'exercice 1818, pour frais de régie et restitutions de droits sur les exercices 1815, 1816 et 1817, savoir :

Enregistrement et domaines.. . 2,604,150 f
Douanes.. 3,724,558
Contributions indirectes.. . . . 111,457
Postes.. 1,135,085
Loteries.. 613,445

TOTAL ÉGAL.. . . . 8,186,675

10 mai 1820. — Lettres-patentes portant érection de majorats en faveur de MM. Clerelle de Tocqueville et d'Haumer-Claybrook. (7, Bull. 371.)

10 mai 1820. — Ordonnance du Roi qui établit à Cahors une place d'agent de change, courtier de marchandises. (7, Bull. 372.)

10 mai 1820. — Ordonnances du Roi portant liquidation de vingt-huit soldes de retraite, provisoirement payables sur les fonds des demi-soldes. (7, Bull. 375.)

10 mai 1820. — Ordonnances du Roi qui autorisent l'acceptation de dons et legs faits à des séminaires, et à des fabriques. (7, Bull. 387.)

10 mai 1820. — Lettres-patentes du Roi portant institution de titres de pairie en faveur de MM. de Morel et de la Redorte sous le titre de vicomte et de baron. (7, Bull. 420.)

12 mai = Pr. 29 juin 1820. — Ordonnance du Roi portant fixation du nombre des avoués près la cour royale d'Angers, et de ceux près les tribunaux de première instance du ressort de la même cour. (7, Bull. 378, n° 8873.)

Voy. préambule de l'ordonnance du 19 janvier 1820.

Art. 1er. Le nombre des avoués attachés à la cour royale d'Angers, et de ceux attachés aux tribunaux de première instance du ressort de la même cour, est fixé ainsi qu'il suit :
Angers (siège de la cour royale), huit;
Maine-et-Loire : Angers, six ; Baugé, cinq; Beaupréau, cinq ; Saumur, six ; Ségré, cinq.
Mayenne : Château-Gonthier, cinq ; Laval, six ; Mayenne, six.
Sarthe : La Flèche, six ; Mamers, sept ; Le Mans, huit; Saint-Calais, cinq.
2. Jusqu'à ce que les titres actuellement existans aient été réduits au nombre ci-dessus déterminé, il ne sera présenté à notre nomination aucun candidat qui ne soit porteur de deux démissions ou présentations, soit de la part des titulaires, soit de celle de leurs ayans-cause, aux termes de l'art. 91 de la loi de finances du 28 avril 1816.
3. Ceux des officiers ministériels qui auront encouru la déchéance pour n'avoir pas versé les cautionnemens ou supplémens de cautionnemens exigés seront, comme ceux qui auraient encouru la destitution, privés du droit de présenter leur successeur.
4. Notre sous-secrétaire-d'Etat au département de la justice est chargé de l'exécution de la présente ordonnance.

12 mai = Pr. 29 juin 1820. — Ordonnance du Roi portant fixation du nombre des huissiers près les tribunaux de première instance dans le ressort de la cour royale d'Angers. (7, Bull. 378, n° 8874.)

Voy. préambule de l'ordonnance du 19 janvier 1820.

Art. 1er. Le nombre des huissiers attachés

aux tribunaux de première instance ci-après désignés est fixé ainsi qu'il suit :

Maine-et-Loire : Angers, vingt; Bauge, quatorze; Beaupréau, seize; Saumur, trente; Segré, douze.

Mayenne : Château-Gonthier, quatorze; Laval, quinze; Mayenne, vingt-six.

Sarthe : La Flèche, dix-sept; Mamers, vingt; Le Mans, vingt, Saint-Calais, quinze.

2. Jusqu'à ce que les titres actuellement existans aient été réduits au nombre ci-dessus déterminé, il ne sera présenté à notre nomination aucun candidat qui ne soit porteur de deux démissions ou présentations, soit de la part des titulaires, soit de celle de leurs ayans-cause, aux termes de l'art. 91 de la loi de finances du 28 avril 1816.

3. Ceux des officiers ministériels qui auront encouru la déchéance pour n'avoir pas versé les cautionnemens ou supplémens de cautionnemens exigés seront, comme ceux qui auraient encouru la destitution, privés du droit de présenter leur successeur.

4. Il n'est point dérogé aux dispositions des articles 5, 6 et 7 du décret du 14 juin 1813.

5. Notre sous-secrétaire-d'État au département de la justice est chargé de l'exécution de la présente ordonnance.

---

12 MAI = Pr. 29 JUIN 1820. — Ordonnance du Roi portant fixation du nombre des avoués près la cour royale de Pau, et de ceux près les tribunaux de première instance du ressort de la même cour. (7, Bull. 378, n° 8875.)

Voy. préambule de l'ordonnance du 19 JANVIER 1820.

Art. 1er. Le nombre des avoués attachés à la cour royale de Pau, et de ceux attachés aux tribunaux de première instance du ressort de la même cour, est fixé ainsi qu'il suit :

Pau (siége de la cour royale), seize :

Basses-Pyrénées : Pau, douze; Bayonne, huit; Oléron, dix; Orthès, dix; Saint-Palais, sept.

Hautes-Pyrénées : Bagnères, dix; Lourdes, huit; Tarbes, douze.

Landes : Dax, huit; Mont-de-Marsan, huit; Saint-Sever, huit.

2. Jusqu'à ce que les titres actuellement existans aient été réduits au nombre ci-dessus déterminé, il ne sera présenté à notre nomination aucun candidat qui ne soit porseur de deux démissions ou présentations, soit de la part des titulaires, soit de celle de leurs ayans-cause, aux termes de l'art. 91 de la loi de finances du 28 avril 1816.

3. Ceux des officiers ministériels qui auront encouru la déchéance pour n'avoir pas versé les cautionnemens ou supplémens de cautionnemens exigés seront, comme ceux qui auraient encouru la destitution, privés du droit de présenter leur successeur.

4. Notre sous-secrétaire-d'État au département de la justice est chargé de l'exécution de la présente ordonnance.

---

12 MAI = Pr. 29 JUIN 1820. — Ordonnance du Roi portant fixation du nombre des huissiers près les tribunaux de première instance dans le ressort de la cour royale de Pau. (7, Bull. 378, n° 8876.)

Voy. préambule de l'ordonnance du 19 JANVIER 1820.

Art. 1er. Le nombre des huissiers attachés aux tribunaux de première instance ci-après désignés est fixé ainsi qu'il suit :

Basses-Pyrénées : Pau, cinquante-six ; Bayonne, vingt-six; Oléron, vingt-cinq; Orthès, trente-un ; Saint-Palais, trente-cinq.

Hautes-Pyrénées : Bagnères, trente; Lourdes, seize; Tarbes, quarante.

Landes : Dax, vingt-quatre; Mont-de-Marsan, vingt-huit; Saint-Sever, trente.

2. Jusqu'à ce que les titres actuellement existans aient été réduits au nombre ci-dessus déterminé, il ne sera présenté à notre nomination aucun candidat qui ne soit porteur de deux démissions, soit de la part des titulaires, soit de celle de leurs ayans-cause, aux termes de l'art. 91 de la loi de finances du 28 avril 1816.

3. Ceux des officiers ministériels qui auront encouru la déchéance pour n'avoir pas versé les cautionnemens ou supplémens de cautionnemens exigés seront, comme ceux qui auraient encouru la destitution, privés du droit de présenter leur successeur.

4. Il n'est point dérogé aux dispositions des articles 5, 6 et 7 du décret du 14 juin 1813.

5. Notre sous-secrétaire-d'État au département de la justice est chargé de l'exécution de la présente ordonnance.

---

12 MAI = Pr. 29 JUIN 1820. — Ordonnance du Roi portant fixation du nombre des avoués près la cour royale de Poitiers, et de ceux près les tribunaux de première instance du ressort de la même cour. (7, Bull. 378, n° 8877.)

Voy. préambule de l'ordonnance du 19 JANVIER 1820.

Art. 1er. Le nombre des avoués **attachés**

à la cour royale de Poitiers, et de ceux attachés aux tribunaux de première instance du ressort de la même cour, est fixé ainsi qu'il suit :

Poitiers (siége de la cour royale), dix ;

Vienne : Poitiers, douze ; Châtellerault, six ; Civray, six ; Loudun , six ; Montmorillon, six.

Charente-Inférieure : Saintes, dix; La Rochelle , dix ; Jonzac, six ; Marennes, cinq ; Rochefort, six ; Saint-Jean-d'Angely, six.

Deux-Sèvres : Niort, sept; Bressuire, cinq; Melle , six ; Parthenay, cinq.

Vendée : Bourbon-Vendée, six; Fontenay, six ; Sables-d'Olonne, cinq.

2. Jusqu'à ce que les titres actuellement existans aient été réduits au nombre ci-dessus déterminé, il ne sera présenté à notre nomination aucun candidat qui ne soit porteur de deux démissions ou présentations, soit de la part des titulaires, soit de celle de leurs ayans-cause, aux termes de l'art. 91 de la loi de finances du 28 avril 1816.

3. Ceux des officiers ministériels qui auront encouru la déchéance pour n'avoir pas versé les cautionnemens ou supplémens de cautionnemens exigés seront, comme ceux qui auraient encouru la destitution, privés du droit de présenter leur successeur.

4. Notre sous-secrétaire-d'Etat au département de la justice est chargé de l'exécution de la présente ordonnance.

---

12 MAI ⚌ Pr. 29 JUIN 1820. — Ordonnance du Roi portant fixation du nombre des huissiers près les tribunaux de première instance dans le ressort de la cour royale de Poitiers. (7, Bull. 378, n° 8878.)

Voy. préambule de l'ordonnance du 19 JANVIER 1820.

Art. 1er. Le nombre des huissiers attachés aux tribunaux de première instance ci-après désignés est fixé ainsi qu'il suit :

Vienne : Poitiers, trente ; Châtellerault, dix-huit; Civray, quatorze ; Loudun, quatorze ; Montmorillon, dix-huit.

Charente-Inférieure : Saintes, vingt-six ; La Rochelle, vingt-six ; Jonzac, vingt ; Marennes, seize ; Rochefort, seize ; Saint-Jean-d'Angely, dix-huit.

Deux-Sèvres : Niort, vingt-quatre ; Bressuire, quatorze; Melle, dix-huit ; Parthenay, dix-huit.

Vendée : Bourbon-Vendée, dix-huit ; Fontenay, vingt ; Sables-d'Olonne, dix-huit.

2. Jusqu'à ce que les titres actuellement existans aient été réduits au nombre ci-dessus déterminé, il ne sera présenté à notre nomination aucun candidat qui ne soit porteur

de deux démissions ou présentations, soit de la part des titulaires, soit de celle de leurs ayans-cause, aux termes de l'article 91 de la loi de finances du 28 avril 1816.

3. Ceux des officiers ministériels qui auront encouru la déchéance pour n'avoir pas versé les cautionnemens ou supplémens de cautionnemens exigés seront, comme ceux qui auraient encouru la destitution, privés du droit de présenter leur successeur.

4. Il n'est point dérogé aux dispositions des articles 5, 6 et 7 du décret du 14 juin 1813.

5. Notre sous-secrétaire-d'Etat au département de la justice est chargé de l'exécution de la présente ordonnance.

---

12 MAI ⚌ Pr. 29 JUIN 1820.—Ordonnance du Roi portant fixation du nombre des avoués près la cour royale de Riom, et de ceux près les tribunaux de première instance du ressort de la même cour. (7, Bull. 378, n° 8879.)

Voy. préambule de l'ordonnance du 19 JANVIER 1820.

Art. 1er. Le nombre des avoués attachés à la cour royale de Riom, et de ceux attachés aux tribunaux de première instance du ressort de la même cour, est fixé ainsi qu'il suit :

Riom (siége de la cour royale), vingt ;

Puy-de-Dôme : Riom , quatorze ; Clermont-Ferrand, vingt ; Thiers, huit ; Issoire, douze ; Ambert, dix.

Cantal : Saint-Flour, douze ; Aurillac, neuf ; Mauriac, neuf ; Murat, six.

Allier : Moulins, dix ; Montluçon , huit ; Gannat, sept; Cusset, sept.

Haute-Loire : Le Puy, dix-huit; Brioude, huit ; Issengaux, huit.

2. Jusqu'à ce que les titres actuellement existans aient été réduits au nombre ci-dessus déterminé, il ne sera présenté à notre nomination aucun candidat qui ne soit porteur de deux démissions ou présentations, soit de la part des titulaires, soit de celle de leurs ayans-cause, aux termes de l'article 91 de la loi de finances du 28 avril 1816.

3. Ceux des officiers ministériels qui auront encouru la déchéance pour n'avoir pas versé les cautionnemens ou supplémens de cautionnemens exigés, seront, comme ceux qui auraient encouru la destitution, privés du droit de présenter leur successeur.

4. Notre sous-secrétaire d'Etat au département de la justice est chargé de l'exécution de la présente ordonnance.

12 MAI = Pr. 29 JUIN 1820. — Ordonnance du Roi portant fixation du nombre des huissiers près les tribunaux de première instance dans le ressort de la cour royale de Riom. (7, Bull. 378, n° 8880.)

Voy. préambule de l'ordonnance du 19 JANVIER 1820.

Art. 1er. Le nombre des huissiers attachés aux tribunaux de première instance ci-après désignés est fixé ainsi qu'il suit :

Puy-de-Dôme : Riom, cinquante ; Clermont-Ferrand, quarante-trois ; Thiers, dix-neuf ; Issoire, vingt-huit ; Ambert, vingt-sept.

Cantal : Saint-Flour, vingt ; Aurillac, vingt-deux ; Mauriac, vingt-trois ; Murat, dix.

Allier : Moulins, vingt-deux ; Montluçon, vingt-cinq ; Gannat, dix-huit ; Cusset, vingt.

Haute-Loire : Le Puy, trente-six ; Brioude, vingt-trois ; Issengaux, quinze.

2. Jusqu'à ce que les titres actuellement existans aient été réduits au nombre ci-dessus déterminé, il ne sera présenté à notre nomination aucun candidat qui ne soit porteur de deux démissions ou présentations, soit de la part des titulaires, soit de celle de leurs ayans-cause, aux termes de l'article 91 de la loi de finances du 28 avril 1816.

3. Ceux des officiers ministériels qui auront encouru la déchéance pour n'avoir pas versé les cautionnemens ou supplémens de cautionnemens exigés seront, comme ceux qui auraient encouru la destitution, privés du droit de présenter leur successeur.

4. Il n'est point dérogé aux dispositions des articles 5, 6 et 7 du décret du 14 juin 1813.

5. Notre sous-secrétaire-d'État au département de la justice est chargé de l'exécution de la présente ordonnance.

———

12 MAI 1820. — Ordonnance du Roi qui permet au sieur Jacquier d'ajouter à son nom celui de Denoyelle. (7, Bull. 374.)

———

12 MAI 1820. — Ordonnances du Roi qui accordent des lettres de déclaration de naturalité aux sieurs Pfeiffer et Girod. (7, Bull. 382 et 430.)

———

12 MAI 1820. — Lettres-patentes du Roi portant institution d'un titre de pairie en faveur de M. le comte Portalis. (7, Bull. 420.)

———

18 MAI = Pr. 1er JUIN 1820. — Ordonnance du Roi qui soumet à la discipline du corps enseignant, les professeurs des écoles secondaires de médecine et des cours d'instruction médicale institués dans les hôpitaux, et les étudians qui suivent ces écoles et ces cours. (7, Bull. 372, n° 8763.)

Louis, etc.

Vu la loi du 19 ventose an 11 sur l'enseignement de la médecine, la loi du 10 mai 1806, qui établit l'Université ;

Les articles 1, 2 et 3 du décret du 17 mars 1808, nos ordonnances du 22 juin 1814 et du 15 août 1815 ;

Notre Conseil-d'État entendu,

Nous avons ordonné et ordonnons ce qui suit :

Art. 1er. Les professeurs des écoles secondaires de médecine et des cours d'instruction médicale institués dans les hôpitaux de différentes villes de notre royaume, et les étudians qui suivent ces écoles et ces cours, sont soumis à la discipline du corps enseignant, et placés, à cet égard, sous l'autorité de notre commission de l'instruction publique.

2. Notre ministre de l'intérieur est chargé de l'exécution de la présente ordonnance.

———

18 MAI = Pr. 25 JUIN 1820. — Ordonnance du Roi portant autorisation, conformément aux statuts y annexés, de la société anonyme formée à Douai, département du Nord, sous le nom de Société du canal de la Sensée. (7, Bull. 377, n° 8861.)

Louis, etc.

Sur le rapport de notre ministre secrétaire-d'État de l'intérieur ;

Vu la loi du 13 mai 1818, qui accepte la soumission présentée par le sieur Augustin Honnorez, et par laquelle il offre se charger de l'exécution du canal de la Sensée et des réparations à faire aux parties adjacentes des rivières de l'Escaut et de la Scarpe ;

Vu la soumission annexée à la susdite loi, portant qu'il sera permis au sieur Honnorez, pendant les six premières années de la concession, de former, soit pour l'exécution de ses travaux, soit pour se procurer les fonds nécessaires, toutes les associations qu'il jugera convenables, en se conformant aux lois ;

Vu l'acte social passé, le 19 janvier 1820, par-devant Custers et son collègue, notaires royaux à la résidence de Douai, contenant les statuts de la société anonyme que le sieur Auguste Honnorez, concessionnaire, et le sieur Florent Honnorez, son frère et son associé, ont établis par ledit acte ;

Vu les articles 29 à 37, 40 et 45 du Code de commerce ;

Notre Conseil-d'État entendu ;

Nous avons ordonné et ordonnons ce qu'il suit :

Art. 1ᵉʳ. La société anonyme formée à Douai, département du Nord, sous le nom de *Société du canal de la Sensée*, est et demeure autorisée, conformément à l'acte social contenant les statuts de ladite association, passé par-devant Custers et son collègue, notaires à Douai, le 19 janvier 1820, lequel acte demeurera annexé à la présente ordonnance et sera affiché avec elle, conformément à l'article 45 du Code de commerce.

2. Est exceptée de la présente approbation, la partie de l'article 44 des statuts qui porterait préjudice au droit de faire juger par arbitres toute contestation entre associés et pour raison de la société, tel qu'il est établi par l'article 51 du Code de commerce.

3. Notre présente autorisation vaudra pour toute la durée de la société, ainsi qu'elle est fixée à l'article 2 de l'acte social; à la charge d'exécuter fidèlement les statuts, nous réservant de révoquer notredite autorisation en cas de non-exécution ou violation des susdits statuts par nous approuvés, le tout sauf les droits des tiers et sans préjudice des dommages et intérêts qui seraient prononcés par les tribunaux contre les auteurs des contraventions.

4. Il est entendu que le sieur Honnorez reste personnellement soumis, vis-à-vis de l'État, à toutes les obligations que lui ont imposées la loi du 13 mai 1818 et sa soumission y annexée, et responsable de leur accomplissement sans que cette responsabilité puisse être en aucune manière modifiée par la présente ordonnance.

5. Notre ministre secrétaire-d'État de l'intérieur est chargé de l'exécution de la présente ordonnance, qui sera insérée au Bulletin des Lois; en outre, les statuts de la société seront insérés au Moniteur et dans le journal destiné à recevoir les avis judiciaires dans le département du Nord.

———

18 MAI 1820. — Ordonnances du Roi qui autorisent l'acceptation de dons et legs faits à l'évêché d'Angers et à des fabriques. (7, Bull. 387.)

———

21 MAI ⚌ Pr. 1ᵉʳ JUIN 1820. — Ordonnance du Roi qui prescrit un changement dans le tableau des lieux par où les boissons peuvent être expédiées à l'étranger, annexé à l'ordonnance du 20 MAI 1818. (7, Bull. 372, n° 8764.)

Voy. ordonnance du 23 JANVIER 1821.

Louis, etc.,

Vu l'article 34 de la loi du 17 décembre 1814;

Vu les articles 5, 8 et 87 de la loi du 28 avril 1816, et les articles 2 et 3 de notre ordonnance du 11 juin de la même année;

Vu aussi notre ordonnance du 20 mai 1818;

Sur le rapport de notre ministre secrétaire-d'État des finances,

Nous avons ordonné et ordonnons ce qui suit:

Art. 1ᵉʳ. A compter du 1ᵉʳ juin prochain, le nom de *Jeumont*, commune de l'arrondissement d'Avesnes, département du Nord, sera ajouté au tableau des lieux de sortie, annexé à notre ordonnance du 20 mai 1818.

2. A partir du même jour 1ᵉʳ juin, le nom de *Velosnes* sera rayé dudit tableau.

3. Notre ministre des finances est chargé de l'exécution de la présente ordonnance.

———

21 MAI 1820. — Ordonnance du Roi qui autorise l'inscription au Trésor royal de quatre-vingt-quatorze soldes de retraite. (7, Bull. 374.)

———

23 MAI ⚌ Pr. 23 JUIN 1820. — Ordonnance du Roi qui conserve provisoirement le vieux pont d'Épernay, département de la Marne, et y autorise la perception d'un péage. (7, Bull. 377, n° 8862.)

Louis, etc.,

Sur le rapport de notre ministre secrétaire-d'État au département de l'intérieur;

Vu notre ordonnance du 28 juillet 1819, qui autorise l'établissement d'un péage pour concourir avec les fonds du Trésor aux frais de construction d'un nouveau pont en pierre en remplacement de l'ancien, sur la rivière de Marne, à Épernay, route royale, n° 44, de Mézières à Orléans, et concède ce péage à l'adjudicataire des travaux, aux clauses et conditions de l'adjudication qui lui en a été passée en conseil de préfecture par le préfet du département de la Marne, le 1ᵉʳ avril de la même année;

Vu les clauses et conditions ci-dessus citées, qui prescrivent la démolition du vieux pont et l'établissement du passage en bac;

Vu les délibérations des conseils municipaux des villes d'Épernay et de Reims, des 28 janvier et 12 février derniers, et la demande de la chambre de commerce de cette dernière ville, du 14 février aussi dernier, tendant à conserver provisoirement l'ancien pont, en y établissant un péage qui y serait perçu jusqu'à l'achèvement du nouveau pont; le consentement donné par l'adjudicataire, et l'avis du préfet de la Marne, du 1ᵉʳ mars dernier;

Vu l'article 5 de la loi de finances du 17 juillet 1819;

Notre Conseil-d'État entendu,

Nous avons ordonné et ordonnons ce qui suit :

Art. 1er. Le vieux pont d'Epernay, département de la Marne, que l'entrepreneur du pont en construction avait été autorisé à faire démolir pour faire usage des matériaux dans les travaux dont il est adjudicataire, sera conservé jusqu'à l'époque à laquelle le nouveau pont sera livré au public.

Pour indemniser l'entrepreneur des sacrifices que cette mesure le mettra dans le cas de faire, comme des frais d'entretien de ce vieux pont qui seront à sa charge, il est autorisé à y percevoir, sur-le-champ, un péage dont le produit lui appartiendra.

2. Le tarif des droits à percevoir par l'adjudicataire du nouveau pont est celui des passages d'eau établis dans le département de la Marne, arrêté le 22 juin 1804 (3 messidor an 12), ainsi qu'il suit :

(Suit le tarif.)

3. Ce péage cessera de plein droit à l'époque à laquelle le nouveau pont devra être achevé, conformément aux clauses et conditions du marché de l'entrepreneur concessionnaire.

4. Notre ministre de l'intérieur est chargé de l'exécution de la présente ordonnance.

---

25 MAI 1820. — Ordonnance du Roi qui porte à vingt-une le nombre des routes départementales de la Manche. (7, Bull. 577.)

---

25 MAI ⇒ Pr. 19 JUIN 1820. — Ordonnance du Roi portant autorisation, conformément aux statuts y annexés, de la Compagnie anonyme d'Assurance mutuelle contre l'incendie pour les départemens de l'Aisne, de la Marne et de l'Aube. (7, Bull. 576, n° 8855.)

Voy. ordonnance du 20 FÉVRIER 1821.

Louis, etc.,

Sur le rapport de notre ministre secrétaire-d'Etat de l'intérieur ;

Vu l'acte passé par-devant Sansier et son collègue, notaires royaux à Paris, les 15, 16, 18 et 20 mars 1820, contenant les statuts d'une compagnie d'assurance mutuelle contre l'incendie pour les départemens de l'Aube, de l'Aisne et de la Marne ;

Vu les articles 29 à 37, 40 et 45 du Code de commerce, concernant les sociétés anonymes ;

Notre Conseil-d'Etat entendu,

Nous avons ordonné et ordonnons ce qui suit :

Art. 1er. La compagnie anonyme provisoirement constituée sous le nom de Compagnie d'assurance mutuelle contre l'incendie pour les départemens de l'Aisne, de la Marne et de l'Aube, demeure autorisée, conformément aux statuts contenus dans le susdit acte des 15, 16, 18 et 20 mars 1820, lequel sera annexé à la présente ordonnance, et est approuvé, sauf les réserves ci-après.

2. Les dispositions contenues dans les paragraphes 4 et suivans de l'article 13, relativement aux assurances faites par des créanciers hypothécaires, ne peuvent porter aucune atteinte aux droits résultant, soit d'actes existans, soit de l'application des lois, et ils seront, en cas de difficulté, jugés par les tribunaux dans la forme ordinaire.

3. Les motifs de révocation du directeur de la société, bornés par le dernier paragraphe de l'article 21 au seul cas de prévarication, n'auront d'autres limites que celles portées à l'article 31 du Code de commerce, sauf à indemniser le directeur révoqué des avances qu'il aura faites ou des frais qu'il aurait supportés dans l'intérêt de la société.

4. La présente autorisation étant accordée à ladite société, à la charge par elle de se conformer aux lois et aux statuts particuliers qui doivent lui servir de règle, nous nous réservons de la révoquer dans le cas où ces conditions ne seraient pas accomplis, sauf les actions à exercer par les particuliers devant les tribunaux, à raison des infractions commises à leur préjudice.

5. La société sera tenue de remettre, tous les six mois, copie en forme de son état de situation aux préfets de la Marne, de l'Aisne et de l'Aube, et aux greffes des tribunaux de commerce desdits départemens.

6. Devront les sociétaires se conformer, en ce qui les concerne, aux lois et réglemens de police sur le fait des incendies.

Notre ministre secrétaire-d'Etat de l'intérieur nommera un commissaire auprès de ladite compagnie : il sera chargé de prendre connaissance de ses opérations et de l'observation des statuts. Il informera le préfet du département de tout ce qui, dans les opérations de la compagnie, pourrait intéresser l'ordre et la sûreté publics ; il le préviendra de la tenue du conseil général des sociétaires. Il pourra suspendre provisoirement celles des opérations de la compagnie qui lui paraîtraient contraires aux lois et statuts, ou dangereuses pour la sûreté publique, et ce, jusqu'à décision à intervenir de la part des autorités compétentes.

7. Notre ministre secrétaire-d'Etat de l'intérieur est chargé de l'exécution de la présente ordonnance, qui sera insérée au Bulletin des Lois avec les actes y annexés : pareille insertion aura lieu dans le Moniteur et dans le journal de chacun des départemens de l'Aisne, de l'Aube et de la Marne, destiné aux annonces judiciaires, sans préjudice des

affiches prescrites par l'art. 45 du Code de commerce.

15 MAI 1820. — Ordonnances du Roi qui autorisent l'acceptation de dons et legs faits à des fabriques. (7, Bull. 387.)

25 MAI 1820. — Ordonnances du Roi qui autorisent l'acceptation de dons et legs faits aux pauvres. (7, Bull. 388.)

25 MAI 1820. — Ordonnances du Roi qui autorisent l'acceptation de dons et legs faits aux pauvres. (7, Bull. 390.)

26 MAI 1820. — Lettres-patentes du Roi portant institution d'un titre de pairie en faveur de M. de Hunolstein, sous le titre de baron. (7, Bull. 420.)

26 MAI 1820. — Lettres-patentes du Roi portant érection d'un majorat en faveur de M. de Pierres de Fougeray. (7, Bull. 374.)

27 MAI = Pr. 23 JUIN 1820. — Ordonnance du Roi relative à l'extension de la juridiction du conseil de prud'hommes de Mamers, département de la Sarthe. (7, Bull. 377, n° 8864.)

Louis, etc.

Sur le rapport de notre ministre secrétaire-d'Etat de l'intérieur;

Vu le décret du 4 mai 1812, relatif à l'établissement d'un conseil de prud'hommes dans la ville de Mamers, département de la Sarthe;

Les réclamations des membres dudit conseil, ayant pour but d'obtenir qu'il soit donné à sa juridiction une étendue proportionnée aux besoins actuels de l'industrie du pays.

Notre Conseil-d'Etat entendu,

Nous avons ordonné et ordonnons ce qui suit :

Art. 1er. La juridiction du conseil de prud'hommes de Mamers s'étendra sur tous les marchands-fabricans, les chefs d'ateliers, commis, contre-maîtres, ouvriers, compagnons et apprentis travaillant, soit habituelle-ment, soit seulement pendant une partie de l'année, à la fabrication des toiles de lin ou de chanvre, ainsi que des basins, calicots et autres tissus de coton quelconques : ledit conseil est autorisé, en conséquence, à connaître de toutes les contestations élevées en matière de fabrication dans les manufactures de la ville et du canton de Mamers, quel, que soit d'ailleurs l'endroit de la résidence des individus qui se livrent aux diverses branches d'industrie ci-dessus désignées, et quand bien même ces individus ne s'en occuperaient que momentanément.

2. Il n'est rien changé aux autres dispositions du décret du 4 mai 1812, concernant la composition, les attributions, la tenue et les dépenses du conseil de prud'hommes de la ville de Mamers.

3. Nos ministres de la justice et de l'intérieur sont chargés de l'exécution de la présente ordonnance.

28 MAI = Pr. 1er JUIN 1820. — Loi relative au réglement définitif du budget de 1818 (1). (7, Bull. 372, n° 8764.)

Voy. lois des 13 MAI 1818, 10 MAI 1820, et 23 AVRIL 1821.

§ 1er. Des annulations de crédits.

Art. 1er. Les crédits en numéraire, fixés par la loi du 25 mars 1817 pour les dépenses de l'exercice 1814 (neuf derniers mois), montant à. . . . 572,293,587f sont limités et réglés à la somme des paiements effectués, montant, suivant l'état n° 4 annexé à la proposition de loi, à. 572,023,643 et réduits d'une somme de. . 269,944 restée sans emploi, et disponible sur ces crédits, au 1er septembre 1819.

Cette somme est affectée et transportée au budget des recettes de 1818.

2. Les crédits ouverts par la loi du 27 juin 1819 aux ministères ci-après, pour leur service des exercices 1815, 1816 et 1817, sont réduits d'une somme totale de trois millions cent quarante-deux mille cinq cent dix-huit francs, restés sans emplois sur ces crédits, savoir :

1815.	Ministère des finances. Service ordinaire.				140,885f
1816.	Guerre.	Service général.	249,395		
		Armée d'occupation.	1,300,220		1,749,615
	Finances.	Service ordinaire.	200,000		
1817.	Guerre.	Service général et pensions.			1,252,018
			Somme pareille. . . .		3,142,518

(1) Présentation à la Chambre des députés, le 20 décembre 1819 (Mon. du 21).
Rapport de M. Benoist, le 17 mars (Mon. du 1er avril).
Discussion, le 11 avril (Mon. du 12 au 19 avril).

Adoption, le 19 avril (Mon. du 20).
Présentation à la Chambre des pairs, le 22 avril (Mon. des 23 et 30).
Rapport de M. le marquis de Marbois, le 13 mai (Mon. du 29 mai).
Adoption, le 25 mai (Mon. du 16 juin).

Cette somme est affectée et transportée au budget des recettes de l'exercice 1818.

3. Les crédits ouverts par les lois des 15 mai 1818 et 27 juin 1819 aux ministères ci-après, pour leur service de l'exercice 1818, sont réduits d'une somme totale de cinq millions sept cent quatre-vingt-dix-neuf mille cinq cent soixante-un francs, restés sans emploi sur ces crédits, savoir :

Justice. Service ordinaire et fixe.			307,475 f
Affaires étrangères.			19,340
Intérieur. . { Clergé.	1,000,000	} 1,107,846	
{ Services divers.	107,846		
Guerre. . . { Service ordinaire.	3,447,820	} 4,007,290	
{ Armée d'occupation.	559,470		
Finances. . { Enregistrement et domaines.	109,000	} 210,430	
{ Frais de négociations.	101,430		
Marine.			140,767
Police, { Service ordinaire.	5,408	} 6,413	
ancien ministère { Service spécial.	1,005		

TOTAL ÉGAL. . . . 5,799,561

4. Le crédit en rentes cinq pour cent consolidés de. 16,600,000
affecté par les lois des 15 et 16 mai 1818 au service de l'exercice 1818, est
limité, pour cet exercice, aux. 14,925,500
qui ont été négociés.

Les. 1,674,500
non employés sur ce crédit, et compris dans le budget de 1818 pour trente-deux millions neuf cent vingt-un mille trois cent dix-huit francs, sont retirés de ce budget, et affectés et transportés au budget de l'exercice 1819.

§ II. Fixation du budget de 1818.

5. Au moyen des dispositions précédentes applicables à l'exercice 1818, et des supplémens de crédit accordés pour cet exercice par la loi du 10 mai 1820, les crédits du budget de 1818 sont fixés à la somme d'un milliard quatre cent quatorze millions sept cent trente-trois mille sept cent trente-six francs, et répartis entre les divers ministères et services, conformément à l'état A ci-annexé.

6. Les recettes de toute nature de ce même exercice sont arrêtées, au 1er septembre 1819, à la somme totale d'un milliard quatre cent quatorze millions quatre cent trente-trois mille sept cent trente-six francs, conformément à l'état B aussi annexé à la présente loi, et au moyen d'un prélèvement de trente-quatre millions cinq cent quatre-vingt-dix-neuf mille trois cent vingt-cinq francs sur les ressources de l'exercice 1819.

§ III. Dispositions générales.

7. L'état des paiemens qui seront faits par le Trésor, jusqu'à la concurrence de la somme de cinquante-sept millions neuf cent vingt-deux mille sept cent trente-trois francs, restant à payer au 1er septembre 1819 sur les crédits des exercices 1818 et antérieurs, savoir :

Sur 1815, 1816 et 1817 (état n° 5 annexé à la proposition de loi), ci. . . 25,575,628
Sur 1818 (état n° 7 annexé à la proposition de loi),

montant à. 35,602,131
et réduit à la somme de. 1,255,026
par les annulations de crédits faites sur les ministères de l'intérieur et de la
marine et l'ancien ministère de la police, ci. 32,347,105

TOTAL. . . . 57,922,733

sera produit au compte annuel des finances, jusqu'à ce que les paiemens soient entièrement consommés.

8. Les sommes qui pourraient provenir encore des ressources affectées à l'exercice 1818, seront portées en recettes au compte de l'exercice courant, au moment où les recouvremens seront effectués.

BUDGET DÉFINITIF

ÉTAT A.   DÉPENSES.

MINISTÈRES ET SERVICES.	CRÉDITS précédemment accordés. — Lois des 6 et 15 mai 1818 et 27 juin 1819.	SUPPLÉ-MENS nécessaires pour solder les dépenses de l'exercice 1819.	CRÉDITS sans emploi à annuler.	MONTANT. définitif des dépenses et des crédits accordés.
Dette consolidée et amortissement.				
Dette inscrite, 5 p. 100 consolidés.	136,737,000	»	»	136,737,000
Intérêts des reconnaiss. de liquidat.	15,000,000	»	»	15,000,000
Dotation de la caisse d'amortissement.	40,000,000	»	»	40,000,000
Dépenses ordinaires.				
Dette viagère.	12,800,000	»	»	12,800,000
Pensions { civiles.	2,450,000	»	»	2,450,000
ecclésiastiques.	12,500,000	»	»	12,500,000
militaires.	48,500,000	»	»	48,500,000
Fonds de retenue. . . .	265,057	»	»	265,057
Liste civile et famille royale.	34,000,000	»	»	34,000,000
Chambre des pairs.	2,000,000	»	»	2,000,000
Chambre des députés.	680,000	»	»	680,000
Justice. { Service ordinaire. . . .	15,300,000	»	307,475	14,992,525
Frais de justice criminelle.	2,000,000	694,495	»	2,694,495
Suppl. aux fonds de reten.	400,000	»	»	400,000
Affaires étrangères.	9,710,000	»	19,340	9,690,660
Intér. . { Clergé.	22,000,000	»	1,000,000	21,000,000
Services généraux. . .	37,240,000	»	107,846	37,132,154
Suppl. aux fonds de reten.	544,443	»	»	544,443
Dépenses départementales fixes et variables. . . .	36,176,800	»	»	36,176,800
Prim. à l'import. des grains	4,505,000	»	»	4,505,000
Finanç. Prélèvement sur les produits bruts des impôts pour frais de régie, de perception, non-valeur, zelo. { Non-valeurs sur les contributions directes. . . .	7,917,971	»	»	7,917,971
Frais de perception sur les contributions directes.	17,200,000	»	»	17,200,000
Enregist., timbre et forêts	16,671,000	»	109,000	16,562,000
Postes.	9,840,000	»	»	9,840,000
Loteries.	4,300,000	782,600	»	5,082,600
Douanes et sels.	22,943,000	108.210	»	23,051,210
Boissons et tabacs.	46,000,000	276,900	»	46,276,900
Poudres *(frais d'exploit.)*	(a)1,337,057	»	»	1,337,057
Finanç. { Service ordinaire. . . .	11,975,000	»	»	11,975,000
Cadastre.	3,000,000	»	»	3,000,000
Intérêts de cautionnem. .	8,000,000	»	»	8,000,000
Suppl. aux fonds de reten.	433,067	»	»	433,067
Frais de négociations. . .	21,898,000	»	101,430	21,796,570
Guerre. { Service ordinaire. . . .	154,750,000	»	3,447,820	151,302,180
Fonds supplétif pour pens.	250,000	»	»	250,000
Marine.	44,800,000	»	140,767	44,659,233
Police génér. { Service général.	1,000,000	»	5,408	994,592
Fonds supplétif pour pens.	65,953	»	»	65,953
Service particulier. . .	5,160,000	»	1,005	5,158,995

(a) *Voir* note de la page suivante.

DE L'EXERCICE 1818.

RECETTES.   ÉTAT B.

DÉSIGNATION DES PRODUITS.	ÉVALUATION. LOIS des 6 et 13 mai 1818.	EXCÉDANS des recettes.	DIMINUTION et non-valeurs.	FIXATION définitive des produits de l'exercice 1818.
Enregistrem., timbre et domaines	157,171,000	12,558,618	»	169,729,618
Coupes de bois.	18,500,000	1,630,826	»	20,130,826
Postes aux lettres.	21,840,000	»	10,365	21,829,635
Loteries.	12,300,000	3,113,730	»	15,413,730
Contributions directes.	361,097,975	1,894,856	»	362,992,831
Douanes et sels.	103,243,000	11,256,415	»	114,499,415
Contrib. indir. { Boissons et tabacs. . . .	166,000,000	7,945,595	»	173,945,595
Abonnement des villes pour casernemens. .	1,000,000	»	555,378	444,622
Vente des poudres. . .	(a) 1,937,057	209,525	»	2,146,582
Direction générale des poudres et salpêt. (ministère de la guerre). (b). 3,062,943	Pour ordre	»	»	Pour ordre
Droits sur les journaux et ferme des jeux.	5,900,000	544,349	»	6,444,349
Recettes diverses (y compris 2,438,828 fr. pour Pondichéry).	3,500,000	3,983,736	»	7,483,736
Salines de l'Est.	2,500,000	515,810	»	3,015,810
Recouvrement { sur les bois vendus (loi du 23 septem. 1814).	500,000	36,629	»	536,629
sur les biens communaux (loi du 20 mars 1813).	2,100,000	»	227,513	1,872,487
sur les décomptes d'acquéreurs de domaines.	600,000	344,510	»	944,510
Abandon fait par le Roi et les princes.	2,200,000	»	»	2,200,000
Retenues { sur les traitemens. . .	11,200,000	»	360,336	10,839,664
sur les pensions. . . .	1,200,000	»	1,055,108	144,892
Recettes du 1er janvier au 1er septembre 1818, sur les exercices 1817 et antérieurs.	»	2,173,495	»	2,173,495
Fonds disponibles sur les crédits ouverts aux ministres pour les exercices antérieurs à 1818. { Sur l'exerc. 1814 269,944 — 1815 140,885 — 1816 1,749,615 — 1817 1,252,018 }	»	3,412,462	»	3,412,462

(a-b) Ces deux sommes (1,937,057 fr. et 3,062,943 fr.) forment ensemble les 5,000,000, de l'évaluation faite par la loi du 13 mai 1818, pour les produits des poudres et salpêtres.

BUDGÉT DÉFINITIF

DÉPENSES.

MINISTÈRES ET SERVICES.	CRÉDITS précédemment accordés. — Lois des 6 et 18 mai 1818 et 27 juin 1819.	SUPPLÉMENS necessaires pour solder les dépenses de l'exercice 1819.	CRÉDITS sans emploi à annuler.	MONTANT définitif des dépenses et des crédits accordés.
Dépenses extraordinaires.				
Remboursement d'obligations royales.	10,333,950	»	»	10,333,950
Intérêts jusqu'au remboursement.	1,134,472	»	»	1,134,472
Contributions de guerre. *(Troisième cinquième.)*.	140,000,000	»	»	140,000,000
Armée d'occupation.	142,500,000	»	559,470	141,940,530
Rappel de solde des armées étrangères.	26,666,667	»	»	26,666,667
Paiement à l'Angleterre (*En exécution d'une convention du 1er septembre* 1817). . .	2,200,000	»	»	2,200,000
Remboursement de cautionnemens à des titulaires non replacés.	12,000,000	»	»	12,000,000
Contributions de guerre. *(Complément des deux derniers cinquièmes.)*.	265,000,000	»	»	265,000,000
Direction générale des poudres et salpêtres. (*Ministère de la guerre.*) (b). . 3,062,943	*Pour ordre.*	»	»	*Pour ordre.*
	1,410,184,417	1,862,205	5,799,561	1,406,247,061
Frais de régie des administrations financières, sur les exercices 1815, 1816 et 1817, savoir : Enregistrement et domaines. . . 2,604,130 Douanes. . . . . 3,724,558 Contributions indirectes. . . . 111,457 Postes. . . . . . 1,133,085 Loteries. 613,445	»	8,186,675	»	8,186,675
		10,048,880	5,799,561	
Totaux. . . .	1,410,184,417	Augment. . 4,249,319		1,414,433,736

(a-b) Ces deux sommes réunies (1,337,057 fr. et 3,062,943 fr.) forment ensemble le crédit de 4,400,000 fr. ouvert par la loi du 15 mai 1818, pour les dépenses présumées des poudres et salpêtres.

IG DE L'EXERCICE 1816.

RECETTES.

DÉSIGNATION DES PRODUITS.	ÉVALUATION. — Lois des 6 et 15 mai 1818.	EXCÉDANS des recettes.	DIMINUTION et non-valeurs.	FIXATION définitive des produits de l'exercioo 1818.
Recettes extraordinaires.				
Sur le crédit de 16,600,000 francs de rentes accordé par les lois des 6 et 15 mai 1818, pour. . 230,830,718 il a été négocié 14,925,500 f. pour une somme de. . . . 197,909,400	230,830,718			
Rentes dispon. 1,674,500 fr. retirées du budget de 1818, d'où il résulte, sur l'évalua., une diminution de 32,921,318	»	»	»	197,909,400
	»	»	32,921,318	
Produit de 18,929,377 fr. de rentes inscrites sur le crédit de 24,000,000 ouvert par la loi du 6 mai 1818, pour l'acquittement des deux derniers cinquièmes de la contribut. de guerre.	265,000,000	»	»	265,000,000
TOTAUX. . . .	1,368,619,750	49,620,556	35,130,018	1,383,110,288
Prélèvement affecté et transporté au budget de l'exercice 1817. (*Loi du 27 juin* 1819).	»	3,275,877	»	3,275,877
		46,344,679	35,130,018	
Reste en recettes propres à l'exercice 1818. . , ...	1,368,619,750	Augmentat. . 11,214,661		1,379,834,411
Complément à prendre sur les recettes de 1819.				34,599,325
TOTAL égal aux dépenses.				1,414,433,736

22   30

28 MAI ⇌ Pr. 19 JUIN 1820. — Ordonnance du Roi qui règle la composition de l'état-major et des compagnies de la gendarmerie royale de la ville de Paris, et contient des dispositions relatives à ce corps. (7, Bull. 376, n° 8836.)

Voy. ordonnances des 29 OCTOBRE 1820 et 1er SEPTEMBRE 1824.

Louis, etc.

Vu nos ordonnances des 10 janvier 1816 et 2 août 1818;

Considérant que l'accroissement de force donné à la gendarmerie royale de la ville de Paris par notre ordonnance du 3 mars dernier a rendu nécessaires des modifications à l'ordonnance du 10 janvier 1816, sur l'organisation de ce corps;

Sur le rapport de notre ministre secrétaire-d'Etat de la guerre,

Nous avons ordonné et ordonnons ce qui suit :

TITRE Ier.

Art. 1er. La force du corps de la gendarmerie royale de Paris est fixée à quinze cent vingt-huit hommes, dont six cent onze à cheval et neuf cent dix-sept à pied, et formant trois escadrons de deux compagnies chacun.

La composition de l'état-major et des compagnies est déterminée dans le tableau ci-après :

ÉTAT-MAJOR.

		COMPLET DES		NOMBRE DES CHEVAUX	
		officiers.	sous-officiers et gendarmes.	d'officiers.	de troupe.
Officiers.	Colonel.	1	»	4	»
	Chefs d'escadron.	3	»	6	»
	Major.	1	»	2	»
	Adjudans-majors. { Capitaine.	1	»	2	»
	{ Lieutenans.	2	»	4	»
Emplois civils.	Trésorier.	1	»	1	»
	Chirurgiens. { major.	1	»	2	»
	{ aides.	2	»	2	»
Sous-officiers.	Adjudans sous-officiers.	»	3	»	3
	Maréchal vétérinaire.	»	1	»	1
	Trompette maréchal-des-logis.	»	1	»	1
	Tambour-major.	»	1	»	»
	Maîtres-ouvriers.	»	4	»	»

COMPOSITION de chaque compagnie. **COMPAGNIES.** **FORCE des six compagnies.**

	COMPLET DES		NOMBRE DES CHEVAUX	
1 Capitaine.	6	»	12	»
4 Lieutenans.	24	»	24	»
1 Maréchal-des-logis-chef.	»	6	»	6
6 Maréchaux-des-logis à cheval.	»	36	»	36
10 Maréchaux-des-logis à pied.	»	60	»	»
1 Brigadier-fourrier.	»	6	»	6
12 Brigadiers à cheval.	»	72	»	72
20 Brigadiers à pied.	»	120	»	»
72 Gendarmes à cheval.	»	432	»	432
120 Gendarmes à pied.	»	720	»	»
2 Trompettes.	»	12	»	12
2 Tambours.	»	12	»	»
TOTAUX.	42	1486	59	569
	1528 hommes.		628 chevaux.	

251

2. Indépendamment de cette force, vingt-quatre adjudans de la ville de Paris sont chargés du service des postes et corps-de-garde de la police de cette ville.

TITRE II.

3. Il n'y aura plus dans les compagnies du corps qu'une seule classe de chacun des grades de capitaine et lieutenant.

Les capitaines et lieutenans, sans distinction des classes auxquelles ils auraient appartenu, et les chefs d'escadron, concourront pour l'avancement avec tous les officiers de l'arme de la gendarmerie, et prendront rang dans leurs grades respectifs d'après les dates de leurs nominations dans cette arme.

4. La composition des adjudans de la ville de Paris sera réglée dans l'ordre suivant :

Huit du grade de capitaine,
Huit du grade de lieutenant,
Et huit du grade de sous-lieutenant.

Les vingt-quatre adjudans de ville ne peuvent être pris que parmi les officiers appartenant à l'armée : ils seront nommés par notre ministre secrétaire-d'Etat de la guerre, sur la proposition du préfet de police, et dans la forme déterminée pour les nominations des officiers de l'armée.

5. La moitié des emplois d'adjudans capitaines et d'adjudans lieutenans qui viendront à vaquer sera donnée aux officiers de l'armée des grades correspondans : l'autre moitié sera réservée, dans la proportion des deux tiers, à l'ancienneté, et du tiers, au choix, pour l'avancement des adjudans lieutenans et des adjudans sous-lieutenans qui réuniraient les quatre ans de grades exigés par la loi du 10 mars 1818.

Les huit adjudans sous-lieutenans sont choisis exclusivement dans l'arme de la gendarmerie parmi les sous-officiers ayant au moins quatre ans de grade.

6. Le trésorier et les chirurgiens du corps continueront d'être à la nomination du préfet de police.

7. Le maréchal vétérinaire, le trompette maréchal-des-logis, et le tambour-major, sont assimilés aux maréchaux-des-logis, et les maîtres-ouvriers aux brigadiers.

Ils seront tous nommés et commissionnés par notre ministre de la guerre, sur la présentation du préfet de police.

8. Le recrutement de la gendarmerie royale de Paris, qui se fait dans toute l'arme et parmi les anciens militaires porteurs de congés, pourra aussi avoir lieu dans les corps de la ligne, conformément à notre ordonnance du 5 avril dernier.

9. Les dispositions qu'exigerait la composition nouvelle de l'état-major et des compagnies pour ce qui concerne les dépenses du corps et son administration seront déterminées ultérieurement par nous, d'après les propositions de notre ministre de l'intérieur, et de concert avec notre ministre de la guerre.

10. Notre ministre de la guerre est chargé de l'exécution de la présente ordonnance.

---

28 MAI 1820. — Ordonnance du Roi qui prescrit des rectifications dans plusieurs ordonnances portant liquidations de soldes de retraite. (7, Bull. 376.)

---

30 MAI = PR. 11 JUILLET 1820. — Ordonnance du Roi additionnelle à celle du 22 DÉCEMBRE 1819, portant autorisation de la Compagnie d'Assurances générales sur la vie des hommes. (7, Bull. 382, n° 8966.)

Louis, etc.

Vu notre ordonnance du 22 décembre 1819, portant autorisation de la Compagnie d'Assurances générales sur la vie des hommes ;

Vu la délibération du conseil d'administration de ladite société, du 15 avril 1820, en acte de Lequesne et son collègue, notaires à Paris, ladite délibération prise à la forme de l'art. 26 des statuts approuvés, et ayant pour but de compléter le réglement de la compagnie en ce qui concerne les assurances en forme de rentes viagères, comprises, suivant l'art. 2 des statuts, dans les opérations propres à la société ;

Sur le rapport de notre ministre secrétaire-d'Etat de l'intérieur ;

Notre Conseil-d'Etat entendu,

Nous avons ordonné et ordonnons ce qui suit :

Art. 1er. La délibération du conseil d'administration de la compagnie d'assurances générales sur la vie des hommes, en date du 15 avril 1820, est approuvée et homologuée, et fera partie des réglemens et statuts de ladite compagnie ; l'acte qui contient cette délibération passé sous ladite date, par-devant Lequesne et son confrère, notaires à Paris, restera annexé à la présente.

2. Notre ministre secrétaire-d'Etat de l'intérieur est chargé de l'exécution de la présente ordonnance, qui sera publiée au Bulletin des Lois, insérée au Moniteur et dans le Journal des annonces judiciaires du département de la Seine, conjointement avec l'acte ci-annexé.

Art. 1er. La compagnie comprend dans ses opérations les rentes viagères sur une ou plusieurs têtes, immédiates ou différées, constantes ou croissantes.

Les rentes viagères immédiates sont celles où le rentier entre en jouissance dès le jour du contrat.

Les rentes viagères différées sont celles où le rentier n'entre en jouissance qu'après un terme convenu.

Les rentes viagères croissantes sont celles qui augmentent graduellement d'année en année dans une certaine proportion.

2. La compagnie prend pour base de ses calculs de rentes viagères,

1° La loi de mortalité connue sous le nom de Déparcieux, son auteur ;

2° L'intérêt de cinq pour cent, qu'elle aura la faculté de réduire : lorsque le cours de la rente cinq pour cent consolidés s'élèvera au-dessus de quatre-vingt-cinq francs, le *minimum* de cet intérêt fondamental sera quatre pour cent par an.

Conformément à ces bases, la compagnie a fait dresser le tableau d'après lequel elle s'engage à régler les stipulations ; ce tableau, dressé sur une feuille de papier au timbre de trente-cinq centimes, est demeuré ci-annexé, après que dessus mention de cette annexe a été faite par les notaires, et signée tant par eux que par les comparans.

Les tableaux sur deux têtes sont calculés d'une manière analogue.

Passé l'âge de soixante-cinq ans, la compagnie traite de gré à gré avec les personnes qui veulent contracter.

3 *et dernier.* La compagnie paie la rente viagère par moitié de six mois en six mois, et tient compte des arrérages dans la proportion du nombre de jours que le rentier a vécu depuis le dernier paiement.

Fait et passé à Paris, ès demeures respectives des comparans, le 15 avril 1820.

---

30 MAI 1820. — Circulaire du ministre de la guerre à MM. les préfets, présidens des conseils de révision. (*Journal militaire,* 2e semestre de 1820, page 203.)

Questions élevées dans le cours des opérations de la classe de 1818, sur quelques articles de la loi du 10 mars 1818 et de l'instruction sur les appels.

Art. 13 de la loi (art. 52 de l'instruction sur les appels).

1re *Question.* — Les décisions du conseil de révision sont-elles définitives en ce sens que le conseil ne peut les rectifier, même avant d'avoir clos la liste départementale du contingent?

Réponse. — Jusqu'au moment de la clôture définitive de la liste départementale du contingent, le conseil peut revenir sur ses décisions, toutes les fois que les rescisions ou modifications qu'il y apporte n'ont pas pour effet,

1° De laisser des vides dans le contingent.

2° De faire entrer dans le contingent des numéros dont la libération aurait été prononcée après les examens faits dans les chefs-lieux de canton.

Article 13 de la loi (article 54 de l'instruction).

2e *Question.* — L'article 54 de l'instruction porte que les sous-préfets ou les fonctionnaires qui les auront suppléés dans l'examen des tableaux de recensement et au tirage devront assister, comme rapporteur, aux séances que le conseil de révision tiendra pour les jeunes gens de l'arrondissement; mais si le préfet, qui est président né du conseil, a présidé lui-même à l'examen des tableaux et au tirage, qui remplira les fonctions de rapporteur?

Réponse. — Le préfet peut déléguer les fonctions de rapporteur à un conseiller de préfecture; mais dans tous les cas il conservera le droit que la loi lui a conféré de présider le conseil de révision.

Art. 13 de la loi (art. 69 de l'instruction).

3e *Question.* — Convient-il que le conseil fasse visiter les jeunes gens qu'on déclare n'être atteints d'aucune infirmité?

Réponse. — Comme il est essentiel de n'admettre dans la portion du contingent qui doit être inscrite au registre-matricule N° 2 que des sujets évidemment propres au service, le conseil de révision doit se conformer à l'article 69 de l'instruction sur les appels, et, en conséquence, faire visiter tous les jeunes gens convoqués devant lui, et qui ne sont pas susceptibles d'être admis à la dispense où à l'exemption pour d'autres motifs que ceux énoncés aux § Ier et 2 de l'article 14 de la loi.

Art. 13 de la loi (art. 71 de l'instruction).

1e *Question.* — D'après la trente-troisième solution de la quatrième série, publiée le 11 juin dernier, un jeune homme qui, se trouvant avoir tout à la fois des droits à l'exemption et à la dispense, indiquerait celui de ces droits qu'il prétend faire valoir de préférence, doit être accueilli dans sa demande; mais il est des jeunes gens qui, ayant tout à la fois des droits à l'exemption et à la dispense, ne font pas connaître à quel titre positivement ils veulent être maintenus dans leurs foyers : dans quel ordre convient-il que le conseil de révision procède à l'examen de leurs droits?

Réponse. — Il convient que le conseil de révision examine d'abord les droits que le jeune homme peut avoir à l'exemption, si ces droits sont fondés sur d'autres motifs que sur l'inaptitude au service pour cause d'infirmités; dans le cas contraire il doit, conformément à l'article 71 de l'instruction sur les appels, soumettre le jeune homme à la visite des officiers de santé, et ne constater son aptitude qu'après avoir reconnu qu'il n'est pas susceptible d'être dispensé.

Art. 14 de la loi (art. 79 de l'instruction).

5e *Question.* — Suffit-il qu'un militaire ait été signalé comme prévenu de désertion, pour que le conseil soit autorisé à refuser l'exemption à son frère?

Comme il est possible que ce militaire ait cessé d'être en état de désertion, soit parce qu'il se serait représenté, soit parce qu'ayant été livré aux tribunaux, il aurait été acquitté; et comme dans chacune de ces hypothèses, il serait injuste de refuser l'exemption au réclamant, celui-ci peut, à défaut de documens transmis officiellement à la préfecture, être admis à prouver que l'état de désertion n'existe pas, et il convient que dans le cas où il n'aurait point pardevers lui les pièces nécessaires pour établir cette preuve, le conseil ajourne sa décision définitive jusqu'à l'époque fixée pour la clôture de la liste départementale du contingent.

Art. 16 de la loi (art. 95 de l'instruction).

6e *Question.* — D'après les articles 94 et 95 de l'instruction, le conseil de révision doit, pendant sa tournée, mettre en réserve des numéros doubles pour tous les jeunes gens à l'égard desquels il n'aurait pu prendre que des décisions provisoires. Ne résulte-t-il pas de cette disposition qu'il doit être mis des numéros en réserve pour les jeunes gens de la classe qui sont absens du département?

Réponse. — Comme la position des jeunes gens détenus ou absens du département, et leur aptitude au service ne sont connues que par la communication du résultat de l'examen fait de ces jeunes gens au lieu de leur résidence, le conseil de révision ne peut encore, dans sa tournée, prononcer définitivement à leur égard; en conséquence, il doit mettre pour eux des numéros en réserve.

Et comme les dispositions de l'article 95 de l'instruction ont pour objet d'assurer l'entière formation du contingent, elles seraient inefficaces si le conseil de révision ne mettait pas aussi en réserve quelques numéros (deux au moins), pour les jeunes gens désignés qui viendraient à acquérir des droits à l'exemption, dans l'intervalle de la tournée du conseil et de la clôture de la liste départementale, bien entendu qu'au moment de cette clôture il ne doit plus exister d'appels conditionnels que ceux voulus par l'article 16 de la loi et l'article 100 de l'instruction.

Art. 10 de la loi (art. 133 de l'instruction).

7e *Question.* — L'article 133 veut que les maires inscrivent sur les tableaux de l'année qui commence les jeunes gens omis des classes antérieures qui auraient été découverts. Ne doit-on pas considérer comme tels les jeunes gens qui n'ont pas été inscrits sur les tableaux de leur classe, ou ont été rayés de ces tableaux, pour le motif que leur existence n'était point notoire, si, depuis, leur existence a été constatée?

Réponse. — Quel que soit le motif de l'omission, le jeune homme qu'elle concerne devant nécessairement satisfaire à la loi du recrutement, son inscription sur les tableaux est obligatoire lorsque son existence et son état civil sont constatés.

Non-seulement les autorités civiles sont tenues, conformément à l'art. 10 de la loi, d'effectuer ces inscriptions subsidiaires; mais elles doivent faire ou provoquer toutes les recherches convenables pour être en mesure d'inscrire sur les tableaux de la classe suivante les jeunes gens qui n'auraient pas été portés sur les tableaux de leur propre classe, ou ceux qui en auraient été rayés avant le tirage.

Quant aux jeunes gens qui auraient été rayés depuis le tirage, les conseils de révision les feront reporter sur les listes de leur classe, si la preuve de leur existence est acquise avant la clôture de la liste départementale du contingent.

Dans le cas, au contraire, où leur existence ne serait constatée qu'après la clôture, et, en conséquence, postérieurement au jour à partir duquel le conseil de révision ne peut plus revenir sur ses décisions, le préfet en rendra compte au ministre, et fera connaître si le jeune homme porteur du dernier numéro désigné pour le contingent a usé ou est dans l'intention d'user du droit de recours qui lui est ouvert devant le Conseil-d'Etat.

----

30 MAI 1820. — Ordonnances du Roi qui accordent des foires aux communes de Montferrat et de Plumergat. (7, Bull. 396.)

----

30 MAI 1820. — Ordonnances du Roi relatives aux foires des communes de Landrecy, dé Fiancey, de La Vache, de Châteaudun et de Lauzerte. (7, Bull. 397.)

----

31 MAI 1820. — Tableaux des prix moyens régulateurs des grains, dressé et arrêté conformément aux articles 6 et 8 de la loi du 16 JUILLET 1819. (7, Bull. 373.)

FIN DU TOME VINGT-DEUXIÈME.

www.ingramcontent.com/pod-product-compliance
Lightning Source LLC
Chambersburg PA
CBHW031626210326
41599CB00021B/3318